Gottes wort
bleibt ewig.

Biblia / das ist / die gantze Heilige Schrifft Deudsch.

Mart. Luth.

Wittemberg.

Begnadet mit Kür-
furstlicher zu Sachsen
freiheit.

Gedruckt durch Hans Lufft.

M. D. XXXIIII.

GR.S.BIBLIOTHEK
ZU WEIMAR.

Von Gottes gnaden Johans Fridrich Hertzog zu Sachsen/ vnd Churfurst etc.

Allen vnd jglichen vnsern/ vnd des Hochgebornen Fürsten vnsers vnmündigen freundlichen lieben bruders/ Hertzog Johans Ernsten zu Sachsen rc. Prelaten/ Grauen/ Herrn/ denen von der Ritterschafft vnd Adel/ Landvögten/ Heubtleuten/ Amptleuten/ Amptsvorwesern/ Schössern/ Gleitsleuten/ Reten der Stedte/ vnd sonst allen andern vnsern/ vnd gedachts vnsers lieben bruders/ vnterthanen vnd verwandten/ Entbieten wir vnsern grus/ gnad/ vnd alles guts/ zuvor/ Ehrwirdige/ wolgeborne vnd Edele liebe getrewen/ Wir geben euch zu erkennen/ das wir auff beschehenes ansuchen/ auch anzeigung bewegender vrsachen/ bewilliget/ vnd den dreien Buchhendelern zu Wittemberg/ Moritzen Goltz/ Barteln Vogel/ vnd Christoffen Schrammen/ solche befreihung/ gegeben/ das sie/ vnd niemands mehr/ die nachbenante Bücher/ Nemlich/ die gantze Biblia Deudsch/ den Psalter mit den Summarien/ New Testament klein/ Jhesus Syrach/ Auch Doctoris Martin Luthers Postillen/ jnn vnsern/ vnd vnsers lieben brudern Fürstenthumen vnd Landen/ mügen drücken/ feil haben/ vnd verkeuffen lassen/ Vnd ob die selben bücher/ an andern orten nachgedruckt würden/ So sollen sie doch jnn vnsern/ vnd vnsers brudern/ Fürstenthumen vnd Landen/ weder heimlich noch offentlich verkaufft/ oder feil gehabt werden/ Bey peen hundert gülden/ halb den Gerichts heldern jedes orts/ da die vbertretter befunden/ vnd die andere helffte jnen den bemelten dreien Buchhendelern/ verfallen zu sein/ Begern demnach an euch alle/ vnd einen jeden jnn sonderheit darob zu sein/ damit jnn ewer jedes zustendigen auch vnsern Ampts vnd Stad gerichten/ obgemelte Bücher/ zudrucken/ noch andern feil zu haben/ oder zu verkeuffen/ der oder die selben theten es denn/ mit benandter dreier/ wissen/ willen vnd scheinliche zulassung/ nicht verstattet/ Sondern so jemands dawider gethan hette/ oder thete/ gegen dem oder den selbigen/ wollet euch auff benanter dreier Buch verkeuffer/ oder jrer befelh haber ansuchen/ mit einbringung vorberurter straffe ernstlich/ vnd vnnachleslich erzeigen/ Wolten wir euch nicht vnvermeldet lassen/ Vnd geschicht daran/ bey vermeidung vnser selbs ernsten straffe/ vnsere gentzliche meinung/ Zu vrkund mit vnserm zurugk auffgedrucktem Secret besiegelt/ Vnd gegeben zu Torgaw Donnerstags nach Petri Ketenfeier/ Anno. 1 5 3 4.

Bücher des alten Testaments.
XXIIII.

1	Das erst buch Mose	Genesis.
2	Das ander buch Mose	Exodus.
3	Das dritte buch Mose	Leuiticus.
4	Das vierde buch Mose	Numeri.
5	Das funfft buch Mose	Deuteronomios.
6	Josua.	
7	Der Richter	Judicum.
8	Ruth.	
9	Samuel	Regum.1.et.2.
10	Der Könige	Regum.3.et.4.
11	Chronica	Paralipomenon.1.et.2.
12	Esra	
13	Nehemia.	
14	Esther.	
15	Hiob.	
16	Psalter.	
17	Sprüche Salomonis	Prouerbiorum.
18	Prediger Salomonis	Ecclesiastes.
19	Hohe lied Salomonis	Canticum Canticorum.
20	Isaia.	
21	Jeremia.	
22	Esekiel.	
23	Daniel.	
24	Zwelff kleine Propheten/ mit namen.	

{
1. Hosea.
2. Joel.
3. Amos.
4. Abdia.
5. Jona.
6. Micha.
7. Nahum.
8. Habakuk.
9. Zophonia.
10. Haggai.
11. Sacharia.
12. Malachia.
}

Judith.
Das buch der Weisheit.
Tobia.
Jesus Syrach.
Baruch.
Maccabeorum.
Stücke jnn Esther vnd Daniel.

Vorrhede auff das Alte Testament.

DAs Alte Testament halten etliche geringe/als das dem Jüdischen volck alleine gegeben/vnd nu fort aus sey/vnd nur von vergangenen geschichten schreibe/meinen/sie haben gnug am Newen Testament/vnd geben fur eitel geistliche sinn im alten Testament zu suchen/wie auch/Origenes/Hieronymus/vnd viel hoher leute mehr gehalten haben/Aber Christus spricht Johannis am funfften/Forschet jnn der Schrifft/denn die selbige gibt gezeugnis von mir. Vnd Paulus gebeut Timotheo/Er solle anhalten mit lesen der Schrifft/vnd rhümet Roma.j. wie das Euangelion sey von Gott jnn der Schrifft verheissen/vnd.j.Corinth.xv. sagt er/Christus sey nach laut der Schrifft von Dauids geblüte komen/gestorben vnd vom tod aufferstanden/So weiset vns auch Sanct Petrus mehr denn ein mal enhindern jnn die Schrifft/Damit sie vns jhe leren/die Schrifft des alten Testaments nicht zuverachten/sondern mit allem vleis zu lesen/weil sie selbs das Newe Testament so mechtiglich gründen vnd beweren/durchs alte Testament/vnd sich drauff beruffen/wie auch Sanct Lucas Act.xvij. schreibt/das die zu Thessalonich teglich forscheten die Schrifft/ob sichs so hielte/wie Paulus lerete. So wenig nu des Newen Testaments grund vnd beweisung zuverachten ist/so theur ist auch das Alte Testament zu achten/Vnd was ist das Newe Testament anders/denn ein offentliche Predigte vnd verkündigung von Christo/durch die Sprüche im alten Testament gesetzt/vnd durch Christum erfüllet?

Das aber die jhenigen/so es nicht besser wissen/ein anleitung vnd vnterricht haben/nützlich drinnen zu lesen/hab ich diese Vorrede nach meinem vermügen/so viel mir Gott gegeben/gestellet/bitt vnd warne trewlich einen jglichen fromen Christen/das er sich nicht stosse an der einfeltigen rede vnd geschicht/so jm offt begegen wird/sondern zweiuel nicht dran/wie schlecht es jmer sich ansehen lesst/es seien eitel wort/werck/gericht vnd geschicht der Hohen Göttlichen Maiestet/macht vnd weisheit/Denn dis ist die Schrifft/die alle weisen vnd klugen zu narren macht/vnd allein den kleinen vnd albern offen stehet/wie Christus sagt/Matth.xj. Darumb las dein dünckel vnd fülen faren/vnd halte von dieser Schrifft/als von dem aller höhesten/edlesten Heiligthum/als von der aller reichsten fund gruben/die nimer mehr gnug aus gegründet werden mag/auff das du die Göttliche weisheit finden mügest/welche Gott hie so alber vnd schlecht furlegt/das er allen hohmut dempffe/Die wirstu die windeln vnd die krippen finden/da Christus jnnen ligt/dahin auch der Engel die Hirten weiset/Schlechte vnd geringe windel sind es/aber theur ist der schatz Christus/der drinnen ligt.

So wisse nu/das dis Buch ein Gesetz buch ist/das da leret/was man thun vnd lassen sol/vnd daneben anzeiget Exempel vnd Geschichte/wie solch Gesetze gehalten oder vbertretten sind/Gleich wie das

Vorrhede.

Newe Testament ein Euangeli oder gnade buch ist vnd leret/wo mans nemen sol/das das Gesetz erfüllet werde/Aber gleich/wie im newen Testament/neben der gnaden lere/auch viel andere lere gegeben werden/die da Gesetz vnd Gebot sind/das fleisch zu regiren/sintemal auff diesem leben der geist nicht volkomen wird/noch eitel gnade regiren kan/Also sind auch im alten Testament/neben den Gesetzen/etliche verheissung vnd gnaden sprüche/damit die heiligen Veter vnd Propheten vnter dem Gesetz im glauben Christi/wie wir/erhalten sind/Doch wie des newen Testaments eigentliche heubt lere ist/gnade vnd fride durch vergebung der sunde jnn Christo verkündigen/also ist des alten Testaments eigentliche heubt lere/Gesetz leren vnd sunde anzeigen/ vnd guts foddern/Solchs wisse im alten Testament zu warten.

Vnd das wir zu erst auff Moses bücher komen/Der leret jnn seinem ersten buch/wie alle Creatur geschaffen sind/vnd (das seines schreibens meiste vrsach ist) wo die sunde vnd der tod her komen sey/nemlich/durch Adams fall aus des Teufels bosheit/Aber bald drauff/ ehe denn Moses Gesetz kompt/leret er wo her die hülffe wider komen solt/die sunde vnd tod zu vertreiben/nemlich/nicht durch Gesetz noch eigen werck/weil noch kein Gesetz war/sondern durch des weibes samen Christum/Adam vnd Abraham verheissen/auff das also der glaube von anfang der Schrifft durch vnd durch gepreiset werde/vber alle werck/Gesetz vnd verdienst/Also hat das erste buch Mose fast eitel exempel des glaubens vnd vnglaubens/vnd was glaube vnd vnglaube fur früchte tragen/vnd ist fast ein Euangelisch buch.

Darnach im andern buch/da die welt nu vol vnd jnn der blindheit versuncken war/das man schier nicht mehr wuste/was sund war/ oder wo tod her komen sey/bringet Gott Mosen erfur mit dem Gesetz/ vnd nimpt ein besonders volck an/die welt an jnen wider zu erleuchten/ vnd durchs Gesetz die sunde zu eröffenen/Vnd verfasset also das volck mit allerley Gesetzen/vnd sondert sie von allen völckern/lesset sie eine Hütten bawen vnd richt einen Gottesdienst an/bestellet Fürsten vnd Amptleute/vnd versorget also sein volck/beide mit Gesetzen vnd leuten auffs aller feinest/wie sie/beide leiblich fur der welt/vnd geistlich fur Gott/sollen regirt werden.

Im dritten buch/wird jnn sonderheit das Priesterthum verordnet mit seinen Gesetzen vnd Rechten/darnach die Priester thun/vnd das volck leren sollen/Da sihet man/wie ein Priesterlich ampt nur vmb der sunde willen wird eingesetzt/das es die selbige sol dem volck kund machen vnd fur Gott versünen/also/das alle sein werck ist/mit sunden vnd sundern vmbgehen/Derhalben auch den Priestern kein zeitlich gut gegeben/noch leiblich zu regiren befohlen oder zugelassen wird/ sondern allein des volcks zu pflegen jnn den sunden jnen zugeeignet wird.

Im vierden/da nu die Gesetz gegeben/Priester vnd Fürsten eingesetzt sind/die Hütten vnd Gottes dienst angericht sind/vnd alles bereit ist/was zum volck Gottes gehöret/hebt sich das werck vnd vbung an/ vnd wird versucht/wie solche ordenung gehen vnd sich schicken wil/ darumb schreibt dasselb buch von so viel vngehorsam vnd plagen des volcks/vnd werden etliche Gesetz verkleret vnd gemehret/Denn also sind sichs allezeit/das Gesetz bald zu geben sind/aber wenn sie sollen

angehen

Vorrede.

angehen vnd jnn den schwanck komen/da begegent nicht mehr/denn eitel hindernis/vnd wil nirgend fort/wie das Gesetz foddert/das dis buch ein mercklich exempel ist/wie gar es nichts ist/mit Gesetzen die leute from machen/sondern wie S. Paulus sagt/das Gesetz nur sunde vnd zorn anricht.

Im funfften/da nu das volck vmb seinen vngehorsam gestrafft ist/vnd Gott sie mit gnaden ein wenig gelockt hatte/das sie aus wolthat/da er jnen die zwey Königreich gab/bewegt wurden sein Gesetz mit lust vnd liebe zu halten/widerholet Mose das gantz Gesetz mit allen geschichten/so jnen begegent war/on was das Priesterthum betrifft/vnd verkleret also von newen an alles/was beide zum leiblichen vnd geistlichen regiment eins volcks gehöret/Das also Mose/wie ein volkomener Gesetzlerer allenthalben seinem ampt gnug thet/vnd das Gesetz nicht alleine gebe/sondern auch dabey were/da mans thun solt/vnd wo es feilet/verkleret vnd wider anrichtet. Aber diese verklerung im funfften buch/helt eigentlich nicht anders jnnen/denn den glauben zu Gott/vnd die liebe zum nehesten/Denn dahin langen alle Gesetz Gottes. Darumb weret Mose mit seinem verkleren/alle dem/das den glauben an Gott verderben mag/bis hinan jnn das .xx. Capitel/vnd alle dem/das die liebe hindert/bis zum buchs ende.

Die bey ist nu zu mercken auffs erst/das Mose das volck so genaw mit Gesetzen verfasset/das er keinen raum lesst der vernunfft jrgent ein werck zur welen oder einen Gottes dienst erfinden/Denn er leret nicht allein Gott fürchten/trawen vnd lieben/sondern gibt auch so mancherley weise eusserlichs Gottes diensts/mit opffern/geloben/fasten/casteien rc. das niemand not sey/etwas anders zu erwelen. Item/er leret auch pflantzen/bawen/freien/streiten/kinder/gesind vnd haus regieren/keuffen vnd verkeuffen/borgen vnd lösen/vnd alles was eusserlich vnd jnnerlich zu thun sey/so gar/das etliche satzung gleich nerrisch vnd vergeblich an zu sehen sind. Lieber/warumb thut er das?

Endlich darumb/Er hat sich des volcks vnterwunden/das es sein eigen sein solt/vnd er wolt jr Gott sein/darumb wolt er sie also regirn/das alle jr thun gewis were/das er fur jm recht were/Denn wo jmand etwas thut/da Gottes wort nicht zuuor auff gegeben ist/das gilt fur Gott nicht vnd ist verloren/Denn er verbeut auch am. 4. vnd. 13. Capitel/im funfften buch/das sie nichts sollen zuthun zu seinen Gesetzen/Vnd im. 12. spricht er/Sie sollen nicht thun was sie recht dunckt. Auch der Psalter vnd alle Propheten drob schreien/das das volck gute werck thet/die sie selbs erweleten/vnd von Gott nicht geboten waren/Denn er wil vnd kans nicht leiden/das die seinen etwas fur nemen zu thun/das er nicht befolhen hat/es sey wie gut es jmer sein kan/Denn gehorsam ist aller werck adel vnd güte/der an Gottes worten hanget.

Weil denn nu dis leben nicht kan on eusserlich Gottes dienst vnd weise sein/hat er jnen furgelegt solch mancherley weise vnd mit seinem gebot verfasset/auff das/ob sie ja müsten oder auch wolten Got jrgend einen eusserlichen dienst thun/das sie dieser einen angriffen vnd nicht ein eigen erdechten/damit sie gewis vnd sicher weren/das solch jr werck jnn Gottes wort vnd gehorsam gienge. Also ist jnen allenthalben geweret/eigener vernunfft vnd freiem willen zu folgen/guts zu thun

vnd

Vorrede.

vnd wol zu leben/vnd doch vbrig gnug/raum/stett/zeit/person/werck vnd weise bestimpt vnd furgelegt / das sie nicht klagen dürffen/ noch frembder Gottes dienst exempel nach folgen müssen.

Auffs ander ist zu mercken/das die Gesetz dreierley art sind/Etliche die nur von zeitlichen gütern sagen/wie bey vns die Keiserlichen gesetz thun/diese sind von Gott aller meist vmb der bösen willen gesetzt/das sie nichts ergers theten/drumb sind solch gesetz nur Weer gesetz/mehr denn Leer gesetz/Als da Mose gebeut ein weib mit einem scheide brieff von sich zu lassen. Item/das ein man sein weib mit einem eiuer opffer treiben/vnd ander weiber mehr nemen mag/Solchs sind alles weltliche gesetze. Etliche aber sind/die von eusserlichem Gottes dienst leren/ wie droben gesagt ist. Vber diese beide gehen nu die Gesetze vom glauben vnd von der liebe/Also/das alle ander Gesetz müssen vnd sollen jr mas haben von glauben vnd von der liebe/das sie gehen sollen/wo jre werck also geraten/das sie nicht wider den glauben vnd die liebe gehen/wo sie aber wider den glauben vnd liebe geraten/sollen sie schlecht ab sein.

Daher lesen wir/das Dauid den mörder Joab nicht tödtet/so er doch zwey mal den tod verdienet hatte / Vnd.2.Reg.14. gelobd er dem weibe von Thekoa/jr son solle nicht sterben/ob er wol seinen bruder erwürget hette. Item/Absalom tödtet er auch nicht. Item/er selbs Dauid aß von dem heiligen brod der Priester.1.Reg.21. Item/Thamar meinet/der König möchte sie geben Amnon jrem stieff bruder zur ehe/ Aus dieser vnd der gleichen geschichten/sihet man wol/das die Könige/Priester vnd obersten haben offt frisch jns Gesetze gegriffen/wo es der glaube vnd die liebe haben gefoddert/das also der glaub vnd die liebe sol aller Gesetz meisterin sein/vnd sie alle jnn jrer macht haben/ Denn sintemal alle Gesetz auff den glauben vnd liebe treiben/sol keins nicht mehr gelten noch ein Gesetze sein/wo es dem glauben oder der liebe wil zu wider geraten.

Derhalben jrren die Jüden noch heutigs tags fast seer/das sie so strenge vnd hart vber etlichen Gesetzen Mose halten/vnd viel ehe lieb vnd fride liessen vntergehen/ehe sie mit vns essen oder truncken/oder der gleichen theten/vnd sehen des Gesetzs meinung nicht recht an/ Denn dieser verstand ist von nöten allen/die vnter Gesetzen leben/nicht allein den Jüden/Denn also sagt auch Christus Matt.12.das man den Sabbath brechen möcht/wo ein ochs jnn eine gruben gefallen war vnd jm eraus helffen/welchs doch nur ein zeitliche not vnd schaden war. Wie viel mehr sol man frisch allerley Gesetz brechen/wo es leibs not foddert/so anders dem glauben vnd der liebe nichts zu wider geschicht. Wie Christus sagt/das Dauid gethan hat/da er die heiligen brod aß/Mar.3.

Was ist aber/das Mose die Gesetze so vnordig vnternander wirfft? Warumb setzt er nicht die weltlichen auff einen hauffen/die geistlichen auch auff einen hauffen/vnd den glauben vñ liebe auch auff einen? Dazu widerholet er zu weilen ein Gesetz so offt/ vnd treibt einerley wort so viel mal/das gleich verdrossen ist zu lesen vnd zu hören / Antwort/Mose schreibt/wie sichs treibt/das sein buch ein bild vnd exempel ist des regiments vnd lebens/ Denn also gehet es zu/wenn es im schwang gehet/das jtzt dis werck/jtzt jhenes gethan sein mus/Vnd kein mensch sein leben also fassen mag(so es anders Göttlich sein sol)

das er

Vorrede.

das er diesen tag eitel geistlich/den andern eitel weltlich Gesetze vbe/ sondern Got regirt also alle Gesetz vnternander/wie die stern am himel vnd die blumen auff dem felde stehen/das der mensch mus alle stund zum jglichen bereit sein/vnd thun welchs jm am ersten fur die hand kompt/Also ist Mose buch auch vnternander gemenget.

Das er aber so fast treibt vnd offt einerley widerholet/da ist auch seines ampts art angezeigt/Denn wer ein Gesetz volck regirn sol/der mus jmer anhalten/jmer treiben/vnd sich mit dem volck/wie mit eseln/blewen/Denn kein Gesetz werck gehet mit lust vnd liebe abe/Es ist alles erzwungen vnd abgenötiget/Weil nu Mose ein Gesetz lerer ist/mus er mit seinem treiben anzeigen/wie gesetz werck gezwungen werck sind/ vnd das volck müde machen/bis es durch solch treiben erkenne seine kranckheit vnd vnlust zu Gottes Gesetz/vnd nach der gnaden trachte/ wie folget.

Auffs dritte/Ist das die rechte meinung Mose/das er durchs Gesetz die sunde offenbare/vnd alle vermessenheit menschlichs vermügens zu schanden mache/Denn daher nennet jn S. Paulus/Galat.1. einen ampt man der sunde/vnd sein ampt ein ampt des tods. 2. Cor. 3. Vnd Roma. 3. vnd. 7. spricht er/Durchs Gesetze kome nicht mehr denn erkentnis der sunde/Vnd Ro.3. Durchs Gesetzs werck wird niemand from fur Gott/Denn Mose kan durchs Gesetz nicht mehr thun/weder anzeigen was man thun vnd lassen sol/Aber krafft vnd vermügen solchs zu thun vnd zu lassen/gibt er nicht/vnd lesst vns also jnn der sunde stecken. Wenn wir denn jnn der sunde stecken/so dringet der tod also bald auff vns/als eine rach vnd straffe vber die sunde/Daher nennet Paulus die sund/des tods stachel/das der tod durch die sunde alle sein recht vnd macht an vns hat. Aber wo das Gesetze nicht were/so were auch keine sunde/darumb ists alles Mose ampts schuld/der reget vnd rüget die sunde durchs Gesetz/so folget der tod auff die sunde mit gewalt/das Mose ampt billich vnd recht ein ampt der sunde vnd des todes von S. Paul genennet wird/Denn er bringt nichts auff vns durch sein Gesetz geben/denn sunde vnd tod.

Aber doch ist solch sunde ampt vnd tod ampt gut/vnd fast von nöten/denn wo Gottes Gesetz nicht ist/da ist alle menschliche vernunfft so blind/das sie die sunde nicht mag erkennen/denn kein menschlich vernunfft weis/das vnglaube vnd an Gott verzweiueln sunde sey/ja sie weis nichts dauon/das man Gott gleuben vnd trawen sol/vnd gehet also dahin jnn jrer blindheit verstockt/vnd fület solche sunde nimer mehr/vnd thut die weil sonst etwa gute werck vnd furet ein eusserlich erbars leben/da meinet sie denn/sie stehe wol/vnd sey der sachen gnug geschehen/wie wir sehen jnn den Heiden vnd Heuchlern/wenn sie auff jr bestes leben. Item/also weis sie auch nicht/das böse neigung des fleischs vnd has wider die feinde/sunde sey/sondern weil sie sihet vnd fület/das alle menschen so geschickt sind/acht sie solchs fur natürlich vnd recht gut ding/vnd meinet/es sey gnug/wenn man nur eusserlich den wercken weret. Also gehet sie dahin/vnd achtet jre kranckheit fur stercke/jre sunde fur recht/jr böses fur gut/vnd kan nicht weiter.

Sihe/diese blindheit vnd verstockte vermessenheit zu vertreiben/ ist Mose ampt not/Nu kan er sie nicht vertreiben/er mus sie offenbaren vnd zur kennen geben/das thut er durchs Gesetz/da er leret/man solle Gott fürchten/trawen/gleuben vnd lieben/dazu keine böse lust noch

hass zu

Vorrede.

has zu einigem menschen tragen oder haben/Wenn nu die natur solchs recht höret/so mus sie erschrecken/denn sie befindet gewis/weder trawen noch glauben/weder furcht noch liebe zu Gott. Item/weder liebe noch reinigkeit gegen dem neheſten/ſondern eitel vnglauben/zweiueln/verachtung vnd has zu Gott/vnd eitel böſen willen vnd luſt zum neheſten/Wenn ſie aber ſolchs findet/ſo iſt der tod alſo bald fur augen/der ſolchen ſunder freſſen vnd jnn die Helle wil verſchlingen.

Sihe/das heiſſt den tod durch die ſund auff vns dringen/vnd durch die ſunde vns tödten/Das heiſſt durch das Geſetz die ſunde regen vnd fur die augen ſetzen/vnd alle vnſer vermeſſenheit jnn ein verzagen/vnd zittern vnd verzweiueln treiben/das der menſch nicht mehr kan thun/denn mit dem Propheten ſchreien/ich bin von Gott verworffen/oder wie man auff Deudſch ſagt/Ich bin des Teufels/ich kan nimer mehr ſelig werden/Das heiſſt recht jnn die Helle gefurt/Das meinet Sanct Paulus mit kurtzen worten.1.Cor.15. Der ſtachel des tods iſt die ſunde/aber das Geſetz iſt der ſunden krafft/als ſolt er ſagē/Das der tod ſticht vnd vns erwürget/macht die ſunde/die an vns gefunden wird des todes ſchuldig/Das aber die ſunde an vns funden wird/vnd ſo mechtig vns dem tod gibt/macht das Geſetz/welchs vns die ſunde offenbart vnd erkennen leret/die wir zuuor nicht kandten vnd ſicher waren.

Nu ſihe/mit welcher gewalt Moſe ſolchs ſein ampt treibt vnd ausrichtet/denn das er ja die natur auffs aller höheſt ſchende/gibt er nicht allein ſolch Geſetz/die von natürlichen vnd warhafftigen ſunden ſagen/als da ſind die Zehen gebot/ſondern macht auch ſunde/da von natur ſonſt kein ſunde iſt/vnd dringet vnd druckt auff ſie mit hauffen ſunden/Denn vnglaub vnd böſe luſt iſt von art ſunde vnd des todes werd/Aber das man nicht ſol geſeurt brod eſſen auff Oſtern/vnd kein vnrein thier eſſen/kein zeichen an den leib machen/vnd alles was das Leuitiſch Prieſterthum mit ſunden ſchaffet/das iſt nicht von art ſunde vnd böſe/ſondern wird allein darumb ſunde/das durchs Geſetz verboten iſt/welchs Geſetz wol kan ab ſein. Aber die Zehen gebot mügen nicht alſo ab ſein/denn da iſt ſunde/ob ſchon die Gebot nicht weren oder nicht erkennet weren/Gleich wie der Heiden vnglaub ſunde iſt/ob ſie es wol nicht wiſſen noch achten/das ſunde ſey.

Alſo ſehen wir/das ſolche vnd ſo mancherley Geſetz Moſe/nicht allein darumb gegeben ſind/das niemand etwas eigens dürffte erwelen guts zu thun vnd wol zu leben/wie droben geſagt iſt/ſondern viel mehr darumb/das der ſunden nur viel wurden/vnd ſich vber die mas heufften/das gewiſſen zu beſchweren/auff das die verſtockte blindheit ſich erkennen muſte/vnd jr eigens vnuermügen vnd nichtigkeit zum guten muſte fülen/vnd alſo durchs Geſetz genötiget vnd gedrungen würde/etwas weiters zu ſuchen/denn das Geſetz vnd eigen vermügen/nemlich/Gottes gnade jnn künfftigen Chriſtum verheiſſen/Denn es iſt jhe alles Geſetz Gottes gut vnd recht/wenn er auch gleich hieſſe nur miſt tragen oder ſtrohalm auff heben/So mus aber der ja nicht from noch gutes hertzen ſein/der ſolch gut Geſetz nicht helt oder vngerne helt/ſo vermag alle natur nicht anders/denn vngerne halten/darumb mus ſie hie am guten Geſetz Gottes/jre bosheit erkennen vnd fülen/vnd nach der hülff Göttlicher gnaden ſüfftzen vnd trachten jnn Chriſto.

Darumb/

Vorrhede

Darumb/wo nu Christus kompt/da höret das Gesetz auff/sonderlich das Leuitische/welchs sunde macht/da sonst von art keine sunde ist/wie gesagt ist/So hören auch die Zehen gebot auff/nicht also/das man sie nicht halten noch erfüllen solt/sondern Moses ampt höret drinnen auff/das es nicht mehr durch die Zehen gebot die sunde starck macht/vnd die sunde nicht mehr des todes stachel ist/Denn Christum die sunde vergeben/Gott versünet/vnd das hertz angefangen dem Gesetz hold zu sein/das es Moses ampt nicht mehr kan straffen vnd zu sunden machen/als hette es die gebot nicht gehalten vnd were des tods wirdig/wie es thet vor der gnade/vnd ehe denn Christus da war.

Das leret S. Paulus.2.Cor.3. da er spricht/das die klarheit im angesicht Mose auff höret/vmb der klarheit willen im angesicht Jhesu Christi/das ist/das Ampt Mose/das vns zu sunden vnd schanden macht/mit dem glantz der erkentnis vnser bosheit vnd nichtigkeit/thut vns nicht mehr web/schreckt vns auch nicht mehr mit dem tod/denn wir haben nu die klarheit im angesicht Christi/das ist/das ampt der gnaden/dadurch wir Christum erkennen/mit welchs gerechtigkeit/leben/vnd stercke/wir das Gesetze erfüllen/tod vnd helle vberwinden/Wie auch die drey Apostel auff dem berge Thabor/Mosen vnd Eliam sahen vnd doch nicht fur jnen erschracken vmb der lieblichen klarheit willen im angesicht Christi/ Aber Exo.34. da Christus nicht gegenwertig war/kundten die kinder Jsrael die klarheit vnd glentzen jnn Mose angesicht nicht erleiden/vnd er must eine decke dafur thun.

Denn es sind dreierley schüler des Gesetzt/ Die ersten/die das Gesetz hören vnd verachten/füren ein ruchlos leben on furcht/Zu diesen kompt das Gesetz nicht/vnd sind bedent durch die Kalbdiener jnn der wüsten/vmb welcher willen Mose die tafeln entzwey warff vnd das Gesetz nicht zu jnen bracht. Die andern/die es angreiffen mit eigener krafft zu erfüllen on gnade/die sind bedent durch die/so Mose andlitz nicht sehen kundten/da er zum andern mal die tafeln bracht/Zu diesen kompt das Gesetz/aber sie leidens nicht/Drumb machen sie eine decke drüber/vnd füren ein heuchlisch leben mit eusserlichen wercken des Gesetzs/welchs doch das Gesetz alles zu sunden macht/wo die decke abgethan würde/ Denn das Gesetz erweiset/das vnser vermügen nichts sey/on Christus gnade.

Die dritten sind/die Mosen klar on decke sehen/das sind sie/die des Gesetzts meinung verstehen/wie es vnmügliche ding foddere/da gehet die sunde jnn der krafft/da ist der tod mechtig/da ist des Goliaths spies wie ein weberbaum/vnd sein stachel hat sechs hundert sekel ertz/das alle kinder Jsrael fur jm fliehen/on der einige Dauid Christus vnser HErr erlöset vns von dem allen/ Denn wo nicht Christus klarheit neben solcher klarheit Mose keme/kundte niemand solche glentze des Gesetzs/der sunde vnd des tods schrecken ertragen/ Diese fallen abe von allen wercken vnd vermessenheit/vnd lernen am Gesetz nicht mehr/denn allein sunde erkennen vnd nach Christo zu seufftzen/welchs auch das eigentlich ampt Mose vnd des Gesetzs art ist.

Also hat Mose auch selbs angezeiget/das sein ampt vnd lere solt weren bis auff Christum/ vnd als denn auff hören/da er spricht/Deutero.xviij. Einen Propheten wird dir der HERR dein Gott erwecken

Vorrede.

wecken aus deinen Brüdern/wie mich/den soltu hören rc. Dis ist der edlest spruch vnd freilich der kern im gantzen Mose/welchen auch die Apostel hoch gefurt vnd starck gebraucht haben/das Euangelion zu bekrefftigen vnd das Gesetz ab zu thun/ Vnd alle Propheten/gar viel draus gezogen/Denn weil Gott hie einen andern Mose verheisst/den sie hören sollen/zwinget sichs/das er etwas anders leren würde/denn Mose/vnd Mose seine macht jm vbergibt vnd weicht/das man jheuen hören solle/So kan jhe der selb Prophet nicht Gesetz leren/denn das hat Mose auffs aller höhest ausgericht/vnd were kein not vmbs Gesetzs willen einen andern Propheten zu erwecken/Drumb ists gewis von der gnaden lere vnd Christo gesagt.

Darumb nennet auch Sanct Paulus Mose Gesetz/das Alte Testament/Christus auch/da er das Newe Testament einsetzet/Vnd ist darumb ein Testament/das Gott darinnen verhies vnd beschied dem volck Israel das land Canaan/ wo sie es halten würden/ vnd gabs auch jnen/vnd ward bestetiget durch scheps vnd bocks tod vnd blut/ Aber weil solch Testament nicht auff Gottes gnaden/sondern auff menschen wercken stund/must es alt werden vnd auff hören/vnd das verheissen land wider verloren werden/darumb/das werck nicht mügen Gesetz erfüllen/vnd must ein ander Testament komen/das nicht alt würde/auch nicht auff vnserm thun/sondern auff Gottes wort vnd wercken stund/auff das es ewiglich weret/drumb ists auch durch einer ewigen person tod vnd blut bestetiget vnd ein ewiges land verheissen vnd gegeben.

Das sey von Mose bücher vnd ampt gered/Was sind aber nu die ander bücher der Propheten vnd der Geschichten? Antwort/Nichts anders/denn was Mose ist/denn sie treiben alle sampt Moses ampt/vnd wehren den falschen Propheten/das sie das volck nicht auff die werck füren/sondern inn dem rechten ampt Mose vnd erkentnis des Gesetzes bleiben lassen/vnd halten fest drob/das sie durch des Gesetzs rechten verstand/ die leute inn jrer eigen vntüchtigkeit behalten vnd auff Christum treiben/ wie Mose thut/ Darumb streichen sie auch weiter aus/was Mose von Christo gesagt hat/vnd zeigen an beiderley exempel/dere/die Mose recht haben/vnd dere/die jn nicht recht haben/vnd aller beider straff vnd lohn. Also/das die Propheten nichts anders sind/denn handhaber vnd zeugen Mose vnd seins ampts/das sie durchs Gesetz jederman zu Christo bringen.

Auffs letzt solt ich auch wol die geistliche bedeutung anzeigen/so durch das Leuitisch Gesetz vnd Priesterthum Mose furgelegt/ Aber es ist sein zu viel zu schreiben/es wil raum vnd zeit haben/vnd mit lebendiger stimme ausgelegt sein/Denn freilich Mose ein brun ist aller weisheit vnd verstands/daraus gequollen ist alles/was alle Propheten gewusst vnd gesagt haben/dazu auch das Newe Testament eraus fleusset vnd drein gegründet ist/wie wir gehöret haben. Aber doch ein kleins kurtzs grifflin zu geben/den jhenigen/so gnade vnd verstand haben/weiter nach zu trachten/sey das mein dienst.

Wenn du wilt wol vnd sicher deuten/So nim Christum fur dich/denn das ist der man/dem es alles vnd gantz vnd gar gilt, So mache

nu aus

Vorrede.

nu aus dem Hohen priester Aaron niemand denn Christum alleine/ wie die Epistel zu den Ebreern thut/ welche fast alleine gnugsam ist/ alle figurn Mose zu deuten/ Also ists auch gewis/ das Christus selbs das Opffer ist/ ja auch der Altar/ der sich selbs mit seinem eigen blut geopffert hat/ wie auch die selb Epistel meldet. Wie nu der Leuitische Hohe priester/ durch solch opffer nur die gemachten sunde weg nam/ die von natur nicht sunde waren/ Also hat vnser Hohe priester Christus/ durch sein selbs opffer vnd blut/ die rechte sunde/ die von natur sunde ist/ weg genomen/ vnd ist ein mal durch den Vorhang gegangen zu Gott/ das er vns versune. Also/ das du alles/ was vom Hohen priester geschrieben ist/ auff Christum personlich vnd sonst auff niemand deutest.

Aber des Hohen priesters sone/ die mit dem teglichen opffer vmb gehen/ soltu auff vns Christen deuten/ die wir fur vnserm Vater Christo im himel sitzend/ hie auff erden mit dem leibe wonen/ vnd nicht hin durch sind bey jm/ on mit dem glauben geistlich. Der selben ampt/ wie sie schlachten vnd opffern/ bedeut nichts anders/ denn das Euangelion predigen/ durch welchs der alte mensch getödtet vnd Gott geopffert/ durchs feur der liebe/ im heiligen Geist verbrand vnd verzeret wird/ welchs gar wol reucht fur Gott/ das ist/ es macht ein gut/ rein/ sicher gewissen fur Gott/ Diese deutung trifft Sanct Paulus zu den Römern am zwelfften/ da er leret/ wie wir vnsere leibe sollen opffern Gott zum lebendigen/ heiligen/ angenemen opffer/ welchs wir thun (wie gesagt) durch stetige vbung des Euangelij/ beide mit predigen vnd gleuben. Das sey dis mal gnug zur kurtzen anleitung/ Christum vnd das Euangelion zu suchen im alten Testament.

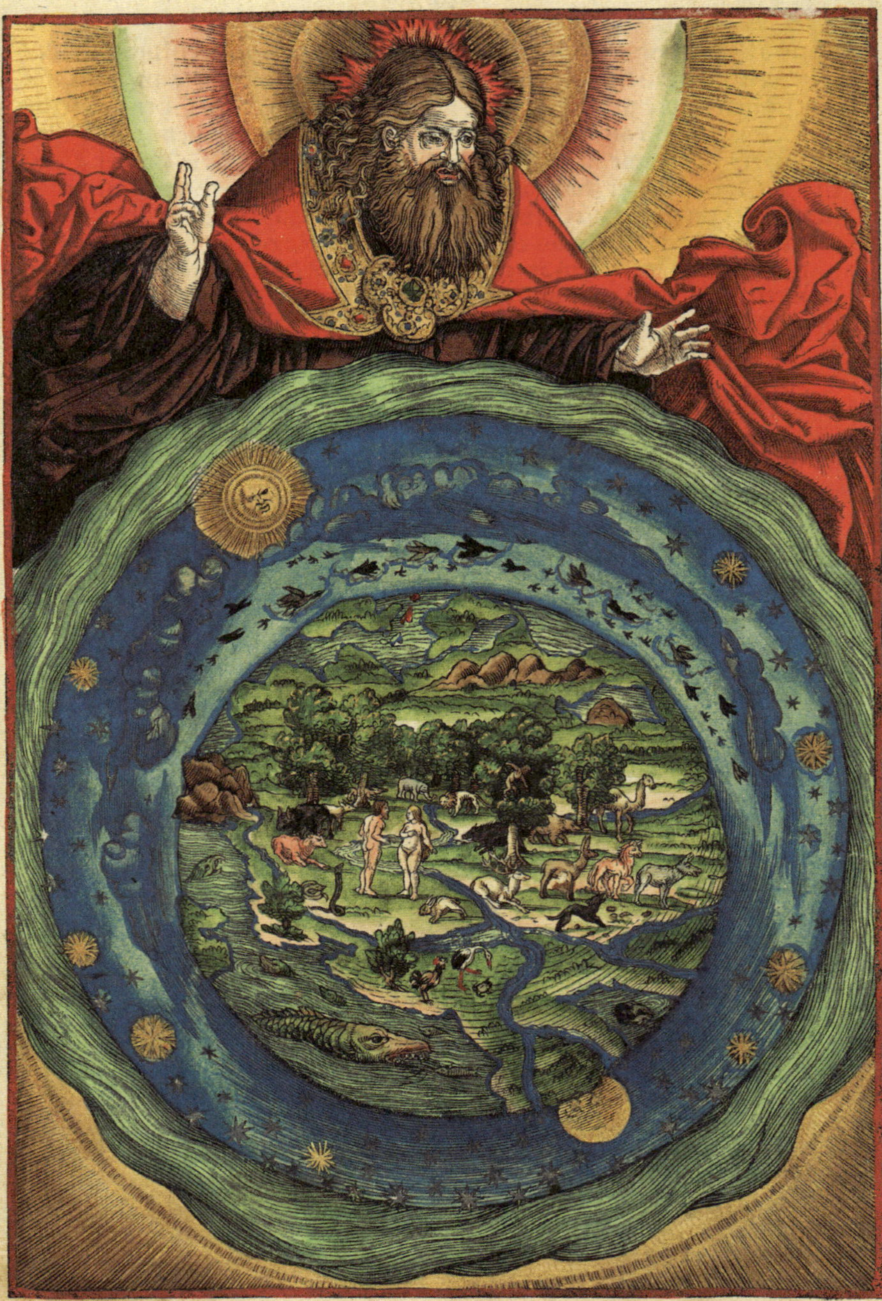

Das Erst Buch Mose.

I.

Am anfang schuff Gott himel vnd erden/Vnd die erde war wüst vnd leer/vnd es war finster auff der tieffe/vnd der Geist Gottes schwebet auff dem wasser.

Vnd Gott sprach/Es werde liecht/ Vnd es ward liecht/vnd Gott sahe das liecht fur gut an/Da scheidet Gott das liecht vom finsternis/ vnd nennet das liecht/Tag/vnd die finsternis/Nacht/ Da ward aus abend vnd morgen der erste tag.

Vnd Gott sprach/Es werde eine feste zwisschen den wassern/vnd die sey ein vnterscheid zwisschen den wassern/Da macht Gott die Feste/vnd scheidet das wasser hunden/von dem wasser droben an der Festen/Vnd es geschach also/Vnd Gott nennet die Festen/Himel/Da ward aus abend vnd morgen der ander tag.

Vnd Gott sprach/Es samle sich das wasser vnter dem himel/an sondere örter/das man das trocken sehe/vnd es geschach also/Vnd Gott nennet das trocken/Erde/vnd die samlung der wasser nennet er/Meere/Vnd Gott sahe es fur gut an.

Vnd Gott sprach/Es lasse die erde auff gehen gras vnd kraut/das sich besame / vnd fruchtbare beume/ da ein jglicher nach seiner art frucht trage/vnd habe seinen eigen samen bey jm selbs/auff erden/ Vnd es geschach also/Vnd die erde lies auff gehen/gras vnd kraut/ das sich besamet/ein jglichs nach seiner art/vnd beume die da frucht trugen/vnd jren eigen samen bey sich selbs hatten/ein jglicher nach seiner art/Vnd Gott sahe es fur gut an/Da ward aus abend vnd morgen der dritte tag.

Vnd Gott sprach/Es werden Liechter an der Feste des Himels/ vnd scheiden tag vnd nacht/ vnd geben/zeichen/monden/tage vnd jare/vnd seien liecher an der Festen des himels/das sie scheinen auff erden/Vnd es geschach also/Vnd Gott macht zwey grosse liechter/Ein gros liecht/das den tag regire/vnd ein klein liecht/das die nacht regire/dazu auch sternen/Vnd Gott setzt sie an die Feste des himels/das sie schienen auff die erde/vnd den tag vnd die nacht regirten/vnd scheideten liecht vnd finsternis/Vnd Gott sahe es fur gut an/Da ward aus abend vnd morgen der vierde tag.

Vnd Gott sprach/Es errege sich das wasser mit webenden vnd lebendigen thiern/vnd mit geuogel das auff erden vnter der Feste des himels fleuget/Vnd Gott schuff grosse walfische vnd allerley thier/das da lebt vnd webt/vnd vom wasser erregt ward/ein jglichs nach seiner art/vnd allerley gesiderts geuogel/ein jglichs nach seiner art/Vnd Got sahe es fur gut an/vnd segnet sie/vnd sprach/Seid fruchtbar vnd mehret euch/vnd erfüllet das wasser im meer/ vnd das geuogel mehre sich auff erden/Da ward aus abend vnd morgen der funffte tag.

Vnd Gott sprach/ Die erde bringe erfur lebendige thier/ein jglichs nach seiner art/viech/gewürm vnd thier auff erden/ein jglichs

Zeichen/ als der sonnen/vnd monden finsternis/ vnd andere wunder am himel. Monden/ als die Jar feste/als new monden/vol monden etc. Tage/ als die Ostern/ Pfingsten/ etc. vnd bey vns die Quatember/ vnd andere namhafftige tage im jar.

A nach

Das Erst Buch

nach seiner art/Vnd es geschach also/Vnd Gott macht die thier auff erden/ein jglichs nach seiner art/vnd das viech nach seiner art/vnd allerley gewürm auff erden nach seiner art/Vnd Gott sahe es fur gut an.

 Vnd Gott sprach/Lasst vns menschen machen/ein bild/das vns gleich sey/die da herrschen vber die fisch im meer/vnd vber die vogel vnter dem himel/vnd vber das viech/vnd vber die gantzen erde/vnd vber alles gewürm das auff erden kreucht/Vnd Gott schuff den menschen jm zum bild/zum bild Gottes schuff er jn/Vnd er schuff sie ein menlin vnd frewlin.

(Vnterthan)
Was jr bawet vñ erbeit auff dem lande/das sol ewr eigen sein/vnd die erde sol euch hier in dienen.

 Vnd Gott segnet sie vnd sprach zu jnen/Seid fruchtbar vnd mehret euch/vnd füllet die erden/vnd macht sie euch vnterthan/vnd herrschet vber fisch im meer/vnd vber vogel vnter dem himel/vnd vber alles thier das auff erden kreucht.

 Vnd Gott sprach/Sehet da/Ich hab euch gegeben allerley kraut/das sich besamet auff der gantzen erden/vnd allerley fruchtbare beume/vnd beume die sich besamen/zu ewr speise/vnd aller thiere auff erden/vnd allen vogeln vnter dem himel/vnd allem gewürm das das leben hat auff erden/das sie allerley grün kraut essen/Vnd es geschach also/Vnd Gott sahe an alles was er gemacht hatte/vnd sihe da/Es war seer gut/Da ward aus abend vnd morgen der sechste tag.

II.

Also ward volendet himel vnd erden mit jrem gantzen heer/vnd also volendet Gott am siebenden tage seine werck die er machet/vnd rugete am siebenden tage von allen seinen wercken die er machet/vnd segnete den siebenden tag vnd heiliget jn/darumb das er an dem selben geruget hatte von allen seinen wercken/die Gott schuff vnd machet.

 Also ist himel vnd erden her komen/da sie geschaffen sind/zu der zeit/da Gott der HERR erden vnd himel machte/ehe denn jrgend ein streuchlin war auff dem felde/oder jrgend ein kraut auff erden wuchs/Denn Gott der HERR hatte noch nicht regnen lassen auff erden/vnd war kein mensch der das land bawete/Aber ein nebel gieng auff von der erden/vnd feuchtet alles land.

 Vnd Gott der HERR machet den menschen aus dem erden klos/vnd er blies jm ein den lebendigen odem jnn seiner nasen/vnd also ward der mensch eine lebendige seele.

 Vnd Gott der HERR pflantzet einen garten jnn Eden/gegen dem morgen/vnd setzet den menschen drein/den er gemacht hatte.

ᵃ (Pison)
Pison ist das grosse wasser jnn India/das man Ganges heisst/denn Heuila ist Indien land/Gihon ist das wasser jnn Egypten/das man Nilus heisst. Hidekel ist das wasser jnn Assyria/das man Tygris heisst. Phrat aber ist das nehest wasser jnn Syria/das man Euphrates heisst.

 Vnd Gott der HERR lies auffwachsen aus der erden allerley beume/lüstig anzusehen vnd gut zu essen/vnd den baum des lebens mitten im Garten/vnd den baum des erkentnis gutes vnd böses.

 Vnd es gieng aus von Eden ein strom zu wessern den Garten/vnd teilet sich daselbs jnn vier heubt wasser/Das erst heisst ᵃ Pison/das fleusset vmb das gantz land Heuila/vnd daselbs find man gold/vnd das gold des lands ist köstlich/vnd da find man Bedellion/vnd den eddel stein Onix/Das ander wasser heisst Gihon/das fleusst vmb das gantze Morenland/Das dritte wasser heisst Hidekel/das fleusst fur Assyrien/Das vierde wasser ist der Phrat.

Vnd

Mose.

Vnd Gott der HERRE nam den menschen vnd satzt jn jnn den garten Eden/das er jn bawet vnd bewaret/Vnd Gott der HERRE gebot dem menschen/vnd sprach/Du solt essen von allerley bewme im garten/Aber von dem bawm des erkentis guttes vnd böses soltu nicht essen/denn welchs tages du dauon issest/wirstu des tods sterben.

Vnd Gott der HERRE sprach/Es ist nicht gut/das der mensch allein sey/Jch wil jm ein gehülffen machen/die sich zu jm halte/Denn als Gott der HERRE gemacht hatte von der erden allerley thier auff dem feld/vnd allerley vogel vnter dem himel/bracht er sie zu dem menschen/das er sehe/wie er sie nennet/Denn wie der mensch allerley lebendige thier nennen würde/so solten sie heissen/Vnd der mensch gab einem jglichen viech/vnd vogel vnter dem himel/vnd thier auff dem feld/seinen namen/Aber der mensch fand kein gehülffen die sich zu jm hielte.

Da lies Gott der HERRE einen tieffen schlaff fallen auff den menschen/vnd er entschlieff/Vnd nam seiner rieben eine/vnd schlos die stet zu mit fleisch/Vnd Gott der HERRE bawet ein weib aus der riebe/die er von dem menschen nam/vnd bracht sie zu jm/Da sprach der mensch/das ist doch bein von meinen beinen vnd fleisch von meinem fleisch/man wird sie Mennin heissen/darumb/das sie vom manne genomen ist/darumb/wird ein man seinen vater vñ seine mutter verlassen/vnd an seinem weibe hangen/vnd sie werden sein ein fleisch/Vnd sie waren beide nacket/der mensch vnd sein weib/vnd schemeten sich nicht.

III.

VNd die schlange war listiger denn alle thier auff dem felde/die Gott der HERRE gemacht hatte/vnd sprach zu dem weibe/Ja/solt Gott gesagt haben/jr solt nicht essen von allerley bewme im garten? Da sprach das weib zu der schlangen/wir essen von den früchten der bewme im garten/aber von den früchten des bawms mitten im garten hat Gott gesagt/Esset nicht dauon/rürets auch nicht an/das jr nicht sterbet.

Da sprach die Schlange zum weibe/Jr werdet mit nicht des tods sterben/Sondern Gott weis/das/welchs tags jr dauon esset/so werden ewer augen auffgethan/vnd werdet sein wie Gott/vnd wissen was gut vnd böse ist/Vnd das weib schawet an/das von dem bawm gut zu essen were/vnd lieblich anzusehen/das ein lustiger bawm were/weil er klug mechte/vnd brach die frucht ab/vnd ass/vnd gab jrem man auch dauon/Vnd er ass/Da wurden jr beider augen auffgethan/vnd wurden gewar/das sie nacket waren/vnd flochten feigen bletter zu samen/vnd machten jnen schürtze.

Vnd sie höreten die stim Gottes des HERRN im garten gehen/da der ᵃ tag kuel worden war/Vnd ᵇ Adam versteckt sich mit seinem weibe/fur dem angesicht Gottes des HERRN vnter die bewme im garten/Vnd Gott der HERR rieff Adam vnd sprach zu jm/Wo bistu? Vnd er sprach/Jch hörete deine stim im garten vnd fürchte mich/denn ich bin nacket/darumb verstecket ich mich/Vnd er sprach/wer hat dirs gesagt/das du nacket bist? hastu nicht gessen von dem bawm/

ᵃ (tag kuele war) Das war vmb den abent/weil die hitze vergangen ist/bedeut/das nach gethaner sund/das gewissen angst leidet/bis das Gottes gnedige stim kome vnd widder kuele vnd erquicke das hertz/wie wol sich auch die blöde natur entsetzt vnd fleucht fur dem Euangelio/weil es das creutz vnd sterben leret.

ᵇ (Adam versteckt) Adam heisst auff Ebreisch/Mesch/darumb mag man Mensch sage/wo Adam steher/vnd widderumb.

Das erst buch

bawm/dauon ich dir gebot/du soltest nicht dauon essen? Da sprach Adam/Das weib/das du mir zugesellet hast/gab mir von dem bawm vnd ich ass/Da sprach Gott der HERR zum weibe/Warumb hastu das gethan? Das weib sprach/Die schlange betrog mich also das ich ass.

Da sprach Got der HERR zu der schlangen/weil du solchs gethan hast/seistu verflucht fur allem viech vnd fur allen thieren auff dem feld/auff deinem bauch soltu gehen/vnd erden essen dein leben lang/ Vnd ich wil feindschafft setzen zwischen dir vnd dem weib/vnd zwischen deinem samen vnd jrem samen / ᵃ Der selb sol dir den kopff zutretten/vnd du wirst jn jnn die versen ᵇ stechen.

Vnd zum weibe sprach er/Ich wil dir viel schmertzen schaffen wenn du schwanger wirst/du solt mit schmertzen kinder gepern/vnd dein wille sol deinem man vnter worffen sein/vnd er sol dein Herr sein.

Vnd zu Adam sprach er/Die weil du hast gehorcht der stim deins weibs/vnd gessen von dem bawm/dauon ich dir gebot vnd sprach/du solt nicht dauon essen/verflucht sey der acker vmb deinen willen/mit kummer soltu dich drauff neeren dein leben lang/dorn vnd disteln sol er dir tragen/vnd solt das kraut auff dem feld essen / im schweis deines angesichts soltu dein brod essen/bis das du widder zu erden werdest/dauon du genomen bist/Denn du bist erden vnd solt zu erden werden.

Vnd Adam hies sein weib ᶜ Heua/darumb das sie ein mutter ist aller lebendigen/Vnd Gott der HERR machet Adam vnd seinem weibe röcke von fellen/vnd zoch sie an/Vnd Gott der HERR sprach/ Sihe/Adam ist worden als vnser einer/vnd weis was gut vn böse ist/ Nu aber/das er nicht ausstrecke seine hand/vnd breche auch von dem bawm des lebens/vnd esse vnd lebe ewiglich.

Da lies jn Gott der HERR aus dem garten Eden/das er das feld bawet/dauon er genomen ist/vnd treib Adam aus/vnd lagert fur den garten Eden den Cherubim mit einem blossen hawenden schwerd/zu bewaren den weg zu dem bawm des lebens.

IIII.

Nd Adam erkandte sein weib Heua / vnd sie ward schwanger vnd gepar den Kain/Ich hab kriegt den man des HERREN/Vnd sie fur fort/vnd gepar Habel seinen bruder/Vnd Habel ward ein schefer/Kain aber ward ein acker man.

Es begab sich aber nach etlichen tagen/das Kain dem HERRN opffer bracht von den früchten des felds/Vnd Habel bracht auch von den erstlingen seiner herde vnd von jrem fetten/Vnd der HERR sahe gnediglich an Habel vnd sein opffer/Aber Kain vnd sein opffer sahe er nicht gnediglich an/Da ergrimmet Kain seer vnd sein geberde verstellet sich/Da sprach der HERR zu Kain/Warumb ergrimmestu? vnd warumb verstellet sich dein geberde? Ists nicht also? Wenn du from bist / so bistu angeneme/Bistu aber nicht frum/so bleibt die sund nicht sicher noch ᵈ verborgen/Aber las du jr nicht jren willen/sondern herrsche vber sie/Da ᵉ redet Kain mit seinem bruder Habel.

Vnd es begab sich/da sie auff dem felde waren/erhub sich Kain widder seinen bruder Habel vnd schlug jn tod / Da sprach der
HERR

ᵃ (Der selb) Dis ist das erst Euangelion vnd verheissung von Christo geschehen auff erden/Das er solt sund/tod vnd helle vber winden/vnd vns von der schlangē gewalt selig machen / Daran Adam gleubt mit allen seinen nachkomē/dauon er Christen vñ selig wordē ist von seinem fall.

ᵇ (stechen) plagen/creutzigen vnd martern/Deñ so gehets auch Christus zutritt dē Teufel seinen kopf (das ist sein reich/ des tods/sund vnd helle) So tritt jn der Teufel dē fuss/(das ist/ er tödtet vnd martert jn vñ die seinen leiblich)

ᶜ (Heua) Hai heisst Leben/Daher kompt Heua od der Haua leben od der lebendige.

ᵈ (verborgen) Das ist/du must ein heuchler sein/vnd meinest/deine sunde sey Got verborgen/Aber da erferestu es jzt anders/Darumb besser dich etc.

ᵉ (redet mit Abel) Das ist/scham halben must er sich eusserlich stellen vnd reden mit seinem bruder/weil ge strafft ward/ob er wol im hertzen jn zu tödten gedacht/ also ist Kain aller heuchler vnd falscher heiligen vater.

Mose. III.

HERR zu Kain/Wo ist dein bruder Habel? Er aber sprach/Ich weis nicht/sol ich meins bruders hüter sein? Er aber sprach/Was hastu gethan? Die stim deins bruders blut schreiet zu mir von der erden/Vnd nu/verflucht seistu auff der erden/die jr maul hat auffgethan/vnd deins bruders blut von deinen henden empfangen/Wenn du den acker bawen wirst/sol er dir fort sein vermügen nicht geben/Vnstet vnd flüchtig soltu sein auff erden.

Kain aber sprach zu dem HERRN/Meine sunde ist grösser/denn das sie mir vergeben werden müge/Sihe/du treibest mich heute aus dem lande/vnd mus mich fur deinem angesicht verbergen/vnd mus vnstete vñ flüchtig sein auff erden/So wird mirs gehen/das mich tod schlahe wer mich findet/Aber der HERR sprach zu jm/Nein/Sondern wer Kain todschlegt/das sol siebenfeltig gerochen werden/Vnd der HERRE macht ein zeichen an Kain/das jn niemand erschlüge/wer jn fünde/Also gieng Kain von dem angesicht des HERRN/vnd wonet im land Nod/jenseid Eden gegen dem morgen.

Vnd Kain erkandte sein weib/die ward schwanger vnd gepar den Hanoch/Vnd er bawet eine stad/die nennet er nach seins sons namen/Hanoch/Hanoch aber zeugete Yrad/Yrad zeugete Mahuiael/Mahuiael zeugete Methusael/Methusael zeugete Lamech.

Lamech aber nam zwey weiber/eine hies Ada/die ander Zilla/Vnd Ada gepar Jabal/von dem sind her komen die jnn hütten woneten vnd viech zogen/Vnd sein bruder hies Jubal/von dem sind her komen die geiger vnd pfeiffer/Die Zilla aber gepar auch/nemlich/den Tubalkain/den meister jnn allerley ertz vnd eisenwerck/Vnd die schwester des Thubalkain war Naema.

Vnd Lamech sprach zu seinen weibern Ada vnd Zilla/Ir weiber Lamech höret meine rede/vnd merckt was ich sage/ich hab einen man erschlagen mir zur wunden/vnd einen jüngling mir zur beulen/Kain sol sieben mal gerochen werden/Aber Lamech sieben vnd siebentzig mal.

Adam erkandte aber mal sein weib/vnd sie gepar einen son/den hies sie Seth/Denn Gott hat mir (sprach sie) ein andern samen gesetzt fur Habel/den Kain erwürget hat. Vnd Seth zeuget auch einen Son/vnd hies jn Enos/Zu der selben zeit fieng man an zu predigen von des HERRN namen.

V.

DIs ist das buch von des menschen geschlecht/Da Gott den menschen schuff/machet er jn nach dem gleichnis Gottes/Vnd schuff sie ein menlin vnd frewlin/vnd segnet sie/vnd hies jren namen/Mensch/zur zeit da sie geschaffen wurden.

Vnd Adam war hundert vnd dreissig iar alt/vnd zeuget einen son/der seinem bild ehnlich war/Vnd hies jn Seth/vnd lebt darnach achthundert iar/vnd zeuget söne vnd töchtere/das sein gantzes alter ward/neunhundert vnd dreissig iar/vnd starb.

Seth war hundert vnd fünff iar alt/vnd zeuget Enos/vnd lebet darnach acht hundert vnd sieben iar/vnd zeuget söne vnd töchtere/das sein gantzes alter ward/neunhundert vnd zwelff iar/vnd starb.

(fieng man an) Nicht das zuuor nicht auch Gottes name were gepredigt/Sondern nach dem durch Kains bosheit der Gottes dienst gefallen war/ward er dazumal wider auffgericht/vnd gent ein altarlin gebawet/da hütte sie sich versamleten/das Gottes wort zu hören vnd zu beten.

Das erst buch

Enos war neuntzig iar alt/vnd zeuget Kenan/vnd lebt darnach acht hundert vnd fünfftzehen iar/vnd zeuget söne vnd töchtere/das sein gantzes alter ward/neunhundert vnd fünff iar/vnd starb.

Kenan war siebentzig iar alt/vnd zeuget Mahalaleel/vnd lebet darnach acht hundert vnd viertzig iar/vnd zeuget sone vnd töchtere/ das sein gantz alter ward/neunhundert vnd zehen iar/vnd starb.

Mahalaleel war funff vnd sechtzig iar alt/vnd zeuget Jared/vnd lebet darnach achthundert vnd dreissig iar/vnd zeuget söne vnd töchtere/das sein gantzes alter ward/acht hundert fünff vnd neuntzig iar/vnd starb.

Jared war hundert zwey vnd sechtzig iar alt/vnd zeuget Henoch/ vnd lebet darnach/acht hundert iar/vnd zeuget söne vnd töchtere/ das sein gantzes alter ward/neunhundert zwey vnd sechtzig iar/vnd starb.

Henoch war fünff vnd sechtzig iar alt/vnd zeuget Methusalah/ vnd lebt dar nach drey hundert iar/vnd zeuget söne vnd töchtere/vnd füret einen Göttlichen wandel/vnd sein gantz alter ward/dreyhundert fünff vnd sechtzig iar/Vnd die weil er einen Göttlichen wandel füret/nam jn Gott hin weg/vnd ward nicht mehr gesehen.

Methusalah war hundert sieben vnd achtzig iar alt/vnd zeuget Lamech/vnd lebet darnach sieben hundert zwey vnd achtzig iar/vnd zeuget söne vnd töchtere/das sein gantzes alter ward/neunhundert neun vnd sechtzig iar/vnd starb.

Lamech war hundert zwey vnd achtzig iar alt/vnd zeuget einen son vnd hies jn Noah/vnd sprach/der wird vns trösten jnn vnser mühe vnd erbeit auff erden/die der HERRE verflucht hat/Darnach lebet er fünff hundert fünff vnd neuntzig iar/vnd zeuget söne vnd töchter/das sein gantz alter ward/sieben hundert sieben vnd siebentzig iar/vnd starb.

Noah war fünff hundert iar alt/vnd zeuget/Sem/Ham vnd Japheth.

VI.

(Göttlichen wandel)
Das ist/Er wird mit Gottes wort fur andern vleissig vmb gangen/vnd ein prophet gewest sein/der allerhalben den leuten Gottes furcht geprediget vnd die straffe (so die sind flut hernach thet) verkündigt/vnd viel drüber gelidden vn gethan hat

a (Kinder Gottes) Das waren der heiligen veter kinder/ Die jnn Gottes furcht auffertzogen/ darnach erger/den die andern/worden vnter dem namen Gottes/Wie alzeit der heiligen nach komen/die ergesten Tyrannen vnd verkertesten zu letzt worden sind.

b (meinen geist) Das ist/Es ist vmb sonst/was ich durch meine geist jn predigen/sagen/ vnd straffen lasse/ Sie sind zu gar fleischlich worden/verachten vnd lestern meins geists wort drumb sol er auffhören/vnd ich wil sie lassen faren/vñ nicht mehr mich mit jn zancken vnd straffen.

Das sich aber die menschen begunden zu mehren auff erden/vnd zeugeten jn töchtere/Da sahen die kinder Gottes nach den töchtern der menschen/wie sie schon waren/vnd namen zu weibern/welche sie wolten/Da sprach der HERRE/Die menschen wollen sich meinen geist/nicht mehr straffen lassen/Denn sie sind fleisch/Ich wil jnen noch frist geben hundert vnd zwentzig iar.

Es waren auch zu den zeiten Tyrannen auff erden/Denn da die kinder Gottes die töchter der menschen beschliessen vnd jn kinder zeugeten/wurden daraus gewaltige jnn der welt vnd berümpte leut.

Da aber der HERRE sahe/das der menschen bosheit gros war auff erden/vnd alles tichten vnd trachten jrs hertzen nur böse war jmerdar/da rewet es jn/das er die menschen gemacht hatte auff erden/vnd es bekümert jn jnn seinem hertzen/vnd sprach/Ich wil die menschen/die ich geschaffen hab/vertilgen von der erden/von den menschen an bis auff das viech/vnd bis auff das gewürme/vnd bis auff die vögel vnter dem himel/Denn es rewet mich/das ich sie gemacht habe/Aber Noah fand gnade fur dem HERRN.

Dis ist

Mose.

Dis ist das geschlecht Noah/Noah war ein frum man vnd on wandel/vnd furet ein Göttlich leben zu seinen zeiten/vnd zeuget drey söne/Sem/Ham/Iapheth/Aber die erde war verderbet fur Gottes augen/vnd vol freuels/Da sahe Gott auff erden/vnd sihe/ Sie war verderbet/denn alles fleisch hatte seinen weg verderbet auff erden.

Da sprach Gott zu Noah/Alles fleischs ende ist fur mich komen/ Denn die erde ist vol freuels von jnen/Vnd sihe da/ich wil sie verter‑ ben mit der erden/Mache dir einen Kasten von tennen holtz/vnd ma‑ che kammern drinnen/vnd verpiche sie mit pech jnwendig vnd aus wendig/vnd mache jn also.

Dreyhundert ellen sey die lenge/fünfftzig elen die weite/vnd drei‑ ssig ellen die höhe/Ein fenster soltu dran machen oben an/einer ellen gros/Die thur soltu mitten jnn seine seiten setzen/ Vnd sol drey bo‑ den haben/einen vnden/den andern jnn der mitte/den dritten jnn der höhe.

Denn sihe/ich wil eine sindflut mit wasser komen lassen auff er‑ den/zu verterben alles fleisch/darin ein lebendiger odem ist vnter dem himel/alles was auff erden ist sol vntergehen/aber mit dir wil ich einen bund auffrichten/vnd du solt jnn den kasten gehen/mit deinen sönen mit deinem weibe vnd mit deiner söne weiber/Vnd du solt jnn den ka‑ sten thun allerley thier von allem fleisch/ia ein par/menlin vnd frew‑ lin/das sie lebendig bleiben bey dir/Von den vogeln nach jrer art/von dem viech nach seiner art/vnd von allerley gewürm auff erden nach seiner art/Von den allen jhe ein par zu dir hinein gehen/das sie leben bleiben/Vnd du solt allerley speise zu dir nemen/die man isset/vnd solt sie bey dir samlen/das sie dir vnd jnen zur narung da seien/Vnd Noah thet alles was jm Gott gebot.

VII.

Vnd der HERRE sprach zu Noah/Gehe jnn den Ka‑ sten/du vnd dein gantz haus/denn dich hab ich gerecht ersehen fur mir zu dieser zeit/Aus allerley reinem viech nim zu dir/ia sieben vnd sieben/das menlin vnd sein frewlin/von dem vnreinen viech aber/jhe ein par/das menlin vnd sein freulin/desselben gleichen von den vo‑ geln vnter dem himel/ia sieben vnd sieben/das menlin vnd sein freu‑ lin/auff das same lebendig bleibe auff dem gantzen erdboden/Denn noch vber sieben tage/wil ich regen lassen auff erden/viertzig tage vnd viertzig nacht/vnd vertilgen von dem erdboden alles was das wesen hat/das ich gemacht habe.

Vnd Noah thet alles was jm der HERRE gebot/Er war aber sechshundert iar alt/da das wasser der sindflut auff erden kam/Vnd er gieng jnn den Kasten mit seinen sönen/weibe/vnd seiner söne wei‑ bern/fur dem gewesser der sindflut/Von dem reinen viech vnd von dem vnreinen/von den vogeln vnd von allem gewürm auff erden/ giengen zu jm jnn den Kasten bey paren/ia menlin vnd frewlin/ wie jm der HERRE geboten hatte/Vnd da die sieben tage vergangen waren/kam das gewesser der sindflut auff erden.

Inn dem sechshunderten iar des alters Noah/am siebenzehen‑ den tag des andern Monden/das ist der tag/da auffbrachen alle brunne der grossen tieffen/vnd thetten sich auff die fenster des himels/ vnd kam ein regen auff erden viertzig tage vnd viertzig nachte.

A iiij   Eben

Das Erst Buch

Eben am selben tage gieng Noah jnn den Kasten mit Sem/Ham vnd Japhet seinen sönen/vnd mit seinem weibe vnd seiner söne dreien weiber/dazu allerley thier nach seiner art/allerley viech nach seiner art/allerley gewürm das auff erden kreucht nach seiner art/vnd allerley vogel nach jrer art/alles was fliegen kund/vnd alles was sittich hatte/das gieng alles zu Noah jnn den Kasten bey paren von allem fleisch/da ein lebendiger geist jnnen war/vnd das waren menlin vnd frewlin von allerley fleisch/vnd giengen hinein/wie denn Gott jm geboten hatte/Vnd der HERRE schlos hinder jm zu.

Da kam die sindflut viertzig tage auff erden/vnd die wasser wuchsen vnd huben den Kasten auff/vnd trugen jn empor vber der erden/ Also nam das gewesser vberhand/vnd wuchs seer auff erden/das der Kaste auff dem gewesser fur/Vnd das gewesser nam vberhand vnd wuchs so seer auff erden/das alle hohe berge vnter dem gantzen himel bedeckt wurden/Fünfftzehen ellen hoch gieng das gewesser vber die berge/die bedeckt wurden.

Da gieng alles fleisch vnter/das auff erden kreucht/an vogeln/ an viech/an thieren/vnd an allem das sich reget auff erden/vnd an allen menschen/Alles was ein lebendigen odem hatte im trocken/das starb.

Also ward vertilget alles was auff dem erdboden war/vom menschen an bis auff das viech/vnd auff das gewürm/vnd auff die vogel vnter dem himel/das ward alles von der erden vertilget/Allein Noah bleib vber/vnd was mit jm jnn dem Kasten war/vnd das gewesser stund auff erden hundert vnd fünfftzig tage.

Da ge

Mose.
VIII.

DA gedachte Gott an Noah/ vnd an alle thier vnd an alles viech/ das mit jm jnn dem Kasten war/ vnd lies wind auff erden komen/ vnd die wasser fielen/ vnd die brünne der tieffen wurden verstopfft sampt den fenstern des himels/ vnd dem regen vom himel ward gewehret/ vnd das gewesser verlieff sich von der erden jmer hin/ vnd nam ab/ nach hundert vnd funffzig tagen.

Am siebenzehenden tag des siebenden monden/ lies sich der Kaste nidder auff das gebirge Ararat/ Es verlieff aber das gewesser fort an vnd nam abe bis auff den zehenden mond/ An ersten tag des zehenden monds/ sahen der berge spitzen erfur.

Nach viertzig tagen/ thet Noah das fenster auff an dem Kasten/ das er gemacht hatte/ vnd lies ein raben aus fliegen/ der flog jmer hin vnd widder her/ bis das gewesser vertrocket auff erden.

Darnach lies er eine tawben von sich aus fliegen/ auff das er erfure/ ob das gewesser gefallen were auff erden/ Da aber die tawbe nicht fand/ da jr fuss rugen kund/ kam sie widder zu jm jnn den Kasten/ Denn das gewesser war noch auff dem gantzen erdboden/ da thet er die hand eraus/ vnd nam sie zu sich jnn den Kasten.

Da harret er noch ander sieben tage/ vnd lies aber mal eine taube fliegen aus dem Kasten/ die kam zu jm vmb vesperzeit/ vnd sihe/ ein öleblat hatte sie abbrochen vnd trugs jnn jrem mund/ Da vernam Noah/ das das gewesser gefallen were auff erden/ Aber er harret noch ander sieben tage/ vnd lies eine tauben aus fliegen/ die kam nicht wider zu jm.

(öleblat) Das blat bedeut das Euangelion/ das der Heilig geist jnn die Christenheit hat predigen lassen/ Denn öle bedeut barmhertzigkeit vnd fride/ dauon das Euangelion leret.

Im sechs hundersten vnd einem iar des alters Noah am ersten tage des ersten monden/ vertrockte das gewesser auff erden/ Da thet Noah das dach von dem Kasten/ vnd sahe/ das der erdboden trocken war/ Also ward die erde gantz trocken am sieben vnd zwentzigsten tag des andern monden.

Da redet Gott mit Noah/ vnd sprach/ Gehe aus dem Kasten/ du vnd dein weib/ dein söne vnd deiner söne weiber mit dir/ Allerley thier das bey dir ist/ von allerley fleisch/ an vogeln/ an viech/ vnd an allerley gewürm/ das auff erden kreucht/ das gehe eraus mit dir/ vnd reget euch auff erden/ vnd seid fruchtbar vnd mehret euch auff erden/ Also gieng Noah eraus mit seinen sönen vnd mit seinem weib vnd seiner söne weibern/ dazu allerley thier/ allerley gewürm/ allerley vogel/ vnd alles was auff erden kreucht/ das gieng aus dem Kasten/ ein jglichs zu seins gleichen.

Noah aber bawet dem HERRN einen Altar/ vnd nam von allerley reinem viech/ vnd von allerley reinem geuogel/ vnd opfferte brandopffer auff dem Altar/ Vnd der HERRE roch den lieblichen geruch/ vnd sprach jnn seim hertzen/ Ich wil hinfurt nicht mehr die erde verfluchen vmb der menschen willen/ Denn das tichten des menschlichen hertzen ist böse von der jugent auff/ vnd ich wil hinfurt nicht mehr schlahen alles was da lebet/ wie ich gethan habe/ So lange die erden stehet/ sol nicht auff hören/ samen vnd ernd/ frost vnd hitz/ sommer vnd winter/ tag vnd nacht.

Vnd Gott

Das Erst Buch
IX.

Vnd Gott segnet Noah vnd seine söne/ vnd sprach/ Seid fruchtbar vnd mehret euch/ vnd erfüllet die erde/ Ewer furcht vnd schrecken sey vber alle thier auff erden/ vber alle vogel vnter dem himel/ vnd vber alles was auff dem erdboden kreucht/ vnd alle fisch im meer seien jnn ewer hend geben/ Alles was sich reget vnd lebet/ das sey ewer speise/ Wie das grüne kraut/ hab ichs euch alles gegeben.

Alleine esset das fleisch nicht/ das noch lebt jnn seinem blut/ denn ich wil auch ewrs leibs blut rechen/ vnd wils an allen thieren rechen/ Vnd wil des menschen leben rechen an einem jglichen menschen/ wer er auch ist.

(durch menschen)
Hie ist das weltlich schwerd eingesetzt/ das man die mörder tödten sol.

Wer menschen blut vergeusst/ des blut sol auch durch menschen vergossen werden/ denn Gott hat den menschen zu seinem bild gemacht/ Seid fruchtbar vnd mehret euch/ vnd reget euch auff erden/ das ewer viel drauff werden.

Weiter sagt Gott zu Noah vnd seinen sönen mit jm/ Sihe/ ich richte mit euch einen bund auff/ vnd mit ewrem samen nach euch/ vnd mit allem lebendigen thier bey euch/ an vogel/ an viech/ vnd an allen thieren auff erden bey euch/ von allem das aus dem Kasten gangen ist/ waserley thier es sind auff erden/ Vnd richte mein bund also mit euch auff/ das hinfurt nicht mehr alles fleisch verderbet sol werden/ mit dem wasser der sindflut/ vnd sol hinfurt kein sindflut mehr komen die die erde verterbe.

Vnd

Mose. VI.

Vnd Gott sprach/Das ist das zeichen des Bunds/den ich gemacht hab zwisschen mir vnd euch/vnd allem lebendigen thier bey euch hinfurt ewiglich/Meinen Bogen hab ich gesetzt jnn die wolcken/der sol das zeichen sein des Bunds/zwisschen mir vnd der erden/Vnd wenn es komet/das ich wolcken vber die erden füre/so sol man meinen Bogen sehen/jnn den wolcken/Als denn wil ich gedencken an meinen Bund/zwisschen mir vnd euch/vnd allem lebendigen thier/jnn allerley fleisch/das nicht mehr hinfurt ein Sindflut kome/die alles fleisch verderbe. Darumb sol mein Bogen jnn den wolcken sein/das ich jn ansehe/vnd gedenck an den ewigen Bund zwisschen Gott vnd allem lebendigen thier jnn allem fleisch/das auff erden ist/Dasselb saget Gott auch zu Noah/Dis sey das zeichen des Bunds/den ich auffgericht habe zwisschen mir vnd allem fleisch auff erden.

Die söne Noah/die aus dem Kasten giengen/sind diese/Sem/ Ham/Japheth/Ham aber ist der Vater Canaan/Das sind die drey söne Noah/von denen ist alle land besetzt.

Isaie.v.
Matth.
xxij.

Noah aber fieng an vnd ward ein acker man/vn pflantzt weinberge/vnd da er des weins tranck/ward er truncken/vnd lag jnn der hütten auffgedeckt. Da nu Ham/Canaans vater/sahe seines vaters scham/saget ers seinen beiden brüdern draussen/Da namen Sem vnd Japheth ein kleid/vnd legten es auff jre beide schulder/vnd giengen rücklings hinzu/vnd deckten jres vaters scham zu/Vnd jr angesicht war abgewand/das sie jres vaters schame nicht sahen.

Als nu Noah erwacht von seinem wein/vnd erfur/was jm sein kleiner son gethan hatte/sprach er/Verflucht sey Canaan/vnd sey ein knecht aller knecht vnter seinen brüdern/Vnd sprach weiter/Gelobt sey Gott der HERR des Sems/vnd Canaan sey sein knecht/Gott breite Japheth aus/vnd las jn wonen jnn den hütten des Sems/vnd Canaan sey sein knecht.

Noah aber lebet nach der Sindflut drey hundert vnd funfftzig jar/ das sein gantz alter ward/neun hundert vnd funfftzig jar/vnd starb.

X.

Is ist das geschlecht der kinder Noah/Sem/Ham/Japheth/vnd sie zeugeten kinder nach der Sindflut. Die kinder Japheth sind diese/Gomer/Magog/Madai/ Jauan/Thubal/Mesech/vnd Thiras. Aber die kinder von Gomer sind diese/Ascenas/Riphath/vnd Thogarma. Die kinder von Jauan sind diese/Elisa/Tharsis/ Chithim/vnd Dodanim/Von diesen sind ausgebreit die Insulen der Heiden jnn jren lendern/jgliche nach jrer sprach/geschlecht vnd leuten.

Die kinder von Ham sind diese/Chus/Mizraim/Put/vnd Canaan. Aber die kinder von Chus/sind diese/Seba/Heuila/Sabtha/Raema/vnd Sabthecha. Aber die kinder von Raema sind diese/ Scheba vnd Dedan. Chus aber zeuget den Nimrod/Der fieng an ein gewaltiger Herr zu sein auff erden/vnd war ein gewaltiger Jeger fur dem HERRN/Da her spricht man/Das ist ein gewaltiger Jeger fur dem HERRN/wie Nimrod/Vnd der anfang seines Reichs war/Babel/Erech/Acad vnd Chalne im land Sinear/Von dem land ist darnach komen der Assur/vnd bawete Nineue vnd Rehoboth/ Jr vnd Calah/dazu/Ressen zwischen Nineue vnd Calah/Dis
ist ein

Das Erst Buch

ist ein grosse stad. Misraim zeuget Ludim/Anamim/Leabim/Naphtuhim/Pathrusim/vnd Casluhim/Von dannen sind komen die Philistim vnd Caphthorim.

Canaan aber zeuget Zidon seinen ersten son/vnd Heth/Jebusi/Emori/Girgosi/Hiui/Arki/Sini/Aruadi/Zemari/vnd Hamathi/Daher sind ausgebreitet die geschlecht der Cananiter/Vnd jre grentze waren von Zidon an/durch Gerar/bis gen Gasa/bis man kompt gen Sodoma/Gomorra/Adama/Zeboim/vnd bis gen Lasa/Das sind die kinder Ham jnn jren geschlechten/sprachen/lendern/vnd leuten.

Sem aber Japhets grosser bruder zeuget auch kinder/der ein vater ist aller kinder von Eber/vnd dis sind seine kinder/Elam/Assur/Arphachsad/Lud vnd Aram. Die kinder aber von Aram sind diese. Uz/Hul/Gether vnd Mas. Arphachsad aber zeuget Salah. Salah zeuget Eber. Eber zeuget zween söne/Einer hies Peleg/darumb/das zu seiner zeit/die welt zurteilet ward/des bruder hies Jaketan. Vnd Jaketan zeuget Almodad/Saleph/Hazarmaueth/Jarah/Hadoram/Vsal/Dikela/Obal/Abimael/Seba/Ophir/Heuila/vnd Jobbab/Das sind alle kinder von Jaketan/Vnd jr wonung war von Mesa an/bis man kompt gen Sephar/an den berg gegen dem morgen/Das sind die kinder von Sem/jnn jren geschlechten/sprachen/lendern vnd leuten. Das sind nu die nachkomen der kinder Noah jnn jren geschlechten vnd leuten/Von denen sind ausgebreitet die leute auff erden nach der Sindflut.

XI.

(Peleg)
Auff Deudsch/
Ein zuteilung.

Es hatte aber alle welt einerley zung vnd sprache/ Da sie nu zogen gem morgen/funden sie ein plan im lande Sinear/vnd woneten daselbs/vnd sprachen vnternander/Wolauff/lasst vns ziegel streichen vnd brennen/Vnd namen ziegel zu stein/vnd thon zu kalck/vnd sprachen/Wolauff/lasst vns eine Stad vnd thürn bawen/des spitze bis an den himel reiche/das wir vns einen namen machen/denn wir werden villeicht zustrewet jnn alle lender.

Da fur der HERR ernider/das er sehe die Stad vnd thürn/die die menschen kinder baweten/Vnd der HERR sprach/ Sihe/ Es ist einerley volck vnd einerley sprach vnter jnen allen/vnd haben das angefangen zu thun/sie werden nicht ablassen von allem das sie furgenomen haben zu thun/Wolauff/lasst vns ernider faren/vnd jre sprache daselbs verwirren/das keiner des andern sprache verneme/ Also zerstrewet sie der HERR von dannen jnn alle lender/das sie musten auff hören die Stad zu bawen. Daher heisst jr name Babel/das der HERR daselbs verwirret hatte aller lender sprache/vnd sie zerstrewet von dannen jnn alle lender.

(Babel)
Auff Deudsch/
Ein vermischung
oder verwirrung.

Dis sind die geschlecht Sem/Sem war hundert jar alt/vnd zeuget Arphachsad/zwey jar nach der Sindflut/vnd lebet darnach funff hundert jar/vnd zeuget söne vnd töchter.

Arphachsad war funff vnd dreissig jar alt/vnd zeuget Salah/vnd lebet darnach vier hundert vnd drey jar/vnd zeuget söne vnd töchter.

Salah war dreissig jar alt/vnd zeuget Eber/vnd lebet darnach vierhundert vnd drey jar/vnd zeuget söne vnd töchter.

Eber

Mose. VII.

Eber war vier vnd dreissig iar alt/vnd zeuget Peleg/vnd lebet darnach vierhundert vnd dreissig iar/vnd zeuget sône vnd tôchter.

Peleg war dreissig iar alt/vnd zeuget Regu/vnd lebet darnach zwey hundert vnd neun iar/vnd zeuget sône vnd tôchter.

Regu war zwey vnd dreissig iar alt/vnd zeuget Serug/vnd lebet darnach zwey hundert vnd sieben iar/vnd zeuget sône vnd tôchter.

Serug war dreissig iar alt/vnd zeuget Nahor/vnd lebet darnach zwey hundert iar/vnd zeuget sône vnd tôchter.

Nahor war neun vnd zwentzig iar alt/vnd zeuget Tharah/vnd lebet darnach hundert vnd neuntzehen iar/vnd zeuget sône vnd tôchter.

Tharah war siebentzig iar alt/vnd zeuget Abram/Nahor/vnd Haran.

Dis sind die geschlecht Tharah/Tharah zeuget Abram/Nahor/vnd Haran/Aber Haran zeuget Lot/Haran aber starb bey seinem vater Tharah jnn seinem vaterland zu Vr jnn Chaldea/Da namen Abram vnd Nahor weiber/Abrams weib hies Sarai/vnd Nahors weib Milca Harans tochter/der ein vater war der Milca vnd der Jisca/Aber Sarai war vnfruchtbar/vnd hatte kein kind.

Da nam Tharah seinen son Abram/vnd Lot seines sons Harans son/vnd seine schnur Sarai/seins sons Abrams weib/vnd füret sie von Vr aus Chaldea/das er jns land Canaan zoge/vnd sie kamen gen Haran/vnd woneten da selbs/vnd Tharah ward zweihundert vnd fünff iar alt/vnd starb jnn Haran.

XII.

Nd der HERR sprach zu Abram/Gehe aus deinem vaterland/vnd von deiner freundschafft/vnd aus deines vaters haus/jnn ein land/das ich dir zeigen wil/vnd ich wil dich zum grossen volck machen/vnd wil dich segnen/vnd dir einen grossen namen machen/vnd solt ein segen sein/Ich wil segenen die dich segenen/vnd verfluchen die dich verfluchen/Vnd jnn dir sollen gesegnet werden alle geschlecht auff erden.

Da zoch Abram aus/wie der HERR zu jm gesagt hatte/vnd Lot zoch mit jm/Abram aber war fünff vnd siebentzig iar alt/da er aus Haran zoch/Also nam Abram sein weib Sarai vnd Lot seins bruders son/mit aller jrer habe/die sie gewonnen hatten/vnd seelen die sie gezeuget hatten jnn Haran/vnd zogen aus zu reisen jnn das land Canaan/Vnd als sie komen waren jnn das selb land/zoch Abram durch bis an die stet Sichem vnd an den hayn More/Denn es woneten zu der zeit die Cananiter im land.

Da erschien der HERR Abram/vnd sprach/Deinem samen wil ich dis land geben/Vnd er bawet da selbs dem HERRN einen altar/der jm erschienen war/Darnach brach er auff von dannen an einen berg/der lag gegen dem morgen der stad BethEl/vnd richtet seine hütten auff/das er BethEl gegen abent/vnd Ai gegen dem morgen hatte/vnd bawet da selbs dem HERRN einen altar/vnd predigte von dem namen des HERRN/Darnach weich Abram ferner/vnd zoch aus gegen dem mittag.

Es kam aber eine tewrunge jnn das land/da zoch Abram hinab jnn Egypten/das er sich selbs/als ein frembdling enthielt/denn die tewrunge war gros im land/Vnd da er nahe bey Egypten kam/

B sprach

Das Erst Buch

sprach er zu seinem weibe Sarai / Sihe / ich weis / das du ein schön weib von angesicht bist / wenn dich nu die Egypter sehen werden / so werden sie sagen / das ist sein weib / vnd werden mich erwürgen vnd dich behalten / Lieber so sage doch / du seist meine schwester / auff das mirs deste bas gehe vmb deinen willen / vnd meine seel / bey dem leben bleibe vmb deinen willen.

Als nu Abram jnn Egypten kam / sahen die Egypter das weib / das sie fast schön war / Vnd die fürsten des Pharao sahen sie vnd preiseten sie fur jm / Da ward sie jnn des Pharao haus bracht / Vnd es gieng Abram wol / vmb jre willen / Vnd er hatte schafe / rinder / esel / knecht vnd megde / eselin vnd kameel.

Aber der HERR plaget den Pharao mit grossen plagen vnd sein haus / vmb Sarai Abrams weibs willen / Da rieff Pharao Abram zu sich / vnd sprach zu jm / Warumb hastu mir das gethan? warumb sagestu mirs nicht an / das dein weib were? warumb sprachstu denn / sie were deine schwester? derhalben ich sie mir zum weibe nemen wolt / Vnd nu sihe / da hastu dein weib / nim sie vnd zeuch hin / Vnd Pharao befalh seinen leuten vber jm / das sie jn geleitten vnd sein weib vnd alles was er hatte.

XIII.

Also zoch Abram erauff aus Egypten / mit seinem weibe vnd mit allem das er hatte / vnd Lot auch mit jm / gegen dem mittag / Abram aber war seer reich von viech / silber / vnd gold / vnd er zoch jmer fort von mittag / bis gen BethEl / an die stet / da am ersten seine hutte war / zwisschen BethEl vnd Ai / eben an den ort / da er vorhin den altar gemacht hatte / Vnd er predigt alda den namen des HERRN.

Lot aber der mit Abram zoch / der hatte auch schaff vnd rinder vnd hütten / Vnd das land möchts nicht ertragen / das sie beyeinander woneten / denn jr habe war gros / vnd kundten nicht bey einander wonen / Vnd war jmer zanck zwisschen den hirten vber Abrams viech vnd zwisschen den hirten vber Lots viech / so woneten auch zu der zeit die Cananiter vnd Pheresiter im lande.

Da sprach Abram zu Lot / Lieber las nicht zanck sein zwisschen mir vnd dir / vnd zwisschen meinen vnd deinen hirten / denn wir sind gebrüder / stehet dir nicht alles land offen? Lieber scheide dich von mir / Wiltu zur lincken / so wil ich zur rechten / odder wiltu zur rechten / so wil ich zur lincken / Da hub Lot sein augen auff / vnd besahe die gantze gegend am Jordan / Denn ehe der HERR Sodoma vnd Gomorra verterbet / war sie wasser reich / bis man gen Zoar kompt / als ein garten des HERRN / gleich wie Egypten land.

Da erwelet jm Lot / die gantze gegend am Jordan / vnd zoch gegen morgen / Also scheidet sich ein bruder von dem andern / das Abram wonet im land Canaan / vnd Lot jnn den stedten der selben gegend / vnd setzt seine hutten gen Sodom / Aber die leute zu Sodom waren böse / vnd sundigeten seer widder den HERRN.

Da nu Lot sich von Abram gescheiden hatte / sprach der HERR zu Abram / Heb dein augen auff / vnd sihe von der stet an da du wonest / gegen mitternacht / gegen dem mittag / gegen dem morgen vnd gegen dem abent / Denn alle das land / das du sihest / wil ich dir geben vnd

Mose. VIII

ben vnd deinem samen ewiglich/vnd wil deinen samen machen wie den staub auff erden/Kan ein mensch den staub auff erden zelen/der wird auch deinen samen zelen/Darumb so mach dich auff/vnd zeuch durch das land/jnn die lenge vnd breitte/denn dir wil ichs geben.

Also erhub Abram seine hutten/kam vnd wonet im hayn Mamre/ der zu Hebron ist/vnd bawet daselbs dem HERRN einen altar.

XIIII.

Vnd es begab sich zu der zeit des königes Amraphel von Sinear/Arioch des Königs von Elassar/Kedorlaomor des königs von Elam/vnd Thideal des königes der Heiden/das sie kriegeten mit Bera dem könig von Sodom/ vnd mit Birsa dem könig von Gomorra/vnd mit Sineab dem könig von Adama/vnd mit Semeber dem könig von Zeboim/vnd mit dem könige von Bela/die heisst Zoar/Diese kamen alle zu samen jnn das tal Sittim/da nu das Saltz meer ist/deñ sie waren zwelff iar vnter dem könige Kedorlaomor gewesen/ vnd im dreizehenden iar waren sie von jm abgefallen.

Darumb kam Kedorlaomor vnd die könige die mit jm waren/im vierzehenden iar/vnd schlugen die Risen zu Astharoth Karnaim/ vnd die Susim zu Ham/vnd die Emim jnn dem felde Kiriathaim/ vnd die Horiter auff jrem gepirge Seir/bis an die breite Pharan/ welche an die wüsten stösst/Darnach wandten sie vmb/vnd kamen an den born Mispat/das ist Kades/vnd schlugen das gantze land der Amalekiter/dazu die Amoriter die zu Hazezon Thamar woneten.

Do zogen aus der könig von Sodom/der könig von Gomorra/ der könig von Adama/der könig von Zeboim vnd der könig von Bela/die Zoar heisst/vnd rüsten sich zu streiten/im tal Sittim/mit Kedorlaomor dem könige von Elam/vnd mit Thideal dem könige der Heiden/vnd mit Amraphel dem könige von Sinear/vnd mit Arioch dem könige von Elassar/vier könige mit fünffen/vnd das tal Sittim/ hatte viel thon gruben.

Aber der könig von Sodom vnd Gomorra wurden daselbs jnn die flucht geschlagen/vnd nidder gelegt/vnd was vber bleib/flohe auff das gepirge/Da namen sie alle habe zu Sodom vnd Gomorra vnd alle speise/vnd zogen dauon/Sie namen auch mit sich Lot Abrams bruder son vnd seine habe/Denn er wonete zu Sodom/vnd zogen dauon.

Da kam einer der entrunnen war/vnd sagets Abram an dem auslender/der da wonet im hayn Mamre des Amoriter/welcher ein bruder war Escol vnd Aner/diese waren mit Abram im bund.

Als nu Abram höret/das sein bruder gefangen war/wapnet er seine eigen knechte dreihundert vnd achtzehen/jnn seinem haus geborn/ vnd iaget jnen nach bis gen Dan/vnd teilet sich/fiel des nachts vber sie mit seinen knechten/vnd schlug sie/vnd iaget sie bis gen Hoba/die zur lincken der stad Damascos ligt/vnd bracht alle habe widder/dazu auch Lot seinen bruder mit seiner habe/auch die weiber vnd das volck.

Als er nu widder kam von der schlacht des Kedorlaomor vnd der könige mit jm/gieng jm entgegen der könig von Sodom jnn das feld das Königs tal heisst.

B ij Aber

Das Erst Buch

(trug brod) Nicht das ers opffert/ sondern das er die geste speiset vn ehret da durch Christus bedeut ist/ der die welt mit dem Euangelio speiset.

Aber Melchisedech der König von Salem trug brod vnd wein erfur/ Vnd er war ein priester Gottes des Höhesten/ vnd segenet jn/ vn sprach/ Gesegnet seistu Abram dem Höhesten Gott/ der himel vnd erden besitzt/ vnd gelobt sey Gott der Höhest/ der deine feinde jnn deine hand beschlossen hat/ Vnd dem selben gab Abram den zehenden von allerley beute.   Ebr.vij

Do sprach der König von Sodom zu Abram/ Gib mir die leute/ die güter behalt dir/ Aber Abram sprach zu dem könig von Sodom/ Ich hebe meine hende auff zu dem HERRN/ dem Höhesten Gott/ der himel vnd erden besitzt/ das ich von allem das dein ist/ nicht ein faden noch einen schuch rimen nemen wil/ das du nicht sagest/ du habest Abram reich gemacht/ ausgenomen was die Jüngling verzehret haben/ vnd die menner Aner/ Escol/ vnd Mamre/ die mit mir gezogen sind/ die las jr teil nemen.

XV.

Nach diesen geschichten begab sichs/ das zu Abram geschach das wort des HERRN im gesicht vnd sprach/ Furcht dich nicht Abram/ ich bin dein schilt vn dein seer grosser lohn/ Abram sprach aber/ HERR HErr/ was wiltu mir geben? Ich gehe dahin on kinder/ vnd mein hauskelner dieser Eleasar von Damasco hat einen son/ Vnd Abram sprach weiter/ Mir hastu keinen samen geben/ vnd sihe/ der son meins gesinds/ sol mein erbe sein.

Vnd sihe/ das wort des HERRN redet mit jm/ Er sol nicht dein ebre sein/ sondern der von deinem leib komen wird/ der sol dein erbe sein/ Vnd er hies jn hinaus gehen/ vnd sprach/ Sihe gen himel vnd zele die sterne/ kanstu sie zelen/ vnd sprach zu jm/ Also sol dein same werden.

Abram gleubte dem HERRN/ vnd das rechent er jm zur gerechtigkeit/ Vnd er sprach zu jm/ Ich bin der HERR/ der dich von Vr aus Chaldea gefürt hat/ das ich dir dis land zu besitzen gebe.   Ro.iiij.

(geuogel fiel) Das geuogel/ vnd der rauchend offen vnd der feurige brand/ bedeuten die Egypter/ die Abrahams kinder verfolgen solten/ Aber Abraham scheucht sie dauon/ das ist/ Got erlöset sie vmb der verheissung willen Abraham versprochen/ Das aber er nach der sonnen vntergang erschrickt/ bedeut/ das Gott sein samen ein zeit verlassen wolt/ das sie verfolget wurde/ wie der HERR selbs hie deutet. Also gehet es auch allen gleubigen/ das sie verlassen vnd doch erlöset werden.

Abram aber sprach/ HERre HERR/ wo bey sol ichs mercken/ das ichs besitzen werde? Vnd er sprach zu jm/ Bringe mir eine drey ierige kue/ vnd ein drey ierige zigen/ vnd ein drey jerigen widder/ vnd eine dordel tauben vnd eine jungen tauben/ Vnd er bracht jm solchs alles vnd zuteilet es mitten von ander/ vnd leget ein teil kegen das ander vber/ Aber die vogel zuteilet er nicht/ Vnd das geuogel fiel auff die ass/ Aber Abram scheuchet sie dauon/ Da nu die son vntergangen war/ fiel ein tieffer schlaff auff Abram/ Vnd sihe/ schrecken vnd grosse finsternis vberfiel jn.

Da sprach er zu Abram/ Das soltu wissen/ das dein same wird frembd sein jnn einem land das nicht sein ist/ vnd da wird man sie zu dienen zwingen vnd plagen vierhundert jar/ Aber ich wil Richter sein vber das volck/ dem sie dienen müssen/ Darnach sollen sie ausziehen mit grossem gut/ vnd du solt faren zu deinen vetern mit fride/ vnd jnn gutem alter begraben werden/ Sie aber sollen nach vier mans leben wider hieher komen/ denn die missethat der Amoriter ist noch nicht gar hie.

Als nu die sonne vntergangen/ vnd finster worden war/ sihe/ da rauchete ein ofen/ vnd ein fewr fur zwischen den stucken hin.

An dem tage machte der HERR einen bund mit Abram vnd sprach/

Mose. IX.

sprach/Deinem samen wil ich dis land geben/von dem wasser Egyptian/bis an das grosse wasser Phrath/ die Keniter/ die Kinisiter/ die Kadmoniter/die Hithiter/die Pheresiter/ die Risen/ die Amoriter/ die Cananiter/die Gergesiter/die Jebusiter.

XVI.

Sarai Abrams weib gepar jm nichts/sie hatte aber eine Egyptische magd die hies Hagar/vnd sie sprach zu Abram/Sihe/der HERR hat mich verschlossen/das ich nichts geberen kan/Lieber/leg dich zu meiner magd/ob ich doch villeicht aus jr mich bawen müge/Abram der gehorcht der stim Sarai.

(bawen) Das ist/Kinder kriegen.

psalm. cxxvij. Exo.ij.

Da nam Sarai Abrams weib jr Egyptische magd Hagar/ vnd gab sie Abram jrem man zum weibe/nach dem sie zehen iar im land Canaan gewonet hatten.

Vnd er legt sich zu Hagar/die ward schwanger/Als sie nu sahe/das sie schwanger war/achtet sie jr frawen gering gegen sich/ Da sprach Sarai zu Abram/Du thust vnrecht an mir/Ich hab meine magd dir beigelegt/nu sie aber sihet/das sie schwanger worden ist/mus ich geringe geachtet sein gegen jr/ der HERRE sey Richter zwischen mir vnd dir/Abram aber sprach zu Sarai/sihe/deine magd ist vnter deiner gewalt/thue mit jr wie dirs gefelt.

Da sie nu Sarai wolt demütigen/ floch sie von jr/Aber der Engel des HERRN fand sie bey eim wasserbrun jnn der wüsten/ nemlich/ bey dem brun am wege zu Sur/der sprach zu jr/Hagar Sarai magd wo kompstu her? vnd wo wiltu hin? Sie sprach/Ich bin von meiner frawen Sarai geflohen/Vnd der Engel des HERRN sprach zu jr/ Kere vmb widder zu deiner frawen/vnd demütige dich vnter jre hand.

Vnd der Engel des HERRN sprach zu jr/ Ich wil deinen samen also mehren/das er fur grosser menge nicht sol gezelet werden/Weiter sprach der Engel des HERRN zu jr/sihe/du bist schwanger worden/ vnd wirst einen son geperen/des namen soltu Ismael heissen/darumb das der HERR dein elend erhöret/Er wird ein wilder mensch sein/ Sein hand widder jderman/vnd jdermans hand widder jn/vnd wird kegen allen seinen brüdern wonen.

Ismael/heisst Gott erhöret.

Vnd sie hies den namen des HERRN/der mit jr redet/Du Gott sihest mich/Denn sie sprach/gewislich hie hab ich den rucken gesehen des der mich sihet/darumb hies sie den brunnen/Ein brun des lebendigen der mich sihet/der da ist zwischen Kades vnd Bared.

Vnd Hagar gepar Abram einen son/Vnd Abram hies den son/den jm Hagar gepar/Ismael/Vnd Abram war sechs vnd achtzig iar alt/ da jm Hagar den Ismael gepar.

XVII.

Als nu Abram neun vnd neunzig iar alt war/erschein jm der HERR/ vnd sprach zu jm/Ich bin der Almechtige Gott/wandele fur mir/vnd sey on wandel/vnd ich wil meinen bund zwischen mir vnd dir machen/vnd wil dich fast seer mehren/Da fiel Abram auff sein angesicht.

Vnd Gott redet weiter mit jm vnd sprach/Sihe/ Ich bins/vnd hab meinen bund mit dir/vnd du solt ein vater vieler völcker werden/darumb soltu nicht mehr Abram heissen/sondern

B iij   Abra

Das Erste Buch

Abraham ſol dein name ſein/denn ich habe dich gemacht/vieler völ=
cker vater/vnd wil dich faſt ſeer fruchtbar machen/vnd wil von dir völ=
cker machen/vnd ſollen auch Könige von dir komen.

Vnd ich wil auffrichten meinen Bund/zwiſchen mir vnd dir/vnd
deinem ſamen nach dir/bey jren nachkomen/das es ein ewiger Bund
ſey/alſo das ich dein Gott ſey/vnd deines ſamens nach dir/Vnd wil
dir vnd deinem ſamen nach dir geben das land/da du ein frembdling
jnnen biſt/nemlich/das gantze land Canaan zu ewiger beſitzung/vnd
wil jr Gott ſein.

Vnd Gott ſprach zu Abraham/So halt nu meinen Bund/du vnd
dein ſame nach dir/ſampt jren nachkomen/Das iſt aber mein Bund/
den jr halten ſolt zwiſchen mir vnd dir/vnd deinem ſamen nach dir
ſampt jren nachkomen/Alles was menlich iſt vnter euch/ſol beſchnit
ten werden/Ir ſolt aber die vorhaut an ewrm fleiſch beſchneiten/Das
ſelb ſol ein zeichen ſein des Bunds/zwiſchen mir vnd euch/Ein jglich
kneblin wens acht tage alt iſt/ſolt jr beſchneitten bey ewrn nachkomē/
deſſelben gleichen auch alles was geſinds daheim geborn/odder er=
kaufft iſt/oder ſonſt frembd/vnd nicht ewers ſamens iſt/Alſo ſol mein
Bund an ewrem fleiſch ſein zum ewigen Bund/Vnd wo ein kneblin
nicht wird beſchnitten/an der vorhaut ſeins fleiſchs/des ſeel ſol aus
gerot werden aus ſeinem volck/darumb das es meinen Bund vnter la=
ſſen hat.

Vnd Gott ſprach abermal zu Abraham/Du ſolt dein weib Sarai/
nicht mehr Sarai heiſſen/ſondern Sara ſol jr name ſein/denn ich wil
ſie ſegenen/vnd von jr wil ich dir einen ſon geben/den wil ich ſegenen/
vnd völcker ſollen aus jm werden/vnd Könige vber viel völcker/Da
fiel Abraham auff ſein angeſicht vnd lachet/Vnd ſprach jnn ſeinem
hertzen/ſol mir hundert iar alt ein kind geboren werden/vnd Sara
neuntzig iar alt geberen? Vnd Abraham ſprach zu Gott/Ach das Iſ=
mael leben ſolt fur dir.

Da ſprach Gott/Ja/Sara dein weib ſol dir einen ſon geberen/den
ſoltu Iſaac heiſſen/denn mit jm wil ich meinen ewigen Bund auffri=
chten/vnd mit ſeinem ſamen nach jm. Dazu vmb Iſmael hab ich dich
auch erhöret/Sihe/ich hab jn geſegenet/vnd wil jn fruchtbar mach=
en/vnd mehren faſt ſeer/Zwelff Fürſten wird er zeugen/vnd wil jn
zum groſſen volck machen/Aber meinen Bund wil ich auffrichten
mit Iſaac/den dir Sara geperen ſol/vmb dieſe zeit im andern iar.

Vnd er höret auff mit jm zu reden/vnd Gott fuhr auff von Abra=
ham/Da nam Abraham ſeinen ſon Iſmael/vnd alle knechte die da=
heim geborn/vnd alle die erkaufft/vnd alles was mans namen war/
jnn ſeinem hauſe/vnd beſchneit die vorhaut an jrem fleiſch/eben des
ſelbigen tages/wie jm Gott geſagt hatte. Vnd Abraham war neun
vnd neuntzig iar alt/da er die Vorhaut an ſeinem fleiſch beſchneit/
Iſmael aber ſein ſon war dreizehen iar alt/da ſeins fleiſchs vorhaut
beſchnitten ward/Eben auff einen tag/worden ſie alle beſchnitten/
Abraham/ſein ſon Iſmael/vnd was mans namen jnn ſeinem hauſe
war/daheim geborn/vnd erkaufft/vnd ſonſt frembd. Es ward alles
mit jm beſchnitten.

Abram heiſt hoher vater/Abraham der hauffen vater/wie wol die ſelben hauffen nur mit ei nem Buchſtaben angezeigt werdē iſt ſeinem namen/nicht on vrſach.

XVIII.

Vnd der

Mose. X.

Vnd der HERR erschein jm im hain Mamre/ da er sas an der thür seiner hutten/ da der tag am heissesten war/ vnd als er seine augen auffhub/ vnd sahe/ da stunden drey menner gegen jm/ Vnd da er sie sahe/ lieff er jnen entgegen/ von der thür seiner hütten/ vnd bucket sich fur jm nidder auff die erden/ vnd sprach/ HErre hab ich gnade funden fur deinen augen/ so gehe nicht fur deinem knecht vber/ Man sol euch ein wenig wassers bringen/ vnd ewr füsse waschen/ vnd lehnet euch vnter den bawm/ Vnd ich wil euch ein bissen brods bringen/ das jr ewr hertz labet/ darnach solt jr fort gehen/ denn darumb seid jr zu ewrem knecht komen/ Sie sprachen/ Thue/ wie du gesagt hast.

(fur ſim ſnidder) Fur einem felt er nidder/ vnd redet auch als mit einem vnd mit dreien/ da ist die dreifeltigkeit jnn Gott angezeiget.

Abraham eilet jnn die hütten zu Sara/ vnd sprach/ Eile vnd menge drey mas semel meel/ knete vnd backe kuchen/ Er aber lieff zu den rindern/ vnd holet ein zart gut kalb/ vnd gabs dem knaben/ der eilet vnd bereits zu/ Vnd er trug auff butter vnd milch/ vnd von dem kalbe das er zu bereit hatte/ vnd satzts jnen fur/ Vnd trat fur sie vnter dem bawm/ vnd sie assen.

Da sprachen sie zu jm/ wo ist dein weib Sara? Er antwort/ drinnen jnn der hütten/ Da sprach er/ Wenn ich widder zu dir kome/ so ich lebe/ sihe/ so sol Sara dein weib einen son haben/ Das höret Sara/ hinder jm hinder der thür der hütten/ Vnd sie waren beide Abraham vnd Sara alt/ vnd wol betaget/ also das es Sara nicht mehr gieng/ j.pet.iij. nach der weiber weise/ darumb lachet sie bey sich selbs/ vnd sprach/ Nu ich alt bin/ sol ich noch mit wollust vmbgehen/ vnd mein herr auch alt ist.

Da sprach der HERR zu Abraham/ warumb lachet des Sara/ vnd spricht/ Meinstu/ das war sey/ das ich noch geperen werde/ so ich doch alt bin? solt dem HERRN etwas vnmüglich sein? Zu seiner zeit wil ich widder zu dir komen/ vber ein iar/ so sol Sara einen son haben/ Da leugnete Sara/ vnd sprach/ Ich habe nicht gelachet/ denn sie furcht sich/ Aber er sprach/ Es ist nicht also/ du hast gelacht.

Da stunden die menner auff von dannen/ vnd wandten sich gegen Sodom/ vnd Abraham gieng mit jnen/ das er sie geleitet/ Da sprach der HERR/ Wie kan ich Abraham verbergen/ was ich thue? Sintemal er ein gros vnd mechtiges volck sol werden/ vnd alle völcker auff erden jnn jm gesegenet werden sollen/ denn ich weis/ er wird befehlen seinen kindern/ vnd seinem hause nach jm/ das sie des HERRN wege halten/ vnd thun was recht vnd gut ist/ Auff das der HERR auff Abraham komen lasse/ was er jm verheissen hat.

Vnd der HERRE sprach/ Es ist ein geschrey zu Sodom vnd Gomorra/ das ist gros/ vnd jre sunde sind fast schwere/ darumb wil ich hinab faren/ vnd sehen/ ob sie alles gethan haben/ nach dem geschrey das fur mich komen ist/ odder obs nicht also sey/ das ichs wisse/ Vnd die menner wandten jr angesicht/ vnd giengen gen Sodom/ Aber Abraham bleib stehen fur dem HERRN/ vnd trat zu jm vnd sprach.

Wiltu denn den gerechten mit den Gottlosen vmbbringen? Es möchten villeicht funfftzig gerechten jnn der Stad sein/ woltestu die vmbringen/ vnd dem ort nicht vergeben vmb funfftzig gerechter willen die drinnen weren? Das sey fern von dir/ das du das thust/ vnd tödtest den gerechten mit dem Gottlosen/ das der gerechte sey gleich wie der

B iiij   Gottlose

Das Erste Buch

Gottlose/Das sey ferne von dir/der du aller welt Richter bist/du wirst solche straffe nicht gehen lassen/Der HERR sprach/finde ich fünffzig gerechten zu Sodom jnn der stad/so wil ich vmb jrer willen alle den orten vergeben.

Abraham antwort/vnd sprach/Ach sihe/ich hab mich vnterwunden/zu reden mit dem HErren/wie wol ich erde vnd asschen bin/Es möchten villeicht fünffe weniger/denn fünffzig gerechten drinnen sein/woltestu denn die gantze Stad verderben vmb der fünffe willen? Er sprach/finde ich drinnen fünff vnd vierzig/so wil ich sie nicht verterben.

Vnd er fuhr weiter mit jm zu reden/vnd sprach/Man möcht villeicht vierzig drinnen finden/Er aber sprach/Ich wil jnen nichts thun/ vmb vierziger willen/Abraham sprach/zürne nicht mein HErre/das ich noch mehr rede/Man möcht villeicht dreissig drinnen finden/Er aber sprach/finde ich dreissig drinnen/so wil ich jnen nichts thun/Vñ er sprach/Ach/sihe ich hab mich vnterwunden mit meinem HErrn zu reden/Man möcht villeicht zwenzig drinnen finden/Er antwort/ich wil sie nicht verterben/vmb der zwenzig willen/Vnd er sprach/Ach zürne nicht mein HErr/das ich nur noch ein mal rede/man möcht villeicht zehen drinnen finden/Er aber sprach/ich wil sie nicht verterben vmb der zehen willen.

Vnd der HERR gieng hin/da er mit Abraham ausgeredt hatte/ Vnd Abraham keret widder hin an seinen ort.

XIX.

DIe zween Engel kamen gen Sodom des abents/Lot aber sas zu Sodom vnter dem thor/vnd da er sie sahe/ stund er auff jnen entgegen/vnd bückt sich mit seim angesicht auff die erden/vnd sprach/Sihe/HErr/keret doch ein zum hause ewers knechtes/vnd bleibt vber nacht/lasset ewr füsse wasschen/so stehet jr morgen frue auff/vnd ziher ewr strasse/Aber sie sprachen/Nein/sondern wir wöllen vber nacht auff der gassen bleiben/Da nötiget er sie fast/vnd sie keten zu jm ein/vnd kamen jnn sein haus/vnd macht jnen ein mal/vnd buch vngesewrte kuchen/vnd sie assen.

Aber ehe sie sich legten/kamen die leute der stad Sodom/vnd vmb gaben das haus/jung vnd alt/das gantze volck aus allen enden/vnd forderten Lot/vnd sprachen zu jm/Wo sind die menner/die zu dir komen sind diese nacht? las sie eraus gehen zu vns/das wir sie erkennen.

Lot gieng zu jnen fur die thür/vnd schlos die thür hinder jm zu/vnd sprach/Ach lieben brüder/thut nicht so vbel/Sihe/ich habe zwo töchter/die haben noch keinen man erkennet/die wil ich eraus geben vnter euch/vnd thut mit jnen/was euch gefellet/alleine diesen mennern thut nichts/denn darumb sind sie vnter die schatten meines dachs eingangen/Sie aber sprachen/kom hie her/Da sprachen sie/du bist der einige frembdling hie/vnd wilt regieren/Wolan wir wöllen dich bas plagen denn jhene.

Vnd sie drungen hart auff den man Lot/Vnd da sie hinzu lieffen/ vnd wolten die thür auff brechen/griffen die menner hinaus/vnd zogen Lot hinein zu jnen ins haus/vnd schlossen die thür zu/vnd die menner fur der thür am hause/worden mit blindheit geschlagen beide klein

Mose. XI.

de klein vnd gros/das sie die thür nicht finden kundten.

Vnd die menner sprachen zu Lot/Hastu noch jrgent hie ein eidem vnd söne vnd töchter vnd wer dich angehöret jnn der stad/den füre aus dieser stet/denn wir werden diese stet verterben/darumb das jr geschrey gros ist fur dem HERRN/der hat vns gesand sie zuerterben.

Da gieng Lot hinaus vnd redet mit seinen Eidem/die seine töchter nemen solten/Machet euch auff/vnd gehet aus diesem ort/denn der HERR wird diese stad verterben/Aber es war jn lecherlich.

Da nu die morgen röt auff gieng/hiessen die Engel den Lot eilen/vnd sprachen/Mach die auff/nim dein weib vnd deine zwo töchter/die fur handen sind/das du nicht auch vmbkomest jnn der missethat dieser stad/Da er aber verzoch/ergriffen die menner jn vnd sein weib vnd seine zwo töchter bey der hand/darumb das der HERR sein verschonet/vnd füreten jn hinaus vnd liessen jn aussen fur der stad.

Vnd als sie jn hatten hinaus bracht/sprachen sie/Errette deine seele/vnd sihe nicht hinder dich/auch stehe nicht jnn dieser gantzen gegend/auff dem berge errette dich/das du nicht vmbkomest/Aber Lot sprach zu jnen/Ach nein HErre/Sihe/die weil dein knecht gnade funden hat fur deinen augen/so woltestu dein barmhertzigkeit gros machen/die du an mir gethan hast/das du mein seel bey dem leben erhieltest/ich kan mich nicht auff dem berge erretten/Es mocht mich ein vnfal ankomen/das ich stürbe/Sihe/da ist eine stad nahe/darein ich fliehen mag/vnd ist klein/daselbs wil ich mich erretten/Ist sie doch klein/das meine seele lebendig bleibe. (Klein) Soar heist klein.

Da sprach

Das Erst Buch

Da sprach er zu jm/Sihe/Ich hab auch jnn diesem stück dich an gesehen/das ich die stad nicht vmbkere/dauon du geredt hast/Eile vnd errette dich daselbs/denn ich kan nichts thun/bis das du hinein komest/Daher ist die stad genennet/Zoar/Vnd die sonne war auff gangen auff erden/da Lot gen Zoar ein kam.

Da lies der HERR schwebel vnd fewr regenen von dem HERRN von himel erab/auff Sodom vnd Gomorra/vnd keret die stedte vmb/die gantze gegend/vnd alle einwoner der stedte/vnd was auff dem land gewachsen war/Vnd sein weib sahe hindersich/vnd ward zur saltz seule.

Abraham aber macht sich des morgens frue auff an den ort/da er gestanden war fur dem HERRN/vnd wand sein angesicht gegen Sodom vnd Gomorra vnd alles land der gegend/vnd schawet/vnd sihe/da gieng ein dampff auff vom land/wie ein dampff vom ofen/ Denn da Gott die stedte jnn der gegend verterbet/gedacht er an Abraham/vnd geleitet Lot aus den stedten/die er vmkeret/darinn Lot wonete.

Vnd Lot zoch aus Zoar/vnd bleib auff dem berge mit seinen beiden töchtern/Denn er furchte sich zu Zoar zu bleiben/vnd bleib also jnn einer hole mit seinen beiden töchtern.

Da sprach die elteste zu der jüngsten/Vnser vater ist alt/vnd ist kein man mehr auff erden/der vns beschlaffen müge nach aller welt weise/ So kom/las vns vnserm vater wein zu trincken geben/vnd bey jm schlaffen/das wir samen von vnserm vater erhalten/Also gaben sie jrem vater wein zu trincken jnn der selben nacht/vnd die erste gieng hinein/vnd legt sich zu jrem vater/vnd er wards nicht gewar/da sie sich legt/noch da sie auff stund.

Des morgens sprach die elteste zu der jüngsten/Sihe/ich hab gestern bey meinem vater gelegen/Las vns jm diese nacht auch wein zu trincken geben/das du hinein gehest/vnd legest dich zu jm/das wir samen von vnserm vater erhalten/Also gaben sie jrem vater die nacht auch wein zu trincken/Vnd die jüngst macht sich auch auff/vnd leget sich zu jm/vnd er wards nicht gewar/da sie sich leget noch da sie auff stund.

Also wurden die beide töchter Lot schwanger von jrem vater/ Vnd die elteste gepar einen son/den hies sie Moab/Von dem komen her die Moabiter bis auff den heutigen tag/Vnd die jüngste gepar auch einen son/den hies sie/das kind Ammi/Von dem komen die kinder Ammon bis auff den heutigen tag.

XX.

Abraham aber zoch von dannen jns land gegen mittag/vnd wonete zwischen Kades vnd Sur/vnd ward ein frembdling zu Gerar/vnd sprach von seinem weibe Sara/es ist meine schwester/Da sandte Abimelech der könig zu Gerar nach jr/vnd lies sie holen.

Aber Gott kam zu Abimelech des nachts im traum/ vnd sprach zu jm/Sihe da/du bist des tods/vmb des weibs willen/das du genomen hast/denn sie ist eins mannes ehe weib/Abimelech aber hatte sie noch nicht berüret/vnd sprach/HErre wiltu denn/auch ein gerecht volck erwürgen? Hat er nicht zu mir gesagt/sie ist meine schwester? vnd sie hat auch gesagt/er
ist mein

Mose. XII.

ist mein bruder? Hab ich doch das gethan mit einfelltigem hertzen vnd vnschüldigen henden.

Vnd Gott sprach zu jm im trawm/Ich weis auch/das du mit ein feltigem hertzen das gethan hast/darumb hab ich dich auch behüt/das du nicht widder mich sündigetest/vnd habs dir nicht zu geben/das du sie berürtest/So gib nu dem man sein weib widder/denn er ist ein Prophet/vnd las jn vber dich bitten/so wirstu lebendig bleiben/Wo du aber sie nicht widder gibst/so wisse/das du des tods sterben must/vnd alles was dein ist.

Da stund Abimelech des morgens frue auff/vnd rieff allen seinen knechten/vnd saget jn dieses alles fur jre ohren/vnd die leut furchten sich seer/Vn Abimelech rieff Abraham auch/vnd sprach zu jm/Warumb hastu vns das gethan? vnd was hab ich an dir gesündigt/das du so eine grosse sund woltest auff mich vnd mein reich bringen? du hast mit mir gehandelt/nicht wie man handeln sol/Vnd Abimelech sprach weiter zu Abraham/Was hastu an gesehen/das du solchs gethan hast?

Abraham sprach/Ich dacht/villeicht ist kein Gottes furcht an diesen orten/vnd werden mich vmb meines weibs willen erwürgen/Auch ist sie warhafftig meine schwester/Denn sie ist meines vaters tochter/aber nicht meiner mutter tochter/vnd ist mein weib worden/Da mich aber Gott ausser meines vaters hause wandern hies/sprach ich zu jr/Die barmhertzigkeit thu an mir/das/wo wir hin komen/du von mir sagest/ich sey dein bruder.

Da nam Abimelech schaff vnd rinder/knecht vnd megde/vnd gab sie Abraham/vnd gab jm widder sein weib Sara/vnd sprach/Sihe da/mein land stehet dir offen/wone wo dirs wol gefellet/Vnd sprach zu Sara/Sihe da/ich hab deinem bruder tausent silberling gegeben/Sihe/der sol dir eine decke der augen sein/fur allen die bey dir sind/vnd allenthalben/vnd ein verantworter.

(decke der augen) Das ist/Deiner zucht vnd ehre schutz vnd verteidinger.

Abraham aber bettet zu Gott/da heilete Gott Abimelech vnd sein weib vnd seine megde/das sie kinder gebaren/Denn der HERRE hatte zuuor hart verschlossen alle mütter des haus Abimelech/vmb Sara Abrahams weibs willen.

XXI.

Vnd der HERRE sucht heim Sara/wie er geredt hatte vnd thet mit jr/wie er gered hatte/Vnd Sara ward schwanger/vnd gepar Abraham einen son jnn seinem alter/vmb die zeit/die jm Got gered hatte/Vnd Abraham hies seinen son/der jm geborn war/Isaac/den jm Sara gepar/vnd beschneit jn am achten tage/wie jm Gott gebotten hatte/Hundert iar war Abraham alt/da jm sein son Isaac geborn ward.

Vnd Sara sprach/Gott hat mir ein gespött zu gericht/denn wer es hören wird/der wird mein spotten/Vnd sprach/Wer durffts auch Abraham selbs ansagen/das Sara kinder seuget/vnd hette jm einen son geborn jnn seinem alter? Vnd das kind wuchs vnd ward entwenet/Vnd Abraham macht ein gros mal/am tage/da Isaac entwenet ward.

Vnd Sara

Das Erst Buch

Vnd Sara sahe den son Hagar der Egyptischen/den sie Abraham geborn hatte/das er ein spötter war/ vnd sprach zu Abraham/ Treibe diese magd aus mit jrem son/ Denn dieser magd son sol nicht erben mit meinem son Isaac/Das wort gefiel Abraham seer vbel vmb seins sons willen/ Aber Gott sprach zu jm/ Las dirs nicht vbel gefallen des knaben vnd der magd halben/ Alles was Sara dir gesagt hat/ dem gehorche/ Denn jnn Isaac sol dir der same genennet werden/ Auch wil ich der magd son zum volck machen/darumb das er deines samens ist.

Rom. 9

Da stund Abraham des morgens frue auff/vnd nam brod vnd ein pflassche mit wasser/vnd legets Hagar auff jre schulder/vnd den knaben mit/vnd lies sie aus/Da zoch sie hin/ vnd gieng jnn der wüsten jrre bey Bersaba/Da nu das wasser jnn der pflasschen aus war/ warff sie den knaben vnter einen strauch/vnd gieng hin vnd satzt sich gegen vber von ferns/ein armbrust schos weit/ Denn sie sprach/Ich kan nicht zu sehen des knaben sterben/vnd sie satzt sich gegen vber/vñ hub jr stim auff vnd weinet.

(Hagar) Merck hie auff Hagar/wie die des Gesetzs vnd glaubloser werck figur ist/Gala. iiij. vnd dennoch sie Gott zeitlich belohnet vnd gros macht auff erden.

Da erhöret Gott die stim des knaben/vnd der Engel Gottes rieff vom himel der Hagar vnd sprach zu jr/ Was ist dir Hagar? Fürcht dich nicht/denn Got hat erhöret die stim des knabens/da er ligt/ Stehe auff/nim den knaben/vnd füre jn an deiner hand/denn ich wil jn zum grossen volck machen/Vnd Gott thet jr die augen auff/das sie einen wasser brun sahe/Da gieng sie hin/vnd füllet die pflassche mit wasser/vnd trenckt den knaben/Vnd Gott war mit dem knaben/der wuchs vnd wonet jnn der wüsten/ vnd ward ein guter schütze/ vnd wonet jnn der wüsten Pharan/Vnd sein mutter nam jm ein weib aus Egypten land.

Zu der selbigen zeit redet Abimelech vnd Phichol sein Feldheubtman mit Abraham vnd sprach/Got ist mit dir jnn allem das du thust/ So schwere mir nu bey Gott/ das du mir/noch meinen kindern/noch meinen neffen/kein vntrew erzeigen wollest/ Sondern die barmhertzigkeit/die ich an dir gethan habe/ an mir auch thust/vnd an dem land/da du ein frembdling jnnen bist/Da sprach Abraham/ Ich wil schweren.

Vnd Abraham strafft Abimelech vmb des wasser brunnen willen/den Abimelechs knechte hatten mit gewalt genomen/Da anwort Abimelech/Ich habs nicht gewust/wer das gethan hat/auch hastu mirs nicht angesagt/dazu hab ichs nicht gehöret denn heute.

Da nam Abraham schafe vnd rinder/vnd gab sie Abimelech/vnd machten beide einen bund mit einander vñ Abraham stellet dar sieben lemmer/besonders/Da sprach Abimelech zu Abraham/Was sollen die sieben lemmer/ die du besonders dar gestellet hast? Er antwort/sieben lemmer soltu von meiner hand nemen/das sie mir zum zeugnis seien/das ich diesen brunne gegraben habe/Da her heist die stet Bersaba/das sie beide mit einander da geschworen haben/Vnd also machten sie den bund zu Bersaba.

Bersaba heist auf deudsch schweer brun/odder eidbrun/möcht auch wol sieben brun heissen.

Da machten sich auff Abimelech vnd Phichol sein feldheubtman/vnd zogen wider jnn der Philister land/Abraham aber pflantzt bewme zu Bersaba/vnd predigt daselbs von dem namen des HERRN des ewigen Gottes/vnd war ein frembdling jnn der Philister land ein lange zeit.

Nach diesem

Mose. XIII.

XXII.

NAch diesen geschichten/versuchte Gott Abraham vnd
sprach zu jm/Abraham/Vñ er antwortet/hie bin ich/
Vnd er sprach/Nim Jsaac deinen einigen son/den du
lieb hast/vnd gehe hin jnn das land Moria/vnd opffer
jn da selbs zum brand opffer auff einem berge/den ich
dir sagen werd/Da stund Abraham des morgens früe
auff/vnd gürtet seinen esel/vnd nam mit sich zween knaben vnd seinen son Jsaac/vnd spaltet holtz zum brandopffer/macht
sich auff/vnd gieng hin an den ort/dauon jm Gott gesagt hatte.

(Moria)
Moria heist schau-
ung/vnd ist der
berg/da Salomon
hernach zu Jeru-
salem den tempel
auff bawet/vnd
heist der schawen
berg/das Gott da
selbs hin schawet.

Am dritten tag hub Abraham seine augen auff/vnd sahe die stet
von ferne/vnd sprach zu seinen knaben/Bleibt jr hie mit dem esel/Ich
vnd der knabe wollen dort hin gehen/vnd wenn wir angebetet ha-
ben/wollen wir widder zu euch komen/Vnd Abraham nam das holtz
zum brandopffer/vnd legts auff seinen son Jsaac/Er aber nam das
fewr vnd messer jnn seine hand/vnd giengen die beide mit einander.

Da sprach Jsaac zu seinem vater Abraham/Mein vater/Abra-
ham antwort/Hie bin ich/mein son/Vnd er sprach/Sihe/hie ist feur
vnd holtz/wo ist aber das schaf zum brandopffer? Abraham ant-
wort/Gott wird mir zeigen/mein son/das schaf zum brandopffer/
vnd giengen die beide mit einander.

Vnd als sie kamen an die stet/die jm Gott saget/bawet Abraham
daselbs einen altar/vnd legt das holtz drauff/vnd band seinen son
Jsaac/legt jn auff den altar oben auff das holtz/vnd recket seine hand
aus/vnd fasset das messer/das er seinen son schlachtet. C   Da rieff

Das Erst Buch

Da rieff jn der Engel des HERRN vom himel vnd sprach/Abraham/Abraham/Er antwort/hie bin ich/Er sprach/lege deine hand nicht an den knaben/vnd thu jm nichts/Denn nu weis ich/das du Gott förchtest/vnd hast deines einigen sons nicht verschonet vmb meinen willen/Da hub Abraham seine augen auff/vnd sahe einen widder hinder jm/jnn der hecken mit seinen hörnern hangen/vnd gieng hin/vnd nam den widder vnd opffert jn zum brandopffer an seines sons stat/Vnd Abraham hies die stet/Der HERR schawet/daher man noch heuttigs tags sagt/Auff dem berge da der HERR geschawet wird.

Vnd der Engel des HERRN rieff Abraham abermal vom himel/vnd sprach/Ich hab bey mir selbs geschworen/spricht der HERR/die weil du solchs gethan hast/vnd hast deines einigen sons nicht verschonet/das ich deinen samen segenen vnd mehren wil/wie die stern am himel/vnd wie den sand am vfer des meers/vnd dein same sol besitzen die thor seiner feinde/vnd durch deinen samen sollen alle völcker auff erden gesegnet werden/darumb das du meiner stim gehorcht hast.

Also keret Abraham widder zu den knaben/vnd machten sich auff/vnd zogen miteinander gen Barsaba/vnd wonet daselbs.

Nach diesen geschichten begab sichs/das Abraham angesagt ward/Sihe/Milca hat auch kinder geborn deinem bruder Nahor/Nemlich Vz den erstgebornen/vnd Bus seinen bruder/vnd Kemuel von dem die Syrer komen/vnd Kesed/vnd Haso vnd Pildas vnd Jedlaph vnd Bethuel. Bethuel aber zeuget Rebeca. Diese acht gebar Milca dem Nahor Abrahams bruder. Vnd sein Kebsweib mit namen Rehuma gebar auch/nemlich/den Tebah/Gaham/Thahas/vnd Maacha.

XXIII.

(Hebron) Hebron ist Kiriath Arba (spricht Mose)das ist/Die vier stad/denn die hohen heubt stedte waren vor zeite alle Arba/das ist/jnn vier teil geteilet/wie Rom/Jerusalem vnd Babylon auch. Gen.x

Sara ward hundert sieben vnd zwentzig jar alt/vnd starb jnn der Heubtstad die heist Hebron im lande Canaan/Da kam Abraham das er sie klaget vnd beweinet/Darnach stund er auff von seiner leich/vnd redet mit den kindern Heth/vnd sprach/Ich bin ein frembder vnd einwoner bey euch/gebt mir ein erb begrebnis bey euch/das ich meinen todten begrabe/der fur mir ligt.

Da antworten Abraham die kinder Heth/vnd sprachen zu jm/Höre vns/lieber herr/du bist ein fürst Gottes vnter vns/Begrabe deinen todten jnn vnser ehrlichsten grebern/kein mensch sol dir vnter vns weren/das du jnn seinem grabe nicht begrabest deinen todten/Da stund Abraham auff vnd buckt sich fur dem volck des lands/nemlich fur den kindern Heth.

Vnd er redet mit jnen vnd sprach/gefellet es euch/das ich meinen todten der für mir ligt begrabe/so höret mich/vnd bittet für mich gegen Ephron dem son Zohar/das er mir gebe seine zwifache hole/die er hat am ende seines ackers/Vmb ein redlich gelt gebe er mir sie vnter euch zum erb begrebnis/Denn Ephron wonete vnter den kindern Heth.

Da antwort Ephron der Hethiter Abraham/das zu höreten die kinder Heth/fur allen die zu seiner stad thor aus vnd ein giengen/vnd sprach/

sprach/Nein/mein herr/sondern höre mir zu/Ich schenck dir den acker/vnd die hole drinnen dazu/vnd vber gebe dirs fur den augen der kinder meins volcks/zu begraben deinen todten/Da buckt sich Abraham fur dem volck des lands vnd redet mit Ephron/das zuhörete/das volck des lands/vnd sprach/Wiltu mir jn lassen/So bitte ich/nim von mir das geld fur den acker/das ich dir gebe/so wil ich meinen todten daselbs begraben.

Ephron antwort Abraham vnd sprach zu jm/Mein herr höre doch mich/das feld ist vier hundert Sekel silbers werd/was ist das aber zwischen mir vnd dir? Begrab nur deinen todten/Abraham gehorcht Ephron/vnd wug jm das geld dar/das er gesagt hatte/das zuhöreten die kinder Deth/nemlich vier hundert Sekel silbers/das im kauff geng vnd gebe war.

(Sekel) Sekel ist ein gewichte/an der muntze/ein orttes gulden/Denn verzeiten man das gelt so wug/wie man jtzt mit gold thut.

Also ward Ephrons acker/darinn die zwifache hole ist gegen Mamre vber/Abraham zum eigen gut bestetiget/mit der hole darinnen/vnd mit allen bewmen auff dem acker vmbher/das die kinder Deth zu sahen/vnd alle die zu seiner stadthor aus vnd ein giengen/Darnach begrub Abraham Sara sein weib/jnn der hole des ackers/die zwifach ist gegen Mamre vber/das ist Hebron im land Canaan/Also ward bestettiget der acker vnd die hole darinnen/Abraham zum erbbegrebnis von den kindern Deth.

XXIIII.

Braham war alt vnd wol betaget/vnd der HERR hatte jn gesegenet allenthalben/Vnd sprach zu seinem eltesten knecht seins hauses/der allen seinen gütern furstund/lege deine hand vnter meine hüffte/vnd schwere mir bey dem HERRN dem Gott des himels vnd der erden/das du meinem son kein weib nemest von den töchtern der Cananiter/vnter welchen ich wone/sondern das du ziehest jnn mein vaterland/vnd zu meiner freundschafft vnd nemest meinem son Isaac ein weib.

Der knecht sprach/Wie? wenn das weib mir nicht wolt folgen jnn dis land/sol ich denn deinen son widder bringen jnn jhenes land/daraus du gezogen bist? Abraham sprach zu jm/Da hut dich fur/das du meinen son nicht widder da hin bringest/der HERR der Gott des himels/der mich von meins vaters haus genomen hat/vnd von meiner heymat/der mir geredt hat vnd mir auch geschworn vnd gesagt/dis land wil ich deinem samen geben/der wird seinen Engel fur dir her senden/das du meinem son daselbst ein weib nemest/So aber das weib dir nicht folgen wil/so bistu dieses eides quit/alleine bringe meinen son nicht widder dorthin/Da legt der knecht seine hand vnter die hüfft Abraham seines herrn/vnd schwur jm solchs.

Also nam der knecht zehen kamel/von den kamelen seins herrn/vnd zog hin/vnd hatte mit sich allerley güter seins herrn/vnd macht sich auff vnd zog gen Mesopotamian zu der stad Nahor/Da lies er die kamel sich lagern aussen fur der stad/bey einem wasser brun/des abends vmb die zeit/wenn die weiber pflegten eraus zu gehen vnd wasser zu schepffen/vnd sprach.

HERR du Gott meins herrn Abraham/begegen mir heute/vnd thu barmhertzigkeit an meinem herrn Abraham/Sihe/ich stehe hie bey

Das Erst Buch

hie bey dem waſſer brun/vnd der leute tōchter jnn dieſer ſtad werden
eraus komen waſſer zu ſchepffen/Wenn nu ein dirne komet zu der ich
ſpreche/neige deinen krug vnd las mich trincken/vnd ſie ſprechen
wird/Trincke/ich wil deine kamel auch trencken/das ſie die ſey/die
du deinem diener Jſaac beſcheret habeſt/vnd ich daran erkenne/das
du barmhertzigkeit an meinem herrn gethan haſt.

Vnd ehe er aus geredt hatte/Sihe/da kam eraus Rebeca Bethnels tochter/der ein ſon der Milca war/welche Nahors Abrahams
bruder weib war/vnd trug einen krug auff den achſeln/vnd ſie war ein
ſeer ſchon dirn von angeſicht/noch ein jungfraw/vnd kein man hatte
ſie erkand/die ſteig hinab zum brunnen vnd fūllet den krug/vnd ſteig
erauff/Da lieff jr der knecht entgegen vnd ſprach/Las mich ein wenig waſſers aus deinem krug trincken/Vnd ſie ſprach/trinck mein her-
re/vnd eilend lies ſie den krug ernidder auff jre hand/vnd gab jm zu
trincken/Vnd da ſie jm zu trincken gegeben hatte/ſprach ſie/Jch wil
deinen kamelen auch ſchepffen/bis ſie alle getrincken/Vnd eilet vnd
goſs den krug aus jnn die trencke/vnd lieff aber zum brun zu ſchepf-
fen/vnd ſchepffete allen ſeinen kamelen.

Der man aber wundert ſich jr vnd ſchweig ſtil/bis er erkennete/
ob der HERR zu ſeiner reiſſe gnad gegeben hette/odder nicht/
Da nu die kamel alle getruncken hatten/nam er eine gūlden ſpang-
en eins halben Sekel ſchwer/vnd zween arm ringe an jre hende/
zehen Seckel golds ſchwer/vnd ſprach/Mein tochter/wen gehōrſtu
an? das ſage mir doch? Haben wir auch rawm jnn deines vaters
hauſe zu herbergen? Sie ſprach zu jm/Jch bin Bethnels tochter/
des ſons Milca/den ſie dem Nahor geborn hat/Vnd ſagt weiter zu
jm/Es iſt auch viel ſtro vnd futter bey vns/vnd rawms gnug zu herbergen.

Da neiget ſich der man vnd bettet den HERRN an vnd ſprach/
Gelobt ſey der HERR der Gott meins herrn Abraham/der ſeine
barmhertzigkeit vnd ſeine warheit nicht verlaſſen hat an meinem
herrn/deñ der HERR hat mich den weg gefūret zu meins herrn bruder haus/Vnd die dirne lieff/vnd ſaget ſolchs alles an jnn jrer mutter
hauſe/vnd Rebeca hatte einen bruder der hies Laban.

Vnd Laban lieff zu dem man drauſſen bey dem brun/vnd als er
ſahe die ſpangen vnd arm ring an ſeiner ſchweſter hend/vnd hōret
die wort Rebeca ſeiner ſchweſter/das ſie ſprach/alſo hat mir der
man geſagt/kam er zu dem man/vnd ſihe/er ſtund bey den kamelen
am brun/vnd ſprach/Kom erein du geſegneter des HERRN/war-
umb ſteheſtu drauſſen? Jch habe das haus gereumet/vnd fur die kamel raum gemacht/Alſo fūret er den man jns haus/vnd zeumet die kamel ab/vñ gab jnen ſtro vnd futter/vñ waſſer zu waſſchen ſeine fūſſe/
vnd der menner die mit jm waren/vnd ſatzte jm eſſen fur.

Er ſprach aber/Jch wil nicht eſſen/bis das ich zuuor mein ſach
geworben habe/Sie antworten/ſage her. Er ſprach/Jch bin Abrahams knecht/vnd der HERR hat meinen Herrn reichlich geſeg-
net/vnd iſt gros worden/vnd hat jm ſchaff vnd ochſſen/ſilber vnd
gold/knecht vnd megde/kamel vnd eſel gegeben/dazu hat Sara
meins

meins herrn weib einen son geborn meinem herrn inn seinem alter/ dem hat er alles gegeben was er hat.

Vnd mein herr hat einen eid von mir genomen vnd gesagt/du solt meinem son kein weib nemen von den töchtern der Cananiter/inn der land ich wone/sondern zeuch hin zu meines vaters haus vnd zu meinem geschlecht/daselbs nim meinem son ein weib/Ich sprach aber zu meinem herrn/wie? wenn mir das weib nicht folgen wil/Da sprach er zu mir/der HERR/fur dem ich wandele/wird seinen Engel mit dir senden/vnd gnad zu deiner reise geben/das du meinem son ein weib nemest von meiner freundschafft vnd meines vaters hause/ denn soltu meins eides quit sein/wenn du zu meiner freundschafft kompst/geben sie dir nicht/so bistu meins eides quiet.

Also kam ich heute zum brun/vnd sprach/HERRE Gott meins herrn Abraham/hastu gnad zu meiner reise gegeben/da her ich gereiset bin/Sihe/so stehe ich hie bey dem wasserbrun/wenn nu ein jung fraw eraus kompt zu schepffen/vñ ich zu jr spreche/gib mir ein wenig wasser zu trincken aus deinem kruge/vnd sie wird sagen/trincke du/ich wil deinen kamelen auch schepffen/das die sey das weib/das der HERR meins herrn son bescheret hat.

Ehe ich nu solch wort ausgeredt hatte inn meinem hertzen/sihe/da kompt Rebeca eraus mit einem krug auff jrer achseln/vnd gehet hinab zum brun vnd schepffet/Da sprach ich zu jr/gib mir zu trincken/vnd sie nam eilend den krug von jrer achseln vnd sprach/ trincke/vnd deine kamel wil ich auch trencken. Also tranck ich/vnd sie trencket die kamel auch/Vnd ich fragte sie vnd sprach/wes tochter bistu? Sie antwort/Ich bin Bethuels tochter des sons Nahor/den jm Milca geborn hat.

Da henget ich eine spangen an jre stirn vnd armringe an jre hende/vnd neiget mich vnd bettet den HERRN an/vnd lobet den HERRN den Gott meins herrn Abraham/der mich den rechten weg geführet hat/das ich seinem son meines herren bruder tochter neme/ Seid jr nu die/so an meinem herren freundschafft vnd trewe beweisen wolt/so sagt mirs/wo nicht/so sagt mirs aber/das ich mich wende zur rechten odder zur lincken.

Da antwort Laban vnd Bethuel/vnd sprachen/Das kompt vom HERRN/ drumb künnen wir nichts widder dich reden/weder böses noch guts. Da ist Rebeca fur dir/nim sie vnd zeuch hin/das sie deins herrn son weib sey/wie der HERR geredt hat/Da diese wort höret Abrahams knecht/bucket er sich dem HERRN zu der erden/vnd zog erfur silbern vnd gülden kleinod vnd kleider/vnd gab sie Rebeca/Aber jrem bruder vnd der mutter gab er würtze. Da ass vnd tranck er sampt den mennern die mit jm waren/vnd blieben vbernacht alda.

Des morgens aber stund er auff/vnd sprach/Last mich zihen zu meinem herrn/Aber jr bruder vnd mutter sprachen/las doch die dirne einen tag oder zehen bey vns bleiben/darnach soltu zihen/Da sprach er zu jnen/Haltet mich nicht auff/denn der Herr hat gnad zu meiner reise gegeben/last mich/das ich zu meinem herrn zihe/Da sprachen sie/ last vns die dirne ruffen/vnd fragen/was sie dazu sagt/Vnd rieffen
der Rebeca

Das Erst Buch

der Rebeca vnd sprachen zu jr/Wiltu mit diesem man zihen? Sie antwortet/Ja/ich wil mit jm.

Also liessen sie Rebeca jre schwester zihen mit jrer ammen/sampt Abrahams knecht vnd seinen leuten/Vnd sie segneten Rebeca vnd sprachen zu jr/Du bist vnser schwester/wachse jn viel tausent mal tausent/vnd dein same besitze die thor seiner feinde. Also macht sich Rebeca auff mit jren dirnen/vnd setzt sich auff die kamel/vnd zogen dem manne nach/Vnd der knecht nam Rebeca an vnd zog hin.

Isaac aber kam vom brunnen des lebendigen vnd sehenden/ denn er wonete im land gegen mittag/vnd war ausgegangen zu beten auff dem feld vmb den abent/vnd hub sein augen auff/vnd sahe das kamel daher komen/vnd Rebeca hub jre augen auff vnd sahe Isaac/ Da fiel sie vom kamel/vnd sprach zu dem knecht/Wer ist der man der vns entgegen kompt auff dem feld? Der knecht sprach/das ist mein herr/Da nam sie den mantel vnd verhüllet sich.Vnd der knecht erzelet Isaac alle sache die er ausgericht hatte.Da füret sie Isaac jnn die hütten seiner mutter Sara/Vnd nam die Rebeca/vnd sie ward sein weib/ vnd gewan sie lieb/Also ward Isaac getröstet vber seiner mutter.

XXV.

Braham nam widder ein weib/die hies Ketura/die gebar jm Simron vnd Jaksan/Medan vnd Midian/ Jesbak vnd Suah. Jaksan aber zeuget/Seba vnd Dedan.

Die kinder aber von Dedan waren/Assurim/Latusim vnd Leumim.Die kinder Midian waren/Epha/ Epher/Hanoch/Abida vnd Eldaa/Diese sind alle kinder der Ketura/Vnd Abraham gab alle sein gut Isaac/ Aber den kindern/die er von den kebs weibern hatte/gab er geschencke/vnd lies sie von seinem son Isaac zihen/weil er noch lebet/gegen dem auffgang jnn das morgen land.

Das ist aber Abrahams alter/das er gelebt hat/hundert vnd funff vnd siebenzig jar/vnd ward schwach/vnd starb/jnn einem rugigem alter/da er alt vnd lebens sat war/vnd ward zu seinem volck gesamlet/Vnd es begruben jn seine söne Isaac vnd Ismael/jnn der zwifachen hole auff dem acker Ephron des sons Zohar des Hethiters/ die da ligt gegen Mamre/jnn dem feld das Abraham von den kinder Heth gekaufft hatte/Da ist Abraham begraben mit Sara seinem weibe/Vnd nach dem tod Abraham segnete Gott Isaac seinen son/ Vnd er wonet bey dem brun des lebendigen vnd sehenden.

Dis ist das geschlecht Ismaels Abrahams son/den jm Hagar gebar die magd Sara aus Egypten/vnd das sind die namen der kinder Ismael/dauon jre geschlechte genennet sind/Der erstgeborn son Ismaels/Nebaioth/Kedar/Adbeel/Mibsam/Misma/Duma/Masa Hadar/Thema/Jetur/Naphis/vnd Kedma/Dis sind die kinder Ismael mit jren namen jnn jren höfen vnd stedten/zwelff fürsten/ Vnd das ist das alter Ismaels/hundert vnd sieben vnd dreissig jar/ vnd ward schwach vnd starb/vnd ward gesamlet zu seinem volck/ Er wonet aber von Heuila an/bis gen Sur gegen Egypten/wenn man gen Assyrian gehet/Vnd a legt sich gegen alle seine brüder.

Dis ist

a (leget sich) Er neret sich wie die Strauchdiebe vnd frenckische Reuter/wie dasselbige volck aus Arabien auch noch thut.

Mose. XVI

Dis ist das geschlecht Isaac Abrahams son/Abraham zeuget Isaac/Isaac aber war vierzig iar alt/da er Rebeca zum weibe nam die tochter Bethuel des Syrers von Mesopotamia/Labans des Syrers schwester.

Isaac aber bat den HERRN fur sein weib/denn sie war vnfruchtbar/vnd der HERR lies sich erbitten/vnd Rebeca sein weib ward schwanger/Vnd die kinder stiessen sich miteinander jnn jrem leibe/ Da sprach sie/da mirs also solt gehen/warumb bin ich schwanger worden? Vnd sie gieng hin den HERRN zu fragen/vnd der HERR sprach zu jr/Zwey volck sind jnn deinem leibe/vnd zweierley leut werden sich scheiden aus deinem leibe/vnd ein volck wird dem andern vberlegen sein/Vnd der grosser wird dem kleinen dienen.

Da nu die zeit kam/das sie geberen solt/sihe/da waren zwillinge jnn jrem leibe/Der erst der eraus kam/war rodlicht/gantz rauch wie ein fel/vnd sie nenneten jn Esau/Zu hand darnach kam eraus sein bruder/der hielt mit seiner hand die fersen des Esau/vnd hiessen jn Jacob/Sechzig iar alt war Isaac/da sie geborn wurden/Vnd da nu die knaben gros wurden/ward Esau ein Jeger vnd ein ackerman/ Jacob aber ein from man/vnd bleib jnn den hütten. Vnd Isaac hatte Esau lieb/vnd ass gern von seinem weidwerg/Rebeca aber hatte Jacob lieb.

Vnd Jacob kocht ein gerichte/da kam Esau vom feld vnd war müde/vnd sprach zu Jacob/Las mich kosten das rodte gericht/denn ich bin müde/Daher heist er Edom. Aber Jacob sprach/Verkeuf mir heute deine erstgeburt/Esau antwort/sihe/ich mus doch sterben/ was sol mir denn die erste geburt? Jacob sprach/so schwere mir hent/Vnd er schwur jm/vnd verkaufft also Jacob seine erstgeburt/ Da gab jm Jacob brod vnd das linsen gericht/vnd er ass vnd tranck/ vnd stund auff vnd gieng dauon/also verachtet Esau seine erstgeburt.

Edom heist tödlich.

XXVI.

ES kam aber eine tewrung ins land/vber die vorige so zu Abrahams zeiten war/vnd Isaac zog zu Abimelech der Philister König gen Gerar/Da erschein jm der HERR/vnd sprach/Zeuch nicht hinab jnn Egypten/ sondern bleibe jnn dem land/das ich dir sage/Sey ein frembdling jnn diesem land/vnd ich wil mit dir sein/ vnd dich segenen/Denn dir vnd deinem samen wil ich alle diese lender geben/vnd wil meinen eid bestetigen/ den ich deinem vater Abraham geschworen habe/vnd wil deinen samen mehren/wie die stern am himel/vnd wil deinem samen alle diese lender geben/Vn durch deinen samen sollen alle völcker auff erden gesegenet werden/darumb das Abraham meiner stim gehorsam gewesen ist/vnd hat gehalten meine rechte/mein gebot/meine weise vnd mein Gesetz.

Also wonet Isaac zu Gerar/vnd wenn die leute am selben ort fragten von seinem weibe/so sprach er/sie ist mein schwester/Denn er furcht sich zu sagen/sie ist mein weib/sie möchten mich erwürgen vmb Rebeca willen/denn sie war schön von angesicht. Als er nu ein zeitlang da war/sahe Abimelech der Philister König durchs fenster/vnd ward

Das Erst Buch

ward gewar/das Jsaac schertzet mit seinem weib Rebeca/Da rieff Abimelech dem Jsaac vnd sprach/Sihe/es ist dein weib/wie hastu denn gesagt/sie ist mein schwester? Jsaac antwort jm/Jch gedacht/Jch möchte villeicht sterben müssen vmb jren willen. Abimelech sprach/warumb hastu denn vns das gethan? Es were leicht geschehen/das jemand vom volck sich zu deinem weib gelegt hette/ vnd hettest also eine schuld auff vns bracht. Da gebot Abimelech allem volck vnd sprach/Wer diesen man odder sein weib antastet/der sol des tods sterben.

Vnd Jsaac seete jnn dem lande/vnd kriegt desselben iars gersten hundert feltig/denn der HERR segenet jn/vnd er ward ein grosser man/gieng vnd nam zu/bis er fast gros ward/das er viel guts hatte an kleinem vnd grossem viech vnd ein gros gesind/Darumb neideten jn die Philister/vnd verstopfften alle brun die seins vaters knechte gegraben hatten zur zeit Abraham seins vaters/vnd fülleten sie mit erden/Das auch Abimelech zu jm sprach/Zeuch von vns/denn du bist vns zu mechtig worden.

Da zog Jsaac von dannen/vnd schlug sein gezelt auff im grunde Gerar/vnd wonet alda/Vnd lies die wasser brun widder auff graben/die sie zu Abrahams zeiten seines vaters gegraben hatten/welche die Philister verstopfft hatten nach Abrahams tod/vnd nennet sie mit den selben namen/da sie sein vater mit genant hatte/Auch gruben Jsaacs knecht im grunde/vñ funden da selbs ein brun lebendiges wassers/Aber die hirten von Gerar zanckten mit den hirten Jsaac vnd sprachen/das wasser ist vnser/Da hies er den brun/ª Eseck/darumb das sie jn da verhönet hatten.

a
Eseck heist/Hohn/ wenn man jemand gewalt vnd vnrecht thut.

b
Sitena heist widderstand/daher der teufel Satan heist/ein widderwertiger.

c
Rehoboth heist/ raum odder breite/das nicht enge ist.

Da gruben sie einen andern brun/da zanckten sie auch vber/darumb hies er jn/ᵇ Sitena/Da macht er sich von dannen/vnd grub ein andern brun/da zancketen sie sich nicht vber/darumb hies er jn ᶜ Rehoboth/vnd sprach/Nu hat vns der HERR rawm gemacht/ vnd vns wachsen lassen im lande/Darnach zog er von dannen gen Bersaba.

Vnd der HERR erschein jm jnn der selben nacht/vnd sprach/ Ich bin deines vaters Abrahams Gott/furcht dich nicht/denn ich bin mit dir/vnd wil dich segenen/vnd deinen samen mehren vmb meines knechts Abrahams willen/Da bawet er einen altar daselbs/vnd predigt von dem namen des HERRN/vñ richtet daselbs sein hütten auff/vnd seine knecht gruben daselbs einen brun.

Vnd Abimelech gieng zu jm von Gerar vnd Ahusath sein freund vnd Phichol sein feld heubtman/Aber Jsaac sprach zu jnen/Warumb kompt jr zu mir? hasset jr mich doch/vnd habt mich von euch getrieben/Sie sprachen/Wir sehen mit sehenden augen/das der HERR mit dir ist/darumb sprachen wir/Es sol ein eid zwischen vns vnd dir sein/vnd wollen einen bund mit dir machen/das du vns kein schaden thust/gleich wie wir dich nicht angetastet haben/vnd wie wir dir nichts denn alles gut gethan haben/vnd dich mit friden zihen lassen/ Du aber bist nu der gesegnete des HERRN/Da macht er jnen ein mal/vnd sie assen vnd truncken/Vnd des morgens frue stunden sie auff/vnd schwur einer dem andern/Vnd Jsaac lies sie gehen/vnd sie zogen von jm mit friden.

Desselben tages kamen Jsaacs knechte/vnd sagten jm an von dem brun/

Mose.   XVII.

brun/den sie gegraben hatten/vnd sprachen zu jm/Wir haben wasser funden/vnd er nant jn/Saba/da her heist die stad Bersaba bis auff den heutigen tag.

Seba heist ein Eid/oder die fülle oder schwur/Ber aber heist ein brun

XXVII.

DA Esau vierzig iar alt war/nam er zum weibe/Judith die tochter Beri des Hethiter/vnd Basmath die tochter Elon des Hethiter/die waren beide seer bitter gegen Isaac vnd Rebeca.

Vnd es begab sich/da Isaac alt war worden/das seine augen tunckel worden zu sehen/vnd rieff Esau seinem grössern son/vnd sprach zu jm/Mein son/Er aber antwort jm/Die bin ich/Vnd er sprach/Sihe/ich bin alt worden/vnd weis nicht wenn ich sterben sol/So nim nu dein zeug/köcher vnd bogen/vnd gehe auffs feld/vnd fahe mir ein wildbret/vnd mach mir ein essen/wie ichs gern hab/vnd bring mirs herein das ich esse/das dich meine seele segene ehe ich sterbe.

Rebeca aber höret solch wort/die Isaac zu seinem son Esau sagt/ vnd Esau gieng hin auffs feld/das er ein wildbret jaget vnd heim brecht/Da sprach Rebeca zu Jacob jrem son/Sihe/ich hab gehöret deinen vater reden mit Esau deinem bruder/vnd sagen/bring mir ein wildbret/vnd mach mir essen/das ich esse/vnd dich segene fur dem HERRN ehe ich sterbe/So höre nun mein son meine stim/was ich dich heisse/Gehe hin zu der herd/vnd hole mir zwey gute böcklin/das ich deinem vater ein essen dauon mache/wie ers gerne hat/das soltu deinem vater hinein tragen/das er esse/auff das er dich segene fur seinem tod.

Jacob aber sprach zu seiner mutter Rebeca/Sihe/mein bruder Esau ist rauch vnd ich glat/so möcht villeicht mein vater mich begreiffen/vnd wurd fur jm geacht/als ich jn betriegen wolte/vnd brechte vber mich ein fluch vnd nicht ein segen/Da sprach seine mutter zu jm/ der fluch sey auff mir/mein son/gehorche nur meiner stim/gehe vnd hole mir/Da gieng er hin vnd holet/vnd bracht seiner mutter.

Da macht seine mutter ein essen/wie sein vater gern hatte/vnd nam Esaus jrs grössern sons köstliche kleider/die sie bey sich im hause hatte/vnd zoch sie Jacob an jrem kleinern son/Aber die fell von den böcklin thet sie jm vmb seine hende/vnd wo er glat war am halse/vnd gab also das essen mit brod/wie sie es gemacht hatte/jnn Jacobs hand jres sons.

Vnd er gieng hinein zu seinem vater vnd sprach/Mein vater/ Er antwort/Die bin ich/wer bistu/mein son? Jacob sprach/Ich bin Esau dein erstgeborner son/Ich hab gethan/wie du mir gesagt hast/stehe auff/setze dich/vnd iss von meinem wildbret/auff das mich deine seele segene/Isaac aber sprach zu seinem son/Mein son/ wie hastu so bald funden? Er antwort/Der HERR dein Gott bescheret mirs/Da sprach Isaac zu Jacob/Trit erzu/mein son/das ich dich begreiffe/ob du seist mein son Esau odder nicht/Also trat Jacob zu seinem vater Isaac/vnd da er jn begriffen hatte/sprach er/Die stim ist Jacobs stim/aber die hend sind Esaus hende/Vnd erkand jn nicht/ denn seine hende waren rauch/wie Esaus seins bruder hende/Vnd segenet jn.

Vnd

Das Erst Buch

Vnd sprach zu jm/Bistu mein son Esau/ Er antwort/ja Ich bins/ Da sprach er/So bringe mir her/mein son/zu essen von deinem wild bret/das dich mein seele segne/Da bracht ers jm/vnd er ass/vnd trug jm auch wein hinein/vnd er tranck/ Vnd Isaac sein vater sprach zu jm/Kom her vnd küsse mich/mein son/Er trat hinzu vnd küsset jn/da roch er den geruch seiner kleider/vnd segnet jn vnd sprach.

Sihe/der geruch meins sons ist wie ein geruch des felds/ das der HERR gesegenet hat/Gott gebe dir vom taw des himels vnd von der fettigkeit der erden/vnd korn vnd weines die fülle/Völcker müssen dir dienen/vnd leute müssen dir zu fusse fallen/Sey ein herr vber deine bruder/vnd deiner mutter kinder müssen dir zu fuss fallen/Verflucht sey/wer dir flucht/Gesegenet sey/wer dich segenet.

Als nu Isaac vollendet hatte den segen vber Jacob/ vnd Jacob kaum hinaus gegangen war von seinem vater Isaac/da kam Esau sein bruder von seiner jaget/vnd macht auch ein essen/vnd trugs hin ein zu seinem vater/vnd sprach zu jm/ Stehe auff mein vater/vnd iss von dem wildbret deins sons/das mich dein seele segene/Da antwort jm Isaac sein vater/Wer bistu? Er sprach/Ich bin Esau dein erstge borner son/Da entsatzt sich Isaac vber die mas seer vnd sprach. Wer? wo ist denn der jeger/der mir bracht hat/vnd ich hab von allem ges sen/ehe du kamest/vnd hab jn gesegnet? Er wird auch gesegenet blei ben.

Als Esau diese rede seins vaters höret/ schrey er laut/ vnd ward vber die mas erbittert/vnd sprach zu seinem vater/Segene mich auch mein vater/Er aber sprach/dein bruder ist komen mit list/ vnd hat dei nen segen hinweg/Da sprach er /Er heist wol Jacob/ denn er hat mich nu zweimal vntertretten/Meine erste geburt hat er dahin/vnd si he/nu nimpt er auch meinen segen/vnd sprach/Hastu mir denn kei nen segen fürbehalten?

(vntertretten) Ekeb heisst ein fus sol/da her kompt Jakob oder Jacob ein vntertretter od der der mit füssen tritt/vnd bedeut alle gleubigen/die durch das Euan gelion die welt vn das fleisch vnd den teufel mit sund vn tod vnter sich tret ten/durch Chri stum etc.

Isaac antwort vnd sprach zu jm/Ich hab jn zum herrn vber dich gesetzt/vnd alle seine bruder hab ich jm zu knechten gemacht/ Mit korn vnd wein hab ich jn versehen/Was sol ich doch dir nu thun/ Mein son? Esau sprach zu seinem vater/Hastu denn nur einen segen mein vater? Segene mich auch/mein vater/ Vnd hub auff seine stim vnd weinet/Da antwort Isaac sein vater vnd sprach zu jm.

Sihe da/du wirst ein fette wonung haben auff erden/ vnd vom taw des himels von oben her/deins schwerds wirstu dich neeren/ vnd deinem bruder dienen/Vnd es wird geschehen/das du auch ein herr/ vnd sein ioch von deinem halse reissen/wirst.

Vnd Esau war Jacob gram vmb des segens willen/ da mit jn sein vater gesegnet hatte/vnd sprach inn seinem hertzen/ Es wird die zeit bald komen/das mein vater leide tragen mus/denn ich wil meinen bruder Jacob erwürgen/Da worden Rebeca angesagt diese wort jres grössern sons Esau/vnd schickt hin vnd lies Jacob jrem kleinern son ruffen/vnd sprach zu jm/Sihe/dein bruder Esau drewet dir/ das er dich erwürgen wil/vnd nu höre meine stim/mein son/mach dich auff vnd fleuch zu meinem bruder Laban inn Haran/vnd bleibe ein weil bey jm/ bis sich der grim deines bruders wende/vnd bis sich sein zorn widder dich von dir wende/vnd vergesse was du an jm gethan hast/so

Mose. XVIII.

haſt/ſo wil ich darnach ſchicken/vnd dich von dannen holen laſſen/ Warumb ſolt ich ewr beide beraubet werden auff einen tag?

Vnd Rebeca ſprach zu Iſaac/Mich verdreuſt zu leben für den töchtern Heth/wo Jacob ein weib nimpt von den töchtern Heth/die da ſind wie die töchter dieſes lands/was ſol mir das leben?

XXVIII.

DA rieff Iſaac ſeinem ſon Jacob/vnd ſegnet jn vnd gebot jm vñ ſprach zu jm/Nim nicht ein weib von den töchtern Canaan/ſondern mach dich auff/vnd zeuch jnn Meſopotamian zu Bethuel deiner mutter vater haus/ vnd nim dir ein weib da ſelbs von den töchtern Laban deiner mutter bruder/Aber der Allmechtig Gott ſegne dich/vnd mache dich fruchtbar/vnd mehre dich/das du werdeſt ein hauffen volcker/vnd gebe dir den ſegen Abraham/dir vnd deinem ſamen mit dir/das du beſitzeſt das land/da du frembdling jnnen biſt/ das Gott Abraham gegeben hat. Alſo fertiget Iſaac den Jacob/das er jnn Meſopotamia zoge zu Laban Bethuels ſon aus Syrien/dem bruder Rebeca ſeiner vnd Eſau mutter.

Als nu Eſau ſahe/das Iſaac Jacob geſegenet hatte/vnd abgefertiget jnn Meſopotamian/das er daſelbs ein weib neme/vnd das jn dem er jn ſegnet/jm gebot vnd ſprach/du ſolt nicht ein weib nemen von den töchtern Canaan/vnd das Jacob ſeinem vater vnd ſeiner mutter gehorchet/vnd jnn Meſopotamian zog/ſahe auch/das Iſaac ſein vater nicht gern ſahe die töchter Canaan/gieng er hin zu Iſmael/vnd nam vber die weiber/die er zuuor hatte/Mahalath die tochter Iſmael/des ſons Abrahams/die ſchweſter Nebaioth/zum weibe.

Aber

Das Erst Buch

Aber Jacob zog aus von Bersaba/ vnd reiset gen Haran/vnd kam an einen ort/da bleib er vber nacht/denn die sonn war vntergangen/Vn er nam einen stein des orts/vnd legt jn zu seinen heubten/vnd leget sich an dem selben ort schlaffen/Vnd jm trewmet/ vnd sihe/ ein leitter stund auff erden/die ruret mit der spitzen an den himel/ vnd sihe/die Engel Gottes stiegen dran auff vnd nidder/vnd der HERR stund oben drauff/vnd sprach.

Ich bin der HERR/Abrahams deines vaters Gott vnd Isaacs Gott/das land da du auff ligest/wil ich dir vnd deinem samen geben/ vnd dein same sol werden wie der staub auff erden/ vnd du solt ausgebreitet werden/ gegen dem abent/ morgen/ mitternacht vnd mittag/Vnd durch dich vnd deinen samen sollen alle geschlecht auff erden gesegenet werden/Vnd sihe/Ich bin mit dir/ vnd wil dich behüten/wo du hin zeuchst/vnd wil dich widder her bringen jnn dis land/ Denn ich wil dich nicht lassen/bis das ich thu/ alles was ich dir geredt habe.

Da nu Jacob von seinem schlaff auffwacht/sprach er/Gewislich ist der HERR an diesem ort/vnd ich wusts nicht/vnd furcht sich vnd sprach/Das mus ein Heilige stett sein/ Denn hie wonet gewislich Gott/vnd ist die pforte des himels/Vnd Jacob stund des morgens frue auff/vnd nam den stein/den er zu seinen heubten gelegt hatte/vnd richtet jn auff/vnd gos öle oben drauff/Vnd hies die stett BethEl/ vorhin hies sunst die stad Lus.

Vnd Jacob thet ein gelübd vnd sprach/ So Gott wird mit mir sein/vnd mich behüten auff dem wege/den ich reisse/vnd brod zu essen geben vnd kleider anzuzihen/vnd mich mit friden widder heim zu meinem vater bringen/ so sol der HERR mein Gott sein/ vnd dieser stein/den ich auff gericht habe/sol ein Gottes haus werden/vnd alles was du mir gibst/des wil ich dir den zehenden geben.

XXIX.

Da hub Jacob sein fuss auff/vnd gieng jnn das land das gegen morgen ligt/vnd sahe sich vmb/ vnd sihe/da war ein brun auff dem feld/ vnd sihe drey herd schaf da bey/Denn von dem brun musten die herd trincken/ vnd lag ein grosser stein fur dem loch des bruns/ vnd sie pflegten die herde alle daselbs versamlen/vnd den stein von dem brunloch weltzen vn die schafe trencken/ vnd thatten als denn den stein widder fur das loch an seine stett.

Vnd Jacob sprach zu jnen/Lieben Brüder/ wo seid jr her? Sie antworten/wir sind von Haran/Er sprach zu jnen/kennet jr auch Laban den son Nahor? Sie antworten/wir kennen jn wol/ Er sprach/ gehet es jm auch wol? Sie antworten/Es gehet jm wol/vnd sihe/da kompt sein tochter Rahel mit den schafen/ Er sprach/ Es ist noch hoch tag/ vnd ist noch nicht zeit das viech einzutreiben/ trencket die schafe vnd gehet hin vn weidet sie/Sie antworten/wir können nicht/ bis das alle herde zusamen gebracht werden/ vnd wir den stein von des brunnen loch waltzen/vnd also die schafe trencken.

Als er noch mit jnen redet/kam Rahel mit den schafen jrs vaters/ denn sie huttet der schaf/Da aber Jacob sahe Rahel die tochter Labans seiner mutter bruder/vnd die schafe Labans seiner mutter bruder/

(deinen samen) Hie wird dem dritten Patriarchen Christus verheissen der heiland aller zwelt / vnd das künfftige Euangelion von Christo jnn allen landen zu predigen durch die Engel auff der leitter furgebildet.

(mein Gott sein) Nicht das er vorhin nicht sein Got gewesen sey / sondern er gelobt ein Gottes dienst auff zu richten/do man predigen vnd betten solt/ Da wil er den zehenden zu geben/ dē predigern/ wie Abraham dē Melchisedech den zehenden gab.

Mose. XIX.

der/trat er hin zu/ vnd waltzet den stein von dem loch des brunnen/ vnd trencket die schafe Labans seiner mutter bruder/ vnd küsset Rahel/ vnd weinet laut/ vnd saget jr an/ das er jres vaters bruder were/ vnd Rebeca son. Da lieff sie/ vnd sagets jrem vater an.

Da aber Laban höret von Jacob seiner schwester son/ lieff er jm entgegen/ vnd hertzet vnd küsset jn/ vnd füret jn jnn sein haus/ Da erzelet er jm alle sache. Da sprach Laban zu jm/ Wolan/ du bist mein bein vnd mein fleisch. Vnd da er nu ein mond lang bey jm gewest war/ sprach Laban zu Jacob/ Wie wol du mein bruder bist/ soltestu mir darumb vmb sonst dienen? Sage an/ was sol dein lon sein? Laban aber hatte zwo töchter/ die eltest hies Lea/ vnd die jüngste Rahel. Aber Lea hatte ein blöde gesicht/ Rahel war hübsch vnd schön. Vnd Jacob gewan die Rahel lieb/ vnd sprach/ Ich wil dir sieben iar vmb Rahel deine jüngste tochter dienen. Laban antwortet/ Es ist besser/ ich gebe dir sie/ denn einem andern.

Also dienete Jacob vmb Rahel sieben iar/ vnd dauchten jn als werens einzele tage/ so lieb hatte er sie. Vnd Jacob sprach zu Laban/ Gib mir nu mein weib/ denn die zeit ist hie/ das ich bey lige. Da lud Laban alle leut des orts/ vnd machte eine hochzeit. Des abents aber nam er seine tochter Lea/ vnd bracht sie zu jm hinein/ vnd er lag bey jr/ Vnd Laban gab seiner tochter Lea die Silpa zur magd.

Des morgens aber/ Sihe/ da war es Lea. Vnd er sprach zu Laban/ Warumb hastu mir das gethan? Habe ich dir nicht vmb Rahel gedienet? Warumb hastu mich denn betrogen? Laban antwort/ Es ist nicht sitte jn vnserm lande/ das man die jüngste ausgebe vor der eltesten. Halte diese woche aus/ so wil ich dir diese auch geben/ vmb den dienst/ den du mir noch andere sieben iar dienen solt. Jacob thet also/ vnd hielt die wochen aus. Da gab jm Laban Rahel seine tochter zum weibe/ Vnd gab seiner tochter Rahel die Bilha zur magd. Also lag er auch bey mit Rahel/ vnd hatte Rahel lieber denn Lea/ vnd dienet jm furter die ander sieben iar.

Da aber der HERR sahe/ das Lea vnwerd war/ macht er sie fruchtbar/ vnd Rahel vnfruchtbar. Vnd Lea ward schwanger/ vnd gebar einen son/ den hies sie Ruben/ vnd sprach/ Der HERR hat angesehen mein elende/ Nu wird mich mein man lieb haben/ Vnd ward abermal schwanger/ vnd gebar einen son/ vnd sprach/ Der HERR hat gehöret/ das ich vnwerd bin/ vnd hat mir diesen auch geben/ vnd hies jn Simeon. Abermal ward sie schwanger/ vnd gebar einen son/ vnd sprach/ Nu wird sich mein man widder zu mir thun/ denn ich habe jm drey söne geboren/ darumb hies sie jn Leui. Zum vierden ward sie schwanger/ vnd gebar einen son/ vnd sprach/ Nu wil ich dem HERRN dancken/ darumb hies sie jn Juda/ vnd höret auff kinder zugeberen.

Ruben/ heisst ein Schawkind.
Simeon/ heisst ein horer.
Leui/ heisst zugethan.
Juda/ heisst ein bekenner odder dancksager.
Dan/ heisst gericht

Das Dreissigst Capitel.

DA Rahel sahe/ das sie dem Jacob nichts gebar/ neidet sie jre schwester/ vnd sprach zu Jacob/ Schaffe mir auch kinder/ wo nicht/ so sterbe ich. Jacob aber ward seer zornig auff Rahel/ vnd sprach/ Bin ich doch nicht Gott/ der dir deines leibes frucht nicht geben wil. Sie aber sprach/ Sihe/ da ist meine magd Bilha/ lege dich zu jr/
D das sie

Das Erst Buch

das sie auff meinen schos gebere/ vnd ich doch durch sie erbawet werde/ Vnd sie gab jm also Bilha jre magd zum weibe.

Vnd Jacob leget sich zu jr/ Also ward Bilha schwanger/ vnd gebar Jacob einen son/ Da sprach Rahel/ Gott hat meine sache gerichtet/ vnd meine stim erhöret/ vnd mir einen son gegeben/ darumb hies sie jn Dan. Abermal ward Bilha Rahels magd schwanger/ vnd gebar Jacob den andern son/ Da sprach Rahel/ Gott hat es gewand mit mir vnd meiner schwester/ vnd ich werds jr zuuor thun/ vnd hies jn Naphthali.

Naphthali/ heisst verwechselte/ vmb gewand/ vmbgekert/ wenn man das widderspiel thut. psalm.18. mit dem verkereten verkerestu dich.

Gad/ heisst rustig zum streit.

Asser/ heisst selig. (Lilien)

Wir haltens/ das Dudaim Ebreisch Lilien heissen/aus vielen vrsachen die wir funden haben nach vielem vleissigem forschen. Alrun/ ist nichts denn ein gericht.

Da nu Lea sahe/ das sie auffgehöret hatte zu geberen/ nam sie jre magd Silpa/ vnd gab sie Jacob zum weibe/ Also gebar Silpa Lea magd/ Jacob einen son/ Da sprach Lea/ Rustig/ vnd hies jn Gad/ Darnach gebar Silpa Lea magd Jacob den andern son/ Da sprach Lea/ Wol mir/ denn mich werden selig preisen die töchter/ vnd hies jn Asser.

Ruben gieng aus zur zeit der weitzen ernd/ vnd fand Lilien auff dem felde/ vnd bracht sie heim seiner mutter Lea/ Da sprach Rahel zu Lea/ Gib mir der lilien deines sons ein teil. Sie antwortet/ Hastu nicht genug/ das du mir meinen man genomen hast/ vnd wilt auch die lilien meines sons nemen? Rahel sprach/ Wolan/ las jn diese nacht bey dir schlaffen vmb die lilien deines sons. Da nu Jacob des abends vom felde kam/ gieng jm Lea hinaus entgegen/ vnd sprach/ Bey mir soltu ligen/ denn ich habe dich erkaufft vmb die lilien meines sons.

Isaschar/ heisst lohn.
Sebulon/ heisst beywonung.
Dina heisst eine sache oder gericht.

Vnd er schlieff die nacht bey jr/ Vnd Gott erhöret Lea/ vnd sie ward schwanger/ vnd gebar Jacob den fünfften son/ vnd sprach/ Got hat mir gelonet/ das ich meine magd meinem manne gegeben habe/ vnd hies jn Jsaschar. Abermal ward Lea schwanger/ vnd gebar Jacob den sechsten son/ vnd sprach/ Gott hat mich wol beraten/ Nu wird mein man widder bey mir wonen/ denn ich habe jm sechs söne geboren/ vnd hies jn Sebulon. Darnach gebar sie eine tochter/ die hies sie Dina.

Joseph heisst zune mung.

Der HERR gedacht aber an Rahel/ vnd erhöret sie/ vnd macht sie fruchtbar/ Da ward sie schwanger/ vnd gebar einen son/ vnd sprach/ Gott hat meine schmach von mir genomen/ vnd hies jn Joseph/ vnd sprach/ Der HERR wolte mir noch einen son dazu geben.

Da nu Rahel den Joseph geboren hatte/ sprach Jacob zu Laban/ Las mich ziehen vnd reisen an meinen ort vnd jnn mein land/ gib mir meine weiber vnd meine kinder/ darumb ich dir gedienet habe/ das ich ziehe/ Denn du weissest/ wie lange vnd trewlich ich dir gedienet habe. Laban sprach zu jm/ Kan ich nicht gnade fur deinen augen finden? Ich spüre/ das mich der HERR segenet vmb deinen willen/ Stimme das lohn/ das ich dir geben sol.

Er aber sprach zu jm/ Du weissest/ wie ich dir gedienet habe/ vnd was du fur vieh hast vnter mir/ Du hattest wenig ehe ich her kam/ nu aber ists ausgebreit jnn die menge/ vnd der HERR hat dich gesegenet vmb meinen willen/ Vnd nu/ wenn sol ich auch mein haus versorgen? Er aber sprach/ Was sol ich dir denn geben? Jacob sprach/ Du solt mir nichts vberall geben/ Sondern so du mir thun wilt/ das ich sage/ so wil ich widderumb weiden vnd hüten deiner schafe.

Ich wil

Mose.   XX.

    Ich wil heute durch alle deine herde gehen/ Vnd thu du alle fleckete vnd bundte schafe/ vnd alle schwartze schafe vnter den lemmern vnd ziegen besonders/ Was nu bund vnd flecket fallen wird/ das sol mein lohn sein/ so wird mir mein gerechtigkeit zeugen heut oder morgen/ wenn es kompt/ das ich meinen lohn von dir nemen sol/ also/ das was nicht flecket odder bund/ odder was auch schwartz sein wird vnter den lemmern vnd ziegen/ das sey ein diebstal bey mir.

    Da sprach Laban/ sihe da/ es sey/ wie du gesagt hast/ Vnd sonderte des tages die sprencklichen vnd bundte böcke/ vnd alle fleckete vnd bundte ziegen/ wo nur was weisses daran war/ vnd alles was schwartz war vnter den lemmern/ vnd thats vnter die hand seiner kinder/ vnd macht raum dreier tage reise weit zwisschen jm vnd Jacob. Also weidet Jacob die vbrigen herde Laban.

    Jacob aber nam stebe von grünen pappeln baum/ haseln vnd castaneen/ vnd schelet weisse streiffe daran/ vnd leget die stebe/ die er geschelet hatte/ jnn die trenckrinnen/ fur die herde/ die da komen musten zu trincken/ das sie empfangen solten/ wenn sie zu trincken kemen. Also empfiengen die herde vber den steben/ vnd brachten sprenckliche/ fleckete vnd bundte. Da scheidet Jacob die lemmer/ was nicht bund vnd alles was schwartz war/ vnd thet sie zu hauffe vnter die herde Laban/ Vnd macht jm ein eigen herd/ die thet er nicht zu der herde Laban. Wenn aber der lauff der früelinge herde war/ legte er die stebe jnn die rinnen fur die augen der herde/ das sie vber den steben empfiengen. Aber jnn der spetlinger laufft/ legt er sie nicht hinein. Also wurden die spetlinge/ des Laban/ aber die früelinge des Jacobs/ Da her ward der man vber die mas reich/ das er viel schafe/ megd vnd knechte/ kamel vnd esel hatte.

(ziegen) Du must hie dich nicht jrreen/ Moses/ das kleine vieh/ jtzt ziegen jtzt lemmer jtzt böcke heisst/ wie dieser sprach art ist/ Des er wil so viel sagen/ das Jacob habe alles weis/ einferbig viehe behalten/ vnd alles bundte vnd schwartze Laban gethan/ Was nu bund von dem einferbigen viehe keme/ das solte sein lon sein/ des ward Laban fro/ vñ hat te die natur fur sich/ das von einferbige nicht viel bundte naturlich komen/ Aber Jacob halff der natur mit kūst das die einferbige viel bundte truge.

Durch dis geschich te ist bedeut/ das durchs Euāgelion werden die seelen von den gesetz treibern vñ werckheiligē abgefurt/ dar

    D ij   Das

innen sie bund/ sprencklicht vnd flecket/ das ist/ mit mancherley gaben des geists geziert werden Ro. 12. vnd. 1. Cor. 12. das vnter dem gesetz vnd wercken nur die vntuchtigen bleiben/ Denn Laban heisst/ weis odder gleissend/ vnd bedeut der gleissener hauffen jnn den schönen wercken auch Göttlichs gesetzs.

Das Erst Buch
XXXI.

VNd es kame fur jn die rede der kinder Laban/ das sie sprachen/ Jacob hat alle vnsers vaters gut zu sich bracht/vnd von vnsers vaters gut/ hat er solch reichthum zu wegen bracht. Vnd Jacob sahe an das angesicht Laban/ vnd sihe/ es war nicht gegen jm/ wie gestern vnd ehegestern.

    Vnd der HERR sprach zu Jacob/ Zeuch widder jnn deiner veter land/ vñ zu deiner freundschafft/ ich wil mit dir sein. Da sandte Jacob hin/ vnd lies ruffen Rahel vnd Lea auffs feld bey seine herde/ vnd sprach zu jnen/ Ich sehe ewrs vaters angesicht/ das es nicht gegen mir ist/ wie gestern vnd ehegestern/ Aber der Gott meines vaters ist mit mir gewesen/ Vnd jr wisset/ das ich aus allen meinen krefften ewrem vater gedienet habe.

    Vnd er hat mich geteuscht/ vnd nu zehen mal mein lohn verendert/ aber Gott hat jm nicht gestattet/ das er mir schaden thet. Wenn er sprach/ die bundten sollen dein lohn sein/ so trug die gantze herd bundte. Wenn er aber sprach/ die sprenckliche sollen dein lohn sein/ so trug die gantze herd sprenckliche. Also hat Gott die güter ewers vaters jm entwand/ vnd mir geben/ Denn wenn die zeit des lauffs kam/ hub ich mein augen auff/ vnd sahe im traum/ Vnd sihe/ die böcke sprungen auff die sprenckliche/ fleckete/ vnd bundte herde.

    Vnd der Engel Gottes sprach zu mir im traum/ Jacob. Vnd ich antwortet/ Hie bin ich. Er aber sprach/ Heb auff deine augen/ vnd sihe/ die böcke springen auff die sprenckliche/ fleckete vnd bundte herde/ denn ich habe alles gesehen/ was dir Laban thut/ Ich bin der Got zu BethEl/ da du den stein gesalbet hast/ vnd mir daselbs ein gelübde gethan/ Nu mach dich auff/ vnd zeuch aus diesem lande/ vnd zeuch widder jnn das land deiner freundschafft.

    Da antwortet Rahel vnd Lea/ vnd sprachen zu jm/ Wir haben doch kein teil noch erbe mehr jnn vnsers vaters haus/ hat er vns doch gehalten als die frembden/ denn er hat vns verkaufft vnd vnser lohn verzeret/ Darumb hat Gott vnserm vater etwand seinen reichtum zu vns vnd vnsern kindern. Alles nu was Gott dir gesagt hat/ das thu.

    Also macht sich Jacob auff/ vnd lud seine kinder vnd weiber auff kamelen/ vnd füret weg alle sein vieh vnd alle seine habe/ die er zu Mesopotamia erworben hatte/ das er keme zu Isaac seinem vater jnns land Canaan. Laban aber war gangen seine herde zu scheren/ Vnd Rahel stal jres vaters götzen. Also stal Jacob dem Laban zu Syrien das hertz/ damit das er jm nicht ansaget/ das er flohe. Also floh er vnd alles was sein war/ macht sich auff/ vnd fur vber das wasser/ vñ richt sich nach dem berge Gilead.

    Am dritten tage wards Laban angesagt/ das Jacob flohe/ Vnd ernam seine brüder zu sich/ vnd iaget jm nach sieben tage reise/ vnd ereilet jn auff dem berge Gilead. Aber Gott kam zu Laban dem Syrer im traum des nachts/ vnd sprach zu jm/ Hüte dich/ das du mit Jacob nicht anders redest denn freundlich. Vnd Laban nahet zu Jacob. Jacob aber hatte seine hütten auffgeschlagen auff dem berge/ vnd Laban mit seinen brüdern schlug seine hütten auch auff/ auff dem berge Gilead.

    Da sprach Laban zu Jacob/ Was hastu gethan/ das du mein hertz gestolen

(stal das hertz) Hertz stelen ist Ebreisch geredt/ so viel / als etwas thun hinder eines andern wissen/ bedeut aber/ das die gleubigen den rechten kern Gottes wort fassen / des die werckheiligen nimer gewar werden.

Mose. XXI.

gestolen hast/ vnd hast meine töchter entfürt/ als die durchs schwerd gefangen weren? Warumb bistu heimlich geflohen vñ hast dich weg gestolen/ vnd hast mirs nicht angesagt/ das ich dich hette geleitet mit freuden/ mit singen/ mit paucken vnd harffen? vnd hast mich nicht lassen meine kinder vnd töchter küssen/ Du hast thörlich gethan/ vnd ich hette/ mit Gottes hülffe/ wol so viel macht/ das ich euch kund vbels thun/ aber ewers vaters Gott hat gestern zu mir gesagt/ Hüte dich/ das du mit Jacob nicht anders denn freundlich redest/ Vnd weil du denn ja woltest ziehen/ vnd sehnest dich so fast nach deines vaters haus/ warumb hastu mir meine götter gestolen?

Jacob antwortet vnd sprach zu Laban/ Ich forchte mich/ du würdest deine töchter von mir reissen. Bey welchem aber du deine götter findest/ der sterbe hie fur vnsern brüdern/ Such das deine bey mir/ vnd nims hin. Er wuste aber nicht/ das sie Rahel gestolen hatte. Da gieng Laban jnn die hütte Jacob/ vnd Lea/ vnd der beide megde/ vnd fand nichts/ vnd gieng aus der hütten Lea jnn die hütten Rahel. Da nam Rahel die götzen vnd legt sie vnter die straw der Kamel/ vnd satzt sich darauff. Laban aber betastet die gantze hütte/ vnd fand nichts. Da sprach sie zu jrem vater/ Mein herr/ zürne nicht/ denn ich kan nicht auffstehen gegen dir/ denn es gehet mir nach der frawen weise. Also fand er die götzen nicht/ wie fast er sucht.

Vnd Jacob ward zornig/ vnd schalt Laban/ vnd sprach zu jm/ Was habe ich mishandelt odder gesundiget/ das du so auff mich erhitzt bist? du hast alle meinen hausrat betast/ was hastu deins hausrats funden? lege es dar/ fur meinen vnd deinen brüdern/ das sie zwisschen vns beiden richten/ Zwentzig jar bin ich bey dir gewesen/ deine schafe vnd ziegen sind nicht vnfruchtbar gewesen/ die widder deiner herde/ habe ich nie gessen/ was die thier zurissen/ bracht ich dir nicht/ ich muste es bezalen/ du fodderst es von meiner hand/ es were mir des tages oder des nachts gestolen/ Des tages verschmacht ich fur hitze/ vnd des nachts fur frost/ vnd thurste nicht schlaffen.

Also habe ich zwentzig jar jnn deinem hause gedienet/ vierzehen vmb deine töchter/ vñ sechs vmb deine herde/ vnd hast mir mein lohn zehen mal verendert/ wo nicht der Gott meines vaters/ der Gott Abraham/ vnd die Furcht Isaac/ auff meiner seiten gewesen were/ du hettest mich leer lassen ziehen/ Aber Gott hat mein elend vnd erbeit angesehen/ vnd hat dich gestern gestrafft.

(Furcht) Jacob nennet hie Gott/ Isaac furcht/ darumb das Isaac Gottfürchtig war vñ Gottes diener.

Laban antwort vnd sprach zu Jacob/ Die töchter sind meine töchter/ vnd die kinder sind meine kinder/ vnd die herde sind meine herde/ vnd alles was du sihest/ ist mein/ was kan ich meinen töchtern heute/ odder jren kindern thun/ die sie geboren haben? So kome nu/ vnd las vns einen bund machen/ ich vnd du/ der ein zeugnis sey zwisschen mir vnd dir. Da nam Jacob einen stein vnd richtet jn auff zu einem mal/ vnd sprach zu seinen brüdern/ Leset steine auff. Vnd sie namen die stein vnd machten einen hauffen/ vnd assen auff dem selben hauffen. Vnd Laban hies jn Jegar Sahadutha/ Jacob aber hies jn Gilead.

Da sprach Laban/ Der hauffe sey heute zeuge zwisschen mir vnd dir (daher heisst man jn Gilead) vnd sey eine warte/ Denn er sprach/ Der HERR sehe darein zwisschen mir vnd dir/ wenn wir von einander komen/ wo du meine töchter beleidigest odder ander weiber dazu nimest/ Es ist hie kein mensch mit vns/ sihe aber/ Gott ist der zeuge zwisschen mir vnd dir. Vnd Laban sprach weiter zu Jacob/ Sihe/ das

(Gilead) Gilead heisst ein zeuge hauffe/ vnd bedeut die schrifft/ da viel zeugnis von Gott heuffig jnnen sind.

D iij ist der

Das Erst buch

ist der hauff/vnd das ist das mal/das ich auffgerichtet hab zwisschen mir vnd dir/Der selb hauffe sey zeuge/vñ das mal sey auch zeuge/wo ich heruber fare zu dir/odder du heruber ferest zu mir vber diesen hauffen vnd mal/zu beschedigen/Der Gott Abraham/vnd der Gott Nahor/vnd der Gott jrer veter sey richter zwisschen vns.

Vnd Jacob schwur jm bey der Furcht seines vaters Isaac/Vnd Jacob opfferte auff dem berge/vnd lud seine bruder zum essen/Vnd da sie gessen hatten/blieben sie auff dem berge vber nacht. Des morgens aber stund Laban frue auff/küsset seine kinder vnd töchter/vnd segenet sie/vnd zog hin vnd kam widder an seinen ort. Jacob aber zog seinen weg/Vnd es begegneten jm die Engel Gottes. Vnd da er sie sahe/sprach er/Es sind Gottes heere/vnd hies die selbigen stet/Mahanaim.

Mahanaim/heisst Heerlager.

XXXII.

Jacob aber schicket boten fur jm her zu seinem bruder Esau jns land Seir/jnder gegend Edom/vnd befalh jnen vnd sprach/Also sagt meinem herrn Esau/Dein knecht Jacob lesst dir sagen/Ich bin bey Laban aussen gewest/vnd bin bisher vnter den frembden gewesen/vnd habe rinder vnd esel/schafe/knecht vnd megde. Vnd habe ausgesand dir meinem herrn anzusagen/das ich gnade fur deinen augen funde.

Die boten kamen widder zu Jacob vnd sprachen/Wir kamen zu deinem bruder Esau/vnd er zeucht dir auch entgegen mit vierhundert man. Da furcht sich Jacob seer/vnd jm ward bange/vnd teilet das volck das bey jm war/vnd die schafe/vnd die rinder/vnd die kamel jnn zwey heere/vnd sprach/So Esau kömpt auff das eine heer vñ schlegt es/so wird das vbrige entrinnen.

Weiter sprach Jacob/Gott meines vaters Abraham/Gott meines vaters Isaac/HErr/der du zu mir gesagt hast/Zeuch widder jnn dein land/vnd zu deiner freundschafft/ich wil dir wol thun/Ich bin zu geringe aller barmhertzigkeit vnd aller trewe/die du an deinem knechte gethan hast(Denn ich hatte nicht mehr denn diesen stab/da ich vber diesen Jordan gieng/vnd nu bin ich zwey heere worden)Errette mich von der hand meines bruders/von der hand Esau/denn ich furcht mich fur jm/das er nicht kome/vnd schlage mir die mütter sampt den kindern/Du hast gesagt/Ich wil dir wol thun vnd deinen samen machen/wie den sand am meer/den man nicht zelen kan fur der menge.

Vnd er bleib die nacht da/vnd nam von dem das er fur handen hatte/ geschenck seinem bruder Esau/zwey hundert ziegen/zwenzig böcke/zwey hundert schafe/zwenzig wider/vnd dreissig seugende kamel mit jren füllen/vierzig kue/vnd zehen farren/zwenzig eselin mit zehen füllen/vnd thet sie vnter die hand seiner knechte/ia ein herde sonderlich/vnd sprach zu jnen/Gehet vor mir hin/vnd lasset rawm zwisschen einer herde nach der ander/Vnd gebot dem ersten/vnd sprach.

Wenn dir mein bruder Esau begegnet vnd dich fraget/Wen gehörestu an/vnd wo wiltu hin/vnd wes ists/das du fur dir treibest? soltu sagen/Es gehöret deinem knechte Jacob zu/der sendet geschenck seinem herrn Esau/vnd zeucht hinder vns hernach. Also gebot er auch dem andern/

Mose.   XXII.

dem andern/ vnd dem dritten/ vnd allen die den herden nachgiengen/ vñ sprach/ Wie ich euch gesagt habe/ so saget zu Esau/ wenn jr jm begegnet/ vnd saget ia auch/ Sihe/ dein knecht Jacob ist hinder vns/ Denn er gedacht/ Ich wil jn versünen mit dem geschenck/ das vor mir her gehet/ darnach wil ich jn sehen/ villeicht wird er mich annemen.

Also gieng das geschenck vor jm her/ aber er bleib die selbe nacht im lager/ vnd stund auff jnn der nacht/ vnd nam seine zwey weiber vnd die zwo megde/ vnd seine eilff kinder/ vnd zog an den furt Jaboc/ nam sie vnd füret sie vber das wasser/ das hinuber kam/ was er hatte/ vnd bleib disseid allein.

Da rang ein man mit jm bis die morgen röt an brach/ vnd da er sahe/ das er jn nicht vbermocht/ rüret er das gelenck seiner hüfft an/ vnd das gelenck seiner hüfft ward vber dem ringen mit jm/ verrenckt/ Vnd er sprach/ Las mich gehen/ denn die morgen röt bricht an. Aber er antwortet/ Ich las dich nicht/ du segenest mich denn. Er sprach/ Wie heissestu? Er antwortet/ Jacob. Er sprach/ Du solt nicht mehr Jacob heissen/ sondern Israel/ Denn du hast mit Got vnd mit menschen gekempfft/ vnd bist obgelegen.

Vnd Jacob fraget jn vnd sprach/ Sage mir an/ wie heissestu? Er aber sprach/ Warumb fragestu/ wie ich heisse? Vnd er segenet jn da selbs. Vnd Jacob hies die stet/ Pniel/ denn ich habe Gott von angesicht gesehen/ vnd mein seel ist genesen. Vnd als er fur Pnuel vberkam/ gieng jm die Sonne auff/ vnd er hincket an seiner hüfft. Daher essen die kinder Israel keine span ader auff dem gelencke der hüfft/ bis auff den heutigen tag/ darumb das die span ader an dem gelencke der hüfft Jacob gerüret ward.

(Israel) Israel kömpt von Sara/ das heisst kempffen odder vberweldigen/ da her auch Sar ein fürst odder herr/ vñ Sara ein fürstin odder fraw heisst/ vñ Israel ein fürst odder kempffer Gottes/ das ist/ der mit Gott ringet vnd angewinnet/ welches geschicht durch den glaube/ der so fest an Gottes wort helt/ bis Gottes zorn vberwindet/ vnd Gott zu eigen erlanget zum gnedigen vater.

D iiij   Jacob

(Pniel) Pniel odder Pnuel heisst Gottes angesicht oder erkentnis/ denn durch den glauben im streit des creutzes lernet man Gott recht erkennen vnd erfaren/ so hats denn kein not mehr/ so gehet die Sonne auff.

Das Erst Buch
XXXIII.

JAcob hub seine augen auff/ vnd sahe seinen bruder Esau komen mit vierhundert man/ vnd teilet seine kinder/ zu Lea/ vnd zu Rahel/ vnd zu beiden megden/ vnd stellet die megde mit jren kindern forne an/ vnd Lea mit jren kindern hernach/ vnd Rahel mit Joseph zu letzt/ Vnd er gieng fur jnen her/ vnd neigte sich sieben mal auff die erden/ bis er zu seinem bruder kam.

Esau aber lieff jm entgegen/ vnd hertzet jn/ vnd fiel jm vmb den hals/ vnd küsset jn vnd weinete/ Vnd hub seine augen auff vnd sahe die weiber mit den kindern/ vnd sprach/ Wer sind diese bey dir? Er antwort/ Es sind kinder/ die Gott deinem knechte bescheret hat. Vnd die megde tratten herzu mit jren kindern/ vnd neigten sich fur jm. Lea trat auch herzu mit jren kindern/ vnd neigten sich fur jm. Darnach trat Joseph vnd Rahel herzu/ vnd neigten sich auch fur jm.

Vnd er sprach/ Was wiltu mit alle dem heere/ dem ich begegnet bin? Er antwortet/ Das ich gnade funde fur meinem herrn. Esau sprach/ Ich habe gnug/ mein bruder/ behalt was du hast. Jacob antwort/ Ach nicht/ hab ich gnade funden fur dir/ so nim mein geschenck von meiner hand/ Denn ich sahe dein angesicht/ als sehe ich Gottes angesicht/ vnd las dirs wolgefallen von mir/ Nim den segen an/ den ich dir zubracht habe/ denn Gott hat mirs bescheret/ vnd ich habe alles gnug. Also nötiget er jn/ das ers nam.

(Meistlich) Merck/ das recht gleubige vñ werck heiligen nicht können mit einander wandeln/ denn die gleubige faren seuberlich mit stillem geist/ Aber die Werckheiligen faren starck mit vermessenheit jrer werck jnn Gottes gesetzen.

Vnd er sprach/ Las vns fort ziehen vnd reisen/ ich wil mit dir ziehen. Er aber sprach zu jm/ Mein herr/ du erkennest/ das ich zarte kinder bey mir habe/ dazu klein vnd gros vieh/ das noch jung ist/ wenn sie einen tag vbertrieben würden/ würde mir die gantze herde sterben/ Mein herr ziehe fur seinem knecht hin/ Ich wil meilich hinnach treiben/ darnach das vieh vnd die kinder gehen kunden/ bis das ich kome zu meinem herrn/ jnn Seir.

Esau sprach/ So wil ich doch bey dir lassen etliche vom volck/ das mit mir ist. Er antwortet/ Was ists von nöten? las mich nur gnade fur meinem herrn finden. Also zog des tages Esau widderumb seines wegs gen Seir/ Vnd Jacob zog gen Suchoth/ vñ bawet jm ein haus vnd machet seinem vieh hütten/ da her heisst die stet Suchoth.

Darnach zog Jacob gegen Salem/ zu der stad Sichem/ die im lande Canaan ligt/ nach dem er aus Mesopotamia komen war/ vnd machet sein lager fur der stad/ vnd kaufft ein stück ackers von den kindern Hemor des vaters Sichem/ vmb hundert groschen/ Daselbs richtet er seine hütten auff/ vnd richtet daselbs einen Altar zu/ vnd rieff an den namen des starcken Gottes Israel.

XXXIIII.

(töchter des lands) Was man ausser Gottes wort/ bey der vernunfft vnd menschlicher weisheit sucht/ das verterbet gewislich den geist vñ glauben/ Darumb sol kein zusatz menschlicher lere vnd werck zu Gottes wort gethan werden.

DIna aber Lea tochter/ die sie Jacob geboren hatte/ gieng heraus/ die töchter des landes zu sehen. Da die sahe Sichem Hemors son des Heuiters/ der des landes herr war/ nam er sie/ vnd beschlieff sie/ vnd schwechet sie/ vnd sein hertz hieng an jr/ vnd hatte die dirne lieb/ vnd redet freundlich mit jr/ Vnd Sichem sprach zu seinem vater Hemor/ Nim mir das meidlin zum weibe.

Vnd Jacob erfur/ das seine tochter Dina geschendet war/ vnd seine söne waren mit dem vieh auff dem felde/ vnd Jacob schweig bis das sie kamen.

Mose. XXIII.

sie kamen. Da gieng Hemor Sichems vater heraus zu Jacob/ mit jm zu reden/ Inn des kamen die söne Jacob vom felde/ vnd da sie es höreten/ verdros die menner/ vnd wurden seer zornig/ das er ein narheit an Israel begangen/ vnd Jacobs tochter beschlaffen hatte/ denn das war nicht recht gethan.

Da redte Hemor mit jn/ vnd sprach/ Meines sons Sichems hertz sehnet sich nach ewer tochter/ lieber/ gebt sie jm zum weibe/ befreundet euch mit vns/ gebt vns ewre töchter/ vnd nemet jr vnsere töchter/ vnd wonet bey vns/ das land sol euch offen sein/ wonet vnd werbet vnd erbeitet drinnen. Vnd Sichem sprach zu jrem vater vnd brüdern/ Lasst mich gnade bey euch finden/ was jr mir sagt/ das wil ich geben/ foddert nur getrost von mir morgengabe vnd geschenck/ ich wils geben/ wie jrs heisschet/ gebt mir nur die dirne zum weibe.

Da antworten Jacobs söne dem Sichem vnd seinem vater Hemor/ vnd redten betrieglich/ darumb das jr schwester Dina geschendet war/ vnd sprachen zu jnen/ Wir können das nicht thun/ das wir vnser schwester einem vnbeschnitten man geben/ Denn das were vns ein schande/ doch dann wöllen wir euch zu willen sein/ so jr vns gleich werdet/ vnd alles was menlich vnter euch ist/ beschnitten werde/ denn wöllen wir vnser töchter euch geben/ vnd ewr töchter vns nemen/ vnd bey euch wonen vñ ein volck sein. Wo jr aber nicht willige wöllet euch zubeschneiten/ so wöllen wir vnsere tochter nemen vnd dauon ziehen.

Die rede gefiel Hemor vnd seinem son wol/ vnd der Jüngling verzoch nicht solchs zuthun/ denn er hatte lust zu der tochter Jacob/ vnd er war herrlich gehalten vber allen jnn seines vaters haus. Da kamen sie nu/ Hemor vnd sein son Sichem vnter der stad thor/ vnd redten mit den burgern der stad/ vnd sprachen/ Diese leute sind fridsam bey vns/ vnd wöllen im lande wonen vnd werben/ so ist nu das land weit vmbfangen/ wir wöllen vns jre töchter nemen/ vnd jnen vnser töchter geben. Aber denn wöllen sie vns zu willen sein/ das sie bey vns wonen/ vnd ein volck mit vns werden/ wo wir alles was menlich vnter vns ist/ beschneiten/ gleich wie sie beschnitten sind/ jr vieh vnd güter vnd alles was sie haben/ wird vnser sein/ so wir nur jn zu willen werden/ das sie bey vns wonen.

Vnd sie gehorchten dem Hemor vnd Sichem seinem son/ alle die zu seiner stad thor aus vnd ein giengen/ vnd beschnitten alles was menlich war/ das zu seiner stad aus vnd ein gieng. Vnd am dritten tage/ da sie es schmertzet / namen die zween söne Jacob/ Simeon vnd Leui der Dina brüder/ ein jglicher sein schwerd/ vnd giengen jnn die stad thürstiglich/ vñ erwürgeten alles was menlich war/ vnd erwürgeten auch Hemor vnd seinen son Sichem mit der scherffe des schwerds/ vnd namen jre schwester Dina aus dem hause Sichem/ vnd giengen dauon.

Da kamen die söne Jacob vber die erschlagene/ vnd plunderten die stad / darumb das sie hatten jre schwester geschendet/ vnd namen jre schafe/ rinder/ esel vnd was jnn der stad vnd auff dem felde war/ vnd alle jre habe/ alle kinder vnd weiber namen sie gefangen/ vnd plunderten alles was jnn den heusern war.

Vnd Jacob sprach zu Simeon vñ Leui/ Ir habts zugericht/ das ich stincke fur den einwonern dieses lands/ den Cananitern vnd Pherisitern/ vnd ich bin ein geringer hauffe/ Wenn sie sich nu versamlen vber mich/ so werden sie mich schlahen/ also werde ich vertilget sampt meinem hause. Sie antworten aber/ Solten sie denn mit vnser schwester/ als mit einer huren/ handeln?

Das

Das Erst buch
XXXV.

VNd Gott sprach zu Jacob/ Mach dich auff/ vnd zeuch gen BethEl/ vnd wone daselbs/ vnd mache daselbs einen Altar dem Gott/ der dir erschein/ da du flohest fur deinem bruder Esau. Da sprach Jacob zu seinem hause vnd zu allen die mit jm waren/ Thut von euch die frembden götter/ so vnter euch sind/ vnd reiniget euch/ vnd endert ewer kleider/ vnd lasst vns auff sein/ vnd gen BethEl ziehen/ das ich daselbs einen Altar mache dem Gott/ der mich erhöret hat/ zur zeit meins trübsals/ vnd ist mit mir gewesen auff dem wege/ den ich gezogen bin.

Da gaben sie jm alle frembde götter/ die vnter jren henden waren/ vnd jre orenringe/ Vñ er vergrub sie vnter eine eiche die neben Sichem stund/ vnd sie zogen aus/ Vnd es kam die furcht Gottes vber die stedte die vmbher lagen/ das sie den sönen Jacob nicht nach iagten. Also kam Jacob gen Lus im lande Canaan/ die da BethEl heisst/ sampt alle dem volck/ das mit jm war/ vnd bawet daselbs einen Altar/ vnd hies die stet El BethEl/ darumb das jm daselbs Gott offenbart war/ da er flohe fur seinem bruder.

(El Bethel) Das ist/ Got zu BethEl.

Da starb Debora der Rebeca amme/ vnd ward begraben vnter BethEl/ vnter der eichen/ vnd ward genennet die Klag eiche.

Vnd Gott erschein Jacob abermal/ nach dem er aus Mesopotamia komen war/ vnd segenet jn/ vnd sprach zu jm/ Du heissest Jacob/ aber du solt nicht mehr Jacob heissen/ Sondern Jsrael soltu heissen/ Vnd also heisst man jn Jsrael.

Vñ Gott sprach zu jm/ Jch bin der almechtige Got/ Sey fruchtbar vnd mehre dich/ völcker vnd völcker hauffen sollen von dir komen/ vnd Könige sollen aus deinen lenden komen/ vnd das land/ das ich Abraham vnd Jsaac geben habe/ wil ich dir geben/ vnd wils deinem samen nach dir geben. Also fuhr Gott auff von jm/ von dem ort/ da er mit jm geredt hatte. Jacob aber richtet ein steinern mal auff an dem ort/ da er mit jm geredt hatte/ vnd gos Tranckopffer drauff/ vnd begos jn mit öle. Vnd Jacob hies den ort/ da Gott mit jm geredt hatte/ BethEl.

(Tranckopffer) Das war wein/ wie das jn den folgenden büchern genugsam gesehen wird.

Vnd er zog von BethEl/ vnd da noch ein feldwegs war von Ephrath/ da gebar Rahel/ vnd es kam sie hart an vber der geburt/ Da es jr aber so saur ward jnn der geburt/ sprach die wehmutter zu jr/ Furchte dich nicht/ denn diesen son wirstu auch haben. Da jr aber die seele ausgieng/ das sie sterben muste/ hies sie jn BenOni/ aber sein vater hies jn Ben Jamin. Also starb Rahel/ vnd ward begragen an dem wege gen Ephrath/ die nu heisst BethLehem. Vnd Jacob richtet ein mal auff vber jrem grab/ dasselb ist das Grabmal Rahel bis auff diesen tag. Vnd Jsrael zog aus/ vnd richtet eine hütten auff jenseid dem thurn Eder.

BenOni/ heisst meines schmertzen son/ BenJamin/ heisst der rechten son.

Vnd es begab sich/ da Jsrael jnn dem lande wonet/ gieng Ruben hin/ vnd schlieff bey Bilha seines vaters kebs weib/ Vnd das kam fur Jsrael. Es hatte aber Jacob zwelff söne. Die söne Lea waren diese/ Ruben der erstgeboren son Jacob/ Simeon/ Leui/ Juda/ Jsaschar/ vnd Sebulon/ Die söne Rahel/ waren Joseph vnd BenJamin. Die söne Bilha Rahels magd/ Dan vnd Nepthali. Die söne Silpa Lea magd/ Gad vnd Asser/ Das sind die söne Jacob/ die jm geboren sind jnn Mesopotamia.

Vnd

Mose. XXIIII.

Vnd Jacob kam zu seinem vater Jsaac gen Mamre jnn die heubt=
stad/ die da heisst Hebron/ da Abraham vnd Jsaac frembdlinge jn=
nen gewesen sind. Vnd Jsaac ward hundert vnd achtzig iar alt/ vnd
ward kranck vnd starb/ vnd ward versamlet zu seinem volck/ alt vnd
des lebens sat/ vnd seine söne Esau vnd Jacob begruben jn.

XXXVI.

DIs ist das geschlecht Esau/ der da heisst Edom/ Esau
nam weiber von den töchtern Canaan/ Ada die toch=
ter Elon des Hethiters/ vnd Ahalibama die tochter des
Ana/ die neffe Zibeons des Hethiters/ vnd Basmath
Jsmaels tochter/ Nebaioths schwester. Vnd Ada gebar
dem Esau/ Eliphas/ Aber Basmath gebar Reguel/ Aha=
libama gebar Jehus/ Jaelam vnd Korah. Das sind Esau kinder/ die
jm geboren sind im lande Canaan.

Vnd Esau nam seine weiber/ söne vnd töchter/ vnd alle seelen seines
hauses/ seine habe vn̄ alles vieh mit allen gütern/ so er im lande Cana=
an erworben hatte/ vnd zoch jnn ein land von seinem bruder Jacob/
Denn jr habe war zu gros/ das sie nicht kunden bey einander wonen/
vnd das land/ darjnn sie frembdling waren/ mocht sie nicht ertragen
fur der menge jres viehs. Also wonet Esau auff dem gebirge Seir/
Vnd Esau ist der Edom.

Dis ist das geschlechte Esau/ von dem die Edomiter her komen
auff dem gebirge Seir/ Vnd so heissen die kinder Esau/ Eliphas der
son Ada Esaus weib/ Reguel der son Basnath Esaus weib. Eliphas
söne aber waren diese/ Theman/ Omar/ Zepho/ Baetham vnd Ke=
nas/ Vnd Thimna war ein kebs weib Eliphas Esaus son/ die gebar
jm Amalek. Das sind die kinder von Ada Esaus weib. Die kinder aber
Reguel sind diese/ Nahath/ Serah/ Samma/ Misa/ das sind die kin=
der von Basnath Esaus weib. Die kinder aber von Ahalibama E=
saus weib/ der tochter des Ana der neffe Zibeons/ sind diese/ die sie
dem Esau gebar/ Jeus/ Jaelam/ vnd Korah.

Das sind die Fürsten vnter den kindern Esau/ Die kinder Eliphas
des ersten sons Esau waren diese/ Der Fürste Theman/ der furste O=
mar/ der fürste Zepho/ der fürste Kenas/ Der Fürste Korah/ der fur=
ste Baetham/ der fürste Amalek/ das sind die fürsten von Eliphas im
lande Edom/ vnd sind kinder von der Ada.

Vnd das sind die kinder Reguel Esaus son/ Der Fürst Nahath/ der
fürst Serah/ der fürst Samma/ der fürst Misa/ das sind die fürstē von
Reguel im lande der Edomiter/ vnd sind kinder von der Basmath E=
saus weib.

Das sind die kinder Ahalibama Esaus weib/ Der
Fürst Jeus/ der fürst Jaelam/ der fürst Korah/ Das sind die fürsten
von Ahalibama der tochter des Ana Esaus weib/ Das sind Esaus
kinder/ vnd jre fürsten/ Er ist der Edom.

Die kinder aber von Seir des Horiten der im lande wonete/ sind
diese/ Lothan/ Sobal/ Zibeon/ Ana/ Dison/ Ezer vnd Disan/ das
sind die Fürsten der Horiten/ kinder des Seir im lande Edom/ Aber
des Lothans kinder waren diese/ Hori vnd Hemam/ Vnd Lothans
schwester hies Thimna.

Die kinder von Sobal waren diese/ Alwan/ Manahath/ Ebal/
Sepho vnd Onam. Die kinder von Zibeon waren/ Aia vnd Ana/ das
ist der Ana/ der jnn der wüsten maulpferde erfand/ da er seines vaters

Zibeon

Das Erst Buch

Zibeon esel hütet. Die kinder aber Ana waren/Dison vnd Ahaliba, ma/das ist die tochter Ana.

Die kinder Dison waren/Hemdan/Esban/Jethran vnd Charan. Die kinder Ezer waren/Bilhan/Seawan/vnd Akan/Die kinder Disan waren/Vz vnd Aran.

Dis sind die fürsten der Horiten/Der fürst Lothan/der fürst Sobal/der fürst Zibeon/der fürst Ana/der fürst Dison/der fürst Ezer/der fürst Disan/Das sind die Fürsten der Horiten/die regiert haben im lande Seir.

Die Könige aber/die im lande Edom regiert haben/ehe denn die kinder Israel könige hatten/sind diese. Bela war könig jnn Edom/ein son Beor/vnd seine stad hies Dinhaba. Vnd da Bela starb/ward könig an seine stat Jobab/ein son Serah von Bazra/Da Jobab starb/ward an seine stat könig Husam/aus der Themaniter lande/Da Husam starb/ward könig an seine stat Hadad/ein son Bedad/der die Madianiter schlug auff der Moabiter felde/vnd seine stat hies Awith/Da Hadad starb/regiert Samla von Masrek/Da Samla starb/ward Saul könig von Rehoboth am wasser/Da Saul starb/ward an seine stat könig Baal Hanan/ein son Achbor/Da Baal Hanan Achbors son starb/ward an seine stat könig Hadar/vnd seine stad hies Pagu/vnd sein weib hies Metabeel eine tochter Matred vnd tochter Mesahab.

Also heissen die Fürsten von Esau/jnn jren geschlechten/ortern vnd namen/Der fürst Thimna/der fürst Alwa/der fürst Jetheth/der fürst Ahalibama/der fürst Ela/der fürst Pinon/der fürst Anas/der fürst Theman/der fürst Mibzar/der fürst Magdiel/der fürst Jram/Das sind die fürsten jnn Edom/wie sie gewonet haben jnn jrem erblande/Vnd Esau ist der vater der Edomiter.

Das XXXVII. Capitel.

Jacob aber wonet im lande/da sein vater frembdling jnnen war/nemlich im lande Canaan/Vnd das sind die geschlechte Jacob. Joseph war siebenzehen iar alt/da er ein hirte des viehs ward mit seinen brüdern/vnd der knabe war bey den kindern Bilha vnd Silpa seines vaters weibern/vnd bracht fur jren vater/wo ein böse geschrey widder sie war. Israel aber hatte Joseph lieber denn alle seine kinder/darumb das er jn im alter gezeuget hatte/vnd machet jm einen bundten rock.

Der bundte rock Josephs war von mancherley farbe faden gewebt/vnd bedeut die mancherley gnade vnd gaben des einigen geists jnn Christo vnd seinen Christen.

Da nu seine brüder sahen/das jn jr vater lieber hatte denn alle seine brüder/waren sie jm feind/vnd kundten jm kein freundlich wort zu sprechen/Dazu hatte Joseph ein mal einen trawm/vnd saget seinen brüdern dauon. Da wurden sie jm noch feinder/denn er sprach zu jnen/Höret/lieber/was mir doch getrewmet hat/Mich daucht/wir bunden garben auff dem felde/vnd meine garbe richtet sich auff vnd stund/vnd ewer garben vmbher neigten sich gegen meiner garben/Da sprachen seine brüder zu jm/Soltestu vnser könig werden/vnd vber vns herschen? Vnd wurden jm noch feinder vmb seines trawms vnd seiner rede willen.

Vnd er hatte noch einen andern trawm/den erzelet er seinen brüdern/vnd sprach/Sehet/ich habe noch einen trawm gehabt/Mich dauchte/

Mose. XXV.

dauchte/ die Sonne vnd der Mond vnd eilff sternen neigten sich fur mir. Vnd da das seinem vater vnd seinen brüdern gesagt ward/ strafft jn sein vater/ vnd sprach zu jm/ Was ist das fur ein traum/ der dir getreumet hat? Sol ich vnd deine mutter vnd deine brüder komen/ vnd dich anbeten? Vnd seine brüder neideten jn/ Aber sein vater behielt diese wort.

Da nu seine brüder hin giengen zu weiden das vieh jres vaters jnn Sichem/ sprach Israel zu Joseph/ Hüten nicht deine brüder des viehs jnn Sichem? kom ich wil dich zu jn senden. Er aber sprach/ Hie bin ich. Vnd er sprach/ Gehe hin vnd sihe/ obs wol stehe vmb deine brüder vnd vmb das vieh/ vnd sage mir widder/ wie sichs helt. Vnd er sandte jn aus dem tal Hebron/ das er gen Sichem gienge.

Da fand jn ein man/ das er jrre gieng auff dem felde/ der fraget jn/ vnd sprach/ Wen suchestu? Er antwortet/ Ich suche meine brüder/ lieber/ sage mir an/ wo sie hüten. Der man sprach/ Sie sind von dannen gezogen/ denn ich hörte/ das sie sagten/ lasst vns gen Dothan gehen. Da folget Joseph seinen brüdern nach/ vnd fand sie zu Dothan.

Als sie jn nu sahen von ferne/ ehe denn er nahe bey sie kam/ schlugen sie an/ das sie jn tödten/ vnd sprachen vnternander/ Sehet/ der traumer kompt daher/ so kompt nu/ vnd lasst vns jn erwürgen/ vnd jnn eine gruben werffen/ vnd sagen/ Ein böses thier habe jn gefressen/ so wird man sehen/ was seine treume sind.

Da das Ruben höret/ wolt er jn aus jren henden erretten/ vnd sprach/ Lasset vns jn nicht tödten/ Vnd weiter sprach Ruben zu jnen/ Vergiesset nicht blut/ sondern werffet jn jnn die gruben/ die jnn der wüsten ist/ vnd legt die hand nicht an jn. Er wolt jn aber aus jrer hand erretten/ das er jn seinem vater widder brechte.

Als nu Joseph zu seinen brüdern kam/ zogen sie jm seinen rock mit dem bundten rock aus/ den er an hatte/ vnd namen jn vnd worffen jn jnn eine gruben/ aber die selbige grube war leer vnd kein wasser darinnen/ vnd satzten sich nidder zu essen. Jnn des huben sie jre augen auff/ vnd sahen einen hauffen Jsmaeliter komen von Gilead/ mit jren Kamelen/ die trugen würtz/ Balsam vnd Myrrhen/ vnd zogen hinab jnn Egypten.

Da sprach Juda zu seinen brüdern/ Was hilffts vns/ das wir vnsern bruder erwürgen vnd sein blut verbergen? Kompt/ lasst vns jn den Jsmaeliten verkeuffen/ das sich vnser hende nicht an jm vergreiffen/ denn er ist vnser bruder/ vnser fleisch vñ blut. Vnd sie gehorchten jm. Vnd da die Madianiter die kaufleute fur vber reiseten/ zogen sie jn heraus aus der gruben/ vnd verkaufften jn den Jsmaeliten vmb zwentzig silberling/ die brachten jn jnn Egypten.

Als nu Ruben widder zur gruben kam/ vnd fand Joseph nicht darinnen/ zureis er sein kleid/ vnd kam widder zu seinen brüdern/ vnd sprach/ Der knabe ist nicht da/ wo sol ich hin? Da namen sie Josephs rock/ vnd schlachten einen ziegenbock/ vnd tuncketen den rock im blut/ vnd schickten den bundten rock hin/ vnd liessen jn jrem vater bringen/ vnd sagen/ Diesen haben wir funden/ sihe/ obs deines sons rock sey odder nicht.

E   Erkennet

Das Erst Buch

Er kennet jn aber/ vnd sprach/ Es ist meines sons rock/ Ein böses thier hat jn gefressen/ Ein reissend thier hat Joseph zurissen. Vnd Jacob zureis seine kleider/ vnd leget einen sack vmb seine lenden/ vnd trug leide vmb seinen son lange zeit/ Vnd alle seine söne vnd töchter tratten auff/ das sie jn trösten/ aber er wolt sich nicht trösten lassen/ vnd sprach/ Ich werde mit leide hin vnter faren jnn die gruben/ zu meinem son/ Vnd sein Vater beweinet jn.

(Vater)
Das war Isaac.

Aber die Madianiter verkaufften jn jnn Egypten dem Potiphar des Pharao hofemeister.

XXXVIII.

Es begab sich vmb die selben zeit/ das Juda hinab zog von seinen brüdern/ vnd thet sich zu einem man Odollam/ der hies Hira/ Vnd Juda sahe daselbs eines Cananiters mans tochter der hies Sua/ vnd nam sie. Vnd da er sie beschlieff/ ward sie schwanger vnd gebar einen son/ den hies er/ Jer. Vnd sie ward aber schwanger/ vnd gebar einen son/ den hies sie Onan. Sie fur fort/ vnd gebar einen son/ den hies sie Sela. Vnd er war zu Chesib/ da sie jn gebar.

Vnd Juda gab seinem ersten son/ Jer/ ein weib/ die hies Thamar/ Aber er war böse fur dem HERrn/ darumb tödtet jn der HErr/ Da sprach Juda zu seinem son Onan/ Lege dich zu deines bruders weib/ vnd nim sie zur ehe/ das du deinem bruder samen erweckest/ Aber da Onan wuste/ das der same nicht sein eigen sein solt/ wenn er sich zu seines bruders weib leget/ lies ers auff die erden fallen/ vnd verderbets/ auff das er seinem bruder nicht samen gebe/ Da gefiel dem HERRN vbel/ das er thet/ vnd tödtet jn auch.

Da sprach Juda zu seiner schnur Thamar/ Bleibe eine widwin jnn deines vaters hause/ bis mein son Sela gros wird/ denn er gedachte/ Vileicht möcht er auch sterben/ wie seine brüder. Also gieng Thamar hin/ vnd bleib jnn jres vaters hause. Da nu viel tage verlauffen waren/ starb des Sua tochter Judas weib/ Vnd nach dem Judas ausgetrauret hatte/ gieng er hinauff seine schafe zu scheren gen Thimnath/ mit seinem hirten Hira von Odollam.

Da ward der Thamar angesagt/ Sihe/ dein schweher gehet hinauff gen Thimnath seine schafe zu scheren/ Da leget sie die widwen kleider von sich/ die sie trug/ schleiert vnd verhüllet sich/ vnd satzte sich fur die thur heraus an dem wege gen Thimnath/ Denn sie sahe/ das Sela war gros worden/ vnd sie war jm nicht zum weibe gegeben.

Da sie nu Juda sahe/ meinet er/ es were eine hure/ denn sie hatte jr angesicht verdecket/ vnd macht sich zu jr am wege/ vnd sprach/ Lieber las mich bey dir ligen/ denn er wuste nicht/ das seine schnur were. Sie antwortet/ Was wiltu mir geben/ das du bey mir ligest? Er sprach/ Ich wil dir ein ziegenbock von der herde senden. Sie antwortet/ So gib mir ein pfand/ bis das du mirs sendest. Er sprach/ Was wiltu

Mose. XXVI.

wiltu fur ein pfand/ das ich dir gebe? Sie antwortet/ Deinen ring vnd deinen fechel vnd deinen stab/ den du jnn den henden hast. Da gab ers jr/ vnd lag bey jr/ vnd sie ward von jm schwanger/ Vnd sie macht sich auff/ vnd gieng hin/ vnd legt den schleier ab/ vnd zoch jre widwen kleider widder an.

Juda aber sandte den zigenbock durch seinen hirten von Odollam/ das er das pfand widder holet von dem weibe/ Vnd er fand sie nicht. Da fraget er die leute desselbigen orts/ vnd sprach/ Wo ist die hure/ die aussen am wege saß? Sie antworten/ Es ist keine hure da gewesen. Vnd er kam widder zu Juda/ vnd sprach/ Ich habe sie nicht funden/ dazu sagen die leute des selben orts/ es sey keine hure da gewesen. Juda sprach/ Sie habs jr/ Sie kan vns doch ia nicht schande nach sagen/ denn ich habe den bock gesand/ so hastu sie nicht funden.

Vber drey monden ward Juda angesagt/ Deine schnur Thamar hat gehuret/ dazu sihe/ sie ist von hurerey schwanger worden. Juda sprach/ Bringet sie herfur/ das sie verbrand werde. Vnd da man sie herfur bracht/ schicket sie zu jrem schweher/ vnd sprach/ Von dem man bin ich schwanger/ des dis ist/ vnd sprach/ Kennestu auch/ wes der ring vnd der fechel vnd der stab ist? Juda erkands/ vnd sprach/ Sie ist gerechter denn ich/ denn ich habe sie nicht gegeben meinem son Sela/ Doch beschlieff er sie nicht mehr.

Vnd da sie geberen solt/ worden zwilling jnn jrem leibe erfunden/ Vnd als sie itzt gebar/ gab sich eine hand heraus. Da nam die wehmutter vnd band einen roten faden darumb/ vnd sprach/ Der wird der erste heraus komen. Da aber der seine hand widder hinein zoch/ kam sein bruder heraus/ Vnd sie sprach/ Warumb ist vmb deinen willen ein sach gerissen? Vnd man hies jn Perez/ Darnach kam sein bruder heraus/ der den roten faden vmb seine hand hatte/ vnd man hies jn Sarah.

XXXIX.

Joseph ward hinab jnn Egypten gefüret/ vnd Potiphar ein Egyptischer man des Pharao hofemeister/ kaufft jn von den Ismaeliten/ die jn hinab brachten/ Vnd der HERR war mit Joseph/ das er ein glückseliger man ward/ vnd war jnn seines herrn des Egypters hause/ Vnd sein herr sahe/ das der HERR mit jm war/ denn alles was er thet/ da gab der HERR glück zu durch jn/ also das er gnade fand fur seinem herrn/ vnd sein diener ward/ der setzt jn vber sein haus/ vnd alles was er hatte/ thet er vnter seine hende/ Vnd von der zeit an/ da er jn vber sein haus vnd alle seine güter gesetzt hatte/ segenete der HERR des Egypters haus/ vmb Josephs willen/ vnd war eitel segen des HERRN jnn allem/ was er hatte zu hause vnd zu felde/ darumb lies ers alles vnter Josephs henden/ was er hatte. Vnd er hatte nichts dauon/ denn nur das brod/ das er aß. Vnd Joseph war schön vnd hübsch von angesicht.

(Perez) Perez ein zureisser. Sorah heisset anfang. Sie ist bedeut/ das die werckheyligen sich eusserlich stellen/ als wolten sie herfur/ vnd die erste sein/ vn werden die letzten/ daruber sich ein gros reissen hebt vnter dem volck Gottes/ aber der rot faden vmb die hand/ ist das sie fleischliche heiligkeit wircken/ vn die rechte heyligen verfolgen.

E ij Vnd

Das Erst Buch

Vnd es begab sich nach diesem geschicht/das seines herrn weib jr augen auff Joseph warff/vnd sprach/Schlaffe bey mir. Er wegert sich aber/vnd sprach zu jr/Sihe/mein herr weis nicht was im hause ist/vñ alles was er hat/das hat er vnter meine hende gethan/Vnd hat nichts so gros jnn dem hause/das er fur mir verholen habe/on dich/denn du bist sein weib/Wie solt ich denn nu ein solch gros vbel thun/vnd widder Gott sundigen? Vnd sie treib solche wort gegen Joseph teglich/Aber er gehorchet jr nicht/das er bey jr schlieffe/noch vmb sie were.

Es begab sich der tage einen/das Joseph jnn das haus gieng/sein geschefft zu thun/vnd war kein mensch vom gesinde des hauses dabey/vnd sie erwüscht jn bey seinem kleid/vnd sprach/Schlaffe bey mir/Aber er lies das kleid jnn jrer hand/vnd flohe/vnd lieff zum hause heraus. Da sie nu sahe/das er sein kleid jnn jrer hand lies/vnd hinaus entflohe/rieff sie dem gesinde im hause/vnd sprach zu jnen/Sehet/er hat vns den Ebreischen man herein gebracht/das er vns zu schanden mache/Er kam zu mir herein/vnd wolt bey mir schlaffen/Ich rieff aber mit lauter stim/Vnd da er höret/das ich ein geschrey machte vnd rieff/da lies er sein kleid bey mir/vnd flohe/vnd lieff hinaus.

Vnd sie leget sein kleid neben sich/bis sein herr heim kam/vnd saget zu jm eben die selben wort/vnd sprach/Der Ebreische knecht/den du vns herein gebracht hast/kam zu mir herein/vnd wolt mich zu schanden machen/Da ich aber ein geschrey machte/vnd rieff/da lies er sein kleid bey mir/vnd flohe hinaus. Als sein herr höret die rede seines weibes/die sie jm saget/vnd sprach/Also hat mir dein Ebreischer knecht gethan/ward er seer zornig.

Da nam

Mose. XXVII.

Da nam jn sein herr/ vnd legt jn jnns gefengnis/ da des Königs gefangen jnne lagen/ Vnd er lag alda im gefengnis. Aber der HERR war mit jm/ vnd neiget seine hulde zu jm/ vnd lies jn gnade finden fur dem amptman vber das gefengnis/ das er jm vnter seine hand befahl alle gefangenen im gefengnis/ auff das alles was da geschach/ durch jn geschehen muste/ denn der amptman vber das gefengnis sahe/ das der HERR mit jm war/ jnn allem das vnter seinen henden war/ vnd das der HERR glück dazu gab/ was er thet.

XL.

VNd es begab sich darnach/ das sich versundigeten der amptman vber die schencken des Königs zu Egypten/ vnd der amptman vber die becker/ an jrem herrn dem Könige zu Egypten/ Vnd Pharao ward zornig vber sie/ vnd lies sie setzen jnn des Hofemeisters haus jnns gefengnis/ da Joseph gefangen lag/ Vnd der Hofemeister setzet Joseph vber sie/ das er jnen dienete/ Vnd sassen etliche tage.

Vnd es treumet jnen beiden/ dem schencken vnd becker/ jnn einer nacht/ einem iglichen einen eigen traum/ Vnd eines iglichen traum hatte seine bedeutung. Da nu des morgens Joseph zu jnen hinein kam/ vnd sahe/ das sie traurig waren/ fraget er sie/ vnd sprach/ Warumb seid jr heute so traurig? Sie antworten/ Es hat vns getreumet/ vnd haben niemand/ der es vns auslege. Joseph sprach/ Auslegen gehöret Gott zu/ erzelet mirs doch.

Da erzelet der Schenck seinen traum Joseph/ vnd sprach zu jm/ Mir hat getreumet/ das ein weinstock fur mir were/ der hatte drey reben/ vnd er grünete/ wuchs vnd blüete/ vnd seine drauben worden reiff/ Vnd ich hatte den becher Pharao jnn meiner hand/ vnd nam vnd zudruckt sie jnn den becher/ vnd gab den becher Pharao jnn die hand.

Joseph sprach/ Das ist die bedeutung/ Drey reben/ sind drey tage/ Vber drey tage wird Pharao dein heubt erheben/ vnd dich widder an dein ampt stellen/ das du jm den becher jnn die hand gebest/ nach der vorigen weise/ da du sein schencke warest/ Aber gedencke meiner/ wenn dirs wolgehet/ vnd thu barmhertzigkeit an mir/ das du Pharao erinnerst/ das er mich aus diesem hause füre/ Denn ich bin aus dem lande der Ebreer heimlich gestolen/ dazu habe ich auch alhie nichts gethan/ das sie mich eingesetzt haben.

Da der Becker sahe/ das die deutung gut war/ sprach er zu Joseph/ Mir hat auch getreumet/ ich trüge drey geflochten körbe auff meinem heubt/ vnd im vbersten korbe allerley gebacken speise des Pharao/ Vnd die vögel assen aus dem korbe auff meinem heubt.

Joseph antwortet vnd sprach/ Das ist die deutung/ Drey körbe/ sind drey tage/ vnd nach dreien tagen wird dir Pharao deinen kopff erheben/ vnd dich an galgen hengen/ vñ die vögel werden dein fleisch von dir essen.

E iij   Vnd

Das Erst buch

Vnd es geschach des dritten tages/da begieng Pharao seinen iar tag/vnd er macht eine malzeit allen seinen knechten/vnd erhub das heubt des obersten schencken/vnd das heubt des obersten beckers vnter seinen knechten/vnd setzet den obersten schencken widder zu seinem schenck ampt/das er den becher reichet jnn Pharao hand/ Aber den obersten becker lies er hengen/wie jnen Joseph gedeutet hatte. Aber der oberste schenck gedacht nicht an Joseph/sondern vergas sein.

XLI.

VNd nach zweien iaren hatte Pharao einen traum/Wie er stünde am wasser/vnd sehe aus dem wasser steigen sieben schöne fette rinder/vnd giengen an der weide im grase/Nach diesen sahe er ander sieben rinder aus dem wasser auff steigen/die waren heslich vnd mager/vnd traten neben die rinder an das vfer am wasser/vnd die heslichen vnd magere frassen die sieben schönen fette rinder/ Da erwachet Pharao.

Vnd er schlieff widder ein/vnd jm traumet abermal/Vnd sahe/ das sieben ehern wuchsen aus einem halm vol vnd dicke/Darnach sahe er sieben dünne vnd versengete ehern auff gehen/Vnd die sieben mager ehern verschlungen die sieben grosse vnd volle ehern/Da erwachet Pharao/vnd sahe/das ein traum war/Vnd da es morgen ward/ war sein geist betrübt/vnd schicket aus/vnd lies ruffen alle Warsager jnn Egypten jnn Egypten vnd alle Weisen/ vnd erzelet jnen seine treume/ Aber da war keiner/ der sie dem Pharao deuten kundte.

Da redet der öberste schencke zu Pharao/ vnd sprach/ Ich gedencke heute an meine sunde/ da Pharao zornig ward vber seine knechte/ vnd mich mit dem öbersten becker jnns gefengnis legt/ jnns Hofemeisters hause/ Da treumet vns beiden jnn einer nacht einem iglichen sein traum/ des deutung jn betraff/ Da war bey vns ein Ebreischer iüngling/ des Hofemeisters knecht/ dem erzeleten wirs/ vnd er deutet vns vnsere treume/ einem iglichen nach seinem traum/ Vnd wie er vns deutet/ so ists ergangen/ Denn ich bin widder an mein ampt gesetzt/ vnd jhener ist gehenckt.

Da sandte Pharao hin/ vnd lies Joseph ruffen/ vnd liessen jn aus dem loch/ Vnd er lies sich bescheren/ vnd zoch andere kleider an/ vnd kam hinein zu Pharao. Da sprach Pharao zu jm/ Mir hat ein traum getreumet/ vnd ist niemand/ der jn deuten kan/ Ich habe aber gehöret von dir sagen/ wenn du einen traum hörest/ so kanstu jn deuten. Joseph antwortet Pharao vnd sprach/ Das stehet bey mir nicht/ Aber Gott wird doch Pharao gutes weissagen.

Pharao saget an zu Joseph / Mir treumete/ ich stünde am vfer bey dem wasser/ vnd sahe aus dem wasser steigen sieben schöne fette rinder/ vnd giengen an der weide im grase/ Vnd nach jnen/ sahe ich ander sieben dürre/ hesliche vnd magere rinder heraus steigen/ Ich habe jnn gantz Egypten land nicht so hesliche gesehen/ Vnd die sieben mager vnd hesliche rinder frassen auff die sieben ersten fetten rinder/ Vnd da sie die hinein gefressen hatten/ mercket mans nicht an jnen/ das sie die gefressen hatten/ vnd waren heslich/ gleich wie vorhin/ Da wachet ich auff.

Vnd sahe abermal jnn meinem traum/ sieben ehern auff einem halm wachsen/ vol vnd dicke/ Darnach giengen auff sieben dürre ehern/ dünne vnd versenget/ vnd die sieben dünne ehern verschlungen die sieben dicke ehern/ Vnd ich habs den Warsagern gesagt/ aber die könnens mir nicht deuten.

Joseph antwortet Pharao/ Beide treume Pharao sind einerley/ Gott verkündiget Pharao/ was er fur hat/ Die sieben schöne rinder/ sind sieben iar/ vnd die sieben gute ehern/ sind auch die sieben iar/ Es ist einerley traum. Die sieben magere vnd hesliche rinder/ die nach jhenen auff gestiegen sind/ das sind sieben iar/ Vnd die sieben magere vnd versengete ehern/ sind sieben iar theure zeit. Das ist nu/ das ich gesagt habe zu Pharao/ das Gott Pharao zeiget/ was er fur hat.

Sihe/ sieben reiche iar werden komen jnn gantz Egypten lande/ vnd nach den selben werden sieben iar theure zeit komen/ das man vergessen wird aller solcher fülle jnn Egypten lande/ vnd die theure zeit wird das land verzeren/ das man nichts wissen wird von der fülle im lande/ fur der theuren zeit/ die hernach kömpt/ denn sie wird fast schwer sein. Das aber dem Pharao zum andern mal getreumet hat/ bedeut/ das solchs Gott gewislich vnd eilend thun wird.

Nu sehe Pharao nach einem verstendigen vnd weisen man/ den er vber Egypten land setze/ vnd schaffe/ das er amptleute verordne im

Das Erst Buch

lande/vnd neme den fünfften jnn Egypten lande jnn den sieben reichen iaren/vnd samle alle speise der guten iare/die komen werden/das sie getreide auffschütten jnn Pharao kornheuser zum vorrat jnn den stedten/vnd verwarens/auff das man speise verordnet finde dem lande jnn den sieben theuren iaren/die vber Egypten land komen werden/das nicht das land fur hunger verderbe.

Die rede gefiel Pharao vnd allen seinen knechten wol/vnd Pharao sprach zu seinen knechten/ Wie kunden wir einen solchen man finden/jnn dem der geist Gottes sey? Vnd sprach zu Joseph/Weil dir Gott solches alles hat kund gethan/ist keiner so verstendig vnd weise als du. Du solt vber mein haus sein/vnd deinem wort sol alle mein volck gehorsam sein/alleine des Königlichen stuels wil ich höher sein denn du/Vnd sprach/ Sihe/ich habe dich vber gantz Egypten land gesetzt/Vnd that seinen ring von seiner hand/vnd gab jn Joseph an seine hand/vnd kleidet jn mit weisser seiden/vnd hieng jm ein gulden keten an seinen hals/vnd lies jn auff dem andern wagen faren/vnd lies vor jm her ausruffen/Der ist des landes Vater/Vnd setzt jn vber gantz Egypten land.

Vnd Pharao sprach zu Joseph/Ich bin Pharao/on deinen willen sol niemand seine hand odder seinen fus regen jnn gantz Egypten land/Vnd nennet jn/ Den heimlichsten Rat/ vnd gab jm ein weib Asnath die tochter Potiphera des priesters zu On. Also zog Joseph aus/das land Egypten zu besehen. Vnder war dreissig iar alt/da er fur Pharao stund/Vnd fuhr aus von Pharao/vnd zog durch gantz Egypten land.

Vnd das land thet also die sieben reichen iar/vnd samleten alle speise der sieben iar/so im lande Egypten waren/vnd thaten sie jnn die stedte/Was fur speise auff dem felde einer iglicher stad vmbher wuchs/das thaten sie hinein/Also schüttet Joseph das getreide auff/vber die mas viel/wie sand am meer/also das er auff höret zu zelen/denn man kunds nicht zelen.

Vnd Joseph wurden zween söne geboren/ehe denn die theure zeit kam/welche gebar jm Asnath Potiphera des priesters zu On tochter/vnd hies den ersten/Manasse/denn Gott (sprach er) hat mich lassen vergessen alles meines vnglücks/vnd meines vaters hauses/Den andern hies er/Ephraim/denn Gott (sprach er) hat mich lassen wachsen jnn dem lande meines elends.

Manasse heisst vergessen. Ephraim heisst gewachsen.

Da nu die sieben reiche iar vmb waren jnn Egypten/da fiengen an die sieben theuren iar zu komen/da Joseph von gesagt hatte/Vnd es ward eine theurung jnn allen landen/Aber jnn gantz Egypten land war brod. Da nu das Egypten land auch hunger leid/schrey das volck zu Pharao vmb brod. Aber Pharao sprach zu allen Egyptern/Gehet hin zu Joseph/was euch der saget/das thut. Als nu im gantzen lande theurung war/thet Joseph allenthalben kornheuser auff/vnd verkaufft den Egyptern/denn die theurung ward jhe lenger jhe grösser im lande. Vnd alle land kamen jnn Egypten zu keuffen bey Joseph/denn die theurung war gros jnn allen landen.

Da aber

Mose.
XLII.

DA aber Jacob sahe/das getreide jnn Egypten veil war/ sprach er zu seinen sönen/Was sehet jr euch lang vmb? Sihe/ich höre/es sey jnn Egyten getreide veil/ziehet hinab/vnd keufft vns getreide/das wir leben vnd nicht sterben. Also zogen hinab zehen bruder Joseph/das sie jnn Egypten getreide keufften/denn Ben Jamin Josephs bruder lies Jacob nicht mit seinen brüdern ziehen/denn er sprach/Es möchte jm ein vnfal begegnen.

Also kamen die kinder Israel getreide zu keuffen/sampt andern/ die mit jnen zogen/denn es war im lande Canaan auch theur. Aber Joseph war der Regent im lande/vnd verkaufft getreide allem volck im lande. Da nu seine brüder zu jm kamen/fielen sie fur jm nidder zur erden auff jr andlitz/Vnd er sahe sie an/vnd kandte sie/vnd stellet sich frembd gegen sie/vnd redet hart mit jnen/vnd sprach zu jnen/Wo her kompt jr? Sie sprachen/Aus dem lande Canaan/speise zu keuffen. Aber wie wol er sie kennet/kandten sie jn doch nicht

Vnd Joseph gedacht an die treume/die jm von jnen getreumet hatten/vnd sprach zu jnen/Jr seid kundschaffer vnd seid komen zu sehen/ wo das land offen ist. Sie antworten jm/Nein/mein herr/deine knechte sind komen speise zu keuffen/Wir sind alle eines mans söne/wir sind redlich/vnd deine knechte sind nie kundschaffer gewesen. Er sprach zu jnen/Nein/sondern jr seid komen zu besehen/wo das land offen ist. Sie antworten jm/Wir deine knechte sind zwelff brüder eines mans söne im lande Canaan/vnd der Jüngst ist bey vnserm vater/aber der eine ist nicht mehr fur handen.

Joseph sprach zu jnen/Das ists/das ich euch gesagt habe/kundschaffer seid jr/Daran wil ich euch prüfen/Bey dem leben Pharaonis/jr solt nicht von dannen komen/es kome denn her ewer jüngster bruder/Sendet einen vnter euch hin/der ewrn bruder hole/jr aber solt gefangen sein/Also wil ich prüfen ewer rede/ob jr mit warheit vmbgehet oder nicht/denn wo nicht/so seid jr/bey dem leben Pharaonis/ kundschaffer. Vnd lies sie beysamen verwaren drey tage lang.

Am dritten tage aber sprach er zu jnen/Wolt jr leben/so thut also/denn ich furchte Gott/Seid jr redlich/so lasst ewer bruder einen gebunden ligen jnn ewrem gefengnis/jr aber ziehet hin/vnd bringt heim was jr gekaufft habt fur den hunger/vnd bringt ewren jüngsten bruder zu mir/So wil ich ewren worten gleuben/das jr nicht sterben müsset. Vnd sie theten also.

Sie aber sprachen vnternander/Das haben wir an vnserm bruder verschüldigt/das wir sahen die angst seiner seelen/da er vns flehet/vn̄ wir wolten jn nicht erhören/darumb kömpt nu diese trübsal vber vns. Ruben antwort jnen vn̄ sprach/Sagt ichs euch nicht/da ich sprach/ Versundiget euch nicht an dem knaben/Vnd jr woltet nicht hören? Nu wird sein blut gefordert.

Sie wusten aber nicht/das Joseph verstund/denn er redet mit jnen durch einen Dolmetzer. Vnd er wand sich von jnen/vnd weinet.
Da er

Das Erst buch

Da er nu sich widder zu jnen wand/ vnd mit jnen redet/ nam er aus jnen Simeon/ vnd band jn fur jren augen/ vnd thet befelh/ das man jre secke mit getreide füllete/ vnd jr geld widder gebe/ einem jglichen jnn seinen sack/ dazu auch zerung auff die reise. Vnd man thet jnen also.

Vnd sie luden jre wahr auff jre esel/ vnd zogen von dannen/ Da aber einer seinen sack auffthet/ das er seinem esel futter gebe jnn der herberge/ ward er gewar seines gelds/ das oben im sack lag/ vnd sprach zu seinen brüdern/ Mein geld ist mir widder worden/ sihe/ jnn meinem sack ist es. Da empfiel jnen jr hertz/ vnd erschrocken vnternander/ vnd sprachen/ Warumb hat vns Gott das gethan?

Da sie nu heim kamen zu jrem vater Jacob jnns land Canaan/ sagten sie jm alles/ was jn begegnet war/ vnd sprachen/ Der man der im lande herr ist/ redet hart mit vns/ vnd hielt vns fur kundschaffer des lands/ Vnd da wir antworten/ Wir sind redlich/ vnd nie kundschaffer gewesen/ sondern zwelff brüder vnsers vaters söne/ einer ist nicht mehr fur handen/ vnd der jüngst ist noch heutigs tages bey vnserm vater im lande Canaan/ Sprach er zu vns/ Daran wil ich mercken/ das jr redlich seid/ Einen ewer bruder lasset bey mir/ vnd nemet die notturfft fur ewer haus/ vnd ziehet hin/ vnd bringet ewren jüngsten bruder zu mir/ so mercke ich/ das jr nicht kundschaffer/ sondern redlich seid/ so wil ich euch auch ewren bruder geben/ vnd mügt im lande werben.

Vnd da sie die secke aus schütten/ fand ein jglicher sein bündlin gelds jnn seinem sack/ Vnd da sie sahen/ das es bündle jres gelds waren/ sampt jrem vater/ erschracken sie.

Da sprach Jacob jr vater/ Jr beraubt mich meiner kinder/ Joseph ist nicht mehr fur handen/ Simeon ist nicht mehr fur handen/ Ben Jamin wolt jr hin nemen/ Es gehet alles vber mich. Ruben antwortet seinem vater vnd sprach/ Wenn ich dir jn nicht widder bringe/ so erwürge meine zween söne/ gib jn nur jnn meine hand/ ich wil jn dir widder bringen. Er sprach/ Mein son sol nicht mit euch hinab ziehen/ denn sein bruder ist tod/ vnd er ist alleine vberblieben/ wenn jm ein vnfal auff dem wege begegenet/ da jr auff reiset/ würdet jr mein graw har mit schmertzen jnn die gruben bringen.

XLIII.

Die theurung aber drückte das land/ vnd da es verzeret war/ was sie fur getreide aus Egypten gebracht hatten/ sprach jr vater zu jnen/ Ziehet widder hin/ vnd keufft vns ein wenig speise. Da antwortet jm Juda/ vnd sprach/ Der man band vns das hart ein/ vñ sprach/ Jr solt mein angesicht nicht sehen/ es sey denn ewer bruder mit euch. Ists nu/ das du vnsern bruder mit vns sendest/ so wöllen wir hinab ziehen/ vnd dir zu essen keuffen. Ists aber/ das du jn nicht sendest/ so ziehen wir nicht hinab/ denn der man hat gesagt zu vns/ Jr solt mein angesicht nicht sehen/ ewer bruder sey denn mit euch.

Jsrael sprach/ Warumb habt jr so vbel an mir gethan/ das jr dem man ansaget/ wie jr noch einen bruder habt? Sie antworten/ Der man

Mose. XXX.

man forschst so genaw nach vns vnd vnser freundschafft/ vnd sprach/ Lebt ewr vater noch? habt jr auch noch einen bruder? Da sagten wir jm/ wie er vns fraget. Wie kunden wir wissen/ das er sagen wurde/ Bringet ewren bruder mit hernidder? Da sprach Juda zu Jsrael seinem vater/ Las den knaben mit mir ziehen/ das wir vns auff machen vnd reisen/ vnd leben/ vnd nicht sterben/ beide wir vnd du vnd vnser kindlin/ Jch wil bürge fur jn sein/ von meinen henden soltu jn fodern/ wenn ich dir jn nicht widder bringe vnd fur deine augen stelle/ so wil ich mein lebenlang die schuld tragen/ Denn wo wir nicht hetten verzogen/ weren wir schon wol zweimal widder komen.

Da sprach Jsrael jr vater zu jnen/ Mus es denn ja also sein/ so thuts/ vnd nemet von des landes besten früchten jnn ewer secke/ vnd bringet dem manne geschencke hinab/ ein wenig Balsam/ vnd honig/ vnd wurtz/ vnd Myrrhen/ vnd Datteln/ vnd mandeln/ Nemet auch ander geld mit euch/ vnd das geld/ das euch oben jnn ewern secken widder worden ist/ bringet auch widder mit euch/ vileicht ist ein jrthum da geschehen/ dazu nemet ewren bruder/ macht euch auff/ vnd komet widder zu dem manne. Aber der almechtige Gott gebe euch barmhertzigkeit fur dem manne/ das er euch lasse ewern andern bruder vnd BenJamin/ Jch aber mus sein/ wie einer/ der seiner kinder gar beraubt ist.

Diese namen der fruchte sind noch bisher vngewis auch bey den Jüden selbs.

Da namen sie diese geschencke vnd das geld zwiefeltig mit sich vnd BenJamin/ machten sich auff/ zogen jnn Egypten/ vnd traten fur Joseph. Da sahe sie Joseph mit BenJamin/ vnd sprach zu seinem haushalter/ Füre diese menner zu hause/ vnd schlachte vnd richte zu/ denn sie sollen zu mittag mit mir essen. Vnd der man thet/ wie jm Joseph gesagt hatte/ vnd füret die menner jnn Josephs haus.

Sie furchten sich aber/ das sie jnn Josephs haus gefüret worden/ vnd sprachen/ Wir sind herein gefüret vmb des gelds willen/ das wir jnn vnsern secken vorhin widder funden haben/ das ers auff vns bringe/ vnd felle ein vrteil vber vns/ damit er vns neme zu eigen knechten sampt vnsern eseln/ darumb traten sie zu Josephs haushalter/ vnd redten mit jm fur der haus thür/ vnd sprachen.

Mein herr/ wir sind vorhin herab gezogen speise zu keuffen/ vnd da wir jnn die herberge kamen/ vnd vnsere secke auffthetten/ sihe/ da war eines iglichen geld oben jnn seinem sack/ mit volligem gewicht/ darumb haben wirs widder mit vns bracht/ haben auch ander geld mit vns herab bracht/ speise zu keuffen/ wir wissen aber nicht/ wer vns vnser geld jnn vnser secke gesteckt hat.

Er sprach aber/ Gehabt euch wol/ furcht euch nicht/ ewer Gott vnd ewers vaters Gott hat euch einen schatz gegeben jnn ewer secke/ ewer geld ist mir worden. Vnd er füret Simeon zu jnen heraus/ vnd füret sie jnn Josephs haus/ gab jnen wasser/ das sie jre füsse wusschen/ vnd gab jren eseln futter. Sie aber bereiten das geschencke zu/ bis das Joseph kam auff den mittag/ denn sie hatten gehöret/ das sie daselbs das brod essen solten.

Da nu Joseph zum hause ein gieng/ brachten sie jm zu hause das geschencke jnn jren henden/ vnd fielen fur jm nidder zur erden/ Er aber

Das Erst Buch

Er aber grüsset sie freundlich/ vnd sprach/ Gehet es ewrem vater dem alten wol/ von dem jr mir sagetet? lebet er noch? Sie antworten/ Es gehet deinem knechte vnserm vater wol/ vnd lebet noch/ Vnd neigeten sich/ vnd fielen fur jm nidder.

Vnd er hub seine augen auff/ vnd sahe seinen bruder Ben Jamin seiner mutter son/ vnd sprach/ Ist das ewer jüngster bruder/ da jr mir von sagetet? Vnd sprach weiter/ Gott sey dir gnedig mein son. Vnd Joseph eilete/ denn sein hertz entbrand jm gegen seinem bruder/ vnd sucht/ wo er weinete/ vnd gieng jnn sein kemerlein/ vnd weinet daselbs. Vnd da er sein angesicht gewasschen hatte/ gieng er heraus/ vnd hielt sich fest/ vnd sprach/ Legt brod auff.

Vnd man trug jm besonders auff/ vnd jhenen auch besonders/ vnd den Egyptern/ die mit jm assen/ auch besonders/ Denn die Egypter thüren nicht brod essen mit den Ebreern/ Denn es ist ein grewel fur jnen. Vnd man satzt sie gegen jm/ den erstgebornen nach seiner ersten geburt/ vñ den jüngsten nach seiner jugent. Des verwunderten sie sich vnternander. Vnd man trug jnen bescheid essen fur/ von seinem tisch/ Aber dem Ben Jamin ward fünff mal mehr denn den andern/ Vnd sie truncken/ vnd wurden truncken mit jm.

XLIIII.

VNd Joseph befalh seinem haushalter/ vnd sprach/ Fülle den mennern jre secke mit speise/ so viel sie füren mügen/ vnd lege jglichem sein geld oben jnn seinen sack/ Vnd meinen silbern becher lege oben jnn des jüngsten sack/ mit dem gelde fur das getreide. Der thet/ wie jm Joseph hatte gesagt. Des morgens/ da es liecht ward/ liessen sie die menner ziehen mit jren eseln.

Da sie aber zur stad hinaus waren vnd nicht ferne komen/ sprach Joseph zu seinem haushalter/ Auff/ vnd jage den mennern nach/ vnd wenn du sie ergreiffest/ so sprich zu jnen/ Warumb habt jr gutes mit bösem vergolten? Ists nicht das/ da mein herr aus trincket/ vnd damit er weissaget? Jr habt vbel gethan.

Vnd als er sie ergreiff/ redet er mit jnen solche wort. Sie antworten jm/ Warumb redet mein herr solche wort? Es sey ferne von deinen knechten ein solchs zu thun. Sihe/ das geld/ das wir funden oben jnn vnsern secken/ haben wir widder bracht zu dir aus dem lande Canaan/ Vnd wie solten wir denn aus deines herrn haus gestolen haben silber odder gold? Bey welchem er funden wird vnter deinen knechten/ der sey des todes/ dazu wollen wir auch meines herrn knechte sein. Er sprach/ Ja/ es sey/ wie jr geredt habt/ bey welchem er funden wird/ der sey mein knecht/ jr aber solt ledig sein.

Vnd sie eileten/ vnd legt ein jglicher seinen sack abe auff die erden/ vnd ein jglicher thet seinen sack auff/ vnd er suchte/ vnd hub am grössesten an bis auff den jüngsten/ da fand sich der becher jnn Ben Jamins sack. Da zuriessen sie jre kleider/ vnd lud ein jglicher auff seinen esel/ vnd zogen widder jnn die stad. Vnd Juda gieng mit seinen brüdern jnn Josephs haus/ denn er war noch daselbs/ Vnd sie fielen fur jm fur jm auff die erden/ Joseph sprach zu jnen/ Wie habt jr das thun durffen? wisset jr nicht/ das ein solcher man/ wie ich bin/ erraten kunde?

Juda sprach/ Was sollen wir sagen meinem herrn/ oder wie sollen wir reden? vnd was sollen wir fur wenden? Gott hat die missethat deiner knechte funden/ Sihe da/ wir vnd der/ bey dem der becher funden ist/ sind meins herrn knechte/ Er aber sprach/ das sey fern von mir solchs zu thun/ der man/ bey dem der becher funden ist/ sol mein knecht sein/ jr aber zihet hinauff mit frieden zu ewrem vater.

Da trat Juda zu jm/ vnd sprach/ Mein herr/ las deinen knecht ein wort reden fur deinen ohren/ mein herr/ vnd dein zorn ergrimme nicht vber deinen knecht/ denn du bist wie Pharao/ Mein herr fraget seine knechte vnd sprach/ habt jr auch einen vater odder bruder? Da antworten wir/ wir haben einen vater der ist alt/ vnd einen jungen knaben jnn seinem alter geporn/ vnd sein bruder ist tod/ vnd er ist allein vberblieben von seiner mutter/ vnd sein vater hat jn lieb.

Da sprachstu zu deinen knechten/ Bringet jn herab zu mir/ ich wil jm gnade erzeigen/ Wir aber antworten meinem herrn/ der knab kan nicht von seinem vater komen/ wo er von jm keme/ wurde er sterben/ Da sprachstu zu deinen knechten/ wo ewr jungster bruder nicht mit euch her kompt/ solt jr mein angesicht nicht mehr sehen.

Da zogen wir hinauff zu deinem knecht meinem vater/ vnd sagten jm an meins herrn rede/ Da sprach vnser vater/ zihet widder hin vnd keufft vns ein wenig speise/ Wir aber sprachen/ Wir können nicht hin ab zihen/ es sey denn vnser jungster bruder mit vns/ so wollen wir hinab zihen/ denn wir können des mans angesicht nicht sehen/ wo vnser jungster bruder nicht mit vns ist/ Da sprach dein knecht mein vater zu vns/ jr wisset/ das mir mein weib zween geporn hat/ Einer gieng hinaus von mir/ vnd man saget/ Er ist zu rissen/ vnd hab jn nicht gesehen bisher/ werdet jr diesen auch von mir nemen/ vnd jm ein vnfal widerferet/ so werdet jr mein graw har/ mit jamer hin vnter jnn die gruben bringen.

Nu so ich heim keme zu deinem knechte meinem vater/ vnd der knabe were nicht mit vns/ weil sein seel an dieses seel hanget/ so wirds geschehen/ wenn er sihet/ das der knabe nicht da ist/ das er stirbt/ So wurden wir deine knechte/ die grawen har deines knechts vnsers vaters mit jamer jnn die gruben bringen/ Denn ich dein knecht bin bürge worden fur den knaben gegen meinem vater/ vnd sprach/ bringe ich jn dir nicht widder/ so wil ich mein lebenlang die schuld tragen. Darumb las deinen knecht hie bleiben an des knaben stat zum knecht meins herrn/ vnd den knaben mit seinen brudern hinauff zihen/ Denn wie sol ich hin auff zihen zu meinem vater/ wenn der knabe nicht mit mir ist? Ich wurde den jamer sehen müssen/ der meinem vater begegen wurde.

XLV.

f Dakund

Das erst Buch

DA kund sich Joseph nicht lenger enthalten/fur allen die vmb jn her stunden/vnd er rieff/lasst jderman von mir hinaus gehen/Vnd stund kein mensch bey jm/da sich Joseph mit seinen brüdern bekennete/Vnd er weinet laut/das es die Egypter vnd das gesind Pharao höreten/vnd sprach zu seinen brüdern/Ich bin Joseph/lebet mein vater noch? Vnd seine brüder kunden jm nicht antworten/so erschracken sie fur seinem angesicht.

Er sprach aber/trett doch her zu mir/Vnd sie tratten herzu/Vnd er sprach/Ich bin Joseph ewr bruder/den jr jnn Egypten verkaufft habt/Vnd nu bekommert euch nicht/vnd denckt nicht/das ich drumb zürne/das jr mich hie her verkaufft habt/denn vmb ewers lebens willen/hat mich Gott fur euch her gesand/Denn dis sind zwey iar/das tewr im lande ist/vnd sind noch fünff iar/das kein pflügen noch kein erndten sein wird.

Aber Gott hat mich fur euch her gesand/das er euch erhalte auff erden/vnd ewer leben errette durch gros wunder/Vnd nu/jr habt mich nicht her gesand/sondern Gott/der hat mich Pharao zum vater gesetzt/vnd zum herrn vber alle sein haus/vnd einen Fürsten jnn gantz Egypten land/Eylet nu vnd zihet hinauff zu meinem vater/vnd saget jm/Das lest dir Joseph dein son sagen/Gott hat mich zum herrn jnn gantz Egypten gesetzt/kom herab zu mir/seume dich nicht/du solt im lande Gosen wonen/vnd nahe bey mir sein/du vnd deine kinder/vnd deiner kinds kinder/dein klein vnd gros vieh/vnd alles was dein ist/ich wil dich daselbs versorgen/Denn es sind noch fünff iar der tewrung/auff das du nicht verderbst mit deinem hause/vnd allem das dein ist.

Sihe/ewr augen sehen/vnd die augen meins bruders Ben Jamin/das ich mündlich mit euch rede/verkündiget meinem vater alle meine herrligkeit jnn Egypten/vnd alles was jr gesehen habt/Eilet vnd kompt hernider mit meinem vater hieher.

Vnd er fiel seinem bruder Ben Jamin vmb den hals vnd weinet/vnd Ben Jamin weinet auch an seinem halse/vnd küsset alle seine brüdere vnd weinet vber sie/darnach redten seine brüder mit jm/Vnd da das geschrey kam jnn Pharao haus/das Josephs brüder komen weren/gefiel es Pharao wol vnd allen seinen knechten.

Vnd Pharao sprach zu Joseph/Sage deinen brüdern/Thut jm also/beladet ewere thiere/zihet hin/vnd wenn jr komet jns land Canaan/so nemet ewrn vater vnd ewr gesind vnd kompt zu mir/Ich wil euch der güter geben jnn Egypten land/das jr essen solt das marck im lande/Vnd gebeut jnen/Thut jm also/nemet euch aus Egypten land/wagen zu ewrn kindern vnd weibern/vnd füret ewrn vater vnd kompt/Vnd sehet ewrn haus rat nicht an/Denn die güter des gantzen lands Egypten sollen ewr sein.

Lasst euch ewern haus rat nicht hindern/Was jr nicht verkeuffen könnet/jnn solcher tewer zeit/das lasst hinder euch.

Die kinder Israel thetten also/vnd Joseph gab jnen wagen/nach dem befelh Pharao/vnd zerung auff den weg/vnd gab jnen allen/einem jglichen ein feier kleid/aber Ben Jamin gab er drey hundert silberling vnd fünff feier kleider/Vnd seinem vater sand er zehen esel mit gut aus Egypten beladen/vnd zehen esel mit getreide/vnd brod vnd speise seinem vater auff den weg/Also lies er seine brüder/vnd sprach zu jnen/Zancket nicht auff dem wege.

Also zogen

Mose. XXXII.

Also zogen sie aus von Egypten vnd kamen jns land Canaan zu jrem vater Jacob/vnd verkündigeten jm vnd sprachen/dein son Joseph lebet noch/vnd ist ein herr im gantzen Egypten lande/Aber es wolt jm nicht jnn sinn/denn er gleubt jnen nicht/Da sagten sie jm alle wort Joseph/die er zu jnen gesagt hatte/Vnd da er sahe die wagen/ die jm Joseph gesand hatte jnen zu füren/ward sein geist lebendig/ vnd sprach/Ich hab gnug/das mein son Joseph noch lebet/Ich wil hin vnd jn sehen/ehe ich sterbe.

XLVI.

Israel zog hin mit allem das sein war/vnd da er gen Bersaba kam/opffert er opffer dem Gott seins vaters Isaac/Vnd Gott sprach zu jm des nachts im gesicht/ Jacob/Jacob/Er sprach/hie bin ich/Vnd er sprach/ Ich bin Gott der Gott deins vaters/ Furcht dich nicht jnn Egypten zu zihen/ denn da selbs wil ich dich zum grossen volck machen/Ich wil mit dir hinab zihen/vnd wil auch dich erauff füren/vnd Joseph sol seine hende auff dein augen legen.

Da macht sich Jacob auff von Bersaba/vnd die kinder Israel füreten Jacob jren vater mit jren kindlin vnd weibern auff den wegen die Pharao gesand hatte jnen zu füren/Vnd namen jr viech vnd habe/ die sie im lande Canaan erworben hatten/vnd kamen also jnn Egypten/Jacob vnd alle sein same mit jm/seine kinder vnd seine kindskinder mit jm/seine tochter vnd seiner kinds töchter vnd all sein same.

Dis sind die namen der kinder Israel die jnn Egypten kamen/ Jacob vnd seine söne/Der erstgeporne Jacobs son/Ruben. Die kinder Ruben/Hanoch/Pallu/Hezron vnd Charmi. Die kinder Simeon/Jemuel/Jamin/Ohad/Jachin/Zohar/vnd Saul der son von dem Cananischem weibe/ Die kinder Leui/Gerson/Cahath vnd Merari. Die kinder Juda/Er/Onan/Sela/Perez vnd Serah/Aber Er vnd Onan waren gestorben im lande Canaan. Die kinder aber Perez/Hezron vnd Hamul. Die kinder Isaschar/Thola/Phua/ Job vnd Semrom. Die kinder Sebulon/Sered/Elon vnd Jahleel/Das sind die kinder von Lea/die sie Jacob gepar jnn Mesopotamia mit seiner tochter Dina/die machen alle sampt mit sönen vnd töchtern/ drey vnd dreissig seelen.

Die kinder Gad/Ziphion/Haggi/Suni/Ezbon/Eri/Arodi vnd Areli. Die kinder Asser/Jemna/Jesua/Jesui/Brya/vnd Serah jre schwester. Aber die kinder Brya/Heber vnd Malchiel. Das sind die kinder von Silpa/ die Laban gab Lea seiner tochter/ vnd gepar Jacob diese sechzehen seelen.

Die kinder Rahel Jacobs weib/Joseph vnd BenJamin/vnd Joseph wurden geborn jnn Egypten land/Manasse vnd Ephraim/die jm gepar Asnath die tochter Potiphera des priesters zu On. Die kinder BenJamin/Bela/Becher/Asbel/Gera/Naaman/Ehi/Ros/ Mupim/Hupim vnd Ard. Das sind kinder von Rahel/die Jacob geporn sind/allesampt vierzehen seelen.

Die kinder Dan/Husim. Die kinder Naphtali/Jahzeel/Guni/ Jezer vnd Sillem. Das sind die kinder Bilha/die Laban seiner

F ij   tochter

Das Ander Buch

tochter Rahel gab/vnd gebar Jacob diese sieben seelen. Alle seelen die mit Jacob inn Egypten kamen/die aus seinen lenden komen waren/ (ausgenomen die weiber seiner kinder) sind alle zu samen sechs vnd sechzig seelen. Vnd die kinder Joseph die inn Egypten geborn sind/waren zwo seelen. Also das alle seelen des hauses Jacob/die inn Egypten kamen/waren siebenzig.

Vnd er sandte Juda fur jm hin zu Joseph/das er jm den weg weiset gen Gosen/vnd kamen inn das land Gosen/Da spannet Joseph seinen wagen an/vnd zog hinauff seinem vater Israel entgegen/gen Gosen/Vnd da er jn sahe/fiel er vmb seinen hals/vnd weinet an seinem halse seer/Da sprach Israel zu Joseph/ich wil nu gerne sterben/nach dem ich dein angesicht gesehen habe/das du noch lebest.

Joseph sprach zu seinen brüdern vnd seines vaters hause/Ich wil hinauff zihen/vnd Pharao ansagen vnd zu jm sprechen/Meine brüder vnd meins vaters haus ist zu mir komen aus dem lande Canaan/vnd sind vieh hirten/denn es sind leute die mit vieh vmbgehen/jre klein vnd gros vieh vnd alles was sie haben/haben sie mit bracht/Wenn euch nu Pharao wird ruffen vñ sagen/Wes nehret jr euch? So solt jr sagen/deine knechte sind leute die mit vieh vmbgehen/von vnser jugent auff bis her/beide wir vnd vnsere veter/auff das jr wonen mügt im lande Gosen/Denn was vieh hirten sind/das ist den Egyptern ein grewel.

XLVII.

Da kam Joseph vnd sagets Pharao an vñ sprach/Mein vater vñ meine brüdere/jr klein vnd gros vieh/vnd was sie haben/ist komen aus dem lande Canaan/vnd sihe/sie sind im lande Gosen/Vnd er nam seiner brüder fünffe/vnd stellet sie fur Pharao/Da sprach Pharao zu seinen brüdern/Wes nehret jr euch? Sie antworten/deine knechte sind vieh hirten/wir vnd vnsere veter/Vnd sagten weiter zu Pharao/Wir sind komen bey euch zu wonen im lande/denn deine knechte haben nicht weide fur jr vieh/so hart drückt die teurung das land Canaan/so las doch nu deine knechte im lande Gosen wonen.

Pharao sprach zu Joseph/Es ist dein vater vnd sind deine brüdere/die sind zu dir komen/Das land Egypten stehet dir offen/las sie am besten ort des lands wonen/das sie im lande Gosen wonen/vnd so du weissest/das leute vnter jnen sind/die tüchtig sind/so setze sie vber mein vieh.

Joseph bracht auch seinen vater Jacob hinein/vnd stellet in fur Pharao/Vnd Jacob segenet den Pharao/Pharao aber fraget Jacob/wie alt bistu? Jacob sprach/Die zeit meiner walfart ist hundert vnd dreissig jar/wenig vnd böse ist die zeit meiner walfart/vnd langet nicht an die zeit meiner veter inn jrer walfart/Vnd Jacob segenet den Pharao vnd gieng eraus vom jm. Aber Joseph schafft seinem vater vnd seinen brüdern wonung/vnd gab jm ein gut inn Egypten land/am besten ort des lands/nemlich im lande Raemses/wie Pharao geboten hatte/Vnd er versorget seinen vater vnd seine brüder/vnd das gantze haus seins vaters/einem jglichen sein teil brod/von alten bis auff die jungen kinder.

Es

Mose. XXXIII.

Es war aber kein brod jnn allen landen / denn die tewrung war fast schwere / das das land Egypten vnd Canaan verschmachten fur der tewrung / Vnd Joseph bracht alles geld zu samen / das jnn Egypten vnd Canaan funden ward / vmb das getreide das sie kaufften / vnd er thet alles geld jnn das haus Pharao.

Da nu geld gebrach im lande Egypten vnd Canaan / kamen alle Egypter zu Joseph vnd sprachen / Schaff vns brod / warumb lessestu vns fur dir sterben / darumb das wir on geld sind? Joseph sprach / Schafft ewr vieh her / so wil ich euch vmb das vieh geben / weil jr on geld seid / Da brachten sie Joseph jr vieh / vnd er gab jnen brod vmb jr pferde / schaff / rinder vnd esel / also erneeret er sie mit brod das iar vmb alle jr vieh.

Da das iar vmb war / kamen sie zu jm im andern iar / vnd sprachen zu jm / Wir wollen vnserm herrn nicht verbergen / das nicht allein das geld / sondern auch alles vieh da hin ist / zu vnserm herrn / vnd ist nichts mehr vbrigs fur vnserm herrn / denn nur vnser leibe vnd vnser feld / warumb lessestu beide vns sterben vnd vnser feld? Nim vns an vnd vnser land vmbs brod / das wir vnd vnser land leibeigen seien dem Pharao / gib vns samen / das wir leben vnd nicht sterben / vnd das feld nicht verwüste.

Also nam Joseph ein dem Pharao das gantz Egypten / denn die Egypter verkaufften / ein jglicher seinen acker / denn die teurung war zu starck vber sie / Vnd ward also das land Pharao eigen / sampt dem volck / das zu seinen stedten aus vnd eingieng / von einem ort Egypten bis ans ander / Ausgenomen der priester feld / das nam er nicht ein / denn es war von Pharao fur die priester verordnet / das sie essen solten / was jnen benant war / das er jnen gab / darumb durfften sie jr feld nicht verkeuffen.

Da sprach Joseph zu dem volck / Sihe / ich hab heute eingenomen / euch vnd ewr feld dem Pharo / Sihe / da habt jr samen vnd beseet das feld / vnd von dem getreide solt jr den fünfften Pharao geben / vier teil sollen ewr sein / zu beseen das feld / zu ewr speise / vnd fur ewr haus vnd kinder. Sie sprachen / las vns nur leben vnd gnade fur dir vnserm herrn finden / wir wollen gerne Pharao leibeigen sein / Also macht Joseph jnen ein gesetz bis auff diesen tag / vber der Egypter feld / den fünfften Pharao zu geben / aus genomen der priester feld / das ward nicht eigen Pharao.

Also wonete Israel jnn Egypten im lande Gosen / vnd hattens jnnen / vnd wuchsen vnd mehreten sich seer / Vnd Jacob lebet siebenzehen iar jnn Egypten land / das sein gantz alter ward hundert vnd sieben vnd vierzig iar.

Da nu die zeit erbey kam / das Israel sterben solt / rieff er seinem son Joseph / vnd sprach zu jm / Hab ich gnade fur dir funden / so lege deine hand vnter meine hüfften / das du die liebe vñ trewe an mir thust / vnd begrabest mich nicht jnn Egypten / sondern ich wil ligen bey meinen vetern / vnd du solt mich aus Egypten füren / vnd jnn jrem begrebnis begraben / Er sprach / Ich wil thun / wie du gesagt hast / Er aber sprach / so schwere mir / Vnd er schwur jm / Da ˢ neiget sich Israel auff dem bette zun heubten.

XLVIII.

F iij   Darnach

(neiget) ˢEr lag im bette kranck / richtet sich doch auff / neiget sich zun heubten / vnd betet / die weil thet Joseph den eid.

Das Erst Buch

Arnach ward Joseph gesagt/ Sihe/ dein vater ist kranck/vnd er name mit sich seine beide söne Manasse vnd Ephraim/Da wards Jacob angesagt/Sihe/dein son Joseph kompt zu dir/Vnd Jsrael macht sich starck/ vnd satzte sich im bette/ vnd sprach zu Joseph/Der almechtige Gott erschein mir/zu Lus im lande Canaan/vnd segnet mich/vnd sprach zu mir/ Sihe/ ich wil dich wachsen lassen vnd mehren/ vnd wil dich zum hauffen volcks machen/vnd wil dis land zu eigen geben/ deinem samen nach dir ewiglich.So sollen nu deine zween söne Manasse vnd Ephraim/ die dir geborn sind inn Egypten/ehe ich herein komen bin zu dir/mein sein/gleich wie Ruben vnd Simeon/Welche du aber nach jnen zeugest/sollen dein sein/Aber diese sollen genennet sein mit jrer brüder namen jnn jrem erbteil.

Vnd da ich aus Mesopotamia kam/starb mir Rahel im lande Canaan auff dem wege/da noch ein feld wegs war gen Ephrath/vnd ich begrub sie an dem wege Ephrath/die nu Bethlehem heist.

Vnd Jsrael sahe die söne Joseph/vnd sprach/Wer sind die? Joseph antwort/seinem vater/Es sind meine söne/die mir Gott hie geben hat/Er sprach/bringe sie her zu mir/das ich sie segene/Denn die augen Jsrael waren tunckel worden fur alter/vnd kund nicht wol sehen/Vnd er bracht sie zu jm/Er aber küsset sie/ vnd hertzet sie/ vnd sprach zu Joseph/Sihe/ich hab dein angesicht gesehen/des ich nicht gedacht hette/vnd sihe/Gott hat mich auch deinen samen sehen lassen/Vnd Joseph nam sie von seinem schos/vnd er neiget sich zur erden/gegen sein angesicht.

Da nam sie Joseph beide/Ephraim inn seine rechte hand/gegen Jsraels lincke hand/vnd Manasse inn seine lincke hand/ gegen Jsraels rechte hand/vnd bracht sie zu jm/Aber Jsrael streckt seine rechte hand aus/vnd legte sie auff Ephraim des jüngsten heubt/ vnd seine lincke auff Manasses heubt/Vnd thet wissend also mit seinen henden/ denn Manasse war der erstgeborne/Vnd er segenet Joseph vnd sprach/Der Gott/fur dem meine veter Abraham vnd Jsaac gewandelt haben/der Gott/der mich mein lebelang erneeret hat/bis auff diesen tag/der Engel der mich erlöset hat von allem vbel/ der segene diese knaben/das sie nach meinem/vnd nach meiner veter Abraham vnd Jsaac namen genennet werden/das sie wachsen/vnd viel werden auff erden.

Da aber Joseph sahe/das sein vater die rechte hand auff Ephraim heubt legt/gefiel es jm vbel/vnd fasset seines vaters hand/das er sie von Ephraims heubt auff Manasse heubt wendet/vnd sprach zu jm/Nicht so mein vater/dieser ist der erstgeborner/lege deine rechte hand auff sein heubt/Aber sein vater wegert sich/vñ sprach/Ich weis wol/mein son/ich weis wol/ dieser sol auch ein volck werden/ vnd wird gros sein/aber sein jüngster bruder wird grösser denn er werden/ vnd sein same wird ein gros volck werden/ Also segenet er sie des tages/vnd sprach/Nach deiner weise werde Jsrael gesegnet/das man sage/Got setze dich wie Ephraim vnd Manasse/vnd setzt also Ephraim Manasse fur.

Vnd Jsrael sprach zu Joseph/Sihe/ich sterbe/vnd Got wird mit euch sein/vnd wird euch widderbringen jnn das land ewer veter.

Ich hab

Mose. XXXIIII.

Ich hab dir ein stück lands geben ausser deinen brüdern/ das ich mit meinem schwerd vnd bogen aus der hand der Amoriter genomen habe.

XLIX.

VNd Jacob berieff seine söne/ vnd sprach/ Versamlet euch/ das ich euch verkündige/ was euch begegen wird jnn künfftigen zeiten/ Kompt zu hauff/ vnd höret zu jr kinder Jacob/ Höret ewren vater Israel.

ᵃ Ruben mein erster son/ du bist meine krafft/ vnd mein erste macht/ der öberst im opffer/ vnd der öberst im reich/ Er fuhr leichtfertig dahin wie wasser/ Du solt nicht der öberst sein/ denn du bist auff deines vaters lager gestiegen/ da selbs hastu mein bette besuddelt mit dem auffsteigen.

Die brüder Simeon vnd Leui/ Vnrecht haben sie gehandelt mit jren mordlichen woffen/ meine seele kome nicht jnn jren rat/ vnd meine ehre sey nicht jnn jrem bund/ Denn jnn jrem zorn haben sie den man erwürget/ vnd jnn jrem mutwillen/ haben sie den ochsen verderbet/ Verflucht sey jr zorn/ das er so hefftig ist/ vnd jr grim/ das er so störrig ist/ Ich wil sie zurteilen jnn Jacob/ vnd zerstrewen jnn Israel.

Juda/ du bists/ dich werden deine brüder loben/ deine hand wird deinē feinden auff dem halse sein/ fur dir werden deines vaters kinder sich neigen/ Juda ist ein Junger lewe/ Du bist hoch komen mein son/ durch grosse sieg/ Er hat nidder gekniet/ vñ sich gelagert wie ein Lewe/ vnd wie eine Lewin/ Wer wil sich widder jn auff lehnen? Es wird das ᵇ Scepter von Juda nicht entwendet werden/ noch ein meister von seinen füssen/ bis das der Velt kome/ vnd dem selben werden die völcker anhangen/ Er wird sein füllen an den weinstock binden/ vnd seiner eselin son an den edlen reben/ Er wird sein kleid im wein waschen/ vnd seinen mantel jnn weinbeer blut/ Sein augen sind rötlicher denn wein/ vnd seine zeen weisser denn milch.

Sebulon wird am anfurt des meres wonen/ vnd am anfurt der schiff/ vnd reichen an Sidon.

Isaschar wird ein beinern esel sein/ vnd sich lagern zwischen die grentzen/ Vnd er sahe die ruge/ das sie gut ist/ vnd das land/ das es lüstig ist/ Er hat aber seine schuldern geneigt zu tragen/ vnd ist ein zinsbar knecht worden.

Dan wird Richter sein jnn seinem volck/ wie ein ander geschlecht jnn Israel. Dan wird eine schlange werden auff dem wege/ vnd ein otter auff dem steige/ vnd das pferd jnn die fersen beissen/ das sein reuter zu ruck falle/ HERRE ich warte auff dein heil.

Gad/ gerüst/ wird das heer füren/ vnd widder herumb füren.

Von Asser kompt sein fett brod/ vnd er wird den königen niedliche speise geben.

Naphthali ist ein schneller hirs/ vnd gibt hübsche rede.

Joseph wird wachsen. Er wird wachsen/ wie an einer quelle/ die töchter tretten einher im regiment/ Vnd wie wol jn die schutzen erbittern/ mit jre zancken/ vnd jn hassen/ so bleibt doch sein boge fest/ vnd die arm seiner hende sind ermannet/ durch die hende des Mechtigen jnn

F iiii

(stück) Heisst im Ebreischen Sichem/ vnd die selbe stad meinet er hie.

ᵃ Ruben solt der erste geburt wirds haben/ nemlich/ das priesterthum vnd königreich/ Nu aber wirds benomen/ vñ Leui das priesterthum/ vnd Juda das königreich geben/ Hie ist bedeut/ die Synagoga/ die das bette Jacob/ das ist die Schrifft besuddelt mit falscher lere/ darüber sie verloren hat priesterthumb/ vñ königreich.

ᵇ Hie fehet an der segē von Christo/ der von Juda geborn solt werden/ vnd heist jn Silo/ das ist der glücklig sein/ vnd frisch durch dringen solt/ mit geist vnd glauben/ das zuuor ach werck saur vnd vnselig ding wat/ darumb nennē wir Silo/ ein Velt/ deß das vorige teil dis segens/ betrifft den könig Dauid/ vnd ist sonst jnn allen segen nichts mehr von Christo/ Sondern alles auder ist von zettlich em heil/ das den kindern Israel geben ist/ Als das Sebulon solt an meer wonen bis gen Sidon/ Vnd Isaschar mitten im land vom meer wonen/ vnd doch zinsbar gewesen ist/ den königen von Assyrien.

Den segen Dan/ hat Simson erfüllet/ Judic. xiij.

Gad hat sein segen ausgericht/ do sie fur Israel her zoge

Josue.j.   Asser hat gut getreide land jnnen gehabt.   Nephthali segen/ ist erfüllet durch Debora vñ Barac. Jud. v.

Das Erst Buch

gen jnn Jacob/Aus jnen sind komen Hirten/vñ Steine jñ Jsrael/Von deins vaters Gott/ist dir geholffen/vnd von dem allmechtigen bistu gesegenet/mit segen oben von himele erab/mit segen von der tieffe die hunden ligt/mit segen an brüsten vnd beuchen. Der segen deinem vater vnd meinen voreltern verheissen gehet starck/nach wundsch der hohen jnn der welt/Aus Joseph sollen heubter werden/vnd öberste Nasarer vnter seinen brüdern.

Ben Jamin/ist ein reissender wolff/des morgens wird er raub fressen/aber des abends wird er den raub aus teilen.

Das sind die zwelff stemme Jsrael alle/vnd das ists/das jr vater mit jnen geredt hat/da er sie segnet/einen jglichen mit einem sondern segen.

Vnd er gebot jnen/vnd sprach zu jnen/Jch werde versamlet zu meinem volck/begrabt mich bey meine veter jnn der höle/auff dem acker Ephron des Hethiter/jnn der zwifachen hole die gegen Mamre ligt/im lande Canaan/die Abraham kauffte sampt dem acker von Ephron dem Hethiter zum erbbegrebnis/Daselbs habē sie Abraham begraben/vnd Sara sein weib/daselbs haben sie auch Jsaac begraben/vnd Rebeca sein weib/Daselbs hab ich auch Lea begraben/jnn dem acker vnd der hole/die von den kindern Heth gekaufft ist.

Vnd da Jacob volendet hatte die gebot an seine kinder/thet er seine füsse zu samen auffs bette/starb/vnd ward versamlet zu seinem volck/Da fiel Joseph auff seins vaters angesicht/vnd weinet vnd küsset jn.

*Der segen Joseph gehet auff das kö-
nigreich Jsrael vñ
ist gantz von leib-
lichem regiment
gesagt/das die to-
chter (das ist die
stedte im land) wol
regirt worden zeit
lich/vnd viel pro-
pheten vnd gros
leut zu eckstein hat
ten/vnd wie wol
sie offt angefochtē
worden/gewon-
nen sie doch/vñdis
königreich war im
geschlecht Ephra
im/also bleibt der
geistlich segen vnd
reich auff Juda/
vnd das leiplich
reich auff Ephra
im.*

*Ben Jamin segen
hat erfüllet/der
könig Saul/vnd
die bürger zu Ga-
ba. Judic. xx.*

L.

Vnd Joseph befalh seinen knechten den Ertzten/das sie seinen vater salbeten/vnd die Ertzte salbeten Jsrael/bis das vierzig tage vmb waren/Denn so lange weren die salbe tage/Vnd die Egypter beweineten jn siebenzig tage.

Da nu die leide tage aus waren/redet Joseph mit Pharao gesinde/vnd sprach/Hab ich gnade fur euch funden/so redet mit Pharao vnd sprecht/Mein vater hat einen eid von mir genomen/vnd gesagt/Sihe ich sterbe/begrabe mich jnn meinem grabe/das ich mir im lande Canaan gegraben habe/So wil ich nu hinauff zihen vnd meinen vater begraben/vnd widder komen/Pharao sprach/zeuch hinauff vnd begrabe deinen vater/wie du jm geschworen hast.

Also zog Joseph hinauff/seinen vater zu begraben/vnd es zogen mit jm alle knecht Pharao/die Eltesten seins gesinds/vnd alle Eltesten des lands Egypten/dazu das gantz gesind Josephs vnd seine brüder/vnd das gesind seines vaters/Allein jr kinder/schafe vnd ochsen liessen sie im lande Gosen/vnd zogen auch mit jm hinauff wagen vnd reissigen/vnd war ein fast grosses heere.

Da sie nu an die tennen Atad kamen/die jenseid dem Jordan ligt/da hielten sie ein seer grosse vnd bittere klag/vnd er trug vber seinem vater leide sieben tage/Vnd da die leute im lande die Cananiter sahen die klage bey der tennen Atad/sprachen sie/Die Egypter halten da grosse klage/Da her heist man den ort/der Egypter klage/welcher ligt jenseid dem Jordan.

Vnd. sei=

Vnd seine kinder theten wie er jnen befolhen hatte/vnd füreten jnen ins land Canaan/vnd begruben jnen jnn der zwifachen hole des ackers/die Abraham erkaufft hatte mit dem acker zum erb begrebnis von Ephron dem Hethiter gegen Mamre/Als sie jn nu begraben hatten/zog Joseph widder jnn Egypten mit seinen brüdern/vnd mit allen die mit jm hinauff gezogen waren/seinen vater zu begraben.

Die brüder aber Joseph furchten sich/da jr vater gestorben war/vnd sprachen/Joseph möcht vns gram sein/vnd vergelten alle bosheit die wir an jm gethan haben/Darumb liessen sie jm sagen/dein vater befalh fur seinem tod vnd sprach/Also solt jr Joseph sagen/lieber/vergib deinen brüdern die missethat vnd jre sunde/das sie so vbel an dir gethan haben/Lieber/so vergib nu diese missethat vns den dienern des Gottes deines vaters/Aber Joseph weinet/da sie solchs mit jm redten.

Vnd seine brüder giengen hin/vnd fielen fur jm nidder vnd sprachen/Sihe/wir sind deine knechte. Joseph sprach zu jnen/furcht euch nicht/denn ich bin vnter Gott/jr gedachtet böses vber mich/aber Gott hats zum guten gewand/das er thet/wie es jtzt am tage ist/zu erhalten viel volcks/So furcht euch nu nicht/ich wil euch versorgen vnd ewer kinder/Vnd er tröstet sie vnd redet freundlich mit jnen.

Also wonet Joseph jnn Egypten mit seines vaters haus/vnd lebete hundert vnd zehen iar/Vnd sahe Ephraim kinder bis jns dritte gelied/Desselbigen gleichen die kinder Machir/Manasses son/zeugeten auch kinder auff Josephs schos.

Vnd Joseph sprach zu seinen brüdern/Ich sterbe/vnd Gott wird euch heimsuchen/vnd aus diesem lande füren/jnn das land/das er Abraham/Isaac vnd Jacob geschworen hat/Darumb nam er einen eid von den kindern Israel/vnd sprach/wenn euch Gott heimsuchen wird/so füret mein gebeine von dannen/Also starb Joseph/da er war hundert vnd zehen iar alt/vnd sie salbeten jn/vnd legten jn jnn eine lade jnn Egypten.

Ende des Ersten Buchs Mose.

Das Ander buch Mose.

I.

Es sind die namen der kinder Israel/die mit Jacob jnn Egypten kamen/ein jglicher kam mit seinem hause hinein/Ruben/Simeon/Leui/Juda/Isaschar/Sebulon/BenJamin/Dan/Naphthali/Gad/Asher/ Vnd aller seelen die aus den lenden Jacob komen waren/der waren siebenzig/ Joseph aber war zuuor jnn Egypten/ Da nu Joseph gestorben war/vnd alle seine bruder/vnd alle die zu der zeit gelebt hatten/wuchsen die kinder Israel/vnd zeugten kinder/vnd mehreten sich vnd worden jr seer viel/das jr das land vol ward.

Da kam ein newer könig auff jnn Egypten/der wuste nichts von Joseph/vnd sprach zu seinem volck/Sihe/des volcks der kinder Israel ist viel vnd mehr denn wir/wol an/wir wöllen sie mit listen dempffen/das jr nicht so viel werden/Denn wo sich ein krieg widder vns erhübe/möchten sie sich auch zu vnsern feinden schlahen/vnd widder vns streiten vnd zum lande ausziehen.

Vnd er setzet Fronvogte vber sie/die sie mit diensten drucken solten/denn man bawete dem Pharao die stedte Pithon vnd Raemses zu schatz heusern/Aber jhe mehr sie das volck druckten/jhe mehr sich es mehret vnd ausbreitet/Drumb waren sie den kindern Israel gram/ Vnd die Egypter zwungen die kinder Israel zu dienst mit vnbarmhertzigkeit/ vnd machten jnen jr leben sawr/mit schweerer erbeit im thon vnd zigeln/vnd mit allerley fronen auff dem felde/vnd mit allerley erbeit/die sie jnen auff legten mit vnbarmhertzigkeit.

Vnd der könig jnn Egypten sprach zu den wehmüttern der Ebreischen weiber/der eine hies Siphra vnd die ander Pua/Wenn jr den Ebreischen weibern helfft/vnd auff dem stuel sehet/das ein son ist/so tödtet jn/ists aber ein tochter/so last sie leben/Aber die wehmütter furchten Gott/vnd thetten nicht/wie der könig zu Egypten jnen gesagt hatte/sondern liessen die kinder leben.

Da rieff der könig jnn Egypten den wehmüttern/vnd sprach zu jnen/Warumb thut jr das/das jr die kinder leben lasset? Die wehmütter antworten Pharao/Die Ebreischen weiber sind nicht wie die Egyptischen/denn sie sind harte weiber/ehe die wehmutter zu jnen kompt/haben sie geporn/Darumb thet Gott den wehmüttern gutes/ Vnd das volck mehret sich/vnd ward seer viel. Vnd weil die wehmütter Gott furchten/bawet er jnen heuser.

Da gebot Pharao alle seinem volck vnd sprach/Alle sone die geporn werden/werfft ins wasser/vnd alle töchter last leben.

II.

Vnd es

Mose. XXXVI.

Vnd es gieng hin ein man vom hause Leui/vnd nam ein tochter Leui/Vnd das weib ward schwanger/vnd gebar einen son/Vnd da sie sahe/das ein fein kind war/ verbarg sie jn drey monden/Vnd da sie jn nicht lenger verbergen kund/macht sie ein kestlin von rhor/vnd verkleibets mit thon vnd pech/vnd legt das kind drein/ vnd legt jn jnn denn schilff am vfer des wassers/Aber seine schwester stund von ferne/das sie erfaren wolt/wie es jm gehen würde.

Vnd die tochter Pharao gieng ernidder/vnd wolt baden im wasser/vnd jre jungfrawen giengen an dem rande des wassers/Vnd da sie das kestlin im schilff sahe/sand sie jre magd hin/vnd lies es holen/ Vnd da sie es auffthet/sahe sie das kind/Vnd sihe/das kneblin weinet/Da jamert es sie vnd sprach/Es ist der Ebreischen kindlin eins.

Da sprach seine schwester zu der tochter Pharao/sol ich hin gehen/vnd der Ebreischen weiber eine ruffen/die da seuget/das sie dir das kindlin seuge? Die tochter Pharao sprach zu jr/gehe hin. Die jungfraw gieng hin/vnd rieff des kinds mutter/Da sprach Pharao tochter zu jr/nim hin das kindlin vnd seuge mirs/ich wil dir lohnen/ Das weib nam das kind vnd seuget es.

Vnd da das kind gros ward/bracht sie es der tochter Pharao/ vnd es ward jr son/Vnd hies jn Mose/denn sie sprach/Ich hab jn aus dem wasser gezogen.

Mosa heist zihen da her heist Mose gezogen/ nemlich aus dem wasser.

Zu den zeiten/da Mose war gros worden/gieng er aus zu seinen brüdern/vnd sahe jre last/vnd ward gewar/das ein Egypter schlug seiner brüder der Ebreischen einen/Vnd er wand sich hin vnd her/vnd da er sahe/das kein mensch da war/erschlug er den Egypter/vnd bescharret jn jnn den sand/Auff einen andern tag/gieng er auch aus/ vnd sahe zween Ebreische menner sich mit einander zancken/vnd sprach zu dem vngerechten/warumb schlehestu deinen nehesten? Er aber sprach/wer hat dich zum obersten odder richter vber vns gesetzt? wiltu mich auch erwürgen/wie du den Egypter erwürget hast? Da furcht sich Mose/vnd sprach/wie ist das laut worden?Vnd es kam fur Pharao/der trachtet nach Mose/das er jn erwürget/Aber Mose floch fur Pharao/vnd hielt sich im lande Midian/vnd wonete bey einem brunnen.

Der priester aber jnn Midian hatte sieben töchter/die kamen wasser zu schepffen/vnd fülleten die rinnen/das sie jres vaters schafe trencketen/da kamen die hirten vnd stiessen sie davon/Aber Mose macht sich auff vnd halff jnen/vnd trencket jre schafe/Vnd da sie zu jrem vater Reguel kamen/sprach er/wie seid jr heute so bald komen? Sie sprachen/ein Egyptischer man errettet vns von den hirten/vnd schepffete vns/vnd trencket die schafe/Er sprach zu seinen töchtern/ Wo ist er? warumb habt jr den man gelassen/das jr jn nicht ludet/mit vns zu essen?

Vnd Mose bewilliget bey dem man zu bleiben/Vnd er gab Mose seine tochter Zipora/die gebar einen son/vnd er hies jn ^a Gerson/denn er sprach/ich bin ein frembdling worden im frembden lande/Vnd sie gebar noch einen son/den hies er ^b Elieser/vnd sprach/der Got meins vaters ist mein helffer/vnd hat mich von der hand Pharao errett.

a Gerson heist ein frembder odder auslender.
b Elieser heist Gott mein helffer.

Etliche

Das Ander Buch

Etliche zeit aber darnach starb der könig jnn Egypten/ vnd die kinder Jsrael süffzeten vber jre erbeit/ vnd schrien/ vnd jr schreien vber jr erbeit kam fur Gott/ Vnd Gott erhöret jr wehklagen/ vnd gedacht an seinen bund mit Abraham/ Jsaac vnd Jacob/ Vnd er sahe drein vnd nam sich jr an.

III.

Ose aber hütet der schaff Jethro seins schwagers/ des priesters jnn Midian/ vnd treib die schaff enhinder jnn die wüsten/ vnd kam an den berg Gottes Horeb/ Vnd der Engel des HERRN erschein jm/ jnn einer fewrigen flammen aus dem pusch/ vnd er sahe das der pusch mit fewer brante/ vnd ward doch nicht verzeret/ vnd sprach/ Jch wil dahin vnd besehen dis gros gesicht/ warumb der pusch nicht verbrennet.

Da aber der HERR sahe/ das er hin gieng zu sehen/ rieff jm Gott aus dem pusch/ vnd sprach/ Mose/ Mose/ Er antwort/ hie bin ich/ Er sprach/ trit nicht her zu/ zeuch dein schuch aus von deinen füssen/ denn der ort/ da du auff stehest/ ist ein heilig land/ Vnd sprach weiter/ ich bin der Gott deines vaters/ der Gott Abraham/ der Gott Jsaac/ vnd der Gott Jacob/ Vnd Mose verhüllet sein angesicht/ denn er furcht sich Gott an zusehen.

Vnd der HERR sprach/ Jch hab gesehen das elend meins volcks jnn Egypten/ vnd hab jr geschrey gehöret vber die/ so sie treiben/ Jch hab jr leid erfaren/ vnd bin ernidder gefaren/ das ich sie errette von der Egypter gewalt/ vnd sie aus füre aus diesem lande/ jnn ein gut vnd weit land/ jnn ein land darinnen milch vnd honig fleusset/ nemlich an den ort/ der Cananiter/ Hethiter/ Amoriter/ Pheresiter/ Heuiter/ vnd Jebusiter/ Weil denn nu das geschrey der kinder Jsrael fur mich komen ist/ vnd hab auch dazu gesehen jr angst/ wie sie die Egypter engsten/ So gehe nu hin/ ich wil dich zu Pharao senden/ das du mein volck die kinder Jsrael aus Egypten fürest.

Mose sprach zu Gott/ Wer bin ich/ das ich zu Pharao gehe vnd füre die kinder Jsrael aus Egypten? Er sprach/ ich wil mit dir sein/ vnd das sol dir das zeichen sein/ das ich dich gesand habe/ wenn du mein volck aus Egypten gefüret hast/ werdet jr Gotte opffern auff diesem berge.

Mose sprach zu Gott/ Sihe/ wenn ich zu den kindern Jsrael kome/ vnd spreche zu jnen/ Der Gott ewer veter hat mich zu euch gesand/ vnd sie mir sagen werden/ wie heist sein name? was sol ich jnen sagen? Gott sprach zu Mose/ Jch werde sein/ der ich sein werde/ vnd sprach/ also soltu zu den kindern Jsrael sagen/ Jch werds sein/ der hat mich zu euch gesand.

(Jch werds sein) Wenn jr dahin kompt/ so wil ich bey euch sein/ vnd mich so erzeigen/ das jr erkennen solt/ das ichs sey.

Vnd Gott sprach weiter zu Mose/ Also soltu zu den kindern Jsrael sagen/ der HERR ewer veter Gott/ der Gott Abraham/ der Gott Jsaac/ der Gott Jacob/ hat mich zu euch gesand/ das ist mein name ewiglich/ da bey sol man mein gedencken von kind zu kinds kind/ Darumb so gehe hin/ vnd versamle die Eltesten von Jsrael/ vnd sprich zu jnen/ der HERR ewer veter Gott ist mir erschienen/ der Gott Abraham/ der Gott Jsaac/ der Gott Jacob/ vnd hat gesagt/ Jch hab euch heimgesucht/ vnd gesehen was euch jnn Egypten widderfaren ist/ vnd hab gesagt/ ich wil euch aus dem elend Egypti füren/ jnn das land der

Mose.   XXXIII.

land der Cananiter/Hethiter/Amoriter/Pheresiter/Heuiter/vnd Jebusiter/inn das land darinne milch vnd honig fleusst.

Vnd wenn sie deine stim hören/so soltu/vnd die Eltesten von Jsrael hinein gehen zum könige jnn Egypten/vnd zu jm sagen/Der HERR/der Ebreer Gott/hat vns geruffen. So las vns nu gehen drey tage reisse jnn die wüsten/das wir opffern dem HERRN vnserm Gott/Aber ich weis/das euch der könig jnn Egypten nicht wird zihen lassen/on durch starcke wunder/Denn ich werde meine hand aus strecken/vnd Egypten schlahen mit allerley wunder/die ich drinnen thun werde/darnach wird er euch lassen zihen.

Vnd ich wil diesem volck gnad geben/fur den Egyptern/das/wenn jr auszihet/nicht leer auszihet/Sondern ein jglich weib/sol von jrer nachbarin/vnd hausgnossen foddern/silbern vnd gülden gefess/vnd kleider/die solt jr auff ewer söne vnd töchter legen/vnd den Egyptern entwenden.

IIII.

Ose antwort vnd sprach/Sihe/sie werden mir nicht gleuben/noch meine stim hören/sondern werden sagen/der HERR ist dir nicht erschienen/Der HERR sprach zu jm/Was ists/das du jnn deiner hand hast? Er sprach/ein stab/Er sprach/Wirff jn von dir auff die erden/Vnd er warff jn von sich/da ward er zur schlangen/vnd Mose floch fur jr/Aber der HERR sprach zu jm/Strecke deine hand aus/vnd erhassche sie/bey dem schwantz/Da streckt er seine hand aus/vnd hielt sie/vnd sie ward zum stab jnn seiner hand/Darumb werden sie gleuben/das dir erschienen sey/Der HERR/der Gott jrer veter/der Gott Abraham/der Gott Isaac/der Gott Jacob.

Vnd der HERR sprach weiter zu jm/Stecke deine hand jnn deinen bosen/Vnd er steckt sie jnn seinen bosen/vnd zoch sie eraus/Sihe/da war sie aussetzig wie schnee/Vnd er sprach/thu sie widder jnn den bosen/Vnd er thet sie wider jnn den bosen/vnd zoch sie eraus/sihe/da ward sie widder wie ander fleisch/Wen̄ sie dir nicht werden gleuben/noch hörē was du sagst vom einen zeichen/so werden sie doch gleuben/wenn du sagst vom andern zeichen/Wenn sie aber diesen zweien zeichen nicht gleuben werden/noch deine stim hören/So nim des wassers aus dem Strom/vnd geuss es auff das trocken land/so wird dasselb wasser/das du aus dem Strom genomen hast/blut werden auff dem trocken land.

Mose aber sprach zu dem HERRN/Ach mein HERre/Ich bin jhe vnd jhe nicht wol beredt gewest/sint der zeit/du mit deinem knecht geredt hast/denn ich hab eine schwere sprach/vnd eine schwere zungen. Der HERR sprach zu jm/Wer hat dem menschen den mund geschaffen? odder wer hat den stummen/odder tauben/odder sehenden/odder blinden gemacht? hab ichs nicht gethan/der HERR? So gehe nu hin/Ich wil mit deinem mund sein/vnd dich leren/was du sagen solt.

Mose sprach aber/Mein HERre/sende/welchen du senden wilt/Da ward der HERR seer zornig vber Mose/vnd sprach/Weis ich denn nicht

G

Das Ander Buch

denn nicht/das dein bruder Aaron aus dem stam Leui beredt ist. Vnd sihe/er wird eraus gehen dir entkegen/vnd wenn er dich sihet/wird er sich von hertzen frewen/Du solt zu jm reden/vnd die wort jnn seinen mund legen/vnd ich wil mit deinem vnd seinem mund sein/vnd euch leren/was jr thun solt/vnd er sol fur dich zum volck reden/Er sol dein mund sein/vnd du solt sein Gott sein/Vnd diesen stab nim jnn deine hand/da mit du zeichen thun solt.

Mose gieng hin/vnd kam widder zu Jethro seinem schwager/vnd sprach zu im/Lieber las mich gehen/das ich widder zu meinen brüdern kome/die jnn Egypten sind/vnd sehe/ob sie noch leben/Jethro sprach zu jm/gehe hin mit friden/Auch sprach der HERR zu jm jnn Midian/Gehe hin/vnd zeuch widder jnn Egypten/denn die leut sind todt/die nach deinem leben stunden/Also nam Mose sein weib vnd seines söne/vnd füret sie auff einem esel/vnd zog widder jnn Egypten land/vnd nam den stab Gottes jnn seine hand.

Vnd der HERR sprach zu Mose/Sihe zu/wenn du widder jnn Egypten kompst/das du alle die wunder thust fur Pharao/die ich vnter deine hand gegeben habe/Ich aber wil sein hertz verstocken/das er das volck nicht lassen wird/vnd solt zu jm sagen/So sagt der HERR/Israel ist mein erstgeborner son/Vnd ich gebiete dir/das du meinen son zihen lassest/das er mir diene/wirstu dich des wegern/so wil ich deinen erstgebornen son erwürgen.

Vnd als er vnter wegen jnn der herberge war/kam jm der HERR entgegen/vnd wolt jn tödten/Da nam Zipora einen stein/vñ beschneid jrem son die vorhaut/vnd rüret jm seine füsse an/vnd sprach/Du bist mir ein blutbreutgam/Da lies er von jm ab/Sie sprach aber/Blutbreutgam/vmb der beschneitung willen.

(Blutbreutgam) Das ist/sie ward zornig/vñ sprach/ Es kost blut/das du mein man bist/vñ mus mein kind beschneitten/welchs sie vngerne thet/als das ein schand war vnter den Heide/Bedeut aber des Gesetz volck/welchs gern wolt Gott haben/aber es wil das creutz nicht leiden/noch den alten Adam beschneitten lassen/bis es thun mus.

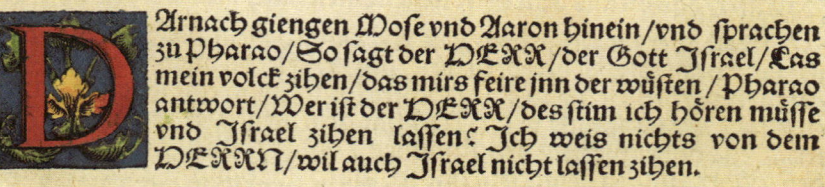

Vnd der HERR sprach zu Aaron/Gehe hin Mose entgegen jnn die wüsten/vnd er gieng hin/vnd begegenet jm am berge Gottes/vnd küsset jn/Vnd Mose sagt Aaron alle wort des HERRN/der jn gesand hatte/vnd alle zeichen die er jm befolhen hatte/Vnd sie giengen hin/vnd versamleten alle Eltesten von den kindern Israel/vnd Aaron redet alle wort/die der HERR mit Mose geredt hatte/vnd thet die zeichen fur dem volck/vnd das volck gleubte/Vnd da sie höreten/das der HERR die kinder Israel heimgesucht/vnd jr elend angesehen hette/neigeten sie sich vnd betten an.

V.

Darnach giengen Mose vnd Aaron hinein/vnd sprachen zu Pharao/So sagt der HERR/der Gott Israel/Las mein volck ziehen/das mirs feire jnn der wüsten/Pharao antwort/Wer ist der HERR/des stim ich hören müsse vnd Israel ziehen lassen? Ich weis nichts von dem HERRN/wil auch Israel nicht lassen zihen.

Sie sprachen/der Ebreer Gott hat vns geruffen/so las vns nu hin ziehen drey tage reise jnn die wüsten/vnd dem HERRN vnserm Gott opffern/das vns nicht widderfare pestilentz odder schwerd/
Da sprach

Mose. XXXVIII.

Da sprach der könig inn Egypten zu jnen/warumb macht jr/du Mose vnd Aaron/das dis volck seine werck lesst anstehen? Gehet hin an ewre dienst. Weiter sprach Pharao/Sihe/des volcks ist schon zu viel im land/vnd jr wolt sie noch feiren heissen von jrem dienst.

Darumb befalh Pharao desselben tags den Vogten des volcks/ vnd jren Amptleuten/vnd sprach/Jr solt dem volck nicht mehr stro samlen/vnd geben/das sie zigel brennen/wie bis an her/lasst sie selb hin gehen/vnd stro zu samen lesen/vnd die zal der zigel/die sie bis her gemacht haben/solt jr jnen gleichwol aufflegen/vnd nichts mindern/Denn sie gehen müssig/drumb schreien sie/vnd sprechen/wir wöllen hin zihen/vnd vnserm Gott opffern/Man drücke die leut mit erbeit/das sie zu schaffen haben/vnd sich nicht keren an falsche wort.

Da giengen die Vogte des volcks/vnd jr Amptleut aus/vnd sprachen zum volck/So spricht Pharao/man wird euch kein stro geben/ gehet jr selb hin vnd samlet euch stro/wo jrs findet/aber von ewer erbeit sol nichts gemindert werden/Da zustrawet sich das volck jns gantze land Egypten/das es stoppeln samlet/damit sie stro hetten.

Vnd die Vogte trieben sie/vnd sprachen/Erfüllet ewr tage werck/ gleich als do jr stro hattet/Vnd die Amptleut der kinder Israel/die die Vogte Pharao vber sie gesetzt hatten/wurden geschlagen/vnd ward zu jnen gesagt/Warumb habt jr wedder heut noch gistern ewr gesatzt tag werck gethan/wie vor hin?

Da giengen hinein die Amptleut der kinder Israel/vnd schrien zu Pharao/Warumb wiltu mit deinen knechten also faren? Man gibt deinen knechten kein stro/vnd sollen die zigel machen/die vns bestimpt sind/vnd sihe/deine knechte werden geschlagen/vnd man sündiget an deinem volck. Pharao sprach/Jr seid müssig/müssig seid jr/ darumb sprecht jr/wir wöllen hin zihen/vnd dem HERRN opffern/ so gehet nu hin vnd fronet/stro sol man euch nicht geben/aber die anzal zigel solt jr reichen.

Da sahen die Amptleut der kinder Israel/das nicht besser ward/ weil man sagt/jr solt nichts mindern von dem tagwerck an den zigeln/ Vnd da Mose vnd Aaron von Pharao giengen/tratten sie dahin/das sie jnen begegneten/vnd sprachen zu jnen/Der HERR sehe auff euch vnd richte es/das jr vnsern geruch habt stincken gemacht fur Pharao/ vnd seinen knechten/vnd habt jnen das schwerd jnn jre hende geben/ vns zu tödten.

Mose aber kam widder zu dem HERRN/vnd sprach/HERre warumb thustu so vbel an diesem volck? Warumb hastu mich her gesand? Denn sint dem/das ich hinein bin gangen zu Pharao/mit jm zu reden jnn deinem namen/hat er das volck noch herter geplagt/vnd du hast dein volck nicht errett/Der HERR sprach zu Mose/Nu soltu sehen/was ich Pharao thun werde/Denn durch eine starcke hand/ mus er sie lassen zihen/Er mus sie noch durch eine starcke hand/aus seinem lande von sich treiben.

VI.

G ij   Vnd Gott

Das Ander Buch

(nicht kund gethan)
Die patriarchen haben Got wol erkand/aber ein solch offentlich gemeine predigt war zu der zeit von Gott noch nicht auffgangē/wie durch Mose vnd Christum geschehen ist.

Vnd Gott redet mit Mose/vnd sprach zu jm/Ich bin der HERR/vnd bin erschienen Abraham/Isaac vnd Jacob/das ich jr allmechtiger Gott sein wolt/aber meinen namen/HERRE/habe ich jnen nicht kund gethan/auch hab ich meinen bund mit jnen auffgericht/das ich jnen geben wil das land Canaan/das land jrer walfart/darinnen sie fremdling gewesen sind/Auch hab ich gehöret die weh klage der kinder Israel/die die Egypter mit fronen beschweren/vnd hab an meinen Bund gedacht.

Darumb sage den kindern Israel/Ich bin der HERR/vnd wil euch aus furen von ewrn lasten inn Egypten/vnd wil euch erretten/von ewrm fronen/vnd wil euch erlösen/durch einen ausgereckten arm/vnd grosse gerichte/Vnd wil euch annemen zum volck/vnd wil ewr Gott sein/das jrs erfaren solt/das ich der HERR bin ewr Gott/der euch aus gefüret hab von der last Egypti/vnd euch bracht jnn das land/darüber ich habe meine hand gehaben/das ichs gebe Abraham/Isaac vnd Jacob/das wil ich euch geben zu eigen/Ich der HERR/Mose sagt solchs den kindern Israel/Aber sie höreten jn nicht fur seufftzen vnd angst/vnd fur harter erbeit.

Da redet der HERR mit Mose/vnd sprach/gehe hinein/vnd rede mit Pharao dem könig jnn Egypten/das er die kinder Israel aus seinem lande lasse/Mose aber redet fur dem HERRN/vnd sprach/Sihe/die kinder Israel hören mich nicht/wie solt mich denn Pharao hören? dazu bin ich von vnbeschnitten lippen.

Also redet der HERR mit Mose vnd Aaron/vnd thet jnen befelh an die kinder Israel/vnd Pharao den könig jnn Egypten/das sie die kinder Israel aus Egypten füreten.

Dis sind die heubter des hauses jrer veter/Die kinder Ruben des ersten sons Israel/sind diese/Hanoch/Pallu/Hezron/Charmi/das sind die geschlechte von Ruben. Die kinder Simeon sind diese/Jemuel/Jamin/Ohad/Jachin/Zohar/vnd Saul der son des Cananischen weibs/das sind Simeons geschlechte.

Dis sind die namen der kinder Leui/jnn jren geschlechten/Gerson/Kahath/Merari/aber Leui ward hundert vnd sieben vnd dreissig iar alt. Die kinder Gerson sind diese/Libni vnd Semei jnn jren geschlechten. Die kinder Cahath/sind diese/Amram/JeZear/Hebron/Vsiel. Cahath aber ward hundert vnd drey vnd dreissig iar alt. Die kinder Merari sind diese/Maheli vnd Musi. Das sind diese geschlechte Leui/jnn jren freundschafften.

Vnd Amram nam seine mume Jochebed zum weibe/die gebar jm Aaron vnd mose/Aber Amram ward hundert vnd sieben vnd dreissig iar alt. Die kinder Jezear sind diese/Korah/Nepheg/Sichri. Die kinder Vsiel sind diese/Misael/ElZaphan/Sithri.

Aaron nam zum weib Eliseba die tochter Amminadab/Nahassons schwester/die gebar jm/Nadab/Abihu/Eleasar/Ithamar/Die kinder Korah sind diese/Assir/Elkana/Abiassaph/das sind die geschlechte der Koriter. Eleasar aber Aarons son/der nam von den töchtern Putiel ein weib/die gebar jm den Pinehas/das sind die heubter vnter den vetern der Leuiter geschlechten.

Das ist

Das ist der Aaron vnd Mose/zu den der HERR sprach/Füret die kinder Israel aus Egypten land mit jrem heer/ Sie sinds/ die mit Pharao dem könig jnn Egypten redten/das sie die kinder Israel aus Egypten furten/nemlich/ Moses vnd Aaron/ Vnd des tages redet der HERR mit Mose jnn Egypten land/ vnd sprach/ Ich bin der HERR/rede mit Pharao dem könig jnn Egypten alles was ich mit dir rede/Vnd er antwortet fur dem HERRN/ Sihe/ich bin von vnbeschnitten lippen/wie wird mich denn Pharao hören?

VII.

DEr HERR sprach zu Mose/Sihe zu/ich hab dich einen Gott gesetzt/vber Pharao/ vnd Aaron dein bruder sol dein Prophet sein/Du solt reden alles was ich dir gebieten werde/ Aber Aaron dein bruder sols fur Pharao reden/das er die kinder Israel aus seinem lande lasse/ Aber ich wil Pharao hertz verherten/das ich meiner zeichen vnd wunder viel thu jnn Egypten land/Vnd Pharao wird euch nicht hören/auff das ich meine hand jnn Egypten beweise/ vnd füre mein heer/mein volck/die kinder Israel aus Egypten land durch grosse gerichte/ vnd die Egypter sollens jnnen werden/ das ich der HERR bin/wenn ich nu meine hand ausstrecken vber Egypten/vnd die kinder Israel von jnen weg füren werde.

Mose vnd Aaron thatten/wie jnen der HERR gebotten hatte/ Vnd Mose war achzig iar alt/vnd Aaron drey vnd achzig iar alt/ da sie mit Pharao redten/Vnd der HERR sprach zu Mose vnd Aaron/ Wenn Pharao zu euch sagen wird/beweiset ewre wunder/so soltu zu Aaron sagen/ Nim deinen stab/vnd wirff jn fur Pharao/das er zur schlangen werde.

Da giengen Mose vnd Aaron hinein zu Pharao/vnd theten/wie jnen der HERR geboten hatte/ vnd Aaron warff seinen stab fur Pharao/vnd fur seinen knechten/vnd er ward zur schlangen/Da fodert Pharao die weisen vnd schwartzkünstiger/Vnd die Egyptischen zeuberer theten auch also mit jrem beschweren/vnd warff ein jglicher seinen stab von sich/vnd worden schlangen draus/ Aber Aarons stab verschlang jre stebe/Also ward das hertz Pharao verstockt/vnd höret sie nicht/wie denn der HERR geret hatte.

Vnd der HERR sprach zu Mose/Das hertz Pharao ist hart/er wegert sich das volck zu lassen/gehe hin zu Pharao morgen/Sihe/er wird ans wasser gehen/So trit gegen jm an das vfer des wassers/vnd nim den stab jnn deine hand/der zur schlangen ward / vnd sprich zu jm/Der HERR der Ebreer Gott/hat mich zu dir gesand/vnd lassen sagen/Las mein volck/das mirs diene jnn der wüsten/aber du hast bis her nicht wollen hören.

Darumb spricht der HERR also/daran soltu erfaren/das ich der HERR bin/Sihe / ich wil mit dem stab/den ich jnn meiner hand habe/das wasser schlahen/das jnn dem Strom ist/vnd es sol jn blut verwandelt werden/das die fisch im strom sterben sollen/vnd der strom stincken/vnd den Egyptern wird ekeln/zu trincken des wassers aus dem Strom.

G iij   Vnd der

Das Ander Buch

Vnd der HERR sprach zu Mose/Sage Aaron/nim deinen stab/ vnd recke deine hand aus vber die wasser jnn Egypten/vber jre beche/ vnd strome vnd see/vnd vber alle wassersümpffe/das sie blut werden/ vnd sey blut jnn gantz Egypten land/beide jnn hültzern vnd steinern gefessen/ Mose vnd Aaron thatten/wie jnen der HERR gebotten hatte/ vnd hub den stab auff/vnd schlug ins wasser/das im Strom war/fur Pharao/ vnd seinen knechten/Vnd alles wasser im strom/ ward jnn blut verwandelt/ vnd die fisch im strom storben/vnd der strom ward stinckend/das die Egypter nicht trincken kunden/des wassers aus dem strom/vnd ward blut jnn ganz Egypten land.

Vnd die Egyptischen Zeuberer thetten auch also mit jrem beschweren/Also ward das hertz Pharao verstockt/vnd höret sie nicht/ wie denn der HERR geredt hatte/Vnd Pharao wand sich/vnd gieng heim/vnd achtet des nichts/Aber alle Egypter gruben nach wasser vmb den Strom her/zu trincken/denn des wassers aus dem strom kundten sie nicht trincken/Vnd das weret sieben tage lang/das der HERR den strom schlug.

VIII.

(fröschen)
Odder Kröten.

Er HERR sprach zu Mose/Gehe hinein zu Pharao/ vnd sprich zu jm/So sagt der HERR/ las mein volck/ das mirs diene/ Wo du dich des wegerst/sihe/so wil ich alle deine grentze mit fröschen plagen/das der Strom sol von fröschen wimmeln/die sollen erauff kriechen/ vnd komen jnn dein haus/jnn deine kammer/auff dein lager/auff dein bette/ auch jnn die heuser deiner knechte/vnter dein volck/jnn deine backöfen/ vnd jnn deine teige/ vnd sollen die frösch auff dich/vnd auff dein volck/vnd auff all deine knechte kriechen.

Vnd der HERR sprach zu Mose/Sage Aaron/recke deine hand aus mit deinem stabe vber die beche/vnd strom vnd see/vnd las frösche vber Egypten land komen/Vnd Aaron recket seine hand vber die wasser jnn Egypten/vnd kamen frösche erauff/das Egypten land bedeckt ward/Da thetten die Zeuberer auch also/mit jrem beschweren/ vnd liessen frösche vber Egypten land komen.

Da foddert Pharao Mose vnd Aaron/vnd sprach/Bittet den HERRN fur mich/das er die frösche von mir/vnd von meinem volck neme/So wil ich das volck lassen/das es dem HERRN opffere/ Mose sprach/hab du die ehre/vnd stimme mir/wenn ich fur dich/fur deine knecht/vnd fur dein volck bitten sol/das die frösche von dir/vnd von deinem haus vertrieben werden/vnd allein im strom bleiben/Er sprach/morgen/Er sprach/wie du gesagt hast/auff das du erfarest/ das niemand ist/wie der HERR vnser Gott/so sollen die frösche von dir/von deinem hause/von deinen knechten/vnd von deinem volck genomen werden/vnd allein im Strom bleiben.

Also giengen Mose vnd Aaron von Pharao/vnd Mose schrey zu dem HERRN/der frösche halben/ wie er Pharao hatte zugesagt/ Vnd der HERR that wie Moses gesagt hatte/vnd die frösche storben jnn den heusern/jnn den höfen/vnd auff dem felde/Vnd sie heuften sie

Mose. XL.

ten sie zu samen/hie einen hauffen/vnd da einen hauffen/Vnd das land stanck dauon.

Da aber Pharao sahe/das er lufft kriegt hatte/ward sein hertz verhertet/vnd höret sie nicht/wie denn der HERR geredt hatte/ Vnd der HERR sprach zu Mose/Sage Aaron/Recke deinen stab aus/vnd schlag jnn den staub auff erden/das leuse werden jnn gantz Egypten lande/Sie thetten also/Vnd Aaron recket seine hand aus mit seinem stabe/vnd schlug jnn den staub auff erden/vnd es worden leuse an den menschen/vnd an dem vieh/Aller staub des lands ward leuse jnn gantz Egypten lande.

Die Zeuberer thetten auch also mit jrem beschweren/das sie leuse eraus brechten/aber sie kunden nicht/Vnd die leuse waren beide an menschen/vnd an vieh/Da sprachen die Zeuberer zu Pharao/das ist Gottes finger/Aber das hertz Pharao ward verstockt/vnd höret sie nicht/wie denn der HERR gesagt hatte.

Vnd der HERR sprach zu Mose/Mach dich morgen frue auff/ vnd trit fur Pharao/Sihe/er wird ans wasser gehen/vnd sprich zu jm/So saget der HERR/Las mein volck/das mir es diene/wo nicht/Sihe/so wil ich allerley vnziefer lassen komen/vber dich/deine knechte/dein volck/vnd dein haus/das aller Egypter heuser/vnd das feld/vnd was drauff ist/vol vnziefer werden sollen/Vnd wil des tages ein sonders thun mit dem lande Gosen/da sich mein volck enthelt/ das kein vnziefer da sey/auff das du jnnen werdest/das ich der HERR bin auff erden allenthalben/Vnd wil eine erlösung setzen zwischen meinem vnd deinem volck/Morgen sol das zeichen geschehen.

Vnd der HERR that also/Vnd es kam viel vnziefers jnn Pharao haus/jnn seiner knecht heuser/vnd vber gantz Egypten land/vnd das land ward verderbet von dem vnziefer/Da foddert Pharao Mose vnd Aaron/vnd sprach/Gehet hin vnd opffert ewerm Gotte hie im lande/Mose sprach/das schickt sich nicht/das wir also thun/Denn wir würden der Egypter grewel opffern/vnserm Gotte dem HERRN/Sihe/wenn wir denn der Egypter grewel fur jren augen opffertten/würden sie vns nicht steinigen? Drey tage reise wöllen wir gehen jnn die wüsten/vnd dem HERRN vnserm Gott opffern/wie er vns gesagt hat.

Pharao sprach/Ich wil euch lassen/das jr dem HERRN ewrm Gott opffert jnn der wüsten/allein das jr nicht ferner zihet/vnd bittet fur mich. Mose sprach/Sihe/wenn ich hinaus von dir kome/so wil ich den HERRN bitten/das dis vnziefer von Pharao/vnd seinen knechten/vnd seinem volck genomen werde/morgen des tages/alleine teusche mich nicht mehr/das du das volck nicht lassest dem HERRN zu opffern.

Vnd Mose gieng hinaus von Pharao/vnd bat den HERRN/ Vnd der HERR that/wie Mose gesagt hatte/vnd schafft das vnziefer weg von Pharao/von seinen knechten/vnd von seinem volck/das nicht eins vber bleib/Aber Pharao verherttet sein hertz auch dasselb mal/vnd lies das volck nicht.

IX.

G iiij Der

Das Ander Buch

Er HERR sprach zu Mose/Gehe hinein zu Pharao/vñ sprich zu jm/Also sagt der HERR/der Gott der Ebreer/las mein volck/das sie mir dienen/wo du dich des wegerst/vnd sie weiter auff heltest/Sihe/so wird die hand des HERRN sein/vber dein vieh auff dem felde/vber pferde/vber esel/vber kamel/vber ochsen/vber schafe/mit einer fast schweren pestilentz/Vnd der HERR wird ein besonders thun/zwischen dem vieh der Jsraeliter/vnd der Egypter/das nichts sterbe aus allem/das die kinder Jsrael haben. Vnd der HERR bestimpt eine zeit/vnd sprach/morgen wird der HERR solchs auff erden thun.

Vnd der HERR that solchs des morgens/vnd starb allerley vieh der Egypter/aber des viechs der kinder Jsrael starb nicht eins. Vnd Pharao sandte darnach/vnd sihe/es war des vieh Jrael nicht eins gestorben/Aber das hertz Pharao ward verstockt/vnd lies das volck nicht.

Da sprach der HERR zu Mose vnd Aaron/Nemet ewre feuste vol rus aus dem ofen/vnd Mose sprenge jn gegen himel fur Pharao/das vber gantz Egypten land steube/vnd schweren vnd drüse auffaren beide an menschen vnd an vieh/jnn gantz Egypten land.

Vnd sie namen rus aus dem ofen/vnd tratten fur Pharao/vnd Mose sprenget jn gen himel/da furen auff schweren vnd drüse/beide an menschen vñ an vieh/also/das die Zeuberer nicht kundten fur Mose stehen/fur den drüsen/Denn es waren an den zeuberern eben so wol drüse/als an allen Egyptern/Aber der HERR verstocket das hertz Pharao/das er sie nicht höret/wie denn der HERR zu Mose gesagt hatte.

Da sprach der HERR zu Mose/Mach dich morgen frue auff/vnd trit fur Pharao/vnd sprich zu jm/So saget der HERR/der Ebreer Gott/Las mein volck/das mirs diene/ich wil anders dis mal alle meine plagen vber dich selb senden/vber deine knechte/vnd vber dein volck/das du jnnen werden solt/das meins gleichen nicht ist jnn allen landen. Denn ich wil jtzt meine hand ausrecken/vnd dich vnd dein volck mit pestilentz schlahen/das du von der erden solt vertilget werden. Doch darumb hab ich dich erweckt/das meine krafft an dir erscheine/vnd mein name verkündigt werde jnn allen landen.

Du heltest mein volck noch auff/vnd wilts nicht lassen/Sihe/ich wil morgen vmb diese zeit/einen seer grossen hagel komen lassen/des gleichen jnn Egypten nicht gewesen ist/sint der zeit sie gegründt ist/bisher/Vnd nu sende hin/vnd verware dein vieh/vnd alles was du auff dem felde hast/denn alle menschen vnd vieh/das auff dem felde funden wird/vnd nicht jnn die heuser versamlet ist/so der hagel auff sie fellet/werden sterben. Wer nu vnter den knechten Pharao des HERRN wort fürchtet/der lies seine knechte vnd vieh jnn die heuser fliehen/welcher hertz aber sich nicht keret an des HERRN wort/liessen jre knechte vnd vieh auff dem felde.

Da sprach der HERR zu Mose/recke deine hand auff gen himel/das es hagele vber gantz Egypten land/vber menschen/vber vieh/vnd vber alles krant auff dem felde jnn Egypten lande. Also recket Mose

Mose. XLI.

Mose seinen stab gen himel/vnd der HERR lies donnern vnd hageln/das das fewr auff die erden schos. Also lies der HERR hagel komen vber Egypten land/das hagel vnd fewr vnternander furen/ so grausam/das des gleichen jnn gantz Egypten lande nie gewesen war/sint der zeit leut drinnen gewesen sind.

Vnd der hagel schlug jnn gantz Egypten land/alles was auff dem felde war/beide menschen vnd vieh/vnd schlug alles kraut auff dem felde/vnd zubrach alle bewme auff dem felde/on allein im lande Gosen/da die kinder Jsrael waren/da hagelts nicht/Da schickt Pharao hin/vnd lies Mose vnd Aaron ruffen/vnd sprach zu jnen/Jch hab das mal mich versündiget/der HERR ist gerecht/ich aber/vnd mein volck sind Gottlosen. Bittet aber den HERRN/das auff höre/solch donnern vnd hageln Gottes/so wil ich euch lassen/vnd nicht lenger auff halten.

Mose sprach zu jm/Wenn ich zur stad hinaus kome/wil ich meine hende aus breitten gegen dem HERRN/so wird der donner auff hören/vnd kein hagel mehr sein/auff das du jnnen werdest/das die erde des HERRN sey/Jch weis aber/das du vnd deine knechte euch noch nicht fürchtet fur Gott dem HERRN/Also ward geschlahen der flachs vnd die gersten/denn die gersten hatte geschosset/vnd der flachs knoten gewonnen/aber der weitze vnd rocken ward nicht geschlahen/denn es war spat getreide.

So gieng nu Mose von Pharao zur stad hinaus/vnd breittet seine hende gegen dem HERRN/vnd der donner vnd hagel höreten auff/ vñ der regen troff nicht mehr auff erden/Da aber Pharao sahe/das der regen vnd donner vnd hagel auff höret/versundiget er sich weiter/vnd verhertet sein hertz/er vnd seine knecht/Also ward des Pharao hertz verstockt/das er die kinder Jsrael nicht lies/wie denn der HERR geredt hatte durch Mose.

X.

Vnd der HERR sprach zu Mose/Gehe hinein zu Pharao/denn ich hab sein vnd seiner knechte hertz verhertet/auff das ich diese meine zeichen vnter jnen thue/ vnd das du verkündigst fur den ohren deiner kinder vñ deiner kinds kinder/was ich jnn Egypten ausgericht hab/Vnd wie ich meine zeichen vnter jnen beweiset hab/das jr wisset/ich bin der HERR.

Also giengen Mose vnd Aaron hinein zu Pharao/vnd sprachen zu jm/So spricht der HERR der Ebreer Gott/wie lange wegerstu dich fur mir zu demütigen/das du mein volck lassest mir zu dienen? Wegerstu dich mein volck zu lassen/Sihe/so wil ich morgen hewschrecken komen lassen an allen ortten/das sie das land bedecken/also das man das land nicht sehen kunde/vnd sol fressen/was euch vberig vnd errettet ist fur dem hagel/vnd sol alle ewre grunende bewm fressen auff dem feld/vnd sollen erfüllen dein haus/all deiner knechte heuser/vnd aller Egypter heuser/des gleichen nicht gesehen haben deine veter vnd deiner veter veter/sint der zeit sie auff erden gewesen/ bis auff diesen tag/Vnd er wand sich/vnd gieng von Pharao hinaus.

Da sprachen

Das Ander Buch

Da sprachen die knechte Pharao zu jm/Wie lange sollen wir damit geplagt sein? Las die leut zihen/das sie dem HERRN jrem Gott dienen/Wiltu zuuor erfaren/das Egypten vnter gangen sey? Mose vnd Aaron worden widder zu Pharao bracht/der sprach zu jnen/Gehet hin vnd dienet dem HERRN ewrem Gott/Welche sind sie aber/die hin zihen sollen? Mose sprach/wir wöllen zihen mit jung vnd alt/mit sönen vnd töchtern/mit schafen vnd rinder/denn wir haben ein fest des HERRN.

Er sprach zu jnen/Awe ja/der HERR sey mit euch/Solt ich euch vnd ewre kinder da zu zihen lassen? Sehet da/ob jr nicht böses fur habt? Nicht also/sondern jr menner zihet hin/vnd dienet dem HERRN/denn das habt jr auch gesucht/Vnd man sties sie heraus von Pharao.

Die hewschrecken heissen hie nicht Hagab auff Ebreisch/wie an etlichen orten/sondern Arbe/Es sind aber vierfüssige fliegende thier vnrein zu essen/wie Hagab Leui. rj. aber vns vnbekand/on das sie den hewschrecken gleich sind.

Da sprach der HERR zu Mose/Recke deine hand vber Egypten land/vmb die hewschrecken/das sie auff Egypten land komen/vnd fressen alles kraut im lande auff/sampt alle dem/das dem hagel vber blieben ist/Mose recket seinen stab vber Egypten land/vnd der HERR treib einen Ostwind jns land/den gantzen tag/vnd die gantze nacht/Vnd des morgens füret der Ostwind die hewschrecken her/vnd sie kamen vber gantz Egypten land/vnd liessen sich nidder an allen orten jnn Egypten/so seer viel/das zuuor des gleichen nie gewesen ist/noch hinfurt sein wird/Denn sie bedeckten das land vnd verfinstertens/vnd sie frassen alles kraut im land auff/vnd alle frucht auff den bewmen/die dem hagel waren vber blieben/vnd liessen nichts grünes vbrig an den bewmen/vnd am kraut auff dem felde jnn gantz Egypten land.

Da foddert Pharao eilend Mose vnd Aaron/vnd sprach/Ich hab mich versundigt/an dem HERRN ewrem Gott/vnd an euch/vergebt mir meine sund dis mal auch/vnd bittet dem HERRN ewrn Gott/das er doch nur diesen tod von mir weg neme/Vnd er gieng aus von Pharao/vnd bat den HERRN/Da wendet der HERR ein seer starcken Westwind/vnd hub die hewschrecken auff/vnd warff sie jns schilff meer/das nicht eine vbrig bleib/an allen orten Egypti/Aber der HERR verstockt Pharao hertz/das er die kinder Israel nicht lies.

Der HERR sprach zu Mose/Recke deine hand gen himel/das so finster werd jnn Egypten land/das mans greiffen mag/Vnd Mose recket seine hand gen himel/Da ward ein dick finsternis jnn gantzen Egypten land drey tage/das niemand den andern sahe/noch auff stund von dem ort da er war jnn dreien tagen/Aber bey allen kindern Israel/war es liecht jnn jren wonungen.

Da foddert Pharao Mosen/vnd sprach/Zihet hin vnd dienet dem HERRN/allein ewr schaf vnd rinder last hie/last auch ewr kindlin mit euch zihen/Mose sprach/Du must vns auch opffer vnd brandopffer geben/das wir vnserm Gott dem HERRN thun mügen/Vnser vieh sol mit vns gehen/vnd nicht eine klawe dahinden bleiben/denn von dem vnsern werden wir nemen zum dienst vnsers Gottes des HERRN/Denn wir wissen nicht/wo mit wir dem HERRN dienen sollen/bis das wir dahin komen.

Aber der HERR verstockt das hertz Pharao/das er sie nicht lassen wolt/vnd Pharao sprach zu jm/Gehe von mir/vnd hütt dich/das du nicht mehr fur meine augen kompst/Denn welchs tages du fur meine mein augen kompst/soltu sterben/Mose antwort/wie du gesagt hast/ ich wil nicht mehr fur deine augen komen.

XI.

Vnd der HERR sprach zu Mose/Ich wil noch eine plage vber Pharao vnd Egypten komen lassen/darnach wird er euch lassen von hinnen/vnd wird nicht allein alles lassen/sondern euch auch von hinnen treiben/So sage nu fur dem volck/das ein jglicher von seinem nehesten/vnd ein jgliche von jrer nehesten silbern vnd gulden gefess foddere/denn der HERR wird dem volck gnad geben fur den Egyptern. Vnd Mose war seer ein grosser man/jnn Egypten land fur den knechten Pharao/vnd fur dem volck.

Vnd Mose sprach/So sagt der HERR/ich wil zu mitternacht ausgehen jnn Egypten land/vnd alle erstegeburt jnn Egypten land sol sterben/von dem ersten son Pharao an/der auff seinem stuel sitzt/ bis an den ersten son der magd die hinder der mule ist/vnd alle erstgeburt vnter dem vieh/vnd wird ein gros geschrey sein/jnn gantz Egypten land/des gleichen nie gewesen ist/noch werden wird/Aber bey allen kindern Jsrael sol nicht ein hund mit seiner zungen lippern/beide vnter menschen vnd vieh/auff das jr erfaret/wie der HERRE Egypten vnd Jsrael scheide/Denn werden zu mir herab komen alle diese deine knechte/vnd mir zu fussen fallen/vnd sagen/zeuch aus/du vnd alles volck das vnter dir ist/darnach wil ich aus zihen/Vnd er gieng von Pharao mit grimmigem zorn.

Der HERR aber sprach zu Mose/Pharao höret euch nicht/das viel wunder geschehen jnn Egypten land. Vnd Mose vnd Aaron haben diese wunder alle gethan fur Pharao/aber der HERR verstockt jm sein hertz/das er die kinder Jsrael nicht lassen wolt aus seinem land.

XII.

Der HERR aber sprach zu Mose vnd Aaron jnn Egypten land/Dieser mond sol bey euch der erst mond sein/ vnd von jm solt jr die mond des jars anheben. Sagt der gantzen Gemeine Jsrael/vnd sprecht/Am zehenden tag dieses monds/neme ein jglicher ein schaf/wo ein haus vater ist/ja ein schaf zu eim haus/Wo jr aber jnn eim hause zum schaf zu wenig sind/so neme ers/vnd sein nehester nachbar an seinem haus/bis ir so viel wird/das sie das schaf auff essen mögen/Jr solt aber ein solch schaf nemen/da kein feil an ist/ein menlin vnd eins jars alt/von den lemmern vnd zigen solt jrs nemen.

Vnd solts behalten bis auff den vierzeheden tag des monden/ Vnd ein jglichs heufflin im gantzen Jsrael sols schlachten zwischen abends. Vnd solt seins bluts nemen/vnd beide pfosten an der thür vnd die öberst schwelle damit bestreichen/an den heusern/da sie es jnnen essen/Vnd solt also fleisch essen jnn der selben nacht/am fewr gebraten/vnd vngesewrt brod/vnd solt es mit bitter salsen essen/Jr solts nicht roh essen/noch mit wasser gesotten/sondern nur am fewr ge-

Was das osterlamb bedeut/leret gnugsam. S. Paulus.j.Corin.v. Da er spricht/vnser osterlamb ist Christus der geopffert ist.

Das Ander Buch

fewr gebraten/sein heubt/mit seinen schenckeln/vñ eingeweide/Vnd solt nichts dauon vber lassen bis morgen/Wo aber etwas vberbleibt bis morgen/solt jrs mit fewr verbrennen.

Also solt jrs aber essen/Vmb ewr lenden solt jr gegürttet sein/vnd ewr schuch an ewrn füssen haben/vnd stebe jnn ewrn henden/vnd solts essen/als die hinweg eilen/Denn es ist des HERRN Passah/ Denn ich wil jnn der selbigen nacht durch Egypten land gehen/vnd alle erste geburt schlahen jnn Egypten land/beide vnter menschen vnd vieh/Vnd wil meine straffe beweisen/an allen Göttern der Egypter/Ich der HERR/Vnd das blut sol ewr zeichen sein/an den heusern darinn jr seid/das/wenn ich das blut sehe/fur euch vber gehe/ vnd euch nicht die plage widderfare die euch verderbe/wenn ich Egypten land schlahe.

Vnd solt diesen tag haben zum gedechtnis/vnd solt jn feiren dem HERRN zum fest/jr vnd alle ewr nachkomen/zur ewigen weise/ Sieben tag solt jr vngesewrt brod essen/Nemlich am ersten tag/solt jr auff hören mit gesewrtem brod jnn ewrn heusern/Wer gesewrt brod jsset/vom ersten tag an/bis auff den siebenden/des seel sol ausgerottet werden von Israel/Der erst tag sol Heilig sein/das jr zu samen komet/vnd der siebend sol auch heilig sein/das jr zu samen kompt/Kein erbeit solt jr drinnen thun/on was zur speis gehöret fur allerley seelen/ dasselb allein mügt jr fur euch thun/Vnd haltet ob dem vngesewrten brod.

Denn eben an dem selben tag/hab ich ewr heer aus Egypten land gefüret/darumb solt jr diesen tag halten/vnd alle ewr nachkomen zur ewigen weise/Am vierzehenden tag des monds/des abents/ solt jr vngesewrt brod essen/bis an ein vnd zwentzigsten tag des monden an den abent/das man sieben tage kein gesewrt brod finde/ jnn ewrn heusern/Denn wer gesewrt brod jsset/des seel sol ausgerottet werden/von der Gemeine Israel/es sey ein frembdlinger oder einheimischer im land/Darumb so esset kein gesewrt brod/sondern eitel vngesewrt brod/jnn allen ewrn wonungen.

Vnd Mose foddert alle Eltesten jnn Israel/vnd sprach zu jnen/ Leset aus vnd nemet schafe/jderman fur sein gesind/vnd schlachtet das Passah/vnd nemet ein püschel Isopen/vnd tuncket jnn das blut jnn dem becken/vnd berüret damit die vber schwelle/vnd die zween pfosten/vnd gehe kein mensch zu seiner hausthür eraus/bis an den morgen/Denn der HERR wird vmbher gehen/vnd die Egypter plagen/Vnd wenn er das blut sehen wird an der vber schwelle/vnd an den zween pfosten/wird er fur der thur vber gehen/vnd den Verderber nicht jnn ewr heuser komen lassen zu plagen/Darumb so halt diese weise fur dich/vnd deine kinder ewiglich.

Vnd wenn jr jns land komet/das euch der HERR geben wird/ wie er geredt hat/so haltet diesen dienst/Vnd wenn ewr kinder werden zu euch sagen/was habt jr da fur ein dienst? Solt jr sagen/Es ist das Passah opffer des HERRN/der fur den kindern Israel vber gieng jnn Egypten/da er die Egypter plaget vnd vnser heuser errettet. Da neiget sich das volck/vnd bucket sich/Vnd die kinder Israel giengen hin vnd thetten/wie der HERR Mose vnd Aaron geboten hatte.

Vnd zur mitternacht schlug der HERR alle erste geburt jnn Egypten land/von dem ersten son Pharao an/der auff seim stuel sas/
bis auff

Mose. XLIII.

bis auff den ersten son des gefangnen im gefengnis/vnd alle erste geburt des viehs/Da stund Pharao auff vnd alle seine knecht jnn der selben nacht/vnd alle Egypter / vnd ward ein gros geschrey jnn Egypten/denn es war kein haus/da nicht ein todter jnnen were.

Vnd er foddert Mosen vnd Aaron jnn der nacht/vnd sprach/macht euch auff/vnd zihet aus von meinem volck/jr vnd die kinder Israel/gehet hin/vnd dienet dem HERRN/wie jr gesagt habt/nemet auch mit euch ewr schaf vnd rinder/wie jr gesagt habt/gehet hin vnd segnet mich auch/Vnd die Egypter waren versturtzt auff das volck/ das sie es eilend aus dem land trieben/denn sie sprachen/wir sind alle des tods.

Vnd das volck trug den rohen teig/ehe denn er versewret war/zu jrer speise/gebunden jnn jren kleidern/auff jren achseln/Vnd die kinder Israel hatten gethan/wie Moses gesagt hatte/vnd von den Egyptern gefoddert silbern vnd gülden geredte vnd kleider / dazu hatte der HERR dem volck gnad geben fur den Egyptern/das sie jnen leiheten/vnd entwandtens den Egyptern.

Also zogen aus die kinder Israel von Raemses gen Suchoth/ sechs hundert tausent man zu fuss/on die kinder / vnd zog auch mit jnen viel pöbel volck/vnd schaf/vnd rinder / vnd fast viel viehs/vnd sie buchen aus dem rohen teick/den sie aus Egypten brachten/vngesewrte kuchen/denn es war nicht gesewert/weil sie aus Egypten gestossen wurden/vnd kundten nicht verzihen/vnd hatten jnen sonst keine zerung zubereit.

Die zeit aber/die die kinder Israel jnn Egypten gewonet haben/ ist vierhundert vnd dreissig jar / da die selben vmb waren / gieng das gantz heer des HERRN/auff einen tag aus Egypten land/Darumb wird diese nacht dem HERRN gehalten/das er sie aus Egypten land geführet hat/vnd die kinder Israel sollen sie dem HERRN halten/sie vnd jre nachkomen.

Vnd der HERR sprach zu Mose vnd Aaron/Dis ist die weise Passah zu halten / Kein frembder sol dauon essen/Aber wer ein erkauffter knecht ist / den beschneide man/vnd denn esse er dauon. Ein hausgenos vnd mietling sollen nicht dauon essen/Jnn einem haus sol mans essen/jr solt nichts von seinem fleisch hinaus fur das haus tragen/vnd solt kein bein an jm zu brechen/Die gantze Gemeine Israel sol solchs thun.

So aber ein frembdling bey dir wonet/vnd dem HERRN das Passah halten wil / der beschneitte alles was menlich ist/als denn mach er sich erzu/das er solchs thu/vnd sey wie ein einheimischer des lands/denn kein vnbeschnitter sol dauon essen / Einerley Gesetz sey dem einheimischen/vnd dem frembdlingen der vnter euch wonet.Vnd alle kinder Israel theten wie der HERRE Mose vnd Aaron hatte gebotten/Also füret der HERR auff einen tag die kinder Israel aus Egypten land mit jrem heer.

(Passah) Passah heist ein gang/darumb das der HERR jn Egypte land des nachts gieng/vnd schlug alle erste geburt todt/Bedeut aber Christus sterbe vñ aufferstehen / damit er von dieser welt gangen ist/ vnd jnn dem selben/sünd/tod/ vñ Teufel geschlagen vnd vns aus dem rechten Egypten geführt hat zum vater/ das ist vnser passah odder Ostern.

XIII.

D Vnd der

Das Ander Buch

Vnd der HERR redet mit Mose/vn̄ sprach/Heilige mir alle erstegeburt/die allerley mutter bricht bey den kindern Israel/beide vnter den menschen vnd dem vieh/ denn sie sind mein/Da sprach Mose zum volck/Gedencket an diesen tag/an dem jr aus Egypten/aus dem dienst hause gangen seid/das der HERR euch mit mechtiger hand von hinnen hat ausgefüret/darumb so soltu nicht sawerteig essen/ᵃHeute seid jr ausgangen jnn dem Mond Abib.

Wenn dich nu der HERR bringen wird/jnn das land der Cananiter/Hethiter/Amoriter/Heuiter vnd Jebusiter/das er deinen vetern geschworen hat/dir zu geben/ein land/da milch vnd honig jnnen fleust/so soltu diesen dienst halten jnn diesem Mond/Sieben tage soltu ᵇ vngesewrt brod essen/vnd am siebenden tag ist des HERRN fest/darumb soltu sieben tag vngesewrt brod essen/das bey dir kein sawrteig noch gesewrt brod gesehen werde/an allen deinen orten.

Vnd solt ewren sönen sagen/zu der selbigen zeit/Solchs halten wir vmb des willen/das vns der HERR gethan hat/da wir aus Egypten zogen/Darumb sol dirs sein ein zeichen jnn deiner hand/vnd ein denckmal fur deinen augen/auff das des HERRN Gesetz sey jnn deinem mund/das der HERR dich mit mechtiger hand aus Egypten gefüret hat/darumb halt diese weise zu seiner zeit jerlich.

Wenn dich nu der HERR jns land der Cananiter bracht hat/ wie er dir vnd deinen vetern geschworen hat/vn̄ dirs gegeben/so soltu aussondern dem HERRN/alles was die mutter bricht/vnd erstgeburt vnter dem vieh/das ein menlin ist. Die erst geburt vom esel soltu lösen mit einem schaf/Wo du es aber nicht lösest/so brich jm das genick/Aber alle erste menschen geburt vnter deinen kindern/soltu lösen.

Vnd wenn dich heut odder morgen dein kind wird fragen/was ist das? Soltu jm sagen/Der HERR hat vns mit mechtiger hand aus Egypten/von dem diensthause gefüret/Denn da Pharao hart war vns los zu lassen/erschlug der HERR alle erste geburt jnn Egypten land/von der menschen erste geburt an/bis an die erst geburt des viehs/darumb opffer ich dem HERRN alles was die mutter bricht/das ein menlin ist/vnd die erstgeburt meiner kinder löse ich/Vnd das sol dir ein zeichen jnn deiner hand sein/vnd ein denckmal fur deinen augen/das vns der HERR hat mit mechtiger hand aus Egypten gefüret.

Da nu Pharao das volck gelassen hatte/füret sie Gott nicht auff der strasse/durch der Philister land/die am nehesten war/denn er gedacht/es mocht das volck gerewen/wenn sie den streit sehen/vnd widder jnn Egypten vmbkeren/Darumb füret er das volck vmb/auff die strasse durch die wüsten am Schilff meer. Vnd die kinder Israel zogen gewapnet aus Egypten land. Vnd Moses nam mit sich das gebeine Joseph/denn er hatte einen eid von den kindern Israel genomen/vnd gesprochen/Gott wird euch heimsuchen/so füret mein gebein mit euch von hinnen.

Also zogen sie aus von Suchoth/vnd schlugen gezelt auff jnn Etham/forn an der wüsten/Vnd der HERR zog fur jnen her/des

---

a
(Abib)
Abib ist der mond den wir April heissen/deñ die Ebreer heben jr new jar an nach der natur/wenn alle ding widder new grünet vnd wechset/ vnd sich zichtiget/ darumb heisst er auch Mensis nouorum/das denn alles new wird.

b
(vngesewrt brod) So hart wird der sawerteig verboten/das man ja das lauter Euangelion vnd Gottes gnade/nicht vnser werck vnd Gesetz sol predigen/nach der aufferstehung Christi/wie Paulus. j. Cor. v. auch zeigt/vnd ist solch essen nichts anders denn glauben jnn Christo.

(Schilff meer) Die kriechen heissen es/das rote meer/von dē roten sand vnd boden/ Aber die Ebreer heissens schilff meer/von dē schilff.

Mose. LXIIII.

tages jnn einer wolck seulen/das er sie den rechten weg füret/vnd des nachts jnn einer fewr seulen/das er jnen leuchtet/zu wandeln tag vnd nacht/die wolckseule vnd fewrseule weich nimer von dem volck.

XIIII.

Vnd der HERR redet mit Mose/vnd sprach/Rede mit den kindern Jsrael/vnd sprich/das sie sich rumb lencken vnd jr gezelt auffschlahen gegen dem tal Hiroth/zwischen Migdol vnd dem Meer/gegen Baal Zephon/vnd daselbs gegen vber das gezelt auffschlahen ans meer/Denn Pharao wird sagen von den kindern Jsrael/Sie wissen nicht wo aus im lande/die wüsten hat sie beschlossen/vnd ich wil sein hertz verstocken/das er jnen nach jage/vnd wil am Pharao/vnd an all seiner macht ehre einlegen/vnd die Egypter sollen jnnen werden/das ich der HERR bin/Vnd sie thetten also.

Vnd da es dem König jnn Egypten ward angesagt/das das volck war geflohen/ward sein hertz verwandelt vnd seiner knecht gegen dem volck/vnd sprachen/Warumb haben wir das gethan/das wir Jsrael haben gelassen/das sie vns nicht dieneten? Vn er spannet seinen wagen an/vnd nam sein volck mit jm/vnd nam sechs hundert ausserlesen wagen/vnd was sonst von wagen jnn Egypten war/vnd die Heubtleute vber all sein heer/Denn der HERR verstockt das hertz Pharao des Königs jnn Egypten/das er den kindern Jsrael nach jaget/Aber die kinder Jsrael waren durch ein hohe hand ausgegangen.

Vnd die Egypter jagten jnen nach/vnd ereileten sie(da sie sich gelagert hatten am meer)mit rossen vnd wagen vnd reutern vnd allem heer

D ij   des Pharao/

Das Ander Buch

des Pharao/im tal Viroth gegen BaalZephon/Vnd da Pharao nahe zu jnen kam/huben die kinder Jsrael jr augen auff/vnd sihe/die Egypter zogen hinder jnen her/vnd sie furchten sich seer/vnd schrien zu dem HERRN.

Vnd sprachen zu Mose/Waren nicht greber inn Egypten/das du vns müstest weg furen/das wir inn der wüsten sterben? warumb hastu vns das gethan/das du vns aus Egypten geführet hast? Jsts nicht das das wir dir sagten inn Egypten/Höre auff/vnd las vns den Egyptern dienen/denn es were vns jhe besser den Egyptern dienen/denn inn der wüsten sterben. Mose sprach zum volck/Fürcht euch nicht/stehet fest/vnd sehet zu/was fur ein heil der HERR heut an euch thun wird/Denn diese Egypter/die jr heute sehet/werdet jr nimer mehr sehen ewiglich/der HERR wird fur euch streiten/vnd jr werdet stil da zu stehen.

(was schreiestu) Merck hie ein treflich exempel/wie der glaube kempfft/zappelt vnd schreiet jnn nöten/vnd ferligkeit/vnd wie er sich an Gottes wort blos helt/vñ von Gott trost empfehet/vnd vberwindt.

Der HERR sprach zu Mose/Was schreiestu zu mir? sage den kindern Jsrael/das sie zihen/Du aber heb deinen stab auff/vnd recke deine hand vber das meer/vnd teil es von einander/das die kinder Jsrael hinein gehen/mitten hin durch auff dem trocken/Sihe/ich wil das hertz der Egypter verstocken/das sie euch nachfolgen/So wil ich ehre einlegen/an dem Pharao/vnd an aller seiner macht/an seinen wagen vnd reutern/vnd die Egypter sollens jnnen werden/das ich der HERR bin/wenn ich ehre eingelegt habe an Pharao/vnd an seinen wagen vnd reutern.

Da erhub sich der Engel Gottes/der fur den gezelten Jsrael her zog/vnd macht sich hinder sie/vnd die wolckseule macht sich auch von jrem angesicht/vnd trat hinder sie/vnd kam zwisschen die gezelt der Egypter vnd Jsrael/Es war aber ein finster wolcken/vnd erleuchtet die nacht/das sie die gantze nacht/diese vnd jhene/nicht zu samen komen kundten.

(erleuchtet) Das ist/Es war ein wetterleuchten jnn der dicken wolcken.

Da nu Moses seine hand recket vber das meer/lies es der HERR hinweg faren/durch einen starcken Ostwind die gantze nacht/vnd macht das meer trocken/vnd die wasser teileten sich von einander/Vnd die kinder Jsrael giengen hinein/mitten jns meer auffm trocken/vnd das wasser war jnen fur mauren/zur rechten vnd zur lincken/Vnd die Egypter folgeten/vnd giengen hinein jnen nach/alle ross Pharao vnd wagen vnd reuter mitten jns meer.

Als nu die morgen wache kam/schawet der HERR auff der Egypter gezelte/aus der feurseulen vnd wolcken/vnd macht ein schrecken jnn jrem gezelte/vnd sties die reder von jren wagen/stürtzet sie mit vngestüm/Da sprachen die Egypter/Lasst vns fliehen von Jsrael/der HERR streitet fur sie widder die Egypter/Aber der HERR sprach zu Mose/Recke deine hand aus vber das meer/das das wasser widder her falle vber die Egypter/vber jr wagen vnd reuter.

Da recket Mose seine hand aus vber das meer/Vnd das meer kam widder fur morgens jnn seinen strom/vnd die Egypter flohen jm entgegen/Also stortzet sie der HERR mitten jns meer/das das wasser widder kam/vnd bedecket wagen vnd reuter/vnd alle macht des Pharao/die jnen nach gefolget waren jns meer/das nicht einer aus jnen vber bleib/Aber die kinder Jsrael giengen trocken mitten durchs meer/vnd das wasser war jnen fur mauren zur rechten vnd zur lincken.

Also halff der HERR Jsrael an dem tage/von der Egypter hand/Vnd sie sahen die Egypter todt am vfer des meers/vnd die grosse hand

die der

Mose. XLV.

die der HERR an den Egyptern erzeiget hatte/vnd das volck furchtet den HERRN/vnd gleubten an jn/vnd seinen knecht Mose.

XV.

DA sang Mose vnd die kinder Israel dis lied dem HER-
RN/vnd sprachen.

Ich wil dem HERRN singen/denn er hat eine
herliche that gethan/Ros vnd wagen hat er jnns meer
gestortzet.

Der HERR ist mein sterck vnd lobsang/ vnd ist mein Heil.

Das ist mein Gott/ich wil jn preisen/ Er ist meines vaters Gott/ ich wil jn erheben.

Der HERR ist der recht kriegs man/HERR ist sein name/ Die wagen Pharao vnd seine macht warff er jns meer.

Sein ausserwelten Heubtleut versuncken im schilff meer/ Die tieffe hat sie bedeckt/sie fielen zu grund wie die steine.

HERR deine rechte hand thut grosse wunder/HERR deine rechte hand hat die feinde zu schlagen.

Vnd mit deiner grossen herrligkeit hastu deine widderwertigen gesturtzt/Denn da du deinen grim auslissest/verzehret er sie wie stoppeln.

Durch dein blasen thetten sich die wasser auff/vnd die flut stunden auff hauffen/Die tieffe wallet von einander mitten im meer.

Der feind gedacht/Ich wil jnen nach jagen vnd erhasschen/vnd den raub austeilen/vnd mein mut an jnen külen.

Ich wil mein schwerd ausziehen/vnd mein hand sol sie vertilgen.

Da blies dein wind/vnd das meer bedeckt sie/Vnd suncken vnder wie bley/jnn mechtigem wasser.

HERR wer ist dir gleich vnter den Göttern? Wer ist dir gleich/ der so hehr vnd heilig/schrecklich/löblich vnd wunderthetig sey?

Da du deine rechte hand aus recktest/verschlang sie die erde/Du hast geleitet durch barmhertzigkeit dein volck/das du erlöset hast/vnd hast sie gefürt durch deine sterck/zu deiner heiligen wonung.

Da das die völcker höreten/erbebetē sie/angst kam die Philister an.

Da erschrocken die fürsten Edom/ zittern kam die gewaltigen Moab an/ Alle einwoner Canaan wurden feyg.

Las vber sie fallen erschrecken/vñ furcht durch deinen grossen arm/ das sie erstarren wie die steine/bis dein volck HERRE hindurch kome/bis das volck hindurch kome das du erworben hast.

Bringe sie hinein vnd pflantze sie auff dem berge deins erbteils/ den du HERR dir zur wonung gemacht hast/zu deinem Heiligthum HERre / das deine hand bereit hat.

Der HERR wird König sein jmer vnd ewig/Denn Pharao zog hinein jns meer mit rossen vnd wagen vnd reutern/vnd der HERR lies das meer widder vber sie fallen.

Aber die kinder Israel giengen trocken mitten durchs meer.

Vnd Mir Jam die prophetin Aarons schwester nam ein paucken jnn jre hand/vnd alle weiber folgeten jr nach hinaus mit paucken am reigen/Vnd Mir Jam sang jnen fur/Last vns dem HERRN singen/ denn er hat eine herliche that gethan/man vnd ross hat er jns meer gesturtzt.

Mose lies die kinder Israel ziehen vom schilff meer hinaus zu der wüsten Sur/vnd sie wanderten drey tag jnn der wüsten/das sie kein

D iij   wasser

Das Ander Buch

Mara heisst bitter vnd bedeut leiden vnd anfechtunge/ welche durch das creutz Christi/ im glauben auch süsse werden/Matt.xj. Weinioch ist süss.

wasser funden/ Da kamen sie gen Mara/ aber sie kundten des wassers zu Mara nicht trincken/ denn es war fast bitter/ Da her hies man den ort Mara/ Da murret das volck widder Mose/ vnd sprach/ was sollen wir trincken? Er schrey zu dem HERRN/ Vnd der HERR weiset jm einen baum/ den thet er ins wasser/ da ward es süss.

Da selbs stellet er jnen ein gesetz/ vnd ein recht/ vnd versucht sie/ vnd sprach/ Wirstu der stim des HERRN deines Gottes gehorchen/ vnd thun was recht ist fur jm/ vnd zu oren fassen seine gebot/ vnd halten alle seine Gesetz/ so wil ich der kranckheit keine auff dich legen/ die ich auff Egypten gelegt hab/ denn ich bin der HERR dein Artzt.

XVI.

Vnd sie kamen inn Elim/ da waren zwelff wasser brunnen/ vnd siebenzig palm beum/ vnd lagerten sich daselbs ans wasser. Von Elim zogen sie/ vnd kam die gantz Gemeine der kinder Israel inn die wüsten Sin/ die da ligt zwisschen Elim vnd Sinai/ am fünfftzehenden tage des andern monden/ nach dem sie aus Egypten land gezogen waren/ Vnd es murret die gantze Gemeine der kinder Israel wider Mosen vnd Aaron inn der wüsten/ vñ sprachen zu jnen/ Wolt Gott wir weren inn Egypten land gestorben/ durch des HERRN hand/ da wir bey den fleisch töpffen sassen/ vnd hatten die fülle brod zu essen/ Denn jr habt vns darumb ausgefürt inn diese wüsten/ das jr diese gantze Gemeine hungers sterben lasset.

Da sprach der HERR zu Mose/ Sihe/ ich wil euch brod von himel regenen lassen/ vnd das volck sol hinaus gehen/ vñ samlen teglich was es darff/ das ichs versuche/ obs inn meinem Gesetze wandele odder nicht/ Des sechsten tags aber sollen sie sich schicken/ das sie zwifeltig eintragen/ vber das sie teglich samlen.

Mose vnd

Mose. XLVI.

Mose vnd Aaron sprachen zu allen kindern Israel/ Am abent solt jr jnnen werden/ das euch der HERR aus Egypten land gefüret hat/ vnd des morgens werdet jr des HERRN herrligkeit sehen/ denn er hat ewr murren widder den HERRN gehört/ Was sind wir/ das jr widder vns murret? Weiter sprach Mose. Der HERR wird euch am abent fleisch zu essen geben/ vnd am morgen brods die fülle/ darumb das der HERR ewr murren gehöret hat/ das jr widder jn gemurret habt/ Denn was sind wir? Ewr murren ist nicht widder vns/ sondern widder den HERRN.

Vnd Mose sprach zu Aaron/ sage der gantzen Gemeine der kinder Israel/ kompt erbey fur den HERRN/ denn er hat ewr murren gehöret/ Vnd da Aaron also redet zu der gantzen Gemeine der kinder Israel/ wandten sie sich gegen der wüsten/ vnd sihe/ die herrligkeit des HERRN erschein jnn einer wolcken/ vnd der HERR sprach zu Mose/ Ich hab der kinder Israel murren gehöret/ sage jnen/ zwischen dem abent solt jr fleisch zu essen haben/ vnd am morgen brods sat werden/ vnd jnnen werden/ das ich der HERR ewr Gott bin.

Vnd am abent kamen wachteln erauff/ vnd bedeckten die gezelte/ vnd am morgen lag der taw vmb die gezelt her/ Vnd als der taw gefallen war/ sihe/ da lag etwas jnn der wüsten/ dünne vnd klein/ wie der reiffe auff dem land ist/ Vnd da es die kinder Israel sahen/ sprachen sie vnternander/ Das ist Man/ denn sie wusten nicht was es war/ Mose aber sprach zu jnen/ Es ist das brod/ das euch der HERR zu essen gegeben hat. Das ist aber/ das der HERR geboten hat/ Ein jglicher samle des/ so viel er fur sich essen mag/ vnd neme ein Gomor auff ein jglich heubt/ nach der zal der seelen jnn seiner hütten.

Vnd die kinder Israel thetten also/ vnd samleten/ einer viel der ander wenig/ Aber da mans mit dem Gomor mas/ fand der nicht drüber der viel gesamlet hatte/ vnd der nicht drunder der wenig gesamlet hatte/ sondern ein jglicher hatte gesamlet/ so viel er fur sich essen mocht. Vnd Mose sprach zu jnen/ Niemand las etwas dauon vber bis morgen/ Aber sie gehorchten Mose nicht/ vnd etlich liessen dauon vber bis morgen/ da wuchsen würme drinnen/ vnd ward stinckend/ vnd Mose ward zornig auff sie.

Sie samleten aber desselben alle morgen/ so viel ein jglicher fur sich essen mocht/ wen aber die sonne heis schien/ verschmeltzt es. Vnd des sechsten tags samleten sie des brods zwifeltig/ ja zwey Gomor fur einen. Vnd alle obersten der Gemeine kamen hinein vnd verkündigetens Mose/ Vnd er sprach zu jnen/ Das ists/ das der HERR gesagt hat/ morge ist der Sabbat der heiligen ruge des HERRN/ was jr backen wolt das backet/ vnd was jr kochen wolt das kochet/ was aber vbrig ist/ das lasset bleiben/ das es behalten werde bis morgen/ Vnd sie liessens bleiben bis morgen/ wie Mose geboten hatte/ da wards nicht stinckend/ vnd war auch kein wurm drinnen/ Da sprach Mose/ Esset das heute/ denn es ist heute der Sabbath des HERRN/ jr werdets heute nicht finden auff dem felde. Sechs tage solt jrs samlen/ aber der siebend tag ist der Sabbath/ darinnen wirds nicht sein.

Aber am siebenden tage giengen etlich vom volck hinaus zu samlen/ vnd funden nichts/ Da sprach der HERR zu Mose/ wie lange wegert jr euch/ zu halten mein gebot vnd Gesetz? Sehet/ der HERR hat euch den Sabbath gegeben/ darumb gibt er euch am sechsten tag/

Man/ heisst auff Ebreisch ein gabe/ bedeut das vns das Euangelion/ on vnser verdienst vnd gedancken/ aus lauter gnaden von himel geben wird/ wie dis Man auch geben ward.

D iiij　　zweier

Das Ander Buch

zweier tage brod/So bleibe nu ein jglicher jnn dem seinen/vnd niemand gehe eraus von seinem ort des siebenden tages/Also feierte das volck des siebenden tags/Vnd das haus Israel hies es Man/vnd es war wie Coriander samen vnd weis/vnd hatte einen schmack/wie semlen mit honig.

Vnd Mose sprach/das ists/das der HERR geboten hat/Fülle ein Gomor dauon/zu behalten auff ewr nachkomen/auff das man sehe das brod/da mit ich euch gespeiset habe/jnn der wüsten/da ich euch aus Egypten land fürte. Vnd Mose sprach zu Aaron/Nim ein krüglin vnd thu ein Gomor vol Man drein/vnd las es fur dem HERRN/zu behalten auff ewre nachkomen/wie der HERR Mose geboten hat/Also lies es Aaron daselbs fur dem Zeugnis zu behalten.

(Zeugnis) Das ist/An dem ort da man opffert vnd betet/vnd der predig stuel war/ehe die Hütten waren gemacht.

Vnd die kinder Israel assen Man viertzig jar/bis das sie zu dem lande kamen/da sie wonen solten/bis an die grentz des lands Canaan assen sie Man/Ein Gomor aber/ist das zehende teil eins Epha.

XVII.

Nd die gantze Gemeine der kinder Israel/zoch aus der wüsten Sin/jre tage reise/wie jnen der HERR befalh/vnd lagerten sich jnn Raphidim/da hatte das volck kein wasser zu trincken/Vnd sie zanckten mit Mose vnd sprachen/gebt vns wasser/das wir trincken/Mose sprach zu jnen/was zancket jr mit mir? warumb versucht jr den HERRN? Da aber das volck da selbs durstet nach wasser/murreten sie widder Mose/vnd sprachen/Warumb hastu vns lassen aus Egypten zihen/das du vns/vnser kinder vnd viehe durst sterben liessest?

Mose schrey zum HERRN/vnd sprach/wie sol ich mit dem volck thun? Es feilet nicht weit/sie werden mich noch steinige/Der HERR sprach zu jm/Gehe vorhin fur dem volck/vnd nim etlich Eltesten von Israel mit dir/vnd nim deinen stab jnn deine hand/da mit du das wasser schlügest/vnd gehe hin/Sihe/ich wil daselbs stehen fur dir auff einem fels jnn Horeb/da soltu den fels schlahen/so wird wasser eraus lauffen/das das volck trincke/Mose thet also fur den Eltesten von Israel/Da hies man den ort/Massa Meriba/vmb des zancks willen der kinder Israel/vnd das sie den HERRN versucht vnd gesagt hatten/Ist der HERR vnter vns odder nicht?

Massa heist versuchung/Meriba heisst zanck.

Da kam Amalek/vnd streit widder Israel jnn Raphidim/Vnd Mose sprach zu Josua/Erwele vns menner/zeuch aus vnd streite widder Amalek/morgen wil ich auff des hügels spitzen stehen/vnd den stab Gottes jnn meiner hand haben/Vnd Josua thet wie Mose jm saget/das er widder Amalek stritte/Mose aber vnd Aaron vnd Hur giengen auff die spitzen des hügels/vnd die weil Mose seine hende empor hielt/siegte Israel/wenn er aber seine hende nider lies/siegte Amalek.

Aber die hende Mose waren schweer/darumb namen sie ein stein vñ legten vnter jn/das er sich drauff satzt/Aaron aber vnd Hur vnterhielten jm seine hende/auff jglicher seiten einer/Also blieben seine hend steiff/bis die sonne vnter gieng/Vnd Josua dempffet den Amalek vnd sein volck/durch des schwerts scherffe.

Vnd der HERR sprach zu Mose/Schreibe das zum gedechtnis jnn ein buch/vnd befilhs jnn die oren Josua/Denn ich wil den Amalek vnter dem himel aus tilgen/das man sein nicht mehr gedencke/Vnd Mose bawet einen Altar/vnd hies jn/der HERR Nissi

Mose. XLVII.

Nissi/ denn er sprach/ der streit des HERRN widder Amalek wird sein durch eine hand vnter Gottes schutz von kind zu kinds kind.

Nissi/ Das heisst/ mein sieg.

XVIII.

VNd da Jethro der priester jnn Midian Moses schwager höret/ alles was Gott gethan hatte mit Mose vnd seinem volck Israel/ das der HERR Israel hette aus Egypten gefurt/ nam er Zipora Moses weib/ die er hatte zu ruck gesand/ sampt jren zween sönen/ der einer hies Gerson/ denn er sprach/ Ich bin ein gast worden jnn frembden landen/ vnd der ander Elieser/ denn er sprach/ Gott meines vaters ist mein hülffe gewesen/ vnd hat mich errett von dem schwerd Pharao.

Da nu Jethro Moses schwager vnd seine söne vnd sein weib zu jm kamen jnn die wüsten/ an den berg Gottes/ da er das gezelt auff geschlagen hatte/ lies er Mose sagen/ Ich Jethro dein schwager bin zu dir komen/ vnd dein weib vnd jr beide söne mit jr/ Da gieng jm Mose entgegen hinaus/ vnd neigt sich fur jm vnd küsset jn/ Vnd da sie sich vnternander gegrüsset hatten/ giengen sie jnn die hütten.

Da erzelet Mose seinem schwager alles / was der HERR Pharao vnd den Egyptern gethan hatte Israels halben/ vnd alle die mühe die jnen auff dem wege begegnet war/ vnd das sie der HERR errettet hette. Jethro aber frewet sich alle des guten/ das der HERR Israel gethan hatte/ das er sie errettet hatte von der Egypter hand. Vnd Jethro sprach/ Gelobt sey der HERR/ der euch errett hat von der Egypter vñ Pharao hand/ der weis sein volck von Egypten hand zu erretten / Nu weis ich/ das der HERR grösser ist denn alle Götter/ darumb das sie hohmut an jnen geübt haben/ Vnd Jethro Moses schwager nam brandopffer vnd opfferte Gott/ Da kam Aaron vnd alle Eltesten jnn Israel mit Moses schwager / das brod zu essen fur Gott.

Des andern morgen satzt sich Mose/ das volck zu richten / vnd das volck stund vmb Mose her/ von morgen an bis zu abent/ Da aber sein schwager sahe/ alles was er mit dem volck thet/ sprach er/ Was ists das du thust mit dem volck? warumb sitzestu allein/ vnd alles volck stehet vmb dich her von morgen an bis zu abent? Mose antwort jm/ das volck kompt zu mir/ vnd fragen Gott vmb rat/ denn wo sie was zu schaffen haben/ komen sie zu mir/ das ich richte zwisschen einem jglichem vnd seinem nehesten/ vnd zeige jnen Gottes recht/ vnd seine Gesetz.

Sein schwager sprach zu jm/ Es ist nicht gut das du thust/ du thust nerrisch/ dazu das volck auch das mit dir ist / das geschefte ist dir zu schweer/ du kansts allein nicht ausrichtē/ Aber gehorche meiner stim/ ich wil dir raten/ vnd Gott wird mit dir sein/ Pflege du des volcks fur Gott/ vnd bringe die geschefte fur Gott/ vnd stelle jnen rechte vnd gesetze/ das du sie lerest den weg darinn sie wandeln/ vnd die werck die sie thun sollen.

Sihe dich aber vmb vnter allem volck nach redlichen leuten/ die Gott fürchten/ warhafftig/ vnd dem geitz feind sind/ die setze vber sie/ etlich vber tausent/ vber hundert/ vber fünffzig/ vnd vber zehen/ das sie das volck allezeit richten/ Wo aber ein grosse sache ist/ das sie die selb an dich bringen/ vnd sie alle geringe sachen richten/ so wird dirs leichter werden/ vnd sie mit dir tragen/ Wirstu das thun/ so kanstu ausrichten was dir Gott gebeut/ vnd alle dis volck kan mit frieden an seinen ort komen. Mose

Das Ander Buch

Mose gehorcht seins schwagers wort/vnd thet alles was er saget/vnd erwelet redliche leute/aus gantzem Jsrael/vnd macht sie zu heubter vber das volck/etlich vber tausent/vber hundert/vber funfftzig/vnd vber zehen/das sie das volck alle zeit richten/was aber schwere sachen weren/zu Mose brechten/vnd die kleinen sachen sie richten/Also lies Mose seinen schwager jnn sein land zihen.

XIX.

JM dritten mond nach dem ausgang der kinder Jsrael aus Egypten land/kamen sie dieses tages jnn die wüsten Sinai/denn sie waren aus gezogen von Raphidim vnd wolten jnn die wüsten Sinai/vnd lagerten sich jnn der wüsten da selbs/gegen dem berg/vnd Mose steig hin auff zu Gott.

Vnd der HERR rieff jm vom berge/vnd sprach/So soltu sagen zu dem hause Jacob/vnd verkündigen den kindern Jsrael/Jr habt gesehen/was ich den Egyptern gethan habe/vnd wie ich euch getragen habe auff Adeler flügeln/vnd hab euch zu mir bracht. Werdet jr nu meiner stim gehorchen/vnd meinen bund halten/so solt jr mein eigenthum sein fur allen völckern/Denn die ganze erde ist mein/Vnd jr solt mir ein priesterlich Königreich/vnd ein heiliges volck sein. Das sind die wort die du den kindern Jsrael sagen solt.

Mose kam vnd foddert die Eltesten im volck/vnd legt jnen alle diese wort fur/die der HERR gebotten hatte/vnd alles volck antwort zu gleich/vnd sprachen/Alles was der HERR geredt hat/wöllen wir thun/Vnd Mose sagt die rede des volcks dem HERRN wider. Vnd der HERR sprach zu Mose/Sihe/ich wil zu dir komen jnn einer dicken wolcken/auff das dis volck meine wort höre/die ich mit dir rede/vnd gleube dir ewiglich. Vnd Mose verkündigt dem HERRN die rede des volcks.

Der HERR sprach zu Mose/Gehe hin zum volck vnd heilige sie heut vnd morgen/das sie jre kleider waschen vnd bereit seien auff den dritten tag/Denn am dritten tage wird der HERR fur allem volck erab faren auff den berg Sinai/vnd stecke zeichen vmb das volck her/vnd sprich zu jnen/Hüttet euch/das jr nicht auff den berg steiget noch sein ende anrüret/Denn wer den berg anrüret/sol des tods sterben/keine hand sol jn anrüren/sondern er sol gesteinigt odder mit geschos erschossen werden/Es sey ein thier odder mensch/so sol er nicht leben. Wenn es lange dohnen wird/so sollen sie an den berg gehen.

Mose steig vom berge zum volck/vnd heiliget sie/vnd sie wusschen jre kleider/Vnd er sprach zu jnen/seit bereid auff den dritten tag/vnd keiner nahe sich zum weibe. Als nu der dritte tag kam/vnd morgen war/da hub sich ein donnern vnd blixen/vnd ein dicke wolcken auff dem berge/vnd ein dohn einer seer starcken posaunen. Das gantz volck aber das im lager war/erschrack. Vnd Mose furet das volck aus dem lager/Gotte entgegen/Vnd sie tratten vnden an den berg.

Der gantze berg aber Sinai rauchet/darumb das der HERR herab auff den berg fure/mit fewr/Vnd sein rauch gieng auff wie ein
rauch

Mose. XLVIII.

rauch vom ofen/das der gantze berg seer bebete/ vnd der posaunen dohn ward jmer stercker/Mose redet/vnd Gott antwortet jm laut. Als nu der HERR ernidder komen war auff den berg Sinai/ oben auff seine spitzen/foddert er Mose/ oben auff die spitze des bergs/Vnd Mose steig hinauff.

Da sprach der HERR zu jm/Steig hinab vnd zeuge dem volck/ das sie nicht erzu brechen zum HERRN/ das sie jn sehen/ vnd viel aus jnen fallen/Dazu die priester die zum HERRN nahen/ sollen sich heiligen/ das sie der HERR nicht zu schmettere/ Mose aber sprach zum HERRN/Das volck kan nicht auff den berg Sinai steigen/denn du hast vns bezeuget/vnd gesagt/ steck zeichen vmb den berg vnd heilige jn.

Vnd der HERR sprach zu jm/Gehe hin/steige hinab/Du vnd Aaron mir dir/solt erauff steigen/Aber die priester vnd das volck sollen nicht er zu brechen/das sie hin auff steigen zu dem HERRN/das er sie nicht zuschmettere/ Vnd Mose steig herunter zum volck vnd sagts jnen.

XX.

Nd Gott redte alle diese wort. Ich bin der HERR dein Gott/der ich dich aus Egypten land aus dem dienst hause gefürt habe. Du solt kein ander Götter neben mir haben/Du solt dir kein bildnis noch jrgent ein gleichnis machen/wedder des das oben im himel/ noch des das vnden auff erden/ odder des das im wasser vnter der erden ist. Bete sie nicht an/ vnd diene jn nicht/ Denn ich der HERR dein Gott/bin ein starcker eyverer/ der da heimsucht der veter missethat an den kindern/bis jnn das dritte vnd vierde glied/die mich hassen/Vnd thu barmhertzigkeit an viel tausenten/die mich lieb haben/ vnd meine Gebot halten.

Du solt den namen des HERRN deines Gottes nicht missbrauchen/denn der HERR wird den nicht vngestrafft lassen/der seinen namen misbraucht.

Gedenckt des Sabbaths tags/das du jn heiligest/ Sechs tage soltu erbeiten/vnd alle deine werck thun / Aber am siebenden tage ist der Sabbath des HERRN deines Gottes/da soltu kein erbeit thun/ noch dein son noch dein tochter/noch dein knecht/ noch dein magd/ noch dein vieh/noch dein frembdlinger/ der jnn deinen thoren ist/ Denn sechs tage hat der HERR himel vnd erden gemacht/vnd das meer vnd alles was drinnen ist/vnd rugete am siebenden tage / Darumb segnet der HERR den Sabbath tag/vnd heiliget jn.

(deine werck) Das ist/was du zu thun hast.

Du solt dein vater vnd deine mutter ehren/auff das du lange lebest/im lande das dir der HERR dein Gott geben wird.

Du solt nicht tödten.

Du solt nicht ehebrechen.

Du solt nicht stelen.

Du solt kein falsch zeugnis reden widder deinen nehesten.

Las dich nicht gelüsten deines nehesten haus.

Las dich nicht gelüsten deines nehesten weibes/noch seines knechts/noch seiner magd/noch seines ochsen/ noch seines esels/ noch alles das dein nehester hat.

Vnd al

Das Ander Buch

Vnd alles volck sahe den donner vnd blix/vnd den dhon der posaunen/vnd den berg rauchen/vnd furcht sich/vnd flohen/vnd tratten von ferne/vnd sprachen zu Mose/Rede du mit vns/wir wollen gehorchen/vnd las Gott nicht mit vns reden / wir mochten sonst sterben. Mose aber sprach zum volck/furchtet euch nicht/denn Got ist komen/ das er euch versuchte/vnd das seine furcht euch fur augen were/das jr nicht sundiget.

Also trat das volck von ferne / aber Mose macht sich hinzu ins tunckel/da Gott jnnen war/Vnd der HERR sprach zu im / Also soltu den kindern Israel sagen/jr habt gesehen/das ich mit euch vom himel gered habe/darumb solt jr nichts neben mir machen/silbern vnd güldene Götter / solt jr nicht machen. Einen altar von erden mache mir/darauff du dein brandopffer vnd danckopffer/ dein schaff vnd rinder opfferst. Denn an welchem ort . Ich meines namen gedechtnis stifften werde/da wil ich zu dir komen/vnd dich segenen.

Vnd so du mir einen steinern altar wilt machen/soltu jn nicht von gehawen steinen bawen/denn wo du mit deim messer drüber ferest/so wirstu jn entweihen/Du solt auch nicht auff stuffen zu meinem altar steigen/das nicht deine schame auff gedeckt werde fur jm.

XXI.

DIs sind die Rechte die du jnen solt furlegen. So du einen Ebreischen knecht keuffest/der sol dir sechs iar dienen/ im siebenden iar sol er frey ledig ausgehen/Ist er alleine komen/so sol er auch alleine ausgehen/ist er aber ehlich komen/so sol sein weib mit jm ausgehen. Hat jm aber sein herr ein weib gegeben/vnd hat söne odder töchter gezeuget/so sol das weib vnd die kinder seins herrn sein/er aber sol alleine ausgehen/Spricht aber der knecht/ich hab meinen herrn lieb/ vnd mein weib vnd kind/ich wil nicht frey werden / so bring jn sein herr fur die Götter/vnd halt jn an die thür odder pfosten/vnd bore jm mit einer pfrimen durch sein ore/ vnd er sey sein knecht ewig.

Verkeufft jemand seine tochter zur magd/so sol sie nicht ausgehen wie die knechte/Gefellet sie aber jrem herrn nicht/vnd hat sie niemand vertrawet/sol er sie zu losen geben/aber vnter ein frembd volck sie zuuerkeuffen hat er nicht macht/weil er sie verschmecht hat/Vertrawet er sie aber seinem son/so sol er tochter recht an jr thun/Gibt er jm aber ein andere/so sol er jr an jrem futter/decke vnd eheschuld nicht abbrechen. Thut er diese drey nicht/so sol sie frey ausgehen / vnd nichts bezalen.

Wer ein mensch schlegt das er stirbt / der sol des tods sterben/ Hat er jm aber nicht nach gestellet/sondern Gott hat jn lassen ongefehr jnn sein hend fallen/so wil ich dir ein ort bestimmen/dahin er fliehen sol/Wo aber jemand an seinem nehesten freuelt/vnd jn mit list erwürget/so soltu den selben von meinem Altar nemen/das man jn tödte. Wer sein vater odder mutter schlegt/sol des tods sterben.

Wer ein menschen stilet vnd verkeufft/das man jn bey jm findet/ der sol des tods sterben.

Wer vater

Mose. XLIX.

Wer vater vnd mutter flucht / sol des tods sterben. Wenn sich menner miteinander haddern / vnd einer schlegt den andern mit eim stein odder mit einer faust / das er nicht stirbt / sondern zu bette ligt / kompt er auff / das er aus gehet an seinem stabe / so sol der jn schlug / vnschüldig sein / on das er jm bezale / was er verseumet hat / vnd das artzt gelt gebe.

Wer seinen knecht odder magd schlegt mit eim stabe / das er stirbt vnter seinen henden / der sol darumb gestrafft werden / Bleibt er aber einen odder zween tage / so sol er nicht darumb gestrafft werden / denn es ist sein geld.

Wenn sich menner haddern vnd verletzen ein schwanger weib / das jr die frucht abgehet / vnd jr kein schade widderferet / so sol man jn vmb geld straffen / wie viel des weibs man jm auff legt / vnd sols geben nach der teidings leute erkennen. Kompt jr aber ein schaden draus / so sol er lassen / seel vmb seel / auge vmb auge / zan vmb zan / hand vmb hand / fus vmb fus / brand vmb brand / wund vmb wunde / beule vmb beule.

Wenn jemand seinen knecht odder seine magd jnn ein auge schlegt / vnd verterbts / der sol sie frey los lassen / vmb das auge / Desselben gleichen / wenn er seinem knecht odder magd ein zan aus schlegt / sol er sie frey los lassen vmb den zan.

Wenn ein ochse einen man odder weib stösset / das er stirbt / so sol man den ochsen steinigen / vnd sein fleisch nicht essen / so ist der herr des ochsen vnschüldig / Ist aber der ochs vorhin stössig gewesen / vnd seinem herrn ists angesagt / vnd er jn nicht verwaret hat / vnd tödtet darüber einen man odder weib / so sol man den ochsen steinigen / vnd sein herr sol sterben / Wird man aber ein geld auff jn legen / so sol er geben sein leben zu lösen / was man jm auff legt. Desselben gleichen sol man mit jm handeln / wenn er son odder tochter stösset. Stösset er aber einen knecht odder magd / so sol er jrem herrn dreissig silbern Sekel geben / vnd den ochsen sol man steinigen.

So jemand eine gruben auffthut odder grebt eine grube / vnd decket sie nicht zu / vnd fellet darüber ein ochs odder esel hinein / so sols der herr der gruben mit geld / dem andern widder bezalen / das ass aber sol sein sein.

Wenn jemands ochse eins andern ochsen stösset / das er stirbt / so sollen sie den lebendigen ochsen verkeuffen / vnd das gelt teilen / vnd das ass auch teilen. Ists aber kund gewesen / das der ochs stössig vorhin gewesen ist / vnd sein herr hat jn nicht verwaret / so sol er einen ochsen vmb den andern vergelten / vnd das ass haben.

XXII.

Enn jemand einen ochsen odder schaf stilet / vnd schlachts odder verkeuffts / der sol fünff ochsen fur einen ochsen widder geben / vnd vier schaf fur ein schaf.

Wenn ein dieb ergriffen wird / das er einbricht / vnd wird drob geschlagen / das er stirbt / so sol man kein blut gericht vber jhenen lassen gehen / Ist aber die sonne vber jn auff gegangen / so sol man das blut gericht gehen lassen.

J Es sol

Das Ander Buch

Es sol aber ein dieb widder statten / Hat er nichts / so verkeuff man jn vmb seinen diebstal / Find man aber bey jm den diebstal lebendig / es sey ochsen / esel odder schaf / so sol ers zwifeltig widder geben.

Wenn jemand einen acker odder weinberg beschedigt / das er sein vieh lesset schaden thun / jnn eines andern acker / der sol von dem besten auff seinem acker vnd weinberge widder statten.

Wenn ein fewr aus kompt / vnd ergreifft die dornen / vnd verbrend die garben odder getreide das noch stehet / odder den acker / sol der widder statten / der das fewr angezündet hat.

Wenn jemand seinem nehesten geld odder geredte zu behalten thut / vñ wird dem selbigen aus seinem hause gestolen / findet man den dieb / so sol ers zwifeltig widder geben / findet man aber den dieb nicht / so sol man den hauswirt fur die Götter bringen / ob er nicht seine hand habe an seines nehesten habe gelegt.

Götter heissen die Richter / darumb das sie an Gottes stat / nach Gottes Gesetz vnd wort / nicht nach eigen düncke richten vñ regirn musten / wie Christus zeugt / Johan. x.

Wo einer den andern schuldigt vmb einicherley vnrecht / es sey vmb ochsen / odder esel / odder schaf / odder kleider / odder allerley das verloren ist / so sollen beider sache fur die Götter komen / welchen die Götter verdamnen / der sols zwifeltig seinem nehesten widder geben.

Wenn jemand seinem nehesten / esel odder ochsen odder schaf / odder jrgent ein vieh zu behalten thut / vnd stirbt jm / odder wird beschedigt / odder wird jm weg getrieben / das niemand sihet / so sol mans vnter jnen auff einen eid bey dem HERRN komen lassen / ob er nicht hab seine hand / an seines nehesten habe gelegt / Vnd des guts herr sols annemen / das jhener nicht bezalen müsse / Stilets jm aber ein dieb / so sol ers seinem herrn bezalen / Wirds aber zu rissen / sol er zeugnis dauon bringen / vnd nicht bezalen.

Wens jemand von seinem nehesten entlehnet / vnd wird beschedigt odder stirbt / das sein herr nicht da bey ist / so sol ers bezalen / Ist aber sein herr da bey / sol ers nicht bezalen / so ers vmb sein gelt gedingt hat.

Wenn jemand eine jungfraw bered / die noch nicht vertrawet ist / vnd beschlefft sie / der sol jr geben jr morgen gab / vnd sie zum weibe haben / Wegert sich aber jr vater sie jm zu geben / sol er geld dar wegen / wie viel einer jungfrawen zur morgen gabe gebürt.

Die Zeuberinnen soltu nicht leben lassen. Wer ein vieh beschlefft / der sol des tods sterben. Wer den Göttern opffert / on dem HERRN allein / der sey verbannet / Die frembdlinge soltu nicht schinden / noch vnterdrücken / denn jr seid auch frembdlinge jnn Egypten land gewesen.

Ir solt keine Widwin vnd Waisen beleidigen / wirstu sie beleidigen / so werden sie zu mir schreien / vnd ich werde jr schreien erhören / So wird mein zorn ergrimmen / das ich euch mit dem schwerd tödte / vnd ewr weiber Widwin / vnd ewr kinder Waisen werden.

Wenn du geld leihest meinem volck das arm ist bey dir / soltu dich nicht als ein wucherer gegen jm halten / vnd keinen wucher auff jn treiben.

Wenn du

Mose. L.

Wenn du von deinem nehesten ein kleid zum pfande nimpst/ soltu es jm widder geben/ ehe die Sonn vnter gehet/ Denn sein kleid ist sein einige decke seiner haut/ darinn er schlefft. Wird er aber zu mir schreien/ so werd ich jn erhören/ denn ich bin gnedig.

Den Göttern soltu nicht fluchen/ vnd den Obersten jnn deinem volck/ soltu nicht lestern.

Deine fülle vnd threnen soltu nicht verzihen/ Deinen ersten son soltu mir geben/ So soltu auch thun mit deinen ochsen vnd schafe/ Sieben tag las es bey seiner mutter sein/ am achten tage/ soltu mirs geben.

Jr solt heilige leute fur mir sein. Darumb solt jr kein fleisch essen/ das auff dem felde von thieren zu rissen ist/ sondern fur die hunde werffen.

fülle heisst er alle harte früchte/ als da sind/ korn/ gersten/ öpffel/ birn/ da man speise von macht/ Threnen heist er alle weich/ früchte/ da man safft/ vnd tranck von macht/ Als da sind/ weindrauben öle.

XXIII.

DV solt böser nachrede nicht glenben/ das du ein Gottlosen bey stand thuest/ vnd ein falscher zeuge seiest.

Du solt nicht folgen der menge zum bösen/ vnd nicht antworten fur gericht/ das du der menge nach/ vom rechten weichest.

Du solt den geringen nicht schmücken jnn seiner sache.

Wenn du deines feinds ochsen odder esel begegnest/ das er jrret/ so soltu jm den selben widder zu füren.

Wenn du des/ der dich hasset/ esel sihest/ vnter seiner last ligen/ soltu jn nicht lassen/ sondern solt jm auff helffen.

Du solt das recht deines armen nicht beugen jnn seiner sache.

Sey ferne von falschen sachen. Den vnschuldigen vnd gerechten soltu nicht erwürgen/ den ich leides nicht/ das der Gottlose solle recht haben.

Du solt nicht geschenck nemen/ denn geschenck machen die sehenden blind/ vnd verkeren die sachen der gerechten.

Die frembdlingen solt jr nicht vnterdrucken/ denn jr wisset vmb der frembdlingen hertz/ die weil jr auch seid frembdlinge jnn Egypten land gewesen.

Sechs iar soltu dein land beseen/ vnd seine früchte einsamlen/ im siebenden iar soltu es rugen vnd liegen lassen/ das die armen vnter deinem volck dauon essen/ vnd was vberbleibt/ las das wild auff dem feld essen/ Also soltu auch thun mit deim weinberge vnd öleberge.

Sechs tage soltu dein erbeit thun/ aber des siebenden tags soltu feiren/ auff das dein ochs vnd esel rugen/ vnd deiner magd son vnd frembdling sich erquicken.

Alles was ich euch gesagt hab/ das haltet/ Vnd anderer Götter namen solt jr nicht gedencken/ vnd aus ewrem munde sollen sie nicht gehöret werden.

Drey mal solt jr mir Fest halten im iar/ Nemlich das Fest der vngesewrten brod soltu halten/ das du sieben tage vngesewrt brod essest/ (wie ich dir geboten hab) vmb die zeit des Monden Abib/ denn jnn dem selben bistu aus Egypten gezogen/ Erscheinet aber nicht leer fur mir/

(Drey mal) Das ist/ das Osterfest im April/ pfingsten im Brachmond/ vnd das Lauberhütten fest im Weinmond/ da von lies am xxiij. cap. des dritten Buchs.

J ij

Das Ander Buch

Des iars ausgang heisst er/den wein mond/das als desi aus ist mit frucht waschen vnd samlen.

Das blut etc. das ist/du solt das Osterlamb nicht opffern/ehe denn all gesewrt brod aus deinem hause kompt.

mir/Vnd das fest der ersten erndten der fruchte die du auff dem felde geseet hast. Vnd das Fest der einsamlung im ausgang des iars/wenn du dein erbeit eingesamlet hast vom felde.

Drey mal im iar sollen erscheinen fur dem HERRN dem herscher / alle mansbilde.

Du solt das blut meines Opffers nicht neben dem sawerteig opffern.

Vnd das fette von meinem Fest/sol nicht bleiben bis auff morgen.

Das erstling/von der ersten frucht auff deinem feld/soltu bringen inn das haus des HERRN deines Gottes/Vnd solt das böcklin nicht kochen/die weil es an seiner mutter milch ist.

Sihe/ich sende einen Engel fur dir her/der dich behute auff dem wege/vnd bringe dich an den ort/den ich bereit habe/Darumb hut dich fur seinem angesicht/vnd gehorche seiner stim/vnd erbittere jn nicht/denn er wird ewr vbertretten nicht vergeben / vnd mein name ist inn jm. Wirstu aber seine stim hören/vnd thun alles was ich dir sagen werde/so wil ich deiner feinde feind/vnd deinen widderwertigen widderwertiger sein.

Wenn nu mein Engel fur dir her gehet/vnd dich bringet an die Amoriter/Vethiter/Pheresiter/Cananiter/Veuiter vnd Jebusiter/ vnd ich sie vertilge/so soltu jre Götter nicht anbeten/noch jnen dienen/ vnd nicht thun wie sie thun/sondern du solt jre Götzen vmbreissen vnd zubrechen/Aber dem HERRN ewrem Gott solt jr dienen/so wird er dein brod/vnd dein wasser segenen/vnd ich wil alle kranckheit von dir wenden. Vnd sol kein einsames/noch vnfruchtbars sein inn deinem lande/vn wil dich lassen alt werden/Ich wil mein schrecken fur dir her senden/vnd alles volck verzagt machen/da hin du kompst/vnd wil dir geben alle deine feinde inn die flucht/Ich wil hornissen fur dir her senden/die fur dir heraus jagen die Veuiter/Cananither/vnd Vethiter.

Ich wil sie nicht auff ein iar aus stossen fur dir / auff das nicht das land wüst werde/vnd sich wilde thier widder dich mehren/Einzelen nach einander/wil ich sie fur dir her ausstossen / bis das du wechsest/vnd das land besitzest/Vnd wil deine grentzen setzen/das schilff meer/vnd das Philister meer/vnd die wüsten bis an das Wasser/Denn ich wil dir inn deine hand geben die einwoner des lands/das du sie solt ausstossen fur dir her / Du solt mit jnen odder mit jren Göttern keinen bund machen/sondern las sie nicht wonen inn deinem lande/das sie dich nicht verfuren widder mich/Denn wo du jren Göttern dienst/ wird dirs zum ergernis geraten.

XXIIII.

a (einer stim) Das Gesetz zwinget wol eusserlich/ einerley zu sagen odder geloben/ aber das hertz ist nicht da / drumb ist hie des volcks wol eine stim/aber kein hertz.

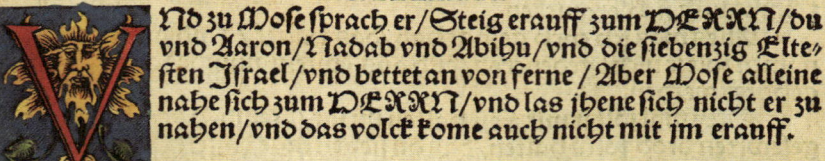

Vnd zu Mose sprach er/Steig erauff zum HERRN/du vnd Aaron/Nadab vnd Abihu/vnd die siebenzig Eltesten Israel/vnd bettet an von ferne / Aber Mose alleine nahe sich zum HERRN/vnd las jhene sich nicht er zu nahen/vnd das volck kome auch nicht mit jm erauff.

Mose kam vnd erzelet dem volck alle wort des HERRN/vnd alle rechte/Da antwort alles volck mit ᵃ einer stim/vnd sprachen/ Alle

Mose. LI.

Alle wort/die der HERR gesagt hat/wöllen wir thun.

Da schreib Mose alle wort des HERRN/vnd macht sich des morgens frue auff/vnd bawet einen altar vnden am berge/mit zwelff seulen nach den zwelff stemmen Jsrael/Vnd sandte hin jüngling aus den kindern Jsrael/das sie brandopffer drauff opfferten/vnd danck opffer dem HERRN von farren.

Vnd Mose nam die helffte des bluts/vnd thets jnn ein becken/ die ander helfft sprenget er auff den altar/Vnd nam das Buch des bunds/vnd las es fur den oren des volcks/vnd da sie sprachen/alles was der HERR gesagt hat/wöllen wir thun vnd gehorchen/Da nam Mose das blut/vnd sprenget das volck damit/vnd sprach/Sehet/ das ist blut des bunds/den der HERR mit euch macht vber allen diesen worten.

Da stiegen Mose/Aaron/Nadab vnd Abihu/vnd die siebenzig Eltesten Jsrael hinauff/vnd sahen den Gott Jsrael/Vnter seinen füssen war es/wie ein schöner Sapphir/vnd wie die gestalt des himels/ wens klar ist/Vnd er lies seine hand nicht vber die selben Obersten jnn Jsrael/Vnd da sie Gott geschawet hatten/assen vnd truncken sie.

(seine hand) Er schrecket sie nicht/mit donner vñ blitz/wie zuuor das volck erschreckt ward. ca.xx.

Vnd der HERR sprach zu Mose/Kom erauff zu mir auff den berg/vnd bleib daselbs/das ich dir gebe steinern taffeln/vnd Gesetz vnd Gebot/die ich geschrieben habe/die du sie leren solt. Da macht sich Mose auff vnd sein diener Josua/vnd steig auff den berg Gottes/ vnd sprach zu den Eltesten/Bleibt hie/bis wir widder zu euch komen/ Sihe/Aaron vnd Hur sind bey euch/Hat jemand eine sache/der kome fur die selben.

Da nu Mose auff den berg kam/bedeckt eine wolcken den berg/ vnd die herligkeit des HERRN wonete auff dem berge Sinai/vnd decket jn mit der wolcken sechs tage/vnd rieff Mose am siebenden tage aus der wolcken. Vnd das ansahen der herligkeit des HERRN war wie ein verzerend fewr/auff der spitze des bergs/fur den kindern Jsrael.Vnd Mose gieng mitten jnn die wolcken/vnd steig auff den berg/vnd bleib auff dem berge vierzig tage vnd vierzig nacht.

XXV.

VNd der HERR redet mit Mose/vnd sprach/Sage den kindern Jsrael/das sie mir ein Hebopffer geben/vnd nemet die selben von jderman/der es williglich gibt. Das ist aber das Hebopffer/das jr von jnen nemen solt. Gold/ silber/ertz/gele seiden/scharlacken/rosinrot/zigen har/ rödlicht widder fel/dachs fel/foern holtz/öle zu lampen/specerey zur salben vnd gutem Reuchwerck/Onychstein vnd eingefasste steine/zum Leibrock vnd zum Schiltlin.

Vnd sie sollen mir ein Heiligthum machen/das ich vnter jnen wone/Wie ich dir ein fur bilde der Wonung vnd alles seins gerets zeigen werde/so solt jrs machen.

Machet ein Lade von foern holtz/drithalb ellen sol die lenge sein/ anderhalb ellen die breite/vnd anderhalb ellen die höhe/vnd solt sie mit feinem gold vber ziehen/jnnwendig vnd auswendig/Vnd mache einen gülden krantz oben vmbher/vnd geus vier gülden ringe/vnd

J ij mach sie

Das Ander Buch

mache sie an jre vier ecken/also das zween ring seien auff einer seiten/ vnd zween auff der ander seiten. Vnd mache stangen von foern holtz/ vnd vberzeuch sie mit gold/vnd steck sie jnn die ringe an der Laden seiten/das man sie dabey trage/vnd sollen jnn den ringen bleiben/vnd nicht heraus gethan werden/Vnd solt jnn die Paden das Zeugnis legen/das ich dir geben werd.

    Du solt auch einen Gnaden stuel machen von feinem gold/Dritthalb ellen sol seine lenge sein/vnd andert halb ellen seine breite/Vnd solt zween Cherubim machen/von tichtem gold/zu beiden enden des Gnadenstuels/das ein Cherub sey an diesem ende/der ander an dem andern ende/vnd also zween Cherubim seien an des Gnadenstuels enden. Vnd die Cherubim sollen jre flügel aus breiten oben vber her/das sie mit jren flügeln den Gnadenstuel bedecken/vnd eins jglichen andlitz gegen dem andern stehe/vnd jre andlitz sollen auff den Gnadenstuel sehen. Vnd solt den Gnadenstuel oben auff die Lade thun/vnd jnn die lade das Zeugnis legen/das ich dir geben werde.

    Von dem ort wil ich dir zeugen vnd mit dir reden/nemlich/von dem Gnaden stuel zwisschen den zween Cherubim/der auff der laden des Zeugnis ist/alles was ich dir gebieten wil an die kinder Israel.

(dir zeugen) Das ist da bey als bey eim gewissen zeichen vnd zeugnis/wil ich dich wissen lassen/das ich da bin gegenwertig/das ich da selbs reden werde etc.

    Du solt auch einen tisch machen von foern holtz/zwo ellen sol seine lenge sein/vnd ein elle seine breite/vnd anderthalb ellen seine höhe/Vnd solt jn vberzihen mit feinem gold/vnd einen gülden krantz vmbher machen/vnd eine leisten vmbher/einer hand breit hoch/vnd ein gülden krantz vmb die leisten her/Vnd solt vier gülden ringe dran machen/an die vier ort an seinen vier füssen/hart vnter der leisten sollen die ringe sein/das man stangen drein thu/vnd den tisch trage/vnd solt die

Mose. LII.

ſolt die ſtangen von foern holtz machen/vnd ſie mit gold vber zihen/
das der tiſch da mit getragen werde.

Du ſolt auch ſeine ſchüſſeln/leffel/kannen/ſchalen/aus feinem
gold machen/da mit man aus vnd ein ſchencke/Vnd ſolt auff den
tiſch allezeit ſchawbrod legen fur mir.

Du ſolt auch einen Leuchter von feinem tichtem gold machen/da
ran ſol der ſchafft mit röhren/ſchalen/kneuffen vnd blumen ſein/
Sechs röhren ſollen aus dem Leuchter zun ſeiten ausgehen/aus jglich
er ſeiten drey röhren/Ein jgliche röhre ſol drey ſchalen/kneuffe/ vnd
blumen haben/Das ſollen ſein die ſechs röhren aus dem Leuchter.
Aber der ſchafft am Leuchter/ſol vier ſchalen mit kneuffe vnd blumen
haben/vnd ia einen knauff vnter zwo röhren/welcher ſechs aus dem
Leuchter gehen.Denn beide jre kneuffe vnd röhren ſollen aus jm ge-
hen/alles ein ticht lauter gold.

Vnd ſolt ſieben lampen machen oben auff/das ſie gegen ander
leuchten/vnd liecht ſchneutzen vnd leſch nepffe von feinem golde/
Aus ein centner feines golds ſoltu das machen/mit allem dieſem gere-
te.Vnd ſihe zu/das du es macheſt nach jrem bilde/das du auff dem
berge geſehen haſt.

(centner)
xxx. pfund golds.

XXVI.
        J iiij Die wo-

Das Ander Buch

DJe Wonung soltu machen von zehen teppichen / von weisser gezwirnter seiden / von geler seiden / von scharlacken vnd rosinrot / Cherubim soltu dran machen künstlich. Die lenge eins teppichs sol acht vnd zwentzig ellen sein / die breite vier ellen / vnd sollen alle zehen gleich sein / vnd sollen ja fünff zu samen gefügt sein / eine an der andern / Vñ solt schleufflin machen von geler seiden / an jgliches teppichs orten / da sie sollen zu samen gefügt sein / das ja zween vnd zween an jren orten zu samen geheftet werden / fünfftzig schleufflin an jglichem teppich / das einer den andern zu samen fasse. Vnd solt fünfftzig güldene hefte machen / da mit man die teppich zu samen heffte / einen an den andern / auff das es eine wonung werde.

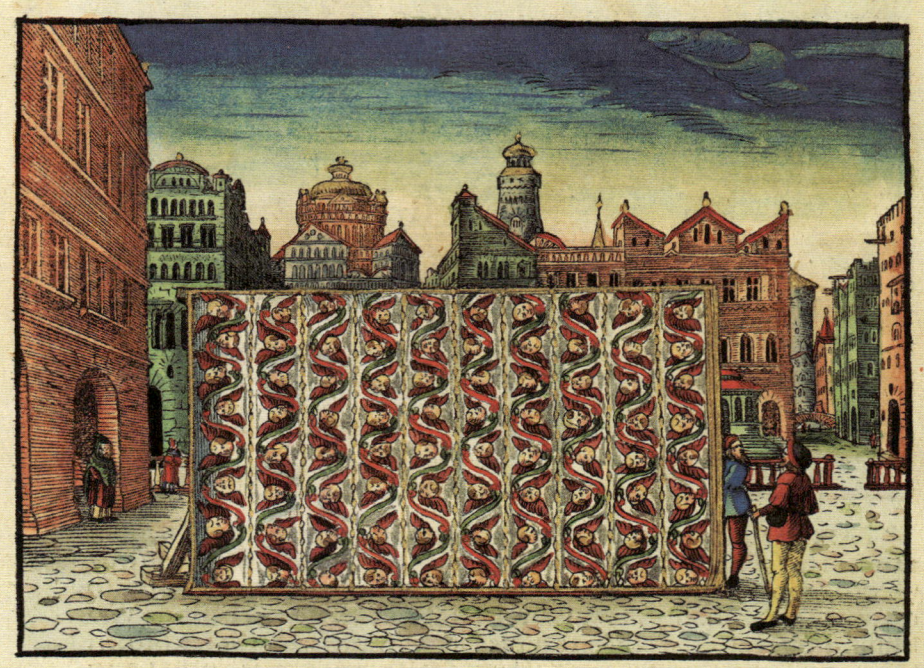

Du solt auch eine decke aus zigen har machen / zur hutten vber die wonung von eilff teppichen. Die lenge eins teppichs sol dreissig ellen sein / die breite aber vier ellen / vnd sollen alle eilffe gleich gros sein / fünffe soltu an einander fügen / vnd sechse auch an einander / das du den sechsten teppich zwifeltig machest forn an der Hütten. Vnd solt an einem jglichen teppich fünfftzig schleufflin machen an jren orten / das sie an einander bey den enden gefüget werden / Vnd solt fünfftzig ehrn heffte machen / vnd die heffte jnn die schleufflin thun / das die Hutte zu samen gefüget / vnd eine hutte werde. Aber das vberlenge an den teppichen der hütten / soltu die helfft lassen vberhangen an der Hütten / auff beiden seiten ein elle lang / das das vbrige sey an der hütten seiten / vnd auff beiden seiten sie bedecke.

Vber diese decke soltu ein decke machen / von rödlichten Widder fellen / dazu vber die ein decke von Dachs fellen.

Du solt

Mose. LIII.

Du solt auch bretter machen/zu der Wonung von foern holtz die stehen sollen/zehen ellen lang sol ein bret sein/vnd anderhalb ellen breit/Zween zapffen sol ein bret haben/das eins an das ander müge gesetzt werden/also soltu alle breter der Wonung machen. Zwentzig sollen jr stehen gegen dem mittag/die sollen vierzig silberin füsse vnden haben/ja zween füsse vnter jglichem bret/an seine zween zapffen. Also auff der andern seiten/gegen mitternacht/sollen auch zwenzig bret stehen/vnd vierzig silbern füsse/ja zween füs vnter jglichem bret. Aber hinden an der Wonung/gegen dem abent/soltu sechs bret machen/dazu zwey bret hinden an die zwo ecken der Wonung/das ein jglichs der beider sich mit seinem ort bret von vnden auff geselle/vnd oben am heubt gleich zu samen kome mit einem klammer/das acht breter seien mit jren silbern füssen/der sollen sechzehen sein/ja zween vnter einem bret.

Vnd solt riegel machen von foern holtz/fünffe zu den breten auff einer seiten der Wonunge/vnd fünffe zu den breten auff der andern seiten der Wonunge/vnd fünffe zu den breten/hinden an der Wonunge gegen dem abent/Vnd solt die rigel mitten an den breten durch hin stossen/vnd alles zu samen fassen/von einem ort zu dem andern. Vnd solt die bret mit gold vberzihen/vnd jre rincken von gold machen/das man die rigel drein thu/vnd die rigel soltu mit gold vberzihen/Vnd also soltu denn die Wonung auffrichten/nach der weise/wie du gesehen hast auff dem berge.

Vnd solt einen Furhang machen von geler seiden/scharlacken vnd rosinrot/vnd gezwirneter weisser seide/vnd solt Cherubim dran machen künstlich/vnd solt jn hengen an vier seulen von foern holtz/die mit gold vberzogen sind/vnd güldene kneuff/vnd vier silberne füs haben/Vnd solt den furhang mit hefften anhefften/vnd die Lade des zeugnis

Das Ander Buch

zeugnis jnwendig des furhangs setzen/das er euch ein vnterscheid sey/ zwischen dem Heiligen vnd dem Aller heiligsten.

Vnd solt den Gnaden stuel thun auff die Laden des zeugnis jnn dem Aller heiligsten/Den tisch aber setze ausser dem furhang/vnd den Leuchter gegen dem tisch vber/zu mittag werds der Wonunge/ das der tisch stehe gegen mitternacht.

Vnd solt ein tuch machen jnn die thür der Hütten gewirckt von geler seiden/rosinrot/scharlacken vnd gezwirneter weisser seiden/Vnd solt dem selben tuch fünff seulen machen/von foern holtz mit gold vberzogen/mit gülden kneuffen/vnd solt jnen fünff ehrnen füsse gissen.

XXVII.

(Hörner) Das ist/auffgerichte kleine seulen/oben mit kneuffen odder blumen.

Vnd solt einen Altar machen von foern holtz/fünff ellen lang vnd breit/das er gleich vierecket sey/vnd drey ellen hoch/Hörner soltu auff seinen vier ecken machen/vnd solt jn mit ertz vberzihen/Mache auch asschentöpffe/ schauffeln/becken/krewel/kol pfannen/Alle sein gerete soltu von ertz machen/Du solt auch ein ehern gitter machen/wie ein netz/vnd vier ehrne ringe an seine vier orte/du solts aber von vnden auff vmb den Altar machen/das das gitter reiche bis mitten an den Altar/Vnd solt auch stangen machen zu dem Altar/von foern holtz/mit ertz vberzogen/vnd solt die stangen jnn die ringe thun/ das die stangen seien an beiden seiten des Altars/damit man jn tragen muge/Vnd solt jn also von bretern machen/das er jnnwendig hol sey/ wie dir auff dem berge gezeigt ist.

Du solt auch der Wonung einen Hof machen/Einen vmbhang von gezwirnter weisser seiden/auff einer seiten hundert ellen lang/gegen dem

Mose. LIII.

dem mittag/vnd zwentzig seulen/auff zwenzig ehrn füssen vnd ehrne kneuffe mit jren reiffen von silber. Also auch gegen mitternacht sol sein ein vmbhang/hundert ellen lang/zwenzig seulen auff zwenzig ehrn füssen/vnd jre kneuffe mit jren reiffen von silber/ Aber gegen dem abent sol die breite des Hofs haben ein vmbhang fünfftzig ellen lang/ zehen seulen auff zehen füssen/Gegen dem morgen aber sol die breite des Hofs haben fünfftzig ellen/also das der vmbhang habe auff einer seiten funfftzehen ellen/dazu drey seulen auff drey füssen/vnd aber funfftzehen ellen auff der ander seiten/dazu drey seulen auff drey füssen.

Aber jnn dem thor des Hofs/sol ein tuch sein zwenzig ellen breit/ gewirckt von geler seiden/scharlacken/rosinrot/vnd gezwirneter weisser seiden/dazu vier seulen auff jren vier füssen. Alle seulen vmb den Hof her/sollen silbern reiffe vnd silbern kneuffe vnd ehrne füsse haben. Vnd die lenge des Hofs sol hundert ellen sein/ die breite fünfftzig ellen/die höhe fünff ellen/von gezwirnter weisser seiden/vnd seine füsse sollen ehrn sein/Auch alle gerete der Wonung zu allerley ampt/vnd alle seine negel/vnd alle negel des Hofs sollen ehrn sein.

Gebeut den kindern Jsrael/das sie zu dir bringen das aller reinest lauter öle von ölbawmen gestossen zur leuchten/das man allezeit oben jnn die Lampen thue/jnn der Hütten a des stiffts/ ausser dem vorhang der fur dem Zeugnis hangt.

Vnd Aaron vnd seine söne/ sollen sie zu richten beide des morgens vnd des abents fur dem HERRN. Das sol euch ein ewige weise sein/auff ewre nachkomen/vnter den kindern Jsrael.

XXVIII.

a (des Stiffts) Das Ebretsch wort Moed/ habe wir nicht anders wissen noch wöllen deudschen/Es sol aber so viel heisse/ als ein gewisser ort odder stete/wie ein pfarkirche oder stifft/dahin das volck Jsrael komen vnd Gottes wort hören solten/damit sie nicht jrer eigen andacht nach/hin vñ wider liessen/auff bergen/jnn grünnden vnd ander orte/ Got zu opffern.

Vnd solt

Das Ander Buch

VNd solt Aaron deinen bruder vnd seine söne zu dir nemen aus den kindern Israel/das er mein Priester sey/ nemlich Aaron/vnd seine söne/Nadab/Abihu/Eleasar vnd Ithamar/vnd solt Aaron deinem bruder heilige kleider machen/die herrlich vnd schön seien/Vnd solt reden mit allen die eins weisen hertzen sind/die ich mit dem geist der Weisheit erfüllet habe/das sie Aaron kleider machen zu seiner Weihe/das er mein priester sey.

Das sind aber die kleider die sie machen sollen/das Schiltlin/leibrock/seiden rock/engen rock/huet vnd gürtel/Also sollen sie heilige kleider machen deinem bruder Aaron/vnd seinen sönen/das er mein priester sey/Dazu sollen sie nemen gold/gele seiden/scharlacken/rosinrot vnd weisse seiden.

Den leibrock sollen sie machen von gold/geler seiden/scharlacken/rosinrot/vnd gezwirnter weisser seiden/künstlich/das er auff beiden achseln zu samen gefügt/vnd an beiden seiten zu samen gebunden werde. Vnd seine gurt drauff sol der selben kunst vnd wercks sein/von gold/geler seiden/scharlacken/rosinrot vnd gezwirnter weisser seiden.

Vnd solt zween Onicher stein nemen/vnd drauff graben die namen der kinder Israel/auff jglichen sechs namen/nach dem ordens jrs alters/das soltu thun durch die Stein schneiter/die da sigel graben/also das sie mit gold vmbher gefasset werden/vnd solt sie auff die schuldern des Leibrocks hefften/das es stein seien zum gedechtnis fur die kinder Israel/das Aaron jre namen auff seinen beiden schuldern trage fur dem HERRN zum gedechtnis.

Vnd solt güldene spangen machen/vnd zwo ketten von feinem golde/die hinauff gehen/vnd solt sie an die spangen thun.

Das Amptschiltlin soltu machen nach der kunst/wie den Leibrock/von gold/geler seiden/scharlacken/rosinrot vnd gezwirnter weisser seiden/vierecket sol es sein vnd zwifach/Ein hand breit sol sein lenge sein/vnd ein hand breit seine breite/Vnd solts füllen mit vier rigen vol stein/das die erste rige sey/ein Sarder/Topaser/Smaragd/Die ander/ein Rubin/Saphir/Demand/Die dritte ein Lyncurer/Achat/Amethist/Die vierde/ein Türkis/Onich/Jaspis/jnn gold sollen sie gefasset sein jnn allen rigen/vnd sollen nach den Zwelff namen der kinder Israel stehen/gegraben vom Steinschneiter/Ein jglicher seines namens nach den Zwelff stemmen.

Vnd solt keten an das Schiltlin machen/die herunter gehen von feinem golde/vnd zween gülden ringe/also das du die selben zween ringe hefftest an zwo ecken des Schiltlins/vnd die zwo gülden keten/jnn die selben zween ringe thust/Aber die zwey ende der zwo keten soltu jnn die zwo spangen thun/vnd sie hefften auff die schultern am Leibrock gegen ander vber.

Vnd solt zween ander gülden ringe machen/vnd an die zwo ander ecken des Schiltlins hefften/nemlich/an seinem ort/das es fein anlige/Vnd solt aber zween gülden ringe machen/vnd auff die zwo ecken vnden am Leibrock auswendig gegen ander hefften/da der Leibrock zu samen gehet/vnd man sol das Schiltlin mit seinen ringen/mit einer gelen schnur an die ringe des Leibrocks knüpffen/

das es

Mose. LIIII.

das es auff dem Leibrock hart anlige/vnd das Schiltlin sich nicht von dem Leibrock los mache.

Also sol Aaron die namen der kinder Israel tragen jnn dem ampt Schiltlin/auff seinem hertzen/wenn er jnn das Heilige gehet/zum gedechtnis fur dem HERRN allezeit/Vnd solt jnn das ampt Schilt=lin thun das Liecht vnd das Rechtschaffen/das sie auff dem hertzen Aarons sein/wenn er eingehet fur dem HERRN/vnd trage das ampt der kinder Israel auff seinem hertzen fur dem HERRN all wege.

(Liecht) Was das gewesen sey/weis man jtzt nicht mehr/Ebreisch heissts Vrim vnd Thumim.

Du solt auch den seiden rock vnter den Leibrock machen/gantz von geler seiden/vnd oben mitten jnn/sol ein loch sein/vnd ein bort vmb das loch her zu samen gefalten/das nicht zu reisse/vnd vnden an seinem saum/soltu granatöpffel machen von geler seiden/scharlacken/rosinrot/vmb vnd vmb/vnd zwisschen die selben/güldene schellen auch vmb vnd vmb/das ein gülden schelle sey/darnach ein granat apf=fel/vnd aber ein gülden schelle vnd widder ein granatapffel/vmb vnd vmb/an dem saum des selben seiden rocks/Vnd Aaron sol jn an haben/wenn er dienet/das man seinen klang höre/wenn er aus vnd eingehet/jnn das Heilige fur dem HERRN/auff das er nicht sterbe.

Du solt auch ein Stirn blat machen von feinem golde/vnd drein graben/nach der steinschneiter kunst/die Heiligkeit des HERRN/vnd solts hefften an eine gele schnur/fornen an den Hut auff der stirn Aaron/das also Aaron trage die missethat des heiligen/das die kinder Israel heiligen jnn alle jren gaben vnd heilthum/Vnd es sol allwege an seiner stirn sein/das er sie versune fur dem HERRN.

Du solt auch einen engen rock machen/von weisser seiden/vnd einen Hut/von weisser seiden machen/vnd einen gestickten gürtel.

Vnd den sönen Aaron soltu röcke/gürtel vnd hauben machen/die herrlich vnd schön seien/vnd solt sie deinem bruder Aaron sampt seinen sönen anziehen/vnd solt sie salben vnd jre hende füllen/vnd sie weihen das sie meine Priester seien. Vnd solt jn leinen nidderkleid ma=chen/zu bedecken das fleisch der scham/von den lenden bis an die schen=ckel/Vnd Aaron vnd seine söne sollen sie anhaben/wenn sie jnn die Hütten des Stiffts gehen/odder hinzu tretten zum Altar/das sie die=nen jnn dem Heiligthum/das sie nicht jr missethat tragen vnd sterben müssen/Das sol jm vnd seinem samen nach jm ein ewige weise sein.

(füllen) Dis füllen ist ein Ebreisch sprach/der man mus ge=wonen/vnd war das/wie im fol=gende capitel ste=het/das jnn der weihe den Prie=stern diehende mit opfer gefället wür den fur dem HERRN.

XXIX.

DAs ists auch/das du jnen thun solt/das sie mir zu Prie=ster geweihet werden/Nim einen jungen farren/vnd zween wider on wandel/vngesewrt brod vnd vngesewrte kuchen mit öle gemenget/vnd vngesewrte fladen mit öle gesalbet/von weitzen mehl soltu solchs alles machen/vnd solts jnn einen korb legen/vnd jnn dem korbe erzu bringen/sampt dem farren vnd den zween widern.

Vnd solt Aaron vnd seine söne fur die thür der Hütten des Stiffts füren/vnd mit wasser wasschen/vnd die kleider nemen/vnd Aaron an=ziehen/den engen rock/vnd den seiden rock/vnd den Leibrock/vnd das

K   Schiltlin

Das Ander Buch

Schiltlin zu dem Leibrock/vnd solt jn gürten aussen auff den Leibrock/vnd den Hut auff sein heubt setzen/vnd die heilige kron an den hut/Vnd solt nemen das salböle/vnd auff sein heubt schütten/vnd jn salben. Vnd seine söne soltu auch erzu füren/vnd den engen rock jn anzihen/vnd beide Aaron vnd auch sie mit gürteln gürten/vnd jn die hauben auff binden/das sie das Priesterthum haben ewiger weise.

Vnd solt Aaron vnd seinen sönen die hende füllen/vnd den farren erzu füren/für die Hütte des Stiffts/Vnd Aaron sampt seinen sönen/sollen jre hende auff des farren heubt legen/Vnd solt den farren schlachten für dem HERRN/für der thür der Hütten des Stiffts/vnd solt seines bluts nemen/vnd auff des Altars hörner thun/mit deinem finger/vnd alles ander blut/an des Altars boden schütten/Vnd solt alles fett nemen/am eingeweide/vnd das netze vber der lebber/vnd die zwo nieren/mit dem fett das drüber ligt/vnd solts auff dem Altar anzünden/Aber des farren fleisch/fell vnd mist/soltu aussen für dem lager mit fewr verbrennen/denn es ist ein Sundopffer.

Aber den einen wider soltu nemen/vnd Aaron sampt seinen sönen/sollen jre hende auff sein heubt legen/Denn soltu jn schlachten/vnd seines bluts nemen/vnd auff den Altar sprengen ringsrumb/Aber den wider soltu zulegen jnn stück/vnd sein eingeweide waschen vnd schenckel/vnd solts auff seine stück vnd heubt legen/vnd den gantzen wider anzünden auff dem Altar/Denn es ist dem HERRN ein Brandopffer/ein süsser geruch dem HERRN.

Den andern wider aber soltu nemen/vnd Aaron sampt seinen sönen/sollen jre hende auff sein heubt legen/vnd solt jn schlachten/

Mose. LV.

ten/vnd seines bluts nemen vnd Aaron vnd seinen sönen auff den rechten ohrknorbel thun/vnd auff den daumen jrer rechten hand/vnd auff den grossen zehe jres rechten fusses/vnd solt das blut auff den altar sprengen rings rumb/vnd solt des bluts auff dem altar nemen/vñ salböle vnd Aaron vnd seine kleider/seine söne vnd jre kleider besprengen/So wird er vnd seine kleider/seine söne vnd jre kleider geweihet. Darnach soltu nemen das fett von dem Wider/den schwantz/vnd das fett am eingeweide/das netz vber der leber/vnd die zwo nieren mit dem fett drüber/vnd die rechte schulter (denn es ist ein wider der Fülle) vnd ein brod/vnd ein ölekuchen/vnd ein fladen/aus dem korbe des vngeseurten brods der fur dem HERRN stehet/vnd legs alles auff die hende Aaron vnd seiner söne/vnd Webe es dem HERRN/Darnach nims von jren henden/vnd zünde es an auff dem altar zum brandopffer zum süssen ruch fur dem HERRN/ Denn das ist des HERRN opffer.

Vnd solt die brust nemen vom wider der Fülle Aarons/vnd solts fur dem HERRN Weben/das sol dein teil sein/Vnd solt also heiligen die Webebrust/vnd die Hebeschulter/die gewebet vñ gehebet sind von dem wider der Fülle Aarons vnd seiner söne/vnd sol Aarons vnd seiner söne sein/ewiger weise/von den kindern Israel/Denn es ist ein Hebopffer/vnd die Hebopffer sollen des HERRN sein/von den kindern Israel an jren danckopffern vnd Hebopffern.

Aber die heiligen kleider Aaron/sollen seine söne haben nach jm/das sie darinnen gesalbet/vnd jr hende gefüllet werden/Welcher vnter seinen sönen an seine stat priester wird/der sol sie sieben tage anziehen/das er gehe jnn die Hütten des Stiffts/zu dienen im Heiligen.

Du solt aber nemen den wider der Füllung/vnd sein fleisch an eim heiligen ort kochen/Vnd Aaron mit seinen sönen/sol des selben widers fleisch essen/sampt dem brod im korbe/fur der thür der Hütten des Stiffts/Denn es ist versünung damit geschehen/zu füllen jre hende/das sie geweihet werden/Kein ander sol es essen/denn es ist heilig.

Wo aber etwas vberbleibt von dem fleisch der füllung/vnd von dem brod/bis an den morgen/das soltu mit fewr verbrennen vnd nicht essen lassen/denn es ist heilig/Vnd solt also mit Aaron vnd seinen sönen thun/alles was ich dir geboten habe/Sieben tage soltu jre hende füllen/vnd teglichs ein farren zum Sundopffer schlachten/zur versünunge/Vnd solt den altar entsündigen/wenn du jn versünest/vnd solt jn salben das er geweihet werde/sieben tage soltu den altar versünen/vnd jn weihen/das er sey ein altar des aller heiligsten/Wer den altar anrüren wil/der sol geweihet sein.

(entsündigen) Das ist/absoluieren vnd los sprechen/wie Psalm.l. Asperges me Isopo/das ist/entsündige vnd absoluir mich mit Isopen.

Vnd das soltu mit dem altar thun/zwey ierige lemmer soltu alweg des tages drauff opffern/Ein lamb des morgens/das ander zwischen abents/Vnd zu einem lamb ein zehenden semel melhs gemenget/ mit eim viertel von eim Hin gestossen öles/vnd ein viertel vom Hin weins/zum tranckopffer/Mit dem andern lamb zwischen abents soltu thun/wie mit dem speisopffer vnd tranckopffer des morgens/zu süssem geruch des opffers dem HERRN/Das ist das teglich brandop-
K ij   fer bey

Das Ander Buch

fer bey ewren nachkomen/fur der thür der Hütten des Stiffts/fur dem HERRN/da ich euch zeugen vnd mit dir reden wil/Da selbs wil ich den kindern Israel gerhümet vnd geheiliget werden jnn meiner herrligkeit/vnd wil die Hütten des Stiffts mit dem altar heiligen/ vnd Aaron vnd seine söne mir zu priester weihen/Vnd wil vnter den kindern Israel wonen/vnd jr Gott sein/das sie wissen sollen/ich sey der HERR jr Gott/der sie aus Egypten land füret/das ich vnter jnen wonete/Ich der HERR jr Gott.

XXX.

DV solt auch einen Reuchaltar machen zu reuchen von foern holtz/einer ellen lang vnd breit/gleich vierecket/vnd zwo ellen hoch/mit seinen hörnern/vñ solt jn mit feinem golde vberziehen/sein dach vnd seine wende rincke vmb her/vnd seine hörner/Vnd solt einen krantz von gold vmb her machen/vnd zween gülden rincken vnter dem krantz zu beiden seiten/das man stangen drein thue vñ jn da mit trage/ Die stangen soltu auch von foern holtz machen/vnd mit gold vberziehen/vnd solt jn setzen fur den Furhang/der fur der Laden des Zeugnis hangt/vnd fur dem Gnaden stuel der auff dem Zeugnis ist/von dannen ich dir werde zeugen.

Dieser Altar ist haussen fur dẽ furhang im heiligen/ vnd nicht hinder dem furhang im aller heiligsten ge standen.

Vnd Aaron sol darauff reuchen gut reuchwerck/alle morgen wenn er die lampen zuricht/desselben gleichen wenn er die lampen anzündet zwisschen abents/sol er solch geruch auch reuchen/Das sol das teglich gereuch sein fur dem HERRN bey ewrn nachkomen/jr solt kein frembd gereuch drauff thun/auch kein brandopffer/noch speisopffer/vnd kein tranckopffer drauff opffern/Vnd Aaron sol auff seinen hörnern versünen ein mal im iar/mit dem blut des Sundopffers zur versünung/Solch versünung sol jerlich ein mal geschehen/bey ewrn nach komen/denn das ist dem HERRN das aller heiligest.

Vnd der HERR redet mit Mose/vnd sprach/Wenn du die heubt der kinder Israel zelest/so sol ein jglicher dem HERRN geben die versünung seiner seel/auff das jnen nicht eine plage widderfare/wenn sie gezelet werden/Es sol aber ein jglicher der mit jnn der zal ist/ein halben sekel geben/nach dem sekel des Heiligthums/Ein Sekel gilt zwenzig Gera/Solcher halber sekel sol das Hebopffer des HERRN sein/Wer jnn der zal ist/von zwenzig iaren vnd drüber/der sol das Hebopffer dem HERRN geben/Der reiche sol nicht mehr geben/ vnd der arme nicht weniger an dem halben sekel/den man dem HERRN zur Hebe gibt/fur die versünung jrer seelen. Vnd du solt solch gelt der versünung nemen/von den kindern Israel/vnd an den Gottes dienst der Hütten des Stiffts legen/das es sey den kindern Israel ein gedechtnis fur dem HERRN/das er sich vber jre seele versünen lasse.

Vnd der HERR redet mit Mose/vnd sprach/Du solt auch ein ehern handfass machen mit eim ehern fus/zu wasschen/vnd solts setzen zwisschen der Hütten des Stiffts vnd dem Altar/vnd wasser drein thun/das Aaron vnd seine söne jre hende vnd füsse draus wasschen/ wenn sie jnn die Hütten des Stiffts gehen odder zum altar/das sie dem

dem HERRN dienen mit reuchopffer/auff das sie nicht sterben/ Das sol ein ewige weise sein/jm vnd seinem samen bey jren nachkomen.

Vnd der HERR redet mit Mose/vnd sprach/Nim zu dir die besten specerey/die edlesten myrrhen/fünff hundert sekel/vnd Cynnamet die helfft so viel/zwey hundert vnd fünffzig/vnd kalmes auch zwey hundert vnd fünffzig/vnd Casien fünff hundert/nach dem sekel des Heiligthumbs/vnd öle von ölebaum ein Hin/vnd mache ein heiliges salböle/nach der Apoteker kunst.

Vnd solt damit salben die Hütten des Stiffts/vnd die Laden des zeugnis/den tisch mit alle seinem geret/den Leuchter mit seinem geret/den reuchaltar/den brandopffers altar mit alle seinem geret/vnd das handfass mit seinem fuss/vnd solt sie also weihen/das sie das allerheiligst seien/denn wer sie anrüren wil/der sol geweihet sein/Aaron vnd seine söne soltu auch salben/vnd sie mir zu priester weihen.

Vnd solt mit den kindern Jsrael reden/vnd sprechen/Dis öle sol mir ein heilige salbe sein/bey ewern nachkomen/auff menschen leib sols nicht gossen werden/Solt auch seines gleichen nicht machen/denn es ist heilig/darumb sols euch heilig sein/Wer ein solchs macht oder eim andern dauon gibt/der sol von seinem volck ausgerottet werden.

Vnd der HERR sprach zu Mose/Nim zu dir specerey/balsam/ stacten/galben vnd reinen weirach/eins so viel als des andern/vnd mache reuchwerck draus nach Apoteker kunst/gemengt/das es lauter sey zur heiligkeit/vnd solts zu puluer stossen/vnd solt desselben thun fur das Zeugnis jnn der Hütten des Stiffts/von dannē ich dir zeugen werde/Das sol euch das aller heiligst sein/Vnd dis gleichen reuchwerck solt jr euch nicht machen/sondern es sol dir heilig sein dem HERRN/Wer ein solchs machen wird/das er damit reuche/der wird ausgerottet werden von seinem volck.

XXXI.

Vnd der HERRE redet mit Mose/vnd sprach/Sihe/ Ich hab mit namen beruffen Bezaleel den son Vri des sons Hur/vom stam Juda/vnd hab jn erfüllet mit dem geist Gottes/mit weisheit vnd verstand vnd erkentnis/ vnd mit allerley werck künstlich zu erbeiten/am gold/silber/ertz/künstlich stein zu schneiten/vnd ein zusetzen/ vnd künstlich zimmern am holtz/zu machen allerley werck. Vnd sihe/ ich hab jm zu gegeben Ahaliab den son Ahisamach/vom stam Dan/ vnd hab allerley weisen die weisheit jns hertz gegeben/das sie machen sollen alles was ich dir geboten hab/die Hütte des Stiffts/die Lade des zeugnis/den Gnadenstuel drauff/vnd alle gerete der Hütten/den tisch vnd sein gerete/den feinen Leuchter/vnd all sein gerete/den reuchaltar/den brandopffers altar mit all seinem gerete/das handfass mit seinem fus/die ampts kleider vnd die heiligen kleider des priesters Aaron/vnd die kleider seiner söne/priesterlich zu dienen/das salböle/ vnd das reuchwerck von specereien zum heiligthum/Alles was ich dir geboten hab/werden sie machen.

K iij Vnd der

Das ander Buch

Vnd der HERR redet mit Mose/vnd sprach/Sage den kindern Israel/vnd sprich/Haltet meinen Sabbath/denn der selb ist ein zeichen zwisschen mir vnd euch/auff ewr nachkomen/das jr wisset/das ich der HERR bin/der euch heiliget/darumb so haltet meinen Sabbath/denn er sol euch heilig sein/Wer jn entheiliget/der sol des tods sterben/denn wer ein erbeit drinnen thut/des seel sol ausgerottet werden von seinem volck/Sechs tage sol man erbeiten/Aber am siebenden tag ist Sabbath/die heilige ruge des HERRN/Wer ein erbeit thut am Sabbath tage/sol des todes sterben/Darumb sollen die kinder Israel den Sabbath halten/das sie jn auch bey jren nach komen halten zum ewigen Bund/Er ist ein ewig zeichen zwisschen mir/vnd den kindern Israel. Denn sechs tage machte der HERR himel vnd erden/Aber am siebenden tage ruget er/vnd erquicket sich.

Vnd da der HERR ausgered hatte/mit Mose auff dem berge Sinai/gab er jm zwo Tafeln des Zeugnis/die waren steinern vnd geschrieben mit dem finger Gottes.

XXXII.

DA aber das volck sahe/das Mose verzog/von dem berge zukomen/samlet sichs widder Aaron/vnd sprach zu jm/Auff vnd mach vns Götter/die vns fur gehen/denn wir wissen nicht/was diesem man Mose widderfaren ist/der vns aus Egypten land gefüret hat. Aaron sprach zu jnē/Reisst ab die gülden ohren ringe an den ohrē ewer weiber/ewr sönen vnd ewr töchter/vnd bringt sie zu mir/Da reiss alles volck

Mose. LVII.

les volck sein gülden ohr ringe von jren ohren/vnd brachten sie zu Aaron/Vnd er nam sie von jren henden/vnd entwarffs mit eim griffel/vnd sie machten ein gegossen Kalb/vnd sprachen/Das sind deine Götter Israel/die dich aus Egypten lande gefüret haben.

Da das Aaron sahe/bawet er einen Altar fur jm/vnd lies ausruffen vnd sprach/Morgen ist des HERRN fest/Vnd stunden des morgens frue auff/vnd opfferten brandopffer/vnd brachten dazu danckopffer/Darnach satzt sich das volck zu essen vnd zu trincken/vnd stunden auff zu spielen. Der HERR sprach aber zu Mose/Gehe/steig hinab/denn dein volck/das du aus Egypten land gefüret hast/hats verderbt/sie sind schnel von dem wege getreten/den ich jnen geboten habe/Sie haben jnen ein gegossen Kalb gemacht/vnd habens angebetet/vnd jm geopfert vnd gesagt/das sind deine Götter Israel/die dich aus Egypten land gefüret haben/Vnd der HERR sprach zu Mose/Ich sehe/das ein halsstarrig volck ist/vnd nu/las mich/das mein zorn vber sie ergrimme/vnd ich sie auff fresse/so wil ich dich zum grossen volck machen.

Mose aber flehet fur dem HERRN seinem Gott/vnd sprach/Ach HERR warumb wil dein zorn ergrimmen vber dein volck/das du mit grosser krafft/vnd starcker hand hast aus Egypten land gefüret? Warumb sollen die Egypter sagen/vnd sprechen/er hat sie zu jrem vnglück ausgefüret/das er sie erwürget im gebirge/vnd vertilget sie von dem erdboden/Kere dich von dem grim deins zorns/vnd sey gnedig vber die bosheit deines volcks/Gedencke an deine diener Abraham/Isaac vnd Israel deine knechte/den du bey dir selbs geschworen/vnd jnen verheissen hast/Ich wil ewern samen mehren/wie die stern am himel/vnd alles land das ich verheissen habe/wil ich ewrem samen geben/vnd sollens besitzen ewiglich. Also gerewet den HERRN das vbel/das er drewete seinem volck zu thun.

Mose wand sich/vnd steig vom berge vnd hatte zwo Tafeln des Zeugnis inn seiner hand/die waren geschrieben auff beiden seiten/vnd Gott hatte sie selber gemacht/vnd selber die schrifft drein graben/Da nu Josua höret des volcks geschrey/das sie jauchzeten/sprach er zu Mose/Es ist ein geschrey im lager wie im streit/Antwort er/Es ist nicht ein geschrey gegen ander/dere die obligen vnd vnter ligen/sondern ich höre ein geschrey eins singentantzs.

Als er aber nahe zum lager kam/vnd das Kalb vnd den reigen sahe/ergrimmet er mit zorn/vnd warff die Tafeln aus seiner hand/vnd zu brach sie vnten am berge/vnd nam das Kalb das sie gemacht hatten/vnd verbrands mit fewr vnd zu malmets zu puluer/vñ steubts auffs wasser/vnd gabs den kindern Israel zu trincken/vnd sprach zu Aaron/Was hat dir das volck gethan/das du so ein grosse sund vber sie bracht hast?

Aaron sprach/Mein herr las seinen zorn nicht ergrimmen/du weist das dis volck böse ist/Sie sprachen zů mir/mache vns Götter die vns fur gehen/denn wir wissen nicht/wie es diesem man Mose gehet/der vns aus Egypten land gefüret hat/Ich sprach zu jnen/wer hat gold/der reiss es abe vnd gebs mir/vnd ich warffs jns fewr/daraus ist das Kalb worden.

K iiij Da nu

(entwarffs) Das ist/er malet es jnen fur/was sie fur ein bild machē soltē/Das bedeut/das menschen lerē dem volck fur bilden/was sie fur werck thun sollen/damit sie Got dienen/denn hie sihestu/das die jnn diesem Kalb vermeinet haben/dem rechten Gott zu dienen/weil Aaron ruffen lest. Es sey des Herrn fest/vñ bawet jm einen altar.

Das ander Buch

(frey)
Also thun menschen lere/wöllens besser machen denn Gottes wort/den seelen helffen vnd grosse wunder fur Gott anrichten/ Vnd machen doch eitel schande vnd iamer. Mercke hie/wie Aaron felt vnd feilet der höhest priester/vnd das heubt im volck Gottes/das wir auch nicht vnsers stands zu sicher seien vnd erheben.

Da nu Mose sahe/das das volck frey war (denn Aaron hatte sie frey gemacht/vnd damit er sie wolte hoch heben/hat er sie inn schande gebracht) trat er inn das thor des lagers/vnd sprach/Her/zu mir wer den HERRN angehört. Da samleten sich zu jm alle kinder Leui/vnd er sprach zu jnen/So spricht der HERR der Gott Israel/binde ein jglicher sein schwert auff seine lenden/vnd durch gehet hin vnd widder/von einem thor zum andern im lager/vnd erwürge ein jglicher seinen bruder/freund/vnd nehesten. Die kinder Leui thetten/wie jn Mose gesagt hatte/Vnd fiel des tages vom volck/drey tausent man/Da sprach Mose/Füllet heute ewer hende dem HERRN/ein jglicher an seinem son vnd bruder/das heute vber euch der segen gegeben werde.

Des morgens sprach Mose zum volck/Ir habt eine grosse sunde gethan/Nu ich wil hinauff steigen zu dem HERRN/ob ich villeicht ewere sunde versunen müge.

Als nu Mose widder zum HERRN kam/sprach er/Ach das volck hat eine grosse sunde gethan/vnd haben jnen güldene Götter gemacht/Nu vergib jnen jre sunde/Wo nicht/so tilge mich auch aus deinem Buch/das du geschrieben hast. Der HERR sprach zu Mose/Was? Ich wil den aus meinem Buch tilgen/der an mir sundiget/So gehe nu hin/vnd füre das volck/dahin ich dir gesagt habe/Sihe/mein Engel sol fur dir her gehen/Aber am tage meiner heimsuchunge wil ich jre sunde vber sie heimsuchen. Also straffte der HERR das volck/das sie das Kalb hatten gemacht/welchs Aaron gemachet hatte.

XXXIII.

DEr HERR sprach zu Mose/Gehe/zeuch von dannen/du vnd das volck/das du aus Egypten land gefüret hast/ins land das ich Abraham Isaac vnd Jacob geschworen hab vnd gesagt/deinem samen wil ichs geben/Vnd wil fur dir her senden einen Engel/vnd aus stossen/die Cananiter/Amoriter/Hethiter/Pheresiter/Heuiter/vnd Jebusiter/ins land/da milch vnd honig jnnen fleusset/Ich wil nicht mit dir hinauff zihen/denn du bist ein halsstarrig volck/ich möcht dich vnter wegen auff fressen/Da das volck diese böse rede höret/trugen sie leide/vnd niemant trug seinen schmuck an jm.

Vnd der HERR sprach zu Mose/Sage zu den kindern Israel/Ir seid ein halsstarrig volck/Ich werd ein mal plötzlich vber dich komen/vnd dich vertilgen/Vnd nu lege deinen schmuck von dir/das ich wisse/was ich dir thun sol/Also thetten die kinder Israel jren schmuck von sich/fur dem berge Horeb.

Den rucken Mose sehen alle werckheiligen/die das Gesetz nicht verstehen noch vnter augen kennen.

Mose aber nam die Hütten/vnd schlug sie auff/aussen ferne fur dem lager/vnd hies sie eine Hütte des Stiffts/vnd wer den HERRN fragen wolt/muste eraus gehen zur Hütten des Stiffts/fur das lager/Vnd wenn Mose ausgieng zur Hütten/so stund alles volck auff/vnd trat ein jglicher inn seiner hütten thür/vnd sahen jm nach/bis er inn die Hütten kam/Vnd wenn Mose inn die Hütten kam/so kam die Wolckenseule ernidder/vnd stund inn der Hütten thür/vnd redet mit Mose/Vn alles volck sahe die Wolckenseule inn der Hütten thür stehen/vnd stunden auff/vnd neigten sich ein jglicher inn seiner hütten thür. Der

Mose. LVIII.

Der HERR aber redet mit Mose/von angesicht zu angesicht/ wie ein man mit seim freunde redet/Vnd wenn er widder keret zum lager/so weich sein diener Josua der son Nun der jungling nicht aus der Hütten/Vnd Mose sprach zu dem HERRN/ Sihe / du sprichst zu mir/füre das volck hinauff/ vnd lest mich nicht wissen/wen du mit mir senden wilt/so du doch gesagt hast/ich kenne dich mit namen/ vnd hast gnade fur meinen augen funden/Hab ich denn gnade fur deinen augen funden/so las mich deinen weg wissen/ damit ich dich kenne/vnd gnade fur deinen augen finde/vnd sihe doch/das dis volck dein volck ist.

Er sprach/Mein ᵃ angesicht sol gehen/damit wil ich dich leiten/ Er aber sprach zu jm/ wo nicht dein angesichte gehet/ so füre vns nicht von dannen hinauff/Denn wo bey sol doch erkand werden/ das ich vnd dein volck fur deinen augen gnad funden haben/ on wenn du mit vns gehest? auff das ich vnd dein volck gerhümet werden fur allem volck das auff dem erdboden ist. Der HERR sprach zu Mose/ Was du jtzt geredt hast/wil ich auch thun/ denn du hast gnade fur meinen augen funden/vnd ich kenne dich mit namen.

(ᵃ angesicht) Heisst hie, die wolcken vnd feurige seule/darinn Gott gegenwertig war.

Er aber sprach/so las mich deine herrligkeit sehen/Vnd er sprach/ Ich wil fur deinem angesicht her alle mein güte gehen lassen/ vnd wil lassen predigen des HERRN namen fur dir/Wem ich aber gnedig bin/ dem bin ich gnedig/vnd wes ich mich erbarme/ des erbarme ich mich/Vnd sprach weiter / Mein angesicht kanstu nicht sehen/ Denn kein mensch wird leben der mich sihet/Vnd der HERR sprach weiter/Sihe es ist ein raum bey mir/ da soltu auff den Fels treten/ Wenn denn nu meine herligkeit fur vbergehet/wil ich dich jnn der fels klufft lassen stehen/vnd meine hand sol ob dir halten/bis ich hin vber kome/vnd wenn ich meine hand von dir thu/wirstu mir hinden nach sehen/aber mein angesicht kan man nicht sehen.

(mein angesicht) hie heisst/ Gottes angesicht/nicht die wolcken noch seule/Sondern er selber/wie er spricht/ Der mensch wird nicht lebe/so mich sihet/ Aber es ist alles von Christo gesagt/welcher solt erscheinen jnn der mensheit/her nach wenn Moses reich ein ende hette/jnn des sol Mose im Fels stehen/vnd den verheissen Christum sehen vnd predigen/bis er kome/das also Israel Gottes wort jmer habe/ bis auff Christum etc.

XXXIIII.

VNd der HERR sprach zu Mose/Hawe dir zwo steinern taffeln/wie die ersten waren/das ich die wort drauff schreibe/die jnn den ersten taffeln waren/ welche du zu brochen hast/Vnd sey morgen bereit/ das du frue auff den berg Sinai steigest/vnd da selbs zu mir trettest auff des berges spitzen/Vnd las niemant mit dir hin auff steigen/das niemant gesehen werde vmb den gantzen berg her / Auch kein schaf noch rind las weiden gegen diesem berge vber.

Vnd Mose hieb zwo steinern taffeln wie die ersten waren / vnd stund des morgens frue auff/vnd steig auff den berg Sinai/wie jm der HERR geboten hatte/vnd nam die zwo steinern taffeln jnn seine hand. Da kam der HERR ernidder jnn einer wolcken/vnd er trat da selbs bey jn/vnd rieff an des HERRN namen/Vnd da der HERR fur seinem angesicht vber gieng/rieff er. HERR/HERR Gott / barmhertzig vnd gnedig / vnd gedültig / vnd von grosser gnad vnd trew/ der du bewarest gnad jnn tausent gelied/ vnd vergibst missethat/vbertretung vnd sunde/ vnd fur welchem niemant vnschüldig ist/der du die missethat der veter heimsuchst auff kinder vnd kinds

Das Ander Buch

vnd kinds kinder/bis jns dritte vnd vierde gelied. Vnd Mose neiget sich eilend zu der erden/vnd bettet jn an/vnd sprach/Hab ich/HErre/ gnad fur deinen augen funden/so gehe der HErre mit vns/denn es ist ein halsstarrig volck/das du vnser missethat vnd sunden gnedig seist/vnd lassest vns dein erbe sein.

Vnd er sprach/Sihe/ich wil einen Bund machen fur alle deinem volck/vnd wil wunder thun/der gleichen nicht geschaffen sind jnn allen landen/vnd vnter allen völckern/vnd alles volck/darunter du bist/ sol sehen des HERRN werck/denn schrecklich sols sein/das ich bey dir thun werde/Halt/was ich dir heute gebiete/Sihe/ich wil fur dir her ausstossen/die Amoriter/Cananiter/Hethiter/Pheresiter/Heuiter/vnd Jebusiter/Hüt dich/das du nicht einen bund machest/mit den einwonern des lands/da du ein komst/das sie dir nicht ein ergernis vnter dir werden/sondern jre altar soltu vmbsturtzen/vñ jre Götzen zu brechen/vnd jre Haine ausrotten/Denn du solt kein andern Gott anbeten/denn der HERR heist ein Eyuerer/darumb das er ein eyueriger Gott ist/auff das/wo du ein bund mit des lands einwonern machest/vnd wenn sie huren jren Göttern nach/vnd opffern jren Göttern/ das sie dich nicht laden/vnd du von jrem opffer essest/vnd nemest deinen sönen jre töchter zu weiben/vnd die selben denn huren jren Göttern nach/vnd machen deine söne auch jren Göttern nach huren.

Du solt dir keine gegossen Götter machen/Das Fest der vngesewrt brod soltu halten/sieben tage soltu vngesewrt brod essen/wie ich dir geboten hab/vmb die zeit des monds Abib/denn jnn dem mond Abib/bistu aus Egypten gezogen. Alles was sein mutter am ersten bricht/ist mein/was menlich sein wird/jnn deinem vieh das sein mutter bricht/es sey ochsen odder schaf. Aber den erstling des esels/soltu mit eim schaf lösen/wo du es aber nicht lösest/so brich jm das genick. Alle erstegeburt deiner söne soltu lösen.

Vnd das niemant fur mir lehr erscheine.

Sechs tage soltu erbeiten/am siebenden tag soltu feiren/beide mit pflügen vnd mit erndten. Das Fest der wochen soltu halten mit den erstlingen der weitzen erndte. Vnd das Fest der ein samlung/wenn das iar vmb ist/Drey mal im iar sol alle mans namen erscheinen fur dem Herscher/dem HERRN vnd Gott Israel.

Wenn ich die Heiden fur dir ausstossen/vnd deine grentze weitern werde/sol niemand deins lands begerē/die weil du hinauff gehest drey mal im iar zu erscheinen fur dem HERRN deinem Gott. Du solt das blut meins opffers nicht opffern auff dem gesewrten brod/Vnd das opffer des Oster Fests/sol nicht vber nacht bleiben bis an den morgen. Das erstling von den ersten früchten deines ackers soltu jnn das haus des HERRN deines Gottes bringen. Du solt nicht das böcklin kochen/wens noch an seiner mutter milch ist.

Vnd der HERR sprach zu Mose/Schreib diese wort/denn nach diesen worten/hab ich mit dir vnd mit Israel einen Bund gemacht/ Vnd er war alda bey dem HERRN vierzig tage vnd vierzig nacht/ vnd ass

Mose. LIX.

vnd aß kein brod/vnd tranck kein wasser/Vnd er schreib auff die taffeln solchen Bund/die Zehen wort.

Da nu Mose vom berge Sinai gieng/hatte er die zwo taffeln des Zeugnis jnn seiner hand/vnd wuste nicht/das die haut seines angesichts glentzet/dauon/das er mit jm geredt hatte/Vnd da Aaron vnd alle kinder Israel sahen/das die haut seines angesichts glentzet/furchten sie sich zu jm zu nahen/Da rieff jnen Mose/vnd sie wandten sich zu jm/beide Aaron vnd alle Obersten der Gemeine/vnd er redte mit jnen/darnach naheten alle kinder Israel zu jm/Vnd er gebot jnen alles/was der HERR mit jm geredt hatte/auff dem berge Sinai/Vnd wenn er solchs alles mit jnen redte/legt er eine decke auff sein angesicht/Vnd wenn er hinein gieng fur den HERRN/mit jm zu reden/thet er die decke abe/bis er widder eraus gieng/Vnd wenn er eraus kam/vnd redet mit den kindern Israel/was jm geboten war/so sahen denn die kinder Israel sein angesichte an/wie das die haut seines angesichts glentzet/so thet er die decke widder auff sein angesicht/bis er widder hinein gieng/mit jm zu reden.

XXXV.

Vnd Mose versamlet die gantze Gemeine der kinder Israel/vnd sprach zu jnen/Das ists/das der HERR geboten hat/das jr thun solt/Sechs tage solt jr erbeiten/den siebenden tag aber solt jr heilig halten/ein Sabbath der ruge des HERRN/Wer drinnen erbeitet/sol sterben/jr solt kein fewr anzünden am Sabbath tag/jnn allen ewren wonungen.

Vnd Mose sprach zu der gantzen Gemeine der kinder Israel/Das ists/das der HERR geboten hat/Gebt vnter euch Hebopffer dem HERRN/also/das das Hebopffer des HERRN ein jglicher williglich bringe/gold/silber/ertz/gele seiden/scharlacken/rosinrot/weis seiden/vnd zigen har/rödlich wider fell/dachs fell/vnd foern holtz/öle zur lampen/vnd specerey zur salben/vnd zu gutem Reuchwerck/Onich vnd eingefasste steine zum Leibrock/vnd zum Schiltlin.

Vnd wer vnter euch verstendig ist/der kom vnd mache/was der HERR geboten hat/nemlich/die Wonung mit jrer Hütten vnd decken/rincken/breter/rigel/seulen vnd füssen/Die Lade mit jren stangen/den Gnadestuel vnd Furhang/Den tisch mit seinen stangen/vnd alle seinem gerete/vnd die Schawbrod.Den Leuchter zu leuchten/vnd sein gerete/vnd seine lampen/vnd das öle zum liecht/Den Reuchaltar mit seinen stangen/Die salbe vnd specerey zum Reuchwerck/Das tuch fur der Wonung thür/Den Brandopffers Altar mit seinem ehrn gitter/stangen vnd alle seinem gerete/Das handfas/mit seinem fus/den vmbhang des Vorhoffs/mit seinen seulen vnd füssen/vnd das tuch des thores am Vorhoff/Die negel der Wonung/vnd des Vorhoffs mit jren seilen/Die kleider des ampts zum dienst im Heiligen/die heiligen kleider Aaron des priesters/mit den kleidern seiner söne zum priesterthum.

Da gieng die gantze Gemein der kinder Israel aus von Mose/Vnd alle die es gern vnd williglich gaben/kamen vnd brachten das
Hebopffer

Das Ander Buch

Diese zwey wort / Heben vnd Weben / müssen wir lernen brauchn vnd verstehen / deñ ein opffer oder gabe zu Gottes dienst / heisst darumb ein Hebe / odder Hebopffer / das mans dem Herrn stracks empor hub / Webe aber heisst es / das mans hin vñ her zog jnn vier örter / gegen morgen / abent / mittag vnd mitternacht.

Hebopffer dem HERRN / zum werck der Hütten des Stiffts / vnd zu alle seinem dienst / vnd zu den heiligen kleidern. Es brachten aber beide man vnd weib / wers williglich thet / hefte / ohr rincken / ringe vnd spangen / vnd allerley gülden gerete / dazu bracht jederman gold zur Webe dem HERRN / Vnd wer bey jm fand gele seiden / scharlacken / rosinrot / weisse seiden / zigen har / rötlicht wider fell / vnd dachs fell / der brachtes / Vnd wer silber vnd ertz Hub / der brachts zur Webe dem HERRN / vnd wer foern holtz bey jm fand / der brachts zu allerley werck des Gottes dienst.

Vnd welche verstendige weiber waren / die wirckten mit jren henden / vnd brachten jr werck von geler seiden / scharlacken / rosinrot vnd weisser seiden / Vnd welche weiber wol geschickt waren / die wirckten zigen har. Die Fürsten aber brachten Onich / vnd eingefaste steine zum Leibrock / vnd zum Schiltlin / vnd specerey vnd öle zun liechtern vnd zur salbe / vnd zu gutem reuchwerck. Also brachten die kinder Israel williglich beide man vnd weib zu allerley werck / das der HERR geboten hatte durch Mose / das mans machen solt.

Vnd Mose sprach zu den kindern Israel / Sehet / der HERR hat mit namen beruffen den Bezaleel / den son Vri des sons Hur / vom stam Juda / vnd hat jn erfullet mit dem geist Gottes / das er weise / verstendig / geschickt sey zu allerley werck / künstlich zu erbeiten am gold / silber vnd ertz / eddel stein schneiten vnd einsetzen / holtz zimmern / zu machen allerley künstlich erbeit / vnd hat jm sein hertz vnterweiset / sampt Ahaliab dem son Ahisamach vom stam Dan / Er hat jr hertz mit weisheit erfüllet / zu machen aller ley werck / zu schneiten / wircken vnd zu sticken / mit geler seiden / scharlacken / rosinrot vnd weisser seiden / vnd mit weben / das sie machen allerley werck vnd künstlich erbeit erfinden.

XXXVI.

Da erbeiten Bezaleel vnd Ahaliab vnd alle weise menner / denen der HERR weisheit vnd verstand gegeben hatte zu wissen / wie sie allerley werck machen solten zum dienst des Heiligthumbs / nach allem das der HERR geboten hatte. Vnd Mose rieff dem Bezaleel vnd Ahaliab vnd alle weisen mennern den der HERR weisheit gegeben hatte jnn jr hertz / nemlich / alle die sich willig dar erboten vnd hinzu traten / zu erbeiten an dem werck / Vnd sie namen zu sich von Mose alle Hebe / die die kinder Israel brachten / zu dem werck des diensts des Heiligthums / das es gemacht wurde / denn sie brachten alle morgen jr willige gabe zu jm.

Da kamen alle weisen die am werck des Heiligthums erbeiten / ein jglicher seines wercks / das sie machten / vnd sprachen zu Mose / Das volck bringt zu viel / mehr denn zum werck dieses diensts not ist / das der HERR zu machen geboten hat. Da gebot Mose / das man ruffen lies durchs lager / Niemand thue mehr zur Webe des heiligthumbs / Da höret das volck auff zu bringen / denn des dinges war gnug zu allerley werck das zu machen war / vnd noch vbrig.

Also mach-

Mose. LX.

Also machten alle weise menner vnter den erbeitern am werck/ die Wonung/ zehen teppiche von gezwirnter weisser seiden/ geler seiden/ scharlacken/ rosinrot/ Cherubim künstlich. Die lenge eines teppichs/ war acht vnd zwenzig ellen/ vnd die breite vier ellen/ vnd waren alle jnn einer mass/ vnd er hefftet ia fünff teppich zu samen/ einen an den andern/ Vnd machet gele schleufflin an eines jglichen teppichs ort/ da sie zu samen gefügt werden/ ia fünffzig schleufflin an einem teppich/ damit einer den andern fasset/ Vnd machet fünffzig gülden hecklin/ vnd füget die teppich mit den hecklin einen an den andern zu samen/ das eine Wonung würde.

Vnd er machet eilff teppich von zigen haren/ zur hütten vber die Wonung/ dreissig ellen lang/ vnd vier ellen breit/ alle jnn einer mass/ vnd fügt jr fünff zu samen auff ein teil/ vnd sechs zu samen auffs ander teil/ vnd macht ia fünffzig schleufflin an jglichen teppich am ort/ damit sie zu samen geheffet würden/ vnd machet ia fünffzig ehrne hecklin/ damit die hütte zu samen jnn eins gefügt würde. Vnd macht eine decke vber die hütten/ von rötlichten wider fellen. Vnd vber die/ noch eine decke von dachs fellen.

Vnd machet breter zur Wonung von foern holtz/ die stehen sollen/ ein jglichs zehen ellen lang/ vnd andert halb ellen breit/ vnd an jglichem zween zapffen/ damit eins an das ander gesetzt würde/ Also macht er alle breter zur Wonung/ das der selben breter/ zwenzig gegen mittag stunden/ vnd macht vierzig silbern füsse drunder/ vnter jglich bret zween füss/ an seine zween zapffen. Also zur andern seiten der Wonung/ gegen mitternacht/ macht er auch zwenzig breter mit vierzig silbern füssen/ vnter jglich bret zween füss/ Aber hinden an der Wonung gegen dem abend/ macht er sechs breter/ vnd zwey ander hinden an den zwo ecken der Wonung/ das ein jglichs der beider/ sich mit seinem ortbret von vnden auff gestellet/ vnd oben am heubt zu samen keme/ mit einer klammer/ das der bret acht wurden/ vnd sechzehen silbern füsse/ vnter jglichem zween füsse.

Vnd er machet rigel von foern holtz/ fünffe zu den breten auff der einen seiten der Wonunge/ vnd fünffe auff der andern seiten/ vnd fünff hinden an/ gegen dem abend/ Vnd macht die rigel/ das sie mitten an den breten durch hin gestossen würden/ von einem end zum andern/ Vnd vberzoch die breter mit gold/ Aber jre rincken macht er von gold/ zu den rigeln/ vnd vberzoch die rigel mit gold.

Vnd machet Cherubim am Furhang/ künstlich mit geler seiden/ scharlacken/ rosinrot vnd gezwirneter weisser seiden/ Vnd machte zu dem selben vier seulen/ von foern holtz/ vnd vberzog sie mit gold/ vnd jre köpffe von gold/ vnd goss dazu vier silberne füsse. Vnd macht ein tuch jnn der thür der Hütten/ von geler seiden/ scharlack/ rosinrot vnd gezwirnter weisser seiden gestickt/ vnd fünff seulen dazu mit jren köpffen/ vnd vberzoch jre köpffe vnd reiffe mit gold/ vnd fünff ehren füsse dran.

XXXVII.

ℓ Vnd

Das Ander Buch

Vnd Bezaleel machet die Lade von foern holtz/drithalb ellen lang/anderthalb ellen breit vnd hoch/vnd vberzoch sie mit feinem gold/jnwendig vnd auswendig/vnd macht jr einen gülden krantz vmb her/vñ gos vier gülden rincken an jr vier ecken/auff jglicher seiten zween/Vnd macht stangen von foern holtz/vnd vberzoch sie mit gold/ vnd thet sie jnn die rincken an der Laden seiten/das man sie tragen kund.

Vnd macht den Gnaden stuel von feinem gold/drithalb ellen lang/vnd anderthalb ellen breit/vnd macht zween Cherubim/von tichtem gold/an die zwey ende des Gnaden stuels/einen Cherub an diesem ende/den andern an jhenem ende/vnd die Cherubim breiten jre flügel aus/von oben her/vnd deckten damit den Gnaden stuel/vnd jr antlitz stunden gegen ander/vnd sahen auff den Gnaden stuel.

Vnd er macht den Tisch von foern holtz/zwo ellen lang/eine elle breit/vnd anderthalb ellen hoch/vnd vberzoch jn mit feinem gold/ vnd macht jm einen gülden krantz vmbher/vnd macht jm eine leisten vmbher einer handbreit hoch/vnd macht einen gülden krantz vmb die leisten her/Vnd gos dazu vier gülden rincken/vnd thet sie an die vier ort/an seinen füssen/hart an der leisten/das die stangen drinnen weren/damit man den tisch truge/Vnd macht die stangen von foern holtz/vnd vberzoch sie mit gold/das man den tisch damit trüge. Vnd macht auch von feinem gold das gerete auff den tisch/schüsseln/leffel/kannen vnd schalen/da mit man aus vnd ein schencket.

Vnd macht den Leuchter von feinem tichtem gold/daran waren der schafft/mit rhören/schalen/kneuffen vnd blumen/Sechs rhören giengen zu seinen seiten aus/zu jglicher seiten drey rhören/drey schalen waren an jglichem rhor mit kneuffen vnd blumen/An dem Leuchter aber waren vier schalen mit kneuffen vnd blumen/ja vnter zwo röhren ein knauff/das also sechs röhren aus jm giengen/vnd jre kneuffe vnd rhören daran/vnd war alles aus tichtem feinem gold/Vnd machet die sieben lampen/mit jren liechtschneutzen/vnd leschnepffen von feinem gold/Aus eim centner feines golds/macht er jn vnd alle sein geret.

Er macht auch den Reuchaltar von foern holtz/ein elle lang vnd breit/gleich viereckt/vnd zwo ellen hoch/mit seinen hörnern/Vnd vberzoch jn mit feinem gold/sein dach vnd seine wende rings vmb her/vnd seine hörner/vnd macht jm einen krantz vmbher/von gold/vnd zween gülden rincken/vnter dem krantz zu beiden seiten/das man stangen drein thet/vnd jn damit trüge/aber die stangen macht er von foern holtz/vnd vberzoch sie mit gold.

Vnd macht die heilige salb/vnd reuchwerck von reiner specerey/ nach Apoteker kunst.

XXXVIII.

Vnd machte den brandopfers Altar von foern holtz/fünff ellen lang vnd breit/gleich vierecket/vnd drey ellen hoch/vnd macht vier hörner die aus jm giengen/auff seinen vier ecken/vñ vberzoch jn mit ertz/Vnd macht allerley gerete zu dem Altar/asche töpffe/schauffeln/becken/kreuel/kolpfannen/alles von ertz/Vnd macht am altar ein gitter/

Mose. LXI.

gitter/wie ein netze/von ertz vmb her von vnden auff bis an die helffte des Altars/vnd gos vier rincken/an die vier ort des ehrnen gitters zu stangen/Die selben macht er von foern holtz/vnd vberzoch sie mit ertz/vnd thet sie jnn die rincken an den seiten des Altars/das man jn damit trüge. Vnd machet jn jnnwendig holh.

Vnd macht das handfas von ertz/vnd seinen fus auch von ertz/ gegen den Peeren/die fur der thür der Hütten des Stiffts lagen.

Vnd er macht den Vorhoff/Gegen mittag einen vmbhang hundert ellen lang/von gezwirnter weisser seiden/mit jren zwenzig seulen/vnd zwenzig füssen von ertz/aber jre kneuffe vnd reiffe von silber/Desselben gleichen gegen mitternacht hundert ellen mit zwenzig seulen/vnd zwenzig füssen von ertz/aber jre kneuffe vnd reiffe von silber/Gegen dem abend aber fünffzig ellen mit zehen seulen/vnd zehen füssen/aber jr kneuffe vnd reiffe von silber / Gegen dem morgen aber fünffzig ellen/Fünffzehen ellen auff jglicher seiten des thors am vorhoff/ja mit drey seulen/vnd dreien füssen/das alle vmbheng des vorhoffs waren von gezwirnter weisser seiden/vnd die füsse der seulen von ertz/vnd jre kneuffe vnd reiff von silber/also das jre köpffe vberzogen waren mit silber/aber jre reiffe waren silbern an allen seulen des vorhoffs. Vnd das tuch jnn dem thor des vorhoffs/macht er gestickt von geler seiden/scharlacken/rosinrot vnd gezwirnter weisser seiden/zwenzig ellen lang/vnd fünff ellen hoch/nach der mas der vmbheng des vorhoffs/dazu vier seulen/vnd vier füsse von ertz/vnd jr kneuffe von silber/vnd jre köpff vberzogen/vnd jr reiff silbern/Vnd alle negel der Wonung/vnd des vorhoffs rings vmb waren von ertz.

(der heer)
Diese heere waren die andechtige wit win vnd weiber/ die mit fasten vnd beten fur der Hütten/Gott riterlich dieneten / wie .j. Reg. ij. zeigt/vnd paulus. j. Thimo. v. beschreibt/wie auch S. Lucas die heilige prophetin Hanna rümet Luce. ij.

Das ist nu die summa zu der Wonung des Zeugnis/die erzelet ist/ wie Mose gesagt hat/zum Gottes dienst der Leuiten /vnter der hand Ithamar Aarons des priesters son/die Bezaleel der son Vri/des son Hur/vom stam Juda machte/alles wie der HERR Mose geboten hatte/Vnd mit jm Ahaliab/der son Ahisamach/vom stam Dan/ein Meister zu schneiten/zu wircken/vnd zu sticken mit geler seiden/scharlacken/rosinrot/vnd weisser seiden.

Alles gold/das vererbeit ist jnn diesem gantzen werck des Heiligthumbs/das zur Webe geben ward/ist neun vnd neunzig centner/sieben hundert vnd dreissig sekel/nach dem sekel des Heiligthums/Des silbers aber das von der Gemein kam / war hundert centner / tausent sieben hundert fünff vnd siebenzig sekel/nach dem sekel des Heiligthums. So manch heubt/so manch halber sekel/nach dem sekel des Heiligthums/von allen die gezelet wurden/von zwenzig jaren an vnd drüber/sechs hundert mal tausent / drey tausent / fünff hundert vnd fünffzig.

Aus den hundert centnern silbers/gos man die füsse des Heiligthums/vñ die füsse des furhangs/hundert füsse aus hundert centner/ ja ein centner zum fus. Aber aus den tausent/sieben hundert/vnd fünff vnd siebenzig sekel wurden gemacht der seulen kneuffe/vnd jre köpffe vberzogen/vnd jre reiffe.

L ij Die

Das Ander Buch

Die Webe aber des ertzs/siebenzig centner/zwey tausent vnd vier hundert sekel/daraus wurden gemacht die füsse/jnn der thür der Hütten des Stiffts/Vnd der ehrne Altar/vnd das ehrne gitter dran/vnd alles gerete des Altars/dazu die füsse des vorhoffs rings vmb/vnd die füsse des thors am vorhoff/alle negel der Wonung/vnd alle negel des vorhoffs/rings vmb.

XXXIX.

Ber von der gelen seiden/scharlacken vnd rosinrot/machten sie Aaron amptkleider/zu dienen im Heiligthum/wie der HERR Mose geboten hatte.

Vnd er machte den Leibrock mit golde/geler seiden/ scharlacken/rosinrot vnd gezwirnter weisser seiden/ vnd schlug das gold/vnd schneits zu faden/das mans künstlich wircken künde/vnter die gele seide/scharlacken/rosinrot vnd weisse seiden/das mans auff beiden achseln zu samen fügt/vnd an beiden seiten zu samen bünde/Vnd seine gurt war nach der selben kunst vnd werck/von gold/geler seiden/scharlacken/ rosinrot/ vnd gezwirnter weisser seiden/wie der HERR Mose gebotten hatte.

Vnd sie machten zween Onicher stein/vmbher gefasset mit gold/ gegraben durch die Stein schneiter/mit den namen der kinder Israel. Vnd hefftet sie auff die schuldern des Leibrocks/das es Steine seien zum gedechtnis der kinder Israel/wie der HERR Mose gebotten hatte.

Vnd sie machten das Schiltlin nach der kunst/vnd werck des Leibrocks von gold/geler seiden/scharlacken/rosinrot vnd gezwirnter weisser seiden/das es vierecket vnd zwifach war / einer hand lang vnd breit/vnd fülleten es mit vier riegen steinen. Die erste riege war / ein Sarder/Topaser/vnd Smaragd/Die ander ein Rubin/ Saphir vnd Demant. Die dritte/ein Lincurer/Achat/vnd Amethist. Die vierde/ ein Türckis/Onicher vnd Jaspis/vmbher gefasset mit gold jnn allen riegen/Vnd die steine stunden/nach den zwelff namen der kinder Israel/gegraben durch die Steinschneiter/ein jglicher seines namens nach den Zwelff stemmen.

Vnd sie machten am Schiltlin ketten hinauff/von feinem gold/ vnd zwo gülden spangen/vnd zween gülden ringe/ vnd hefften die zween ringe auff die zwo ecken des Schiltlins/vnd die zwo ketten thetten sie jnn die zween ringe auff den ecken des Schiltlin/Aber die zwey ende der ketten thetten sie an die zwo spangen/vnd hefften sie auff die ecken des Leibrocks gegen ander vber.

Vnd machten zween ander gülden ringe/vnd hefften sie an die zwo ander ecken des Schiltlins an seinen ort / das es fein anlege auff dem Leibrock/Vnd machten zween ander gülden ringe/die thetten sie an die zwo ecken/vnden am Leibrock/gegen ander vber/da der Leibrock vnden zu samen gehet/das das Schiltlin mit seinen ringen an die ringe des Leibrocks geknüpfft würde/mit einer gelen schnur/das es auff dem Leibrock hart an lag/vnd nicht von dem Leibrock los würde/wie der HERR Mose gebotten hatte.

Vnd er macht den seiden Rock zum Leibrock gewirckt/gantz von geler seiden/vnd sein loch oben mitten jnn/vnd ein bort vmbs loch her

gefalten

Mose. LXII.

gefalten/das er nicht zurisse/Vnd sie machten an seinem saum granatopffel von geler seiden/scharlacken/rosinrot/vnd gezwirnter weisser seiden/vnd machten schellen von feinem gold/die theten sie zwischen die granatöpffel rings vmb her am saum des seiden rocks/ia ein granatopffel vnd ein schelle/vmb vnd vmb am saum/darinn zu dienen/wie der HERR Mose geboten hatte.

Vnd machten auch den engen rock von weisser seiden gewirckt/ Aaron vnd seinen sönen/vnd den hut von weisser seiden/vnd die schönen hauben von weisser seiden/vnd nider kleid von gezwirntem weissem linwad/vnd den gestickten gürtel von gezwirnter weisser seiden/ geler seiden/scharlacken/rosinrot/wie der HERR Mose geboten hatte.

Sie machten auch das Stirnblat an der heiligen kron von feinem gold/vnd gruben schrifft drein/Die heiligkeit des HERRN/vnd bunden ein gele schnur dran/das sie an den hut von oben her gehefftet würde/wie der HERR Mose geboten hatte.

Also ward vollendet das gantze werck der Wonung/der Hütten des Stiffts/Vnd die kinder Israel theten alles/was der HERR Mose geboten hatte/vnd brachten die Wonung zu Mose/die Hütten vnd alle jre gerete/hecklin/breter/rigel/seulen/füsse/die decke von rötlichten widder fellen/die decke von dachs fellen/vnd den furhang/die Lade des Zeugnis mit jren stangen/den Gnadestuel/den tissch vnd alle sein gerete/vñ die Schawbrod/den schönen Leuchter mit den lampen zubereit/vnd alle seinem gerete/vnd öle zu liechten/den gülden Altar/ vnd die salbe vnd gut reuchwerck/das tuch jnn der Hütten thür/den ehrnen Altar/vnd sein ehrn gitter mit seinen stangen/vnd alle seinem gerete/das handfas mit seinem fuss/die vmb henge des vorhofs mit seinen seulen vnd füssen/das tuch im thor des vorhofs/mit seinen seilen vnd negeln/vnd allem gerete/zum dienst der Wonung der Hütten des Stiffts/die ampt kleider des priesters Aaron/zu dienen im Heiligthum/vnd die kleider seiner söne/das sie priester ampt thetten/Alles wie der HERR Mose geboten hatte/thetten die kinder Israel/an allem diesem dienst. Vnd Mose sahe an alle dis werck/das sie es thatten/wie der HERR geboten hatte/vnd segnet sie.

XL.

Vnd der HERR redet mit Mose/vnd sprach/Du solt die Wonung der Hütten des Stiffts auffrichten/am ersten tage/des ersten monden/Vnd solt darein setzen die Lade des Zeugnis/vnd fur die Laden den furhang hengen. Vnd solt den tissch dar bringen/vnd jn zu bereiten/vnd den Leuchter dar stellen/vnd die lampen drauff setzen/ Vnd solt den gülden Reuchaltar setzen fur die Lade des zeugnis/vnd das tuch jnn der thür der Wonung auff hengen. Den brandopffers Altar aber soltu setzen fur die thür der Wonung der Hütten des Stiffts/vnd das handfas zwischen der Hütten des Stiffts vnd dem Altar/vnd wasser drein thun/Vnd den Vorhof stellen vmb her/vnd das tuch jnn der thür des vorhoffs auff hengen.

Vnd solt die salbe nemen/vnd die Wonung/vnd alles was drinnen ist salben/vnd solt sie weihen mit all jrem gerete/das sie heilig sey/ Vnd solt den brandopffers Altar salben mit all seinem gerete/vnd weihen/das er aller heiligst sey/Solt auch das handfas vnd seinen fus salben vnd weihen. L iij Vnd solt

Das Ander Buch

Vnd solt Aaron vnd seine söne fur die thür der Hütten des Stiffts füren / vnd mit wasser waschen / vnd Aaron die heilige kleider anzihen / vnd salben vnd weihen das er mein priester sey / Vnd seine söne auch erzu füren / vnd jnen die enge röcke anzihen / vnd sie salben wie du jren vater gesalbet hast / das sie meine priester seien / vnd diese salbung sollen sie haben zum ewigen priesterthum bey jren nachkomen / Vnd Mose thet alles wie jm der HERR gebotten hatte.

Also ward die Wonung auffgericht im andern iar am ersten tag des ersten monds / Vnd da Mose sie auffrichtet / setzet er die füsse vnd die breter vnd rigel / vnd richtet die seulen auff / vnd breitet die Hütten aus zur wonung / vnd leget die decken der Hütten oben drauff / wie der HERR jm gebotten hatte.

Vnd nam das Zeugnis vnd legts jnn die Laden / vnd thet die stangen an die Laden / vnd thet den Gnaden stuel oben auff die Lade / vnd bracht die Lade jnn die Wonung / vnd hieng den furhang fur die Lade des Zeugnis / wie jm der HERR gebotten hatte.

Vnd setzet den Tisch jnn die Hütte des Stiffts / jnn den winckel der Wonung gegen mitternacht / haussen fur dem furhang / vnd bereittet brod drauff fur dem HERRN / wie jm der HERR geboten hatte.

Vnd setzet den Leuchter auch hinein gegen dem tissch / vbeu jnn den winckel der Wonung gegen mittag / vnd thet lampen drauff fur dem HERRN / wie jm der HERR geboten hatte. Vnd setzet den gülden Altar hinein / fur den furhang / vnd reucherte drauff mit gutem reuchwerck / wie jm der HERR gebotten hatte / vnd hieng das tuch jnn die thür der Wonung der Hütten des Stiffts / vnd opfferte drauff brandopffer vnd speisopffer / wie jm der HERR geboten hatte.

Vnd das handfas setzt er zwisschen der Hütten des Stiffts vnd dem altar / vnd thet wasser drein zu wasschen / Vnd Mose / Aaron vnd seine söne wusschen jre hende vnd fusse draus / Denn sie müssen sich wasschen / wenn sie jnn die Hütten des Stiffts gehen odder hinzu treten zum altar / wie jm der HERR geboten hatte.

Vnd er richtet den vorhoff auff vmb die Wonung vnd vmb den altar her / vnd hieng den furhang jnn das thor des vorhoffs. Also volendet Mose das gantze werck.

Da bedeckt eine wolcke die Hütte des Stiffts / Vnd die herligkeit des HERRN füllet die Wonung / vnd Mose kund nicht jnn die Hütte des Stiffts gehen / weil die wolcken drauff bleib / vnd die herligkeit des HERRN die Wonung füllet.

Vnd wenn die wolcke sich auffhub von der Wonung / So zogen die kinder Jsrael / so offt sie reiseten / Wenn sich aber die wolcke nicht auffhub / so zogen sie nicht / bis an den tag das sie sich auffhub / Denn die wolcke des HERRN war des tags auff der Wonung / vnd des nachts war fewr drinnen / fur den augen des gantzen haus Jsrael / so lang sie reiseten.

Ende des Andern Buchs Mose.

Das dritte Buch Mose.

LXIII.

I.

Und der HERR rieff Mo=
se/ vnd redet mit jm von der Hütten
des Stiffts/vnd sprach/Rede mit den
kindern Israel/ vnd sprich zu jnen.
Welcher vnter euch dem HERRN
ein opffer thun wil/der thue es von
dem vieh/ von rindern vnd von scha=
fen.

Wil er ein brandopffer thun von
ochsen/ So opffer er ein menlin das
on wandel sey/ fur der thür der Hüt=
ten des Stiffts/ das es dem HER=
RN angeneme sey von jm / Vnd lege seine hand auff des brand
opffers heubt/ so wird es angeneme sein/ vnd jn versünen. Vnd sol das
junge rind schlachten fur dem HERRN/ vnd die priester Aarons
söne/ sollen das blut er zu bringen/ vnd auff den Altar vmbher spreng
en/ der fur der thür der Hütten des Stiffts ist/ Vnd man sol dem brand
opffer die haut abzihen / vnd es sol jnn stück zuhawen werden. Vnd
die söne Aarons des priesters sollen ein fewr auff den Altar machen/
vnd holtz oben drauff legen / vnd sollen die stück/ nemlich den kopff
vnd den strumpff auff das holtz legen/ das auff dem fewr auff dem
Altar ligt/ Das eingeweide aber vnd die schenckel sol man mit wasser
waschen/ vnd der priester sol das alles anzünden auff dem Altar zum
brandopffer/ Das ist ein opffer das wol reucht fur dem HERRN.

Wil er aber von schafen odder zigen ein brandopffer thun/ so op=
ffer er ein menlin das on wandel sey/ vnd sol es schlachten zur seiten
des Altars gegen mitternacht fur dem HERRN/ Vnd die priester
Aarons söne sollen sein blut auff den Altar vmbher sprengen/ vnd
man sol es jnn stück zu hawen/ Vnd der priester sol den kopff vnd den
strumpff auff das holtz vnd fewr das auff dem Altar ist/ legen. Aber
das eingeweide vnd die schenckel sol man mit wasser waschen/ Vnd
der priester sol es alles opffern vnd anzünden auff dem Altar / zum
brandopffer/ Das ist ein opffer das wol reucht fur dem HERRN.

Wil er aber von vogeln dem HERRN ein opffer thun / so thu
ers von turteltawben odder von jungen tauben. Vnd der priester sols
zum Altar bringen/ vnd jm den kopff abkneypen/ das es auff dem Al=
tar angezündet werde/ vnd sein blut aus bluten lassen an der wand
des Altars/ vnd seinen kopff mit seinen feddern sol man neben den Al
tar gegen dem morgen auff den aschen hauffen werffen/ vnd sol sei=
ne flügel spalten/ aber nicht abbrechen/ Vnd also sols der priester auff
dem Altar anzünden auff dem holtz auffm fewr zum brandopffer/
Das ist ein opffer das wol reucht fur dem HERRN.

L iij   Wenn es

Das Dritte Buch

II.

Enn eine seel dē HERRN ein speisopfer thun wil/ so sol es von semel mehl sein/ vnd sol ōle drauff giessen/ vnd weirach drauff legen/ vnd also bringen zu den priestern/ Aarons sōnen/ Da sol der priester sein hand vol nemen von dem selben semel mehl vnd ōle/ sampt den gantzen weirauch/ vnd anzünden zum gedechtnis auff dem altar/ Das ist ein opffer/ das wol reucht fur dem HERRN. Das vbrige aber vom speisopffer sol Aarons vnd seiner sōne sein. Das sol das aller heiligst sein/ von den opffern des HERRN.

Wil er aber ein speisopffer thun vom gebacken im ofen/ so neme er kuchen von semel mehl vngesewrt/ mit ōle gemenget/ vnd vngesewrte fladen mit ōle bestrichen. Ist aber dein speisopffer etwas von gebacken jnn der pfannen/ so sols von vngesewrtem semel mehl/ mit ōle gemenget sein/ vnd solts jnn stück zu teilen/ vnd ōle drauff giessen/ so ists ein speisopffer. Ist aber dein speisopffer etwas auffm rost gerostet/ so soltu es von semel mehl mit ōle machen. Vnd solt das speisopffer das du von solcherley machen wilt dem HERRN/ zu dem priester bringen/ der sols zu dem Altar bringen/ vnd des selben speisopffers heben zum gedechtnis/ vnd anzünden auff dem altar/ Das ist ein opfer das wol reucht fur dem HERRN/ Das vbrige aber sol Aarons vnd seiner sōne sein. Das sol das aller heiligst sein/ von den opffern des HERRN.

Exodi. xxviij.

Alle speisopffer die jr dem HERRN opffern wolt/ solt jr on sauerteig machen/ Denn kein saurteig/ noch honig sol drunder dem HERRN zum opffer angezündet werden. Aber zum Erstling solt jr sie dem HERRN bringen/ Aber auff keinen Altar sollen sie komen zum süssen geruch.

Alle deine speisopffer soltu saltzen/ Vnd dein speisopffer sol nimer on saltz des Bunds deines Gottes sein/ denn jnn alle deinem opffer soltu saltz opffern.

Wiltu aber ein speisopffer dem HERRN thun von den ersten früchten/ soltu die sangen am fewr gederret klein zustossen/ vnd also das speisopffer deiner ersten früchte opffern/ vnd solt ōle drauff thun/ vnd weirauch drauff legen/ so ists ein speisopffer/ Vnd der priester sol von dem zustossen/ vnd vom ōle mit dem gantzen weirauch/ anzünden zum gedechtnis/ Das ist ein opffer dem HERRN.

III.

St aber sein opffer ein Danckopffer/ von rindern/ es sey ein ochs odder kue/ sol er opffern fur dem HERRN/ das on wandel sey/ vnd sol seine hand auff des selben heubt legen/ vnd schlachten fur der thür der Hütten des Stiffts/ Vnd die priester Aarons sōne/ sollen das blut auff den Altar vmbher sprengen/ Vnd sol von dem danckopffer dem HERRN opffern/ nemlich/ alles fett am eingeweide/ vnd die zwo nieren/ mit dem fett das dran ist/ an den lenden/ vnd das netz vmb die lebber/ an den nieren dazu/ Vnd Aarons sōne sollens anzün

Mose. LXIIII.

anzünden auff dem Altar zum brandopffer/auff dem holtz das auff dem fewr ligt/Das ist ein opffer das wol reucht fur dem HERRN.

Wil er aber dem HERRN ein danckopffer von kleinem vieh thun/es sey ein scheps odder schaf/so sols on wandel sein/Ists ein lemlin/sol ers fur den HERRN bringen/vnd sol seine hand auff des selben heubt legen/vnd schlachten fur der Hütten des Stiffts/Vnd die söne Aarons sollen sein blut auff den Altar vmbher sprengen/vnd also von dem danckopffer dem HERRN opffern/nemlich/sein fett/ den gantzen schwantz/mit dem rucken dazu/das fett am eingeweide/ die zwo nieren mit dem fett das dran ist an den lenden/vnd das netz vmb die lebber/an den nieren dazu/Vnd der priester sols anzünden auff dem Altar/zur speise des opffers dem HERRN.

(speise)
Das vom fewr auff gefressen wird.

Ist aber sein opffer ein zige/vnd bringts fur den HERRN/sol er seine hand auff jr heubt legen/vnd sie schlachten fur der Hütten des Stiffts/Vnd die söne Aarons sollen das blut auff den Altar vmbher sprengen/vnd sol dauon opffern ein opffer dem HERRN/nemlich/das fett am eingeweide/die zwo nieren mit dem fett das dran ist an den lenden/vnd das netz vber der lebber/an den nieren dazu. Vnd der Priester sols anzünden auff dem Altar zur speise des opffers zum süssen geruch.

Alles fett ist des HERRN. Das sey ein ewiger sitte bey ewrn nachkomen/jnn allen ewrn wonungen/das jr kein fett noch blut esset.

IIII.

VNd der HERR redet mit Mose/vnd sprach/Rede mit den kindern Israel/vnd sprich/Wenn ein seel sundigen würde aus versehen/an jrgent einem gebot des HERRN/das sie nicht thun solte/Nemlich/so ein Priester der gesalbet ist/sundigen würde/das er das volck ergert/der sol fur seine sunde/die er gethan hat/einen jungen farren bringen der on wandel sey/dem HERRN zum Sundopffer/Vnd sol den farren fur die thür der Hütten des Stiffts bringen fur den HERRN/vnd seine hand auff desselben heubt legen/vnd schlachten fur dem HERRN/vnd der Priester der gesalbet ist/sol seines bluts nemen/vnd jnn die Hütten des Stiffts bringen/Vnd sol seinen finger jnn das blut tuncken/vnd damit sieben mal sprengen fur dem HERRN/fur dem furhang im Heiligen/Vnd sol des selben bluts thun auff die hörner des Reuchaltars/der fur dem HERRN jnn der Hütten des Stiffts stehet/Vnd alles blut giessen an den boden des brandopffers Altars/der fur der Hütten thür des Stiffts stehet/Vnd alles fett des Sundopffers sol er heben/nemlich/das fett am eingeweide/die zwo nieren/mit dem fett das dran ist an den lenden/vnd das netz vber der lebber/an den nieren dazu/gleich wie ers hebt vom ochsen im danckopffer/vnd sols anzünden auff dem brandopffers Altar/Aber das fell des farren/mit allem fleisch sampt dem kopff/ vnd schenckeln/vnd das eingeweide vnd den mist/das sol er alles hinaus furen ausser dem lager/an eine reine stete/da man die asschen hin schütt/vnd sols verbrennen auff holtz mit fewr.

(ergert)
Das ist/mit leren odder leben ongefehr/zur sunde vnd schuld vrsache gebe.

Wenn

Das Dritte Buch

Wenns eine gantze Gemeine jnn Jsrael versehen würde/vnd die that fur jren augen verborgen were/das sie jrgent widder ein gebot des HERRN gethan hetten/das sie nicht thun solten/vnd sich also verschuldeten/vnd darnach jrer sunde jnnen würden/die sie gethan hetten/sollen sie ein jungen farren dar bringen zum Sundopffer/vnd fur die thür der Hütten des Stiffts stellen/Vnd die Eltesten von der Gemeine sollen jre hende auff sein heubt legen fur dem HERRN/vnd den farren schlachten fur dem HERRN/Vnd der priester der gesalbet ist/sol des bluts vom farren jnn die Hütten des Stiffts bringen/vnd mit seinem finger drein tuncken/vnd sieben mal sprengen fur dem HERRN/fur dem Furhang/Vnd sol des bluts auff die hörner des Altars thun/der fur dem HERRN stehet jnn der Hütten des Stiffts/vnd alles ander blut an den boden des brandopffers Altar giessen/der fur der thür der Hütten des Stiffts stehet. Alles sein fett aber sol er heben/vnd auff den Altar anzünden/Vnd sol mit dem farren thun/wie er mit dem farren des Sundopffers gethan hat/Vnd sol also der priester sie versunen/so wirds jnen vergeben/Vnd sol den farren ausser dem lager furen/vnd verbrennen/wie er den vorigen farren verbrand hat/Das sol das Sundopffer der Gemeine sein.

Wenn aber ein Fürst sundiget/vnd jrgent widder des HERRN seins Gottes gebot thut/das er nicht thun solt/vnd versihets/das er sich verschuldet/odder wird seiner sund jnnen die er gethan hat/der sol zum opffer bringen/ein zigen bock on wandel/vnd seine hand auff des bocks heubt legen/vnd jn schlachten an der stat/da man die brandopffer schlachtet fur dem HERRN/Das sey sein Sundopffer/Da sol denn der priester des bluts von dem Sundopffer nemen mit seinem finger/vnd auff die hörner des brandopffers Altar thun/vnd das ander blut an den boden des brandopffers Altar giessen/Aber alles sein fett sol er auff dem Altar anzünden/gleich wie das fett des danckopffers/vnd sol also der priester seine sunde versunen/so wirds jm vergeben.

Wenn aber eine seel vom gemeinen volck versihet vnd sundigt/das sie jrgent widder der gebot des HERRN eines thut/das sie nicht thun solt/vnd sich also verschuldet/odder jrer sund jnnen wird/die sie gethan hat/die sol zum opffer eine zige bringen on wandel/fur die sunde die sie gethan hat/vnd sol jre hand auff des Sundopffers heubt legen/vnd schlachten an der stat des brandopffers/Vnd der priester sol des bluts mit seinem finger nemen/vnd auff die horner des Altars thun/vnd alles blut an des Altars boden giessen/Alle sein fett aber sol er abnemen/wie er das fett des Danckopffers abgenomen hat/vnd sols anzünden auff dem Altar zum süssen geruch dem HERRN/vnd sol also der priester sie versunen/so wirds jr vergeben.

Wird er aber ein schaf zum Sundopffer bringen/so bring er das eine Sie ist on wandel/vñ lege seine hand auff des Sundopffers heubt vnd schlachtes zum Sundopffer/an der stat/da man die brandopffer schlachtet/Vnd der priester sol des bluts mit seinem finger nemen/vnd auff die hörner des brandopffers Altar thun/vnd alles blut an den boden des Altars giessen. Aber alle sein fett sol er abnemen/wie er das fett vom schaf des Danckopffers abgenomen hat/vnd sols auff dem Altar anzünden/zum opffer des HERRN/Vnd sol also der priester ver-

Mose. LXV.

ster versunen seine sunde die er gethan hat/so wirds jm vergeben.

V.

Enn eine seele sundigen würde/das er einen fluch höret/vnd er des zeuge ist/odder gesehen odder erfaren hat/vnd nicht angesagt/der ist einer missethat schuldig. Odder wenn eine seele etwas vnreines anrüret/es sey ein aß eines vnreinen thiers/odder viehs odder gewürmes/vnd wusts nicht/der ist vnrein/vnd hat sich verschuldet. Odder wenn er einen vnreinen menschen anrüret/jnn waserley vnreinigkeit/der mensch vnrein werden kan/vnd wusts nicht/vnd wirds jnnen/der hat sich verschuldet. Odder wenn eine seel schweret/das jm aus dem mund entferet/schaden odder guts zu thun/wie denn eim menschen ein schwur entfaren mag/vnd wusts nicht/vnd wirds jnnen/der hat sich an der einem verschüldet.

Wenns nu geschicht/das er sich der eines verschuldet/vnd bekennet das er daran gesundigt hat/so sol er fur seine schuld dieser seiner sunde die er gethan hat/dem HERRN bringen von der herd/ein schaf odder zigen mutter die da getragen habe/zum Sundopffer/So sol jm der priester seine sunde versunen. Vermag er aber nicht ein schaf/so bringe er dem HERRN fur seine schuld die er gethan hat/zwo dordel tauben/odder zwo junge tauben/die erste zum Sundopffer/die ander zum brandopffer/vnd bringe sie dem priester/der sol die erste zum Sundopffer machen/vnd jr den kopff abkneipen hinder dem genick/vnd nicht abreissen/vnd sprenge mit dem blut des Sundopffers/an die seite des Altars/vnd lasse das vbrige blut aus bluten/an des Altars boden/das ist das Sundopffer/Die ander aber sol er zum brandopffer machen/nach seinem recht/Vnd sol also der priester jm seine sund versunen/die er gethan hat/so wirds jm vergeben.

Vermag er aber nicht zwo dordel tauben/odder zwo junge tauben/so bringe er fur seine sunde sein opffer/ein zehenden teil Ephi/semel mehl zum Sundopffer. Er sol aber kein öle drauff legen/noch weirauch drauff thun/denn es ist ein Sundopffer/Vnd sols zum priester bringen/der priester aber sol ein hand vol dauon nemen zum gedechtnis/vnd anzünden auff dem Altar zum opffer dem HERRN/das ist ein Sundopffer/Vnd der priester sol also seine sunde die er gethan hat/jm versunen/so wirds jm vergeben/Vnd sol des priesters sein/wie ein speisopffer.

Vnd der HERR redet mit Mose/vnd sprach. Wenn sich eine seel vergreifft/das sie es versihet/vnd sich versundigt/an dem das dem HERRN geweihet ist/sol sie jr schuldopffer dem HERRN bringen/einen wider on wandel von der herd/der zween sekel silbers werd sey/nach dem sekel des Heiligthums/zum schuldopffer/dazu was er gesundigt hat/an dem geweiheten/sol er widder geben/vnd das fünffte teil drüber geben/vnd sols dem priester geben/der sol jn versunen/mit dem wider des schuldopffers/so wirds jm vergeben.

Wenn eine seel sundigt/vnd thut widder jrgent ein gebot des HERRN/das sie nicht thun solt/vnd hats nicht gewust/die hat sich
verschuldet/

Das Dritte Buch

verschuldet/vnd ist der missethat schuldig. Vnd sol bringen einen widder von der herd/on wandel/der eins schuldopffers werd ist/zum priester/Der sol jm sein vnwissenheit versünen/die er gethan hat/vnd wusts nicht/so wirds jm vergeben. Das ist das schuldopffer/das er dem HERRN verfallen ist.

Vnd der HERR redet mit Mose/vnd sprach. Wenn eine seel sundigen würde/vnd sich an dem HERRN vergreiffen/das er seinem neben menschen verlengnet/was er jm befolhen hat/odder das jm zu trawer hand gethan ist/odder das er mit gewalt genomen/odder mit vnrecht zu sich bracht/odder das verloren ist/funden hat/vnd leugnet solchs mit einem falschen eid/wie es der eines ist/darinn ein mensch widder seinen nehesten sunde thut. Wenns nu geschicht/das er also sundigt/vnd sich verschuldet/so sol er widder geben/was er mit gewalt genomen/odder mit vnrecht zu sich bracht/odder was jm befolhen ist/odder was er funden hat/odder wor vber er den falschen eid gethan hat/das sol er alles gantz widder geben/dazu das fünffte teil drüber geben/dem des gewest ist/des tages wenn er sein schuldopffer gibt. Aber fur seine schuld sol er dem HERRN zu dem priester einen widder/von der herd on wandel bringen/der eines schuldopffers werd ist/So sol jn der priester versünen fur dem HERRN/so wirds jm vergeben/alles was er gethan hat/das er sich dran verschuldet.

VI.

Vnd der HERR redet mit Mose/vnd sprach/Gebeut Aaron vnd seinen sönen/vnd sprich/Dis ist das Gesetz des brandopffers/Das Brandopffer sol brennen auff dem hert des Altars/die gantze nacht bis an den morgen. Es sol aber allein des Altars fewr drauff brennen/Vnd der priester sol seinen leinen rock anziehen/vnd die leinen nidderwad an seinen leib. Vnd sol die asschen auff heben/die das fewr des brandopffers auff dem Altar gemacht hat/vnd sol sie neben den Altar schütten/ Vnd sol seine kleider darnach aus ziehen/vnd ander kleider anziehen/vnd die asschen hinaus tragen/ausser dem lager an eine reine stet.

Das fewer auff dem Altar sol brennen/vnd nimer verlesschen/Der priester sol alle morgen holtz drauff anzünden/vnd oben drauff/das brandopffer zu richten/vnd das fette der Danckopffer drauff anzünden. Ewig sol das fewr auff dem Altar brennen/vnd nimmer verlesschen.

Vnd das ist das Gesetz des speisopffers/das Aarons söne opffern sollen fur dem HERRN auff dem Altar/Es sol einer heben seine hand vol semel mehls vom speisopffer vnd des öles/vnd den gantzen Weirauch der auff dem speisopffer ligt/vnd sols anzünden auff dem Altar zum süssen geruch/ein gedechtnis dem HERRN. Das vbrige aber sollen Aaron vnd seine söne verzehren/vnd sols vngeseurt essen/an heiliger stet/im vorhof der Hütten des Stiffts. Sie sollen nichts mit sawrteig backen/denn es ist jr teil/das ich jnen gegeben hab von meinem opffer. Es sol jnen das aller heiligst sein/gleich wie das Sundopfer vnd schuldopfer. Was menlich ist vnter den kindern Aaron/sollens essen. Das sey ein ewigs recht ewrn nachkomen/an den opfern des HERRN/Es sol sie niemant anrüren/er sey denn geweihet.

Vnd der

Mose. LXVI.

Vnd der HERR redet mit Mose/vnd sprach/Das sol das opffer sein/Aarons vnd seiner söne/das sie dem HERRN opffern sollen am tag seiner weihe/Das zehende teil Ephi von semel mehl zum ewigen speisopffer/eine helfft des morgens/die ander helfft des abends/ Jnn der pfannen mit öle solt du es machen/vnd geröstet dar bringen/ vnd jnn stücken gebacken/soltu solchs opffern/zum süssen geruch des HERRN. Vnd der priester/der vnter seinen sönen an seine stat gesalbet wird/sol solchs thun. Das ist ein ewigs recht dem HERRN. Es sol gantz verbrand werden. Denn alle speisopffer eins priesters/ sol gantz verbrand/vnd nicht gessen werden.

Vnd der HERR redet mit Mose/vnd sprach/Sage Aaron vnd seinen sonen/vnd sprich. Dis ist das Gesetz des Sundopffers. An der stet/ da du das Brandopffer schlachtest/soltu auch das Sundopffer schlachten fur dem HERRN. Das ist das allerheiligst. Der priester der das Sundopffer thut/sols essen an heiliger stet/im vorhoff der Hütten des Stiffts. Niemant sol seines fleisch anruren/er sey denn geweihet. Vnd wer von seinem blut ein kleid besprenget/der sol sich waschen an heiliger stet. Vnd das töpffen darinn es gekochet ist/sol man zu brechen/Jsts aber ein ehern topff/so sol man jn schewren/ vnd mit wasser spülen. Was menlich ist vnter den priestern/sollen dauon essen. Denn es ist das aller heiligste. Aber alle das sundopffer/des blut jnn die Hütten des Stiffts bracht wird/zuuersunen im Heiligen/ sol man nicht essen/sondern mit fewr verbrennen.

(Aber alle das sihestu/das Moses klerlich zweierley Sundopffer/odder zweierley brauch des Sundopffers setzt/ Eines/da man das blut nicht jnn das heilige bringt zuuersunen/Solchs möchten sie essen/Das ander/ da man das blut ist das heilige bringt zuuersüne/Solchs muste man nicht essen/sondern ausser dem lager alles verbrennen/ Dauon jnn der Epistel Ebre. xiij. Quorum animalium sanguis.

VII.

Nd dis ist das Gesetz des Schuldopffers/vñ das ist das Allerheiligst/An der stet/da man das Brandopffer schlachtet/sol man auch das schuldopffer schlachten/ vnd seines bluts auff den Altar vmbher sprengen/Vnd alle sein fett sol man opffern/Den schwantz vnd das fett/am eingeweide/die zwo nieren/mit dem fett das dran ist/an den lenden/vnd das netze vber der lebber an den nieren dazu. Vnd der priester sols auff dem Altar anzünden zum opffer dem HERRN/Das ist ein schuldopffer.

Was menlich ist vnter den priestern sollen das essen/an heiliger stet/Denn es ist das Allerheiligst/Wie das Sundopffer/also sol auch das schuldopffer sein/Aller beider sol einerley Gesetz sein. Vnd sol des priesters sein/der da durch versunet. Welcher priester jemands brandopffer opffert/des sol desselben brandopffers fell sein/das er geopffert hat. Vnd alles speisopffer das im ofen/odder auff dem rost/odder jnn der pfannen gebacken ist/sol des priesters sein/der es opffert. Vnd alle speisopffer das mit öle gemenget odder trucke ist/sol aller Aarons kinder sein/eines wie des andern.

Vnd dis ist das Gesetz des Danckopffers/das man dem HERRN opffert/Wöllen sie ein Lobopffer thun/so sollen sie vngesewrte kuchen opffern mit öle gemenget/vnd vngesewrte fladen mit öle bestrichen/ vnd geröstet semel kuchen mit öle gemenget/Sie sollen aber solchs opffer thun/auff einem kuchen vom gesewrten brod/zum Lobopffer

Das Dritte Buch

(Lobopffer/Danckopffer)
Diese zwey opffer sind inn ein opffer gerechent/Danckopffer heisst/wenn sie schaf/ochsen etc geschlacht haben/Lobopffer/wenn sie fladen vnd kuchen (wie ein speisopffer) dazu gethan haben/Vnd nennet also eins das ander/das es heisst fleisch des Lobopffers/das ist (nebe dem Lobopffer) item Lobopffer des Danckopffers.

opfer seines Danckopfers/vnd sol einen von den allen dem HERRN zur Hebe opffern/vnd sol des priesters sein/der das blut des Danckopffers sprenget/Vnd das fleisch des Lobopffers jnn seinem Danckopffer/sol desselben tages geessen werden/da es geopffert ist/vnd nichts vbergelassen werden/bis an den morgen.

Vnd es sey ein gelobd odder freiwillig opffer/so sol es des selben tags/da es geopffert ist/gessen werden/So aber etwas vberbleibt auff den andern tag/sol mans doch essen. Aber was von geopfertem fleisch vberbleibt am dritten tag/sol mit fewr verbrennet werden. Vnd wo jemand am dritten tage wird essen von dem geopfferten fleisch seines Danckopffers/so wird er nicht angeneme sein/der es geopffert hat/Es wird jm auch nicht zu gerechnet werden/sondern es wird ein grewel sein. Vnd welche seel danon essen wird/die ist einer missethat schüldig.

Vnd das fleisch/das etwas vnreines anrüret/sol nicht gessen/sondern mit fewr verbrennet werden. Wer reines leibs ist/sol des fleischs essen/Vnd welche seel essen wird von dem fleisch des Danckopffers/das dem HERRN zu gehöret/der selben vnreinigkeit sey auff jr/vnd sie wird ausgerottet werden von jrem volck. Vnd wenn eine seel etwas vnreines anrüret/es sey vnrein mensch/vieh/odder was sonst grenlich ist/vnd vom fleisch des Danckopffers isset das dem HERRN zu gehöret/die wird ausgerottet werden von jrem volck.

Vnd der HERR redet mit Mose/vnd sprach/Rede mit den kindern Israel/vnd sprich/Ir solt kein fett essen vom ochsen/lemmern vnd zigen/Aber das fett vom ass/vnd was vom wild zurissen ist/macht euch zu allerley nutz/Aber essen solt jrs nicht/Denn wer das fett isset vom vieh/das dem HERRN zum opffer gegeben ist/die selb seel sol ausgerottet werden von jrem volck. Ir solt auch kein blut essen/weder vom vieh noch von vogeln/wo jr wonet/Welche seele würde jrgent ein blut essen/die sol ausgerottet werden von jrem volck.

Vnd der HERR redet mit Mose/vnd sprach/Rede mit den kindern Israel/vnd sprich. Wer dem HERRN sein Danckopffer thun wil/der sol auch mit bringen was zum Danckopffer dem HERRN gehört/Er sols aber mit seiner hand herzu bringen zum opffer des HERRN/Nemlich/das fett an der brust sol er bringen/sampt der brust/das sie ein Webe werden fur dem HERRN/Vnd der priester sol das fett anzünden auff dem Altar/vnd die brust sol Aaron vnd seiner söne sein/Vnd die rechte schuldern sollen sie dem priester geben zur Hebe von jren danckopffern. Vnd welcher vnter Aarons sönen das blut der Danckopffer opffert vnd das fett/des sol die rechte schulder sein zu seinem teil. Denn die Webe brust/vnd die Hebe schuldern/hab ich genomen von den kindern Israel von jren Danckopffern/vnd hab sie dem priester Aaron vnd seinen sönen gegeben/zum ewigen recht.

Dis ist die weihe Aarons vnd seiner söne/von den opffern des HERRN/des tages/da sie vberantwort worden priester zu sein dem HERRN/da der HERR gebot am tage da er sie weihet/das jm gegeben werden solt von den kindern Israel/zum ewigen recht/allen jren nachkomen. Vnd dis ist das gesetze des brandopffers/des Speisopffers/des Sundopffers/des Schuldopffers/der Füllopffer/vnd der Danckopf-

Mose. LXVII.

Danckopffer/das der HERR Mose gebot auff dem berg Sinai/des tages da er jm gebot an die kinder Israel/zu opffern jr opffer dem HERRN jnn der wüsten Sinai.

VIII.

Vnd der HERR redet mit Mose/vnd sprach/Nim Aaron vnd seine söne mit jm/sampt jren kleidern/vnd das salböle/vnd einen farren zum Sundopffer/zween wider vnd einen korb mit vngesewrtem brod/vnd versamle die gantze Gemeine fur die thür der Hütten des Stiffts/ Mose thet/wie jm der HERR gebot/vnd versamlet die Gemeine fur die thür der Hütten des Stiffts/vnd sprach zu jnen/Das ists/das der HERR geboten hat zu thun.

Vnd nam Aaron vnd seine sone/vnd wussch sie mit wasser/vnd legt jm den leinen rock an/vnd gürtet jn mit dem gürtel/vnd zog jm den gelen seiden rock an/vnd thet jm den Leibrock an/vnd gürtet jn vber den Leibrock her/vnd thet jm das Schiltlin an/vnd jnn das Schiltlin Liecht vnd Rechtschaffen. Vnd setzt jm den hut auff sein heubt. Vnd setzt an den hut oben an seiner stirn/ein gülden blat an der heiligen kron/wie der HERR Mose geboten hatte.

Vnd Mose nam das salböle/vnd salbet die Wonung/vnd alles was drinnen war/vnd weihet es/vnd sprenget da mit sieben mal auff den Altar/vnd salbet den Altar/mit alle seinem gerete/das handfass mit seinem fuss/das es geweihet würde/vnd gos des salböles auff Aarons heubt/vnd salbet jn das er geweihet würde. Vnd bracht erzu Aarons söne/vnd zoch jnen leinen röcke an/vnd gürtet sie mit dem gürtel/vnd band jnen hauben auff/wie jm der HERR geboten hatte.

Vnd lies erzu furen einen farren zum Sundopffer/vnd Aaron mit seinen sönen/legten jre hende auff sein heubt/da schlachtet man es/ Vnd Mose nam des bluts/vnd thets auff die hörner des Altars vmb/ her/mit seinem finger/vnd entsundiget den Altar/vnd goss das blut an des Altars boden/vnd weihet jn/das er jn versunet. Vnd nam alles fett am eingeweide/das netz vber der lebber/vnd die zwo nieren mit dem fett daran/vnd zündets an auff dem Altar. Aber den farren mit seinem fell/fleisch/vnd mist/verbrand er mit fewr ausser dem lager/ wie jm der HERR geboten hatte.

Vnd bracht erzu einen wider zum Brandopffer/vnd Aaron mit seinen sönen legten jre hende auff sein heubt/da schlacht man jn/Vnd Mose sprenget des bluts auff den Altar vmbher/zehieb den wider jnn stücke/vnd zündet an das heubt/die stück vnd den strumpff/Vnd wussch die eingeweide vnd schenckel mit wasser/vnd zündet also den gantzen wider an auff dem Altar/Das war ein Brandopffer zum süssen geruch/ein opffer dem HERRN/wie jm der HERR geboten hatte.

Er bracht auch erzu den andern wider des Fülleopffers/vnd Aaron mit seinen sönen legten jre hende auff sein heubt/da schlacht man jn/Vnd Mose nam seines bluts/vnd thets Aaron auff den Knörbel seines rechten ohrs/vnd auff den daumen seiner rechten hand/ vnd auff den grossen zehe seines rechten fusses/Vnd bracht erzu Aa-

M ij   rons

Das Dritte Buch

rons söne/vnd thet des bluts auff den knörbel jres rechten ohrs/vnd auff den daumen jrer rechten hand/vnd auff den grossen zehe jres rechten fusses. Vnd sprenget das blut auff den Altar vmbher.

Vnd nam das fett vnd den schwantz/vnd alles fett am eingeweide/vnd das netz vber der lebber/die zwo nieren mit dem fett daran/vnd die rechte schulder. Dazu nam er von dem korb des vngesewrten brods fur dem HERRN/einen vngesewrten kuchen/vnd ein kuchen geöltes brods/vnd ein fladen/vnd legts auff das fette/vnd auff die rechten schulder/Vnd gab das alle sampt auff die hende Aaron vnd seiner söne/vnd webds zur Webe fur dem HERRN/Vnd nams alles widder von jren henden/vnd zündets an auff dem Altar/oben auff dem brandopffer/denn es ist ein Fülleopffer zum sussen geruch/ein opffer dem HERRN. Vnd Mose nam die brust vnd webd ein Webe fur dem HERRN von dem wider des Füllopffers/die ward Mose zu seinem teil/wie jm der HERR geboten hatte. Vnd Mose nam des salböles/vnd des bluts auff dem Altar/vnd sprenget auff Aaron vnd seine kleider/auff seine söne/vnd auff jre kleider/vnd weihet also Aaron vnd seine kleider/seine söne vnd jre kleider mit jm/vnd sprach zu Aaron vnd seinen sönen/Kochet das fleisch fur der thür der Hütten des Stiffts/vnd esset es daselbs/dazu auch das brod im korbe des Füllopffers/wie mir geboten ist/vnd gesagt/das Aaron vnd seine söne sollens essen. Was aber vber bleibt vom fleisch vnd brod/das solt jr mit fewr verbrennen.

Vnd solt jnn sieben tagen nicht ausgehen/von der thür der Hütten des Stiffts/bis an den tag/da die tage ewrs Füllopffers aus sind/Denn sieben tage sind ewr hende gefüllet/wie es an diesem tage geschehen ist/der HERR hats geboten zu thun/auff das jr versunet seiet. Vnd solt fur der Hütten des Stiffts tag vnd nacht bleiben sieben tage lang/Vnd solt auff die hut des HERRN warten/das jr nicht sterbet/denn also ist mirs geboten. Vnd Aaron mit seinen sönen thetten alles das der HERR geboten hatte durch Mose.

IX.

Vnd am achten tage rieff Mose Aaron vnd seinen sönen/vnd den Eltesten jnn Israel/vnd sprach zu Aaron. Nim zu dir ein jung kalb zum Sundopffer/vñ einen wider zum Brandopffer/beide on wandel/vnd bring sie fur den HERRN/vnd rede mit den kindern Israel/vnd sprich/Nempt einen zigenbock zum Sundopffer/vnd ein kalb vnd ein schaf/beide eines iars alt vnd on wandel/zum Brandopffer/vnd einen ochsen vnd ein wider zum Danckopffer/das wir fur dem HERRN opffern/vnd ein Speisopffer mit öle gemenget/Denn heute wird euch der HERR erscheinen.

Vnd sie namen was Mose geboten hatte/fur der thür der Hütten des Stiffts/vnd trat erzu die gantze Gemeine/vnd stund fur dem HERRN/Da sprach Mose/Das ist is/das der HERR geboten hat/das jr thun solt/so wird euch des HERRN herrligkeit erscheinen/Vnd Mose sprach zu Aaron/Trit zum Altar/vnd mache dein Sundopffer vnd dein Brandopffer/vnd versune dich vnd das volck/Darnach

nach mache des volcks opffer/vnd versune sie auch/wie der HERR geboten hat.

Vnd Aaron trat zum Altar/vnd schlachtet das kalb zu seinem Sundopffer/vnd seine söne brachten das blut zu jm/vnd er tuncket mit seinem finger jns blut/vnd thets auff die hörner des Altars/vnd gos das blut an des Altars boden. Aber das fett vnd die nieren/vnd das netz von der lebber am Sundopffer/zündet er an auff dem Altar/ wie der HERR Mose geboten hatte/Vnd das fleisch/vnd das fell verbrant er mit fewr ausser dem lager.

Darnach schlachtet er das Brandopffer/vnd Aarons söne brachten das blut zu jm/vnd er sprenget es auff den Altar vmbher/vnd sie brachten das Brandopffer zu jm zu stücket vnd den kopff/vnd er zündets an auff dem Altar/vnd er wussch das eingeweide vnd die schenckel/vnd zündets an/oben auff dem Brandopffer auff dem Altar.

Darnach bracht er erzu des volcks opffer/vnd nam den bock das Sundopffer des volcks/vnd schlachtet jn/vnd macht ein Sundopfer draus/wie das vorige/vnd bracht das Brandopffer erzu/vnd that jm sein recht. Vnd bracht erzu das Speisopfer/vnd nam seine hand vol/vnd zündets an auff dem Altar/ausser des morgens Brandopffer.

Darnach schlachtet er den ochsen vnd wider zum Danckopffer des volcks/Vnd seine söne brachten jm das blut/das sprenget er auff den Altar vmb her. Aber das fett vom ochsen/vnd vom widder/den schwantz vnd das fett am eingeweide/vnd die nieren/vnd das netz vber der lebber/alles solchs fett legten sie auff die brust/vnd zündet das fett an auff dem Altar. Aber die brust/vnd die rechte schulder webd Aaron zur Webe fur dem HERRN/wie der HERR Mose geboten hatte.

Vnd Aaron hub seine hand auff zum volck/vnd segnet sie/vnd steig erab/da er das Sundopffer/Brandopffer vnd Danckopffer gemacht hatte/Vnd Mose vnd Aaron giengen jnn die Hütten des Stiffts/vnd da sie widder eraus giengen/segneten sie das volck/Da erschein die herligkeit des HERRN allem volck/Denn das fewr kam aus von dem HERRN/vnd verzehret auff dem Altar das Brand opffer vnd das fette/Da das alles volck sahe/frolocketen sie/vnd fielen auff jr antlitz.

X.

Vnd die söne Aarons Nadab vnd Abihu/namen ein jglicher seinen napff/vnd thetten fewr drein/vnd legten reuchwerck drauff/vnd brachten das frembd fewr fur den HERRN/das er jnen nicht geboten hatte. Da fur ein fewr aus von dem HERRN/vnd verzehret sie/ das sie sturben fur dem HERRN/Da sprach Mose zu Aaron/Das ists/das der HERR gesagt hat/Ich werde geheiliget werden an denen/die zu mir nahen/vnd fur allem volck/werde ich herlich werden. Vnd Aaron schweig stille.

Mose aber rieff Misael vnd Elzaphan den sönen Vsiel/Aarons vettern/vnd sprach zu jnen/Trett hinzu/vnd tragt ewr bruder von dem Heiligthum/hinaussen fur das lager. Vnd sie tratten hinzu/vnd trugen sie hinaus/mit jren leinen röcken fur das lager/wie Mose gesagt hatte.   M ij   Da

Das Dritte Buch

Da sprach Mose zu Aaron vnd seinen sönen Eleazar vnd Ithamar/ Ir solt ewr hewbter nicht blössen/ noch ewr kleider zu reissen/ das jr nicht sterbt/ vñ der zorn vber die gantze Gemeine kome/ Last ewr bruder des gantzen hauses Israel weinen vber diesen brand/ den der HERR gethan hat/ jr aber solt nicht ausgehen von der thür der Hütten des Stiffts/ jr möchtet sterben/ Denn das salböle des HERRN ist auff euch/ Vnd sie thetten/ wie Mose sagt.

Der HERR aber redet mit Aaron/ vnd sprach/ Du vnd deine söne mit dir/ solt keinen wein noch starck getrencke trincken/ wenn jr jnn die Hütten des Stiffts gehet/ auff das jr nicht sterbet. Das sey ein ewiges recht/ allen ewern nach komen/ Auff das jr kund vnterscheiden/ was heilig vnd vnheilig/ was vnrein vnd rein ist/ Vnd das jr die kinder Israel leret alle rechte/ die der HERR zu euch geredt hat durch Mose.

Vnd Mose redet mit Aaron/ vnd mit seinen vbrigen sönen Eleazar vnd Ithamar/ Nemet das vber blieben ist vom Speisopffer/ an den opffern des HERRN/ vnd essets vngesewrt bey dem Altar/ denn es ist das Allerheiligst/ jr solts aber an heiliger stette essen/ Denn das ist dein recht/ vnd deiner söne recht/ an den opffern des HERRN/ Denn so ist mirs geboten. Aber die Webe brust/ vnd die Hebe schulder soltu vnd deine söne vnd deine töchter mit dir essen an reiner stette/ Denn solch recht ist dir vnd deinen kindern geben/ an den Danckopffern der kinder Israel/ Denn die Hebe schulder/ vnd die Webe brust zu den opffern des fetts/ werden gebracht das sie zur Webe gewebd werden fur dem HERRN/ Darumb ists dein vnd deiner kinder zum ewigen recht/ wie der HERR geboten hat.

Vnd Mose suchte den bock des Sundopffers/ vnd fand jn verbrand/ vnd er ward zornig vber Eleazar vnd Ithamar Aarons söne/ die noch vberig waren/ vnd sprach/ Warumb habt jr das Sundopffer nicht gessen an heiliger stette/ denn es das aller heiligste ist/ vnd er hats euch geben/ das jr die missethat der Gemeine tragen solt/ das jr sie versunet fur dem HERRN? Sihe/ sein blut ist nicht komen jnn das Heilige hinein/ jr solts im Heiligen gessen haben/ wie mir geboten ist. Aaron aber sprach zu Mose/ Sihe/ heute haben sie jr Sundopffer vnd jr Brandopffer fur dem HERRN geopffert/ Vnd es ist mir also gangen/ wie du sihest/ Vnd ich solte essen heute vom Sundopffer/ vnd guter ding sein fur dem HERRN? Da das Moses höret/ lies ers jm gefallen.

(sein blut)
Weil sein blut nicht jns Heilige bracht ist/ solte es nicht verbrant/ sondern geessen worden sein/ Welchs blut aber hinein bracht ward/ must man nicht essen/ sondern alles verbrennen. supra. c. iiij. et. vj

XI.

Vnd der HERR redet mit Mose vnd Aaron/ vnd sprach zu jnen/ Redet mit den kindern Israel/ vnd sprecht/ Das sind die thier die jr essen solt vnter allen thiern auff erden. Alles was die klawen spaltet/ vnd widder kewet vnter den thieren/ das solt jr essen/ Was aber widder kewet/ vnd hat klawen/ vñ spaltet sie doch nicht/ als das kamel/ das ist euch vnrein/ vnd solts nicht essen/ Die Caninchen widder kewen wol/ aber sie spalten die klawen nicht/ drumb sind sie vnrein/ Der hase widder kewet auch/ aber er spaltet die klawen nicht/ drumb ist er euch vnrein/ Vnd ein schwein spaltet wol die klawen/ aber es widder kewet nicht/ drumb sols euch vnrein sein/ Von dieser fleisch solt jr nicht essen noch

Mose. LXIX

essen/noch jr aß anrüren/denn sie sind euch vnrein.

Dis solt jr essen vnter dem das jnn wassern ist. Alles was flosfeddern vnd schuppen hat jnn wassern/im meer vnd bechen/solt jr essen/ Alles aber was nicht flosfeddern vnd schuppen hat/ im meer vnd bechen/vnter allem das sich reget jnn wassern/vnd allem was lebt im wasser/sol euch ein schew sein/das jr von jrem fleisch nicht esset/vnd fur jrem aß euch schewet/Denn alles was nicht flosfeddern vnd schuppen hat jnn wassern/solt jr schewen.

Vnd dis solt jr schewen vnter den vogeln/das jrs nicht esset/den Adeler/den Habicht/den Fischar/den Geyer/den Weihe/vnd was seiner art ist/vnd alle Raben mit jrer art/den Straus/die Nacht eule/den Kuckuc/den Sperber mit seiner art / das Kützlin/den Schwan/ den Huhu/die Fledermaus/die Rordomel/den Storck/den Reiger/ den Heher mit seiner art/die Widhop/vnd die Schwalbe. Alles auch/ was sich reget vnter den vogeln/vnd gehet auff vier füssen/das sol euch ein schew sein.

Doch das solt jr essen von vogeln/das sich reget vnd gehet auff vier füssen/dere knie hinder werts stehen/da mit es auff erden hüpffet/Von den selben mügt jr essen/als da ist / Arbe mit seiner art / vnd Selaam mit seiner art/vnd Hargol mit seiner art/vnd Hagab mit jrer art/Alles aber was sonst vier füsse hat vnter den vogeln / sol euch ein schew sein/vnd solt sie vnrein achten/Wer solcher aß anrüret/ der wird vnrein sein/bis auff den abend/Vnd wer dieser aß eines tragen wird/sol seine kleider waschen/vnd wird vnrein sein / bis auff den abent.

Diese vier thier sind jnn vnsern landen nicht/ wie wol gemeiniglich Arbe vnd Hagab/fur Hewschrecken gehalten werden/die auch vierfüssige vogel sind/ Aber es ist gewisser diese Ebreische namen zu brauchen/ wie wir mit Halleluia vnd andern frembder sprach namen thun.

Darumb alles thier das klawen hat / vnd spaltet sie nicht / vnd widder kewet nicht/das sol euch vnrein sein/Wer es anrüret/wird vnrein sein/Vnd alles was auff tappen gehet/vnter den thieren die auff vier füssen gehen/sol euch vnrein sein/Wer jr aß anrüret/wird vnrein sein/bis auff den abent/Vnd wer jr aß tregt/sol seine kleider waschen/vnd vnrein sein/bis auff den abent/denn solche sind euch vnrein.

Diese sollen euch auch vnrein sein vnter den thieren/die auff erden kriechen/die Wisel/die Maus/die Krötte/ein jglichs mit seiner art/der Igel/der Molch/die Eyder/der Blindschleich/vnd der Maulworff/die sind euch vnrein vnter allem das da kreucht/Wer jr aß anrüret/der wird vnrein sein/bis an den abent/Vnd alles worauff ein solch todt aß fellet/das wird vnrein/es sey allerley hültzen gefeß/odder kleider/odder fell/odder sack/Vnd alles geret damit man etwas schafft/sol man jns wasser thun/vnd ist vnrein bis auff den abent/ als denn wirds rein.

Allerley erden gefeß/wo solcher aß eins drein fellt/wird alles vnrein/was drinnen ist/vnd solts zubrechen. Alle speise die man isset/ so solch wasser drein kompt/ist vnrein/Vnd aller tranck/den man trinckt/ jnn allerley solchem gefeß/ist vnrein.Vnd alles worauff ein solch aß fellt/wird vnrein/es sey ofen odder kessel/so sol mans zu brechen/denn es ist vnrein/vnd sol euch vnrein sein/Doch die brünn vnd kolke/ vnd teiche sind rein.Wer aber jr aß anrürt/ist vnrein.

M iiij　　　Vnd

Das Dritte Buch

Vnd ob ein solch aſs fiele auff samen den man geſeet hat/ſo iſt er doch rein/Wenn man aber waſſer vber den samen göſſe/vnd fiele darnach ein solch aſs drauff/ſo würde er euch vnrein.

Wenn ein thier ſtirbt/das jr eſſen müget/wer das aſs anrüret/der iſt vnrein bis an den abent/Wer von ſolchem aſs iſſet/der ſol ſein kleid waſſchen/vnd wird vnrein ſein bis an den abent. Also wer auch tregt ein ſolch aſs/ſol ſein kleid waſſchen/vnd wird vnrein ſein/bis an den abent.

Was auff erden ſchleicht/das ſol euch ein ſchew ſein/vnd man ſols nicht eſſen.Vnd alles was auff dem bauch kreucht/vnd alles was auff vier odder mehr füſſen gehet/vnter allem das auff erden ſchleicht/ſolt jr nicht eſſen/denn es ſol euch ein ſchew ſein/Macht ewr ſeelen nicht zum ſchewſal/vnd verunreinigt euch nicht an jnen/das jr euch beſuddelt.

Denn ich bin der HERR ewr Gott/darumb ſolt jr euch heiligen/das jr heilig ſeid/denn ich bin heilig/Vnd ſolt nicht ewr ſeelen verunreinigen an jrgent einem kriechenden thier/das auff erden ſchleicht/denn ich bin der HERR/der euch aus Egypten land geführet hat/das ich ewr Gott ſey/darumb ſolt jr heilig ſein/denn ich bin heilig.

Dis iſt das geſetz vber die thier vnd vogel/vnd allerley kriechende thier jnn waſſer/vnd allerley thiere die auff erden ſchleichen/das jr vnterſcheiden künd/was vnrein vnd rein iſt/vnd welchs thier man eſſen/vnd welchs man nicht eſſen ſol.

XII

Vnd der HERR redet mit Moſe/vnd ſprach/Rede mit den kindern Iſrael/vnd ſprich/Wenn ein weib beſamet wird/vnd gebirt ein kneblin/ſo ſol ſie ſieben tage vnrein ſein/ſo lange ſie jre kranckheit leidet/vnd am achten tage ſol man das fleiſch ſeiner vorhaut beſchneiten/Vnd ſol daheim bleiben drey vnd dreiſſig tage/im blut jrer reinigung/kein heiliges ſol ſie anrüren/vnd zum heiligthum ſol ſie nicht komen/bis das die tage jrer reinigung aus ſind/Gebirt ſie aber ein meidlin ſo ſol ſie zwo wochen vnrein ſein/ſo lange ſie jre kranckheit leidet/vnd ſol ſechs vnd ſechzig tage da heim bleiben/jnn dem blut jrer reinigung.

Vnd wenn die tage jrer reinigung aus ſind/fur den ſon odder fur die tochter/ſol ſie ein jerig lamb bringen zum Brandopffer/vnd eine junge taube/odder dordel taube zum Sundopffer/dem prieſter fur die thür der Hütten des Stiffts/der ſol es opffern fur dem HERRN/vnd ſie verſünen/ſo wird ſie rein von jrem blutgang/Das iſt das geſetz fur die/ſo ein kneblin odder meidlin gebirt.

Vermag aber jre hand nicht ein ſchaf/ſo neme ſie zwo dordel tauben odder zwo junge tauben/eine zum Brandopffer/die ander zum Sundopffer/ſo ſol ſie der prieſter verſünen/das ſie rein werde.

XIII.

Vnd der

Mose. LXX.

Und der HERR redet mit Mose vnd Aaron/vnd sprach/ Wenn einem menschen an der haut seines fleischs etwas auff feret/oder schebicht odder eiter weis wird/als wolt ein aussatz werden/an der haut seines fleischs/sol man jn zum priester Aaron füren / odder zu seiner söne einem vnter den priestern/vnd wenn der priester das mal an der haut des fleisches sihet/das die har weis verwandelt sind/vnd das ansehen an dem ort tieffer ist/denn die ander haut seines fleischs/so ists gewis der aussatz/drumb sol jn der priester besehen/vnd fur vnrein vrteilen.

Wenn aber etwas eiter weis ist/an der haut seines fleischs / vnd doch das ansehen nicht tieffer/denn die ander haut des fleischs / vnd die har nicht jnn weis verwandelt sind/so sol der priester den selben verschliessen sieben tage/vnd am siebenden tage besehen/ists das das mal bleibt jnn seinen augen wie vor/vnd hat nicht weiter gefressen an der haut/so sol jn der priester aber mal sieben tage verschliessen/Vnd wenn er jn zum andern mal am siebenden tage besihet / vnd findet das das mal verschwunden ist/vnd nicht weiter fressen hat an der haut / so sol er jn rein vrteilen/denn es ist grind/vnd er sol seine kleider wasschen/so ist er rein. Wenn aber der grind weiter frist jnn der haut/ nach dem er vom priester besehen/vnd rein gesprochen ist/vnd wird nu zum ander mal vom priester besehen/wenn denn da der priester sihet/das der grind weiter gefressen hat jnn der haut/sol er jn vnrein vrteilen/ denn es ist gewis aussatz

Hie ists offenbar das Moses aussatz heist allerley grind vnd blattern oder mal/da aussatz aus werden kan/odder dem aussatz gleich ist.

Wenn ein mal des aussatzs am menschen sein wird/den sol man zum priester bringen/Wenn der selb sihet vnd findet/das weis auffgefaren ist an der haut/vnd die har weis verwandelt/vnd rho fleisch im geschwür ist/so ists gewis ein alter aussatz jnn der haut seines fleischs/ Darumb sol jn der priester vnrein vrteilen/vnd nicht verschliessen/denn er ist schon vnrein.

Wenn aber der aussatz bluhet jnn der haut/vnd bedeckt die gantze haut/von dem heubt an bis auff die füsse/alles was dem priester fur augen sein mag/Wenn denn der priester besihet vnd findet / das der aussatz das gantz fleisch bedeckt hat/so sol er den selben rein vrteilen/ die weil es alles an jm jnn weis verwandelt ist/denn er ist rein/Ist aber rho fleisch da/des tags wenn er besehen wird / so ist er vnrein/Vnd wenn der priester das rho fleisch besihet/sol er jn vnrein vrteilen/vnd er ist vnrein/vnd es ist gewis aussatz. Verkeret sich aber das rhoe fleisch widder/vnd verwandelt sich jnn weis/so sol er zum priester komen/ Vnd wenn der priester besihet vnd findet/das das mal ist jnn weis verwandelt/sol er jn rein vrteilen/denn er ist rein.

(die gantze haut) Dieser aussatz heist rein/Denn es ist ein gesunder leib/ der sich also selbs reiniget / als mit bocken / masern/ vnd kretze geschicht/da durch dem gantzen leib / das böse eraus schlegt. Wie wir deudschen sagen/Es sey gesund etc.

Wenn jnn jemants fleisch an der haut eine drüs wird/vnd widder heilet/darnach an dem selben ort etwas weis aufferet odder rödlicht eiter weis wird/sol er vom priester besehen werden / Wenn denn der priester sihet/das das ansehen tieffer ist/denn die ander haut/vnd das har jnn weis verwandelt/so sol er jn vnrein vrteilen / denn es ist gewis ein aussatz mal aus der drüs worden. Sihet aber der priester vnd findet/das die har nicht weis sind/vnd ist nicht tieffer denn die ander haut/vñ ist verschwunden/so sol er jn sieben tage verschliessen/Frisset es weiter jnn der haut/so sol er jn vnrein vrteilen/denn es ist gewis ein aussatz mal/Bleibt aber das eiter weis also stehen/vnd frisset nicht

Das Dritte Buch

nicht weiter/so ists die narbe von der drus/vnd der priester sol jn rein vrteilen.

Wenn sich jemands an der haut am fewr brennet/vnd das brand mal rödlicht odder weis ist/vnd der priester jn besihet/vnd findet das har jnn weis verwandelt/an dem brandmal/vnd das ansehen tieffer denn die ander haut/so ists gewis aussatz/aus dem brandmal worden/drumb sol jn der priester vnrein vrteilen/denn es ist ein aussatz mal. Sihet aber der priester vnd findet/das die har am brand mal nicht jnn weis verwandelt/vnd nicht tieffer ist denn die ander haut/vnd ist dazu verschwunden/sol er jn sieben tage verschliessen. Vnd am siebenden tage sol er jn besehen/hats weiter gefressen an der haut/so sol er jn vnrein vrteilen/denn es ist aussatz/Ists aber gestanden an dem brandmal/vnd nicht weiter gefressen an der haut/vnd ist dazu verschwunden/so ists ein geschwür des brandmals/vnd der priester sol jn rein vrteilen/denn es ist ein narbe des brandmals.

Wenn ein man odder weib auff dem heubt odder am bart schebicht wird/vnd der priester das mal besihet/vñ findet das das ansehen tieffer ist/denn die ander haut/vnd das har daselbs gülden vnd dünne/so sol er jn vnrein vrteilen/denn es ist ein aussetziger grind des heubts odder des barts. Sihet aber der priester/das der grind nicht tieffer anzusehen ist denn die haut/vnd das har nicht falb ist/sol er den selben sieben tage verschliessen/Vñ wenn er am siebenden tage besihet vnd findet/das der grind nicht weiter fressen hat/vnd kein gülden har da ist/vnd das ansehen des grinds nicht tieffer ist denn die ander haut/sol er sich bescheren/doch das er den grind nicht beschere/vnd sol jn der priester aber mal sieben tage verschliessen/vnd wenn er jn am siebenden tage besihet vñ findet/das der grind nicht weiter gefressen hat jnn der haut/vnd das ansehen ist nicht tieffer denn die ander haut/so sol jn der priester rein sprechen/Vnd er sol seine kleider waschen/denn er ist rein. Frisst aber der grind weiter an der haut/nach dem er rein gesprochen ist/vnd der priester besihet vnd findet/das der grind also weiter gefressen hat an der haut/so sol er nicht mehr darnach fragen/ob die har gülden sind/denn er ist vnrein. Ist aber fur augen der grind still gestanden/vnd falb har daselbst auffgangen ist/so ist der grind heil/vnd er rein/darumb sol jn der priester rein sprechen.

Wenn einem man odder weib an der haut jres fleischs etwas eiter weis ist/vnd der priester sihet da selbs/das das eiter weis schwindet/das ist ein weisser grind jnn der haut auffgangen/vnd er ist rein.

Wenn einem man odder weib die heubt har ausfallen/das er kal wird/der ist rein/Fallen sie jm fornen am heubt aus/vnd wird eine glatze/so ist er rein. Wird aber an der glatzen odder da er kal ist/ein weis odder rödlicht mal/so ist jm aussatz an der glatze odder am kal kopf auffgangen/darumb sol jn der priester besehen/vñ wenn er findet/das weis odder rödlicht mal auffgelauffen an seiner glatzen odder kal kopff/das es sihet wie sonst der aussatz an der haut/so ist er aussetzig/vnd vnrein/Vnd der priester sol jn vnrein sprechen/solchs mals halben auff seinem heubt.

Wer nu aussetzig ist/des kleider sollen zu rissen sein/vnd das heubt blos/vnd die lippen verhüllet/vñ sol aller dinge vnrein genennet werden/

Mose. LXXI.

werden. Vnd so lange das mal an jm ist/sol er vnreine sein/alleine wonen/vnd seine wonung sol ausser dem lager sein.

Wenn an einem kleid eines aussatzs mal sein wird/ es sey wüllen odder leinen/am werfft odder am eintracht/er sey leinen odder wüllen/ odder an einem fell/odder an allem das aus fellen gemacht wird. Vnd wenn das mal bleich odder rödlicht ist/am kleid odder am fell/odder am werfft odder am eintracht/odder an einigerley ding das von fellen gemacht ist/das ist gewis ein mal des aussatzs/darumb sols der priester besehen. Vnd wenn er das mal sihet/sol ers einschliessen sieben tage. Vnd wenn er am siebenden tage sihet/das das mal hat weiter gefressen/am kleid/am werfft odder am eintracht/ am fell odder an allem das man aus fellen macht/ so ists ein fressend mal des aussatzs/ vnd ist vnrein/vnd sol das kleid verbrennen/ odder den werfft odder den eintracht/es sey wüllen odder leinen adder allerley fellwerg/darin solch mal ist/Denn es ist ein mal des aussatzs/vndsolts mit fewr verbrennen.

Wird aber der priester sehen/das das mal nicht weiter gefressen hat am kleid/odder am werfft odder am eintracht/odder an allerley fellwerg/so sol er gebieten/das mans wassche darinn das mal ist / vnd sols einschliessen ander sieben tage. Vnd wenn der priester sehen wird nach dem das mal gewasschen ist/das das mal nicht verwandelt ist fur seinen augen/vnd auch nicht weiter fressen hat/so ists vnrein/vnd solts mit fewr verbrennen/denn es ist tieff ein gefressen / vnd hats beschaben gemacht. Wenn aber der priester sihet/ das das mal verschwunden ist nach seinem wasschen/so sol ers abreissen vom kleid/vom fell/vom werfft odder vom eintracht/Wirds aber noch gesehen am kleid/am werfft/am eintracht/odder allerley fellwerg/so ists ein fleck/ vnd solts mit fewr verbrennen darinn solch mal ist. Das kleid aber/ odder werfft/odder eintracht/odder allerley fellwerg das gewasschen ist/ vnd das mal von jm gelassen hat/sol man zum andern mal waschen/so ists rein.

Das ist das gesetz vber die mal des aussatzs an kleidern / sie seien wüllen odder leinen/am werfft vnd am eintracht vnd allerley fellwerg/rein odder vnrein zu sprechen.

XIIII

Vnd der HERR redet mit Mose / vnd sprach/Das ist das gesetz vber den aussetzigen / wenn er sol gereinigt werden/Er sol zum priester komen/Vnd der priester sol aus dem lager gehen / vnd besehen / wie das mal des aussatzs am aussetzigen heil worden ist / Vnd sol gebieten/ dem der zu reinigen ist/das er zween lebendige vogel neme / die do rein sind/vnd cedern holtz vnd rosinfarb wolle vnd Jsop. Vnd sol gebieten/den einen vogel zu schlachten jnn einem erden gefess am fliessenden wasser/Vnd sol den lebendigen vogel nemen mit dem cedern holtz/rosinfarb wolle vnd Jsop/vnd jnn des geschlachten vogels blut tuncken am fliessenden wasser/vnd besprengen den/der vom aussatz zu reinigen ist/sieben mal/vnd reinige jn also/vnd lasse den lebendigen vogel jns frey feld fliegen.

Der gereinigete aber sol seine kleider wasschen / vnd alle sein har ab scheren/vnd sich mit wasser baden/so ist er rein/darnach gehe er jns lager/

Das Dritte Buch

ger/ doch sol er ausser seiner hütten sieben tage bleiben/ Vnd am siebenden tage sol er alle seine har abscheren auff dem heubt/ am bart/ an den augbrunen/ das alle har abgeschoren seien/ vnd sol seine kleider waschen/ vnd sein fleisch im wasser baden/ so ist er rein.

(Log)
Log ist ein klein mäslin/ auff Ebreisch also genennet/ aber noch vngewis wie gros es sey.

Vnd am achten tag sol er zwey lemmer nemen on wandel/ vnd ein jerig schaf on wandel/ vnd drey zehenden semel mehl zum speisopffer/ mit öle gemenget/ vnd ein Log öles. Da sol der priester den selben gereinigten/ vnd diese ding stellen fur den HERRN/ fur der thür der Hütten des Stiffts/ vnd sol das eine lamb nemen/ vnd zum schuldopffer opffern/ mit dem Log öle/ vnd sol solchs fur dem HERRN Weben/ vnd darnach das lamb schlachten/ da man das sundopffer vnd brandopffer schlacht/ nemlich an heiliger stete/ Denn wie das Sundopffer/ also ist auch das Schuldopffer des priesters/ Denn es ist das aller heiligst.

Vnd der priester sol des bluts nemen vom Schuldopffer/ vnd dem gereinigeten auff dem knorbel des rechten ohrs thun/ vnd auff den daumen seiner rechten hand/ vnd auff den grossen zehe seines rechten fusses/ Darnach sol er des öles aus dem Log nemen/ vnd jnn seine (des priesters) lincke hand giessen/ vn̄ mit seinem rechten finger jnn das öle tuncken/ das jnn seiner lincken hand ist/ vnd sprenge mit seinem finger das öle sieben mal fur dem HERRN/ Das vbrige öle aber jnn seiner hand sol er dem gereinigten auff den knorbel des rechten ohrs thun/ vnd auff den rechten daumen/ vnd auff den grossen zehe seines rechten fusses/ oben auff das blut des Schuldopffers/ das vbrige öle aber jnn seiner hand/ sol er auff des gereinigeten heubt thun/ vnd jn versunen fur dem HERRN. Vnd sol das sundopffer machen/ vnd den gereinigten versunen seiner vnreinigkeit halben/ Vnd sol darnach das brandopffer schlachten/ vnd sol es auff dem Altar opffern/ sampt dem speisopffer vnd jn versunen/ so ist er rein.

Ist er aber arm/ vnd mit seiner hand nicht so viel erwirbt/ so neme er ein lamb zum schuldopffer zu Weben/ jn zuuersunen/ vnd ein zehenden semel mehl mit öle gemengt zum speisopffer/ vnd ein Log öle/ vnd zwo dordeltauben/ odder zwo junge tauben/ die er mit seiner hand erwerben kan/ das eine sey ein Sundopffer/ die ander ein brandopffer/ vnd brenge sie am achten tag seiner reinigung zum priester/ fur der thür der Hütten des Stiffts/ fur dem HERRN.

Da sol der priester das lamb zum schuldopffer nemen/ vnd das Log öle/ vnd sols alles Weben fur dem HERRN/ vnd das lamb des schuldopffers schlachten/ vnd des bluts nemen von dem selben schuldopffer/ vnd dem gereinigten thun auff den knorbel seines rechten ohrs/ vnd auff den daumen seiner rechten hand/ vnd auff den grossen zehe seines rechten fusses/ vnd des öles jnn seine (des priesters) lincke hand giessen/ vnd mit seinem rechten finger/ das öle das jnn seiner lincken hand ist/ sieben mal sprengen fur dem HERRN.

Des vbrigen aber jnn seiner hand/ sol er dem gereinigten auff den knorbel seines rechten ohrs/ vnd auff den daumen seiner rechten hand/ vnd auff den grossen zehe seins rechten fusses thun/ oben auff das blut des schuldopffers/ Das vbrige öle jnn seiner hand sol er dem gereinigten auff

ten auff das heubt thun/jn zu versünen fur dem HERRN/Vnd darnach aus der einen dordeltauben odder jungen tauben/wie seine hand hat mügen erwerben/ ein Sundopffer / aus der andern ein Brandopffer machen/sampt dem Speisopffer/vnd sol der Priester den gereinigten also versünen fur dem HERRN/Das sey das Gesetz fur den aussetzigen/der mit seiner hand nicht erwerben kan/was zu seiner reinigung gehört.

Vnd der HERR redet mit Mose vnd Aaron/vnd sprach/Wenn jr ins land Canaan kompt/das ich euch zur besitzung gebe/vnd werde jrgent jnn einem hause ewer besitzung ein aussatz mal geben/So sol der komen/des das haus ist/dem Priester ansagen/vnd sprechen/ Es sihet mich an/als sey ein aussetzig mal am meim hause/Da sol der Priester heissen/ das sie das haus ausreumen/ehe denn der Priester hinein gehet/das mal zu besehen/auff das nicht vnrein werde alles was im hause ist/darnach sol der Priester hinein gehen/das haus zu besehen.

Wenn er nu das mal besihet/vnd findet/das an der wand des hauses/gele oder rödliche grüblin sind/vnd jr ansehen tieffer/denn sonst die wand ist/so sol er zum haus zur thür eraus gehen/vnd das haus sieben tage verschliessen/Vnd wenn er am siebenden tag wider kompt/ vnd sihet/das das mal weiter gefressen hat/an des hauses wand/so sol er die steine heissen ausbrechen/darinn das mal ist/vnd hinaus fur die Stad/an einen vnreinen ort werffen/vnd das haus sol man jnwendig rings rumb schaben/vnd sollen den abgeschabenen leimen hinaus fur die Stad an einen vnreinen ort schütten/vnd andere steine nemen vnd an jhener stat thun/ vnd andern leimen nemen vnd das haus bewerffen.

Wenn denn das mal wider kompt/vnd ausbricht am hause/nach dem man die steine ausgerissen/vnd das haus anders beworffen hat/ so sol der Priester hinein gehen/vnd wenn er sihet/das das mal weiter gefressen hat am hause/so ists gewis ein fressender aussatz am hause/ vnd ist vnrein/darumb sol man das haus abbrechen/stein vnd holtz/ vnd allen leimen am hause/vnd sols hinaus füren fur die Stad an ein vnreinen ort/Vnd wer jnn das haus gehet/so lange es verschlossen ist/der ist vnrein bis an den abent/Vnd wer drinnen ligt oder drinnen isset/der sol seine kleider waschen.

Wo aber der Priester/wenn er hinein gehet/sihet/das dis mal nicht weiter am hause gefressen hat/nach dem das haus beworffen ist/so sol ers rein sprechen/denn das mal ist heil worden. Vnd zum sundopffer fur das haus nemen zween vogel/Cedern holtz vnd rosinfarbe wolle vnd Jsop/vnd den einen vogel schlachten jnn einem erden gefess an einem fliessenden wasser/vnd sol nemen das Cedern holtz/ die rosinfarbe wolle/den Jsop vnd den lebendigen vogel/vnd jnn des geschlachten vogels blut duncken an dem fliessenden wasser/vnd das haus sieben mal besprengen/vnd sol also das haus entsündigen mit dem blut des vogels/vnd mit fliessenden wasser/mit dem lebendigen vogel/mit dem Cedern holtz/mit Jsopen vnd mit rosinfarbe wolle/ Vnd sol den lebendigen vogel lassen hinaus fur die Stad jns frey feld fliegen/vnd das haus versünen/so ists rein.

Das ist das Gesetz vber allerley mal des aussatzs vnd grinds/vber den aussatz der kleider vnd der heuser/vber die beulen/gnetz vnd eiter

N weis/

Das Dritte Buch

weis/auff das man wisse/wenn etwas vnrein oder rein ist/Das ist das Gesetz vom auffatz.

XV.

VNd der HERR redet mit Mose vnd Aaron/vnd sprach/ Redet mit den kindern Israel/vnd sprecht zu jnen/Wenn ein man an seinem fleisch einen flus hat/der selb ist vnrein/Denn aber ist er vnrein an diesem flus/wenn sein fleisch vom flus eitert oder wund gefressen wird/Alle lager darauff er ligt/vnd alles darauff er sitzt/wird vnrein werden.

Vnd wer sein lager anrüret/der sol seine kleider waschen vnd sich mit wasser baden/vnd vnreine sein bis auff den abend.

Vnd wer sich setzt/da er gesessen ist/der sol seine kleider waschen/vnd sich mit wasser baden/vnd vnreine sein bis auff den abend/Wer sein fleisch anrüret/der sol seine kleider waschen/vnd sich mit wasser baden/vnd vnreine sein bis auff den abend/Wenn er seinen speichel wirfft auff den der rein ist/der sol seine kleider waschen/vnd sich mit wasser baden/vnd vnreine sein bis auff den abend.

Vnd der sattel darauff er reittet/wird vnreine werden/Vnd wer anrüret jrgent etwas/das er vnter sich gehabt hat/der wird vnreine sein bis auff den abend/Vnd wer solchs tregt/der sol seine kleider waschen/vnd sich mit wasser baden/vnd vnreine sein bis auff den abend/ Vnd welchen er anrüret/ehe er die hand wesscht/der sol seine kleider waschen/ vnd sich mit wasser baden/vnd vnreine sein bis auff den abend/Wenn er ein erden gefess anrüret/das sol man zubrechen/Aber das hültzen fass sol man mit wasser spülen.

Vnd wenn er rein wird von seinem flus/so sol er sieben tage zelen/ nach dem er rein worden ist/vnd seine kleider waschen/vnd sein fleisch mit fliessendem wasser baden/so ist er rein/Vnd am achten tage sol er zwo dordel tauben oder zwo junge tauben nemen/vnd fur den HERRN bringen fur der thür der Hütten des Stiffts/vnd dem Priester geben/Vnd der Priester sol aus einer ein Sundopffer/aus der andern ein Brandopffer machen/vnd jn versünen fur dem HERRN seines flus halben.

Wenn einem man im schlaff der samen entgehet/der sol sein gantzes fleisch mit wasser baden/vnd vnreine sein bis auff den abend/ Vnd alles kleid vnd alles fell/das mit solchem samen befleckt ist/sol er waschen mit wasser/vnd vnreine sein bis auff den abend/Ein weib/ bey welchem ein solcher ligt/die sollen sich mit wasser baden/vnd vnreine sein bis auff den abend.

Wenn ein weib jrs fleischs blutflus hat/die sol sieben tage beyseit gethan werden/Wer sie anrüret/der wird vnreine sein bis auff den abend/Vnd alles warauff sie ligt/so lang sie beyseit gethan ist/wird vnrein sein/Vnd warauff sie sitzt/wird vnrein sein/Vnd wer jr lager anrüret/der sol seine kleider waschen/vnd sich mit wasser baden/vnd vnreine sein bis auff den abend/Vnd wer anrüret jrgent was/darauff sie gesessen hat/sol seine kleider waschen/vnd sich mit wasser baden/ vnd vnrein sein bis auff den abend/Vnd wenn ein man bey jr ligt/die

weil sie

Mose. LXXIII.

weil sie beyseit gethan ist/der wird sieben tage vnreine sein/vnd das lager darauff er gelegen ist/wird vnreine sein.

Wenn aber ein weib jren blutflus eine lange zeit hat/nicht allein zur gewönlicher zeit/sondern auch vber die gewönlichen zeit/So wird sie vnreine sein/so lange sie fleusst/wie zur zeit jrer absonderung/so sol sie auch hie vnreine sein/Alles lager darauff sie ligt die gantze zeit jrs flus/sol sein wie das lager jrer absonderung/Vñ alles waranff sie sitzt/ wird vnreine sein/gleich der vnreinigkeit jrer absonderung/Wer der etwas anrüret/der wird vnreine sein/vnd sol seine kleider waschen/ vnd sich mit wasser baden/vnd vnreine sein bis auff den abent.

Wird sie aber rein von jrem flus/so sol sie sieben tage zelen/darnach sol sie reine sein/vnd am achten tage sol sie zwo dordeltauben oder zwo junge tauben nemen vnd zum Priester bringen fur die thür der Hütten des Stiffts/Vnd der Priester sol aus einer machen ein Sündopffer/aus der andern ein Brandopffer/vnd sie versünen fur dem HERRN vber dem flus jrer vnreinigkeit.

So solt jr die kinder Israel warnen fur jrer vnreinigkeit/das sie nicht sterben jnn jrer vnreinigkeit/wenn sie meine wonunge verunreinen/die vnter euch ist.

Das ist das Gesetz vber den/der einen flus hat/vnd dem der same im schlaff entgehet/das er vnreine dauon wird/Vnd vber die/die jren blutflus hat/vnd wer einen flus hat/es sey man oder weib/vnd wenn ein man bey einer vnreinen ligt.

XVI.

VNd der HERR redet mit Mose (nach dem die zween söne Aarons gestorben waren/da sie fur dem HERRN opfferten) vnd sprach/Sage deinem bruder Aaron/das er nicht allerley zeit jnn das jnnwendige Heiligthum gehe hinder dem Furhang/fur dem Gnaden stuel der auff der Laden ist/das er nicht sterbe/Denn ich wil jnn einer wolcken erscheinen auff dem Gnaden stuel.

Sondern damit sol er hinein gehen/mit einem jungen farren zum Sündopffer/vnd mit einem wider zum Brandopffer/vnd sol den heiligen leinen rock anlegen/vnd leinen niderwad an seinem fleisch haben/vnd sich mit einem leinen gürtel gürten/vnd den leinen Hut auff haben/Denn das sind die heiligen kleider/Vnd sol sein fleisch mit wasser baden/vnd sie anlegen/vnd sol von der Gemeine der kinder Israel zween zigen böck nemen zum Sündopffer/vnd einen wider zum Brandopffer.

Vnd Aaron sol den farren sein Sündopffer erzu bringen/vnd sich vnd sein haus versünen/Vnd darnach die zween böck nemen/vnd fur den HERRN stellen fur der thür der Hütten des Stiffts/vnd sol das los werffen vber zween böck/ein los dem HERRN/vnd das ander dem ledigen bock/Vnd sol den bock/auff welchen des HERRN los fellet/opffern zum Sündopffer/aber den bock/auff welchen das los des ledigen fellet/sol er lebendig fur den HERRN stellen/das er jn versüne/vnd lasse den ledigen bock jnn die wüste/Vnd also sol er denn

N ij   den farren

Das Dritte Buch

den farren seins Sündopffers erzu bringen/ vnd sich vnd sein haus versünen/ vnd sol jn schlachten.

Vnd sol einen napff vol glut vom Altar nemen/ der fur dem HERRN stehet/ vnd die hand vol zu stossens reuchwercks/ vnd hinein hinder den Furhang bringen/ vnd das reuchwerck auffs feur thun fur dem HERRN/ das der nebel vom reuchwerck den Gnadenstuel bedecke/ der auff dem Zeugnis ist/ das er nicht sterbe/ Vnd sol des bluts vom farren nemen/ vnd mit seinem finger gegen dem Gnadenstuel sprengen fornen an/ Sieben mal sol er also fur dem Gnadenstuel mit seinem finger vom blut sprengen.

Darnach sol er den bock/ des volcks Sündopffer/ schlachten/ vnd seines bluts hinein bringen hinder den Furhang/ vnd sol mit seinem blut thun/ wie er mit des farren blut gethan hat/ vnd damit auch sprengen forne gegen den Gnadenstuel/ Vnd sol also versünen das Heiligthum von der vnreinigkeit der kinder Israel/ vnd von jrer vbertrettung/ jnn allen jren sunden/ Also sol er thun der Hütten des Stiffts/ Denn sie sind vnrein die vmbher ligen.

(Vnrein)
Das ist/ gantz Israel ist vnrein vnd jnn sunden/ Vnd Gott wonet doch mitten vnter eitel sunden/ vnd heiliget sie/ das ist/ Seiner heiligkeit geniessen sie/ vnd heissen heilig/ vmb seinen willen/ Sonst ists alles vnrein vnd sunde mit jnen/ Das ist Christus jnn seinem volck etc.

Kein mensch sol jnn der Hütten des Stiffts sein/ wenn er hinein gehet zu versünen im Heiligthum/ bis er eraus gehe/ vnd sol also versünen sich vnd sein haus/ vnd die gantze Gemeine Israel/ Vnd wenn er eraus gehet zum Altar/ der fur dem HERRN stehet/ sol er jn versünen/ vnd sol des bluts vom farren vnd des bluts vom bock nemen/ vnd auff des Altars hörner vmbher thun/ Vnd sol mit seinem finger vom blut drauff sprengen sieben mal/ vnd jn reinigen vnd heiligen von der vnreinigkeit der kinder Israel.

Vnd wenn er volbracht hat das versünen des Heiligthums vnd der Hütten des Stiffts vnd des Altars/ sol er den lebendigen bock erzu bringen/ Da sol denn Aaron seine beide hende auff sein heubt legen/ vnd bekennen auff jn alle missethat der kinder Israel vnd alle jre vbertrettung/ jnn alle jren sunden/ vnd sol sie dem bock auff das heubt legen/ vnd jn durch einen man/ der furhanden ist/ jnn die wüsten lauffen lassen/ das also der bock alle jre missethat auff jm jnn eine wildnis trage/ vnd lasse jn jnn die wüste.

Vnd Aaron sol jnn die Hütten des Stiffts gehen/ vnd ausziehen die leinen kleider/ die er anzoch/ da er jnn das Heiligthum gieng/ vnd sol sie daselbs lassen/ vnd sol sein fleisch mit wasser baden an heiliger stete/ vnd sein eigen kleider anthun/ Vnd eraus gehen/ vnd sein Brandopffer vnd des volcks Brandopffer machen/ vnd beide sich vnd das volck versünen/ vnd das fett vom Sündopffer auff dem Altar anzünden/ Der aber den ledigen bock hat ausgefurt/ sol seine kleider waschen/ vnd sein fleisch mit wasser baden/ vnd darnach jns lager komen.

Den farren des Sündopffers vnd den bock des Sündopffers/ welcher blut jnn das Heiligthum zu versünen gebracht wird/ sol man hinaus füren fur das lager/ vnd mit feur verbrennen/ beide jr haut/ fleisch vnd mist/ Vnd der sie verbrent/ sol seine kleider waschen/ vnd sein fleisch mit wasser baden/ vnd darnach jns lager komen.

Auch sol euch das ein ewigs Recht sein/ Am zehenden tag des siebenden monden solt jr ewern leib casteien vnd kein werck thun/ er sey einheimisch

Mose. LXXIIII.

einheimisch oder frembder vnter euch/Denn an diesem tag geschicht ewr versünung/das jr gereinigt werdet/von allen ewren sunden werdet jr gereiniget fur dem HERRN/darumb sols euch der grösst Sabbath sein/vnd jr solt ewrn leib demütigen/Ein ewig Recht sey das.

Es sol aber solche versünung thun ein Priester/den man geweihet vnd des hand man gefüllet hat zum Priester an seins vaters stat/vnd sol die leinen kleider anthun/nemlich/die heiligen kleider/vnd sol also versünen das heilige Heiligthum vnd die Hütten des Stiffts/vnd den Altar/vnd die Priester vnd alles volck der Gemeine/Das sol euch ein ewigs Recht sein/das jr die kinder Israel versünet von allen jren sunden/Im Jar Ein Mal/Vnd Mose thet/wie jm der HERR gepoten hatte.

XVII.

VNd der HERR redet mit Mose/vnd sprach/Sage Aaron vnd seinen sönen vnd allen kindern Israel/vnd sprich zu jnen/Das ists das der HERR gepoten hat/Welcher aus dem Haus Israel ein ochsen/oder lamb/oder zigen schlacht jnn dem lager oder aussen fur dem lager/vnd nicht fur die thür der Hütten des Stiffts bringet/das dem HERRN zum opffer bracht werde fur der Wonung des HERRN/der sol des bluts ᵃ schüldig sein/als der blut vergossen hat/Vnd solcher mensch sol ausgerottet werden aus seinem volck.

Darumb sollen die kinder Israel jre opffer/die sie auff dem freien feld opffern wollen/fur den HERRN bringen fur die thür der Hütten des Stiffts/zum Priester/vnd alda jre danckopffer dem HERRN opffern/Vnd der ᵇ Priester sol das blut auff den Altar des HERRN sprengen fur der thür der Hütten des Stiffts/vnd das fett anzünden zum süssen geruch dem HERRN/vnd mit nichte jre opffer hin fort den Feld teufeln opffern/mit den sie huren/Das sol jnen ein ewiges Recht sein bey jren nachkomen/Darumb soltu zu jnen sagen/Welcher mensch aus dem Hause Israel/oder auch ein frembdlinger der vnter euch ist/der ein opffer oder Brandopffer thut/vnd bringts nicht fur die thür der Hütten des Stiffts/das ers dem HERRN thue/der sol ausgerottet werden von seinem volck.

Vnd welcher mensch/er sey vom Haus Israel oder ein frembdlinger vnter euch/jrgent blut isset/wider den wil ich mein antlitz setzen/vnd wil jn mitten aus seinem volck rotten/Denn des leibs leben ist im blut/vnd ich habs euch zum Altar geben/das ewr seelen damit versünet werden/Denn das blut ist die versünung furs leben/Darumb hab ich gesagt den kindern Israel/Keine seel vnter euch sol blut essen/auch kein frembdlinger der vnter euch wonet.

Vnd welcher mensch/er sey vom Haus Israel oder ein frembdlinger vnter euch/der ein thier oder vogel fehet auff der jaget/das man isset/der sol desselben blut vergiessen vnd mit erden zu scharren/denn des leibs leben ist jnn seinem blut/vnd ich hab den kindern Israel gesagt/jr solt keins leibs blut essen/Denn des leibs leben ist jnn seinem blut/Wer es isset/der sol ausgerottet werden/Vnd welche seele ein ass

N iij   oder das

ᵃ (Schüldig) Da sihestu/das er nicht wil eigen vñ selb erweleten Gottes dienst haben/ausser seinem geordenten Gottes dienst/Darumb nennet er einen solchen opffer/einen mörder/wie Isaie .lr. auch thut.

ᵇ (Priester) Nicht sie selbs aus eigener wahl vnd andacht.

Das Dritte Buch

oder das vom wild zurissen ist/isset/er sey ein einheimscher oder frembd linger/der sol sein kleid waschen/vnd sich mit wasser baden/vnd vnreine sein bis auff den abent/so wird er rein/Wo er seine kleider nicht waschen noch sich baden wird/so sol er seiner missethat schüldig sein.

XVIII.

Vnd der HERR redet mit Mose/vnd sprach/Rede mit den kindern Israel/vnd sprich zu jnen/Ich bin der HERR ewr Gott/jr solt nicht thun nach den wercken des Egypten lands/darinnen jr gewonet habt/Auch nicht nach den wercken des lands Canaan/darein ich euch füren wil/Jr solt auch euch nach jrer weise nicht halten/sondern nach meinen Rechten solt jr thun/vnd meine satzung solt jr halten/das jr drinnen wandelt/Denn ich bin der HERR ewer Gott/darumb solt jr meine satzunge halten vnd meine Rechte/Denn welcher mensch die selben thut/der wird da durch leben/Denn ich bin der HERR.

Niemand sol sich zu seiner nehesten blutfreundin thun/jre schambd zu blössen/Denn ich bin der HERR/Du solt deins vaters vnd deiner mutter schambd nicht blössen/Es ist deine mutter/darumb soltu jre schambd nicht blössen/Du solt deins vatern weibs schambd nicht blössen/denn es ist deins vaters schambd/Du solt deiner schwestern schambd / die deines vaters ᵃ odder deiner mutter tochter ist / daheim oder draussen geborn / nicht blössen/Du solt deins sons oder deiner tochter tochter schambd nicht blössen/den es ist deine schambd. Du solt der tochter deines vaters weibs / die deinem ᵇ vater geborn ist/vnd deine schwester ist/schambd nicht blössen/Du solt deines vatern schwester schambd nicht blössen/denn es ist deins vatern neheste blutfreundin/Du solt deiner mutter schwester schambd nicht blössen/denn es ist deiner mutter neheste blutfreundin.

Du solt deins vatern bruder schambd nicht blössen/das du sein weib nemest/denn sie ist deine wase/Du solt deiner schnur schambd nicht blössen/denn es ist deines sons weib/darumb soltu jr schambd nicht blössen/Du solt deines bruders weibs schambd nicht blössen/ denn es ist deins bruders schambd/Du solt deins weibs sampt jr tochter schambd nicht blössen/noch jrs sons tochter oder tochter tochter nemen/jre schambd zu blössen/denn es ist jre neheste blutfreundin/ vnd ist ein laster/Du solt auch deines weibs schwester nicht nemen/ jre schambd zu blössen/jr zu wider/weil sie noch lebt.

Du solt nicht zum weib gehen/weil sie jre kranckheit hat/jnn jrer vnreinigkeit/jre schambd zu blössen.

Du solt auch nicht bey deins nehesten weib ligen sie zu besamen/ damit du dich an jr verunreinigst.

Du solt auch deins samens nicht geben/das es dem ᶜ Molech verbrant werde/das du nicht entheiligst den namen deins Gottes/Denn ich bin der HERR.

Du solt nicht bey knaben ligen/wie beim weib/Denn es ist ein grewel. Du solt auch bey keinem thier ligen/das du mit jm vernnreinigt werdest. Vnd kein weib sol mit eim thier zu schaffen haben/Denn es ist ein grewel.

Jr solt

ᵃ Diese ist meins vaters stieff tochter/ oder meiner mutter stieff tochter/ ehe geborn/denn mein vater meine stieff mutter/oder ehe meine mutter meinen stieff vater nimpt. Das ist die gar stieff schwester/beider eltern halben/vnd nicht die halbe schwester vom vater odder mutter.

ᵇ Das ist die halbe schwester/meines vaters rechte tochter/aber nicht meiner mutter.

ᶜ Molech war ein Abgott/dem sie jr eigene kinder zu dienst verbranten/wie Manasse thet/der König Juda/ vnd meineten Gott damit zu dienen/ wie Abraham/da er Jsaac seinen son opffert/Aber weil jnen das Gott nicht befolhen hatte/wie Abraham/war es vnrecht/Darumb spricht hie Gott/ das sein name dadurch entheiliget werde/Denn es geschach vnter Gottes namen/ vnd war doch Teufelisch/wie auch jtzt Klöster gelübde vnd andere menschen auffsetze viel leute verderben/vnter Göttlichem namen/als sey es Gottes dienst.

Mose. LXXV.

Jr solt euch jnn dieser keinem verunreinigen/Denn jnn diesem allen haben sich verunreinigt die Heiden/die ich fur euch her wil ausstossen/vnd das land da durch verunreiniget ist/vnd ich wil jre missethat an jnen heimsuchen/das das land seine einwoner ausspeie/Darumb haltet meine satzung vnd Rechte/vnd thut dieser grewel keine/weder der einheimische noch der frembdling vnter euch/Denn alle solche grewel haben die leute dieses lands gethan/die fur euch waren/vnd haben das land verunreiniget/auff das euch nicht auch das land ausspeie/wenn jr es verunreiniget/gleich wie es die Heiden hat ausgespeiet/die fur euch waren/Denn welche diese grewel thun/der seelen sollen ausgerottet werden von jrem volck/Darumb haltet meine satzung/das jr nicht thut nach den grewlichen sitten/die fur euch waren/das jr nicht damit verunreiniget werdet/Denn ich bin der HERR ewer Gott.

XIX.

Vnd der HERR redet mit Mose/vnd sprach/Rede mit der gantzen Gemeine der kinder Jsrael/vnd sprich zu jnen/Jr solt heilig sein/denn ich bin heilig der HERR ewer Gott/Ein jglicher furchte seine mutter vnd seinen vater/Haltet meine Feiertage/Denn ich bin der HERR ewer Gott/Jr solt euch nicht zu den Götzen wenden/vnd solt euch keine gegossene Götter machen/Denn ich bin der HERR ewer Gott.

Vnd wenn jr dem HERRN wolt Danckopffer thun/so solt jr sie opffern/das jm gefallen künde/nemlich/jr solt sie desselben tages essen/da jr sie opffert/vnd des andern tages/was aber auff den dritten tag vberbleibt/sol man mit feur verbrennen/Wird aber jemand am dritten tage dauon essen/so ist er ein grewel/vnd wird nicht angeneme sein/vnd der selbe Esser wird seine missethat tragen/das er das Heiligthum des HERRN entheiliget/vnd solche seele wird ausgerottet werden von jrem volck.

(Gefallen künde) Das ist / machts wie ers gebeut / nicht wie es euch dunckt oder gefelt/ nach eigener andacht / Denn er wil schlecht keine selb erwelete noch eigen erdachte weise haben/ Darumb sehet zu/das jr also opffert/das jm gefalle/vnd nicht weiter erzürnet werde/ durch ewr eigene weise etc.

Wenn du dein land einerndtest/soltu es nicht an den enden vmb her abschneiden/auch nicht alles genaw auff samlen/Also auch soltu deinen weinberg nicht genaw lesen/noch die abgefallen beer auff lesen/sondern dem armen vnd frembdlingen soltu es lassen/Denn ich bin der HERR ewer Gott.

Jr solt nicht stelen/noch liegen/noch felschlich handeln einer mit dem andern/Jr solt nicht falsch schweren bey meinem namen/vnd entheiligen den namen deines Gottes/Denn ich bin der HERR.

Du solt deinem nehesten nicht vnrecht thun noch berauben/Es sol des Taglöners lohn nicht bey dir bleiben bis an den morgen.

Du solt dem tauben nicht fluchen/Du solt fur dem blinden kein anstos setzen/denn du solt dich fur deinem Gott furchten/Denn ich bin der HERR.

Jr solt nicht vnrecht handeln am gericht/vnd solt nicht furziehen den geringen/noch den grossen ehren/sondern du solt deinen nehesten recht richten.

N iiij   Du solt kein

Das Dritte Buch

Du solt kein verleumbder sein vnter deinem volck/Du solt auch nicht stehen wider deines nehesten blut/Denn ich bin der HERR.

Du solt deinen Bruder nicht hassen inn deinem hertzen/sondern du solt deinen nehesten straffen/auff das du nicht seinet halben schuld tragen müssest.

Du solt nicht rachgirig sein/noch zorn halten/gegen die kinder deins volcks.

Du solt deinen nehesten lieben/wie dich selbs/Denn ich bin der HERR.

Meine satzung solt jr halten/das du dein vieh nicht lassest mit anderley thier zu schaffen haben/Vnd dein feld nicht beseest mit mancherley samen/Vnd kein kleid an dich kome/das mit wolle vnd lein gemenget ist.

Wenn ein man bey eim weib ligt vnd sie beschlefft/die ein dienst magd vnd von einem andern ᵃ verruckt ist/doch nicht erlöset/noch freiheit erlanget hat/das sol gestrafft werden/Aber sie sollen nicht sterben/denn sie ist nicht frey gewesen/Er sol aber fur seine schuld dem HERRN fur die thür der Hütten des Stiffts einen widder zum Schuldopffer bringen/vnd der Priester sol jn versünen mit dem Schuldopffer fur dem HERRN vber der sunden die er gethan hat/so wird jm Gott gnedig sein vber seine sunde die er gethan hat.

Wenn jr ins land kompt/vnd allerley beume pflantzt/dauon man isset/solt jr der selben ᵇ Vorhaut beschneiten vnd jre früchte/drey jar solt jr sie vnbeschnitten achten/das jr sie nicht esset/Im vierden jar aber sollen alle jre früchte heilig vnd gepreiset sein dem HERRN/Im funfften jar aber solt jr die früchte essen vnd sie einsamlen/Denn ich bin der HERR ewr Gott.

Jr solt nichts mit blut essen/Jr solt nicht auff vogel geschrey achten/noch tage welen/Jr solt keine platten auff ewrem kopff scheren/noch deinen bart gar abscheren.

Jr solt kein mal vmb eins todten willen an ewrem leib reissen/noch buchstaben an euch pfetzen/Denn ich bin der HERR.

Du solt deine tochter nicht zur hurerey halten/das nicht das land hurerey treibe vnd werde vol lasters.

Meine feire haltet/vnd fürchtet euch fur meinem Heiligthum/Denn ich bin der HERR.

Jr solt euch nicht wenden zu den Warsagern/vnd forschet nicht von den Zeichendeutern/das jr nicht an jnen verunreiniget werdet/Denn ich bin der HERR ewr Gott.

Fur eim grawen heubt soltu auffstehen/vnd die alten ehren/Denn du solt dich fürchten fur deinem Gott/Denn ich bin der HERR.

Wenn ein frembdling bey dir jnn ewrem lande wonen wird/den solt jr nicht schinden/Er sol bey euch wonen/wie ein einheimscher vnter euch/vnd solt jn lieben wie dich selbs/Denn jr seid auch frembdling gewesen jnn Egypten land/Ich bin der HERR ewr Gott.

Jr solt nicht vngleich handeln/am gericht/mit der ellen/mit gewicht/mit Mas/Rechte Wage/rechte Pfund/rechte Scheffel/rechte Kanden sol bey euch sein/Denn ich bin der HERR ewer Gott/
der euch

ᵃ (Verruckt) Dis Gesetz redet von solchem weib/das zuuor von jemand beschlaffen/vnd doch nicht zur ehe genomen ist/wie es sein solt nach dem Gesetze am.xxj.Capitel im andern buch/vileicht/das sie jr herr dem nicht hat wöllen geben/vnd als nu gleich einer widwin ist vñ zum andern mal beschlaffen wird/welches denn weder ehebruch noch hurerey ist/vnd doch sunde/die strefflich ist.

ᵇ (Vorhaut) Beschneiten ist hie so viel/als drey jar harren/wie er selbs deutet vnd spricht/Drey jar solt jr sie achten fur vnbeschnitten/etc.

Mose. LXXV.

der euch aus Egypten land geführet hat/das jr alle meine satzung vnd
alle meine Rechte haltet vnd thut/Denn ich bin der HERR.

XX

Vnd der HERR redet mit Mose/vnd sprach/Sage den
kindern Jsrael/Welcher vnter den kindern Jsrael oder
ein frembdlinger der jnn Jsrael wonet/seines samens
dem Molech gibt/der sol des tods sterben/das volck im
lande sol jn steinigen/vnd ich wil mein antlitz setzen wider solchen menschen/vnd wil jn aus seinem volck rot-
ten/das er dem Molech seines samens gegeben/vnd mein Heiligthum
verunreiniget/vnd meinen Heiligen namen entheiliget hat/Vnd wo
das volck im lande/durch die finger sehen würde/dem menschen/
der seins samens dem Molech gegeben hat/das es jn nicht tödtet/So
wil doch ich mein antlitz wider den selben menschen setzen/vnd wider
sein geschlecht/vnd wil jn vnd alle die jm nach gehurt haben mit dem
Molech/aus jrem volck rotten.

Wenn eine seele sich zu den Warsagern vnd Zeichendeutern wenden wird/das sie jnen nach huret/so wil ich mein antlitz wider die selben seele setzen/vnd wil sie aus jrem volck rotten/Darumb heiliget
euch vnd seid heilig/Denn ich bin der HERR ewr Gott/vnd haltet
meine satzung vnd thut sie/Denn ich bin der HERR der euch heiligt.

Wer seinem vater oder seiner mutter fluchet/der sol des tods ster-
ben/sein blut sey auff jm/das er seinem vater oder mutter geflucht
hat.

Wer die ehe bricht mit jemands weibe/der sol des tods sterben/
beide ehebrecher vnd ehebrecherin/darumb/das er mit seines nehesten
weib die ehe gebrochen hat.

Wenn jemand bey seins vaters weib schlefft/das er seins vaters
schambd geblösset hat/die sollen beide des tods sterben/jr blut sey
auff jnen.

Wenn jemand bey seiner schnur schlefft/so sollen sie beide des
tods sterben/denn sie haben eine schande begangen/jr blut sey auff
jnen.

Wenn jemand beim knaben schlefft/wie beim weibe/die haben
einen grewel gethan/vnd sollen beide des tods sterben/jr blut sey auff
jnen.

Wenn jemand ein weib nimpt vnd jre mutter dazu/der hat ein laster verwirckt/man sol jn mit feur verbrennen/vnd sie beide auch/das
kein laster sey vnter euch.

Wenn jemand beim vieh ligt/der sol des tods sterben/vnd das
vieh sol man erwürgen.

Wenn ein weib sich zu jrgent einem vieh thut/das sie mit jm zu
schaffen hat/die soltu tödten/vnd das vieh auch/des tods sollen sie
sterben/jr blut sey auff jnen.

Wenn jemand seine schwester nimpt/seins vaters tochter oder
seiner mutter tochter/vnd jre schambd beschawet/vnd sie wider seine
schambd/das ist eine blut schande/Die sollen ausgerottet werden fur
leuten jrs volcks/Denn er hat seiner schwester schambd entblösset/er
sol seine missethat tragen. Wenn ein

Das Dritte Buch

Wenn ein man beim weibe schlefft zur zeit jrer kranckheit/vnd entblösset jre schambd/vnd deckt jren brun auff/vnd sie entblösset den brun jrs bluts/die sollen beide aus jrem volck gerottet werden.

Deiner mutter schwester schambd/vnd deines vaters schwester schambd/soltu nicht blössen/denn ein solcher hat seine neheste blutfreundin auffgedeckt/vnd sie sollen jre missethat tragen.

Wenn jemand bey seiner mumen schlefft/der hat seines vettern schambd geblösset/sie sollen jre sunde tragen/on kinder sollen sie sterben.

Wenn jemand seines bruders weib nimpt/das ist eine schendliche that/sie sollen on kinder sein/darumb/das er hat seines bruders schambd geblösset.

So haltet nu alle meine satzung vnd meine Rechte/vnd thut darnach/auff das euch nicht das land ausspeie/darein ich euch füre/das jr drinnen wonet/vnd wandelt nicht jnn den satzungen der Heiden/die ich fur euch her werde ausstossen/Denn solchs alles haben sie gethan/vnd ich hab einen grewel an jnen gehabt.

Euch aber sage ich/jr solt jhener land besitzen/Denn ich wil euch ein land zum erbe geben/darinn milch vnd honig fleusst/Ich bin der HERR ewr Gott/der euch von den völckern abgesondert hat/das jr auch absondern solt das reine vieh vom vnreinen/vnd vnreine vogel von den reinen/vnd ewre seelen nicht verunreinigt am vieh/an vogeln/vnd an allem das auff erden kreucht/das ich euch abgesondert habe/das es vnreine sey/drumb solt jr mir heilig sein/Denn ich der HERR bin heilig/der euch abgesondert hat von den völckern/das jr mein weret.

Wenn ein man oder weib ein Warsager oder Zeichen deuter sein wird/die sollen des todes sterben/man sol sie steinigen/jr blut sey auff jnen.

XXI.

Vnd der HERR sprach zu Mose/Sage den Priestern Aarons sönen/vnd sprich zu jnen/Ein Priester sol sich an keinem todten seins volcks verunreinigen/on an seinem blutfreund/der jn am nehesten angehört/als an seiner mutter/an seinem vater/an seinem sone/an seiner tochter/an seinem bruder/vnd an seiner schwester/die noch eine jungfraw vnd keins mans weib gewesen ist/die sein neheste blutfreundin ist/an der mag er sich verunreinige/Sonst sol er sich nicht verunreinigen an jrgent einem der jm zugehört vnter seinem volck/das er sich entheilige.

Er sol auch keine platten machen auff seinem heubt/noch seinen bart abscheren/vnd an jrem leibe kein mal pfetzen/Sie sollen jrem Got heilig sein/vnd nicht entheiligen den namen jres Gottes/denn sie opffern des HERRN opffer/das brot jres Gottes/darumb sollen sie heilig sein.

Sie sollen keine hure nemen/noch keine geschwechte/oder die von jrem man verstossen ist/denn er ist heilig seinem Gott/Drumb soltu jn heilig halten/denn er opffert das brot deines Gottes/Er sol dir heilig sein/Denn ich bin heilig der HERR der euch heiligt.

Wenn

Wenn eines Priesters tochter anfehet zu huren/die sol man mit feur verbrennen/denn sie hat jren vater geschendet.

Welcher Hoher priester ist vnter seinen brüdern/auff des heubt das salböle gegossen vnd seine hand gefüllet ist/das er angezogen würde mit den kleidern/der sol sein heubt nicht blössen/vnd seine kleider nicht zuschneiten/vnd sol zu keinem todten komen/vnd sol sich weder vber vater noch vber mutter verunreinigen/Aus dem Heiligthum sol er nicht gehen/das er nicht entheilige das Heiligthum seines Gottes/Denn die ᵃ Weihe/das salböle seines Gottes ist auff jm/Ich bin der HERR.

Eine jungfraw sol er zum weibe nemen/aber keine widwe/noch verstossene noch geschwechte noch hure/sondern eine jungfraw seines volcks sol er zum weibe nemen/auff das er nicht seinen samen entheilige vnter seinem volck/Denn ich bin der HERR/der jn heiliget.

Vnd der HERR redet mit Mose/vnd sprach/Rede mit Aaron/vnd sprich/Wenn an jemands deins samens jnn ewrn geschlechten ein feil ist/der sol nicht erzu tretten/das er das brot seins Gottes opffere/Denn keiner an dem ein feil ist/sol erzu tretten/er sey blind/lahm/mit einer seltzamen nasen/mit ᵇ vngewönlichem gelied/oder der an einem fus oder hand gebrechlich ist/oder höckericht ist/oder ein fell auff dem auge hat/odder schehl ist/odder grindicht/oder schebicht/odder der gebrochen ist.

Welcher nu von Aarons des Priesters samen einen feil an jm hat/der sol nicht erzu tretten/zu opffern die opffer des HERRN/denn er hat einen feil/Darumb sol er zu den broten seins Gottes nicht nahen/das er sie opffere/Doch sol er das brot seins Gottes essen/beide von dem Heiligen vnd vom Allerheiligsten/aber doch zum Furhang sol er nicht komen/noch zum Altar nahen/weil der feil an jm ist/das er nicht entheilige mein Heiligthum/Denn ich bin der HERR der sie heiliget/Vnd Mose redet solchs zu Aaron vnd zu seinen sönen/vnd zu allen kindern Israel.

XXII.

Vnd der HERR redet mit Mose/vnd sprach/Sage Aaron vnd seinen sönen/das sie sich ᶜ enthalten von dem Heiligen der kinder Israel/welchs sie mir heiligen/vnd meinen Heiligen namen nicht entheiligen/Denn ich bin der HERR/So sage nu jnen auff jre nachkomen/Welcher ewres samens erzu tritt zu dem Heiligen/das die kinder Israel dem HERRN heiligen/vnd verunreinigt sich also vber dem selben/des seele sol ausgerottet werden fur meinem antlitz/Denn ich bin der HERR.

Welcher des samens Aaron aussetzig ist/oder einen flus hat/der sol nicht essen von dem Heiligen/bis er rein werde/Wer etwa einen vnreinen leib anrüret/oder welchem der same entgehet im schlaff/vnd welcher jrgend ein gewürm anrüret das jn vnrein ist/oder einen menschen

(Weyhe) Auff Ebreisch Nezer. Hie von die Nazarej heissen/das sie sich enthielten vnd sonderten von etlicher speise/Num. vj. Vnd Samson von mutter leibe ein Nazareus heisset/Judic. xiij. Vnd vnser Herr Christus auch daher der rechte Nazareus heisst von Nazareth/Matthej.ij. als der von aller sunde rein vnd heilig/vnd kein vnheiliges noch vngeweyhetes an jm ist/Wiewol die Jüden aus neid vnd bosheit jn nicht Nazri/sondern Notzri/das ist/den verderbete oder verstöreten/wie einen schecher/nennen/So sie doch selbs die rechten Notzrim sind/jnn aller welt zurstrewet vnd verstöret Vnd mich dünckt/das sich S. Paulus Roma.j. einen Nazareum nenne/da er sich einen ausgesonderten rhümet zum Euangelio/vom Gesetz/etc.

ᵇ (Vngewönliche vnd seltzam) Das sind allerley vngestalt/als so die nasen zu gros/zu klein/krum/breit/Item das maul/krum/schartig/blecket/vnd das einen fur andern versteller.

ᶜ (Enthalten) Das ist/wie die Nazarej sich heiliglich abhalten vnd meiden/Nasiret.etc. nemlich/das sie nicht essen sollen vom opffer/sie seien deñ gantz rein vnd heilig.

Das Dritte Buch

menschen der jm vnrein ist/vnd alles was jn verunreinigt/welche seele der eins anrüret/die ist vnrein bis auff den abend/vnd sol von dem Heiligen nicht essen/sondern sol zuuor seinen leib mit wasser baden/ Vnd wenn die Sonne vntergangen/vnd er rein worden ist/denn mag er dauon essen/denn es ist seine narung. Ein aas vnd was von wilden thieren zurissen ist/sol er nicht essen/auff das er nicht vnreine dran werde/denn ich bin der HERR. Darumb sollen sie meine satze halten/das sie nicht sunde auff sich laden vnd dran sterben/wenn sie sich entheiligen/Denn ich bin der HERR der sie heiliget.

Kein ander sol von dem Heiligen essen/noch des Priesters hausgenos/noch taglöner. Wenn aber der Priester eine seele vmb sein geld kaufft/der mag dauon essen/Vnd was jm jnn seinem hause geborn wird/das mag auch von seinem brot essen. Wenn aber des Priesters tochter eins frembden weib wird/die sol nicht von der heiligen Hebe essen/Wird sie aber eine widwin oder ausgestossen/vnd hat keinen samen/vnd kompt wider zu jrs vaters hause/so sol sie essen von jrs vaters brot/als da sie noch eine magd war/Aber kein frembdlinger sol dauon essen.

Wers versihet vnd sonst von dem heiligen isset/der sol das funffte teil dazu thun/vnd dem Priester geben sampt dem heiligem/auff das sie nicht entheiligen das Heilige der kinder Israel/das sie dem HERREN heben/auff das sie sich nicht mit missethat vnd schuld beladen/wenn sie jr geheiligetes essen/Denn ich bin der HERR der sie heiliget.

Vnd der HERR redet mit Mose/vnd sprach/Sage Aaron vnd seinen sönen/ vnd allen kindern Israel/ Welcher Israeliter oder frembdlinger jnn Israel sein opffer thun wil/es sey jrgent jr gelübd oder von freien willen/das sie dem HERRN ein Brandopffer thun wollen/ das jm von euch angeneme sey/ das sol ein menlin vnd on wandel sein/von rindern oder lemmern oder zigen/Alles was einen a feil hat/sollet jr nicht opffern/denn es wird fur euch nicht angeneme sein.

Vnd wer ein Danckopffer dem HERRN thun wil/ein sonderlich gelübd oder von freiem willen/ von rindern oder schafen/das sol on wandel sein/das es angeneme sey/Es sol keinen feil haben/ists blind oder gebrechlich/ oder geschlagen/ odder dürre/ oder reudich/ oder schebicht/so sollet jr solchs dem HERRN nicht opffern/vnd dauon kein opffer geben auff den Altar des HERRN.

Ein ochsen oder schaf/ das vngewönlich gelied/oder b wandelbar gelied hat/ magstu von freiem willen opffern/ Aber angeneme mags nicht sein zum gelübd/Du solt auch dem HERRN kein zustossens/oder zuriebens/oder zurissens/oder das verwund ist/opffern/vnd solt jnn ewrem lande solchs nicht thun/Du solt auch solcher keins von eins frembdlings hand/neben dem brot ewrs Gottes/opffern/denn es taug nicht vnd hat einen feil/darumb wirds nicht angeneme sein fur euch.

Vnd der HERR redet mit Mose/vnd sprach/Wenn ein ochs oder lamb oder zige geboren ist/so sol es sieben tage bey seiner mutter sein/ vnd am achten tage vnd darnach mag mans dem HERRN opffern/so ists angeneme/Es sey ein ochs oder lamb/so sol mans nicht mit

---

a (Feil) Vber dis stück klaget Malachias.j. seer hart/ Denn was nicht taug noch gut ist/das gibt man Gott vnd seinen Dienern/vnd wils alda erkargen/Er aber doch solchs hie/als vnangeneme/ verdampt/ Denn er hat lieb einen frölichen geber.

b (Wandelbar) Als das nur ein ohr/ oder keins/ das ein auge oder keins / das eins oder mehr füsse mangelt/oder sonst vngestalt vnd vngeschaffen ist/Es heisst/ wer geben wil/der gebe was guts/oder lasse es anstehen.

Mose. LXXVII.

nicht mit seinem jungen auff einen tag schlachten.

Wenn jr aber wolt dem HERRN ein Lobopffer thun/das fur euch angeneme sey/so solt jrs desselben tags essen/vnd solt nichts vberigs bis auff den morgen behalten/Denn ich bin der HERR/Darumb haltet mein gebot vnd thut darnach/Denn ich bin der HERR/das jr meinen heiligen namen nicht entheiliget/vnd ich geheiliget werde vnter den kindern Israel/Denn ich bin der HERR der euch heiliget/der euch aus Egypten land gefürt hat/das ich ewer Gott were/Ich der HERR.

XXIII.

Vnd der HERR redet mit Mose/vnd sprach/Sage den kindern Israel/vnd sprich zu jnen/Dis sind die Fest des HERRN/die jr heilig vnd meine feste heissen solt/da jr zu samen kompt/Sechs tage soltu erbeiten/Der siebende tag aber ist der grosse heilige Sabbath/da jr zusamen kompt/keine erbeit solt jr drinnen thun/denn es ist der Sabbath des HERRN/inn allen ewrn wonungen.

Dis sind aber die Feste des HERRN/die jr heilige feste heissen solt/da jr zusamen kompt/Am vierzehenden tage des ersten monds/zwischen abends ist des HERRN passah/vnd am funffzehenden desselben monden ist das Fest der vngeseurten brod des HERRN/Da solt jr sieben tage vngeseurt brod essen/Der erste tag sol heilig vnter euch heissen/da jr zusamen kompt/da solt jr keine * dienst erbeit thun/vnd dem HERRN opffern sieben tage/Der siebend tag sol auch heilig heissen/da jr zusamen kompt/da solt jr auch kein dienst erbeit thun.

Vnd der HERR redet mit Mose/vnd sprach/Sage den kindern Israel/vnd sprich zu jnen/Wenn jr ins land kompt/das ich euch geben werde/vnd werdets erndten/so solt jr eine garben der erstling ewr erndten zu dem Priester bringen/da sol die garbe geWebt werden fur dem HERRN/das von euch angeneme sey/Solchs sol aber der Priester thun des andern tags nach dem Sabbath/Vnd solt des tages/da ewr garben geWebt wird/ein Brandopffer dem HERRN thun von eim lamb das on wandel vnd jerig sey/sampt dem Speisopffer/zwo zehenden semel melh mit öle gemengt/zum opffer dem HERRN eins süssen geruchs/Dazu das Tranckopffer ein vierteil Hin weins/Vnd solt kein new brod noch sangen noch korn zuuor essen/bis auff den tag/da jr ewrem Gott opffer bringet/Das sol ein Recht sein ewrn nachkomen/jnn allen ewren wonungen.

Darnach solt jr zelen vom andern tage des Sabbaths/da jr die Webegarben brachtet/sieben gantzer Sabbath/bis an den andern tag des siebenden Sabbaths/nemlich/funffzig tage solt jr zelen/vnd new Speisopffer dem HERRN opffern/vnd solts aus allen ewrn wonunge opffern/nemlich zwey Webebrod von zwo zehenden semelmelh geseurt vnd gebacken/zu erstlingen dem HERRN/Vnd solt erzu bringen neben ewrem brod/sieben jerige lemmer on wandel/vnd einen jungen farren/vnd zween wider/das sol des HERRN Brandopffer/Speisopffer vnd Tranckopffer sein/Das ist ein opffer eins süssen geruchs dem HERRN.

(*Dienst erbeit) Das sind die werck/so man an den werckeltagen thut narung zu suchen/da man gesinde vnd vieh zu braucht/Aber haus geschefft vnd Gottes dienst ist nicht verboten/als kochen/keren/kleiden etc.

D   Dazu

Das Dritte Buch

Dazu solt ir machen einen zigenbock zum Sündopffer/vnd zwey ierige lemmer zum Danckopffer/Vnd der Priester sols Weben sampt dem brod der erstlinge fur dem HERRN vnd den zweien lemmern/ Vnd sol dem HERRN heilig/vnd des Priesters sein/Vnd solt diesen tag ausruffen/denn er sol vnter euch heilig heissen/da jr zu samen komet/keine dienst erbeit solt jr thun/Ein ewigs Recht sol das sein bey ewren nachkomen jnn allen ewrn wonungen.

Wenn jr aber ewr land erndtet/solt jrs nicht gar auff dem felde einschneiten/auch nicht alles gnaw auff lesen/sondern solts den armen vnd frembdlingen lassen/Ich bin der HERR ewr Gott.

Vnd der HERR redet mit Mose/vnd sprach/Rede mit den kindern Israel/vnd sprich/Am ersten tage des siebenden monden/solt jr den heiligen Sabbath des blasens zum gedechtnis halten/da jr zu samen kompt/da solt jr keine dienst erbeit thun/vnd solt dem HERRN opffern.

(Blasen zum gedechtnis)
Solch blasen mit einem horn geschach/das man damit Gottes vnd seiner wunder gedacht/wie er sie erlöset hatte/dauon predigt vnd dancte/Wie bey vns durchs Euangelion/Christi vnd seiner erlösung gedacht vnd gepredigt wird.

Vnd der HERR redet mit Mose/vnd sprach/Des zehenden tags jnn diesem siebenden monden/ist der Versüne tag/der sol bey euch heilig heissen/das jr zu samen kompt/Da solt jr ewren leib casteien vnd dem HERRN opffern/vnd solt keine erbeit thun an diesem tag/denn es ist der Versüne tag/das jr versünet werdet fur dem HERRN ewrem Gott/Denn wer seinen leib nicht casteiet an diesem tage/der sol aus seinem volck gerottet werden/vnd wer dieses tages jrgent eine erbeit thut/den wil ich vertilgen aus seinem volck/Darumb solt jr keine erbeit thun/Das sol ein ewigs Recht sein ewrn nachkomen/jnn allen ewrn wonungen/Es ist ewr grosser Sabbath/das jr ewre leibe casteiet/Am nennden tage des monden zu abend solt jr diesen Sabbath halten/von abend an bis wider zu abend.

Vnd der HERR redet mit Mose/vnd sprach/Rede mit den kindern Israel/vnd sprich/Am funffzehenden tage dieses siebenden mondes/ist das fest der Laubhütten sieben tage dem HERRN/Der erste tag sol heilig heissen/das jr zu samen kompt/keine dienst erbeit solt jr thun/Sieben tage solt jr dem HERRN opffern/Der achte tag sol auch heilig heissen/das jr zu samen kompt/vnd solt ewr opffer dem HERRN thun/denn es ist der Versamlung tag/keine dienst erbeit solt jr thun.

Das sind die Feste des HERRN/die jr solt fur heilig halten/das jr zu samen kompt/vnd dem HERRN opffer thut/Brandopffer/ Speisopffer/Tranckopffer vnd ander opffer/ein jglichs nach seinem tage/on was der Sabbath des HERRN/vnd ewr gaben/vnd gelübden vnd frey willig gaben sind/die jr dem HERRN gebt.

So solt jr nu am funffzehenden tage des siebenden mondes/wenn jr das einkomen vom lande eingebracht habt/das Fest des HERRN halten sieben tage lang/Am ersten tage ist es Sabbath/vnd am achten tage ist es auch Sabbath/Vnd solt am ersten tage früchte nemen von schönen bewmen/palmen zweige/vnd meigen von dichten bewmen vnd bachweiden/vnd sieben tage frölich sein fur dem HERRN ewrem Gott/vnd solt also dem HERRN/des jars das Fest halten sieben tage/Das sol ein ewigs recht sein bey ewrn nachkomen/das sie

im sie

Mose. LXXVIII.

im siebenden monden also feiern/Sieben tage solt jr jnn Laubhütten wonen/Wer einheimisch ist jnn Israel/der sol jnn Laubhütten wonen/das ewre nachkomen wissen/wie ich die kinder Israel hab lassen jnn Hütten wonen/da ich sie aus Egypten land füret/Jch bin der HERR ewr Gott/Vnd Mose saget den kindern Israel solche Feste des HERRN.

XXIIII.

VNd der HERr redet mit Mose/vnd sprach/Gebent den kindern Israel/das sie zu dir bringen gestossen lauter bawm öle zu liechten/das oben jnn die lampen teglich gethan werde/haussen für dem Furhang des Zeugnis jnn der Hütten des Stiffts/Vnd Aaron sols zurichten des abends vnd des morgens für dem HERRN teglich/Das sey ein ewiges Recht ewrn nachkomen/Er sol aber die lampen auff dem feinen Leuchter zurichten für dem HERRN teglich.

Vnd solt semelmehl nemen/vnd dauon zwelff kuchen backen/zwo zehende sol ein kuche haben/vnd solt sie legen ja sechs auff eine schicht/auff den feinen tisch für dem HERRN/Vnd solt auff die selben legen reinen Weyrauch/das es seien ᵃDenckbrot zum opffer dem HERRN/Alle Sabbath für vnd für/sol er sie zu richten für dem HERRN/von den kindern Israel/zum ewigen Bund/Vnd sollen Aarons vnd seiner söne sein/die sollen sie essen an heiliger stet/Denn das ist sein Allerheiligsts von den opffern des HERRN zum ewigen Recht.

ᵃ(Denckbrot) Das sind die Schawbrod/welche hie kuchen heissen/darumb das sie breit waren wie kuchen/ Vnd sind Denckbrod/darumb/das sie damit Gottes gedencken vnd von jm predigen sollen/gleich wie Christus vns befilht/das wir sein gedencken/das ist/seinen tod verkündigen vnd predigen sollen.

D ij   Es gieng

Das Dritte Buch

Es gieng aber aus eines Jsraelischen weibs son/der eins Egyptischen mans kind war vnter den kindern Jsrael/vnd zancket sich im lager mit einem Jsrahelischen man/vnd nennet den namen vnd fluchet/Da brachten sie jn zu Mose/Seine mutter aber hies Selomith eine tochter Dibri vom stam Dan/vnd legten jn gefangen/bis jnen klar antwort würde durch den mund des HERRN.

Vnd der HERR redet mit Mose/vnd sprach/Füre jn hinaus fur das lager/der da geflucht hat/vnd las alle/die es gehört haben/jre hende auff sein heubt legen/vnd las jn die gantze Gemeine steinigen/ Vnd sage den kindern Jsrael/Welcher seinem Gott flucht/der sol seine sunde tragen/Welcher des HERRN namen nennet/der sol des tods sterben/die gantze Gemeine sol jn steinigen/Wie der frembdling so sol auch der einheimische sein/wenn er den namen nennet/so sol er sterben.Wer jrgend einen menschen erschlegt/der sol des tods sterben/ Wer aber ein vieh erschlegt/der sols bezalen/Leib vmb leib/Vnd wer seinen nehesten verletzt/dem sol man thun/wie er gethan hat/Schade vmb schade/auge vmb auge/zaan vmb zaan/wie er hat einen menschen verletzt/so sol man jm wider thun/also/das wer ein vieh schlegt/der sols bezalen/Wer aber einen menschen erschlegt/der sol sterben/Es sol einerley Recht vnter euch sein/dem frembdlingen wie dem einheimischen/Denn ich bin der HERR ewr Gott.

Mose aber sagets den kindern Jsrael/vnd furten den aus der geflucht hatte fur das lager/vnd steinigeten jn/Also theten die kinder Jsrael/wie der HERR Mose geboten hatte.

XXV.

Vnd der HERR redet mit Mose auff dem berge Sinai/ vnd sprach/Rede mit den kindern Jsrael/vnd sprich zu jnen/Wenn jr jns land kompt/das ich euch geben werde/so sol das land seine feire dem HERRn feiren/das du sechs jar dein feld beseest/vnd sechs jar deinen weinberg beschneitest/vnd samlest die früchte ein/Aber im siebenden jar/sol das land seine grosse feire dem HERRN feiren/darinn du dein feld nicht besen noch deinen weinberg beschneiten solt.

Was aber von jm selber nach deiner erndten wechst/soltu nicht erndten/Vnd die drauben/so on deine erbeit wachsen/soltu nicht lesen/die weil es ein feier jar ist des lands/Sondern die feir des lands solt jr darumb halten/das du dauon essest/dein knecht/deine magd/dein taglöner/dein hausgenos/dein frembdlinger bey dir/dein vieh/vnd die thier jnn deinem lande/Alle früchte sollen speise sein.

(Speise)
Das ist/gemein sein/vnd nicht einsamlen noch auff schütten etc.

Vnd du solt zelen solcher feier jar/sieben/das sieben jar sieben mal gezelet werden/vnd die zeit der sieben feir jar/mache neun vnd vierzig jar/Da soltu die posaunen lassen blasen durch alle ewer land/ am zehenden tage des siebenden monden/eben am tage der Versünunge/vnd jr solt das funffzigst jar heiligen/vnd solts ein Frey jar heissen im lande/allen die drinnen wonen/denn es ist ewer Hall jar/Da sol ein

Mose. LXXIX.

ſol ein iglicher bey euch wider zu ſeiner habe/vnd zu ſeinem geſchlecht komen/Denn das funffzigſt iſt ewr Halljar/Jr ſolt nicht ſeen/auch was von jm ſelber wechſt/nicht erndten/auch was on erbeit wechſt im weinberg nicht leſen/Denn das Halljar ſol vnter euch heilig ſein/ Jr ſolt aber eſſen was das feld tregt/Das iſt das Halljar/da jederman wider zu dem ſeinen komen ſol.

Wenn du nu etwas deinem neheſten verkeuffeſt/oder jm etwas abkeuffeſt/ſol keiner ſeinen Bruder vberforteilen/ſondern nach der zal vom Halljar an/ſoltu es von jm kenffen/vnd was die jare hernach tragen mügen/ſo hoch ſol er dirs verkeuffen/Nach der menge der jar ſoltu den kauff ſteigern/vnd nach der menige der jar ſoltu den kauff ringern/denn er ſol dirs nach dem es tragen mag/verkeuffen/So vberforteile nu keiner ſeinen neheſten/ſondern fürchte dich fur deinem Gott/Denn ich bin der HERR ewr Gott/Darumb thut nach meinen ſatzungen/vnd haltet meine Rechte/das jr darnach thut/auff das jr im lande ſicher wonen mügt/Denn das land ſol euch ſeine früchte geben/das jr zu eſſen gnug habt/vnd ſicher drinnen wonet.

Vnd ob du würdeſt ſagen/was ſollen wir eſſen im ſiebenden jar? denn wir ſeen nicht/ſo ſamlen wir auch kein getreide ein/Da wil ich meinem ſegen vber euch im ſechſten jar gebieten/das er ſol dreier jar getreide machen/das jr ſeet im achten jar/vnd von dem alten getreide eſſet/bis jnn das neunde jar/das jr vom alten eſſet/bis wider new getreide kompt/ Darumb ſolt jr das land nicht verkeuffen ewiglich/ denn das land iſt mein/vnd jr ſeid frembdlinge vnd geſte fur mir/Vnd ſolt jnn alle ewrem lande/das land zu löſen geben.

Wenn dein Bruder verarmet/vnd verkaufft dir ſeine habe/vnd ſein neheſter freund kompt zu jm/das ers löſe/ſo ſol ers löſen/was ſein Bruder verkaufft hat/Wenn aber jemand keinen löſer hat/vnd kan mit ſeiner hand ſo viel zu wegen bringen/das ers ein teil löſe/ſo ſol man rechen von dem jar da ers hat verkaufft/vnd dem verkeuffer die vbrigen jar wider einreumen/das er wider zu ſeiner habe kome/Kan aber ſeine hand nicht ſo viel finden/das eins teils jm wider werde/ſo ſol das er verkaufft hat jnn der hand des keuffers ſein/bis zum Halljar/jnn dem ſelben ſol es ausgehen/vnd er wider zu ſeiner habe komen.

Wer ein wonhaus verkaufft binnen der ſtad mauren/der hat ein gantz jar friſt/daſſelb wider zu löſen/das ſol die zeit ſein/darinnen er es löſen mag/Wo ers aber nicht löſet/ehe denn das gantze jar vmb iſt/ſo ſols der keuffer ewiglich behalten vnd ſeine nachkomen/vnd ſol nicht los ausgehen im Halljar/Iſts aber ein haus auff dem dorffe/ da keine maur vmb iſt/das ſol man dem feld des lands gleich rechen/ vnd ſol los werden/vnd im Halljar ledig ausgehen.

Die ſtedte der Leniten vnd die heuſer jnn den ſtedten/da jre habe jnnen iſt/mügen jmerdar gelöſet werden/Wer etwas von den Leniten löſet/der ſols verlaſſen im Halljar/es ſey haus oder ſtad/das er beſeſſen hat/Denn die heuſer jnn ſtedten der Leniten ſind jre habe vnter den kindern Iſrael/Aber das feld fur jren ſtedten ſol man nicht verkeuffen/Denn das iſt jr eigenthum ewiglich.

O iij   Wenn

Das Dritte Buch

Wenn dein Bruder verarmet vnd neben dir abnimpt/ so soltu jn auffnemen als einen frembdlingen oder hausgenos/ das er lebe neben dir/ vnd solt nicht wucher von jm nemen noch auffsatz/ sondern solt dich fur deinem Gott furchten/ auff das dein Bruder neben dir leben kunde/ Denn du solt jm dein geld nicht auff wucher thun/ noch deine speise auff *ᵃ* vbersatz austhun/ Denn ich bin der HERR ewr Gott/ der euch aus Egypten land gefuret hat/ das ich euch das land Canaan gebe vnd ewr Gott were.

ᵃ (Vbersatz) Wucher heisst er/ so mit geld geschicht/ Vbersatz/ weil der arm man mus keuffen oder annemen/ die tegliche wahr/ so theur der Geitzhals wil/ weil ers habe mus zur not.

Wenn dein Bruder verarmet neben dir/ vnd verkeufft sich dir/ so soltu jn nicht lassen dienen als einen leibeigen/ Sondern wie ein taglöner vnd hausgenos sol er bey dir sein/ vnd bis an das Dall jar bey dir dienen/ Denn sol er von dir los aus gehen/ vnd seine kinder mit jm/ vnd sol wider komen zu seinem geschlecht vnd zu seiner veter habe/ Denn sie sind meine Knechte/ die ich aus Egypten land gefurt habe/ darumb sol man sie nicht auff leibeigen weise verkeuffen/ Vnd solt nicht mit der strenge vber sie herrschen/ sondern dich furchten fur deinem Gott.

Wiltu aber leibeigen knechte vnd megde haben/ so soltu sie keuffen von den Heiden/ die vmb euch her sind/ von den hausgenossen die frembdlinge vnter euch sind/ vnd von jren nachkomen/ die sie bey euch jnn ewrem lande zeugen/ Die selben solt jr zu eigen haben/ vnd solt sie besitzen vnd ewre kinder nach euch/ zum eigenthum fur vnd fur/ die solt jr leibeigen knechte sein lassen/ Aber vber ewre Bruder die kinder Jsrael/ sol keiner des andern herrschen mit der strenge.

Wenn jrgend ein frembdling oder hausgenosse bey dir zunimpt/ vnd dein Bruder neben jm verarmet/ vnd sich dem frembdlingen oder hausgenossen bey dir/ oder jemand von seinem stam verkeufft/ so sol er nach seinem verkeuffen recht haben/ wider los zu werden/ vnd es mag jn jemand vnter seinen Brüdern lösen/ oder sein vetter oder vetters son/ oder sonst sein nehester blutfreund seines geschlechts/ Oder so seine selbs hand so viel erwirbt/ so sol er sich lösen/ vnd sol mit seinem keuffer rechen vom jar an/ da er sich verkaufft hatte/ bis auffs Dall jar/ vnd das geld sol nach der zal der jar seines verkeuffens gerechnet werden/ vnd sol sein taglon der gantzen zeit mit ein rechen/ Sind noch viel jar bis an das Dall jar/ so sol er nach den selben deste mehr zu lösen geben/ darnach er gekaufft ist/ Sind aber wenig jar vbrig bis ans Dall jar/ so sol er auch darnach wider geben zu seiner lösung/ Vnd sol sein taglon von jar zu jar mit ein rechen/ vnd solt nicht lassen mit der strenge vber jn herrschen fur deinen augen/ Wird er aber auff diese weise sich nicht lösen/ so sol er im Dall jar los ausgehen/ vnd seine kinder mit jm/ Denn die kinder Jsrael sind meine Knechte/ die ich aus Egypten land gefurt habe/ Jch bin der HERR ewr Gott.

Jr solt euch keinen Götzen machen noch bilde/ vnd solt euch keine seulen auffrichten/ noch keinen malstein setzen jnn ewrem lande/ das jr da fur anbetet/ Denn ich bin der HERR ewr Gott/ Haltet meine Sabbath/ vnd furcht euch fur meinem Heiligthum/ Jch bin der HERR.

XXVI.

Werdet jr

Mose. LXXX.

WErdet jr jnn meinen satzungen wandeln vnd meine gebot halten vn̄ thun/ So wil ich euch regen geben zu seiner zeit/ vnd das land sol sein gewechs geben/ vnd die bewme auff dem felde jre früchte bringen/ Vnd die dressche zeit sol reichen bis zur wein erndten/ vnd die wein erndte sol reichen bis zur zeit der saat/ Vnd sollet brods die fülle haben/ vnd solt sicher jnn ewrem lande wonen/ Ich wil frid geben jnn ewrem lande/ das jr schlaffet vnd euch niemand schrecke/ Ich wil die bösen thier aus ewrem lande thun/ vnd sol kein schwerd durch ewr land gehen.

Jr solt ewre feinde jagen vnd sie sollen fur euch her jns schwerd fallen/ Ewr funffe sollen hundert jagen/ Vnd ewr hundert sollen zehen tausent jagen/ Denn ewre feinde sollen fur euch her fallen jns schwerd/ Vnd ich wil mich zu euch wenden/ vnd wil euch wachsen vnd zunemen lassen/ vnd wil meinen Bund euch halten/ Vnd solt von dem firnen essen/ vnd wenn das newe kompt/ das firnen weg thun/ Ich wil meine wonunge vnter euch haben/ vnd meine seele sol euch nicht verwerffen/ Vnd wil vnter euch wandlen/ vnd wil ewer Gott sein/ so solt jr mein volck sein/ Denn ich bin der HERR ewer Gott/ der euch aus Egypten land gefurt hat/ das jr nicht jre knechte weret/ Vnd hab ewer joch zubrochen/ vnd hab euch auffgericht wandeln lassen.

Werdet jr aber mir nicht gehorchen/ vnd nicht thun diese gebot alle/ vnd werdet meine satzunge verachten/ vnd ewre seele meine Rechte verwerffen/ das jr nicht thut alle meine gebot/ vnd werdet meinen Bund lassen anstehen/ So wil ich euch auch solchs thun/ Ich wil euch heim suchen mit schrecken/ schwulst vnd fiber/ das euch die angesichte verfallen vnd der leib verschmachte/ Jr solt vmb sonst ewren samen seen/ vnd ewre feinde sollen jn fressen/ Vnd ich wil mein antlitz wider euch stellen/ vnd solt geschlagen werden fur ewren feinden/ vnd die euch hassen/ sollen vber euch herrschen/ Vnd solt fliehen da euch niemand jagt.

So jr aber vber das noch nicht mir gehorchet/ So wil ichs noch sieben mal mehr machen/ euch zu straffen vmb ewre sunde/ das ich ewrn stoltz vnd halsstarrigkeit breche/ Vnd wil ewrn himel wie eisen vnd ewr erden wie ertz machen/ vnd ewr mühe vnd erbeit sol verloren sein/ das ewr land sein gewechs nicht gebe/ vnd die bewme im lande jre früchte nicht bringen.

Vnd wo jr mir entgegen wandelt vnd mich nicht hören wolt/ so wil ichs noch sieben mal mehr machen / auff euch zu schlahen vmb ewr sunde willen/ vnd wil wilde thier vnter euch senden/ die sollen ewr kinder fressen/ vnd ewr vieh zu reissen vnd ewr weniger machen/ vnd ewr strassen sollen wüst werden.

Werdet jr euch aber damit noch nicht von mir züchtigen lassen/ vnd mir entgegen wandeln/ so wil ich euch auch entgegen wandeln/ vnd wil euch noch sieben mal mehr schlahen vmb ewr sunde willen/ vnd wil ein rachschwerd vber euch bringen/ das meinen Bund rechen sol/ Vnd ob jr euch jnn ewre stedt versamlet/ wil ich doch die pestilentz vnter euch senden/ vnd wil euch jnn ewr feinde hende geben/ Denn wil ich euch den vorrat des brods verderbē/ das zehen weiber sollē ewr brot

O iiij   jnn einem

Das Dritte Buch

jnn einem ofen backen/vnd ewr brod sol man mit gewicht auswegen/ vnd wenn jr esset/solt jr nicht sat werden.

(Vber den andern hin) Wie es geschicht jnn der flucht / furcht vnd schrecken.

b
(Gefallen) Das ist / gleich/ wie sie lust an jren sunden/ vn ekel an meinen rechte hatten/Also werde sie widerumb / lust vnd gefallen haben an der straffe vnd sagen / Ah/ wie recht ist vns geschehen/ Danck hab vnser verstuchten sunde / Das haben wir nu dauon/O recht Lieber Gott/o recht/ Vnd das sind gedancken vnd wort einer ernsten rew vnd busse/die sich selbs aus hertzen grund hassen vnd anspeien leret. pfu dich/was hab ich gethan / Das gefellt denn Gott/ das er wider gnedig wird/Darumb habe wir das wort (Missethat) verdeudscht/ die straffe der missethat/ solchen verstand zu geben/ Sonst lautets / als solten sie gefallen an der missethat haben. Eben so ists auch zuuerstehen/ Dem lande gefellet seine feire/Das ist /Es spricht Gott habe recht jnn der straffe/das es wüste liegen mus/vmb des volcks wille/ nach dem es sich sehnet/ Solcher weise redet auch Jsaias. 40. Dimissa est iniquitas/id est/placita et accepta pena pro iniquitate eius / id est / per Christum est satisfactum pro ea.

Werdet aber jr dadurch mir noch nicht gehorchen/vnd mir entgegen wandeln/so wil ich auch euch im grim entgegen wandeln/vnd wil euch sieben mal mehr straffen vmb ewr sunde/das jr solt ewr söne vnd töchter fleisch fressen/vnd wil ewre Höhen vertilgen vnd ewre bilder ausrotten/vnd wil ewre leichnam auff ewre Götzen werffen/ vnd meine seele wird an euch ekel haben/Vnd wil ewre stedte wüste machen/vnd ewre kirchen einreissen/vnd wil ewren süssen geruch nicht riechen.

Also wil ich das land wüst machen/das ewre feinde/ so drinnen wonen/sich dafur entsetzen werden/Euch aber wil ich vnter die Heiden strewen/vnd das schwerd ausziehen hinder euch her/das ewr land sol wüste sein vnd ewre stedte verstört/Als denn wird das land jm seine feire gefallen lassen/so lange es wüste ligt/vnd jr jnn der feinde land seid/Ja denn wird das land feiren/vnd jm seine feire gefallen lassen/ so lange es wüste ligt/Darumb das es nicht feiren kund/da jrs soltet feiren lassen/da jr drinnen wonetet.

Vnd denen die von euch vberbleiben/wil ich ein feig hertz machen jnn jrer feinde land/das sie sol ein rauschend blat jagen/Vnd sollen fliehen dafur/als jaget sie ein schwerd/vnd fallen/da sie niemand jaget/ Vnd sol einer ᵃ vber den andern hin fallen/gleich als fur dem schwerd/vnd doch sie niemand jagt/Vnd jr solt euch nicht auff lehnen thüren wider ewre feinde/vnd jr solt vmbkomen vnter den Heiden/ vnd ewre feinde land sol euch fressen.

Welche aber vberbleiben/die sollen jnn jrer missethat verschmachten/jnn der feinde lande/auch jnn jrer Veter missethat sollen sie verschmachten/Da werden sie denn bekennen jre missethat vnd jrer Veter missethat/da mit sie sich an mir versündigt/vnd mir entgegen gewandelt haben/Darumb wil ich auch jnen entgegen wandeln/Vnd wil sie jnn jrer feinde land wegtreiben/Da wird sich ja jr vnbeschnittens hertz demütigen/Vnd denn werden sie jnen die straffe jrer missethat ᵇ gefallen lassen.

Vnd ich werde gedencken an meinen Bund mit Jacob/vnd an meinen Bund mit Jsaac/vnd an meinen Bund mit Abraham/Vnd werde an das land gedencken/das von jnen verlassen ist/vnd jm seine feire gefallen lesst/die weil es wüste von jnen ligt/vnd sie jnen die straffe jrer missethat gefallen lassen/Darumb/das sie meine Rechte verachtet vnd jre seele an meinen satzungen ekel gehabt hat/ Auch wenn sie schon jnn der feinde land sind/ hab ich sie gleich wol nicht verworffen/vnd ekelt mich jr nicht also/das mit jnen aus sein solt/vnd mein Bund mit jnen solt nicht mehr gelten/Denn ich bin der HERR jr Gott/Vnd wil vber sie an meinen ersten Bund gedencken/da ich sie aus Egypten land füret/fur den augen der Heiden/das ich jr Gott were/Jch der HERR.

Dis sind die satzung vnd Rechte vnd Gesetze die der HERR zwischen jm vnd den kindern Jsrael gestellet hat/auff dem berge Sinai/ durch die hand Mose.

XXVII.   Vnd der

Mose. LXXXI.

Vnd der HERR redet mit Mose/vnd sprach/Rede mit den kindern Israel/vnd sprich zu jnen/Wenn jemand dem HERRN ein besonder gelübde thut/das er seinen leib schetzt/so sol das die schetzung sein/Ein mans bilde zwenzig jar alt bis jns sechszigst jar/soltu schetzen auff funfftzig silbern sekel/nach dem sekel des Heiligthums/ Ein weibs bilde auff dreissig sekel/Von funff jaren bis auff zwenzig jar/soltu jn schetzen auff zwenzig sekel/wens ein mans bilde ist/Ein weibs bild aber auff zehen sekel/Von einem monden an bis auff funff jar/soltu jn schetzen auff funff silbern sekel/wens ein mans bilde ist/ Ein weibs bild aber auff drey silber sekel/ Ist er aber sechszig jar alt vnd drüber/so soltu jn schetzen auff funfftzehen sekel/wens ein mans bilde ist/Ein weibs bilde auff zehen sekel/ Ist er aber zu arm zu solcher schetzung/so sol er sich fur den Priester stellen/vnd der Priester sol jn schetzen/Er sol jn aber schetzen nach dem seine hand/des der gelobd hat/erwerben kan.

Ists aber ein vieh/das man dem HERRN opffern kan/alles was man des dem HERRN gibt/ist heilig/man sols nicht wechseln noch wandeln/ein guts vmb ein böses/oder ein böses vmb ein guts/ Wirds aber jemand wechseln ein vieh vmb das ander/so sollen sie bei= de dem HERRN heilig sein/ Ist aber das thier vnrein/das mans dem HERRN nicht opffern thar/so sol mans fur den Priester stel= len/vnd der Priester sols schetzen/obs gut oder böse sey/vnd es sol bey des Priesters schetzen bleiben/Wils aber jemand lösen/der sol den funfften vber die schetzung geben.

Wenn jemand sein haus heiliget/das dem HERRN heilig sey/ das sol der Priester schetzen/obs gut oder böse sey/Vnd darnachs der Priester schetzet/so sols bleiben/So es aber der/so es geheiliget hat/ will lösen/so sol er den funfften teil silbers/vber das es geschetzt ist/ drauff geben/so sols sein werden.

Wenn jemand ein stück ackers von seinem erbgut dem HERRN heiliget/so sol er geschetzt werden nach dem er tregt/Tregt er ein Ho= mor gersten/so sol er funfftzig sekel silbers gelten/Heiliget er aber sei= nen acker vom Hall jar an/so sol er nach seiner werd gelten/Hat er jn aber nach dem Hall jar geheiligt/ so sol jn der Priester rechen nach den vbrigen jarn zum Hall jar/vnd darnach geringer schetzen.

Wil aber/der/so jn geheiliget hat/den acker lösen/so sol er den funfften teil silbers/vber das er geschetzt ist/drauff geben/so sol er sein werden/Wil er jn aber nicht lösen/sondern verkeufft jn einem andern/ so sol er jn nicht mehr lösen/sondern der selb acker/wenn er im Hall jar los aus gehet/ sol dem HERRN heilig sein/wie ein verbannet acker/vnd sol des Priesters erbgut sein.

Wenn aber jemand einen acker dem HERRN heiliget/den er gekaufft hat/vnd nicht sein erbgut ist/so sol jn der Priester rechen/ was er gilt bis an das Hall jar/vnd er sol desselben tages solche schetz= ung geben/das er dem HERRN heilig sey/ Aber im Hall jar sol er wider gelangen an den selben/von dem er jn gekaufft hat/das er sein erbgut im lande sey.

Alle wirde=

Das Dritte Buch

Alle wirderung sol geschehen nach dem sekel des Heiligthums/ Ein sekel aber macht zwenzig Gera.

Die ersten geburt vnter dem vieh/ die dem HERRN sonst geburt/ sol niemand dem HERRN heiligen/ es sey ein ochs oder schaf/ denn es ist des HERRN/ Ist aber an dem vieh etwas vnreins/ so sol mans lösen nach seiner wirde/ vnd drüber geben den funfften/ Wil ers nicht lösen/ so verkeuff mans nach seiner wirde.

Man sol kein verbantes verkeuffen/ noch lösen/ das jemand dem HERRN verbannet/ von allem das sein ist/ es sey menschen/ vieh/ oder erb acker/ Denn alles verbante ist das aller heiligst dem HERREN/ Man sol keinen verbanten menschen lösen/ sondern er sol des tods sterben.

Alle zehenden im lande/ beide von samen des lands vnd von früchten der bewme/ sind des HERRN vnd sollen dem HERRN heilig sein/ Wil aber jemand seinen zehenden lösen/ der sol den funfften drüber geben/ Vnd alle zehenden von rindern vnd schafen/ vnd was vnter der ruten gehet/ das ist ein heiliger zehende dem HERRN/ Man sol nicht fragen obs gut oder böse sey/ man sols auch nicht wechseln/ Wirds aber jemand wechseln/ so sols beides heilig sein/ vnd nicht gelöset werden.

Dis sind die gebot/ die der HERR Mose gebot an die kinder Israel/ auff dem berge Sinai.

Ende des Dritten Buchs Mose.

Das vierde Buch Mose.

I.

Nd der HERR redet mit Mose jnn der wüsten Sinai/ jnn der Hütten des Stiffts/ am ersten tage des andern monden/ im andern jar da sie aus Egypten land gangen waren / vnd sprach/ Nemet die summa der gantzen Gemeine der kinder Israel/ nach jren geschlechten vnd jrer Veter heuser vnd namen/ alles was menlich ist von heubt zu heubt/ von zwenzig jaren an vnd drüber/ was jns heer zu zihen taug jnn Israel/ vnd solt sie zelen nach jren heeren/ du vnd Aaron/ vnd solt zu euch nemen ja vom geschlecht einen Heubtman vber seins vaters haus.

Dis sind aber die namen der Heubtleute/ die neben euch stehen sollen/ Von Ruben sey Elizur der son Sedeur/ Von Simeon sey Selumiel der son ZuriSadai/ Von Juda sey Nahesson der son Aminadab/ Von Isaschar sey Nethaneel der son Zuar/ Von Sebulon sey Eliab der son Helon/ Von den kindern Joseph von Ephraim sey Elisama der son Amihud/ Von Manasse sey Gamliel der son PedaZur/ Von Ben Jamin sey Abidan der son Gideoni/ Von Dan sey Ahieser der son AmmiSadai/ Von Asser sey Pagiel der son Ochran/ Von Gad sey Eliasaph der son Reguel/ Von Naphthali sey Ahira der son Enan.

Das sind die furnemesten der Gemeine/ die Heubtleute vnter den stemmen jrer Veter/ die da Heubter vnd Fürsten jnn Israel waren/ Vnd Mose vnd Aaron namen sie zu sich/ wie sie da mit namen genennet sind/ vnd samleten auch die gantzen Gemeine / am ersten tage des andern monden/ vnd rechneten sie nach jrer geburt/ nach jrem geschlecht/ vnd Veter heuser vnd namen/ von zwenzig jaren an vnd drüber/ von heubt zu heubt/ wie der HERR Mose geboten hatte/ vnd zeleten sie jnn der wüsten Sinai.

Der kinder Ruben des ersten sons Israel/ nach jrer geburt geschlechte/ jrer Veter heuser vnd namen/ von heubt zu heubt/ alles was menlich war/ von zwenzig jaren vnd drüber/ vnd jns heer zu zihen tuchte/ wurden gezelet zum stam Ruben/ sechs vnd vierzig tausent vnd funffhundert.

Der kinder Simeon nach jrer geburt geschlechte jrer Veter heuser zal vnd namen/ von heubt zu heubt/ alles was menlich war/ von zwenzig jaren vnd drüber/ vnd jns heer zu zihen tuchte/ wurden gezelet zum stam Simeon/ neun vnd funffzig tausent vnd drey hundert.

Der kinder Gad nach jrer geburt geschlechte/ jrer Veter heuser vnd namen/ von zwenzig jaren vnd drüber/ was jns heer zu zihen tuchte/ wurden gezelet zum stam Gad/ funff vnd vierzig tausent/ sechs hundert vnd funffzig.

Der kinder Juda

Das Vierde Buch

Der kinder Juda nach jrer geburt geschlechte/jrer Veter heuser vnd namen/von zwenzig jaren vnd drüber/was jns heer zu zihen tuchte/wurden gezelet zum stam Juda/vier vnd siebenzig tausent vnd sechs hundert.

Der kinder Jsaschar nach jrer geburt geschlechte/jrer Veter heuser vnd namen/von zwenzig jaren vnd drüber/was jns heer zu zihen tuchte/wurden gezelet zum stam Jsaschar/vier vnd funfftzig tausent vnd vier hundert.

Der kinder Sebulon nach jrer geburt geschlechte/jrer Veter heuser vnd namen/von zwenzig jaren vnd drüber/was jns heer zu zihen tuchte/wurden gezelet zum stam Sebulon/sieben vnd funfftzig tausent vnd vier hundert.

Der kinder Joseph von Ephraim nach jrer geburt geschlechte/jrer Veter heuser vnd namen/von zwenzig jaren vnd drüber/was jns heer zu zihen tuchte/wurden gezelet zum stam Ephraim/vierzig tausent vnd funff hundert.

Der kinder Manasse nach jrer geburt geschlechte/jrer Veter heuser vnd namen/von zwenzig jaren vnd drüber/was jns heer zu zihen tuchte/wurden zum stam Manasse gezelet/zwey vnd dreissig tausent vnd zwey hundert.

Der kinder BenJamin nach jrer geburt geschlechte/jrer Veter heuser vnd namen/von zwenzig jaren vnd drüber/was jns heer zu zihen tuchte/wurden zum stam BenJamin gezelet/funff vnd dreissig tausent vnd vier hundert.

Der kinder Dan nach jrer geburt geschlechte/jrer Veter heuser vnd namen/von zwenzig jaren vnd drüber/was jns heer zu zihen tuchte/wurden gezelet zum stam Dan/zwey vnd sechzig tausent vnd sieben hundert.

Der kinder Asser nach jrer geburt geschlechte/jrer Veter heuser vnd namen/von zwenzig jaren vnd drüber/was jns heer zu zihen tuchte/wurden zum stam Asser gezelet/ein vnd vierzig tausent vnd funff hundert.

Der kinder Naphthali nach jrer geburt geschlechte/jrer Veter heuser vnd namen/von zwenzig jaren vnd drüber/was jns heer zu zihen tuchte/wurden zum stam Naphthali gezelet/drey vnd funfftzig tausent vnd vier hundert.

Dis sind/die Mose vnd Aaron zeleten sampt den zwelff Fürsten Jsrael/der ja einer vber ein Haus jrer Veter war/Vnd die summa der kinder Jsrael nach jrer Veter heuser/von zwenzig jaren vnd drüber/was jns heer zu zihen tuchte inn Jsrael/der war sechs mal hundert tausent vnd drey tausent/funff hundert vnd funfftzig/Aber die Leuiten nach jrer Veter stam wurden nicht mit vnter gezelet.

Vnd der HERR redet mit Mose/vnd sprach/den stam Leui soltu nicht zelen/noch jre summa nemen vnter den kindern Jsrael/Sondern du solt sie ordenen zur Wonung bey dem Zeugnis/vnd zu allem gerete vnd zu allem was dazu gehöret/Vnd sie sollen die Wonung tragen vnd alles gerete/vnd sollen sein pflegen/vnd vmb die Wonung her sich lagern/Vnd wenn man reisen sol/so sollen die Leuiten die Wonung abnemen/Wenn aber das heer zu lagern ist/sollen sie die Wonung auffschlahen/Vnd wo ein frembder sich dazu macht/der sol sterben/

Mose. LXXXIII.

sterben/ Die kinder Jsrael sollen sich lagern/ ein jglicher jnn sein lager vnd bey das panir seiner Schar/ Aber die Leuiten sollen sich vmb die Wonung des Zeugnis her lagern/ auff das nicht ein zorn vber die Gemeine der kinder Jsrael kome/ darumb sollen die Leuiten der hut warten an der Wonung des Zeugnis/ Vnd die kinder Jsrael theten alles/ wie der HERR Mose geboten hatte.

II.

Vnd der HERR redet mit Mose vnd Aaron/ vnd sprach/ Die kinder Jsrael sollen fur der Hütten des Stiffts vmb her sich lagern/ ein jglicher vnter seinem panir vnd zeichen nach jrer Veter haus.

Gegen morgen sol sich lagern Juda mit seinem panir vnd heer/ jr Heubtman Nahesson der son Amminadab/ Vnd sein heer an der summa/ vier vnd siebenzig tausent vnd sechs hundert/ Neben jm sol sich lagern der stam Jsaschar/ jr Heubtman Nathaneel der son Zuar/ vnd sein heer an der summa/ vier vnd funffzig tausent vnd vier hundert/ Dazu der stam Sebulon/ jr Heubtman Eliab der son Helon/ sein heer an der summa/ sieben vnd funffzig tausent vnd vier hundert/ Das alle die jns lager Juda gehören/ seien an der summa/ hundert vnd sechs vnd achzig tausent/ vnd vier hundert/ die zu jrem heer gehören/ vnd sollen forn an zihen.

Gegen mittag sol ligen das gezelt vnd panir Ruben mit jrem heer/ jr Heubtman EliZur der son Sedeur/ vnd sein heer an der summa/ sechs vnd vierzig tausent/ funff hundert/ Neben jm sol sich lagern der stam Simeon/ jr Heubtman Selumiel der son ZuriSadai/ vnd sein heer an der summa/ neun vnd funffzig tausent/ drey hundert/ Dazu der stam Gad/ jr Heubtman Eliasaph der son Reguel/ vnd sein heer an der summa/ funff vnd vierzig tausent/ sechs hundert vnd funffzig/ Das alle die jns lager Ruben gehören/ seien an der summa/ hundert vnd ein vnd funffzig tausent/ vier hundert vnd funffzig/ die zu jrem heer gehören/ vnd sollen die andern im auszihen sein.

Darnach sol die Hütten des Stiffts zihen mit dem lager der Leuniten mitten vnter den lagern/ vnd wie sie sich lagern/ so sollen sie auch zihen/ ein jglicher an seinem ort vnter seinem panir.

Gegen dem abend sol ligen das gezelt vnd panir Ephraim mit jrem heer/ jr Heubtman sol sein Elisama der son Amihud/ vnd sein heer an der summa/ vierzig tausent vnd funff hundert/ Neben jm sol sich lagern der stam Manasse/ jr Heubtman Gamaliel der son PedaZur/ sein heer an der summa/ zwey vnd dreissig tausent vnd zwey hundert/ Dazu der stam BenJamin/ jr Heubtman Abidan der son Gideoni/ sein heer an der summa/ funff vnd dreissig tausent vnd vier hundert/ Das alle die jns lager Ephraim gehören/ seien an der summa/ hundert vnd acht tausent vnd ein hundert/ die zu seinem heer gehören/ vnd sollen die dritten im auszihen sein.

Gegen mitternacht sol ligen das gezelt vnd panir Dan mit jrem heer/ jr Heubtman Ahieser der son AmmiSadai/ sein heer an der

p   summa/

Das Vierde Buch

summa/zwey vnd sechzig tausent vnd sieben hundert/Neben jm sol sich lagern der stam Asser/jr Heubtman Pagiel der son Ochran/sein heer an der summa/ein vnd vierzig tausent vnd funff hundert/ Dazu der stam Naphthali/jr Heubtman Ahira der son Enan/sein heer an der summa/drey vnd funffzig tausent vnd vier hundert/Das alle die ins lager Dan gehören/seien an der summa/hundert sieben vnd funffzig tausent vnd sechs hundert/vnd sollen die letzten sein im auszihen mit jrem panir.

Das ist die summa der kinder Israel nach jrer Veter heuser vnd lager mit jren heeren/Sechshundert tausent vnd drey tausent/funff hundert vnd funffzig/Aber die Leuiten wurden nicht jnn die summa vnter die kinder Israel gezelet/wie der HERR Mose geboten hatte/ Vnd die kinder Israel theten alles/wie der HERR Mose geboten hatte/Vnd lagerten sich vnter jre panir/vnd zogen aus/ein jglicher jnn seinem geschlecht nach jrer Veter haus.

III.

Dis ist das geschlecht Aaron vnd Mose/zu der zeit/da der HERR mit Mose redet auff dem berge Sinai/Vnd dis sind die namen der söne Aaron/ der erstgeborner Nadab/darnach Abihu/Eleazar vnd Ithamar/Das sind die namen der söne Aaron/ die zu Priester gesalbet waren vnd jre hende gefüllet zum Priesterthum/ Aber Nadab vnd Abihu storben fur dem HERRN/da sie frembd feur opfferten fur dem HERRN jnn der wüsten Sinai/vnd hatten keine söne/ Eleasar aber vnd Ithamar pflegten des Priester ampts vnter jrem vater Aaron.

Vnd der HERR redet mit Mose/vnd sprach/Bringe den stam Leui erzu/vnd stelle sie fur den Priester Aaron/das sie jm dienen/vnd seiner vnd der gantzen Gemeine hut warten fur der Hütten des Stiffts/vnd dienen am dienst der Wonunge/vnd warten alles gerets der Hütten des Stiffts/vnd der hut der kinder Israel/zu dienen am dienst der Wonung/Vnd solt die Leuiten Aaron vnd seinen sönen zu ordenen zum geschenck von den kindern Israel/Aaron aber vnd seine söne soltu setzen/das sie jres Priesterthums warten/Wo ein frembder sich erzu thut/der sol sterben.

Vnd der HERR redet mit Mose/vnd sprach/Sihe/ich habe die Leuiten genomen vnter den kindern Israel/fur alle ersten geburt/die da mutter brechen vnter den kindern Israel/also/das die Leuiten sollen mein sein/Denn die ersten geburt sind mein/sint der zeit ich alle erste geburt schlug jnn Egypten land/da heiliget ich mir alle erste geburt jnn Israel/von menschen an bis auff das vieh/das sie mein sein sollen/Ich der HERR.

Vnd der HERR redet mit Mose jnn der wüsten Sinai/vnd sprach/Zele die kinder Leui nach jrer Veter heuser vnd geschlechten/ alles was menlich ist eins monden alt vnd drüber/Also zelet sie Mose nach dem wort des HERRN/wie er geboten hatte/Vnd waren dis die kinder Leui mit namen/Gerson/Kahath/Merari.Die namen aber der kinder Gerson jnn jrem geschlecht waren/Libni vnd Simei. Die kinder Kahath jnn jrem geschlecht waren / Amram / Jezehar/Hebron

Mose. LXXXIIII.

bron vnd Vsiel/Die kinder Merari inn jrem geschlechte waren/Maheli/vnd Musi/Dis sind die geschlechte Leui nach jrer Veter hause.

Dis sind die geschlechte von Gerson/Die Libniter vnd Simeiter/der summa ward an der zal funden/sieben tausent vnd funff hundert/alles was menlich war/eins monden alt vnd drüber/vnd dasselb geschlecht der Gersoniter sollen sich lagern hinder die Wonung gegen dem abend/jr öberster sey Eliasaph der son Cael/Vnd sie sollen warten an der Hütten des Stiffts/nemlich/der Wonung vnd der Hütten vnd jrer decken vnd des tuchs inn der thür der Hütten des Stiffts/des vmbhangs am Vorhoff/vnd des tuchs inn der thür des Vorhoffs/welcher vmb die Wonung vnd vmb den Altar her gehet/vnd seiner seile vnd alles was zu seinem dienst gehöret.

Dis sind die geschlechte von Kahath/die Amramiten/die Jezehariten/die Hebroniten vnd Vsieliten/was menlich war eins monden alt vnd drüber/an der zal acht tausent vnd sechs hundert/die der hut des Heiligthums warten/vnd sollen sich lagern an die seiten der Wonung gegen mittag/jr öberster sey Elizaphan der son Vsiel/Vnd sie sollen warten der Laden/des Tischs/des Leuchters/des Altars vnd alles gerets des Heiligthums/ daran sie dienen/vnd des tuchs vnd was zu seinem dienst gehört/Aber der öberst vber alle öbersten der Leuiten sol Eleazar sein Aarons son des Priesters/vber die verordnet sind zu warten der hut des Heiligthums.

Dis sind die geschlechte Merari/die Maheliter vnd Musiter/die an der zal waren/sechs tausent vnd zwey hundert/alles was menlich war eins monden alt vnd drüber/Jr öberster sey Zuriel der son Abihail/vnd sollen sich lagern an die seiten der Wonung gegen mitternacht/Vnd jr ampt sol sein zu warten der bret vnd rigel/vnd seulen vnd füsse der Wonung/vnd alles seins gerets vnd seins diensts/Dazu der seulen vmb den Vorhoff her/mit den füssen vnd negeln vnd seilen.

Aber fur der Wonung vnd fur der Hütten des Stiffts/gegen dem morgen sollen sich lagern Mose vnd Aaron vnd seine söne/das sie des Heiligthums warten/vnd der kinder Israel/Wenn sich ein frembder erzu thut/der sol sterben/Alle Leuiten inn der summa/die Mose vnd Aaron zeleten nach jren geschlechten/nach dem wort des HERRN/eitel menlin eins monden alt vnd drüber/waren zwey vnd zwenzig tausent.

Vnd der HERR sprach zu Mose/Zele alle erstegeburt/was menlich ist vnter den kindern Israel eins monden alt vnd drüber/vnd nim die zal jrer namen/Vnd solt die Leuiten mir dem HERRN aussondern fur alle erstegeburt der kinder Israel/vnd der Leuiten vieh fur alle erstegeburt vnter dem vieh der kinder Israel/Vnd Mose zelet/wie jm der HERR geboten hatte/alle erstegeburt vnter den kindern Israel/Vnd fand sich an der zal der namen aller erstegeburt/was menlich war eins monden alt vnd drüber/inn jrer summa/zwey vnd zwenzig tausent/zwey hundert vnd drey vnd siebenzig.

Vnd der HERR redet mit Mose/vnd sprach/Nim die Leuiten fur alle erstegeburt vnter den kindern Israel/vnd das vieh der Leuiten
P ij   fur jr vieh/

Das Vierde Buch

fur ir vieh/das die Leuiten mein des HERRN seien/Aber das löse geld von den zwey hundert drey vnd siebenzig vberlengen ersten geburten der kinder Israel/vber der Leuiten zal/soltu ja funff sekel nemen von heubt zu heubt/nach dem sekel des Heiligthums (zwenzig Gera gilt ein sekel) vnd solt dasselb geld/das vberleng ist vber ire zal/geben Aaron vnd seinen sönen / Da nam Mose das lösegeld/das vberlenge war vber der Leuiten zal von den ersten geburten der kinder Israel/tausent drey hundert vnd funff vnd sechzig sekel/nach dem sekel des Heiligthums/vnd gabs Aaron vnd seinen sönen/nach dem wort des HERRN/wie der HERR Mose geboten hatte.

IIII.

Vnd der HERR redet mit Mose vnd Aaron/vnd sprach/ Nim die summa der kinder Kahath aus den kindern Leui/nach jrem geschlecht vnd Veter heuser/von dreissig jar an vnd drüber/bis ins funffzigst jar/alle die zum ᵃ Ampt tügen/das sie thun die werck inn der Hütten des Stiffts/Das sol aber das Ampt der kinder Kahath inn der Hütten des Stiffts sein/das das aller heiligst ist.

(Ampt)
Hie stehet das wort Zebaa/welches ein heer oder ritterschafft heisst/Esa. 40. completa est militia eius/ Deß priester oder prediger ampt ist ein krieges stand/ wider den Teufel.

ᵇ (Geldecke) Hieraus scheinets/ das die innersten teppiche sind nicht bund/sondern ein iglich hat jr eigen farbe allein gehabt/Welche gehl ist/die ist gantz gehl gewest/vnd welche weis/gantz weis/etc.

Wenn das heer auff bricht/so sol Aaron vnd seine söne hinein gehen/vnd den Furhang abnemen vnd die Lade des Zeugnis drein winden/vnd drauff thun die decke von dachs fellen/vnd oben drauff ein gantz gehl decke breiten/vnd seine stangen dazu legen/vnd vber den Schawtisch auch ein ᵇ gehl decke breiten/vñ dazu legen die schüsseln/ leffel/schalen vnd kannen aus vnd ein zu giessen/vnd das tegliche brod sol dabey ligen/vnd sollen drüber breiten ein rosinrot decke/vnd dasselb bedecken mit einer decke von dachs fellen/vnd seine stangen dazu legen.

Vnd sollen ein gehl decke nemen/vnd drein winden den Leuchter des liechts/vnd seine lampen mit seinen schneutzen vnd nepffen/vnd alle öle gefess/die zum Ampt gehören/vnd sollen vmb das alles thun ein decke von dachs fellen/vnd sollen sie auff stangen legen/Also sollen sie auch vber den gülden Altar ein gehl decke breiten/vnd dasselb bedecken mit der decke von dachs fellen/vnd sein stangen dazu thun/ Alle gerete/damit sie schaffen im Heiligthum/sollen sie nemen/vnd gehl decke drüber thun/vnd mit einer decke von dachs fellen decken/ vnd auff stangen legen/Sie sollen auch die asschen vom Altar fegen/ vnd ein scharlacken decke drüber breiten/vnd alle sein gerete dazu legen/damit sie drauff schaffen/Kolpfannen/krewel/schauffeln/becken/mit allem gerete des Altars/vnd sollen drüber breiten eine decke von dachs fellen/vnd seine stangen dazu thun.

Wenn nu Aaron vnd seine söne solchs ausgericht haben/vnd das Heiligthum vnd alle sein gerete bedeckt/wenn das heer auff bricht/ darnach sollen die kinder Kahath hinein gehen/das sie es tragen/vnd sollen das Heiligthum nicht anrüren/das sie nicht sterben/Dis sind die last der kinder Kahath an der Hütten des Stiffts/Vnd Eleasar Aarons des Priesters son sol das ampt haben/das er ordene das öle zum liecht/vnd die specerey zum reuchwerck/vnd das tegliche Speisopffer vnd das salböle/das er beschicke die gantze Wonung/vnd alles was drinnen ist/im Heiligthum vnd seinem gerete.

Vnd

Vnd der HERR redet mit Mose vnd mit Aaron/vnd sprach/Ir solt den stam des geschlechts der Kahathither nicht lassen sich verderben vnter den Leuiten/sondern das solt jr mit jnen thun/das sie leben vnd nicht sterben/wo sie würden anrüren das Allerheiligst/Aaron vnd seine söne sollen hinein gehen/ vnd einen jglichen stellen zu seinem ampt vnd last/Sie aber sollen nicht hinein gehen zu schawen vnbedacht das Heiligthum/das sie nicht sterben.

Vnd der HERR redet mit Mose/vnd sprach/ Nim die summa der kinder Gerson auch/ nach jrer Veter haus vnd geschlecht/ von dreissig jaren an vnd drüber/bis jns funfftzigst jar/vnd ordne sie alle die da zum ampt tüchtig sind/das sie ein ampt haben jnner Hütten des Stiffts/Das sol aber des geschlechts der Gersoniter ampt sein/das sie schaffen vnd tragen/Sie sollen die teppich der Wonung vnd der Hütten des Stiffts tragen/vnd seine decke vnd die decke von dachs fellen/die oben drüber ist/vnd das tuch jnn der thür der Hütten des Stiffts/vnd die vmbhenge des Vorhoffs/vnd das tuch jnn der thür des thors am Vorhoff/welcher vmb die Wonung vnd Altar her gehet/vnd jre seile vnd alle gerete jrs ampts/vnd alles was zu jrem ampt gehört/Nach dem wort Aaron vnd seiner söne/sol alles ampt der kinder Gerson gehen/alles was sie tragen vnd schaffen sollen/vnd jr solt zu sehen/das sie aller jrer last warten/Das sol das ampt des geschlechts der kinder der Gersoniter sein jnn der Hütten des Stiffts/Vnd jr hut sol vnter der hand Ithamar sein des sons Aarons des Priesters.

Die kinder Merari/nach jrem geschlecht vnd Vater hause soltu auch ordenen/von dreissig jar an vnd drüber/bis jns funfftzigst jar/ alle die zum ampt tügen/das sie ein ampt haben jnn der Hütten des Stiffts/Auff diese last aber sollen sie warten nach alle jrem ampt jnn der Hütten des Stiffts/ das sie tragen/die breter der Wonung vnd rigel vnd seulen vnd füsse/dazu die seulen des Vorhoffs vmbher/vnd fuss vnd negel vnd seile mit alle jrem gerete/nach alle jrem ampt/Einem jglichen solt jr sein teil der last am gerete zu warten verordenen/ Das sey das ampt der geschlechte der kinder Merari / alles das sie schaffen sollen jnn der Hütten des Stiffts vnter der hand Ithamar des Priesters Aarons son.

Vnd Mose vnd Aaron sampt den Heubtleuten der Gemeine zeleten die kinder der Kahathiter nach jren geschlechten vnd Veter heuser/von dreissig jaren vnd drüber/bis jns funfftzigst/alle die zum ampt tuchten/das sie ampt jnn der Hütten des Stiffts hetten/vnd die summa war/zwey tausent sieben hundert vnd funfftzig/Das ist die summa der geschlechte der Kahathiter/die alle zu schaffen hatten jnn der Hütten des Stiffts/die Mose vnd Aaron zeleten nach dem wort des HERRN durch Mose.

Die kinder Gerson wurden auch gezelet jnn jren geschlechten vnd Veter heuser/von dreissig jaren vnd drüber/bis jns funfftzigst/alle die zum ampt tuchten/das sie ampt jnn der Hütten des Stiffts hetten/ vnd die summa war/zwey tausent sechs hundert vnd dreissig/Das ist die summa der geschlechte der kinder Gerson/die alle zu schaffen hatten jnn der Hütten des Stiffts/welche Mose vnd Aaron zeleten nach dem wort des HERRN.

Das Vierde Buch

Die kinder Merari wurden auch gezelet nach jren geschlechten vnd Veter heuser/von dreissig jaren vnd drüber/bis jns funffzigst/alle die zum ampt tuchten/das sie ampt jnn der Hütten des Stiffts hetten/vnd die summa war/drey tausent vnd zwey hundert/Das ist die summa der geschlechte der kinder Merari/die Mose vnd Aaron zeleten nach dem wort des HERRN durch Mose.

Die summa aller Leuiten die Mose vnd Aaron sampt den Heubtleuten Israel zeleten/nach jren geschlechten vnd Veter heuser / von dreissig jaren vnd drüber/bis jns funffzigst / aller die eingiengen zu schaffen/ein jglicher sein ampt zu tragen die last jnn der Hütten des Stiffts/war/acht tausent funff hundert vnd achzig/die gezelet wurden nach dem wort des HERRN durch Mose/ein jglicher zu seinem ampt vnd last/wie der HERR Mose geboten hatte.

V.

Vnd der HERR redet mit Mose/vnd sprach/Gebeut den kindern Israel/das sie aus dem lager thun alle aussetzigen vnd alle die eiter flüsse haben vnd die an todten vnreine worden sind/Beide man vnd weib sollen sie hinaus thun fur das lager/das sie nicht jre lager verunreinigen/ darinnen ich vnter jnen wone/Vnd die kinder Israel theten also/vnd theten sie hinaus fur das lager/wie der HERR zu Mose gered hatte.

Vnd der HERR redet mit Mose/vnd sprach/sage den kindern Israel/vnd sprich zu jnen/Wenn ein man oder weib jrgent eine sunde wider einen menschen thut/vnd sich an dem HERRN damit versundiget/so hat die seel eine schuld auff jr/Vnd sie sollen jre sunde bekennen/die sie gethan haben/vnd sollen jre schuld versünen mit der heubtsumma/vnd darüber das funffte teil dazu thun/vnd den geben/an dem sie sich verschuldigt haben/Ist aber niemand da/dem man bezalen solte/so sol mans dem HERRN geben fur dem Priester/vber den wider der versünung/damit er versünet wird/Des gleichen sol alle Hebe/von allem das die kinder Israel heiligen vnd dem Priester opffern/sein sein/Vnd wer etwas heiliget/sol auch sein sein/Vnd wer etwas dem Priester gibt/das sol auch sein sein.

Vnd der HERR redet mit Mose/vnd sprach/Sage den kindern Israel/vnd sprich zu jnen/Wenn jrgent eins mans weib sich verlieff vnd sich an jm versundigt/vnd jemand sie fleischlich beschlefft/vnd würde doch dem man verborgen fur seinen augen/vnd würde verdeckt/das sie vnrein worden ist/vnd kan sie nicht bezeugen/denn sie ist nicht drinnen begriffen/Vnd der eiuer geist entzündet jn/das er vmb sein weib eiuert/sie sey vnrein oder nicht vnrein/so sol er sie zum Priester bringen/vnd ein opffer vber sie bringen den zehenden Epha gersten melhs/vnd sol kein öle drauff giessen noch weyrauch drauff thun/ denn es ist ein eiuer opffer vnd ein rüge opffer/das missethat rüget.

Da sol sie der Priester erzu füren vnd fur den HERRN stellen/ vnd des heiligen wassers nemen jnn ein erden gefess/vnd staub vont boden der Wonung jns wasser thun/Vnd sol das weib fur den HERRN stellen/

Mose. LXXXVI.

an stellen/ vnd jr heubt entblössen/ vnd das rügeopffer/ das ein eiuer opffer ist/ auff jr hand legen/ Vnd der Priester sol jnn seiner hand bitter verflucht wasser haben/vnd sol das weib beschweren/vnd zu jr sagen/ Hat kein man dich beschlaffen/vnd hast dich nicht von deinem man verlauffen/ das du dich verunreinigt hast/so sollen dir diese bitter verfluchte wasser nicht schaden.

Wo du aber dich von deinem man verlauffen hast/das du vnrein bist/vnd hat jemand dich beschlaffen/ausser deinem man/so sol der Priester das weib beschweren mit solchem fluche/vnd sol zu jr sagen/ Der HERR setze dich zum fluch vnd zum schwur vnter deinem volck/ das der HERR deine hüffte verfallen/vnd deinen bauch verschwellen lasse/so gehe nu das verfluchte wasser jnn deinen leib/das dein bauch verschwelle vnd deine hüffte verfalle/Vnd das weib sol sagen/ Amen/ Amen.

Also sol der Priester diese fluche auff einen zedel schreiben vnd mit dem wasser abwasschen/vnd sol dem weibe von dem bittern verfluchten wasser zu trincken geben/Vnd wenn das verfluchte bitter wasser jnn sie gegangen ist/sol der Priester von jrer hand das eiuer opffer nemen/vnd zum Speisopffer fur dem HERRN weben/vnd auff dem Altar opffern/nemlich/sol er eine hand vol des Speisopffers nemen zu jrem gedechtnis/vnd auff dem Altar anzünden/vnd darnach dem weibe das wasser zu trincken geben/Vnd wenn sie das wasser getruncken hat/Ist sie vnrein vnd hat sich an jrem man versundigt/so wird das verflucht wasser jnn sie gehen vnd jr bitter sein/das jr der bauch verschwellen vnd die hüffte verfallen wird/ vnd wird das weib ein fluch sein vnter jrem volck/ Ist aber ein solch weib nicht verunreiniget/ sondern rein/ so wirds jr nicht schaden/ das sie kan schwanger werden.

Das ist das eiuer gesetz/wenn ein weib sich von jrem man verleufft vnd vnreine wird/oder wenn einen man der eiuer geist entzünd/das er vmb sein weib eiuert/das ers stelle fur den HERRN/vnd der Priester mit jr thu alles nach diesem Gesetz/Vnd der man sol vnschüldig sein an der missethat/aber das weib sol jre missethat tragen.

VI.

Vnd der HERR redet mit Mose/vnd sprach/Sage den kindern Israel/vnd sprich zu jnen/Wenn ein man oder weib ein sonderlich gelübd thut dem HERRN sich zu enthalten/der sol sich weins vnd starcks getrencks enthalten/wein essig oder starcks getrancks essig sol er auch nicht trincken/auch nichts das aus weinbeeren gemacht wird/ Er sol weder frissche noch dürre weinbeer essen/so lange sein gelübd weret/ Auch sol er nichts essen/das man vom weinstock macht/ weder weinkern noch hülsen.

So lang die zeit seines gelübds weret/sol kein schermesser vber sein heubt faren/bis das die zeit aus sey/die er dem HERRN gelobt hat/ Denn er ist heilig/vnd sol das har auff seinem heubt lassen frey wachsen/Die gantze zeit vber/die er dem HERRN gelobt hat/sol er zu keinem todten gehen/Er sol sich auch nicht verunreinigen an dem tod seines vaters/ seiner mutter/ seines bruders oder seiner schwester/

Auff Ebreisch heisst dis Neser/ vnd wer sie helt heisst Nasir/ welchem nach auch vnser Herr Jhesus Christus Nasarenus heisst/vnd er der rechte Nasir ist.

P iiij Denn das

Das Vierde Buch

Denn das gelübd seines Gottes ist auff seinem heubt/vnd die gantze zeit vber seines gelübds/sol er dem HERRN heilig sein.

Vnd wo jemand fur jm vnuersehens plötzlich stirbt/da wird das heubt seines gelübds verunreiniget/Darumb sol er sein heubt bescheren am tage seiner reinigung/das ist am siebenden tage/vnd am achten tage sol er zwo dordeltauben bringen oder zwo junge tauben zum Priester fur die thür der Hütten des Stiffts/Vnd der Priester sol eine zum Sündopffer vnd die ander zum Brandopffer machen/vnd jn versünen/das er sich an einem todten versündiget hat/vnd also sein heubt desselben tages heiligen/das er dem HERRN die zeit seines gelübds anshalte/vnd sol ein jerig lamb bringen zum Schuldopffer/Aber die vorigen tage sollen vmb sonst sein/darumb/das sein gelübd verunreiniget ist.

Dis ist das gesetz des verlobten/Wenn die zeit seines gelübds aus ist/so sol man jn bringen fur die thür der Hütten des Stiffts/Vnd er sol bringen sein opffer dem HERRN/ein jerig lamb on wandel zum Brandopffer/vnd ein jerig schaf on wandel zum Sündopffer/vnd einen wider on wandel zum Danckopffer/vnd ein korb mit vngeseurten kuchen von semel mehl mit öle gemenget/vnd vngeseurte fladen mit öle bestrichen/vnd jr Speisopffer vnd Tranckopffer.

Vnd der Priester sols fur den HERRN bringen/vnd sol sein Sündopffer vnd sein Brandopffer machen/vnd den wider sol er zum Danckopffer machen dem HERRN/sampt dem korbe mit dem vngeseurten brod/Vnd sol auch sein Speisopffer vnd sein Tranckopffer machen/Vnd sol dem verlobten das heubt seines gelübds bescheren fur der thür der Hütten des Stiffts/vnd sol das heubt har seines gelübds nemen vnd auffs feur werffen das vnter dem Danckopffer ist/Vnd sol den gekochten bug nemen von dem wider vnd einen vngeseurten kuchen aus dem korbe/vnd einen vngeseurten fladen/vnd sols dem verlobten auff seine hende legen/nach dem er sein gelübd abgeschoren hat/Vnd sols fur dem HERRN Weben/Das ist heilig dem Priester/sampt zu der Webebrust vnd der Hebeschuldern/Darnach mag der verlobter wein trincken/Das ist das Gesetz des verlobten/der sein opffer dem HERRN gelobt/von wegen seines gelübds/ausser dem/was er sonst vermag/Wie er gelobt hat/sol er thun nach dem Gesetz seines gelübds.

Vnd der HERR redet mit Mose/vnd sprach/Sage Aaron vnd seinen sönen/vnd sprich/Also solt jr sagen zu den kindern Israel/wenn jr sie segenet.

Der HERR segene dich vnd behüte dich.

Der HERR lasse sein angesicht leuchten vber dir/vnd sey dir gnedig.

Der HERR hebe sein angesicht vber dich vnd gebe dir fride. Denn jr solt meinen namen auff die kinder Israel legen/das ich sie segene.

VII.

Vnd da

Mose. LXXXVII.

Vnd da Mose die Wonung auffgericht hatte/vnd sie gesalbet vnd geheiliget mit alle jrem gerete/Dazu auch den Altar mit alle seinem gerete gesalbet vnd geheiliget/da opfferten die Fürsten Israel/die heubter waren jnn jrer Veter heuser/Denn sie waren die obersten vnter den stemmen/vnd stunden oben an vnter denen die gezelet waren. Vnd sie brachten jre opffer fur den HERRN/sechs bedeckte wagen vnd zwelff rinder/ja ein wage fur zween Fürsten/vnd ein ochsen fur einen/vnd brachten sie fur die Wonung.

Vnd der HERR sprach zu Mose/Nims von jnen/das es diene zum dienst der Hütten des Stiffts/vnd gibs den Leuiten/einem jglichen nach seinem ampt/Da nam Mose die wagen vnd rinder/vnd gab sie den Leuiten/Zween wagen vnd vier rinder gab er den kindern Gerson nach jrem ampt/Vnd vier wagen vnd acht ochsen gab er den kindern Merari nach jrem ampt/vnter der hand Ithamar Aarons des Priesters son/Den kindern aber Kahath gab er nichts/darumb/das sie ein heilig ampt auff jnen hatten/vnd auff jren achseln tragen musten.

Vnd die Fürsten opfferten zur einweihung des Altars an dem tag da er geweihet ward/vnd opfferten jre gabe fur dem Altar/Vnd der HERR sprach zu Mose/Las ein jglichen Fürsten an seinem tage sein opffer bringen zur einweihung des Altars.

Am ersten tage opfferte seine gabe Nahesson der son Amminadab des stams Juda/Vnd sein gabe war/Eine silberne schüssel/hundert vnd dreissig sekel werd/Eine silberne schale/siebenzig sekel werd/nach dem sekel des Heiligthums/beide vol semel mehl mit öle gemengt zum Speisopffer/Dazu einen gülden leffel/zehen sekel golds werd/vol reuchwercks/Einen farren aus den rindern/Einen wider/Ein jerig lamb zum Brandopffer/Einen zigenbock zum Sündopffer/Vnd zum Danckopffer zwey rinder/funff wider/funff böcke/vnd funff jerige lemmer/Das ist die gabe Nahesson des sons Amminadab.

Leffel oder ein kopfflin/oder sonst jnnwendig rund/wie die saltzierichen.

Am andern tage opfferte Nethaneel der son Zuar der Fürst Isaschar/Seine gabe war/Eine silberne schüssel/hundert vnd dreissig sekel werd/Eine silberne schale/siebenzig sekel werd/nach dem sekel des Heiligthums/beide vol semel melh mit öle gemengt zum Speisopffer/Dazu einen gülden leffel/zehen sekel golds werd/vol reuchwercks/Einen farren aus den rindern/Einen wider/Ein jerig lamb zum Brandopffer/Einen zigen bock zum Sündopffer/Vnd zum Danckopffer zwey rinder/funff wider/funff böcke/vnd funff jerige lemmer/Das ist die gabe Nethaneel des sons Zuar.

Am dritten tage der Fürst der kinder Sebulon/Eliab der son Helon/Seine gabe war/Eine silberne schüssel/hundert vnd dreissig sekel werd/Eine silbern schale/siebenzig sekel werd/nach dem sekel des Heiligthums/beide vol semel mehl mit öle gemengt zum Speisopffer/Einen gülden leffel/zehen sekel golds werd/vol reuchwercks/Einen farren aus den rindern/Einen wider/Ein jerig lamb zum Brandopffer/Einen zigen bock zum Sündopffer/Vnd zum Danckopffer zwey rinder/funff wider/funff böcke/vnd funff jerige lemmer/Das ist die gabe Eliab des sons Helon. Am vierden

Das Vierde Buch

Am vierden tage der Fürst der kinder Ruben/ Eli Zur der son Sedeur/ Seine gabe war/ Eine silberne schüssel/ hundert vnd dreissig sekel werd/ Eine silberne schale/ siebenzig sekel werd/ nach dem sekel des Heiligthums/ beide vol semel melh mit öle gemengt zum Speisopffer/ Ein gülden leffel/ zehen sekel golds werd vol reuchwercks/ Ein farren aus den rindern/ Ein wider/ Ein jerig lamb zum Brandopffer/ Ein zigen bock zum Sündopffer/ Vnd zum Danckopffer zwey rinder/ funff wider/ funff böcke/ vnd funff jerige lemmer/ Das ist die gabe Eli Zur des sons Sedeur.

Am funfften tage der Fürst der kinder Simeon/ Selumiel der son Zuri Sadai/ Seine gabe war/ Eine silberne schüssel/ hundert vnd dreissig sekel werd/ Eine silberne schale/ siebenzig sekel werd/ nach dem sekel des Heiligthums/ beide vol semel melh mit öle gemengt zum Speisopffer/ Ein gülden leffel/ zehen sekel golds werd vol reuchwercks/ Ein farren aus den rindern/ Ein jerig lamb zum Brandopffer/ Ein zigen bock zum Sündopffer/ Vnd zum Danckopffer zwey rinder/ funff wider/ funff böcke/ vnd funff jerige lemmer / Das ist die gabe Selumiel/ des sons Zuri Sadai.

Am sechsten tage der Fürst der kinder Gad/ Eliasaph der son Reguel/ Seine gabe war/ Eine silberne schüssel/ hundert vnd dreissig sekel werd/ Eine silberne schale/ siebenzig sekel werd/ nach dem sekel des Heiligthums/ beide vol semel melh mit öle gemengt zum Speisopffer/ Ein gülden leffel/ zehen sekel golds werd vol reuchwercks/ Ein farren aus den rindern/ Ein wider/ Ein jerig lamb zum Brandopffer/ Ein zigen bock zum Sündopffer/ Vnd zum Danckopffer zwey rinder/ funff wider/ funff böcke/ funff jerige lemmer/ Das ist die gabe Eliasaph des sons Reguel.

Am siebenden tage der Furst der kinder Ephraim/ Elisama der son Amihud/ Seine gabe war/ Eine silberne schüssel/ hundert vnd dreissig sekel werd/ Eine silberne schale/ siebenzig sekel werd/ nach dem sekel des Heiligthums/ beide vol semel melh mit öle gemengt zum Speisopffer/ Ein gülden leffel/ zehen sekel golds werd vol reuchwercks/ Ein farren aus den rindern/ Ein wider/ Ein jerig lamb zum Brandopffer/ Ein zigen bock zum Sündopffer/ Vnd zum Danckopffer zwey rinder/ funff wider/ funff böcke/ funff jerige lemmer/ Das ist die gabe Elisama des sons Amihud.

Am achten tage der Furst der kinder Manasse/ Gamaliel der son Peda Zur/ Seine gabe war/ Eine silberne schüssel/ hundert vnd dreissig sekel werd / Eine silberne schale/ siebenzig sekel werd/ nach dem sekel des Heiligthums/ beide vol semel melh mit öle gemengt zum Speisopffer/ Ein gülden leffel/ zehen sekel golds werd vol reuchwercks/ Ein farren aus den rindern/ Ein wider/ Ein jerig lamb zum Brandopffer/ Ein zigen bock zum Sündopffer/ Vnd zum Danckopffer zwey rinder/ funff wider/ funff böcke/ funff jerige lemmer/ Das ist die gabe Gamaliel des sons Peda Zur.

Am neunden tage der Furst der kinder Ben Jamin/ Abidan der son Gideoni/ Sein gabe war/ Ein silbern schüssel/ hundert vnd dreissig sekel werd/ Ein silbern schale/ siebenzig sekel werd/ nach dem sekel des Heiligthums/ beide vol semel melh mit öle gemengt zum Speisopffer/ Ein gülden leffel/ zehen sekel golds werd vol reuchwercks/ Ein farren aus den rindern/ Ein wider/ Ein jerig lamb zum Brandopffer/

Ein zigen

Ein zigen bock zum Sündopffer/ Vnd zum Danckopffer zwey rinder/funff wider/funff böcke/funff jerige lemmer/Das ist die gabe Abidan des sons Gideoni.

Am zehenden tage der Fürst der kinder Dan/ AhiEser der son AmmiSadai/Seine gabe war/Eine silberne schüssel/hundert vnd dreissig sekel werd/Eine silberne schale/siebenzig sekel werd nach dem sekel des Heiligthums/beide vol semel melh mit öle gemenget zum Speisopffer/ Ein gülden leffel/zehen sekel golds werd vol reuchwercks/ Ein farren aus den rindern/ Ein wider/ Ein jerig lamb zum Brandopffer/ Ein zigen bock zum Sündopffer/ Vnd zum Danckopffer zwey rinder/funff wider/funff böck/funff jerige lemmer/Das ist die gabe AhiEser des sons AmmiSadai.

Am eilfften tage der Fürst der kinder Asser/Pagiel der son Ochran/Seine gabe war/Eine silberne schüssel/hundert vnd dreissig sekel werd/ Eine silberne schale/siebenzig sekel werd nach dem sekel des Heiligthums/beide vol semel melh mit öle gemenget zum Speisopffer/ Ein gülden leffel/ zehen sekel golds werd vol reuchwercks/ Ein farren aus den rindern/ Ein wider/Ein jerig lamb zum Brandopffer/ Ein zigen bock zum Sündopffer/ Vnd zum Danckopffer zwey rinder/funff wider/funff böcke/funff jerige lemmer/ Das ist die gabe Pagiel des sons Ochran.

Am zwelfften tage der Fürst der kinder Naphthali/Ahira der son Enan/Seine gabe war/Eine silberne schüssel/hundert vnd dreissig sekel werd/Eine silberne schale/siebenzig sekel werd nach dem sekel des Heiligthums/beide vol semel melh mit öle gemengt/zum Speisopffer/ Ein gülden leffel/ zehen sekel golds werd vol reuchwercks/ Ein farren aus den rindern/ Ein wider/ Ein jerig lamb zum Brandopffer/ Ein zigen bock zum Sündopffer/ Vnd zum Danckopffer zwey rinder/funff wider/funff böcke/funff jerige lemmer/Das ist die gabe Ahira des sons Enan.

Das ist die einweihung des Altars zur zeit da er geweihet ward/ dazu die Fürsten Israel opfferten/diese zwelff silberne schüssel/zwelff silberne schalen/zwelff güldenleffel/Also das ja eine schüssel hundert vnd dreissig sekel silbers/vnd ja eine schale siebenzig sekel hatte/das die summa alles silbers am gefess trug/zwey tausent/vierhundert sekel nach dem sekel des Heiligthums/Vnd der zwelff güldene leffel vol reuchwercks/ hatte ja einer zehen sekel nach dem sekel des Heiligthums/das die summa golds an den leffeln trug/hundert vnd zwenzig sekel.

Die summa der rinder zum Brandopffer war/zwelff farren/zwelff wider/zwelff jerige lemmer/sampt jren Speisopffern/Vnd zwelff zigen böck zum Sündopffer/Vnd die summa der rinder zum Danckopffer war/vier vnd zwenzig farren/sechzig wider/sechzig böcke/sechzig jerige lemmer/Das ist die einweihung des Altars da er geweihet ward.

Vnd wenn Mose jnn die Hütten des Stiffts gieng/das mit jm geredt würde/so höret er die stimme mit jm reden von dem Gnadenstuel/ der auff der Laden des Zeugnis war zwisschen den zweien Cherubim/ von dannen ward mit jm geredt.

VIII.

Vnd der

Das Vierde Buch

Vnd der HERR redet mit Mose/vnd sprach/Rede mit Aaron vnd sprich zu jm/ Wenn du die Lampen auff setzest/soltu sie also setzen/das sie alle sieben a furwerts dem Leuchter scheinen/Vnd Aaron thet also/vnd setzet die Lampen auff furwerts dem Leuchter zu scheinen/ wie der HERR Mose geboten hatte/ Der Leuchter aber war tichte gold/beide sein schafft vnd seine blumen/ nach dem gesicht/das der HERR Mose gezeiget hatte/also macht er den Leuchter.

a (Furwerts) Das ist, die zeuten oder schnautzen an den lampen sol er gegen den Vorhang richten/ das es fur dem leuchter oder zwischen dem leuchter vnd vorhang/ liecht sey.

Vnd der HERR redet mit Mose/ vnd sprach/Nim die Leuiten aus den kindern Jsrael vnd reinige sie/Also soltu aber mit jnen thun/ das du sie reinigest/du solt Sundwasser auff sie sprengen/vnd sollen alle jr hare rein abscheren vnd jre kleider waschen/so sind sie rein/Denn sollen sie nemen einen jungen farren/vnd sein Speisopffer semel mehl mit ole gemenget/Vnd einen andern jungen farren soltu zum Sundopffer nemen.

(Sundwasser) Entsundigen ist so viel / als absoluieren oder los sprechen / da her das wasser/damit sie absoluirt wurden / heisst Sundwasser.

Vnd solt die Leuiten fur die Hütten des Stiffts bringen/vnd die gantze Gemeine der kinder Jsrael versamlen/vnd die Leuiten fur den HERRN bringen/ Vnd die kinder Jsrael sollen jre hende auff die Leuiten legen/vnd Aaron sol die Leuiten fur dem HERRN Weben von den kindern Jsrael/auff das sie dienen mügen an dem Ampt des HERRN.

Vnd die Leuiten sollen jre hende auffs heubt der farren legen/ vnd einer sol zum Sündopffer/der ander zum Brandopffer dem HERRn gemacht werden/ die Leuiten zuuersünen/Vnd solt die Leuiten fur Aaron vnd seine söne stellen vnd fur dem HERRN Weben/vnd solt sie also scheiden von den kindern Jsrael/das sie mein seien/Darnach sollen sie hinein gehen/das sie dienen jnn der Hütten des Stiffts/ Also soltu sie reinigen vnd Weben/ denn sie sind mein geschenck von den kindern Jsrael/vnd hab sie mir genomen fur alles das seine mutter bricht/nemlich/fur die ersten geburt aller kinder Jsrael.

Denn alle erste geburt vnter den kindern Jsrael ist mein/beide der menschen vnd des viehs/sint der zeit ich alle erste geburt jnn Egypten land schlug vnd heiligete sie mir/vnd nam die Leuiten an fur alle erste geburt vnter den kindern Jsrael/ vnd gab sie zum geschencke Aaron vnd seinen sönen aus den kindern Jsrael/das sie dienen am Ampt der kinder Jsrael jnn der Hütten des Stiffts/ die kinder Jsrael zuuersünen/auff das nicht vnter den kindern Jsrael sey eine plage/so sie sich nahen wolten zum Heiligthum.

Vnd Mose mit Aaron/sampt der gantzen Gemeine der kinder Jsrael theten mit den Leuiten/alles wie der HERR Mose gebotten hatte/Vnd die Leuiten entsundigeten sich vnd wuschen jre kleider/vnd Aaron Webet sie fur dem HERRN vnd versünet sie/das sie rein wurden/Darnach giengen sie hinein/das sie jr ampt theten jnn der Hütten des Stiffts/fur Aaron vnd seinen sönen/Wie der HERR Mose geboten hatte vber die Leuiten/also theten sie mit jnen.

Vnd der HERR redet mit Mose/vnd sprach/Das ists/das den Leuiten gebürt/ Von funff vnd zwenzig jaren vnd drüber/ tügen sie zum ampt vnd dienst jnn der Hütten des Stiffts/ Aber von dem funffzigsten

Mose. LXXXIX.

zigsten jar an sollen sie ledig sein vom ampt des diensts/ vnd sollen nicht mehr dienen/ sondern auff den dienst jrer Brüder warten jnn der Hütten des Stiffts/ Des ampts aber sollen sie nicht pflegen/ Also soltu mit den Leuiten thun/ das ein jglicher seiner hut warte.

IX.

Vnd der HERR redet mit Mose jnn der wüsten Sinai im andern jar/ nach dem sie aus Egypten land gezogen waren/ im ersten monden/ vnd sprach/ Las die kinder Israel Passah halten zu seiner zeit/ am vierzehenden tage dieses monden zwisschen abends/ zu seiner zeit sollen sie es halten/ nach aller seiner satzung vnd Recht/ Vnd Mose redet mit den kindern Israel/ das sie Passah hielten/ Vnd sie hielten Passah am vierzehenden tage des ersten monden zwisschen abends/ jnn der wüsten Sinai/ Alles wie der HERR Mose geboten hatte/ so theten die kinder Israel.

Da waren etliche menner vnrein vber einem todten menschen/ das sie nicht kundten Passah halten des tages/ die traten fur Mose vnd Aaron desselben tages/ vnd sprachen zu jm/ Wir sind vnrein vber einem todten menschen/ warumb sollen wir geringer sein/ das wir vnsere gaben dem HERRN nicht bringen müssen zu seiner zeit vnter den kindern Israel? Mose sprach zu jnen/ Harret/ ich wil hören/ was euch der HERR gebeut/ Vnd der HERR redet mit Mose/ vnd sprach/ Sage den kindern Israel/ vnd sprich/ Wenn jemand vnreine vber einem todten oder ferne von euch vber feld ist oder vnter ewern freunden/ der sol dennoch Passah halten/ aber doch im andern monden am vierzehenden tage zwisschen abends/ vnd sols neben vngeseurtem brod vnd salsen essen/ vnd sollen nichts dran vber lassen bis morgen/ auch kein bein dran zubrechen/ vnd sollens nach aller weise des Passah halten.

Wer aber rein vnd nicht vber feld ist/ vnd lesst anstehen das Passah zu halten/ des seele sol ausgerottet werden von seinem volck/ darumb das er seine gabe dem HERRN nicht gebracht hat zu seiner zeit/ Er sol seine sunde tragen/ Vnd wenn ein frembdlinger bey euch wonet/ der sol auch dem HERRN Passah halten/ vnd sols halten nach der satzunge vnd Recht des Passah/ Diese satzung sol euch gleich sein/ dem frembden wie des lands einheimischen.

Vnd des tages da die Wonung auffgericht ward/ bedeckt sie eine wolcken auff der Hütten des Zeugnis/ Vnd des abends bis an den morgen/ war vber der Wonung eine gestalt des feurs/ Also geschachs jmerdar/ das die wolcke sie bedeckte/ vnd des nachts die gestalt des feurs/ Vnd nach dem sich die wolcke auffhub von der Hütten/ so zogen die kinder Israel/ Vnd an welchem ort die wolcke bleib/ da lagerten sich die kinder Israel/ Nach dem wort des HERRN zogen die kinder Israel/ vnd nach seinem wort lagerten sie sich/ So lange die wolcke auff der Wonunge bleib/ so lange lagen sie still/ Vnd wenn die wolcke viel tage verzoch auff der Wonunge/ so warten die kinder Israel auff die hut des HERRN vnd zogen nicht.

Ω Vnd wens

Das Vierde Buch

Vnd wens war/das die wolcke auff der Wonung war/etliche anzal der tage/so lagerten sie sich nach dem wort des HERRN/Vnd zogen nach dem wort des HERRN/Wenn die wolcke da war/von abend bis an den morgen/vnd sich denn erhub/so zogen sie/oder wenn sie sich des tages oder des nachts erhub/so zogen sie auch/Wenn sie aber zween tage/oder einen monden/oder etwa lange auff der Wonung bleib/so lagen die kinder Jsrael vnd zogen nicht/Vnd wenn sie sich denn erhub/so zogen sie/Denn nach des HERRN mund lagen sie/vnd nach des HERRN mund zogen sie/das sie auff des HERRN hut warten/nach des HERRN wort durch Mose.

X.

Vnd der HERR redet mit Mose/vnd sprach/Mache dir zwo drometen von tichtem silber/das du jr brauchest/die Gemeine zu beruffen/vnd wenn das heer auffbrechen sol/Wenn man mit beiden schlecht bleset/sol sich zu dir versamlen die gantze Gemeine fur die thür der Hütten des Stiffts/Wenn man nur mit einer schlecht bleset/so sollen sich zu dir versamlen die Fürsten vnd die Obersten vber die tausent jnn Jsrael/Wenn jr aber drometet/so sollen die lager auffbrechen die gegen morgen ligen/Vnd wenn jr zum andern mal drometet/so sollen die lager auffbrechen die gegen mittag ligen/Denn wenn sie reisen sollen/so solt jr drometen/Wenn aber die Gemeine zu versamlen ist/solt jr schlecht blasen vnd nicht drometen/Es sollen aber solch blasen mit den drometen die söne Aarons die Priester thun/Vnd sol ewr Recht sein ewiglich bey ewren nachkomen.

Wenn jr jnn einen streit zihet jnn ewrem lande wider ewre feinde die euch beleidigen/so solt jr drometen mit den drometen/das ewer gedacht werde fur dem HERRN ewrem Gotte/vnd erlöst werdet von ewren feinden/Desselben gleichen/wenn jr frölich seid/vnd an ewren Festen vnd jnn ewren Newen monden/solt jr mit den drometen blasen vber ewr Brandopffer vnd Danckopffer/das es sey euch zum gedechtnis fur ewrem Gott/Jch bin der HERR ewr Gott.

Am zwenzigsten tage im andern monden des andern jars/erhub sich die wolcke von der Wonung des Zeugnis/vnd die kinder Jsrael brachen auff vnd zogen aus der wüsten Sinai/Vnd die wolcke bleib jnn der wüsten Paran/Es brachen aber auff die ersten/nach dem wort des HERRN durch Mosen/Nemlich/das panir des lagers der kinder Juda zog am ersten mir jrem heer/vnd vber jr heer war Nahesson der son Amminadab/Vnd vber das heer des stams die kinder Jsaschar war Nethaneel der son Zuar/Vnd vber das heer des stams der kinder Sebulon war Eliab der son Delon. Da zulegt man die Wonung vnd zogen die kinder Gerson vnd Merari/vnd trugen die Wonung.

Darnach zog das panir des lagers Ruben mit jrem heer/vnd vber jr heer war EliZur der son Sedeur/Vnd vber das heer des stams der kinder Simeon war Selumiel der son ZuriSadai/Vnd Eliasaph der son Reguel vber das heer des stams der kinder Gad/Da zogen auch
die Raha-

die Kahathiten vnd trugen das Heiligthum/ Vnd jhene ᵃ richteten
die Wonung auff bis diese hernach kamen.

  Darnach zog das panir des lagers der kinder Ephraim mit jrem
heer/ vnd vber jr heer war Elisama der son Ammihud/ Vnd Gamaliel
der son Peda Zur vber das heer des stams der kinder Manasse/ Vnd
Abidan der son Gideoni vber das heer des stams der kinder BenJamin.

  Darnach zog das panir des lagers der kinder Dan/ mit jrem
heer/ vnd so waren die lager alle auff/ Vnd AhiEser der son Ammi
Sadai war vber jr heer/ Vnd Pagiel der son Ochran vber das heer
des stams der kinder Asser/ Vnd Ahira der son Enan vber das heer des
stams der kinder Naphthali/ So zogen die kinder Jsrael mit jrem
heer.

  Vnd Mose sprach zu seinem schwager Hobab dem son Reguel
aus Midian/ Wir zihen dahin an die stet/ dauon der HERR gesagt
hat/ ich wil sie euch geben/ so kom nu mit vns/ so wollen wir das beste
bey dir thun/ denn der HERR hat Jsrael guts zugesagt/ Er aber
antwort/ Jch wil nicht mit euch/ sondern jnn mein land zu meiner
freundschafft zihen/ Er sprach/ Lieber verlas vns nicht/ denn du
weissest/ wo wir jnn der wüsten vns lagern sollen/ vnd solt vnser auge
sein/ Vnd wenn du mit vns zeuchst/ was der HERR guts an vns
thut/ das wollen wir an dir thun.

  Also zogen sie von dem berge des HERRN drey tag reise/ vnd
die Lade des Bunds des HERRN zog fur jnen her die drey tag reise/
jnen zu weisen wo sie rugen solten/ Vnd die wolcke des HERRN war
des tages vber jnen/ wenn sie aus dem lager zogen.

  Vnd wenn die Lade zog/ so sprach Mose/ HERR/ stehe auff/
Las deine feinde zurstrewet/ vnd die dich hassen/ flüchtig werden fur
dir/ Vnd wenn sie ruget/ so sprach er/ Kom wider HERR zu der menge der tausent Jsrael.

ᵃ (Richten auff)
Jnn des die Ka-
hathiter das Hei-
ligthum hernach
trugen/ waren die
weil vorhin/ die
Gersoniten. vnd
Merariten vnd
richteten die Wo-
nung auff/ das die
Kahathiten mit
der Lade/die Wo-
nung bereit fun-
den.

XI.

VNd da sich das volck vngedültig macht/ gefiel es vbel
fur den ohren des HERRN/ Vnd als der HERR hö-
rete/ ergrimmet sein zorn vnd zündet das feur des HE-
RRN vnter jnen an/ das verzehret die eussersten lager/
Da schrey das volck zu Mose/ vnd Mose bat den HE-
RRN/ da verschwand das feur/ Vnd man hies die stet
Thabera/ darumb/ das sich vnter jnen des HERRN
feur angezündet hatte.

  Denn das pöbel volck vnter jnen war lüstern worden/ vnd sassen vnd weineten sampt den kindern Jsrael/ vnd sprachen/ Wer wil
vns fleisch zu essen geben? Wir gedencken der fissche/ die wir jnn Egypten vmb sonst assen/ vnd der körbis/ pfeben/ lauch/ zwibel vnd knob-
louch/ Nu aber aber ist vnser seele matt/ denn vnser augen sehen nichts
denn das Man.

               Q ij Es war

Das Vierde Buch

Es war aber Man wie coriander samen/ vnd anzusehen wie Bedellion/ Vnd das volck lieff hin vnd her/ vnd samlete vnd sties mit mulen/ vnd zu reibs jnn mörsern vnd kochets jnn töpffen/ vnd machet jm asschen kuchen draus/ vnd es hatte einen schmack wie ein olekuche/ Vnd wenn des nachts der thaw vber die lager fiel/ so fiel das Man mit drauff.

Da nu Moses das volck höret weinen vnter jren geschlechten/ einen jglichen jnn seiner hütten thür/ da ergrimmet der zorn des HERRN seer/ Vnd Mose ward auch bange/ Vnd Mose sprach zu dem HERRN/ Warumb bekümerstu deinen knecht? vnd warumb finde ich nicht gnade fur deinen augen/ das du die last dieses gantzen volcks auff mich legest? Hab ich nu alles volck empfangen oder geborn/ das du zu mir sagen magst/ trag es jnn deinen armen (wie eine Amme ein kind tregt) jnn das land/ das du jren Vetern geschworen hast? Wo her sol ich fleisch nemen/ das ich alle diesem volck gebe? Sie weinen fur mir/ vnd sprechen/ Gib vns fleisch/ das wir essen/ Ich vermag das volck nicht alleine alles ertragen/ denn es ist mir zu schweer/ Vnd wiltu also mit mir thun/ so erwürge mich lieber/ habe ich anders gnade fur deinen augen funden/ das ich nicht mein vnglück so sehen müsse.

Vnd der HERR sprach zu Mose/ Samle mir siebenzig menner vnter den Eltesten Israel/ die du weist/ das die Eltesten im volck vnd seine Amptleute sind/ vnd nim sie fur die Hütten des Stiffts/ vnd stelle sie da selbs fur dich/ so wil ich ernider komen vnd mit dir da selbs reden/ vnd deines geists/ der auff dir ist/ nemen vnd auff sie legen/ das sie mit dir die last des volcks tragen/ das du nicht alleine tragest.

Vnd zum volck soltu sagen/ Heiliget euch auff morgen/ das jr fleisch esset/ denn ewer weinen ist fur die ohren des HERRN komen/ die jr sprecht/ wer gibt vns fleisch zu essen/ denn es gieng vns wol jnn Egypten? Darumb wird euch der HERR fleisch geben/ das jr esset/ nicht einen tag/ nicht zween/ nicht funffe/ nicht zehen/ nicht zwenzig tage lang/ sondern einen monden lang/ bis das euch zur nasen ausgehe/ vnd auch ein ekel sey/ darumb das jr den HERRN verworffen habt/ der vnter euch ist/ vnd fur jm geweinet vnd gesagt/ warumb sind wir aus Egypten gegangen?

Vnd Mose sprach/ Sechs hundert tausent man/ fuss volcks ist des darunter ich bin/ vnd du sprichst/ ich wil euch fleisch geben das jr esset einen monden lang/ Sol man schaf vnd rinder schlachten/ das jnen gnug sey? oder werden sich alle fische des meers erzu versamlen/ das jnen gnug sey? Der HERR aber sprach zu Mose/ Ist denn die hand des HERRN verkürtzt? Aber du solt jtzt sehen/ ob meine wort dir etwas gelten oder nicht.

Vnd Mose gieng eraus/ vnd saget dem volck des HERRN wort/ vnd versamlet die siebenzig menner vnter den Eltesten des volcks/ vnd stellet sie vmb die Hütten her/ Da kam der HERR ernider jnn der wolcken/ vnd redet mit jm/ vnd nam des geists der auff jm war/ vnd legt jn auff die siebenzig Eltesten menner/ Vnd da der geist auff jnen rugete/ weissagten sie/ vnd höreten nicht auff.

Es waren

Es waren aber noch zween menner im lager blieben/der eine hies Eldad/der ander Medad/vnd der geist ruget auff jnen/Denn sie waren auch angeschrieben/vn̄ doch nicht hinaus gangen zu der Hütten/ vnd sie weissageten im lager/Da lieff ein knabe hin vnd sagets Mose an/vnd sprach/Eldad vnd Medad weissagen im lager/Da antwort Josue der son Nun Mose diener/den er erwelet hatte/vnd sprach/ Mein Herr Mose wehre jnen/Aber Mose sprach zu jm/Bistu der eiuerer fur mich? wolt Gott/das alle das volck des HERRN weissaget/vnd der HERR seinen geist vber sie gebe/Also samlet sich Mose zum lager vnd die Eltesten Israel.

Da fur aus der wind von dem HERRN/vnd lies wachteln komen vom meer/vnd strewet sie vber das lager einen tag wie den andern/zween tage lang vmb das lager her/zwo ellen hoch vber der erden/ Da macht sich das volck auff/den selben gantzen tag vnd die gantze nacht/vnd den andern gantzen tag/vnd samlete wachteln/ vnd welcher am wenigsten samlet/der samlete zehen Hamor/vnd dereten sie vmb das lager her.

Da aber das fleisch noch vnter jren zeenen war/vnd ehe es auff war/da ergrimmet der zorn des HERRN vnter dem volck/vnd schlug sie mit einer seer grossen plage/Daher die selbige stete heisst/Lustgreber/darumb das man da selbs begrub das lüstern volck.

Von den Lustgrebern aber zog das volck aus gen Hazeroth vnd blieben zu Hazeroth.

XII.

Nd MirJam vnd Aaron redet wider Mose vmb seines weibs willen der Morinnen die er genomen hatte/darumb das er eine Morinne zum weibe genomen hatte/ vnd sprachen/Redet denn der HERR alleine durch Mose? Redet er nicht auch durch vns? Vnd der HERR hörets/Aber Mose war ein seer geplagter mensch vber alle menschen auff erden/ Vnd plötzlich sprach der HERR zu Mose vnd zu Aaron vnd zu MirJam/Gehet eraus jr drey zu der Hütten des Stiffts/Vnd sie giengen alle drey eraus.

(Geplagter)
Der viel leiden muste/psalm.132. Gedencke Dauids vnd alle seins leidens/psalm.18. prouerb.18. gute gloriam passio.

Da kam der HERR ernider jnn der wolcken seule/vnd trat jnn der Hütten thür/vnd rieff Aaron vnd MirJam/Vnd die beide giengen hinaus/Vnd er sprach/Höret meine wort/ist jemand vnter euch ein Prophet des HERRN/dem wil ich mich kund machen jnn einem gesicht/oder wil mit jm reden jnn einem trawm/Aber nicht also mein knecht Mose/der jnn meinem gantzen Hause trew ist/Mündlich rede ich mit jm/vnd er sihet den HERRN jnn seiner gestalt/nicht durch tunckel wort oder gleichnis/Warumb habt jr euch denn nicht gefürchtet wider meinen knecht Mose zu reden?

Vnd der zorn des HERRN ergrimmet vber sie vnd wand sich weg/dazu die wolcke weich auch von der Hütten/Vnd sihe/da war MirJam aussetzig wie der schnee/Vnd Aaron wand sich zu MirJam

vnd wird

Das Vierde Buch

vnd wird gewar/das sie auffetzig ist/vnd sprach zu Mose/Ach mein Herr/lege die sunde nicht auff vns/damit wir nerrisch gethan vnd vns versundiget haben/das diese nicht sey wie ein todes/das von seiner mutter leibe kompt/es hat schon die helfft irs fleischs gefressen.

Mose aber schrey zu dem HERRN/vnd sprach/Ach Gott heile sie/Der HERR sprach zu Mose/Wenn jr vater jr ins angesicht gespeiet hette/solt sie nicht sieben tage sich schemen? Las sie verschliessen sieben tage ausser dem lager/darnach las sie wider auffnemen/Also ward Mir Jam sieben tage verschlossen ausser dem lager vnd das volck zog nicht furder/bis Mir Jam auffgenomen ward/Darnach zog das volck von Hazeroth/vnd lagert sich jnn die wüste Paran.

XIII.

Nd der HERR redet mit Mose/vnd sprach/Sende menner aus/die das land Canaan erkunden/das ich den kindern Jsrael geben wil/aus jglichem stam jrer Veter einen furnemlichen man/Mose der sandte sie aus der wüste Paran nach dem wort des HERRN/die alle furnemliche menner waren vnter den kindern Jsrael/vnd hiessen also.

Sammua der son Zacur des stams Ruben/Saphat der son Hori des stams Simeon/Caleb der son Jephunne des stams Juda/Igeal der son Joseph des stams Jsaschar/Hosea der son Nun des stams Ephraim/Palti der son Raphu des stams Ben Jamin/Gadiel der son Sodi des stams Sebulon/Gaddi der son Susi des stams Joseph von Manasse/Ammiel der son Gemalli des stams Dan/Sethur der son Michael des stams Asser/Nahebi der son Vaphsi des stams Naphthali/Guel der son Machi des stams Gad/Das sind die namen der menner/die Mose aussand zu erkunden das land/Aber den Hosea den son Nun nante Mose Josua.

Da sie nu Mose sandte das land Canaan zu erkunden/sprach er zu jnen/Zihet hinauff an den mittag/vnd gehet auff das gebirge vnd besehet das land/wie es ist/vnd das volck das drinnen wonet/obs starck oder schwach/wenig oder viel ist/vnd was fur ein land ist darinnen sie wonen/obs gut oder böse sey/vnd was fur stedte sind darinnen sie wonen/ob sie mit mauren verwaret sind oder nicht/vnd was fur land sey/obs fett oder mager sey/Vnd ob bewme drinnen sind oder nicht/Seid getrost/vnd nemet der früchten des lands/Es war aber eben vmb die zeit der ersten weindrauben.

Sie giengen hinauff vnd erkundeten das land von der wüsten Zin bis gen Rehob/da man gen Hamath gehet/Sie giengen auch hinauff gegen dem mittag/vnd kamen bis gen Hebron/da war Ahiman/Sesai vnd Thalmai/die kinder Enak/Hebron aber war sieben jar gebawet fur Zoan jnn Egypten/vnd sie kamen bis an den bach ᵃEscol/vnd schnitten daselbs eine reben ab mit einer weindrauben/vnd liessen sie zweene auff einem stecken tragen/dazu auch granat öpffel vnd feigen/Der ort heisst bach Escol/vmb des draubens willen/den die kinder daselbs abschnitten.

ᵃ Escol heisst eine drauben/daraus wird der drauben bach.

Vnd sie

Mose. XCII.

Vnd sie kereten vmb da sie das land erkundet hatten nach vierzig tagen/giengen hin/vnd kamen zu Mose vnd Aron vnd zu der gantzen Gemeine der kinder Israel jnn die wüsten Paran gen Kades/vnd sagten jnen wider vnd der gantzen Gemeine/wie es stünde/vnd liessen sie die früchte des landes sehen/vnd erzeleten jnen/vnd sprachen/Wir sind jns land komen/dahin jr vns sandtet/da milch vnd honig jnnen fleusst/vnd dis ist jre frucht/On das starck volck drinnen wonet/vnd seer grosse vnd feste stedte sind/vnd sahen auch Enaks kinder daselbs/so wonen die Amalekiter im lande gegen mittag/die Dithiter vnd Jebusiter vnd Amoriter wonen auff dem gebirge/die Cananiter aber wonen am meer vnd vmb den Jordan.

Caleb aber stillet das volck gegen Mose/vnd sprach zu jnen/Lasst vns hinauff zihen vnd das land einnemen/denn wir mögen es vberweldigen/Aber die menner/die mit jm waren hinauff gezogen/sprachen/Wir vermügen nicht hinauff zu zihen gegen das volck/denn sie sind vns zu starck/Vnd machten dem lande/das sie erkundet hatten/ein böse geschrey vnter den kindern Israel/vnd sprachen/Das land da durch wir gegangen sind zu erkunden/frisset seine einwoner/vnd alles volck das wir drinnen sahen sind leute von grosser lenge/wir sahen auch Tyrannen daselbs Enaks kinder von den Tyrannen/vnd wir waren fur vnsern augen als die hewschrecken/vnd also waren wir auch jnn jren augen.

XIIII.

DA fuhr die gantze Gemeine auff vn schrey/vnd das volck weinete die nacht/vnd alle kinder Israel murreten wider Mose vn Aaron/vnd die gantze Gemeine sprach zu jnen/ Ach das wir jnn Egypten land gestorben weren/oder noch stürben jnn dieser wüsten/Warumb füret vns der HERR jnn dis land/das vnser weiber durchs schwerd fallen vnd vnser kinder ein raub werden? ists nicht besser/wir zihen wider jnn Egypten? Vnd einer sprach zu dem andern/Lasst vns einen Heubtman auff werffen vnd wider jnn Egypten zihen.

Mose aber vnd Aaron fielen auff jr angesicht fur der gantzen versamlung der Gemeine der kinder Israel/Vnd Josua der son Nun vnd Caleb der son Jephunne/die auch das land erkundet hatten/zu rissen jre kleider/vnd sprachen zu der gantzen Gemeine der kinder Israel/ Das land/das wir durch wandelt haben zu erkunden/ist seer gut/ Wenn der HERR vns gnedig ist/so wird er vns jnn das selbe land bringen vnd vns geben/das ein land ist/da milch vnd honig jnnen fleusst/Fallet nicht ab vom HERRN/vnd fürcht euch fur dem volck dieses landes nicht/Denn wir wollen sie wie brod fressen/Es ist jrer schutz von jnen gewichen/Der HERR aber ist mit vns/fürcht euch nicht fur jnen.

Da sprach das gantze volck/man solt sie steinigen/Da erschein die herrligkeit des HERRN an der Hütten des Stiffts gegen allen kindern Israel/Vnd der HERR sprach zu Mose/Wie lange lestert mich das volck? Vnd wie lange wollen sie nicht an mich gleuben durch aller

Q iiij   ley zeichen/

Das Vierde Buch

ley zeichen/die ich vnter jnen gethan habe? So wil ich sie mit pestilentz schlahen vnd vertilgen/vnd dich zum grössern vnd mechtigern volck machen/denn dis ist.

Mose aber sprach zu dem HERRN/ So werdens die Egypter hören/denn du hast dis volck mit deiner krafft mitten aus jnen gefurt/vnd man wird sagen zu den einwonern dieses lands/die da gehöret haben/das du HERR vnter diesem volck seiest/das du von angesicht gesehen werdest/ vnd deine wolcke stehe vber jnen/ vnd du HERR gehest fur jnen her jnn der Wolckenseule des tags vnd Feurseulen des nachts/vñ wurdest dis volck tödten wie einen man/so würden die Heiden sagen/die solch geschrey von dir höreten/vnd sprechen/ Der HERR kundte mit nichten das volck ins land bringen/das er jnen geschworen hatte/drumb hat er sie geschlachtet jnn der wüsten.

So las nu die krafft des HERRN gros werden/wie du gesagt hast/vnd gesprochen/der HERR ist gedültig vnd von grosser barmhertzigkeit/vnd vergibt missethat vnd vbertretung/vnd lesst niemand vngestrafft/sondern heimsucht die missethat der Veter vber die kinder ins dritte vnd vierde gelied/So sey nu gnedig der missethat dieses volcks nach deiner grossen barmhertzigkeit/wie du auch vergeben hast diesem volck aus Egypten bis hie her.

Vnd der HERR sprach/Ich habs vergeben/wie du gesagt hast/ Aber so war als ich lebe/so sol alle welt der herrligkeit des HERRN vol werden/Denn alle die menner die meine herrligkeit vnd meine zeichen gesehen haben/die ich gethan habe jnn Egypten vnd jnn der wüsten/vnd mich nu zehen mal versucht/vnd meiner stimme nicht gehorchet haben/der sol keiner das land sehen/das ich jren Vetern geschworen habe/Auch keiner sol es sehen/der mich verlestert hat/ Aber meinen knecht Caleb/darumb das ein ander geist mit jm ist/vnd hat mir trewlich nachgefolget/den wil ich jnn das land bringen/darein er komen ist/vnd sein same sol es einnemen/dazu die Amalekiter vnd Cananiter die im grunde wonen/Morgen wendet euch vnd zihet jnn die wüsten auff dem wege zum schilff meer.

Vnd der HERR redet mit Mose vnd Aaron/vnd sprach/Wie lange murret diese böse Gemeine wider mich? Denn ich habe das murren der kinder Jsrael/das sie wider mich gemurret haben/gehöret/Drumb sprich zu jnen/So war ich lebe/spricht der HERR/ich wil euch thun/wie jr fur meinen ohren gesagt habt/Ewre leibe sollen jnn dieser wüsten verfallen/vnd alle die jr gezelet seid/von zwenzig jaren vnd drüber/die jr wider mich gemurret habt/ solt nicht jnn das land komen/darüber ich meine hand gehebt habe/das ich euch drinnen wonen liesse/on Caleb der son Jephunne vnd Josua der son Nun.

Ewer kinder dauon jr sagetet/sie werden ein raub sein/die wil ich hinein bringen/das sie erkennen sollen das land/das jr verwerfft/ Aber jr sampt ewern leiben sollen jnn dieser wüste verfallen/Vnd ewre kinder sollen hirten sein jnn der wüsten vierzig jar vnd ewer hurerey tragen/bis das ewre leibe alle werden jnn der wüsten/nach der
zal der

zal der vierzig tagen/darinn jr das land erkundet habt/ Ja/ein tag sol ein jar gelten/das sie vierzig jar ewer missethat tragen/das jr jnnen werdet/was sey/wenn ich die hand abzihe/ Ich der HERR habs gesagt/das wil ich auch thun aller dieser bösen Gemeine/die sich wider mich empöret hat/jnn dieser wüsten sollen sie all werden vnd daselbs sterben.

Also storben durch die plage des HERRN alle die menner/die Mose gesand hatte das land zu erkunden/ vnd wider komen waren vnd dar wider murren machten die gantze Gemeine/ damit/ das sie dem lande ein geschrey machten/ das es böse were/ Aber Josua der son Nun/ vnd Chaleb der son Jephune blieben lebendig aus den mennern die gegangen waren das land zu erkunden/Vnd Mose redet diese wort zu allen kindern Israel/Da trawret das volck seer.

Vnd machten sich des morgens frue auff/vnd zogen auff die höhe des gebirges/vnd sprachen/Die sind wir/vnd wollen hinauff zihen an die stet/dauon der HERR gesagt hat/ denn wir haben gesundiget/Mose aber sprach/warumb vbergehet jr also das wort des HERRN? Es wird euch nicht gelingen/Zihet nicht hinauff/ denn der HERR ist nicht vnter euch/das jr nicht geschlagen werdet fur ewern feinden/ Denn die Amalekiter vnd Cananiter sind fur euch da selbs/ vnd jr werdet durchs schwerd fallen/darumb/das jr euch vom HERRN gekeret habt/vnd der HERR wird nicht mit euch sein.

Aber sie waren verblendet hinauff zu zihen auff die höhe des gebirges/Aber die Lade des Bunds des HERRN vnd Mose kamen nicht aus dem lager/ Da kamen die Amalekiter vnd Cananiter die auff dem gebirge woneten erab/ vnd schlugen vnd zuschmissen sie bis gen Norma.

XV.

Vnd der HERR redet mit Mose/vnd sprach/Rede mit den kindern Israel/vnd sprich zu jnen/Wenn jr ins land ewer wonunge kompt/das ich euch geben werde/vnd wolt dem HERRN opffer thun/es sey ein Brandopffer oder ein opffer zum besundern gelübd/oder ein freiwillig opffer/oder ewere Feste opffer/ auff das jr dem HERRN ein süsse geruch machet/von rindern oder von schafen.

Wer nu seine gabe dem HERRN opffern wil/der sol des Speisopffer thun/ein zehenden semel mehls gemenget mit öle eins vierden teils vom Hin / vnd wein zum Tranckopffer auch eins vierden teils vom Hin/ zum Brandopffer oder sonst zum opffer / da ein lamb geopffert wird/ Da aber ein wider geopffert wird/soltu das Speisopffer machen zween zehenden semel melhls/mit öle gemenget eins dritten teils vom Hin/vnd wein zum Tranckopffer auch des dritten teils vom Hin/das soltu dem HERRN zum süssen geruch opffern.

Wiltu aber ein rind zum Brandopffer/oder zum besondern Gelübdopffer/oder zum Danckopffer dem HERRN machen/so soltu zu dem

Das Vierde Buch

zu dem rinde ein Speisopffer thun / drey zehenden semel mehls ge‑
menget mit öle eins halben Hin/vnd wein zum Tranckopfer/auch ein
halben Hin/ Das ist ein opffer dem HERRN zum süssen geruch/
Also soltu thun mit einem ochsen/mit einem wider/mit einem schaf
von lemmern vnd zigen/Darnach die zal ist dieser opffer/darnach sol
auch die zal der Speisopffer vnd Tranckopffer sein.

Wer ein einheimischer ist/der sol solchs thun/das er dem HE‑
RRN opffere ein opffer zum süssen geruch/Vnd ob ein frembdlinger
bey euch wonet oder vnter euch bey ewren freunden ist/vnd wil dem
HERRN ein opffer zum süssen geruch thun/der sol thun/wie sie
thun/ Der gantzen Gemeine sey eine satzunge/ beide euch vnd den
frembdlingen/Ein ewige satzung sol das sein ewrn nachkomen/das
fur dem HERRN der frembdling sey/wie jr/Ein Gesetz/ein Recht
sol euch vnd dem frembdlingen sein der bey euch wonet.

Vnd der HERR redet mit Mose/vnd sprach/Rede mit den kin‑
dern Israel/vnd sprich zu jnen/Wenn jr ins land kompt/darein ich
euch bringen werde/das jr esset des brods im lande/solt jr dem HE‑
RRN ein Hebe geben/nemlich/ewres teigs erstling solt jr einen ku‑
chen zur Hebe geben/wie die Hebe von der scheunen/also solt jr auch
dem HERRN ewres teigs erstling zur Hebe geben bey ewern nach‑
komen.

Vnd wenn jr durch vnwissenheit dieser gebot jrgend eins nicht
thut/die der HERR zu Mose gered hat/Vnd alles was der HERR
euch durch Mose geboten hat von dem tage an / da er anfieng zu ge‑
bieten auff ewr nachkomen/Wenn nu die Gemeine etwas vnwissend
thet/so sol die gantze Gemeine einen jungen farren aus den rindern
zum Brandopffer machen zum süssen geruch dem HERRN/sampt
seinem Speisopffer vnd Tranckopffer/wie es recht ist/vnd einen zi‑
genbock zum Sündopffer/ Vnd der Priester sol also die gantze Ge‑
meine der kinder Israel versünen/so wirds jnen vergeben sein/denn es
ist ein vnwissenheit/Vnd sie sollen bringen solch jr gaben zum opffer
dem HERRN/vnd jr Sündopffer fur den HERRN vber jre vn‑
wissenheit/so wirds vergeben der gantzen Gemeine der kinder Israel/
Dazu auch dem frembdlingen der vnter euch wonet/weil das gantze
volck ist jnn solcher vnwissenheit.

Wenn aber eine seele durch vnwissenheit sundigen wird / die sol
eine jerige zige zum Sündopffer bringen/Vnd der Priester sol versü‑
nen solch vnwissende seele mit dem Sündopffer fur die vnwissenheit
fur dem HERRN/das er sie versüne/so wirds jr vergeben werden/
Vnd es sol ein Gesetz sein das jr fur die vnwissenheit thun solt/beide
dem einheimischen vnter den kindern Israel/vnd dem frembdlingen
der vnter euch wonet.

Wenn aber eine seele aus b freuel etwas thut / es sey ein einhei‑
mischer oder frembdlinger/der hat den HERRN geschmecht/sol‑
che seele sol ausgerottet werden aus jrem volck/denn sie hat des HE‑
RRN wort veracht vnd sein gebot verstöret/sie sol schlecht ausgerot‑
tet werden/die schuld sey jr.

b
(Freuel)
Das ist die sunde/
so nicht wil sunde
sein/sondern recht
haben / wie der
ketzer vnd rotten
sunde/welche Got‑
tes wort vnd Ge‑
setz endert vnd
nach jrem willen
deutet.

Als nu

Mose. XCIIII.

Als nu die kinder Israel inn der wüsten waren/funden sie einen man holtz lesen am Sabbath tage/Vnd die in drob funden hatten/ da er holtz las/brachten in zu Mose vnd Aaron vnd fur die gantze Gemeine/vnd sie legten in gefangen/Denn es war nicht klar ausgedruckt/was man mit im thun solte/Der HERR aber sprach zu Mose/ Der man sol des tods sterben/Die gantze Gemeine sol in steinigen ausser dem lager/Da füret die gantze Gemeine in hinaus fur das lager vnd steinigten in das er starb/wie der HERR Mose geboten hatte.

Vnd der HERR sprach zu Mose/Rede mit den kindern Israel/ vnd sprich zu inen/das sie inen lepplin machen an den fittichen irer kleider vnter alle ewren nachkomen/vnd gele schnürlin auff die lepplin an die fittich thun/Vnd sollen euch die lepplin dazu dienen/das ir sie ansehet/vnd gedenckt aller gebot des HERRN/vnd thut sie/das ir nicht ewrs hertzen duncken nach richtet/noch ewern augen nach huret/Darumb solt ir gedencken vnd thun alle meine gebot/vnd heilig sein ewrem Gott/Ich der HERR ewr Gott/ der euch aus Egypten land gefurt hat/das ich ewr Gott were/Ich der HERR ewr Gott.

XVI.

VNd Korah der son Jezehar des sons Kahath des sons Leui/sampt Dathan vnd Abiram den sönen Eliab vnd On dem son Peleth den sönen Ruben/ die empöreten sich wider Mose/sampt etlichen mennern vnter den kindern Israel/zwey hundert vnd funfftzig/furnemesten inn der Gemeine/Ratsherrn vnd ehrliche leute/Vnd sie versamleten sich wider Mosen vnd Aaron/vnd sprachen zu inen/Ir machts

Das Vierde Buch

machts zu viel/denn die gantze Gemeine ist vber all heilig/vnd der HERR ist vnter jnen/warumb erhebt jr euch vber die Gemeine des HERRN?

Da das Mose höret/fiel er auff sein angesicht/vnd sprach zu Korah vnd zu seiner gantzen Rotte/Morgen wird der HERR kund thun/wer sein sey/wer heilig sey/vnd jm opffern sol/Welchen er erwelet/der sol jm opffern/Das thut/nemet fur euch pfannen/Korah vnd seine gantze Rotte/vnd legt feur drein/vnd thut reuchwerg drauff fur dem HERRN morgen/welchen der HERR erwelet/der sey heilig/Ir machts zu viel jr kinder Leui.

Vnd Mose sprach zu Korah/Lieber höret doch jr kinder Leui/ Ists euch zu wenig/das euch der Gott Israel ausgesondert hat von der Gemeine Israel/das jr jm opffern sollet/das jr dienet im ampt der Wonung des HERRN/vnd fur die Gemeine tretet jr zu dienen/Er hat dich vnd alle deine brüder die kinder Leui sampt dir zu sich genomen/vnd jr sucht nu auch das Priesterthum/du vnd deine gantze Rotte macht ein auffrur wider den HERRN/Was ist Aaron/das jr wider jn murret?

Vnd Mose schickt hin vnd lies Dathan vnd Abiram ruffen die söne Eliab/Sie aber sprachen/Wir komen nicht hinauff/Ists zu wenig/das du vns aus dem lande gefurt hast/da milch vnd honig innen fleusst/das du vns tödtest jnn der wüsten/du must auch noch vber vns herrschen? wie fein hastu vns bracht jnn ein land/da milch vnd honig jnnen fleusst/vnd hast vns ecker vnd weinberge zu erbteil geben/ Wiltu den leuten auch die augen ausreissen? Wir komen nicht hinauff.

Da ergrimmet Mose seer/vnd sprach zu dem HERRN/Wende dich nicht zu jrem Speisopffer/Ich habe nicht einen esel von jnen genomen/vnd habe jr keinem nie kein leid gethan/Vnd er sprach zu Korah/Du vnd deine gantze Rotte solt morgen fur dem HERRN sein/ du/sie auch vnd Aaron/vnd ein jglicher neme seine pfanne vnd lege reuchwerg drauff/vnd trettet erzu fur den HERRN ein jglicher mit seiner pfanne/das sind zwey hundert vnd funfftzig pfannen/Vnd ein jglicher nam seine pfanne/vnd legte feur drein/vnd thet reuchwerg drauff/vnd traten fur die thür der Hütten des Stiffts/vnd Mose vnd Aaron auch/Vnd Korah versamlet wider sie die gantze Gemeine fur die thür der Hütten des Stiffts.

Aber die herrligkeit des HERRN erschein fur der gantzen Gemeine/Vnd der HERR redet mit Mose vnd Aaron/vnd sprach/ Scheidet euch von dieser Gemeine/das ich sie plötzlich vertilge/Sie fielen aber auff jr angesicht/vnd sprachen/Ach Gott/der du bist ein Gott der geister alles fleischs/ob ein man gesundiget hat/wiltu drumb vber die gantze Gemeine wüten? Vnd der HERR redet mit Mose/ vnd sprach/Sage der Gemeine/vnd sprich/Kompt erauff von der wonung Korah/vnd Dathan vnd Abiram.

Vnd Mose stund auff vnd gieng zu Dathan vnd Abiram/vnd die Eltesten Israel folgeten jm nach/vnd redet mit der Gemeine/vnd sprach/Weichet von den hütten dieser Gottlosen menschen/vnd rüret nichts an was jr ist/das jr nicht villeicht vmbkompt jnn jrgend jrer

sunden eine/

Mose.

sunden eine/ Vnd sie giengen erauff von der Wonung Korah/ Dathan vnd Abiram/ Dathan aber vnd Abiram giengen eraus vnd traten an die thür jrer Hütten mit jren weibern vnd sönen vnd kindern.

Vnd Mose sprach/ Da bey solt jr mercken/ das mich der HERR gesand hat/ das ich alle diese werck thet/ vnd nicht aus meinem hertzen/ Werden sie sterben/ wie alle menschen sterben/ oder heimgesucht/ wie alle menschen heimgesucht werden/ so hat mich der HERR nicht gesand/ Wird aber der HERR etwas newes schaffen/ das die erde jren mund auff thut/ vnd verschlinget sie mit allem das sie haben/ das sie lebendig hinunter jnn die Helle faren/ so werdet jr erkennen/ das diese leute den HERRN gelestert haben.

Vnd als er diese wort hatte alle ausgered/ zureis die erde vnter jnen/ vnd thet jren mund auff vnd verschlang sie/ mit jren heusern/ mit allen menschen die bey Korah waren/ vnd mit aller jrer habe/ vnd furen hinuntern lebendig jnn die Helle/ mit allem das sie hatten/ Vnd die erde decket sie zu/ vnd kamen vmb aus der Gemeine/ Vnd gantz Israel/ das vmb sie her war/ floh fur jrem geschrey/ denn sie sprachen/ Das vns die erde nicht auch verschlinge/ Dazu fuhr das feur aus von dem HERRN/ vnd fras die zwey hundert vnd funffzig menner/ die das reuchwerck opfferten.

Vnd der HERR redet mit Mose/ vnd sprach/ Sage Eleasar dem son Aaron des Priesters/ das er die pfannen auff hebe aus dem brand/ vnd strewe das feur hin vnd her/ denn die pfannen solcher sunder sind geheiligt/ durch jre seele/ das man sie zu breiten blech schlahe/ vnd den Altar damit behenge/ denn sie sind geopffert fur dem HERRN vnd geheiliget/ vnd sollen den kindern Israel zum zeichen sein.

Vnd Eleasar der Priester/ nam die ehernen pfannen/ die die verbranten geopffert hatten/ vnd schlug sie zu blechen den Altar zu behengen/ zum gedechtnis der kinder Israel/ das nicht jemands frembds sich erzu mache/ der nicht ist des samens Aaron/ zu opffern reuchwerg fur dem HERRN/ auff das jm nicht gehe/ wie Korah vnd seiner Rotte/ wie der HERR jm gered hatte durch Mose.

Des andern morgens aber murrete die gantze Gemeine der kinder Israel wider Mosen vnd Aaron/ vnd sprachen/ Jr habt des HERRN volck getödtet/ Vnd da sich die Gemeine versamlet wider Mose vnd Aaron/ wandten sie sich zu der Hütten des Stiffts/ Vnd sihe/ da bedecket es die wolcken/ vnd die herrligkeit des HERRN erschein/ vnd Mose vnd Aaron giengen hinein zu der Hütten des Stiffts/ Vnd der HERR redet mit Mose/ vnd sprach/ Hebt euch aus dieser Gemeine/ ich wil sie plötzlich vertilgen/ Vnd sie fielen auff jr angesicht.

Vnd Mose sprach zu Aaron/ Nim die pfanne vnd thu feur drein vom Altar/ vnd lege reuchwerg drauff/ vnd gehe eilend zu der Gemeine/ vnd versüne sie/ Denn das wüten ist von dem HERRN ausgegangen/ vnd die plage ist angangen vnter dem volck/ Vnd Aaron nam/ wie jm Mose gesagt hatte/ vnd lieff mitten vnter die Gemeine/ Vnd sihe/ die plage war angangen/ vnd er reuchert vnd versünet das volck/
vnd stund

Das Vierde Buch

vnd stund zwisschen den todten vnd lebendigen/ da ward der plage gewehret/ Der aber die an der plage gestorben waren/ war vierzehen tausent vnd sieben hundert/ on die so jnn der auffrur Korah gestorben. Vnd Aaron kam wider zu Mose fur die thür der Hütten des Stiffts/ Vnd die plage ward gewehret.

XVII.

VNd der HERR redet mit Mose/ vnd sprach/ Sage den kindern Israel/ vnd nim von jnen zwelff stecken/ von jglichem Fürsten seins vaters haus einen/ vnd schreib eins jglichen namen auff seinen stecken/ Aber den namen Aaron soltu schreiben auff den stecken Leui/ Denn ja fur ein heubt jrer Veter haus sol ein stecke sein/ vnd lege sie jnn die Hütten des Stiffts/ fur dem Zeugnis da ich euch zeuge/ Vnd welchen ich erwelen werde/ des stecke wird grünen/ das ich das murren der kinder Israel/ das sie wider euch murren/ stille.

Mose redet mit den kindern Israel/ vnd alle jre Fürsten gaben jm zwelff stecken/ ein jglicher Fürst einen stecken/ nach dem Hause jrer Veter/ Vnd der stecke Aaron war auch vnter jren stecken/ Vnd Mose legt die stecken fur den HERRN jnn der Hütten des Zeugnis/ Des morgens aber da Mose jnn die Hütten des Zeugnis gieng/ fand er den stecken Aaron des Hauses Leui grünen/ vnd die blühet auffgangen vnd mandeln tragen/ Vnd Mose trug die stecken alle eraus von dem HERRN fur alle kinder Israel/ das sie es sahen/ vnd ein jglicher nam seinen stecken. Der HERR sprach aber zu Mose/ trage den stecken Aaron wider fur das Zeugnis/ das er verwaret werde zum zeichen den vngehorsamen kindern/ das jr murren von mir auff höre/ das sie nicht sterben/ Mose thet/ wie jm der HERR geboten hatte/ Vnd die kinder Israel sprachen zu Mose/ Sihe/ wir verderben vnd komen vmb/ wir werden vertilget vnd komen vmb/ Wer sich nahet zu der Wonung des HERRN/ der stirbt/ Sollen wir denn gar vntergehen?

XVIII.

VNd der HERR sprach zu Aaron/ Du vnd deine söne vnd deins vaters haus mit dir solt die missethat des Heiligthums tragen/ vnd du vnd deine söne mit dir sollet die missethat ewrs Priesterthums tragen/ Aber deine brüder des stams Leui deins vaters soltu zu dir nemen/ das sie bey dir seien vnd dir dienen/ du aber vnd deine söne mit dir fur der Hütten des Zeugnis/ Vnd sie sollen deins diensts vnd des diensts der gantzen Hütten warten/ Doch zu dem gerete des Heiligthums vnd zu dem Altar sollen sie sich nicht machen/ das nicht beide sie vnd jr sterbet/ sondern sie sollen bey dir sein/ das sie des diensts warten an der Hütten des Stiffts jnn allem ampt der Hütten/ Vnd kein frembder sol sich zu euch thun.

So wartet nu des diensts des Heiligthums vnd des diensts des Altars/ das fort nicht mehr ein wüten kome vber die kinder Israel/ Denn sihe/

Mose. XCVI.

Denn sihe/ ich habe die Leuiten ewre Brüder genomen aus den kindern Jsrael/ vnd euch gegeben/ dem HERRN zum geschenck/ das sie des ampts pflegen an der Hütten des Stiffts/ Du aber vnd deine söne mit dir/ solt ewrs Priesterthums warten/ das jr dienet jnn allerley geschefft des Altars vnd jnwendig hinder dem Furhang/ denn ewr Priesterthum gebe ich euch zum ampt fur eine gabe/ Wenn ein frembder sich erzu thut/ der sol sterben.

Vnd der HERR saget zu Aaron/ Sihe/ ich habe dir gegeben meine Webeopffer von allem das die kinder Jsrael heiligen/ fur dein Priesterlich ampt/ vnd deinen sönen/ zum ewigen Recht/ Das soltu haben von dem allerheiligsten das sie opffern/ Alle jre gabe mit alle jrem Speisopffer/ vnd mit alle jrem Sündopffer/ vnd mit alle jrem Schuldopffer/ das sie mir geben/ das sol dir vnd deinen sönen das aller heiligst sein/ Am aller heiligsten ort soltu es essen/ Was menlich ist/ sol dauon essen/ denn es sol dir heilig sein.

Ich hab auch das Webeopffer jrer gabe an allen Webeopffern der kinder Jsrael dir vnd deinen sönen vnd deinen töchtern gegeben/ sampt dir zum ewigen Recht/ Wer rein ist jnn deinem hause/ sol dauon essen/ Alles beste öle/ vnd allen besten most/ vnd korn jrer erstling/ die sie dem HERRN geben/ hab ich dir gegeben/ Die erste frucht alles des/ das jnn jrem lande ist/ das sie dem HERRN bringen/ sol dein sein/ Wer rein ist jnn deinem hause/ sol dauon essen.

Alles verbannete jnn Jsrael sol dein sein/ Alles das seine mutter bricht vnter allem fleisch/ das sie dem HERRN bringen/ es sey mensch oder vieh/ sol dein sein/ doch das du die erste menschen frucht lösen lassest/ vnd die erste frucht eins vnreinen viehes auch lösen lassest/ Sie sollens aber lösen/ wens eins monden alt ist/ vnd solts zu lösen geben vmb geld/ vmb funff sekel/ nach dem sekel des Heiligthums/ der gilt zwenzig Gera/ Aber die erste frucht eins ochsen oder lambs/ oder zigen soltu nicht zu lösen geben/ denn sie sind heilig/ jr blut soltu sprengen auff den Altar/ vnd jr fett soltu anzünden zum opffer des süssen geruchs dem HERRN/ jr fleisch sol dein sein/ wie auch die Webebrust vnd die rechte schulder dein ist/ Alle Webeopffer die die kinder Jsrael heiligen dem HERRN/ hab ich dir gegeben vnd deinen sönen vnd deinen töchtern sampt dir zum ewigen Recht/ Das sol ein vnuerweslich Bund sein ewig fur dem HERRN/ dir vnd deinem samen sampt dir.

Vnd der HERR sprach zu Aaron/ Du solt jnn jrem lande nichts besitzen/ auch kein teil vnter jnen haben/ denn ich bin dein teil/ vnd dein erbgut vnter den kindern Jsrael/ Den kindern aber Leui hab ich alle zehenden gegeben jnn Jsrael zum erbgut/ fur jr ampt das sie mir thun an der Hütten des Stiffts/ das hinfurt die kinder Jsrael nicht zur Hütten des Stiffts sich thun/ sunde auff sich zu laden/ vnd sterben/ Sondern die Leuiten sollen des ampts pflegen an der Hütten des Stiffts/ vnd sie sollen jhener missethat tragen zu ewigem Recht bey ewrn nachkomen/ Vnd sie sollen vnter den kindern Jsrael kein erbgut besitzen/ Denn den zehenden der kinder Jsrael/ den sie dem HERRN heben/ hab ich den Leuiten zum erbgut gegeben/ Darumb hab ich zu jnen gesagt/ das sie vnter den kindern Jsrael kein erbgut besitzen sollen.

R ij Vnd der

Jm Ebretschen heisst es ein saltzbund/ das/ wie das saltz erhelt das fleisch vnuerweslich/ also sol auch dieser bund vnuerrucklich sein. So redet die Schrifft auch. 2. Paralip. 13. Gott hat das Reich Dauid geben vnd den seinen mit eim saltzbund.

Das Vierde Buch

Vnd der HERR redet mit Mose/vnd sprach/Sage den Leuiten/vnd sprich zu jnen/Wenn jr den zehenden nempt von den kindern Jsrael/die ich euch von jnen gegeben habe zu ewrem erbgut/so solt jr dauon ein Hebeopffer dem HERRN thun/ja den zehenden von dem zehenden/Vnd solt solch ewr Hebeopffer achten/als gebt jr korn aus der scheunen/vnd ᵃ fülle aus der kelter/Also solt auch jr das Hebeopffer dem HERRN geben von allen ewern zehenden/die jr nempt von den kindern Jsrael/das jr solchs Hebeopffer des HERRN dem Priester Aaron gebet/Von allem das euch gegeben wird/solt jr dem HERRN allerley Hebeopffer geben/von allem ᵇ besten das dauon geheiliget wird.

a
(fülle)
Das ist/most/wein/öle vnd der gleichen.

b
(Besten)
Ebreisch heisst es das fette/Da her auch die reichen/die fetten heissen/das ist/die besten im volck/psal.17. vnd.77.

Vnd sprich zu jnen/Wenn jr also das beste dauon Hebt/so sols den Leuiten gerechnet werden/wie ein einkomen der scheunen/vnd wie einkomen der kelter/Vnd müget essen an allen stedten/jr vnd ewre kinder/denn es ist ewr lohn fur ewr ampt jnn der Hütten des Stiffts/so werdet jr nicht sunde auff euch laden an dem selben/wenn jr das beste dauon Hebt/vnd nicht entweihen das geheiligete der kinder Jsrael/vnd nicht sterben.

XIX.

Vnd der HERR redet mit Mose vnd Aaron/vnd sprach/Diese weise sol ein Gesetz sein/das der HERR geboten hat/vnd gesagt/Sage den kindern Jsrael/das sie zu dir füren ein rödlichte kue on wandel/an der kein feil sey/vnd auff die noch nie kein joch komen ist/vnd gebet sie dem Priester Eleasar/der sol sie hinaus fur das lager füren/vnd daselbs fur jm schlachten lassen.

Vnd Eleasar der Priester sol jrs bluts mit seinem finger nemen/vnd stracks gegen die Hütten des Stiffts sieben mal sprengen/vnd die kue fur jm verbrennen lassen/beide jr fell vnd jr fleisch/dazu jr blut sampt jrem mist/ Vnd der Priester sol cedern holtz vnd Jsopen vnd rosinrot wollen nemen vnd auff die brennende kue werffen/vnd sol seine kleider waschen/vnd seinen leib mit wasser baden/vnd darnach jns lager gehen/vnd vnreine sein bis an den abend.

Vnd der sie verbrant hat/sol auch seine kleider mit wasser waschen vnd seinen leib jnn wasser baden/vnd vnreine sein bis an den abend/ Vnd ein reiner man sol die asschen von der kue auffraffen/vnd sie schütten ausser dem lager an eine reine stete/das sie daselbs verwaret werde fur die Gemeine der kinder Jsrael/zum Sprengwasser/denn es ist ein Sündopffer/ Vnd der selbe/der die asschen der kue auff gerafft hat/sol seine kleider waschen/vnd vnreine sein bis an den abend/ Dis sol ein ewigs Recht sein den kindern Jsrael vnd den frembdlingen die vnter euch wonen.

Wer nu jrgend einen todten menschen anrüret/der wird sieben tage vnreine sein/der sol sich hiemit entsundigen/am dritten tage vnd am siebenden tage/so wird er rein/ Vnd wo er sich nicht am dritten tage vnd am siebenden tage entsundigt/so wird er nicht rein werden/ Wenn aber jemand jrgend einen todten menschen anrüret/ vnd sich nicht

Mose. XCVII.

nicht entsundigen wolt/der verunreinigt die Wonung des HERRN/ vnd solche seele sol ausgerottet werden aus Israel/darumb das das Sprengwasser nicht vber jn gesprenget ist/So ist er vnrein/so lange er sich nicht dauon reinigen lesst.

Das ist das Gesetz/wenn ein mensch jnn der Hütten stirbt/Wer jnn die Hütten gehet/vnd alles was jnn der Hütten ist/sol vnreine sein sieben tage/Vnd alles offen gerete/das kein deckel noch band hat/ist vnreine/Auch wer anrüret auff dem felde ein erschlagenen mit dem schwert/oder einen todten eins menschen bein oder grab/der ist vnrein sieben tage.

So sollen sie nu fur den vnreinen nemen der asschen dieses verbranten Sündopffers/vnd fliessend wasser drauff thun jnn ein gefes/ vnd ein reiner man sol Isopen nemen vnd jns wasser tuncken/vnd die Hütten besprengen vnd alle gerete/vnd alle seelen die drinnen sind/ Also auch den der eins todten bein/oder erschlagenen/oder todten/ oder grab angerüret hat/Es sol aber der reine den vnreinen am dritten tage vnd am siebenden tage besprengen/vnd jn am siebenden tage entsundigen/Vnd sol seine kleider wasschen/vnd sich im wasser baden/ so wird er am abend rein.

Welcher aber vnrein sein wird/vnd sich nicht entsundigen wil/ des seele sol ausgerottet werden aus der Gemeine/Denn er hat das Heiligthum des HERRN verunreinigt/vnd ist mit Spreng wasser nicht besprenget/Darumb ist er vnreine/Vnd dis sol jnen ein ewigs Recht sein/Vnd der auch/der mit dem Spreng wasser gesprenget hat/ sol seine kleider wasschen.

Vnd wer das Spreng wasser anrüret/der sol vnreine sein bis an den abend/Vnd alles was er anrüret/wird vnreine werden/Vnd welche seele er anrüren wird/sol vnreine sein bis an den abend.

XX.

Nd die kinder Israel kamen mit der gantzen Gemeine jnn die wüsten Zin im ersten monden/vnd das volck lag zu Kades/Vnd MirJam starb da selbs/vnd ward da selbs begraben/Vnd die Gemeine hatte kein wasser/vnd versamleten sich wider Mosen vnd Aaron/vnd das volck haddert mit Mose/vnd sprachen/Ach das wir vmbkomen weren da vnser Brüder vmbkamen fur dem HERRN/ Warumb habt jr die Gemeine des HERRN jnn diese wüste bracht/ das wir hie sterben mit vnserm vieh? Vnd warumb habt jr vns aus Egypten gefurt an diesen bösen ort/da man nicht seen kan/da noch feigen noch weinstock/noch granatöpffel sind/vnd ist dazu kein wasser zu trincken.

Mose vnd Aaron giengen von der Gemeine zur thür der Hütten des Stiffts/vnd fielen auff jr angesicht/vnd die herrligkeit des HERRN erschein jnen/Vnd der HERR redet mit Mose/vnd sprach/Nim den stab vnd versamle die Gemeine du vnd dein bruder Aaron/vnd redet mit dem fels fur jren augen/der wird sein wasser geben/Also soltu jnen wasser aus dem fels bringen/vnd die Gemeine trencken vnd jr vieh. R iij Da nam

Das Vierde Buch

Da nam Mose den stab fur dem HERRN/wie er jm geboten hatte/vnd Mose vnd Aaron versamleten die Gemeine fur den fels/vnd sprach zu jnen/Höret jr vngehorsamen/Werden wir euch auch wasser bringen aus diesem fels? Vnd Mose hub seine hand auff/vnd schlug den felsen mit dem stab zwey mal/Da gieng viel wassers eraus/das die Gemeine tranck vnd jr vieh.

Der HERR aber sprach zu Mose vnd Aaron/Darumb das jr nicht an mich gegleubt habt/das jr mich heiliget fur den kindern Jsrael/solt jr diese Gemeine nicht jnn das land bringen/das ich jnen geben werde/Das ist das Hadder wasser darüber die kinder Jsrael mit dem HERRN hadderten/vnd er geheiliget ward an jnen.

Vnd Mose sandte botschafft aus Rades zu dem Könige der Edomiter/Also lesst dir dein Bruder Jsrael sagen/Du weist alle die mühe/die vns betretten hat/das vnser Veter jnn Egypten hinab gezogen sind/vnd wir lange zeit jnn Egypten gewonet haben/vnd die Egypter handelten vns vnd vnser Veter vbel/Vnd wir schrien zu dem HERRN/der hat vnser stim erhöret/vnd seinen Engel gesand vnd aus Egypten gefurt/Vnd sihe/wir sind zu Rades jnn der Stad an deinen grentzen/Las vns durch dein land zihen/Wir wollen nicht durch acker noch weinberge gehen/auch nicht wasser aus den brunnen trincken/Die land strasse wollen wir zihen/weder zur rechten noch zur lincken weichen/bis wir durch deine grentze komen.

Die Edomiter aber sprachen zu jnen/Du solt nicht durch mich zihen/oder ich wil dir mit dem schwert entgegen zihen/Die kinder Jsrael sprachen zu jm/Wir wollen auff der gebeenten strass zihen/vnd so wir deins wassers trincken/wir vnd vnser vieh/so wollen wirs bezalen/wir wollen nichts denn nur zu fusse hin durch zihen/Er aber sprach/Du solt nicht herdurch zihen/Vnd die Edomiter zogen aus/jnen entgegen mit mechtigem volck vnd starcker hand/Also wegerten die Edomiter Jsrael zuergönnen durch jre grentze zu zihen/Vnd Jsrael weich von jnen.

Vnd die kinder Jsrael brachen auff von Rades/vnd kamen mit der gantzen Gemeine gen Hor am gebirge/Vnd der HERR redet mit Mose vnd Aaron zu Hor am gebirge/an den grentzen des landes der Edomiter/vnd sprach/Las sich Aaron samlen zu seinem volck/Denn er sol nicht jnn das land komen/das ich den kindern Jsrael gegeben hab/darumb das jr meinem munde vngehorsam gewest seid bey dem hadder wasser/Nim aber Aaron vnd seinen son Eleasar vnd füre sie auff Hor am gebirge/vnd zeuch Aaron seine kleider aus/vnd zeuch sie Eleasar an seinem sone/vnd Aaron sol sich daselbs samlen vnd sterben.

Da thet Mose wie jm der HERR geboten hatte/vnd stigen auff Hor am gebirge fur der gantzen Gemeine/Vnd Mose zoch Aaron seine kleider aus/vnd zoch sie Eleasar an seinem sone/Vnd Aaron starb daselbs oben auff dem berge/Mose aber vnd Eleasar stigen erab vom berge/Vnd da die gantze Gemeine sahe/das Aaron dahin war/beweineten sie jn dreissig tage das gantze Haus Jsrael.

Vnd da

Mose. XCVIII.

XXI.

Nd da der Cananiter/ der König Arad der gegen mittag wonet/ höret/ das Israel herein kompt durch den weg der Kundschaffer/ streit er wider Israel/ vnd füret etlich gefangen/ Da gelobt Israel dem HERRN ein gelübd/ vnd sprach/ Wenn du dis volck vnter meine hand gibst/ so wil ich jre stedte verbannen/ Vnd der HERR erhöret die stim Israel/ vnd gab die Cananiter/ vnd verbanten sie sampt jren stedten/ Vnd hies die stet Darma.

Harma heisst ein bann.

Da zogen sie von Hor am gebirge auff dem wege zum schilff meer/ das sie vmb der Edomiter land hin zogen/ Vnd das volck ward verdrossen auff dem wege/ vnd redet wider Gott vnd wider Mosen/ Warumb hastu vns aus Egypten gefurt/ das wir sterben inn der wüsten? Denn es ist kein brod noch wasser hie/ vnd vnser seele eckelt vber dieser losen speise.

Da sandte der HERR feurige schlangen vnter das volck/ die bissen das volck/ das ein gros volck inn Israel starb/ Da kamen sie zu Mose/ vnd sprachen/ Wir haben gesundigt/ das wir wider den HERRN vnd wider dich gered haben/ Bitte den HERRN/ das er die schlangen von vns neme/ Mose bat fur das volck/ Da sprach der HERR zu Mose/ Mache dir eine eherne schlange/ vnd richte sie zum zeichen auff/ Wer gebissen ist/ vnd sihet sie an/ der sol leben/ Da macht Mose eine eherne schlange vnd richtet sie auff zum zeichen/ Vnd wenn jemand eine schlange beis/ so sahe er die eherne schlangen an/ vnd bleib leben.

Joh. 3.

(Feurige) Darumb heissen sie feurige/ das die leute von jnen gebissen/ durch jre gifft/ feur rot wurden/ vnd fur hitze storben/ wie an der pestilentz oder/ Carbunkel rc.

R iiij Vnd die

Das Vierde Buch

Vnd die kinder Israel zogen aus vnd lagerten sich jnn Oboth/Vnd von Oboth zogen sie aus vnd lagerten sich jnn Jim am gebirge Abarim jnn der wüsten gegen Moab vber/gegen der Sonnen auffgang/ Von dannen zogen sie vnd lagerten sich am bach Sared/Von dannen zogen sie vnd lagerten sich disseid am Arnon/welcher ist jnn der wüsten vnd eraus reicht von der grentze der Amoriter / Denn Arnon ist die grentze Moab/zwisschen Moab vnd den Amoritern/Daher spricht man jnn dem buch von den streiten des HERRN/Den hohen fels bis an die wolcken/vnd an den bechen ᵃ Arnon/vnd an den quellen der beche / welcher reicht hinan zur Stad Ar/vnd lencket sich vnd ist die grentze Moab.

Vnd von dannen zogen sie zum brunnen/Das ist der brun/dauon der HERR zu Mose sagt/Samle das volck/ich wil jnen wasser geben/Da sang Israel dieses lied/vnd sungen vmb einander vber dem brunnen/Das ist der brun/den die Fürsten gegraben haben/die Edlen im volck haben jn gegraben/durch den Lerer vnd jre ᵇ stebe.

Vnd von dieser wüsten zogen sie gen Mathana/vnd von Mathana gen Nahaliel/vnd von Nahaliel gen Bamoth/vnd von Bamoth jnn das tal das im felde Moab ligt/zu dem hohen berge Pisga/der gegen die wüsten sihet.

Vnd Israel sandte boten zu Sihon dem Könige der Amoriter/ vnd lies jm sagen/Las mich durch dein land zihen/wir wollen nicht weichen jnn die ecker noch jnn die weingarten/wollen auch des brun wassers nicht trincken / die land strassen wollen wir zihen/bis wir durch deine grentze komen/Aber Sihon gestattet den kindern Israel den zug nicht durch seine grentze/sondern samlet alle sein volck vnd zog aus Israel entgegen jnn die wüsten/Vnd als er gen Jahza kam/streit er wider Israel.

Israel aber schlug jn mit der scherffe des schwerts/vnd nam sein land ein von Arnon an bis an den Jabock/vnd bis an die kinder Ammon/Denn die grentze der kinder Ammon waren feste/Also nam Israel alle diese stedte/vnd wonete jnn allen stedten der Amoriter zu Hesbon vnd allen jren töchtern/Denn Hesbon die Stad war Sihons des Königs der Amoriter/vnd er hatte zuuor mit dem Könige der Moabiter gestritten/vnd jm alle sein land angewonnen/bis gen Arnon.

Daher sagt man im Sprichwort/Kompt gen Hesbon/das man die Stad Sihon bawe vnd auffrichte/Denn feur ist aus Hesbon gefaren/ein flamme von der Stad Sihon/Die hat gefressen Ar der Moabiter/vnd die Bürger der höhe Arnon/Weh dir Moab/du volck Camos bist verloren/Man hat seine söne jnn die flucht geschlagen/vnd seine töchter gefangen gefurt Sihon dem Könige der Amoriter/jre herrligkeit ist zu nicht worden/von Hesbon bis gen Dibon/sie ist verstöret bis gen Nopha/die da langet bis gen Medba/Also wonete Israel im lande der Amoriter.

Vnd Mose sandte aus Kundschaffer gen Jaeser / vnd gewonnen jre töchter/vnd namen die Amoriter ein die drinnen waren/Vnd wandten sich vnd zogen hinauff des weges zu Basan/Da zog aus jnen entgegen Og der König zu Basan mit alle seinem volck zu streiten jnn Edrei/Vnd der HERR sprach zu Mose/Fürcht dich nicht fur jm/denn ich hab jn/jnn deine hand gegeben mit land vnd leuten/vnd
solt mit

ᵃ (Arnon) Ist der selbe hohe fels/der jnn Besupha / das ist/ jnn wolcken/winden vnd wetter stehet / Vnden fliessen beche/vnd er an den selben setnen bechen hin/ weret bis gen Ar.

ᵇ (Stebe) Mügen hie heissen / die Fürsten selbs/wie jnn Esaia der König jnn Egypten ein stab heisst / Darumb das sie das volck regiren/wie ein Hirte das vieh mit seinem stabe.

(Töchter) Das ist/ die dörffer vnd flecken vmb die Stad her ligend.

Mose. XCIX.

solt mit jm thun/wie du mit Sihon dem Könige der Amoriter gethan haſt/der zu Hesbon wonete/Vnd ſie ſchlugen jn vnd ſeine ſöne vnd alle ſein volck bis das keiner vberbleib/vnd namen das land ein/Dar nach zogen die kinder Iſrael vnd lagerten ſich jnn das gefilde Moab jenſeid dem Jordan bey Jericho.

XXII.

Vnd da Balak der ſon Zipor ſahe/alles was Iſrael ge than hatte den Amoritern/vnd das ſich die Moabiter ſeer ſcheweten fur dem volck/das ſo gros war/vnd das den Moabitern grawet fur den kindern Iſrael/vnd ſprachen zu den Elteſten der Midianiter/Nu wird die ſer hauffe auff fretzen was vmb vns iſt/wie ein ochs kraut auff dem felde auff fretzet/Balak aber der ſon Zipor war zu der zeit König der Moabiter.

Vnd er ſandte boten aus zu Bileam dem ſon Beor/der ein War ſager war/der wonet an dem waſſer im lande der kinder ſeins volcks/ das ſie jn fodderten/vnd lies jm ſagen/Sihe/es iſt ein volck aus Egyp ten gezogen/das bedeckt das angeſicht der erden vnd ligt gegen mir/ So kom nu vnd verfluch mir das volck/denn es iſt mir zu mechtig/ob ichs ſchlahen möchte vnd aus dem lande vertreiben/Denn ich weis/ das/welchen du ſegneſt/der iſt geſegnet/vnd welchen du verfluchest/ der iſt verflucht.

Vnd die Elteſten der Moabiter giengen hin mit den Elteſten der Midianiter/vnd hatten das lohn des warſagens jnn jren henden/vnd giengen zu Bileam ein/vnd ſagten jm die wort Balak/Vnd er ſprach zu jnen/Bleibt hie vber nacht/ſo wil ich euch wider ſagen/wie mir der HERR ſagen wird/Alſo blieben die Fürſten der Moabiter bey Bi leam.

Vnd Gott kam zu Bileam/vnd ſprach/Wer ſind die leute/die bey dir ſind? Bileam ſprach zu Gott/Balak der ſon Zipor der Moabiter König hat zu mir geſand/Sihe/ein volck iſt aus Egypten gezogen vnd bedeckt das angeſicht der erden/ſo kom nu vnd fluch jm/ob ich mit jm ſtreiten müge vnd ſie vertreiben/Gott aber ſprach zu Bileam/ Gehe nicht mit jnen/verfluch das volck auch nicht/denn es iſt geſeg net.

Da ſtund Bileam des morgens auff/vnd ſprach zu den Fürſten Balak/Gehet hin jnn ewr land/denn der HERR wils nicht geſtat ten/das ich mit euch zihe/Vnd die Fürſten der Moabiter machten ſich auff/kamen zu Balak/vnd ſprachen/Bileam wegert ſich mit vns zu zihen/Da ſandte Balak noch gröſſer vnd herrlicher Fürſten denn jhe ne waren/Da die zu Bileam kamen/ſprachen ſie zu jm/Alſo leſſt dir ſagen Balak der ſon Zipor/Lieber were dich nicht zu mir zu zihen/ denn ich wil dich hoch ehren/vnd was du mir ſageſt/das wil ich thun/Lieber kom vnd fluche mir dieſem volck.

Bileam antwort/vnd ſprach zu den dienern Balak/Wenn mir Ba lak ſein haus vol ſilbers vnd golds gebe/ſo könd ich doch nicht vber gehen/ das wort des HERRN meins Gottes/kleins oder groſſes zu thun/So bleibt doch nu hie auch jr dieſe nacht/das ich erfare/was der HERR weiter mit mir reden werde/Da kam Gott des nachts zu Bileam

Das Vierde Buch

zu Bileam/vnd sprach zu jm/Sind die menner komen dir zu ruffen/so mach dich auff vnd zeuch mit jnen/Doch was ich dir sagen werde/ soltu thun.

Da stund Bileam des morgens auff vnd sattelt seine eselin/vnd zog mit den Fürsten den Moabiter/Aber der zorn Gottes ergrimmet das er hin zog/Vnd der Engel des HERRN trat jnn den weg/das er jm widerstunde/Er aber reit auff seiner eselin vnd zweene knaben waren mit jm/vnd die eselin sahe den Engel des HERRN im wege stehen vnd ein blos schwerd jnn seiner hand/Vnd die eselin weich aus dem wege vnd gieng auff dem felde/Bileam aber schlug sie das sie jnn den weg solt gehen.

Da trat der Engel des HERRN jnn den pfad bey den weinbergen/da auff beiden seiten wende waren/vnd da die eselin den Engel des HERRN sahe/drenget sie sich an die wand/vnd klemmet Bileam den fus an der wand/Vnd er schlug sie noch mehr/Da gieng der Engel des HERRN weiter vnd trat an einen engen ort/da kein weg war zu weichen/weder zur rechten noch zur lincken/Vnd da die eselin den Engel des HERRN sahe/fiel sie auff jre knie vnter dem Bileam/ Da ergrimmet der zorn Bileam vnd schlug die eselin mit dem stabe.

Da thet der HERR der eselin den mund auff/vnd sie sprach zu Bileam/Was hab ich dir gethan/das du mich geschlagen hast nu drey mal? Bileam sprach zur eselin/Das du mich hönest/ach das ich jtzt ein schwert jnn der hand hette/ich wolt dich erwürgen/Die eselin sprach zu Bileam/Bin ich nicht dein eselin darauff du geritten hast zu deiner zeit bis auff diesen tag? hab ich auch jhe gepflegt dir also zu thun? Er sprach/Nein.

Da öffenet der HERR Bileam die augen/das er den Engel des HERRN sahe im wege stehen/vnd ein blos schwert jnn seiner hand/ vnd neiget vnd bücket sich mit seinem angesicht/Vnd der Engel des HERRN sprach zu jm/Warumb hastu deine eselin geschlagen nu drey mal? Sihe/ich bin ausgegangen/das ich dir widerstehe/denn der weg ist mir entgegen/vnd die Eselin hat mich gesehen/vnd mir drey mal gewichen/sonst wo sie nicht fur mir gewichen hette/so wolt ich dich auch jtzt erwürget/vnd die Eselin lebendig behalten haben/ Da sprach Bileam zu dem Engel des HERRN/Ich hab gesündiget/denn ich habs nicht gewust/das du mir entgegen stundest im wege/Vnd nu so dirs nicht gefellet/wil ich wider vmb keren/Der Engel des HERRN sprach zu jm/Zeuch hin mit den mennern/aber nichts anders denn was ich zu dir sagen werde/soltu reden/Also zog Bileam mit den Fürsten Balak.

Da Balak hörete/das Bileam kam/zog er aus jm entgegen jnn die stad der Moabiter/die da ligt an der grentze Arnon/welcher ist an der eussersten grentze/vnd sprach zu jm/Hab ich nicht zu dir gesand vnd dich foddern lassen? warumb bistu denn nicht zu mir komen? meinstu/ich kündte dich nicht ehren? Bileam antwort jm/Sihe/ich bin komen zu dir/aber wie kan ich etwas anders reden/denn das mir Gott jnn den mund gibt/das mus ich reden? Also zog Bileam mit Balak/vnd kamen jnn die Gassen stad/Vnd Balak opfferte rinder vnd schaf/vnd sandte nach Bileam vnd nach den Fürsten die bey jm waren.

Vnd des

Mose.

XXIII.

Vnd des morgens nam Balak den Bileam/vnd füret jn hin auff die höhe Baal/das er von dannen sehen kundte/bis zu ende des volcks/Vnd Bileam sprach zu Balak/Baw mir hie sieben Altar/vnd schaff mir her sieben farren vnd sieben wider/Balak thet wie jm Bileam saget/Vnd beide Balak vnd Bileam opfferten/ja auff ein Altar einen farren vnd einen wider/Vnd Bileam sprach zu Balak/Trit bey dein Brandopffer/ich wil hin gehen/ob vileicht mir der HERR begegne/vnd mir ruffet das ich dir ansage/was er mir zeiget/ Vnd gieng hin wie er sagt.

Vnd Gott begegnet Bileam/Er aber sprach zu jm/Sieben Altar hab ich zugericht/vnd ja auff einen Altar einen farren vnd einen wider geopffert/ Der HERR aber gab das wort dem Bileam jnn den mund/vnd sprach/Gehe wider zu Balak vnd rede also/Vnd da er wider zu jm kam/Sihe/da stund er bey seinem Brandopffer/sampt allen Fürsten der Moabiter.

Da hub er an seinen Spruch/vnd sprach/Aus Syrien hat mich Balak der Moabiter König holen lassen/von dem gebirge gegen dem auffgang/Kom/verfluche mir Jacob/Kom/schilt Jsrael/Wie sol ich fluchen dem Gott nicht flucht? wie sol ich schelten den der HERR nicht schilt? Denn von der höhe der felsen sehe ich jn wol/vnd von den hügeln schawe ich jn/ Sihe/ das volck wird besonders wonen vnd nicht vnter die Heiden gerechnet werden/Wer kan zelen den staub Jacob/vnd die zal des vierden teils Jsrael? Meine seel müsse sterben des tods der gerechten/vnd mein ende werde wie dieser ende.

Da sprach Balak zu Bileam/Was thustu an mir? Jch hab dich holen lassen zu fluchen meinen feinden / vnd sihe/du segnest/ Er antwort vnd sprach/Mus ich nicht das halten vnd reden/das mir der HERR jnn den mund gibt? Balak sprach zu jm/Kom doch mit mir an einen andern ort/von dannen du sein ende sehest/vnd doch nicht gantz sehest/vnd fluche mir jm daselbs.

Vnd füret jn auff einen freien platz auff der höhe Pisga/vnd bawet sieben Altar/vnd opfferte ja auff einen Altar einen farren vñ einen wider/Vnd sprach zu Balak/Trit also bey dein Brandopffer/ich wil dort warten/ Vnd der HERR begegnet Bileam vnd gab jm das wort jnn seinen mund/vnd sprach/Gehe wider zu Balak vnd rede also/Vnd da er wider zu jm kam/Sihe/da stund er bey seinem Brandopffer/sampt den Fürsten der Moabiter/Vnd Balak sprach zu jm/ Was hat der HERR gesagt?

Vnd er hub an seinen Spruch/vnd sprach/Stehe auff Balak vnd höre/ nim zu ohren was ich sage du son Zipor/ Gott ist nicht ein ^a mensch das er liege/noch ein menschen kind/das jn etwas gerewe/ Solt er etwas sagen vnd nicht thun? solt er etwas reden vnd nicht halten? Sihe/zu segnen bin ich her bracht/Jch segne vnd kans nicht wenden/Man sihet keine ^b mühe jnn Jacob/vnd keine erbeit jnn Jsrael/Der HERR sein Gott ist bey jm vnd das ^c drometen des Königs vnter jm/Gott hat sie aus Egypten geführet/seine freidigkeit ist wie eins

Einhorns/

(HERR) Hie leuget Bileam/das er wil zum HERRN gehen/ welcher jm bereit gesagt hatte/das er nicht solt fluche/ Sondern er gehet zu seinen Zeuberern vnter des HERRN namē.

(Spruch) Heisst hie oracula/ das ist / solche wort/die er nicht von jm selbs redet/sondern die jm Gott jnn den mund gab/als wenn ein Gotloser/den text des Wort Gottes spricht/das wider jn selbs vnd die seinen ist.

^a Menschen liegen/ vñ müssen auch zu weilen feilen das sie nicht halten können/denn sie sind selbs jrs lebens vngewis.

^b Mühe vnd erbeit heisst die Schrifft/ abgötterey oder falschen Gottes dienst/vnd was on glauben geschicht/ Psal.10. Vnter seiner zungen ist mühe vnd erbeit.

^c Drometen des Königs/das ist/ die leiblichen drometē Gottes jres Königs/der sie zu machen befohlen hatte/darumb sie vnüberwindlich waren im streit. Mag auch wol heissen das wort Gottes so jnn diesem volck lautet vnd offentlich geleret ward.

Das Vierde Buch

Einhorns/Denn es ist kein Zeuberer jnn Jacob/vnd kein Warsager jnn Israel/Zu seiner zeit wird man von Jacob sagen vnd von Israel/welche wunder Gott thut/Sihe/das volck wird auff stehen wie ein junger lewe/vnd wird sich erheben wie ein lewe/Es wird sich nicht legen/bis es den raub fresse/vnd das blut der erschlagenen sauffe.

Da sprach Balak zu Bileam/Du solt jm weder fluchen noch segenen/Bileam antwortet/vnd sprach zu Balak/Hab ich dir nicht gesagt/Alles was der HERR reden würde/das würde ich thun? Balak sprach zu jm/Kom doch/ich wil dich an einen andern ort füren/obs villeicht Gott gefalle/das du daselbs sie verfluchest/Vnd er füret jn auff die höhe des berges Peor/welcher gegen die wüsten sihet/vnd Bileam sprach zu Balak/Bawe mir hie sieben Altar/vnd schaffe mir sieben farren vnd sieben wider/Balak thet wie Bileam sagt/vnd opffert ja auff einen Altar einen farren vnd einen wider.

XXIIII.

Hieraus mercket man/das B.leam droben allezeit sey zu zeuberey gangen / Aber der HErr ist jm jmer begegnet vnd hat die zeuberey gehindert / das er hat müssen das recht Gottes wort fassen an stat der zeuberey.

Ann Bileam sahe/das es dem HERRN gefiel/das er Israel segnet/gieng er nicht hin/wie vormals/nach den Zeuberern/Sondern richtet sein angesicht stracks zu der wüsten/hub auff seine augen vnd sahe Israel/wie sie lagen nach jren stemmen/Vnd der geist Gottes kam auff jn/Vnd er hub an seinen spruch/vnd sprach/Es saget Bileam der son Beor/Es saget der man/dem die augen geöffnet sind/Es saget der Hörer Göttlicher rede/der des Allmechtigen offenbarung sihet/dem die augen geöffnet werden/wenn er nider kniet.

Wie fein sind deine Hütten Jacob/vnd deine Wonung Israel/wie sich die beche ausbreiten/wie die garten an den wassern/wie die Hütten die der HERR pflantzt/wie die cedern an dem wasser/Es wird wasser aus seinem eimer fliessen/ vnd sein same wird ein gros wasser werden/Sein König wird höher werden denn Agag/vnd sein Reich wird sich erheben/Gott hat jn aus Egypten gefüret/Seine freidigkeit ist wie eins Einhorns/Er wird die Heiden seine widersacher fressen/vnd jre gebeine zu malmen/vnd mit seinen pfeilen zu schmettern/ Er hat sich nidergelegt wie ein lewe/vnd wie ein junger lewe/Wer wil sich wider jn aufflehnen? Gesegnet sey der dich segenet/vnd verflucht der dir flucht.

Da ergrimmet Balak im zorn wider Bileam/vnd schlug die hende zu samen/vnd sprach zu jm/Ich hab dich gefoddert/das du meinen feinden fluchen soltest/Vnd sihe/du hast sie nu drey mal gesegenet/vnd nu heb dich an deinen ort/Ich gedacht/ich wolt dich ehren/aber der HERR hat dir die ehre verwehret/Bileam antwort jm/Hab ich nicht auch zu deinen boten gesagt/die du zu mir sandtest/vnd gesprochen/Wenn mir Balak sein haus vol silber vnd gold gebe/so künd ich doch fur des HERRN wort nicht vber/böses oder guts zu thun nach meinem hertzen/sondern was der HERR reden würde/das würde ich auch reden? Vnd nu sihe/wenn ich zu meinem volck zihe/so kom/so wil ich dir raten/was dis volck deinem volck thun wird zur letzten zeit.

Vnd er hub

Mose.

Vnd er hub an seinen Spruch/vnd sprach/Es sagt Bileam der son Beor/Es sagt der Man dem die augen geöffnet sind/Es sagt der Hörer Göttlicher rede/vnd der die erkentnis hat des Höhesten/der die offenbarung des Allmechtigen sihet/vnd dem die augen geöffnet werden/wenn er nider kniet/Ich werde jn sehen/aber jtzt nicht/Ich werde jn schawen/aber nicht von nahe/Es wird ein Stern aus Jacob auff gehen/ vnd ein Scepter aus Israel auff komen/vnd wird zu schmettern die Fürsten der Moabiter/vnd verstören alle kinder Seth/ Edom wird er einnemen/Vnd Seir wird seinen feinden vnterworffen sein/Israel aber wird sieg haben/Aus Jacob wird der Herrscher komen/vnd vmb bringen/was vbrig ist von den stedten.

Vnd da er sahe die Amalekiter/hub er an seinen Spruch/vnd sprach/Amalek die ersten vnter den Heiden/aber zu letzt wirstu gar vmbkomen/Vnd da er sahe die Keniter/hub er an seinen Spruch/vnd sprach/Fest ist deine Wonung/vnd hast dein nest jnn einen fels gelegt/aber o Kain du wirst verbrand werden/wenn Assur dich gefangen weg füren wird.

Vnd hub aber mal an seinen Spruch/vnd sprach/Ach/wer wird leben/wenn Gott solchs thun wird? Vnd schiffe aus Chitim werden verderben den Assur vnd Eber/Er aber wird auch vmbkomen/Vnd Bileam macht sich auff vnd zog hin/vnd kam wider an seinen ort/ Vnd Balak zog seinen weg.

Amalek war der erste vnter den Heiden/so die kinder Israel anfochten/ Exodi am.17. aber durch Saul vertilget.1.Reg.15.

(Chitim) Sind die aus Europa/als der grosse Alexander vnd Römer / welche auch zu letzt vntergehen/Vnd zeigt hie die Weissagung/das alle königreich auff er den eins nach dem andern vnter gehen müssen / neben dem volck Israel/welchs ewig bleibt/vmb Christus willen.

XXV.

VNd Israel wonet jnn Sittim/ vnd das volck hub an zu huren mit der Moabiter töchter/welche luden das volck zum opffer jrer Götter/ Vnd das volck ass vnd betet jre Götter an/ vnd Israel hengeten sich an den Baal Peor/ Da ergrimmet der zorn des HERRN vber Israel/vnd sprach zu Mose/Nim alle öbersten des volcks/ vnd henge sie dem HERRN an die Sonne/ auff das der grimmige zorn des HERRN von Israel gewand werde/Vnd Mose sprach zu den Richtern Israel/ Erwürge ein jglicher seine leute/die sich an den Baal Peor gehenget haben.

Vnd sihe/ein man aus den kindern Israel kam/vnd bracht vnter seine Brüder eine Midianitin/vnd lies Mose zu sehen vnd die gantze Gemeine der kinder Israel/die da weineten fur der thür der Hütten des Stiffts/Da das sahe Pinehas der son Eleasar des sons Aaron des Priesters/stund er auff aus der Gemeine/vnd nam einen degen jnn seine hand/vnd gieng dem Israhelischen man nach hinein jnn den huren winckel/vnd durch stach sie/beide den Israhelischen man vnd das weib/durch jre gemechte/Da höret die plage auff von den kindern Israel/vnd es wurden getödtet jnn der plage vier vnd zwenzig tausent.

Vnd der HERR redet mit Mose/vnd sprach/Pinehas der son Eleasar des sons Aaron des Priesters hat meinen grim von den kindern Israel gewendet durch seinen eiuer vmb mich/das nicht ich jnn meinem eiuer die kinder Israel vertilgete/Darumb sage/Sihe/ich ge-

S be jm

Das Vierde Buch

be jm meinen Bund des frides/ vnd er sol haben vnd sein same nach jm den Bund eins ewigen Priesterthums/ darumb/ das er fur seinen Gott geeiuert/ vnd die kinder Israel versünet hat.

Der Israelische man aber der erschlagen ward mit der Midianitin hies Simri der son Salu ein Fürst im hause des vaters der Simeoniter/ Das Midianitisch weib/ das auch erschlagen ward/ hies Casbi/ eine tochter Zur/ der ein Fürst war eins geschlechts vnter den Midianitern.

Vnd der HERR redet mit Mose/ vnd sprach/ Thut den Midianitern schaden/ vnd schlahet sie/ denn sie haben euch schaden gethan mit jrem list/ den sie euch gestellet haben durch den Peor/ vnd durch jre schwester Casbi/ die tochter des Fürsten der Midianiter/ die erschlagen ist am tage der plage vmb des Peors willen/ vnd die plage darnach kam.

XXVI.

Vnd der HERR sprach zu Mose vnd Eleasar dem son des Priesters Aaron/ Nim die summa der gantzen Gemeine der kinder Israel/ von zwenzig jaren vnd drüber nach jrer Veter heuser alle die ins heer zu zihen tügen jnn Israel/ Vnd Mose redet mit jnen sampt Eleasar dem Priester jnn dem gefilde der Moabiter an dem Jordan gegen Jeriho/ die zwenzig jar alt waren vnd drüber/ wie der HERR Mose geboten hatte/ vnd den kindern Israel/ die aus Egypten gezogen waren.

Ruben der erstgeborner Israel/ Die kinder aber Ruben waren/ Hanoch/ von dem das geschlecht der Hanochiter kompt/ Pallu/ von dem das geschlecht der Palluiter kompt/ Hezron/ von dem das geschlecht der Hezroniter kompt/ Charmi/ von dem das geschlecht der Charmiter kompt/ Das sind die geschlecht von Ruben/ Vnd jre zal war/ drey vnd vierzig tausent/ sieben hundert vnd dreissig/ Aber die kinder Pallu/ waren Eliab/ vnd die kinder Eliab waren Nemuel vnd Dathan vnd Abiram.

Das ist der Dathan vnd Abiram die furnemlichen jnn der Gemeine/ die sich wider Mosen vnd Aaron aufflehnten jnn der Rotten Korah/ da sie sich wider den HERRN aufflehnten/ vnd die erde jren mund auff thet/ vnd sie verschlang mit Korah/ da die Rotte starb/ da das feur zwey hundert vnd funffzig menner frass/ vnd worden ein zeichen/ Aber die kinder Korah storben nicht.

(zeichen) Ein schreck zeichen/ daran sie gedechten/ vnd sich fur gleicher sunde hüteten.

Die kinder Simeon jnn jren geschlechten waren/ Nemuel/ daher kompt das geschlecht der Nemueliter/ Jamin/ daher kompt das geschlecht der Jaminiter/ Jachin/ daher das geschlecht der Jachiniter kompt/ Serah/ daher das geschlecht der Serahiter kompt/ Saul/ daher das geschlecht der Sauliter kompt/ Das sind die geschlechte von Simeon/ zwey vnd zwenzig tausent vnd zwey hundert.

Die kinder Gad jnn jren geschlechten waren/ Ziphon/ daher das geschlecht der Ziphoniter kompt/ Haggi/ daher das geschlecht der Haggiter kompt/ Suni/ daher das geschlecht der Suniter kompt/ Osni/

Mose. CII.

Osni / daher das geschlecht der Osniter kompt / Eri / daher das geschlecht der Eriter kompt / Arod / daher das geschlecht der Aroditer kompt / Ariel / daher das geschlecht der Arieliter kompt / Das sind die geschlechte der kinder Gad / an jrer zal vierzig tausent vnd funff hundert.

Die kinder Juda / Er vnd Onan / welche beide storben im lande Canaan / Es waren aber die kinder Juda jnn jren geschlechten / Sela / da her das geschlecht der Selaiter kompt / Perez / da her das geschlecht der Pereziter kompt / Serah / da her das geschlecht der Serahiter kompt / Aber die kinder Perez waren / Hezron / daher das geschlecht der Hezroniter kompt / Hamul / daher das geschlecht der Hamuliter kompt / Das sind die geschlechte Juda an jrer zal / sechs vnd siebenzig tausent vnd funff hundert.

Die kinder Isaschar jnn jren geschlechten waren / Thola / daher das geschlecht der Tholaiter kompt / Phuua / daher das geschlecht der Phuuaiter kompt / Jasub / daher das geschlecht der Jasubiter kompt / Simron / daher das geschlecht der Simroniter kompt / Das sind die geschlechte Isaschar / an der zal vier vnd sechzig tausent drey hundert.

Die kinder Sebulon jnn jren geschlechten waren / Sered / daher das geschlecht der Sarditer kompt / Elon / daher das geschlecht der Eloniter kompt / Jahelel / daher das geschlecht der Jaheliter kompt / Das sind die geschlechte Sebulon / an jrer zal sechzig tausent vnd funff hundert.

Die kinder Joseph / jnn jren geschlechten waren / Manasse vnd Ephraim / die kinder aber Manasse waren / Machir / daher kompt das geschlechte der Machiriter / Machir zeugete Gilead / daher kompt das geschlecht der Gileaditer / Dis sind aber die kinder Gilead / Dieser / daher kompt das geschlecht der Dieseriter / Helek / daher kompt das geschlecht der Helekiter / Asriel / daher kompt das geschlecht der Asrieliter / Sichem / daher kompt das geschlecht der Sichimiter / Smida / daher kompt das geschlecht der Smiditer / Hepher / daher kompt das geschlecht der Hepheriter / Zelaphehad aber war Hepher son / vnd hatte keine söne / sondern töchter / die hiessen Mahela / Noa / Hagla / Milca vnd Thirza / Das sind die geschlechte Manasse / an jrer zal zwey vnd funffzig tausent vnd sieben hundert.

Die kinder Ephraim jnn jren geschlechten waren / Suthelah / daher kompt das geschlecht der Suthelahiter / Becher / daher kompt das geschlecht der Becheriter / Thahan / daher kompt das geschlecht der Thahaniter / Die kinder aber Suthelah waren / Eran / daher kompt das geschlecht der Eraniter / Das sind die geschlechte der kinder Ephraim / an jrer zal zwey vnd dreissig tausent vnd funff hundert / Das sind die kinder Joseph jnn jren geschlechten.

Die kinder BenJamin jnn jren geschlechten waren / Bela / daher kompt das geschlecht der Belaiter / Asbel / daher kompt das geschlecht der Asbeliter / Ahiram / daher kompt das geschlecht der Ahiramiter / Supham / daher kompt das geschlecht der Suphamiter / Hupham / daher kompt das geschlecht der Huphamiter / Die kinder aber Bela waren / Ard vnd Naeman / daher kompt das geschlecht der Arditer vnd Naemaniter / Das sind die kinder BenJamin jnn jren

S ij geschlechten /

Das Vierde Buch

geschlechten/an der zal funff vnd vierzig tausent vnd sechs hundert.

Die kinder Dan jnn jren geschlechten waren/ Suham/ daher kompt das geschlecht der Suhamiter/ Das sind die geschlechte Dan jnn jren geschlechten/ vnd waren alle sampt an der zal vier vnd sechzig tausent/ vnd vier hundert.

Die kinder Asser jnn jren geschlechten waren/ Jemna/ daher kompt das geschlecht der Jemniter/ Jeswi/ daher kompt das geschlecht der Jeswiter/ Bria/ daher kompt das geschlecht der Brjter/ Aber die kinder Bria waren/ Heber/ daher kompt das geschlecht der Hebriter/ Melchiel/ daher kompt das geschlecht der Melchieliter/ Vnd die tochter Asser hies Sarah/ Das sind die geschlechte der kinder Asser/ an jrer zal drey vnd funffzig tausent vnd vier hundert.

Die kinder Naphthali jnn jren geschlechten waren/ Jahesiel/ daher kompt das geschlecht der Jahesieliter/ Guni/ daher kompt das geschlecht der Guniter/ Jezer/ daher kompt das geschlecht der Jezeriter/ Sillem/ daher kompt das geschlecht der Sillemiter/ Das sind die geschlechte von Naphthali/ an jrer zal funff vnd vierzig tausent vnd vier hundert. Das ist die summa der kinder Israel/ sechs mal hundert tausent/ ein tausent/ sieben hundert vnd dreissig.

Vnd der HERR redet mit Mose/ vnd sprach/ Diesen soltu das land austeilen zum erbe/ nach der zal der namen/ vielen soltu viel zum erbe geben/ vnd wenigen wenig/ jglichen sol man geben nach jrer zal/ Doch man sol das land durchs los teilen / nach den namen der stemme jrer Veter sollen sie erbe nemen/ Denn nach dem los soltu jr erbe austeilen/ zwisschen den vielen vnd wenigen.

Vnd das ist die summa der Leuiten jnn jren geschlechten/ Gerson/ daher das geschlecht der Gersoniter/ Kahath/ daher das geschlecht der Kahathiter/ Merari/ daher das geschlecht der Merariter/ Dis sind die geschlechte Leui/ das geschlecht der Libniter/ das geschlecht der Hebroniter/ das geschlecht der Maheliter/ das geschlecht der Musiter/ das geschlecht der Korahiter.

Kahath zeuget Amram/ Vnd Amrams weib hies Jochebed eine tochter Leui/ die jm geborn ward jnn Egypten/ vnd sie gebar dem Amram/ Aaron vnd Mosen vnd jre schwester MirJam/ Dem Aaron aber ward geborn Nadab/ Abihu/ Eleasar vnd Jthamar/ Nadab aber vnd Abihu storben/ da sie frembde fewr opfferten fur dem HERRN/ Vnd jre summa war/ drey vnd zwenzig tausent/ alle menlin/ von einem monden an vnd drüber/ Denn sie worden nicht gezelet vnter die kinder Israel/ denn man gab jnen kein erbe vnter den kindern Israel.

Das ist die summa der kinder Israel/ die Mose vnd Eleasar der Priester zeleten im gefilde der Moabiter an dem Jordan gegen Jeriho/ Vnter welchen war keiner aus der summa / da Mose vnd Aaron der Priester die kinder Israel zeleten jnn der wüsten Sinai/ Denn der HERR hatte jnen gesagt/ sie solten des tods sterben jnn der wüsten/ Vnd bleib keiner vber/ on Caleb der son Jephunne vnd Josua der son Nun.

Vnd die

Mose.
XXVII.

Vnd die töchter Zelaphehad des sons Vepher des sons Gilead/des sons Machir/des sons Manasse/vnter den geschlechten Manasse/des sons Joseph/mit namen Mahela/Noa/Hagla/Milca vnd Thirza/kamen erzu vnd traten fur Mose vnd fur Eleasar den Priester/vnd fur die Fürsten vnd gantze Gemeine/fur der thür der Hütten des Stiffts/vnd sprachen/Vnser vater ist gestorben jnn der wüsten/vnd war nicht mit vnter der Gemeine/die sich wider den HERRN empöreten jnn der Rotten Korah/sondern ist an seiner sünde gestorben/vnd hatte keine söne/ Warumb sol denn vnsers vaters name vnter seinem geschlecht vntergehen/ob er wol keinen son hat? Gebt vns auch ein gut vnter vnsers vater brüdern.

Mose bracht jre sache fur den HERRN/ Vnd der HERR sprach zu jm/Die töchter Zelaphehad haben recht gered/Du solt jnen ein erbgut vnter jres vaters brüdern geben/vnd solt jres vaters erbe jnen zu wenden/Vnd sage den kindern Israel/Wenn jemand stirbt vnd hat nicht söne/so solt jr sein erbe seiner tochter zu wenden/Hat er keine tochter/solt jrs seinen brüdern geben/Hat er keine brüder/solt jrs seinen vettern geben/Hat er nicht vettern/solt jrs seinen nehesten freunden geben/die jn anhören jnn seinem geschlecht/das sie es einnemen/ Das sol den kindern Israel ein Gesetz vnd ein Recht sein/wie der HERR Mose geboten hat.

Vnd der HERR sprach zu Mose/Steig auff dis gebirge Abarim/vnd besihe das land/das ich den kindern Israel geben werde/ Vnd wenn du es gesehen hast/soltu dich samlen zu deinem volck/wie dein bruder Aaron versamlet ist/die weil jr meinem wort vngehorsam gewesen seid jnn der wüsten Zin/vber dem Hadder der Gemeine/da jr mich heiligen soltet/durch das wasser fur jnen/ Das ist das Had der wasser zu Kades jnn der wüsten Zin/ Vnd Mose redet mit dem HERRN/vnd sprach/ Der HERR der Gott vber alles lebendigs fleischs/wolt einen man setzen vber die Gemeine/der fur jnen her aus vnd ein gehe/vnd sie aus vnd ein fure/das die Gemeine des HERRN nicht sey/wie die schafe on Hirten.

Vnd der HERR sprach zu Mose/Nim Josua zu dir den son Nun/der ein man ist jnn dem der Geist ist/vnd lege deine hende auff jn/vnd stelle jn fur den Priester Eleasar/vnd fur die gantze Gemeine/vnd gebeut jm fur jren augen/vnd lege ᵃ deine herrligkeit auff jn/das jm gehorche die gantze Gemeine der kinder Israel/ Vnd er sol treten fur den Priester Eleasar/der sol fur jn rat fragen/durch die weise ᵇ des Liechts fur dem HERRN/ Nach desselben mund sollen aus vnd ein zihen/beide er vnd alle kinder Israel mit jm/vnd die gantze Gemeine.

Mose thet wie jm der HERR geboten hatte/vnd nam Josua vnd stellet jn fur den Priester Eleasar/vnd fur die gantzen Gemeine/vnd legt seine hand auff jn/vnd gebot jm/wie der HERR mit Mose gered hatte.

ᵃ (Deine herrligkeit) Das wird villeicht eine sonder weise gewest sein/das Mose dem Josua/den Stab/oder die hand auffs heubt gelegt hat/Gleich wie man die Könige zu salben/oder wie man die lehen zu empfahen pfleget/welchs alles mus eine weise vnd geprenge haben.

ᵇ (Des Liechts) Das ist das liecht auff der brust des hohen priesters/ Exodi. 28. Daher sagen etliche/wenn Gott habe auffs priesters frage geantwortet/das hat sollen/ja sein/so habe das liecht glentze von sich geben/Es habens aber hernach die Könige also gebraucht/wenn sie Got vmb rat fragten/als. 1. Reg. 23. vnd. 30.

Das Vierde Buch
XXVIII.

Vnd der HERR redet mit Mose/ vnd sprach/ Gebeut den kindern Israel / vnd sprich zu jnen / Die opffer meins brods/ welchs mein opffer des süssen geruchs ist/ solt jr halten zu seinen zeiten/ das jr mirs opffert/ Vnd sprich zu jnen/ Das sind die opffer/ die jr dem HERRN opffern solt/ jerige lemmer/ die on wandel sind/ teglich zwey zum teglichen Brandopffer/ ein lamb des morgens/ das ander zwisschen abends/ Dazu ein zehenden Epha semel mehls zum Speisopffer mit öle gemenget das gestossen ist/ eins vierden teils vom Hin/ Das ist ein teglich Brandopffer/ das jr am berge Sinai opffertet/ zum süssen geruch eins opffers dem HERRN/ Dazu sein Tranckopffer/ ja zu einem lamb ein vierteil vom Hin/ vnd das sol im Heiligthum geopffert werden/ vnermisscht dem HERRN/ Das ander lamb soltu zwisschen abends machen/ wie das Speisopffer des morgens/ vnd sein Tranckopffer zum opffer des süssen geruchs dem HERRN.

Am Sabbath tag aber zwey jerige lemmer on wandel/ vnd zwo zehenden semel mehls zum Speisopffer mit öle gemenget/ vnd sein Tranckopffer/ Das ist das Brandopffer eins jglichen Sabbaths/ vber das tegliche Brandopffer sampt seinem Tranckopffer.

Aber des ersten tages ewr monden solt jr dem HERRN ein Brand opffer opffern/ zween junge farren/ einen wider/ sieben jerige lemmer on wandel/ vnd ja drey zehenden semel mehls zum Speisopffer mit öle gemenget zu einem farren / vnd zwo zehenden semel mehls zum Speisopffer mit öle gemenget zu einem wider / Vnd ja ein zehenden semel mehls zum Speisopffer mit öle gemenget zu einem lamb/ Das ist das Brandopffer des süssen geruchs ein opffer dem HERRN/ Vnd jr Tranckopffer sol sein/ ein halb Hin weins zum farren/ ein dritteil Hin zum wider/ ein vierteil Hin zum lamb/ Das ist das Brandopffer eines jglichen monden im jar/ Dazu sol man einen zigenbock zum Sündopffer dem HERRN machen/ vber das tegliche Brandopffer /vnd sein Tranckopffer.

Aber am vierzehenden tag des ersten monden/ ist das Passah dem HERRN/ Vnd am funffzehenden tag des selben monden/ ist Fest/ Sieben tage sol man vngeseurt brod essen / Der erste tag sol heilig heissen / das jr zu samen kompt / kein dienst erbeit solt jr drinnen thun/ vnd solt dem HERRN Brandopffer thun/ zween junge farren / einen wider / sieben jerige lemmer on wandel / sampt jren Speisopffern/ drey zehenden semel mehls mit öle gemenget zu einem farren / vnd zwo zehenden zu dem wider / vnd ja ein zehenden auff ein lamb vnter den sieben lemmern/ Dazu einen bock zum Sündopffer/ das jr versünet werdet/ Vnd solt solchs thun am morgen/ vber das Brandopffer/ welchs ein teglich Brandopffer ist/ Nach dieser weise solt jr alle tage die sieben tage lang/ das brod opffern zum opffer des süssen geruchs dem HERRN/ vber das tegliche Brandopffer/ dazu sein Tranckopffer/ Vnd der siebende tag sol bey euch heilig heissen/ das jr zu samen kompt/ kein dienst erbeit solt jr drinnen thun.

Vnd der tag der erstlingen/ wenn jr opffert das newe Speisopffer

dem

Mose. CIIII.

dem HERRN/wenn ewre wochen vmb sind/sol heilig heissen/das jr zu samen kompt/kein dienst erbeit solt jr drinnen thun/Vnd solt dem HERRN Brandopffer thun zum süssen geruch/zween junge farren/ einen wider/sieben jerige lemmer/sampt jrem Speisopffer/drey zehen den semel mehls mit öle gemenget zu einem farren/zwo zehenden zu dem wider/vnd ja ein zehenden zu eim lamb der sieben lemmer/Vnd einen zigenbock euch zu versünen. Dis solt jr thun/vber das tegliche Brandopffer mit seinem Speisopffer/on wandel sols sein/Dazu jre Tranckopffer.

XXIX.

Vnd der erste tag des siebenden monden/sol bey euch heilig heissen/das jr zusamen kompt/kein diensterbeit solt jr drinnen thun/Es ist ewr drometen tag/vnd solt Brandopffer thun zum süssen geruch dem HERRN/ einen jungen farren/einen wider/sieben jerige lemmer on wandel/Dazu jr Speisopffer/drey zehenden semel mehls mit öle gemenget zu dem farren/zwo zehenden zu dem wider/vnd ein zehenden auff jglich lamb der sieben lemmer/Auch einen zigenbock zum Sündopffer/euch zu versünen/vber das Brandopffer des monden vnd sein Speisopffer/vnd vber das tegliche Brandopffer mit seinem Speisopffer/vnd mit jrem Tranckopffer/nach jrem Rechten/zum süssen geruch. Das ist ein opffer dem HERRN.

Der zehende tag dieses siebenden monden/sol bey euch auch heilig heissen/das jr zu samen kompt/vnd solt ewre leibe casteien/vnd kein erbeit drinnen thun/sondern Brandopffer dem HERRN zum süssen geruch opffern/einen jungen farren/einen wider/sieben jerige lemmer on wandel/mit jren Speisopffern/drey zehenden semel mehls mit öle gemengt zu dem farren/zwo zehenden zu dem wider/vnd ein zehenden ja zu einem der sieben lemmer/Dazu einen zigenbock zum Sündopffer/ vber das Sündopffer der versünung vnd das tegliche Brandopffer/ mit seinem Speisopffer/vnd mit jrem Tranckopffer.

Der funffzehende tag des siebenden monden/sol bey euch heilig heissen/das jr zu samen kompt/kein dienst erbeit solt jr drinnen thun/ vnd solt dem HERRN sieben tage feiren/Vnd solt dem HERRN Brandopffer thun/ zum opffer des süssen geruchs dem HERRN/ dreizehen junge farren/zween wider/vierzehen jerige lemmer on wandel/sampt jrem Speisopffer/drey zehenden semel mehls mit öle gemenget/ja zu einem der dreizehen farren/Zween zehenden/ja zu einem der zween wider/vnd ein zehenden/ja zu einem der vierzehen lemmer/ Dazu einen zigenbock zum Sündopffer/ vber das tegliche Brandopffer/mit seinem Speisopffer/vnd seinem Tranckopffer.

Am andern tag/zwelff junge farren/zween wider/vierzehen jerige lemmer on wandel/mit jrem Speisopffer vnd Tranckopffer/zu den farren/zu den widern/vnd zu den lemmern/jnn jrer zal nach dem Recht/Dazu einen zigenbock zum Sündopffer/vber das tegliche Brandopffer/mit seinem Speisopffer/vnd mit jrem Tranckopffer.

Am dritten tage/eilff farren/zween wider/vierzehen jerige lemmer on wandel/mit jren Speisopffern vnd Tranckopffern/zu den farren/zu den widern/vnd zu den lemmern/jnn jrer zal nach dem Recht/

Dazu

Das Vierde Buch

Dazu einen zigenbock zum Sündopffer/vber das tegliche Brandopffer/mit seinem Speisopffer vnd seinem Tranckopffer.

Am vierden tage/zehen farren/zween wider/vierzehen jerige lemmer/on wandel/sampt jren Speisopffern vnd Tranckopffern/zu den farren/zu den widern/vnd zu den lemmern/jnn jrer zal nach dem Recht/Dazu einen zigenbock zum Sündopffer/vber das tegliche Brandopffer/mit seinem Speisopffer vnd seinem Tranckopffer.

Am funfften tage/neun farren/zween wider/vierzehen jerige lemmer on wandel/sampt jren Speisopffern vnd Tranckopffern/zu den farren/zu den widern/vnd zu den lemmern/jnn jrer zal nach dem Recht/Dazu einen zigenbock zum Sündopffer/vber das tegliche Brandopffer/mit seinem Speisopffer vnd seinem Tranckopffer.

Am sechsten tage/acht farren/zween wider/vierzehen jerige lemmer on wandel/sampt jren Speisopffern vnd Tranckopffern/zu den farren/zu den widern/vnd zu den lemmern jnn jrer zal/nach dem Recht/Dazu einen zigenbock zum Sündopffer/vber das tegliche Brandopffer/mit seinem Speisopffer vnd seinem Tranckopffer.

Am siebenden tage/sieben farren/zween wider/vierzehen jerige lemmer on wandel/sampt jren Speisopffern vnd Tranckopffern/zu den farren/zu den widern/vnd zu den lemmern jnn jrer zal/nach dem Recht / Dazu einen zigenbock zum Sündopffer/vber das tegliche Brandopffer/mit seinem Speisopffer vnd seinem Tranckopffer.

Am achten/sol der tag der versamlung sein/kein diensterbeit solt jr drinnen thun/vnd solt Brandopffer opffern/zum opffer des süssen geruchs dem HERRN/Einen farren/Einen wider/sieben jerige lemmer on wandel/sampt jren Speisopffern vnd Tranckopffern/zu den farren/zu den widern/vnd zu den lemmern/jnn jrer zal/nach dem Recht/Dazu einen bock zum Sündopffer/vber das tegliche Brandopffer/mit seinem Speisopffer vnd seinem Tranckopffer.

Solchs solt jr dem HERRN thun auff ewr Fest/ausgenomen was jr gelobd vnd freiwillig gebt zu Brandopffern/Speisopffern/Tranckopffern vnd Danckopffern/ Vnd Mose sagt den kindern Israel alles/was jm der HERR geboten hatte.

XXX.

b (Ire seele) Das ist/wenn sie sich verbunde zu fasten/oder sonst was zu thun mit jrem leibe Gott zu dienst/das seele hie heisse/so viel als der lebendige leib / wie die Schrifft allenthalben braucht.

Vnd Mose redet mit den Fürsten der stemme der kinder Israel/ vnd sprach/ Das ist/ das der HERR geboten hat / Wenn jemand dem HERRN ein gelübde thut/ oder einen eid schweret/ das er seine seele verbindet/ der sol sein wort nicht schwechen/ sondern alles thun/ wie es zu seinem munde ist ausgangen.

Wenn ein weibs bilde dem HERRN ein gelübde thut/vnd sich verbindet/weil sie jnn jres vaters hause vnd im magdthum ist/ vnd jr gelübde vnd verbundnis das sie thut vber b jre seele/kompt fur jren vater/

vater/vnd er schweigt dazu/so gilt alle jr gelübd vnd alle jr verbund=
nis/des sie sich vber jre seele verbunden hat/ Wo aber jr vater wehret
des tags wenn ers höret/so gilt kein gelübd noch verbundnis des sie
sich vber jre seele verbunden hat/Vnd der HERR wird jr gnedig sein/
weil jr vater jr gewehret hat.

Hat sie aber einen man/vnd hat ein gelübd auff jr oder entferet
jr aus jren lippen ein verbundnis vber jre seele/vnd der man hörets/
vnd schweiget desselben tages stille/so gilt jr gelübd vnd verbundnis/
des sie sich vber jre seele verbunden hat/Wo aber jr man wehret des
tages wenn ers höret/so ist jr gelübd los das sie auff jr hat/vnd das
verbundnis das jr aus jren lippen entfaren ist vber jre seele/ vnd der
HERR wird jr gnedig sein.

Das gelübd einer Widwen vnd verstossenen / alles wes sie sich
verbindet vber jre seele/das gilt auff jr.

Wenn jemands gesinde gelobd oder sich mit einem eide verbin=
det vber seine seele/vnd der hausherr hörets vnd schweiget dazu vnd
wehrets nicht/so gilt alle dasselb gelübd vnd alles wes sie sich verbun=
den hat vber seine seele/Machts aber der hausherr des tags los/wenn
ers höret/so gilts nichts was aus seinen lippen gangen ist/das es ge=
lobd oder sich verbunden hat vber seine seele/denn der hausherr hats
los gemacht/vnd der HERR wird jm gnedig sein/Vnd alle gelübd
vnd eide zu verbinden den leib zu casteien/mag der hausherr krefftigen
oder schwechen/also/Wenn er dazu schweiget von einem tage zum
andern/so bekrefftiget er alle sein gelübd vnd verbundnis die es auff
jm hat/darumb das er geschwigen hat des tags/da ers höret/Wird
ers aber schwechen nach dem ers gehöret hat/so sol er die missethat
tragen.

Das sind die satzunge/die der HERR Mose geboten hat/zwis=
schen man vnd weib/zwisschen vater vnd tochter/weil sie noch eine
magd ist jnn jrs vaters hause.

XXXI.

Nd der HERR redet mit Mose/vnd sprach/Reche die
kinder Israel an den Midianitern/das du darnach dich
samlest zu deinem volck/Da redet Mose mit dem volck/
vnd sprach/Rüstet vnter euch leute zum heer wider die
Midianiter/das sie den HERRN rechen an den Mi=
dianitern/aus jglichem stam tausent / das jr aus allen
stemmen Israel jnn das heer schicket/Vnd sie namen aus den tau=
senten Israel/ja tausent eins stams/zwelff tausent gerüstet zum heer/
Vnd Mose schickt sie mit Pinehas dem son Eleasar des Priesters jns
heer/vnd den heiligen zeug vnd die Hall drometen jnn seine hand.

Vnd sie füreten das heer wider die Midianiter/wie der HERR
Mose geboten hatte / vnd erwürgeten alles was menlich war / da=
zu die Könige der Midianiter erwürgeten sie sampt jren erschlage=
nen / nemlich/ Eui/ Rekem/ Zur/ Hur vnd Reba / die fünff Kö=
nige der Midianiter/ Bileam den son Beor erwürgeten sie auch mit
dem schwert/

Das Vierde Buch

dem schwerd/ Vnd die kinder Israel namen gefangen die weiber der Midianiter vnd jre kinder/ alle jr vieh/ alle jre habe/ vnd alle jre güter raubten sie/ vnd verbranten mit feur alle jre stedte jrer wonung vnd alle burge/ vnd namen allen raub/ vnd alles was zu nemen war/ beide menschen vnd vieh/ vnd brachtens zu Mose vnd zu Eleasar dem Priester vnd zu der Gemeine der kinder Israel / nemlich/ die gefangenen vnd das genomen vieh vnd das geraubt gut/ jns lager auff der Moabiter gefilde/ das am Jordan ligt gegen Jericho.

Vnd Mose vnd Eleasar der Priester vnd alle Fürsten der Gemeine giengen jnen entgegen hinaus fur das lager/ Vnd Mose ward zornig vber die Heubtleute des heers/ die Heubtleute vber tausent vnd hundert waren/ die aus dem heer vnd streit kamen/ vnd sprach zu jnen/ Warumb habt jr alle weiber leben lassen? Sihe/ haben nicht die selben die kinder Israel/ durch Bileams rat abgewendet sich zu versündigen am HERRN vber dem Peor/ vnd widerfuhr eine plage der Gemeine des HERRN? So erwürget nu alles was menlich ist vnter den kindern/ vnd alle weiber die menner erkand vnd bey gelegen haben/ Aber alle kinder die weibs bilde sind/ vnd nicht menner erkand noch bey gelegen haben/ die lasst fur euch leben/ Vnd lagert euch ausser dem lager sieben tage/ alle die jemand erwürget oder die erschlagene angerurt haben/ das jr euch entsundiget/ am dritten vnd siebenden tage/ sampt denen die jr gefangen genomen habt/ Vnd alle kleider vnd alle gerete von fellen/ vnd alles peltzwerck vnd alles hültzen gefess/ solt jr entsündigen.

Vnd Eleasar der Priester sprach zu dem kriegs volck/ das jnn streit gezogen war/ Das ist das Gesetz/ welchs der HERR Mose geboten hat/ Gold/ silber/ ertz/ eisen/ zihn vnd bley/ vnd alles was das feur leidet/ solt jr durchs feur lassen gehen/ vnd reinigen/ das mit dem Sprenge wasser entsundiget werde/ Aber alles was nicht feur leidet/ solt jr durchs wasser gehen lassen/ vnd solt ewre kleider waschen am siebenden tage/ so werdet jr rein/ darnach solt jr jns lager komen.

Vnd der HERR redet mit Mose/ vnd sprach/ Nim die summa des raubs der gefangen/ beide an menschen vnd vieh/ du vnd Eleasar der Priester vnd die obersten Veter der Gemeine/ vnd gib die helffte denen/ die jns heer ausgezogen sind/ vnd die schlacht gethan haben/ vnd die ander helffte der Gemeine/ Vnd solt dem HERRN heben von den kriegs leuten die jns heer gezogen sind/ ja von funff hunderten/ eine seele/ beide an menschen/ rindern/ eseln vnd schafen/ von jrer helffte soltu es nemen/ vnd dem Priester Eleasar geben zur Hebe dem HERRN/ Aber von der helffte der kinder Israel/ soltu ja von funffzigen nemen ein stück guts/ beide an menschen/ rindern/ eseln vnd schafen/ vnd von allem vieh/ vnd solts den Leuiten geben/ die der Hut warten der Wonung des HERRN.

Vnd Mose vnd Eleasar der Priester theten wie der HERR Mose geboten hatte/ Vnd es war der vbrigen ausbeute die das kriegs volck geraubet hatte/ sechs mal hundert vnd funff vnd siebenzig tausent schafe/ zwey vnd siebenzig tausent rinder/ ein vnd sechzig tausent esel/ vnd der weibs bilde die nicht menner erkand noch bey gelegen hatten/ zwey vnd dreissig tausent seelen.

Vnd die

Vnd die helffte / die denen so jns Heer gezogen waren/gehort/ war an der zal drey hundert mal vnd sieben vnd dreissig tausent vnd funff hundert schafe/dauon wurden dem HERRN sechs hundert funff vnd siebenzig schafe/ Item/sechs vnd dreissig tausent rinder/dauon wurden dem HERRN zwey vnd siebenzig/ Item/dreissig tausent vnd funff hundert esel/dauon wurden dem HERRN ein vnd sechzig/ Item/menschen seelen/sechzehen tausent seelen/dauon wurden dem HERRN zwo vnd dreissig/ Vnd Mose gab solch Hebe des HERRN dem Priester Eleasar/wie jm der HERR geboten hatte.

Aber die ander helffte die Mose den kindern Israel zu teilet von den kriegsleuten/nemlich die helffte der Gemeine zustendig/war auch drey hundert mal vnd sieben vnd dreissig tausent funff hundert schafe/ sechs vnd dreissig tausent rinder/dreissig tausent vnd funff hundert esel/vnd sechzehen tausent menschen seelen/ Vnd Mose nam von dieser helffte der kinder Israel/ja ein stück von funffzigen/beide des viehs vnd der menschen/vnd gabs den Leuiten die der Hut warten an der Wonunge des HERRN/wie der HERR Mose geboten hatte.

Vnd es traten erzu die Heubtleute vber die tausent des kriegs volcks/nemlich/die vber tausent vnd vber hundert waren/zu Mose/ vnd sprachen zu jm/Deine knechte haben die summa genomen der krieges leute/die vnter vnsern henden gewesen sind/vnd feilet nicht einer/ darumb bringen wir dem HERRN geschencke/was ein jglicher funden hat von güldenem gerete/keten/armgeschmeide/ringe/ohren rincken vnd spangen/das vnser seelen versünet werden fur dem HERRn.

Vnd Mose nam von jnen sampt dem Priester Eleasar/das gold allerley gerets/Vnd alles golds Hebe/das sie dem HERRN huben/ war sechzehen tausent vnd sieben hundert vnd funffzig sekel/von den Heubtleuten vber tausent vnd hundert/denn die kriegs leute hatten geraubt ein jglicher fur sich/Vnd Mose mit Eleasar dem Priester nam das gold von den Heubtleuten vber tausent vnd hundert/vnd brachtens jnn die Hütten des Stiffts zum gedechtnis der kinder Israel fur dem HERRN.

XXXII.

DIe kinder Ruben vnd die kinder Gad hatten seer viel vieh/vnd sahen das land Jaeser vnd Gilead an fur bequeme stet zu jrem vieh/vnd kamen vnd sprachen zu Mose vnd zu dem Priester Eleasar vnd zu den Fürsten der Gemeine/Das land Atroth/Dibon/Jaeser/Nimra/Hesbon/Eleale/Seban/Nebo vnd Beon/das der HERR geschlagen hat fur der Gemeine Israel / ist bequeme zum vieh/vnd wir deine knechte haben vieh/ Vnd sprachen weiter/Haben wir gnade fur dir funden/so gib dis land deinen knechten zu eigen/so wollen wir nicht vber den Jordan zihen.

Mose sprach zu jnen/Ewre Brüder sollen jnn streit zihen/vnd jr wolt hie bleiben? Warumb macht jr der kinder Israel hertz wendig/das sie nicht hin vber zihen jnn das land/das jnen der HERR geben wird? Also theten auch ewre Veter/da ich sie aussandte von

Kades

Das Vierde Buch

KadesBarnea das land zu schawen/vnd da sie hinauff komen waren bis an den bach Escol/vnd sahen das land/machten sie das hertz der kinder Israel wendig/das sie nicht jnn das land wolten/das jnen der HERR geben wolt.

Vnd des HERRN zorn ergrimmet zur selben zeit/vnd schwur/ vnd sprach/Diese leute die aus Egypten gezogen sind von zwenzig jaren vnd drüber/sollen ja das land nicht sehen/das ich Abraham/ Isaac vnd Jacob geschworen habe/darumb/das sie mir nicht trewlich nachgefolget haben/ausgenomen Caleb den son Jephune des Kenisiters/vnd Josua den son Nun/denn sie haben dem HERRN trewlich nachgefolget/Also ergrimmet des HERRN zorn vber Israel/vnd lies sie hin vnd her jnn der wüsten zihen vierzig jar/bis das ein ende ward alle des geschlechts/das vbel gethan hatte fur dem HERRN.

Vnd sihe/jr seid auffgetretten an ewr Veter stat/das der sundiger deste mehr seien/vnd jr auch den zorn vnd grim des HERRN noch mehr macht wider Israel/Denn wo jr euch von jm wendet/so wird er auch noch lenger sie lassen jnn der wüsten/vnd jr werdet dis volck alles verderben.

Da traten sie erzu/vnd sprachen/Wir wollen nur schaff hürten hie bawen fur vnser vieh/vnd stedte fur vnser kinder/wir aber wollen vns rüsten forn an fur die kinder Israel/bis das wir sie bringen an jren ort/vnser kinder sollen jnn den verschlossen stedten bleiben vmb der einwoner willen des lands/Wir wollen nicht heim keren/bis die kinder Israel einnemen ein jglicher sein erbe/Denn wir wollen nicht mit jnen erben jenseid des Jordans/sondern vnser erbe sol vns disseid des Jordans gegen dem morgen gefallen sein.

Mose sprach zu jnen/Wenn jr das thun wolt/das jr euch rüstet zum streit fur dem HERRN/so zihe vber den Jordan fur dem HERRN/wer vnter euch gerüst ist/bis das er seine feinde austreibe von seinem angesicht/vnd das land vnterthan werde fur dem HERRN/ Darnach solt jr vmb wenden vnd vnschüldig sein dem HERRN vnd fur Israel/vnd solt dis land also haben zu eigen fur dem HERRN/ Wo jr aber nicht also thun wolt/ Sihe / so werdet jr euch an dem HERRN versündigen/vnd werdet ewr sunden jnnen werden/wenn sie euch finden wird/So bawet nu stedte fur ewre kinder/vnd hürten fur ewr vieh/vnd thut was jr gered habt.

Die kinder Gad vnd die kinder Ruben sprachen zu Mose/Deine knechte sollen thun/wie mein Herr geboten hat/Vnser kinder/weiber/ habe/vnd alle vnser vieh sollen jnn den stedten Gilead sein/Wir aber deine knechte wollen alle gerüst zum heer jnn den streit zihen fur dem HERRN/wie mein Herr gered hat.

Da gebot Mose jrer halben dem Priester Eleasar vnd Josua dem son Nun/vnd den obersten Vetern der stemme der kinder Israel/vnd sprach zu jnen/Wenn die kinder Gad vnd die kinder Ruben mit euch vber den Jordan zihen alle gerüst zum streit fur dem HERRN/vnd das land euch vnterthan ist/so gebt jnen das land Gilead zu eigen/ Zihen sie aber nicht mit euch gerüst/so sollen sie mit euch erben im
lande

Mose. CVII.

lande Canaan. Die kinder Gad vnd die kinder Ruben antworten/vnd sprachen/ Wie der HERR redet zu deinen knechten/ so wollen wir thun/ Wir wollen gerüst zihen fur dem HERRN jns land Canaan/ vnd vnser erbgut besitzen disseid des Jordans.

Also gab Mose den kindern Gad vnd den kindern Ruben vnd dem halben stam Manasse des sons Joseph/ das Königreich Sihon des Königs der Amoriter/vnd das Königreich Og des Königs zu Basan/ das land sampt den stedten jnn der gantzen grentze vmbher/ Da baweten die kinder Gad/Dibon/Atharoth/Aroer/Atroth/Sophan/ Jaeser/Jegabeha/Bethnimra/ vnd Betharan/verschlossen stedte/ vnd schafhürten/ Die kinder Ruben baweten/Hesbon/Eleale/Kiriathaim/Nebo/BaalMeon/vnd enderten die namen/vndSibama/ vnd gaben den stedten namen die sie baweten.

Vnd die kinder Machir des sons Manasse/giengen jnn Gilead/ vnd gewonnens/vnd vertrieben die Amoriter die drinnen waren/ Da gab Mose dem Machir dem son Manasse Gilead/vnd er wonet drinnen. Jair aber der son Manasse gieng hin vnd gewan jre dörffer/vnd hies sie Hanoth Jair/Nobah gieng hin vnd gewan Anath mit jren töchtern/vnd hies sie Nobah/nach seinem namen.

XXXIII.

Das sind die reisen der kinder Israel/die aus Egypten land gezogen sind nach jrem heer/ durch Mose vnd Aaron/ Vnd Mose beschreib jren auszug/wie sie zogen/nach dem befehl des HERRN/ Vnd sind nemlich dis die reisen jres zugs/ Sie zogen aus von Raemses am funffzehenden tag des ersten monden des andern tags der Ostern/ durch eine hohe hand/das alle Egypter sahen/vnd begruben eben die erste geburt/die der HERR vnter jnen geschlagen hatte/Denn der HERR hatte auch an jren Göttern gerichte geübt. Als sie von Raemses auszogen/lagerten sie sich jnn Suchoth.

Vnd zogen aus von Suchoth vnd lagerten sich jnn Etham/welchs ligt an dem ende der wüsten. Von Etham zogen sie aus/vnd blieben im grund Hahiroth/welchs ligt gegen BaalZephon/vnd lagerten sich gegen Migdol. Von Hahiroth zogen sie aus/vnd giengen mitten durchs meer jnn die wüsten/vnd reiseten drey tage reise jnn der wüsten Etham/vnd lagerten sich jnn Marah. Von Marah zogen sie aus vnd kamen gen Elim/darinn waren zwelff wasser brunnen vnd siebenzig palmen/vnd lagerten sich daselbs.

Von Elim zogen sie aus vnd lagerten sich an das Schilff meer. Von dem Schilff meer zogen sie aus/vnd lagerten sich jnn der wüsten Sin. Von der wüsten Sin zogen sie aus / vnd lagerten sich jnn Daphka.Von Daphka zogen sie aus/vnd lagerten sich jnn Alus/Von Alus zogen sie aus/vnd lagerten sich jnn Raphidim/ Daselbs hatte das volck kein wasser zu trincken/Von Raphidim zogen sie aus/vnd lagerten sich jnn der wüsten Sinai.

T   Von Sinai

Das Vierde Buch.

Von Sinai zogen sie aus/vnd lagerten sich jnn die Lustgreber/ Von den Lustgrebern zogen sie aus/vnd lagerten sich jnn Hazeroth/ Von Hazeroth zogen sie aus/vnd lagerten sich jnn Rithma/Von Rithma zogen sie aus/vnd lagerten sich jnn RimonParez/Von Rimon Parez zogen sie aus/vnd lagerten sich jnn Libna/Von Libna zogen sie aus/vnd lagerten sich jnn Rissa/Von Rissa zogen sie aus/vnd lagerten sich jnn Kehelatha/ Von Kehelatha zohen sie aus/vnd lagerten sich im gebirge Sapher/Vom gebirge Sapher zogen sie aus/vnd lagerten sich jnn Harada/Von Harada zogen sie aus/vnd lagerten sich jnn Makeheloth.

Von Makeheloth zogen sie aus/vnd lagerten sich jnn Tahath/ Von Tahath zogen sie aus/vnd lagerten sich jnn Tharah/Von Tharah zogen sie aus/vnd lagerten sich jnn Mithka/Von Mithka zogen sie aus/vnd lagerten sich jnn Hasmona/Von Hasmona zogen sie aus/ vnd lagerten sich jnn Mosseroth/Von Mosseroth zogen sie aus/vnd lagerten sich jnn BneJaekon/Von BneJaekon zogen sie aus/vnd lagerten sich jnn Hor gidgad/Von Hor gidgad zogen sie aus/vnd lagerten sich jnn Jatbatha/Von Jatbatha zogen sie aus/vnd lagerten sich jnn Abrona/ Von Abrona zogen sie aus/vnd lagerten sich jnn Ezeongaber/Von Ezeongaber zogen sie aus/vnd lagerten sich jnn der wüsten Zin/das ist Kades.

Von Kades zogen sie aus/vnd lagerten sich an dem berge Hor an der grentze des lands Edom/Da gieng der Priester Aaron auff den berg Hor/nach dem befehl des HERRN/vnd starb daselbs im vierzigsten jar des auszugs der kinder Jsrael aus Egypten land im ersten tag des funfften monden/da er hundert vnd drey vnd zwenzig jar alt war. Vnd Arad der König der Cananiter der da wonet gegen mittag des lands Canaan hörete das die kinder Jsrael kamen.

Vnd von dem berge Hor zogen sie aus/vnd lagerten sich jnn Zalmona/ Von Zalmona zogen sie aus/vnd lagerten sich jnn Phunon/ Von Phunon zogen sie aus/vnd lagerten sich jnn Oboth/Von Oboth zogen sie aus/vnd lagerten sich jnn Jgim/am gebirge Abarim jnn der Moabiter grentze/Von Jgim zogen sie aus/vnd lagerten sich jnn DibonGad/Von DibonGad zogen sie aus/vnd lagerten sich jnn Almon Diblathaim/ Von AlmonDiblathaim zogen sie aus/vnd lagerten sich jnn dem gebirge Abarim gegen Nebo/Von dem gebirge Abarim zogen sie aus/vnd lagerten sich jnn das gefilde der Moabiter an dem Jordan gegen Jeriho. Sie lagerten sich aber von Beth isimoth bis an die breite Sittim des gefilds der Moabiter.

Vnd der HERR redet mit Mose jnn dem gefilde der Moabiter an dem Jordan gegen Jeriho/vnd sprach/Rede mit den kindern Jsrael/vnd sprich zu jnen/Wenn jr vber den Jordan gegangen seid jnn das land Canaan/so solt jr alle einwoner vertreiben fur ewrem angesicht/vnd alle jre seulen vnd alle jre gegossene bilder vmbbringen/vnd alle jre Höhe vertilgen/das jr also das land einnemet vnd drinnen wonet/Denn euch hab ich das land gegeben/das jrs einnemet/Vnd solt das land aus teilen durchs los vnter ewre geschlechte/Denen der viel ist/solt jr deste mehr zu teilen/vnd denen der wenig ist/solt jr deste weniger zu teilen/ Wie das los einem jglichen daselbs felt/so sol ers haben/nach den stemmen jrer Veter.

Werdet jr

Mose. CVIII.

Werdet jr aber die einwoner des lands nicht vertreiben fur ewrem angesicht/so werden euch die/so jr vberbleiben lasst/zu dornen werden inn ewern augen vnd zu stachel inn ewern seiten/vnd werden euch drengen auff dem lande/da jr jnnen wonet/So wirds denn gehen/das ich euch gleich thun werde/was ich gedacht jnen zu thun.

XXXIIII.

Vnd der HERR redet mit Mose/vnd sprach/Gebeut den kindern Israel/vnd sprich zu jnen/Wenn jr ins land Canaan kompt/so sol das land/das euch zum erbteil fellet im lande Canaan/seine grentze haben/Die ecke gegen mittag sol anfahen an der wüsten Zin bey Edom/ das ewr grentze gegen mittag sey vom ende des Saltzmeers/das gegen morgen ligt/vnd das die selb grentze sich lende von mittag hinauff gen Akrabim/vnd gehe durch Zinna/vnd sein ende von mittag/bis gen Kades Barnea/vnd gelange am dorff Adar/vnd gehe durch Azmon/vnd lende sich von Azmon an den bach Egypti/ vnd sein ende sey an dem meer.

Aber die grentze gegen dem abend/sol diese sein/nemlich/Das grosse meer/Das sey ewr grentze gegen dem abend.

Die grentze gegen mitternacht sol diese sein/Ir solt messen von dem grossen meer an den berg Hor/vnd von dem berge Hor messen/bis man kompt gen Hamath/das sein ausgang sey die grentze Zedada/vnd desselben grentze ende gen Siphron/vnd sey sein ende am dorff Enan/Das sey ewr grentze gegen mitternacht.

Vnd solt euch messen die grentze gegen morgen/vom dorff Enan gen Sepham/vnd die grentze gehe erab von Sepham gen Ribla zu Ain von morgen werts/Darnach gehe sie erab vnd lencke sich auff die seiten des meers Chinereth gegen dem morgen/vnd kom erab an den Jordan/das sein ende sey das Saltzmeer/Das sey ewr land mit seiner grentze vmb her.

Vnd Mose gebot den kindern Israel/vnd sprach/Das ist das land/das jr durchs los vnter euch teilen solt/das der HERR geboten hat den neun stemmen vnd dem halben stam zu geben/Denn der stam der kinder Ruben des hauses jrs vaters/vnd der stam der kinder Gad des hauses jrs vaters/vnd der halbe stam Manasse haben jr teil genomen/Also haben die zween stemme vnd der halbe stam jr erbteil dahin/disseid des Jordans gegen Jeriho gegen dem morgen.

Vnd der HERR redet mit Mose/vnd sprach/Das sind die namen der menner/die das land vnter euch teilen sollen/Der Priester Eleasar/vnd Josua der son Nun/Dazu solt jr nemen eins jglichen stams Fürsten das land aus zu teilen/Vnd das sind der menner namen/Caleb der son Jephune des stams Juda/Semuel der son Antmihud des stams Simeon/Elidad der son Cislon des stams BenJamin/Buki der son Jagli Fürst des stams der kinder Dan/Daniel der son Ephod Fürst des stams der kinder Manasse von den kindern Joseph/Kemuel der son Siphtan Fürst des stams der kinder Ephraim/

T ij Elizaphan

Das Vierde Buch.

Elizaphan der son Parnach Fürst des stams der kinder Sebulon/Paltiel der son Asan Fürst des stams der kinder Isaschar/Ahihud der son Selomi Fürst des stams der kinder Asser/Pedahel der son Ammihud Fürst des stams der kinder Naphthali. Dis sind sie/denen der HERR gebot/das sie den kindern Israel erbe austeileten im lande Canaan.

XXXV.

Vnd der HERR redet mit Mose auff dem gefilde der Moabiter am Jordan gegen Jeriho/vnd sprach/Gebent den kindern Israel/das sie den Leuiten stedte geben von jren erbgütern/das sie wonen mügen/Dazu die vorstedte vmb die stedte her solt jr den Leuiten auch geben/das sie jnn den stedten wonen/vnd jnn den vorstedten jr vieh vnd gut vnd allerley thier haben.

a (Messen) Das ist Geometrica proportionegered/Nemlich/Die vorstad/sol rings vmbher an der stad/tausent ellen weit sein/vnd eine jgliche seite der stad zwey tausent ellen lang/Das heisset auff Deudsch/Die vorstad sol halb so weit sein/als eine seite der stad lang ist/Sie sey viereckect/rund/dreyeckect oder wie sie kan/So sol man sie messen vnd jnn vier seiten teilen/Vnd darnach sie gros oder klein ist/wird die vorstad auch gros oder klein/vt sic.

Die weite aber der vorstedte/die sie den Leuiten geben/sol tausent ellen ausser der stad mauren vmbher haben/So solt jr nu a messen aussen an der stad von der ecken gegen dem morgen zwey tausent ellen/Vnd von der ecken gegen mittag zwey tausent ellen/Vnd von der ecken gegen dem abend zwey tausent ellen/Vnd von der ecken gegen mitternacht zwey tausent ellen/das die stad im mittel sey/Das sollen jre vorstedte sein.

Vnd vnter den stedten/die jr den Leuiten geben werdet/sollet jr sechs Frey stedte geben/das da hinein flihe/wer einen todschlag gethan hat/Vber die selben solt jr noch zwo vnd vierzig stedte geben/das alle stedte/die jr den Leuiten gebt/seien/acht vnd vierzig mit jren vorstedten/vnd solt der selben deste mehr geben/von denen/die viel besitzen vnter den kindern Israel/vnd deste weniger von denen/die wenig besitzen/Ein jglicher nach seinem erbteil/das jm zu geteilet wird/sol stedte den Leuiten geben.

Vnd der HERR redet mit Mose/vnd sprach/Rede mit den kindern Israel/vnd sprich zu jnen/Wenn jr vber den Jordan jns land Canaan kompt/solt jr stedte aus welen/das Frey stedte seien/dahin fliehe/der einen todschlag vnuersehens thut/vnd sollen vnter euch solche frey stedte sein fur dem Blut recher/das der nicht sterben müsse/der einen todschlag gethan hat/bis das er fur der Gemeine fur gericht gestanden sey/Vnd der stedte/die jr geben werdet/sollen sechs Frey stedte sein/Drey solt jr geben dissseid des Jordans/vnd drey im lande Canaan. Das sind die sechs Frey stedte/beide den kindern Israel vnd den frembdlingen vnd den hausgenossen vnter euch/das dahin fliehe/wer einen todschlag gethan hat vnuersehens.

Wer jemand mit einem eisen schlegt das er stirbt/der ist ein todschleger/vnd sol des tods sterben/Wirfft er jn mit einem stein (damit jemand mag getödtet werden) das er dauon stirbet/so ist er ein todschleger/vnd sol des tods sterben/Schlegt er jn aber mit einem holtz (damit jemand mag tod geschlagen werden) das er stirbet/so ist er ein todschleger/vnd sol des tods sterben/Der Recher des bluts sol den todschleger zum tod bringen/Wie er geschlagen hat/sol man jn wider tödten/Stösset er jn aus hass/oder wirfft etwas auff jn aus list das er stirbet/oder schlegt jn durch feindschafft mit seiner hand das er stirbet/

Mose. CIX.

er stirbet/so sol er des tods sterben der jn geschlagen hat/Denn er ist ein todschleger/Der Recher des bluts sol jn zum tod bringen.

Wenn er jn aber on gefehr stosset on feindschafft/oder wirffet jrgend etwas auff jn vnuersehens/oder jrgend einen stein (dauon man sterben mag/vnd hats nicht gesehen) auff jn wirfft das er stirbet/vnd er ist nicht sein feind/hat jm auch kein vbels gewolt/so sol die Gemeine richten zwisschen dem der geschlagen hat/vnd dem Recher des bluts jnn diesem gericht/vnd die Gemeine sol den todschleger erretten von der hand des Blut rechers/vnd sol jn wider komen lassen zu der Frey stad dahin er geflohen war/vnd sol daselbs bleiben/bis das der Hohe priester sterbe den man mit dem heiligen öle gesalbet hat.

Wird aber der todschleger aus seiner freien stad grentze gehen/dahin er geflohen ist/vnd der Blut recher findet jn ausser der grentzen seiner freien stad/vnd schlegt jn tod/der sol des bluts nicht schüldig sein/denn er solt jnn seiner freien stad bleiben/bis an den tod des Hohen priesters/vnd nach des Hohen priesters tod wider zum lande seines erbguts komen/Das sol euch ein Recht sein bey ewrn nachkomen/wo jr wonet.

Den todschleger sol man tödten nach dem mund zweier zeugen/Ein zeuge sol nicht antworten vber eine seele zum tode/Vnd jr solt keine versünung nemen vber die seele des todschlegers/denn er ist des tods schüldig/vnd er sol des tods sterben/Vnd solt keine versünung nemen vber dem/der zur Freystad geflohen ist/das er wider kome zu wonen im lande/bis der Priester sterbe.

Vnd schendet das land nicht/darinnen jr wonet/Denn wer blut schüldig ist/der schendet das land/Vnd das land kan vom blut nicht versünet werden/das drinnen vergossen wird/on durch das blut des/der es vergossen hat/Verunreinigt das land nicht/darinnen jr wonet/darinnen ich auch wone/Denn ich bin der HERR/der vnter den kindern Israel wonet.

XXXVI.

Vnd die obersten Veter der geschlecht der kinder Gilead/des sons Machir/der Manasse son war/von dem geschlecht der kinder Joseph/tratten erzu vnd redten fur Mose/vnd fur den Fürsten den obersten Vetern der kinder Israel/vnd sprachen/Lieber Herr/der HERR hat geboten/das man das land zum erbteil geben solt durchs los den kindern Israel/Vnd du mein Herr hast geboten durch den HERRN/das man das erbteil Zelaphehad vnsers Bruders/seinen töchtern geben sol/wenn sie jemand aus den stemmen Israel zu weiber nimpt/So wird vnsers vaters erbteil weniger werden/vnd so viel sie haben wird zu dem erbteil komen des stams/dahin sie komen/Also wird das los vnsers erbteils geringert/Wenn denn nu das Hall jar der kinder Israel kompt/so wird jr erbteil zu dem erbteil des stams komen/da sie sind/also wird vnsers vaters erbteil geringert/so viel sie haben.

T iij   Mose ge

Das Vierde Buch

Mose gebot den kindern Israel nach dem befelh des HERRN/ vnd sprach/Der stam der kinder Joseph hat recht gered/Das ists/ das der HERR gebeut den töchtern Zelaphehad/vnd spricht/Las sie freien/wie es jnen gefelt/allein das sie freien vnter dem geschlecht des stams jrs vaters/auff das nicht die erbteil der kinder Israel fallen von einem stam zum andern/ Denn ein jglicher vnter den kindern Israel sol anhangen an dem erbe des stams seines vaters/ vnd alle töchter die erbteil besitzen vnter den stemmen der kinder Israel/sollen freien einem von dem geschlecht des stams jrs vaters/auff das ein jglicher vnter den kindern Israel seines vaters erbe behalte/ vnd nicht ein erbteil von einem stam falle auff den andern/sondern ein jglicher hange an seinem erbe vnter den stemmen der kinder Israel.

Wie der HERR Mose geboten hatte/so theten die töchter Zelaphehad/Mahela/Thirza/Hagla/Milca/ vnd Noa/ vnd freieten den kindern jrer vettern/des geschlechts der kinder Manasse des sons Joseph/Also bleib jr erbteil an dem stam des geschlechts jres vaters. Das sind die Gebot vnd Rechte/die der HERR gebot durch Mose den kindern Israel auff dem gefilde der Moabiter am Jordan gegen Jeriho.

Ende des vierden Buchs Mose.

Das Funffte buch Mose.

I.

DAs sind die wort/die Moses redet zum gantzen Israel jenseid dem Jordan inn der wüsten auff dem gefilde/gegen dem Sumpff/zwischen Paran vnd Thophel/Laban/Hazeroth vnd Disahab/eilff tage reise von Horeb/durch den weg des gebirges Seir/bis gen Kades Barnea/Vnd es geschach im vierzigsten jar am ersten tage des eilfften monden/Da redet Mose mit den kindern Israel/alles wie jm der HERR an sie geboten hatte/nach dem er Sihon den König der Amoriter geschlagen hatte/der zu Hesbon wonete/Dazu Og den König zu Basan/der zu Astharoth vnd zu Edrei wonete.

Jenseid des Jordans im lande der Moabiter fieng an Mose aus zu legen dis Gesetz/vnd sprach/Der HERR vnser Gott redet mit vns am berge Horeb/vnd sprach/Ir seid lang gnug an diesem berge gewesen/wendet euch vnd zihet hin/das jr zu dem gebirge der Amoriter kompt/vnd zu allen jren nachbarn/im gefilde/auff bergen/vnd inn gründen/gegen mittag vnd gegen den anfurt des meers im lande Canaan/vnd zum berge Libanon/bis an das grosse wasser Phrath/Sihe da/ich habe euch das land/das da fur euch ligt/gegeben/Gehet hinein vnd nempts ein/das der HERR ewrn Vetern Abraham/ Isaac vnd Jacob geschworen hat/das ers jnen vnd jrem samen nach jnen geben wolt.

Da sprach ich zu der selben zeit zu euch/Ich kan euch nicht allein ertragen/denn der HERR ewr Gott hat euch gemehret/das jr heuts tages seid/wie die menge der stern am himel (Der HERR ewr Veter Gott mache ewr noch viel tausent mehr/vnd segne euch/wie er euch gered hat) Wie kan ich allein solche mühe vnd last vnd hadder von euch ertragen? Schaffet her weise/verstendige leute/die vnter ewrn steinmen bekand sind/die wil ich vber euch zu Heubter setzen.

Da antwortet jr mir/vnd spracht/Das ist ein gut ding/dauon du sagest/das du es thun wilt/Da nam ich die Heubter ewr stemme/ weise vnd bekandte menner/vnd satzte sie vber euch zu Heubtern/vber tausent/vber hundert/vber funfftzig/vnd vber zehen/vnd Amptleute vnter ewrn stemmen/Vnd gebot ewrn Richtern zur selben zeit/vnd sprach/Verhöret ewre Brüder/vnd richtet recht zwischen jederman/ vnd seinem bruder vnd dem frembdlingen/Keine person solt jr im Gericht ansehen/sondern solt den kleinen hören wie den grossen/vnd fur niemands person euch schewen/Denn das Gericht ampt ist Gottes/ Wird aber euch eine sache zu hart sein/die lasset an mich gelangen/ das ich sie höre/Also gebot ich euch zu der zeit alles was jr thun solt.

Da zogen

Das Funffte Buch

Da zogen wir aus von Horeb vnd wandelten durch die gantze wüste (die gros vnd grawsam ist/wie jr gesehen habt) auff der strasse zum gebirge der Amoriter/wie vns der HERR vnser Gott geboten hatte/vnd kamen bis gen Kades Barnea/Da sprach ich zu euch/Jr seid an das gebirge der Amoriter komen/das vns der HERR vnser Gott geben wird/Sihe da das land fur dir das der HERR dein Gott dir gegeben hat/Zeuch hinauff vnd nims ein/wie der HERR deiner Veter Gott dir gered hat/Furcht dich nicht/vnd las dir nicht grawen.

Da kamet jr zu mir alle/vnd spracht/Lasst vns menner fur vns hin senden/die vns das land erkunden/vnd vns wider sagen/durch welchen weg wir hinein zihen sollen/vnd die stedte/da wir ein komen sollen/Das gefiel mir wol/vnd nam aus euch zwelff menner/von jglichem stam einen/Da die selbigen weg giengen vnd hinauff zogen auff das gebirge/vnd an den bach Escol kamen/da besahen sie es/vnd namen der früchte des lands mit sich/vnd brachten sie erab zu vns/vnd sagten vns wider/vnd sprachen/Das land ist gut/das der HERR vnser Gott vns gegeben hat.

Aber jr woltet nicht hinauff zihen/vnd wordet vngehorsam dem wort des HERRN ewrs Gottes/vnd murretet jnn ewren hütten/vnd spracht/Der HERR ist vns gram/Darumb hat er vns aus Egypten land gefüret/das er vns jnn der Amoriter hende gebe zuuertilgen/Wo sollen wir hinauff? Vnser Brüder haben vnser hertz verzagt gemacht/vnd gesagt/Das volck sey grösser vnd höher denn wir/die stedte seien gros vnd bis jnn den himel vermauret/Dazu haben wir die kinder Enakim daselbs gesehen.

Ich sprach aber zu euch/Entsetzt euch nicht/vnd furcht euch nicht fur jnen/Der HERR ewr Gott zeucht fur euch hin/vnd wird fur euch streiten/wie er mit euch gethan hat jnn Egypten fur ewren augen/vnd jnn der wüsten/da du gesehen hast/wie dich der HERR dein Gott getragen hat/wie ein man seinen son tregt/durch allen weg/da her jr gewandelt habt/bis jr an diesen ort komen seid/Aber das galt nichts bey euch/das jr an den HERRN ewren Gott hettet gegleubt/der fur euch her gieng/euch die stete zu weisen/wo jr euch lagern soltet/des nachts jnn fewr/das er euch den weg zeigete/darinnen jr gehen soltet/vnd des tags jnn der wolcken.

Als aber der HERR ewr geschrey höret/ward er zornig vnd schwur/vnd sprach/Es sol keiner dieses bösen geschlechts das gute land sehen/das ich jren Vetern zu geben geschworen habe/on Caleb der son Jephune der sol es sehen/vnd jm wil ich geben das land darauff er getretten hat vnd seinen kindern/darumb das er trewlich dem HERRN gefolget hat/Auch ward der HERR vber mich zornig vmb ewr willen/vnd sprach/Du solt auch nicht hinein komen/Aber Josua der son Nun/der dein Diener ist/der sol hinein komen/den selben stercke/denn er sol Israel das erbe austeilen/Vnd ewre kinder/dauon jr sagetet/sie würden ein raub werden/vnd ewre söne/die heuts tags weder guts noch böses verstehen/die sollen hinein komen/den selben wil ichs geben/vnd sie sollens einnemen/Jr aber wendet euch vnd zihet nach der wüsten den weg zum schilff meer.

Da ant-

Mose. CXI.

Da antwortet jr/vnd spracht zu mir/Wir haben an dem HERRN gesündigt/Wir wollen hinauff vnd streiten/wie vns der HERR vnser Gott geboten hat. Da jr euch nu rüstet ein jglicher mit seinem harnisch/vnd ward an dem/das jr hinauff zoget auffs gebirge/ Sprach der HERR zu mir/Sage jnen/das sie nicht hinauff zihen/ auch nicht streiten/Denn ich bin nicht vnter euch/auff das jr nicht geschlagen werdet für ewren feinden. Da ich euch das sagete/gehorchtet jr nicht/vnd wordet vngehorsam dem wort des HERRN/ Vnd ward vermessen/vnd zoget hinauff auffs gebirge/Da zogen die Amoriter aus/die auff dem gepirge woneten/euch entgegen/vnd jagten euch/wie die bienen thun/vnd schlugen euch zu Seir/bis gen Harma/ Da jr nu wider kamet vnd weinetet für dem HERRN/wolt der HERR ewr stim nicht hören/vnd neigt seine ohren nicht zu euch/Also bliebet jr jnn Rades eine lange zeit.

II.

DA wandten wir vns vnd zogen aus zur wüsten auff der strassen zum Schilffmeer/wie der HERR zu mir sagete/vnd vmbzogen das gebirge Seir eine lange zeit/ Vnd der HERR sprach zu mir/Jr habt dis gebirge nu gnug vmbzogen/ wendet euch gegen mitternacht/Vnd gebeut dem volck/vnd sprich/Jr werdet durch die grentze ewer Brüder der kinder Esau zihen/die da wonen zu Seir/vnd sie werden sich für euch fürchten/Aber verwaret euch mit vleis/das jr sie nicht bekrieget/Denn ich werde euch jres lands nicht einen fusbreit geben/ Denn das gebirge Seir hab ich den kindern Esau zu besitzen gegeben/ Speise solt jr vmb geld von jnen keuffen das jr esset/vnd wasser solt jr vmbs geld von jnen keuffen das jr trincket/Denn der HERR dein Gott hat dich gesegnet jnn allen wercken deiner hende/Er hat dein reisen zu hertzen genomen/durch diese grossen wüsten/vnd ist vierzig jar der HERR dein Gott bey dir gewesen/das dir nichts gemangelt hat.

Da wir nu durch vnsere Brüder die kinder Esau gezogen waren/ die auff dem gepirge Seir woneten/auff dem wege des gefildes von Elath vnd Ezeongaber/wandten wir vns vnd giengen durch den weg der wüsten der Moabiter/Da sprach der HERR zu mir/Du solt die Moabiter nicht beleidigen noch bekriegen/Denn ich wil dir jrs lands nichts zu besitzen geben/ Denn ich habe Ar den kindern Lot zu besitzen geben/Die Emim haben vorzeiten drinnen gewonet/das war ein gros/starck vnd hoh volck/wie die Enakim/ Man hielt sie auch für Risen/ gleich wie Enakim/Vnd die Moabiter heissen sie auch Emim. Auch woneten vorzeiten jnn Seir die Horiter/Vnd die kinder Esau vertrieben vnd vertilgeten sie für jnen vnd woneten an jr stat/ gleich wie Israel dem land seiner besitzung thet/das jnen der HERR gab.

So macht euch nu auff vnd zihet durch den bach Sared/vnd wir zogen erdurch. Die zeit aber/die wir von Rades Barnea zogen/bis wir durch den bach Sared kamen/war acht vnd dreissig jar/auff das alle die kriegsleute sturben im lager/wie der HERR jnen geschworen hatte/Dazu war auch die hand des HERRN wider sie/das sie vmbkemen aus dem lager/bis das jr ein ende würde.

Vnd da

Das fünffte Buch

Vnd da alle der kriegsleute ein ende war / das sie storben vnter dem volck / redet der HERR mit mir / vnd sprach / Du wirst heute durch die grentze der Moabiter zihen bey Ar / vnd wirst nahe komen gegen die kinder Ammon / die soltu nicht beleidigen noch bekriegen / Denn ich wil dir des lands der kinder Ammon nichts zu besitzen geben / denn ich habs den kindern Lot zu besitzen gegeben / Es ist auch geschetzt fur der Risen land / vnd haben auch vorzeiten Risen drinnen gewonet / Vnd die Ammoniter heissen sie Sammesumim / das war ein gros / starck vnd hoh volck / wie die Enakim / vnd der HERR vertilget sie fur jnen / vnd lies sie die selben besitzen / das sie an jrer stat da woneten / gleich wie er gethan hat mit den kindern Esau / die auff dem gebirge Seir wonen / da er die Horiter fur jnen vertilget / vnd lies sie / die selben besitzen / das sie da an jrer stat woneten / bis auff diesen tag. Vnd die Caphthorim zogen aus Caphthor vnd vertilgeten die Auim / die zu Hazerim woneten / bis gen Gaza / vnd woneten an jre stat da selbs.

Macht euch auff vnd zihet aus / vnd gehet vber den bach bey Arnon / Sihe / ich hab Sihon den König der Amoriter zu Hesbon jnn deine hende gegeben / mit seinem lande / Heb an einzunemen vnd streite wider jn / Heuts tags wil ich anheben / das sich fur dir furchten vnd erschrecken sollen alle völcker vnter allen himeln / das / wenn sie von dir hören / jnen bange vnd wehe werden sol fur deiner zukunfft.

Da sandte ich boten aus der wüsten von morgen werts zu Sihon dem Könige zu Hesbon mit fridlichen worten / vnd lies jm sagen / Jch wil durch dein land zihen / vnd wo die strasse gehet / wil ich gehen / ich wil weder zur rechten noch zur lincken aus weichen / Speise soltu mir vmbs geld verkeuffen / das ich esse / vnd wasser soltu mir vmbs geld geben / das ich trincke / Jch wil nur zu fus durch hin gehen / wie mir die kinder Esau gethan haben / die zu Seir wonen / vnd die Moabiter / die zu Ar wonen / bis das ich kome vber den Jordan / jns land / das vns der HERR vnser Gott geben wird.

Aber Sihon der König zu Hesbon wolte vns nicht durch zihen lassen / denn der HERR dein Gott verhertet seinen mut vnd verstockt jm sein hertz / auff das er jn jnn deine hend gebe / wie es jtzt ist am tage. Vnd der HERR sprach zu mir / Sihe / ich hab angefangen zu geben fur dir den Sihon mit seinem lande / hebt an einzunemen vnd zu besitzen sein land / Vnd Sihon zog aus vns entgegen mit alle seinem volck zum streit gen Jahza / Aber der HERR vnser Gott gab jn fur vns / das wir jn schlugen mit seinen kindern vnd seinem gantzen volck.

Da gewonnen wir zu der zeit alle seine stedte / vnd verbanneten alle stedte / beide menner / weiber vnd kinder / vnd liessen niemand vber bleiben / on das viech raubten wir fur vns / vnd die ausbeute der stedte / die wir gewonnen von Aroer an / die am vfer des bachs bey Arnon ligt / vnd von der stad im grunde / bis gen Gilead / Es war keine stad die sich fur vns schützen kund / Der HERR vnser Gott gab vns alles fur vns / on zu dem lande der kinder Ammon kamestu nicht / noch zu allem das am bach Jabok war / noch zu den stedten auff dem gebirge / noch zu allem das vns der HERR vnser Gott verboten hatte.

Vnd wir

Mose. CXII.
III.

Vnd wir wandten vns vnd zogen hinauff den weg zu Basan/Vnd Og der König zu Basan zog aus vns entgegen mit alle seinem volck zu streiten bey Edrej / Aber der HERR sprach zu mir / Fürcht dich nicht fur jm/ denn ich hab jn vnd alle sein volck mit seinem land jnn deine hende gegeben/vnd solt mit jm thun/wie du mit Sihon dem Könige der Amoriter gethan hast/der zu Hesbon sas/ Also gab der HERR vnser Gott auch den König Og zu Basan jnn vnser hende mit alle seinem volck/das wir jn schlugen bis das jm nichts vberbleib.

Da gewonnen wir zu der zeit alle seine stedte/vnd war keine stad die wir jm nicht namen/sechzig stedte/die gantze gegend Argob im Königreich Og zu Basan / Alle diese stedte waren fest/ mit hohen mauren/thoren vnd rigeln/on andere seer viel Flecken/on mauren/ vnd verbanneten sie/gleich wie wir mit Sihon dem Könige zu Hesbon thaten/alle stedte verbanneten wir/beide mit mennern/weibern vnd kindern/Aber alles vieh vnd raub der stad raubeten wir fur vns.

Also namen wir zu der zeit das land aus der hand der zween Könige der Amoriter jenseid dem Jordan/von dem bach bey Arnon an/ bis an den berg Hermon/welchen die Zidoner/Sireon heissen/Aber die Amoriter heissen jn Senir/Alle stedte auff der ebene vnd das gantze Gilead vnd das gantze Basan/bis gen Salcha vnd Edrej/die stedte des Königreichs Og zu Basan/Denn allein der König Og zu Basan war noch vberig von den Risen/Sihe/sein eisern bette ist alhie zu Rabath der kinder Ammon / neun elle lang vnd vier ellen breit nach eins mans ellenbogen.

Solch land namen wir ein zu der selben zeit/von Aroer an die am bach bey Arnon ligt/Vnd ich gab das halbe gebirge Gilead mit seinen stedten den Rubenitern vnd Gadditern / aber das vbrige Gilead vnd das gantze Basan des Königreichs Og/ gab ich dem halben stam Manasse/ die gantze gegend Argob zum gantzen Basan/das heisst der Risen land. Jair der son Manasse nam die gantze gegend Argob/bis an die grentze Gessuri vn Maachathi/vnd hies das Basan nach seinem namen/Hauoth Jair/bis auff den heutigen tag/ Machir aber gab ich Gilead/vnd den Rubenitern vnd Gadditern gab ich des Gileads ein teil/bis an den bach bey Arnon/mitten im bach der die grentze ist/vnd bis an den bach Jabok/der die grentze ist der kinder Ammon/dazu das gefilde/vnd den Jordan (der die grentze ist) von Cinereth an bis an das meer am gefilde/nemlich/das Saltzmeer vnden am berge Pisga gegen dem morgen·

Vnd gebot euch zu der selben zeit/vnd sprach/Der HERR ewr Gott hat euch dis land gegeben einzunemen/so zihet nu gerüstet fur ewrn Brüdern den kindern Israel her/was streitbar ist/on ewr weiber vnd kinder vnd vieh (Denn ich weis das jr viel viehe habt) lasst jnn ewrn stedten bleiben/die ich euch gegeben habe/bis das der HERR ewr Brüder auch zu ruge bringet/wie euch/das sie auch das land einnemen/das jnen der HERR ewr Got geben wird/jenseid dem Jordan/so solt jr denn wider keren zu ewr besitzung/die ich euch gegeben habe. Vnd Josua

Das Funffte Buch

Vnd Josua gebot ich zur selben zeit/vnd sprach/ Deine augen haben gesehen/alles was der HERR ewr Gott diesen zween Königen gethan hat/also wird der HERR auch allen Königreichen thun/ da du hin zeuchst/ Fürchtet euch nicht fur jnen/denn der HERR ewr Gott streit fur euch.

Vnd ich bat den HERRN zu der selben zeit/vnd sprach/ Herr HERR/du hast angehaben zu erzeigen deinem Knecht deine herrligkeit vnd deine starcke hand/ Denn wo ist ein Gott jnn himel vnd erden/der es deinen wercken vnd deiner macht kündt nach thun? Las mich gehen vnd sehen das gute land jenseid dem Jordan/dis gute gebirge vnd den Libanon. Aber der HERR war zornig auff mich vmb ewr willen/vnd erhöret mich nicht/sondern sprach zu mir/Las gnug sein/sage mir dauon nicht mehr/Steige auff die höhe des bergs Pisga/vnd hebe deine augen auff gegen dem abend/vnd gegen mitternacht/vnd gegen mittag/vnd gegen dem morgen/vnd sihes mit augen/denn du wirst nicht vber diesen Jordan gehen/Vnd gebeut dem Josua/das er getrost vnd vnerzagt sey/denn er sol vber den Jordan zihen fur dem volck her/vnd sol jnen das land austeilen/das du sehen wirst/Also blieben wir im tal gegen dem hause Peor.

(Hause)
Kirchen oder Tempel.

IIII.

Vnd nu höre Israel die gebot vnd Rechte/die ich euch lere/das jr sie thun solt/auff das jr lebet vnd hinein komet/vnd das land einnemet/das euch der HERR ewr Veter Gott gibt/ Jr solt nichts dazu thun/das ich euch gebiete/vnd solt auch nichts dauon thun/auff das jr bewaren mügt die gebot des HERRN ewrs Gottes/ die ich euch gebiete/ Ewr augen haben gesehen/was der HERR gethan hat wider den Baal Peor/ Denn alle die dem Baal Peor folgeten/hat der HERR dein Gott vertilget vnter euch/ Aber jr/die jr dem HERRN Gott anhienget/lebet alle heuts tags/ Sihe/ich hab euch geleret gebot vnd Rechte/wie mir der HERR mein Gott geboten hat/das jr also thun solt im lande/darein jr komen werdet das jrs einnemet.

(Bewaren)
Denn menschen lere hindert Gottes gebot / vnd füret von der warheit/ Tit. 3.

So behaltets nu vnd thuts/Denn so wird ewr weisheit vnd verstand gerhümet bey allen völckern/wenn sie hören werden alle diese gebot/das sie müssen sagen/Ey/welch weise vnd verstendige leute sind das/vnd ein herrlich volck/Denn wo ist so ein herrlich volck/zu dem Götter also nahe sich thun/als der HERR vnser Gott/so offt wir jn anruffen? Vnd wo ist so ein herrlich volck/das so gerechte sitten gebot habe/als alle dis Gesetz/das ich euch heuts tags furlege?

Hüt dich nur vnd beware deine seele wol/das du nicht vergessest der geschicht/die deine augen gesehen haben/vnd das sie nicht aus deinem hertzen komen alle dein leben lang/vnd solt deinen kindern vnd kinds kindern kund thun/den tag/da du fur dem HERRN deinem Gott stundest an dem berge Horeb/da der HERR zu mir sagt/ Versamle mir das volck/das sie meine wort hören/vnd lernen mich fürchten alle jr lebtag auff erden/vnd leren jre kinder.

Vnd jr

Mose. CXIII.

Vnd jr tratet erzu vnd stundet vnden an dem berge/ Der berg brandte aber bis mitten an den himel/ vnd war da finsternis/ wolcken vnd tunckel. Vnd der HERR redet mit euch mitten aus dem feur/ Die stim seiner wort höretet jr/ aber kein gleichnis sahet jr ausser der stim/ Vnd verkündigt euch seinen Bund/ den er euch gebot zu thun/ nemlich/ die Zehen wort/ vnd schreib sie auff zwo steinern tafeln. Vnd der HERR gebot mir zur selben zeit/ das ich euch leren solt/ gebot vnd rechte/ das jr darnach thetet im lande/ darein jr zihet/ das jrs einnemet.

So bewaret nu ewr seelen wol/ denn jr habt kein gleichnis gesehen des tages/ da der HERR mit euch redet aus dem feur auff dem berge Horeb/ auff das jr euch nicht verderbet/ vnd macht euch jrgend ein bilde/ das gleich sey einem man/ oder weib/ oder vieh auff erden/ oder vogel vnter dem himel/ oder gewürm auff dem lande/ oder fisch im wasser vnter der erden/ das du auch nicht deine augen auff hebest gen himel/ vnd sihest die Sonn vnd den Mond vnd die sterne/ das gantze heer des himels/ vnd fallest ab/ vnd bettest sie an vnd dienest jnen/ welche der HERR dein Gott verordent hat/ allen völckern vnter dem gantzen himel.

Euch aber hat der HERR angenomen/ vnd aus dem eisern ofen/ nemlich/ aus Egypten geführet/ das jr sein erb volck solt sein/ wie es ist an diesem tag/ Vnd der HERR ward so zornig vber mich/ vmb ewrs thuns willen/ das er schwur/ ich solt nicht vber den Jordan gehen/ noch jnn das gute land komen/ das dir der HERR dein Gott zum erbteil geben wird/ Sondern ich mus jnn diesem lande sterben/ vnd werde nicht vber den Jordan gehen/ jr aber werdet hinüber gehen vnd solch gut land einnemen.

So hütet euch nu/ das jr des Bunds des HERRN ewrs Gottes nicht vergesset/ den er mit euch gemacht hat/ vnd nicht bilder machet einicher gleichnis/ wie der HERR dein Gott geboten hat/ Denn der HERR dein Gott ist ein verzehrend feur vnd ein eiueriger Gott.

Wenn jr nu kinder zeuget vnd kinds kinder/ vnd im lande wonet/ vnd verderbet euch vnd macht euch bilder einicherley gleichnis/ das jr vbel thut fur dem HERRN ewrem Gott/ vnd jn erzürnet/ So ruff ich heuts tags vber euch zu zeugen himel vnd erden/ das jr werdet bald vmbkomen von dem lande/ jnn welchs jr gehet vber den Jordan/ das jrs einnemet/ Jr werdet nicht lange drinnen bleiben/ sondern werdet vertilget werden/ vnd der HERR wird euch zurstrewen vnter die völcker/ vnd werdet ein geringe pöbel vberig sein vnter den Heiden/ dahin euch der HERR treiben wird/ Daselbs wirstu dienen den Göttern/ die menschen hende werck sind/ holtz vnd stein/ die weder sehen noch hören/ noch essen noch riechen.

Wenn du aber daselbs den HERRN deinen Gott suchen wirst/ so wirstu jn finden/ wo du jn wirst von gantzem hertzen vnd von gantzer seelen suchen/ Wenn du geengstet sein wirst/ vnd dich treffen werden alle diese ding jnn den letzten tagen/ so wirstu dich bekeren zu dem HERRN deinem Gott/ vnd seiner stimme gehorchen/ Denn der HERR dein Gott/ ist ein barmhertziger Gott/ er wird dich nicht lassen noch verderben/ wird auch nicht vergessen des Bunds den er deinen Vetern geschworen hat.

y   Denn fra-

Das Funffte Buch

Denn frage nach den vorigen zeiten/die vor dir gewesen sind/von dem tage an/da Gott den menschen auff erden geschaffen hat/von einem ende des himels zum andern/ob jhe ein solch gros ding geschehen/oder des gleichen jhe gehöret sey/das ein volck Gottes stim gehöret habe aus dem feur reden/wie du gehöret hast vnd dennoch lebest/Oder ob Gott versucht habe hinein zu gehen/vnd jm ein volck mitten aus einem volck zu nemen/durch versuchung/durch zeichen/durch wunder/durch streit/vnd durch eine mechtige hand vnd durch einen ausgereckten arm/vnd durch grosse gesichte/wie das alles der HERR ewr Gott mit euch gethan hat jnn Egypten fur deinen augen.

Du hasts gesehen/auff das du wissest/das der HERR alleine Gott ist/vnd keiner mehr/Vom himel hat er dich seine stimme hören lassen/das er dich züchtiget/Vnd auff erden hat er dir gezeiget sein grosses feur/vnd seine wort hastu aus dem feur gehöret/darumb das er deine Veter geliebt vnd jren samen nach jnen erwelet hat/Vnd hat dich ausgefurt mit seinem angesicht/durch seine grosse krafft aus Egypten/das er vertriebe fur dir her grosse völcker/vnd sterker denn du bist/vnd dich hinein brecht/das er dir jr land gebe zum erbteil/wie es heuts tags stehet.

So soltu nu heuts tags wissen vnd zu hertzen nemen/das der HERR ein Gott ist oben am himel vnd vnden auff erden/vnd keiner mehr/das du haltest seine Rechte vnd gebot/die ich dir heute gebiete/so wird dirs vnd deinen kindern nach dir wol gehen/das dein leben lange were jnn dem lande/das dir der HERR dein Gott gibt ewiglich.

Da sonderte Mose drey stedte aus jenseid dem Jordan/gegen der Sonnen auffgang/das daselbs hin flohe/wer seinen nehesten tod schlegt vnuersehens/vnd jm vorhin nicht feind gewesen ist/der sol jnn der stedte eine fliehen/das er lebendig bleibe/Bezer jnn der wüsten im eben lande vnter den Rubenitern/vnd Ramoth jnn Gilead vnter den Gadditern/vnd Golan jnn Basan vnter den Manassitern.

Das ist das Gesetz/das Mose den kindern Israel furlegte/das ist das Zeugnis vnd Gebot vnd Rechte/die Mose den kindern Israel sagete/da sie aus Egypten gezogen waren/jenseid dem Jordan im tal gegen dem hause Peor/im lande Sihon des Königs der Amoriter der zu Hesbon sas/den Mose vnd die kinder Israel schlugen/da sie aus Egypten gezogen waren/vnd namen sein land ein/Dazu das land Og des Königs zu Basan/der zweier Könige der Amoriter/die jenseid dem Jordan waren/gegen der Sonnen auffgang/von Aroer an/welche an dem vfer ligt des bachs bey Arnon/bis an den berg Sihon/das ist der Hermon/Vnd alles blachfeld jenseid dem Jordan gegen dem auffgang der Sonnen bis an das meer im blachfeld vnden am berge Pisga.

V.

VNd Mose rieff dem gantzen Israel/vnd sprach zu jnen/Höre Israel die gebot vnd Rechte/die ich heute fur ewren ohren rede/vnd lernet sie vnd behaltet sie/das jr darnach thut. Der HERR vnser Gott hat einen Bund mit vns gemacht zu Horeb/vnd hat nicht mit vnsern Vetern diesen Bund gemacht/sondern mit vns/die wir hie sind heuts tags

Mose. CXIIII.

heuts tags vnd alle leben/ Er hat von angesicht mit vns aus dem feur auff dem berge gered/ Ich stund zu der selben zeit zwisschen dem HERRN vnd euch/ das ich euch ansagete des HERRN wort/ Denn jr furchtet euch fur dem feur/ vnd gienget nicht auff den berg/ Vnd er sprach.

Ich bin der HERR dein Gott/ der dich aus Egypten land gefuret hat aus dem dienst hause/ Du solt kein andere Götter haben fur mir/ Du solt dir kein bildnis machen einicher gleichnis/ weder oben im himel noch vnden auff erden/ noch im wasser vnter der erden/ Du solt sie nicht anbeten/ noch jnen dienen/ Denn ich bin der HERR dein Gott/ ein eiueriger Gott/ der die missethat der Veter heimsucht vber die kinder/ jns dritte vnd vierde gelied/ die mich hassen/ vnd barmherzigkeit erzeige jnn viel tausent/ die mich lieben vnd meine gebot halten.

Du solt den namen des HERRN deines Gottes/ nicht misbrauchen/ denn der HERR wird den nicht vngestrafft lassen/ der seinen namen misbraucht.

Den Sabbath tag soltu halten das du jn heiligest/ wie dir der HERR dein Gott geboten hat/ Sechs tage soltu erbeiten vnd alle deine werck thun/ Aber am siebenden tag ist der Sabbath des HERRN deines Gottes/ da soltu kein erbeit thun/ noch dein son/ noch deine tochter/ noch dein knecht/ noch deine magd/ noch dein ochse/ noch dein esel/ noch alle dein vieh/ noch der frembdling der jnn deinen thoren ist/ auff das dein knecht vnd deine magd ruge/ gleich wie du/ Denn du solt gedencken/ das du auch knecht jnn Egypten land warest/ vnd der HERR dein Gott dich von dannen ausgefuret hat mit einer mechtigen hand vnd ausgerecktem arm/ Darumb hat dir der HERR dein Gott geboten/ das du den Sabbath tag halten solt.

Du solt deinen vater vnd deine mutter ehren/ wie dir der HERR dein Gott geboten hat/ auff das du lange lebest/ vnd das dirs wol gehe jnn dem lande/ das dir der HERR dein Gott geben wird.

Du solt nicht tödten. Du solt nicht ehebrechen. Du solt nicht stelen. Du solt kein falsch zeugnis reden wider deinen nehesten. Las dich nicht gelüsten deines nehesten weib. Du solt nicht begeren deines nehesten haus/ acker/ knecht/ magd/ ochsen/ esel/ noch alles was sein ist.

Das sind die wort/ die der HERR redet zu ewer gantzen Gemeine auff dem berge aus dem feur der wolcken vnd tunckel mit grosser stim/ Vnd thet nichts dazu/ vnd schreib sie auff zwo steinern tafeln/ vnd gab sie mir.

Da jr aber die stim aus der finsternis höret/ vnd den berg mit feur brennen/ tratet jr zu mir alle obersten vnter ewern stemmen vnd ewer Eltesten/ vnd spracht/ Sihe/ der HERR vnser Gott hat vns lassen sehen/ seine herrligkeit vnd seine maiestet/ vnd wir haben seine stimme aus dem feur gehöret/ Heuts tages haben wir gesehen/ das Gott mit menschen redet vnd sie lebendig bleiben/ Vnd nu/ warumb sollen wir sterben/ das vns dis grosse feur verzehre? Wenn wir des HERRN vnsers Gottes stimme mehr hören/ so müssen wir sterben/ Denn was ist alles fleisch/ das es hören müge die stimme des lebendigen Gottes aus dem feur reden/ wie wir/ vnd lebendig bleibe? Trit du hin zu/ vnd

V ij   höre alles

Das Funffte Buch

hőre alles was der HERR vnser Gott saget/vnd sags vns/Alles was der HERR vnser Gott mit dir reden wird/das wollen wir hören vnd thun.

Da aber der HERR ewre wort höret/die jr mit mir redet/sprach er zu mir/Ich hab gehört die wort dieses volcks/die sie mit dir geredt haben/Es ist alles gut/was sie gered haben/Ah/das sie ein solch hertz hetten/mich zu fürchten/vnd zu halten alle meine gebot/jr leben lang/auff das jnen wol gienge vnd jren kindern ewiglich/Gehe hin vnd sage jnen/Gehet heim jnn ewre hütten/Du aber solt hie fur mir stehen/das ich mit dir rede alle Gesetz vnd Gebot vnd Rechte/die du sie leren solt/das sie darnach thun im lande/das ich jnen geben werde ein zunemen.

So behaltet nu das jr thut/wie euch der HERR ewr Gott geboten hat/vnd weicht nicht weder zur rechten noch zur lincken/sondern wandelt jnn allen wegen/die euch der HERR ewr Gott geboten hat/auff das jr leben mügt vnd euch wol gehe/vnd lange lebt im lande/das jr einnemen werdet.

VI.

DIs sind aber die Gesetz vnd gebot vnd Rechte/die der HERR ewr Gott geboten hat/das jr sie leren vnd thun solt im lande/da hin jr zihet dasselb einzunemen/Das du den HERRN deinen Gott fürchtest/vnd haltest alle seine Rechte vnd gebot/die ich dir gebiete/du vnd deine kinder vnd deine kinds kinder alle ewr lebtage/auff das jr lange lebet. Israel du solt hören vnd behalten/das du es thust/das dirs wol gehe vnd seer vermehret werdest/wie der HERR deiner Veter Gott dir gered hat/ein land da milch vnd honig jnnen fleusst.

(Scherffen) Jmer treiben vnd vben/das sie nicht verrosten noch vertunckeln/sondern stets jnn gedechtnis vñ wort/als new vnd helle bleiben/Denn jhe mehr man Gottes wort handelt/jhe heller vnd newer es wird/vnd heisst billich/jhe lenger jhe lieber/Wo mans aber nicht treibt/so wirds bald vergessen vñ vnkrefftig etc.

Höre Israel/der HERR vnser Gott ist ein einiger HERR/vnd solt den HERRN deinen Gott lieb haben/von gantzem hertzen/von gantzer seele/von allem vermügen/Vnd diese wort/die ich dir heute gebiete/soltu zu hertzen nemen/vnd solt sie deinen kindern scherffen/vnd dauon reden/wenn du jnn deinem hause sitzest oder auff dem wege gehest/wenn du dich niderlegest oder auffstehest/Vnd solt sie binden zum zeichen auff deine hand/vnd sollen dir ein denckmal fur deinen augen sein/vnd solt sie vber deins hauses pfosten schreiben vnd an die thore.

Wenn dich nu der HERR dein Gott jnn das land bringen wird/das er deinen Vetern Abraham/Isaac vnd Jacob geschworen hat dir zu geben/grosse vnd feine stedte/die du nicht gebawet hast/vnd heuser alles guts vol/die du nicht gefüllet hast/vnd ausgehawene brunnen/die du nicht ausgehawen hast/vnd weinberge vnd ölberge/die du nicht gepflantzt hast/das du essest vnd sat wirst/So hüte dich/das du nicht des HERRN vergessest/der dich aus Egypten land aus dem diensthaus gefüret hat/sondern solt den HERRN deinen Gott fürchten vnd jm dienen/Vnd bey seinem namen schweren/vnd solt nicht ander Göttern nach folgen/der völcker/die vmb ench her sind/Denn der HERR dein Gott ist ein einiger Gott vnter dir/das nicht der zorn des HERRN deines Gottes vber dich ergrimme/vnd vertilge dich von der erden.

Jr solt

Mose. CXV.

Ir solt den HERRN ewrn Gott nicht versuchen/ wie jr jn versuchtet zu Massa/ sondern solt halten die gebot des HERRN ewres Gottes/ vnd seine zeugnis vnd seine Rechte/ die er geboten hat/ das du thust was recht vnd gut ist fur den augen des HERRN/ auff das dirs wol gehe/ vnd eingehest vnd einnemest das gute land/ das der HERR geschworen hat deinen Vetern/ das er verjage alle deine feinde fur dir/ wie der HERR gered hat.

Wenn nu dich dein son heut oder morgen fragen wird/ vnd sagen/ Was sind das fur Zeugnis/ Gebot vnd Rechte/ die euch der HERR vnser Gott geboten hat? So soltu deinem son sagen/ Wir waren knechte des Pharao jnn Egypten/ vnd der HERR füret vns aus Egypten mit mechtiger hand/ Vnd der HERR thet grosse vnd böse zeichen/ vnd wunder vber Egypten vnd Pharao/ vnd alle seinem hause fur vnsern augen/ vnd füret vns von dannen/ auff das er vns einfüret vnd gebe vns das land/ das er vnsern Vetern geschworen hatte/ Vnd hat vns geboten der HERR zu thun nach allen diesen rechten/ das wir den HERRN vnsern Gott fürchten/ auff das vns wol gehe alle vnser lebtage/ wie es gehet heuts tages/ vnd es wird vnser gerechtigkeit sein fur dem HERRN vnserm Gott/ so wir halten vnd thun alle diese gebot/ wie er vns geboten hat.

VII.

Enn dich der HERR dein Gott jns land bringet/ darein du komen wirst dasselb einzunemen/ vnd ausrottet viel völcker fur dir her/ die Hethiter/ Girsogiter/ Amoriter/ Cananiter/ Pheresiter/ Heuiter vnd Jebusiter/ sieben völcker die grösser vnd stercker sind denn du/ Vnd wenn sie der HERR dein Gott fur dir gibt/ das du sie schlehest/ so solt du sie verbannen/ das du keinen Bund mit jnen machest noch jnen gonst erzeigest/ vnd solt dich mit jnen nicht befreunden/ ewr töchter soltu nicht geben jren sönen/ vnd jre töchter solt jr nicht nemen ewren sönen/ Denn sie werden ewre söne mir abfellig machen/ das sie andern Göttern dienen/ So wird denn des HERRN zorn ergrimmen vber euch/ vnd euch bald vertilgen.

Sondern also solt jr mit jnen thun/ Jre Altar solt jr zu reissen/ jre Seulen zu brechen/ jr Hayne abhawen/ vnd jre Götzen mit feur verbrennen/ Denn du bist ein heilig volck Gott deinem HERRN/ Dich hat Gott dein HERR erwelet zum volck des eigenthums/ aus allen völckern die auff erden sind/ Nicht hat euch der HERR angenomen vnd euch erwelet/ das ewr mehr were denn alle völcker/ denn du bist das wenigst vnter allen völckern/ sondern das er euch geliebet hat/ vnd das er seinen eid hielte/ den er ewrn Vetern geschworen hat/ hat er euch ausgeführet mit mechtiger hand/ vnd hat dich erlöset von dem hause des diensts/ aus der hand Pharao des Königs jnn Egypten.

So soltu nu wissen/ das der HERR dein Gott ein Gott ist/ ein trewer Gott/ der den Bund vnd barmhertzigkeit helt/ denen/ die jn

H iij lieben

Das Fünffte Buch

lieben vnd seine gebot halten/jnn tausent gelied/vnd vergilt denen/ die jn hassen/fur seim angesicht/das er sie vmbbringe/vnd seumet sich nicht/das er denen vergelte fur seinem angesicht/die jn hassen/ So behalte nu die Gepot/vnd Gesetz/vnd Rechte/die ich dir heute gebiete das du darnach thust.

Vnd wenn jr diese Recht höret vnd haltet sie vnd darnach thut/ so wird der HERR dein Gott auch halten den Bund vnd barmhertzigkeit/die er deinen Vetern geschworen hat/vnd wird dich lieben vnd segenen vnd mehren/Vnd wird die frücht deines leibs segenen/ vnd die frücht deines lands/dein getreide/most vnd öle/die frücht deiner kühe/vnd die frücht deiner schafe/auff dem lande/das er deinen Vetern geschworen hat dir zu geben/Gesegnet wirstu sein vber allen völckern/Es wird niemand vnter dir vnfruchtbar sein noch vnter deinem vieh/Der HERR wird von dir thun alle kranckheit/vnd wird keine böse seuche der Egypter dir auff legen/die du erfaren hast/vnd wird sie allen deinen hessern auff legen.

Du wirst alle völcker fressen/die der HERR dein Gott dir geben wird/Du solt jr nicht schonen/vnd jren Göttern nicht dienen/ denn das würde dir ein strick sein. Wirstu aber jnn deinem hertzen sagen/dieses volcks ist mehr denn ich bin/wie kan ich sie vertreiben? so fürcht dich nicht fur jnen/Gedenck/was der HERR dein Gott Pharao vnd allen Egyptern gethan hat/durch grosse versuchung/die du mit augen gesehen hast/vnd durch zeichen vnd wunder/durch eine mechtige hand vnd ausgereckten arm/da mit dich der HERR dein Gott aus füret/Also wird der HERR dein Gott allen völckern thun fur denen du dich fürchtest.

Dazu wird der HERR dein Gott hornissen vnter sie senden/ bis vmbbracht werde/was vberig ist vnd sich verbirget fur dir/Las dir nicht grawen fur jnen/denn der HERR dein Gott ist vnter dir/ der grosse vnd schreckliche Gott/ Er der HERR dein Gott wird diese leute aus rotten fur dir/eintzelen nach einander/ Du kanst sie nicht eilend vertilgen/auff das sich nicht wider dich sich mehren die thier auff dem felde/der HERR dein Gott wird sie fur dir geben/vnd wird sie mit grosser schlacht erschlahen/bis er sie vertilge/vnd wird dir jre Könige jnn deine hende geben/vnd solt jren namen vmb bringen vnter dem himel/Es wird dir niemand widerstehen/bis du sie vertilgest.

Die bilde jrer Götter soltu mit feur verbrennen/vnd solt nicht begeren des silbers oder golds das dran ist/oder zu dir nemen/das du dich nicht drinnen verfehest/Denn solchs ist dem HERRN deinem Gott ein grewel/drumb soltu nicht jnn dein haus den grewel bringen/ das du nicht verbannet werdest/wie das selb ist/sondern du solt einen ekel vnd grewel daran haben/denn es ist verbannet.

VIII.

Alle ge-

Mose. CXVI.

Alle gebot/die ich dir heute gebiete/solt jr halten/das jr darnach thut/auff das jr lebet vnd gemehret werdet/ vnd einkomet vnd einnemet das land/das der HERR ewrn Vetern geschworen hat/vnd gedenckest alle des wegs/ durch den dich der HERR dein Gott geleitet hat/diese vierzig jar jnn der wüsten/auff das er dich demütigte vnd versüchte/das kund würde/was jnn deinem hertzen were/ob du sein gebot halten würdest oder nicht/Er demütiget dich vnd lies dich hungern/vnd speiset dich mit Man/das du vnd deine Veter nie erkand hattest/auff das er dir kund thet/das der mensch nicht lebt vom brod allein/sondern von allem das aus dem mund des HERRN gehet/Deine kleider sind nicht veraltet an dir/ vnd deine füsse sind nicht geschwollen diese vierzig jar.

So erkennestu jhe jnn deinem hertzen/das der HERR dein Gott dich gezogen hat/wie ein man seinen son zeucht. So halt nu die gebot des HERRN deines Gottes/das du jnn seinen wegen wandelst vnd fürchtest jn/Denn der HERR dein Gott füret dich jnn ein gut land/ ein land da beche vnd brunnen vnd tieffen jnnen sind/die an den bergen vnd jnn den awen fliessen/Ein land da weitzen/gersten/weinstöcke/feigen bewm vnd granat epffel jnnen sind/Ein land da ölebewm vnd honig jnnen wechst/Ein land da du brod gnug zu essen hast/da auch nichts mangelt/Ein land/des steine eisen sind/da du ertz aus den bergen hawest. Vnd wenn du gessen hast vnd sat bist/das du den HERRN deinen Gott lobest/fur das gute land/das er dir gegeben hat.

So hüte dich nu/das du des HERRN deines Gottes nicht vergessest/da mit/das du seine Gebot/vnd seine Gesetz vnd Rechte/die ich dir heute gebiete/nicht haltest/das/wenn du nu gessen hast vnd sat bist/vnd schöne heuser erbawest vnd drinnen wonest/vnd deine rinder vnd schafe/vnd silber vnd gold/vnd alles was du hast/sich mehret/ das denn dein hertz sich nicht erhebe/vnd vergessest des HERRN deines Gottes/der dich aus Egypten land gefüret hat/aus dem dienst hause/vnd hat dich geleitet durch diese grosse vnd grawsame wüsten/ da feurige schlangen/vnd scorpion/vnd eitel dürre/vnd kein wasser war/vnd lies dir wasser aus den harten felsen gehen/vnd speiset dich mit Man jnn der wüsten/von welchem deine Veter nichts gewust haben/auff das er dich demütiget vnd versüchet/das er dir hernach wol thet. Du möchtest sonst sagen jnn deinem hertzen/Meine krefft vnd meiner hende stercke haben mir dis vermügen ausgericht/Sondern das du gedechtest an den HERRN deinen Gott/Denn er ists/der dir krefft gibt/solche ding zu thun/auff das er hielte seinen Bund/den er deinen Vetern geschworen hat/wie es gehet heuts tags.

Wirstu aber des HERRN deines Gottes vergessen/vnd andern Göttern nach folgen/vnd jnen dienen/vnd sie anbeten/so bezeuge ich heute vber euch/das jr vmbkomen werdet. Eben wie die Heiden/die der HERR vmbbringt fur ewrem angesicht/so werdet jr auch vmbkomen/darumb das jr nicht gehorsam seid der stimme des HERRN ewres Gottes.

IX.

Höre

Das Funffte Buch

HOre Israel/ Du wirst heute vber den Jordan gehen/ das du einkomest einzunemen die völcker/ die grösser vnd stercker sind denn du/ grosse stedte/ vermauret bis jnn den himel/ ein gros/ hoch volck/ die kinder Enakim/ die du erkant hast/ von denen du auch gehöret hast/ Wer kan wider die kinder Enak bestehen? So soltu wissen heute/ das der HERR dein Gott/ gehet fur dir her/ ein verzehrend feur/ er wird sie vertilgen vnd wird sie vnterwerffen fur dir her/ vnd wird sie vertreiben vnd vmbbringen bald/ wie dir der HERR gered hat.

Wenn nu der HERR dein Gott sie ausgestossen hat fur dir her/ so sprich nicht jnn deinem hertzen/ Der HERR hat mich erein geführet dis land einzunemen/ vmb meiner gerechtigkeit willen/ so doch der HERR diese Heiden vertreibt fur dir her/ vmb jres Gottlosen wesens willen/ Denn du kompst nicht erein jr land einzunemen/ vmb deiner gerechtigkeit vnd deines auffrichtigen hertzens willen/ sondern der HERR dein Gott vertreibt diese Heiden vmb jres Gottlosen wesens willen/ das er das wort halte/ das der HERR geschworen hat deinen Vetern/ Abraham/ Isaac vnd Jacob.

So wisse nu/ das der HERR dein Gott dir nicht vmb deiner gerechtigkeit willen dis gute land gibt einzunemen/ sintemal du ein halstarrig volck bist/ Gedencke vnd vergis nicht/ wie du den HERRN deinen Gott erzürnetest jnn der wüsten/ Von dem tage an/ da du aus Egypten land zogest/ bis jr komen seid an diesen ort/ seid jr vngehorsam gewesen dem HERRN/ Denn jnn Horeb erzürnetet jr den HERRN also/ das er fur zorn euch vertilgen wolt/ da ich auff den berg gegangen war/ die steinern tafeln zu empfahen/ die tafeln des Bunds den der HERR mit euch machet/ vnd ich vierzig tag vnd vierzig nacht auff dem berge bleib/ vnd kein brod as vnd kein wasser tranck/ vnd mir der HERR die zwo steinern tafeln gab/ mit dem finger Gottes beschrieben/ vnd darauff alle wort/ wie der HERR mit euch aus dem feur auff dem berge gered hatte/ am tage der versamlunge.

Vnd nach den vierzig tagen vnd vierzig nachten/ gab mir der HERR die zwo steinern tafeln des Bunds/ vnd sprach zu mir/ Mach dich auff/ gehe eilend hinab von hinnen/ denn dein volck/ das du aus Egypten gefurt hast/ hats verderbt/ Sie sind schnell getretten von dem weg/ den ich jnen geboten habe/ Sie haben jnen ein gegossen bild gemacht/ Vnd der HERR sprach zu mir/ Ich sehe/ das dis volck ein halstarrig volck ist/ Las ab von mir/ das ich sie vertilge/ vnd jren namen austilge vnter dem himel/ Ich wil aus dir ein stercker vnd grösser volck machen denn dis ist.

Vnd als ich mich wandte vnd von dem berge gieng/ der mit feur brandte/ vnd die zwo tafeln des Bunds auff meinen beiden henden hatte/ da sahe ich/ Vnd sihe/ da hattet jr euch an dem HERRN ewrem Gott versündiget/ das jr euch ein gegossen Kalb gemacht/ vnd bald von dem wege getretten waret/ den euch der HERR geboten hatte. Da fasset ich beide tafeln/ vnd warff sie aus beiden henden/ vnd zubrach sie fur ewrn augen/ vnd fiel fur den HERRN/ wie zu erst/ vierzig tage vnd vierzig nacht/ vnd as kein brod vnd tranck kein wasser/ vmb alle

Mose. CXVII.

vmb alle ewr sunde willen/die jr gethan hattet/da jr solchs vbel the=
tet fur dem HERRN jn zu erzürnen/Denn ich fürchte mich fur dem
zorn vnd grim/damit der HERR vber euch erzürnet war/das er euch
vertilgen wolt/Aber der HERR erhöret mich das mal auch.

Auch war der HERR seer zornig vber Aaron/das er jn vertilgen
wolt/aber ich bat auch fur Aaron zur selben zeit/Aber ewr sunde/das
Kalb/das jr gemacht hattet/nam ich vnd verbrands mit feur/vnd zu=
schlug es vnd zu malmet es/bis es staub ward/vnd warff den staub
jnn den bach der vom berge fleusst.

Auch so erzürnetet jr den HERRN zu Thabeera vnd zu Massa
vnd bey den Lustgrebern/vnd da er euch aus Kades Barnea sandte/
vnd sprach/Gehet hinauff vnd nemet das land ein/das ich euch ge=
geben habe/Vnd jr ward vngehorsam des HERRN mund ewres
Gottes/vnd gleubtet an jn nicht vnd gehorchtet seiner stim nicht/denn
jr seid vngehorsam dem HERRN gewest/so lang ich euch gekand
habe.

Da fiel ich fur den HERRN vierzig tage vnd vierzig nacht/die
ich da lag/Denn der HERR sprach/er wolt euch vertilgen/Jch
aber bat den HERRN/vnd sprach/Herr HERR/verderbe dein
volck vnd dein erbteil nicht/das du durch deine grosse krafft erlöset/
vnd mit mechtiger hand aus Egypten geführet hast/Gedenck an deine
Knechte Abraham/Isaac vnd Jacob/Sihe nicht an die hertigkeit
vnd das Gottlos wesen vnd sunde dis volcks/das nicht dasland sage/
daraus du vns geführet hast/Der HERR kund sie nicht jns land brin=
gen/das er jnen gered hatte/vnd hat sie darumb aus geführet/das er
jnen gram war/das er sie tödtet jnn der wüsten/denn sie sind dein volck
vnd dein erbteil/das du mit deinen grossen krefften vnd mit deinem
ausgereckten arm hast ausgeführet.

X.

Zu der selben zeit sprach der HERR zu mir/Hawe dir
zwo steinern tafeln/wie die ersten/vnd kom zu mir auff
den berg/vnd mache dir eine hültzen laden/so wil ich
auff die tafeln schreiben die wort/die auff den ersten
waren/die du zubrochen hast/vnd solt sie jnn die laden
legen/Also macht ich eine laden von foern holtz/vnd
hieb zwo steinern tafeln/wie die ersten waren/vnd gien=
ge auff den berg/vnd hatte die zwo tafeln jnn meinen henden.

Da schreib er auff die tafeln/wie die erste schrifft war/die Ze=
hen wort/die der HERR zu euch redet aus dem feur auff dem berge/
zur zeit der versamlung/vnd der HERR gab sie mir/Vnd ich wand
mich vnd gieng vom berge/vnd legt die tafeln jnn die lade/die ich ge=
macht hatte/das die daselbs weren/wie mir der HERR geboten
hatte.

Vnd die kinder Israel zogen aus von Beroth Bne Jakan gen
Moser/da selbs starb Aaron/vnd ist daselbs begraben/Vnd sein
son Eleasar war fur jn Priester/Von dannen zogen sie aus gen Gude
goda/Von Gudegoda gen Jathbath ein land da beche sind. Zur selben
zeit sondert

Das Funffte Buch

zeit sondert der HERR den stam Leui aus/die Lade des Bunds des HERRN zu tragen/vnd zu stehen fur dem HERRN/jm zu dienen vnd seinen namen zu loben/bis auff diesen tag. Darumb sollen die Leuiten kein teil noch erbe haben mit jren Brüdern/Denn der HERR ist jr Erbe/wie der HERR dein Gott jnen gered hat.

Ich aber stund auff dem berge/wie vorhin/vierzig tage vnd vierzig nacht/vnd der HERR erhöret mich auch das mal/vnd wolt dich nicht verderben/Er sprach aber zu mir/Mach dich auff/vnd gehe hin/das du fur dem volck her zihest/das sie einkomen vnd das land einnemen/das ich jren Vetern geschworen hab jnen zu geben.

Nu Israel/was foddert der HERR dein Gott von dir/denn das du den HERRN deinen Gott fürchtest/das du jnn alle seinen wegen wandelst/vnd liebest jn vnd dienest dem HERRN deinem Gott von gantzem hertzen vnd von gantzer seelen/das du die gebot des HERRN haltest vnd seine Rechte/die ich dir heute gebiete/auff das dirs wol gehe? Sihe/himel vnd aller himel himel vnd erden/vnd alles was drinnen ist/das ist des HERRN deins Gottes/Noch hat er allein zu deinen Vetern lust gehabt/das er sie liebet/vnd hat jren samen erwelet nach jnen/euch/vber alle völcker/wie es heuts tags stehet.

So beschneitet nu ewrs hertzen vorhaut/vnd seid forder nicht halstarrig/denn der HERR ewr Gott ist ein Gott aller Götter/vnd Herr vber alle herrn/ein grosser Gott/mechtig vnd schrecklich/der keine person achtet vnd kein geschenck nimpt/vnd schafft Recht dem Waisen vnd Widwen/vnd hat die frembdlingen lieb/das er jnen speis vnd kleider gebe/darumb solt jr auch die frembdlingen lieben/denn jr seid auch frembdling gewesen jnn Egypten land.

Den HERRN deinen Gott soltu furchten/jm soltu dienen/jm soltu anhangen/vnd bey seinem namen schweren/Er ist dein Rhum vnd dein Gott/der bey dir solche grosse vnd schreckliche ding gethan hat/die deine augen gesehen haben/Deine Veter zogen hinab jnn Egypten mit siebenzig seelen/Aber nu hat dich der HERR dein Gott gemehret/wie die stern am himel.

XI.

So soltu nu den HERRN deinen Gott lieben vnd sein Gesetz/seine weise/seine Rechte vnd seine gebot halten dein leben lang/Vnd erkennet heute/das ewr kinder nicht wissen noch gesehen haben/nemlich/die züchtigung des HERRN ewrs Gottes/seine herrligkeit/dazu seine mechtige hand vnd ausgereckten arm/vnd seine zeichen vnd werck/die er gethan hat vnter den Egyptern/an Pharao dem Könige jnn Egypten vnd an alle seinem lande/Vnd was er an der macht der Egypter gethan hat/an jren rossen vnd wagen/da er das wasser des Schilffmeers vber sie füret/da sie euch nach jagten/vnd sie der HERR vmbbracht/bis auff diesen tag/Vnd was er euch gethan hat jnn der wüsten/bis jr an diesen ort komen seid/ Was er Dathan vnd Abiram gethan hat/den kindern Eliab des sons
Ruben/

Mose. CXVIII.

Ruben/wie die erde jren mund auff thet vnd verschlang sie mit jrem gesinde/vnd hütten vnd alle jrem gut das vnter jnen war/mitten vnter dem gantzen Israel.

Denn ewre augen haben die grossen werck des HERRN gesehen/die er gethan hat/darumb solt jr alle die gebot halten/die ich dir heute gebiete/auff das jr gesterckt werdet ein zu komen vnd das land ein zu nemen/da hin jr zihet das jrs einnemet/vnd das du lange lebest auff dem lande/das der HERR ewren Vetern geschworen hat jnen zu geben/vnd jrem samen/ein land da milch vnd honig jnnen fleusst.

Denn das land da du hin komest das einzunemen/ist nicht wie Egypten land/dauon jr ausgezogen seid/da man samen seen vnd wasser zu tragen kan zu fus/wie ein kol garten/Sondern es hat berge vnd awen/die der regen von himel trencken mus/auff welch land der HERR dein Gott acht hat/vnd die augen des HERRN deins Gottes jmerdar drauff sehen von anfang des jars bis ans ende.

Werdet jr nu meine gebot hören/die ich euch heute gebiete/das jr den HERRN ewrn Gott liebet vnd jm dienet/von gantzem hertzen vnd von gantzer seelen/so wil ich ewrem lande regen geben zu seiner zeit/frue vnd spat/das du einsamlest dein getreide/deinen most vnd dein öle/vnd wil deinem vieh gras geben auff deinem felde/das jr esset vnd sat werdet.

Hütet euch aber/das sich ewr hertz nicht vberreden lasse/das jr abtrettet vnd dienet andern Göttern vnd betet sie an/vnd das denn der zorn des HERRN ergrimme vber euch/vnd schliesse den himel zu/das kein regen kome/vnd die erde jr gewechse nicht gebe/vnd balde vmbkomet von dem guten lande/das euch der HERR gegeben hat.

So fasset nu diese wort zu hertzen vnd jnn ewr seele/vnd bindet sie zum zeichen auff ewre hand/das sie ein denckmal fur ewren augen seien/vnd leret sie ewre kinder/das du dauon redest/wenn du jnn deinem hause sitzest/oder auff dem wege gehest/wenn du dich nider legest/vnd wenn du auff stehest/vnd schreibe sie an die pfosten deines hauses/vnd an deine thor/das du vnd deine kinder lange lebest auff dem lande/das der HERR deinen Vetern geschworen hat jnen zu geben/so lange die tage von himel auff erden weren.

Denn wo jr diese gebot alle werdet halten/die ich euch gebiete/das jr darnach thut/das jr den HERRN ewrn Gott liebet/vnd wandelt jnn alle seinen wegen vnd jm anhanget/so wird der HERR alle diese völcker fur euch her vertreiben/das jr grösser vnd stercker völcker einnemet denn jr seid/Alle örter/darauff ewr fus solen trit/sol ewr sein/von der wüsten an vnd von dem berge Libanon vnd von dem wasser Phrath/bis ans eusserste meer sol ewr grentze sein/Niemand wird euch widerstehen mügen/Ewr furcht vnd schrecken wird der HERR vber alle land komen lassen/darinn jr reiset/wie er euch gered hat.

Sihe/ich lege euch heute fur den segen vnd den fluch/Den segen/so jr gehorchet den geboten des HERRN ewres Gottes/die ich euch heute gebiete/Den fluch aber/so jr nicht gehorchen werdet den geboten des HERRN ewres Gottes/vnd abtrettet von dem wege/
den ich

Das Funffte Buch

den ich euch heute gebiete/das jr andern Göttern nach wandelt/die jr nicht kennet.

Wenn dich der HERR dein Gott jnn das land bringet/da du einkomest/das du es einnemest/so soltu den segen sprechen lassen auff dem berge Grisim/vnd den fluch auff dem berge Ebal/welche sind jenseid dem Jordan/der strassen nach gegen der Sonnen nidergang/ im lande der Cananiter/die auff dem blachen felde wonen gegen Gilgal vber/bey dem hain More/Denn du wirst vber den Jordan gehen das du einkomest das land einzunemen/das euch der HERR ewer Gott gegeben hat/das jrs einnemet vnd drinnen wonet/So haltet nu/das jr thut nach allen geboten vnd rechten/die ich euch heute fur lege.

XII.

DAs sind die gebot vnd Rechte/die jr halten solt/das jr darnach thut im lande das der HERR deiner Veter Gott dir gegeben hat/einzunemen/so lange jr auff erden lebt/Verstöret alle ort/da die Heiden (die jr einnemen werdet) jren Göttern gedienet haben/es sey auff hohen bergen/ auff hügeln oder vnter grünen bewmen/vnd reisst vmb jre Altar/vnd zubrecht jre seulen/vnd verbrennet mit feur jre Hayne/ vnd die Götzen jrer Götter thut ab/vnd vertilget jren namen aus dem selben ort.

Jr solt dem HERRN ewrem Gott nicht also thun/sondern an dem ort/den der HERR ewer Gott erwelen wird aus alle ewern stemmen/das er seinen namen daselbs lesst wonen/solt jr forschen vnd dahin komen/vnd ewre Brandopffer/vnd ewr ander opffer/vnd ewr zehenden vnd ewr hende Hebe/vnd ewr gelübde/vnd ewr frey willige opffer/vnd die ersten geburt ewr rinder vnd schafe/dahin bringen/ vnd solt daselbs fur dem HERRN ewrem Gott essen vnd frölich sein/vber allem das jr vnd ewr haus bringet/darinnen dich der HERR dein Gott gesegnet hat.

Jr solt der keins thun/das wir heute alhie thun/ein jglicher was jn recht dunckt/Denn jr seid bisher noch nicht zu ruge komen noch zu dem erbteil/das dir der HERR dein Gott geben wird/Jr werdet aber vber den Jordan gehen vnd im lande wonen/das euch der HERR ewer Gott wird zum erbe austeilen/vnd wird euch rugen lassen von allen ewern feinden vmb euch her/vnd werdet sicher wonen.

Wenn nu der HERR dein Gott einen ort erwelet/das sein name daselbs wone/solt jr daselbs hin bringen/alles was ich euch gebiete/ ewr Brandopffer/ewr ander opffer/ewr zehenden/ewr hende Hebe/ vnd alle ewre freie gelübde/die jr dem HERRN geloben werdet/vnd solt frölich sein fur dem HERRN ewrem Gott/jr vnd ewr söne/vnd ewr töchter/vnd ewr knechte/vnd ewr megde/vnd die Leuiten/die jnn ewren thoren sind/denn sie haben kein teil noch erbe mit euch.

Hut dich/das du nicht deine Brandopffer opfferst an allen orten die du sihest/Sondern an dem ort/den der HERR erwelet jnn jrgend einem deiner stemme/da soltu dein Brandopffer opffern/vnd thun alles was ich dir gebiete/Doch magstu schlachten vnd fleisch essen

inn alle

Mose. CXIX.

jnn alle deinen thoren/ nach aller lust deiner seelen/ nach dem segen des HERRN deines Gottes/ den er dir gegeben hat/ Beide rein vnd vnrein mügens essen/ wie ein rehe oder hirss/ on das blut soltu nicht essen/ sondern auff die erden giessen wie wasser.

Du magst aber nicht essen jnn deinen thoren vom zehenden deins getreids/ deins mosts/ deins öles/ noch von der ersten gepurt deiner rinder/ deiner schaf/ oder von jrgent einem deiner gelübden die du gelobet hast/ oder von deinem freiwilligen opffer/ oder von deiner hand Hebe/ sondern fur dem HERRN deinem Gott soltu solchs essen/ an dem ort den der HERR dein Gott erwelet/ Du vnd deine söne/ deine töchter/ deine knechte/ deine meide/ vnd der Leuit der jnn deinem thor ist/ vnd solt frölich sein fur dem HERRN deinem Gott vber allem das du brengest. Vnd hut dich/ das du den Leuiten nicht verlassest/ so lang du auff erden lebest.

Wenn aber der HERR dein Gott deine grentze weitern wird/ wie er dir geredt hat/ vnd sprichst/ Ich wil fleisch essen/ weil deine seele fleisch zu essen gelüstet/ so iss fleisch nach aller lust deiner seele. Ist aber die stet fern von dir/ die der HERR dein Gott erwelet hat/ das er seinen namen daselbs wonen lasse/ so schlachte von deinen rindern oder schafen/ die dir der HERR gegeben hat/ wie ich dir geboten hab/ vnd iss es jnn deinen thoren nach aller lust deiner seelen/ Wie man ein rehe oder hirs isset/ magstu es essen/ Beide rein vnd vnrein mügens zu gleich essen/ allein mercke/ das du das blut nicht essest/ denn das blut ist die seele/ Darumb soltu die seele nicht mit dem fleisch essen/ sondern solts auff die erden giessen wie wasser/ vnd solts darumb nicht essen/ das dirs wolgehe vnd deinen kindern nach dir/ das du gethan hast/ was recht ist fur dem HERRN.

Aber wenn du heiligest etwas das dein ist oder gelobest/ so soltu es auff laden vnd bringen an den ort/ den der HERR erwelet hat/ vnd dein brandopffer mit fleisch vnd blut thun auff dem altar des HERRN deins Gottes/ Das blut deins opffers soltu giessen auff den altar des HERRN deines Gottes/ vnd das fleisch essen/ Sihe zu vnd höre alle diese wort/ die ich dir gebiete/ auff das dirs wolgehe vnd deinen kindern nach dir ewiglich/ das du gethan hast/ was recht vnd gefellig ist fur dem HERRN deinem Gott.

Wenn der HERR dein Gott fur dir her die Heiden ausrottet/ das du hinkomst sie einzunemen/ vnd sie eingenomen hast/ vnd jnn jrem lande wonest/ So hut dich/ das du nicht jnn den strick fallest jnen nach/ nach dem sie vertilget sind fur dir/ vnd nicht fragest nach jren Göttern vnd sprechest/ Wie diese völcker haben jren Göttern gedienet/ also wil ich auch thun/ Du solt nicht also an dem HERRN deinen Gott thun. Denn sie haben jren Göttern gethan alles was dem HERRN ein grewel ist/ vnd das er hasset/ Denn sie haben auch jre söne vnd töchter mit feur verbrant jren Göttern.

Alles was ich euch gebiete/ das solt jr halten das jr darnach thut/ jr solt nicht dazu thun noch davon thun.

Wenn

Das Fünffte Buch
XIII.

(Andern)
Dieser Prophet leret widder die alte vnd bestetigte lere vnd wil (wie er sagt/ andere Götter) die erste nicht lassen bleiben/ welchen sol man nicht gleuben/ wenn er gleich zeichẽ thet/ Aber im xviij. Ca. wird der Prophet verdampt/ der nicht wider die erste sondern newe lere furgibt/ Der sol zeichen thun oder nicht gehöret werden.

Wenn ein Prophet oder trewmer vnter euch wird auffstehen/ vnd gibt dir ein zeichen oder wunder/ vnd das zeichen oder wunder kompt/ dauon er dir gesagt hat vnd spricht/ Las vns andern Göttern folgen/ die jr nicht kennet/ vnd jnen dienen/ So soltu nicht gehorchen den worten solches Propheten oder trewmers/ Denn der HERR ewer Gott versucht euch/ das er erfare/ ob jr jn von gantzem hertzen vnd von gantzer seelen lieb hat/ Denn jr solt dem HERRN ewrem Gott folgen vnd jn furchten/ vnd seine gebot halten vnd seiner stim gehorchen/ vnd jm dienen vnd jm anhangen/ Der Prophet aber oder der trewmer sol sterben/ darumb das er euch von dem HERRN ewrm Gott/ der euch aus Egypten land gefuret/ vnd dich von dem diensthaus erlöset hat) abzufallen geleret/ vnd dich aus dem wege verfüret hat/ den der HERR dein Gott geboten hat drinnen zu wandeln/ auff das du den bösen von dir thuest.

Wenn dich dein Bruder/ deiner mutter son/ oder dein son oder dein tochter/ oder das weib jnn deinen armen/ oder dein freund/ der dir ist wie dein hertz/ vberreden würde heimlich vnd sagen/ Las vns gehen vnd andern Göttern dienen/ die du nicht kennest noch deine veter/ die vnter den völckern vmb euch her sind/ sie seien dir nahe oder ferne/ von einem end der erden bis an das ander/ so bewillige nicht vnd gehorche jm nicht/ Auch sol dein auge seiner nicht schonen/ vnd solt dich seiner nicht erbarmen/ noch jn verbergen/ sondern solt jn erwurgen/ deine hand sol die erste vber jm sein das man jn tödte/ vnd darnach die hand des gantzen volcks/ man sol jn zu tode steinigen. Denn er hat dich wollen verfüren von dem HERRN deinem Gott/ der dich aus Egypten land von dem dienst haus gefurt hat/ auff das gantz Israel höre vnd fürchte sich/ vnd nicht mehr solch vbel furneme vnter euch.

(Erbarmen)
Das heisst Gott vber alles lieben.

Wenn du hörest von jrgent einer stad die dir der HERR dein Gott gegeben hat drinnen zu wonen/ das man sagt/ Es sind etliche kinder Belial aus gangen vnter dir/ vnd haben die Bürger jrer stad verfurt vnd gesagt/ Last vns gehen vnd andern Göttern dienen/ die jr nicht kennet/ so soltu vleissig suchen/ forschen vnd fragen/ vnd so sich findet die warheit/ das gewis also ist/ das der grewel vnter euch geschehen ist/ so soltu die Bürger der selben stad schlahen mit des schwerts scherffe/ vnd sie verbannen mit allem das drinnen ist/ vnd jr vieh mit der scherffe des schwerts/ vnd allen jren raub/ soltu samlen mitten auff die gassen/ vnd mit feur verbrennen beide stad vnd alle jren raub miteinander dem HERRN deinem Gott/ das sie auff einem haufen lige ewiglich/ vnd nimer gebawet werde/ Vnd las nichts von dem bann an deiner hand hangen/ auff das der HERR von dem grimen seines zorns abgewendet werde/ vnd gebe dir barmhertzigkeit vnd erbarme sich deiner/ vnd mehre dich/ wie er deinen vetern geschworen hat/ darumb das du der stim des HERRN deines Gottes gehorchet hast/ zu halten alle seine gebot/ die ich heute gebiete/ das du thust was recht ist fur den augen des HERRN deines Gottes.

Jr seit

Mose.   CXX.
XIIII.

Ir seid kinder des HERRN ewres Gottes/ zuschneit euch nicht vnd macht euch nicht kalh vber der stirn vber einem todten/ Denn du bist ein Heilig volck dem HERRN deinem Gott/ Vnd der HERR hat dich erwelet/ das du sein eigenthum seist/ aus allen völckern die auff erden sind.

Du solt keinen grewel essen/ Dis ist aber das thier das jr essen solt/ Ochsen/ Schaf/ Zigen/ Hirs/ Rehe/ Püffel/ Steinbock/ Tendlen/ Urochs/ vnd Elend/ Vnd alles thier/ das seine klawen spaltet vnd widder kewet/ solt jr essen. Das solt jr aber nicht essen/ das wider kewet vnd die klawen nicht spaltet. Das Camel/ der Hase/ vnd Caninchen/ die da wider kewen vnd doch die klawen nicht spalten/ sollen euch vnrein sein/ Das schwein ob es wol die klawen spaltet/ so wider kewet es doch nicht/ sol euch vnrein sein/ jrs fleischs solt jr nicht essen/ vnd jr aß solt jr nicht anrüren.

Das ist das jr essen solt von allem das jnn wassern ist/ Alles was flos feddern vnd schupen hat/ solt jr essen/ Was aber kein flos feddern noch schupen hat/ solt jr nicht essen/ denn es ist euch vnrein.

Alle reine vogel esset/ Das sind sie aber die jr nicht essen solt/ Der Adler/ der Habicht/ der Fisschar/ der Teucher/ der Weihe/ der Geier mit seiner art/ vnd alle raben mit jrer art/ der Straus/ die nacht Eule/ der Kuckuc/ der Sperber mit seiner art/ das Kützlin/ der Vhu/ die Fleder maus/ die Rhordomel/ der Storck/ der schwan/ der Reiger/ der Veher mit seiner art/ der Widhop/ die Schwalbe/ Vnd alles gevogel das kreucht sol euch vnrein sein vnd solts nicht essen/ Das reine gevogel solt jr essen.

Jr solt kein as essen/ dem frembdlingen jnn deinem thor magstus geben/ das ers esse/ oder verkeuffes einem frembden/ Denn du bist ein Heilig volck dem HERRN deinem Gott. Du solt das böcklin nicht kochen/ weil es noch seine mutter seuget.

Du solt alle jar den zehenden absondern alles einkomens deiner saat/ das aus deinem acker kompt/ vnd solts essen fur dem HERRN deinem Gott an dem ort den er erwelet/ das sein name daselbs wone/ nemlich vom zehenden deines getreides/ deines mosts/ deines öles vnd der ersten gepurt deiner rinder vnd deiner schaf/ auff das du lernest fürchten den HERRN deinen Gott/ dein leben lang.

Wenn aber des wegs dir zuviel ist/ das du solchs nicht hintragen kanst/ darumb das der ort dir zu ferne ist/ den der HERR dein Gott erwelet hat/ das er seinen namen daselbs wonen lasse (denn der HERR dein Gott hat dich gesegenet) so gibs vmb gelt/ vnd fass das gelt jnn deine hand/ vnd gehe an den ort/ den der HERR dein Gott erwelet hat/ vnd gibs gelt vmb alles/ was deine seele gelüstet/ es sey vmb rinder/ schaf/ wein/ starcken tranck/ oder vmb alles das deine seele wundscht/ vnd iss daselbs fur dem HERRN deinem Gott/ vnd

X ij   sey fro-

Das Funfft Buch

sey frölich/du/vnd dein haus/vnd der Leuit der jnn deinem thor ist. Du solt jn nicht verlassen/denn er hat kein teil noch erbe mit dir.

Vber drey jar/ soltu aus sondern alle zehenden deins einkomens des selben jars/vnd solts lassen jnn deinem thor/So sol komen der Leuit der kein teil noch erbe mit dir hat/vnd der frembdling/vñ der wayse/vnd die widwen/die jnn deinem thor sind/vnd essen vnd sich settigen/auff das dich der HERR dein Gott segene/jnn allen wercken deiner hand die du thust.

XV.

Ber sieben jar/soltu ein Freyjar halten/ Also sols aber zu gehen mit dem Frey jar/Wenn einer seinem nehesten etwas gelihen hat aus seiner hand/der sols nicht einmanen von seinem nehesten/oder von seinem bruder/denn es heisst das Frey jar dem HERRN/von einem frembden magstu es einmanen/aber dem der dein bruder ist/soltu es frey lassen.

Es sol aller dinge kein bettler vnter euch sein/ denn der HERR wird dich segenen im lande/das dir der HERR dein Gott geben wird zum erbe ein zunemen/allein das du der stim des HERRN deines Gottes gehorchest/vnd haltest alle diese gebot/die ich heute gebiete/das du darnach thust. Denn der HERR dein Gott wird dich segenen/wie er dir geredt hat/ So wirstu vielen völckern leihen/ vnd du wirst von niemand entlehen/Du wirst vber viel völcker herschen/vnd vber dich wird niemand herschen.

Wenn deiner Brüder jrgent einer arm ist jnn jrgent einer stadt jnn deinem lande/das der HERR dein Gott dir geben wird/so soltu dein hertz nicht verherten noch deine hand zu halten gegen deinem armen bruder/sondern solt sie jm auff thun/vnd jm leihen nach dem er mangelt/Hüt dich/das nicht jnn deinem hertzen ein Belial tück sey/das da spreche/Es nahet erzu das siebende jar das Frey jar/vnd sihest deinen armen bruder vnfreundlich an/vnd gebst jm nicht/so wird er vber dich zu dem HERRN ruffen/so wirstus sunde haben/ Sondern du solt jm geben vnd dein hertz nicht verdriessen lassen/das du jm gibst/Denn vmb solchs willen wird dich der HERR dein Gott segenen jnn allen deinen wercken vnd was du fur nimpst/ Es werden alleizeit armen sein im lande/ darumb gebiete ich dir vnd sage/das du deine hand auff thust deinem bruder/der bedrenget vnd arm ist jnn deinem lande.

Wenn sich dein bruder ein Ebreer oder Ebreerin verkeufft/so sol er dir sechs jar dienen/im siebenden jar soltu jn frey los geben/ Vnd wenn du jn frey los gibest/soltu jn nicht leer von dir gehen lassen/sondern solt jm auff legen von deinen schafen/von deiner tennen/von deiner kelter/das du gebest von dem/das dir der HERR dein Gott gesegenet hat/ Vnd gedencke/ das du auch knecht warest jnn Egypten land/vnd der HERR dein Gott dich erlöset hat/darumb gebiete ich dir solchs heute.

Wird er aber zu dir sprechen/ Ich wil nicht aus zihen von dir/
denn ich

Mose. CXXI.

denn ich hab dich vnd dein haus lieb (weil jm wol bey dir ist) so nim eine pfrime vnd bore jm durch sein ohr an der thur/ vnd las jn ewiglich deinen knecht sein. Mit deiner magd soltu auch also thun/ Vnd las dichs nicht schwer duncken/ das du jn frey los gibst/ denn er hat dir als ein zwifeltig taglöner sechs jar gedienet/ so wird der HERR dein Gott dich segenen jnn allem was du thust.

Alle erste geburt/ die vnter deinen rindern vnd schafen geborn wird/ das ein menlin ist/ soltu dem HERRN deinem Gott heiligen. Du solt nicht ackern mit dem erstling deiner ochsen/ vnd nicht bescheren die erstling deiner schaf/ Fur dem HERRN deinem Gott soltu sie essen jerlich/ an der stet/ die der HERR erwelet/ du vnd dein haus.

Wenns aber einen feil hat/ das hincket oder blind ist/ oder sonst jrgent ein bösen feil/ so soltu es nicht opffern dem HERRN deinem Gott/ sondern jnn deinem thor soltu es essen (du seist vnrein oder rein) wie ein rehe vnd hirs/ Allein/ das du seines bluts nicht essest/ sondern auff die erden giessest wie wasser.

XVI.

Alt den mond Abib/ das du Passah haltest dem HERRN deinem Gott/ denn im mond Abib hat dich der HERR dein Gott aus Egypten gefuret/ bey der nacht/ Vnd solt dem HERRN deinem Gott das Passah schlachten/ schaf vnd rinder an der stet die der HERR erwelen wird/ das sein name daselbs wone. Du solt kein geseurts auff das fest essen/ sieben tage soltu vngeseurt brod des elends essen/ denn mit furcht bistu aus Egypten land gezogen/ auff das du des tages deines auszugs aus Egypten land gedenckest dein leben lang. Es sol jnn sieben tagen kein geseurts gesehen werden jnn all deinen grentzen/ vnd sol auch nichts vom fleisch/ das des abents am ersten tage geschlachtet ist vber nacht bleiben/ bis an den morgen.

Du kanst nicht Passah schlachten jnn jrgent deiner thor einem die dir der HERR dein Gott gegeben hat/ sondern an der stet/ die der HERR dein Gott erwelen wird/ das sein name daselbs wone/ da soltu das Passah schlachten/ des abents/ wenn die Sonne ist vntergangen/ zu der zeit als du aus Egypten zogest/ Vnd solts kochen vnd essen an der stet die der HERR dein Gott erwelen wird/ vnd darnach dich wenden des morgens vnd heim gehen jnn deine hütten. Sechs tage soltu vngeseurts essen/ vnd am siebenden tag ist die Versamlung des HERRN deines Gottes/ da soltu kein erbeit thun.

Sieben wochen soltu dir zelen/ vnd an heben zu zelen wenn man anfehet mit der sichel jnn der saat/ vnd solt halten das fest der wochen dem HERRN deinem Gott/ das du ein freiwillig gabe deiner hand gebest/ nach dem dich der HERR dein Gott gesegenet hat/ vnd solt frölich sein fur Gott deinem HERRN/ du/ vnd dein son/ deine tochter/ dein knecht/ deine magd/ vnd der Leuit der jnn deinem thor ist/

X iij   der frembd-

Das Funfft Buch

der frembdling der waise vñ die witwen/ die vnter dir sind/ an der stet/ die der HERR dein Gott erwelet hat/ das sein name da wone. Vnd gedenck das du knecht jnn Egypten gewesen bist/ das du haltest vnd thust nach disen gebotten.

Das Fest der Laubhütten soltu halten sieben tage/ wenn du hast eingesammelt von deiner tennen vnd von deiner kelter/ vnd solt frölich sein auff dein Fest/ du vnd dein son/ deine tochter/ dein knecht/ deine magd/ der Leuit/ der frembdling/ der Waise/ vnd die Witwe/ die jnn deinem thor sind. Sieben tage soltu dem HERRN deinem Gott das Fest halten/ an der stet/ die der HERR erwelen wird/ Denn der HERR dein Gott wird dich segenen jnn alle deinem einkomen/ vnd jnn allen wercken deiner hende/ Darumb soltu frölich sein.

Drey mal des Jars sol alles was menlich ist vnter dir/ fur dem HERRN deinem Got erscheinen an der stet/ die der HERR erwelen wird/ Auffs Fest der vngeseurten brot/ Auffs Fest der Wochen/ vnd Auffs Fest der Laubhütten/ Es sol aber nicht leer fur dẽ HERRN erscheinen/ Ein jglicher/ nach der gabe seiner hand/ nach dem segen/ den dir der HERR dein Gott gegeben hat.

XVII.

Richter vnd Amptleute soltu dir setzen jnn allen deinen thoren/ die dir der HERR dein Gott geben wird vnter deinen stemmen/ das sie das volck richten mit rechtem gericht/ Du solt das recht nicht beugen/ vnd solt auch kein person ansehen/ noch geschenck nemen/ Denn die geschenck machen die waisen blind vnd verkeren die gerechten sachen/ Was recht ist dem soltu nach jagen/ auff das du leben vnd einnemen mügest das land/ das dir der HERR dein Gott geben wird.

Du solt keinen Hayn von bewmen pflantzen bey den altar des HERRN deines Gottes den du dir machest/ Du solt dir keine seule auffrichten/ welche der HERR dein Gott hasset/ Du solt dem HERRN deinem Gott kein ochsen oder schaf opffern/ das einen feil/ oder jrgent etwas böses an jm hat/ Denn es ist dem HERRN deinem Gott ein grewel.

Wenn vnter dir jnn der thor einem/ die dir der HERR dein Gott geben wird/ funden wird ein man oder weib/ der da vbels thut fur den augen des HERRN deines Gottes/ das er seinen bund vbergehet/ vnd hin gehet vnd dienet andern Göttern vnd betet sie an/ es sey Sonn oder Mond/ oder jrgent ein heer des himels/ das ich nicht gebotten habe/ Vnd wird dir angesagt vnd hörest es/ so soltu wol darnach fragen/ Vnd wenn du findest das gewis war ist/ das solcher grewel jnn Israel geschehen ist/ so soltu den selben man oder das selb weib aus füren/ die solchs vbel gethan haben/ zu deinem thor/ vnd solt sie zu todt steinigen/ Auff zwey oder dreien zeugen mund sol sterben/ wer des tods werd ist/ Aber auff eines zeugen mund sol er nicht sterben/ Die hand der zeugen sol die erste sein jn zu tödten/ vnd darnach die hand alles volcks/ das du den bösen von dir thuest.

Wenn

Wenn eine ſach fur gericht dir zuſchweer ſein wird/ zwiſſchen blut vnd blut/ zwiſſchen handel vnd handel/ zwiſſchen ſchaden vnd ſchaden/ vnd was zenckiſche ſachen ſind jnn deinen thoren/ ſo ſoltu dich auff machen vnd hinauff gehen zu der ſtet die der HERR dein Gott erwelen wird/ vnd zu den Prieſtern den Leuiten vnd zu dem Richter/ der zur zeit ſein wird/ komen vnd fragen/ die ſollen dir das vrteil ſprechen/ vnd du ſolt thun nach dem/ das ſie dir ſagen/ an der ſtet/ die der HERR erwelet hat/ vnd ſolts halten/ das du thuſt nach allem das ſie dich leren werden/ Nach dem Geſetz das ſie dich leren/ vnd nach dem recht das ſie dir ſagen/ ſoltu dich halten/ das du von dem ſelben nicht abweicheſt weder zur rechten noch zur lincken.

Vnd wo jemand vermeſſen handelen würde/ das er dem Prieſter nicht gehorchet/ der daſelbs im des HERRN deines Gottes ampt ſtehet oder dem Richter/ der ſol ſterben/ vnd ſolt den böſen aus Iſrael thun/ das alles volck höre vnd fürchte ſich/ vnd nicht mehr vermeſſen ſey.

Wenn du jnns Land kompſt das dir der HERR dein Gott geben wird/ vnd nimeſt es ein vnd woneſt drinnen/ vnd wirſt ſagen/ Ich wil einen König vber mich ſetzen/ wie alle völcker vmb mich her haben/ So ſoltu den zum Könige vber dich ſetzen/ den der HERR dein Gott erwelen wird/ Du ſolt aber aus deinen Brüdern einen zum König vber dich ſetzen/ Du kanſt nicht jrgent einen frembden/ der nicht dein Bruder iſt/ vber dich ſetzen/ Allein/ das er nicht viel röſſer halte/ vnd füre das volck nicht wider jnn Egypten/ vmb der roſſer menge willen/ weil der HERR euch geſaget hat/ das jr fort nicht wider durch dieſen weg komen ſolt/ Er ſol auch nicht viel weiber nemen/ das ſein hertze nicht abgewand werde/ Vnd ſol auch nicht viel ſilber vnd gold ſamlen.

Vnd wenn er nu ſitzen wird auff dem ſtuel ſeines Königreichs/ ſol er dis ander Geſetz von den Prieſtern den Leuiten nemen/ vnd auff ein Buch ſchreiben laſſen/ das ſol bey jm ſein/ vnd ſol drinnen leſen ſein leben lang/ auff das er lerne fürchten den HERRN ſeinen Gott/ das er halte alle wort dieſes Geſetzs vnd dieſe rechte/ das er darnach thu/ Er ſol ſein hertz nicht erheben vber ſeine Brüder/ vnd ſol nicht weichen von dem gebot/ weder zur rechten noch zur lincken/ auff das er ſeine tage verlenge auff ſeinem Königreich/ er vnd ſeine kinder jnn Iſrael.

XVIII.

DIe Prieſter die Leuiten des gantzen ſtams Leui ſollen nicht teil noch erbe haben mit Iſrael/ Die opffer des HERRN vnd ſein erbteil ſollen ſie eſſen/ Darumb ſollen ſie kein erbe vnter jren brüdern haben/ das der HERR jr erbe iſt/ wie er jnen geredt hat. Das ſol aber das recht der Prieſter ſein an dem volck/ vnd an denen/ die da opffern/ es ſey ochs oder ſchaf/ das man dem Prieſter gebe den arm vnd beide backen vnd den wanſt/ vnd das erſtling deines korns/ deins moſts/ vnd deins öles/ vnd das erſtling von der ſchur deiner ſchaf/ Denn der HERR dein Gott hat jn erwelet aus allen deinen ſtemmen/ das er ſtehe am dienſt im namen des HERRN/ er vnd ſeine ſöne ewiglich. Wenn ein

Das Fünffte Buch

Wenn ein Leuit kompt aus jrgent einer deiner thoren/ oder sonst jrgent aus gantz Jsrael/ da er ein gast ist/ vnd kompt nach aller lust seiner seele an den ort/ den der HERR erwelet hat/ das er diene im namen des HERRN seines Gottes/ wie alle seine brüder die Leuiten/ die da selbs fur dem HERRN stehen/ die sollen gleichen teil/ zu essen haben/ vber das er hat von dem verkaufften gut seiner veter.

Wenn du jnn das land kompst das dir der HERR dein Gott geben wird/ so soltu nicht lernen thun die grewel dieser völcker/ das nicht vnter dir funden werde/ der sein son oder tochter durchs feur gehen lasse/ oder ein weissager/ oder ein tage weler/ oder der auff vogel geschrey achte/ oder zeuberer/ oder beschwerer/ oder warsager/ oder ein zeichen deuter/ oder der die todten frage.

Denn wer solchs thut/ der ist dem HERRN ein grewel/ vnd vmb solcher grewel willen vertreibt sie der HERR dein Gott fur dir her. Du aber solt on wandel sein mit dem HERRN deinem Gott/ Denn diese völcker/ die du einnemen wirst/ gehorchen den tag welern vnd weissagern/ Aber du solt dich nicht also halten gegen dem HERRN deinem Gott.

a Hie wird klerlich ein ander predigt verheissen denn Moses predigt/ welche kan nicht das gesetze sein/ das gnugsam durch Mose gegeben/ drumb mus es das Euangelion sein/ Vnd dieser prophet niemand des Jhesus Christus selbs/ der solch newe predigt auff erden bracht hat.

Einen Propheten *a*/ wie mich/ wird der HERR dein Gott dir erwecken/ aus dir vnd aus deinen brüdern/ dem solt jr gehorchen/ wie du denn von dem HERRN deinem Gott gebeten hast zu Horeb/ am tage der versamlung/ vnd sprachst/ Jch wil fort nicht mehr hören die stim des HERRN meins Gottes/ vnd das grosse feur nicht mehr sehen/ das ich nicht sterbe. Vnd der HERR sprach zu mir/ Sie haben wol geredt/ Jch wil jnen einen Propheten/ wie du bist/ erwecken aus jren brüdern/ vnd meine wort jnn seinen mund geben/ der sol zu jnen reden/ alles was ich jm gebieten werde/ Vnd wer meine wort nicht hören wird/ die er jnn meinem namen reden wird/ von dem wil ichs fodern.

b (Vermessenheit) Hie redet Mose/ von den propheten/ so newe lere vber die alte vnd vorige lere furgeben. Solchen sol man on zeichen nicht gleuben/ Des Gott allezeit sein new wort mit newen zeichen bestetigt. Aber droben Cap. xiij. redet er von den propheten so wider die alte bekrefftigen lere predigen. Diesen sol man nicht gleuben/ wenn sie gleich zeichen thun vt supra.

Doch wenn ein Prophet vermessen ist zu reden jnn meinem namen/ das ich jm nicht geboten habe zu reden/ Vnd welcher redet jnn dem namen anderer Götter/ der selb Prophet sol sterben. Ob du aber jnn deinem hertzen sagen würdest/ wie kan ich mercken/ welchs wort der HERR nicht geredt hat? Wenn der Prophet redet jnn dem namen des HERRN/ vnd wird nichts draus vnd kompt nicht/ das ist das wort/ das der HERR nicht geredt hat/ Der Prophet hats aus vermessenheit *b* geredt/ darumb schew dich nicht fur jm.

XIX.

WEnn der HERR dein Gott die völcker ausgerottet hat welcher land dir der HERR dein Gott geben wird/ das du sie einnemest/ vnd jnn jren stedten vnd heusern wonest/ soltu dir drey stedte aussondern im lande/ das dir der HERR dein Gott geben wird ein zunemē. Vnd solt gelegene ort welen/ vnd die grentze deins lands das dir der HERR dein Gott austeilen wird/ jnn drey kreis scheiden/ das da hin fliehe/ wer einen todschlag gethan hat. Vnd das

Vnd das sol die sache sein/das da hin fliehe der einen todschlag ge‍than hat/das er lebendig bleibe.

Wenn jemand seinen nehesten schlegt nicht fürsetzlich/vnd hat vorhin keinen hass auff jn gehabt/sondern als wenn jemand mit sei‍nem nehesten jnn den walt gienge/holtz zu hawen/vnd holet mit der hand die axt aus/das holtz abzuhawen/vnd das eisen füre vom stiel vnd treffe seinen nehesten/vnd er stürbe/ Der sol jnn dieser stedte eine fliehen/das er lebendig bleibe/auff das nicht der blut recher dem tod‍schleger nach jage/weil sein hertz erhitzt ist/vnd ergreiffe jn/weil der weg so ferne ist/vnd schlage jm seine seele/so doch kein vrteil des tods an jm ist/weil er keinen hass vorhin zu jm getragen hat/ Darumb ge‍biete ich dir/das du drey stedte aussonderst.

Vnd so der HERR dein Gott deine grentze weittern wird/wie er deinen vetern geschworen hat/vnd gibt dir alles land/das er geredt hat deinen vetern zu geben (so du anders alle diese gebot halten wirst/das du darnach thust/die ich dir heute gebiete/das du den HERRN deinen Gott liebest/vnd jnn seinen wegen wandelst/dein leben lang) So soltu noch drey stedte thun zu diesen dreien/auff das nicht vn‍schüldig blut jnn deinem lande vergossen werde/das dir der HERR dein Gott gibt zum erbe/vnd kome blut schulden auff dich.

Wenn aber jemand hass tregt wider seinen nehesten/vnd lauret auff jn/ vnd macht sich vber jn/ vnd schlegt jm seine seele tod/vnd fleucht jnn dieser stedte eine/ So sollen die Eltesten jnn seiner stad hin schicken/vnd von dannen holen lassen/ vnd jn jnn die hende des blut rechers geben/das er sterbe/Dein augen sollen sein nicht verschonen/ vnd solt das vnschuldige blut aus Israel thun/ das dirs wol gehe.

Du solt deines nehesten grentze nicht zu rücke treiben/die die vo‍rigen gesetzt haben jnn deinem erbteil/das du erbest im lande/das dir der HERR dein Gott gegeben hat einzunemen.

Es sol kein einzeler zeuge wider jemand' aufftretten/vber jrgend einer missethat oder sunde/es sey welcherley sünd es sey/die man thun kan/ Sondern jnn dem mund zweier oder dreier zeugen sol alle sache bestehen.

Wenn ein freueler zeuge wider jemand auff trit/vber jn zu bezeu‍gen eine vbertrettung/so sollen die beide menner/ die eine sach mit ein‍ander haben/fur dem HERRN/ fur den Priestern vnd Richtern ste‍hen/die zur selben zeit sein werden/Vnd die Richter sollen wol forsch‍en/Vnd wenn der falsche zeuge hat ein falsch zeugnis wider seinen bruder gegeben/so sollet jr jm thun/wie er gedacht seinem bruder zu thun/das du den bösen von dir weg thust/auff das die andern hören/ sich furchten vnd nicht mehr solche böse stück furnemen zu thun vnter dir/Dein augen sol sein nicht schonen/ Seel vmb seel/Auge vmb au‍ge/Zan vmb zan/Hand vmb hand/ Fus vmb fus.

XX.

Wenn du

Das Funffte Buch

Enn du jnn einen krieg zeuchst wider deine feinde/ vnd sihest ross vnd wagen des volcks das grösser sey/ denn du/ so furcht dich nicht für jnen/ Denn der HERR dein Gott/ der dich aus Egypten land gefuret hat/ ist mit dir/ Wenn jr nu hin zu komet zum streit/ so sol der priester herzu tretten/ vnd mit dem volck reden/ vnd zu jnen sprechen/ Israel höre zu/ jr gehet heut jnn denn streit wider ewer feinde. Ewer hertze verzage nicht/ furcht euch nicht/ vnd zappelt nicht/ vnd last euch nicht grawen fur jnen/ Denn der HERR ewer Gott gehet mit euch/ das er fur euch streite mit ewren feinden/ euch zu helffen.

Aber die Amptleute sollen mit dem volck reden vnd sagen/ Welcher ein new haus gebawet hat/ vnd hats noch nicht eingeweihet/ der gehe hin vnd bleib jnn seinem hause/ auff das er nicht sterbe im kriege/ vñ ein ander weihe es ein. Welcher einen weinberg gepflantzt hat/ vnd hat jn noch nicht gemein gemacht/ der gehe hin vnd bleibe da heime/ das er nicht im kriege sterbe/ vnd ein ander mache jn gemeine. Welcher ein weib im vertrawet hat/ vnd hat sie noch nicht heim geholet/ der gehe hin vnd bleibe daheime/ das er nicht im kriege sterbe/ vnd ein ander hole sie heim.

Vnd die Amptleute sollen weiter mit dem volck reden vnd sprechen/ Welcher sich fürchtet vnd ein verzagts hertz hat/ der gehe hin vnd bleibe daheime/ auff das er nicht auch seiner brüder hertz feige mache wie sein hertz ist. Vnd wenn die Amptleute aus geredt haben mit dem volck/ so sollen sie die Heubtleute fur das volck an die spitzen stellen.

Wenn du fur eine stad zeuchst sie zu bestreiten/ so soltu jr den friede anbieten/ Antwortet sie dir friedlich vnd thut dir auff/ So sol all das volck/ das drinnen funden wird/ dir zinsbar vnd vnterthan sein. Wil sie aber nicht friedlich mit dir handeln/ vnd wil mit dir kriegen/ so belegere sie/ vnd wenn sie der HERR dein Gott dir jnn die hand gibt/ so soltu alles was menlich drinnen ist/ mit des schwerds scherffe schlahen/ on die weiber/ kinder vnd vieh/ vnd alles was jnn der stad ist/ vnd allen raub soltu vnter dich austeilen/ Vnd solt essen von der ausbeut deiner feinde/ die dir der HERR dein Gott gegeben hat. Also soltu allen stedten thun/ die seer ferne von dir ligen/ vnd nicht hie von den stedten sind dieser völcker.

Aber jnn den stedten dieser völcker/ die dir der HERR dein Gott zum erbe geben wird/ soltu nichts leben lassen/ was den odem hat/ sondern solt sie verbannen/ nemlich/ die Hethiter/ Amoriter/ Cananiter/ Pheresiter/ Heuiter vnd Jebusiter/ wie dir der HERR dein Gott geboten hat/ auff das sie euch nicht leren thun alle die grewel/ die sie jren Göttern thun/ vnd jr euch versundigt an dem HERRN ewrem Gott.

Wenn du fur einer stad lange zeit ligen must/ widder die du streittest sie zu erobern/ so soltu die bewme nicht verderben/ das du mit exten dran farest/ denn du kanst dauon essen/ darumb soltu sie nicht ausrotten/ Ists doch holtz auff dem feld/ vnd nicht mensch/ vnd kan nicht zum nicht zum bolwerg komen wider dich. Welchs aber bewme sind/ die du weist das man nicht dauon isset/ die soltu verderben, vnd ausrotten/ vnd bolwerg draus bawen wider die stad/ die mit dir krieget/ bis das du jr mechtig werdest.

XXI.

Enn man einen erschlagenen findet im lande/ das dir der HERR dein Gott geben wird einzunemen/ vnd ligt im felde/ vnd man nicht weis/ wer jn geschlagen hat/ So sollen deine Eltesten vnd Richter hinaus gehen/ vnd von dem erschlagenen messen an die stedte die vmbher ligen/ Welche stad die nehest ist/ der selben Eltesten sollen eine junge kue von den rindern nemen/ da mit man nicht geerbeitet hat/ noch am joch gezogen hat/ vnd sollen sie hinab füren jnn einen kiesichten grund/ der weder geerbeitet noch beseet ist/ vnd daselbs im grund jr den hals abhawen.

Da sollen erzu komen die Priester / die kinder Leui (denn der HERR dein Gott hat sie erwelet/ das sie jm dienen vnd seinen namen loben/ vnd nach jrem mund sollen alle sachen vnd alle scheden gehandelt werden) / Vnd alle Eltesten der selben stad sollen erzu tretten zu dem erschlagenen/ vnd jre hende waschen vber die junge kue/ der im grund der hals abgehawen ist/ vnd sollen antworten vnd sagen/ Vnser hende haben dis blut nicht vergossen/ so habens auch vnser augen nicht gesehen/ Sey gnedig deinem volck Jsrael/ das du der HERR erlöset hast/ lege nicht das vnschüldige blut auff dein volck Jsrael/ So werden sie vber dem blut versünet sein. Also soltu das vnschüldige blut von dir thun/ das du thuest was recht ist fur den augen des HERRN.

Wenn du jnn einen streit zeuchst wider deine feinde/ vnd der HERR dein Gott gibt dir sie jnn deine hende/ das du jre gefangen weg fürest/ vnd sihest vnter den gefangenen ein schön weib/ vnd hast lust zu jr/ das du sie zum weibe nemest/ so fure sie jnn dein haus vnd las jr das har ab scheren/ vnd jre negel beschneiten/ vnd die kleider ab legen darinnen sie gefangen ist/ vnd las sie sitzen jnn deinem hause/ vnd beweinen einen mondlang jren Vater vnd jre mutter/ darnach schlaff bey jr vnd nim sie zu der ehe/ vnd las sie dein weib sein. Wenn du aber nicht lust zu jr hast/ so soltu sie auslassen wo sie hin wil/ vnd nicht vmb gelt verkeuffen noch versetzen/ Darumb das du sie gedemütigt hast.

Wenn jemand zwey weiber hat / eine die er lieb hat/ vnd eine die er hasset/ vnd sie jm kinder geberen/ beide die liebe vnd die feindselige/ das der erstgeborner der feindseligen ist/ Vnd die zeit kompt/ das er seinen kindern das erbe austeile/ so kan er nicht den son der liebsten zum erstgebornen son machen / fur den erstgebornen son der feindseligen/ sondern er sol den son der feindseligen fur den ersten son erkennen/ das er jm zweifeltig gebe/ alles das fur handen ist/ Denn der selb ist seine erste krafft/ vnd der ersten geburt recht ist sein.

Wenn je

Das Funfft Buch

Wenn jemand einen eigen willigen vnd vngehorsamen son hat/ der seiner vater vnd mutter stim nicht gehorcht/ vnd wenn sie jn zuchtigen/ jnen nicht gehorchen wil/ so sol jn sein vater vnd mutter greiffen/ vnd zu den Eltesten der stad furen/ vnd zu dem thor des selben orts vnd zu den Eltesten der stad sagen/ Dieser vnser son ist eigenwillig vnd vngehorsam/ vnd gehorcht vnser stim nicht/ vnd ist ein schlemmer vnd truncken bolt/ So sollen jn steinigen alle leut der selbigen stad/ das er sterbe/ vnd solt also den bösen von dir thun/ das es gantz Israel höre vnd sich fürchte.

Wenn jemand ein sunde gethan hat/ die des tods wirdig ist/ vnd wird also getödt das man jn auff ein holtz henget/ so sol sein leichnam nicht vber nacht an dem holtz bleiben/ sondern solt jn des selben tags begraben/ Denn ein gehenckter ist verflucht bey Gott/ auff das du dein land nicht verunreinigst/ das dir der HERR dein Gott gibt zum erbe.

XXII.

Enn du deines Bruders ochsen oder schaf sihest jrre gehen/ so soltu dich nicht entzihen von jnen/ sondern solt sie wider zu deinem bruder furen/ Wenn aber dein bruder dir nicht nahe ist/ vnd kennest jn nicht/ so soltu sie jnn dein haus nemen/ das sie bey dir seien/ bis sie dein bruder suche/ vnd denn jm wider gebest. Also soltu thun mit seinem esel/ mit seinem kleid/ vnd mit allem verlornen/ das dein bruder verleuret vnd du es findest/ du kanst dich nicht entzihen.

Wenn du deines Bruders esel oder ochsen sihest fallen auff dem wege/ so soltu dich nicht von jm entzihen/ sondern solt jm auff helffen.

Ein weib sol nicht mans gerete tragen/ vnd ein man sol nicht weiber kleider an thun/ Denn wer solchs thut/ der ist dem HERRN deinem Gott ein grewel.

Wenn du auff dem wege findest ein vogel nest/ auff einem bawm oder auff der erden/ mit jungen oder mit eyern/ vnd das die mutter auff den jungen oder auff den eyern sitzt/ so soltu nicht die mutter mit den jungen nemen/ sondern solt die mutter fliegen lassen/ vnd die jungen nemen/ auff das dirs wol gehe/ vnd lange lebest.

Wenn du ein new haus bawest/ so mache ein lehnen drumb auff deinem dache/ auff das du nicht blut auff dein haus ladest/ wenn jemand erab fiele.

Du solt deinen weinberg nicht mit mancherley beseen/ das du nicht zur Fülle heiligest solchen samen (den du geseet hast) neben dem einkomen des weinberges. Du solt nicht ackern zu gleich mit einem ochsen vnd esel. Du solt nicht anzihen ein kleid von wollen vnd leinen zu gleich gemenget. Du solt dir leplin machen an den vier sittigen deines mantels/ da mit du dich bedeckest.

Wenn jemand ein weib nimpt vnd wird jr gram/ wenn er sie beschlaffen

Mose. CXXV.

schlaffen hat/vnd legt jr was schendlichs auff/ vnd bringet ein böse geschrey vber sie aus/vnd spricht/Das weib hab ich genomen/ vnd da ich mich zu jr thet/fand ich sie nicht jungfraw/ So sollen der vater vnd mutter der dirnen sie nemen/ fur die Eltesten der stad jnn dem thor erfur bringen der dirnen jungfrawschafft/ Vnd der dirnen vater sol zu den Eltesten sagen/ Ich hab diesem man meine tochter zum weibe gegeben/nu ist er jr gram worden/vnd legt ein schendlich ding auff sie vnd spricht/ Ich habe deine tochter nicht jungfraw funden. Die ist die jungfrawschafft meiner tochter/ Vnd sollen die kleider fur den Eltesten der stad ausbreiten/ So sollen die Eltesten der stad den man nemen/vnd züchtigen/vnd vmb hundert sekel silbers büssen/vnd die selben der dirnen vater geben/darumb das er ein jungfraw jnn Israel berüchtiget hat/vnd sol sie zum weibe haben/ das er sie sein leben lang nicht lassen müge. Jsts aber die warheit/ das die dirne nicht ist jungfraw funden/so sol man sie eraus fur die thür jres vaters haus furen/vnd die leute der stad sollen sie zu tod steinigen/darumb/das sie eine torheit jnn Israel begangen hat/vnd jnn jres vaters hause gehuret hat/ vnd solt das böse von dir thun.

Wenn jemand erfunden wird/der bey einem weibe schlefft/die einen ehe man hat/so sollen sie beide sterben/der man vnd das weib/bey dem er geschlaffen hat/vnd solt das böse von Israel thun.

Wenn eine dirne jemand vertrawet ist/ vnd ein man krieget sie jnn der stad vnd schlefft bey jr/ so solt jr sie alle beide zu der stad thor aus furen/vnd solt sie beide steinigen/das sie sterben/ Die dirne darumb/das sie nicht geschrien hat/weil sie jnn der stad war/ Den man darumb/ das er seines nehesten weib geschendet hat / vnd solt das böse von dir thun.

Wenn aber jemand eine vertrawete dirne auff dem felde krieget/ vnd ergreifft sie vnd schlefft bey jr/ so sol der man alleine sterben/ der bey jr geschlaffen hat/ vnd der dirne soltu nichts thun/ denn sie hat keine sunde des tods werd gethan/ Sondern gleich wie jemand sich wider seinen nehesten erhube vnd schlüge seine seele todt/ so ist dis auch/denn er fand sie auff dem felde/vnd die vertrawete dirne schrey/ vnd war niemand der jr halff.

Wenn jemand an eine jungfraw kompt/ die nicht vertrawet ist/ vnd ergreiffet sie vnd schlefft bey jr/ vnd werden gefunden/ so sol der sie beschlaffen hat/jrem vater fünffzig sekel silbers geben/vnd sol sie zum weibe haben/darumb/ das er sie geschwecht hat/er kan sie nicht lassen sein leben lang. Niemand sol seines vaters weib nemen/ vnd nicht auff decken seines vaters decke.

XXIII

Es sol kein zestossener noch verschnittener jnn die Gemeine des HERRN komen/ Es sol auch kein hurkind jnn die Gemeine des HERRN komen/auch nach dem zehenden gelied/sondern sol schlecht nicht jnn die Gemeine des HERRN komen. Die Ammoniter vnd Moabiter sollen nicht jnn die Gemeine des HERRN komen
auch

(komen) Das ist/ sie sollen nicht zu Ampten vñ regiment kome/da mit das regiment nicht veracht vnd vervnehret werde

Das Fünffte Buch

auch nach dem zehenden gelid/ sondern sie sollen nimer mehr hinein komen/ darumb/ da sie euch nicht zuuor kamen mit brod vnd wasser auff dem wege/ da jr aus Egypten zoget/ vnd dazu wider euch dingeten den Bileam den son Beor/ den ausleger aus Mesopotamia/ das er dich verfluchen solte. Aber der HERR dein Gott wolt Bileam nicht hören/ vnd wandelt dir den fluch jnn den segen/ Darumb das dich der HERR dein Gott lieb hatte. Du solt jn weder guts noch ehre beweisen dein leben lang ewiglich.

a
(ehre beweisen)
Das ist/ jr solt sie nicht herfur ziehen vnd jnn öffentliche ampt setzen/ Sonst möchten sie wol jnen almosen geben vnd zur not hülfflich/ aber nicht zun ehren vnter dem volck Gottes.

b
(Bösen)
Das du selbst nicht strefflich selbst/ vnd also den sieg zurstraffe verlierest vnd geschlagen werdest/ wie zur zeit Eli/ vnd Saul geschach.

Die Edomiter soltu nicht fur grewel halten/ Er ist dein bruder. Den Egypter soltu auch nicht fur grewel halten/ denn du bist ein frembdling jnn seinem lande gewesen/ Die kinder die sie im dritten gelied zeugen/ sollen jnn die Gemeine des HERRN komen.

Wenn du aus dem lager gehest wider deine feinde/ so hüte dich fur allem bösen.

Wenn jemand vnter dir ist/ der nicht rein ist/ das jm des nachtes was wider faren ist/ der sol hinaus fur das lager gehen vnd nicht wider hinein komen/ bis er fur abents sich mit wasser bade/ vnd wenn die sonn vntergangen ist/ sol er wider jnns lager gehen.

Vnd du solt aussen fur dem lager einen ort haben/ dahin du zur not hinaus gehest/ vnd solt ein scheufflin haben/ vnd wenn du dich draussen setzen wilt/ soltu damit graben/ Vnd wenn du gesessen bist/ soltu zu scharren was von dir gangen ist/ Denn der HERR dein Gott wandelt vnter deinem lager/ das er dich errette/ vnd gebe deine feinde fur dir/ Darumb sol dein lager heilig sein/ das kein schand vnter dir gesehen werde/ vnd er sich von dir wende.

Du solt den knecht nicht seinem herrn vber antworten/ der von jm zu dir sich entwand hat/ Er sol bey dir bleiben an dem ort/ den er erwelet jnn deiner thor einem/ jm zu gut/ vnd solt jn nicht schinden.

Es sol kein hure sein vnter den töchtern Israel/ vnd kein hurer vnter den sönen Israel.

Du solt kein hurlohn noch hund gelt jnn das haus Gottes deines HERRN bringen/ aus jrgent einem gelübd/ Denn das ist dem HERRN deinem Gott beides ein grewel.

Du solt an deinem bruder nicht wuchern/ weder mit geld noch mit speise/ noch mit allem damit man wuchern kan/ An dem frembden magstu wuchern/ aber nicht an deinem bruder/ auff das dich der HERR dein Gott gesegene jnn allem das du fur nimpst/ im lande/ dahin du komest das selb einzunemen.

Wenn du dem HERRN deinem Gott ein gelübd thust/ so soltu es nicht verziehen zu halten/ denn der HERR dein Gott wirds von dir foddern/ vnd wird dir sunde sein/ Wenn du das geloben vnter wegen lessest/ so ist dirs kein sunde/ Aber was zu deinen lippen

ausgangen

Mose. CXXVI.

aus gangen ist/ soltu halten vnd darnach thun/ wie du dem HERRN deinem Gott freiwillig gelobd hast/ das du mit deinem mund gered hast

Wenn du jnn deines nehesten weinberg gehest/ so magstu der drauben essen nach deinem willen/ bis du sat habest/ aber du solt nichts jnn dein gefess thun.

Wenn du jnn die Saat deines nehesten gehest/ so magstu mit der hand ehern abrupffen/ aber mit der sicheln soltu nicht drinnen hin vnd her faren.

XXIIII.

Enn jemand ein weib nimpt vnd ehlicht sie / vnd sie nicht gnade findet fur seinen augen vmb etwa einer vnlust willen/ so sol er ein scheide brieff schreiben/ vnd jr jnn die hand geben/ vnd aus seinem hause lassen. Wenn sie denn aus seinem hause gangen ist/ vnd hin gehet/ vnd wird eins andern weib/ vnd derselbe ander man jr auch gram wird/ vnd einen scheide brief schreibt/ vnd jr jnn die hand gibt/ vnd sie aus seinem hause lesset/ oder so der selb ander man stirbt/ der sie jm zum weibe genomen hatte/ so kan sie jr erster man/ der sie aus lies/ nicht wider vmb nemen/ das sie sein weib sey/ nach dem sie ist vnrein/ Denn solchs ist ein grewel fur dem HERRN/ Auff das du das land nicht zu sunden machest/ das dir der HERR dein Gott zum erbe gegeben hat.

Wenn jemand newlich ein weib genomen hat/ der sol nicht jnn die heerfart ziehen/ vnd man sol jm nichts aufflegen. Er sol frey jnn seinem hause sein ein jarlang/ das er frölich sey mit seinem weibe/ das er genomen hat.

Du solt nicht zu pfande nemen den vntersten vnd vbersten mülstein/ denn er hat dir die seele zu pfand gesetzt

Wenn jemand funden wird/ der aus seinen Brüdern eine seele stilet aus den kindern Israel/ vnd versetzt oder verkeufft sie/ solcher dieb sol sterben/ das du das böse von dir thuest.

Hüte dich fur der plage des aussatzs/ das du mit vleis haltest vnd thust/ alles das dich die Priester die Leuiten leren. Vnd wie sie euch gebieten/ das solt jr halten/ vnd darnach thun. Bedenckt was der HERR dein Gott thet mit Mir Jam auff dem wege/ da jr aus Egypten zoget.

Wenn du deinem nehesten jrgent eine schuld borgest/ so soltu nicht jnn sein haus gehen/ vnd jm ein pfand nemen/ sondern du solt haussen stehen/ vnd er dem du borgest/ sol sein pfand zu dir eraus bringen. Ist er aber ein dürfftiger/ so soltu dich nicht schlaffen legen vber seinem pfand/ sondern solt jm sein pfand wider geben/ wenn die sonne vntergehet/ das er jnn seinem kleide schlaffe/ vnd segene dich/ das wird dir fur dem HERRN deinem Gott eine gerechtigkeit sein.

Y ij Du solt

Das Funffte Buch

Du solt dem dürfftigen vnd armen seinen lohn nicht vorhalten/ er sey von deinen brüdern odder frembdlingen/ der jnn deinem land vnd jnn deinem thor ist/ sondern solt jm seinen lohn des tages geben/ das die sonne nicht drüber vntergehe/ Denn er ist dürfftig/ vnd erhelt seine seele damit/ auff das er nicht wider dich den HERRN anruffe/ vnd sey dir sunde.

Die Veter sollen nicht fur die kinder/ noch die kinder fur die veter sterben/ sondern ein jglicher sol fur seine sunde sterben. Du solt das recht des frembdlingen vnd des waisen nicht beugen/ Vnd solt der witwe nicht das kleid zum pfand nemen/ Denn du solt gedencken/ das du knecht jnn Egypten gewesen bist/ vnd der HERR dein Gott dich von dannen erlöset hat/ darumb gebiete ich dir/ das du solchs thust.

Wenn du auff deinem acker geerndtet hast/ vnd einer garben vergessen hast auff dem acker/ so soltu nicht vmbkeren die selben zu holen/ sondern sie sol des frembdlingen/ des waisen/ vnd der witwen sein/ auff das dich der HERR dein Gott segene jnn allen wercken deiner hende. Wenn du deine ölebewm hast geschüttelt/ so soltu nicht nach schütteln/ Es sol des frembdlingen/ des waisen/ vnd der witwen sein. Wenn du deinen weinberg gelesen hast/ so soltu nicht nachlesen/ Es sol des frembdlingen/ des waisen vnd der witwen sein/ vnd solt gedencken/ das du knecht jnn Egypten land gewesen bist/ darumb gebiete ich dir/ das du solchs thust.

XXV.

Enn ein hadder ist zwisschen mennern/ so sol man sie fur gericht bringen vnd sie richten/ vnd den gerechten recht sprechen vnd den Gottlosen verdamnen/ Vnd so der Gottlose schlege verdienet hat/ sol jn der Richter heissen nider fallen/ vnd sollen jn fur jm schlahen nach der mas vnd zal seiner missethat/ Wenn man jm vierzig schlege gegeben hat/ sol man nicht mehr schlahen/ auff das nicht/ so man mehr schlege gibt/ er zu viel geschlagen werde/ vnd dein bruder scheuslich fur deinen augen sey.

Du solt dem ochsen der do dresschet nicht das maul verbinden.

Wenn Brüder bey einander wonen/ vnd einer stirbt on kinder/ so sol das weib des verstorbenen nicht einen frembden man draussen nemen/ sondern jr schwager sol sie beschlaffen vnd zum weibe nemen vñ befreunden/ vñ den ersten son den sie gebirt/ sol er bestetigen nach dem namen seines verstorbenen bruders/ das sein name nicht vertilget werde aus Israel.

Gefellet aber dem man nicht/ das er seine schwegerin neme/ so sol sie/ seine schwegerin hinauff gehen vnter das thor fur die Eltesten vnd sagen/ Mein schwager wegert sich seinem bruder eine namen zu erwecken jnn Israel/ vnd wil sich nicht mit mir befreunden/ So sollen jn die Eltesten der stad fodern vnd mit jm reden/ Wenn er denn stehet vnd spricht/ Es gefellet mir nicht sie zu nemen/ so sol sein schwegerin zu

Mose.   CXXVII.

gerin zu jm treten fur den Eltesten/vnd jm einen schuch aus zihen von seinen füssen/vnd jn anspeien/vnd sol antworten vnd sprechen/Also sol man thun einem jederman/der seins bruders haus nicht erbawen wil/Vnd sein name sol jnn Israel heissen/des Barfussers haus.

Wenn sich zween menner mit einander haddern/ vnd des einen weib leufft zu/das sie jren man errette von der hand des der jn schlegt/ vnd streckt jre hand aus vnd ergreifft jn bey seiner scham/so soltu jr die hand ab hawen/vnd dein auge sol jr nicht verschonen.

Du solt nicht zweierley gewicht jnn deinem sack/ gros vnd klein haben/Vnd jnn deinem hause sol nicht zweierley Scheffel/gros vnd klein sein/Du solt ein vollig vnd recht gewicht/vnd einen völligen vnd rechten scheffel haben/auff das dein leben lange were jnn dem lande/ das dir der HERR dein Gott geben wird/ Denn wer solchs thut/ der ist dem HERRN deinem Gott ein grewel/wie alle die vbel thun.

Gedenck was dir die Amalekiter thetten auff dem wege/da jr aus Egypten zoget/ wie sie dich angriffen auff dem wege/vnd schlugen deine hindersten/alle die schwachen die dir hinden nach zogen/da du müde vnd matt warest/vnd furchten Gott nicht/ Wenn nu der HERR dein Gott dich zu ruge bringt/von allen deinen feinden vmb her/im lande/das dir der HERR dein Gott gibt zum erbe einzunemen/ so soltu das gedechtnis der Amalekiter austilgen vnter dem himel/Das vergis nicht.

XXVI.

Enn du jns land kompst/das dir der HERR dein Gott zum erbe geben wird/vnd nimests ein vnd wonest drinnen / so soltu nemen allerley ersten früchte des lands/die aus der erden komen/ die der HERR dein Gott dir gibt/ vnd solt sie jnn einen korb legen/ vnd hin gehen an den ort/den der HERR dein Gott erwelen wird/ das sein name daselbs wone/vnd solt zu dem Priester komen/der zu der zeit da ist/vnd zu jm sagen/ Ich verkündige heute dē HERRN deinem Gott/das ich komen bin jnn das land/das der HERR vnsern Vetern geschworen hat vns zu geben.

Vnd der Priester sol den korb nemen von deiner hand/ vnd fur dem altar des HERRN deines Gottes nider setzen/da soltu antworten vnd sagen fur dem HERRN deinem Gott/ Die Syrer wolten meinen vater vmbbringen/der zoch hinab jnn Egypten/vnd war daselbs ein frembdling mit geringem volck/vnd ward daselbs ein gros/ starck vnd viel volck. Aber die Egypter handelten vns vbel/vnd zwungen vns / vnd legten einen harten dienst auff vns/ Da schrien wir zu dem HERRN dem Gott vnser Veter/ vnd der HERR erhöret vnser schreien/vnd sahe vnser elend/angst vnd not/vnd füret vns aus Egypten/mit mechtiger hand vnd ausgerecktem arm/vnd mit grossem schrecken/durch zeichen vnd wunder/ vnd bracht vns an diesen ort/ vnd gab vns dis land/ da milch vnd honnig jnnen fleust. Nu bringe ich die

Das Funffte Buch

tch die ersten fruchte des lands/ die du HERR mir gegeben hast. Vnd solt sie lassen fur dem HERRN deinem Gott/ vnd anbeten fur dem HERRN deinem Gott/ vnd frölich sein vber allem gut/ das dir der HERR dein Gott gegeben hat/ vnd deinem hause/ du vnd der Leuit/ vnd der frembdling der bey dir ist.

(leide) Gottes opffer sol frölich/ rein vnd heilig sein/ Darumb nichts jnn traurigkeit dauon gegessen/ nichts jn vnreinigkeit dauon genomen/ nichts den götzen od der todten dauon gegeben sein

Wenn du alle zehenden deins einkomens zusamen bracht hast im dritten jar/ das ist ein zehenden jar/ so soltu dem Leuiten/ dem frembdlingen/ dem Waisen/ vnd den Witwen geben/ das sie essen jnn deinem thor/ vnd sat werden. Vnd solt sprechen fur dem HERRN deinem Gott/ Ich hab bracht/ das geheiliget ist aus meinem hause/ vnd habs gegeben den Leuiten/ den frembdlingen/ den Waisen/ vnd den Witwin/ nach alle deinem gebot/ das du mir geboten hast/ Ich hab deine gebot nicht vbergangen/ noch vergessen. Ich hab nicht dauon gessen jnn meinem leide/ vnd hab nicht dauon gethan jnn vnreinigkeit/ Ich hab nicht zu den todten dauon gegeben. Ich bin der stim des HERRN meines Gottes gehorsam gewest/ vnd habe gethan alles wie du mir gebotten hast. Sihe erab von deiner heiligen wonung vom himel/ vnd segene dein volck Israel/ vnd das land/ das du vns gegeben hast/ wie du vnsern Vetern geschworen hast/ ein land da milch vnd honig jnnen fleusst.

Heutes tages gebeut dir der HERR dein Gott/ das du thust nach allen diesen geboten vnd rechten/ das du sie haltest/ vnd darnach thust von gantzem hertzen vnd von gantzer seelen. Dem HERRN hastu heute geredt/ das er dein Gott sey/ das du jnn alle seinen wegen wandelst/ vnd haltest seine Gesetz/ gebot vnd recht/ vnd seiner stimme gehorchest. Vnd der HERR hat dir heute geredt/ das du sein eigen volck sein solt/ wie er dir geredt hat/ das du alle seine gebot haltest/ vnd er dich das hohest mache vnd du gerhümet gepreiset vnd geehret werdest vber alle völcker/ die er gemacht hat/ das du dem HERRN deinem Gott ein Heilig volck seiest/ wie er geredt hat.

XXVII.

Vnd Mose gebot sampt den Eltesten Israel dem volck vñ sprach/ Behaltet alle gebot/ die ich euch heute gebiete. Vnd zu der zeit/ wenn jr vber den Jordan gehet jns land/ das dir der HERR dein Gott geben wird/ soltu grosse steine auffrichten/ vnd sie mit kalck tünchen/ vnd drauff schreiben alle wort dieses Gesetzs/ wenn du hin vber komest/ auff das du komest jnns land/ das der HERR dein Gott dir geben wird/ ein Land/ da milch vnd honnig jnnen fleust/ wie der HERR deiner Veter Gott dir geredt hat.

Wenn jr nu vber den Jordan gehet/ so solt jr solche steine auffrichten (dauon ich euch heute gebiete) auff dem berge Ebal/ vnd mit kalcke tünchen/ vnd solt daselbs dem HERRN deinem Gott ein steinern Altar bawen/ dar vber kein eisen feret/ Von gantzen steinen soltu diesen Altar dem HERRN deinem Gott bawen/ vnd Brandopffer drauff opffern dem HERRN deinem Gott/ vnd solt Danckopffer opffern

Mose. CXXVIII.

opffern vnd daselbs essen vnd frölich sein fur dem HERRN deinem Gott/ vnd solt auff die steine alle wort dieses Gesetzs schreiben klar vnd deutlich.

Vnd Mose sampt den Priestern den Leuiten redeten mit dem gantzen Israel/ vnd sprachen/ Merck vnd höre zu Israel/ heute dieses tages bistu ein volck worden des HERRN deines Gottes/ das du der stim des HERRN deines Gottes gehorsam seist/ vnd thust nach seinen gebotten vnd rechten/ die ich dir heute gebiete.

Vnd Mose gebot dem volck des selben tages vnd sprach. Diese sollen stehen auff dem berge Grisim zu segen das volck/ wenn jr vber den Jordan gangen seid. Simon/ Leui/ Juda/ Jsaschar/ Joseph/ vnd BenJamin. Vnd diese sollen stehen auff dem berge Ebal zu fluchen. Ruben/ Gad/ Asser/ Sebulon/ Dan vnd Naphthali. Vnd die Leuiten sollen anheben/ vnd sagen zu jderman von Israel mit lauter stimme.

Verflucht sey/ wer ein Götzen oder gegossen bild macht/ einen grewel des HERRN/ ein werck der werckmeister hende/ vnd sezt es verborgen/ Vnd alles volck sol antworten vnd sagen/ Amen.

Verflucht sey/ wer seim vater oder Mutter flucht/ Vnd alles volck sol sagen/ Amen.

Verflucht sey/ wer seines nehesten grentze engert/ Vnd alles volck sol sagen/ Amen.

Verflucht sey/ wer einen blinden jrren macht auff dem wege/ Vnd alles volck sol sagen/ Amen.

Verflucht sey/ wer das recht des frembdling/ des Waisen/ vnd der Witwin beuget/ Vnd alles volck sol sagen/ Amen.

Verflucht sey/ wer bey seines vaters weibe ligt/ das er auff decke den fittich seines vaters/ Vnd alles volck sol sagen/ Amen.

Verflucht sey/ wer jrgent bey einem vieh ligt/ Vnd alles volck sol sagen/ Amen.

Verflucht sey/ wer bey seiner Schwester ligt/ die seines vaters oder seiner mutter tochter ist/ Vnd alles volck sol sagen/ Amen.

Verflucht sey/ wer bey seiner Schwiger ligt/ Vnd alles volck sol sagen/ Amen.

Verflucht sey/ wer seinen nehesten heimlich schlegt/ Vnd alles volck sol sagen/ Amen.

Verflucht sey/ wer geschenck nimpt/ das er die seele des vnschuldigen bluts schlegt/ Vnd alles volck sol sagen/ Amen.

Verflucht sey/ wer nicht alle wort dieses Gesetzs erfüllet/ das er darnach thue/ Vnd alles volck sol sagen/ Amen.

XXVIII.

Das Funffte Buch

Vnd wenn du der stim des HERRN deins Gottes gehorchen wirst/ das du haltest vnd thust alle seine gebot/ die ich dir heute gebiete/ so wird dich der HERR dein Gott das höhest machen vber alle völcker auff erden/ vnd werden vber dich komen alle diese segen vnd werden dich treffen/ darumb das du der stim des HERRN deines Gottes bist gehorsam gewest. Gesegenet wirstu sein jnn der stad/ Gesegenet auff dem acker/ Gesegenet wird sein die frucht deins leibs/ die frucht deins lands/ vnd die frucht deins viehs/ vnd die früchte deiner ochsen/ vnd die früchte deiner schaf/ Gesegenet wird sein dein korb vnd dein vbriges/ Gesegenet wirstu sein/ wenn du eingehest/ Gesegenet/ wenn du ausgehest.

(Korb)
Das ist/ alles was du gegenwertiglich brauchest/ vnd was du beseit legest zu behalten.

Vnd der HERR wird deine feinde/ die sich wider dich auff lehnen/ fur dir schlahen/ Durch einen weg sollen sie aus zihen wider dich/ vnd durch sieben wege fur dir fliehen/ Der HERR wird gebieten dem segen/ das er mit dir sey jnn deinem keller vnd jnn allem das du fur nimpst/ vnd wird dich segenen/ jnn dem land das dir der HERR dein Gott gegeben hat.

Der HERR wird dich jm zum Heiligen volck auffrichten/ wie er dir geschworen hat/ darumb das du die gebot des HERRN deins Gottes heltest vnd wandelst jnn seinen wegen/ das alle völcker auff erden werden sehen/ das du nach dem namen des HERRN genennet bist/ vnd werden sich fur dir furchten/ Vnd der HERR wird machen/ das du vberflus an gütern haben wirst/ an der frucht deines leibs/ an der frucht deines viehs/ vnd an der frucht deins ackers/ auff dem land/ das der HERR deinen vetern geschworen hat dir zu geben.

Vnd der HERR wird dir seinen guten schatz auffthun den himel/ das er deinem land regen gebe zu seiner zeit/ vnd das er segene alle werck deiner hende. Vnd du wirst vielen völckern leihen/ du aber wirst von niemant entlehnen/ Vnd der HERR wird dich zum heubt machen vnd nicht zum schwantz/ vnd wirst oben schweben vnd nicht vnten liegen/ darumb/ das du gehorsam bist den geboten des HERRN deines Gottes/ die ich dir heute gebiete/ zu halten vnd zu thun/ vnd das du nicht weichest/ von jrgent einem wort/ das ich euch heute gebiete/ weder zur rechten noch zur lincken/ damit du andern Göttern nach wandeltest jnen zu dienen.

WENN du aber nicht gehorchen wirst der stim des HERRN deins Gottes/ das du haltest vnd thust alle seine gebot vnd rechte/ die ich dir heute gebiete/ so werden alle diese fluche vber dich komen vnd dich treffen/ Verflucht wirstu sein jnn der stad/ Verflucht auff dem acker/ Verflucht wird sein dein korb vnd dein vbriges/ Verflucht wird sein die frucht deines leibs/ die frucht deines lands/ die frucht deiner ochsen/ vnd die frucht deiner schaf/ Verflucht wirstu sein wenn du eingehest vnd verflucht wenn du aus gehest.

Der HERR wird vnter dich senden verarmen/ vnfrieden vnd vnrat jnn

Mose. CXXIX.

rat jnn allem das du fur die hand nimpst/das du thust/bis du vertilget werdest vnd bald vntergehest/vmb deines bösen wesens willen das du mich verlassen hast. Der HERR wird dir die sterbe drüse anhengen/bis das er dich vertilge/jnn dem lande dahin du komest dasselbe ein zunemen. Der HERR wird dich schlahen mit schwulst/fieber/hitze/brunst/dürre vnd bleiche/vnd wird dich verfolgen/bis er dich vmb bringe.

Dein himel der vber deinem heubt ist/ wird ehrnen sein/ vnd die erden vnter dir/ eisern. Der HERR wird deinem lande/staub vnd aschen fur regen geben vom himel auff dich/ bis du vertilget werdest. Der HERR wird dich fur deinen feinden schlagen/ Durch einen weg wirstu zu jnen aus zihen/vñ durch sieben wege wirstu fur jnen fliehen/vnd wirst zur strewet werden vnter alle Reich auff erden/Dein leichnam wird ein speise sein allem gevogel des himels/ vnd allem vieh auff erden/vnd niemand wird sein der sie scheucht.

Der HERR wird dich schlahen mit drüsen Egypti/mit feigwartzen/mit grind vnd kretz/das du nicht kanst heil werden/ Der HERR wird dich schlahen mit wahnsin/blindheit vnd rasen des hertzen/ Vnd wirst tappen im mittag/wie ein blinder tappet im tunckeln/ vnd wirst auff deinem wege kein glück haben.

Vnd wirst gewalt vnd vnrecht leiden müssen dein leben lang/ vnd niemand wird dir helffen. Ein weib wirstu dir vertrawen lassen/aber ein ander wird bey jr schlaffen. Ein haus wirstu bawen/aber du wirst nicht drinnen wonen. Einen weinberg wirstu pflantzen/ aber du wirst jn nicht gemein machen. Dein ochse wird fur deinen augen geschlachtet werden/aber du wirst nicht dauon essen. Dein Esel wird fur deinem angesichte mit gewalt genomen/ vnd dir nicht wider gegeben werden. Dein schaf wird deinen feinden gegeben werden/ vnd niemant wird dir helffen.

Deine söne vnd deine töchter werden einem andern volck gegeben werden/das dein augen zusehen vnd verschmachten vber jnen teglich/vnd wird keine stercke jnn deinen henden sein. Die früchte deines lands vnd alle deine erbeit wird ein volck verzehren/das du nicht kennest/vnd wirst vnrecht leiden/vnd zu stossen werden dein lebenlang. Vnd wirst vnsinnig werden fur dem das dein augen sehen müssen.

Der HERR wird dich schlahen mit einer bösen drüs an den knien vnd waden/das du nicht kanst geheilet werden/von den fus solen an/bis auff die scheitel.

Der HERR wird dich vnd deinen König den du vber dich gesetzt hast/treiben vnter ein volck das du nicht kennest noch deine veter/vnd wirst daselbs dienen andern Göttern/holtz vnd steinen/vnd wirst ein schewsal/vnd ein spricht wort vnd spott sein vnter allen völckern/da dich der HERR hin getrieben hat.

Du wirst viel samens aus füren auff das feld/vnd wenig einsammelen/ Denn die hewschrecken werdens abfressen.   Weinberge
wirstu

wirstu pflantzen vnd bawen/aber keinen wein trincken noch lesen/ denn die wurme werdens verzeren. Olebewm wirstu haben jnn allen deinen grentzen/aber du wirst dich nicht salben mit öle/denn dein öle bawm wird ausgerissen werden. Söne vnd töchter wirstu zeugen vnd doch nicht haben/denn sie werden weg gefurt werden. Alle deine bewme vnd früchte deines lands wird das vnzifer fressen.

Der frembdling der bey dir ist/wird vber dich steigen vnd jmer oben schweben/Du aber wirst erunder steigen vnd jmer vnterligen/ Er wird dir leihen/du aber wirst jm nicht leihen/Er wird das hewbt sein/vnd du wirst der schwantz sein.

Vnd werden alle diese fluche vber dich komen vnd dich verfolgen vnd treffen/bis du vertilget werdest/darumb das du der stim des HERRN deines Gottes nicht gehorchet hast/das du seine gebot vnd rechte heeltest/die er dir gebotten hat/darumb werden zeichen vnd wunder an dir sein/vnd an deinem samen ewiglich/das du dem HERRN deinem Gott nicht gedienet hast mit freude vnd lust deines hertzen/da du allerley gnug hattest/Vnd wirst deinem feinde/den dir der HERR zuschicken wird/dienen jnn hunger vnd durst/jnn blosse vnd allerley mangel/vnd wird ein eisern joch auff deinen hals legen/bis das er dich vertilge.

Der HERR wird ein volck vber dich schicken/von ferne von der welt ende/wie ein Adeler fleuget/des sprache du nicht verstehest/ ein frech volck/das nicht ansihet die person des alten/noch gnedig ist den jünglingen/vnd wird verzehren die frucht deines viehs/vnd die frucht deines landes bis du vertilget werdest/vnd wird dir nichts vberlassen an korn/most/öle/an früchten der ochsen vnd schafen/bis das dichs vmbbringe/Vnd wird dich engsten jnn alle deinen thoren/bis das es niderwerffe deine hohe vnd feste mauren/darauff du dich verlessest jnn alle deinem lande. Vnd wirst geengstet werden jnn allen deinen thoren jnn deinem gantzen lande/das dir der HERR dein Gott gegeben hat

Du wirst die frucht deines leibs fressen/das fleisch deiner söne vnd deiner töchter/die dir der HERR dein Gott gegeben hat/jnn der angst vnd not/da mit dich dein feind drengen wird/Das ein man der zuuor seer zertlich vnd jnn lüsten gelebt hat vnter euch/wird seinem bruder vnd dem weib jnn seinen armen/vnd dem son der noch vbrig ist von seinen sönen/vergonnen zu geben jemand vnter jnen von dem fleisch seiner söne das er frisset/sintemal jm nichts vbrig ist von allem gut/jnn der angst vnd not/damit dich dein feind drengen wird jnn allen deinen thoren.

Ein weib vnter euch das zuuor zertlich vnd jnn lüsten gelebet hat/das sie nicht versucht hat jre fussolen auff die erden zu setzen fur zertligkeit vnd wollust/die wird dem man jnn jren armen/vnd jrem son vnd jrer tochter vergonnen/die affterburd die zwischen jr eigen beinen sind ausgangen/dazu jre söne/die sie geborn hat/ Denn sie werden sie fur allerley mangel heimlich essen/jnn der angst vnd not/ damit dich dein feind drengen wird jnn deinen thoren.   Wo

Wo du nicht wirst halten/ das du thust alle wort dieses Gesetzs/ die jnn diesem Buch geschrieben sind/ das du furchtest diesen herrlichen vnd schrecklichen namen des HERRN deinen Gott/ so wird der HERR wunderlich mit dir vmbgehen/ mit schlegen auff dich vnd deinen samen/ mit grossen vnd langwerigen schlegen/ mit bösen vnd langwerigen kranckheiten/ vnd wird dir zu wenden alle seuche Egypti/ dafur du dich furchtest vnd werden dir anhangen. Da zu alle kranckheit vnd alle schlege/ die nicht geschrieben sind jnn dē Buch dieses Gesetzs wird der HERR vber dich komen lassen/ bis du vertilget werdest/ vnd wird ewer wenig pöbels vberbleiben/ die jr vorhin gewesen seid/ wie die stern am himel nach der menge/ Darumb das du nicht gehorchet hast der stim des HERRN deines Gottes.

Vnd wie sich der HERR vber euch zuuor frewete/ das er euch guts thet vnd mehret euch/ also wird er sich vber euch frewen/ das er euch vmbringe vnd vertilge/ vnd werdet verstöret werden von dem land da du jtzt ein zeuchst einzunemen. Denn der HERR wird dich zur strewen vnter alle völcker / von eim ende der welt bis ans ander/. vnd wirst daselbs andern Göttern dienen/ die du nicht kennest noch deine veter/ holtz vnd steinen.

Dazu wirstu vnter den selben völckern kein bleibend wesen haben/ vnd deine fussolen werden keine ruge haben/ Denn der HERR wird dir daselbs ein bebendes hertz geben/ vnd verschmachte augen vnd verdorrete seele/ das dein leben wird fur dir schweben/ nacht vnd tag wirstu dich furchten vnd deines lebens nicht sicher sein. Des morgens wirstu sagen/ Ah das ich den abend erleben möchte? Des abents wirstu sagen/ Ah/ das ich den morgen erleben möchte? fur furcht deines hertzen/ die dich schrecken wird/ vnd fur dem das du mit deinen augen sehen wirst.

Vnd der HERR wird dich mit schiff vol wider jnn Egypten furen durch den weg/ dauon ich gesagt hab/ du solt jn nicht mehr sehen/ Vñ jr werdet daselbs ewern feinden zu knechten vnd megden verkaufft werden/ vnd wird kein keuffer da sein.

XXIX.

DIs sind die wort des Bunds/ den der HERR Mose geboten hat zu machen mit den kindern Israel jnn der Moabiter land zum andern mal nach dem er den selben mit jnen gemachet hatte jnn Horeb/ Vnd Mose rieff dem gantzen Israel/ vnd sprach zu jnen/ Ir habt gesehen alles was der HERR gethan hat jnn Egypten fur ewern augen/ dem Pharao mit alle seinen knechten vnd seinem gantzen lande/ die grossen versuchungen/ die dein augen gesehen haben/ das es grosse zeichen vnd wunder waren. Vnd der HERR hat euch bis auff diesen heutigen tag noch nicht gegeben ein hertz/ das verstendig were/ augen die da sehen/ vnd ohren die da höreten.

Er hat euch vierzig jar jnn der wüsten lassen wandeln. Ewer kleider sind an euch nicht veraltet/ vnd dein schuch ist nicht veraltet an deinen füs-

Das Funfft Buch

deinen füssen/ jr habt kein brot gessen vnd keinen wein getruncken noch starcke getrencke/ auff das du wissest/ das ich der HERR ewer Gott bin.

Vnd da jr kamet an diesen ort/ zog aus der König Sihon zu Hesbon vnd der König Og zu Basan vns entgegen mit vns zu streiten/ vnd wir haben sie geschlagen/ vnd jr land eingenomen vnd zum erbteil gegeben den Rubenitern vnd Gadditern vnd dem halben stam der Manassiter. So haltet nu die wort dieses bunds/ vnd thut darnach/ auff das jr weislich handeln müget jnn alle ewrem thun.

(ewrem thun)
On Gottes wort ist alle vnsern thun narrheit.

Ir stehet heute alle fur dem HERRN ewrem Gott/ die obersten ewer stemme/ ewer Eltesten/ ewer Amptleute/ ein jderman jnn Israel/ ewer kinder/ ewer weiber/ dein frembdling der jnn deinem lager ist/ beide dein holtz hewer vnd deine wasser schepffer/ das du einher gehen solt jnn dem Bund des HERRN deines Gottes vnd jnn dem eide/ den der HERR dein Gott heute mit dir macht/ auff das er dich heute jm zum volck auffrichte/ vnd er dein Gott sey/ wie er dir geredt hat/ vnd wie er deinen vetern Abraham/ Isaac vnd Jacob geschworen hat.

Denn ich mache diesen bund vnd diesen eid nicht mit euch alleine/ sondern beide mit euch/ die jr heute hie seid vnd mit vns stehet fur dem HERRN vnsern Gott/ vnd mit denen/ die heute nicht mit vns sind/ Denn jr wisset/ wie wir jnn Egypten land gewonet haben/ vnd mitten durch die Heiden gezogen sind/ durch welche jr zoget/ vnd sahet jre grewel vnd jre götzen/ holtz vnd stein/ silber vnd gold/ die bey jnen waren.

a
(Es wirt so böse nicht) Das ist der ruchlosen leut wort vnd gedancken/ Ey die helle ist nicht so heiss/ Es hat nicht not/ der teuffel ist nicht so grewlich als man in malet/ welchs alle werckheiligen frech vnd türstiglich thun/ ja noch lohn im himel gewarten.

b
das die trunckene/ Das ist/ das lerer vnd jünger mit einander verlorē werden/ Der lerer ist der truncken von seinen tollen wein da Esaias von saget/ der gehet vber vnd verfüret mit sich die durstigen vnd ledigen seelen/ die da jmer lernen/ vnd nimer zur warheit komē/ wie Sanct paulus sagt.

Das nicht villeicht ein man/ oder ein weib/ oder ein gesind/ oder ein stam vnter euch sey/ des hertz heute sich von dē HERRN vnserm Gott gewand habe/ das es hin gehe vnd diene den Göttern dieser völcker/ vnd werde villeicht eine wortzel vnter euch/ die da galle vnd wermut trage/ vnd ob er schon höre die wort dieses fluchs/ dennoch sich segene jnn seinem hertzen vnd spreche/ ᵃ Es wird so böse nicht/ Ich wil wandeln/ wie es mein hertz dünckt/ vnd also ᵇ die trunckene mit der dürstigen verloren werde.

Ebre ij
Act. vij

Da wird der HERR dem nicht gnedig sein/ sondern denn wird sein zorn vnd eyuer rauchen vber solchen man/ vnd werden sich auff jn legen alle flüche/ die jnn diesem buch geschrieben sind/ vnd der HERR wird seinen namen austilgen vnter dem himel/ vnd wird jn absondern zum vnglück/ aus allen stemmen Israel/ lauts aller flüche des Bunds/ der jnn dem buch dieses Gesetzs geschrieben ist.

So werden denn sagen die nach komen ewer kinder/ die nach euch auff komen werden/ vnd die frembden/ die aus ferne landen komen/ so sie die plagen dieses landes sehen/ vnd die kranckheiten/ da mit sie der HERR beladen hat/ das er alle jr land mit schwefel vnd saltz verbrand hat/ das sie nicht beseet werden mag/ noch wechset/ noch kein kraut drinnen auff gehet/ gleich wie Sodom/ Gomora/ Adama vnd Zeboim vmbgekeret sind/ die der HERR jnn seinem zorn vnd grim vmb gekeret hat.

So wer-

Mose. CXXXI.

So werden alle völcker sagen/ Warumb hat der HERR diesem land also gethan? Was ist das fur so grosser grimmiger zorn? So wird man sagen/ Darumb das sie den Bund des HERRN jrer veter Gott/ verlassen haben/ den er mit jnen machet/ da er sie aus Egypten land furet/ vñ sind hingegangen vnd haben andern Göttern gedienet/ vñ sie angebetet/ solche Götter die sie nicht kennen/ vnd die sie nichts an gehöre. Darumb ist des HERRN zorn ergrimmet vber dis land/ das er vber sie hat komen lassen alle flüche/ die jnn diesem Buch geschrieben stehen. Vnd der HERR hat sie aus jrem lande gestossen/ mit grossem zorn/ grim vnd vngnaden/ vnd hat sie jnn ein ander land geworffen/ wie es stehet heutiges tages.

Das geheimnis des HERRN vnsers Gottes ist offenbar vns vnd vnsern kindern ewiglich/ das wir thun sollen alle wort dieses Gesetzs.

(Das geheimnis) Wil so sagen/ Vns Jude hat Gott fur allen völckern auff erden/ seinen willen offenbart/ vnd was er im sinn hat drumb sollen wir auch deste vleissiger sein.

XXX.

WEnn nu vber dich komet dis alles/ es sey der segen/ oder der fluch/ die ich dir fur gelegt habe/ vnd jnn dein hertz gehest/ wo du vnter den Heiden bist/ da dich der HERR dein Gott hin verstossen hat/ vnd bekerest dich zu dem HERRN deinem Gott/ das du seiner stim gehorchest/ du vnd deine kinder von gantzem hertzen vnd von gantzer seele/ jnn allem das ich dir heute gebiete/ so wird der HERR dein Gott dein gefengnis wenden vnd sich deiner erbarmen/ vnd wird dich wider versamlen aus allen völckern/ dahin dich der HERR dein Gott verstrewet hat.

Wenn du bis an der himel ende verstossen werest/ so wird dich doch der HERR dein Gott von dannen samlen/ vnd dich von dannen holen/ vnd wird dich jnn das land bringen/ das deine veter besessen haben/ vnd wirst es einnemen/ vnd wird dir guts thun vnd dich mehren vber deine veter/ Vnd der HERR dein Gott wird dein hertz beschneiten vnd das hertze deines samens/ das du den HERRN deinen Gott liebest von gantzem hertzen vnd von gantzer seelen/ auff das du leben mügest/ Aber diese flüche wird der HERR dein Gott alle auff deine feinde legen vnd auff die dich hassen vnd verfolgen.

Du aber wirst dich bekeren vnd der stim des HERRN gehorchen/ das du thust alle seine gebot/ die ich dir heute gebiete/ Vnd der HERR dein Gott wird dir glück geben jnn allen wercken deiner hende/ an der frucht deines leibs/ an der frucht deines viehs/ an der frucht deines lands/ das dirs zu gut kome. Denn der HERR wird sich wenden/ das er sich vber dir frewe/ dir zu gut/ wie er sich vber deinen vetern gefrewet hat/ darumb das du der stim des HERRN deines Gottes gehorchest/ zu halten seine gebot vnd rechte/ die geschrieben stehen im Buch dieses Gesetzes/ so du dich wirst bekeren zu dem HERRN deinem Gott von gantzem hertzen vnd von gantzer seele.

(zu gut) Denn die Gottlosen haben auch wol ehre vnd gut offt mehr denn die Heiligen/ Aber zu jrem vnd andern verderben etc.

Denn das gebot das ich dir heute gebiete/ ist dir nicht verborgen/ noch zu ferne/ noch im himel/ das du möchtest sagen/ Wer wil vns jnn den himel faren vnd vns holen/ das wirs hören vnd thun? Es ist auch nicht jensid des meers/ das du möchtest sagen/ wer wil vns vber

J das

Das Funffte Buch

das meer faren vnd vns holen/das wirs hören vnd thun. Denn es ist das wort fast nahe bey dir/inn deinem munde/vnd inn deinem hertzen/das du es thust.

Sihe/ich hab dir heute furgelegt/das leben vnd das gute/den tod vnd das böse/der ich dir heute gebiete/das du den HERRN deinen Gott liebest/vnd wandelst inn seinen wegen/vnd seine gebot/Gesetz vnd Rechte haltest/vnd leben mügest/vnd gemehret werdest/vnd dich der HERR dein Gott segene im lande/da du ein zeuchst dasselb einzunemen.

Wendest du aber dein hertz/vnd gehorchest nicht/sondern lessest dich verfüren/das du andere Götter anbetest vnd inen dienest/so verkündige ich euch heute/das ir vmb komen werdet/vnd nicht lange inn dem lande bleiben/da du hinein zeuchest vber den Jordan/dasselbe ein zunemen.

Ich neme himel vnd erden heute vber euch zu zeugen/ Ich habe euch leben vnd tod/segen vnd fluch fur gelegt/das du das leben erwelest/vnd du vnd dein same leben mügest/das ir den HERRN ewern Gott liebet vnd seiner stimme gehorchet vnd im anhanget/ Denn das ist dein leben vnd dein langs alter/das du im lande wonest/das der HERR deinen Vetern Abraham/Isaac vnd Jacob geschworen hat inen zu geben.

XXXI.

Vnd Mose gieng hin vnd redet diese wort mit dem gantzen Israel/vnd sprach zn inen/Ich bin heute hundert vnd zwenzig jar alt/Ich kan nicht mehr aus vnd ein gehen/dazu hat der HERR zu mir gesagt/du solt nicht vber diesen Jordan gehen/ Der HERR dein Gott wird selber fur dir her gehen/ Er wird selber diese völcker fur dir her vertilgen/das du sie einnemest/ Josua der sol fur dir hin vber gehen/wie der HERR geredt hat/Vnd der HERR wird inen thun/wie er gethan hat Sihon vnd Og den Königen der Amoriter vnd irem lande/welche er vertilget hat.

Wenn sie nu der HERR fur euch geben wird/so solt ir inen thun nach allem Gebot/das ich euch gebotten habe/ Seid getrost vnd vnuerzagt/furcht euch nicht/vnd last euch nicht fur inen grawen/Denn der HERR dein Gott wird selber mit dir wandeln/vnd wird die hand nicht abthun noch dich verlassen.

Vnd Mose rieff Josua/vnd sprach zu im fur den augen des gantzen Israel/Sey getrost vnd vnuerzagt/ denn du wirst dis volck inns land bringen/das der HERR iren Vetern geschworen hat inen zu geben/vnd du wirst es vnter sie austeilen/ Der HERR aber der selber fur euch her gehet/der wird mit dir sein/vnd wird die hand nicht abthun noch dich verlassen/ Furcht dich nicht vnd erschrick nicht.

Vnd Mose schreib dis gesetz/vnd gabs den Priestern den kindern Leui/die die Lade des Bunds des HERRN trugen/vnd allen Eltesten Israel/vnd gebot inen vnd sprach/Ja vber sieben jar/zur zeit des Frey jars/am Fest der Laubhütten/wenn das gantze Israel kompt zu erscheinen fur dem HERRN deinem Gott/an dem ort/den er

erwelen

Mose. CXXXI.

erwelen wird/ soltu dis Gesetz fur dem gantzen Jsrael aus ruffen lassen/ fur jren ohren/ nemlich fur der versamlung des volcks/ beide der menner vnd weiber/ kinder vnd deins frembdlings der jnn deine thor ist/ auff das sie hören vnd lernen/ damit sie den HERRN jren Gott fürchten/ vnd halten/ das sie thun alle wort dieses Gesetzs/ Vnd das jre kinder/ die es nicht wissen/ auch hören vnd lernen/ damit sie den HERRN ewern Gott furchten/ alle ewr lebtage/ die jr auff dem lande lebet/ darein jr gehet vber den Jordan einzunemen.

Vnd der HERR sprach zu Mose/ Sihe/ deine zeit ist erbey komen/ das du sterbest/ ruffe Josua vñ trettet jnn die hutten des Stiffts/ das ich jm befelh thue/ Mose gieng hin mit Josua/ vnd tratten jnn die hütten des Stiffts/ Der HERR aber erschein jnn der Hütten/ jnn einer wolcken seule/ vnd die selb wolcken seule stund jnn der Hütten thur.

Vnd der HERR sprach zu Mose/ Sihe/ du wirst schlaffen mit deinen Vetern/ Vnd dis volck wird auff komen/ vnd wird frembden Göttern nach huren des lands/ darein sie komen/ vnd wird mich verlassen/ vnd den Bund faren lassen/ den ich mit jm gemacht habe/ So wird mein zorn ergrimmen vber sie zur selben zeit/ vnd werde sie verlassen/ vnd mein antlitz fur jnen verbergen/ das sie verzeret werden. Vnd wenn sie denn viel vnglück vnd angst treffen wird/ werden sie sagen/ Hat mich nicht dis vbel alles betretten/ weil mein Gott nicht mit mir ist? Jch aber werde mein antlitz verbergen zu der zeit vmb alles bösen willen/ das sie gethan haben/ das sie sich zu andern Göttern gewand haben.

So schreibet euch nu dis Lied/ vnd leret es die kinder Jsrael/ vnd legets jnn jren mund/ das mir das lied ein zeuge sey vnter den kindern Jsrael/ Denn ich wil sie jnns land bringen/ das ich jren vetern geschworen habe/ da milch vnd honig jnnen fleust. Vnd wenn sie essen vnd sat vnd fett werden/ so werden sie sich wenden zu andern Göttern vnd jnen dienen/ vnd mich lestern/ vnd meinen Bund faren lassen. Vnd wenn sie denn viel vnglück vnd angst betreten wird/ so sol dis lied jnen antworten zum zeugnis/ Denn es sol nicht vergessen werden aus dem mund jres samens/ Denn ich weis jr gedancken/ da mit sie schon jtzt vmb gehen/ ehe ich sie jns land bringe/ das ich geschworen habe. Also schreib Mose dis Lied zur selben zeit/ vnd leret es die kinder Jsrael/ Vnd befalh Josua dem son Nun/ vnd sprach/ Sey getrost vnd vnerzagt/ denn du solt die kinder Jsrael jnns land furen/ das ich jnen geschworen habe/ vnd ich wil mit dir sein.

Da nu Mose die wort dieses Gesetzs gantz ausgeschrieben hatte jnn ein buch/ gebot er den Leuiten/ die die Laden des zeugnis des HERRN trugen/ vnd sprach/ Nempt das Buch dieses Gesetzs/ vnd legt es jnn die seite der Laden des Bunds des HERRN ewers Gottes/ das es daselbs ein zeuge sey wider dich/ Denn ich kenne deinen vngehorsam vnd halstarrigkeit/ Sihe/ weil ich noch heute mit euch lebe/ seid jr vngehorsam gewest wider den HERRN/ wie viel mehr nach meinem tode.

So versamlet nu fur mich alle Eltesten ewer stemme vnd ewer Ampleut/ das ich diese wort fur jren ohren rede/ vnd himel vnd erden wider sie zu zeugen neme/ Denn ich weis/ das jrs nach meinem tode verderben werdet/ vnd aus dem wege tretten/ den ich euch gebotten

Z ij   habe/

Das Funffte Buch

habe/ so wird euch denn vnglück begegen hernach/ darumb das jr vbel gethan habt fur den augen des HERRN/ das jr jn erzörnet durch ewer hende werck. Also redet Mose die wort dieses Lieds gantz aus fur den ohren der gantzen Gemeine Israel.

XXXII.

MErckt auff jr himel/ ich wil reden/ vnd die erde höre die rede meins munds.

Meine lere trieffe wie der regen/ vnd meine rede fliesse wie der thaw.

Wie der regen auff das gras/ vñ wie die tropffen auff das kraut.

Denn ich wil den namen des HERRN preisen/ Gebt vnserm Gott alleine die ehre.

Er ist ein Fels/ seine werck sind vnstrefflich/ Denn alles was er thut/ das ist recht.

Trew ist Gott vnd kein böses an jm/ Gerecht vnd from ist er.

Die verkerete vnd böse art fellet von jm abe/ Sie sind schandflecken vnd nicht seine kinder.

Danckestu also dem HERRN deine Gott/ du toll vñ töricht volck? Ist er nicht dein vater/ vnd dein Herr? Ists nicht er allein der dich gemacht vnd bereitet hat?

Gedenck der vorigen zeit bis daher/ vnd betrachte was er gethan hat an den alten Vetern.

Frage deinen vater der wird dirs verkündigen/ Deine Eltesten/ die werden dirs sagen.

Da der aller höhest die völcker zerteilet/ vnd zerstrewet der menschen kinder.

Da setzt er die Grentzen der völcker/ nach der zal der kinder Israel.

Denn des HERRN teil ist sein volck/ Jacob ist die schnur seins erbs.

Er fand jn jnn der wüsten/ jnn der dürren eynode da es heulet.

Er füret jn vnd gab jm das Gesetz/ er behutet jn wie sein augapffel.

Wie ein Adeler ausfüret seine jungen/ vnd vber jnen schwebt.

Er breitet seine fittich aus/ Also nam er jn vnd trug sie auff seinen flügeln.

Der HERR alleine leitet jn/ vnd war kein frembder Gott mit jm.

Er lies jn hoch her faren auff erden/ vnd neeret jn mit den früchten des feldes.

Vnd lies jn honnig saugen aus den felsen/ vnd öle aus den harten steinen.

Butter von den kühen/ vnd milch von den schafen/ sampt dem fetten von den lemmern.

Vnd feiste Wider/ vnd Böcke mit fetten nieren/ vnd weitzen.

Vnd trencket jn mit gutem drauben blut.

Vnd da er fett vnd satt ward/ ward er geil.

Er ist fett vnd dick vnd starck worden/ vnd hat den Gott faren lassen der jn gemacht hat.

Er hat den Fels seins heils geringe geachtet/ vnd hat jn zu eyner gereitzet durch frembde.

Durch

(Allein) Lasst vnsern Gott allein Gott sein/ vnd alle ehre haben vnd keinen andern.

(Felsen) Die Ebreisch sprach heisst Gott einen Fels/ das ist/ ein trotz/ trost/ hord/ vnd sicherung/ allen die sich auff jn verlassen vnd jm trawen.

(Gerecht) Bey den Gottlosen mus Gott jmer vnrecht haben/ vñ sich meistern lassen Matt. xj. Die weisheit mus sich lassen rechtfertigen von jren kindern/ Die wissen alles besser/ wie es Gott macht/ so taugs nicht.

Mose. CXXXII.

Durch die grewel hat er jn erzurnet/Sie haben den feld teuffeln geopffert/vnd nicht jrem Gotte.

Den Göttern die sie nicht kenneten/den newen die vor nicht gewest sind. Die ewer veter nicht geehret haben.

Deinen Fels der dich gezeuget hat/ hastu aus der acht gelassen/ Vnd hast vergessen Gottes/ der dich gemacht hat.

Vnd da es der HERR sahe/ ward er zörnig vber seine söne vnd töchter.

Vnd er sprach/ Jch wil mein antlitz fur jn verbergen/wil sehen was jnen zu letzt widerfaren wird/ Denn es ist ein verkerete art/ es sind falsche kinder.

Sie haben mich gereitzt an dem/ das nicht Gott ist/ mit jrer Abgötterey haben sie mich erzürnet/Vnd ich wil sie wider reitzen an dem/ das nicht ein volck ist/ an eim nerrichten volck wil ich sie erzurnen.

Denn das feur ist angangen durch meinen zorn/ vnd wird brennen bis jnn die vntersten hell/vnd wird verzehren das land mit seinem gewechs/vnd wird anzunden die grundfest der berge.

Ich wil alles vnglück vber sie heuffen/ich wil alle meine pfeile jnn sie schiessen.

Fur hunger sollen sie verschmachten/ vnd verzeret werden vom fiber/ vnd von bösen drüsen/ Jch wil der thier zene vnter sie schicken/ vnd wuetende schlangen.

Auswendig wird sie das schwert berauben/ vnd jnnwendig das schrecken/ beide jüngling vnd jungfrawen/ die seugelinge mit dem grawen man.

Jch wil sagen/ wo sind sie? Jch werde jr gedechtnis auff heben vnter den menschen.

Wenn ich nicht den zorn der feinde schewete/ das nicht jre feinde stoltz wurden/ vnd möchten sagen/ vnser macht ist hoch/ vnd der HERR hat nicht solchs alles gethan.

Denn es ist ein volck da kein Rat jn ist/vnd ist kein verstand jnn jnen.

O das sie weise weren vnd vernemen solchs/ das sie verstunden/ was jnen hernach begegen wird.

Wie gehets zu/ das einer wird jr tausent jagen/ vnd zween werden zehen tausent flüchtig machen? Ists nicht also/ das sie jr Fels verkaufft hat? Vnd der HERR hat sie vbergeben.

Denn vnser Fels ist nicht wie jrer fels/ des sind vnser feinde selbs richter.

Denn jr weinstock ist des weinstocks zu Sodom/ vnd von dem acker Gomorra/ jre drauben sind gall/ sie haben bittere beere.

Jr wein ist trachen gifft/ Vnd wütiger ottern gall.

Ist solchs nicht bey mir verborgen? vnd versigelt jnn meinen schetzen?

Die Rache ist mein/ ich wil vergelten/ Zu seiner zeit sol jr fuss gleitten/ denn die zeit jres vnglücks ist nahe/ vnd jr künfftiges eilet erzu.

Denn der HERR wird sein volck richten/ Vnd vber seine knechte wird er sich erbarmen. Denn er wird ansehen/ das sie gar vntergangen sind/ vnd weder die verschlossen noch jemand vberblieben ist.

Vnd man wird sagen/ wo sind jre götter? Jr Fels darauff sie traweten.

(Nicht kenneten) Dauon sie keinen befelh noch Gottes wort haben/ sondern erwelen aus eigner andacht newe Gottes dienst.

(Berauben/schrecken) Das ist/ Aussen sollen sie widwen vnd waisen werdē/ durchs schwert vñ gefengnis der kinder/ menner/ weiber/ beraubt/ Was aber jnnen bleibt/ sol durch schrecke/ das ist/ durch hunger/ pestilentz/ Auffrur jemerlich vmbkomen.

(Rat) Sie achten Gottes wort nicht/ wissens wol besser.

(Versigelt) Sie gleubens nicht/ bis sie es erfaren/ denn es ist fur jren augen verborgen.

(Verschlossen) Sind/ weib vnd kind vñ was sonst jm hause bleiben mus/ wenn man zu felde zeucht/ Vbrigen sind diemā nach der verstörung im lande lest bleiben/ als den geringen pöbel Aber hie sollen sie auch weg/ vnd nichts da bleiben.

Z iij Von wel-

Das Funffte Buch

Von welcher opffer sie fett assen/ Vnd truncken den wein jres tranckopffers/ Last sie auff stehen vnd euch helffen/ vnd euch schützen.

Sehet jr nu/ das Jchs allein bin/ vnd ist kein Gott neben mir/ Jch kan todten vnd lebendig machen/ ich kan schlagen vnd kan heilen/ vnd ist niemant der aus meiner hand errette.

Denn ich wil meine hand jnn den himel heben/ vnd wil sagen/ Jch lebe ewiglich.

Wenn ich den blitz meins schwerds wetzen werde/ vnd meine hand zur straffe greiffen wird/ So wil ich mich wider rechen an meinen feinden/ vnd denen die mich hassen vergelten.

Jch wil meine pfeil mit blut truncken machen/ vnd mein schwerd sol fleisch fressen/ Vber dem blut der erschlagenen vnd vber dem gefengnis/ vnd vber dem entblosseten heubt des feindes.

(vber dem blut)
Das sind drey straffen des schwerds/ die erst/ das jr viel erschlagē wird/ die ander/ das sie gefangen gefurt werden/ die dritte/ das jr heubt blos solt werden/ das ist Königreich vnd priesterthum solt von jn genomen werden/ welche durchs har auff dē heubt bedeut ist.

Jauchzet alle die jr sein volck seid/ Denn er wird das blut seiner knecht rechen/ vnd wird sich an seinen feinden rechen/ vnd gnedig sein dem lande seins volcks.

Vnd Mose kam vnd redet alle wort dieses Liedes fur den ohren des volcks/ er vnd Josua der son Nun/ Da nu Mose solchs alles ausgeredt hatte zum gantzen Jsrael/ sprach er zu jnen/ Nemet zu hertzen alle wort/ die ich euch heute bezeuge/ das jr ewrn kindern befelht/ das sie halten vnd thun alle wort dieses Gesetzs/ Denn es ist nicht ein vergeblich wort an euch/ sondern es ist ewer leben/ vnd solch wort wird ewer leben verlengen auff dem lande/ da jr hin gehet vber den Jordan/ das jrs einnemet.

Vnd der HERR redet mit Mose des selben tages vnd sprach/ Gehe auff das gebirge Abarim auff den berg Nebo/ der da ligt im Moabiter land/ gegen Jeriho vber/ vnd besihe das land Canaan/ das ich den kindern Jsrael zum eigenthum geben werde/ Vnd stirb auff dem berge/ wenn du hinauff komen bist/ vnd versamle dich zu deinem volck/ gleich wie dein bruder Aaron starb auff dem berge Hor vnd sich zu seinem volck versamlet/ Darumb das jr euch an mir versundigt habt vnter den kindern Jsrael/ bey dem hadder wasser/ zu Kades jnn der wüsten Zin/ das jr mich nicht heiliget vnter den kindern Jsrael/ Denn du solt das land gegen dir sehen/ das ich den kindern Jsrael gebe/ aber du solt nicht hinein komen.

XXXIII.

a (Ampt)
Er war nicht König/ hatte auch nichts dauon/ vnd hielt doch das volck zusamē/ als das es ein heubt hette/ wie einen König/ vnd nicht zurstrewet jnn der jrre gienge.

Ds ist der segen/ damit Mose der man Gottes die kinder Jsrael fur seinem tod segenet/ vñ sprach/ Der HERR ist von Sinai komen/ vnd ist jnen auffgangen von Seir/ Er ist erfur gebrochen von dem berge Paran/ vnd ist komen mit viel tausent heiligen/ Jn seiner rechten hand ist ein feurigs Gesetz an sie/ Wie hat er die leute so lieb? Alle seine Heiligen sind jnn deiner hand/ Sie werden sich setzen zu deinen füssen/ vnd werden lernen von deinen worten. Mose hat vns das Gesetz gebotten/ dem erbe der Gemeine Jacob. Vnd er verwaltet das a ampt eines Königes/ vnd hielt zu hauffe die Heubter des volcks/ sampt den stemmen Jsrael.

Ruben

Mose. CXXXIII.

Ruben lebe vnd sterbe nicht/ vnd sein pöbel sey gering.

Dis ist der segen Juda/ vnd er sprach/ HERR erhöre die stim Juda/ mache jn zum regenten jnn seinem volck/ vnd las seine macht gros werden/ vnd jm müsse aus seinen feinden geholffen werden.

Vnd zu Leui sprach er/ Dein Recht vnd dein Liecht bleibe bey deinem Heiligen man/ den du versucht hast zu Massa/ da jr haddertet am hadder wasser. Wer zu seinem vater vnd zu seiner mutter spricht/ Ich sehe jn nicht/ Vnd zu seinem bruder/ Ich kenne jn nicht/ Vnd zu seinem son/ Ich weis nicht/ die halten deine rede vnd bewaren deinen Bund. Die werden Jacob deine rechte leren/ vnd den Jsrael dein Gesetze/ die werden reuchwerg fur deine nasen legen/ vnd gantze opffer auff deinem altar. HERRE segene sein vermügen/ vnd las dir gefallen die werck seiner hende. Zuschlage den rücken dere/ die sich wider jn auff lehnen/ vnd der die jn hassen/ das sie nicht auff komen.

(Recht) Das ist/ wie Exo. 28. stehet das Heiligthum auff dem brustlatzen/ wil also sagen/ Dein priesterlich ampt sey glückselig fur Got vnd den menschē mit beten vnd lere

Vnd zu BenJamin sprach er/ Das liebliche des HERRN wird sicher wonen/ alle zeit wird er vber jn halten/ vnd wird zwischen seinen schuldern wonen.

(Liebliche) Das ist/ der tempel vnd Jerusalē vñ königreich war jnn BenJamin.

Vnd zu Joseph sprach er/ Sein Land ligt im segen des HERRN/ da sind edle früchte vom himel/ vom taw/ vnd von der tieffen die hunden ligt/ Da sind edle fruchte von der Sonnen/ vnd edle reiffe frucht der Monden. Vnd von den hohen bergen von anfang/ vnd von den hügeln für vnd für/ Vnd edlen früchten von der erden vnd was drinnen ist/ Die gnade des der jnn dem Busch wonete/ kome auff das heubt Joseph/ vnd auff den scheitel des Nasir vnter seinen Brüdern/ Seine herligkeit ist wie ein erst geborner ochse/ vnd seine hörner sind wie Einhörners hörner/ mit den selben wird er die völcker stossen zu hauff bis an des lands ende. Das sind die tausent Ephraim/ vnd die tausent Manasse.

(Edle früchte) Das ist vom Königreich Israel gesagt/ welchs hoch gesegnet ward mit alleim das himel/ sonn mond/ erde/ berg/ tal/ wasser vnd alles zeitlich gut/ trug vñ gab dazu auch Propheten vnd Heilige regenten hatte.

Vnd zu Sebulon sprach er/ Sebulon frew dich deins auszogs. Aber Jsaschar frew dich deiner hütten. Sie werden die völcker auff den berg ruffen/ vnd daselbs opffern opffer der gerechtigkeit. Denn sie werden die menge des meers saugen/ vnd die versenckte schetz im sande.

(Auszogs.) Dis hat Dibora vnd Barac gethan Judic. v.

Vnd zu Gad sprach er/ Gad sey gesegnet der raum macher/ Er ligt wie ein lew/ vnd raubet den arm vnd die scheitel/ Vnd er sahe das jm ein heubt gegeben war/ ein Lerer der verborgen ist/ welcher kam mit den obersten des volcks/ vnd verschafft die gerechtigkeit des HERRN vnd seine rechte an Jsrael.

Vnd zu Dan sprach er/ Dan ein junger lewe/ Er wird fliessen von Basan.

Den segen Gad/ hat der König Jehu ausgericht .4. Reg.x. da er Baal vertilget vnd das volck wider zu rechte bracht/ vnd schlug zween Könige tod dazu auch Jsabel. Vnd der lerer/ ist Elia der Prophet/ der jnn den himel genomen vnd verborgen/ Denn er war ein Bürger aus Gilead im stam Gad.

Vnd zu Naphthali sprach er/ Naphthali wird gnug haben/ was er begerd/ vnd wird vol segens des HERRN sein/ gegen abend vnd mittag wird sein besitz sein.

Vnd zu Asser sprach er/ Asser sey gesegnet mit sönen/ Er sey angenem seinen brüdern/ vnd tuncke seinen fuss jnn öle. Eisen vnd Ertz sey an seinen schuhen/ Dein alter sey wie deine jugent.

Es ist kein Gott als der Gott des starcken. Der im himel sitzt/

Das Funffte Buch

sitzt/der sey deine hülffe/Vnd seine herrligkeit ist jnn wolcken/das ist die wonung Gottes von anfang/vnd seine arme sind hunten ewiglich/Vnd er wird fur dir her deinen feind aus treiben vnd sagen/Sey vertilget. Israel wird sicher alleine wonen/Der brun Jacob wird sein auff dem lande da korn vnd most ist/ Dazu sein himel wird mit taw trieffen/Wol dir Israel/wer ist dir gleich? O volck/das du durch den HERRN selig wirst/der deiner hülffe schilt vnd das schwerd deines siegs ist. Deinen feinden wirds feilen/aber du wirst auff jrer höhe einher tretten.

XXXIIII.

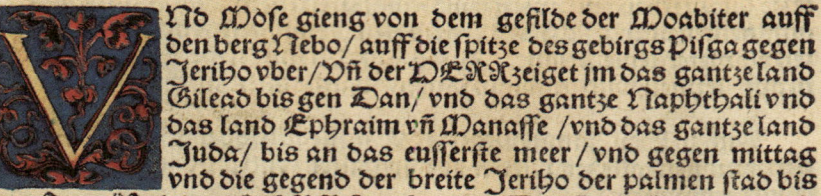

VNd Mose gieng von dem gefilde der Moabiter auff den berg Nebo/ auff die spitze des gebirgs Pisga gegen Jeriho vber/Vn der HERR zeiget jm das gantze land Gilead bis gen Dan/ vnd das gantze Naphthali vnd das land Ephraim vn Manasse/vnd das gantze land Juda/ bis an das eusserste meer/ vnd gegen mittag vnd die gegend der breite Jeriho der palmen stad bis gen Zoar/ Vnd der HERR sprach zu jm/ Dis ist das land/das ich Abraham/Isaac vnd Jacob geschworen habe vnd gesagt/Jch wil es deinem samen geben/ Du hast es mit deinen augen gesehen/ aber du solt nicht hin vber gehen.

Also starb Mose der knecht des HERRN daselbs im lande der Moabiter/nach dem wort des HERRN/ Vnd er begrub jn im tal im lande der Moabiter gegen dem Hause Peor/ Vnd hat niemant sein grab erfaren bis auff diesen heutigen tag/ Vnd Mose war hundert vnd zwenzig jar alt da er starb/ seine augen waren nicht tunckel worden/ vnd seine wangen waren nicht verfallen/ Vnd die kinder Israel beweineten Mose im gefilde der Moabiter/dreissig tage/vnd wurden volendet die tag des weinens vnd klagens vber Mose.

Josua aber der son Nun war erfüllet mit dem geist der weisheit/ Denn Mose hatte seine hende auff jn gelegt. Vnd die kinder Israel gehorchten jm/vnd thatten wie der HERR Mose gebotten hatte. Vnd es stund hinfurt kein Prophet jnn Israel auff/ wie Mose/den der HERR erkennet hette von angesicht/zu allerley zeichen vnd wunder/ dazu jn der HERR sandte/das er sie thette jnn Egypten land/an Pharao vnd an allen seinen knechten vnd an alle seinem lande/ vnd zu aller dieser mechtiger hand vnd grossen gesichten/ die Mose thet fur den augen des gantzen Israel.

Ende der Bucher Mose.

Das Ander teil des alten Testaments.

Wittemberg.

M. D. XXXIIII.

Das Buch Josua.
I.

Nach dem tod Mose des knechts des HERRN / Sprach der HERR zu Josua / dem son Nun Mosen diener / Mein knecht Mose ist gestorben / so mach dich nu auff vnd zeuch vber diesen Jordan / du vnd dis gantz volck / jñ das land / das ich jnen / den kindern Jsrael gegeben habe. Alle stet darauff ewer fussolen tretten werden / hab ich euch gegeben / wie ich Mose geredt habe / Von der wüsten an vnd diesem Libano / bis an das grosse wasser Phrath / das gantze land der Hethiter bis an das grosse meer gegen dem abend / sollen ewer grentze sein. Es sol dir niemand widderstehen dein lebenlang. Wie ich mit Mose gewesen bin / also wil ich auch mit dir sein. Ich wil dich nicht verlassen noch dein vergessen. Sey getrost vnd vnuerzagt / denn du solt diesem volck das land austeilen / das ich jren Vetern geschworen habe / das ichs jnen geben wolt.

Sey nur getrost vnd seer freidig / das du haltest vnd thust allerding nach dem Gesetz / das dir Mose mein knecht geboten hat. Weiche nicht dauon weder zur rechten noch zur lincken / auff das du weislich handeln mügst / jnn allem das du thun solt. Vnd las das buch dieses Gesetzs nicht von deinem munde komen / sondern betracht es tag vnd nacht / auff das du haltest vnd thust aller ding nach dem / das drinnen geschrieben stehet. Als denn wird dir gelingen / jnn allem das du thuest / vnd wirst weislich handeln können. Sihe / ich hab dir geboten das du getrost vnd freidig seist / las dir nicht grawen vnd entsetze dich nicht / denn der HERRE dein Gott ist mit dir / jnn allem das du thun wirst.

Da gebot Josua den Heubtleuten des volcks vnd sprach / Gehet durch das lager / vnd gebietet dem volck vnd sprecht. Schaffet / euch vorrat / denn vber drey tage werdet jr vber diesen Jordan gehen / das jr hinein komet vnd das land ein nemet / das euch der HERR ewer Gott geben wird.

Vnd zu den Rubenitern / Gadditern vnd dem halben stam Manasse sprach Josua. Gedenckt an das wort das euch Mose der knecht des HERRN sagt vnd sprach / Der HERRE ewr Gott hat euch zu ruge bracht / vnd dis land gegeben / Ewre weiber vnd kinder vnd vieh last im land bleiben / das euch Mose gegeben hat jenseid des Jordans / jr aber solt fur ewrn brüdern her zihen gewapnet / was streitbar menner sind / vnd jnen helffen / bis das der HERR ewer bruder auch zu ruge bringt wie euch / das sie auch ein nemen das land / das jnen der HERRE ewer Gott geben wird / als denn solt jr widder vmbkeren jnn ewer land / das euch Mose der knecht des HERRN eingegeben hat zubesitzen / disseid des Jordans gegen der sonnen auffgang.

Vnd sie antworten Josua vnd sprachen / alles was du vns geboten hast / das wöllen wir thun / vnd wo du vns hin sendest / da wollen wir hin gehen / Wie wir Mose gehorsam sind gewesen / so wollen wir dir auch

Das buch

dir auch gehorsam sein. Allein das der HERRE dein Gott nur mit dir sey/wie er mit Mose war/Wer deinem mund vngehorsam ist/ vnd nicht gehorcht deinen worten/jnn allem das du vns gebeutest/der sol sterben/Sey nur getrost vnd vnuerzagt.

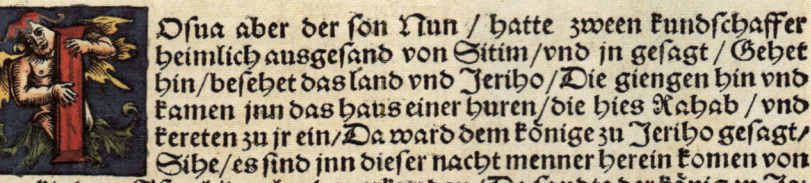

II.

Josua aber der son Nun / hatte zween kundschaffer heimlich ausgesand von Sitim/vnd jn gesagt/Gehet hin/besehet das land vnd Jeriho/Die giengen hin vnd kamen jnn das haus einer huren/die hies Rahab/vnd kereten zu jr ein/Da ward dem könige zu Jeriho gesagt/ Sihe/es sind jnn dieser nacht menner herein komen von den kindern Jsrael/das land zuerkunden/Da sandte der könig zu Jeriho zu Rahab/vnd lies jr sagen. Gib die menner heraus/die zu dir jnn dein haus komen sind/Denn sie sind komen das gantze land zuerkunden.

Aber das weib verbarg die zween menner/vn sprach also. Es sind ja menner zu mir herein komen/aber ich wuste nicht von wannen sie waren. Vnd da man die thor wolt zu schliessen/da es finster war/ giengen sie hinaus/das ich nicht weis/wo sie hin gangen sind/jaget jnen eilend nach/denn jr werdet sie ergreiffen/Sie aber lies sie auff das dach steigen/vnd verdecket sie vnter die flachs stengel/den sie jr auff dem dach aus gebereitet hatte. Aber die menner jagten jnen nach auff dem wege zum Jordan/bis an die furt/vnd man schlos das thor zu/da die hinaus waren/die jnen nach jagten.

Vnd ehe denn die menner sich schlaffen legten /steig sie zu jnen hinauff auffs dach/vnd sprach zu jnen/Jch weis/das der HERRE euch das land geben hat/Denn ein schrecken ist vber vns gefallen fur euch/vnd alle einwoner des lands sind fur ewer zukunfft feig worden. Denn wir haben gehört/wie der HERRE hat das wasser im schilff meer aus getrocknet fur euch her/da jr aus Egypten zoget. Vnd was jr den zween königen der Amoriter Sihon vnd Og jenseid dem Jordan gethan habt/wie jr sie verbannet habt. Vnd sint wir solchs gehöret haben/ist vnser hertz verzagt/vnd ist kein mut mehr jnn jmands fur ewer zukunfft. Denn der HERRE ewer Gott/ist ein Gott beide oben im himel vnd vnden auff erden.

So schweret mir nu bey dem HERREN/das/weil ich an euch barmhertzigkeit gethan habe/das jr auch an meins vaters hause barmhertzigkeit thut/vnd gebt mir ein warzeichen/das jr leben lasset meinen vater/meine mutter/meine brüder vnd meine schwester vnd alles was sie haben/vnd errettet vnser seelen von dem tode. Die menner sprachen zu jr. Thun wir nicht barmhertzigkeit vnd trew an dir/wenn vns der HERR das land gibt/so sol vnser seel fur euch des tods sein/ so fern du vnser geschefft nicht verrhetest.

Da lies sie die selben am seil durchs fenster ernider/denn jr haus war an der stad maure/vnd sie wonet auch auff der mauren/Vnd sie sprach zu jnen. Gehet auff das gebirge/das euch nicht begegen/die euch nach jagen/vnd verberget euch da selbs drey tage/bis das die widderkomen/die euch nach jagen/darnach gehet ewre strasse.

Die menner aber sprachen zu jr. Wir wollen aber des eides los sein/den du von vns genomen hast/wenn wir komen jns land/vnd du nicht die schnur dieses rosinfarben bendels jnn das fenster knüpffest/
da mit

Josua.   II.

damit du vns ernider gelassen hast/vnd zu dir jns haus versammelst/
deinen vater/ deine mutter/ deine brüder/vnd deins vaters gantzes
haus. Vnd wer zur thür deins hauses eraus gehet/ des blut sey auff
seim heubt/vnd wir vnschuldig. Aber aller die jnn deinem hause sind/
so eine hand an sie gelegt wird/so sol jr blut auff vnserm heubt sein.
Vnd so du etwas von diesem vnsern geschefft wirst nach sagen/ so
wollen wir des eides los sein/den du von vns genomen hast. Sie spra-
ch/Es sey wie jr sagt/vnd lies sie gehen/Vnd sie giengen hin/vnd sie
knüpfft die rosinfarben schnur jns fenster.

Sie aber giengen hin vnd kamen auffs gebirge/vnd blieben drey
tage daselbs/bis das die wider kamen/die jnen nach jagten/denn sie
hatten sie gesucht auff allen strassen/vnd doch nicht funden. Also kereten die zween menner wider/vnd giengen vom gebirge/vnd furen
vber/vnd kamen zu Josua dem son Nun/vnd erzeleten jm alles/wie sie
es funden hatten/vnd sprachen zu Josua/Der HERR hat vns alles
land jnn vnser hende gegeben/Auch so sind alle einwoner des landes
feig fur vns.

III.

Vnd Josua macht sich frue auff/vnd sie zogen aus Sitim
vnd kamen an den Jordan/ er vnd alle kinder Israel/
vnd blieben daselbs vbernacht/ehe sie hinüber zogen.
Nach dreien tagen aber giengen die Ampt leute durchs
lager/vnd geboten dem volck/vnd sprachen/Wenn jr
sehen werdet die Lade des Bunds des HERRN ewrs
Gottes/vnd die Priester aus den Leuiten sie tragen/so zihet aus von
ewrem ort vnd folget jr nach/Doch das zwisschen euch vnd jr raum
sey/bey zweytausent ellen/Jr solt nicht zu jr nahen/auff das jr wisset/
auff welchem wege jr gehen sollet/denn jr seid den weg vorhin nicht
gegangen.

Vnd Josua sprach zum volck/Heiliget euch/denn morgen wird der
HERR ein wunder vnter euch thun. Vnd zu den Priestern sprach er/
tragt die Laden des Bunds/vnd gehet fur dem volck her/ Da trugen
sie die Laden des Bunds/vnd giengen fur dem volck her. Vnd der
HERR sprach zu Josua/Heute wil ich anfahen dich gros zu mach-
en/fur dem gantzen Israel/das sie wissen/wie ich mit Mose gewesen
bin/also auch mit dir sey. Vnd gebeut du den Priestern/die die Laden
des Bunds tragen/vnd sprich/ Wenn jr komet forn jns wasser des
Jordans/so stehet stille.

Vnd Josua sprach zu den kindern Israel/Erzu vnd höret die wort
des HERRN ewrs Gottes/Vnd sprach/dabey solt jr mercken/das
ein lebendiger Gott vnter euch ist/vnd das er fur euch austreiben wird/
die Cananiter/Hethiter/Heuither/Pheresiter/Gergositer/Amoriter
vnd Jebusiter. Sihe/die Lade des Bunds des Herrschers vber alle
welt/ wird fur euch her gehen jnn den Jordan/So nemet nu zwelff
menner aus den stemmen Israel/aus jglichem stam einen/Wenn denn
die fussolen der Priester/die des HERRN Laden des Herrschers vber
alle welt/tragen/jnn des Jordans wasser sich lassen/so wird sich das
wasser/das von oben erab fleusst/im Jordan abreissen/das vber einem
hauffen stehen bleibe.

Da nu das volck auszog aus seinen hütten/das sie vber den Jordan
giengen/vnd die Priester die Laden des Bunds fur dem volck her tru-
gen/vnd an den Jordan kamen/vnd jre füsse forn jns wasser tuncketen

A ij   (der Jor-

Das Buch

Diese geschicht bedeut/ das vns Christus durch die Aposteln fürgetragen im Euangelio leitet ins himelreich/ durch den trocken Jordan/ der doch dazu mal am fälligsten war/ das ist/ das gesetz/ das vns mit wercken engstet vn treibt/ höret auff durchs Euangelion/ das vnser gewissen frey/ frölich vnd sicher für jm sind/ vnd allein Christo im glauben folgen.

(der Jordan aber war vol an allen seinen vfern von allerley gewesser der erndten) Da stund das wasser das von oben ernider kam auffgericht vber einem hauffen/ seer ferne von den leuten der stad/ die zur seiten Zarthan ligt/ aber das wasser/ das zum meer hinunter lieff/ zum Saltzmeer/ das nam abe vnd verflos/ Also gieng das volck hinüber gegen Jeriho/ Vnd die Priester/ die die Laden des Bunds des HERREN trugen/ stunden stille/ trocken mitten im Jordan/ vnd gantz Israel gieng trocken durch/ bis das gantze volck alles vber den Jordan kam.

IIII.

Vnd der HERR sprach zu Josua/ Nemet euch zwelff menner/ aus jglichem stam einen/ vnd gebietet jnen/ vnd sprecht/ Hebt auff aus dem Jordan zwelff steine/ von dem ort da die füsse der Priester stille stehen/ vnd bringet sie mit euch hinüber/ das jr sie jnn der herberge lasset/ da jr diese nacht herberge werdet. Da rieff Josua zwelff mennern/ die verordent waren von den kindern Israel/ aus jglichem stam einen/ vnd sprach zu jnen/ Gehet hinüber/ für die Lade des HERRN ewrs Gottes mitten jnn den Jordan/ vnd heb ein jglicher einen stein auff seine achseln/ nach der zal der stemme der kinder Israel/ das sie ein zeichen seien vnter euch/ Wenn ewr kinder hernachmals jre Veter fragen werden/ vnd sprechen/ Was thun diese steine da? das jr denn jnen saget/ wie das wasser des Jordans abgerissen sey / für der Lade des Bunds des HERRN/ da sie durch den Jordan gieng/ das diese steine den kindern Israel ein ewig gedechtnis seien.

Da thaten die kinder Israel/ wie jnen Josua gepoten hatte/ vnd trugen zwelff steine mitten aus dem Jordan/ wie der HERR zu Josua gesagt hatte/ nach der zal der stemme der kinder Israel/ vnd brachten sie

Josua.   III.

ten sie mit sich hinüber inn die herberge/vnd liessen sie daselbs. Vnd Josua richtet zwelff steine auff mitten im Jordan/da die füsse der Priester gestanden waren/die die Lade des Bunds trugen/vnd sind noch daselbs bis auff diesen tag/ Denn die Priester/die die Laden trugen/stunden mitten im Jordan/bis das alles ausgericht ward/das der HERR Josua geboten hatte/dem volck zu sagen/wie denn Mose Josua geboten hatte/Vnd das volck eilete vnd gieng hinüber.

Da nu das volck gantz hinüber gegangen war/da gieng die Lade des HERRN auch hinüber/vnd die Priester fur dem volck her/ Vnd die Rubeniter vnd Gadditer/vnd der halbe stam Manasse/giengen gewapnet fur den kindern Israel her/wie Mose zu jnen gered hatte/bey vierzig tausent gerüster zum heer/ giengen fur dem HERRN zum streit auff das gefilde Jeriho/An dem tage machte der HERR Josua gros fur dem gantzen Israel/vnd furchten jn/wie sie Mose furchten sein leben lang.

Vnd der HERR sprach zu Josua/Gebeut den Priestern/die die Lade des Zeugnis tragen/das sie aus dem Jordan erauff steigen/Also gebot Josua den Priestern/vnd sprach/Steiget erauff aus dem Jordan/Vnd da die Priester/die die Lade des Bunds des HERRN trugen/aus dem Jordan erauff stiegen/vnd mit jren fussolen auffs trocken tratten/kam das wasser des Jordans wider an seine stet/vnd flos wie vorhin/an allen seinen vfern/Es war aber der zehende tag des ersten monden/da das volck aus dem Jordan erauff steig/vnd lagerten sich jnn Gilgal gegen dem morgen der stad Jeriho.

Vnd die zwelff steine/die sie aus dem Jordan genomen hatten/ richtet Josua auff zu Gilgal/vnd sprach zu den kindern Israel/Wenn ewre kinder hernachmals jre Veter fragen werden/vnd sagen/Was sollen diese steine? So solt jrs jnen kund thun/vnd sagen/Israel gieng trocken durch den Jordan/da der HERR ewr Gott/das wasser des Jordans vertrockete fur euch/bis jr hinüber gienget/Gleich wie der HERR ewr Gott thet jnn dem Schilff meer/das er fur vns vertrocknete/bis wir hindurch giengen/auff das alle völcker auff erden/die hand des HERRN erkennen/wie mechtig sie ist/das jr den HERRN ewrn Gott furchtet allezeit.

V.

DA nu alle Könige der Amoriter/die jenseid des Jordans gegen abend woneten/vnd alle Könige der Cananiter am meer höreten/wie der HERR das wasser des Jordans hatte ausgetrocknet fur den kindern Israel/bis das sie hinüber giengen/verzagt jr hertz/vnd war kein mut mehr jnn jnen fur den kindern Israel.

Zu der zeit sprach der HERR zu Josua/Mache dir steinern messer vnd beschneit wider die kinder Israel zum andern mal/ Da macht jm Josua steinern messer/vnd beschneit die kinder Israel auff dem hügel Araloth/ Vnd das ist die sache/darumb Josua beschneit alles volck/ (Araloth) das aus Egypten gezogen war/mansbilde/Denn alle kriegsleute waren gestorben jnn der wüsten auff dem wege/da sie aus Egypten zogen/denn alles volck das auszog/war beschnitten/Aber alles volck das jnn der wüsten geborn war/auff dem wege da sie aus Egypten zogen/das war nicht beschnitten/Den die kinder Israel wandelten vierzig jar jnn der wüsten/bis das das gantz volck der kriegs menner/die

A iij   aus Egyp-

(Araloth)
Das ist/Vorhaut.

Das Buch

aus Egypten gezogen waren/vmbkamen/darumb das sie der stimme des HERRN nicht gehorcht hatten/wie denn der HERR jnen geschworen hatte/das sie das land nicht sehen solte/welchs der HERR jren Vetern geschworen hatte/vns zu geben/ein land da milch vnd honig jnne fleusst/der selben kinder/die an jre stat waren auff komen/beschneit Josua/denn sie hatten vorhaut/vnd waren auff dem wege nicht beschnitten.

Vnd da das gantz volck beschnitten war/blieben sie an jrem ort im lager/bis sie heil worden. Vnd der HERR sprach zu Josua/Heute hab ich die schande Egypti von euch gewendet/vnd die selbe stet ward Gilgal genennet/bis auff diesen tag. Vnd als die kinder Israel also jnn Gilgal das lager hatten/hielten sie Passah/am vierzehenden tage des monden am abend/auff dem gefilde Jeriho/vnd assen vom getreide des lands/am andern tag Passah/nemlich/vngeseurt brod vnd *sangen/eben desselben tags. Vnd das Man höret auff des anders tags/da sie des lands getreide assen/das die kinder Israel kein Man mehr hatten/sondern sie assen des getreids vom lande Canaan/von dem selben jar.

Vnd es begab sich/da Josua bey Jeriho war/das er seine augen auff hub/vnd ward gewar/das ein man gegen jm stund vnd hatte ein blos schwert jnn seiner hand/Vnd Josua gieng zu jm/vnd sprach zu jm/Gehörstu vns an/oder vnser feinde? Er sprach/Nein/sondern ich bin ein Fürst vber das heer des HERRN/vnd bin jtzt komen/Da fiel Josua auff sein angesicht zur erden vnd betet an/vnd sprach zu jm/Was saget mein Herr seinem knecht? Vnd der Fürst vber das heer des HERRN sprach zu Josua/Zeuch deine schuch aus von deinen füssen/denn die stet/darauff du stehest/ist heilig/Vnd Josua thet also.

VI.

*(Sangen)
Versengete ehern/tostas spicas.

Jeriho aber

Josua. IIII.

IEriho aber war verschlossen vnd verwaret fur den kin#
dern Israel / das niemands aus oder ein komen kund#
te / Aber der HERR sprach zu Josua / Sihe da / ich
hab Jeriho sampt jrem Könige vnd kriegsleuten jnn
deine hand gegeben / Las alle kriegs menner rings vmb
die stad her gehen ein mal / vnd thu sechs tage also / Am
siebenden tage aber / las die Priester sieben posaunen des Hall jars ne#
men / fur der Laden her / vnd gehet desselben siebenden tages / sieben
mal vmb die stad / vnd las die Priester die posaunen blasen / Vnd wenn
man das Hall jars horn blesetund denet / das jr die posaunen höret /
so sol das gantze volck ein gros feldgeschrey machen / so werden der
stad mauren vmbfallen / vnd das volck sol hinein fallen / ein jglicher
stracks fur sich.

Da rieff Josua der son Nun den Priestern / vnd sprach zu jnen /
Traget die Lade des Bunds / vnd sieben Priester lasset sieben Halljars
posaunen tragen fur der Lade des HERRN / Zum volck aber sprach
er / Zihet hin / vnd gehet vmb die stad / vnd wer gerüst ist / gehe fur der
Laden des HERRN her / Da Josua solchs dem volck gesagt hatte /
trugen die sieben Priester sieben Hall jars posaunen fur der Laden des
HERRN her / vnd giengen vnd bliesen die posaunen / vnd die Lade
des Bunds des HERRN folgete jnen nach / vnd wer gerüst war /
gieng fur den Priestern her / die / die posaunen bliesen / vnd der hauffe
folgete der Laden nach / vnd blies posaunen. Josua aber gebot dem
volck / vnd sprach / Jr solt kein feldgeschrey machen / noch ewr stimme
hören lassen / noch ein wort aus ewrem mund geben / bis auff den tag /
wenn ich zu euch sagen werde / Macht ein feldgeschrey / so macht denn
ein feldgeschrey.

Also gieng die Lade des HERRN rings vmb die stad ein mal /
vnd kamen jnn das lager / vnd blieben drinnen / Denn Josua pflegte
sich des morgens frue auff zu machen / vnd die Priester trugen die La#
de des HERRN / So trugen die sieben Priester die sieben Hall jars
posaunen fur der Laden des HERRN her / vnd giengen vnd bliesen
posaunen / Vnd wer gerüst war / gieng fur jnen her / Vnd der hauffe
folget der Laden des HERRN / vnd blies posaunen. Des andern ta#
ges giengen sie auch ein mal vmb die stad / vnd kamen wider jns lager /
Also theten sie sechs tage.

Am siebenden tage aber / da die morgenröte auff gieng / machten
sie sich frue auff / vnd giengen nach der selben weise / sieben mal vmb
die stad / das sie desselben einigen tags sieben mal vmb die stad kamen /
vnd am siebenden mal / da die Priester die posaunen bliesen / sprach Jo#
sua zum volck / Machet ein feldgeschrey / denn der HERR hat euch
die stad gegeben / Aber diese stad / vnd alles was drinnen ist / sol dem
HERRN verbannet sein / Alleine die hure Rahab / sol leben bleiben /
vnd alle die mit jr im hause sind / Denn sie hat die Boten verbor#
gen / die wir aussandten / Allein hütet euch fur dem verbanten / das jr
euch nicht verbannet / so jr des verbanten etwas nemet / vnd machet
das lager Israel verbannet / vnd bringts jnn vnglück / Aber alles silber
vnd gold / sampt dem ehrnen vnd eisern gerete / sol dem HERRN ge#
heiliget sein / das zu des HERRN schatz kome.

Da machet das volck ein feldgeschrey / vnd bliesen posaunen /
denn als das volck den hal der posaunen höret / macht es ein gros feld#

A iiij geschrey /

Das Buch.

geschrey/vnd die mauren fielen vmb/vnd das volck ersteig die stad/ein jglicher stracks fur sich/Also gewonnen sie die stad/vnd verbanten alles was jnn der stad war/mit der scherffe des schwerts/beide man vnd weib/jung vnd alt/ochsen/schafe vnd esel.

Aber Josua sprach zu den zween mennern die das land verkundschafft hatten/Gehet jnn das haus der Huren/vnd füret das weib von dannen eraus/mit allem das sie hat/wie jr geschworen habt/ Da giengen die Jünglinge die Kundschaffer hinein/vnd füreten Rahab eraus/sampt jrem vater vnd mutter/vnd brüdern/alles was sie hatte/vnd alle jr geschlecht/vnd liessen sie haussen ausser dem lager Israel.

Aber die stad verbranten sie mit feur/vnd alles was drinnen war/ allein das silber vnd gold/vnd ehern vnd eisern gerete theten sie zum schatz jnn das Haus des HERRN. Rahab aber die hure/sampt dem hause jres vaters vnd alles was sie hatte/lies Josua leben/vnd sie wonet jnn Israel/bis auff diesen tag/darumb/das sie die boten verborgen hatte/die Josua zu verkundschaffen gesand hatte gen Jeriho.

Zu der zeit schwur Josua/vnd sprach/Verflucht sey der man fur dem HERRN/der diese stad Jeriho auffricht vnd bawet/wenn er jren grund legt/das koste jn seinen ersten son/vnd wenn er jr thor setzt/ das koste jn seinen jüngsten son/Also ward der HERR mit Josua/ das man von jm saget jnn allen landen.

VII.

ABer die kinder Israel vergriffen sich an dem verbanten/ denn Achan der son Charmi/des sons Sabdi/des sons Serah/vom stam Juda/nam des verbanten etwas/ Da ergrimmet der zorn des HERRN vber die kinder Israel.

Da nu Josua menner aussand von Jeriho gen Ai/ die bey BethAuen ligt/gegen dem morgē fur BethEl/ vnd sprach zu jnen/Gehet hinauff vnd verkundschafft das land/Vnd da sie hinauff gegangen waren vnd Ai verkundschafft hatten/kamen sie wider zu Josua/vnd sprachen zu jm/Las nicht das gantze volck hinauff zihen/sondern bey zwey oder drey tausent man/das sie hinauff zihen vnd schlahen Ai/das nicht das gantz volck sich daselbs bemühe/denn jr ist wenig.

Also zogen hinauff des volcks bey drey tausent man/vnd die flohen fur den mennern zu Ai/vnd die von Ai schlugen jr bey sechs vnd dreissig man/vnd jagten sie fur dem thor bis gen Sabarim/vnd schlugen sie den weg erab/Da ward dem volck das hertz verzagt/vnd ward zu wasser/Josua aber zureis seine kleider/vnd fiel auff sein angesicht zur erden/fur der Laden des HERRN/bis auff den abend/sampt den Eltesten Israel/vnd worffen staub auff jre heubter.

Vnd Josua sprach/Ah HErr HERR/warumb hastu dis volck vber den Jordan gefurt/das du vns jnn die hende der Amoriter gebest vns vmb zubringen? O das wir weren jenseid des Jordans blieben/ wie wir angefangen hatten/Ah mein HErr/was sol ich sagen/weil Israel seinen feinden den rucken keret? Wenn das die Cananiter vnd
alle einwoner

Josua.   V.

alle einwoner des landes hören/so werden sie vns vmbgeben/vnd auch vnsern namen ausrotten von der erden/Was wiltu denn bey deinem grossen namen thun?

Da sprach der HErr HERR zu Josua/Stehe auff/warumb ligstu also auff deinem angesicht? Israel hat sich versundiget/vnd haben meinen Bund vbergangen/den ich jnen geboten habe/Dazu haben sie des verbanten genomen vnd gestolen vnd verleugnet/vnd vnter jr gerete gelegt/Die kinder Israel mügen nicht stehen fur jren feinden/sondern müssen jren feinden den rücken keren/denn sie sind im bann/Ich werde fort nicht mit euch sein/wo jr nicht den bann aus euch vertilget.

Stehe auff vnd heilige das volck/vnd sprich/Heiliget euch auff morgen/denn also sagt der HERR der Gott Israel/Es ist ein bann vnter dir Israel/darumb kanstu nicht stehen fur deinen feinden/bis das jr den bann von euch thut/vnd sollet euch frue erzu machen/ein stam nach dem andern/vnd welchen stam der HERR treffen wird/der sol sich erzu machen/ein geschlecht nach dem andern/Vnd welch geschlecht der HERR treffen wird/das sol sich erzu machen/ein haus nach dem andern/vnd welch haus der HERR treffen wird/das sol sich erzu machen/ein hauswird nach dem andern/Vnd welcher erfunden wird im bann/den sol man mit feur verbrennen mit allem das er hat/Darumb/das er den Bund des HERRN vberfaren/vnd eine torheit jnn Israel begangen hat.

Da macht sich Josua des morgens frue auff/vnd bracht Israel erzu/einen stam nach dem andern/vnd ward getroffen der stam Juda/Vnd da er die geschlechte jnn Juda erzu bracht/ward getroffen das geschlecht der Serahiter/Vnd da er das geschlecht der Serahiter erzu bracht/ein hauswird nach dem andern/ward Sabdi getroffen/Vnd da er sein haus erzu bracht/ein wird nach dem andern/ward getroffen Achan der son Charmi des sons Sabdi/des sons Serah/aus dem stam Juda.

Vnd Josua sprach zu Achan/Mein son gib dem HERRN dem Gott Israel die ehre/vnd gib jm das lob/vnd sage mir an/was hastu gethan/vnd leugne mir nichts/Da antwort Achan Josua/vnd sprach/Warlich/ich hab mich versundigt an dem HERRN/dem Gott Israel/also vnd also hab ich gethan/Ich sahe vnter dem raub/einen köstlichen Babylonischen mantel/vnd zwey hundert sekel silbers/vnd eine güldene zunge/funfftzig sekel werd am gewichte/des gelüstet mich/vnd nam es/vnd sihe/es ist verschorren jnn die erden/jnn meiner hütten/vnd das silber drunder.

Da sandte Josua boten hin/die lieffen zur hütten/vnd sihe/es war verschorren jnn seiner hütten/vnd das silber drunder/Vnd sie namens aus der hütten/vnd brachtens zu Josua vnd zu allen kindern Israel/vnd schüttens fur den HERRN/Da nam Josua vnd das gantze Israel mit jm/Achan den son Serah/sampt dem silber/mantel vnd gülden zunge/seine söne vnd töchter/seine ochsen vnd esel vnd schafe/seine hütten vnd alles was er hatte/vnd füreten sie hinauff ins tal Achor.

Vnd Josua sprach/Weil du vns geplagt hast/so plage dich der HERR an diesem tage/Vnd sie steinigeten jn/das gantze Israel/vnd verbranten sie mit feur/vnd da sie sie gesteiniget hatten/machten sie vber

Das Buch

sie vber sie ein grossen stein hauffen/der bleibt bis auff diesen tag/Also keret sich der HERR von dem grim seines zorns/Daher heisst der selb ort/das tal Achor/bis auff diesen tag.

VIII.

Vnd der HERR sprach zu Josua/Furcht dich nicht vnd zage nicht/Nim mit dir alles kriegs volck/vnd mache dich auff/vnd zeuch hinauff gen Ai. Sihe da/ich hab den König Ai/sampt seinem volck jnn seiner stad vnd land/jnn deine hende gegeben/vnd solt mit Ai vnd jrem Könige thun/wie du mit Jeriho vnd jrem Könige gethan hast/on das jr jren raub vnd jr vieh/vnter euch teilen solt/Aber bestelle einen hinderhalt/hinder der stad.

Da macht sich Josua auff vnd alles kriegs volck/hinauff zu ziehen gen Ai/vnd Josua erwelet dreissig tausent streitbar man/vnd sandte sie aus bey der nacht/vnd gebot jnen/vnd sprach/Sehet zu/jr solt der hinderhalt sein hinder der stad/macht euch aber nicht allzu ferne von der stad/vnd seid allesampt bereit/Ich aber vnd alles volck/das mit mir ist/wollen vns zu der stad machen/Vnd wenn sie vns entgegen eraus faren/wie vorhin/so wollen wir fur jnen fliehen/das sie vns nach folgen eraus/bis das wir sie eraus von der stad reissen/denn sie werden gedencken/wir fliehen fur jnen/wie vorhin/Vnd weil wir fur jnen fliehen/solt jr euch auff machen aus dem hinderhalt/vnd die stad einnemen/Denn der HERR ewr Gott/wird sie jnn ewr hende geben. Wenn jr aber die stad eingenomen habt/so steckt sie an mit feur/Nach dem wort des HERRN thut/Sehet/ich habs euch geboten.

Also sandte sie Josua hin/vnd sie giengen hin auff den hinderhalt/vnd hielten zwisschen BethEl vnd Ai/gegen abend werds an Ai/Josua aber bleib die nacht vnter dem volck/Vnd macht sich des morgens frue auff/vnd ordenet das volck/vnd zog hinauff/mit den Eltesten Israel/fur dem volck her/gen Ai/vnd alles kriegs volck das bey jm war zog hinauff/vnd tratten erzu/vnd kamen gegen die stad/vnd lagerten sich gegen mitternacht fur Ai/das nur ein tal war zwisschen jm vnd Ai/Er hatte aber bey funff tausent man genomen vnd auff den hinderhalt gestellet zwisschen BethEl vnd Ai gegen abend werds der stad/vnd sie stelleten das volck des gantzen lagers/das gegen mitternacht der stad war/das sein letztes reichet gegen den abend der stad/ Also gieng Josua hin jnn der selbigen nacht mitten jnn das tal.

Als aber der König zu Ai das sahe/eileten sie vnd machten sich frue auff/vnd die menner der stad eraus/Israel zu begegenen zum streit/mit alle seinem volck/an einen bestimpten ort/fur dem gefilde/denn er wuste nicht/das ein hinderhalt auff jm war hinder der stad/Josua aber vnd gantzes Israel stelleten sich als würden sie geschlagen fur jnen/vnd flohen auff dem wege zur wüsten. Da schrey das gantze volck jnn der stad/das man jnen solt nach jagen/vnd sie jagten auch Josua nach/vnd rissen sich von der stad eraus/das nicht ein man vberbleib jnn Ai vnd BethEl/der nicht ausgezogen were Israel nach zu jagen/vnd liessen die stad offen stehen/das sie Israel nach iagten.

Da sprach

Josua. VI.

Da sprach der HERR zu Josua/ Recke aus die lantzen jnn deiner hand gegen Ai/ denn ich wil sie jnn deine hand geben/ Vnd da Josua die lantzen jnn seiner hand gegen der stad aus reckt/ da brach der hinderhalt auff eilend aus seinem ort/vnd lieffen/nach dem er seine hand aus reckt/ vnd kamen jnn die stad/ vnd gewonnen sie/ vnd eileten vnd steckten sie mit fewer an/ Vnd die menner von Ai wandten sich vnd sahen hinder sich/ vnd sahen den rauch der stad auffgehen gen himel/ vnd hatten nicht raum zu fliehen widder hin noch her/ vnd das volck/ das zur wüsten floh/ keret sich vmb/ jnen nach zu jagen.

Denn da Josua vnd das gantz Jsrael sahe/ das der hinderhalt die stad gewonnen hatte/ weil der stad rauch auff gieng/ kereten sie widderumb/ vnd schlugen die menner von Ai/ Vnd die jnn der stad kamen auch heraus jnen entgegen/ das sie mitten vnter Jsrael kamen/ von dort her/ vnd von hie her/ vnd schlugen sie/ bis das niemand vnter jnen vber bleib/ noch entrinnen kunde/ vn griffen den könig zu Ai leben dig vnd brachten jn zu Josua. Vnd da Jsrael alle einwoner zu Ai hatte erwürget auff dem feld vnd jnn der wüsten/ die jnen nach geiagt hat ten/ vnd fielen alle durch die scherffe des schwerds/ bis das sie alle vmbkamen/ da keret sich gantz Jsrael zu Ai/ vnd schlugen sie mit der scherffe des schwerds. Vnd alle die des tages fielen beide man vnd weiber/ der waren zwelff tausent/ alles leute von Ai.

Josua aber zoch nicht widder ab seine hand/ da mit er die lantze aus reckt/ bis das verbannet wurden alle einwoner Ai/ on das viech/ vnd den raub der stad/ teilete Jsrael aus vnter sich/ nach dem wort des HERRN/ das er Josua geboten hatte. Vnd Josua brandte Ai aus/ vnd macht einen hauffen draus ewiglich/ der noch heute da ligt. Vnd lies den könig zu Ai an einen baum hengen/ bis an den abend. Da aber die sonne war vntergangen/ gebot er/ das man seinen leich nam vom baum thet/ vnd worffen jn vnter der stad thor/ vnd machten ein grossen stein hauffen auff jn/ der bis auff diesen tag da ist.

Da bawete Josua dem HERRN dem Gott Jsrael einen altar auff dem berge Ebal/ wie Mose der knecht des HERRN geboten hatte den kindern Jsrael/ als geschrieben stehet im Gesetz buch Mose/ einen altar von gantzen steinen/ die mit keinem eisen behawen wa ren/ vnd opfferte dem HERRN darauff brandopffer vnd Danckop ffer/ vnd schreib da selbs auff die steine das ander Gesetz das Mose den kindern Jsrael fur geschrieben hatte.

Vnd das gantze Jsrael mit seinen Eltesten vnd Amptleuten vnd Richtern/ stunden zu beiden seiten der Laden/ gegen den Priestern aus Leui/ die die Lade des bunds des HERRN trugen/ die frembd lingen so wol als die einheimischen/ eine helfft neben dem berge Gri sim/ vnd die ander helfft neben dem berge Ebal/ wie Mose der knecht des HERRN vorhin geboten hatte/ zu segen das volck Jsrael. Dar nach lies er ausruffen alle wort des Gesetzs vom segen vnd fluch/ wie es geschrieben stehet im Gesetz buch. Es war kein wort/ das Mose geboten hatte/ das Josua nicht hette lassen ausruffen/ fur der gantz en Gemeine Jsrael/ vnd fur den weibern vnd kindern vnd frembdling en/ die vnter jnen wandelten.

IX.

Da nu

Das Buch

DAnu das höreten alle könige / die jenseid des Jordans waren auff den gebirgen / vnd jnn den gründen / vnd an allen anfurten des grossen meers / auch die neben dem berge Libanon waren / nemlich die Hethiter / Amoriter / Cananiter / Pheresiter / Heuiter vnd Jebusiter / samleten sie sich eintrechtiglich zu hauff / das sie wider Josua vnd widder Jsrael stritten.

Aber die burger zu Gibeon / da sie höreten was Josua mit Jeriho vnd Ai gethan hatte / erdachten sie eine list / giengen hin / vnd schickten eine botschafft / vnd namen alte secke auff jre esel / vnd alte zurissen weinschleuch / vnd alte geflickte schuch an jre füsse / vnd zogen alte vnd geflickte kleider an / vnd alles brod das sie mit sich namen war hart vnd schimlicht / Vñ giengen zu Josua jns lager gen Gilgal / vnd sprachen zu jm vnd zum gantzen Israel. Wir komen aus fernen landen / so macht nu einen bund mit vns. Da sprach das gantz Israel zu dem Heuiter. Villeicht möchtestu vnter vns wonen werden / wie künde ich denn einen bund mit dir machen?

Sie aber sprachen zu Josua / Wir sind deine knechte. Josua sprach zu jnen / Wer seid jr / vnd von wannen kompt jr? Sie sprachen / deine knechte sind aus seer fernen landen komen / vmb des namens willen des HERRN deins Gottes / Denn wir haben sein gerücht gehöret vnd alles was er jnn Egypten gethan hat / vnd alles was er den zweien königen der Amoriter jenseid dem Jordan gethan hat / Sihon dem könige zu Hesbon / vñ Og dem könige zu Basan / der zu Astaroth wonet. Darumb sprachen vnsere Eltesten vnd alle einwoner vnsers lands. Nemet speise mit euch auff die reise / vnd gehet hin jnen entgegen / vnd sprecht zu jnen / Wir sind ewre knechte / so macht nu einen bund mit vns / Dis vnser brod / das wir aus vnsern heusern zu vnser speise namẽ / war noch frisch / da wir auszogen zu euch / nu aber / sihe / ist es hart vnd schimlicht. Vnd diese weinschleuche fülleten wir new / vnd sihe / sie sind zu rissen / vnd diese vnser kleider vnd schuch sind alt worden / vber der seer langen reise.

Da namen die heubtleut jre speise an / vnd fragten den mund des HERRN nicht. Vnd Josua macht fride mit jnen / vnd richtet einen bund mit jn auff / das sie leben bleiben solten / vnd die obersten der Gemeine schwuren jnen. Aber vber drey tage / nach dem sie mit jnen ein bund gemacht hatten / kam es fur sie / das jhene nahe bey jn waren vnd wurden vnter jnen wonen / Denn da die kinder Jsrael fort zogen / kamen sie des dritten tags zu jren stedten / die hiessen Gibeon / Caphira / Beeroth / vnd Kiriath Jearim / vnd schlugen sie nicht / darumb das jnen die obersten der Gemeine geschworen hatten / bey dem HERRN dem Gott Israel.

Da aber die gantze Gemeine widder die obersten murret / sprachen alle obersten der gantzen Gemeine / Wir haben jnen geschworen bey dem HERRN dem Gott Israel / darumb kunden wir sie nicht antasten. Aber das wollen wir thun. Lasst sie leben / das nicht ein zorn vber vns kome / vmb des eids willen / den wir jnen gethan haben / Vnd die obersten sprachen zu jnen / last sie leben / das sie holtzhawer vnd wasser treger seien der gantzen Gemeine / wie jn die obersten gesagt haben.

Da rieff jnen Josua vnd redet mit jnen vnd sprach. Warumb habt jr vns betrogen / vnd gesagt / jr seid seer ferne von vns / so jr doch vnter vns wonet? Darumb solt jr verflucht sein / das vnter euch nicht auff hören

hören/knechte die holtz hawen/vnd wasser tragen/zum Hause mei=
nes Gottes.

Sie antworten Josua/vnd sprachen/Es ist deinen knechten an=
gesagt/das der HERR dein Gott Mose seinem Knecht geboten ha=
be/das er euch das gantze land geben/vnd fur euch her alle einwoner
des landes vertilgen wolle / da furchten wir vnsers lebens fur euch
seer/vnd haben solchs gethan. Nu aber sihe/wir sind jnn deinen hen=
den/Was dich gut vnd recht dunckt/vns zu thun/das thu.

Vnd er thet jnen also/vnd errettet sie von der kinder Israel hand/
das sie sie nicht erwürgeten/ Also macht sie Josua desselben tags zu
holtzhewern vnd wassertregern der Gemeine/vnd zum Altar des HE=
RRN/bis auff diesen tag/an dem ort/den er erwelen würde.

X.

DA aber AdoniZedek der König zu Jerusalem höret/
das Josua Ai gewonnen vnd sie verbannet hatte/vnd
Ai sampt jrem Könige gethan hatte/gleich wie er Jeri=
ho vnd jrem Könige gethan hatte/vnd das die zu Gi=
beon fried mit Israel gemacht hatten/vnd vnter sie ko=
men waren/furchten sie sich seer/Denn Gibeon war ei=
ne grosse stad/wie der Reichstedte eine/vnd grösser denn
Ai/vnd alle jre Bürger streitbar/sandte er zu Hoham dem Könige zu
Hebron/vnd zu Piream dem Könige zu Jarmuth/ vnd zu Japhia
dem Könige zu Lachis/vnd zu Debir dem Könige zu Eglon/vnd lies
jnen sagen/Kompt erauff zu mir vnd helfft mir/das wir Gibeon schla
hen/denn sie hat mit Josua vnd den kindern Israel frieden gemacht.

Da kamen zu hauff vnd zogen hinauff die funff Könige der Amo=
riter/der König zu Jerusalem/der König zu Hebron/der König zu
Jarmuth/der König zu Lachis/der König zu Eglon/mit alle jrem
heerlager/vnd belegten Gibeon vnd stritten wider sie. Aber die zu Gi=
beon sandten zu Josua jns lager gen Gilgal/vnd liessen jm sagen/
Zeuch deine hand nicht abe von deinen knechten/kom zu vns erauff
eilend/rette vnd hilff vns/denn es haben sich wider vns zu samen ge=
schlagen alle Könige der Amoriter/die auff dem gebirge wonen.

Josua zog hinauff von Gilgal/vnd alles kriegs volck mit jm vnd
alle streitbar menner. Vnd der HERR sprach zu Josua/Fürcht dich
nicht fur jnen/denn ich habe sie jnn deine hende gegeben. Niemand
vnter jnen wird fur dir stehen können. Also kam Josua plötzlich vber
sie/denn die gantze nacht zog er herauff von Gilgal. Aber der HERR
schreckt sie fur Israel/das sie eine grosse schlacht schlugen zu Gibeon/
vnd jagten jnen nach den weg hinan zu BethHoron/vnd schlugen sie
bis gen Aseka vnd Makeda.Vnd da sie fur Israel flohen/den weg erab
zu BethHoron/lies der HERR einen grossen hagel vom himel auff
sie fallen/bis gen Aseka / das sie storben/vnd viel mehr storben jr von
dem hagel/denn die kinder Israel mit dem schwerd erwürgeten.

Da redet Josua mit dem HERRN/des tags/da der HERR die
Amoriter vber gab fur den kindern Israel/vnd sprach/fur gegenwer=
tigem

Das Buch

rigem Israel/Sonne stehe stille zu Gibeon/vnd Mond im tal Aialon. Da stund die Sonne vnd der Mond stille/bis das sich das volck an seinen feinden rechete. Ist dis nicht geschrieben im buch des fromen? Also stund die Sonne mitten am himel/vñ verzog vnter zu gehen bey nah einen gantzen tag/Vnd war kein tag diesem gleich/weder zuuor noch darnach/da der HERR der stimme eines mans gehorchet/denn der HERR streit fur Israel.

Josua aber zog wider ins lager gen Gilgal/vnd das gantz Israel mit jm. Aber diese funff Könige waren geflohen/vnd hatten sich versteckt jnn die höle zu Makeda/Da ward Josua angesagt/Wir haben die funff Könige gefunden verborgen jnn der höle zu Makeda/Josua sprach/So waltzet grosse steine fur das loch der höle/vnd bestellet menner dafur/die jr hüten/jr aber stehet nicht stille/sondern jaget ewrn feinden nach/vnd schlahet jre hindersten/vnd lasst sie nicht jnn jre stedte komen/denn der HERR ewr Gott hat sie jnn ewr hende gegeben/ Vnd da Josua vnd die kinder Israel vollendet hatten diese seer grosse schlacht an jnen/vnd gar geschlagen/was vberbleib von jnen/das kam jnn die festen stedte.

Also kam alles volck wider ins lager zu Josua gen Makeda mit fride/vnd thurst niemand fur den kindern Israel seine zungen regen. Josua aber sprach/Macht auff das loch der höle/vnd bringet erfur die funff Könige zu mir/Sie theten also vnd brachten die funff Könige zu jm aus der höle/den König zu Jerusalem/den König zu Hebron/den König zu Jarmuth/den König zu Lachis/den König zu Eglon.

Da aber diese funff Könige zu jm eraus bracht waren/rieff Josua dem gantzen Israel/vnd sprach zu den obersten des kriegs volcks die mit jm

mit jm zogen/Kompt erzu/vnd tret diesen Königen mit füssen auff die
helse/Vnd sie kamen erzu/vnd tratten mit füssen auff jre helse/Vnd
Josua sprach zu jnen/Fürcht euch nicht/vnd erschreckt nicht/seid getrost vnd vnuerzagt/denn also wird der HERR allen ewern feinden
thun/wider die jr streitet.

Vnd Josua schlug sie darnach/vnd tödtet sie/vnd hieng sie auff
funff beume/vnd sie hiengen an den beumen bis zu abend/ Da aber
die Sonne war vntergangen/gebot er/das man sie von den beumen
neme vnd wörffe sie jnn die höle/darinnen sie sich verkrochen hatten/
vnd legten grosse steine fur der höle loch/die sind noch da/auff diesen
tag.

Des selben tags gewan Josua auch Makeda/vnd schlug sie mit
der scherffe des schwerts/dazu jren König/vnd verbannet sie/vnd alle
seelen die drinnen waren/vnd lies niemand vberbleiben/vnd thet dem
Könige zu Makeda/wie er dem Könige zu Jeriho gethan hatte.

Da zog Josua vnd das gantz Israel mit jm von Makeda gen
Libna/vnd streit wider sie/Vnd der HERR gab die selbige auch jnn
die hand Israel/mit jrem Könige/vnd er schlug sie mit der scherffe
des schwerts/vnd alle seelen/ die drinnen waren/vnd lies niemand
drinnen vberbleiben/ Vnd thet jrem Könige/wie er dem Könige zu
Jeriho gethan hatte.

Darnach zog Josua vnd das gantz Israel mit jm von Libna gen
Lachis/vnd belegten vnd bestritten sie/Vnd der HERR gab Lachis
auch jnn die hende Israel/das sie sie des andern tags gewonnen/vnd
schlugen sie mit der scherffe des schwerts/vnd alle seelen/die drinnen
waren/aller ding/wie er Libna gethan hatte. Zu der selbigen zeit zog
Horam der König zu Geser hinauff Lachis zu helffen/Aber Josua
schlug jn mit alle seinem volck/bis das niemand drinnen vberbleib.

Vnd Josua zog von Lachis sampt dem gantzen Israel gen
Eglon/ vnd belegt vnd bestreit sie/vnd gewan sie desselbigen tags/
vnd schlug sie mit der scherffe des schwerts/vnd verbannet alle seelen
die drinnen waren/desselben tags/aller ding/wie er Lachis gethan
hatte.

Darnach zog Josua hinauff sampt dem gantzen Israel von
Eglon gen Hebron/vnd bestreit sie vnd gewan sie/vnd schlug sie mit
der scherffe des schwerts/vnd jren König/mit alle jren stedten/vnd alle seelen die drinnen waren/vnd lies niemand vberbleiben/aller ding/
wie er Eglon gethan hatte/Vnd verbannet sie vnd alle seelen die drinnen waren.

Da keret Josua widerumb sampt dem gantzen Israel gen De-
bir/ vnd bestreit sie/vnd gewan sie/sampt jrem Könige/vnd alle jre
stedte/vnd schlugen sie mit der scherffe des schwerts/vnd verbanneten alle seelen die drinnen waren/vnd lies niemand vberbleiben/Wie
er Hebron gethan hatte/so thet er auch Debir/vnd jrem Könige/vnd
wie er Libna vnd jrem Könige gethan hatte.

Also schlug Josua alles land auff dem gebirge/vnd gegen mit-
tag/vnd jnn den gründen/vnd an den bechen/mit alle jren Königen/

B ij   vnd lies

Das Buch

vnd lies niemand vberbleiben/vnd verbannet alles was odem hatte/ wie der HERR der Gott Jsrael geboten hatte/ Vnd schlug sie von KadesBarnea an/bis gen Gasa/vnd das gantze land Gosen/bis gen Gibeon/vnd gewan alle diese Könige mit jrem lande/auff ein mal/ Denn der HERR der Gott Jsrael streit fur Jsrael/Vnd Josua zog wider jns lager gen Gilgal mit dem gantzen Jsrael.

XI.

DA aber Jabin der König zu Hazor solchs höret/sandte er zu Jobab dem Könige zu Madon/vnd zum Könige zu Somron/vnd zum Könige zu Achsaph/vnd zu den Königen/die gegen mitternacht/auff dem gebirge/ vnd auff dem gefilde gegen mittag Cineroth/vnd jnn den gründen/vnd jnn Naphoth Dor am meer/wone= ten/Die Cananiter gegen dem morgen vnd abend/Die Amoriter/Hethiter/Pheresiter/vnd Jebusiter/auff dem gebirge/ Dazu die Heuiter vnden am berge Hermon/im lande Mizpa/ Diese zogen aus mit alle jrem heer/ein gros volck/so viel als des sands am meer/vnd seer viel ros vnd wagen/Alle diese Könige versamleten sich/ vnd kamen vnd lagerten sich zu hauffe/an das wasser Merom/zu strei= ten mit Jsrael.

Vnd der HERR sprach zu Josua/Fürcht dich nicht fur jnen/ Denn morgen vmb diese zeit/wil ich sie alle erschlagen geben/fur den kindern Jsrael/jre rosse soltu verlemen/vnd jre wagen mit feur ver= brennen/Vnd Josua kam plötzlich vber sie/vnd alles kriegs volck mit jm am wasser Merom/vnd vberfielen sie/Vnd der HERR gab sie jnn die hende Jsrael/vnd schlugen sie/vnd jagten sie bis gen grossen Zi= don/vnd bis an die warme wasser/vnd bis an die breite zu Mizpe ge= gen dem morgen/vnd schlugen sie/bis das niemand vber jnen vber= bleib.

Da thet jnen Josua/wie der HERR jm gesagt hatte/vnd ver= lemet jre rosse/vnd verbrant jre wagen/vnd keret vmb zu der selbigen zeit/vnd gewan Hazor/vnd schlug jren König mit dem schwert (Denn Hazor war vorhin die heubtstad aller dieser Königreich) vnd schlugen alle seelen/die drinnen waren/mit der scherffe des schwerts/ vnd verbanten sie/vnd lies nichts vberbleiben/das den odem hatte/ vnd verbrant Hazor mit feur/Dazu alle stedte dieser Könige gewan Josua mit jren Königen/vnd schlug sie mit der scherffe des schwerts/ vnd verbannet sie/wie Mose der knecht des HERRN geboten hatte.

Doch verbranten die kinder Jsrael keine stedte die auff hügeln stunden/sondern Hazor alleine verbrandte Josua/Vnd allen raub dieser stedte vnd das vihe teileten die kinder Jsrael vnter sich/aber alle menschen schlugen sie mit der scherffe des schwerts/bis sie die vertilge= ten/vnd liessen nichts vberbleiben/das den odem hatte/Wie der HERR Mose seinem knecht/vnd Mose Josua geboten hatte/so thet Josua/das nichts feilet an allem das der HERR/Mose geboten hatte.

Also nam Josua alle dis land ein auff dem gebirge/vnd alles was ge= gen mittag ligt/vnd alles land Gosen/vnd die gründe vnd felder/ vnd das gebirge Jsrael mit seinen gründen/von dem gebirge an/das

das land

das land hinauff gen Seir scheidet/bis gen BaalGad/inn der breite des berges Libanon vnden am berge Hermon/ Alle jre Könige gewan er/vnd schlug sie/vnd tödtet sie/Er streit aber eine zeit mit diesen Königen.

Es war aber keine stad/die sich mit friden ergebe den kindern Israel (ausgenomen die Heuither/die zu Gibeon woneten) sondern sie gewonnen sie alle mit streit/Vnd das geschach also von dem HERREN/das jr hertz verstockt würde/mit streit zu begegen den kindern Israel/auff das sie verbannet würden/vnd jnen keine gnade widerfüre/sondern vertilget würden/wie der HERR Mose geboten hatte.

Zu der zeit kam Josua vnd rottet aus die Enakim von dem gebirge/von Hebron/von Debir/von Anab/von allem gebirge Juda/ vnd von allem gebirge Israel/vnd verbannet sie mit jren stedten/vnd lies keinen Enakim vberbleiben im lande der kinder Israel/on zu Gasa/zu Gath/zu Asdod/da blieben jr vber.

Also nam Josua alles land ein/aller ding/wie der HERR zu Mose gered hatte/vnd gab sie Israel zum erbe/einem jglichem stam sein teil/Vnd das land höret auff zu kriegen.

XII.

Dis sind die Könige des landes/die die kinder Israel schlugen vnd namen jr land ein/jenseit des Jordans/ gegen der Sonnen auffgang/von dem wasser bey Arnon an/bis an den berg Hermon/vnd das gantz gefilde gegen dem morgen. Sihon der König der Amoriter/ der zu Hesbon wonet/vnd herrschet von Aroer an/die am vfer ligt des wassers bey Arnon/vnd mitten im wasser/vnd vber das halbe Gilead/bis an das wasser Jabok/der die grentze ist der kinder Amon/vnd vber das gefilde/bis an das meer Cinneroth gegen morgen/vnd bis an das meer im gefilde/nemlich/das Saltzmeer gegen morgen/des weges gen Beth Jesimoth/vnd von mittag vnden an den bechen des gebirges Pisga.

Dazu die grentze des Königes Og zu Basan/der noch von den Rysen vbrig war/vnd wonete zu Astharoth vnd Edrej/vnd herrschete vber den berg Hermon/vber Salcha/vnd vber gantz Basan/bis an die grentze Gesuri vnd Maachathi/vnd des halben Gilead/welchs die grentze war Sihon des Königes zu Hesbon. Mose der Knecht des HERRN/ vnd die kinder Israel schlugen sie/Vnd Mose der Knecht des HERRN gab sie einzunemen den Rubenitern/ Gadditern/vnd dem halben stam Manasse.

Dis sind die Könige des lands/die Josua schlug/vnd die kinder Israel/disseit des Jordans gegen dem abend/von BaalGad an/auff der breite des bergs Libanon/bis an den berg/der das land hin auff gen Seir scheidet/vnd das Josua den stemmen Israel einzunemen gab/eim jglichen sein teil/was auff den gebirgen/gründen/gefilden/ an bechen/inn der wüsten vnd gegen mittag war/die Hethiter/Amoriter/Cananiter/Pheresiter/Heuiter vnd Jebusiter.

B iij   Der König

Das Buch

Der König zu Jeriho/der König zu Aj/die zur seiten an BethEl ligt/Der König zu Jerusalem/der König zu Hebron/der König zu Jarmoth/der König zu Lachis/der König zu Eglon/der König zu Geser/der König zu Debir/der König zu Geder/der König zu Harma/der König zu Arad/der König zu Libna/der König zu Adullam/der König zu Makeda/der König zu BethEl/der König zu Thapuah/der König zu Hepher/der König zu Aphek/der König zu Lasaron/der König zu Madon/der König zu Hazor/der König zu Simron Meron/der König zu Achsaph/der König zu Thaenach/der König zu Megido/der König zu Kedes/der König zu Jakneam am Charmel/der König zu Naphoth Dor / der König der Heiden zu Gilgal/der König zu Tirza/Das sind ein vnd dreissig Könige.

XIII.

DA nu Josua alt war vnd wol betaget/sprach der HERR zu jm/Du bist alt worden vnd wol betagt/vnd des lands ist noch fast viel vberig einzunemen/nemlich/das gantz Galilea der Philister/vnd gantz Gessuri/von Sihor an/der fur Egypten fleusst/bis an die grentze Ekron gegen mitternacht/die den Cananitern zugerechnet wird/funff herrn der Philister/nemlich/der Gasiter/der Asdoditer/der Askloniter/der Hethiter/der Ekroniter vnd die Auiter. Von mittag an aber ist das gantz land der Cananiter/vnd Maara der Zidonier bis gen Aphek/bis an die grentze der Amoriter/Dazu das land der Gibliter/vnd der gantze Libanon/gegen der Sonnen auffgang/von BaalGad an/vnter dem berge Hermon/bis man kompt gen Hamath/Alle die auff dem gebirge wonen/von Libanon an/bis an die warme wasser/vnd alle Zidonier/Ich wil sie vertreiben fur den kindern Israel/Losse nu drumb/sie auszuteilen vnter Israel/wie ich dir geboten habe.

So teile nu dis land zum erbe vnter die neun stemme/vnd vnter den halben stam Manasse/Denn die Rubeniter vnd Gadditer haben mit den andern halben Manasse/jr erbteil empfangen/das jnen Mose gab jenseit dem Jordan gegen dem auffgang/wie jnen dasselb Mose der Knecht des HERRN gegeben hat/von Aroer an/die am vfer des wassers bey Arnon ligt/vnd von der stad mitten im wasser/vnd alle gegend Medba bis gen Dibon/vnd alle stedte Sihon des Königes der Amoriter/der zu Hesbon sas/bis an die grentze der kinder Amon/dazu Gilead vnd die grentze an Gessur vnd Maachath/vnd den gantzen berg Hermon/vnd das gantze Basan/bis gen Salcha/das gantze Reich Og zu Basan/der zu Astharoth vnd Edrei sas/welcher noch ein vberiger war von den Risen/Mose aber schlug sie vnd vertreib sie.

Die kinder Israel vertrieben aber die zu Gessur vnd zu Maachath nicht/sondern es wonet beide Gessur vnd Maachath vnter den kindern Israel/bis auff diesen tag / Aber dem stam der Leuiten gab er kein erbteil/Denn das opffer des HERRN des Gottes Israel/ist jr erbteil/wie er jnen gered hat.

Also gab Mose dem stam der kinder Ruben nach jren geschlechten/das jre grentze waren/von Aroer die am vfer des wassers bey Arnon ligt/vnd die stad mitten im wasser/mit allem eben feld/bis gen Medba/Hesbon ba/Hesbon vnd alle jre stedte die im eben feld ligen/Dibon/Bamoth Baal/vnd BethBaalMeon/Jahza/Kedemoth/Mephaath/Kiriathaim/Sibma/ZerethSahar auff dem gebirge/Emek/BethPeor/die Beche am Pisga/vnd Beth Jesimoth/vnd alle stedte auff der eben/vnd das gantze Reich Sihon des Königes der Amoriter/der zu Hesbon sas/den Mose schlug/sampt den Fürsten Midian/Eui/Rekem/Zur/Hur/vnd Reba/die gewaltigen des Königes Sihon/die im lande woneten/Dazu Bileam den son Beor den Weissager erwürgeten die kinder Israel mit dem schwert/sampt den erschlagenen/vnd die grentze der kinder Ruben war der Jordan/ Das ist das erbteil der kinder Ruben vnter jren geschlechten/stedten vnd dörffern.

Dem stam der kinder Gad vnter jren geschlechten gab Mose/das jre grentze waren Jaeser vnd alle stedte jnn Gilead/vnd das halbe land der kinder Amon/bis gen Aroer/welche ligt fur Rabbah/vnd von Hesbon bis gen Ramath Mizpe vnd Betonim/vnd von Mahanaim bis an die grentze Debir/Jm tal aber/Beth Haram/Beth Nimra/Sucoth vnd Zaphon/die vbrig war von dem Reich Sihon des Königes zu Hesbon/das der Jordan die grentze war/bis ans ende des meers Cineroth/dissyt des Jordans gegen dem auffgang/ Das ist das erbteil der kinder Gad jnn jren geschlechten/stedten vnd dörffern.

Dem halben stam der kinder Manasse nach jren geschlechten gab Mose/das jre grentze waren von Mahanaim an/das gantze Basan/das gantze Reich Og des Königes zu Basan/vnd alle Flecken Jair/die jnn Basan ligen/nemlich/sechzig stedte/Vnd das halbe Gilead/Astharoth/Edrei/die stedte des Königreichs Og zu Basan/gab er den kindern Machir des sons Manasse/das ist/der helfft der kinder Machir nach jren geschlechten.

Das ists/das Mose ausgeteilet hat jnn dem gefilde Moab jenseit des Jordans fur Jeriho/gegen dem auffgang/ Aber dem stam Leui gab Mose kein erbteil/denn der HERR der Gott Israel ist jr erbteil/wie er jnen gered hat.

XIIII.

Is ists aber/das die kinder Israel eingenomen haben im lande Canaan/das vnter sie ausgeteilet haben der Priester Eleasar vnd Josua der son Nun/vnd die obersten Veter vnter den stemmen der kinder Israel/Sie teileten es aber durchs los vnter sie/wie der HERR durch Mose geboten hatte/ zu geben den zehendhalb stemmen/Denn den zweien vnd dem halben stam/hatte Mose erbteil geben jenseit dem Jordan/Den Leuiten aber hatte er kein erbteil vnter jnen gegeben/Denn der kinder Joseph worden zween stemme/Manasse vnd Ephraim/Darumb gaben sie den Leuiten kein teil im lande/sondern stedte/drinnen zu wonen/vnd vorstedte fur jr vieh vnd habe/wie der HERR Mose geboten hatte/so theten die kinder Israel/vnd teileten das land.

Da traten erzu die kinder Juda zu Josua zu Gilgal/vnd Chaleb der son Jephunne der Kenisiter sprach zu jm/ Du weissest/was der

B iij   HERR

Das Buch

HERR zu Mose dem man Gottes sagete von meinen vnd deinen wegen jnn KadesBarnea/ Ich war vierzig jar alt/da mich Mose der knecht des HERRN aussandte von KadesBarnea/das land zu uerkundschaffen/vnd ich jm widersagt/nach meinem gewissen/ Aber meine Brüder/ die mit mir hinauff gegangen waren/machten dem volck das hertz verzagt/ Ich aber folgete dem HERRN meinem Gott trewlich.

Da schwur Mose desselben tages/vnd sprach/ Das land/darauff du mit deinem fus getretten hast/sol dein vnd deiner kinder erbteil sein ewiglich/ darumb/ das du dem HERRN meinem Gott trewlich gefolget hast/Vnd nu sihe/ der HERR hat mich leben lassen/ wie er gered hat. Es sind nu funff vnd vierzig jar/ das der HERR solchs zu Mose sagt/ die Israel jnn der wüsten gewandelt hat/Vnd nu sihe/ich bin heute funff vnd achzig jar alt/vnd bin noch heutes tages so starck/als ich war des tages/da mich Mose aussandte/wie meine krafft war dazumal/also ist sie auch jtzt zu streiten/vnd aus vnd einzugehen.

So gib mir nu dis gebirge/dauon der HERR gered hat an jhenem tage/ denn du hast gehort am selben tage/ denn es wonen die Enakim droben/vnd sind grosse vnd feste stedte/ob der HERR mit mir sein wolt/das ich sie vertriebe/wie der HERR gered hat/ Da segnet jn Josua/vnd gab also Hebron Chaleb dem son Jephunne zum erbteil/Daher ward Hebron Chalebs des sons Jephunne des Kenisiters erbteil/bis auff diesen tag/darumb/das er dem HERRN dem Gott Israel trewlich gefolget hatte/Aber Hebron hies vorzeiten KiriathArba/vnd waren grosse leute daselbs vnter den Enakim/ Vnd das land hatte auffgehöret mit kriegen.

XV.

DAs los des stams der kinder Juda vnter jren geschlechten/ war die grentze Edom an der wüsten Zin/die gegen mittag stosst an der ecken der mittags lender/das jr mittags grentze waren von der ecken an dem Saltzmeer/ das ist/von der zungen die gegen mittag werts gehet/ vnd kompt hinaus von dannen hinauff zu Akrabbim/ vnd gehet durch Zinna hin/vnd gehet aber hinauff von mittag werts gen KadesBarnea/vnd gehet durch Hezron/vnd gehet hinauff gen Adar/ vnd lenckt sich vmb Karkaa/ vnd gehet durch Azmon/ vnd kompt hinaus an den bach Egypti/das das ende der grentze das meer wird/Das sey ewr grentze gegen mittag.

Aber die morgen grentze ist von dem Saltzmeer an/bis an des Jordans ende.

Die grentze gegen mitternacht ist von der zungen des meers/die am ort des Jordans ist/vnd gehet herauff gen BethHagla/vnd zeucht sich von mitternacht werts gen BethAraba/vnd kompt herauff zum stein Bohen des sons Ruben/vnd gehet herauff gen Debir vom tal Achor/vnd von dem mitternachts ort/ der gegen Gilgal sihet/ welche ligt gegen vber zu Adumim hinauff/ die vom mittag werts am wasser ligt/Darnach gehet sie zu dem wasser Ensemes/vnd kompt

Josua. XI.

kompt hinaus zum brun Rogel/Darnach gehet sie erauff zum tal des sons Hinnam/an der seiten her des Jebusiters/der von mittag werts wonet/das ist Jerusalem/vnd kompt erauff auff die spitze des berges/der fur dem tal Hinnam ligt von abend werts/welcher stosst an die ecke des tals Raphaim gegen mitternacht zu/Darnach kompt sie von desselben berge spitzen/zu dem wasserbrun Nephthoah/vnd kompt eraus zu den stedten des gebirges Ephron/vnd neiget sich gen Baala/das ist Kiriath Jearim/vnd lenckt sich erumb von Baala gegen dem abend zum gebirge Seir/vnd gehet an der seiten her des gebirges Jearim von mitternacht werts/das ist Chessalon/vnd kompt erab gen BethSemes/vnd gehet durch Thimna/vnd bricht eraus an der seiten Ekron her gegen mitternacht werts/vnd zeucht sich gen Sichron/vnd gehet vber den berg Baala/vnd kompt eraus gen Jabneel/das jr letzts ist das meer.

Die grentze aber gegen abend ist das grosse meer/Das ist die grentze der kinder Juda vmbher jnn jren geschlechten.

Chaleb aber dem son Jephunne ward sein teil gegeben vnter den kindern Juda/nach dem der HERR Josua befalh/nemlich/die Kiriath Arba/des vaters Enak/das ist Hebron/Vnd Chaleb vertreib von dannen die drey söne Enak/Sesai/Ahiman/vnd Thalmaj geborn von Enak/vnd zog von dannen hinauff zu den einwonern Debir/Debir aber hies vorzeiten KiriathSepher/Vnd Chaleb sprach/Wer KiriathSepher schlegt vnd gewinnet/dem wil ich meine tochter Achsa zum weibe geben/Da gewan sie Athniel der son Kenas des bruders Chaleb/Vnd er gab jm seine tochter Achsa zum weibe.

Vnd es begab sich/da sie einzog/ward jr geraten einen acker zu foddern von jrem vater/Vnd sie fiel vom esel/Da sprach Chaleb zu jr/Was ist dir? Sie sprach/Gib mir ein segen/denn du hast mir ein mittags land gegeben/gib mir auch wasser quelle/Da gab er jr quelle oben vnd vnden. Dis ist das erbteil des stams der kinder Juda vnter jren geschlechten.

Vnd die stedte des stams der kinder Juda/von einer ecken zu der andern an der grentze der Edomiter gegen mittag/waren diese/Kabzeel/Eder/Jagur/Kina/Dimona/AdAda/Kedes/Hazor/Jethnan/Siph/Telem/Bealoth/HazorHadatha/KeriothHezron/das ist/Hazor/Amam/Sema/Molada/HazarGadda/Hesmon/Beth Palet/HazarSual/BeerSeba/Bisiothia/Baala/Jim/Azem/ElTholad/Chesil/Harma/Ziklag/Madmanna/SanSan na/Lebaoth/Silhim/Ain/Rimon/Das sind neun vnd zwenzig stedte vnd jre dörffer.

Inn den gründen aber war/Esthaol/Zarea/Asna/Sanoah/EnGanim/Thapuah/Enam/Jarmuth/Adullam/Socho/Aseka Saaraim/Adithaim/Gedera/Giderothaim/Das sind vierzehen stedte vnd jre dörffer.

Zenan/Hadasa/MigdalGad/Dilean/Mizpe/Jakthiel/Lachis/Bazekath/Eglon/Chabon/Lahmam/Chithlis/Gederoth/BethDagon/Naama/Makeda/Das sind sechzehen stedte vnd jre dörffer.

Libna/Ether/Asean/Jephthah/Asna/Nezib/Regila/Achsib/Maresa/Das sind neun stedte vnd jre dörffer. Ekron mit jren
töchtern

Das Buch

töchtern vnd dörffern. Von Ekron vnd ans meer/alles was an Asdod langet vnd jre dörffer. Asdod mit jren töchtern vnd dörffern/ Gasa mit jren töchtern vnd dörffern/bis an das wasser Egypti/vnd das grosse meer ist seine grentze.

Auff dem gebirge aber/war/Samir/Jathir/Socho/Danna/ KiriathSanna/das ist Debir/Anab/Esthemo/Anim/Gosen/Holon/Gilo/das sind eilff stedte vnd jre dörffer.

Arab/Duma/Esean/Janum/BethThapuah/Apheka/Humta/KiriathArba/das ist Hebron/Zior/das sind neun stedte vnd jre dörffer. Maon/Carmel/Siph/Juta/Jesreel/Jakdeam/Sanoah/ Kain/Gibea/Thimna/das sind zehen stedte vnd jre dörffer. Halhul/ Bethzur/Gedor/Maarath/BethAnoth/Elthekon/das sind sechs stedte vnd jre dörffer. KiriathBaal/das ist KiriathJearim/Harabba/zwo stedte vnd jre dörffer.

Inn der wüsten aber war/BethAraba/Middin/Sechacha/ Nibsan/vnd die Saltzstad/vnd Engeddi/das sind sechs stedte vnd jre dörffer.

Die Jebusiter aber woneten zu Jerusalem/vnd die kinder Juda kundten sie nicht vertreiben/Also blieben die Jebusiter mit den kindern Juda zu Jerusalem bis auff diesen tag.

XVI.

Vnd das los fiel den kindern Joseph vom Jordan gegen Jeriho/bis zum wasser bey Jeriho vom auffgang werts/vnd die wüsten/die erauff gehet von Jeriho durch das gebirge BethEl/vnd kompt von BethEl eraus gen Lus/vnd gehet durch die grentze ArchiAtaroth/vnd zeucht sich ernider gegen abendwerts/zu der grentze Japhleti/bis an die grentze des nidern Beth-Horon/vnd bis gen Gaser/vnd das ende ist am meer/Das haben zum erbteil genomen die kinder Joseph/Manasse vnd Ephraim.

Die grentze der kinder Ephraim vnter jren geschlechten jres erbteils vom auffgang werts/war AtarothAdar bis gen obern Beth-Horon/vnd gehet aus gegen abend bey Michmethath/die gegen mitternacht ligt/daselbs lenckt sie sich erumb gegen dem auffgang der stad ThaenathSilo/vnd gehet dardurch vom auffgang werts gen Janoha/vnd kompt erab von Janoha gen Ataroth vnd Naaratha/ vnd stosset an Jeriho/vnd gehet aus am Jordan/Von Thapuah gehet sie gegen abendwerts gen NahalKana/vnd jr ausgang ist am meer.

Das ist das erbteil des stams der kinder Ephraim vnter jren geschlechten/Vnd alle grentzstedte/sampt jren dörffern der kinder Ephraim/waren gemenget vnter dem erbteil der kinder Manasse/Vnd sie vertrieben die Cananiter nicht/die zu Gaser woneten/Also blieben die Cananiter vnter Ephraim bis auff diesen tag/vnd wurden zinsbar.

XVII.

Vnd das

Josua.

VNd das los fiel dem stam Manasse/ denn der ist Josephs erster son/ vnd fiel auff Machir den ersten son Manasse den vater Gilead/ denn er war ein streitbar man/ darumb ward jm Gilead vnd Basan. Den andern kindern aber Manasse vnter jren geschlechten fiel es auch/ nemlich/ den kindern Abieser/ den kindern Delek/ den kindern Asriel/ den kindern Sechem/ den kindern Hepher/ vnd den kindern Semida/ Das sind die kinder Manasse des sons Joseph/ mans bilder vnter jren geschlechten.

Aber Zelaphehad der son Hepher/ des sons Gilead/ des sons Machir/ des sons Manasse/ hatte keine söne/ sondern töchter/ vnd jre namen sind diese/ Mahala/ Noa/ Hagla/ Milca/ Tirza/ vnd tratten fur den Priester Eleasar vnd fur Josua den son Nun/ vnd fur die obersten/ vnd sprachen/ Der HERR hat Mose geboten/ das er vns solt erbteil geben vnter vnsern Brüdern/ Vnd man gab jnen erbteil vnter den Brüdern jres vaters/ nach dem befelh des HERRN.

Es fielen aber auff Manasse zehen schnüre ausser dem lande Gilead vnd Basan/ das jenseid dem Jordan ligt/ Denn die töchter Manasse namen erbteil vnter seinen sönen/ vnd das land Gilead ward den andern kindern Manasse.

Vnd die grentze Manasse war von Asser an gen Michmethath/ die fur Sechem ligt/ vnd langet zur rechten an die von EnThapuah/ denn das land Thapuah ward Manasse/ vnd ist die grentze Manasse an die kinder Ephraim/ darnach kompt sie erab gen Nahalkana gegen mittag werds/ zun bachstedten/ die Ephraims sind vnter den stedten Manasse. Aber von mitternacht ist die grentze Manasse am bach/ vnd gehet aus am meer/ dem Ephraim gegen mittag/ vnd dem Manasse gegen mitternacht/ vnd das meer ist seine grentze/ Vnd sol stossen an Asser von mitternacht/ vnd an Jsaschar von morgen.

So hatte nu Manasse vnter Jsaschar vnd Asser BethSean vnd jre töchter/ Jeblaam vnd jre töchter/ vnd die zu Dor vnd jre töchter/ vnd die zu EnDor vnd jre töchter/ vnd die zu Taanach vnd jre töchter/ vnd die zu Megiddo vnd jre töchter/ vnd das dritte teil Napheth. Vnd die kinder Manasse kundten diese stedte nicht einnemen/ sondern die Cananiter fiengen an zu wonen jnn dem selbigen lande. Da aber die kinder Jsrael mechtig worden/ machten sie die Cananiter zinsbar/ vnd vertrieben sie nicht.

Da redeten die kinder Joseph mit Josua/ vnd sprachen/ Warumb hastu mir nur ein los vnd eine schnur des erbteils gegeben/ vnd ich bin doch ein gros volck/ wie mich der HERR so gesegenet hat? Da sprach Josua zu jnen/ Weil du ein gros volck bist/ so gehe hinauff jnn den wald/ vnd hawe vmb daselbs im lande der Pheresiter vnd Rysen/ weil dir das gebirge Ephraim zu enge ist.

Da sprachen die kinder Joseph/ Das gebirge werden wir nicht erlangen/ denn es sind eisern wagen bey allen Cananitern/ die im lande Emek wonen/ bey welchen ligt BethSean vnd jre töchter/ vnd

Jesreel

Das Buch

Jesreel inn Emek. Josua sprach zum Hause Joseph zu Ephraim vnd Manasse. Du bist ein gros volck/vnd weil du so gros bist/mustu nicht ein los haben/sondern das gebirge sol dein sein/da der wald ist/ den hawe vmb/so wird er deines los ende sein/wenn du die Cananiter vertreibest/die eisern wagen haben/vnd mechtig sind.

XVIII.

Vnd es versamlet sich die gantze Gemeine der kinder Israel gen Silo/vnd richten daselbs auff die Hütten des Stiffts/vnd das land war jnen vnterworffen/vnd waren noch sieben stemme der kinder Israel/den sie jr erbteil nicht ausgeteilet hatten. Vnd Josua sprach zu den kindern Israel/Wie lange seid jr so lass/das jr nicht hin gehet das land ein zunemen/das euch der HERR ewr Veter Gott gegeben hat? Schafft euch aus jglichem stam drey menner/das ich sie sende/vnd sie sich auff machen vnd durchs land gehen/vnd beschreibens nach jren erbteilen/vnd komen zu mir.

Teilet das land inn sieben teil/Juda sol bleiben auff seiner grentze von mittag her/vnd das Haus Joseph sol bleiben auff seiner grentze von mitternacht her/Ir aber beschreibt das land der sieben teil/vnd bringet sie zu mir hieher/so wil ich euch das los werffen fur dem HERRN vnserm Gott/Denn die Leuiten haben kein teil vnter euch/sondern das Priesterthum des HERRN ist jr erbteil. Gad aber vnd Ruben/vnd der halbe stam Manasse/haben jr teil genomen jenseid dem Jordan gegen dem morgen/das jnen Mose der Knecht des HERRN gegeben hat.

Da machten sich die menner auff/das sie hin giengen/Vnd Josua gebot jnen/das sie hin wolten gehen das land zu beschreiben/vnd sprach/Gehet hin/vnd durchwandelt das land/vnd beschreibet es/ vnd kompt wider zu mir/das ich euch hie das los werffe fur dem HERRN zu Silo. Also giengen die menner hin/vnd durch zogen das land/vnd beschreibens auff einen brieff/nach den stedten/jnn sieben teil/vnd kamen zu Josua jns lager gen Silo. Da warff Josua das los vber sie zu Silo fur dem HERRN/vnd teilet daselbs das land aus vnter die kinder Israel/einem jglichen sein teil.

Vnd das los des stams der kinder BenJamin fiel nach jren geschlechten/vnd die grentze jres los gieng aus zwisschen den kindern Juda vnd den kindern Joseph/Vnd jr grentze war an der ecken gegen mitternacht vom Jordan an/vnd gehet erauff an der seiten Jeribo von mitternacht werds/vnd kompt auffs gebirge gegen abend werds/vnd gehet aus an der wüsten BethAuen/vnd gehet von dannen gen Lus/an der seiten her an Lus gegen mittag werds/das ist Bethel/vnd kompt hinab gen AtarothAdar an dem berge/der vom mittag ligt an dem nidern BethHoron/Darnach neiget sie sich vnd lencket sich vmb zur ecken des abends gegen mittag von dem berge/der fur BethHoron gegen mittag werds ligt/vnd gehet aus an Kiriath Baal/das ist/Kiriath Jearim/die stad der kinder Juda/Das ist die ecke gegen abend.

Aber die

Josua.   XIII.

Aber die ecke gegen mittag ist von Kiriath Jearim an/vnd gehet aus gegen abend/vnd kompt hinaus zum wasser brunnen Nephthoah/vnd gehet erab an des berges ende/der fur dem tal des sons Hinnam ligt/welchs im grunde Raphaim gegen mitternacht ligt/vnd gehet erab durchs tal Hinnam an der seiten der Jebusiter am mittage/vnd kompt hinab zum brun Rogel/vnd zeucht sich von mitternacht werts/vnd kompt hinaus gen EnSemes/vnd kompt hinaus zu den hauffen die gegen Adumim hinauff ligen/vnd kompt erab zum stein Bohen des sons Ruben/vnd gehet zur seiten hin/neben dem gefilde/das gegen mitternacht ligt/vnd kompt hinab auffs gefilde/Vnd gehet an der seiten Beth Hagla/die gegen mitternacht ligt/vnd ist sein ende an der zunge des Saltzmeeres/gegen mitternacht an dem ort des Jordans gegen mittag/das ist die mittags grentze.

Aber die ecke gegen morgen sol der Jordan enden/ Das ist das erbteil der kinder Ben Jamin jnn jren grentzen vmbher/vnter jren geschlechten.

Die stedte aber des stams der kinder Ben Jamin vnter jren geschlechten sind diese/ Jeriho / BethHagla/EmekKeziz/BethAraba/Zemaraim/BethEl/Auim/Hapara/Aphra/CapharAmonaj/Aphni/Gaba/das sind zwelff stedte vnd jre dörffer. Gibeon/Rama/Beeroth/Mizpe/Caphira/Moza/Rekem/Jerpeel/Thareala/Zela/Eleph/vnd die Jebusiter/das ist Jerusalem/GibeathKiriath/vierzehen stedte vnd jre dörffer/ Das ist das erbteil der kinder Ben Jamin jnn jren geschlechten.

XIX.

DArnach fiel das ander los des stams der kinder Simeon/nach jren geschlechten/vnd jr erbteil war vnter dem erbteil der kinder Juda. Vnd es ward jnen zum erbteil/BeerSeba/Seba/Molada/HazarSual/Bala/Azem/ElTholad/Bethul / Harma/Ziklag/BethMarcaboth/HazarSussa/BethLebaoth/Saruhen/ Das sind dreizehen stedte vnd jre dörffer/Ain/Rimon/Ether/Asan/ Das sind vier stedte vnd jre dörffer / Dazu alle dörffer / die vmb diese stedte ligen/bis gen Baalath BeerRamath gegen mittag. Das ist das erbteil des stams der kinder Simeon jnn jren geschlechten/denn der kinder Simeon erbteil ist vnter der schnur der kinder Juda/Weil das erbteil der kinder Juda jnen zu gros war/darumb erbeten die kinder Simeon vnter jrem erbteil.

Das dritte los fiel auff die kinder Sebulon nach jren geschlechten/vnd die grentze jrs erbteils war bis gen Sarid/vnd gehet hinauff zum abendwerts/gen Mareala/vnd stosset an Dabaseth/vnd stosset an den bach der fur Jakneam fleusst/vnd wendet sich von Sarid gegen der Sonnen auff gang/bis an die grentze CislothThabor/vnd kompt hinaus gen Dabrath/vnd langet hinauff gen Japia/vnd von dannen gehet sie gegen dem auffgang durch Githa/Hepher/Itha/Kazin/vnd kompt hinaus gen Rimon/Hamthoar/HaNea/vnd lencket sich rumb von mitternacht gen Nathon/vnd jr ausgang ist im tal JephthahEl/ Katath / Nahalal / Simron / Jedeala vnd BethLehem/das sind zwelff stedte vnd jre dörffer/Das ist das erbteil der kinder Sebulon jnn jren geschlechten/das sind jre stedte vnd dörffer.

C   Das vierde

Das Buch

Das vierde los fiel auff die kinder Jsaschar/nach jren geschlechten/Vnd jre grentze war/Jesreel/Chesulloth/Sunem/Hapharaim/Sion/Anaharath/Rabith/Kiseon/Abez/Remeth/EnGannem/EnHada/BethPazez/vnd stosset an Thabor/Sahazima/BethSemes/vnd jr ausgang war am Jordan/sechzehen stedte vnd jre dörffer. Das ist das erbteil des stams der kinder Jsaschar jnn jren geschlechten/stedten vnd dörffern.

Das funffte los fiel auff den stam der kinder Asser/nach jren geschlechten/vnd jre grentze war Helkath/Hali/Beten/Achsaph/AlaMelech/Amead/Miseal/vnd stofft an den Carmel am meer/vnd an Sihor Libnath/ vnd wendet sich gegen der Sonnen auffgang gen BethDagon/vnd stosst an Sebulon/vnd an das tal JephthahEl an die mitternacht/BethEmek/Negiel/vnd kompt hinaus zu Cabul zur lincken/Ebron/Rehob/Hamon/Kana/bis an gros Zidon/Vnd wendet sich gen Rama bis zu der festen Stad Zor/Vnd wendet sich gen Hossa/vnd gehet aus ans meer/der schnur nach gen Achsib/Vma/Aphek/Rehob/zwo vnd zwenzig stedte vnd jre dörffer/Das ist das erbteil des stams der kinder Asser jnn jren geschlechten/stedten vnd dörffern.

Das sechste los fiel auff die kinder Naphthali/jnn jren geschlechten/Vnd jre grentze waren von Heleph/Elon/durch Jaananim/AdamiNekeb/JabneEl/bis gen Lacum/vnd gehet aus am Jordan/vnd wendet sich zum abend gen AsnothThabor/vnd kompt von dannen hinaus gen Hukok/vnd stosst an Sebulon gegen mittag/vnd an Asser gegen abend/vnd an Juda am Jordan gegen der Sonnen auffgang/ vnd hat feste stedte/ZidimZer/HamathRakath/Chinnareth/Adama/Rama/Hazor/Kedes/Edrej/EnHazor/Jereon/MigdalElHarem/BethAnath/BethSames/neunzehen stedte vnd jre dörffer/Das ist das erbteil des stams der kinder Naphthali/jnn jren geschlechten/stedten vnd dörffern.

Das siebende los fiel auff den stam der kinder Dan/nach jren geschlechten/Vnd die grentze jrs erbteils waren/Zarea/Esthaol/Jrsames/Saalabin/Aialon/Jethla/Elon/Thimnath/EkronEltheke/Gibethon/Baalath/Jehud/BneBarak/GathRimon/MeJarkon/Rakon/mit den grentzen neben Japho/vnd an den selben gehet die grentze der kinder Dan aus/Vnd die kinder Dan zogen hinauff vnd stritten wider Lesem/ vnd gewonnen vnd schlugen sie mit der scherffe des schwerts/ vnd namen sie ein vnd woneten drinnen/vnd nenneten sie Dan/ nach jres vaters namen/ Das ist das erbteil des stams der kinder Dan/jnn jren geschlechten/stedten vnd dörffern.

Vnd da sie das land gar ausgeteilet hatten mit seinen grentzen/gaben die kinder Jsrael Josua dem son Nun ein erbteil vnter jnen/vnd gaben jm nach dem befelh des HERRN die Stad/die er foddert/nemlich/ThimnathSerah auff dem gebirge Ephraim/da bawete er die Stad vnd wonet drinnen.

Das sind die erbteil/die Eleasar der Priester vnd Josua der son Nun/vnd die öbersten der Veter vnter den geschlechten/durchs los den kindern Jsrael austeileten zu Silo fur dem HERRN/fur der thür der Hütten des Stiffts/vnd volendeten also das austeilen des lands.

Vnd der

Josua.

XX.

Vnd der HERR redet mit Josua/vnd sprach/Sage den kindern Jsrael/Gebt vnter euch freie stedte/dauon ich durch Mose euch gesagt habe/dahin fliehen möge ein todschleger/der eine seele vnuersehens vnd vnwissend schlegt/das sie vnter euch frey seien fur dem Blutrecher/Vnd der da fleucht zu der stedte eine/sol stehen aussen fur der stad thor/vnd fur den Eltesten der stad seine sache ansagen/so sollen sie jn zu sich jnn die stad nemen/vnd jm raum geben/das er bey jnen wone.

Vnd wenn der Blutrecher jm nach jaget/sollen sie den todschleger nicht jnn seine hende vber geben/weil er vnwissend seinen nehesten geschlagen hat/vnd ist jm zuuor nicht feind gewesen/so sol er jnn der stad wonen/bis das er stehe fur der Gemeine fur gericht/bis das der Hohe priester sterbe/der zur selben zeit sein wird/Als denn sol der todschleger wider komen/jnn seine stad/vnd jnn sein haus zur stad/dauon er geflohen ist.

Da heiligeten sie Kedes jnn Galilea auff dem gebirge Naphthali/vnd Sechem auff dem gebirge Ephraim/vnd Kiriath Arba/das ist Hebron/auff dem gebirge Juda/Vnd jenseid des Jordans da Jeriho ligt gegen dem auffgang/gaben sie Bezer jnn der wüsten auff der ebene aus dem stam Ruben/vnd Ramoth jnn Gilead aus dem stam Gad/vnd Golan jnn Basan aus dem stam Manasse.

Das waren die stedte bestimpt allen kindern Jsrael / vnd den frembdlingen die vnter jnen woneten/das dahin fliehe/wer eine seele vnuersehens schlegt/das er nicht sterbe durch den Blutrecher/bis das er fur der Gemeine gestanden sey.

XXI.

DA traten erzu die öbersten Veter vnter den Leuiten/zu dem Priester Eleasar vnd Josua dem son Nun/vnd zu den öbersten Vetern vnter den stemmen der kinder Jsrael/vnd redten mit jnen zu Silo im lande Canaan/vnd sprachen/Der HERR hat geboten durch Mose/das man vns stedte geben solle zu wonen/vnd der selben vorstedte zu vnserm vieh/Da gaben die kinder Jsrael den Leuiten von jren erbteilen/nach dem befelh des HERRN/diese stedte vnd jre vorstedte.

Vnd das los fiel auff das geschlechte der Kahathiter/vnd würden den kindern Aaron des Priesters aus den Leuiten/durchs los dreizehen stedte/von dem stam Juda/von dem stam Simeon/vnd von dem stam BenJamin/Den andern kindern aber Kahath desselben geschlechts/wurden durchs los zehen stedte/von dem stam Ephraim/von dem stam Dan/vnd von dem halben stam Manasse.

Aber den kindern Gerson desselben geschlechts/wurden durchs los dreizehen stedte/von dem stam Jsaschar/von dem stam Asser/vnd von dem stam Naphthali/vnd von dem halben stam Manasse zu Basan/Den kindern Merari/jrs geschlechts/wurden zwelff stedte/von dem stam Ruben/von dem stam Gad/vnd von dem stam Sebulon/Also

C ij gaben die

Das Buch

gaben die kinder Israel den Leuiten durchs loss/ diese stedte vnd jre vorstedte/wie der HERR durch Mose geboten hatte.

Von dem stam der kinder Juda/ vnd von dem stam der kinder Simeon/gaben sie diese stedte/die sie mit jren namen nenneten/den kindern Aaron des geschlechts der Kahathiter/aus den kindern Leui/ denn das erste loss war jr/So gaben sie jnen nu/Kiriath Arba/die des vaters Enak war/das ist Hebron auff dem gebirge Juda/vnd jre vorstedte vmb sie her/Aber den acker der Stad/ vnd jr dörffer gaben sie Chaleb dem son Jephunne/zu seinem erbe.

Also gaben sie den kindern Aaron des Priesters/ die freistad der todschleger/Hebron vnd jre vorstedte/Libna vnd jre vorstedte/Jathir vnd jr vorstedte/Esthmoa vnd jr vorstedte/Holon vnd jr vorstedte/Debir vnd jr vorstedte/Ain vnd jr vorstedte/Juta vnd jr vorstedte/ BethSemes vnd jr vorstedte/neun stedte von diesen zween stemmen. Von dem stam BenJamin aber gaben sie vier stedte/Gibeon vnd jr vorstedte/Geba vnd jr vorstedte/Anathoth vnd jr vorstedte/Almon vnd jr vorstedte/das alle stedte der kinder Aaron des Priesters/waren dreizehen mit jren vorstedten.

Den geschlechten aber der andern kinder Kahath den Leuiten/ wurden durch jr loss vier stedte von dem stam Ephraim/ vnd gaben jnen die freiestad der todschleger/Sechem vnd jr vorstedte auff dem gebirge Ephraim/Geser vnd jr vorstedte/Kibzaim vnd jr vorstedte/ BethHoron vnd jr vorstedte. Von dem stam Dan vier stedte/Eltheke vnd jr vorstedte/ Gibthon vnd jr vorstedte/ Aialon vnd jr vorstedte/ GathRimon vnd jr vorstedte. Von dem halben stam Manasse zwo stedte/Thaenach vnd jr vorstedte/GathRimon vnd jr vorstedte/ das alle stedte der andern kinder des geschlechts Kahath/ waren zehen mit jren vorstedten.

Den kindern aber Gerson aus den geschlechten der Leuiter wurden gegeben/ Von dem halben stam Manasse zwo stedte/die freiestad für die todschleger/Golan jnn Basan vnd jr vorstedte/ Beesthra vnd jr vorstedte/Von dem stam Jsaschar vier stedte/Kision vnd jr vorstedte/ Dabrath vnd jr vorstedte/ Jarmuth vnd jr vorstedte/EnGannim vnd jr vorstedte.Von dem stam Asser vier stedte/Miseal/Abdon/Helkath/ Rehob mit jren vorstedten.Von dem stam Naphthali drey stedte. Die freie stad Kedes/fur die todschleger jnn Galilea/ HamothDor/Karthan mit jren vorstedten/das alle stedte des geschlechts der Gersoniter waren dreizehen mit jren vorstedten.

Den geschlechten aber der kinder Merari/ den andern Leuiten wurden gegeben.Von dem stam Sebulon vier stedte/Jakneam/Kartha/ Dimna/Nahalal/ mit jren vorstedten. Von dem stam Ruben vier stedte/ Bezer/ Jahza/ Kedemoth/ Mephaath/ mit jren vorstedten. Von dem stam Gad/ vier stedte/ die freiestad fur die todschleger/ Ramoth jnn Gilead/ Mahanaim/ Hesbon/ Jaeser/ mit jren vorstedten/das aller stedte der kinder Merari vnter jren geschlechten der andern Leuiten nach jrem loss waren zwelffe. Aller
stedte

Josua. XXXV.

stedte der Leuiten vnter dem erbe der kinder Israel/waren acht vnd vierzig mit jren vorstedten. Vnd ein jgliche dieser stedte/hatte jr vorstad vmb sich her/eine wie die ander.

Also gab der HERR dem Israel alles land/das er geschworen hatte jren vetern zu geben/vnd sie namens ein vnd woneten drinnen/ Vnd der HERR gab jnen ruge/von allen vmbher/wie er jren vetern geschworen hatte/vnd stund jr feinde keiner widder sie/sondern alle jre feinde gab er jnn jre hende. Vnd es feilet nichts an allem guten/das der HERR dem hause Israel geredt hatte/Es kam alles.

XXII.

DA rieff Josua die Rubeniter vnd Gadditer/vnd den halben stam Manasse/vnd sprach zu jnen/Ir habt alles gehalten/was euch Mose der knecht des HERRN geboten hat/vnd gehorcht meiner stim jnn allem das ich euch geboten habe/Ir habt ewr brüder nicht verlassen eine lange zeit her/bis auff diesen tag/vnd habt gehalten an dem gebot des HERRN ewrs Gottes. Weil nu der HERR ewr Gott/hat ewre Brüder zu ruge bracht/wie er jnen geredt hat/so wendet euch nu vn̄ zihet hin jnn ewre hütten im lande ewrs erbes/das euch Mose der knecht des HERRN gegeben hat jenseid dem Jordan.

Haltet aber nur an mit vleis/das jr thut nach dem gebot vnd gesetze/das euch Mose der knecht des HERRN geboten hat/das jr den HERRN ewrn Gott liebet/vnd wandelt auff allen seinen wegen/vnd seine gebot haltet/vnd jm anhanget/vnd jm dienet von gantzem hertzen/vnd von gantzer seelen. Also segnet sie Josua/vnd lies sie gehen/vnd sie giengen zu jren hütten.

Dem halben stam Manasse hatte Mose gegeben zu Basan/die ander helfft gab Josua vnter jren Brüdern disseid dem Jordan gegen abend. Vnd da er sie lies gehen zu jren hütten/vnd sie gesegnet hatte/sprach er zu jnen/Ir kompt widder heim mit grossem gut zu ewren hütten/mit seer viel viehs/silber/golt/ertz/eisen vnd kleidern/so teilet nu den raub ewrer feinde aus/vnter ewre Brüder. Also kereten vmb die Rubeniter/Gadditer/vnd der halbe stam Manasse/vnd giengen von den kindern Israel aus Silo/die im lande Canaan ligt/das sie jns land Gilead zogen/zum lande jres erbs/das sie erbten aus befelh des HERRN durch Mose.

Vnd da sie kamen an die hauffen am Jordan/die im lande Canaan ligen/baweten die selben Rubeniter/Gadditer vnd der halbe stam Manasse/daselbs am Jordan einen grossen schönen Altar/Da aber die kinder Israel höreten sagen/Sihe/die kinder Ruben/die kinder Gad/vnd der halbe stam Manasse/haben einen Altar gebawet gegen das land Canaan/an den hauffen am Jordan disseid der kinder Israel/Da versamleten sie sich mit der gantzen Gemeine zu Silo/das sie widder sie hinauff zögen mit einem heer/vnd sandten zu jnen jns land Gilead/Pinehas den son Eleasar des priesters/vnd mit jm zehen öberste Fürsten/vnter den heusern jrer veter/aus jglichem stam Israel einen/Vnd da sie zu jnen kamen jns land Gilead/redten sie mit jnen vnd sprachen.

C iij   So lesst

Das Buch

So lesst euch sagen die gantze Gemeine des HERRN/ Wie versundigt jr euch also/ an dem Gott Israel? das jr euch heutte keret von dem HERRN/ damit/ das jr euch einen Altar bawet/ das jr abfallet von dem HERRN. Ists vns zu wenig an der missethat Peor? von welcher wir noch auff diesen tag nicht gereinigt sind/ vnd kam eine plage vnter die Gemeine des HERRN/ vnd jr wendet euch heute von dem HERRN weg/ vnd seid heute abtrünnig worden von dem HERRN/ das er heut oder morgen vber die gantze Gemeine Israel erzürne/ Dücket euch das land ewrs erbs vnreine/ so kompt eruber/ jns land das der HERR hat/ da die Wonung des HERRN stehet/ vnd erbet vnter vns/ vnd werdet nicht abtrünnig von dem HERRN/ vnd von vns/ das jr euch einen Altar bawet/ ausser dem Altar des HERRN vnsers Gottes. Versundigt sich nicht Achan der son Serah am verbanten/ vnd der zorn kam vber die gantze Gemeine Israel/ vnd er gieng nicht alleine vnter vber seiner missethat?

Da antworten die kinder Ruben / vnd die kinder Gad/ vnd der halbe stam Manasse/ vnd sagten zu den heubtern vnd fürsten Israel/ Der starcke Gott der HERR/ der starcke Gott der HERR weis/ so weis Israel auch/ Fallen wir abe oder sundigen widder den HERRN/ so helff er vns heute nicht/ vnd so wir darumb den Altar gebawet haben/ das wir vns von dem HERRN wenden wolten/ Brandopffer oder Speisopffer drauff opffern/ oder Danckopffer drauff thun dem HERRN/ so foddere er es/ vnd so wirs nicht viel mehr aus sorge des dings gethan haben/ vnd sprachen/ Heut oder morgen möchten ewre kinder zu vnsern kindern sagen/ was gehet euch der HERR der Gott Israel an? der HERR hat den Jordan zur grentze gesetzt/ zwischen vns vnd euch kindern Ruben vnd Gad/ jr habt kein teil am HERRN/ damit wurden ewr kinder vnser kinder/ von der furcht des HERRN weisen.

Darumb sprachen wir/ Last vns einen Altar bawen/ nicht zum opffer/ noch zum Brandopffer/ sondern das er ein zeuge sey/ zwisschen vns vnd euch/ vnd vnsern nachkomen/ das wir dem HERRN dienst thun mügen fur jm/ mit vnsern Brandopffern/ Danckopffern vnd andern opffern / vnd ewr kinder heut oder morgen nicht sagen durffen zu vnsern kindern/ jr habt kein teil an dem HERRN. Wenn sie aber also zu vns sagen wurden/ oder zu vnsern nachkomen heut oder morgen/ so kunden sie sagen/ Sehet die gleichnis des Altars des HERRN/ den vnser Veter gemacht haben/ nicht zum opffer / noch zum Brandopffer/ sondern zum Zengen/ zwisschen vns vnd euch. Das sey ferne von vns/ das wir abtrunnig werden von dem HERRN/ das wir vns heute wolten von jm wenden/ vnd einen Altar bawen/ zum Brandopffer/ vnd zum Speisopffer vnd andern opffern/ ausser dem Altar des HERRN vnsers Gottes/ der fur seiner Wonung stehet.

Da aber Pinehas der Priester vnd die Obersten der Gemeine/ die Fürsten Israel/ die mit jm waren/ höreten diese wort/ die die kinder Ruben/ Gad vnd Manasse sagten/ gefielen sie jnen wol/ vnd Pinehas der son Eleasar des Priesters sprach zu den kindern Ruben/ Gad vnd Manasse / Heute erkennen wir/ das der HERR vnter vns ist/ das jr euch nicht an dem HERRN versundigt habt jnn dieser that/ Nu habt jr die kinder Israel errettet/ aus der hand des HERRN.

Da 306

Josua. XXXVI.

Da zog Pinehas der son Eleasar des Priesters/ vnd die obersten aus dem land Gilead/ von den kindern Ruben vnd Gad/ wider jns land Canaan zu den kindern Jsrael/ vnd sagtens jnen an/ Das gefiel den kindern Jsrael wol/ vnd lobten den Gott der kinder Jsrael/ vnd sagten nicht mehr/ das sie hinauff wolten zihen/ mit einem heer wider sie/ zuuerderben das land/ da die kinder Ruben vnd Gad jnnen woneten. Vnd die kinder Ruben vnd Gad hiessen den Altar/ das er Zeuge sey zwischen vns/ vnd das der HERR Gott sey.

XXIII.

Vnd nach langer zeit/ da der HERR hatte Jsrael zu ruge bracht/ fur alle jren feinden vmbher/ vnd Josua nu alt vnd wol betaget war/ berieff er das gantz Jsrael/ vnd jre Eltesten heubter/ Richter vnd Amptleut/ vnd sprach zu jnen/ Jch bin alt vnd wol betaget/ vnd jr habt gesehen/ alles was der HERR ewr Gott gethan hat/ an allen diesen völckern fur euch her. Denn der HERR ewr Gott/ hat selber fur euch gestritten. Sehet/ ich hab euch die vbrigen völcker durchs los zu geteilet/ einem jglichen stam sein erbteil/ vom Jordan an/ vnd alle völcker die ich aus gerottet habe/ vnd am grossen meer gegen der sonnen vntergang. Vnd der HERR ewr Gott wird sie aus stossen fur euch/ vnd von euch vertreiben/ das jr/ jr land einnemet/ wie euch der HERR ewr Gott geredt hat.

So seid nu seer getrost/ das jr haltet vnd thut alles was geschrieben stehet im Gesetz buch Mose/ das jr nicht dauon weichet/ weder zur rechten noch zur lincken/ auff das jr nicht vnter diese vberige völcker kompt/ die mit euch sind/ vnd nicht gedenckt noch schweret bey dem namen jrer Götter/ noch jnen dienet/ noch sie anbetet/ sondern dem HERRN ewrem Gott anhanget/ wie jr bis auff diesen tag gethan habt/ so wird der HERR fur euch her/ vertreiben grosse vnd mechtige völcker/ vnd niemand fur euch wider standen/ bis auff diesen tag/ ewer einer wird tausent jagen/ denn der HERR ewr Gott streitet fur euch/ wie er euch geredt hat. Darumb so behütet auffs vleissigst ewr seelen/ das jr den HERRN ewren Gott lieb habet.

Wo jr euch aber vmb wendet/ vnd diesen vberigen völckern anhanget/ vnd euch mit jnen verheyratet/ das jr vnter sie/ vnd sie vnter euch komen/ so wisset/ das der HERR ewr Gott/ wird nicht mehr alle diese völcker fur euch vertreiben/ sondern sie werden euch zum strick vnd netz/ vnd zum pfal an ewer seiten werden/ vnd zum stachel jnn ewren augen/ bis das er euch vmbbringe von dem guten land/ das euch der HERR ewr Gott gegeben hat.

Sihe/ ich gehe heute dahin/ wie alle welt/ vnd jr solt wissen von gantzem hertzen/ vnd von gantzer seele/ das nicht ein wort gefeilet hat/ an alle dem guten/ das der HERR ewr Gott euch geredt hat/ es ist alles komen vnd keins verblieben. Gleich wie nu alles guts komen ist/ das der HERR ewr Gott euch geredt hat/ also wird der HERR auch vber euch komen lassen alles böse/ bis er euch vertilge von diesem guten lande/ das euch der HERR ewr Gott gegeben

C iij hat/ wenn

Das Buch

hat/wenn jr vbertretet den bund des HERRN ewrs Gottes/den er euch geboten hat/vnd hin gehet vnd andern Göttern dienet/vnd sie anbetet/das der zorn des HERRN vber euch ergrimmet/vnd euch bald vmb bringet von dem guten land/das er euch gegeben hat.

XXIIII.

Josua versamlet alle stemme Israel gen Sichem/vnd berieff die Eltesten von Israel/die heubter/Richter vnd Amptleut/vnd da sie fur Gott getretten waren/sprach er zum gantzen volck. So sagt der HERR der Gott Israel. Ewer veter woneten vorzeiten jenseid dem Wasser/Tharah Abrahams vnd Nahors vater/vnd dieneten andern Göttern. Da nam ich ewrn vater Abraham jenseid des Wassers/vnd lies jn wandern im gantzen land Canaan/vnd mehret jm seinen samen/vnd gab jm Isaac/vnd Isaac gab ich Jacob vnd Esau/vnd gab Esau das gebirge Seir zu besitzen/Jacob aber vnd seine kinder zogen hinab inn Egypten.

Da sandte ich Mosen vnd Aaron/vnd plaget Egypten/wie ich vnter jnen gethan habe/darnach füret ich euch/vnd ewr veter aus Egypten/Vnd da jr ans meer kamet/vnd die Egypter ewern vetern nach jagten/mit wagen vnd reutern/ans Schilff meer/da schrien sie zum HERRN/der setzt ein finsternis zwischen euch vnd den Egyptern/vnd füret das meer vber sie/vnd bedecket sie. Vnd ewr augen haben gesehen/was ich inn Egypten gethan habe/vnd jr habt gewonet jnn der wüsten eine lange zeit/vnd ich hab euch bracht jnn das land der Amoriter/die jenseid dem Jordan woneten/vnd da sie wider euch stritten/gab ich sie jnn ewre hende/das jr jr land besasset/vnd vertilget sie fur euch her.

Da macht sich auff Balak der son Zipor/der Moabiter könig/vnd streit widder Israel/vnd sandte hin vnd lies ruffen Bileam den son Beor/das er euch verfluchet. Aber ich wolte jn nicht hören/vnd er segenet euch/vnd ich errettet euch aus seinen henden. Vnd da jr vber den Jordan gienget vnd gen Jeriho kamet/stritten widder euch die bürger von Jeriho/die Amoriter/Pheresiter/Cananiter/Hethiter/Girgositer/Heuiter vnd Jebusiter/Aber ich gab sie jnn ewre hende/vnd sandte Hörnissen fur euch her/die trieben sie aus fur euch her/die zween Könige der Amoriter/nicht durch dein schwert/noch durch deinen bogen/Vnd hab euch ein land gegeben/daran jr nicht geerbeitet habt/vnd stedte die jr nicht gebawet habt/das jr drinnen wonet/vnd esset von weinbergen vnd ölebergen/die jr nicht gepflantzt habt.

So fürchtet nu den HERRN/vnd dienet jm trewlich vnd rechtschaffen/vnd last faren die Götter den ewer veter gedienet haben jenseid dem Wasser/vnd jnn Egypto/vnd dienet dem HERRN. Gefellet es euch aber nicht/das jr dem HERRN dienet/so erwelet euch heute/welchem jr dienen wolt/dem Gott dem ewr veter gedienet haben jenseid dem Wasser/odder den Göttern der Amoriter jnn welcher land jr wonet. Ich aber vnd mein haus wöllen dem HERRN dienen.

Da antwort das volck vnd sprach/Das sey ferne von vns/das wir den HERRN verlassen/vnd andern Göttern dienen. Denn der HERR

HERR vnser Gott/hat vns vnd vnser veter aus Egypten land gefürt/aus dem dienst hause/vnd hat fur vnsern augen solche grosse zeichen gethan/vnd vns behüt auff dem gantzen wege/den wir gezogen sind/vnd vnter allen völckern/durch welche wir gegangen sind/vnd hat ausgestossen fur vns her/alle völcker der Amoriter/die im lande woneten/Darumb wollen wir auch dem HERRN dienen/denn er ist vnser Gott.

Josua sprach zum volck/Jr künd dem HERRN nicht dienen/denn er ist ein heiliger Gott/ein eineriger Gott/der ewer vbertrettung vnd sünde nicht schonen wird/Wenn jr aber den HERRN verlasset/vnd eim frembden Gott dienet/so wird er sich wenden/vnd euch plagen/vnd euch vmbbringen/nach dem er euch guts gethan hat/Das volck aber sprach zu Josua. Nicht also/sondern wir wollen dem HERRN dienen.

Da sprach Josua zum volck/Jr seid zeugen vber euch/das jr den HERRN euch erwelet habt/das jr jm dienet. Vnd sie sprachen/Ja. So thut nu von euch die frembden Götter/die vnter euch sind/vnd neiget ewr hertz zu dem HERRN/dem Gott Jsrael. Vnd das volck sprach zu Josua. Wir wollen dem HERRN vnsern Gott dienen/vnd seiner stimme gehorchen. Also macht Josua desselben tags einen bund mit dem volck/vnd legt jnen Gesetz vnd Recht fur/zu Sichem.

Vnd Josua schreib dis alles jns Gesetz buch Gottes/vnd nam einen grossen stein/vnd richtet jn auff daselbs vnter einer Eiche/die bey dem Heiligthum des HERRN war/vnd sprach zum gantzen volck. Sihe/dieser Stein sol zeuge sein zwisschen vns/denn er hat gehöret alle rede des HERRN/die er mit vns geredt hat/vnd sol ein zeuge vber euch sein/das jr ewrn Gott nicht verlencket. Also lies Josua das volck/einen jglichen jnn sein erbteil.

Vnd es begab sich nach diesem geschicht/das Josua der son Nun/der knecht des HERRN starb/da er hundert vnd zehen jar alt war/vnd man begrub jn/jnn der grentze seines erbteils zu Timnath Serah/die auff dem gebirge Ephraim ligt/von mitternacht werts/am berge Gaas. Vnd Jsrael dienete dem HERRN/so lange Josua lebt vnd die Eltesten/welche lange zeit lebten nach Josua/die alle werck des HERRN wusten/die er an Jsrael gethan hatte.

Die gebeine Joseph/welche die kinder Jsrael hatten aus Egypten bracht/begruben sie zu Sichem jnn dem stück felds/das Jacob kaufft von den kindern Hemor des vaters Sichem/vmb hundert groschen/vnd ward der kinder Joseph erbteil.

Eleasar der son Aaron starb auch/vnd sie begruben jn zu Gibeath/seines sons Pinehas/die jm gegeben war auff dem gebirge Ephraim.

Ende des Buchs Josua.

Das buch der Richter.

I.

NAch dem tod Josua fragten die kinder Jsrael den HERRN/ vnd sprachen/ Wer sol vnter vns den krieg füren wider die Cananiter? Der HERR sprach/ Juda sol jn füren/ Sihe/ Jch hab das land jnn seine hand geben/ Da sprach Juda zu seinem bruder Simeon/ Zeuch mit mir hinauff jnn meinem los/ vnd las vns wider die Cananiter streiten/ so wil ich wider mit dir zihen jnn deinem los/ Also zog Simeon mit jm.

Da nu Juda hinauff zog/ gab jm der HERR die Cananiter vnd Pheresiter jnn jre hende/ vnd schlugen zu Besek zehen tausent man/ vnd funden den AdoniBesek zu Besek/ vnd stritten wider jn/ vnd schlugen die Cananiter vnd Pheresiter. Aber AdoniBesek flohe/ vnd sie jagten jm nach/ vnd da sie jn ergriffen/ verhieben sie jm die daumen an seinen henden vnd füssen/ Da sprach AdoniBesek/ Siebenzig Könige mit verhawenen daumen jrer hende vnd füsse lasen auff vnter meinem tissch/ Wie ich nu gethan habe/ so hat mir Gott wider vergolten/ Vnd man bracht jn gen Jerusalem/ daselbs starb er.

Aber die kinder Juda stritten wider Jerusalem vnd gewonnen sie/ vnd schlugen sie mit der scherffe des schwerts vnd zundten die Stad an/ Darnach zogen die kinder Juda herab zu streiten wider die Cananiter/ die auff dem gebirge vnd gegen mittag vnd jnn den gründen woneten/ Vnd Juda zog hin wider die Cananiter/ die zu Hebron woneten (Hebron aber hies vorzeiten KiriathArba) vnd schlugen den Sesaj vnd Ahiman vnd Thalmaj/ vnd zog von dannen wider die einwoner zu Debir (Debir aber hies vorzeiten KiriathSepher).

Vnd Chaleb sprach/ Wer KiriathSepher schlegt vnd gewinnet/ dem wil ich meine tochter Achsa zum weibe geben/ Da gewan sie Athniel der son Kenas des Chalebs jungster bruder/ Vnd er gab jm seine tochter Achsa zum weibe/ Vnd es begab sich/ da sie einzog/ ward jr geraten/ das sie foddern solt einen acker von jrem vater/ Vnd fiel vom esel/ Da sprach Chaleb zu jr/ Was ist dir? Sie sprach/ Gib mir einen segen/ denn du hast mir ein mittags land geben/ gib mir auch ein wesserigs/ Da gab er jr ein wesserigs oben vnd vnden.

Vnd die kinder des Keniters Mose schwager zogen herauff aus der palmen stad/ mit den kindern Juda jnn die wüsten Juda/ die da ligt gegen mittag der stad Arad/ vnd gieng hin vnd wonet vnter dem volck/ Vnd Juda zog hin mit seinem bruder Simeon vnd schlugen die Cananiter zu Zephath/ vnd verbanneten sie vnd nenneten die stad Harma/ Dazu gewan Juda/ Gaza mit jrer zugehör/ vnd Asklon mit jrer zugehör/ vnd Ekron mit jrer zugehör/ Vnd der HERR war mit Juda/ das er das gebirge einnam/ denn er kund die einwoner im grunde nicht

Der Richter. XXXVIII.

de nicht einnemen/darumb/das sie eisern wagen hatten/Vnd sie gaben dem Chaleb Hebron/wie Mose gesagt hatte/der vertreib draus die drey söne des Enak.

Aber die kinder BenJamin vertrieben die Jebusiter nicht/die zu Jerusalem woneten/Sondern die Jebusiter woneten bey den kindern Ben Jamin zu Jerusalem bis auff diesen tag.

Desselben gleichen zogen auch die kinder Joseph hinauff gen BethEl/vnd der HERR war mit jnen/Vnd das Haus Joseph besichtigten BethEl (die vorhin Lus hies) vnd die Wechter sahen einen man aus der Stad gehen/vnd sprachen zu jm/Weise vns/wo wir jnn die Stad komen/so wollen wir barmhertzigkeit an dir thun/Vnd da er jnen zeiget/wo sie jnn die Stad kemen/schlugen sie die Stad mit der scherffe des schwerts/Aber den man vnd alle sein geschlecht liessen sie gehen/Da zog derselbe man jns land der Hethither/vnd bawete eine Stad/vnd hies sie Lus/die heisst noch heutes tages also.

Vnd Manasse vertreib nicht BethSean mit jren töchtern/noch Thaenach mit jren töchtern/noch die einwoner zu Dor mit jren töchtern/noch die einwoner zu Jebleam mit jren töchtern/noch die einwoner zu Megiddo mit jren töchtern/vnd die Cananiter fiengen an zu wonen jnn dem selben lande/Da aber Jsrael mechtig ward/macht er die Cananiter zinsbar/vnd vertreib sie nicht.

Des gleichen vertreib auch Ephraim die Cananiter nicht/die zu Gaser woneten/sondern die Cananiter woneten vnter jnen zu Gaser.

Sebulon vertreib auch nicht die einwoner zu Kitron vnd Nahalol/sondern die Cananiter woneten vnter jnen vnd waren zinsbar.

Asser vertreib die einwoner zu Aco nicht/noch die einwoner zu Zidon/zu Ahelab/zu Achsib/zu Helba/zu Aphik vnd zu Rehob/sondern die Asseriter woneten vnter den Cananitern/die im lande woneten/denn sie vertrieben sie nicht.

Naphthali vertreib die einwoner nicht zu BethSemes/noch zu BethAnath/sondern wonet vnter den Cananitern/die im lande woneten/Aber die zu BethSemes vnd zu BethAnath wurden zinsbar.

Vnd die Amoriter drungen die kinder Dan auffs gebirge/vnd liessen nicht zu/das sie erunter jnn den grund kemen/Vñ die Amoriter fiengen an zu wonen auff dem gebirge Heres zu Aialon vnd zu Saalbim/Doch ward jnen die hand des Hauses Joseph zu schweer/vnd wurden zinsbar/Vnd die grentze der Amoriter war/da man gen Akrabim hinauff gehet/vnd von dem fels vnd von der höhe.

II.

ES kam aber der Engel des HERRN erauff von Gilgal gen Bochim/vnd sprach/Ich hab euch aus Egypten erauff gefurt/vnd jns land bracht/das ich ewrn Vetern geschworen hab/vnd sprach/Ich wolt meinen Bund mit euch nicht nachlassen ewiglich/das jr nicht soltet einen Bund machen mit den einwonern dieses lands/vnd jre Altar

(Engel) Der priester pinehas.

jre Altar zu brechet/Aber jr habt meiner stimme nicht gehorchet/Warumb habt jr das gethan? Da sprach ich auch/Ich wil sie nicht vertreiben fur euch/das sie euch zum stricke werden/vnd jre Götter zum netze/Vnd da der Engel des HERRN solche wort gered hatte zu allen kindern Israel/hub das volck seine stimme auff vnd weineten/vnd hiessen die stet Bochim/vnd opfferten daselbst dem HERRN.

Bochim heisst die weinende.

Denn als Josua das volck von sich gelassen hatte/vnd die kinder Israel hin gezogen waren/ein jglicher jnn sein erbteil/das land einzunemen/dienete das volck dem HERRN so lange Josua lebet vnd die Eltesten/die lange nach Josua lebten/vnd alle die grossen werck des HERRN gesehen hatten/die er Israel gethan hatte. Da nu Josua der son Nun gestorben war der Knecht des HERRN/als er hundert vnd zehen jar alt war/begruben sie jn jnn den grentzen seins erbteils zu Thimnath Heres auff dem gebirge Ephraim von mitternacht werts am berge Gaas/Da auch alle die zu der zeit gelebt hatten/zu jren Vetern versamlet worden/kam nach jnen ein ander geschlecht auff/das den HERRN nicht kennet/noch die werck die er an Israel gethan hatte.

Da theten die kinder vbel fur dem HERRN/vnd dieneten Baalim/vnd verliessen den HERRN jrer Veter Gott/der sie aus Egypten land gefurt hatte/vnd folgeten andern Göttern nach/auch den Göttern der völcker/die vmb sie her woneten/vnd betten sie an/vnd erzürneten den HERRN/Denn sie verliessen je vnd je den HERRN/vnd dieneten Baal vnd Astharoth/So ergrimmet denn der zorn des HERRN vber Israel/vnd gab sie jnn die hand dere/die sie raubten/das sie sie beraubten/vn̄ verkaufft sie jnn die hende jrer feinde vmbher/vnd sie kundten nicht mehr jren feinden widerstehen/sondern wo sie hin aus wolten/so war des HERRN hand wider sie zum vnglück/wie denn der HERR jnen gesagt vnd geschworen hatte/Vnd worden hart gedrenget.

Wenn denn der HERR Richter aufferwecket/die jnen holffen aus der Reuber hand/so gehorchten sie den Richtern auch nicht/sondern hureten andern Göttern nach vnd betten sie an/vnd wichen bald von dem wege/da jre Veter auff gegangen waren/des HERRN geboten zu gehorchen/vnd theten nicht wie dieselben.

Wenn aber der HERR jnen Richter erwecket/so war der HERR mit dem Richter/vnd halff jnen aus jrer feinde hand/so lange der Richter lebet/Denn es jamert den HERRN jr wehklagen/vber die/ so sie zwungen vnd drengeten/ Wenn aber der Richter gestarb/so wandten sie sich/vnd verderbeten es mehr denn jre Veter/das sie andern Göttern folgeten/jnen zu dienen vnd sie anzubeten/sie fielen nicht von jrem furnemen/noch von jrem halsstarrigen wesen.

Darumb ergrimmet denn des HERRN zorn vber Israel/das er sprach/Weil dis volck meinen Bund vbergangen hat/den ich jren Vetern geboten hab/vnd gehorchen meiner stimme nicht/so wil ich auch hinfurt die Heiden nicht vertreiben/die Josua hat gelassen/da er starb/das ich Israel an jnen versuche/ob sie auff den wegen des HERRN bleiben/das sie drinnen wandeln/wie jre Veter geblieben sind/oder nicht/ Also lies der HERR diese Heiden/das er sie nicht bald vertreib/die er nicht hatte jnn Josua hand vbergeben.

Dis sind

Der Richter.
III.

DIs sind die Heiden/die der HERR lies bleiben/das er an jnen Israel versuchete/die nicht wusten vmb die kriege Canaan/vnd das die geschlechte der kinder Israel wüsten vnd lerneten streiten/die vorhin nichts drumb wusten/nemlich die fünff Fürsten der Philister/vnd alle Cananiter vnd Zidonier/vnd Hethiter die am berge Libanon woneten/von dem berge BaalHermon an/bis man kompt gen Hemath/die selben blieben/Israel an den selben zuuersuchen/das es kund würde/ob sie den geboten des HERRN gehorchten/die er jren Vetern geboten hatte/durch Mosen.

Da nu die kinder Israel also woneten vnter den Cananitern/Hethitern/Amoritern/Pheresitern/Heuitern vnd Jebusitern/namen sie jhener töchter zu weibern/vnd gaben jre töchter jhener sönen/vnd dieneten jhener Göttern/vnd theten vbel fur dem HERRN/vnd vergassen des HERRN jres Gottes/vnd dieneten Baalim vnd den Haynen. Da ergrimmet der zorn des HERRN vber Israel/vnd verkaufft sie vnter die hand Cusan Risathaim/dem Könige zu Mesopotamia/Vnd dieneten also die kinder Israel dem Cusan Risathaim acht jar.

Da schrien die kinder Israel zu dem HERRN/vnd der HERR erweckt jnen einen Heiland/der sie erlöset/Athniel den son Kenas Chalebs jüngsten bruders. Vnd der geist des HERRN war jnn jm/vnd ward Richter jnn Israel/vnd zog aus zum streit/Vnd der HERR gab den König zu Sirien Cusan Risathaim jnn seine hand/das seine hand vber jn zu starck ward. Da ward das land stil vierzig jar/Vnd Athniel der son Kenas starb.

Aber die kinder Israel theten furter vbels fur dem HERRN. Da stercket der HERR Eglon den König der Moabiter wider Israel/darumb das sie vbels thaten fur dem HERRN/vnd samlet zu jm die kinder Ammon/vnd die Amalekiter. Vnd er zog hin vnd schlug Israel/vnd nam ein die palmen stad/Vnd die kinder Israel dieneten Eglon der Moabiter König achtzehen jar. Da schrien sie zu dem HERRN/vnd der HERR erweckt jnen einen Heiland/Ehud den son Gera/des sons Jemini/der war linck.

Vnd da die kinder Israel durch den selben geschenck sandten/Eglon der Moabiter Könige/macht jm Ehud ein zweischneidig schwert/einer ellen lang/vnd gürtet es vnter sein kleid/auff seine rechten hüfft/vnd bracht das geschenck dem Eglon der Moabiter Könige. Eglon aber war ein seer fetter man. Vnd da er das geschenck hatte vberantwortet/lies er das volck/die das geschenck getragen hatten/vnd kart vmb von den Götzen zu Gilgal/vnd lies ansagen/Ich hab O König dir was heimlichs zu sagen. Er aber hies schweigen/vnd giengen aus von jm alle die vmb jn stunden.

Vnd Ehud kam zu jm hinein. Er aber sas jnn der sommer leube/Vnd Ehud sprach. Ich hab Gottes wort an dich. Da stund er auff von seinem stuel/Ehud aber recket seine lincken hand aus/vnd nam das schwert von seiner rechten hüfft/vnd stiess jm jnn seinen bauch/

D   das auch

Das Buch

jm jnn seinen bauch/das auch das hefft der schneiten nach hinein fur/ vnd das fette das hefft verschlos (denn er zoch das schwert nicht aus seinem bauch) das der mist von jm gieng. Aber Ehud gieng zur hinder thür hinaus/vnd thet die thür hinder jm zu/vnd verschlos sie.

Da er nu hinaus war/kamen seine knechte hinein/vnd sahen das die thür der sommer leube verschlossen war / vnd sprachen. Er ist vil leicht zu stuel gangen/jnn der kamer an der sommer leube.

Da sie aber so lange harreten / bis sie sich schemeten / denn niemant thet die thür der leuben auff/namen sie den schlüssel/vnd schlossen auff. Sihe/da lag jr Herr auff der erden tod. Ehud aber war entrunnen/die weil sie verzogen/vnd gieng fur den Götzen vber vnd entran bis gen Seirath.

Vñ da er hinein kam/blies er die posaunen auff dem gepirge Ephraim/vnd die kinder Jsrael zogen mit jm vom gepirge / vnd er fur jnen her/vnd sprach zu jnen/Jaget mir nach/denn der HERR hat euch die Moabiter ewr feinde jnn ewr hende gegeben. Vnd sie jagten jm nach/ vnd gewunnen die Furt am Jordan ein/die gen Moab gehet/vnd liessen niemand hin vber gehen/vnd schlugen die Moabiter zu der zeit/ bey zehen tausent man/allzumal edele vnd streitbare menner/das nicht einer entran. Also wurden die Moabiter zu der zeit vnter die hand der kinder Jsrael gedempfft/vnd das land war stille achtzig jar.

Darnach war Samgar der son Anath/der schlug sechs hundert Philister/mit einem ochsen stecken/vnd erlöset auch Jsrael.

IIII.

Ber die kinder Jsrael thetten fürter vbel fur dem HERRN/ da Ehud gestorben war / vnd der HERR verkaufft sie jnn die hand Jabin der Cananiter König/der zu Hazor sass/ vnd sein Feldheubtman war Sissera/ vnd er wonet zu Haroseth der Heiden. Vnd die kinder Jsrael schrien zu dem HERRN/denn er hatte neun hundert eissern wagen/vnd zwang die kinder Jsrael mit gewalt zwenzig jar.

Zu der selbigen zeit war Richterin jnn Jsrael/die Prophetin Debora/ein ehe weib des Lapidoth/vnd sie wonet vnter der palmen Debora/zwischen Rama vnd BethEl/auff dem gepirge Ephraim/vnd die kinder Jsrael kamen zu jr hinauff fur gericht. Die selbige sand hin/vnd lies ruffen Barak dem son Abi Joam von Kedes Naphthali/vnd lies jm sagen.

Hat dir nicht der HERR der Gott Jsrael geboten/Gehe hin/ vnd zeuch auff den berg Thabor/vnd nim zehen tausent man mit dir/ von den kindern Naphthali vnd Sebulon? Denn ich wil Sissera den Feldheubtman Jabin/zu dir zihen an das wasser Kison/mit seinen wagen/vnd mit seiner menge/vnd wil jn jnn deine hende geben. Barak sprach zu jr/Wenn du mit mir zeuchst/so wil ich zihen / zeuchstu aber nicht mit mir/so wil ich nicht zihen. Sie sprach/Jch wil mit dir zihen/aber der preis wird nicht dein sein/auff dieser reise/die du thust/ sondern der HERR wird Sissera jnn eines weibs hand vbergeben.
Also

Der Richter.

Also macht sich Debora auff/vnd zog mit Barak gen Kedes. Da rieff Barak Sebulon vnd Naphthali gen Kedes/vnd zog zu fus mit zehen tausent man. Debora zog auch mit jm.

Veber aber der Keniter/war von den Kenitern/von den kindern Hobab Moses schwager gezogen/vnd hatte seine hütten auffgeschlagen bey den Eichen Zaanaim neben Kedes.

Da ward Sissera angesagt/das Barak der son AbiNoam/auff den berg Thabor gezogen were/vnd er rieff allen seinen wagen zu samen/neunhundert eisern wagen/vnd allem volck das mit jm war/von Haroseth der Heiden/an das wasser Kison. Debora aber sprach zu Barak. Auff/das ist der tag/da dir der HERR Sissera hat jnn deine hand gegeben/denn der HERR wird fur dir heraus zihen. Also zog Barak von dem berge Thabor herab/vnd die zehen tausent man jm nach.

Aber der HERR erschrecket den Sissera/sampt alle seinen wagen vnd gantzem heer/fur der scherffe des schwerts Barak/das Sissera von seinem wagen sprang/vnd floh zu fussen/Barak aber jaget nach den wagen vnd dem heer bis gen Haroseth der Heiden/vnd alles heer Sissera fiel fur der scherffe des schwerts/das nicht einer vberbleib. Sissera aber flog zu fussen jnn die hütten Jael des weibs Heber des Keniters. Denn der König Jabin zu Hazor/vnd das haus Heber des Keniters/stunden miteinander im friede.

Jael aber gieng eraus Sissera entgegen/vnd sprach zu jm. Weiche/mein herr/weiche zu mir/vnd fürcht dich nicht. Vnd er weich zu jr ein/jnn jre hütten/vnd sie decket jn zu mit einem mantel. Er aber sprach zu jr/lieber gib mir ein wenig wasser zu trincken/denn mich dürstet. Da thet sie auff einen milch topff/vnd gab jm zu trincken/vnd deckt jn zu. Vnd er sprach zu jr. Tritt jnn der hütten thür/vnd wenn jemand kompt vnd fragt/ob jemand hie sey/so sprich/Niemand.

Da nam Jael das weib Heber einen nagel von der hütten/vnd einen hamer jnn jre hand/vnd gienge leise zu jm hinein/vnd schlug jm den nagel durch seinen schlaff/das er zur erden sanck. Er aber entschlummet/ward ammechtig vnd starb.

Da aber Barak Sissera nach jaget/gieng jm Jael entgegen eraus/vnd sprach zu jm/Gehe her/ich wil dir den man zeigen den du suchst/vnd da er zu jr hinein kam/lag Sissera tod/vnd der nagel stackt jnn seinem schlaff. Also dempfft Gott zu der zeit Jabin der Cananiter König/fur den kindern Israel/vnd die hand der kinder Israel fur fort/vnd ward starck/wider Jabin den Cananiter König/bis sie jn ausrotten.

Da sang Debora vnd Barak der son AbiNoam/zu der zeit/vnd sprachen.

V.

D ij   Lobet

Das Buch

Dis lied wil so viel sagen/das Gott hab den Sissera geschlagen/ durch die geringste leute ĩn Israel/das die geringen auch ein mal hoch vnd gros worden sind/da die grossen hohen geschlecht Israel stil sassen/vnd sie verliessen ĩn nöten/Das ist das newe/das der Herr erwelet hat/da sind die baurn Israel brechtig vnd auch herrn worden etc.

Lobet den HERRN/das Israel wider frey ist worden/ vnd das volck willig dazu gewesen ist.

Höret zu jr Könige/vnd merckt auff jr Fürsten. Ich wil dem HERRN wil ich singen/dem HERRN dem Gott Israel wil ich spielen.

HERR da du von Seir auszogest/vnd einher giengest vom feld Edom.

Da erzittert die erde/der himel trouff/vnd die wolcken troffen mit wasser.

Die berge ergossen sich fur dem HERRN/der Sinai fur dem HERRN dem Gott Israel.

Jun zeiten Samgar des sons Anath/zun zeiten Jael waren vergangen die wege/vnd die do auff pfadten gehen solten/die wandelten durch a krumme wege.

a (krumme)
Das ist/es war kein regimẽt noch ordnung im lande

Es gebrach/an bauren gebrachs jnn Israel/bis das ich Debora auff kam/bis ich auff kam eine mutter jnn Israel.

Ein newes hat Gott erwelet. Er hat die thor bestritten. Es war kein schild noch spies vnter vierzig tausent jnn Israel zusehen.

(Lobt)
Das ist/jr herrn Richter vnd Gemeiner man.

(Schepffern)
Das ist/da die schützen Sissera schrien fur not am wasser Ajson/da man pflegt zu schepffen/da halff Gott seinen bauren/vnd lies das recht gehen.

Mein hertz ist wol an den Regenten Israel/Die freiwillig sind vnter dem volck. Lobt den HERRN/die jr auff schönen eselin reittet/die jr am gericht sitzt/vnd singet die jr auff dem wege gehet.

Da die schützen schrien zwisschen den schepffern/da sage man von der gerechtigkeit des HERRN/von der gerechtigkeit seiner baurn jnn Israel/da zoge des HERRN volck erab zu den thoren.

Wolauff/wolauff Debora/wolauff wolauff/vnd singe ein liedlein. Mach dich auff Barak/vnd fange deine Fenger/du son Abi Noam.

Da herscheten die verlassene vber die mechtigen leute. Der HERR hat geherschet durch mich vber die gewaltigen.

(wurtzel)
Das ist/Josua war der erst Fürst aus dem stam Manasse/der schlug Amalek/Vnd nach jm die andern/bis das Sebulon auch ein mal einen Josua vberkomen hat wider Sissera/Vnd merck/sie nennet die fürsten Regirer/die mit der schreib fedder streitten/das ist/sie gewinnen mehr durch den glaubẽ/ jnn Gottes wort/ denn mit dem schwert.

Aus Ephraim war jre wurtzel wider Amalek/Vnd nach dir Ben Jamin jnn deinem volck.

Von Machir sind Regenten komen/Vnd von Sebulon sind Regirer wordẽ durch die Schreib fedder.

Vnd Fürsten zu Isaschar waren mit Debora/vnd Isaschar war wie Barak im grunde/gesand mit seinem fusvolck/Ruben hielt hoch von jm/vnd sondert sich von vns.

Warumb bleibstu zwischen den hurten/zu hören das bleken der Herde/Vnd helst gros von dir/vnd sonderst dich von vns?

(hurten)
Das ist/du bleibst daheimen/ob du wol hortest das arme heuff lĩn zu felt blasen/vnd hattest doch nahe zu jnen.

Gilead bleib jenseid dem Jordan/vnd warumb wonet Dan vnter den schiffen? Asser sas an der anfurt des meers/vnd bleib jnn seinen zerrissenen flecken.

Sebulons volck aber waget seine seele jnn den tod/Naphthali auch jnn der höhe des felds Merom.

Die Könige kamen vnd stritten/da stritten die Könige der Cananiter zu Thaansch am wasser Megiddo/Aber sie brachten keinen gewin dauon.

Vom hi-

Der Richter.

Vom himel ward wider sie gestritten / die stern jnn jren leufften stritten wider Sissera.

Der bach Kison waltzet sie / der bach Kedumim / der bach Kison.

Tritt meine seele auff die starcken / da rasselten der pferde füsse fur dem zagen jrer mechtigen reuter.

Fluchet der Stad Meros / sprach der Engel des HERRN / flucht jren Bürgern / das sie nicht komen dem HERRN zu hülff / zu hülff dem HERRN zu den Helden.

Gesegnet sey vnter den weibern Jael / das weib Heber des Keniters / Gesegnet sey sie jnn der hütten vnter den weibern.

Milch gab sie / da er wasser foddert / vnd butter bracht sie dar / jnn einer herrlichen schalen.

Sie greiff mit jrer hand den nagel / vnd mit jrer rechten den schmid hammer.

Vnd schlug Sissera durch sein heubt / vnd zuquitzscht vnd durchboret seinen schlaff.

Zu jren füssen krümmet er sich / fiel nider vnd legt sich. Er krümmet sich / vnd fiel nider zu jren füssen / Wie er sich krümmet / so lag er verderbet.

Die mutter Sissera sahe zum fenster aus / vnd weinet durchs gitter. Warumb bleibt sein wagen so lange aussen / das er nicht kompt? Warumb verzihen die reder seiner wagen?

Die weiseste vnter seinen frawen antwort vnd sprach zu jr / Sollen sie nicht finden vñ austeilen den raub / einem jglichen man eine metzen oder zwo zur ausbeute / vnd Sissera bundte gestickte kleider zur ausbeute / gestickte bundte kleider vmb den hals zur ausbeute?

Also müssen vmbkomen HERR alle deine feinde / Die jn aber lieb haben / müssen sein / wie die Sonne auffgehet / jnn jrer macht.

Vnd das land hatte friden vierzig jar.

VI.

Vnd da die kinder Israel vbels theten fur dem HERRN / gab sie der HERR vnter die hand der Midianiter sieben jar / vnd da der Midianiter hand zu starck ward vber Israel / machten die kinder Israel fur sich klufften jnn den gebirgen / vnd holen / vnd Festunge. Vnd wenn Israel etwas seete / so kamen die Midianiter vnd Amalekiter / vnd die aus dem Morgenland erauff vber sie / vnd lagerten sich wider sie / vnd verterbeten das gewechs auff dem land / bis hinan gen Gasa / vnd liessen nichts vberigs von thieren jnn Israel / weder schaff noch ochssen / noch esel. Denn sie kamen erauff mit jrem viehe vnd hutten / wie eine grosse menge Hewschrecken / das weder sie noch jr Camel zu zelen waren / vnd fielen jns land / das sie es verderbeten. Also ward Israel seer geringe / fur den Midianitern / Da schrien die kinder Israel zu dem HERRN.

Als sie aber zu dem HERRN schrien / vmb der Midianiter willen / sandte der HERR einen Propheten zu jnen / der sprach zu jnen / D iij So spricht

Das Buch

So spricht der HERR der Gott Jsrael. Jch hab euch aus Egypten gefürt/vnd aus dem dienst hause bracht/vnd hab euch errettet von der Egypter hand/vnd von aller hand/die euch drengeten/vnd hab sie fur euch her ausgestossen/vnd jr land euch gegeben/vñ sprach zu euch. Jch bin der HERR ewr Gott/fürchtet nicht der Amoriter Götter/jnn welcher land jr wonet/Vnd jr habt meiner stim nicht gehorchet.

Vnd ein Engel des HERRN kam/vnd setzt sich vnter eine Eiche zu Aphra/die war Joas des vaters der Esriter/vnd sein son Gideon drasch weitzen jnn der kelter/das er flöhe fur den Midianitern. Da erschein jm der Engel des HERRN/vnd sprach zu jm/Der HERR mit dir/du streitbarer Held. Gideon aber sprach zu jm/Mein herr/ist der HERR mit vns/warumb ist vns denn solchs alles widerfaren? Vnd wo sind alle seine wunder/die vns vnser veter erzeleten vnd sprachen/der HERR hat vns aus Egypten gefürt? Nu aber hat vns der HERR verlassen/vnd vnter der Midianiter hende gegeben.

Der HERR aber wand sich zu jm vnd sprach/Gehe hin jnn dieser deiner krafft/du solt Jsrael erlösen aus der Midianiter hende. Sihe/Jch hab dich gesand. Er aber sprach zu jm/Mein HERR/wo mit sol ich Jsrael erlösen? Sihe/meine freundschafft ist die geringst jnn Manasse/vnd ich bin der kleinest jnn meines vaters hause. Der HERR aber sprach zu jm. Jch wil mit dir sein/das du die Midianiter schlahen solt/wie einen einzelen man. Er aber sprach zu jm/Lieber/hab ich gnad fur dir funden/so mach mir ein zeichen/das du es seiest/der mit mir redet/weiche nicht/bis ich zu dir kome/vnd bringe mein Speis opffer/das ich fur dir lasse. Er sprach/Jch wil bleiben bis du wider komest.

Vnd Gideon kam vnd schlachtet ein Zigen böcklin/vnd ein Epha vngeseurets melhs/vnd legt fleisch jnn einen korb/vnd thet die brühe jnn ein töpffen/vnd brachts zu jm eraus vnter die Eiche/vnd trat er zu/Aber der Engel Gottes sprach zu jm. Nim das fleisch vnd das vngeseurt/vnd las es auff dem fels der hie ist/vnd geus die brühe aus/vnd er thet also/Da recket der Engel des HERRN den stecken aus/den er jnn der hand hatte/vnd rüret mit der spitzen das fleisch/vnd das vngeseurt melh an/vnd das fewr fur aus dem fels/vnd verzehret das fleisch/vnd vngeseurt melh/Vnd der Engel des HERRN/verschwand aus seinen augen.

Da nu Gideon sahe/das es ein Engel des HERRN war/sprach er/O HErr HERR/hab ich also einen Engel des HERRN von angesicht gesehen? Aber der HERR sprach zu jm/Fried sey mit dir/furcht dich nicht/du wirst nicht sterben. Da bawet Gideon daselbs dem HERRN einen Altar/vnd hies jn/der HERR des frids/Der stehet noch/bis auff den heutigen tag/zu Aphra des vaters der Esriter.

Vnd jnn der selben nacht sprach der HERR zu jm/Nim einen farren/vnter den ochsen die deines vaters sind/vñ einen andern farren der sieben jerig ist/vnd zubrich den Altar Baal/der deines vaters ist/vnd hawe ab den hayn der da bey stehet/vnd bawe dem HERRN deinem Gott/oben auff der höhe dieses felsen einen Altar/vnd rüst jn zu/Vnd nim den andern farren/vnd opffere ein Brandopffer mit
dem

Der Richter. XLII.

dem holtz des hayns/den du abgehawen hast. Da nam Gideon zehen menner aus seinen knechten/vnd thet wie jm der HERR gesagt hatte/Aber er fürcht sich solchs zu thun des tages/fur seines vaters haus/ vnd den leuten jnn der Stad/vnd thets bey der nacht.

Da nu die leut jnn der Stad des morgens frue auffstunden. Sihe/da war der Altar Baal zu brochen/vnd der hayn dabey abgehawen/vnd der ander farre ein Brandopffer auff dem Altar der gebawet war/Vnd einer sprach zu dem andern/Wer hat das gethan? vnd da sie suchten vnd nach fragten/ward gesagt/Gideon der son Joas hat das gethan. Da sprachen die leute der Stad zu Joas/Gib deinen son eraus/er mus sterben/das er den Altar Baal zu brochen/vnd den hayn da bey abgehawen hat. Joas aber sprach zu allen die bey jm stunden/ Wolt jr vmb Baal haddern? wolt jr jn erlösen? Wer vmb jn haddert/ der sol dieses morgens sterben/Ist er Gott/so rechte er vmb sich selb/ das sein Altar zu brochen ist. Von dem tag an hies man jn JerubBaal/vnd sprach/Baal rechte vmb sich selbs/das sein Altar zubrochen ist.

Da nu alle Midianiter vnd Amalekiter vnd die aus dem morgenland/sich zu hauff versamlet hatten/vnd zogen erdurch/vnd lagerten sich im grunde Jesrael/zoch der geist des HERRN Gideon an/vnd er lies die Posaunen blasen/vnd rieff AbiEser/das sie jm folgeten/vnd sandte botschafft jnn gantz Manasse/vnd rieff jn an/das sie jm auch nachfolgeten. Er sandte auch botschafft zu Asser/vnd Sebulon vnd Naphthali/die kamen erauff jm entgegen.

Vnd Gideon sprach zu Gott/Wiltu Israel durch meine hand erlösen/wie du geredt hast/so wil ich ein fell mit der wollen auff die tenne legen/wird der taw auff dem fell allein sein/vnd auff der gantzen erden trocken/so wil ich mercken/das du Israel erlösen wirst durch meine hand/wie du geredt hast. Vnd es geschach also. Vnd da er des andern morgens frue auffstund/drücket er den taw aus vom fell/vnd füllet eine schale vol des wassers. Vnd Gideon sprach zu Gott/Dein zorn ergrimme nicht widder mich/das ich noch ein mal rede/Ich wils nur noch ein mal versuchen mit dem fell. Es sey allein auff dem fell trocken/vnd taw auff der gantzen erden. Vnd Gott thet also die selbe nacht/das trocken war allein auff dem fell/vnd taw auff der gantzen erden.

VII.

DA macht sich JerubBaal/das ist Gideon/frue auff/vnd alles volck das mit jm war/vnd lagerten sich an den brun Harod/das er das heer der Midianiter hatte gegen mitternacht hinder den hügeln More im grund. Der HERR aber sprach zu Gideon/Des volcks ist zu viel das mit dir ist/das ich solt Midian jnn jre hende geben/Israel möchte sich rhümen widder mich/vnd sagen/meine hand hat mich erlöset/So las nu ausschreien/fur den oren des volcks/vnd sagen/Wer blöde vnd verzagt ist/der kere vmb/vnd hebe bald sich vom gebirge Gilead. Da keret des volcks vmb/zwey vnd zwentzig tausent/das nur zehen tausent vber blieben.

D iiij   Vnd der

Das Buch

Vnd der HERR sprach zu Gideon/ Des volcks ist noch zu viel/ fure sie hinab ans Wasser/ da selbs wil ich sie dir prüfen/ vnd von welchem ich dir sagen werde/ das er mit dir zihen sol/ der sol mit dir zihen/ von welchem aber ich sagen werde/ das er nicht mit dir zihen sol/ der wird nicht zihen/ Vnd er füret das volck hinab ans Wasser/ vnd der HERR sprach zu Gideon/ Welcher mit seiner zungen des Wassers lecket/ wie ein hund lecket/ den stelle besonders/ Desselben gleichen welcher auff seine knie fellt zu trincken. Da war die zal/ dere die geleckt hatten/ aus der hand zum mund/ drey hundert man/ Das ander volck alles hatte kniend getruncken. Vnd der HERR sprach zu Gideon/ Durch die drey hundert man die gelecket haben/ wil ich euch erlösen/ vnd die Midianiter inn deine hende geben. Aber das ander volck/ las alles gehen an seinen ort.

Vnd sie namen fütterung für das volck mit sich/ vnd jre Posaunen. Aber die andern Israeliten lies er alle gehen/ einen jglichen inn seine hütten. Er aber sterckct sich mit drey hundert man/ Vnd das heer der Midianiter lag drunden fur jm im grunde/ Vnd der HERR sprach inn der selben nacht zu jm/ Stehe auff vnd gehe hinab zum lager/ denn ich habs inn deine hende gegeben/ fürchstu dich aber hinab zu gehen/ so las deinen knaben Pura/ mit dir hinab gehen zum lager/ das du hörest was sie reden/ darnach wirstu mit der macht hinab zihen zum lager.

Da gieng Gideon mit seinem knaben Pura hinab an den ort der Schiltwechter die im lager waren/ Vnd die Midianiter vnd Amalekiter vnd alle aus dem Morgenland/ hatten sich nider gelegt im grunde/ wie eine menge Hewschrecken/ vnd jre kamel waren nicht zu zelen fur der menge/ wie der sand am vfer des meers. Da nu Gideon kam/ Sihe/ da erze-

Der Richter. XLIII.

da erzelt einer eim andern einen trawm/vnd sprach/Sihe/mir hat ge-
trewmet/Mich daucht ein gerösted gersten brod weltzet sich zum heer
der Midianiter/vnd da es kam an die gezelte/schlug es die selbigen/
vnd warff sie nider vnd keret sie vmb/das öberst zu vnderst/das das
gezelt lag. Da antwort der ander/das ist nichts anders/denn das
schwert Gideons des sons Joas des Jsraeliten/Gott hat die Midianiter jnn seine hende gegeben/mit dem gantzen heer.

Da Gideon den höret solchen trawm erzelen/vnd seine ausle-
gung/betet er an/vnd kam wider jns heer Jsrael/vnd sprach/Macht
euch auff/denn der HERR hat das heer der Midianiter jnn ewer hende gegeben.Vnd er teilete die drey hundert man/jnn drey spitzen/vnd
gab einem jglichen eine Posaun jnn seine hand/vnd ledige krüge vnd
lampen drinnen/vnd sprach zu jnen/Sehet auff mich/vnd thut auch
also/vnd sihe/wenn ich an den ort des heers kome/wie ich thue so
thut jr auch. Wenn ich die Posaune blase/vnd alle die mit mir sind/so
solt jr auch die Posaunen blasen vmbs gantze heer/vnd sprechen/Die
HERR vnd Gideon.

Also kam Gideon vnd hundert man mit jm an den ort des heers/
an die ersten wechter/die da verordenet waren/vnd weckte sie auff/
vnd bliesen mit Posaunen/vnd zuschlugen die krüge jnn jren henden.
Also bliesen alle drey spitzen mit Posaunen/vnd zubrochen die krüge/
sie hielten aber die lampen jnn jrer lincken hand/vnd die Posaunen jnn
jrer rechten hand das sie bliesen/vnd rieffen/Die schwert des HER-
RN vnd Gideon/vnd ein jglicher stund auff seinem ort vmb das heer
her.Da ward das gantze heer lauffend/vnd schrien vnd flohen. Vnd
jnn dem die drey hundert man bliesen die Posaunen/schafft der
HERR/das im gantzen heer eines jglichen schwert wider den andern
war/vnd das heer floch bis gen Bethsita Jereratha/bis an die grentze der breite Mehola bey Tabath.Vnd die menner Jsrael von Naph-
thali/von Asser vnd von gantzem Manasse schrien vnd jagten den
Midianitern nach.

Vnd Gideon sandte botschafft auff das gantze gebirge Ephra-
im/vnd lies sagen/Kompt erab den Midianitern entgegen/vnd ver-
laufft jnen das wasser/bis gen BethBara vnd den Jordan.Da schri-
en alle die von Ephraim waren/vnd verlieffen jnen das wasser/bis gen
BethBara vnd den Jordan/vnd fiengen zween fürsten der Midiani-
ter/Oreb vnd Seb/vnd erwürgeten Oreb/auff dem fels Oreb/vnd
Seb jnn der kelter Seb/vnd jagten die Midianiter/vnd brachten die
heubter Oreb vnd Seb zu Gideon vber den Jordan.

VIII.

Vnd die menner von Ephraim sprachen zu jm/War-
umb hastu vns das gethan/das du vns nicht rieffest da
du jnn streit zogest/wider die Midianiter? Vnd zanckten sich mit jm hefftiglich.Er aber sprach zu jnen/Was
hab ich jtzt gethan das ewr that gleich sey? Jst nicht
ein rebe Ephraim besser/denn die gantze weinernd Abi
Eser? Gott hat die fürsten der Midianiter Oreb vnd
Seb jnn ewr hende gegeben/Wie het ich kund das thun das jr gethan
habt/Da er solchs redet/lies jr zorn von jm abe.

Dann

Das Buch

Da nu Gideon an den Jordan kam / gieng er hinüber mit den drey hundert man / die bey jm waren / vnd waren müde vnd jagten nach / Vnd er sprach zu den leuten zu Sucoth / Lieber / gebt dem volck das vnter mir ist etlich brod / denn sie sind müde / das ich nach jage den Königen der Midianiter / Sebah vnd Zalmuna. Aber die Obersten zu Sucoth sprachen / Sind die hende Sebah vnd Zalmuna schon jnn deinen henden / das wir deinem heer sollen brod geben? Gideon sprach. Wolan / wenn der HERR Sebah vnd Zalmuna jnn meine hand gibt / wil ich ewr fleisch mit dornen aus der wüsten / vnd mit hecken zu dreschen. Vnd er zog von dannen hinauff gen Pnuel / vnd redet auch also zu jnen / vnd die leute zu Pnuel antworten jm gleich / wie die zu Sucoth. Vnd er sprach auch zu den leuten zu Pnuel / Kom ich mit frieden wider / so wil ich diesen Thurn zu brechen.

Sebah aber vnd Zalmuna waren zu Karkar / vnd jr heer mit jnen bey fünffzehen tausent / die alle vberblieben waren vom gantzen heer / deren aus Morgenland / Denn hundert vnd zwentzig tausent waren gefallen / die schwert auszihen kunden.

Vnd Gideon zog hinauff auff der strassen / da man jnn hütten wonet / gegen morgen gen Nobah vnd Jagbeha / vnd schlug das heer / denn das heer war sicher. Vnd Sebah vnd Zalmuna flohen / aber er jaget jnen nach / vnd fieng die zween Könige der Midianiter / Sebah vnd Zalmuna / vnd zur schreckt das gantze heer.

Da nu Gideon der son Joas wider kam vom streit / ehe die Sonne erauff komen war / fieng er einen knaben aus den leuten zu Sucoth / vnd fragt jn / der schreib jm auff die Obersten zu Sucoth / vnd jr Eltesten / sieben vnd siebenzig man / vnd er kam zu den leuten zu Sucoth / vnd sprach. Sihe / hie ist Sebah vnd Zalmuna / vber welchen jr mich spottet / vnd sprachet / Ist denn Sebah vnd Zalmuna hand schon jnn deinen henden / das wir deinen leuten / die müde sind / brod geben sollen? Vnd er nam die Eltesten der stad / vnd dornen aus der wüsten vnd hecken / vnd lies damit die leute zu Sucoth zu reissen. Vnd den Thurn Pnuel zubrach er / vnd erwürget die leute der stad.

Vnd er sprach zu Sebah vnd Zalmuna / Wie waren die menner die jr erwürget zu Thabor? Sie sprachen / sie waren wie du / vnd schön wie eines Königs kinder. Er aber sprach / Es sind meine Brüder / meiner mutter söne gewest / so war der HERR lebt / wo jr sie hettet leben lassen / wolt ich euch nicht erwürgen / Vnd sprach zu seinem erstgebornen son Jether / Stehe auff / vnd erwürge sie. Aber der knabe zoch sein schwert nicht aus / denn er fürchte sich / weil er noch ein knabe war. Sebah aber vnd Zalmuna sprachen / Stehe du auff vnd schlag vns / denn darnach der man ist / ist auch seine krafft. Also stund Gideon auff vnd erwürget Sebah vnd Zalmuna / vnd nam die spangen / die an jrer Camelen helse waren.

Da sprachen zu Gideon etliche jnn Israel / Sey herr vber vns / du vnd dein son vnd deines sons son / weil du vns von der Midianiter hand erlöset hast. Aber Gideon sprach zu jnen / Ich wil nicht herr sein vber euch / vnd mein son sol auch nicht herr vber euch sein / sondern der HERR sol Herr vber euch sein.

Gideon

Der Richter. XLIIII.

Gideon aber sprach zu jnen/Eins beger ich von euch/ein jglicher gebe mir die oren ringe/die er geraubt hat/Denn weil es Jsmaeliter waren/hatten sie güldene oren ringe. Sie sprachen/die wöllen wir geben/Vnd breiten ein kleid aus/vnd ein jglicher warff die oren ringe drauff/die er geraubt hatte. Vnd die gülden oren ringe die er foddert/machten am gewichte/tausent siebenhundert sekel golds/on die spangen vnd keten vnd scharlaken kleider/die der Midianiter Könige tragen/vnd on die halsband jrer Camelen. Vnd Gideon macht einen Leibrock draus/vnd setzt es jnn seine stad zu Aphra/vnd gantz Jsrael verhuret sich daran daselbs/vnd geriet Gideon vnd seinem haus zum ergernis.

Also wurden die Midianiter gedemütiget/fur den kindern Jsrael/vnd huben jren kopff nicht mehr empor/vnd das land sas stille vierzig jar/so lange Gideon lebet.

Vnd JeruBaal der son Joas/gieng hin vnd wonet jnn seinem hause. Vnd Gideon hatte siebenzig söne die aus seiner hüfft komen waren/denn er hatte viel weiber. Vnd sein Kebsweib das er zu Sichem hatte/gebar jm auch einen son/den nennet er AbiMelech. Vnd Gideon der son Joas starb im guten alter/vnd ward begraben jnn seines vaters Joas grab/zu Aphra des vaters der Esriter.

Da aber Gideon gestorben war/kereten sich die kinder Jsrael vmb/vnd hureten dem Baalim nach/vnd machten einen bund mit Baal/das er jr Gott sein solt/vnd die kinder Jsrael gedachten nicht an den HERRN jren Gott/der sie errettet hatte/von der hand aller jrer feinde vmbher/vnd theten nicht barmhertzigkeit an dem hause JeruBaal Gideon/wie er alles guts an Jsrael gethan hatte.

IX.

AbiMelech aber der son JeruBaal gieng hin gen Sichem zu den Brüdern seiner mutter/vnd redet mit jnen/vñ mit dem gantzen geschlecht des hauses seiner mutter vater/vnd sprach/Lieber/redet fur den oren aller menner zu Sichem/Was ist euch besser/das siebenzig menner/alle kinder JeruBaal vber euch herren seien/oder das ein man vber euch herr sey? gedenckt auch dabey/das ich ewr gebein vnd fleisch bin.

Da redten die Brüder seiner mutter fur jnen alle diese wort/fur den oren aller menner zu Sichem/Vnd jr hertz neiget sich AbiMelech nach/denn sie gedachten/er ist vnser bruder/vnd gaben jm siebenzig silberling aus dem haus Baal Berith/Vnd AbiMelech dinget damit lose leichtfertige menner/die jm nachfolgeten. Vnd er kam jnn seines vaters haus gen Aphra/vnd erwürget seine Brüder/die kinder JeruBaal/siebenzig man auff einem stein. Es bleib aber vber Jotham/der jüngst son JeruBaal/denn er ward versteckt.

Vnd es versamleten sich alle menner von Sichem/vnd das gantze haus Millo/giengen hin vnd machten AbiMelech zum Könige/bey den hohen Eichen/die zu Sichem stehen.

Da das angesagt ward dem Jotham/gieng er hin vnd trat auff die höhe des berges Grisim/vnd hub auff seine stim/rieff vnd sprach zu jnen/

Das Buch

zu jnen/Höret mich jr menner zu Sichem/das euch Gott auch höre. Die bewme giengen hin/das sie einen König vber sich salbeten/vnd sprachen zum ölebaum/sey vnser König. Aber der ölebaum antwortet jnen/Sol ich mein fettigkeit lassen/die beide Gott vnd menschen an mir preisen/vnd hin gehen das ich schwebe vber die bewme? Da sprachen die bewme zum feigenbaum/Kom du vnd sey vnser König/Aber der feigenbaum sprach zu jnen. Sol ich meine süssigkeit/vnd meine gute früchte lassen/vnd hin gehen/das ich vber den bewmen schwebe? Da sprachen die bewme zum weinstock/Kom du vnd sey vnser König. Aber der weinstock sprach zu jnen. Sol ich meinen most lassen/der Gott vnd menschen frölich macht/vnd hin gehen das ich vber den bewmen schwebe? Da sprachen alle bewme zum dornbusch/Kom du vnd sey vnser König. Vnd der dornbusch sprach zu den bewmen/Ists war/das jr mich zum Könige salbet vber euch/so kompt vnd vertrawet euch vnter meinen schatten. Wo nicht/so gehe feur aus dem dornbusch/vnd verzere die Cedern Libanon.

Habt jr nu recht vnd redlich gethan/das jr AbiMelech zum Könige gemacht habt/vnd habt jr wol gethan an JeruBaal/vnd an seinem hause/vnd habt jm gethan wie er vmb euch verdienet hat/ das mein vater vmb ewr willen gestriten hat/vnd seine seel da hin geworffen von sich/das er euch errettet von der Midianiter hand/vnd jr lehnet euch auff/heute wider meines vnters haus/vnd erwurget seine kinder/siebenzig man auff einem Stein/vnd macht euch einen König Abi Melech seiner magd son/vber die menner zu Sichem/weil er ewr bruder ist.

Habt jr nu recht vnd redlich gehandelt an JeruBaal/vnd an seinem hause an diesem tage/so seid frölich vber dem AbiMelech/vnd er sey frölich vber euch. Wo nicht/so gehe fewr aus von AbiMelech/ vnd verzehre die menner zu Sichem/vnd das haus Millo/vnd gehe auch fewr aus von den mennern zu Sichem/vnd vom haus Millo/ vnd verzehre AbiMelech. Vnd Jotham floch vnd entweich/vnd gieng gen Ber/vnd wonet daselbs fur seinem bruder AbiMelech.

Als nu AbiMelech drey iar vber Israel gehirschet hatte/ sandte Gott einen bösen willen zwisschen AbiMelech vnd den mennern zu Sichem/Denn die menner zu Sichem versprochen AbiMelech/vnd zogen an den freuel/an den siebenzig sönen JeruBaal begangen/vnd legten der selbigen blut auff AbiMelech jren bruder/der sie erwurget hatte/vnd auff die menner zu Sichem/die jm seine hand dazu gestercket hatten/das er seine brüder erwürgete/Vnd die menner zu Sichem bestelleten einen hinderhalt/auff den spitzen der berge/vnd raubeten alle die auff der strassen zu jnen wandelten/vnd es ward AbiMelech angesagt.

Es kam aber Gaal der son Ebed vnd seine brüder/vnd giengen zu Sichem ein/vnd die menner zu Sichem verliessen sich auff jn/vnd zogen eraus auffs feld/vnd lassen abe jre weinberge/vnd kelterten/ vnd machten einen tantz/vnd giengen jnn jres Gottes haus/vnd assen vnd truncken vnd fluchten dem AbiMelech. Vnd Gaal der son Ebed sprach/Wer ist AbiMelech? vnd was ist Sichem/das wir jm dienen solten? Ist er nicht JeruBaals son/vnd hat Sebul seinen knecht her gesetzt/vber die leut Hemor des vaters Sichem? warumb solten wir jm dienen?

Der Richter. XLV.

jm dienen? Wolt Gott/das volck were vnter meiner hand/das ich den AbiMelech verjagte.

Vnd es ward AbiMelech gesagt/mehre dein heer vnd zeuch aus. Denn Sebul der Oberst jnn der stad/da er die wort Gaal des sons Ebed höret/ergrimmet er jnn seinem zorn/vnd sandte botschafft zu AbiMelech heimlich/vnd lies jm sagen/Sihe/Gaal der son Ebed vnd seine Brüder sind gen Sichem komen/vnd machen dir die stad widerwertig. So mach dich nu auff bey der nacht/du vnd dein volck das bey dir ist/vnd halt auff sie im feld/vnd des morgens/wenn die Sonne auffgehet/so mache dich frue auff/vñ vberfalle die Stad/vnd wo er vnd das volck das bey jm ist/zu dir hinaus zeucht/so thu mit jm/wie es deine hand findet.

AbiMelech stund auff bey der nacht/vnd alles volck das bey jm war/vnd hielt auff Sichem mit vier heer spitzen/ vnd Gaal der son Ebed zog heraus/vnd tratt fur die thur an der stad thor. Aber AbiMelech macht sich auff/aus dem hinderhalt sampt dem volck das mit jm war. Da nu Gaal das volck sahe/sprach er zu Sebul/Sihe/va kompt ein volck von der höhe des gebirges hernider. Sebul aber sprach zu jm. Du sihest die schatten der berge fur leute an. Gaal redet noch mehr vnd sprach. Sihe/ein volck kompt ernider aus dem mittel des landes/vnd ein heer spitze komet auff dem wege zur zauber eiche. Da sprach Sebul zu jm/Wo ist doch nu dein maul/das da saget/wer ist AbiMelech/das wir jm dienen solten? ist das nicht das volck/das du verachtet hast? zeuch nu aus vnd streit mit jm.

Gaal zog aus fur den Bürgern zu Sichem her/vnd streit mit AbiMelech. Aber AbiMelech jaget jn/das er floch fur jm/vnd fielen viel erschlagene bis an die thür des thors. Vnd AbiMelech bleib zu Aruma/Sebul aber verjaget den Gaal/vnd seine Brüder das sie zu Sichem nicht musten bleiben. Auff den morgen aber gieng das volck eraus auffs feld. Da das AbiMelech ward angesagt/nam er das volck vnd teilets jnn drey spitzen/vnd hielt auff sie im feld. Als er nu sahe/das das volck aus der stad gieng/erhub er sich vber sie/vnd schlug sie.

AbiMelech aber vnd die spitze die bey jm war/vberfielen sie/vnd tratten an die thür der stad thor. Aber die andern zwo spitzen/vberfielen alle die auff dem felde waren vnd schlugen sie. Da streit AbiMelech wider die stad den selben gantzen tag/vnd gewan sie/vnd erwürget das volck/das drinnen war/vnd zu brach die stad / vnd sehet saltz drauff. Da das höreten alle menner des thurns zu Sichem/giengen sie jnn die Festung des Hauses des Gottes Berith. Da das AbiMelech hörte/das sich alle menner des thurns zu Sichem versamlet hatten/gieng er auff den berg Zelmon mit all seinem volck/das bey jm war/vnd nam eine axt jnn seine hand/vnd hieb einen ast von bewmen/vnd hub jn auff/vnd legt jn auff seine achsel/vnd sprach zu allem volck/das mit jm war/Was jr gesehen habt das ich thu/das thut auch jr eilend wie ich/da hieb alles volck/ein jglicher einen ast ab/vnd folgeten AbiMelech nach/vnd legten sie an die festung/vnd stecktens an mit feur/das auch alle menner des thurns zu Sichem sturben/bey tausent man vnd weib.

AbiMelech aber zog gen Thebez/vnd belegt sie/vnd gewan sie. Es war ein starcker thurn/mitten jnn der stad/auff welchen flohen

E alle

Das Buch

alle menner vnd weiber/vnd alle burger der Stad/vnd schlossen hinder sich zu/vnd stigen auff das dach des Thurns. Da kam AbiMelech zum Thurn/vnd streit da wider/vnd nahet sich zur thür des Thurns/das er jn mit fewr verbrente. Aber ein weib warff ein stück von einem mülstein/AbiMelech auff den kopff/vnd zubrach jm den schedel/Da rieff AbiMelech eilend dem knaben/der sein waffen trug/vnd sprach zu jm/Zeuch dein schwert aus/vnd tödte mich/das man nicht von mir sage/ein weib hat jn erwürget/Da durchstach jn sein knabe/vnd er starb.

Da aber die Israeliter die mit jm waren/sahen/das AbiMelech tod war/gieng ein jglicher an seinen ort. Also bezalet Gott AbiMelech das vbel/das er an seinem vater gethan hatte/da er seine siebenzig Brüder erwürget/Desselben gleichen alles vbel der menner Sichem/vergalt jnen Gott auff jren kopff/vnd kam vber sie der fluch Jotham/des sons JeruBaal.

X.

Nach Abimelech stund auff ein ander Heiland jnn Israel/Thola ein man von Jsaschar/vnd ein son Pua/des sons Dodo/vnd er wonet zu Samir auff dem gebirge Ephraim/vnd richtet Israel drey vnd zwenzig iar/vnd starb/vnd ward begraben zu Samir.

Nach jm stund auff Jair ein Gileaditer/vnd richtet Israel zwey vnd zwenzig jar/vnd hatte dreissig söne/auff dreissig esel füllen reitten/vnd hatte dreissig stedte/die heissen Dauoth Jair/bis auff diesen tag/vnd ligen jnn Gilead. Vnd Jair starb/vnd ward begraben zu Kamon.

Aber die kinder Israel thetten furder vbel fur dem HERRN/vnd dieneten Baalim vnd Astaroth/vnd den Göttern zu Syria/vnd den Göttern zu Zidon/vnd den Göttern Moab/vnd den Göttern der kinder Amon/vnd den Göttern der Philister/vnd verliessen den HERRN/vnd dieneten jm nicht. Da ergrimmet der zorn des HERRN vber Israel/vnd verkaufft sie vnter die hand der Philister/vnd der kinder Amon. Vnd sie zutraten vnd zuschlugen die kinder Israel/des jars von achtzehen jaren her/jenseid dem Jordan/im land der Amoriter/das jnn Gilead ligt. Dazu zogen die kinder Amon vber den Jordan/vnd stritten wider Juda/BenJamin/vnd wider das haus Ephraim/also das Israel seer geengstet ward.

Da schrien die kinder Israel zu dem HERRN/vnd sprachen. Wir haben an dir gesundiget/denn wir haben vnsern Gott verlassen/vnd Baalim gedienet. Aber der HERR sprach zu den kindern Israel. Haben euch nicht auch gezwungen die Egypter/die Amoriter/die kinder Amon/die Philister/die Zidonier/die Amalekiter vnd Maoniter? vñ ich half euch aus jren henden/da jr zu mir schriet/noch habt jr mich verlassen/vnd anderen Göttern gedienet. Darumb wil ich euch nicht mehr helffen. Gehet hin/vnd schreit die Götter an/die jr erwelet habt/last euch die selben helffen zur zeit ewrs trübsals.

Aber die kinder Israel sprachen zu dem HERREN/Wir haben gesundiget/thu du vns was dir gefellet/alleine errette vns zu dieser zeit/

Der Richter. XLVI.

ser zeit/ vnd sie thetten von sich die frembden Götter/ vnd dieneten dem HERRN/ vnd es jamert jn/ das Israel so geplagt ward.

Vnd die kinder Amon jauchzeten/ vnd lagerten sich jnn Gilead/ aber die kinder Israel versamleten sich/ vnd lagerten sich zu Mizpa. Vnd das volck der Obersten zu Gilead sprachen vnternander/ Welcher anfehet zu streiten wider die kinder Amon/ der sol das heubt sein vber alle die jnn Gilead wonen.

XI.

Ephthah ein Gileaditer war ein streitbar Helt/ aber ein hurkind. Gilead aber hatte Jephthah gezeugt. Da aber das weib Gilead jm kinder gebar/ vnd des selben weibs kinder gros wurden/ stiessen sie Jephthah aus/ vnd sprachen zu jm/ Du solt nicht erben jnn vnsers vaters haus/ denn du bist eines andern weibs son. Da floh er fur seinen Brüdern/ vnd wonet im lande Tob/ vnd es samleten sich zu jm lose leute/ vnd zogen aus mit jm/ vnd vber etlich zeit hernach/ stritten die kinder Amon mit Israel.

Da nu die kinder Amon also stritten mit Israel/ giengen die Eltesten von Gilead hin/ das sie Jephthah holeten aus dem lande Tob/ vnd sprachen zu jm/ Kom vnd sey vnser Heubtman/ das wir streiten wider die kinder Amon. Aber Jephthah sprach zu den Eltesten von Gilead/ Seid jr nicht die mich hassen/ vnd aus meines vaters haus gestossen habt/ vnd nu kompt jr zu mir/ weil jr im trübsal seid? Die Eltesten von Gilead sprachen zu Jephthah/ Darumb komen wir nu wider zu dir/ das du mit vns zihest/ vnd helffest vns streiten wider die kinder Amon/ vnd seiest vnser heubt/ vber alle die jnn Gilead wonen.

Jephthah sprach zu den Eltesten von Gilead/ So jr mich wider holet zu streiten wider die kinder Amon/ vnd der HERR sie fur mir geben wird/ sol ich denn ewr heubt sein? Die Eltesten von Gilead/ sprachen zu Jephthah/ Der HERR sey zuhörer zwischen vns/ wo wir nicht thun/ wie wir gesagt haben. Also gieng Jephthah mit den Eltesten von Gilead/ vnd das volck satzt jn zum heubt/ vnd Obersten vber sich/ Vnd Jephthah redet solchs alles fur dem HERRN zu Mizpa.

Da sandte Jephthah botschafft zum Könige der kinder Amon/ vnd lies jm sagen/ Was hastu mit mir zu schaffen/ das du kömest zu mir wider mein land zustreiten? Der König der kinder Amon antwortet den boten Jephthah/ Darumb das Israel mein land genomen hat/ da sie aus Egypten zogen/ von Arnon an bis an Jabok/ vnd bis an den Jordan/ so gib mirs nu wider mit friden.

Jephthah aber sand noch mehr boten zum Könige der kinder Amon/ die sprachen zu jm/ So spricht Jephthah/ Israel hat kein land genomen weder den Moabitern/ noch den kindern Amon/ Denn da sie aus Egypten zogen/ wandelt Israel durch die wüsten bis ans schilff meer/ vnd kam gen Kades/ vnd sandte boten zum Könige der Edomiter vnd sprach/ Las mich durch dein land zihen. Aber der Edomiter König erhöret sie nicht. Auch sandten sie zum Könige der Moabiter/ der wolt auch nicht/ also bleib Israel jnn Kades/ vnd wandelt jnn der wüsten/ vnd vmbzogen das land der Edomiter vnd Moabiter/ vnd kam von der sonnen auffgang an der Moabiter land/ vnd lagerten sich jenseid des Arnon/ vnd kamen nicht jnn die grentze der Moabiter/ denn Arnon ist der Moabiter grentze. E ij Vnd

Das Buch

Vnd Jsrael sandte boten zu Sihon / der Amoriter König zu Hes=
bon / vnd lies jm sagen / Las vns durch dein land zihen bis an meinen
ort. Aber Sihon vertrawet Jsrael nicht durch seine grentze zuzihen /
sondern versamlet all sein volck / vnd lagert sich zu Jahza / vnd streit
mit Jsrael. Der HERR aber der Gott Jsrael / gab den Sihon mit all
seinem volck jnn die hende Jsrael / das sie sie schlugen. Also nam Jsrael
ein / alles land der Amoriter / die jnn dem selben land woneten. Vnd
namen alle grentze der Amoriter ein / von Arnon an bis an Jabok / vnd
von der wüsten an / bis an den Jordan.

So hat nu der HERR der Gott Jsrael die Amoriter vertrieben fur
seinem volck Jsrael / vnd du wilt sie einnemen / Du soltest die einnemen /
die dein Gott Camos vertriebe / vnd vns lassen einnemen / alle die der
HERR vnser Gott fur vns vertrieben hat. Meinstu das du besser recht
habst / denn Balak der son Ziphor / der Moabiter König? hat der selb
auch je gerechtet oder gestriten wider Jsrael / ob wol Jsrael nu drey
hundert jar gewonet hat / jnn Hesbon vnd jren töchtern / jnn Aroer
vnd jren töchtern / vnd allen stedten die am Arnon ligen? Warumb er=
rettet jrs nicht zu der selben zeit? Ich hab nichts an dir gesündigt / vnd
du thust so vbel an mir / das du wider mich streitest. Der HERR felle
heut ein vrteil zwischen Jsrael vnd den kindern Amon. Aber der Kö=
nig der kinder Amon / erhöret die rede Jephthah nicht / die er zu jm
sandte.

Da kam der geist des HERRN auff Jephthah / vnd zog durch Gi=
lead vnd Manasse / vnd durch Mizpe das jnn Gilead ligt / vnd von
Mizpe das jnn Gilead ligt / auff die kinder Amon. Vnd Jephthah ge=
lobd dem HERRN ein gelübd vnd sprach / Gibstu die kinder Amon
jnn meine hand / was zu meiner haus thür eraus mir entgegen gehet /
wenn ich mit frieden wider kome / von den kindern Amon / das sol des
HERRN sein / vnd wils zum Brandopffer opffern.

Also zog Jephthah auff die kinder Amon wider sie zu streiten / vnd
der HERR gab sie jnn seine hende / vnd er schlug sie / von Aroer an bis
man kompt gen Minnith / zwenzig stedte / vnd bis an den plan der wein=
berge / ein seer grosse schlacht / vnd wurden also die kinder Amon gede=
mütigt fur den kindern Jsrael.

Da nu Jephthah kam gen Mizpa zu seinem hause / Sihe / da gehet
seine tochter eraus jm entgegen mit paucken vnd reigen / vnd sie war ein
einiges kind / vnd er hatte sonst keinen son noch tochter. Vnd da er sie
sahe / zureiss er seine kleider / vnd sprach. Ah mein tochter / du machst
mir hetzenleid / vnd betrübst mich / denn ich hab meinen mund auffge=
than gegen dem HERRN / vnd kans nicht widerruffen. Sie aber
sprach / Mein vater / hastu deinen mund auffgethan gegen dem HER
RN / so thu mir wie es aus deinem mund gangen ist / nach dem der
HERR dich gerochen hat / an deinen feinden den kindern Amon.

Vnd sie sprach zu jrem vater / Du woltest mir das thun / das du
mich lassest zween monden / das ich von hinnen hinab gehe / auff die
berge / vnd meine Jungfrawschafft beweine / mit meinen gespielen.
Er sprach / gehe hin / Vnd lies sie zween monden gehen. Da gieng sie
hin mit jren gespielen / vnd beweinet jre Jungfrawschafft auff den
bergen. Vnd nach zween monden / kam sie wider zu jrem vater / vnd
er thet

Der Richter. XLVII.

er thet jr/wie er gelobt hatte/vnd sie war nie keines mans schüldig worden. Vnd ward eine gewonheit jnn Israel/das die töchter Israel jerlich hin gehen/vnd klagen die tochter Jephthah des Gileaditers/des jars vier tage.

XII.

VNd die von Ephraim schrien vnd giengen zur mitternacht werds/vnd sprachen zu Jephthah/Warumb bistu jnn den streit gezogen wider die kinder Amon/vnd hast vns nicht geruffen/das wir mit dir zogen? wir wollen dein haus mit dir/mit fewr verbrennen. Jephthah sprach zu jnen/Ich vnd mein volck hatten eine grosse sach/mit den kindern Amon/vnd ich schrey euch an/aber jr hallfft mir nicht aus jren henden/Da ich nu sahe/das kein Heiland da war/stellet ich meine seel jnn meine hand/vnd zog hin/wider die kinder Amon/ vnd der HERR gab sie jnn meine hand/Warumb kompt jr nu zu mir erauff/wider mich zu streiten?

Vnd Jephthah samlet alle menner jnn Gilead/vnd streit wider Ephraim/Vnd die menner jnn Gilead schlugen Ephraim/darumb das sie sagten/Seid jr doch Gileaditer vnter Ephraim vnd Manasse/als die Ephraim schützen mus. Vnd die Gileaditer namen ein die Furt des Jordans fur Ephraim. Wenn sie nu sprachen/Wir sind auch die geschützten von Ephraim/las mich hinuber gehen/so sprachen die menner von Gilead zu jm/Bistu ein Ephraiter? Wenn er denn antwortet/Nein/so hiessen sie jn sprechen/Schiboleth/so sprach er/Siboleth/vnd kunds nicht recht reden/so griffen sie jn vnd schlachten jn an der furt des Jordans/das zu der zeit von Ephraim fielen zwey vnd vierzig tausent. Jephthah aber richtet Israel sechs jar/vnd Jephthah der Gileaditer starb/vnd ward begraben jnn stedten zu Gilead.

Schiboleth heisst ein eher am korn/ heisst auch wol ein landstrass.

Nach diesem richtet Israel Ebzan von Bethlehem/der hatte dreissig söne/vnd dreissig töchter satzt er aus/vnd dreissig töchter nam er von aussen seinen sönen/Vnd richtet Israel sieben jar/vnd starb vnd ward begraben zu Bethlehem.

Nach diesem richtet Israel/Elon ein Sebuloniter/vn richtet Israel zehen jar/vnd starb vnd ward begraben zu Aialon im lande Sebulon.

Nach diesem richtet Israel Abdon ein son Hillel ein Pirgathoniter/der hatte vierzig söne vnd dreissig neffen/die auff siebenzig esel füllen ritten/vnd richtet Israel acht jar/vnd starb vnd ward begraben zu Pirgathon im lande Ephraim/auff dem gebirge der Amalekiter.

XIII.

VNd die kinder Israel theten fürder vbel fur dem HERRN/vnd der HERR gab sie jnn die hende der Philister/vierzig jar.

Es war aber ein man zu Zarga von einem geschlecht der Daniter mit namen Manoah/vnd sein weib warn fruchtbar vnd gebar nichts. Vnd der Engel des HERRN erschein dem weibe/vnd sprach zu jr/Sihe/du bist vnfruchtbar/vnd gebirst nichts/aber du wirst schwanger werden vnd einen son geberen/So hüt dich nu/das du nicht wein noch starck getrenck trinckest/vnd nichts vnreins essest/denn du wirst schwanger werden/

E iij

Das Buch

den / vnd einen son geberen / dem kein schermesser sol auffs heubt komen / Denn der knab wird ein Verlobter Gottes sein von mutter leibe / vnd er wird anfahen Israel zu erlösen / aus der Philister hand.

Da kam das weib vnd sagts jrem man an / vnd sprach. Es kam ein man Gottes zu mir / vnd seine gestalt war anzusehen / wie ein Engel Gottes fast erschrecklich / das ich jn nicht fraget wo her / oder wo hin / vnd er saget mir nicht wie er hiesse / Er sprach aber zu mir / Sihe / du wirst schwanger werden / vnd einen son geberen / so trincke nu keinen wein noch starck getrencke / vnd iss nichts vnreines / denn der knab sol ein Verlobter Gottes sein / von mutter leibe an / bis jnn seinen tod.

Da bat Manoah den HERRN / vnd sprach / Ah HErre / las den man Gottes wider zu vns komen / den du gesand hast / das er vns lere / was wir mit dem knaben thun sollen / der geborn sol werden. Vnd Got erhöret die stim Manoah / vnd der Engel Gottes kam wider zum weibe / sie sas aber auff dem felde / vnd jr man Manoah war nicht bey jr / Da lieff sie eilend vnd sagts jrem man an / vnd sprach zu jm / Sihe / der man ist mir erschienen / der heut zu mir kam.

Manoah macht sich auff vnd gieng seinem weibe nach / vnd kam zu dem man / vnd sprach zu jm / Bistu der man / der mit dem weibe geredt hat? Er sprach / Ja / vnd Manoah sprach / Wenn nu komen wird das du geredt hast / welchs sol des knabens weise vnd werck sein? Der Engel des HERRN sprach zu Manoah / Er sol sich hüten / fur allem das ich dem weibe gesagt habe / Er sol nichts essen das aus dem weinstock kompt / vnd sol keinen wein noch starck getrenck trincken / vnd nichts vnreins essen / alles was ich jr geboten hab / sol er halten.

Manoah sprach zum Engel des HERRN / Las dich hie halten / wir wollen dir ein zigen böcklin zu richten / Aber der Engel des HERRN antwort Manoah / Wenn du gleich mich hie heltest / so esse ich doch deines brods nicht / Wiltu aber dem HERRN ein Brandopffer thun / so magstu es opffern / Denn Manoah wuste nicht / das es ein Engel des HERRN war / Vnd Manoah sprach zum Engel des HERRN / Wie heissestu / das wir dich preissen / wenn nu komet was du geredt hast? Aber der Engel des HERRN sprach zu jm / Warumb fragstu nach meinem namen / der doch wundersam ist?

Da nam Manoah ein zigen böcklin vnd Speisopffer / vnd legts auff einen fels dem HERRN / Vnd er machts wunderbarlich / Manoah aber vnd sein weib sahen zu. Vnd da die lohe auff fur / vom Altar gen himel / fuhr der Engel des HERRN / jnn der lohe des Altars hinauf / Da das Manoah vnd sein weib sahe / fielen sie zur erden auff jr angesicht. Vnd der Engel des HERRN erschein nicht mehr Manoah vnd seinem weibe. Da erkandte Manoah / das es ein Engel des HERRN war / vnd sprach zu seinem weibe / Wir müssen des tods sterben / das wir Gott gesehen haben. Aber sein weib antwortet jm / Wenn der HERR lust hette vns zu tödten / so hette er das Brandopffer vnd Speisopffer nicht genomen von vnsern henden / er hette vns auch nicht solchs alles erzeiget / noch vns solchs hören lassen / wie jtzt geschehen ist.

Vnd das weib gebar einen son / vnd hies jn Simson / vnd der knabe wuchs / vnd der HERR segenet jn / Vnd der geist des HERRN fieng an jn zu treiben im lager Dan / zwisschen Zarga vnd Esthaol.

Simson

Der Richter.

XIIII.

Simson gieng hinab gen Timnath/vnd sahe ein weib zu Timnath vnter den töchtern der Philister. Vnd da er erauff kam/sagt ers an seinem vater vnd seiner mutter/vnd sprach/Ich hab ein weib gesehen zu Timnath vnter den töchtern der Philister/gebt mir nu die selben zum weibe/ Sein vater vnd sein mutter sprachen zu jm / Ist denn nu kein weib vnter den töchtern deiner Brüder/vnd jnn all deinem volck/ das du hin gehest/vnd nimpst ein weib bey den Philistern/die vnbeschnitten sind.

Simson sprach zu seinem vater/gib mir diese/deñ sie gefellet meinen augen. Aber sein vater vnd seine mutter wusten nicht/das es von dem HERRN were/denn er sucht vrsach an den Philistern / Die Philister aber herscheten zu der zeit vber Israel. Also gieng Simson hinab mit seinem vater vnd seiner mutter gen Timnath. Vnd als sie kamen an die weinberge zu Timnath/Sihe/da kam ein junger Lewe brüllend jm entgegen/Vnd der geist des HERRN geriet vber jn/vnd zurisse jn wie man ein böcklin zureisset/vnd hatte doch gar nichts jnn seiner hand/Vnd sagts nicht an seinem vater noch seiner mutter/was er gethan hatte.

Da er nu hinab kam/redet er mit dem weibe/vnd sie gefiel Simson jnn seinen augen. Vnd nach etlichen tagen kam er wider/das er sie neme/vnd tratt aus dem wege/das er das aß des Lewens besehe/Sihe/ da war ein bien schwarm jnn dem aß des Lewens vnd honig/vnd er nams jnn seine hand/vnd aß dauon vnter wegen/vnd gieng zu seinem vater vnd zu seiner mutter/vñ gab jnen das sie auch assen. Er sagt jnen aber nicht an/das er das honig von des Lewen aß genomen hatte.

L iij Vnd da

Das Buch

Vnd da sein vater hinab kam zu dem weibe / machte Simson da/ selbs eine hochzeit / wie die jünglinge zu thun pflegen / Vnd da sie jn sa/ hen / gaben sie jm dreissig gesellen zu / die bey jm sein solten. Simson aber sprach zu jnen / Ich wil euch ein retzel auffgeben / wenn jr mir das erratet vnd trefft / diese sieben tage der hochzeit / so wil ich euch dreissig hembde geben / vnd dreissig feir kleider / kund jrs aber nicht erraten / so solt jr mir dreissig hembd vnd dreissig feir kleider geben / Vnd sie spra/ chen zu jm / Gib dein retzel auff / las vns hören. Er sprach zu jnen / Speise gieng von dem fresser / vnd süssigkeit von dem starcken. Vnd sie kunden jnn dreien tagen das retzle nicht erraten.

Am siebenden tage sprachen sie zu Simsons weibe / Vberrede deinen man / das er vns sage das retzlin / oder wir werden dich vnd deines va/ ters hauss mit feur verbrennen / habt jr vns hie her geladen / das jr vns arm machtet oder nicht? Da weinet Simsons weib fur jm / vnd sprach / Du bist mir gram vnd hast mich nicht lieb / du hast den kindern meines volcks eine retzel auffgeben / vnd hast mirs nicht gesagt. Er aber sprach zu jr / Sihe / ich habs meinem vater vnd meiner mutter ni/ cht gesagt / vnd sol dirs sagen?

Vnd sie weinet die sieben tage fur jm / weil sie hochzeit hatten. Aber am siebenden tage sagt ers jr / denn sie treib jn ein / Vnd sie sagt das ret/ zle jrs volcks kindern / Da sprachen die menner der stad zu jm am sieben/ den tage / ehe die sonne vntergieng / Was ist süsser denn honig? was ist stercker denn der Lewe? Er aber sprach zu jnen / Wenn jr nicht hettet mit meinem kalb gepflüget / jr hettet mein retzel nicht troffen / Vnd der geist des HERRN geriet vber jn / vnd gieng hinab gen Asklon / vnd schlug dreissig man vnter jnen / vnd nam jr gewand / vnd gab feier kleider / denen die das retzle erraten hatten / Vnd ergrimmet jnn seinem zorn / vnd gieng erauff jnn seines vaters haus / Aber Simsons weib ward einem seiner gesellen gegeben / der jm zu gehöret.

XV.

ES begab sich aber nach etlichen tagen / vmb die weitzen erndte / das Simson sein weib besucht mit einem zigen böcklin / vnd als er gedacht / ich wil zu meinem weibe ge/ hen jnn die kamer / wolt jn jr vater nicht hinein lassen / vnd sprach / Ich meinet du werest jr gram worden / vnd hab sie deinem freunde gegeben / Sie hat aber eine jünge re schwester / die ist schöner denn sie / die las dein sein fur diese. Da sprach Simson zu jnen / Ich hab ein mal ein rechte sach wider die Phi lister / ich wil euch schaden thun.

Vnd Simson gieng hin / vnd fieng drey hundert Füchse / vnd nam brende / vnd keret ja einen schwantz zum andern / vnd thet einen brand ja zwischen zween schwentze / vnd zündet die an mit feur / vnd lies sie vnter das korn der Philister / vnd zündet also an die mandel sampt dem stehenden korn / vnd weinberge vnd olebewme. Da sprachen die Phili/ ster / Wer hat das gethan? Da sagt man / Simson der eydam des Thim niters / darumb das er jm sein weib genomen / vnd seinem freund gege/ ben hat. Da zogen die Philister hinauff / vnd verbranten sie sampt jrem vater mit feur.

Simson

Der Richter. XLIX.

Simson aber sprach zu jnen/ Ich las euch solchs thun/ aber ich wil mich an euch selbs rechen/ vnd darnach auff hören/ vnd schlug sie hart/ beide an schuldern vnd lenden/ vnd zog hinab/ vnd wonet jnn der stein klufft zu Etham.

Schuldern vnd lenden/ das ist/ er schlug sie/ wie sie jm fur kamen/ sie waren hohen oder nidriges standes.

Da zogen die Philister hinauff vnd belagerten Juda/ vnd liessen sich nider zu Lehi. Aber die von Juda sprachen/ Warumb seid jr wider vns erauff zogen? Sie antworten/ Wir sind erauff komen Simson zu binden/ das wir jm thun/ wie er vns gethan hat. Da zogen drey tausent man von Juda/ hinab jnn die stein klufft zu Etam/ vnd sprachen zu Simson/ Weistu nicht das die Philister vber vns herschen? Warumb hastu denn das an vns gethan? Er sprach zu jnen/ Wie sie mir gethan haben/ so hab ich jnen wider gethan.

Sie sprachen zu jm/ Wir sind erab komen dich zu binden/ vnd jnn der Philister hende zugeben. Simson sprach zu jnen/ So schweret mir/ das jr mir nicht weren wolt. Sie antworten jm/ Wir wollen dir nicht weren/ sondern wollen dich nur binden/ vnd jnn jre hende geben/ vnd wollen dich nicht tödten/ Vñ sie bunden jn mit zweien newen stricken/ vñ füreten jn erauff vom fels/ Vnd da er kam bis gen Lehi/ jauchzeten die Philister zu jm zu/ Aber der geist des HERRN geriet vber jn/ vnd die stricke an seinen armen wurden/ wie faden die das feur versenget hat/ das die band an seinen henden zu schmoltzen/ Vnd er fand einen faulen esels Kinbacken/ da reckt er seine hand aus/ vnd nam jn/ vnd schlug damit tausent man.

Vnd Simson sprach/ Da ligen sie bey hauffen/ durch eins esels Kinbacken/ hab ich tausent man geschlagen. Vnd da er das ausgeredt hatte/ warff er den Kinbacken aus seiner hand/ vnd hies die stett Ramathlehi.

Das Buch

Ramath Lehi hei ſſt ein auffheben des kinbackens.

Ramath Lehi. Da jn aber ſeer dürſtet/rieff er den HERRN an/vnd ſprach/Du haſt ſolch gros heil gegeben/ durch die hand deines knechts/nu aber mus ich durſts ſterben/vnd jnn der vnbeſchniten hende fallen/Da ſpaltet Gott einen backenzaan jnn dem kinbacken/das waſſer eraus gieng/vnd als er tranck/kam ſein geiſt wider/vnd ward erquicket/Darumb heiſt er noch heuttes tags der Kinbacken brun/des anrüffers/Vnd er richtet Iſrael zu der Philiſter zeit/zwenzig jar.

XVII.

Simſon gieng hin gen Gaſa/vnd ſahe daſelbs eine hure vnd lag bey jr. Da ward den Gaſitern geſagt/Simſon iſt herein komen/Vnd ſie vmbgaben jn/vnd lieſſen auff jn lauren die gantze nacht jnn der ſtad thor/vnd waren die gantze nacht ſtille vñ ſprachen/Harr/morgen wens liecht wird/wollen wir jn erwürgen/Simſon aber lag bis zu mitternacht/da ſtund er auff zur mitternacht/vnd ergreiff beide thür an der ſtad thor/ſampt den beiden pfoſten/vnd hub ſie aus mit den rigeln/vnd legt ſie auff ſeine ſchuldern/vnd truge ſie hinauff auff die höhe des bergs fur Hebron.

Darnach gewan er ein weib lieb am bach Sorek/die hies Delila/zu der kamen der Philiſter fürſten hinauff/vñ ſprachen zu jr/Vberrede jn vnd beſihe/worinnen er ſolche groſſe krafft hat/vnd wo mit wir jn vbermögen/das wir jn binden vnd zwingen/ſo wöllen wir dir geben/ein jglicher tauſent vnd hundert ſilberlinge.

Vnd Delila ſprach zu Simſon/Lieber ſage mir/worin dein groſſe krafft ſey/vnd wo mit man dich binden müge/das man dich zwinge. Simſon ſprach zu jr/Wenn man mich bünde mit ſieben friſchen ſeilen/

Der Richter.

seilen die noch nicht verdorret sind/ so würde ich schwach vnd were wie ein ander mensch. Da brachten der Philister fürsten zu jr hinauff sieben frische seile/ die noch nicht verdorret waren/ vnd sie band jn da= mit (Man hielt aber auff jn/ bey jr jnn der kamer) vnd sie sprach zu jm/ Die Philister vber dir Simson. Er aber zu reis die seile/ wie eine geflo= chten schnur zu reisst/ wenn sie ans feur reucht/ vnd ward nicht kund/ wo seine krafft were.

Da sprach Delila zu Simson/ Sihe/ du hast mich geteuscht vnd mir gelogen/ Nu so sage mir doch/ wo mit kan man dich binden? Er antwortet jr/ Wenn sie mich bünden mit newen stricken/ da mit nie kei= ne erbeit geschehen ist/ so würde ich schwach/ vnd wie ein ander mensch/ Da nam Delila newe stricke/ vnd band jn damit/ vnd sprach/ Philister vber dir Simson (Man hielt aber auff jn jnn der kamer) Vnd er zureiss sie von seinen armen/ wie eine schnur.

Delila aber sprach zu jm/ Noch hastu mich geteuscht/ vnd mir ge= logen/ Lieber sage mir doch/ wo mit kan man dich binden? Er antwor= tet jr/ Wenn du sieben löcke meines heubts flöchtest/ mit einem flecht= band/ vnd hefftest sie mit einem nagel ein. Vnd sie sprach zu jm/ Phili= ster vber dir Simson. Er aber wachet auff von seinem schlaff/ vnd zoch die geflochten löcke/ mit nagel vnd flechtband eraus. Da sprach sie zu jm/ Wie kanstu sagen/ du habst mich lieb/ so dein hertz doch ni= cht mit mir ist? drey mal hastu mich geteuscht/ vnd mir nicht gesagt/ worin deine grosse krafft sey.

Da sie jn aber treib mit jren worten alle tag/ vnd liess jm keine ruge/ ward seine seele matt/ bis an den tod/ vnd sagt jr sein gan= tzes hertz/

Das Buch

tzes hertz/vnd sprach zu jr. Es ist nie kein schermesser auff mein heubt komen/denn ich bin ein Verlobter Gottes von mutter leibe an/Wenn du mich beschörest/so wiche meine krafft von mir/das ich schwach würde/vnd wie alle andere menschen/Da nu Delila sahe/das er jr alle sein hertz offenbart hatte/sand sie hin/vnd lies der Philister fürsten ruffen vnd sagen/Kompt noch ein mal erauff/denn er hat mir alle sein hertz offenbart.

Da kamen der Philister Fürsten zu jr erauff/vnd brachten das geld mit sich jnn jrer hand. Vnd sie lies jn entschlaffen auff jrem schos/ vnd rieff einem/der jm die sieben löcke seines heubts abschöre/vnd sie fieng an jn zu zwingen/Da war seine krafft von jm gewichen/vnd sie sprach zu jm/Philister vber dir Simson/Da er nu von seinem schlaff erwacht/gedacht er/Jch wil ausgehen wie ich mehr mal gethan hab/ ich wil mich ausreissen/vnd wuste nicht das der HERR von jm gewichen war/Aber die Philister griffen jn/vnd stochen jm die augen aus/vnd füreten jn hinab gen Gasa/vnd bunden jn mit ehern fesseln/ vnd er must malen im gefengnis. Aber das har seines heubts/fieng an wider zu wachsen/wo es beschoren war.

Da aber der Philister fürsten sich versamleten/jrem Gott Dagon ein gros opffer zuthun/vnd sich zu frewen/sprachen sie/Vnser Gott hat vns vnsern feind Simson jnn vnsere hende gegeben. Desselben gleichen als jn das volck sahe/lobten sie jren Gott/denn sie sprachen/ Vnser Gott hat vns vnsern feind jnn vnsere hende gegeben/der vns vnser land verderbet/vnd vnser viel erschlug/Da nu jr hertz guter dinge war/sprachen sie/Last Simson holen/das er fur vns spiele. Da holeten sie Simson aus dem gefengnis/vnd er spielet fur jnen/vnd sie stelleten jn zwischen zwo seulen.

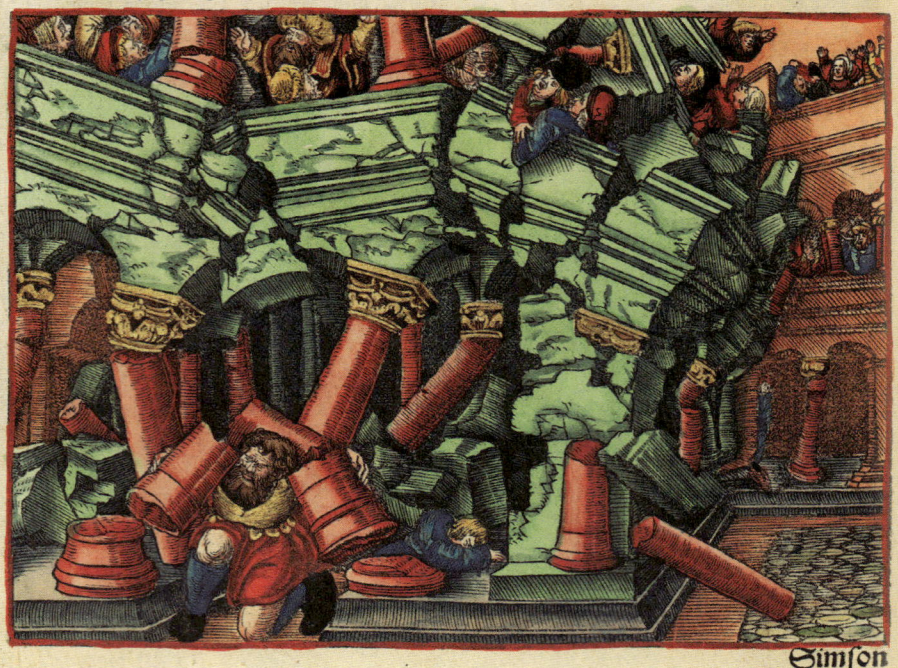

Simson

Der Richter.　　　　　　　　LI.

Simson aber sprach zu dem knaben der jn bey der hand leitet/Las mich/das ich die seulen taste/auff welchen das haus stehet/das ich mich dran lehne/ Das haus aber war vol menner vnd weiber/ Es waren auch der Philister Fürsten alle da/vnd auff dem dach bey drey tausent man vnd weib/die zu sahen/wie Simson spielet/Simson aber rieff den HERRN an/vnd sprach/HErr HERR gedencke mein/ vnd stercke mich doch Gott dis mal/das ich fur meine beide augen mich einest reche an den Philistern.

Vnd er fasset die zwo mittel seulen/auff welchen das haus gesetzt war/vnd drauff sich hielt/eine jnn seine rechte/die ander jnn seine lincke hand/vnd sprach/Mein seele sterbe mit den Philistern/ vnd neiget sie krefftiglich/Da fiel das haus auff die fürsten/vnd auff alles volck das drinnen war/das der todten mehr war/die jnn seinem tod storben/denn die bey seinem leben storben. Da kamen seine brüder ernider vnd seins vaters gantze haus/vnd huben jn auff/vnd trugen jn hin auff/vnd begruben jn jnn seines vaters Manoah grab/zwisschen Zarga vnd Esthaol. Er richtet aber Israel zwenzig iar.

XVII.

Es war ein man auff dem gebirge Ephraim mit namen Micha/der sprach zu seiner mutter/Die tausent vnd hundert silberlinge die du zu dir genomen hast/vnd geschworen vnd gesagt fur meinen oren/Sihe/das selb geld ist bey mir/ich habs zu mir genomen/Da sprach seine mutter/gesegnet sey mein son dem HERRN. Also gab er seiner mutter die tausent vnd hundert silberlinge wider/vnd seine mutter sprach. Ich habe das geld dem HERRN geheiligt von meiner hand/ fur meinen son/das man ein gegossen bildnis machen sol/darumb so gebe ichs dir nu wider. Aber er gab seiner mutter das geld wider.

Da nam seine mutter zwey hundert silberling/vnd thet sie zu dem goldschmid/der macht jr ein gegossen bilde/das war darnach im hause Micha/Vnd der man Micha hatte also ein Gottes haus/vnd machet einen Leibrock vnd Götzen/vnd füllet seiner söne einem die hand das er sein Priester ward. Zu der zeit war kein König jnn Israel/vnd ein jglicher thet was jn recht dauchte.

Es war aber ein jüngling von Bethlehem Juda/vnter dem geschlecht Juda/vnd er war ein Leuit/vnd war frembd daselbs. Er zog aber aus der stad Bethlehem Juda/zu wandern wo er hin künde. Vnd da er auffs gebirge Ephraim kam zum hause Micha/das er seinen weg gienge/fragt jn Micha/wo komstu her? Er antwortet jm/Ich bin ein Leuit von Bethlehem Juda/vnd wandere/wo ich hin kan/ Micha sprach zu jm/Bleibe bey mir/du solt mein vater vnd mein Priester sein/Ich wil dir jerlich zehen silberlinge vnd benante kleider geben/vnd wil dich neeren/Vnd der Leuit gieng hin.

Der Leuit trat an zu bleiben bey dem man/vnd er hielt den knaben gleich wie einen son. Vnd Micha füllet dem Leuiten die hand/das er sein Priester ward/vnd war also im hause Micha/ Vnd Micha sprach/Nu weis ich/das mir der HERR wird wol thun/weil ich einen Leuiten zum Priester habe.

(Geschworen) Diese fraw wird/ solch geld gelobd haben zum Bilde zu geben/Vnd dem son wirds zu erst nicht gefallen sein vnd hats jr gestolen/ Darnach sich jr klagen lassen bewegen vnd wider gegeben vnd lassen machen/was sie wolt/Da es nu wol geriet/wie solch ding pflegt) lies ers jm auch gefallen.

(füllet) Das ist er weihet jn/wie Exo. xxix. stehet.

Das Buch
XVIII.

ZV der zeit war kein König inn Jsrael/Vnd der stam der Daniter suchte jm ein erbteil da sie wonen möchten/denn es war bis auff den tag noch kein Erbe fur sie gefallen vnter den stemmen Jsrael/Vnd die kinder Dan sandten aus jren geschlechten funff Heubtleute streitbare menner von Zarga vnd Esthaol/das land zu erkunden vnd zu erforschen/Vnd sprachen zu jnen/Zihet hin vnd erforschet das land/Vnd sie kamen auff das gebirge Ephraim ans haus Micha/vnd bliebē vber nacht daselbs/Vnd weil sie da bey dem gesinde Micha waren/kandten sie die stimme des knaben des Leuiten/vnd sie wichen dahin/vnd sprachen zu jm/Wer hat dich hieher bracht? Was machst du da? Vnd was hastu hie? Er antwortet jnen/So vnd so hat Micha an mir gethan/vnd hat mich gedinget/das ich sein Priester sey/Sie sprachen zu jm/Lieber/frage Gott/das wir erfaren/ob vnser weg den wir wandeln auch wol geraten werde/Der Priester antwortet jnen/Zihet hin mit friden/Ewr weg ist recht fur dem HERRN/den jr zihet.

Da giengen die funff menner hin vnd kamen gen Lais/vnd sahen das volck das drinnen war/sicher wonen/auff die weise/wie die Zidonier/stille vnd sicher/vnd war niemand der jnen leid thet im lande/oder dasselbige vnter sich hette/vnd waren ferne von den Zidoniern/vnd hatten nichts mit leuten zu thun/Vnd sie kamen zu jren Brüdern gen Zarga vnd Esthaol/vnd jre Brüder sprachen zu jnen/Wie stehets mit euch?

Sie hatten weder feinde noch herrn.

Sie sprachen/Auff/lasst vns zu jnen hinauff zihen/denn wir haben das land besehen/das ist fast gut/Drumb eilet vnd seid nicht faul zu zihen/das jr kompt das land einzunemen/Wenn jr komet/werdet jr zu einem sichern volck komen/vnd das land ist weit vnd breit/denn Gott hats jan ewr hende gegeben/einen solchen ort/da nichts gebricht/alles das auff erden ist.

Da zogen von dannen aus den geschlechten Dan von Zarga vnd Esthaol/sechs hundert man gerüst mit jren waffen zum streit/vnd zogen hinauff vnd lagerten sich zu Kiriath Jearim jnn Juda/daher nenneten sie die stet/das lager Dan/bis auff diesen tag/das hinder Kiriath Jearim ist/Vnd von dannen giengen sie auff das gebirge Ephraim/vnd kamen zum hause Micha/Da antworten die funff menner/die ausgegangen waren das land Lais zuerkunden/vnd sprachen zu jren Brüdern/Wisset jr auch/das jnn diesen heusern ein Leibrock/Götzen vnd gegossen bildnis sind? Nu mügt jr dencken/was euch zu thun ist.

Sie kereten da ein/vnd kamen an das haus des knabens des Leuiten jnn Micha hause/vnd grüsseten jn freundlich/Aber die sechs hundert gerüste mit jrem harnisch/die von den kindern Dan waren/stunden fur dem thor/Vnd die funff menner/die das land zu erkunden ausgezogen waren/giengen hinauff vnd kamen dahin/vnd namen das Bilde/den Leibrock/vnd die gegossen Götzen/Die weil stund der Priester fur dem thor/bey den sechs hunderten gerüsten mit jrem harnisch.

Als nu jhene ins haus Micha komen waren/vnd namen das Bilde/den Leibrock/vnd die gegossen Götzen/sprach der Priester zu jnen/Was macht jr? Sie antworten jm/Schweig vnd halt das maul zu/vnd zeuch

Der Richter.

vnd zeuch mit vns/das du vnser Vater vnd Priester seist/Ist dirs besser das du jnn des einigen mans haus Priester seist/oder vnter einem gantzen stam vnd geschlecht jnn Israel? Das gefiel dem Priester wol/vnd nam beide den Leibrock vnd Götzen vnd Bilde/vnd kam mit vnter das volck/Vnd da sie sich wandten vnd hin zogen/schickten sie die kindlin vnd das viehe/vnd was sie köstlichs hatten/fur jnen her.

Da sie nu fern von Michas haus kamen/schrien die menner so jnn den heusern waren/bey Michas haus/vnd folgeten den kindern Dan nach/vnd rieffen den kindern Dan/Sie aber wandten jr andlitz vmb/vnd sprachen zu Micha/Was ist dir/das du also ein geschrey machst? Er antwort/Ir habt meine Götter genomen/die ich gemacht hatte/vnd den Priester/vnd zihet hin/vnd was hab ich nu mehr? Vnd jr fraget noch/was mir feile? Aber die kinder Dan sprachen zu jm/Las deine stim nicht hören bey vns/das nicht auff dich stossen zornige leute/vnd deine seele vnd deines hauses seele nicht auffgereumet werde/Also giengen die kinder Dan jrs wegs/Vnd Micha da er sahe/das sie jm zu starck waren/wand er sich vnd kam wider zu seinem hause.

Sie aber namen/das Micha gemacht hatte/vnd den Priester den er hatte/vnd kamen an Lais/an ein stil sicher volck/vnd schlugen sie mit der scherffe des schwerts/vnd verbrandten die Stad mit feur/vnd war niemand der sie errettet/denn sie lag ferne von Zidon/vnd hatten mit den leuten nichts zu schaffen/vnd sie lag im grunde/welchs an BethRehob ligt/Da baweten sie die Stad vnd woneten drinnen/vnd nenneten sie Dan nach dem namen jrs vaters Dan/der von Israel geborn war/Vnd die Stad hies vorzeiten Lais.

Vnd die kinder Dan richteten fur sich auff das Bilde/vnd Jonathan der son Gerson/des sons Manasse/vnd seine söne waren Priester vnter dem stam der Daniter/bis an die zeit/da sie aus dem lande gefangen gefurt worden/Vnd satzten also vnter sich das Bilde Micha/das er gemacht hatte/so lange als das Haus Gottes war zu Silo.

XIX.

Zu der zeit war kein König inn Israel/vnd ein Leuitischer man war frembdling/an der seiten des gebirges Ephraim/vnd hatte jm ein kebsweib zum weibe genomen von Bethlehem Juda/Vnd da sie hatte neben jm gehuret/lieff sie von jm zu jrs vaters hause gen Bethlehem Juda/vnd war daselbs vier monden lang/Vnd jr man macht sich auff vnd zog jr nach/das er freundlich mit jr redet/vnd sie wider zu sich holet/vnd hatte einen Knaben vnd ein par esel mit sich/Vnd sie füret jn jnn jrs vaters haus/Da jn aber der dirnen vater sahe/ward er fro vnd empfieng jn/vnd sein schweher der dirnen vater hielt jn/das er drey tage bey jm bleib/assen vnd truncken vnd blieben des nachts da.

Des vierden tags machten sie sich des morgens frue auff/vnd er stund auff vnd wolt zihen/Da sprach der dirnen vater zu seinem eidem/Labe dein hertz vor mit eim bissen brods/darnach solt jr zihen/Vnd sie satzten sich vnd assen beide mit einander vnd truncken/Da sprach der dirnen vater zu dem man/Lieber/bleib vber nacht/das wird

F ij   deinem

deinem hertzen sanfft thun. Aber der man stund auff/ vnd wolt zihen/ aber sein Schweher nötiget jn/ das er vber nacht da bleib/ Des morgens am fünfften tag/ macht er sich frue auff vnd wolt zihen/ Da sprach der dirnen vater/ Lieber/ labe dein hertz/ vnd las vns verzihen bis sich der tag neiget/ Vnd assen also die beide miteinander.

Vnd der man macht sich auff/ vnd wolt zihen mit seinem kebsweibe/ vnd mit seinem knaben. Aber sein Schweher der dirnen vater sprach zu jm. Sihe/ der tag lest abe vnd wil abent werden/ bleibe vbernacht/ Sihe/ hie ist herberge noch diesen tag/ bleibe hie vbernacht/ das wird deinem hertzen wol thun/ morgen so stehet jr frue auff/ vnd zihet ewrs weges zu deiner hütten. Aber der man wolt nicht vbernacht bleiben/ sondern macht sich auff/ vnd zog hin/ vnd kam bis fur Jebus das ist Jerusalem/ vnd sein par esel beladen/ vnd sein kebsweib mit jm.

Da sie nu bey Jebus kamen/ fiel der tag fast dahin/ vnd der knabe sprach zu seinem herrn/ Lieber zeuch vnd las vns jnn diese stad der Jebusiter einkeren/ vnd vbernacht drinnen bleiben. Aber sein herr sprach zu jm/ Ich wil nicht jnn der frembden stad einkeren/ die nicht sind von den kindern Israel/ sondern wollen hin vbern gen Gibea/ Vn sprach zu seinem knaben/ Gehe fort das wir hinzu komen an einen ort/ vnd vbernacht zu Gibea oder zu Ramah bleiben/ Vnd sie zogen fort vnd wandelten/ vnd die Sonne gieng jnen vnter hart bey Gibea/ die da ligt vnter Ben Jamin/ vnd sie kereten daselbs ein/ das sie hinein kemen/ vnd vbernacht zu Gibea blieben/ Da er aber hinein kam/ satzt er sich jnn der stad gassen/ denn es war niemant/ der sie die nacht im hause herbergen wolt.

Vnd sihe/ da kam ein alter man/ von seiner erbeit vom felde am abent/ vnd er war auch vom gebirge Ephraim/ vnd ein frembdling zu Gibea. Aber die leute des orts waren kinder Jemini/ Vnd da er seine augen auff hub/ vnd sahe den gast auff der gassen/ sprach er zu jm/ Wo wiltu hin? vnd wo kompstu her? Er aber antwortet jm/ Wir reisen von Bethlehem Juda/ bis wir komen an die seite des gebirges Ephraim/ da her ich bin/ vnd bin gen Bethlehem Juda gezogen/ vnd zihe jtzt zum Hause des HERRN/ vnd niemant wil mich herbergen/ Wir haben stro vnd futter fur vnser esel/ vnd brod vnd wein fur mich/ vnd deine magd vnd fur den knaben/ der mit deinem knecht ist/ das vns nichts gebricht.

Der alte man sprach/ Gehab dich wol/ alles was dir mangelt findestu bey mir/ bleib nur vber nacht nicht auff der gassen/ Vnd füret jn jnn sein haus/ vnd gab den eseln futter/ vnd sie wusschen jre füsse/ vnd assen vnd truncken. Vnd da jr hertz nu guter dinge war/ Sihe/ da kamen die leute der stad vnnütze buben/ vnd vmbgaben das haus/ vnd puchten an die thür/ vnd sprachen zu dem alten man dem hauswirt/ Bringe den man heraus/ der jnn dein haus komen ist/ das wir jn erkennen.

Aber der man der hauswirt/ gieng zu jnen eraus/ vnd sprach zu jnen/ Nicht meine brüder/ thut nicht so vbel/ nach dem dieser man jnn mein haus komen ist/ thut nicht eine solche torheit/ Sihe/ ich habe eine tochter noch eine jungfraw/ vnd dieser ein kebsweib/ die wil ich euch eraus bringen/ die möcht jr zu schanden machen/ vnd thut mit jnen was euch gefellt/ aber an diesem man thut nicht eine solche torheit.

Aber

Der Richter.

Aber die leute wolten jm nicht gehorchen/Da fasset der man sein kebsweib/vnd bracht sie zu jnen hinaus/die erkenneten sie/vnd giengen schendlich mit jr vmb die gantze nacht/bis an den morgen/vnd da die morgen röt anbrach/liessen sie sie gehen.

Da kam das weib hart vor morgens/vnd fiel nider fur der thür am hause des mans/da jr herr jnnen war/vnd lag da bis es liecht ward/Da nu jr herr des morgens auff stund/vnd die thür auffthet am hause/vnd eraus gieng das er seins wegs zöge/Sihe/da lag sein kebsweib fur der thür des hauses/vnd jre hende auff der schwelle. Er aber sprach zu jr/Stehe auff/las vns zihen/Aber sie antwortet nicht/Da nam er sie auff den esel/macht sich auff/vnd zog an seinen ort.

Als er nu heim kam/nam er ein messer vnd fasset sein kebsweib/vnd stücket sie mit bein vnd mit alle/jnn zwelff stück/vnd sandte sie jnn alle grentze Jsrael. Wer das sahe der sprach/Solchs ist nicht geschehen noch gesehen/sint der zeit die kinder Jsrael aus Egypten land gezogen sind/bis auff diesen tag/Nu bedenckt euch vber dem/vnd gebt rat vnd sagt an.

XX.

Da zogen die kinder Jsrael aus/vnd versamleten sich zu hauff wie ein man/von Dan bis gen Berseba/vnd vom land Gilead/zu dem HERRN gen Mizpa/vnd tratten zu hauff von allen winckeln alles volcks aller stemme Jsrael jnn der Gemeine Gottes/vier hundert tausent man zu fuss/die das schwert auszogen. Aber die kinder Ben Jamin höreten/das die kinder Jsrael hinauff gen Mizpa gezogen waren/Vnd die kinder Jsrael sprachen/Saget/wie ist das vbel zu gangen?

Da antwortet der Leuit/des weibs man die erwürget war/vnd sprach/Ich kam gen Gibea jnn Ben Jamin mit meinem kebsweibe/vber nacht da zu bleiben/da machten sich wider mich auff/die Bürger zu Gibea/vnd vmbgaben mich im haus des nachts/vnd gedachten mich zu erwürgen/vnd haben mein kebsweib geschendet/das sie gestorben ist/Da fasset ich mein kebsweib/vnd zu stücket sie vnd sand es jnn alle feld des erbes Jsrael/denn sie haben ein mutwil/vnd torheit gethan jnn Jsrael/Sihe/da seid jr kinder Jsrael alle/schafft euch rat vnd thut hie zu.

Da macht sich alles volck auff wie ein man/vnd sprach/Es sol niemant jnn seine hütten gehen/noch jnn sein haus keren/Sondern das wollen wir jtzt thun wider Gibea/Last vns lossen/vnd nemen zehen man von hundert/vnd hundert von tausent/vnd tausent von zehen tausent/aus allen stemmen Jsrael/das sie speise nemen fur das volck/das sie komen vnd thun mit Gibea Ben Jamin/nach all jrer torheit/die sie jnn Jsrael gethan haben. Also versamleten sich zu der stad alle menner Jsrael/wie ein man/vnd verbunden sich/vnd die stemme Jsrael sandten menner zu allen geschlechten Ben Jamin/vnd liessen jnen sagen/Was ist das fur eine bosheit die bey euch geschehen ist? So gebt nu her die menner/die vnnützen buben zu Gibea/das wir sie tödten/vnd das vbel aus Jsrael thun.

F iij   Aber

Das Buch

Aber die kinder Ben Jamin wolten nicht gehorchen der stim jrer Brüder der kinder Jsrael/sondern sie versamleten sich aus den stedten gen Gibea/aus zu zihen jnn den streit wider die kinder Jsrael/ Vnd wurden des tages gezelet die kinder Ben Jamin aus den stedten/sechs vnd zwenzig tausent man/die das schwert auszogen/on die bürger zu Gibea/der wurden sieben hundert gezelet auserlesen man/Vnd vnter allem diesem volck waren sieben hundert man auserlesen/die linck waren/vnd kundten mit der schleuder ein har treffen/das sie nicht feileten. Aber der von Jsrael (on die von Ben Jamin) wurden gezelet vier hundert tausent man/die das schwert füreten/vnd alle streitbar menner.

Vnd die kinder Jsrael machten sich auff/vnd zogen hinauff zum Hause Gottes/vnd fragten Gott/vnd sprachen/Wer sol fur vns hinauff zihen/den streit anzufahen mit den kindern Ben Jamin? Der HERR sprach/Juda sol anfahen. Also machten sich die kinder Jsrael des morgens auff/vnd lagerten sich fur Gibea/vnd ein jederman von Jsrael gieng eraus zu streiten mit Ben Jamin/vnd schickten sich zu streiten wider Gibea. Da fielen die kinder Ben Jamin eraus aus Gibea/vnd schlugen des tages vnter Jsrael / zwey vnd zwenzig tausent zu boden.

Aber das volck der man von Jsrael ermannet sich/vnd rüsteten sich noch weiter zu streiten/am selben ort/da sie sich des vorigen tages gerüstet hatten/vnd die kinder Jsrael zogen hinauff vnd weineten fur dem HERRN bis an den abend/vnd fragten den HERRN vnd sprachen/Sollen wir mehr nahen zu streiten mit den kindern Ben Jamin vnsern Brüdern? Der HERR sprach/Zihet hinauff zu jnen/Vñ da die kinder Jsrael sich machten an die kinder Ben Jamin des andern tages/fielen die Ben Jamiten eraus aus Gibea/jnen entgegen des selben tages/vnd schlugen von den kindern Jsrael noch achtzehen tausent zu boden/die alle das schwert füreten.

Da zogen alle kinder Jsrael hinauff/vnd alles volck/vnd kamen zum Hause Gottes/vnd weineten/vnd blieben daselbs fur dem HERRN/vnd fasteten den tag bis zu abent vnd opfferten Brandopffer vnd Danckopffer fur dem HERRN/ vnd die kinder Jsrael fragten den HERRN (Es war aber daselbs die Lade des bunds Gottes zu der selbigen zeit/vnd Pinehas der son Eleasar Aarons son/stund fur jm zu der selbigen zeit)vnd sprachen/Sollen wir mehr ausziehen/zu streiten mit den kindern Ben Jamin vnsern Brüdern/ oder sol ich ablassen? Der HERR sprach/zihet hinauff/morgen wil ich sie jnn ewre hende geben.

Vnd die kinder Jsrael bestelleten einen hinderhalt/auff Gibea vmbher/vnd zogen also die kinder Jsrael hinauff/des dritten tags an die kinder Ben Jamin/vnd rüsteten sich an Gibea/wie vor zweimals/ Da furen die kinder Ben Jamin eraus dem volck entgegen/vnd rissen sich von der stad/vnd fiengen an zu schlahen/ vnd zuuerwunden vom volck/wie vor zwey mals im feld auff zwo strassen/der eine gen BethEl/die ander gen Gibea gehet/bey dreissig man jnn Jsrael/Da gedachten die kinder Ben Jamin/sie sind geschlagen fur vns/wie vorhin. Aber die kinder Jsrael sprachen/Last vns fliehen/das wir sie von der stad reissen auff die strassen.

Da machten sich auff alle man von Jsrael von jrem ort/vnd rüsteten sich zu BaalThamar/vnd der hinderhalt Jsrael brach erfur an
seinem

Der Richter. LIIII.

seinem ort/von der höle Gaba/vnd kamen gegen Gibea zehen tausent man/auserlesen aus gantzem Jsrael/das der streit hart ward/Sie wusten aber nicht das sie das vbel treffen würde. Also schlug der HERR BenJamin fur den kindern Jsrael/das die kinder Jsrael auff den tag verterbeten/funff vnd zwenzig tausent/vnd hundert man jnn BenJamin/die alle das schwert füreten.

Denn da die kinder BenJamin sahen/das sie geschlagen waren/ gaben jnen die menner Jsrael raum/Denn sie verliessen sich auff den hinderhalt/den sie bey Gibea bestellet hatten. Vnd der hinderhalt eilet auch/vnd brach erfur zu Gibea zu/vnd zog sich hinan vnd schlug die gantze stad/mit der scherffe des schwerts.

Sie hatten aber eine losung miteinander/die menner von Jsrael vnd der hinderhalt/mit dem schwert vber sie zu fallen/wenn der rauch von der stad sich erhübe/Da nu die menner von Jsrael sich wandten im streit/vnd BenJamin anfieng zu schlahen/vnd verwunden jnn Jsrael bey dreissig man/vnd gedachten/sie sind fur vns geschlagen wie im vorigen streit/da fieng an sich zur heben von der stad ein rauch stracks vber sich. Vnd BenJamin wand sich hinder sich/vnd sihe/da gieng die stad gantz auff gen himel.

Vnd die menner von Jsrael wandten sich auch vmb/vnd erschreckten die menner BenJamin/denn sie sahen/das sie das vbel treffen wolt/vnd wandten sich fur den mennern Jsrael/auff den weg zur wüsten/aber der streit folget jnen nach. Dazu die von den stedten hinein komen waren/die verderbeten sie drinnen. Vnd sie vmb ringeten BenJamin/vnd jagten jm nach/bis gen Menuah/vnd zutraten sie bis fur Gibea/gegen der sonnen auffgang/Vnd es fielen von BenJamin achtzehen tausent man/die alle streitbare menner waren.

Da wandten sie sich vnd flohen zu der wüsten/an den fels Rimmon. Aber auff der selben strassen schlugen sie funff tausent man/vnd folgeten jnen hinden nach bis gen Gideom/vnd schlugen jr zwey tausent/ Vnd also fielen des tags von BenJamin fünff vnd zwenzig tausent man/die das schwert füreten/vnd alle streitbare menner waren. Nur sechshundert man wandten sich vnd flohen zur wüsten zum fels Rimmon/vnd blieben im fels Rimmon vier monden. Vnd die menner Jsrael kam en wider zu den kindern BenJamin/vnd schlugen mit der scherffe des schwerts die jnn der stad/beide leute vnd viehe/vnd alles was man fand/vnd alle Stedte die man fand/verbrand man mit feur.

XXI.

DJe menner aber Jsrael hatten zu Mizpa geschworen vnd gesagt/Niemant sol seine tochter dē BenJamitern zum weibe geben/vnd das volck kam zu dem Hause Gottes/ vnd bleib da bis zu abent fur Gott/vnd huben auff jre stimme/vnd weineten seer vnd sprachen. O HERR Gott von Jsrael/warumb ist das geschehen jnn Jsrael/ das heute eines stams von Jsrael weniger worden ist? Des andern morgens machte sich das volck frue auff/vnd bawete da einen Altar/ vnd opfferten Brandopffer vnd Danckopffer.

Vnd die kinder Jsrael sprachen/Wer ist jrgent von den stemmen Jsrael/der nicht mit der Gemein ist erauff komen zum HERRN?
         F iij   Denn

Das Buch

Denn es war ein grosser eid geschehen/das/wer nicht hinauff keme zum HERRN gen Mizpa/der solt des tods sterben. Vnd es rewete die kinder Jsrael vber Ben Jamin jre Brüdere/vnd sprachen/Heute ist ein stam von Jsrael abgebrochen/Wie wollen wir thun/das die vbrigen weiber kriegen? Denn wir haben geschworen bey dem HERRN/ das wir jnen von vnsern töchtern nicht weiber geben/vnd sprachen/ Wer ist jrgent von den stemmen Jsrael/die nicht hinauff komen sind zum HERRN gen Mizpa? Vnd sihe/da war niemant gewesen im lager der Gemeine/von Jabes jnn Gilead/Denn sie zeleten das volck/ vnd sihe/da war kein bürger da von Jabes jnn Gilead.

Da sandte die Gemeine zwelff tausent man dahin/von streitbarn mennern/vnd geboten jnen/vnd sprachen/Gehet hin vnd schlagt mit der scherff des schwerts/die bürger zu Jabes jnn Gilead/mit weib vnd kind/doch also solt jr thun. Alles was menlich ist/vnd alle weiber die beim man gelegen sind/verbannet. Vnd sie funden bey den bürgern zu Jabes jnn Gilead/vier hundert dirnen/die jungfrawen vnd bey keinem man gelegen waren/die brachten sie ins lager gen Silo/die da ligt im land Canaan.

Da sandte die gantze Gemeine hin/vnd lies reden mit den kindern Ben Jamin/die im fels Rimmon waren/vnd rieffen jnen freundlich. Also kamen die kinder Ben Jamin wider zu der selbigen zeit/vnd gaben jnen die weiber/die sie hatten erhalten von den weibern Jabes zu Gilead/vñ funden keine mehr also. Da rewet es das volck vber Ben Jamin/das der HERR einen riss gemacht hatte/jnn den stemmen Jsrael/Vnd die Eltesten der Gemeine sprachen/Was wollen wir thun/ das die vbrigen auch weiber kriegen? Denn die weiber jnn Ben Jamin sind vertilget/vnd sprachen/Die vbrigen von Ben Jamin müssen ja jr erbe behalten/das nicht ein stam ausgetilget werde von Jsrael/ vnd wir können jnen vnsere töchter nicht zu weibern geben. Denn die kinder Jsrael haben geschworen/vnd gesagt/Verflucht sey/der den Ben Jamitern ein weib gibt.

Vnd sie sprachen/Sihe/es ist ein iar fest des HERRN zu Silo/ die zur mitternacht werts ligt/des Gottes Haus/gegen der sonnen auffgang auff der strassen/da man hinauff gehet von BethEl gen Sichem/vnd von mittagwerts ligt sie gegen Libona/Vnd sie geboten den kindern Ben Jamin/vnd sprachen/gehet hin/vnd lauret jnn den weinbergen/Wenn jr denn sehet/das die töchter Silo eraus mit reigen zum tantz gehen/so faret erfür aus den weinbergen/vnd neme ein jglicher jm ein weib/von den töchtern Silo/vnd gehet hin ins land Ben Jamin/Wenn aber jre veter oder brüder komen mit vns zu rechten/ wollen wir zu jnen sagen/Seid jnen gnedig/denn sie haben sie nicht genomen mit streit/sondern jr wolt sie jnen nicht geben/die schuld ist ewer.

Die kinder Ben Jamin thaten also/vnd namen weiber nach jrer zal von den reigen/die sie raubten/vnd zogen hin vnd woneten jnn jrem erbteil/vnd baweten stedte vnd woneten drinne. Auch die kinder Jsrael machten sich von dannen zu der zeit/ein jglicher zu seinem stam vnd zu seinem geschlecht/vnd zogen von dannen aus/ein jglicher zu seinem erbteil. Zu der zeit war kein König jnn Jsrael/Ein jglicher thet was jn recht dauchte.

Ende des buchs der Richter.

Das buch Ruth.

I.

Vr zeit da die Richter regierten/ward eine theurung im lande/ Und ein man von Bethlehem Juda/zog wallen jnn der Moabiter land/mit seinem weibe vnd zween sönen/der hies EliMelech/vnd sein weib Naemi/ vnd seine zweene söne Mahelon vnd Chilion/die waren Ephrater von Bethlehem Juda/vnd da sie kamen jns land der Moabiter/blieben sie daselbs. Vnd EliMelech der Naemi man starb/ vnd sie bleib vbrig mit jren zween sönen / die namen Moabitische weiber/eine hies Arpa/die ander Ruth/vnd da sie da selbs gewonet hatten zehen jar/storben sie alle beide/Mahelon vnd Chilion/das das weib vberbleib beiden sönen vnd jrem man.

Da macht sie sich auff/mit jren zwo schnuren/vnd zog wider aus der Moabiter lande/denn sie hatte erfaren im Moabiter lande/das der HERR sein volck hatte heim gesucht/vnd jnen brod gegeben/ Vñ gieng aus von dem ort da sie gewesen war/vnd jr beide schnur mit jr/Vnd da sie gieng auff dem wege das sie wider keme jns land Juda/ sprach sie zu jren beiden schnuren/Gehet hin vñ keret vmb/eine jgliche zu jrer mutter haus/der HERR thu an euch barmhertzigkeit/wie jr an den todten/vnd an mir gethan habt/der HERR gebe euch das jr ruge findet/eine jgliche jnn jres mannes hause/Vnd küsset sie.

Da huben sie jre stim auff vnd weineten/vnd sprachen zu jr/Wir wollen mit dir zu deinem volck gehen/Aber Naemi sprach/Keret vmb meine töchtere/warumb wolt jr mit mir gehen? Wie kan ich fürder kinder jnn meinem leib haben/die ewr menner sein möchten? Keret vmb meine töchter/vnd gehet hin/denn ich bin nu zu alt/das ich einen man neme/Vnd wenn ich spreche/Es ist zu hoffen/das ich diese nacht einen man neme/vnd kinder gebere/so künd jr doch nicht harren bis sie gros wurden/denn jr wurdet veralten/das jr keine menner haben köndtet/Nicht meine töchter/denn es thut mir fur euch zu wehe/ denn des HERRN hand ist vber mich ausgegangen.

Da huben sie jre stimme auff/vnd weineten noch mehr/vnd Arpa küsset jre schwiger/Ruth aber bleib bey jr/Sie aber sprach/Sihe/ deine schwegerin ist vmbgewand/zu jrem volck/vnd zu jrem Gott/Kere du auch vmb deiner schwegerin nach/Ruth antwortet/Rede mir nicht ein/das ich dich verlassen solt/vnd von dir vmbkeren/wo du hin gehest/da wil ich auch hin gehen/wo du bleibst/da bleibe ich auch/ dein volck ist mein volck/vnd dein Gott ist mein Gott/wo du stirbest/da sterbe ich auch/da wil ich auch begraben werden/der HERR thu mir dis vnd das/der tod mus vns scheiden.

Als sie

Das Buch

Als sie nu sahe/das sie feste im sinn war mit jr zu gehen/lies sie ab mit jr dauon zu reden/Also giengen die beide mit einander/bis sie gen Bethlehem kamen/ Vnd da sie zu Bethlehem einkamen/reget sich die gantze Stad vber jnen/vnd sprach/Jst das die Naemj? Sie aber sprach zu jnen/Heisst mich nicht Naemj/sondern Mara/ denn der Allmechtige hat mich seer betrübt/Vol zog ich aus/aber leer hat mich der HERR wider heim bracht/Warumb heisst jr mich denn Naemj? so mich doch der HERR gedemütiget/vnd der Allmechtige betrübt hat?

Naemj heisst/ Meine Lust/ Mara heisst Bitter oder betrübt.

Es war aber vmb die zeit/das die gersten ernd angieng/da Naemj vnd jre schnur Ruth die Moabitin wider kamen vom Moabiter land gen Bethlehem/Es war auch ein man der Naemj man freund/ von dem geschlecht EliMelech mit namen Boas/der war ein ehrlicher man.

II.

VNd Ruth die Moabitin sprach zu Naemj/ Las mich auffs feld gehen vnd ehern auff lesen/ dem nach/ fur dem ich gnade finde/ Sie aber sprach zu jr/ Gehe hin meine tochter/ Sie gieng hin/ kam vnd las auff/ den schnittern nach/ auff dem felde/ Vnd es begab sich eben/das das selb feld/war des Boas/der von dem geschlecht EliMelech war/vnd sihe/Boas kam eben von Bethlehem/ vnd sprach zu den schnitttern/Der HERR mit euch/Sie antworten/ Der HERR segene dich.

Vnd Boas sprach zu seinem knaben/der vber die schnitter gestellet war/Wes ist die dirne? Der knabe/der vber die schnitter gestellet war/antwort/vnd sprach/Es ist die dirne die Moabitin/die mit Naemj wider komen ist von der Moabiter land/ denn sie sprach/Lieber/ lasst mich auff lesen vñ samlen vnter den garben/den schnittern nach/ vnd ist also komen vnd da gestanden von morgen an bis her/vnd were auch nicht ein wenig wider heim gegangen.

Da sprach Boas zu Ruth/ Hörstu es/meine tochter? Du solt nicht gehen auff einen andern acker auff zu lesen/vnd gehe auch nicht von hinnen/ sondern halt dich zu meinen dirnen/vnd sihe/ wo sie schneiten im felde/da gehe jnen nach/ich hab meinem knaben geboten/das dich niemand antaste/Vnd so dich dürstet/so gehe hin zu dem gefess vnd trincke/da meine knaben schepffen. Da fiel sie auff jr angesicht vnd bettet an zur erden/vnd sprach zu jm/Wo mit hab ich die gnade funden fur deinen augen/das du mich erkennest/die ich doch frembd bin?

Boas antwort/vnd sprach zu jr/Es ist mir angesagt/alles was du gethan hast an deiner schwiger/nach deines mannes tod/das du verlassen hast deinen vater vnd deine mutter vnd dein vaterland/vnd bist zu einem volck gezogen/das du zuuor nicht kandtest/Der HERR vergelte dir deine that/ vnd müsse dein lohn volkomen sein bey dem HERRN dem Gott Jsrael/zu welchem du komen bist/das du vnter seinen flügeln zuuersicht hettest/Sie sprach/Las mich gnade fur deinen augen finden/mein herr/denn du hast mich getröstet/vnd deine magd freundlich angesprochen/so ich doch nicht bin/als deiner megde eine.

Boas

Ruth.   LVI.

Boas sprach zu jr/Wens essens zeit ist/so mache dich hie herzu/ vnd iss des brods/vnd tuncke deinen bissen jnn den essig/Vnd sie satzt sich zur seiten der schnitter/Er aber legt jr sangen fur/vnd sie ass vnd ward sat/vnd lies vber/Vnd da sie sich auff macht zu lesen/gebot Boas seinen knaben/vnd sprach/Lasst sie auch zwischen den garben lesen/vnd beschemet sie nicht/Auch von der hand werfft jr zu/vnd lasst ligen/das sie es aufflese/vnd niemand schelte sie drumb.

Also las sie auff dem felde bis zu abend/vnd schlugs aus/was sie auffgelesen hatte/vnd es war bey eim Epha gersten/vnd sie hubs auff vnd kam jnn die Stad/vnd zeigts jrer schwiger/was sie gelesen hatte/Dazu zoch sie erfur vnd gab jr/was jr vbrig blieben war/da sie sat von war worden/Da sprach jre schwiger zu jr/Gesegenet sey der dich erkennet hat/da du heute gesamlet vnd geerbeitet hast/Sie aber sagts jrer schwiger/bey wem sie geerbeitet hette/vnd sprach/Der man bey dem ich heute geerbeitet habe/heisst Boas.

Naemj aber sprach zu jrer schnur/Gesegnet sey er dem HERRN/ denn er hat seine barmhertzigkeit nicht gelassen/beide an den lebendigen vnd an den todten/Vnd Naemj sprach zu jr/Der man gehöret vns zu/vnd ist vnser Erbe/Ruth die Moabitin sprach/Er sprach auch zu mir/Du solt dich zu meinen knaben halten/bis sie mir alles eingeerndtet haben/Naemj sprach zu Ruth jrer schnur/Es ist besser mein tochter/das du mit seinen dirnen ausgehest/auff das nicht jemand dir einrede auff eim andern acker/Also hielt sie sich zu den dirnen Boas/das sie las bis das die gersten ernd vnd weitzen ernd aus war/vnd kam wider zu jrer schwiger.

III.

VNd Naemj jre schwiger sprach zu jr/Mein tochter/Ich wil dir ruge schaffen/das dirs wol gehe/Nu der Boas vnser freund/bey des dirnen du gewesen bist/worffelt diese nacht gersten auff seiner tennen/So bade dich/ vnd verhülle dich/vnd lege dein kleid an/vnd gehe hinab auff die tenne/das dich niemand kenne/bis man gantz gessen vnd getruncken hat/Wenn er sich denn legt/so merck den ort da er sich hin legt/vnd kom vnd decke auff zu seinen füssen/vnd lege dich/so wird er dir wol sagen was du thun solt/ Sie sprach zu jr/Alles was du mir sagest wil ich thun.

Sie gieng hinab zur tennen/vnd thet alles/wie jre schwiger geboten hatte/Vnd da Boas gessen vnd getruncken hatte/ward sein hertz guter dinge/vnd kam vnd legt sich hinder einen mandel/Vnd sie kam leise/vnd deckt auff zu seinen füssen/vnd legt sich/Da es nu mitternacht ward/erschrack der man vnd greiff vmb sich/vnd sihe/ein weib lag zu seinen füssen/Vnd er sprach/Wer bistu? Sie antwortet/ Ich bin Ruth/deine magd/breite deinen flügel vber deine magd/Dest du bist der Erbe.

Er aber sprach/Gesegenet seistu dem HERRN/meine tochter/ Du hast eine bessere barmhertzigkeit hernach gethan/denn vorhin/ das du nicht bist den junglingen nachgegangē/weder reich noch arm/ Nu/meine tochter/furcht dich nicht/Alles was du sagest/wil ich dir thun/

Das Buch

thun/Denn die gantze stad meins volcks weis/das du ein tugentsam weib bist/Nu es ist war/das ich der Erbe bin/aber es ist einer neher denn ich/bleib vber nacht/morgen so er dich nimpt/wol/gelustets jn aber nicht/dich zunemen/so wil ich dich nemen/so war der HERR lebt/schlaff bis morgen/Und sie schlieff bis morgen/zu seinen fussen.

Und sie stund auff/ehe denn einer den andern kennen mocht/ Und er gedacht/das nur niemand jnnen werde/das ein weib jnn die tennen komen sey/vnd sprach/Lange her den mantel/den du an hast/ vnd halt jn zu/vnd sie hielt jn zu/vnd er mas sechs mas gersten/vnd legts auff sie/Und er kam jnn die stad/Sie aber kam zu jrer schwiger/ die sprach/Wie stehets mit dir/mein tochter? Und sie sagt jr alles/was jr der man gethan hatte/vnd sprach/Diese sechs mas gersten gab er mir/denn er sprach/Du solt nicht leer zu deiner schwiger komen/Sie aber sprach/Sey stille mein tochter/bis du erferest/wo es hinaus wil/ Denn der man wird nicht auff hören/er brings denn heute zum ende.

IIII.

BOas gieng hinauff jns thor/vnd satzt sich da selbs/vnd sihe/da der Erbe fur vber gieng/redet Boas mit jm vnd sprach/Kom vnd setze dich her/wie du heissest/Und er kam vnd satzt sich/Und er nam zehen menner von den Eltesten der stad/vnd sprach/Setzt euch her/Und sie satzten sich. Da sprach er zu dem Erben. Naemi/die vom lande der Moabiter wider komen ist/beut feyl das stück felds/das vnsers bruders war EliMelech/Darumb gedacht ichs fur deine oren zu bringen/vnd sagen/wiltu es beerben/so keuffes fur den Burgern/vnd fur den Eltesten meines volcks/Wiltu es aber nicht beerben/so sage mirs/das ichs wisse/denn es ist kein Erbe on du/vnd ich nach dir/Er sprach/ich wils beerben.

Boas sprach/Welchs tags du das feld keuffest von der hand Naemi/so mustu auch Ruth die Moabitin des verstorbenen weib nemen/das du dem verstorbenen einen namen erweckest auff sein erbteil/ Da sprach er/Ich mags nicht beerben/das ich nicht villeicht mein erbteil verterbe/Beerbe du was ich beerben solt/denn ich mags nicht beerben/Es war aber von alters her eine solche gewonheit jnn Israel/ Wenn einer ein gut nicht beerben/noch erkeuffen wolt/auff das allerley sache bestünde/so zoch er seinen schuch aus/vnd gab jn dem andern/das war das zeugnis jnn Israel.

Und der Erbe sprach zu Boas/Keuffe du es/vnd zoch seinen schuch aus/Und Boas sprach zu den Eltesten vnd zu allem volck/Ir seid heute zeugen/das ich alles gekaufft habe/was EliMelech gewesen ist/vnd alles was Chilion vnd Mahelon/von der hand Naemi/ dazu auch Ruth die Moabitin Mahelons weib neme ich zum weibe/ das ich dem verstorbenen einen samen erwecke auff sein erbteil/vnd sein name nicht ausgerottet werde vnter seinen brüdern/vnd aus dem thor seines orts/Zeugen seid jr des heute.

Und alles volck das im thor war/sampt den Eltesten/sprachen/ Wir sind zeugen/Der HERR mache das weib das jnn dein haus kompt/

kompt/wie Rahel vnd Lea/die beide das Haus Israel gebawet haben/vnd werde ehrlich gehalten jnn Ephratha/vnd sey beruffen zu Bethlehem/Vnd dein haus werde/wie das haus Perez/den Thamar Juda gebar/von dem samen den dir der HERR geben wird von dieser dirnen.

Also nam Boas die Ruth/das sie sein weib ward/vnd da er bey jr lag/gab jr der HERR das sie schwanger ward/vnd gebar einen son/Da sprachen die weiber zu Naemi/Gelobt sey der HERR/der dir nicht hat lassen abgehen einen erben zu dieser zeit/das sein name jnn Israel bliebe/der wird dich erquicken/vnd dein alter versorgen/ Denn deine schnur/die dich geliebt hat/hat jn geborn/welche dir besser ist/denn sieben söne.

Vnd Naemi nam das kind vnd legts auff jren schos/vnd ward seine Amme/vnd jre nachbarin gaben jm einen namen/vnd sprachen/ Naemi ist ein kind geborn/vnd hiessen jn Obed/Der ist der vater Isai/welcher ist Dauids vater.

Dis ist das geschlecht Perez/Perez zeuget Hezron/Hezron zeuget Ram/Ram zeuget Ammi Nadab/Ammi Nadab zeuget Nahesson/Nahesson zeuget Salma/Salmon zeuget Boas/Boas zeuget Obed/Obed zeuget Isai/Isai zeuget Dauid.

Ende des buchs Ruth.

G

Das erste teil des buchs
Samuel.

I.

Es war ein man von Ramathaim Zophim vom gebirge Ephraim/ der hies Elkana ein son Jeroham/ des sons Elihu/ des sons Thohu/ des sons Zuph/ welcher von Ephrath war/ Vnd er hatte zwey weiber/ eine hies Hanna/ die ander Peninna/ Peninna aber hatte kinder/ vnd Hanna hatte keine kinder/ Vnd derselb man gieng hinauff von seiner stad/ zu seiner zeit/ das er anbetet vnd opffert dem HERRN Zebaoth zu Silo/ Da selbs waren aber Priester des HERRN/ Hophni vnd Pinehas/ die zween söne Eli.

Da es nu eins tags kam/ das Elkana opfferte/ gab er seinem weibe Peninna/ vnd alle jren sönen vnd töchtern stücke/ Aber Hanna gab er ein stück traurig/ denn er hatte Hanna lieb/ Aber der HERR hatte jren leib verschlossen/ vnd jre widerwertige betrübt sie/ vnd warff jr auch für/ das sie vnfruchtbar/ vnd der HERR jren leib verschlossen hette/ Also that sie alle jar/ wenn man hinauff gieng zu des HERRN Hause/ vnd betrübt sie also/ So weinet sie denn vnd ass nichts/ Elkana aber jr man sprach zu jr/ Hanna/ warumb weinestu? vnd warumb issestu nicht? vnd warumb gehabt sich dein hertz so vbel? Bin ich dir nicht besser/ denn zehen söne?

Da stund Hanna auff/ nach dem sie gessen hatte zu Silo vnd getruncken/ Eli aber der Priester sas auff eim stuel an der pfosten des Tempels des HERRN/ vnd sie war von hertzen betrübt/ vnd bettet zum HERRN/ vnd weinet vnd gelobt ein gelübde/ vnd sprach/ HERR Zebaoth/ Wirstu deiner magd elend ansehen vnd an mich gedencken/ vnd deiner magd nicht vergessen/ vnd wirst deiner magd einen son geben/ so wil ich jn dem HERRN geben sein leben lang/ vnd sol kein schermesser auff sein heubt komen.

Vnd da sie lange bettet fur dem HERRN/ hatte Eli acht auff jren mund/ denn Hanna redet jnn jrem hertzen/ allein jre lippen regeten sich/ vnd jre stimme höret man nicht/ Da meinet Eli/ sie were truncken/ vnd sprach zu jr/ Wie lange wiltu truncken sein? Las den wein von dir komen/ den du bey dir hast/ Hanna aber antwort/ vnd sprach/ Nein mein herr/ Ich bin ein betrübt weib/ wein vnd starck getrenck hab ich nicht getruncken/ sondern hab mein hertz fur dem HERRN ausgeschut/ Du woltest deine magd nicht achten/ wie ein lose weib/ denn ich hab aus meinem grossen kummer vnd traurigkeit gered bis her.

Eli antwortet jr/ vnd sprach/ Gehe hin mit friden/ der Gott Israel wird dir geben deine bitte/ die du von jm gebeten hast/ Sie sprach/ Las deine magd gnade finden fur deinen augen/ Also gieng das weib hin jrs wegs vnd ass/ vnd sahe nicht mehr so traurig/ Vnd des morgens frue machten sie sich auff/ vnd da sie angebettet haten fur dem HERRN/

Samuel. LVIII.

HERRN / kereten sie widerumb / vnd kamen heim gen Ramath.

Vnd ElKana erkandte sein weib Hanna / vnd der HERR gedacht an sie / Vnd da etliche tage vmb waren / ward sie schwanger / vnd gebar einen son / vnd hies jn Samuel / Denn ich hab jn von dem HERRN gebeten / Vnd da der man ElKana hinauff zog / mit seinem gantzen Hause / das er dem HERRN opfferte das opffer zur zeit gewönlich / vnd sein gelübde / zog Hanna nicht mit hinauff / sondern sprach zu jrem man / bis der knabe entwenet werde / so wil ich jn bringen / das er fur dem HERRN erscheine / vnd bleibe daselbs ewiglich / ElKana jr man sprach zu jr / So thu wie dirs gefelt / bleib bis du jn entwenest / Der HERR bestetige aber was er gered hat.

Also bleib das weib / vnd seuget jren son / bis das sie jn entwenet / Vnd bracht jn mit jr hinauff / nach dem sie jn entwenet hatte / mit dreien farren / mit einem Epha melh / vnd einer flasschen weins / vnd bracht jn jnn das Haus des HERRN zu Silo / Der knabe war aber noch jung / Vnd sie schlachten einen farren / vnd brachten den knaben zu Eli / Vnd sie sprach / Ach mein herr / so war deine seele lebet / mein herr / Ich bin das weib / das hie bey dir stund / vnd bat den HERRN / da ich vmb diesen knaben bat / Nu hat der HERR meine bitte gegeben / die ich von jm bat / darumb geb ich jn dem HERRN wider sein leben lang / weil er vom HERRN erbeten ist / Vnd sie betten daselbs den HERRN an.

II.

VNd Hanna bettet / vnd sprach.
Mein hertz ist frölich jnn dem HERRN / Mein horn ist erhöhet jnn dem HERRN / Mein mund hat sich weit auffgethan vber meine feinde / denn ich frewe mich deines heils.

Es ist niemand heilig wie der HERR / Ausser dir ist keiner / vnd ist kein Hort wie vnser Gott ist.

Lasst ewer gros rhümen vnd trotzen / lasst aus ewrem munde das alte / Denn der HERR ist ein Gott / der es merckt / vnd lesst solch furnemen nicht gelingen.

Der boge der starcken ist zubrochen / vnd die schwachen sind vmb gürtet mit stercke.

Die da sat waren / sind vmbs brod verkaufft worden / Vnd die hunger lidden hungert nicht mehr / bis das die vnfruchtbar sieben gebar / vnd die viel kinder hatte abnam.

Der HERR tödtet vnd macht lebendig / Füret jnn die Helle vnd wider eraus.

Der HERR macht arm vnd macht reich / Er nidriget vnd erhöhet.

Er hebt auff den dürfftigen aus dem staub / vnd erhöhet den armen aus dem kot / das er jn setze vnter die Fürsten / vnd den stuel der ehren erben lasse / Denn der welt ende sind des HERRN / vnd er hat den erdboden drauff gesetzt.

Er wird behüten die füsse seiner Heiligen / aber die Gottlosen werden stil werden im finsternis / Denn niemand vermag etwas aus eigener krafft.

(Alte)
Das feste / gewis / ehrlich / wie man spricht / Gewonheit / alt herkomen / land sitten / vnd weise / Denn darauff trotzen die leute / vnd sagen / Ey lieber / die alte weise die beste / Vnser vorfarn sind auch nicht narren gewest / Vnd pochen also wider Gottes werck / als müste ers nicht endern noch newern.

G ij Fur dem

Das Buch

Fur dem HERRN werden erschrecken seine feinde / vber jnen wird er donnern im himel / Der HERR wird richten der welt ende / vnd wird macht geben seinem Könige / vnd erhöhen das horn seines gesalbten.

ElKana aber gieng hin gen Ramath jnn sein haus / vnd der knabe war des HERRN Diener fur dem Priester Eli.

Aber die söne Eli waren heillose leute / vnd wusten nicht vom HERRN / noch vom Recht der Priester an das volck / Wenn jemand etwas opffern wolt / so kam des Priesters knabe / weil das fleisch kochet / vnd hatte eine krewel mit drey zacken jnn seiner hand / vnd sties jnn den tigel oder kessel / oder pfann / oder töpffen / vnd was er mit der krewel erfur zoch / das nam der Priester dauon / Also theten sie dem gantzen Israel / die daselbs hin kamen zu Silo.

Desselben gleichen / ehe denn sie das fett anzundten / kam des Priesters knabe / vnd sprach zu dem / der das opffer bracht / Gib mir das fleisch dem Priester zu braten / denn er wil nicht gekocht fleisch von dir nemen / sondern roh / Wenn denn jemand zu jm sagt / Las das fett anzünden / wie sichs heute gebürt / vnd nim darnach was dein hertz begert / So sprach er zu jm / Du solt mirs jtzt geben / wo nicht / so wil ichs mit gewalt nemen / Darumb war die sunde der knaben seer gros fur dem HERRN / denn die leute lesterten das Speisopffer des HERRN.

(Leibrock)
Das waren priesterliche kleider / dauon Exo. xxviij.

Samuel aber war ein Diener fur dem HERRN / vnd der knabe war vmbgürt mit eim leinen leibrock / dazu macht jm seine mutter ein kleinen rock / vnd bracht jn jm hinauff zu seiner zeit / wenn sie mit jrem man hinauff gieng zu opffern / die opffer zu seiner zeit / Vnd Eli segenet ElKana vnd sein weib / vnd sprach / Der HERR gebe dir samen von diesem weibe / vmb die bitte die du vom HERRN gebeten hast / Vnd sie giengen an jren ort / Vnd der HERR sucht Hanna heim / das sie schwanger ward / vnd gebar drey söne vnd zwo töchter / Aber Samuel der knabe nam zu bey dem HERRN.

Dis ist nicht zuuerstehen / als kundte die sunde wider Gott gethan / nicht vergeben werden / sondern ist so viel gesagt / Weil Gott nicht freund ist / so hilfft kein freund / Wenn er aber freund ist / so ligt nichts dran / ob niemand freund ist / also / das dis alles sey gesagt / von der sunden natur / wie viel grösser sie sey wider Gott gethan / denn wider einen menschen.

Eli aber war seer alt / vnd erfur alles was seine söne theten dem gantzen Israel / vnd das sie schlieffen bey den weibern / die da dieneten fur der thür der Hütten des Stiffts / Vnd er sprach zu jnen / Warumb thut jr solchs? Denn ich höre ewr böses wesen von diesem gantzen volck / Nicht meine kinder / das ist nicht ein gut geschrey / das ich höre / Jr macht des HERRN volck vbertreten / Wenn jemand wider einen menschen sundigt / so kans der Richter schlichten / Wenn aber jemand wider den HERRN sundigt / wer kans schlichten? Aber sie gehorchten jres vaters stimme nicht / denn der HERR hatte willen sie zu tödten. Aber der knabe Samuel gieng vnd nam zu / vnd war angeneme / bey dem HERRN vnd bey den menschen.

Es kam aber ein man Gottes zu Eli / vnd sprach zu jm / So spricht der HERR / Ich hab mich offenbart deines vaters hause / da sie noch jnn Egypten waren jnn Pharao hause / vnd hab jnen daselb mir erwelet fur allen stemmen Israel zum Priesterthum / das er opffern solt auff meinem Altar / vnd Reuchwerck anzünden / vnd den Leibrock fur mir tragen / vnd hab deines vaters hause gegeben alle opffer der kinder

Israel /

Samuel. LIX.

Israel. Warumb leckestu denn wider meine opffer vnd Speis opffer/ die ich geboten hab jnn der Wonung / vnd du ehrest deine söne mehr denn mich/ das jr euch mestet von den erstlingen aller Speisopffer meines volcks Israel?

(leckest) Gleich wie Act. 9. S. paulus wider den stachel lecket/ das ist / frech vnd mutwillig.

Darumb spricht der HERR der Gott Israel/ Ich habe gered/ dein Haus vnd deins vaters Haus solten wandeln fur mir ewiglich/ Aber nu spricht der HERR/ Es sey fern von mir/ Sondern wer mich ehret/ den wil ich auch ehren/ Wer aber mich veracht/ wird verschmehet sein/ Sihe/ es wird die zeit komen/ das ich wil entzwey brechen deinen arm vnd den arm deines vaters Haus/ das kein alter sey jnn deinem Hause / Vnd wirst sehen deinen Widerwertigen jnn der wonung/ jnn allerley gut Israel/ vnd wird kein alter sein jnn deines vaters Hause ewiglich. Doch wil ich dir nicht allen man von meinem Altar ausrotten/ auff das deine augen verschmachten/ vnd deine seele sich greme/ vnd alle menge deines Hauses sollen sterben/ wenn sie menner worden sind.

Vnd das sol dir ein zeichen sein/ das vber deine zween söne Hophni vnd Pinehas komen wird/ Auff einen tag werden sie beide sterben/ Ich aber wil mir einen trewen Priester erwecken/ der sol thun/ wie es jnn meinem hertzen vnd jnn meiner seelen ist/ dem wil ich ein sicher Haus bawen/ das er fur meinem Gesalbeten wandele jmerdar/ Vnd wer vbrig ist von deinem Hause/ der wird komen vnd fur jhenen niderfallen / vmb einen silbern pfennig vnd stück brods/ vnd wird sagen/ Lieber las mich zu einem Priester teil/ das ich einen bissen brod esse.

III.

Vnd da Samuel der knabe dem HERRN dienet vnter Eli/ war des HERRN wort seltzam zu der selben zeit/ vnd war wenig weissagung/ Vnd es begab sich zur selben zeit/ lag Eli an seinem ort/ vnd seine augen fiengen an tunckel zu werden/ das er nicht sehen kund / Vnd Samuel hatte sich gelegt im Tempel des HERRN/ da die Lade Gottes war/ ehe denn die Lampe Gottes verlasch/ Vnd der HERR rieff Samuel/ Er aber antwortet/ Sihe/ hie bin ich/ vnd lieff zu Eli/ vnd sprach/ Sihe/ hie bin ich/ du hast mir geruffen. Er aber sprach/ Ich hab dir nicht geruffen/ gehe wider hin/ vnd leg dich wider schlaffen. Vnd er gieng hin vnd legt sich schlaffen.

Der HERR rieff aber mal/ Samuel/ Vnd Samuel stund auff vnd gieng zu Eli/ vnd sprach/ Sihe/ hie bin ich/ du hast mir geruffen/ Er aber sprach/ Ich hab dir nicht geruffen mein son/ gehe wider hin vnd lege dich schlaffen. Aber Samuel kennete den HERRN noch nicht/ vnd des HERRN wort war jm noch nicht offenbart/ Vnd der HERR rieff Samuel aber zum dritten mal/ Vnd er stund auff vnd gieng zu Eli/ vnd sprach/ Sihe/ hie bin ich/ du hast mir geruffen. Da merckt Eli/ das der HERR dem Knaben rieff/ vnd sprach zu jm/ Gehe wider hin vnd lege dich schlaffen/ vnd so dir geruffen wird/ so sprich/ Rede HERR/ denn dein knecht höret/ Samuel gieng hin vnd legt sich an seinen ort.

Da kam der HERR vnd trat dahin vnd rieff wie vormals/ Samuel/ Samuel/ Vnd Samuel sprach/ Rede/ denn dein knecht höret/

G iij Vnd

Das Buch

Vnd der HERR sprach zu Samuel/Sihe/Jch thu ein ding jnn Jsrael/das/wer das hören wird/dem werden seine beide ohren gellen/ An dem tage/wil ich erwecken vber Eli/was ich wider sein Haus geredt habe/Jch wils anfahen vnd volenden/denn ich habs jm angesagt/das ich Richter sein wil vber sein Haus ewiglich/vmb der missethat willen/das er wuste/wie seine kinder sich schendlich hielten/vnd hette nicht ein mal saur dazu gesehen/Darumb hab ich dem Hause Eli geschworen/das diese missethat des Hauses Eli solle nicht versünet werden/weder mit Opffer noch mit Speisopffer ewiglich/Vnd Samuel lag bis an den morgen/vnd thet die thür auff am Hause des HERRN.

Samuel aber furcht sich das gesicht Eli anzusagen/ Da rieff jm Eli/vnd sprach/Samuel mein son/Er antwortet/Sihe/hie bin ich/ Er sprach/Was ist das wort/das dir gesagt ist? verschweige mir nichts/Gott thu dir dis vnd das/wo du mir etwas verschweigest/das dir gesagt ist. Da sagts jm Samuel alles an/vnd verschweig jm nichts/Er aber sprach/Es ist der HERR/Er thu was jm wolgefellet.

Samuel aber nam zu/vnd der HERR war mit jm/vnd fiel keins vnter allen seinen worten auff die erden/Vnd gantz Jsrael von Dan an bis gen Bersaba wuste/das Samuel ein trewer Prophet des HERRN war/ Vnd der HERR erschein abermal zu Silo/denn der HERR war Samuel offenbart worden zu Silo/durchs wort des HERRN.

IIII.

EbenEzer/ heisst Helffenstein/ infra cap. vij.

Vnd Samuel fieng an zu predigen dem gantzen Jsrael/ Jsrael aber zog aus den Philistern entgegen jnn den streit/vnd lagerten sich bey EbenEzer. Die Philister aber hatten sich gelagert zu Aphek/vnd rüsteten sich gegen Jsrael. Vnd das heer ward zurtrennet/das Jsrael fur den Philistern geschlagen ward/vnd schlugen jnn der spitzen im felde bey vier tausent man.

Vnd da das volck jns lager kam/sprachen die Eltesten Jsrael/ Warumb hat vns der HERR heute schlahen lassen fur den Philistern? Lasst vns zu vns nemen die Lade des Bunds des HERRN von Silo/vnd lasst sie vnter vns komen/das sie vns helffe von der hand vnser feinde/Vnd das volck sandte gen Silo/vnd lies von dannen holen die Lade des Bunds des HERRN Zebaoth/der vber den Cherubim sitzt/Vnd waren da die zween söne Eli mit der Lade des Bunds Gottes/Hophni vnd Pinehas/ Vnd da die Lade des Bunds des HERRN jnn das lager kam/jauchzete das gantze Jsrael mit einem grossen jauchzen/das die erde erschall.

Da aber die Philister höreten das geschrey solchs jauchzen/ sprachen sie/Was ist das geschrey solchs grossens jauchzens jnn der Ebreer lager? Vnd da sie erfuren/das die Lade des HERRN jns lager komen were/furchten sie sich/vnd sprachen/Gott ist jns lager komen/ Vnd sprachen weiter/Weh vns/denn es ist vorhin nicht also gestanden/Weh vns/Wer wil vns erretten von der hand dieser mechtigen Götter? Das sind die Götter/die Egypten schlugen mit allerley plage

jnn der

Samuel. LX.

jnn der wüsten/So seid nu getrost vnd menner jr Philister/das jr nicht dienen müsset den Ebreern/wie sie euch gedienet haben/Seid menner vnd streitet.

 Da stritten die Philister/vnd Jsrael ward geschlagen/vnd ein jglicher sloh jnn seine hütten/vnd es war ein seer grosse schlacht/das aus Jsrael fielen dreissig tausent man fusvolcks/vnd die Lade Gottes ward genomen/vnd die zween söne Eli/Hophni vnd Pinehas storben.

 Da lieff einer von Ben Jamin aus dem heer/vnd kam gen Silo desselben tags/vnd hatte sein kleid zurissen/vnd hatte erden auff sein heubt gestrewet/Vnd sihe/als er hinein kam/saß Eli auffm stuel/das er auff den weg sehe/denn sein hertz ware zaghafft vber der Laden Gottes/vnd da der man jnn die stad kam/sagt ers an/vnd die gantze stad schrey.

 Vnd da Eli das laut schreien höret/fragt er/Was ist das fur ein laut getümel? Da kam der man eilend vnd sagt Eli an (Eli aber war acht vnd neuntzig jar alt/vnd seine augen waren tunckel das er nicht sehen kund) Der man aber sprach zu Eli/Jch kom/vnd bin heute aus dem heer geflohen. Er aber sprach/Wie gehets zu mein son? Da antwortet der Verkündiger/vnd sprach/Jsrael ist geflohen fur den Philistern/vnd ist eine grosse schlacht im volck geschehen/vnd deine zween söne Hophni vnd Pinehas sind gestorben/dazu die Lade Gottes ist genomen/Da er aber der Laden Gottes gedacht/fiel er zu rück vom stuel am thor/vnd brach seinen hals entzwey vnd starb/denn er war alt vnd ein schweer man. Er richtet aber Jsrael vierzig jar.

Wenn menschen vnd vernunfft obligt/so gehet Gottes wort vnd alle ehre dahin/da fellet das recht Priester ampt zu rück vnd stirbt/vnd das alles aus Gottes zorn. Aber die jhenigen/so gewinnen/haben darnach keine ruge im gewissen/denn wo Gottes wort nicht recht gehet/thut es den gewissen alles leid/an/wie hie die Lade Gottes den Philistern/So lange bis sie zu letzt jre schande bekennen müssen/das sie Gottes wort verkeret haben/vnd mit ehren wider zu recht bringen müssen/Das ist hie bedeut mit den gülden ersen vnd meusen/welches nichts ist/denn die heimliche plage der gewissen/die wird allen menschen offenbar werden.

zu letzt offenbar wird durch Gottes wort/wie Sanct paulus sagt.1.Timoth.3. Jre vnweisheit

G iiij   Seine

Das Buch

Seine schnur aber Pinehas weib war schwanger/vnd solt schier gelegen/da sie das gerüchte höret/das die Lade Gottes genomen vnd jr schweher vnd man tod were/krümet sie sich vnd gebar/denn es kam sie jre not an/ Vnd da sie jtzt starb/sprachen die weiber die neben jr stunden/Fürcht dich nicht/du hast einen jungen son/Aber sie antwortet nichts/vnd nams auch nicht zu hertzen/vnd sie hies den knaben Icabod/vnd sprach/Die herrligkeit ist dahin von Israel/weil die Lade Gottes genomen war/vnd jr schweher vnd jr man. Vnd sprach abermal/Die herrligkeit ist dahin von Israel/denn die Lade Gottes ist genomen.

V.

DIe Philister aber namen die Lade Gottes/vnd brachten sie von EbenEzer gen Asdod/inn das haus Dagon/ vnd stelleten sie neben Dagon/Vnd da die von Asdod des andern morgens frue auff stunden/funden sie Dagon auff seinem andlitz ligen auff der erden/fur der Laden des HERRN/ Aber sie namen den Dagon vnd setzten jn wider an seinen ort/ Da sie aber des andern morgens frue auff stunden/funden sie Dagon abermal auff seinem andlitz ligen auff der erden/ fur der Lade des HERRN/ aber sein heubt vnd seine beide hende abgehawen/auff der schwelle/das der strumpff allein drauff lag/Darumb tretten die Priester Dagon/vnd alle die jnn Dagon haus gehen/nicht auff die schwelle Dagon zu Asdod/bis auff diesen tag.

Aber die hand des HERRN ward schweer/vber die von Asdod/ vnd verderbet sie vnd schlug Asdod vnd alle jre grentze an heimlichen orten/

Samuel.

orten/Da aber die leute zu Asdod sahen/das so zu gieng/sprachen sie/Lasst die Lade des Gottes Israel nicht bey vns bleiben/denn seine hand ist zu hart vber vns vnd vnsern Gott Dagon/Vnd sandten hin vnd versamleten alle Fürsten der Philister zu sich/vnd sprachen/Was sollen wir mit der Lade des Gottes Israel machen? Da antworten die von Geth/Lasst die Lade des Gottes Israel vmbher tragen/Vnd sie trugen die Lade des Gottes Israel vmbher.

Da sie aber die selben vmbher trugen/ward durch die hand des HERRN inn der stad ein seer gros getümel/vnd schlug die leute inn der stad/beide klein vnd gros/vnd verderbeten sie an heimlichen orten. Da sandten sie die Lade des HERRN gen Ekron/Da aber die Lade Gottes gen Ekron kam/schrien die von Ekron/Sie haben die Lade Gottes vmbher getragen zu mir/das sie mich tödte vnd mein volck.

Da sandten sie hin/vnd versamleten alle Fürsten der Philister vnd sprachen/Sendet die Lade des Gottes Israel wider an jren ort/das sie mich vnd mein volck nicht tödte/denn die hand Gottes machte ein seer gros rumor mit tödten inn der gantzen stad/vnd welche leute nicht sturben/die wurden geschlagen an heimlichen orten/das das geschrey der stad auff gen himel gieng.

VI.

Also war die Lade des HERRN sieben monde im lande der Philister/vnd die Philister rieffen jren Priestern vnd Weissagern/vnd sprachen/Was sollen wir mit der Lade des HERRN machen? deutet vns/wo mit sollen wir sie an jren ort senden? Sie sprachen/Wolt jr die Lade des Gottes Israel senden/so sendet sie nicht leer/Sondern solt jr vergelten ein Schuldopffer/so werdet jr gesund werden/vnd wird euch kund werden/warumb seine hand nicht von euch lesst.

Sie aber sprachen/Welchs ist das Schuldopffer/das wir jm geben sollen? Sie antworten/Funff gülden erse vnd funff gülden meuse/nach der zal der funff Fürsten der Philister/Denn es ist einerley plage gewest vber euch alle vnd vber ewre Fürsten/So müsset jr nu machen gleiche gestalt ewern ersen vnd ewern meusen/die ewer land verderbet haben/das jr dem Gott Israel die ehre gebt/villeicht wird seine hand leichter werden vber euch/vnd vber ewern Gott/vnd vber ewer land/Warumb verstockt jr ewr hertz/wie die Egypter vnd Pharao jr hertz verstockten? Ists nicht also/da er sich an jnen beweiset/liessen sie sie faren/das sie hin giengen?

So nemet nu vnd macht ein newen wagen/vnd zwo junge seugende küe/auff die nie kein joch komen ist/vnd spannet sie an den wagen/vnd lasst jre kelber hinder jnen da heim bleiben/vnd nemet die Lade des HERRN/vnd legt sie auff den wagen/vnd die gülden kleinot die jr jm zum Schuldopffer gebt/thut inn ein kestlin neben jre seiten/vnd sendet sie hin/vnd lasst sie gehen/Vnd sehet jr zu/gehet sie hin auff den weg jrer grentze gen BethSemes/so hat er vns alle das
gros vbel

Das Buch

gros vbel gethan/Wo nicht/so werdet jr wissen/das seine hand vns nicht gerurt hat/Sondern es ist vns on gefehr widerfaren.

Die leute theten also/vnd namen zwo junge seugende küe/vnd spanneten sie an ein wagen/vnd behielten jre kelber daheim/vnd legten die Lade des HERRN auff den wagen/vnd das kestlin mit den gülden meusen vnd mit den bilden jrer erse/Vnd die küe giengen stracks wegs zu BethSemes zu/auff einer stras/vnd giengen vnd blöcketen/vnd wichen nicht/weder zur rechten noch zur lincken/Vnd die Fürsten der Philister giengen jnen nach/bis an die grentze BethSemes.

Die BethSemiter aber schnitten eben inn der weitzen erndte im grund/vnd huben jre augen auff/vnd sahen die Lade/vnd freweten sich die selben zu sehen/Der wage aber kam auff den acker Josua des BethSemiters/vnd stund daselbs stil/vnd war ein gros stein daselbs/vnd sie spalten das holtz vom wagen/vnd opfferten die küe dem HERRN zum Brandopffer/Die Leniten aber huben die Lade des HERRN erab/vnd das kestlin das neben dran war/darinnen die gülden kleinod waren/vnd setzten sie auff den grossen stein/Aber die leut zu BethSemes opfferten dem HERRN desselben tags Brandopffer vnd ander opffer. Da aber die funff Fürsten der Philister zugesehen hatten/zogen sie widerumb gen Ekron desselben tags.

Dis sind aber die gülden erse/die die Philister dem HERRN zum Schuldopffer gaben/Asdod einen/Gasa einen/Asklon einen/Gath einen/vnd Ekron einen/vnd gülden meuse/nach der zal aller stedte der Philister vnter den funff Fürsten/beide der gemaurten stedte vnd dörffer/vnd bis an den ort des grossen leides/darauff sie die Lade des HERRN liessen/bis auff diesen tag/auff dem acker Josua des BethSemiters.

Vnd etliche zu BethSemes wurden geschlagen/darumb/das sie die Lade des HERRN gesehen hatten/vnd er schlug des volcks funffzig tausent vnd siebenzig man/Da trug das volck leide/das der HERr so eine grosse schlacht im volck gethan hatte/Vnd die leut zu BethSemes sprachen/Wer kan stehen fur dem HERRN solchem heiligen Gott? vnd zu wem sol er von vns ziehen? Vnd sie sandten boten zu den Bürgern Kiriath Jearim/vnd liessen jnen sagen/Die Philister haben die Lade des HERRN wider bracht/Kompt erab vnd holet sie zu euch hinauff.

VII.

Also kamen die leut von Kiriath Jearim/vnd holeten die Lade des HERRN hinauff/vnd brachten sie ins haus Abi Nadab zu Gibea/vnd seinen son Eleasar weiheten sie/das er der Lade des HERRN hütet/Vnd von dem tag an/da die Lade des HERRN zu Kiriath Jearim bleib/verzog sich die zeit so lange bis zwenzig jar wurden/vnd das gantz Haus Israel weinet fur dem HERRN.

(Weinete) Das ist/sie trugen leide vnd klagten dem HERRN jr leid.

Samuel aber sprach zum gantzen Hause Israel/So jr euch mit gantzem hertzen bekeret zu dem HERRN/so thut von euch die fremden Götter vnd Astharoth/vnd richtet ewer hertz zu dem HERRN/vnd dienet vnd dienet jm allein/ſo wird er euch erretten aus der Philiſter hand/ Da thaten die kinder Iſrael von ſich Baalim vnd Aſtharoth/vnd dieneten dem HERRN allein/Samuel aber ſprach/Verſamlet das gantze Iſrael gen Mizpa/das ich fur euch bitte zum HERRN/Vnd ſie kamen zu ſamen gen Mizpa/vnd ſchepfften waſſer vnd goſſens aus fur dem HERRN/vnd faſteten den ſelben tag/vnd ſprachen da ſelbs/ Wir haben dem HERRN geſundigt/Alſo richtet Samuel die kinder Iſrael zu Mizpa.

Da aber die Philiſter hoͤreten/das die kinder Iſrael zu ſamen komen waren gen Mizpa/zogen die Fuͤrſten der Philiſter hinauff wider Iſrael/Da das die kinder Iſrael hoͤreten/furchten ſie ſich fur den Phi liſtern/vnd ſprachen zu Samuel/Las nicht ab fur vns zu ſchreien zu dem HERRN vnſerm Got/das er vns helffe aus der Philiſter hand/ Samuel nam ein fett lamb/vnd opfferte dem HERRN ein gantz Brandopffer/vnd ſchrey zum HERRN fur Iſrael/vnd der HERR erhoͤret jn.

Vnd jnn dem Samuel das Brandopffer opfferte/kamen die Phi liſter erzu/zu ſtreiten wider Iſrael/Aber der HERR lies donnern einen groſſen donner vber die Philiſter des ſelben tags/vnd ſchreckt ſie/ das ſie fur Iſrael geſchlagen wurden/Da zogen die menner Iſrael aus von Mizpa/vnd jagten die Philiſter vnd ſchlugen ſie bis vnter BethCar/Da nam Samuel einen ſtein/vnd ſetzt jn zwiſſchen Mizpa vnd Sen/vnd hies jn EbenEzer/vnd ſprach/Bis hieher hat vns der HERR geholffen/Alſo wurden die Philiſter gedempfft/vnd kamen nicht mehr jnn die grentze Iſrael/Vnd die hand des HERRN war wider die Philiſter/ſo lange Samuel lebt.

Alſo worden Iſrael die ſtedte wider/die die Philiſter jnen genomen hatten/von Ekron an bis gen Gath/ſampt jren grentzen/die erretet Iſrael von der hand der Philiſter/denn Iſrael hatte fride mit den Amoritern/Samuel aber richtet Iſrael ſein leben lang/vnd zog jerlich vmbher zu BethEl vnd Gilgal vnd Mizpa/Vnd wenn er Iſrael an alle dieſen orten gerichtet hatte/kam er wider gen Ramath/denn da war ſein haus/vnd richtet Iſrael daſelbs/vnd bawet dem HERREN daſelbs einen Altar.

VIII.

DA aber Samuel alt ward/ſatzt er ſeine ſoͤne zu Richter vber Iſrael/Sein erſtgeborner ſon hies Joel/vnd der ander Abia/vnd waren Richter zu Berſaba/Aber ſeine ſoͤne wandelten nicht jnn ſeinem wege/ſondern neigeten ſich zum geitz/vnd namen geſchenck vnd beugeten das Recht/Da verſamleten ſich alle Elteſten jnn Iſrael/ vnd kamen gen Ramath zu Samuel/vnd ſprachen zu jm/Sihe/du biſt alt worden/vnd deine ſoͤne wandeln nicht jnn deinen wegen/So ſetze nu einen Koͤnig vber vns/der vns richte/wie alle Heiden haben.

Das geſiel Samuel vbel/das ſie ſagten/Gib vns einen Koͤnig der vns richte/Vnd Samuel bettet fur dem HERRN/Der HERR ſprach aber zu Samuel/Gehorche der ſtim des volcks jnn allem das ſie zu dir geſagt haben/Denn ſie haben nicht dich/ſondern mich verworffen/

Das Buch

worffen/das ich nicht sol König vber sie sein/Sie thun dir/wie sie jmer gethan haben/von dem tage an/da ich sie aus Egypten füret/ bis auff diesen tag/vnd haben mich verlassen/vnd andern Göttern gedienet/So gehorche nu jrer stim/Doch bezeuge jnen vnd verkündige jnen das Recht des Königs/der vber sie herrschen wird.

Vnd Samuel sagt alle wort des HERRN dem volck/das von jm einen König foddert. Das wird des Königs Recht sein/der vber euch herrschen wird/Ewre söne wird er nemen zu seinem wagen/vnd reuteren/die fur seinem wagen her draben/vnd zu Heubtleuten vber tausent/vnd vber funffzig/vnd zu acker leuten/die jm seinen acker bawen/vnd zu schnittern jnn seiner erndte/vnd das sie seinen harnisch/ vnd was zu seinen wagen gehört/machen. Ewre töchter aber wird er nemen/das sie apotekerin/köchin vnd beckerin seien. Ewre beste ecker vnd weinberge vnd ölegarten wird er nemen/vnd seinen knechten geben/dazu von ewr saat vnd weinbergen wird er den zehenden nemen/ vnd seinen Kemerern vnd knechten geben. Vnd ewre knechte vnd megde/vnd ewre feineste jünglinge/vnd ewre esel/wird er nemen/vnd sein geschefft damit ausrichten/Von ewern Herden wird er den zehenden nemen/vnd jr müsset seine knechte sein. Wenn jr denn schreien werdet zu der zeit vber ewrn König/den jr euch erwelet habt/so wird euch der HERR zu der selben zeit nicht erhören.

Aber das volck wegert sich zugehorchen der stimme Samuel/vnd sprachen/Mit nichte/Sondern es sol ein König vber vns sein/das wir seien auch wie alle ander Heiden/das vns vnser König richte/vnd fur vns heraus zihe/wenn wir vnsere kriege füren. Da gehorcht Samuel alle dem/das das volck saget/vnd sagets fur den ohren des HERRN. Der HERR aber sprach zu Samuel/Gehorche jrer stim/vnd mache jnen einen König. Vnd Samuel sprach zu den mennern Israel. Gehet hin ein jglicher jnn seine stad.

IX.

Es war aber ein man von Ben Jamin/mit namen Kis/ ein son AbiEl/des sons Zeror/des sons Bechorath/ des sons Apiah/des sons eins mans Jemini/ein ehrlicher man/Der hatte einen son mit namen Saul/der war ein feiner jüngeling/vnd war kein feiner vnter den kindern Israel/eins heubts lenger/denn alles volck. Es hatte aber Kis der vater Saul seine eselinnen verloren/vnd er sprach zu seinem son Saul/Nim der knaben einen mit dir/mach dich auff/ gehe hin vnd suche die eselinnen/ Vnd er gieng durch das gebirge Ephraim/vnd durch das land Salisa/vnd funden sie nicht/Sie giengen durchs land Saalim/vnd sie waren nicht da/Sie giengen durchs land Jemini/vnd funden sie nicht.

Da sie aber kamen jns land Zuph/sprach Saul zu dem knaben der mit jm war/Kom/las vns wider heim gehen/mein vater möcht von den eselinnen lassen/vnd fur vns sorgen/Er aber sprach/Sihe/ es ist ein berümpter man Gottes jnn dieser stad/alles was er sagt/das geschicht/Nu las vns dahin gehen/villeicht sagt er vns vnsern weg/ den wir den wir gehen/Saul aber sprach zu seinem knaben/Wenn wir schon hin gehen/was bringen wir dem man? Denn das brod ist dahin aus vnserm sack/so haben wir sonst keine gabe/die wir dem man Gottes bringen/Was haben wir? Der knabe antwortet wider/vnd sprach/Sihe/ich hab ein vierteil eins silbern sekels bey mir/den wollen wir dem man Gottes geben/das er vns vnsern weg sage.

Vorzeiten inn Israel/wenn man gieng Gott zu fragen/sprach man/Kompt/lasst vns gehen zu dem Seher/Denn die man jtzt Propheten heisst/die hies man vorzeiten Seher.

Saul sprach zu seinem knaben/Du hast wol gered/kom las vns gehen/Vnd da sie hin giengen zu der stad/da der man Gottes war/vnd zur stad hinauff kamen/funden sie dirnen/die eraus gegangen waren wasser zu schepffen/zu den selben sprachen sie/Ist der Seher hie? Sie antworten jnen/vnd sprachen/Ja/Sihe/da ist er/eile/denn er ist heute inn die stad komen/weil das volck heute zu opffern hat auff der Höhe/Wenn jr inn die stad kompt/so werdet jr jn finden/ehe denn er hinauff gehe auff die Höhe zu essen/Denn das volck wird nicht essen bis er kome/sintemal er segenet das opffer/darnach essen die/so geladen sind/Darumb so gehet hinauff/denn jtzt werdet jr jn eben antreffen.

Vnd da sie hinauff zur stad kamen/vnd mitten inn der stad waren/Sihe/da gieng Samuel eraus jnen entgegen/vnd wolt auff die Höhe gehen/Aber der HERR hatte Samuel seinen ohren offenbart einen tag zuuor/ehe denn Saul kam/vnd gesaget/Morgen vmb diese zeit wil ich einen man zu dir senden/aus dem land BenJamin/den soltu zum Fürsten salben vber mein volck Israel/das er mein volck erlöse von der Philister hand/denn ich hab mein volck angesehen/vnd sein geschrey ist fur mich komen/Da nu Samuel Saul ansahe/antwortet jm der HERR/Sihe/das ist der man/dauon ich dir gesagt habe/das er vber mein volck herrsche.

Da trat Saul zu Samuel vnter dem thor/vnd sprach/Sage mir/wo ist hie des Sehers haus? Samuel antwort Saul/vnd sprach/Ich bin der Seher/Gehe fur mir hinauff/auff die Höhe/denn du wirst heute mit mir essen/morgen wil ich dich lassen gehen/vnd alles was jnn deinem hertzen ist/wil ich dir sagen/vnd vmb die eselinnen/die du fur dreien tagen verloren hast/bekümmere dich jtzt nicht/sie sind gefunden/Vnd wes wird sein alles was lieblich ist jnn Israel? wirds nicht dein vnd deines vaters gantzes hauses sein? Saul antwortet/Bin ich nicht ein son von Jemini/vnd von den geringsten stemmen Israel/vnd mein geschlecht das kleinest vnter allen geschlechten der stemme BenJamin? Warumb sagestu denn mir solches?

Samuel aber nam Saul vnd seinen knaben/vnd füret sie jnn die esseleuben/vnd setzt sie oben an vnter die/so geladen waren/der war bey dreissig man/Vnd Samuel sprach zu dem koch/Gib her das stück das ich dir gab/vnd befalh/du soltest es bey dir behalten/Da trug der koch eine schulder auff/vnd was daran hieng/vnd er legt es Saul fur/vnd sprach/Sihe/das ist vberblieben/lege fur dich vnd iss/denn es ist zu dieser zeit auff dich behalten/da ich das volck lud/Also ass Saul mit Samuel des tags.   D   Vnd da

Das Buch

Vnd da sie hinab giengen von der Höhe zur stad/ redet er mit Saul auff dem dache/ Vnd stunden frue auff/ vnd da die morgen röt auff gieng/ rieff Samuel dem Saul auff dem dach/ vnd sprach/ Auff/ das ich dich gehen lasse/ vnd Saul macht sich auff/ vnd die beide giengen mit einander hinaus/ er vnd Samuel/ Vnd da sie kamen hinab an der stad ende/ sprach Samuel zu Saul/ Sage dem knaben das er fur vns hin gehe/ Vnd er gieng vor hin/ Du aber stehe jtzt stille/ das ich dir kund thu/ was Gott gesagt hat.

X.

DA nam Samuel ein öle glas vnd gos auff sein heubt vnd küsset jn/ vnd sprach/ Sihestu/ das dich der HERR zum Fürsten vber sein erbteil gesalbet hat? Wenn du jtzt von mir gehest/ so wirstu zween menner finden bey dem grabe Rahel jnn der grentze BenJamin zu Zelzah/ die werden zu dir sagen/ Die eselinne sind gefunden/ die du zu suchen bist gegangen/ Vnd sihe/ dein vater hat die esel aus der acht gelassen/ vnd sorget vmb euch/ vnd spricht/ Was sol ich vmb meinen son thun?

Vnd wenn du dich von dannen furbas wendest/ so wirstu komen zu der eichen Thabor/ da werden dich daselbs antreffen drey menner/ die hinauff gehen zu Gott gen Beth-El/ einer tregt drey böcklin/ der ander drey stück brods/ der dritte ein flasschen mit wein/ vnd sie werden dich freundlich grüssen/ vnd dir zwey brod geben/ das soltu von jren henden nemen/ Darnach wirstu komen auff den hügel Gottes/ da der Philister lager ist/ vñ wen du daselbs jnn die stad komest/ wird dir begegen ein

Samuel. LXIIII.

gen ein hauffen Propheten von der Höhe erab komend/vnd fur jnen her ein psalter vnd pancken vnd pfeiffen vnd harffen/vnd sie weissagen/vnd der Geist des HERRN wird vber dich geraten/das du mit jnen weissagest/Da wirstu ein ander man werden.

Wenn dir nu diese zeichen komen/so thu was dir vnter handen kompt/denn Gott ist mit dir/Du solt aber fur mir hinab gehen gen Gilgal/Sihe/da wil ich zu dir hinab komen/zu opffern Brandopffer vnd Danckopffer/Sieben tage soltu harren bis ich zu dir kome/vnd dir kund thu/was du thun solt/Vnd da er seine schuldern wandte/ das er von Samuel gienge/gab jm Gott ein ander hertz/vnd kamen alle diese zeichen auff den selben tag.

Vnd da sie kamen an den hügel/Sihe/da kam jm ein Propheten hauffe entgegen/vnd der Geist Gottes geriet vber jn/das er vnter jnen weissaget/Da jn aber sahen alle/die jn vorhin gekand hatten/ das er mit den Propheten weissagtet/sprachen sie alle vnternander/ Was ist dem son Kis geschehen? Ist Saul auch vnter den Propheten? Vnd einer daselbs antwortet/vnd sprach/Wer ist jr vater? Da her ist das sprichwort komen/Ist Saul auch vnter den Propheten? Vnd da er ausgeweissagt hatte/kam er auff die Höhe.

(Wer ist jr vater) Das ist/lasst sie weissagen/Ists doch nicht vom vater angeborn/ sondern von Gott/ der ist der rechte vater.

Es sprach aber Sauls vetter zu jm vnd zu seinem knaben/Wo seit jr hin gegangen? Sie antworten/die esel zu suchen/vnd da wir sahen/das sie nicht da waren/kamen wir zu Samuel/Da sprach der vetter Saul/Sage mir/was sagt euch Samuel? Saul antwort seinem vettern/Er sagt vns/das die eselinnen gefunden weren/Aber von dem Königreich sagt er jm nicht/was Samuel gesagt hatte.

Samuel aber berieff das volck zum HERRN gen Mizpa/vnd sprach zu den kindern Israel/So sagt der HERR der Gott Israel/ Ich hab Israel aus Egypten gefüret/vnd euch von der Egypter hand errettet/vnd von der hand aller Königreiche die euch zwungen/Vnd jr habt heute ewrn Gott verworffen/der euch aus alle ewrem vnglück vnd trübsal geholffen hat/vnd sprecht zu jm/Setze einen König vber vns/Wolan/so trettet nu fur den HERRN/nach ewren stemmen vnd freundschafften.

Da nu Samuel alle stemme Israel erzu bracht/ward getroffen der stam Ben Jamin/Vnd da er den stam Ben Jamin erzu bracht mit seinen geschlechten/ward getroffen das geschlecht Matri/vnd ward getroffen Saul der son Kis/vnd sie suchten jn/aber sie funden jn nicht/Da fragten sie forder den HERRN/Wird er auch noch her komen? Der HERR antwortet/Sihe/er hat sich vnter die fass versteckt/ Da lieffen sie hin vnd holeten jn/Vnd da er vnter das volck trat/war er eins heubts lenger denn alles volck/Vnd Samuel sprach zu allem volck/Da sehet jr/welchen der HERR erwelet hat/denn jm ist kein gleicher jnn allem volck/Da jauchzet alles volck/vnd sprach/Glück zu dem Könige.

Ehre sol man fliehen/vnd sich da zu treiben lassen.

Samuel aber saget dem volck alle Recht des Königreichs vnd schreibs jnn ein buch/vnd legt es fur den HERRN/Vnd Samuel lies alles volck gehen einen jglichen jnn sein haus/Vnd Saul gieng auch heim gen Gibea/vnd gieng mit jm des heers ein teil/welcher hertz

D ij   Gott

Das Buch

Gott rürete/Aber etliche lose leute sprachen/Was solt vns dieser helffen? vnd verachteten jn/vnd brachten jm kein geschenck. Aber er thet als höret ers nicht.

XI.

Es zog aber erauff Nahas der Amoniter/vnd belagerte Jabes jnn Gilead/vnd alle menner zu Jabes sprachen zu Nahas/Mache einen Bund mit vns/so wollen wir dir dienen/Aber Nahas der Amoniter antwortet jnen/Darinn wil ich mit euch einen Bund machen/das ich euch allen das rechte auge aussteche/vnd mache euch zu schanden vnter gantzem Israel/Da sprachen zu jm alle Eltesten zu Jabes/Gib vns sieben tage/das wir boten senden jnn alle grentze Israel/Ist denn kein Heiland/so wollen wir zu dir hinaus gehen.

Da kamen die boten gen Gibea des Sauls/vnd redten solchs fur den ohren des volcks/Da hub alles volck seine stimme auff/vnd weinet/Vnd sihe/da kam Saul vom felde hinder den rindern her/vnd sprach/Was ist dem volck das es weinet? Da erzeleten sie jm die sache der menner von Jabes/Da geriet der Geist Gottes vber jn/als er solche wort höret/vnd sein zorn ergrimmet seer/vnd nam ein par ochsen vnd zustückt sie/vnd sandte jnn alle grentze jnn Israel/durch die boten/vnd lies sagen/Wer nicht auszeucht Saul vnd Samuel nach/des rindern sol man also thun.

Da fiel die furcht des HERRN auffs volck/das sie auszogen/gleich als ein einiger man/vnd man zelet sie zu Basek/vnd der kinder Israel waren drey hundert mal tausent man/vnd der kinder Juda dreissig tausent/vnd sie sagten den boten die komen waren/Also sagt den mennern zu JabesGilead/Morgen sol euch hülffe geschehen/wenn die Sonne am heissesten ist. Da die boten kamen vnd verkündigeten das den mennern zu Jabes/wurden sie fro/Vnd die menner Jabes sprachen/Morgen wollen wir zu euch hinaus gehen/das jr vns thut alles was euch gefellet.

Vnd des andern morgens stellet Saul das volck jnn drey spitzen/vnd kam ins Lager vmb die morgenwache/vnd schlug die Amoniter bis der tag am heissesten ward/Welche aber vberblieben/wurden also zustrewet/das jr nicht zween mit einander blieben/Da sprach das volck zu Samuel/Wer sind sie/die da sagten/Solt Saul vber vns herrschen? Gebt sie her die menner/das wir sie tödten. Saul aber sprach/Es sol auff diesen tag niemand sterben/denn der HERR hat heute heil gegeben jnn Israel.

Samuel sprach zum volck/Kompt/lasst vns gen Gilgal gehen/vnd das Königreich daselbs ernewen/Da gieng alles volck gen Gilgal/vnd machten daselbst Saul zum Könige fur dem HERRN zu Gilgal/vnd opfferten Danckopffer fur dem HERRN/Vnd Saul sampt allen mennern Israel freweten sich daselbs fast seer.

XII.

Da sprach

Samuel. LXV.

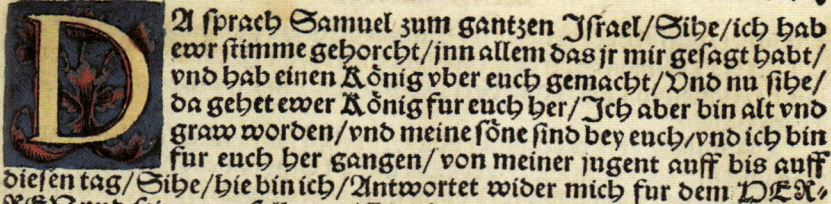

DA sprach Samuel zum gantzen Jsrael/Sihe/ich hab ewr stimme gehorcht/jnn allem das jr mir gesagt habt/ vnd hab einen König vber euch gemacht/Vnd nu sihe/ da gehet ewer König fur euch her/Jch aber bin alt vnd graw worden/vnd meine söne sind bey euch/vnd ich bin fur euch her gangen/von meiner jugent auff bis auff diesen tag/Sihe/hie bin ich/Antwortet wider mich fur dem HERREN vnd seinem gesalbeten/Ob ich jemands ochsen oder esel genomen hab/ob ich jemand hab gewalt vnd vnrecht gethan/ob ich jemand vnterdruckt hab/ob ich von jemands hand ein geschenck genomen habe vnd heimlich gehalten/so wil ichs euch wider geben.

Sie sprachen/Du hast vns kein gewalt noch vnrecht gethan/ noch vnterdruckt/vnd von niemands hand etwas genomen. Er sprach zu jnen/Der HERR sey zeuge wider euch/vnd sein gesalbter heutes tags/das jr nichts jnn meiner hand funden habt/Sie sprachen/Ja/ zeugen sollen sie sein/Vnd Samuel sprach zum volck/Ja/der HERR der Mose vnd Aaron gemacht hat vnd ewre Veter aus Egypten land gefurt hat/So tretet nu her/das ich euch richte fur dem HERRN/ vber aller gerechtigkeit des HERRN/die er an euch vnd ewrn Vetern gethan hat.

Als Jacob jnn Egypten komen war/schrien ewre Veter zu dem HERRN/vnd er sandte Mosen vnd Aaron/das sie ewre Veter aus Egypten füreten/vnd sie an diesem ort wonen liessen/Aber da sie des HERRN jrs Gottes vergassen/verkaufft er sie vnter die gewalt Sissera/des Heubtman zu Hazor/vnd vnter die gewalt der Philister/vnd vnter die gewalt des Königs der Moabiter/die stritten wider sie/Vnd schrien aber zum HERRN/vnd sprachen/Wir haben gesundigt/ das wir den HERRN verlassen/vnd Baalim vnd Astharoth gedienet haben/Nu aber errette vns von der hand vnser feinde/so wollen wir dir dienen/Da sandte der HERR Jerubaal/Bedan/Jephthah vnd Samuel vnd errettet euch von ewr feinde hende vmbher/vnd lies euch sicher wonen.

Da jr aber sahet/das Nahas der König der kinder Ammon wider euch kam/spracht jr zu mir/Nicht du/sondern ein König sol vber vns herrschen/so doch der HERR ewr Gott ewr König war/Nu/da habt jr ewrn König/den jr erwelet vnd gebeten habt/Denn sihe/der HERR hat einen König vber euch gesetzt/Werdet jr nu den HERREN fürchten/vnd jm dienen/vnd seiner stimme gehorchen/vnd dem munde des HERRN nicht vngehorsam sein/so werdet beide jr vnd ewr König/der vber euch herrschet/dem HERRN ewrem Gott folgen. Werdet jr aber des HERRN stimme nicht gehorchen/sondern seinem munde vngehorsam sein/so wird die hand des HERRN wider euch vnd wider ewr Veter sein.

Auch tretet nu her vnd sehet das gros ding/das der HERR fur ewrn augen thun wird/Jst nicht jtzt die weitzen erndte? Jch wil aber den HERRN anruffen/das er sol donnern vnd regen lassen/das jr innen werdet vnd sehen solt/das gros vbel/das jr fur des HERRN augen gethan habt/das jr euch einen König gebeten habt. Vnd da Samuel den HERRN anrieff/lies der HERR donnern vnd regen desselben tags/Da furcht das gantze volck seer den HERRN vnd

D iij Samuel

Gott bestetigt den König vnd zürnet doch/das sie jn erwelet/hatten/Das ist so viel/Sie theten vbel/das sie jr vertrawen von Gott auff einen menschen vnd sich selbs satzten/so sie bisher so offt on König durch Gott errettet waren/ Dazu/weil jnen versprochen war/ Könige zu haben lesst es Gott nicht zu/das sie jn welen/sondern er selb welet/auff das bestehe/das alles was Gott nicht anseher vnd thut/ nichts gelte fur Gott.

Das Buch

Samuel/vnd sprachen alle zu Samuel/Bitte fur deine knechte den HERRN deinen Gott/das wir nicht sterben/denn vber alle vnser sunde/haben wir auch das vbel gethan/das wir vns einen König gebeten haben.

Samuel aber sprach zum volck/Fürcht euch nicht/jr habt zwar das vbel alles gethan/Doch weichet nicht hinder dem HERRN ab/sondern dienet dem HERRN von gantzem hertzen/vnd weicht nicht dem eitelen nach/denn es nutzet euch nicht/vnd kan euch nicht erretten/weil es ein eitel ding ist/Denn der HERR wird sein volck nicht verlassen/vmb seines grossen namens willen/denn der HERR hat angefangen/euch jm selb zum volck zu machen.

Es sey aber auch ferne von mir/mich also an dem HERRN zu versundigen/das ich solt ablassen fur euch zu beten/vnd euch zu leren den guten vnd richtigen weg/Fürchtet nur den HERRN/vnd dienet jm trewlich von gantzem hertzen/denn jr habt gesehen/wie grosse ding er mit euch thut/Werdet jr aber vbel handeln/so werdet beide jr vnd ewr König verloren sein.

XIII.

Aul warein jar König gewesen/vnd da er zwey jar vber Israel regirt hatte/erwelet er jm drey tausent man aus Israel/zweytausent waren mit Saul zu Michmas vnd auff dem gebirge BethEl/vnd ein tausent mit Jonathan zu Gibea Ben Jamin/das ander volck aber lies er gehen einen jglichen jnn seine hütten/Jonathan aber schlug die Philister jnn jrem lager/die zu Gibea war/das kam fur die Philister. Vnd Saul lies die posaunen blasen im gantzen land/vnd sagen/Jr Ebreer höret zu/Vnd gantz Israel höret sagen/Saul hat der Philister lager geschlagen/denn Israel stanck fur den Philistern/vnd alles volck schrey Saul nach gen Gilgal.

Da versamleten sich die Philister zu streiten mit Israel/dreissig tausent wagen/sechs tausent reuter/vnd sonst volck/so viel wie sand am rand des meers/vnd zogen erauff vnd lagerten sich zu Michmas gegen morgen fur BethAuen. Da das sahen die menner Israel/das sie jnn nöten waren (denn dem volck war bange) verkrochen sie sich jnn die hole vnd klüfften vnd felsen vnd löcher vnd gruben/Die Ebreer aber giengen vber den Jordan jns land Gad vnd Gilead/Saul aber war noch zu Gilgal/vnd alles volck ward hinder jm zag/Da harret er sieben tage/auff die zeit von Samuel bestimpt/Vnd da Samuel nicht kam gen Gilgal/zurstrewet sich das volck von jm.

Da sprach Saul/Bringet mir her Brandopffer vnd Danckopffer/vnd er opfferte Brandopffer. Als er aber das Brandopffer vollendet hatte/sihe/da kam Samuel/Da gieng Saul hinaus jm entgegen jn zu segenen/Samuel aber sprach/Was hastu gemacht? Saul antwort/Ich sahe/das das volck sich von mir zustrewet/vnd du kamest nicht zu rechter zeit/vnd die Philister waren versamlet zu Michmas/da sprach ich/Nu werden die Philister zu mir erab komen gen Gilgal/vnd ich hab das angesicht des HERRN nicht erbeten/da wagt ichs vnd opfferte Brandopffer.

Samuel

Samuel.

Samuel aber sprach zu Saul/Du hast thörlich gethan/vnd nicht gehalten des HERRN deines Gottes gebot/das er dir geboten hat/ Denn er hette dein Reich bestetigt vber Jsrael fur vnd fur/ Aber nu wird dein Reich nicht bestehen/Der HERR hat jm einen man ersucht nach seinem hertzen/dem hat der HERR geboten/Fürst zu sein vber sein volck/denn du hast des HERRN gebot nicht gehalten/ Vnd Samuel macht sich auff/vnd gieng von Gilgal gen Gibea Ben Jamin.

Aber Saul zelet das volck das bey jm war/bey sechs hundert man/Saul aber vnd sein son Jonathan/vnd das volck das bey jm war/blieben auff dem hügel Ben Jamin/Die Philister aber hatten sich gelagert zu Michmas/Vnd aus dem lager der Philister zogen drey spitzen das land zu verheeren/Eine wand sich auff die strasse gen Ephra/jns land Saul/Die ander wand sich auff die strasse Beth Horon/Die dritte wand sich auff die strasse/die da langet an das tal Zeboim/an der wüsten.

Es ward aber kein schmid im gantzen lande Jsrael erfunden/ denn die Philister gedachten/die Ebreer möchten schwert vnd spies machen/vnd muste gantz Jsrael hinab ziehen zu den Philistern/wenn jemand hatte ein pflugschar/hawen/beil oder sensen zu scherffen/ vnd die schneiten an den sensen/vnd hawen vnd gabbeln vnd beilen/ waren abgearbeitet/vnd die stachel stumpff worden/Da nu der streittag kam/ward kein schwert noch spies funden jnn des gantzen volcks hand/das mit Saul vnd Jonathan war/on Saul vnd sein son hatten woffen/Vnd der Philister lager zog eraus fur Michmas vber.

XIIII.

Es begab sich zu der zeit/das Jonathan der son Saul sprach zu seinem knaben/der sein waffen treger war/ Kom/las vns hinüber gehen zu der Philister lager/das da drüben ist/vnd sagts seinem vater nicht an. Saul aber bleib zu Gibea am ende/vnter einem granaten baum/der jnn der vorstad war/Vnd des volcks das bey jm war/war bey sechs hundert man/Vnd Abia der son Ahitob Jcabods bruder/Pinehas son des sons Eli/war Priester des HERRN zu Silo/vnd trug den Leibrock an/Das volck wuste auch nicht/das Jonathan war hin gegangen.

Es waren aber an dem wege/da Jonathan sucht hinüber zu gehen zu der Philister lager/zween spitze felsen/einer disseit/der ander jenseit/der eine hies Bozez/der ander Senne/Vnd einer sahe von mitternacht gegen Michmas/vnd der ander von mittag gegen Gaba/ Vnd Jonathan sprach zu seinem waffen treger/Kom/las vns hinüber gehen/zu dem lager dieser vnbeschnitten/villeicht wird der HERR etwas durch vns ausrichten/Denn es ist dem HERRn nicht schwer/ durch viel oder wenig/helffen/Da antwort jm sein waffen treger/ Thu alles was jnn deinem hertzen ist/far hin/sihe/ich bin mit dir/wie dein hertz wil.

Jonathan sprach/Wolan/wenn wir hinüber komen zu den leuten vnd jnen jns gesicht komen/Werden sie denn sagen/Stehet stille/bis

D iiij wir an

Das Buch

wir an euch gelangen/ so wollen wir an vnserm ort stehen bleiben/ vnd nicht zu jnen hinauff gehen/ Werden sie aber sagen/ Kompt zu vns erauff/ so wollen wir zu jnen hinauff steigen/ so hat sie vns der HERr jnn vnser hende gegeben/ vnd das sol vns zum zeichen sein.

Da sie nu der Philister lager beide jns gesicht kamen/ sprachen die Philister/ Sihe/ die Ebreer sind aus den löchern gegangen/ darinn sie sich verkrochen hatten/ Vnd die menner im lager antworten Jonathan vnd seinem waffen treger/ vnd sprachen/ Kompt erauff zu vns/ so wollen wir euch wol leren/ Da sprach Jonathan zu seinem waffen treger/ Steige mir nach/ der HERR hat sie gegeben jnn die hende Israel/ Vnd Jonathan klettert mit henden vnd füssen hinauff/ vnd sein waffen treger jm nach.

Da fielen sie fur Jonathan nider/ vnd sein waffen treger würget jm jmer nach/ also/ das die erste schlacht/ die Jonathan vnd sein waffen treger thet/ war bey zwenzig man/ bey nahe jnn halber huffen ackers die ein joch treibet/ Vnd es kam eine flucht jns lager auff dem felde/ vnd im gantzen volck des lagers/ vnd dere die da verheert hatten/ kam auch die flucht an/ also/ das das land erbebet/ Denn es war ein schrecken von Gott/ Vnd die wechter Saul zu Gibea BenJamin sahen/ das der hauffe zu ran/ vnd verlieff sich hin vnd wider.

Saul sprach zu dem volck das bey jm war/ Zelet vnd besehet/ wer von vns sey weg gegangen/ vnd da sie zeleten/ sihe/ da war Jonathan vnd sein waffen treger nicht da/ Da sprach Saul zu Ahia/ Bringe erzu die Lade Gottes/ Denn die Lade Gottes war zu der zeit bey den kindern Israel/ Vnd da Saul noch redet mit dem Priester/ da ward das getümel vnd das lauffen jnn der Philister lager grösser/ Vnd Saul sprach zum Priester/ Zeuch deine hand abe/ Vnd Saul rieff/ vnd alles volck das mit jm war/ vnd kamen zum streit/ Vnd sihe/ da gieng eins jglichen schwert wider den andern/ vnd war ein seer gros getümel.

Auch die Ebreer/ die vorhin bey den Philistern gewesen waren/ vnd mit jnen im lager hinauff gezogen waren vmbher/ theten sich zu Israel/ die mit Saul vnd Jonathan waren/ vnd alle man von Israel/ die sich auff dem gebirge Ephraim verkrochen hatten/ da sie höreten/ das die Philister flohen/ strichen hinder jnen her im streit/ Also halff der HERR zu der zeit Israel/ vnd der streit weret bis gen BethAuen.

Vnd da die menner Israel matt waren/ desselben tags/ beschwur Saul alles volck/ vnd sprach/ Verflucht sey jederman/ wer brod isset/ bis zu abend/ das ich mich an meinen feinden reche/ Da kostet auch alles volck kein brod/ Vnd das gantze land kam jnn den wald/ Es lag aber honig auff dem felde/ Vnd da das volck hinein kam jnn den wald/ sihe/ da flos das honig/ Aber niemand thet desselben mit der hand zu seinem munde/ denn das volck furcht sich fur dem eide.

Jonathan aber hatte nicht gehort/ das sein vater das volck beschworen hatte/ vnd reckte seinen stab aus/ den er jnn seiner hand hatte/ vnd tuncket mit der spitzen jnn den honigseim/ vnd wand seine

hand zu

Samuel. LXVIII.

hand zu seinem munde/da wurden seine augen wacker. Da antwort einer des volcks/vnd sprach/Dein vater hat das volck beschworen/ vnd gesagt/Verflucht sey jederman/der heute etwas jsset/Das volck war aber müde/Da sprach Jonathan/Mein vater hat das land betrübt/Sehet/wie wacker sind meine augen worden/das ich ein wenig dieses honigs gekostet habe/ Hette das volck heute gessen von der beute seiner feinde die es fand/so were auch die schlacht grösser worden wider die Philister/Sie schlugen aber die Philister des tages von Michmas bis gen Aialon/Vnd das volck ward seer müde.

Vnd das volck richtet die ausbeute zu/vnd namen schaf vnd rinder vnd kelber/ vnd schlachtens auff der erden/vnd assens mit dem blut/Da verkündigt man Saul/Sihe/das volck versundigt sich am HERRN/das es blut jsset. Er sprach/ Ir habt vbel gethan/Weltzet her zu mir jtzt einen grossen stein/Vnd Saul sprach weiter/Zustrewet euch vnter das volck/vnd saget jnen/das ein jglicher seinen ochsen vnd seine schafe zu mir bringe/vnd schlachtets alhie/das jrs esset vnd euch nicht versundiget an dem HERRN mit dem blut essen. Da brachte alles volck ein jglicher seinen ochsen mit seiner hand erzu des nachts/ vnd schlachtens daselbs. Vnd Saul bawet dem HERRN einen Altar/Das ist der erst Altar den er dem HERRN bawet.

Vnd Saul sprach/Lasst vns hinab zihen/den Philistern nach bey der nacht/vnd sie berauben/bis das liecht morgen wird/das wir niemand von jnen vber lassen/Sie antworten/Thu alles was dir gefellet. Aber der Priester sprach/Lasst vns hieher zu Gott nahen/ Vnd Saul fragt Gott/Sol ich hinab zihen den Philistern nach? vnd wilt du sie geben jnn Jsraels hende? Aber Er antwortet jm zu der zeit nicht. Da sprach Saul/Lasst erzu tretten alle spitzen des volcks/vnd erfaret vnd sehet/an welchem diese sunde sey zu dieser zeit/ Denn so war der HERR lebt der Heiland Jsrael/Vnd ob sie gleich an meinem son Jonathan were/so sol er sterben/Vnd niemand antwortet jm aus dem gantzen volck.

Vnd er sprach zu dem gantzen Jsrael/Seit jr auff jhener seiten/ich vnd mein son Jonathan wollen sein auff dieser seiten/ Das volck sprach zu Saul/Thu was dir gefellet. Vnd Saul sprach zu dem HERRN dem Gott Jsrael/Schaff was recht ist. Da ward Jonathan vnd Saul troffen/Aber das volck gieng frey aus/Saul sprach/ Werffet vber mich vnd meinen son Jonathan/Da ward Jonathan troffen. Vnd Saul sprach zu Jonathan/ Sage mir/ was hastu gethan? Jonathan sagts jm vnd sprach/Ich hab ein wenig honigs gekostet/mit dem stabe den ich jnn meiner hand hatte/vnd sihe/ich mus drumb sterben.

Da sprach Saul/Gott thu mir dis vnd das/Jonathan du must des tods sterben/Aber das volck sprach zu Saul/Solt Jonathan sterben/der ein solch gros heil jnn Jsrael gethan hat? Das sey ferne/So war der HERR lebt/es sol kein har von seinem heubt auff die erden fallen/denn Gott hats durch jn gethan. Also erlöset das volck Jonathan/das er nicht sterben muste/Da zog Saul erauff von den Philistern/vnd die Philister zogen an jren ort.

Aber da

Das Buch

Aber da Saul das Reich vber Jsrael eingenomen hatte/streit er wider alle seine feinde vmbher/wider die Moabiter/wider die kinder Amon/wider die Edomiter/wider die Könige Zoba/wider die Philister/vnd wo er sich hin wand/da vbet er straffe/vnd macht ein heer/ vnd schlug die Amalekiter/vnd errettet Jsrael von der hand aller die sie zwacketen.

Saul aber hatte söne/Jonathan/Jswi/Malchisua/vnd seine zwo töchter hiessen also/die erstgeborne Merob/vnd die jüngste Michal/ vnd das weib Saul hies Ahinoam/ein töchter Ahimaaz/Vnd sein Feldheubtman hies Abner/ein son Ner/Sauls vettern/Kis aber war Sauls vater/Ner aber Abners vater/war ein son AbiEl.

Es war aber ein harter streit wider die Philister/so lange Saul lebet/vnd wo Saul sahe einen rüstigen vnd redlichen man/den nam er zu sich.

XV.

Amuel aber sprach zu Saul/Der HERR hat mich gesand/das ich dich zum Könige salbete vber sein volck Jsrael/so höre nu die stim der wort des HERRN/So spricht der HERR Zebaoth/Jch habe bedacht/was Amalek Jsrael thet/vnd wie er jm den weg verlegt/da er aus Egypten zog/So zeuch nu hin vnd schlag die Amalekiter/vnd verbanne sie mit allem das sie haben/ Schone seiner nicht/sondern tödte beide man vnd weib/kinder vnd seuglinge/ochsen vnd schafe/Camel vnd esel.

Saul lies solchs fur das volck komen/vnd er zelet sie zu Telaim/ zwey hundert tausent fusvolcks/vnd zehen tausent man aus Juda/ Vnd da Saul kam zu der Amalekiter stad/macht er einen hinderhalt am bach/Vnd lies dem Keniter sagen/Gehet hin/weicht vnd zihet erab von den Amalekitern/das ich euch nicht mit jm auffreume/Denn jr thatet barmhertzigkeit an allen kindern Jsrael/da sie aus Egypten zogen/Also machten sich die Keniter von den Amalekitern.

Da schlug Saul die Amalekiter von Heuila an bis gen Sur/die fur Egypten ligt/vnd greiff Agag der Amalekiter König lebendig/ vnd alles volck verbannet er mit des schwerts scherffe/Aber Saul vnd das volck schonete des Agag/vnd was gute schaf vnd rinder/vnd gemestet war/vnd den lemmern/vnd allem was gut war/vnd woltens nicht verbannen/Was aber schnöde vnd vntüchtig war/das verbanneten sie.

Da geschach des HERRN wort zu Samuel/vnd sprach/Es rewet mich/das ich Saul zum Könige gemacht habe/Denn er hat sich hinder mir abgewand/vnd meine wort nicht erfüllet/Des ward Samuel zornig/vnd schrey zu dem HERRN die gantze nacht/Vnd Samuel macht sich frue auff/das er Saul am morgen begegenet/vnd jm ward angesagt/das Saul gen Charmel komen were/vnd hette jm ein Siegzeichen auffgericht/vnd were erumbgezogen/vnd gen Gilgal hinab komen.

Als nu Samuel zu Saul kam/sprach Saul zu jm/Gesegnet seistu dem HERRN/Jch hab des HERRN wort erfüllet/Samuel antwort/

Samuel.   LXIX.

antwort/ Was ist denn das fur ein geschrey der schafe jnn meinen ohren/vnd ein geschrey der rinder/die ich höre? Saul sprach/Von den Amalekitern haben sie sie bracht/denn das volck verschonete den besten schafen vnd rindern/vmb des opffers willen des HERRN deines Gottes/das ander haben wir verbannet.

Samuel aber antwort Saul/Las dir sagen/was der HERR mit mir gered hat diese nacht/Er sprach/Sage her/Samuel sprach/ Jsts nicht also/da du klein warest fur deinen augen/wurdest du das Heubt vnter den stemmen Jsrael? vnd der HERR salbete dich zum Könige vber Jsrael? Vnd der HERR sandte dich auff den weg/vnd sprach/Zeuch hin vnd verbanne die sunder/die Amalekiter/vnd streite wider sie/bis du sie vertilgest/Warumb hastu nicht gehorchet des HERRN stim? sondern hast dich zum raub gewand/vnd vbel gehandelt fur den augen des HERRN.

Saul antwort Samuel/Hab ich doch der stim des HERRN gehorcht/vnd bin hin gezogen des wegs/den mich der HERR sandte/vnd hab Agag der Amalekiter König bracht/vnd die Amalekiter verbannet/Aber das volck hat des raubs genomen/schaf vnd rinder/ das beste vnter dem verbanten/dem HERRN deinem Gott zu opffern jnn Gilgal/Samuel aber sprach/Meinstu/das der HERR lust hab am opffer vnd Brandopffer/als am gehorsam der stim des HERRN? Sihe/Gehorsam ist besser denn opffer/vnd auffmercken besser denn das fett von widern/Denn vngehorsam ist ein zenberey sunde/vnd widerstreben ist abgötterey vnd götzen dienst/Weil du nu des HERRN wort verworffen hast/hat er dich auch verworffen/ das du nicht König seiest.

Da sprach Saul zu Samuel/ Ich hab gesundigt/das ich des HERRN befelh vnd deine wort vbergangen habe/denn ich forchte das volck/vnd gehorchet jrer stim/Vnd nu vergib mir die sunde/vnd kere mit mir vmb/das ich den HERRN anbete/Samuel sprach zu Saul/Ich wil nicht mit dir vmbkeren/denn du hast des HERRN wort verworffen/vnd der HERR hat dich auch verworffen/das du nicht König seiest vber Jsrael. Vnd als sich Samuel vmbwand/das er weg gienge/ergreiff er jn bey eim zipffel seins rocks/vnd er zureis/ Da sprach Samuel zu jm/Der HERR hat das Königreich Jsrael heute von dir gerissen/vnd deinem nehesten gegeben/der besser ist denn du/Auch leugt der Helt jnn Jsrael nicht/vnd gerewet jn nicht/denn er ist nicht ein mensch/das jn etwas gerewen solt.

Er aber sprach/Ich hab gesundigt/aber ehre mich doch jtzt fur den Eltesten meins volcks vnd fur Jsrael/vnd kere mit mir vmb/das ich den HERRN deinen Gott anbete/Also keret Samuel vmb vnd folget Saul nach/das Saul den HERRN anbetet/Samuel aber sprach/Lasst her zu mir bringen Agag der Amalekiter König/Vnd Agag gieng zu jm getrost/vnd sprach/Also mus man des tods bitterkeit vertreiben/Samuel sprach/Wie dein schwert weiber jrer kinder beraubt hat/also sol auch deine mutter kinder beraubt sein vnter den weibern/Also zuhieb Samuel den Agag zu stücken fur dem HERRn jnn Gilgal.

                                                              Vnd

Das Buch

Vnd Samuel gieng hin gen Ramath/Saul aber zog hinauff zu seinem hause zu Gibeath Saul/Vnd Samuel sahe Saul furder nicht mehr/bis an den tag seines tods/Aber doch trug Samuel leide vmb Saul/das den HERRN gerewet hatte/das er Saul zum Könige vber Israel gemacht hatte.

XVI.

Vnd der HERR sprach zu Samuel/Wie lange tregestu leide vmb Saul/den ich verworffen habe/das er nicht König sey vber Israel? Fülle dein horn mit öle/vnd gehe hin/ich wil dich senden zu dem Bethlehemiter Isai/denn vnter seinen sönen hab ich mir einen König ersehen/Samuel aber sprach/Wie sol ich hin gehen? Saul wirds erfaren vnd mich erwürgen/Der HERR sprach/Nim ein kalb von den rindern zu dir/vnd sprich/Ich bin komen dem HERRN zu opffern/Vnd solt Isai zum opffer laden/da wil ich dir weisen/was du thun solt/das du mir salbest/welchen ich dir sagen werde.

Samuel thet wie jm der HERR gesagt hatte/vnd kam gen Bethlehem/Da entsatzten sich die Eltesten der stad/vnd giengen jm entgegen/vnd sprachen/Ists fride/das du komest? Er sprach/Ja/Ich bin komen dem HERRN zu opffern/Heiliget euch/vnd kompt mit mir zum opffer/Vnd er heiliget den Isai vnd seine söne/vnd lud sie zum opffer.

Da sie nu

Samuel.

Da sie nu erein kamen/sahe er den Eliab an/vnd gedacht/ob fur dem HERRN sey sein gesalbter/ Aber der HERR sprach zu Samuel/Sihe nicht an seine gestalt/noch seine grosse person/ich habe jn verworffen/denn es gehet nicht wie ein mensch sihet/Ein mensch sihet was fur augen ist/der HERR aber sihet das hertz an/Da rieff Jsai dem Abinadab vnd lies jn fur Samuel vber gehen/Vnd er sprach/Diesen hat der HERR auch nicht erwelet. Da lies Jsai fur vber gehen Samma/Er aber sprach/ Diesen hat der HERR auch nicht erwelet/Da lies Jsai seine sieben söne fur Samuel vber gehen. Aber Samuel sprach zu Jsai/Der HERR hat der keinen erwelet.

Vnd Samuel sprach zu Jsai/sind das die knaben alle? Er aber sprach/Es ist noch vbrig der kleinest/vnd sihe/er hütet der schaf/Da sprach Samuel zu Jsai/Sende hin vnd las jn holen/denn wir werden vns nicht setzen bis er hieher kome. Da sandte er hin vnd lies jn holen/Vnd er war braunlicht mit hübschen augen vnd guter gestalt/ Vnd der HERR sprach/ Auff/ vnd salbe jn/der ists. Da nam Samuel sein öle horn vnd salbet jn/mitten vnter seinen brüdern/Vnd der Geist des HERRN geriet vber Dauid/von dem tag an vnd furder/ Samuel aber macht sich auff vnd gieng gen Ramath.

Der Geist aber des HERRN weich von Saul/vnd ein böser geist vom HERRN der treib jn/ Da sprachen die knechte Saul zu jm/Sihe/ein böser geist von Gott der treibt dich/vnser Herr sage seinen knechten die fur jm stehen/das sie einen man suchen der auff der harffen vnd seitenspiel künde/auff das/wenn der böse geist Gottes vber dich kompt/ er mit seiner hand spiele / das besser mit dit werde/Da sprach Saul zu seinen knechten/Sehet nach einem man/ders wol kan auff seitten spiel/vnd bringet jn zu mir.

Da antwortet der knaben einer/vnd sprach/Sihe/ich hab gesehen einen son Jsai des Bethlehemiten/der kan auff seiten spiel/ein redlicher man vnd streitbar/ vnd verstendig jnn sachen/ vnd schön/ vnd der HERR ist mit jm/Da sandte Saul boten zu Jsai/vnd lies jm sagen/Sende deinen son Dauid zu mir/der bey den schafen ist. Da nam Jsai einen esel mit brod vnd eine legel weins/vnd ein zigen böcklin / vnd sandte es Saul durch seinen son Dauid. Also kam Dauid zu Saul/vnd trat fur jn/vnd er gewan jn seer lieb/vnd er ward sein waffentreger.

Vnd Saul sandte zu Jsai vnd lies jm sagen/Las Dauid fur mir bleiben/denn er hat gnade funden fur meinen augen. Wenn nu der Geist Gottes vber Saul kam/ so nam Dauid die harffen vnd spielet mit seiner hand/so erquickt sich Saul/vnd ward besser mit jm/vnd der böse geist weich von jm.

XVII.

J   Die Philister

Das Buch

DJe Philister samleten jre heere zum streit/vnd kamen zu samen zu Socho jnn Juda/vnd lagerten sich zwisschen Socho vnd Aseka/am ende Damim. Aber Saul vnd die menner kamen zu samen/vnd lagerten sich im Eichgrunde/vnd rüsten sich zum streit gegen die Philister. Vnd die Philister stunden auff einem berge jenseids/vnd die Israeliter auff einem berge disseids/das ein tal zwisschen jnen war.

Da trat erfur aus den lagern der Philister/ein man ein Kempffer mit namen Goliath von Gath/sechs ellen vnd einer handbreit hoch/ vnd hatte ein ehern helm auff seinem heubt/vnd ein schuppicht pantzer an/vnd das gewicht seins pantzers war funff tausent sekel ertzs/ vnd hatte ehern beinharnisch an seinen schenckeln/vnd ein ehern schilt auff seinen schuldern/vnd der schafft seines spiesses war wie ein weberbaum/vnd das eisen seines spiesses hatte sechs hundert sekel eisens/ vnd sein waffentreger gieng fur jm her.

Vnd er stund vnd rieff zu dem zeug Israel/vnd sprach zu jnen/ Was seid jr ausgezogen euch zu rüsten jnn einen streit? Bin ich nicht ein Philister vnd jr Sauls knechte? Erwelet einen vnter euch/der zu mir erab kome/kan er wider mich streiten/vnd schlegt mich/so wollen wir ewr knechte sein/kan ich aber vber jn vnd schlage jn/so solt jr vnser knechte sein/das jr vns dienet. Vnd der Philister sprach/Ich habe heuts tags dem zeug Israel hohn gesprochen/Gebt mir einen/vnd lasst vns miteinander streiten. Da Saul vnd gantz Israel diese rede des Philisters höreten/entsatzten sie sich vnd furchten sich seer.

Dauid aber war eins Ephratisschen mans son von Bethlehem Juda/der hies Isai/der hatte acht söne/vnd war ein alter man zu Sauls zeiten/vnd war betaget vnter den mennern. Vnd die drey grösten söne Isai waren mit Saul jnn streit gezogen/vnd hiessen mit namen/Eliab der erstgeborne/AbiNadab der ander/vnd Samma der dritte/Dauid aber war der jungst/Da aber die drey eltesten mit Saul jnn krieg zogen/gieng Dauid widerumb von Saul/das er der schafe seines vaters hüte zu Bethlehem. Aber der Philister trat erzu/frue morgens vnd abends/vnd stellet sich dar vierzig tage.

Isai aber sprach zu seinem son Dauid/Nim fur deine brüder diese Epha sangen/vnd diese zehen brod/vnd lauff ins heer zu deinen brüdern/vnd diese zehen weiche kese/vnd bringe sie dem Heubtman/ vnd besuche deine brüder/obs jnen wol gehe/vnd nim was sie dir befelhen. Saul aber vnd sie vnd alle menner Israel waren im Eichgrunde/vnd stritten wider die Philister/Da macht sich Dauid des morgens frue auff/vnd lies die schaf dem hüter/vnd trug vnd gieng hin/wie jm Isai geboten hatte/vnd kam zur wagenburg. Vnd das heer war ausgezogen vnd hatte sich gerüstet/vnd schrien im streit/Denn Israel hatte sich gerüstet/so waren die Philister wider jren zeug auch gerüstet.

Da lies Dauid das gefess das er trug vnter dem hüter der gefess/vnd lieff zu dem zeug/vnd gieng hinein vnd grüsset seine brüder. Vnd da er noch mit jnen redet/sihe/da trat erauff der Kempffer/ mit namen Goliath/der Philister von Gath/aus der Philister zeug/ vnd redet

Samuel. LXXI.

vnd redet wie vorhin/vnd Dauid hörets. Aber jederman/jnn Jsrael/ wenn er den man sahe/flohe er fur jm vnd forcht sich seer/Vnd jederman jnn Jsrael sprach/Habt jr den man gesehen erauff treten? denn er ist erauff getreten Israel hohn zu sprechen/Vnd wer jn schlegt/den wil der König seer reich machen/vnd jm seine tochter geben/vnd wil seins vaters haus frey machen jnn Jsrael.

Da sprach Dauid zu den mennern/die bey jm stunden/Was wird man dem thun/der diesen Philister schlegt/vnd die schande von Jsrael wendet? Denn wer ist der Philister dieser vnbeschnittener/der den zeug des lebendigen Gottes hönet? Da sagt jm das volck/wie vorhin/ So wird man thun dem/der jn schlegt/ Vnd Eliab sein gröster bruder höret jn reden mit den mennern/vnd ergrimmet mit zorn wider Dauid/vnd sprach/Warumb bistu herab komen? vnd warumb hastu die wenige schafe dort jnn der wüsten verlassen/Jch kenne deine vermessenheit wol vnd deins hertzen bosheit/denn du bist erab komen/ das du den streit sehest. Dauid antwortet/Was hab ich denn nu gethan? Jst mirs nicht befolhen? Vnd wand sich von jm gegen einem andern/vnd sprach/wie er vorhin gesagt hatte/Da antwortet jm das volck/wie vorhin.

Vnd da sie die wort hörten die Dauid sagt/verkündigeten sie es fur Saul/vnd er lies jn holen. Vnd Dauid sprach zu Saul/Es entpfalle keinem menschen das hertz vmb des willen/Dein knecht sol hin gehen/vnd mit dem Philister streiten. Saul aber sprach zu Dauid/Du kanst nicht hin gehen wider diesen Philister mit jm zu streiten/denn du bist ein knabe/dieser aber ist ein kriegsman von seiner jugent auff.

Dauid aber sprach zu Saul/Dein knecht hütet der schafe seines vaters/vnd es kam ein Lewe vnd ein Beer/vnd trug ein schaf weg von der herde/vnd ich lieff jm nach vnd schlug jn/vnd errettets aus seinem maul/vnd da er sich vber mich machet/ergreiff ich jn bey seinem bart/ vnd schlug jn vnd tödtet jn/Also hat dein knecht geschlagen beide den Lewen vnd den Beren/So sol nu dieser Philister der vnbeschnittene sein/gleich wie der einer/denn er hat geschendet den zeug des lebendigen Gottes. Vnd Dauid sprach/Der HERR/der mich von dem Lewen vnd Beren errettet hat/der wird mich auch erretten von diesem Philister.

Vnd Saul sprach zu Dauid/Gehe hin/der HERR sey mit dir. Vnd Saul zoch Dauid seine kleider an/vnd setzt jm ein ehern helm auff sein heubt/vnd legt jm ein pantzer an/ Vnd Dauid gürtet sein schwert vber seine kleider/vnd fieng an zu gehen/denn er hats nie versucht. Da sprach Dauid zu Saul/Jch kan nicht also gehen/denn ich bins nicht gewonet/vnd legts von sich/Vnd nam seinen stab jnn seine hand/vnd erwelet funff glatte stein aus dem bach/vnd thet sie jnn die hirten tassche die er hatte vnd jnn den sack/vnd nam die schleuder jnn seine hand/vnd macht sich zu dem Philister/Vnd der Philister gieng auch einher/vnd macht sich zu Dauid/vnd sein waffen treger fur jm her.

Da nu der Philister sahe vnd schawet Dauid an/verachtet er jn/ denn er war ein knabe/braunlicht vnd schön. Vnd der Philister sprach zu Dauid/Bin ich denn ein hund/das du mit stecken zu mir kompst? vnd fluchet dem Dauid bey seinem Gott/Vnd sprach zu Dauid/Kom

J ij   her zu mir/

Das Buch

her zu mir/ich wil dein fleisch geben den vogeln vnter dem himel/vnd den thieren auff dem felde/ Dauid aber sprach zum Philister/ Du kompst zu mir mit schwert/spies/vnd schilt/Jch aber kome zu dir im namen des HERRN Zebaoth des Gottes des zeugs Jsrael/die du gehönet hast/ Heuts tages wird dich der HERR jnn meine hand vberantworten/das ich dich schlahe vnd neme dein heubt von dir/ vnd gebe den leichnam des heers der Philister heute/den vogeln vnter dem himel/vnd dem wild auff erden/das alles land jnnen werde/das Jsrael einen Gott hat/Vnd das alle diese Gemeine jnnen werde/das der HERR nicht durch schwert noch spies hilfft/Denn der streit ist des HERRN/vnd wird euch geben jnn vnsere hende.

Da sich nu der Philister auffmacht/gieng daher/vnd nahet sich gegen Dauid/eilet Dauid vnd lieff vom zeug gegen den Philister/ Vnd Dauid thet seine hand jnn die taschen/vnd nam einen stein dar aus/vnd schleudert/vnd traff den Philister an seine stirn/das der stein jnn seine stirn fur/vnd er zur erden fiel auff sein angesicht. Also vberwand Dauid den Philister mit der schleuder vnd mit dem stein/vnd schlug jn vnd tödtet jn. Vnd da Dauid kein schwert jnn seiner hand hatte/lieff er vnd trat zu dem Philister/vnd nam sein schwert vnd zochs aus der scheiden/vnd tödtet jn/vnd hieb jm den kopff damit ab.

Da aber die Philister sahen/das jr sterckster tod war/flohen sie/ Vnd die menner Jsrael vnd Juda machten sich auff/ vnd rieffen vnd jagten den Philistern nach/bis man kompt jns tal/vnd bis an die thor Ekron/vnd die Philister fielen/erschlagen auff dem wege/zu den thoren/bis gen Gath vnd gen Ekron. Vnd die kinder Jsrael kereten vmb von dem nachjagen der Philister/vnd beraubten jr lager/Dauid aber nam des Philisters heubt/vnd brachts gen Jerusalem/Sein waffen aber legt er jnn seine hütten.

Da aber Saul Dauid sahe ausgehen wider den Philister/sprach er zu Abner seinem Feldheubtman/Wes son ist der knabe? Abner aber sprach/ So war deine seele lebt König/ich weis nicht/Der König sprach/So frage darnach/wes son der Jüngling sey. Da nu Dauid wider kam von der schlacht des Philisters/nam jn Abner/vnd bracht jn fur Saul/vnd er hatte des Philisters heubt jnn seiner hand/Vnd Saul sprach zu jm/Wes son bistu knabe? Dauid sprach/Jch bin ein son deines knechts Jsai des Bethlehemiten.

XVIII.

Vnd da er hatte ausgered mit Saul/verband sich das hertz Jonathan mit dem hertzen Dauid/vnd Jonathan gewan jn lieb/wie sein eigen hertz/Vnd Saul nam jn des tags/vnd lies jn nicht wider zu seins vaters haus komen/ Vnd Jonathan vnd Dauid machten einen Bund miteinander/Denn er hatte jn lieb wie sein eigen hertz/Vnd Jonathan zoch aus seinen rock den er an hatte/vnd gab jn Dauid/da zu seinen mantel/sein schwert/sein bogen vnd seinen gürtel/Vnd Dauid gieng aus wo hin jn Saul sand/vnd hielt sich klüglich/Vnd Saul setzt jn vber die kriegsleut/vnd er gefiel wol allem volck/auch den knechten Saul.

Es begab

Es begab sich aber/da er widerkomen war/von des Philisters schlacht/das die weiber aus allen stedten Jsrael waren gegangen/mit gesang vnd geigen/dem Könige Saul entgegen/mit paucken/mit freuden vnd mit geygen/Vnd die weiber sungen gegen ander vnd spieleten/vnd sprachen/Saul hat tausent geschlagen/aber Dauid zehen tausent. Da ergrimmet Saul seer/vnd gefiel jm das wort vbel/vnd sprach/Sie haben Dauid zehen tausent gegeben vnd mir tausent/Er wird noch König werden/Vnd Saul ward Dauid gram/von dem tage an vnd fort an.

Des andern tags geriet der böse geist von Gott vber Saul/vnd weissagt daheimen im hause/Dauid aber spielet auff den seiten mit seiner hand/wie er teglich pfleget/Vnd Saul hatte einen spies jnn der hand/vnd schos jn/vnd gedacht/Jch wil Dauid an die wand spiessen/Dauid aber wand sich zwey mal von jm/Vnd Saul furcht sich fur Dauid/denn der HERR war mit jm/vnd war von Saul gewichen/Da thet jn Saul von sich/vnd setzt jn zum Fürsten vber tausent man/vnd er gieng aus vnd ein fur dem volck/vnd Dauid hielt sich klüglich jnn alle seinem thun/vnd der HERR war mit jm.

Da nu Saul sahe/das er so seer klug war/schewet er sich fur jm/Aber gantz Jsrael vnd Juda hatte Dauid lieb/denn er zog aus vnd ein fur jnen her. Vnd Saul sprach zu Dauid/Sihe/meine grössefte tochter Merob wil ich dir zum weibe geben/Sey nur redlich vnd füre des HERRN kriege/Denn Saul gedacht/meine hand sol nicht an jm sein/sondern die hand der Philister. Dauid aber antwortet Saul/Wer bin ich? vnd was ist mein leben vnd geschlecht meines vaters jnn Jsrael/das ich des Königs eidam werden sol?

Da aber die zeit kam/das Merob die tochter Saul solt Dauid gegeben werden/ward sie Adriel dem Meholathiter zum weibe gegeben/Aber Michal Sauls tochter hatte den Dauid lieb/Da das Saul angesagt ward/sprach er/Das ist recht/ich wil sie jm geben/das sie jm zum anlaufft gerate/vnd der Philister hende vber jn komen/Vnd sprach zu Dauid/Du solt heute mit der andern mein eidam werden/Vnd Saul gebot seinen knechten/Redet mit Dauid heimlich/vnd sprecht/Sihe/der König hat lust zu dir/vnd alle seine knechte lieben dich/So sey nu des Königs eidam.

Vnd die knechte Saul retten solche wort fur den ohren Dauid/Dauid aber sprach/Dünckt euch das ein geringes sein/des Königes eidam zu sein? Jch aber bin ein armer geringer man. Vnd die knechte Saul sagten jm wider/vnd sprachen/Solche wort hat Dauid gered. Saul sprach/So saget zu Dauid/Der König begeret keine morgen gab/on hundert vorheute von den Philistern/das man sich reche an des Königes feinden/Denn Saul trachtet Dauid zu fellen durch der Philister hand. Da sagten seine knechte Dauid an solche wort/vnd dauchte Dauid die sache gut sein/das er des Königs eidam würde.

Vnd die zeit war noch nicht aus/da macht sich Dauid auff/vnd zog hin mit seinen mennern/vnd schlug vnter den Philistern zweyhundert man/vnd Dauid brachte jre vorheute/vnd vergnüget dem König

J iij   die zal/

Das Buch

die zal/das er des Königs eidam würde. Da gab jm Saul seine tochter Michal zum weibe. Vnd Saul sahe vnd merckt/das der HERR mit Dauid war/vnd Michal Sauls tochter hatte jn lieb/Da furcht sich Saul noch mehr fur Dauid/vnd ward sein feind sein leben lang/ Vnd da der Philister Fürsten auszogen/ handelt Dauid klüglicher denn alle knechte Saul/wenn sie auszogen/das sein name hoch geachtet ward.

XIX.

Aul aber redet mit seinem son Jonathan vnd mit allen seinen knechten/das sie Dauid solten tödten/Aber Jonathan Sauls son hatte Dauid seer lieb/vnd verkündigts jm/vnd sprach/Mein vater Saul trachtet darnach/das er dich tödte/Nu so beware dich morgens/ vnd bleibe verborgen vnd verkreuch dich/Jch aber wil eraus gehen vnd neben meinem vater stehen auff dem felde da du bist/vnd von dir mit meinem vater reden/vnd was ich sehe/wil ich dir kund thun.

Vnd Jonathan redet das beste von Dauid mit seinem vater Saul/ vnd sprach zu jm/Es versündige sich der König nicht an seinem knechte Dauid/denn er hat keine sünde wider dich gethan/vnd sein thun ist dir seer nütze/vnd er hat sein leben jnn seine hand gesetzt/vnd schlug den Philister/vnd der HERR thet ein gros heil dem gantzen Jsrael/ das hastu gesehen vnd dich des gefrewet/Warumb wiltu dich denn an vnschüldigem blut versündigen/das du Dauid on vrsach tödtest? Da gehorcht Saul Jonathan/vnd schwur/so war der HERR lebt/ er sol nicht sterben. Da rieff Jonathan Dauid/vnd sagt jm alle diese wort/vnd bracht jn zu Saul/das er fur jm war/wie vorhin.

Samuel. LXXIII.

Es erhub sich aber wider ein streit/Vnd Dauid zog aus/vnd streit wider die Philister/vnd schlug eine grosse schlacht/das sie fur jm flohen/Aber der böse geist vom HERRN kam vber Saul/vnd er sas jnn seinem hause vnd hatte einen spies jnn seiner hand/Dauid aber spielet auff den seiten mit der hand/Vnd Saul trachtet Dauid mit dem spies an die wand zu spiessen/Er aber reis sich von Saul/vnd der spies fuhr jnn die wand/Dauid aber floh/vnd entran die selbige nacht.

Saul sand aber boten zu Dauids haus/das sie jn bewareten vnd tödteten am morgen. Das verkündigt Dauid sein weib Michal/vnd sprach/Wirstu nicht diese nacht deine seele erretten/so mustu morgen sterben/Da lies jn Michal durchs fenster ernider/das er hin gieng/ entfloh vnd entran. Vnd Michal nam ein bilde vnd legts jns bet= te/vnd legt ein zigen fell zu seinen heubten/vnd deckts mit kleidern zu. Da sandte Saul boten/das sie Dauid holeten/Sie aber sprach/Er ist kranck/Saul aber sandte boten Dauid zu besehen/vnd sprach/ Bringt jn erauff zu mir mit dem bette/das er getödtet werde.

Da nu die boten kamen/sihe/da lag das bilde im bette vnd ein zi= gen fell zu seinen heubten/Da sprach Saul zu Michal/Warumb hast du mich betrogen vnd meinen feind gelassen/das er entrünne? Michal sprach zu Saul/Er sprach zu mir/Las mich gehen oder ich tödte dich. Dauid aber entfloh vnd entran/vnd kam zu Samuel gen Ramath/ vnd sagt jm an/alles was jm Saul gethan hatte/Vnd er gieng hin mit Samuel vnd blieben zu Naioth.

Vnd es ward Saul angesagt/Sihe/Dauid ist zu Naioth jnn Ra= ma/Da sandte Saul boten/das sie Dauid holeten/vnd sie sahen zween Chor Propheten weissagen/vnd Samuel war jr auffseher/Da kam der Geist Gottes auff die boten Sauls/das sie auch weissageten/Da das Saul ward angesagt/sand er andere boten/die weissagten auch/ Da sandte er die dritten boten/die weissagten auch.

Da gieng er selbs auch gen Ramath/vnd da er kam zum grossen brun der zu Secu ist/fragt er vnd sprach/Wo ist Samuel vnd Dauid? Da ward jm gesagt/Sihe/zu Naioth jnn Rama/Vnd er gieng da= selbs hin gen Naioth jnn Rama/vnd der Geist Gottes kam auch auff jn/vnd gieng einher vnd weissagt/bis er kam gen Naioth jnn Rama/ Vnd er zoch auch seine kleider aus/vnd weissagt auch fur Samuel/ vnd fiel blos nider den gantzen tag vnd die gantze nacht/Da her spri= cht man/Ist Saul auch vnter den Propheten?

(Blos) Nicht das er na= cket gewesen sey/ sondern hat die königliche kleider abgelegt/vnd nur gemeine kleider anbehalten als ein ander mensch/ Vnd fiel nider den gantzen tag etc. das ist/er beret mit jnen/vnd weil sie nider fielen/ fiel er auch nider mit jnen.

XX.

Dauid aber floh von Naioth zu Rama/vnd kam vnd redet fur Jonathan/Was hab ich gethan? Was hab ich mis= handelt? Was hab ich gesündiget fur deinem vater/das er nach meinem leben stehet? Er aber sprach zu jm/Das sey ferne/du solt nicht sterben/Sihe/mein vater thut ni= chts weder gros noch kleins/das er nicht meinen ohren offenbare/Warumb solt denn mein vater dis fur mir verbergen? Es wird nicht so sein/Da schwur Dauid weiter/vnd sprach/Dein vater

J iiij weis wol/

Das Buch

weis wol/das ich gnade fur deinen augen funden habe/darumb wird er dencken/Jonathan sol sochs nicht wissen/es möcht jn bekümmern/ Warlich/so war der HERR lebt/vnd so war dein seele lebt/es ist nur ein schrit zwisschen mir vnd dem tod.

Jonathan sprach zu Dauid/Ich wil an dir thun/was dein hertz begert. Dauid sprach zu jm/Sihe/morgen ist der new mond/da ich mit dem Könige zu tissch sitzen solt/So las mich/das ich mich auff dem felde verberge/bis an den abend des dritten tags/Wird dein vater nach mir fragen/so sprich/Dauid bat mich/das er gen Bethlehem zu seiner stad lauffen möcht/denn es ist ein jerlich opffer daselbs dem gantzen geschlechte/Wird er sagen/es ist gut/so stehet es wol vmb deinen knecht/Wird er aber ergrimmen/so wirstu mercken/das böses bey jm beschlossen ist/So thu nu barmhertzigkeit an deinem knecht/ denn du hast mit mir deinem knecht einen Bund im HERRN gemacht/Ist aber eine missethat jnn mir/so tödte du mich/denn warumb woltestu mich zu deinem vater bringen?

Jonathan sprach/Das sey ferne von dir/das ich solt mercken/ das böses bey meinem vater beschlossen were vber dich zu bringen/ vnd solts dir nicht ansagen/Dauid aber sprach/Wer wil mirs ansagen/so dir dein vater etwas hartes antwortet? Jonathan sprach zu Dauid/Kom/las vns hinaus auffs feld gehen/Vnd giengen beide hinaus auffs feld/Vnd Jonathan sprach zu Dauid.

HERR Gott Israel/wenn ich erforsche an meinem vater morgen vnd am dritten tage/das es wol stehet mit Dauid/vnd nicht hin sende zu dir vnd fur deinen ohren offenbare/so thu der HERR Jonathan dis vnd jhenes/Wenn aber das böse meinem vater gefelt wider dich/so wil ichs auch fur deinen ohren offenbaren/vnd dich lassen/das du mit friden weg gehest/Vnd der HERR sey mit dir/wie er mit meinem vater gewesen ist/Thu ichs nicht/so thu keine barmhertzigkeit des HERRN an mir weil ich lebe/auch nicht so ich sterbe/Vnd wenn der HERR die feinde Dauid ausrotten wird/einen jglichen aus dem lande/so reisse du deine barmhertzigkeit nicht von meinem hause ewiglich/Also machet Jonathan einen Bund mit dem hause Dauid (vnd sprach) Der HERR foddere es von der hand der feinde Dauid.

Vnd Jonathan fur weiter vnd schwur Dauid/so lieb hatte er jn/denn er hatte jn so lieb/als seine seele/Vnd Jonathan sprach zu jm/Morgen ist der newe mond/so wird man nach dir fragen/ denn man wird dein vermissen/da du zu sitzen pflegest. Des dritten tages aber kom bald ernider/vnd gehe an einen ort da du dich verbergest am werckel tage/vnd setze dich bey den stein Asel/so wil ich zu seiner seiten drey pfeile schiessen/als ich zum sicherwal schösse/vnd sihe/ ich wil den knaben senden/gehe hin suche die pfeile/Werde ich zum knaben sagen/sihe/die pfeile ligen hierwerts hinder dir/hole sie/So kom/denn es ist fride/vnd hat keine fahr/so war der HERR lebt/ Sage ich aber zum jüngling/sihe/die pfeile ligen dortwerts fur dir/ so gehe hin/denn der HERR hat dich lassen gehen/Was aber du vnd ich miteinander gered haben/da ist der HERR zwisschen mir vnd dir ewiglich.

Dauid ver-

Samuel. LXXIIII.

Dauid verbarg sich im felde/vnd da der new mond kam/satzt sich der König zu tisch zu essen/Da sich aber der König gesetzt hatte an seinen ort/wie er vorhin gewonet war an der wand/stund Jonathan auff/ Abner aber setzt sich an die seiten Saul/Vnd man vermisset Dauids an seinem ort/Vnd Saul redet des tags nichts/denn er gedacht/es ist jm etwas widerfaren das er nicht rein ist. Des andern tages des newen monden/da man Dauids vermiste an seinem ort/sprach Saul zu seinem son Jonathan/Warumb ist der son Jsai nicht zu tisch komen/weder gestern noch heute?

Jonathan antwort Saul/Er bat mich/das er gen Bethlehem gienge/vnd sprach/ Las mich gehen/ denn vnser geschlecht hat zu opffern jnn der stad/vnd mein bruder hat mirs selbs geboten/Hab ich nu gnad fur deinen augen funden/so wil ich hinweg/vnd meine bruder sehen/darumb ist er nicht komen zu des Königs tisch. Da ergrimmet der zorn Saul wider Jonathan/ vnd sprach zu jm/ Du schalck vnd bube/Ich weis wol das du den Jsai ausserkorn hast/dir vnd deiner schendlichen mutter zu schanden/ Denn so lange der son Jsai lebt auff erden/wirst du dazu auch dein Königreich nicht bestehen/So sende nu hin vnd las jn her holen zu mir/denn er mus sterben.

Jonathan antwortet seinem vater Saul/vnd sprach zu jm/Warumb sol er sterben? was hat er gethan? Da schos Saul den spies nach jm/das er jn spiesset/Da merckt Jonathan/das bey seinem vater gentzlich beschlossen war Dauid zu tödten/ vnd stund auff vom tisch mit grimmigem zorn/ vnd ass desselben andern tages des newen monden kein brod/denn er war bekümmert vmb Dauid/das jn sein vater also gehönet hatte.

Des morgens gieng Jonathan hinaus auffs feld/dahin er Dauid bestimpt hatte/vnd ein kleiner knabe mit jm/vnd sprach zu dem knaben/Lauff vnd suche mir die pfeile/die ich schiesse. Da aber der knabe lieff/schos er einen pfeil vber jn hin/Vnd als der knabe kam an den ort/dahin Jonathan den pfeil geschossen hatte/rieff jm Jonathan nach/ vnd sprach/ Der pfeil ligt dortwerts fur dir/ Vnd rieff abermal jm nach/Eile risch vnd stehe nicht stil/Da las der knabe Jonathan die pfeile auff/vnd bracht sie zu seinem herrn/Vnd der knabe wuste nichts drumb/alleine Jonathan vnd Dauid wusten vmb die sache.

Da gab Jonathan sein waffen seinem knaben/vnd sprach zu jm/Gehe hin vnd trags jnn die stad. Da der knab hinein kam/stund Dauid auff vom ort gegen mittag/vnd fiel auff sein andlitz zur erden/ vnd bettet drey mal an/ vnd küsseten sich miteinander/ vnd weineten miteinander/Dauid aber am aller meisten/Vnd Jonathan sprach zu Dauid/Gehe hin mit friden/Was wir beide geschworen haben im namen des HERRN/ vnd gesagt/ Der HERR sey zwisschen mir vnd dir/zwisschen meinem samen vnd deinem samen ewiglich/Vnd Jonathan macht sich auff vnd kam jnn die stad.

XXI.

Dauid aber

Das Buch

DAuid aber kam gen Nobe zum Priester Ahimelech/Vnd Ahimelech entsatzt sich/da er Dauid entgegen gieng vnd sprach zu jm/Warumb komstu allein/vnd ist kein man mit dir? Dauid sprach zu Ahimelech dem Priester/der König hat mir eine sache befolhen/vnd sprach zu mir/ Las niemand wissen/warumb ich dich gesand habe/ vnd was ich dir befolhen habe/denn ich hab auch meinen knaben we= der hie oder daher bescheiden/Hastu nu was vnter deiner hand/ein brod oder funffe/die gib mir jnn meine hand/oder was du findest.

Der Priester antwortet Dauid/vnd sprach/Ich hab kein gemein brod vnter meiner hand/sondern heilig brod/wenn sich nur die kna= ben von weibern enthalten hetten/Dauid antwortet dem Priester/vnd sprach zu jm/Es sind die weiber drey tage vns versperret gewesen da ich auszog/vnd der knaben ᵃ zeug war heilig/Dieser weg aber ist er vnheilig/so wird er heute geheiliget werden an dem zeuge. Da gab jm der Priester des heiligen/weil kein ander brod da war/denn die schaw brod/die man fur dem HERRN auffhub/das man ander frisch brod aufflegen solt des tags/da er die weg genomen hatte.

Es war aber des tages ein man drinnen versperret fur dem HE= RRN/aus den knechten Saul/mit namen Doeg ein Edomiter/der mechtigest vnter den Hirten Sauls. Vnd Dauid sprach zu Ahime= lech/Ist nicht hie vnter deiner hand ein spies oder schwerd? Ich hab mein schwert vnd waffen nicht mit mir genomen/Denn die sache des Königs war eilend/Der Priester sprach/Das schwert des Philisters Goliath/den du schlugest im Eichgrunde/das ist hie/gewickelt jnn einem mantel hinder dem Leibrock/wiltu dasselbige/so nims hin/ denn es

ᵃ (Zeug) Jnn der Schrifft heisst ein jglicher leib ein zeug/Wie auch Act. ir. Chri= stus von S. Pau= lus saget/Er ist mein ausserwelter zeug etc. Darumb das Gott damit wircket/wie ein handwercks man mit seinem zeuge/ Wil nu hie Dauid sagen/wenn die person heilig ist/ so ists alles heilig was man isset/ trinckt/thut oder lesst/Wie S. pau= lus Tit. j. spricht/ Den reinen ist al= les rein.

Samuel. LXXV.

denn es ist hie kein anders denn das/Dauid sprach/Es ist seins gleichen nicht/gib mirs.

Vnd Dauid macht sich auff/vnd floch fur Saul/vnd kam zu Achis dem Könige zu Gath. Aber die knechte Achis sprachen zu jm/Das ist der Dauid des lands König/von dem sie sungen am reigen/vnd sprachen/Saul schlug tausent/Dauid aber zehen tausent. Vnd Dauid nam die rede zu hertzen/vnd furcht sich seer fur Achis dem Könige zu Gath/vnd verstellet sein geberde fur jnen/vnd kollert vnter jren henden/vnd sties sich an die thür am thor/vnd sein geiffer flos jm jnn den bart/Da sprach Achis zu seinen knechten/Sihe/jr sehet/das der man vnsinnig ist/warumb habt jr jn zu mir bracht? Hab ich der vnsinnigen zu wenig/das jr diesen her brechtet/das er neben mir rasete? Solt der jnn mein haus komen?

XXII.

DAuid gieng von dannen/vnd entran jnn die hole Adullam/Da das seine brüder höreten vnd das gantze Haus seins vaters/kamen sie zu jm hinab daselbs hin/ Vnd es versamleten sich zu jm allerley menner/die jnn not vnd schuld/vnd betrübts hertzen waren/vnd er war jr öberster/das bey vier hundert man bey jm waren.

Vnd Dauid gieng von dannen gen Mizpe jnn der Moabiter land/ vnd sprach zu der Moabiter König/Las mein vater vnd meine mutter bey euch aus vnd ein gehen/bis ich erfare/was Got mit mir thun wird/ Vnd er lies sie fur dem Könige der Moabiter/das sie bey jm blieben/so lange Dauid jnn der Burg war/Aber der Prophet Gad sprach zu Dauid/Bleib nicht jnn der Burg/sondern gehe hin vnd kom jns land Juda. Da gieng Dauid hin vnd kam jnn den wald Hareth. Vnd es kam fur Saul/das Dauid vnd die menner/die bey jm waren/weren erfur komen.

Als nu Saul wonet zu Gibea/vnter einem hayn jnn Rama/hatte er seinen spies jnn der hand/vnd alle seine knechte stunden neben jm/ Da sprach Saul zu seinen knechten/die neben jm stunden/Höret jr kinder Jemini/Wird auch der son Isai euch allen ecker vnd weinberge geben/vnd euch alle vber tausent vnd vber hundert zu öbersten machen? das jr euch alle verbunden habt wider mich/vnd ist niemand der es meinen ohren offenbart/Weil auch mein son einen Bund gemacht hat mit dem son Isai/Ist niemand vnter euch den es krencke meinethalben/vnd meinen ohren offenbare/denn mein son hat meinen knecht wider mich auffer weckt/das er mir nach stellet/wie es am tag ist.

Da antwortet Doeg der Edomiter/der neben den knechten Saul stund/vnd sprach/Ich sahe den son Isai/das er gen Nobe kam zu Ahimelech dem son Achitob/der fragte den HERRN fur jn/vnd gab jm speise/vnd das schwert Goliath des Philisters/ Da sandte der König hin vnd lies ruffen Ahimelech dem Priester dem son Achitob vnd seins vaters gantzem hause/die Priester die zu Nobe waren/vnd sie kamen alle zum Könige/Vnd Saul sprach/Höre du son Achitob/Er sprach/ Hie bin ich mein herr/Vnd Saul sprach zu jm/Warumb habt jr einen Bund wider mich gemacht/du vnd der son Isai/das du jm brod vnd schwerd gegeben/vnd Gott fur jn gefragt hast/das du jn erweckest/das er mir nachstelle/wie es am tag ist?

Ahimelech

Das Buch

Ahimelech antwortet dem Könige/vnd sprach/Vnd wer ist vnter allen deinen knechten als Dauid/der getrew ist vnd des Königs Eidam/vnd gehet jnn deinem gehorsam/vnd ist herrlich gehalten jnn deinem hause? Hab ich denn heute erst angefangen Gott fur jn zu fragen? Das sey ferne von mir/der König lege solchs seinem knechte nicht auff jnn gantz meines vaters hause/denn dein knecht hat von alle diesem nichts gewust/weder kleins noch grosses.

Aber der König sprach/Ahimelech/du must des tods sterben/du vnd deins vaters gantzes haus/Vnd der König sprach zu seinen drabanten/die neben jm stunden/Wendet euch vnd tödtet des HERRN Priester/denn jre hand ist auch mit Dauid/Vnd da sie wusten das er flohe/haben sie mirs nicht eröffenet. Aber die knechte des Königs wolten jre hende nicht an die Priester des HERRN legen/sie zu erschlagen/Da sprach der König zu Doeg/Wende du dich vnd erschlag die Priester/Doeg der Edomiter wand sich/vnd erschlug die Priester/das des tags storben funff vnd achzig menner/die leinen Leibröck trugen/ Vnd die stad der Priester Nob schlug er mit der scherffe des schwerts/beide man vnd weiber/kinder vnd seuglinge/ochsen vnd esel vnd schafe.

Es entran aber ein son Ahimelech des sons Achitob/der hies Ab Jathar/vnd floch Dauid nach/vnd verkündigt jm/das Saul die Priester des HERRN erwürget hette/Dauid aber sprach zu Ab Jathar/Ich wusts wol an dem tage/da der Edomiter Doeg da war/das ers würde Saul ansagen/Ich bin schüldig an allen seelen deines vaters hause/Bleibe bey mir vnd furcht dich nicht/ Wer nach meinem leben stehet/der sol auch nach deinem leben stehen/ vnd solt mit mir behalten werden.

XXIII.

Vnd es ward Dauid angesagt/sihe/die Philister streiten wider Kegila/vnd berauben die tennen. Da fraget Dauid den HERRN/vnd sprach/Sol ich hin gehen vnd diese Philister schlahen? Vnd der HERR sprach zu Dauid/Gehe hin/du wirst die Philister schlahen/vnd Kegila erretten/ Aber die menner bey Dauid sprachen zu jm/Sihe/wir fürchten vns hie jnn Juda/vnd wollen hin gehen gen Kegila zu der Philister zeug? Da fragt Dauid wider den HERRN/ Vnd der HERR antwortet jm/vnd sprach/Auff/zeug hinab gen Kegila/denn ich wil die Philister jnn deine hende geben.

Also zog Dauid sampt seinen mennern gen Kegila/vnd streit wider die Philister/vnd treib jnen jr vieh weg/vnd thet eine grosse schlacht an jnen/Also errettet Dauid die zu Kegila. Denn da Ab Jathar der son Ahimelech floch zu Dauid gen Kegila/trug er den Leibrock mit sich hinab.

Da ward Saul angesagt/das Dauid gen Kegila komen were/vnd sprach/ Gott hat jn jnn meine hende vber geben/das er verschlossen ist/nu er jnn eine stad komen ist/mit thüren vnd rigeln verwaret. Vnd Saul lies allem volck ruffen zum streit/hin nider gen Kegila/das sie Dauid vnd seine menner belegten. Da aber Dauid mercket/das Saul böses vber jn gedacht/sprach er zu dem Priester Ab Jathar/

Abiathar/Lange den Leibrock her/Vnd Dauid sprach/HERR Gott
Israel/dein Knecht hat gehöret/das Saul darnach trachte/das er
gen Kegila kome/die stad zu verderben vmb meinen willen/werden
mich auch die Bürger zu Kegila vberantworten jnn seine hende? vnd
wird aber Saul herab komen/wie dein Knecht gehort hat? das verkündige HERR Gott Israel deinem Knecht. Vnd der HERR
sprach/Er wird herab komen/Dauid sprach/Werden aber die Bürger zu Kegila mich vnd meine menner vberantworten jnn die hende
Saul? Der HERR sprach/Ja.

Da macht sich Dauid auff sampt seinen mennern/der bey sechs
hundert waren/vnd zogen aus von Kegila vnd wandelten wo sie hin
kunden. Da nu Saul angesagt ward/das Dauid von Kegila entrunnen war/lies er sein ausziehen anstehen. Dauid aber bleib jnn der wüsten jnn der Burg/vnd bleib auff dem berge jnn der wüsten Siph.
Saul aber sucht jn sein leben lang/Aber Gott gab jn nicht jnn seine
hende/Vnd Dauid sahe/das Saul ausgezogen war sein leben zu su-
chen/aber Dauid war jnn der wüsten Siph/jnn der heide.

Da macht sich Jonathan auff der son Saul/vnd gieng hin zu
Dauid jnn die heide/vnd stercket seine hand jnn Gott/vnd sprach zu
jm/Fürcht dich nicht/meins vaters Saul hand wird dich nicht fin-
den/vnd du wirst König werden vber Israel/so wil ich der nehest vmb
dich sein/Auch weis solchs mein vater wol. Vnd sie machten beide
einen Bund miteinander fur dem HERRN/ Vnd Dauid bleib jnn
der heide/aber Jonathan zog wider heim.

Aber die Siphiter zogen hinauff zu Saul gen Gibea/vnd spra-
chen/Ist nicht Dauid bey vns verborgen jnn der Burg jnn der heide
auff dem hügel Hachila/der zur rechten ligt an der wüsten? So kom
nu der König ernider nach alle seins hertzen beger/ so wollen wir jn
vberantworten jnn des Königs hende/ Da sprach Saul/Gesegenet
seit jr dem HERRN/das jr euch mein erbarmet habt/so gehet nu
hin/vnd werdets noch gewisser/das jr wisset vnd sehet/an welchem
ort seine füsse gewesen sind/vnd wer jn daselbs gesehen habe/denn
mir ist gesagt/das er listig ist/Besehet vnd erkundet alle örter/da er
sich verkreucht/vnd komet wider zu mir/wenn jrs gewis seit/so wil
ich mit euch zihen/Ist er im lande/so wil ich nach jm forschen vnter
allen tausenden jnn Juda.

Da machten sie sich auff vnd giengen gen Siph fur Saul hin/
Dauid aber vnd seine menner waren jnn der wüsten Maon/auff dem
gefilde zur rechten der wüsten. Da nu Saul hin zog mit seinen mennern zu suchen/wards Dauid angesagt/vnd er macht sich hinab jnn
den fels/vnd bleib jnn der wüsten Maon/Da das Saul höret/jagt er
Dauid nach jnn der wüster Maon. Vnd Saul mit seinen mennern
gieng an einer seiten des berges/Dauid mit seinen mennern an der andern seiten des berges/Da Dauid aber eilet dem Saul zu entgehen/
da vmbringete Saul sampt seinen mennern Dauid vnd seine menner/
das er sie griffe.

Aber es kam ein bote zu Saul/vnd sprach/Eile vnd kom/denn
die Philister sind ins land gefallen/Da keret sich Saul von dem nach-

K jagen

Das Buch

jagen Dauid/vnd zog hin den Philistern entgegen/Daher heisst man den ort/Sela Mahelkoth/Vnd Dauid zog hinauff von dannen/vnd bleib jnn der burg zu EnGedi.

(Selamahelkoth) Das heisst scheidefels.

XXIIII.

DA nu Saul wider kam von den Philistern/ward jm gesagt/Sihe/Dauid ist jnn der wüsten EnGedi/Vnd Saul nam drey tausent junger manschafft aus gantz Israel/vnd zog hin/Dauid sampt seinen mennern zu suchen/auff den felsen der gempsen/Vnd da er kam zu den schafs hürten am wege/war daselbs eine höle/vnd Saul gieng hinein seine füsse zu decken/Dauid aber vnd seine menner sassen hinden jnn der höle.

(Seine füss deckē) So züchtig ist die heilige schrifft/ das sie füss decken heisst/ auff das heimlich gemacht gehen.

Da sprachen die menner Dauid zu jm/Sihe/das ist der tag dauon der HERR dir gesagt hat/Sihe/ich wil deinen feind jnn deine hende geben/das du mit jm thust was dir gefellet/Vnd Dauid stund auff/vnd schneit leise einen zipffel vom rock Saul/Aber darnach schlug jn sein hertz/das er den zipffel Saul hatte abgeschnitten/vnd sprach zu seinen mennern/Das lasse der HERR ferne von mir sein/das ich das thun solte/vnd meine hand legen an meinen herrn den gesalbten des HERRN/denn er ist der gesalbete des HERRN/Vnd Dauid weiset seine menner von sich mit worten/vnd lies sie nicht sich wider Saul aufflehnen.

Da aber Saul sich auff machet aus der höle/vnd gieng auff dem wege/macht sich darnach Dauid auch auff vnd gieng aus der höle/vnd rieff Saul hinden nach/vnd sprach/Mein herr König/Saul sahe hinder sich/Vnd Dauid neiget sein antlitz zur erden vnd betet an/vnd sprach zu Saul/Warumb gehorchestu menschen wort/die da sagen/Dauid sucht dein vnglück? Sihe/heuts tags sehen deine augen/das dich der HERR heute hat jnn meine hand gegeben/jnn der höle/vnd es ward gesagt/das ich dich solt erwürgen/aber es ward dein verschonet/denn ich sprach/Ich wil meine hand nicht an meinen herrn legen/denn er ist der gesalbete des HERRN/Mein vater/sihe doch den zipffel von deinem rock jnn meiner hand/das ich dich nicht erwürgen wolt/da ich den zipffel von deinem rock schneid/Erkenne vnd sihe/das nichts böses jnn meiner hand ist/noch kein vbertrettung/ich hab auch an dir nicht gesundigt/vnd du jagest meine seele/das du sie weg nemest/Der HERR wird Richter sein zwisschen mir vnd dir/vnd mich an dir rechen/aber meine hand sol nicht vber dir sein/Wie man sagt nach dem alten sprichwort/Von Gotlosen kompt vntugent/aber meine hand sol nicht vber dir sein/Wem zeuchstu nach König von Israel? Wem jagestu nach? einem todten hund/einem floch/Der HERR sey Richter vnd richte zwisschen mir vnd dir/vnd sehe drein/vnd füre meine sache aus/vnd rette mich von deiner hand.

Als nu Dauid solche wort zu Saul hatte ausgered/sprach Saul/Ist das nicht deine stimme mein son Dauid? Vnd Saul hub auff seine stimme vnd weinet/Vnd sprach zu Dauid/Du bist gerechter denn ich/Du hast mir guts beweiset/Ich aber hab dir böses beweiset/Vnd du hast mir heute angezeiget/wie du gutes an mir gethan hast/
das mich

Samuel. LXXVII.

das mich der HERR hatte jnn deine hende beschlossen/vnd du mich doch nicht erwürget hast/Wie solt jemand seinen feind finden/vnd jn lassen einen guten weg gehen? Der HERR vergelte dir guts fur diesen tag/das du an mir gethan hast. Nu sihe/ich weis/das du König werden wirst/vnd das Königreich Israel stehet jnn deiner hand/so schwere nu mir bey dem HERRN/das du nicht ausrottest meinen samen nach mir/vnd meinen namen nicht austilgest von meins vaters hause.

Vnd Dauid schwur Saul/da zog Saul heim/Dauid aber mit seinen mennern machten sich hinauff auff die Burg.

XXV.

Vnd Samuel starb/vnd das gantz Israel versamlet sich/ trugen leide vmb jn/vnd begruben jn jnn seinem hause zu Rama.

Dauid aber machte sich auff/vnd zog hinab jnn die wüsten Paran/Vnd es war ein man zu Maon/vnd sein wesen zu Carmel/vnd der man war fast gros vermügens/vnd hatte drey tausent schaf vnd tausent zigen/Vnd begab sich eben das er seine schaf beschur zu Carmel/vnd er hies Nabal/sein weib aber hies Abigail/vnd war ein weib guter vernunfft vnd schön von angesicht/Der man aber war hart vnd boshafftig jnn seinem thun/vnd war einer von Caleb.

Da nu Dauid jnn der wüsten höret/das Nabal seine schafe beschur/sand er aus zehen jüngling/vnd sprach zu jnen/Gehet hinauff gen Carmel/vnd wenn jr zu Nabal kompt/so grüsset jn von meinet wegen freundlich/vnd sprecht/Glück zu/frid sey mit dir vnd deinem hause vnd mit allem das du hast/Ich hab gehöret/das du schafscherer hast/Nu/deine hirten die du hast/sind mit vns gewesen/wir haben sie nicht verhönet/vnd hat jnen nichts gefeilet an der zal/so lange sie zu Carmel gewesen sind/frage deine jünglinge drumb/die werdens dir sagen/vnd las die jünglinge gnad finden fur deinen augen/Denn wir sind auff einen guten tag komen/gib deinen knechten vnd deinem son Dauid/was deine hand findet.

Vnd da die jüngling Dauid hinkamen/vnd von Dauids wegen alle diese wort mit Nabal gered hatten/höreten sie auff. Aber Nabal antwortet den knechten Dauids/vnd sprach/Wer ist der Dauid? vnd wer ist der son Isai? Es werden jtzt der knechte viel/die sich von jren herrn reissen/solt ich mein brod/wasser vnd fleisch nemen/das ich fur meine scherer geschlacht habe/vnd den leuten geben/die ich nicht kenne/wo sie her sind?

Da kereten sich die jünglinge Dauids wider auff jren weg/vnd da sie wider zu jm kamen/sagten sie jm solchs alles/Da sprach Dauid zu seinen mennern/Gürte ein jglicher sein schwert vmb sich/Vnd ein jglicher gürtet sein schwert vmb sich/vnd Dauid gürtet sein schwert auch vmb sich/vnd zogen jm nach hinauff bey vier hundert man/aber zwey hundert blieben bey dem gerete.

Aber der Abigail Nabals weib saget an/einer der jünglinge/vnd sprach/Sihe/Dauid hat boten gesand aus der wüsten vnsern herrn

K ij zu segenen/

Das Buch

zu segenen/Er aber schnaubet sie an/vnd sie sind vns doch seer nütze leute gewesen/vnd haben vns nicht verhönet/vnd hat vns nichts gefeilet an der zal/so lange wir bey jnen gewandelt haben/wenn wir auff dem felde waren/sondern sind vnser mauren gewesen tag vnd nacht/ so lange wir der schafe bey jnen gehütet haben/So mercke nu vnd sihe/ was du thust/denn es ist gewis ein vnglück vorhanden vber vnsern herrn/vnd vber sein gantzes haus/Vnd er ist ein heilloser man/dem niemand etwas sagen thar.

Da eilet Abigail vnd nam zwey hundert brod/ vnd zwey legel weins/vnd funff gekochte schafe/vnd funff scheffel mehl/vnd hundert stück rosin/vnd zwey hundert stück feigen/vnd luds auff esel/vnd sprach zu jren jünglingen/Gehet fur mir hin/Sihe/ich wil komen hernach/Vnd sie sagt jrem man Nabal nichts dauon/Vnd als sie auff dem esel reit/vnd hinab zog im tunckel des berges/Sihe/da begegenet jr Dauid vnd seine menner hinab/das sie auff sie sties.

Dauid aber hatte gered/Wolan/ich hab vmb sonst behütet alles das dieser hat jnn der wüsten/das nichts gefeilet hat an allem was er hat/vnd er bezalet mir guts mit bösen/Gott thu dis vnd noch mehr den feinden Dauid/wo ich diesem bis liecht morgen/vber lasse einen der an die wand pisset/aus allem das er hat.

Da nu Abigail Dauid sahe/steig sie eilend vom esel/vnd fiel fur Dauid auff jr andlitz/vnd bettet an zur erden/vnd fiel zu seinen füssen/vnd sprach/Ach mein herr/mein sey diese missethat/vnd las deine magd reden fur deinen ohren/vnd höre die wort deiner magd/Mein herr setze nicht sein hertz wider diesen Nabal den heillosen man/Denn er ist ein narr/wie sein name heisst/vnd narrheit ist bey jm/Ich aber deine magd/habe die jünglinge meins herrn nicht gesehen/die du gesand hast.

Nu aber mein herr/so war der HERR lebt/vnd so war deine seele lebt/Der HERR hat dich verhindert/das du nicht kemest widers blut/vnd hat dir deine hand erlöset/So müssen nu werden wie Nabal deine feinde/vnd die meinem herrn vbel wollen/Die ist der segen/den deine magd meinem herrn hergebracht hat/den gib den jünglingen die vnter meinem herrn wandeln/Vergib deiner magd die vbertrettung/denn der HERR wird meinem herrn ein sicher haus machen/ Denn du fürest des HERRN kriege/vnd kein böses sol an dir gefunden werden/dein leben lang.

Vnd wenn sich ein mensch erheben wird dich zu verfolgen vnd nach deiner seelen stehet/so wird die seele meines herrn eingebunden sein im bundlin der lebendigen/bey dem HERRN deinem Gott/Aber die seele deiner feinde wird geschleudert werden mit der schlender/ Wenn denn der HERR alle das gut meinem herrn thun wird/das er dir gered hat/vnd gebieten/das du ein Hertzog seiest vber Israel/so wirds dem hertzen meins herrn nicht ein stos noch ergernis sein/das du nicht blut vergossen hast on vrsach/ vnd dir selber geholffen/so wird der HERR meinem herrn wol thun/vnd wirst an deine magd gedencken.

Da sprach Dauid zu Abigail/Gelobt sey der HERR der Gott Israel/der dich heuts tags hat mir entgegen gesand/vnd gelobt sey dein geberde/vnd gelobt seistu/das du mir heute erweret hast/das
ich nicht

Samuel. LXXVIII.

ich nicht wider blut komen bin/vnd mich mit eigener hand erlöset habe. Warlich/so war der HERR der Gott Israel lebt/der mich verhindert hat/das ich nicht vbel an dir thet/Werestu nicht eilend mir begegenet/so were dem Nabal nichts vber blieben auff diesen liechten morgen/einer der an die wand pisset/Also nam Dauid von jrer hand/was sie jm gebracht hatte/vnd sprach zu ir/Zeuch mit friden hinauff jnn dein haus/Sihe/ich habe deiner stimme gehorcht/vnd deine person angenomen.

Da aber Abigail zu Nabal kam/sihe/da hatte er ein mal zugericht jnn seinem hause/wie eines Königes mal/vnd sein hertz war guter dinge an jm selbs/denn er war seer truncken/Sie aber sagt jm nichts/weder klein noch gros/bis an den liechten morgen/Da es aber morgen ward/vnd der wein von Nabal komen war/sagt jm sein weib solchs/da erstarb sein hertz jnn seinem leibe/das er ward wie ein stein/vnd vber zehen tage schlug jn der HERR das er starb/Da das Dauid höret/das Nabal tod war/sprach er/Gelobt sey der HERR/der meine schmach gerochen hat an dem Nabal/vnd seinen Knecht enthalten hat fur dem vbel/vnd der HERR hat dem Nabal das vbel auff seinen kopff vergolten.

Vnd Dauid sandte hin vnd lies mit Abigail reden/das er sie zum weibe neme/Vnd da die knechte Dauid zu Abigail kamen gen Carmel/redten sie mit jr/vnd sprachen/Dauid hat vns zu dir gesand/das er dich zum weibe neme/Sie stund auff vnd bettet an auff jr angesicht zur erden/vnd sprach/Sihe/hie ist deine magd/das sie diene den knechten meines herrn/vnd jre füsse wassche/Vnd Abigail eilet vnd machte sich auff vnd reit auff jm esel/vnd funff dirnen die vnter jr waren/vnd zog den boten Dauid nach/vnd ward sein weib.

Auch nam Dauid Achinoam von Jesreel/vnd waren beide seine weiber. Saul aber gab Michal seine tochter Dauids weib Phalti/dem son Lais von Gallim.

XXVI.

Die aber von Siph kamen zu Saul gen Gibeath/vnd sprachen/Ist nicht Dauid verborgen auff dem hügel Hachila fur der wüsten? Da macht sich Saul auff vnd zog erab zur wüsten Siph/vnd mit jm dreytausent junge manschafft jnn Israel/das er Dauid suchte jnn der wüsten Siph/vnd lagert sich auff den hügel Hachila/die fur der wüsten ligt am wege/Dauid aber bleib jnn der wüsten/vnd da er sahe/das Saul kam jm nach jnn die wüsten/sand er kundschaffer aus/vnd erfur/das Saul gewislich komen were.

Vnd Dauid macht sich auff/vnd kam an den ort/da Saul sein lager hielt/vnd sahe die stete/da Saul lag mit seinem Feldheubtman Abner dem son Ner/Denn Saul lag jnn der wagenburg/vnd das heer volck vmb jn her/Da antwortet Dauid/vnd sprach zu Ahimelech dem Hethiter/vnd zu Abisai dem son Zeru Ja dem bruder Joab/Wer wil mit mir hinab zu Saul ins lager? Abisai sprach/Ich wil mit dir hinab.

K iij   Also kam

Das Buch

Also kam David vnd Abisai zum volck des nachts/vnd sihe/Saul lag vnd schlieff jnn der wagenburg/vnd sein spies steckt jnn der erden zu seinen heubten/Abner aber vnd das volck lag vmb jn her/Da sprach Abisai zu David/Gott hat deinen feind heute jnn deine hand beschlossen/So wil ich jn nu mit dem spies stechen jnn die erden ein mal/das ers sol sat haben.

David aber sprach zu Abisai/Verderbe jn nicht/denn wer wil die hand an den gesalbten des HERRN legen/vnd vnschüldig bleiben. Weiter sprach David/So war der HERR lebt/Wo der HERR nicht jn schlegt/oder seine zeit komet/das er sterbe/oder jnn einen streit zihe vnd kom vmb/so las der HERR fern von mir sein/das ich meine hand solt an den gesalbten des HERRN legen/So nim nu den spies zu seinen heubten/vnd den wasser becher/vnd las vns gehen/Also nam David den spies vnd den wasser becher zun heubten Saul vnd gieng hin/Vnd war niemand der es sahe/noch mercket/noch erwachet/sondern sie schlieffen alle/denn es war ein tieffer schlaff vom HERRN auff sie gefallen.

Da nu David hinüber auff jenseit komen war/trat er auff des berges spitzen von ferne/das ein weiter raum war zwischen jnen/vnd schrey das volck an vnd Abner den son Ner/vnd sprach/Hörestu nicht Abner? Vnd Abner antwortet/vnd sprach/Wer bistu/das du so schreiest gegen dem Könige? Vnd David sprach zu Abner/Bistu nicht ein man? Vnd wer ist dein gleiche jnn Israel? Warumb hastu denn nicht behütet deinen HERRN den König/Denn es ist des volcks einer hinein komen/deinen herrn den König zu verderben/Es ist aber nicht fein/das du gethan hast/So war der HERR lebt/jr seit kinder des tods/das jr ewrn herrn/den gesalbeten des HERRN/nicht behütet

Samuel.

hütet habt/Nu sihe/hie ist der spies des Königs/vnd der wasser becher die zu seinen heubten waren.

Da erkennet Saul die stim Dauids/vnd sprach/Ist das nicht deine stim mein son Dauid? Dauid sprach/Es ist meine stim/mein herr König/Vnd sprach weiter/Warumb verfolget mein herr also seinen knecht? was hab ich gethan? vnd was vbels ist jnn meiner hand? So höre doch nu mein herr der König die wort seines knechts/ Reitzet dich der HERR wider mich/so las man ein Speisopffer riechen/Thuns aber menschen kinder/so seien sie verflucht fur dem HERRN/dassie mich heute verstossen/das ich nicht haffte jnn des HERRN erbteil/vnd sprechen/Gehe hin/diene andern Göttern/So verfalle nu mein blut nicht auff erden/von dem angesicht des HERRN/ Denn der König Israel ist ausgezogen zu suchen einen floch/wie man ein rephun jagt auff den bergen.

Vnd Saul sprach/Ich hab gesundigt/kom wider mein son Dauid/ich wil dir kein leid furder thun/darumb/das meine seele heutes tags theur gewesen ist jnn deinen augen/Sihe/ich hab thörlich vnd seer vnweislich gethan/Dauid antwortet/vnd sprach/Sihe/hie ist der spies des Königs/Es gehe der jüngling einer herüber vnd hole jn/ Der HERR aber wird einem jglichen vergelten nach seiner gerechtigkeit vnd glauben/Denn der HERR hat dich heute jnn meine hand gegeben/Ich aber wolt meine hand nicht an den gesalbten des HERRN legen/Vnd wie heute deine seele jnn meinen augen ist gros geacht gewesen/so werde meine seele gros geachtet werden fur den augen des HERRN/vnd errette mich von allem trübsal.

Saul sprach zu Dauid/Gesegnet seistu mein son Dauid/du wirsts thun vnd hinaus füren/Dauid aber gieng seine stras/vnd Saul keret wider an seinen ort.

XXVII.

Dauid aber gedacht jnn seinem hertzen/Ich werde der tag einen Saul jnn die hende fallen/Es ist mir besser/ das ich entrinne jnn der Philister lande/das Saul von mir ablasse mich furder zu suchen jnn allen grentzen Israel/so werde ich seinen henden entrinnen/Vnd macht sich auff vnd gieng hinüber/sampt den sechs hundert man/die bey jm waren/zu Achis dem son Maoch Könige zu Gath. Also bleib Dauid bey Achis zu Gath mit seinen mennern/ein jglicher mit seinem hause/Dauid auch mit seinen zweien weibern/ Ahinoam der Jesreelitin/vnd Abigail des Nabals weib der Charmelitin/Vnd da Saul angesagt ward/das Dauid gen Gath geflohen were/sucht er jn nicht mehr.

Vnd Dauid sprach zu Achis/Hab ich gnade fur deinen augen funden/so las mir geben einen raum jnn der stedte einer auff dem lande/das ich drinnen wone/Was sol dein knecht jnn der Königlichen stad bey dir wonen? Da gab jm Achis des tages Ziklag/Daher ist Ziklag der Könige Juda bis auff diesen tag. Die zeit aber/die Dauid jnn der Philister lande wonet/ist vier monden.

K iiij   Dauid aber

Das Buch

David aber zog hinauff sampt seinen mennern/vnd fiel jns land der Gessuriter vnd Girsiter vnd Amalekiter/denn diese waren die einwoner von alters her dieses lands/als man kömpt gen Sur bis an Egypten land/Da aber David das land schlug/lies er weder man noch weib leben/vnd nam schaf/rinder/esel/kamel vnd kleider/vnd keret wider vnd kam zu Achis. Wenn denn Achis sprach/Seit jr heute nicht eingefallen? So sprach David/Gegen dem mittag Juda vnd gegen dem mittag der Jerahmeeliter/vnd gegen mittag der Keniter.

David aber lies weder man noch weib lebendig gen Gath komen/vnd gedacht/sie möchten wider vns reden vnd schwetzen. Also thet David/vnd das war seine weise/so lange er wonet jnn der Philister lande. Darumb gleubt Achis David/vnd gedacht/Er hat sich stinckend gemacht fur seinem volck Israel/Darumb sol er jmer mein knecht sein.

XXVIII.

Vnd es begab sich zu der selben zeit/das die Philister jr heer versamleten jnn streit zu ziehen wider Israel/Vnd Achis sprach zu David/Du solt wissen/das du vnd deine menner solt mit mir ausziehen jns heer/David sprach zu Achis/Wolan/du solt erfaren/was dein knecht thun wird/Achis sprach zu David/Darumb wil ich dich zum hüter meins heubts setzen mein leben lang.

Das erzelet die Schrifft darumb/ auff das sie warne jederman/das er das nachfolgende gespenst von Samuel recht verstehe/vnd wisse/das Samuel tod sey/vnd solchs der böse geist mit der Zeuberinnen vnd Saul redet vnd thut/jnn Samuels person vnd namen

a *Das Liecht ist/das auff dem brustlatzen des priesters war/Exo. 28.*

Samuel aber war gestorben/vnd gantz Israel hatte leide vmb jn getragen/vnd begraben jnn seiner stad Rama/So hatte Saul aus dem lande vertrieben die Warsager vnd Zeichen deuter. Da nu die Philister sich versamleten vnd kamen vnd lagerten sich zu Sunem/versamlet Saul auch das gantz Israel/vnd lagerten sich zu Gilboa. Da aber Saul der Philister heer sahe/furcht er sich vnd sein hertz verzagt seer/vnd er ratfraget den HERRN/Aber der HERR antwortet jm nicht/weder durch treume/noch durchs a Liecht/noch durch Propheten.

Da sprach Saul zu seinen knechten/Sucht mir ein weib/die einen Warsager geist hat/das ich zu jr gehe vnd sie frage. Seine knechte sprachen zu jm/Sihe/zu Endor ist ein weib/die hat einen Warsager geist/Vnd Saul wechselt seine kleider vnd zoch andere an/vnd gieng hin vnd zween andere mit jm/vnd kamen bey der nacht zum weibe/Vnd sprach/Lieber weissage mir durch den Warsager geist/vnd bringe mir erauff den ich dir sage/Das weib sprach zu jm/Sihe/du weissest wol was Saul gethan hat/wie er die Warsager vnd Zeichendeuter ausgerotet hat vom lande/warumb wiltu denn meine seele jnn das netze füren/das ich ertödtet werde? Saul aber schwur jr bey dem HERRN/vnd sprach/So war der HERR lebt/es sol dir dis nicht zur missethat geraten. Da sprach das weib/Wen sol ich dir denn erauff bringen? Er sprach/Bringe mir Samuel erauff.

b *Götter das ist Richter/Exo. 22. vnd der seidenrock ist der priesterliche rock/Exo. 28.*

Da nu das weib Samuel sahe/schrey sie laut vnd sprach zu Saul/Warumb hastu mich betrogen? du bist Saul? Vnd der König sprach zu jr/Fürcht dich nicht/was sihestu? Das weib sprach zu Saul/Ich sehe b Götter erauff steigen aus der erden/Er sprach/Wie ist er gestalt/

Samuel. LXXX.

stalt/ Sie sprach/ Es kompt ein alter man erauff/ vnd ist bekleidet mit einem seiden rock/ Da vernam Saul das es Samuel war/ vnd neiget sich mit seinem andlitz zur erden/ vnd bettet an.

Samuel aber sprach zu Saul/ Warumb hastu mich vnrügig gemacht/ das du mich erauff bringen lessest? Saul sprach/ Ich bin seer geengstet/ die Philister streiten wider mich/ vnd Gott ist von mir gewichen/ vnd antwortet mir nicht/ weder durch Propheten doch durch trewme/ darumb habe ich dich lassen ruffen/ das du mir weisest/ was ich thun solle.

Samuel sprach/ Was wiltu mich fragen/ weil der HERR von dir gewichen/ vnd dein feind worden ist? Der HERR wird dir thun/ wie er durch mich gered hat/ vnd wird das Reich von deiner hand reissen/ vnd Dauid deinem nehesten geben/ darumb/ das du der stimme des HERRN nicht gehorcht/ vnd den grim seines zorns nicht ausgerichtet hast wider Amalek/ Darumb hat dir der HERR solchs jtzt gethan/ Dazu wird der HERR Israel mit dir auch geben inn der Philister hende/ morgen wirstu vnd deine söne mit mir sein/ Auch wird der HERR das heer Israel inn der Philister hende geben.

Da fiel Saul bald zur erden/ denn er kundte nicht stehen/ vnd erschrack seer fur den worten Samuel/ das keine krafft mehr inn jm war/ denn er hatte kein brod gessen den gantzen tag vnd die gantze nacht/ Vnd das weib gieng hinein zu Saul/ vnd sahe/ das er seer erschrocken war/ vnd sprach zu jm/ Sihe/ deine magd hat deiner stimme gehorcht/ vnd habe meine seele inn meine hand gesetzt/ das ich deinen worten gehorchet/ die du zu mir sagtest/ So gehorche auch nu du deiner magd stimme/ Ich wil dir einen bissen brods fur setzen/ das du essest/ das du zu krefften komest/ vnd deine strasse gehest/ Er aber wegert sich/ vnd sprach/ Ich wil nicht essen/ Da nötigeten jn seine knechte vnd das weib/ das er jrer stimme gehorchet.

Vnd er stund auff von der erden vnd setzet sich auffs bette/ Das weib aber hatte daheim ein gemestet kalb/ da eilet sie vnd schlachtets/ vnd nam melh vnd knettets vnd buchs vngseurt/ vnd brachts erzu fur Saul vnd fur seine knechte/ vnd da sie gessen hatten/ stunden sie auff vnd giengen die nacht.

XXIX.

Die Philister aber versamleten alle jr heer zu Aphek/ Vnd Israel lagerte sich zu Ain inn Jesreel/ Vnd die Fürsten der Philister giengen daher mit hunderten vnd mit tausenten/ Dauid aber vnd seine menner giengen hinden nach bey Achis/ Da sprachen die Fürsten der Philister/ Was sollen diese Ebreer? Achis sprach zu jnen/ Ist nicht das Dauid der knecht Saul des Königs Israel? der nu bey mir gewesen ist jar vnd tag/ vnd habe nichts an jm gefunden sint der zeit er abgefallen ist bis her.

Aber die Fürsten der Philister wurden zornig auff jn/ vnd sprachen zu jm/ Las den man vmbkeren vnd an seinem ort bleiben/ da du jn hin bestellet hast/ das er nicht mit vns hinab zihe zum streit/ vnd vnser widersacher werde im streit/ Denn woran kund er seinem herrn bas gefallen thun/ denn an den köpffen dieser menner? Ist er nicht der Dauid/ von dem sie sungen am reigen/ Saul hat tausent geschlagen/ Dauid aber zehen tausent?

Da rieff

Das Buch

Da rieff Achis Dauid/vnd sprach zu jm/So war der HERR lebt/ich halt dich fur redlich/vnd dein ausgang vnd eingang mit mir im heer/gefelt mir wol/vnd habe nichts arges an dir gespürt/sint der zeit du zu mir komen bist bis her/Aber du gefellest den Fürsten nicht/ So kere nu vmb vnd gehe hin mit friden/auff das du nicht vbel thust fur den augen der Fürsten der Philister/Dauid aber sprach/Was hab ich gethan/vnd was hastu gespürt an deinem knecht/sint der zeit ich fur dir gewesen bin bis her/das ich nicht sol komen vnd streiten/wider die feinde meins herrn des Königs?

Achis antwortet/vnd sprach zu Dauid/Ich weis wol/das du meinen augen gefellest/als ein Engel Gottes/Aber der Philister Fürsten haben gesagt/Las jn nicht mit vns hinauff jnn streit zihen/So mach dich nu morgen frue auff/vnd die knechte deins herrn die mit dir komen sind/vnd wenn jr euch morgen frue auffgemacht habt/das liecht ist/so gehet hin/Also machten sich Dauid vnd seine menner frue auff/das sie des morgens hin giengen vnd wider jnn der Philister land kemen/Die Philister aber zogen hinauff gen Jesreel.

XXX.

DA nu Dauid des dritten tags kam gen Ziklag mit seinen mennern/waren die Amalekiter erein gefallen zum mittag vnd zu Ziklag/vnd hatten Ziklag geschlagen vnd mit feur verbrand/vnd hatten die weiber draus weg gefurt/beide klein vnd gros/Sie hatten aber niemand getödtet/sondern weg getrieben/vnd waren dahin jrs weges. Da nu Dauid sampt seinen mennern zur stad kam/vnd sahe/das sie mit feur verbrand war/vnd jre weiber/söne vnd töchter gefangen waren/hub Dauid vnd das volck das bey jm war/jre stimme auff vnd weineten/bis sie nicht mehr weinen kundten/Denn Dauids zwey weiber waren auch gefangen/Ahinoam die Jesreelitin/vnd Abigail Nabals weib des Carmeliten/vnd Dauid war seer betrübt/denn das volck wolt jn steinigen/denn des gantzen volcks seele war betrübt/ ein jglicher vber seine söne vnd töchter.

Dauid aber sercket sich jnn dem HERRN seinem Gott/vnd sprach zu Ab Jathar dem Priester Ahimelechs son/Bringe mir her den Leibrock/Vnd da Ab Jathar den Leibrock zu Dauid bracht hatte/fragte Dauid den HERRN/vnd sprach/Sol ich den kriegs leuten nachjagen/vnd werde ich sie ergreiffen? Er sprach/Jage jnen nach du wirst sie ergreiffen vnd erretten/Da zog Dauid hin vnd die sechs hundert man/die bey jm waren/Vnd da sie kamen an den bach Besor/blieben etliche stehen/Dauid aber vnd die vier hundert man jageten nach/die zwey hundert man aber die stehen blieben/hatten sich verseumet vber den bach Besor zu gehen.

Vnd sie funden einen Egyptischen man auff dem felde/den furten sie zu Dauid/vnd gaben jm brod das er ass/vnd trenckten jn mit wasser/vnd gaben jm ein stück feigen vnd zwey stück rosin/vnd da er gessen hatte/kam sein geist wider zu jm/denn er hatte jnn dreien tagen vnd dreien nachten kein brod gessen vnd kein wasser getruncken.

Dauid

Samuel. LXXXI.

Dauid sprach zu jm/Wes bistu? vnd wo her bistu? Er sprach/ Ich bin ein Egyptischer knabe eins Amalekiters knecht/vnd mein herr hat mich verlassen/denn ich ward kranck fur dreien tagen/Wir sind erein gefallen zum mittag Crethi/vnd auff Juda vnd zum mittag Caleb/vnd haben Ziklag mit feur verbrennet.

Dauid sprach zu jm/Wiltu mich hinab füren zu diesen kriegsleuten? Er sprach/Schwere mir bey Gott/das du mich nicht tödtest/ noch jnn meins herrn hand vberantwortest/so wil ich dich hinab füren zu diesen kriegsleuten/Vnd er füret sie hinab/Vnd sihe/sie hatten sich zustrewet auff der gantzen erden/assen vnd truncken vnd feierten/vber alle dem grossen raub den sie genomen hatten aus der Philister vnd Juda lande.

Vnd Dauid schlug sie/von dem morgen an bis an den abend gegen dem andern tag/das jr keiner entran/on vier hundert Jünglinge/ die fielen auff die kameln vnd flohen. Also errettet Dauid alles was die Amalekiter genomen hatten/vnd seine zwey weiber/vnd feilet an keinem/weder klein noch gros/noch söne noch töchter/noch raub noch alles das sie genomen hatten/Dauid brachts alles wider/Vnd Dauid nam die schaf vnd rinder/vnd treib das vieh fur jm her/vnd sie sprachen/Das ist Dauids raub.

Vnd da Dauid zu den zwey hundert mennern kam/die sich geseumet hatten Dauid nach zu folgen/vnd am bach Besor blieben waren/giengen sie eraus Dauid entgegen/vnd dem volck das mit jm war/Vnd Dauid sprach zum volck vnd grüsset sie freundlich/Da antworten/was böse vnd lose leute waren/vnter denen die mit Dauid gezogen waren/vnd sprachen/Weil sie nicht mit vns gezogen sind/sol man jnen nichts geben/von dem raub den wir errettet haben/ sondern ein jglicher füre sein weib vnd seine kinder/vnd gehe hin.

Da sprach Dauid/Jr solt nicht so thun/meine Brüder/mit dem das vns der HERR gegeben hat/vnd hat vns behut/vnd diese kriegsleute/die wider vns komen waren/jnn vnser hende gegeben. Wer solt euch darinnen gehorchen? wie das teil der jenigen/die jnn streit hinab gezogen sind/so sol auch sein das teil der jenigen/die bey dem gerete blieben sind/vnd sol gleich geteilet werden/Das ist sint der zeit vnd fur hin jnn Israel ein sitte vnd Recht worden/bis auff diesen tag.

Vnd da Dauid gen Ziklag kam/sandte er des raubs den Eltesten jnn Juda seinen nehesten/vnd sprach/Sihe/da habt jr den segen aus dem raub der feinde des HERRN/nemlich/denen zu BethEl/denen zu Ramoth am mittag/denen zu Jathir/denen zu Aroer/denen zu Siphamoth/denen zu Esthemoa/denen zu Rachal/denen jnn stedten der Jerahmeeliter/denen jnn den stedten der Keniter/denen zu Harma/denen zu Bor Asan/denen zu Atach/denen zu Hebron/vnd allen örtern da Dauid gewandelt hatte mit seinen mennern.

XXXI.

Die Philister

Das Buch

DJe Philister aber stritten wider Israel/vnd die menner Israel flohen fur den Philistern/vnd fielen erschlagen auff dem gebirge Gilboa/Vnd die Philister hiengen sich an Saul vnd seine söne/vnd schlugen Jonathan/vnd Abi Nadab vnd Malchisua/die söne Sauls/vnd der streit ward hart wider Saul/vnd die schützen troffen auff jn mit bogen/vnd ward seer verwund von den schützen.

Da sprach Saul zu seinem waffentreger/Zeuch dein schwert aus vnd erstich mich damit/das nicht diese vnbeschnittene komen vñ mich erstechen/vnd treiben ein spot aus mir/Aber sein waffen treger wolt nicht/denn er furcht sich seer/Da nam Saul das schwert vñ fiel drein/Da nu sein waffentreger sahe/das Saul tod war/fiel er auch jnn sein schwert/vnd starb mit jm/Also starb Saul vnd seine drey söne vnd sein waffentreger/vnd alle seine menner zu gleich auff diesen tag.

Da aber die menner Jsrael/die jenseit dem grunde vnd jenseit dem Jordan waren/sahen/das die menner Jsrael geflohen waren/vnd das Saul vnd seine söne tod waren/verliessen sie die stedte vnd flohen auch/so kamen die Philister vnd woneten drinnen.

Des andern tags kamen die Philister die erschlagene auszuzihen/ vnd funden Saul vnd seine drey söne ligen auff dem gebirge Gilboa vnd hieben jm sein heubt abe/vnd zogen jm seine waffen ab/vnd sandten sie jnn der Philister land vmb her/zu verkündigen im hause jrer Götzen/vnd vnter dem volck/vnd legten seinen harnsch jnn das haus Astharoth/aber seinen leichnam hiengen sie auff die maur zu Bethsan.

Da die zu Jabes jnn Gilead höreten/was die Philister Saul gethan hatten/machten sie sich auff was streitbar menner waren/vnd giengen die gantze nacht/vnd namen die leichnam Saul vnd seiner söne von der maur zu Bethsan/vnd brachten sie gen Jabes/vnd verbranten sie daselbs vnd namen jre gebeine vnd begruben sie vnter den baum zu Jabes/vnd fasteten sieben tage.   Das ander teil

Das Ander teil des buchs Samuel.

LXXXII.

I.

Ach dem tod Saul/ da Dauid von der Amalekiter schlacht wider komen/ vnd zween tage zu Ziklag blieben war/ Sihe/ da kam am dritten tage ein man aus dem heer von Saul mit zurissen kleidern vnd erden auff seinem heubt/ Vnd da er zu Dauid kam/ fiel er zur erden vnd bettet an/ Dauid aber sprach zu jm/ Wo kompstu her? Er sprach zu jm/ aus dem heer Israel bin ich entrunnen/ Dauid sprach zu jm/ Sage mir/ wie gehet es zu? Er sprach/ Das volck ist geflohen vom streit/ vnd ist viel volcks gefallen/ dazu ist auch Saul tod vnd sein son Jonathan.

Dauid sprach zu dem jüngling/ der jm solchs sagt/ Woher weissestu/ das Saul vnd sein son Jonathan tod sind? Der jüngling/ der jm solchs sagt/ sprach/ Ich kam on geferde auffs gebirge Gilboa/ vnd sihe/ Saul lehnet sich auff seinen spies/ vnd die wagen vnd reuter jagten hinder jm her/ vnd er wand sich vmb/ vnd sahe mich vnd rieff mir/ Vnd ich sprach/ Hie bin ich/ Vnd er sprach zu mir/ Wer bistu? Ich sprach zu jm/ Ich bin ein Amalekiter/ Vnd er sprach zu mir/ Trit zu mir vnd tödte mich/ denn mich hat angst begriffen/ denn mein leben noch gantz inn mir ist/ Da trat ich zu jm vnd tödtet jn/ denn ich wuste wol/ das er nicht leben kundte nach seinem fal/ vnd nam die kron von seinem heubt/ vnd das arm geschmid von seinem arm/ vnd habs herbracht zu dir meinem herrn.

Da fasset Dauid seine kleider/ vnd zureis sie vnd alle menner die bey jm waren/ vnd trugen leide vnd weineten vnd fasteten bis an den abend/ vber Saul vnd Jonathan seinen son/ vnd vber das volck des HERRN/ vnd vber das Haus Israel/ das sie durchs schwerd gefallen waren.

Vnd Dauid sprach zu dem jüngling der im ansagt/ Wo bistu her? Er sprach/ Ich bin eins frembdlingen eins Amalekiters son/ Dauid sprach zu jm/ Wie/ das du dich nicht gefurcht hast/ deine hand zu legen an den gesalbeten des HERRN jn zu verderben? Vnd Dauid sprach zu seiner jüngling einem/ Er zu/ vnd schlag jn/ Vnd er schlug jn daser starb/ Da sprach Dauid zu jm/ dein blut sey vber deinem kopff/ denn dein mund hat wider dich selbs gered/ vnd gesprochen/ Ich hab den gesalbten des HERRN getödtet.

Vnd Dauid klagt diese klage vber Saul vnd Jonathan seinen son/ vnd befalh/ man solt die kinder Juda den Bogen leren/ sihe/ es stehet geschrieben im buch der redlichen.

Die Edlesten inn Israel sind auff deiner höhe erschlagen/ Wie sind die Helden gefallen?

(Bogen) So heisst dis lied/ wie auch bey vns etliche lieder namen haben.

L   Sagts

Das Ander teil

Sagts nicht an zu Gath/Verkündets nicht auff der gassen zu Asklon/Das sich nicht frewen die töchter der Philister/das nicht frolocken die töchter der vnbeschnitten.

Ir berge zu Gilboa es müsse weder tawen noch regenen auff euch/noch acker seien da Hebopffer von komen/Denn daselbs ist den Helden jr schilt abgeschlagen/der schilt Saul/als were er nicht gesalbet mit öle.

Der boge Jonathan hat nie gefeilet/Vnd das schwert Saul ist nie leer wider komen/Von dem blut der erschlagenen vnd vom fett der Helden.

Saul vnd Jonathan holdselig vnd lieblich an jrem leben/sind auch am tod nicht gescheiden/Leichter denn die Adeler/vnd stercker denn die Lewen.

Ir töchter Israel weinet vber Saul/der euch kleidet mit rosinfarbe jnn wollust/vnd schmückt euch mit gülden kleinoten an ewern kleidern.

Wie sind die Helden so gefallen im streit? Jonathan ist auff deinen hohen erschlagen.

Es ist mir leid vmb dich mein bruder Jonathan/Du bist mir seer lieblich gewesen/Dein liebe ist mir sonderlicher gewesen/denn frawen liebe.

Wie sind die Helden gefallen/vnd der harnisch vmbkomen?

II.

Ach diesem geschicht fragt David den HERRN/vnd sprach/Sol ich hinauff jnn der stedte Juda eine zihen? Vnd der HERR sprach zu jm/Zeuch hinauff/David sprach/Wo hin? Er sprach/Gen Hebron/Also zog David dahin mit seinen zweien weibern/Ahinoam der Jesreelitin vnd mit Abigail Nabals des Carmeliten weib/Dazu die menner die bey jm waren füret David hinauff/ein jglichen mit seinem hause/vnd woneten jnn den stedten Hebron/Vnd die menner Juda kamen vnd salbeten daselbs David zum Könige vber das Haus Juda.

Vnd da es David ward angesagt/das die von Jabes jnn Gilead Saul begraben hatten/sandte er boten zu jnen/vnd lies jnen sagen/Gesegenet seit jr dem HERRN/das jr solche barmhertzigkeit an ewrem herrn Saul gethan vnd jn begraben habt/So thu nu an euch der HERR barmhertzigkeit vnd trewe/Vnd ich wil euch auch guts thun/das jr solchs gethan habt/So seien nu ewre hende getrost vnd seit redlich/Denn ewr herr Saul ist tod/so hat mich das Haus Juda zum Könige gesalbet vber sich.

Abner aber der son Ner/der Sauls Feldheubtman war/nam Jsboseth Sauls son/vnd füret jn durchs heer/vnd macht jn zum Könige vber Gilead/Assuri/Jesreel/Ephraim/Ben Jamin/vnd vber gantz Israel/Vnd Jsboseth Sauls son war vierzig jar alt/da er König ward vber Israel/vnd regirte zwey jar/Aber das Haus Juda hielts mit David. Die zeit aber/die David König war zu Hebron vber das Haus Juda/war sieben jar vnd sechs monden lang.

Vnd Abner

Samuel. LXXXIII.

Vnd Abner der son Ner zog aus sampt den knechten Jsboseth des sons Saul/aus dem heer gen Gibeon/Vnd Joab der son Zeru Ja zog aus sampt den knechten Dauid/vnd stiessen auffeinander am teich zu Gibeon/vnd legten sich/diese auff dieser seiten des teichs/jhene auff jhener seiten/Vnd Abner sprach zu Joab/Las sich die knaben auffmachen/vnd fur vns spielen/Joab sprach/Es gilt wol/Da machten sich auff/vnd giengen hin an der zal zwelff aus Ben Jamin auff Jsboseth Sauls sons teil/vnd zwelffe von den knechten Dauid/Vnd ein jglicher ergreiff den andern bey dem kopff/vnd sties jm sein schwert jnn seine seiten/vnd fielen miteinander/Daher der ort/genennet wird Delkath hazurim/der zu Gibeon ist/Vnd es erhub sich ein seer harter streit des tages/Abner aber vnd die menner Jsrael wurden geschlagen fur den knechten Dauid.

Delkath zurim Das heisst der acker der Festen oder Helden.

Es waren aber drey söne Zeru Ja daselbs/Joab/Abisai vnd Asahel/Asahel aber war von leichten füssen wie ein rehe auff dem felde/ vnd jagte Abner nach/vnd weich nicht/weder zur rechten noch zur lincken von Abner/Da wand sich Abner vmb vnd sprach/Bistu Asahel? Er sprach/Ja/Abner sprach zu jm/Deb dich/entweder zur rechten oder zur lincken/vnd nim fur dich der knaben einen/vnd nim jm seinen harnisch/Aber Asahel wolt nicht von jm ablassen/ Da sprach Abner weiter zu Asahel/Deb dich von mir/Warumb wiltu/das ich dich zu boden schlahe? vnd wie thurst ich mein andlitz auffheben fur deinem bruder Joab? Aber er wegert sich zu weichen.

Da stach jn Abner hinder sich mit einem spies jnn seinen wanst/ das der spies hinden aus gieng/vnd er fiel daselbs vnd starb fur jm/ Vnd wer an den ort kam/da Asahel tod lag/der stund stille/ Aber Joab vnd Abisai jagten Abner nach bis die Sonne vntergieng/vnd da sie kamen auff den hügel Amma/der fur Giah ligt/auff dem wege zur wüsten Gibeon/versamleten sich die kinder Ben Jamin hinder Abner her/vnd wurden ein heufflin vnd tratten auff eins hügels spitzen.

Vnd Abner rieff zu Joab/vnd sprach/Sol denn das schwert on ende fressen? Weissestu nicht/das zu letzt wird saur werden? Wie lange wiltu dem volck nicht sagen/das es ablasse von seinen Brüdern/ Joab sprach/So war Gott lebt/Dettestu heute morgen so gesagt/ das volck hette ein jglicher von seinem Bruder abgelassen/Vnd Joab blies die posaunen/vnd alles volck stund stille/vnd jagten nicht mehr Israel nach/vnd stritten auch nicht mehr/Abner aber vnd seine menner giengen die selbe gantze nacht vber das blachfeld/vnd giengen vber den Jordan/vnd wandelten durchs gantz Bithron/vnd kamen jns lager.

Joab aber wand sich von Abner vnd versamlet das gantze volck/ Vnd es feileten an den knechten Dauids neunzehen man/vnd Asahel/ Aber die knechte Dauid hatten geschlagen vnter Ben Jamin vnd die menner Abner/das drey hundert vnd sechzig man waren tod blieben/ Vnd sie huben Asahel auff vnd begruben jn jnn seines vaters grab zu Bethlehem/vnd Joab mit seinen mennern giengen die gantze nacht/ das jnen das liecht anbrach zu Debron.

III.

L ij   Vnd es

Das Ander teil

Vnd es war ein langer streit/zwisschen dem Hause Saul vnd dem Hause Dauid/Dauid aber gieng vnd nam zu/ Vnd das Haus Saul gieng vnd nam abe.

Vnd es wurden Dauid kinder geborn zu Hebron/ sein erstgeborner son/Amnon von Ahi Noam der Jesreelitin/ Der ander/Chileab von Abigail Nabals weib des Carmeliten/ Der dritte/Absalom der son Maacha der tochter Thalmai des Königes zu Gesur/Der vierde/Adonia der son Hagith/Der funffte/Saphat Ja der son Abital/Der sechst/Jethream von Egla dem weibe Dauid/Diese sind Dauid geborn zu Hebron.

Als nu der streit war zwisschen dem Hause Saul/vnd dem Hause Dauid/stercket Abner das Haus Saul/Vnd Saul hatte ein kebs weib/die hies Rizpa/eine tochter Aia/Vnd Jsboseth sprach zu Abner/Warumb schleffestu bey meins vaters kebs weib? Da ward Abner seer zornig vber diese wort Jsboseth/vnd sprach/Bin ich denn ein hundskopff/der ich wider Juda an dem Hause Saul deines vaters/ vnd an seinen brüdern vnd freunden barmhertzigkeit thu? vnd habe dich nicht jnn Dauids hende gegeben/vnd du rechenest heute mir eine missethat zu vmb ein weib? Gott thu Abner dis vnd das/wenn ich nicht thu/wie der HERR Dauid geschworen hat/das das Königreich vom Hause Saul genomen werde/vnd der stuel Dauid auffgerichtet werde vber Jsrael vnd Juda/von Dan bis gen BerSeba/ Da kund er furder jm kein wort mehr antworten/so furcht er sich fur jm.

Vnd Abner sandte boten zu Dauid fur sich/vnd lies jm sagen/ Wes ist das land? Vnd sprach/Mach deinen Bund mit mir/Sihe/ meine hand sol mit dir sein/das ich zu dir kere das gantze Jsrael/ Er sprach/Wol/ich wil einen Bund mit dir machen/ aber eins bit ich von dir/das du mein angesicht nicht sehest/du bringest denn zuuor zu mir/Michal Sauls tochter/wenn du kompst mein angesicht zu sehen.

Auch sandte Dauid boten zu Jsboseth dem son Saul/vnd lies jm sagen/Gib mir mein weib Michal/die ich mir vertrawet habe mit hundert vorheuten der Philister/Jsboseth sandte hin/vnd lies sie nemen von dem man Paltiel dem son Lais/Vnd jr man gieng mit jr vnd weinet hinder jr/bis gen Bahurim/ Da sprach Abner zu jm/Kere vmb vnd gehe hin/vnd er keret vmb.

Vnd Abner hatte eine rede mit den Eltesten jnn Jsrael/vnd sprach/Jr habt vorhin lengest nach Dauid getrachtet/das er König were vber euch/So thuts nu/denn der HERR hat von Dauid gesagt/Jch wil mein volck Jsrael erretten durch die hand Dauid meines Knechts/von der Philister hand/vnd von aller jrer feinde hand. Auch redte Abner fur den ohren BenJamin/Vnd gieng auch hin/zu reden fur den ohren Dauid zu Hebron/alles was Jsrael vnd dem gantzen Hause BenJamin wol gefiel.

Da nu Abner gen Hebron zu Dauid kam/vnd mit jm zwenzig man/machet jnen Dauid ein mal/ Vnd Abner sprach zu Dauid/ Jch wil mich auffmachen vnd hin gehen/das ich das gantze Jsrael zu meinem

Samuel. LXXXIIII.

zu meinem herrn dem Könige samle/vnd das sie einen Bund mit dir machen/auff das du König seiest/wie es deine seele begert. Also lies Dauid Abner von sich/das er hin gienge mit friden.

Vnd sihe/die knechte Dauid vnd Joab kamen von den kriegs leuten/vnd brachten mit sich einen grossen raub/ Abner aber war nu nicht bey Dauid zu Hebron/sondern er hatte jn von sich gelassen/das er mit friden weg gegangen war.

Da aber Joab vnd das gantze heer mit jm war komen/ward jm angesagt/das Abner der son Ner zum Könige komen war/vnd er hatte jn von sich gelassen/das er mit friden war weg gegangen/Da gieng Joab zum Könige hinein/vnd sprach/Was hastu gethan? Sihe/ Abner ist zu dir komen/warumb hastu jn von dir gelassen/das er ist weg gegangen? Kennestu Abner den son Ner nicht? Denn er ist komen dich zu vberreden/das er erkennet deinen ausgang vnd eingang/ vnd erfüre alles was du thust.

Vnd da Joab von Dauid ausgieng/sandte er boten Abner nach/ das sie jn widerumb holeten von Borabsira/vnd Dauid wuste nichts drumb. Als nu Abner wider gen Hebron kam/füret jn Joab mitten vnter das thor/das er heimlich mit jm redet/vnd stach jn daselbs jnn den wanst das er starb/vmb seins bruders Asahel blut willen. Da das Dauid hernach erfur/sprach er/Ich bin vnschüldig vnd mein König reich fur dem HERRN ewiglich/an dem blut Abner des sons Ner/ Es falle aber auff den kopff Joab vnd auff gantz seins vaters hause/ vnd müsse nicht auffhören im hause Joab/der ein eiter flus vnd aussatz habe/vnd spindel halde/vnd durchs schwert falle/vnd an brod mangele. Also erwürgeten Joab vnd sein bruder Abisai Abner/darumb/das er jren bruder Asahel tödtet hatte/im streit zu Gibeon.

Dauid aber sprach zu Joab vnd allem volck das mit jm war/zureisset ewre kleider vnd gürtet secke vmb euch/vnd tragt leide vmb Abner/Vnd der König gieng dem sarck nach/Vnd da sie Abner begruben zu Hebron/hub der König seine stimme auff/vnd weinet bey dem grab Abner/vnd weinet auch alles volck/Vnd der König klaget Abner/vnd sprach/Abner ist nicht gestorben wie ein thor stirbt/deine hende sind nicht gebunden/deine füsse sind nicht jnn fessel gesetzt/du bist gefallen wie man fur bösen buben felt/Da beweinete jn alles volck noch mehr.

Da nu alles volck hinein kam mit Dauid zu essen/da es noch hoch tag war/schwur Dauid/vnd sprach/Gott thu mir dis vnd das/wo ich brod oder etwas koste/ehe die Sonne vntergehet/Vnd alles volck erkants vnd gefiel jnen auch wol/alles gut was der König that/fur den augen des gantzen volcks/Vnd alles volck vnd gantz Israel merckten des tags/das nicht vom Könige war/das Abner der son Ner getödtet ward/Vnd der König sprach zu seinen knechten/Wisset jr nicht/das auff diesen tag ein Fürst vnd grosser gefallen ist jnn Israel? Ich aber bin noch zart vnd ein gesalbeter König/Aber die menner die kinder Zeru Ja sind mir zu hart/Der HERR vergelte dem/der böses thut nach seiner bosheit.

L iij   Da aber

Das Ander teil

IIII.

DA aber der son Saul höret/ das Abner zu Hebron tod were/ wurden seine hende matt vnd gantz Israel ward betrübt.

Es waren aber zween menner Heubtleute/ vber die krieger vnter dem son Saul/ einer hies Baena/ der ander Rechob/ söne Rimon des Berothiters/ aus den kindern Ben Jamin/ denn Beroth ward auch vnter Ben Jamin gerechnet/ Vnd die Berothiter waren geflohen gen Gethaim vnd frembdling worden daselbs/ bis auff den heutigen tag/ Auch hatte Jonathan der son Saul einen son der war lahm an füssen/ vnd war funff jar alt/ da das geschrey von Saul vnd Jonathan aus Israel kam/ vnd seine Amme jn auff hub vnd flohe/ Vnd jnn dem sie eilete vnd floh/ fiel er vnd ward hinckend/ vnd er hies MephiBoseth.

So giengen nu hin die söne Rimon des Berothiters/ Rechob vnd Baena/ vnd kamen zum hause Isboseth/ da der tag am heisten war/ vnd er lag auff seinem lager im mittage/ vnd sie kamen ins haus weitzen zu holen/ vnd stochen jn jnn den wanst vnd entrunnen/ denn da sie ins haus kamen/ lag er auff seinem bette jnn seiner schlaffkamer/ vnd stochen jn tod/ vnd hieben jm den kopff abe/ vnd namen seinen kopff vnd giengen hin des wegs auff dem blachfelde die gantze nacht/ vnd brachten das heubt Isboseth zu Dauid gen Hebron/ vnd sprachen zum Könige/ Sihe/ da ist das heubt Isboseth Sauls son/ deines feindes der nach deiner seelen stund/ der HERR hat heute meinen herrn den König gerochen an Saul vnd an seinem samen.

Da antwortet Dauid/ So war der HERR lebt/ der meine seele aus allem trübsal erlöset hat/ Ich greiff den der mir verkündigt/ vnd sprach/ Saul ist tod/ vnd meinet/ er were ein guter bote/ vnd erwürget jn zu Ziklag/ dem ich solt boten lohn geben/ Vnd diese Gottlose leute haben ein gerechten man jnn seinem hause auff seinem lager erwürget/ Ja/ solt ich das blut nicht foddern von ewren henden/ vnd euch von der erden thun? Vnd Dauid gebot seinen jünglingen/ die erwürgeten sie/ vnd hieben jnen hende vnd füsse abe/ vnd hiengen sie auff am teich zu Hebron. Aber das heubt Isboseth namen sie vnd begrubens jnn Abners grabe zu Hebron

V.

VNd es kamen alle stemme Israel zu Dauid gen Hebron/ vnd sprachen/ Sihe/ wir sind deines gebeins vnd deines fleischs/ Dazu auch vorhin da Saul vber vns König war/ fürestu Israel aus vnd ein/ So hat der HERR dir gesagt/ du solt meines volcks Israel hüten/ vnd solt ein Hertzog sein vber Israel/ vnd es kamen alle Eltesten jnn Israel/ zum Könige gen Hebron/ vnd der König Dauid machte mit jnen einen Bund zu Hebron fur dem HERRN/ vnd sie salbeten Dauid zum Könige vber Israel/ Dreissig jar war Dauid alt da er König ward/ vnd regirte virzig jar/ zu Hebron regirte er sieben jar/ vnd sechs monden vber Juda/ Aber zu Jerusalem regirte er drey vnd dreissig jar vber gantz Israel vnd Juda.

Vnd der

Samuel. LXXXV.

Vnd der König zog hin mit seinen mennern zu Jerusalem/wider die Jebusiter/die im lande woneten/Sie aber sprachen zu Dauid/Du solt nicht hie erein komen/sondern blinden vnd lamen werden dich abtreiben/Das meineten sie aber/das Dauid nicht würde da hinein komen. Aber Dauid gewan die Burg Zion/das ist Dauids stad. Da sprach Dauid desselben tags/Wer die Jebusiter schlegt/vnd erlanget die dachrinnen/die lamen vnd blinden/den die seele Dauid feind ist/ Daher spricht man/Las keinen blinden vnd lamen jns haus komen. Also wonet Dauid auff der Burg/vnd hies sie Dauids stad/Vnd Dauid bawete vmbher von Millo vnd jnnwendig/Vnd Dauid gieng vnd nam zu/vnd der HERR der Gott Zebaoth war mit jm.

Diese blinden vnd lamen sind jre Götzen gewesen/ welche sie zu trotz wider Dauid auff die maure setzten/ als jre Patron/ die sie schützen solten/Wie man jtzt auch mit der heiligen bilder thut.

Vnd Hiram der König zu Tyro/sandte boten zu Dauid vnd cedern beume zur wand/vnd zimmerleute/vnd steinmetzen/das sie Dauid ein haus baweten. Vnd Dauid mercket/das jn der HERR zum Könige vber Jsrael bestetiget hette/vnd sein Königreich erhöhet vmb seins volcks Jsrael willen. Vnd Dauid nam noch mehr weiber/vnd kebsweiber zu Jerusalem/nach dem er von Hebron komen war/vnd wurden jm noch mehr söne vnd töchter geborn/vnd das sind die namen/der die jm zu Jerusalem geborn sind/Samua/Sobab/Nathan/ Salomo/Jebehar/Elisua/Nepheg/Japhia/Elisama/Eliada/Eliphalet.

Vnd da die Philister höreten/das man Dauid zum Könige vber Jsrael gesalbet hatte/zogen sie alle erauff Dauid zu suchen/Da das Dauid erfur/zog er hinab jnn eine Burg/Aber die Philister kamen vnd liessen sich nider im grunde Rephaim/Vnd Dauid fragt den HERRN/ vnd sprach/Sol ich hinauff zihen wider die Philister? vnd wiltu sie jnn meine hand geben? Der HERR sprach zu Dauid/Zeuch hinauff/Ich wil die Philister jnn deine hende geben/Vnd Dauid kam gen BaalPrazim/vnd schlug sie daselbs/vnd sprach/Der HERR hat meine feinde fur mir voneinander gerissen/wie die wasser reissen/Daher hies man den selben ort BaalPrazim/vnd sie liessen jre Götzen daselbs/Dauid aber vnd seine menner huben sie auff.

Perez heisst ein riss oder fach/daher diese stad Baalprazim Rissman heisst/das die Philister da gerissen sind.

Die Philister aber zogen abermal erauff/ vnd liessen sich nider im grunde Rephaim/Vnd Dauid fragt den HERRN/Der sprach/ Du solt nicht hinauff zihen/sonden kom von hinden zu jnen/das du an sie komest gegen den birnbeumen/ vnd wenn du hören wirst das rauschen auff den wipffeln der birnbeum einher gehen/so sey frisch/ denn der HERR ist denn ausgegangen fur dir her/zu schlahen das heer der Philister/Dauid thet wie der HERR jm geboten hatte/vnd schlug die Philister von Geba an bis man kompt gen Gaser.

VI.

VNd Dauid samlet abermal alle junge manschafft jnn Jsrael drey tausent/vnd macht sich auff vnd gieng hin/ mit allem volck das bey jm war/aus den Bürgern Juda/das er die Lade Gottes von dannen erauff holete/ welcher name heisst/Der name des HERRN Zebaoth wonet drauff vber den Cherubim/Vnd sie liessen die Lade Gottes füren auff einem newen wagen/vnd holeten sie aus dem

L iiij hause

Das Ander teil

hause AbiNadab/der zu Gibea wonet/Vsa aber vnd Ahio die sóne AbiNadab trieben den newen wagen. Vnd da sie jn mit der Laden aus dem hause AbiNadab füreten/der zu Gibea wonete/spielte Dauid vnd das gantze haus Israel fur dem HERRN her/mit allerley seiten spiel von tennen holtz/mit harffen vnd psaltern vnd paucken vnd schellen vnd cymbaln.

Vnd da sie kamen zur tennen Nachon/greiff Vsa zu vnd hielt die Lade Gottes/denn die rinder traten beseit aus/Da ergrimmet des HERRN zorn vber Vsa/vnd Gott schlug jn daselbs vmb seines freuels willen/das er daselbs starb bey der Lade Gottes/Da ward Dauid vnmuts/das der HERR einen solchen riss an Vsa thet/ vnd hies die selbige stete PerezVsa/bis auff diesen tag/Vnd Dauid furcht sich fur dem HERRN des tages/vnd sprach/Wie sol die Lade des HERRN zu mir komen? Vnd wolt sie nicht lassen zu sich bringen jnn die stad Dauid/sondern lies sie bringen jns haus ObedEdom des Gathiters/Vnd da die Lade des HERRN drey monden bleib im hause ObedEdom des Gathiters/segenet jn der HERR vnd sein gantzes hause.

Vnd es ward dem Könige Dauid angesagt/das der HERR das haus ObedEdom segenete/vnd alles was er hatte vmb der Laden Gottes willen/Da gieng er hin vnd holet die Lade Gottes/aus dem hause ObedEdom erauff/jnn die stad Dauid mit freuden/Vnd da sie einher giengen mit der Laden des HERRN sechs genge/opfferte man einen ochsen vnd ein fett schafe/Vnd Dauid tantzet mit aller macht fur dem HERRN her/vnd war begürtet mit einem leinen leibrock/Vnd Dauid sampt dem gantzen Israel/füreten die Lade des HERRN erauff/mit drometen vnd posaunen.

Vnd da die Lade des HERRN jnn die stad Dauid kam/kucket Michal die tochter Saul durchs fenster/vnd sahe den König Dauid springen vnd tantzen fur dem HERRN/vnd verachtet jn jnn jrem hertzen. Da sie aber die Lade des HERRN hinein brachten/stelleten sie die an jren ort mitten jnn der Hütten/die Dauid fur sie hatte auffgeschlagen/Vnd Dauid opfferte Brandopffer vnd Danckopffer fur dem HERRN/Vnd da Dauid hatte ausgeopffert die Brandopffer vnd Danckopffer/segenet er das volck jnn dem namen des HERRN Zebaoth/vnd teilete aus allem volck/vnd der menge Israel/beide man vnd weib/einem jglichen/ein brodkuchen/vnd ein stück fleisch vnd ein gemüse/Da gieng alles volck hin/ein jglicher jnn sein haus.

Da aber Dauid wider kam sein haus zu segenen/gieng jm Michal die tochter Saul eraus entgegen/vnd sprach/Wie herrlich ist heute der König von Israel gewesen/der sich fur den megden seiner knechte entblösset hat/wie sich die losen leute entblössen. Dauid aber sprach zu Michal/Ich wil fur dem HERRN spielen/der mich erwelet hat fur deinem vater/vnd fur alle seinem Hause/das er mir befolhen hat ein Fürste zu sein vber das volck des HERRN vber Israel/vnd wil noch geringer werden/denn also/vnd wil nidrig sein jnn meinen augen/vnd mit den megden/dauon du gered hast/zu ehren werden/Aber Michal Sauls tochter hatte kein kind/bis an den tag jres tods.

Da nu

Samuel.   LXXXVI.
VII.

DAnn der König jnn seinem hause sas/vnd der HERR jm ruge gegeben hatte von allen seinen feinden vmbher/ sprach er zu dem Propheten Nathan/Sihe/ich wone jnn einem cedern hause/vnd die Lade Gottes wonet vnter den teppichen. Nathan sprach zu dem Könige/Gehe hin/alles was du jnn deinem hertzen hast/das thu/ denn der HERR ist mit dir/Des nachts aber kam das wort des HERRN zu Nathan/vnd sprach.

Gehe hin/vnd sage zu meinem Knecht Dauid/So spricht der HERR/Soltestu mir ein haus bawen das ich drinnen wonet? Hab ich doch jnn keinem hause gewonet sint dem tag/da ich die kinder Israel aus Egypten füret/bis auff diesen tag/sondern ich habe gewandelt jnn der Hütten vnd Wonung/wo ich mit allen kindern Israel hin wandelet/Hab ich auch jhe gered mit jrgend der stemme Israel einem/den ich befolhen habe mein volck Israel zu weiden/vnd gesagt/ Warumb bawet jr mir nicht ein cedern haus?

So soltu nu so sagen meinem Knechte Dauid/ So spricht der HERR Zebaoth/Ich habe dich genomen von der weide hinder den schafen/das du sein soltest ein Fürst vber mein volck Israel/vnd bin mit dir gewesen/wo du hin gegangen bist/vnd hab alle deine feinde fur dir ausgerottet/vnd habe dir einen grossen namen gemacht/wie der name der grossen auff erden/Vnd ich wil meinem volck Israel einen ort setzen/vnd wil es pflantzen/das es daselbs bleibe/das es nicht mehr bewegt werde/vnd es die kinder der bosheit nicht mehr drengen/wie vorhin/vnd sint der zeit ich Richter vber mein volck Israel verordnet habe/ Vnd wil dir ruge geben von allen deinen feinden/ Vnd der HERR verkündigt dir/das der HERR dir ein haus machen wil.

Wenn nu deine zeit hin ist/das du mit deinen Vetern schlaffen ligst/wil ich deinen samen nach dir erwecken/der von deinem leibe komen sol/dem wil ich sein Reich bestetigen/der sol meinem namen ein haus bawen/vnd ich wil den stuel seins Königreichs bestetigen ewiglich/Ich wil sein vater sein/ vnd er sol mein son sein/Wenn er eine missethat thut/wil ich jn mit menschen ruten vnd mit der menschen kinder schlegen straffen/Aber meine barmhertzigkeit sol nicht von jn entwand werden/wie ich sie entwand habe von Saul/den ich fur dir habe weg genomen/Aber dein Haus vnd dein Königreich sol bestendig sein ewiglich fur dir/vnd dein stuel sol ewiglich bestehen.

Da Nathan alle diese wort vnd alles gesichte Dauid gesagt hatte/ kam Dauid der König vnd setzt sich fur dem HERRN/vnd sprach/ Wer bin ich HErr HERR? vnd was ist mein Haus/das du mich bis hieher gebracht hast? Dazu hastu das zu wenig geacht/HErr HERR/sondern hast dem Hause deines Knechts noch von fernen zukünfftigem gered/Ist das menschen recht HErr HERR? Vnd was sol Dauid mehr reden mit dir? du erkennest deinen Knecht HErr HERR/vmb deins worts willen/vnd nach deinem hertzen hastu solche grosse ding alle gethan/das du sie deinem Knecht kund thetest.
Darumb

Das Ander teil

Darumb bistu auch gros geachtet HERR Gott/ Denn es ist keiner wie du/ vnd ist kein Gott denn du/ nach allem das wir mit vnsern ohren gehört haben/ Denn wo ist ein volck auff erden/ wie dein volck Jsrael? vmb welchs willen Gott ist hin gegangen/ jm ein volck zu erlösen vnd jm einen namen zu machen/ vnd solch grosse vnd schreckliche ding zu thun auff deinem lande fur deinem volck/ welchs du dir erlöset hast von Egypten/ vom volck vnd von seinem Gotte/ Vnd du hast dir dein volck Jsrael zubereit dir zum volck jnn ewigkeit/ vnd du HERR bist jr Gott worden.

So bekrefftige nu HERR Gott das wort jnn ewigkeit/ das du vber deinen knecht vnd vber sein haus gered hast/ vnd thu wie du gered hast. So wird dein name gros werden jnn ewigkeit/ das man wird sagen/ Der HERR Zebaoth ist der Gott vber Jsrael/ vnd das Haus deines knechts Dauid wird bestehen fur dir. Denn du HERR Zebaoth du Gott Jsrael hast das ohre deines knechts geoffenet vnd gesagt/ Ich wil dir ein Haus bawen/ Darumb hat dein Knecht sein hertz funden/ das er dis gebet zu dir betet/ Nu HErr HERR du bist Gott/ vnd deine wort werden warheit sein/ Du hast solchs gut vber deinen Knecht gered/ So hebe nu an vnd segene das Haus deines Knechts/ das es ewiglich fur dir sey/ Denn du HERR HERR hasts gered/ vnd mit deinem segen wird deines Knechts Haus gesegenet werden ewiglich.

VIII.

Vnd es begab sich darnach/ das Dauid die Philister schlug vnd schwechet sie/ vnd nam den dienst zaum von der Philister hand. Er schlug auch die Moabiter also zu boden/ das er zwey teil zum tod bracht/ vnd ein teil beim leben lies/ Also wurden die Moabiter Dauid vnterthenig/ das sie jm geschenck zu trugen.

Dauid schlug auch HadadEser den son Rehob König zu Zoba/ da er hin zog/ seine macht wider zu holen an dem wasser Phrath/ Vnd Dauid fieng aus jnen tausent vnd sieben hundert reuter/ vnd zwenzig tausent fusvolcks/ vnd verlehmet alle wagen/ vnd behielt vbrig hundert wagen. Es kamen aber die Syrer von Damasco zu helffen HadadEser dem Könige zu Zoba/ Vnd Dauid schlug der Syrer zwey vnd zwenzig tausent man/ vnd legt volck gen Damascon jnn Syria/ Also ward Syria Dauid vnterthenig/ das sie jm geschenck zu trugen/ Denn der HERR halff Dauid wo er hin zog. Vnd Dauid nam die gülden schilde/ die HadadEsers knechte waren/ vnd bracht sie gen Jerusalem/ Aber von Betah vnd Berothai den stedten HadadEser nam der König Dauid fast viel ertzs.

Da aber Thoi der König zu Hemath höret/ das Dauid hatte alle macht des HadadEsers geschlagen/ sandte er Joram seinen son zu Dauid/ jn freundlich zu grüssen/ vnd jn zu segenen/ das er wider HadadEser gestritten/ vnd jn geschlagen hatte (Denn Thoi hatte einen streit mit HadadEser) vnd er hatte mit sich/ silberne/ güldene vnd eherne kleinod/ Welche der König Dauid auch dem HERRN heiliget/ sampt dem silber vnd golde/ das er dem HERRN heiligete von

allen

Samuel. LXXXVII.

allen Heiden/ die er vnter sich bracht von Syria/ von Moab/ von den kindern Ammon/ von den Philistern/ von Amalek/ vom raub Hadad Eser des sons Rehob Königs zu Zoba.

Auch macht jm Dauid einen namen/ da er wider kam/ vnd die Syrer schlug im Saltztal/ achtzehen tausent/ vnd er legt volck jn gantz Edomea/ vnd gantz Edom war Dauid vnterworffen/ denn der HERR halff Dauid/ wo er hin zog/ Also war Dauid König vber gantz Israel/ Vnd er schafft recht vnd gerechtigkeit allem volck/ Joab der son Zeru Ja war vber das heer. Josaphat aber der son Ahilud war Cantzler/ Zadok der son Ahitob vnd hAimelech der son Ab Jathar waren Priester/ Seraia war Schreiber/ Banaia der son Joiada vnd Crethi vnd Plethi/ vnd die söne Dauid waren Priester.

IX.

VNd Dauid sprach/ Ist auch noch jemand vberblieben von dem hause Saul/ das ich barmhertzigkeit an jm thu vmb Jonathan willen? Es war aber ein knecht vom hause Saul/ der hies Ziba/ dem rieffen sie zu Dauid/ Vnd der König sprach zu jm/ Bistu Ziba? Er sprach/ Ja/ dein knecht/ Der König sprach/ Ist noch jemand vom hause Saul/ das ich Gottes barmhertzigkeit an jm thu? Ziba sprach zum Könige/ Es ist noch da ein son Jonathan lahm an füssen/ Der König sprach zu jm/ Wo ist er? Ziba sprach zum Könige/ Sihe/ er ist zu Lodabar/ im hause Machir des sons Ammiel/ Da sandte der König Dauid hin vnd lies jn holen von Lodabar aus dem hause Machir des sons Ammiel.

Da nu MephiBoseth der son Jonathan des sons Saul zu Dauid kam/ fiel er auff sein angesicht vnd betet an/ Dauid aber sprach/ MephiBoseth/ Er sprach/ Hie bin ich dein knecht/ Dauid sprach zu jm/ Fürcht dich nicht/ denn ich wil barmhertzigkeit an dir thun/ vmb Jonathan deins vaters willen/ vnd wil dir allen acker deines vaters Saul wider geben/ du aber solt teglich auff meinem tisch das brod essen/ Er aber betet an/ vnd sprach/ Wer bin ich dein knecht/ das du dich wendest zu einem todten hunde/ wie ich bin?

Da rieff der König Ziba dem knaben Saul/ vnd sprach zu jm/ Alles was Sauls gewesen ist vnd seines gantzen hauses/ hab ich dem son deines herrn gegeben/ So erbeite jm nu seinen acker/ du vnd deine kinder vnd knechte/ vnd bringes ein/ das es deines herrn son brod sey/ das er sich neere/ Aber MephiBoseth deines herrn son sol teglich das brod essen auff meinem tisch/ Ziba aber hatte funffzehen söne vnd zwenzig knechte/ Vnd Ziba sprach zum Könige/ Alles wie mein herr der König seinem knecht geboten hat/ so sol sein knecht thun/ vnd MephiBoseth esse auff meinem tische/ wie der Königs kinder eins. Vnd MephiBoseth hatte einen kleinen son der hies Micha/ Aber alles was im hause Ziba wonete/ das dienete MephiBoseth. MephiBoseth aber wonete zu Jerusalem/ denn er ass teglich auff des Königs tisch/ vnd hincket mit seinen beiden füssen.

X.

Vnd es

Das Ander teil

VNd es begab sich darnach/ das der König der kinder Ammon starb/ vnd sein son Hanon ward König an seine stat/ Da sprach Dauid/ Ich wil barmhertzigkeit thun an Hanon dem son Nahas/ wie sein vater an mir barmhertzigkeit gethan hat/ vnd sandte hin vnd lies jn trösten durch seine knechte vber seinen vater. Da nu die knechte Dauid ins land der kinder Ammon kamen/ sprachen die gewaltigen der kinder Ammon zu jrem herrn Hanon/ Meinstu/ das Dauid deinen vater ehre fur deinen augen/ das er tröster zu dir gesand hat? Meinstu nicht/ das er darumb hat seine knechte zu dir gesand/ das er die stad erforsche vnd erkunde vnd vmbkere?

Da nam Hanon die knechte Dauid vnd beschur jnen den bart halb/ vnd schneid jnen die kleider halb ab bis an den gürtel/ vnd lies sie gehen. Da das Dauid ward angesagt/ sandte er jnen entgegen/ denn die menner waren seer geschendet/ Vnd der König lies jnen sagen/ Bleibt zu Jeriho bis ewr bart gewechst/ so kompt denn wider.

Da aber die kinder Ammon sahen/ das sie fur Dauid stinckend waren worden/ sandten sie hin/ vnd dingeten die Syrer des hauses Rehob vnd die Syrer zu Zoba zwenzig tausent man fusvolcks/ vnd von dem Könige Maacha tausent man/ vnd von Jstob zwelff tausent man. Da das Dauid höret/ sandte er Joab mit dem gantzen heer der kriegsleute/ Vnd die kinder Ammon zogen aus vnd rüsteten sich zum streit fur der thür des thors/ Die Syrer aber von Zoba von Rehob von Jstob vnd von Maacha waren allein im felde.

Da Joab nu sahe/ das der streit auff jn gestellet war/ fornen vnd hinden/ erwelet er aus aller jungen manschafft inn Jsrael/ vnd rüstet sich wider die Syrer/ Vnd das vbrige volck thet er vnter die hand seines bruders Abisai/ das er sich rüstet wider die kinder Ammon/ vnd sprach/ Werden mir die Syrer vberlegen sein/ so kom mir zu hülffe/ Werden aber die kinder Ammon dir vberlegen/ so wil ich dir zu hülffe komen/ Sey getrost vnd las vns starck sein fur vnser volck/ vnd fur die stedte vnsers Gottes/ der HERR aber thu was jm gefellet.

Vnd Joab macht sich erzu mit dem volck das bey jm war/ zu streiten wider die Syrer/ vnd sie flohen fur jm/ Vnd da die kinder Ammon sahen/ das die Syrer flohen/ flohen sie auch fur Abisai/ vnd zogen inn die stad. Also keret Joab vmb von den kindern Ammon/ vnd kam gen Jerusalem/ Vnd da die Syrer sahen/ das sie geschlagen waren fur Jsrael/ kamen sie zu hauffe/ Vnd HadadEser sandte hin vnd bracht eraus die Syrer jenseit des Wassers/ vnd füret erein jre macht/ Vnd Sobach der Feldheubtman HadadEser zog fur jnen her.

Da das Dauid ward angesagt/ samlet er zu hauffe das gantze Jsrael/ vnd zog vber den Jordan vnd kam gen Helam/ vnd die Syrer rüsteten sich wider Dauid mit jm zu streiten. Aber die Syrer flohen fur Jsrael/ Vnd Dauid erwürget der Syrer sieben hundert wagen vnd vierzig tausent reuter/ Dazu Sobach den Feldheubtman schlug er/ das er daselbs starb. Da aber die Könige/ die vnter HadadEser waren/ sahen/ das sie geschlagen waren fur Jsrael/ machten sie fride mit

Jsrael/ vnd

Samuel. LXXXVIII.

Israel/vnd wurden jnen vnterthan/Vnd die Syrer furchten sich den
kindern Ammon mehr zu helffen.

XI.

VNd da das jar vmb kam/zur zeit/wenn die Könige pflegen aus zu zihen/sandte Dauid Joab vnd seine knechte
mit jm/vnd das gantze Israel/das sie die kinder Ammon verderbeten/vnd belegten Rabba/Dauid aber
bleib zu Jerusalem.

Vnd es begab sich/das Dauid vmb den abend auff stund von
seinem lager/vnd gieng auff dem dach des Königs hause/vnd sahe
vom dach ein weib sich waschen/Vnd das weib war seer schöner gestalt. Vnd Dauid sandte hin vnd lies nach dem weibe fragen/Vnd
sagen/Ist das nicht BathSeba die tochter Eliam das weib Vria des
Hethiters? Vnd Dauid sandte boten hin vnd lies sie holen/Vnd da
sie zu jm hinein kam/schlieff er bey jr/Sie aber heiliget sich von jrer
vnreinigkeit/vnd keret wider zu jrem hause.

Vnd das weib ward schwanger/vnd sandte hin vnd lies Dauid
verkündigen/vnd sagen/Ich bin schwanger worden. Dauid aber
sandte zu Joab/Sende zu mir Vria den Hethiter/Vnd Joab sandte
Vria zu Dauid. Vnd da Vria zu jm kam/fragt Dauid/ob es mit Joab
vnd mit dem volck vnd mit dem streit wol zustünde. Vnd Dauid sprach
zu Vria/Gehe hinab jnn dein haus vnd wassche deine füsse. Vnd da
Vria zu des Königs haus hinaus gieng/folget jm nach des Königs
geschenck. Vnd Vria legt sich schlaffen fur der thür des Königs hau-
M se/da

Das Ander teil

se/da alle knechte seins herrn lagen/vnd gieng nicht hinab jnn sein haus.

Da man aber Dauid ansagt/Vria ist nicht hinab jnn sein haus gegangen/sprach Dauid zu jm/Bistu nicht vber feld her komen? Warumb bistu nicht hinab jnn dein haus gegangen? Vria aber sprach zu Dauid/Die Lade vnd Israel vnd Juda bleiben jnn zelten/Vnd Joab mein herr vnd meins herrn knecht ligen zu felde/vnd ich solt jnn mein haus gehen/das ich esse vnd truncke vnd bey meinem weibe lege? So war du lebst vnd deine seele lebt/ich thu solchs nicht/Dauid sprach zu Vria/so bleib heute auch hie/morgen wil ich dich lassen gehen. So bleib Vria zu Jerusalem des tages vnd des andern dazu. Vnd Dauid lud jn/das er fur jm as vnd tranck/vnd macht jn truncken/Vnd des abends gieng er aus das er sich schlaffen legt auff sein lager mit seines herrn knechten/vnd gieng nicht hinab jnn sein haus.

Des morgens schreib Dauid einen brieff zu Joab/vnd sandte jn durch Vria/Er schreib aber also jnn den brieff/Stellet Vria an den streit da er am hertesten ist/vnd wendet euch hinder jm abe/das er erschlagen werde. Als nu Joab vmb die stad lag/stellet er Vria an den ort/da er wuste das streitbar menner waren/Vnd da die menner der stad eraus fielen vnd stritten wider Joab/fielen etliche des volcks von den knechten Dauid/vnd Vria der Dethiter starb auch.

Da sandte Joab hin vnd lies Dauid ansagen allen handel des streits/vnd gebot dem boten/vnd sprach/Wenn du allen handel des streits hast ausgered mit dem Könige/vnd sihest das des zorns ist/vnd der König zu dir spricht/Warumb habt jr euch so nahe zur stad gemacht mit dem streit? Wisset jr nicht/wie man pflegt von der mauren zu schiessen? Wer schlug Abimelech den son JeruBeseth? warff nicht ein weib ein stück von einer müllin auff jn von der mauren das er starb zu Thebez? Warumb habt jr euch so nahe zur maure gemacht? So soltu sagen/Dein knecht Vria der Dethiter ist auch tod.

Der bote gieng hin/vnd kam vnd sagt an Dauid alles/darumb jn Joab gesand hatte/Vnd der bote sprach zu Dauid/Die menner namen vberhand wider vns vnd fielen zu vns eraus auffs feld/wir aber waren an jnen bis fur die thür des thors/Vnd die schützen schossen von der mauren auff deine knechte/vnd tödten etliche von des Königes knechten/dazu ist Vria dein knecht der Dethiter auch tod.

Dauid sprach zum boten/So soltu zu Joab sagen/Las dir das nicht vbel gefallen/denn das schwert frisset jtzt diesen jtzt jhenen/Halt an mit dem streit wider die stad/das du sie zubrechest/vnd seid getrost/Vnd da Vrias weib höret/das jr man Vria tod war/trug sie leide vmb jren hauswirt/Da sie aber ausgetrawret hatte/sandte Dauid hin/vnd lies sie jnn sein haus holen/vnd sie ward sein weib/vnd gebar jm einen son. Aber der handel gefiel dem HERRN vbel/den Dauid thet.

XII.

Vnd der

Samuel.   LXXXIX.

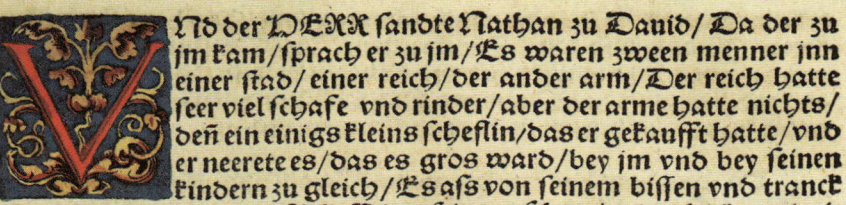

VNd der HERR sandte Nathan zu Dauid/ Da der zu
jm kam/ sprach er zu jm/ Es waren zween menner jnn
einer stad/ einer reich/ der ander arm/ Der reich hatte
seer viel schafe vnd rinder/ aber der arme hatte nichts/
den ein einigs kleins scheflin/ das er gekaufft hatte/ vnd
er neerete es/ das es gros ward/ bey jm vnd bey seinen
kindern zu gleich/ Es ass von seinem bissen vnd tranck
von seinem becher/ vnd schlieff jnn seinem schos/ vnd er hielts wie ei=
ne tochter/ Da aber dem reichen man ein gast kam/ schonet er zu ne=
men von seinen schafen vnd rindern/ das er dem gast etwas zurichtet/
der zu jm komen war/ vnd nam das schaf des armen mans/ vnd rich=
tet zu dem man der zu jm komen war.

Da ergrimmet Dauid mit grossem zorn wider den man/ vnd sprach
zu Nathan/ So war der HERR lebt/ der man ist ein kind des tods/
der das gethan hat/ Dazu sol er das schaf vierfeltig bezalen/ darumb
das er solchs gethan vnd nicht geschonet hat. Da sprach Nathan zu
Dauid/ Du bist der man/ So spricht der HERR der Gott Israel/
Ich habe dich zum Könige gesalbet vber Israel/ vnd hab dich erret=
tet aus der hand Saul/ vnd hab dir deines Herrn Haus gegeben/
dazu seine weiber jnn deinen schos/ vnd hab dir das Haus Israel vnd
Juda gegeben/ Vnd ist das zu wenig/ wil ich noch dis vnd das dazu
thun/ Warumb hastu denn das wort des HERRN verachtet/ das
du solches vbel fur seinen augen thetest? Vriam den Hethiter hastu
erschlagen mit dem schwert/ sein weib hastu dir zum weibe genomen/
jn aber hastu erwürget mit dem schwert der kinder Ammon.

Nu so sol von deinem Hause das schwert nicht lassen ewiglich/
darumb/ das du mich verachtet hast/ vnd das weib Vria des Hethi=
ters genomen hast/ das sie dein weib sey. So spricht der HERR/ Si=
he/ ich wil vnglück vber dich erwecken aus deinem eigen Hause/ vnd
wil deine weiber nemen fur deinen augen/ vnd wil sie deinem nehesten
geben/ das er bey deinen weibern schlaffen sol/ an der liechten Son=
nen/ Denn du hasts heimlich gethan/ ich aber wil dis thun fur dem
gantzen Israel vnd an der Sonnen.

Da sprach Dauid zu Nathan/ Ich hab gesündiget wider den
HERRN. Nathan sprach zu Dauid/ So hat auch der HERR dei=
ne sünde weg genomen/ Du wirst nicht sterben/ Aber weil du die fein=
de des HERRN hast durch diese geschicht lestern gemacht/ wird der
son der dir geborn ist/ des tods sterben/ Vnd Nathan gieng heim.
Aber der HERR schlug das kind/ das Vrias weib Dauid geborn
hatte/ das es tod kranck ward. Vnd Dauid ersuchte Gott vmb das
kneblin/ vnd fastet/ vnd gieng hinein vnd lag vber nacht auff der er=
den/ Da stunden auff die Eltesten seins Hauses vnd wolten jn auff=
richten von der erden/ Er wolt aber nicht/ vnd ass auch nicht mit jnen.

Am siebenden tage aber starb das kind/ Vnd die knechte Dauid
furchten sich jm anzusagen/ das das kind tod were/ Denn sie gedach=
ten/ Sihe/ da das kind noch lebendig war/ redten wir mit jm/ vnd er
gehorcht vnser stimme nicht/ Wie viel mehr wird er jm wehe thun/ so
wir sagen/ das kind ist tod. Vnd Dauid sahe/ das seine knechte leise
M ij   redten/

Das Ander teil

redten/vnd merckt/das das kind tod were/vnd sprach zu seinen knechten/ Ist das kind tod? Sie sprachen/ Ja/ Da stund Dauid auff von der erden/vnd wusch sich vnd salbet sich/vnd thet andere kleider an/vnd gieng jnn das Haus des HERRN vnd betet an/ Vnd da er wider heim kam/ hies er jm brod auff tragen vnd ass.

Da sprachen seine knechte zu jm/ Was ist das fur ein ding/das du thust? Da das kind lebt/fastestu vnd weinetest/nu es aber gestorben ist/stehestu auff vnd issest? Er sprach/ Vmb das kind fastet ich vnd weinet da es lebt/denn ich gedacht/ Wer weis/ob mir der HERr gnedig wird/das das kind lebendig bleibe/ Nu es aber tod ist/was sol ich fasten? Kan ich jn auch widerumb holen? Ich werde wol zu jm faren/ Es kompt aber nicht wider zu mir. Vnd da Dauid sein weib BathSeba getröstet hatte/gieng er zu jr hinein/vnd schlieff bey jr/ vnd sie gebar einen son/den hies er Salomo/vnd der HERR liebet jn/ Vnd er thet jn vnter die hand Nathan des Propheten/der hies jn JedidJa vmb des HERRN willen.

(JedidJa) heisst lieblich dem HERRN.

So streit nu Joab wider Rabba der kinder Ammon/vnd gewan die Königliche stad/vnd sandte boten zu Dauid vnd lies jm sagen/ Ich hab gestritten wider Rabba/vnd hab auch gewonnen die wasserstad/ So nim nu zu hauff das vbrige volck/vnd belagere die stad vnd gewinne sie/auff das ich sie nicht gewinne/vnd ich den namen dauon habe. Also nam Dauid alles volck zu hauffe/vnd zog hin vnd streit wider Rabba/vnd gewan sie/vnd nam die krone jres Königs von seinem heubt/die am gewichte ein centner goldes hatte/vnd edle gesteine/vnd ward Dauid auff sein heubt gesetzt/vnd füret aus der stad seer viel raubs. Aber das volck drinnen füret er aus/vnd legt sie vnter eisern segen vnd zacken/vnd eisern keile/vnd verbrand sie jnn zigel ofen/So thet er allen stedten der kinder Ammon. Da keret Dauid vnd alles volck wider gen Jerusalem.

XIII.

VNd es begab sich darnach/das Absalom der son Dauid/hatte eine schöne schwester/die hies Thamar/vnd Amnon der son Dauid gewan sie lieb. Vnd Amnon stellet sich kranck vmb Thamar seiner schwester willen/ Denn sie war eine jungfraw/vnd dauchte Amnon schweer sein/das er jr etwas solte thun. Amnon aber hatte einen freund der hies Jonadab ein son Simea Dauids bruder/vnd der selb Jonadab war ein seer weiser man/der sprach zu jm/ Warumb wirstu so mager du Königs son/von tage zu tage? magstu mirs nicht ansagen? Da sprach Amnon zu jm/ Ich habe Thamar meines bruders Absalom schwester lieb gewonnen/ Jonadab sprach zu jm/ Lege dich auff dein bette/vnd mach dich kranck/ Wenn denn dein vater kompt/dich zu besehen/so sprich zu jm/ Lieber las meine schwester Thamar komen/das sie mich etze/vnd mache fur mir ein essen/das ich zu sehe/vnd von jrer hand esse.

Also legt sich Amnon vnd macht sich kranck. Da nu der König kam jn zu besehen/ sprach Amnon zum Könige/ Lieber las meine schwester

schwester Thamar komen/ das sie fur mir ein gemüse oder zwey mache/ vnd ich von jrer hand esse. Da sandte Dauid nach Thamar jns haus/ vnd lies jr sagen/ Gehe hin jns haus deines bruders Amnon vnd mache jm eine speise/ Thamar gieng hin jns haus jres bruders Amnon. Er aber lag zu bette/ Vnd sie nam einen teig vnd knettet vnd sods fur seinen augen vnd kocht jm ein gemüse. Vnd sie nam das gericht/ vnd schüttets fur jm aus/ Aber er wegert sich zu essen.

Vnd Amnon sprach/ Lasst jederman von mir hinaus gehen. Vnd es gieng jederman von jm hinaus/ Da sprach Amnon zu Thamar/ Bringe das essen inn die kamer das ich von deiner hand esse/ Da nam Thamar das gemüse das sie gemacht hatte/ vnd brachts zu Amnon jrem bruder inn die kamer/ vnd da sie es zu jm bracht/ das er esse/ ergreiff er sie/ vnd sprach zu jr/ Die her/ meine schwester schlaff bey mir/ Sie aber sprach zu jm/ Nicht mein bruder/ schweche mich nicht/ Denn so thut man nicht inn Israel/ thu nicht eine solche torheit/ Wo wil ich mit meiner schande hin? vnd du wirst sein wie die thören inn Israel/ Rede aber mit dem Könige/ der wird mich dir nicht versagen.

Aber er wolt jr nicht gehorchen vnd vberweldigt sie/ vnd schwechet sie vnd schlieff bey jr/ Vnd Amnon ward jr vber aus gram/ das der hass grösser war/ denn vorhin die liebe war/ Vnd Amnon sprach zu jr/ Mach dich auff vnd heb dich/ Sie aber sprach zu jm/ Das vbel ist grösser denn das ander/ das du an mir gethan hast/ das du mich ausstossest. Aber er gehorcht jrer stimme nicht/ sondern rieff seinem knaben/ der sein diener war/ vnd sprach/ Treibe diese von mir hinaus/ vnd schleus die thür hinder jr zu/ Vnd sie hatte einen bundten rock an/ denn solche röcke trugen des Königes töchter/ weil sie jungfrawen waren.

Vnd da sie sein diener hinaus getrieben vnd die thür hinder jr zu geschlossen hatte/ warff Thamar aschen auff jr heubt/ vnd zureis den bundten rock/ den sie an hatte/ vnd legt jre hand auff das heubt/ vnd gieng daher vnd schrey/ Vnd jr bruder Absalom sprach zu jr/ Ist dein bruder Amnon bey dir gewesen? Nu meine schwester schweig stille/ Es ist dein bruder/ vnd nim die sach nicht so zu hertzen. Also bleibe Thamar einsam inn Absalom jres bruders hause. Vnd da der König Dauid solchs alles höret/ ward er seer vnmuts. Aber Absalom redet nicht mit Amnon weder bös noch guts/ Aber Absalom war Amnon gram/ darumb/ das er seine schwester Thamar geschwecht hatte.

Vber zwey jar aber hatte Absalom schafscherer zu BaalHazor/ die vnter Ephraim ligt/ vnd Absalom lud alle kinder des Königs/ vnd kam zum Könige/ vnd sprach/ Sihe/ dein knecht hat schafscherer/ der König wolt sampt seinen knechten mit seinem knecht gehen/ Der König aber sprach zu Absalom/ Nicht mein son/ las vns nicht alle gehen/ das wir dich nicht beschweren. Vnd da er jn nötiget/ wolt er doch nicht gehen/ sondern segenet jn. Absalom sprach/ Sol denn nicht mein bruder Amnon mit vns gehen? Der König sprach zu jm/ Warumb sol er mit dir gehen? Da nötiget jn Absalom/ das er mit jm lies Amnon vnd alle kinder des Königes.

Absalom aber gebot seinen knaben/ vnd sprach/ Sehet drauff/

Das Ander teil

wenn Amnon guter ding wird von dem wein/vnd ich zu euch spreche/ Schlagt Amnon vnd tödtet jn/ das jr euch nicht fürchtet/denn ich habs euch geheissen/seid getrost vnd frisch dran. Also theten die knaben Absalom dem Amnon/ wie jnen Absalom geboten hatte. Da stunden alle kinder des Königs auff/ vnd ein jglicher sass auff sein maul vnd flohen. Vnd da sie noch auff dem wege waren/kam das gerüchte fur Dauid/das Absalom hette alle kinder des Königs erschlagen/das nicht einer von jnen vbrig were.

Da stund der König auff vnd zureiss seine kleider/vnd legt sich auff die erden/vnd alle seine knechte/die vmb jn her stunden/zurissen jre kleider. Da antwortet Jonadab der son Simea des bruders Dauid/vnd sprach/ Mein herr dencke nicht / das alle knaben die kinder des Königs tod sind/sondern Amnon ist alleine tod/Denn Absalom hats bey sich behalten von dem tage an/da er seine schwester Thamar schwechte/So neme nu mein herr der König solchs nicht zu hertzen/ das alle kinder des Königs tod seien/sondern Amnon ist alleine tod.

Absalom aber floh. Vnd der knabe auff der warte hub seine augen auff vnd sahe/vnd sihe/Ein gros volck kam auff dem wege nach einander/an der seiten des berges. Da sprach Jonadab zum Könige/ Sihe/die kinder des Königs komen/ Wie dein knecht gesagt hat/so ist es ergangen. Vnd da er hatte ausgered/sihe/da kamen die kinder des Königes/vnd huben jre stimme auff vnd weineten/Der König vnd alle seine knechte weineten auch fast seer. Absalom aber floh/vnd zog zu Thalmai dem son Ammihud dem Könige zu Gesur. Er aber trug leide vber seinen son alle tage. Da aber Absalom floh vnd gen Gesur zog/war er daselbs drey jar. Vnd der König Dauid höret auff aus zu zihen wider Absalom/denn er hatte sich getröstet vber Amnon/das er tod war.

XIIII.

Ioab aber der son Zeru Ja merckt/das des Königs hertz war wider Absalom/vnd sandte hin gen Thekoa vnd lies holen von dannen ein kluges weib/vnd sprach zu jr/ Trage leide vnd zeuch leide kleider an / vnd salbe dich nicht mit öle/sondern stelle dich wie ein weib/das eine lange zeit leide getragen hat vber einen todten/vnd solt zum Könige hinein gehen vnd mit jm reden so vnd so. / Vnd Joab gab jr ein/was sie reden solt.

Vnd da das weib von Thekoa mit dem Könige reden wolt/fiel sie auff jr andlitz zur erden vnd betet an/vnd sprach/Hilff mir König/ Der König sprach zu jr/Was ist dir? Sie sprach/Ich bin eine Widwe/ein weib das leide tregt/vnd mein man ist gestorben. Vnd deine magd hatte zween söne/die zanckten mit einander auff dem felde/vnd da jnen niemand weret/schlug einer den andern vnd tödtet jn/Vnd sihe/nu stehet auff die gantze freundschafft wider deine magd/vnd sagen/Gibher den der seinen bruder erschlagen hat/das wir jn tödten fur die seele seines bruders/den er erwürget hat/vnd auch den Erben vertilgen/Vnd wollen meinen funcken ausleschen der noch vbrig ist/das meinem man kein name vnd nichts vbrigs bleibe auff erden.

Der König

Samuel. XCI.

Der König sprach zum weibe/Gehe heim/ich wil fur dich gebieten. Vnd das weib von Thekoa sprach zum Könige/Mein herr König/die missethat sey auff mir vnd auff meins vaters hause/der König aber vnd sein stuel sey vnschüldig. Der König sprach/Wer wider dich redet/den bringe zu mir/so sol er nicht mehr dich antasten. Sie sprach/Der König gedenck an den HERRN deinen Gott/das der Blutrecher nicht zu viel werden zu verderben/vnd meinen son nicht vertilgen. Er sprach/So war der HERR lebt/es sol kein har von deinem son auff die erden fallen.

Vnd das weib sprach/Las deine magd meinem Herrn Könige etwas sagen/Er sprach/Sage her/Das weib sprach/Warumb hast du ein solches gedacht wider Gottes volck/das der König ein solches gered hat/das er sich verschuldige vnd seinen verstossen nicht wider holen lesst? Denn wir sterben des tods/vnd wie das wasser jnn die erden verschleifft/das man nicht auff helt/Vnd Gott wil nicht das leben weg nemen/sondern bedenckt sich/das nicht das verstossen/auch von jm verstossen werde/So bin ich nu komen/mit meinem Herrn Könige solchs zu reden/jnn beywesen des volcks/denn deine magd gedacht/Ich wil mit dem Könige reden/villeicht wird er thun/was seine magd sagt/denn er wird seine magd erhören/das er mich errette/von der hand aller die mich sampt meinem son vertilgen wollen vom Erbe Gottes/ Vnd deine magd gedacht/Meins Herrn des Königs wort sol sein/wie ein Speisopffer/denn mein Herr der König ist/wie ein Engel Gottes/das er gutes vnd böses hören kan/darumb wird der HERR dein Gott mit dir sein.

Der König antwortet/vnd sprach zum weibe/Leugne mir nicht was ich dich frage/Das weib sprach/Mein Herr der König rede/Der König sprach/Ist nicht die hand Joab mit dir jnn diesem allem? Das weib antwortet/vnd sprach/So war deine seele lebt/mein Herr König/Es ist niemand anders weder zur rechten noch zur lincken/denn wie mein Herr der König gered hat/ Denn dein knecht Joab hat mirs geboten/vnd er hat solches alles deiner magd eingegeben/das ich diese sache also wendete/das hat dein knecht Joab gemacht/ Aber mein Herr ist weise/wie die weisheit eines Engel Gottes/das er weis alles auff erden.

Da sprach der König zu Joab/Sihe/ich habe solchs gethan/So gehe hin vnd bringe den knaben Absalom wider/Da fiel Joab auff sein andlitz zur erden vnd betet an/vnd danckt dem Könige/vnd sprach/Heute merckt dein knecht/das ich gnade gefunden habe fur deinen augen mein Herr König/das der König thut/was sein knecht sagt/Also macht sich Joab auff vnd zog gen Gesur/vnd bracht Absalom gen Jerusalem. Aber der König sprach/Las jn wider jnn sein haus gehen/vnd mein angesicht nicht sehen/Also kam Absalom wider jnn sein haus/vnd sahe des Königs angesicht nicht.

Es war aber jnn gantz Israel kein man so schön vnd fast löblich als Absalom/ von seiner fussolen an bis auff seine scheitel/ war nicht ein feil an jm/ Vnd wenn man sein heubt beschur/das geschach gemeiniglich alle jar/denn es war jm zu schweer/das mans

M iiij abscheren

Das Ander teil

abscheren muste/so wug sein heubt har/zwey hundert sekel nach dem Königlichen gewicht. Vnd Absalom wurden drey söne geborn vnd eine tochter/die hies Thamar/vnd war ein weib schon von gestalt. Also bleib Absalom zwey jar zu Jerusalem/das er des Königs angesicht nicht sahe.

Vnd Absalom sandte nach Joab/das er jn zum Könige sendte/ Vnd er wolt nicht zu jm komen/Er aber sandte zum andern mal/noch wolt er nicht komen/Da sprach er zu seinen knechten/Sehet/das stück ackers Joab neben meinem/vnd er hatte gersten drauff/so gehet hin vnd steckts mit feur an/Da steckten die knechte Absalom das stück mit feur an.

Da machte sich Joab auff vnd kam zu Absalom ins haus/vnd sprach zu jm/Warumb haben deine knechte mein stück mit feur angesteckt? Absalom sprach zu Joab/Sihe/ich sandte nach dir vnd lies dir sagen/Kom her das ich dich zum Könige sende vnd sagen lasse, Warumb bin ich von Gesur komen? Es were mir besser/das ich noch da were/So las mich nu das angesicht des Königs sehen/Ist aber eine missethat an mir/so tödte mich. Vnd Joab gieng hinein zum Könige vnd sagts jm an/Vnd er rieff dem Absalom das er hinein zum Könige kam/vnd er bettet an auff sein andlitz zur erden fur dem Könige/Vnd der König küsset Absalom.

XV.

Vnd es begab sich darnach/das Absalom lies jm machen wagen vnd rosse/vnd funfftzig man die sein drabanten waren/Vnd Absalom macht sich allst des morgens frue auff/vnd trat an den weg bey dem thor/vnd wenn jemand einen handel hatte/das er zum Könige fur gericht komen solt/rieff jm Absalom zu sich/vnd sprach/ Aus welcher stad bistu? Wenn denn der sprach/dein knecht ist aus der stemmen Israel einem/so sprach Absalom zu jm/Sihe/deine sache ist recht vnd schlecht/aber du hast keinen verhörer vom Könige.

Vnd Absalom sprach/O wer setzt mich zum Richter im lande das jederman zu mir keme/der eine sache vnd gericht hat/das ich jm zum rechten hülffe/Vnd wenn jemand sich zu jm thete/das er mit jm redet/ so reckt er seine hand aus vnd ergreiff jn/vnd küsset jn/Auff die weise thet Absalom dem gantzen Israel/wenn sie kamen fur gericht zum Könige/vnd stal also das hertz der menner Israel.

Nach vierzig jaren sprach Absalom zum Könige/Ich wil hin gehen vnd mein gelübd zu Hebron ausrichten/das ich dem HERREN gelobt habe/Denn dein knecht thet ein gelübde/da ich zu Gesur jnn Syria wonet/vnd sprach/Wenn mich der HERR wider gen Jerusalem bringet/so wil ich dem HERRN einen Gottes dienst thun. Der König sprach zu jm/Gehe hin mit friden/Vnd er macht sich auff vnd gieng gen Hebron.

Absalom aber hatte kundschaffer ausgesand jnn alle stemme Israel vnd lassen sagen/Wenn jr der Posaunen schal hören werdet/so
sprecht/

Samuel. XCII.

sprecht/Absalom ist König worden zu Hebron/Es giengen aber mit Absalom zwey hundert man von Jerusalem beruffen/aber sie giengen einfeltig vnd wusten nichts vmb die sache. Absalom aber sandte auch nach Ahithophel dem Giloniten Dauids Rat/aus seiner stad Gilo. Da er nu die opffer thet/ward der Bund starck/vnd das volck lieff zu vnd mehret sich mit Absalom.

Da kam einer der sagts Dauid an/vnd sprach/Das hertz jeder mans inn Israel folget Absalom nach/ Dauid aber sprach zu allen seinen knechten/die bey jm waren zu Jerusalem/Auff/lasst vns flie- hen/denn hie wird kein entrinnen sein fur Absalom/Eilet/das wir ge- hen/das er vns nicht vbereile vnd ergreiffe vns/vnd treibe ein vnglück auff vns/vnd schlahe die stad mit der scherffe des schwerts. Da spra- chen die knechte des Königs zu jm/Was mein herr der König erwe- let/sihe/hie sind deine knechte/Vnd der König gieng zu fussen hinaus mit seinem gantzen Hause/Er lies aber zehen kebs weiber das haus zu bewaren. Vnd da der König vnd alles volck zu fussen hinaus ka- men/tratten sie ferne vom hause/vnd alle seine knechte giengen neben jm her/dazu alle Crethi vnd Plethi/vnd alle Gethiter/sechs hundert man/die von Gath zu fussen komen waren/giengen fur dem Könige her.

Vnd der König sprach zu Ithai dem Gethiter/Warumb gehestu auch mit vns? Kere vmb vnd bleibe bey dem Könige/ denn du bist frembd/zeuch auch wider an deinen ort/gistern bistu komen/vnd heu- te wagestu dich mit vns zu gehen/Ich aber wil gehen/wo ich hin kan gehen/Kere vmb/vnd deinen brüdern mit dir widerfare barmhertzig- keit vnd trew. Ithai antwortet/vnd sprach/So war der HERR lebt/vnd so war mein herr König lebt/an welchem ort mein herr der König sein wird/es gerate zum tod oder zum leben/da wird dein kne- cht auch sein/Dauid sprach zu Ithai/So kom vnd gehe mit/Also gieng Ithai der Gethiter vnd alle seine menner/vnd der gantze hauffe kinder die mit jm waren/Vnd das gantze land weinet mit lauter stim- me/vnd alles volck gieng mit. Vnd der König gieng vber den bach Ki- dron/vnd alles volck gieng vor/auff dem wege der zur wüsten gehet.

Vnd sihe/Zadok war auch da/vnd alle Leuiten die bey jm wa- ren/vnd trugen die Laden des Bunds Gottes/vnd stelleten sie dahin/ Vnd AbJathar trat empor/bis das alles volck zur stad aus kam/ Aber der König sprach zu Zadok/Bringe die Lade Gottes wider inn die stad/werde ich gnade finden fur dem HERRN/so wird er mich wider holen/vnd wird mich sie sehen lassen/vnd sein haus/Spricht er aber also/Ich hab nicht lust zu dir/sihe/hie bin ich/Er machs mit mir/wie es jm wolgefellet.

Vnd der König sprach zu dem Priester Zadok/O du Seher/ Kere vmb wider inn die stad mit friden/vnd mit euch Ahimaaz dein son vnd Jonathan der son AbJathar/sihe/ich wil verziehen auff dem blachen felde der wüsten/bis das botschafft von euch kome/vnd sage mir an/Also brachte Zadok vnd AbJathar die Lade Gottes wider gen Jerusalem/vnd blieben daselbs/Dauid aber gieng den öleberg hinan vnd weinet/vnd sein heubt war verhüllet/denn er gieng ver- hüllet/Dazu alles volck das bey jm war hatte ein jglicher sein heubt verhüllet/vnd giengen hinan vnd weineten/Vnd da es Dauid ange- sagt

Das Ander teil

sagt ward/das Ahithophel im Bund mit Absalom war/sprach er/ HERR/mache den ratschlag Ahithophel zur narrheit.

Vnd da Dauid auff die höhe kam/da man Gott pflegt an zu beten/sihe/da begegnet jm Husai der Arachiter mit zurissenem rock/ vnd erden auff seinem heubt/ Vnd Dauid sprach zu jm/ Wenn du mit mir gehest/wirstu mir eine Last sein/Wenn du aber wider jnn die stad giengest/vnd sprechst zu Absalom/Ich bin dein knecht/ich wil des Königes sein/der ich deines vaters knecht war zu der zeit/ wil nu dein knecht sein/so würdestu den ratschlag Ahithophels zu nicht machen/So ist Zadok vnd Ab Jathar die Priester mit dir/Alles was du hörest aus des Königes hause/sagtestu an den Priestern Zadok vnd Ab Jathar/ Sihe/ es sind bey jnen jre zween söne Ahimaaz Zadoks/vnd Jonathan Ab Jathars son/durch die selbigen kanstu mir entbieten/was du hören wirst/Also kam Husai der freund Dauid jnn die stad/Vnd Absalom kam gen Jerusalem.

XVI.

Nd da Dauid ein wenig von der höhe gegangen war/ sihe/ da bebegenet jm Ziba der knabe MephiBoseth mit einem par esel gesattelt/darauff waren zwey hundert brod/vnd hundert stück rosin/vnd hundert stück feigen vnd eine legel weins/ Da sprach der König zu Ziba/ Was wiltu damit machen? Ziba sprach/ Die esel sollen fur das gesind des Königs drauff zu reitten/vnd die brod vnd feigen fur die knaben zu essen/vnd den wein zu trincken/wenn sie müde werden jnn der wüsten/Der König sprach/Wo ist der son deines herrn? Ziba sprach zum Könige/ Sihe/ er bleib zu Jerusalem/ Denn er sprach/ Heute wird mir das Haus Israel/meines vaters Reich/wider gegeben. Der König sprach zu Ziba/Sihe/es sol dein sein/alles was MephiBoseth hat/Ziba sprach mit anbeten/Las mich gnade finden fur dir meinem herrn Könige.

Da aber der König Dauid bis gen Bahurim kam/sihe/da gieng ein man daselbs eraus vom geschlecht des hauses Saul/der hies Simei der son Gera/der gieng eraus vnd fluchet/vnd warff Dauid mit steinen/vnd alle knechte des Königs Dauid/denn alles volck vnd alle gewaltigen waren zu seiner rechten vnd zur lincken. So sprach aber Simei da er fluchte/ Eraus/ Eraus du Bluthund/ du loser man/der HERR hat dir vergolten/alles blut des hauses Saul/das du an seine stad bist König worden/Nu hat der HERR das Reich gegeben jnn die hand deines sons Absalom/Vnd sihe/nu stickestu jnn deinem vnglück/denn du bist ein Bluthund.

Aber Abisai der son ZeruJa sprach zu dem Könige/Solt dieser todter hund meinem herrn dem Könige fluchen? Ich wil hin gehen vnd jm den kopff abreissen/Der König sprach/Ir kinder ZeruJa/ was hab ich mit euch zu schaffen? Lasst jn fluchen/denn der HERR hats jn geheissen/Fluche Dauid/Wer kan nu sagen/Warumb thustu also? Vnd Dauid sprach zu Abisai vnd zu allen seinen knechten/

Sihe mein

Samuel. XCIII.

Sihe/mein son/der von meinem leibe komen ist/stehet mir nach meinem leben/Warumb nicht auch jtzt der son Jemini? Lasst jn bezemen das er fluche/denn der HERR hats jn geheissen/Villeicht wird der HERR mein elend ansehen/vnd mir mit güte vergelten sein heutiges fluchen. Also gieng Dauid mit seinen leuten des weges/Aber Simei gieng an des berges seiten neben jm her/vnd flucht vnd warff mit steinen zu jm vnd sprenget mit erden klössen.

Vnd der König kam hinein mit allem volck das bey jm war müde/vnd erquickte sich daselbs/Aber Absalom vnd alles volck der menner Israel/kamen gen Jerusalem vnd Ahithophel mit jm. Da aber Husai der Arachiter Dauids freund zu Absalom hinein kam/sprach er zu Absalom/Glück zu Er König/Glück zu Er König/Absalom aber sprach zu Husai/Ist das deine barmhertzigkeit an deinem freunde? Warumb bistu nicht mit deinem freunde gezogen? Husai aber sprach zu Absalom/Nicht also/Sondern/welchen der HERR erwelet/vnd dis volck vnd alle man jnn Israel/des wil ich sein vnd bey jm bleiben/Zum andern/Wem solt ich dienen? Solt ich nicht fur seinen son dienen? Wie ich fur deinem vater gedienet habe/so wil ich auch fur dir sein.

Vnd Absalom sprach zu Ahithophel/Rat zu/was sollen wir thun? Ahithophel sprach zu Absalom/Beschlaff die kebs weiber deines vaters/die er gelassen hat/das haus zu bewaren/so wird das gantze Israel hören/das du deinen vater hast stinckend gemacht/vnd wird aller hand/die bey dir sind/deste küner werden. Da machten sie Absalom eine hütten auff dem dache/Vnd Absalom beschlieff die kebs weiber seines vaters/fur den augen des gantzen Israel.

Zu der zeit wenn Ahithophel einen rat gab/das war/als wenn man Gott vmb etwas hette gefragt/Also waren alle ratschlege Ahithophels/beide bey Dauid vnd bey Absalom.

XVII.

Vnd Ahithophel sprach zu Absalom/Ich wil zwelff tausent man auslesen/vnd mich auff machen vnd Dauid nach jagen bey der nacht/vnd wil jn vberfallen/ weil er matt vnd lass ist/wenn ich jn denn erschrecke/ das alles volck/so bey jm ist/fleucht/wil ich den König alleine schlahen/vnd alles volck wider zu dir bringen/ Wenn denn jederman zu dir gebracht ist/wie du begerest/so bleibet alles volck mit friden. Das dauchte Absalom gut sein/ vnd alle Eltesten jnn Israel. Aber Absalom sprach/Lieber/lasset Husai den Arachiten auch ruffen vnd hören/was er dazu sagt/Vnd da Husai hinein zu Absalom kam/sprach Absalom zu jm/Solches hat Ahithophel gered/Sage du/sollen wirs thun oder nicht?

Da sprach Husai zu Absalom/Es ist nicht ein guter rat/den Ahithophel auff dis mal gegeben hat/Vnd Husai sprach weiter/ Du kennest deinen vater wol vnd seine leute/das sie starck sind/vnd
zornigs

Das Ander teil

zorniges gemüts/wie ein Beer dem die jungen auff einem felde geraubet sind/Dazu ist dein vater ein kriegs man/vnd wird sich nicht seumen mit dem volck/Sihe/er hat sich itzt villeicht verkrochen irgend inn einer gruben/oder sonst an einem ort/Wens denn geschehe/das das erst mal vbel geriete/vnd keme ein geschrey/vnd sprech/Es ist eine schlacht geschehen inn dem volck/das Absalom nachfolget/so würde jederman verzagt werden/der auch sonst redlich ist/vnd ein hertz hat/ wie ein Lewe/Denn es weis gantz Israel/das dein vater starck ist/ vnd redliche die bey im sind.

Aber das rate ich/das du zu dir versamlest gantz Israel/vnd von Dan an bis gen Berseba/viel als der sand am meer/vnd deine person zihe vnter inen/so wollen wir in vberfallen/an welchem ort wir in finden/vnd wollen vber in komen/wie der taw auff die erden felt/das wir an im vnd allen seinen mennern nicht einen vberig lassen. Wird er sich aber inn eine stad versamlen/so sol das gantze Israel strick an die selbige stad werffen/vnd in den bach reissen/das man nicht ein kiselin dran finde. Da sprach Absalom vnd jederman inn Israel/Der rat Husai des Arachiten ist besser/denn Ahithophels rat.

Aber der HERR schickets also/das der gute rat Ahithophels verhindert würde/auff das der HERR vnglück vber Absalom brechte. Vnd Husai sprach zu Zadok vnd AbJathar den Priestern/So vnd so hat Ahithophel Absalom vnd den Eltesten inn Israel geraten/ Ich aber habe so vnd so geraten/So sendet nu eilend hin/vnd lasst Dauid ansagen/vnd sprecht/Bleibe nicht vber nacht auff dem blachen felde der wüsten/sondern mache dich hinüber/das der König nicht verschlungen werde/vnd alles volck das bey im ist. Jonathan aber vnd Achimaaz stunden bey dem brun Rogel/Vnd eine magd gieng hin vnd sagts inen an/Sie aber giengen hin vnd sagtens dem Könige Dauid an/Denn sie thursten sich nicht sehen lassen/das sie inn die stad kemen.

Es sahe sie aber ein knabe vnd sagts Absalom an/Aber die beide giengen eilend hin/vnd kamen inn eins mans haus zu Bahurim/der hatte einen brunnen inn seinem hofe/da hinein stigen sie/Vnd das weib nam vnd breitet eine decke vber des brunnen loch/vnd breitet grütze drüber/das man es nicht mercket. Da nu die knechte Absalom zum weibe ins haus kamen/sprachen sie/Wo ist Achimaaz vnd Jonathan? Sprach das weib zu inen/Sie giengen vber das wesserlin/ Vnd da sie suchten vnd nicht funden/giengen sie wider gen Jerusalem. Vnd da sie weg waren/stigen sie aus dem brunnen vnd giengen hin vnd sagtens Dauid dem Könige an/vnd sprachen zu Dauid/ Macht euch auff vnd gehet eilend vber das wasser/Denn so vnd so hat Ahithophel wider euch rat gegeben.

Da macht sich Dauid auff vnd alles volck das bey im war/vnd giengen vber den Jordan bis liecht morgen ward/Vnd feilet nicht an einem/der nicht vber den Jordan gegangen were. Als aber Ahithophel sahe/das sein rat nicht fort gegangen war/sattelt er seinen esel/ macht sich auff/vnd zog heim inn seine stad/vnd beschickt sein haus/ vnd hieng sich vnd starb/vnd ward begraben inn seins vaters grab.

Da Dauid

Samuel. XCIIII.

Vnd Dauid kam gen Mahanaim/ vnd Absalom zog vber den Jordan/ vnd alle menner Israel mit jm. Vnd Absalom hatte Amasa an Joabs stat gesetzt vber das heer/ Es war aber Amasa eins mans son der hies Jethra ein Israeliter/ welcher lag bey Abigail der tochter Nahas/ der schwester Zeru Ja Joabs mutter. Israel aber vnd Absalom lagerten sich inn Gilead.

Da Dauid gen Mahanaim komen war/ da brachten Sobi der son Nahas von Rabbath der kinder Ammon/ vnd Machir der son Ammiel von Lodabar/ vnd Barsillai ein Giliaditer von Roglim/ bettwerg/ becken/ jrden gefes/ weitzen/ gersten/ melh/ sangen/ bonen/ linsen/ grütz/ honig/ butter/ schaf vnd rinder kese zu Dauid vnd zu dem volck das bey jm war zu essen/ denn sie gedachten/ das volck wird hungerig/ müde vnd dürstig sein inn der wüsten.

XVIII.

VNd Dauid ordenet das volck das bey jm war/ vnd setzet vber sie Heubtlente vber tausent vnd vber hundert/ Vnd sandte aus des volcks ein dritten teil vnter Joab/ vnd ein dritten teil vnter Abisai dem son Zeru Ja Joabs bruder/ vnd ein dritten teil vnter Jthai dem Gethiter/ Vnd der König sprach zum volck/ Ich wil auch mit euch aus zihen/ Aber das volck sprach/ Du solt nicht ausziehen/ Denn ob wir gleich fliehen/ oder die helfft sterben/ so werden sie sich vnser nicht annemen/ Denn du bist als wenn vnser zehen tausent were/ So ists nu besser/ das du vns aus der stad helffen mügest/ Der König sprach zu jnen/ Was euch gefelt/ das wil ich thun.

Das Ander teil

Vnd der König trat ans thor/vnd alles volck zog aus bey hunderten vnd bey tausent/Vnd der König gebot Joab vnd Abisai vnd Ithai/vnd sprach/Faret mir seuberlich mit dem knaben Absalom/ Vnd alles volck hörets/da der König gebot allen Heubtleuten vmb Absalom. Vnd da das volck hinaus kam auffs feld/Israel entgegen/ hub sich der streit im walde Ephraim/Vnd das volck Israel ward daselbs geschlagen fur den knechten Dauid/das desselben tags eine grosse schlacht geschach/zwenzig tausent man/Vnd war daselbs der streit zustrewet auff allem lande/Vnd der wald fras viel mehr volcks des tags/denn das schwert fras.

Vnd Absalom begegenet den knechten Dauid/vnd reit auff einem maul/Vnd da das maul vnter eine grosse dicke eiche kam/behieng sein heubt an der eichen/vnd schwebt zwisschen himel vnd erden/aber sein maul lieff vnter jm weg. Da das ein man sahe/sagt ers Joab an/ vnd sprach/Sihe/ich sahe Absalom an einer eichen hangen/Vnd Joab sprach zu dem man ders jm hatte angesagt/Sihe/sabestu das/ warumb schlugestu jn nicht daselbs zur erden? so wolt ich dir von meinet wegen zehen silberlinge vnd eine gürtel gegeben haben.

Der man sprach zu Joab/Wenn du mir tausent silberlinge jnn meine hand gewogen hettest/so wolt ich dennoch meine hand nicht an des Königes son gelegt haben/Denn der König gebot dir vnd Abisai vnd Ithai fur vnsern ohren/vnd sprach/Verwaret mir den knaben Absalom/Oder wenn ich etwas falsches gethan hette auff meiner seelen fahr/weil dem Könige nichts verholen wird/wurdest du selbst wider mich gestanden sein/Joab sprach/Nicht also/Ich wil an jn/fur deinem angesicht.

Da nam Joab drey spiesse jnn seine hand/vnd sties sie Absalom ins hertz/da er noch lebt/an der eichen/Vnd zehen knaben Joabs waffentreger/machten sich vmbher vnd schlugen jn zu tod/Da blies Joab die posaunen/vnd bracht das volck wider/das es nicht weiter Israel nachiaget/Denn Joab wolt des volcks verschonen/Vnd sie namen Absalom vnd worffen jn jnn dem wald jnn eine grosse gruben/ vnd legten ein seer grossen hauffen stein auff jn/Vnd das gantz Israel floh/ein jglicher jnn seine hütten/Absalom aber hatte jm eine seule auffgericht/da er noch lebet/die stehet im Königs grunde/Denn er sprach/Ich habe keinen son/darumb sol dis meines namens gedechtnis sein/vnd hies die seule nach seinem namen/Vnd heisst auch bis auff diesen tag/Absaloms raum.

Ahimaaz der son Jadok sprach/Lieber/las mich lauffen vnd dem Könige verkündigen/das der HERR jm recht verschafft hat von seiner feinde hende/Joab aber sprach zu jm/Du bringest heute keine gute botschafft/einen andern tag soltu botschafft bringen/vnd heute nicht/denn des Königs son ist tod. Aber zu Cusi sprach Joab/Gehe hin vnd sage dem Könige an/was du gesehen hast/Vnd Cusi betet Joab an vnd lieff/Ahimaaz aber der son Jadok sprach abermal zu Joab/ Wie/wenn ich auch lieffe dem Cusi nach? Joab sprach/Was wiltu lauffen/mein son? Kom her/du wirst nicht eine gute botschafft bringen/Wie/wenn ich lieffe? Er sprach zu jm/So lauffe doch/Also lieff Ahimaaz auff dem stracken wege vnd kam vor Cusi.

Dauid

Samuel.   XCV.

Dauid aber saß zwisschen zweien thoren/Vnd der Wechter gieng auffs dach des thors an der mauren/vnd hub seine augen auff/vnd sahe einen man lauffen allein/vnd rieff vnd sagts dem Könige an/Der König aber sprach/Ist er alleine/so ist ein gute botschafft jnn seinem munde/Vnd da der selbige gieng vnd erzu kam/sahe der Wechter einen andern man lauffen/vnd rieff jnn das thor/vnd sprach/Sihe/ein man leufft alleine/Der König aber sprach/Der ist auch ein guter bote/Der Wechter sprach/Ich sehe des ersten laufft/als den laufft Ahimaaz des sons Zadok/Vnd der König sprach/Es ist ein guter man/vnd bringt eine gute botschafft.

Ahimaaz aber rieff/vnd sprach zum Könige/Fride/vnd betet an fur dem Könige auff sein andlitz zur erden/vnd sprach/Gelobt sey der HERR dein Gott/der die leute/die jre hand wider meinen Herrn den König auff huben/vbergeben hat. Der König aber sprach/Gehet es auch wol dem knaben Absalom? Ahimaaz sprach/Ich sahe ein gros getümmel/da des Königs knecht Joab/mich deinen knecht sandte/vnd weis nicht was es war/Der König sprach/Gehe erumb vnd trit daher/Vnd er gieng erumb vnd stund alda.

Sihe/da kam Cusi/vnd sprach/Ich bringe eine gute botschafft/mein Herr König/Der HERR hat dir heute recht verschafft/von der hand aller die sich wider dich aufflehneten/Der König aber sprach zu Cusi/Gehet es dem knaben Absalom auch wol? Cusi sprach/Es müsse allen feinden meins Herrn Königes gehen/wie es dem knaben gehet/vnd allen die sich wider dich auff lehnen vbel zu thun/Da ward der König vnmuts/vnd gieng hinauff auff den saal im thor/vnd weinet/vnd im gehen sprach er also/Mein son Absalom/mein son/mein son Absalom/Wolt Gott/ich müste fur dich sterben/O Absalom/mein son/mein son.

XIX.

VNd es ward Joab angesagt/Sihe/der König weinet vnd tregt leide vmb Absalom/vnd ward aus dem sieg des tags ein leid vnter dem gantzen volck. Denn das volck hatte gehort des tags/das sich der König vmb seinen son beküm̃erte/vnd das volck verstal sich weg an dem tage/das nicht jnn die stad kam/wie sich ein volck verstielet/das zuschanden worden ist/wens im streit geflohen ist/Der König aber hatte sein angesicht verhüllet/vnd schrey laut/Ah mein son Absalom/Absalom mein son/mein son.

Joab aber kam zum Könige jns haus/vnd sprach/Du hast heute schamrot gemacht alle deine knechte/die heute deine/deiner söne/deiner töchter/deiner weiber/vnd deiner kebsweiber seelen errettet haben/das du lieb habest/die dich hassen/vnd hassest/die dich lieb haben/Denn du lesst dich heute mercken/das dir nichts gelegen ist an den Heubtleuten vnd knechten/Denn ich mercke heute wol/wenn dir nur Absalom lebete/vnd wir heute alle tod weren/das deuchte dich recht sein/So mach dich nu auff vnd gehe eraus/vnd rede mit deinen knechten freundlich/Denn ich schwere dir bey dem HERRN/Wirstu

Das Ander teil

nicht eraus gehen/es wird kein man an dir bleiben diese nacht vber/ das wird dir erger sein/denn alles vbel/das vber dich komen ist/von deiner jugent auff bis hieher. Da macht sich der König auff/vnd setzt sich ins thor/Vnd man sagts allem volck/Sihe/der König sitzt im thor/Da kam alles volck fur den König/Aber Jsrael war geflohen ein jglicher jnn seine hütten.

Vnd es zanckete sich alles volck jnn allen stemmen Jsrael/vnd sprachen/Der König hat vns errettet von der hand vnser feinde/vnd erlöset vns von der Philister hand/vnd hat müssen aus dem lande fliehen fur Absalom/So ist Absalom gestorben im streit/den wir vber vns gesalbet hatten/Warumb seid jr nu so stille/das jr den König nicht wider holet? Der König aber sandte zu Zadok vnd AbJathar den Priestern/vnd lies jnen sagen/Redet mit den Eltesten zu Juda/ vnd sprecht/Warumb wolt jr die letzten sein/den König wider zu holen jnn sein haus (denn die rede des gantzen Jsrael war fur den König komen jnn sein haus) Jr seid meine brüder/mein bein vnd mein fleisch/Warumb wolt jr denn die letzten sein/den König wider zu holen? Vnd zu Amasa sprecht/Bistu nicht mein bein vnd mein fleisch? Gott thu mir dis vnd das/wo du nicht solt sein Feldheubtman fur mir dein leben lang an Joabs stat.

Vnd er neiget das hertz aller menner Juda/wie eins mans/vnd sie sandten hin zum Könige/Kom wider/du/vnd alle deine knechte/ Also kam der König wider/Vnd da er an den Jordan kam/waren die menner Juda gen Gilgal komen/hinab zu ziehen dem Könige entgegen/das sie den König vber den Jordan füreten/Vnd Semei der son Gera des sons Jemini/der zu Bahurim wonete/eilete vnd zog mit den mennern Juda hinab dem Könige David entgegen/vnd waren tausent man mit jm von BenJamin/Dazu auch Ziba der knabe aus dem hause Saul/mit seinen funffzehen sönen vnd zwenzig knechten/vnd fertigeten sich durch den Jordan fur dem Könige her/vnd machten die furt/das sie das gesinde des Königs hinüber füreten/vnd theten/ was jm gesiele.

Semei aber der son Gera fiel fur dem Könige nider/da er vber den Jordan fuhr/vnd sprach zum Könige/Mein herr/rechene mir nicht zu die missethat/vnd gedencke nicht/das dein knecht dich beleidiget des tags/da mein herr König aus Jerusalem gieng/vnd der König neme es nicht zu hertzen/Denn dein knecht erkennet/das ich gesundigt habe/Vnd sihe/ich bin heute der erste komen vnter dem gantzen hause Joseph/das ich meinem herrn Könige entgegen erab zöge.

Aber Abisai der son ZeruJa antwortet/vnd sprach/Vnd Simei solte darumb nicht sterben/so er doch dem gesalbeten des HERRN geflucht hat? David aber sprach/Was hab ich mit euch zu schaffen jr kinder ZeruJa/das jr mir heute wolt zum Satan werden? Solte heute jemand sterben jnn Jsrael? Meinstu/ich wisse nicht/das ich heute ein König bin worden vber Jsrael? Vnd der König sprach zu Simei/ Du solt nicht sterben/vnd der König schwur jm.

MephiBoseth der son Saul kam auch erab dem Könige entgegen/Vnd er hatte seine füsse noch seinen bard nicht ausgeputzt/ vnd seine kleider nicht gewasschen/von dem tage an da der König

weg ge-

Samuel. XCVI.

weg gegangen war/bis an den tag/da er mit friden kam. Da er nu gen Jerusalem kam/dem Könige zu begegenen/sprach der König zu jm/ Warumb bistu nicht mit mir gezogen MephiBoseth? Vnd er sprach/ Mein Herr König/mein knecht hat vnrecht mit mir gefaren/Denn dein knecht gedacht/Ich wil einen esel satteln vnd drauff reiten/vnd zum Könige zihen/Denn dein knecht ist lahm/Dazu hat er deinen knecht angegeben fur meinem Herrn König/Aber mein Herr König ist/wie ein Engel Gottes/vnd mag thun/was jm wolgefellet/Denn alle meins vaters Hause ist nichts gewesen/denn leute des tods/fur meinem Herrn Könige/So hastu deinen knecht gesetzt vnter die/so auff deinem tisch essen/Was hab ich weiter gerechtigkeit oder weiter zu schreien an den König? Der König sprach zu jm/Was redestu noch weiter von deinem dinge? Ich habs gesagt/Du vnd Ziba teilet den acker miteinander/MephiBoseth sprach zum Könige/Er neme auch gar dahin/nach dem mein Herr König mit friden heim komen ist.

Vnd Barsillai der Gileaditer kam erab von Roglim/vnd füret den König vber den Jordan/das er jn im Jordan geleitet/vnd Barsillai war fast alt/wol achzig jar/der hatte den König versorget weil er zu Mahanaim war/Denn er war ein seer treflicher man. Vnd der König sprach zu Barsillai/Du solt mit mir hinüber zihen/Ich wil dich versorgen bey mir zu Jerusalem. Aber Barsillai sprach zum Könige/ Was ists noch das ich zu leben habe/das ich mit dem Könige solt hinauff zu Jerusalem zihen? Ich bin heute achzig jar alt/Wie solt ich kennen was gut oder böse ist/oder schmecken was ich esse oder trincke/oder hören was die senger vnd sengerin singen? Warumb solt dein knecht meinen Herrn König forder beschweren/dein knecht sol ein wenig gehen mit dem Könige vber den Jordan/Warumb wil mir der König ein solche vergeltunge thun? Las deinen knecht vmbkeren/das ich sterbe jnn meiner stad bey meines vaters vnd meiner mutter grabe/Sihe/ da ist dein knecht Chimeham/den las mit meinem Herrn Könige hinüber zihen/vnd thu jm was dir wol gefellet.

Der König sprach/Chimeham sol mit mir hinüber zihen/vnd ich wil jm thun/was dir wolgefellet/Auch alles was du an mir erwelest/wil ich dir thun/Vnd da alles volck vber den Jordan war gegangen vnd der König auch/küsset der König den Barsillai vnd segnet jn/ vnd er keret wider an seinen ort/Vnd der König zog hinüber gen Gilgal/vnd Chimeham zog mit jm/Vnd alles volck Juda hatte den König hinüber gefurt/aber des volcks Israel war nur die helffte da.

Vnd sihe/da kamen alle menner Israel zum Könige/vnd sprachen zu jm/Warumb haben dich vnsere Brüder die menner Juda gestolen/vnd haben den König vnd sein Haus vber den Jordan gefurt vnd alle menner Dauid mit jm? Da antworten die von Juda denen von Israel/Der König gehöret vns nahe zu/Was zürnet jr darumb? Meinet jr/das wir von dem Könige narung oder geschencke empfangen haben? So antworteten denn die von Israel denen von Juda/ vnd sprachen/Wir haben zehen mal mehr beim Könige/dazu auch bey Dauid/denn du/Warumb hastu mich denn so geringe geachtet/ das das vnser nicht das erst gewesen ist/vnsern König zu holen? Aber die von Juda redten herter/denn die von Israel.

N iij   Vnd es

Das Ander teil
XX.

Vnd es war daselbs beruffen ein heilloser man/der hies Seba ein son Bichri eins mans von Jemini/der blies die posaunen/vnd sprach/Wir haben kein teil am Dauid/noch erbe am son Isai/ein jglicher heb sich zu seiner hütten/O Israel/Da fiel von Dauid jederman jnn Israel/vnd folgeten Seba dem son Bichri/Aber die menner Juda hiengen an jrem Könige/vom Jordan an bis gen Jerusalem.

Da aber der König Dauid heim kam gen Jerusalem/nam er die zehen kebsweiber/die er hatte gelassen das haus zu bewaren/vnd thet sie jnn eine verwarung/vnd versorget sie/aber er beschlieff sie nicht/ vnd sie waren also verschlossen bis an jren tod/vnd lebten Widwinnen.

Vnd der König sprach zu Amasa/Beruff mir alle man jnn Juda auff den dritten tag/vnd du solt auch hie stehen/Vnd Amasa gieng hin Juda zu beruffen/Vnd es verdros jn die zeit die er jm bestimmet hatte. Vnd Dauid sprach zu Abisai/Nu wird vns Seba der son Bichri mehr leides thun/denn Absalom/Nim du die knechte deines herrn vnd jage jm nach/das er nicht etwa fur sich feste stedte finde/vnd entrinne aus vnsern augen/Da zogen aus jm nach die menner Joab/ Dazu die Crethi vnd Plethi/vnd alle starcken/Sie zogen aber aus von Jerusalem/nach zu jagen Seba dem son Bichri.

Da sie aber bey dem grossen stein waren zu Gibeon/kam Amasa fur jnen her/Joab aber war gegürtet vber seinem kleide das er an hatte/vnd hatte darüber ein schwert gegürtet/das hieng an seiner hüffte jnn der scheiden / das gieng gerne aus vnd ein. Vnd Joab sprach zu Amasa/Fride mit dir mein bruder/Vnd Joab fasset mit seiner rechten hand Amasa bey dem bart/das er jn küsset/vnd Amasa hatte nicht acht auff das schwert jnn der hand Joab/vnd er stach jn damit jnn den wanst/das sein eingeweide sich auff die erden schüttet/vnd gab jm keinen stich mehr/vnd er starb.

Joab aber vnd sein bruder Abisai jagten nach Seba dem son Bichri/vnd es trat einer von den knaben Joab neben jn/vnd sprach/ Trotz vnd mach sich einer an Joab/vnd thu sich bey Dauid nach Joab? Amasa aber lag im blut gewaltzet mitten auff der strassen. Da aber einer sahe/das alles volck da stehen bleib/wendet er Amasa von der strassen auff den acker/vnd warff kleider auff jn/weil er sahe/ das/wer an jn kam/stehen bleib/Da er nu aus der strassen gethan war/folget jederman Joab nach/Seba dem son Bichri nach zu jagen.

Vnd er zog durch alle stemme Israel / gen Abel vnd BethMaacha/vnd gantze Daberim/Vnd sie versamleten sich vnd folgeten jm nach/vnd kamen vnd belegten jn zu Abel vnd BethMaacha/vnd schutten eine schut vmb die stad/vnd tratten an die maure/Vnd alles volck das mit Joab war/stürmet/vnd wolt die mauren niderwerffen.

Da rieff eine weise fraw aus der stad/Höret/Höret/sprecht zu Joab/das er hie erzu kome/ich wil mit jm reden.Vnd da er zu jr kam/
sprach

Samuel. XCVII.

sprach die frawe/Bistu Joab? Er sprach/Ja/Sie sprach zu jm/Hóre die rede deiner magd/Er sprach/Ich höre/Sie sprach/Vor zeiten sprach man/Wer fragen wil/der frage zu Abel/vnd so giengs wol aus/Dis ist die redliche vnd trewe stad jnn Jsrael/vnd du wilt die stad tödten vnd die Mutter jnn Jsrael/ Warumb wiltu das Erbteil des HERRN verschlingen?

Joab antwortet/vnd sprach/Das sey ferne/das sey ferne von mir/das ich verschlingen vnd verderben solt/Es hat sich nicht also/Sondern ein man vom gebirge Ephraim mit namen Seba der son Bichri/hat sich empöret wider den König Dauid/Gebt den selbigen her allein/so wil ich von der stad zihen. Die fraw sprach zu Joab/Sihe/sein heubt sol zu dir vber die maur geworffen werden. Vnd die fraw kam hinein zu allem volck mit jrer weisheit. Vnd sie hieben Seba dem son Bichri den kopff abe/vnd worffen jn zu Joab. Da blies er die posaunen/vnd sie zu streweten sich von der stad/ein jglicher jnn seine hütten. Joab aber kam wider gen Jerusalem zum Könige.

Joab aber war vber das gantze heer Jsrael/Benaia der son Joiada war vber die Crethi vnd Plethi/Adoram war Rentmeister/Josaphat der son Abilud war Cantzler/Seia war Schreiber/Zadok vnd Ab Jathar waren Priester. Dazu war Jra der Jairiter Dauids Priester.

XXI.

ES ward auch eine thewrung zu Dauids zeiten drey jar aneinander. Vnd Dauid sucht das angesicht des HERRN/ Vnd der HERR sprach/Vmb Sauls willen vnd vmb des Bluthauses willen/das er die Gibeoniter getödtet hat/Da lies der König den Gibonitern ruffen/ vnd sprach zu jnen (Die Gibeoniter aber waren nicht von den kindern Jsrael/sondern vbrig von den Amoritern/aber die kinder Jsrael hatten jnen geschworen/vnd Saul sucht sie zu schlahen jnn seinem eifer/fur die kinder Jsrael vnd Juda) So sprach nu Dauid zu den Gibeonitern/Was sol ich euch thun? vnd wo mit sol ich sünen/das jr dem Erbteil des HERRn segenet.

Die Gibeoniter sprachen zu jm/Es ist vns nicht vmb gold noch silber zu thun an Saul vnd seinem Hause/vnd ist vns nicht zu thun vmb jemand zu tödten jnn Jsrael. Er sprach/ Was sprecht jr denn/das ich euch thun sol? Sie sprachen zum Könige/Den man der vns verderbt vnd zu nichte gemacht hat/sollen wir vertilgen/das jm nichts bleibe jnn allen grentzen Jsrael/Gebt vns sieben menner aus seinem hause/das wir sie hengen dem HERRN zu Gibea Sauls des erweleten des HERRN/Der König sprach/Ich wil sie geben.

Aber der König verschonet MephiBoseth des sons Jonathan/des sons Saul/vmb des eides willen des HERRN/ der zwisschen jnen war/nemlich/zwisschen Dauid vnd Jonathan dem son Saul/Aber die zween söne Rizpa der tochter Aia/die sie Saul geborn hatte/Armoni vnd MephiBoseth/Dazu die funff söne Michal der tochter Saul/ die sie dem Adriel geborn hatte dem son Barsillai des

N iiij Mahalothi

Das Ander teil

Mahalothiters/nam der König vnd gab sie jnn die hand der Gibeoniter/Die hiengen sie auff dem berge fur dem HERRN/ Also fielen diese sieben auff ein mal/vnd storben zur zeit der ersten erndten/wenn die gersten erndte angehet.

Da nam Rizpa die tochter Aia einen sack vnd breitet jn auff den fels am anfang der erndten/bis das wasser vom himel vber sie troff/ vnd lies des tags die vogel des himels nicht auff jnen rugen/noch des nachts die thier des feldes/Vnd es ward Dauid angesagt/was Rizpa die tochter Aia Sauls kebsweib gethan hatte.

Vnd Dauid gieng hin vnd nam die gebeine Saul/vnd die gebeine Jonathan seins sons von den Bürgern zu Gabes jnn Gilead/die sie von der gassen Bethsan gestolen hatten/dahin sie die Philister gehenget hatten/ zu der zeit/da die Philister Saul schlugen auff dem berge Gilboa/vnd bracht sie von dannen erauff/vnd samleten sie zu hauffe mit den gebeinen der gehengeten/Vnd begruben die gebeine Saul vnd seins sons Jonathan im lande Ben Jamin zur seiten im grabe seins vaters Kis/Vnd theten alles wie der König geboten hatte. Also ward Gott nach diesem dem lande wider versünet.

Es erhub sich aber wider ein krieg von den Philistern wider Israel/Vnd Dauid zog hinab vnd seine knechte mit jm/vnd stritten wider die Philister. Vnd Dauid ward müde/vnd Jesbi zu Nob (welcher war der kinder Rapha einer/vnd das gewicht seines spers war dreyhundert gewicht ertzs/vnd hatte einen newen harnisch an) der gedacht Dauid zu schlahen/Aber Abisai der son Zeru Ja halff jm/vnd schlug den Philister tod. Da schwuren jm die menner Dauid/vnd sprachen/Du solt nicht mehr mit vns ausziehen jnn den streit/das nicht die Leuchte jnn Israel verlessche.

Darnach erhub sich noch ein krieg zu Nob mit den Philistern/Da schlug Sibechai der Husathiter den Saph/welcher auch der kinder Rapha einer war.

Vnd es erhub sich noch ein krieg zu Gob mit den Philistern/Da schlug Elhanan der son Jaere Orgim ein Bethlehemiter den Galiath den Gethiter/welcher hatte einen spies/des stange war wie ein weberbaum.

Vnd es erhub sich noch ein krieg zu Gath/da war ein hadderman der hatte sechs finger an seinen henden/vnd sechs zeen an seinen füssen/das ist vier vnd zwenzig an der zal/vnd er war auch geborn von Rapha/Vnd da er Israel honsprach/schlug jn Jonathan der son Simea des bruders Dauid/ Diese vier waren geborn dem Rapha zu Gath/vnd fielen durch die hand Dauid vnd seiner knechte.

XXII.

Nd Dauid redet fur dem HERRN die wort dieses Liedes/ zur zeit/ da jn der HERR errettet hatte von der hand aller seiner feinde/ vnd von der hand Saul/ vnd sprach.

Der HERR ist mein Fels/Vnd meine Burg/vnd mein Erretter.   Gott ist

Gott ist mein Hort/ auff den ich trawe/ mein schilt vnd horn meins heils/mein schutz vnd meine zuflucht/Mein Heiland/ der du mir hilffst vom freuel.

Ich wil den HERRN loben vnd anruffen/So werde ich von meinen feinden erlöset werden.

Denn es hatten mich vmbfangen brüche des todes/Vnd die beche Belial erschreckten mich.

Der Helle band vmbfiengen mich/Vnd des todes stricke vberweldigten mich.

Wenn mir angst ist/so ruffe ich den HERRN an/vnd schrey zu meinem Gott/so erhöret er meine stimme von seinem Tempel/Vnd mein geschrey kompt fur jn zu seinen ohren.

Die erde bebete vnd ward bewegt/Die grundfeste des himels regten sich vnd bebeten/da er zornig war.

Dampff gieng auff von seiner nasen/Vnd verzehrend feur von seinem munde/das es dauon blitzet.

Er neigete den himel/vnd fuhr erab/Vnd tunckel war vnter seinen füssen.

Vnd er fuhr auff dem Cherub vnd flog daher/Vnd erschein auff den fittigen des winds.

Sein gezelt vmb jn her/war finster/Vnd schwartze dicke wolcken.

Von dem glantz fur jm/brandte es mit blitzen.

Der HERR donnerte vom himel/Vnd der Höhest lies seinen donner aus.

Er schos seine strale/vnd zustrewet sie/Er lies blitzen/vnd schrecket sie.

Da sahe man wasser gösse/vnd des erdbodens grund ward auffgedeckt/von dem schelten des HERRN/ Von dem odem vnd schnauben seiner nasen.

Er schicket aus von der höhe vnd holet mich/Vnd zoch mich aus grossen wassern.

Er errettet mich von meinen starcken feinden/Von meinen hassern/die mir zu mechtig waren.

Die mich vberweldigten zur zeit meins vnfals/Vnd der HERR ward mein zuuersicht.

Er füret mich aus jnn den rawm/ Er reis mich eraus/denn er hatte lust zu mir.

Der HERR thut wol an mir nach meiner gerechtigkeit/Er vergilt mir nach der reinigkeit meiner hende.

Denn ich halte die wege des HERRN/Vnd bin nicht Gottlos wider meinen Gott.

Denn alle seine Rechte hab ich fur augen/Vnd seine Gebot werffe ich nicht von mir.

Sondern ich bin on wandel fur jm/ Vnd hüte mich fur sunden.

Darumb vergilt mir der HERR nach meiner gerechtigkeit/ Nach meiner reinigkeit fur seinen augen.

Bey den heiligen/bistu heilig/Bey den fromen/bistu from.

Bey den reinen/bistu rein/Vnd bey den verkereten/bistu verkeret.

Denn du

Das Ander teil

Denn du hilffest dem elenden volck / Vnd mit deinen augen nidrigestu die hohen.

Denn du HERR bist meine leuchte / Der HERR macht meine finsternis liechte.

Denn mit dir kan ich kriegsvolck zuschmeissen / Vnd mit meinem Gott vber die mauren springen.

Gottes wege sind on wandel / des HERRN rede sind durch leutert / Er ist ein schilt allen die jm vertrawen.

Denn wo ist ein Gott on den HERRN? Vnd wo ist ein Hort on vnser Gott?

Gott stercket mich mit krafft / Vnd spehet mir aus einen weg on wandel.

Er macht meine füsse gleich den hirssen / Vnd stellet mich auff meine höhe.

Er leret meine hende streiten / Vnd treibet den ehern bogen meiner arm.

Vnd gibst mir den schilt deines heils / Vnd wenn du mich demütigst / machstu mich gros.

Du machst vnter mir raum zu gehen / Das meine knöchel nicht gleitten.

Ich wil meinen feinden nachiagen vnd sie vertilgen / Vnd wil nicht vmbkeren / bis ich sie vmbbracht habe.

Ich wil sie vmbbringen vnd zuschmeissen / vnd sollen mir nicht widerstehen / Sie müssen vnter meine füsse fallen.

Du kanst mich rüsten mit stercke zum streit / Du kanst vnter mich werffen / die sich wider mich setzen.

Du gibst mir meine feinde jnn die flucht / Das ich verstöre die mich hassen.

Sie ruffen / aber da ist kein Helffer / Zum HERRN / aber er antwortet jnen nicht.

Ich wil sie zu stossen wie staub auff der erden / Wie kot auff der gassen wil ich sie verstewben vnd zustrewen.

Du hilffst mir von dem zenckischen volck / vnd behütest mich zum Heubt vnter den Heiden / Ein volck das ich nicht kandte / wird mir dienen.

Die frembden kinder verleugnen mich / Aber diese gehorchen mir mit gehorsamen ohren.

Die frembden kinder sind verschmachtet / Vnd zabbeln jnn jren banden.

Der HERR lebet / vnd gelobet sey mein Hort / Vnd Gott der Hort meins heils müsse erhaben werden.

Der Gott der mir die rache gibt / Vnd wirfft die völcker vnter mich.

Er hilfft mir aus von meinen feinden / Du erhöhest mich aus denen / die sich wider mich setzen / Du hilffst mir von den freueln.

Darumb wil ich dir dancken HERR vnter den Heiden / Vnd deinem namen lobsingen.

Der seinem Könige gros heil beweiset / Vnd wol thut seinem gesalbeten Dauid vnd seinem samen ewiglich.

XXIII.

Dis sind

Samuel. XCIX.

Is sind die letzten wort Dauids/Es sprach Dauid der son Isai/Es sprach der man der zum gesalbeten Gottes Jacob auffgericht ist/vnd ein lieblicher Tichter Israel. Der Geist des HERRN hat durch mich gered/vnd sein wort ist durch meine zungen geschehen. Der Gott Israel hat mir gered/der Hort Israel hat mir zugesagt/der Herrscher vnter den menschen/der gerechte Herrscher jnn der furcht Gottes/Wie das liecht ist am morgen/wenn die Sonne auffgehet/frue on wolcken/vnd vom glantz nach dem regen das gras aus der erden wechst/Denn es ist nichts fur Gott als mein Haus/Denn er hat mit mir einen ewigen Bund gemacht/gantz gewis vnd fest/Denn das ist alle mein Heil/vnd alle lust/das b nichts so wachsen wird. Aber die losen buben werden gantz vnd gar ausgerottet werden/wie dornen/das man nichts dauon behelt. Vnd die so sie werden antasten/werden sie mit eisen vnd spiessen gantz verderben/vnd man wird sie mit feur verbrennen an jrem ort.

Dis sind die namen der Helden Dauid/Jasabeam der son Hachmoni/der furnemest vnter dreien/der seinen spies auff hub/vnd erschlug acht hundert auff ein mal.

Nach jm war Eleasar der son Dodi des sons Ahohi vnter den dreien Helden mit Dauid/da sie honsprachen den Philistern/vnd da selbs versamlet waren zum streit/vnd die menner/Israel hinauff 30 gen/Da stund er vnd schlug die Philister/bis das seine hand müde am schwert erstarret/Vnd der HERR gab ein gros heil zu der zeit/das das volck vmbwand jm nach/zu rauben.

Nach jm war Samma der son Age des Harariter/Da die Philister sich versamleten jnn eine rotte/vnd war daselbs ein stück ackers voll linsen/vnd das volck flohe fur den Philistern/Da trat er mitten auff das stück vnd errettets/vnd schlug die Philister/Vnd Gott gab ein gros heil.

Vnd diese drey furnemesten vnter dreissigen kamen hinab jnn der erndte zu Dauid jnn der höle Adullam/vnd die rotte der Philister lag im grund Rephaim/Dauid aber war dazumal jnn der Burg/aber der Philister volck lag zu Bethlehem/Vnd Dauid ward lüstern/vnd sprach/Wer wil mir zu trincken holen des wassers aus dem brun zu Bethlehem vnter dem thor? Da rissen die drey Helden jns lager der Philister/vnd schepfften des wassers aus dem brun zu Bethlehem vnter dem thor/vnd trugens vnd brachtens Dauid/Aber er wolts nicht trincken/sondern gos es dem HERRN/vnd sprach/Das las der HERR fern von mir sein/das ich das thu/Ists nicht das blut der menner/die jr leben gewogt haben vnd dahin gegangen sind? vnd wolts nicht trincken/Das theten die drey Helden.

Abisai Joabs bruder der son ZeruJa/war auch ein furnemster vnter dreien/Er hub seinen spies auff vnd schlug drey hundert/vnd war auch berümbt vnter dreien/vnd der herrlichst vnter dreien/vnd war jr oberster/Aber er kam nicht bis an die drey.

Vnd Benaia der son Joiada/des sons Isbail von grossen thaten von Kabzeel/Der schlug zween Lewen der Moabiter/vnd gieng hinab

a (On wolcken) Moses richtet des Gesetzs reich an/auff dem berge Sinai mit donnern/wolcken/blitzen/schrecklich/Aber dis reich wird lieblich sein/wie es ist im Lentzen/wenn es geregent hat vnd die Sonne frue scheinet.

b (Nichts wachsen) Kein Königreich ist so hoch fur Gott/wird auch nicht so wachsen/Sondern vergehen/allein dis Reich bestehet ewiglich.

Das Ander teil

hinab vnd schlug einen Lewen im brun zur schnee zeit/ Vnd schlug auch ein Egyptischen grewlichen man/ der hatte einen spies inn seiner hand/ Er aber gieng zu jm hinab mit einem stecken/ vnd nam dem Egypter den spies aus der hand/ vnd erwürget jn mit seinem eigen spies/ Das thet Benaia der son Joiada/ vnd war berümbt vnter den dreien Velden/ vnd herrlicher/ denn die dreissig/ aber er kam nicht bis an die drey/ Vnd Dauid macht jn zum heimlichen Rat.

Asahel der bruder Joab ist vnter den dreissigen/ Elhanam seins vettern son zu Bethlehem/ Samma der Daraditer/ Elika der Haroditer/ Delez der Paltiter/ Jra der son Jkes des Tekoiters/ Abieser der Anthothiter/ Mebunai der Dusathiter/ Zalmon der Ahohiter/ Maherai der Netophathiter/ Deleb der son Baena der Netophathiter/ Jthai der son Ribai von Gibea der kinder Ben Jamin/ Benaia der Pirgathoniter/ Hidai von den bechen Gaas/ Abialbon der Arbathiter/ Asmaueth der Barhumiter/ Eliaheba der Saalboniter/ Die kinder Jasen vnd Jonathan/ Samma der Darariter/ Ahiam der son Sarar des Darariter/ Eliphelet der son Ahasbai des sons Maechathi/ Eliam der son Abithophel des Giloniters/ Hezrai der Carmelither/ Paerai der Arbiter/ Jegeal der son Nathan von Zoba/ Bani der Gaditer/ Zeleg der Ammoniter/ Naharai der Beerothiter der waffen treger Joabs des sons Zeru Ja/ Jra der Jethriter/ Gareb der Jethriter/ Vria der Hethiter/ Der ist alle sampt sieben vnd dreissig.

XXIIII.

Vnd der zorn des HERRN ergrimmet abermal wider Jsrael/ vnd gab Dauid ein vnter jnen/ das er sprach/ Gehe hin/ zele Jsrael vnd Juda/ vnd der König sprach zu Joab seinem Feldheubtman/ Gehe vmbher inn allen stemmen Jsrael/ von Dan an bis gen Berseba/ vnd zele das volck/ das ich wisse/ wie viel sein ist/ Joab sprach zu dem Könige/ Der HERR dein Gott thu zu diesem volck/ wie es jtzt ist/ noch hundert mal so viel/ das mein Herr der König seiner augen lust dran sehe/ Aber was hat mein Herr König zu dieser sachen lust? Aber des Königs wort gieng vor/ wider Joab vnd die Heubtleute des heeres.

Also zog Joab aus vnd die Heubtleute des heers von dem Könige/ das sie das volck Jsrael zeleten/ vnd giengen vber den Jordan/ vnd lagerten sich zu Aroer/ zur rechten der stad die im bach Gad ligt/ vnd zu Jaeser/ vnd kamen gen Gilead/ vnd ins nider land Hadsi/ vnd kamen gen Dan Jaan/ vnd vmb Zidon her/ vnd kamen zu der festen stad Tyro/ vnd allen stedten der Heuiter vnd Cananiter/ vnd kamen hinaus an den mittag Juda gen Berseba/ vnd zogen das gantze land vmb/ vnd kamen nach neun monden vnd zwenzig tagen gen Jerusalem/ Vnd Joab gab dem Könige die summa des volcks/ das gezelet war/ Vnd es war inn Jsrael acht hundert mal tausent starcker man/ die das schwert auszogen/ Vnd inn Juda funff hundert mal tausent man.

Vnd das hertz schlug Dauid/ nach dem das volck gezelet war/ Vnd Dauid sprach zum HERRN/ Jch habe schwerlich gesundigt/

das ich

das ich das gethan habe/Vnd nu HERR nim weg die missethat deines Knechts/Denn ich habe seer thörlich gethan/Vnd da Dauid des morgens auffstund/kam des HERRN wort zu Gad dem Propheten Dauids Seher/vnd sprach/Gehe hin vnd rede mit Dauid/So spricht der HERR/Dreierley bringe ich zu dir/Erwele dir der eins/das ich dir thue.

Gad kam zu Dauid vnd sagts jm an/vnd sprach zu jm/Wiltu das drey jar thewrung jnn dein land kome? oder das du drey monden fur deinen widersachern fliehen müssest/vnd sie dich verfolgen? oder das drey tage pestilentz jnn deinem lande sey? So mercke nu vnd sihe/was ich wider sagen sol/dem/der mich gesand hat. Dauid sprach zu Gad/Es ist mir fast angst. Aber las jnn die hand des HERRN fallen (denn seine barmhertzigkeit ist gros) Ich wil nicht jnn der menschen hand fallen.

Also lies der HERR Pestilentz jnn Jsrael komen/von morgen an bis zur bestimpten zeit/das des volcks starb/von Dan bis gen Berseba/siebenzig tausent man/Vnd da der Engel seine hand ausstreckt vber Jerusalem/das er sie verderbet/Rewete es den HERRN vber dem vbel/vnd sprach zum Engel zu dem Verderber im volck/Es ist gnug/las nu deine hand ab/Der Engel aber des HERRN war bey der scheunen Aranena des Jebusiters/Dauid aber da er den Engel sahe/der das volck schlug/sprach er zum HERRN/Sihe/ich hab gesundigt/ich habe die missethat gethan/was haben diese schaf gethan? Las deine hand wider mich vnd meines vaters hause sein.

Vnd Gad kam zu Dauid zur selben zeit/vnd sprach zu jm/Gehe hinauff/vnd richte dem HERRN einen Altar auff jnn der scheunen Aranena des Jebusiters/Also gieng Dauid hinauff/wie Gad gesagt vnd der HERR geboten hatte/Vnd da Aranena sich wandte/sahe er den König mit seinen knechten zu jm gehen/vnd bettet an auff sein angesicht zur erden/vnd sprach/Warumb kompt mein Herr der König zu seinem knecht? Dauid sprach/Zu keuffen von dir die scheunen/vnd zu bawen dem HERRN einen Altar/das die plage vom volck auffhöre.

Aber Aranena sprach zu Dauid/Mein Herr der König neme vnd opffere/Sihe/da ist ein rind zum Brandopffer/vnd schlitten vnd gerete vom ochsen zu holtz/Alles gab Aranena dem Könige/Vnd Aranena sprach zum Könige/Der HERR dein Gott las dich jm angenem sein/Aber der König sprach zu Aranena/Nicht also/Sondern ich wil dirs abkeuffen vmb sein geld/denn ich wil dem HERRN meinem Gott nicht Brandopffer thun/das ich vmb sonst habe/Also kaufft Dauid die scheune vnd das rind vmb funff
zig sekel silbers/vnd bawete daselbs dem HERRN einen Altar vnd opfferte Brandopffer vnd Danck-
opffer/vnd der HERR ward dem land versönet/vnd die plage höret auff von
dem volck Jsrael.

Ende des Ander teils des Buchs Samuel.

O   Das Erste

Das Erste teil des Buchs
von den Königen.

I.

Vnd da der König Dauid alt war vnd wol betaget/kund er nicht warm werden/ob man jn gleich mit kleidern bedeckt/ Da sprachen seine knechte zu jm/ Lasst sie meinem Herrn Könige eine dirne eine jungfraw suchen/ die fur dem Könige stehe vnd sein pflege/vnd schlaff jnn seinen armen/ vnd werme meinen Herrn den König. Vnd sie suchten eine schöne dirne jnn allen grentzen Israel/vnd funden Abisag von Sunem/vnd brachten sie dem Könige/ Vnd sie war eine seer schöne dirne vnd pflegt des Königs vnd dienet jm. Aber der König erkand sie nicht.

Adonia aber der son Hagith erhub sich/vnd sprach/Ich wil König werden/vnd macht jm wagen vnd reutter/vnd funfftzig man zu drabanten fur jm her/vnd sein vater bekümert sich noch nie drumb/ das er hette gesagt/Warumb thustu also? Vnd er war auch ein seer schöner man/vnd er hatte jn gezeuget nehest nach Absalom/vnd hatte seinen rat/mit Joab dem son Zeru Ja vñ bey Ab Jathar/dem Priester die hulffen Adonia/Aber Zadok der Priester vnd Benaia der son Joiada/vnd Nathan der Prophet/vnd Simei vnd Rei vnd die Helden Dauid waren nicht mit Adonia. Vnd da Adonia schaf vnd rinder vnd gemestet vieh opfferte bey dem stein Soheleth/der neben dem brun Rogel ligt/lud er alle seine bruder des Königes söne/vnd alle menner Juda des Königes knechte/ Aber den Propheten Nathan vnd Benaia vnd die Helden vnd Salomo seinen bruder lud er nicht.

Da sprach Nathan zu Bath Seba Salomos mutter/Hastu nicht gehöret/das Adonia der son Hagith ist König worden/vnd vnser Herr Dauid weis nichts drumb? So kom nu/ich wil dir einen rat geben/das du deine seele vnd deines sons Salomo seele errettest/ Hin vnd gehe zum Könige Dauid hinein/vnd sprich zu jm/Hastu nicht mein Herr König deiner magd geschworen vnd gered/dein son Salomo sol nach mir König sein/vnd er sol auff meinem stuel sitzen? Warumb ist denn Adonia König worden? Sihe/weil du noch da bist vnd mit dem König redest/wil ich dir nach hinein komen/vnd vollend dein wort aus reden.

Vnd Bath Seba gieng hinein zum Könige jnn die kamer/vnd der König war seer alt/vnd Abisag von Sunem dienet dem Könige/ vnd Bath Seba neiget sich/vnd bettet den König an/Der König aber sprach/Was ist dir? Sie sprach zu jm/ Mein Herr/du hast deiner magd geschworen bey dem HERRN deinem Gott/dein son Salomo sol König

Von den Königen.

sol König sein nach mir/vnd auff meinem stuel sitzen/Nu aber sihe/ Adonia ist König worden/vnd mein Herr König weis nichts drumb/ Er hat ochsen vnd gemestet vieh vnd viel schaf geopffert/vnd hat geladen alle söne des Königs/Dazu AbJathar den Priester vnd Joab den Feldheubtman/Aber deinen knecht Salomo hat er nicht geladen/Du bist aber mein Herr König/die augen des gantzen Israel sehen auff dich/das du jnen anzeigest/wer auff dem stuel meins Herrn Königs nach jm sitzen sol/Wenn aber mein Herr König mit seinen Vetern entschlaffen ist/so werden ich vnd mein son Salomo müssen sunder sein.

Weil sie aber noch redet mit dem Könige/kam der Prophet Nathan/vnd sie sagtens dem Könige an/Sihe/da ist der Prophet Nathan/Vnd als er hinein fur den König kam/betet er an den König auff sein angesicht zur erden/vnd sprach/Mein Herr König/hastu gesagt/Adonia sol nach mir König sein vnd auff meinem stuel sitzen? Denn er ist heute hinab gegangen/ vnd hat geopffert ochsen/ vnd mast vieh/vnd viel schaf/vnd hat alle söne des Königs geladen/vnd die Heubtleute/dazu den Priester AbJathar/Vnd sihe/sie essen vnd trincken fur jm/vnd sagen/Glück zu dem Könige Adonia/ Aber mich deinen knecht vnd Zadok den Priester/vnd Benaia den son Joiada/ vnd deinen knecht Salomo hat er nicht geladen/Ist das von meinem Herrn Könige befolhen/vnd hasts deine knechte nicht wissen lassen/ wer auff dem stuel meines Herrn Königs nach jm sitzen sol?

Der König David antwortet vnd sprach/Rufft mir BathSeba/vnd sie kam hinein fur den König/vnd da sie fur dem Könige stund/schwur der König/vnd sprach/So war der HERR lebt/der meine seele erlöset hat aus aller not/ich wil heute thun/wie ich dir geschworen habe bey dem HERRN dem Gott Israel/vnd gered/das Salomo dein son sol nach mir König sein/vnd er sol auff meinem stuel sitzen fur mich/Da neiget sich BathSeba mit jrem andlitz zur erden vnd betet den König an/vnd sprach/Glück meinem Herrn König David ewiglich.

Vnd der König David sprach/Ruffet mir den Priester Zadok/ vnd den Propheten Nathan/vnd Benaia den son Joiada/vnd da sie hinein kamen fur den König/sprach der König zu jnen/Nemet mit euch ewrs Herrn knechte/vnd setzt meinen son Salomo auff mein maul/vnd füret jn hinab gen Gihon/vnd der Priester Zadok sampt dem Propheten Nathan/salbe jn daselbs zum Könige vber Israel/vñ blaset mit den posaunen/vnd sprecht/Glück dem Könige Salomo/ vnd zihet jm nach erauff/vnd kompt/so sol er sitzen auff meinem stuel vnd König sein fur mich/Vnd ich wil jm gebieten/das er Fürst sey vber Israel vnd Juda/Da antwortet Benaia der son Joiada dem Könige/vnd sprach/Amen/ Es sage der HERR der Gott meines Herrn Königs auch also/Wie der HERR mit meinem Herrn Könige gewesen ist/so sey er auch mit Salomo/das sein stuel grösser werde denn der stuel meins Herrn Königs David.

Da giengen hinab/der Priester Zadok/vnd der Prophet Nathan/ vnd Benaia der son Joiada/vnd Crethi vnd Plethi/vnd satzten Salomo auff das maul des Königs David/vnd füreten jn gen Gihon. Vnd der Priester Zadok nam das ölehorn aus der Hütten/vnd salbete

D ij   Salomo/

Das Erste teil

Salomo/vnd sie bliesen mit der posaunen/vnd alles volck sprach/ Glück dem Könige Salomo/Vnd alles volck zog jm nach erauff/vnd das volck pfeiff mit pfeiffen/vnd war seer frölich/das die erde von jrem geschrey erschall.

Vnd Adonia höret es vnd alle die er geladen hatte/die bey jm waren / vnd sie hatten schon gessen/ Vnd da Joab der posaunen schall höret / sprach er/ Was wil das geschrey der Stad vnd getümel? Da er aber noch redet/sihe/da kam Jonathan der son AbJathar des Priesters/Vnd Adonia sprach/Kom erein/denn du bist ein redlicher man/vnd bringest gute botschafft/ Jonathan antwortet/ vnd sprach zu Adonia/Ja/vnser Herr der König Dauid hat Salomo zum Könige gemacht/vnd hat mit jm gesand den Priester Zadok/vnd den Propheten Nathan/vnd Benaia den son Joiada/vnd Crethi vnd Plethi/vnd sie haben jn auffs Königs maul gesetzt/vnd Zadok der Priester/sampt dem Propheten Nathan/hat jn gesalbet zum Könige zu Gihon/vnd sind von dannen erauff gezogen mit freuden/das die Stad tummelt/das ist das geschrey/das jr gehöret habt/ Dazu sitzt Salomo auff dem Königlichen stuel/ vnd die knechte des Königs sind hinen gegangen zu segenen vnsern Herrn den König Dauid/vnd haben gesagt/Dein Gott mache Salomo einen bessern namen/denn dein name ist/vnd mache seinen stuel grösser denn deinen stuel/vnd der König hat angebettet auff dem lager/ Auch hat der König also gesagt/ Gelobt sey der HERR der Gott Jsrael/der heute hat lassen einen sitzen auff meinem stuel/das meine augen gesehen haben.

Da erschrocken vnd machten sich auff alle die bey Adonia geladen waren/vnd giengen hin/ein jglicher seinen weg/ Aber Adonia furcht sich fur Salomo/vnd macht sich auff/gieng hin vnd fasset die hörner des Altars/ Vnd es ward Salomo angesagt/sihe/ Adonia fürcht den König Salomo/vnd sihe/er fasset die hörner des Altars/ vnd spricht/ Der König Salomo schwere mir heute/das er seinen knecht nicht tödte mit dem schwert/Salomo sprach/Wird er redlich sein/so sol kein har von jm auff erden fallen/Wird aber böses an jm funden/so sol er sterben/Vnd der König Salomo sandte hin/vnd lies jn erab vom Altar holen/Vnd da er kam/bettet er den König Salomo an/Salomo aber sprach zu jm/Gehe jnn dein haus.

II.

Als nu die zeit erbey kam/das Dauid sterben solt/gebot er seinem son Salomo/vnd sprach/ Ich gehe hin den weg aller welt/So sey getrost/vnd sey ein man/vnd warte auff die Hut des HERRN deines Gottes/das du wandelst jnn seinen wegen vnd haltest seine sitten/gebot/rechte/zeugnisse/wie geschrieben stehet im Gesetze Mose/auff das du klug seiest jnn allem das du thust/ vnd wo du dich hin wendest/auff das der HERR sein wort erwecke/ das er vber mich gered hat/ vnd gesagt/ Werden deine kinder jre wege behüten / das sie fur mir trewlich vnd von gantzem hertzen vnd von gantzer seelen wandeln/so sol von dir nimer gebrechen ein man auff dem stuel Jsrael.

Auch

Von den Königen.

Auch weistu wol/was mir gethan hat Joab der son Zeru Ja/was er thet den zweien Feldheubtmennern Israel/Abner dem son Ner vnd Amasa dem son Jether/die er erwürget hat/vnd vergos kriegsblut im friden/vnd thet kriegsblut an seinen gürtel/der vmb seine lenden war/vnd an seine schuch die an seinen füssen waren/thu nach deiner weisheit/das du seine grawe har nicht mit friden hinunter zur Helle bringest. Auch den kindern Barsillai des Giliaditer soltu barmhertzigkeit beweisen/das sie auff deinem tisch essen/Denn also theten sie sich zu mir/da ich fur Absalom deinem bruder floch.

Vnd sihe/du hast bey dir Simei den son Gera des sons Jemini von Bahurim/der mir schendlich flucht zur zeit/da ich gen Mahanaim gieng/Er aber kam erab mir entgegen am Jordan/da schwur ich jm bey dem HERRN/vnd sprach/Ich wil dich nicht tödten mit dem schwert/Du aber las jn nicht vnschuldig sein/denn du bist ein weiser man/vnd wirst wol wissen/was du jm thun solt/das du seine grawe har mit blut hinunter jnn die Helle bringest.

Also entschlieff Dauid mit seinen Vetern/vnd ward begraben jnn der stad Dauid/Die zeit aber die Dauid König gewesen ist vber Israel/ist vierzig jar/Sieben jar war er König zu Hebron/vnd drey vnd dreissig jar zu Jerusalem/Vnd Salomo sass auff dem stuel seines vaters Dauid/vnd sein Königreich ward seer bestendig.

Aber Adonia der son Hagith kam hinein zu BathSeba der mutter Salomo/vnd sie sprach/Kompstu auch mit friden? Er sprach/Ja/Vnd sprach/Ich habe mit dir zu reden/Sie sprach/Sage her/Er sprach/Du weissest/das das Königreich mein war/vnd gantz Israel hatte sich auff mich gericht/das ich König sein solt/Aber nu ist das Königreich gewand vnd meines bruders worden/von dem HERRN ists jm worden/Nu bit ich eine bitte von dir/du woltest mein angesicht nicht beschemen/Sie sprach zu jm/Sage her/Er sprach/Rede mit dem Könige Salomo/denn er wird dein angesicht nicht beschemen/das er mir gebe Abisag von Sunem zum weibe/BathSeba sprach/Wol/ich wil mit dem Könige deinethalben reden.

Vnd BathSeba kam hinein zum Könige Salomo mit jm zu reden Adonias halben/Vnd der König stund auff vnd gieng jr entgegen vnd bettet sie an/vnd satzt sich auff seinen stuel/vnd es ward des Königs mutter ein stuel gesetzt/das sie sich satzt zu seiner rechten/Vnd sie sprach/Ich bitte eine kleine bitte von dir/du woltest mein angesicht nicht beschemen/Der König sprach zu jr/Bitte meine mutter/ich wil dein angesicht nicht beschemen/Sie sprach/Las Abisag von Sunem deinem bruder Adonia zum weibe geben.

Da antwortet der König Salomo/vnd sprach zu seiner mutter/Warumb bittestu vmb Abisag von Sunem dem Adonia? Bitte jm das Königreich auch/denn er ist mein gröster bruder/vnd hat den Priester AbJathar vnd Joab den son Zeru Ja/Vnd der König Salomo schwur bey dem HERRN/vnd sprach/Gott thu mir dis vnd das/Adonia sol das wider sein leben gered haben/Vnd nu/so war der HERR lebt/der mich bestetigt hat/vnd sitzen lassen auff dem stuel

O ij meins

Das Erste teil

meins vaters Dauid/vnd der mir ein Haus gemacht hat/wie er gered hat/heute sol Adonia sterben/ Vnd der König Salomo sandte hin durch Benaia den son Joiada/der schlug jn das er starb.

Vnd zu dem Priester Ab Jathar sprach der König/Gehe hin gen Anathoth zu deinem acker/denn du bist des tods/aber ich wil dich heute nicht tödten/denn du hast die Lade des HErrn HERRN fur meinem vater Dauid getragen/vnd hast mit gelidden wo mein vater gelidden hat/ Also versties Salomo den Ab Jathar/das er nicht muste Priester des HERRN sein/ auff das erfüllet würde des HERRN wort/das vber das Haus Eli gered hatte zu Silo.

Vnd dis gerüchte kam fur Joab/Denn Joab hieng an Adonia vnd nicht an Salomo/Da floch Joab inn die Hütten des HERRN/ vnd fasset die hörner des Altars/Vnd es ward dem Könige Salomo angesagt/das Joab zur Hütten des HERRN geflohen were/vnd sihe/er stehet am Altar/Da sandte Salomo hin Benaia den son Joiada/vnd sprach/Gehe/schlahe jn/Vnd da Benaia zur Hütten des HERRN kam/sprach er zu jm/So sagt der König/Gehe eraus/Er sprach/Nein/hie wil ich sterben/Vnd Benaia sagt solchs dem Könige wider/vnd sprach/So hat Joab gered/vnd so hat er mir geantwortet.

Der König sprach zu jm/Thu wie er gered hat/ vnd schlag jn/ vnd begrabe jn/das du das blut/das Joab vmb sonst vergossen hat von mir thust vnd von meines vaters Hause/vnd der HERR jm bezale sein blut auff seinen kopff/das er zween menner geschlagen hat/ die gerecht vnd besser waren denn er/vnd hat sie erwürget mit dem schwert/das mein vater Dauid nichts darumb wuste/nemlich/Abner den son Ner den Feldheubtman vber Jsrael/vnd Amasa den son Jether den Feldheubtman vber Juda/das jr blut bezalet werde auff den kopff Joab vnd seins samens ewiglich/Aber Dauid vnd sein same/ sein Haus vnd sein stuel fride habe ewiglich von dem HERRN.

Vnd Benaia der son Joiada gieng hinauff vnd schlug jn vnd tödtet jn/vnd er ward begraben jnn seinem hause jnn der wüsten.Vnd der König setzet Benaia den son Joiada an seine stat vbers heer/ Vnd Zadok den Priester setzet der König an die stat Ab Jathar.

Vnd der König sandte hin vnd lies Semei ruffen/ vnd sprach zu jm/Bawe dir ein haus zu Jerusalem vnd wone daselbs/vnd gehe von dannen nicht eraus / weder hie noch da her/ Welchs tags du wirst hinaus gehen vnd vber den bach Kidron gehen/ so wisse/das du des tods sterben must/dein blut sey auff deinem kopff. Semei sprach zum Könige/Das ist eine gute meinung/wie mein Herr der König gered hat/so sol dein knecht thun. Also wonet Semei zu Jerusalem lange zeit. Es begab sich aber vber drey jar/das zween knechte dem Semei entlieffen/zu Achis dem son Maecha dem Könige zu Gath/ Vnd es ward Semei angesagt/ Sihe/ deine knechte sind zu Gath/Da macht sich Semei auff vnd sattelt seinen esel/vnd zog hin gen Gath zu Achis/das er seine knechte suchet/vnd da er hin kam/ bracht er seine knechte von Gath.

Vnd es

Von den Königen.

Vnd es ward Salomo angesagt/ das Semei hin gezogen were von Jerusalem gen Gath vnd wider komen/ Da sandte der König hin vnd lies Semei ruffen/ vnd sprach zu jm/ Hab ich dir nicht geschworen bey dem HERRN/ vnd dir bezeuget vnd gesagt/ Welchs tags du würdest ausziehen vnd hie oder dahin gehen/ das du wissen soltest/ du müstest des tods sterben? Vnd du sprachst zu mir/ Ich hab eine gute meinung gehöret/ Warumb hastu denn nicht dich gehalten nach dem eid des HERRN vnd gebot/ das ich dir geboten habe?

Vnd der König sprach zu Semei/ Du weist alle die bosheit/ der dir dein hertz bewust ist/ die du meinem vater Dauid gethan hast/ der HERR hat deine bosheit bezalet auff deinen kopff/ Vnd der König Salomo ist gesegenet. Vnd der stuel Dauid wird bestendig sein fur dem HERRN ewiglich/ Vnd der König gebot Benaia dem son Joiada/ der gieng hinaus vnd schlug jn/ das er starb/ Vnd das Königreich ward bestetigt durch Salomo hand.

III.

Vnd Salomo befreundet sich mit Pharao dem Könige jnn Egypten/ vnd nam Pharao tochter/ vnd bracht sie jnn die stad Dauid/ bis er aus bawet sein haus vnd des HERRN Haus/ vnd die mauren vmb Jerusalem her/ Aber das volck opfferte noch auff den Höhen/ Denn es war noch kein Haus gebawet dem namen des HERRN bis auff die zeit/ Salomo aber hatte den HERRN lieb/ vnd wandelt nach den sitten seins vaters Dauid/ on das er auff den Höhen opfferte vnd reucherte.

Vnd der König gieng hin gen Gibeon/ daselbs zu opffern/ denn das war eine herrliche Höhe/ Vnd Salomo opfferte tausent Brandopffer auff dem selben Altar/ Vnd der HERR erschein Salomo zu Gibeon im trawm des nachts/ Vnd Gott sprach/ Bitte/ was ich dir geben sol/ Salomo sprach/ Du hast an meinem vater Dauid deinem Knecht grosse barmhertzigkeit gethan/ wie er denn fur dir gewandelt hat jnn warheit vnd gerechtigkeit/ vnd mit richtigem hertzen bey dir/ vnd hast jm diese grosse barmhertzigkeit gehalten/ vnd jm einen son gegeben/ der auff seinem stuel sesse/ wie es denn jtzt gehet/ Nu HERR mein Gott/ du hast deinen Knecht zum Könige gemacht an meines vaters Dauid stat/ So bin ich ein kleiner knabe/ weis nicht/ weder mein ausgang noch eingang/ Vnd dein Knecht ist vnter dem volck/ das du erwelet hast so gros/ das niemand zelen noch beschreiben kan/ fur der menge/ So woltestu deinem Knecht geben ein gehorsam hertz/ das er dein volck richten müge/ vnd verstehen/ was gut vnd böse ist/ denn wer vermag dis dein mechtig volck zurichten?

Das gefiel dem HERRN wol/ das Salomo vmb ein solchs bat/ Vnd Gott sprach zu jm/ Weil du solchs bittest/ vnd bittest nicht vmb langes leben/ noch vmb reichthum/ noch vmb deiner feinde seele/ sondern vmb verstand gericht zu hören/ Sihe/ so habe ich gethan nach deinen worten/ Sihe/ Ich habe dir ein weises vnd verstendigs hertz gegeben/ das deins gleichen vor dir nicht gewesen ist/
vnd nach

Das Erste teil

vnd nach dir nicht auff komen wird/Dazu/das du nicht gebeten hast/ hab ich dir auch gegeben/nemlich/reichthum vnd ehre/das deines gleichen keiner vnter den Königen ist zu deinen zeiten/Vnd so du wirst inn meinen wegen wandeln/das du heltest meine sitten vnd gebot/wie dein vater Dauid gewandelt hat/so wil ich dir geben ein langes leben.

Vnd da Salomo erwachet/sihe/da war es ein trawm/vnd kam gen Jerusalem/vnd trat fur die Lade des Bunds des HErrn/vnd opfferte Brandopffer/Danckopffer/vnd macht ein grosses mal allen seinen knechten.

Zu der zeit kamen zwo huren zum Könige/vnd tratten fur jn/Vnd das eine weib sprach/Ach mein Herr/Ich vnd dis weib woneten jnn einem hause/vnd ich gelag bey jr im hause/vnd vber drey tage da ich geborn hatte/gebar sie auch/Vnd wir waren bey einander/das kein frembder mit vns war im hause/on wir beide/vnd dieses weibs son starb jnn der nacht/denn sie hatte jn im schlaff erdruckt/vnd sie stund jnn der nacht auff/vnd nam meinen son von meiner seiten/da deine magd schlieff/vnd legt jn an jren arm/vnd jren todten son legt sie an meinen arm/Vnd da ich des morgens auff stund meinen son zu seugen/sihe/da war er tod/Aber am morgen sahe ich jn eben an/vnd sihe/es war nicht mein son/den ich geborn hatte.

Das ander weib sprach/Nicht also/mein son lebet vnd dein son ist tod/Jhene aber sprach/Nicht also/dein son ist tod vnd mein son lebet/vnd redten also fur dem Könige/Vnd der König sprach/Diese spricht/mein son lebt vnd dein son ist tod/Jhene spricht/nicht also/dein son ist tod vnd mein son lebt/Vnd der König sprach/Holet

mir ein

Von den Königen. CIIII.

mir ein schwert her/ Vnd da das schwert fur den König bracht ward/ sprach der König/ Teilet das lebendige kind jnn zwey teil/ vnd gebt dieser die helffte vnd jhener die helffte.

Da sprach das weib des son lebete/ zum Könige (denn jr mütterlich hertz erbebet vber jren son) Ach mein Herr/ gebt jr das kind lebendig/ vnd tödtet es nicht/ Jhene aber sprach/ Es sey weder mein noch dein/ Lasst es teilen/ Da antwortet der König/ vnd sprach/ Gebt dieser das kind lebendig vnd tödtets nicht/ die ist seine mutter. Vnd das vrteil erschall fur dem gantzen Jsrael/ das der König gefellet hatte/ vnd furchten sich fur dem Könige/ denn sie sahen/ das die weisheit Gottes jnn jm war/ gericht zu halten.

IIII.

Also war Salomo König vber gantz Jsrael. Vnd dis waren seine Fürsten/ Asar Ja der son Zadok des Priesters/ Elihoreph vnd Ahi Ja die söne Sisa waren schreiber/ Josaphat der son Ahilud war Cantzler/ Benaia der son Joiada war Feldheubtman/ Zadok vnd Ab Jathar waren Priester/ Asar Ja der son Nathan war vber die Amptleute/ Sabud der son Nathan des Priesters war des Königs freund/ Ahisar war Hofmeister/ Adoniram der son Abda war Rentmeister.

Vnd Salomo hatte zwelff Amptleute vber gantz Jsrael/ die den König vnd sein Haus versorgeten/ Einer hatte des jars ein mondlang zu versorgen/ Vnd hiessen also/ Der son Hur auff dem gebirge Ephraim/ Der son Deker zu Makaaz vnd zu Saalbim vnd zu BethSames vnd zu Elon vnd BethHanan/ Der son Hesed zu Aruboth/ vnd hatte dazu Socho vnd das gantze land Hepher/ Der son AbiNadab die gantze herrschafft zu Dor/ vnd hatte Taphath Salomos tochter zum weibe/ Baena der son Ahilud zu Thaenach vnd zu Megiddo/ vnd vber gantzes BethSean/ welche ligt neben Zarthana/ vnter Jesreel von BethSean bis an den plan Mehola/ bis jenseid Jakmeam/ Der son Geber zu Ramoth jnn Gilead/ vnd hatte die Flecken Jair des sons Manasse jnn Gilead/ vnd hatte die gegend Argob/ die jnn Basan ligt/ sechtzig grosser stedte vermauret vnd mit ehernen rigeln.

AhiNadab der son Jddo zu Mahanaim. Ahimaaz jnn Naphthali/ vnd er nam auch Salomos tochter Basmath zum weibe. Baena der son Husai jnn Asser vnd zu Aloth. Josaphat der son Paruah jnn Jsaschar. Simei der son Ela jnn BenJamin. Geber der son Uri im lande Gilead im lande Sihon des Königes der Amoriter/ vnd Og des Königes jnn Basan/ Ein Amptman war jnn dem selbigen lande. Juda aber vnd Jsrael des war viel/ wie der sand am meer/ vnd assen vnd truncken vnd waren frölich/ Also war Salomo ein Herr vber alle Königreiche/ von dem wasser an jnn der Philister lande/ bis an die grentze Egypti/ die jm geschencke zu brachten/ vnd dieneten jm sein leben lang.

Vnd Salomo muste teglich zur speissung haben/ dreissig Cor semel melh/ sechzig Cor ander melh/ zehen gemeste rinder/ vnd zwenzig weide rinder/ vnd hundert schaf/ ausgenomen Hirs vnd Rehe vnd Gemse/

Das Erste teil

vnd Gemse/vnd was man an den krippen hielt/Denn er herrschete im gantzen lande disseid des wassers/von Tiphsah bis gen Gasa/vber alle Könige disseid des wassers/vnd hatte fride von allen seinen vnterthanen vmbher/Das Juda vnd Jsrael sicher woneten/ein jglicher vnter seinem weinstock/vnd vnter seinem feigen baum/von Dan bis gen BerSeba so lang Salomo lebt.

Vnd Salomo hatte vierzig tausent wagenpferde/vnd zwelff tausent reissigen/Vnd die Amptleute versorgeten den König Salomo vnd alles was zum tisch des Königs gehorte/ein jglicher jnn seinem monden/vnd liessen nichts feilen/Auch gersten vnd stro fur die ros vnd leuffer/brachten sie an den ort da er war/ein jglicher nach seinem befelh.

Vnd Gott gab Salomo seer grosse weisheit vnd verstand/vnd getrost hertz/wie sand der am vfer des meeres ligt/das die weisheit Salomo grösser war/denn aller kinder gegen morgen/vnd aller Egypter weisheit/Vnd war weiser/denn alle menschen/auch weiser/denn die Tichter Ethan der Esrahiter/Heman/Chalchal vnd Darda/vnd war berümbt vnter allen Heiden vmbher/Vnd er redet drey tausent sprüch/vnd seiner liede waren tausent vnd funff/vnd er redet von beumen/vom Ceder an zu Libanon bis an den Jsop/der aus der wand wechst/Auch redet er von vieh/von vogeln/von gewürm/von fischen/Vnd es kamen aus allen völckern zu hören die weisheit Salomo/von allen Königen auff erden/die von seiner weisheit gehöret hatten.

V.

Vnd Hiram der König zu Tyro sandte seine knechte zu Salomo/deñ er hatte gehöret/das sie jn zum Könige gesalbet hatten an seins vaters stat/denn Hiram liebte Dauid sein leben lang. Vnd Salomo sandte zu Hiram vnd lies jm sagen/Du weissest/das mein vater Dauid nicht kundte bawen ein Haus dem namen des HERRN seines Gottes vmb des kriegs willen/der vmb jn her war/bis sie der HERR vnter seiner fussolen gab/Nu aber hat mir der HERR mein Gott ruge gegeben vmbher/das kein widersacher/noch böse hindernis mehr ist/Sihe/so hab ich gedacht ein Haus zu bawen dem namen des HERRN meines Gottes/wie der HERR gered hat zu meinem vater Dauid/vnd gesagt/Dein son/den ich an deine stat setzen werde auff deinen stuel/der sol meinem namen ein Haus bawen/So befilh nu/das man mir cedern aus Libanon hawe/vnd das deine knechte mit meinen knechten seien/vnd das lohn deiner knechte wil ich dir geben/alles wie du sagest/denn du weissest/das bey vns niemand ist/der holtz zu hawen wisse/wie die Zidonier.

Da Hiram aber höret die wort Salomo/frewet er sich hoch/vnd sprach/Gelobt sey der HERR heute/der Dauid einen weisen son gegeben hat vber dis grosse volck/Vnd Hiram sandte zu Salomo vnd lies jm sagen/Ich habe gehöret/was du zu mir gesand hast/Ich wil thun nach alle deinem beger/mit cedern vnd tennen holtz/Meine knechte sollen sie von Libanon hinab bringen ans meer/vnd wil sie jnn

Von den Königen. CV.

sie jnn flossen legen lassen auff dem meer/bis an den ort/den du mir wirst ansagen lassen/vnd wil sie waldrechten daselbs/vnd du solts holen lassen/Aber du solt auch mein beger thun/vnd speise geben meinem gesinde/Also gab Hiram Salomo cedern vnd tennen holtz nach alle seinem beger/ Salomo aber gab Hiram zwenzig tausent Cor weitzen zu essen fur sein gesinde/vnd zwenzig Cor gestossen öles/ Solches gab Salomo jerlich dem Hiram.

Vnd der HERR gab Salomo weisheit/wie er jm gered hatte/ vnd war fride zwisschen Hiram vnd Salomo/vnd sie machten beide einen Bund miteinander/Vnd Salomo macht einen Ausschos vber gantzes Israel/Vnd der Ausschos war dreissig tausent man/vnd sante auff den Libanon/ja vber zween monden zehen tausent/das sie einen monden auff dem Libanon waren/vnd zween monden da heime/ Vnd Adoniram war vber den Ausschos.

Vnd Salomo hatte siebenzig tausent die last trugen/vnd achzig tausent die da zimmerten auff dem berge/on die obersten Amptleute Salomo/die vber das werck gesetzt waren/nemlich/drey tausent vnd drey hundert/welche vber das volck herrscheten/das da am werck erbeitet/Vnd der König gebot/das sie grosse vnd köstliche steine ausbrechen/nemlich/gehawene steine zum grund des Hauses/Vnd die Bawleute Salomo vnd die Bawleute Hiram/vnd die an der grentze waren/hieben aus vnd bereiten zu/holtz vnd steine zu bawen das Haus.

VI.

Jm vierhun=

Das Erste teil

(Dreissig ellen hoch)
Im andern teil der Chronica cap. 3. spricht der text/ Das Haus sey hundert vnd zwentzig ellen hoch gewesen/welchs ist von des gantzen Hauses höhe gered/ Hie aber redet er vom vnterristen gemach alleine/ welchs dreissig ellen hoch war.

IM vierhundert vnd achzigsten jar nach dem auszog der kinder Jsrael aus Egypten land/im vierden jar des Königreichs Salomo vber Jsrael im monden Sif/ das ist der ander mond/ward das Haus dem HERRN gebawet/ Das Haus aber/ das der König Salomo dem HERRN bawet/war sechzig ellen lang/zwentzig ellen breit/vnd dreissig ellen hoch. Vnd bawet eine Halle fur dem Tempel/ zwentzig ellen lang/nach der breite des Hauses/vnd zehen ellen breit/ fur dem Hause her. Vnd er machte an das Haus fenster/die man mit liden auff vnd zu thun kund.

Vnd er bawet einen Vmbgang an der wand des Hauses rings vmb her/das er beide vmb den Tempel vnd Chor hergieng/vnd machet sein eusser wand vmbher/Der vnterst gang war funff ellen weit/ vnd der mittelst sechs ellen weit/vnd der dritte sieben ellen weit/Denn er legte thramen aussen am Hause vmbher/das sie nicht an der wand des Hauses sich hielten.

Vnd da das Haus gebawet ward/wards von gantzen vnd ausgebrochenen steinen gebawet/das man kein hamer noch beil/noch irgend ein eisen gezeng hörete.

Eine thür aber war zur rechten seiten mitten am Hause/das man durch einen wendelstein hinauff gieng auff den mittel gang/vnd vom mittel gang auff den dritten. Also bawet er das Haus vnd vollendets/ Vnd spündet das Haus mit cedern/beide oben vnd an wenden/ Er bawet auch einen gang oben auff dem gantzen Hause herumb/funff ellen hoch/Vnd decket das Haus mit cedern holtz.

Vnd es geschach des HERRN wort zu Salomo/vnd sprach/ Das sey das Haus das du bawest/Wirstu jnn meinen Geboten wandeln/vnd nach meinen Rechten thun/vnd alle meine Gebot halten/ drinnen zu wandeln/so wil ich mein wort mit dir bestetigen/wie ich deinem vater Dauid gered habe/vnd wil wonen vnter den kindern Jsrael/vnd wil mein volck Jsrael nicht verlassen.

Also bawet Salomo das Haus vnd vollendets/vnd bawet die wende des Hauses jnnwendig an den seiten von cedern/von des Hauses boden an bis an die decke/vnd spündets mit holtz jnnwendig/vnd teffelt den boden des Hauses mit tennen bretter.

Vnd er bawet hinden im Hause zwentzig ellen lang ein cedern wand/vom boden an bis an die decke/Vnd bawet daselbst jnnwendig den Chor vnd das Aller heiligst. Aber das Haus des Tempels (fur dem Chor) war vierzig ellen lang/Jnnwendig war das gantze Haus eitel cedern/mit gedreten knoten vnd blumwerg/das man keinen stein sahe. Aber den Chor bereitet er jnnwendig im Haus/das man die Lade des Bunds des HERRN daselbs hin thet/Vnd fur dem Chor der zwentzig ellen lang/zwentzig ellen weit/vnd zwentzig ellen hoch war/ vnd vberzogen mit lauterm golde/spündet er den Altar mit cedern.

Vnd Salomo vberzoch das Haus jnnwendig mit lauterm golde
Vnd zoch

Von den Königen CV.

Vnd zoch güldene riegel fur dem Chor her/den er mit golde vberzogen hatte/also/das das gantze Haus gar mit golde vberzogen war/ Dazu auch den gantzen Altar fur dem Chor/vberzoch er mit golde.

Er macht auch im Chor zween Cherubim zehen ellen hoch von ölbawm holtz/funff ellen hatte ein flügel eins jglichen Cherub/das zehen ellen waren von dem ende seines einen flügels/zum ende seines andern flügels. Also hatte der ander Cherub auch zehen ellen/vnd war einerley masse vnd einerley raum beider Cherubim/das also ein jglicher Cherub zehen ellen hoch war/Vnd er thet die Cherubim innwendig ins Haus/Vnd die Cherubim breiten jre flügel aus/das eins flügel rüret an diese wand/vnd des andern Cherub flügel rüret an die andere wand/Aber mitten im Hause rürete ein flügel den andern/Vnd er vberzoch die Cherubim mit golde.

Vnd an allen wenden des Hauses vmb vnd vmb lies er schnitzwerg machen von ausgehöleten Cherubim/palmen vnd blumwerg. Auch vberzoch er den boden des Hauses mit gülden blechen/ Vnd im eingang des Chors macht er zwo thür von ölbawm holtz mit funffecketen pfosten/vnd lies schnitzwerg darauff machen von Cherubim/ palmen vnd blumwerg/vnd vberzoch sie mit gülden blechen / Also macht er auch im eingang des Tempels/vierekete pfosten von ölebaum holtz/vnd zwo thür von tennen holtz/das ein jgliche thür zwey blat hatte aneinander hangen jnn jren angeln/vnd macht schnitzwerg drauff von Cherubim / palmen vnd blumwerg/vnd vberzoch sie mit golde/recht wie es befolhen war.

Vnd er bawet auch einen Hof drinnen von dreien riegen gehawen steinen/vnd von einer riegen gehoffelter cedern.

Im vierden jar im monden Sif/ward der grund geleget am Hause des HERRN/Vnd im eilfften jar im monden Bul (das ist der acht mond) ward das Haus bereitet/wie es sein solte/das sie sieben jar dran baweten.

VII.

Ber an seinem Hause bawete Salomo dreyzehen jar/ das ers gantz aus bawet / Nemlich / Er bawet ein Haus vom wald Libanon/hundert ellen lang/funffzig ellen weit/vnd dreissig ellen hoch.

Auff dasselbige gevierde/legt er den boden von cedern brettern / auff cedern seulen nach den riegen hin / Vnd oben drauff ein gezimer von cedern / auff die selben seulen/welcher waren funff vnd vierzig/ja funffzehen jnn einer riege.

Der Königliche Saal.

p Vnd wa-

Das Erste teil

Vnd waren fenster gegen die drey riegen gegen ander vber/drey gegen drey/Vnd waren inn jren pfosten viereckt.

Hofesal.   Er bawet auch eine Halle von seulen/funffzig ellen lang vnd
Cantzley.   dreissig ellen breit/Vnd noch eine Halle fur diese/mit seulen vnd dicken balcken.

Richthaus.   Vnd bawet auch eine Halle zum Richt stuel/darinn man gericht hielt/vnd tefelt beide boden mit cedern.

Dazu sein Haus/darinnen er wonet/im hinder Hof/hinden an der Halle/gemacht wie die andern.

Vnd macht auch ein haus/wie die Halle/der tochter Pharao/die Salomo zum weibe genomen hatte.

Solchs alles waren köstliche steine nach der mas gehawen/mit segen geschnitten auff allen seiten/von grund bis an das dach/dazu auch haussen der grosse Hof/Die grundfeste aber waren auch köstliche vnd grosse steine/zehen vnd acht ellen gros/Vnd drauff köstliche gehawene steine nach der mas/vnd cedern/Aber der grosse Hof vmb her hatte drey riegen gehawen stein/vnd eine riege von cedern brettern/Also auch der Hof am Hause des HERRN jnnwendig/vnd die Halle am Hause.

Vnd der

Von den Königen. CVII.

Und der König Salomo sandte hin vnd lies holen Hiram von Tyro einer Widwen son/ aus dem stam Naphthali/ vnd sein vater war ein man von Tyro gewesen/ der war ein meister im ertz/ vol weisheit/ verstand vnd kunst zu erbeiten allerley ertzwerck/ Da der zum Könige Salomo kam/ machet er alle seine werck/ Vnd machet zwo eherne seulen/ eine jgliche achtzehen ellen hoch/ vnd ein faden von zwelff ellen war das mas vmb jgliche seulen her/ Vnd machet zween knauff von ertz gegossen/ oben auff die seulen zu setzen/ vnd ein jglicher knauff war funff ellen hoch/ vnd es waren an jglichem knauff oben auff der seulen sieben geflochten reiffe/ wie keten. Vnd macht an jglichem knauff zwo riegen granatepffel vmb her/ an einem reiffe/ damit der knauff bedeckt ward/ Vnd die kneuffe waren wie die rosen fur der Halle/ vier ellen gros/ Vnd der granatepffel jnn den riegen vmb her waren zwey hundert/ oben vnd vnden an dem reiffe der vmb den bauch des knauffs her gieng/ an jglichem knauff auff beiden seulen/ Vnd er richtet die seulen auff/ fur der Halle des Tempels/ Vnd die er zur rechten hand setzet/ hies er Jachin/ vnd die er zur lincken hand setzet/ hies er Boas/ Vnd es stund also oben auff den seulen wie rosen/ Also ward volendet das werck der seulen.

P ij   Vnd er

Das Erste teil

Vnd er macht ein meer gegossen/zehen ellen weit von einem rand zum andern/rund vmb her/vnd funff ellen hoch/Vnd eine schnur dreissig ellen lang war das mas rings vmb/Vnd vmb dasselb meer das zehen ellen weit war/giengen knoten an seinem rande/rings vmbs meer her/Der knoten aber waren zwo riegen gegossen/Vnd es stund auff zwelff rindern/welcher drey gegen mitternacht gewand waren/drey gegen abend/drey gegen mittag/vnd drey gegen morgen/vnd das meer oben drauff/das alle jr hinder teil innwendig war/ Seine dicke aber war ein hand breit/vnd sein rand war wie eines bechers rand/wie ein auffgegangen rosen/Vnd gieng drein zwey tausent Bath.

Er macht auch zehen eherne gestüle/ein jglichen vier ellen lang/ vnd breit/vnd drey ellen hoch/Es war aber das gestüle also gemacht/das es seiten hatte zwisschen leisten/Vnd an den seiten zwisschen den leisten/waren Lewen/rinder vnd Cherubim/Vnd die seiten daran die Lewen/ochsen/vnd Cherubim waren/hatten leisten oben vnd vnden/vnd füsslin dran. Vnd ein jglich gestüle hatte vier eherne reder/mit ehernem gestell/Vnd auff den vier ecken waren achseln gegossen/ein jgliche gegen der andern vber/vnden an den kessel gelehnet.

Aber

Von den Königen. CVIII.

Aber der hals mitten auff dem gestüle war einer ellen hoch vnd rund/anderhalb ellen weit/vnd waren pockeln an dem hals jnn felden/die vierecket waren vnd nicht rund. Die vier reder aber stunden vnden an den seiten/vnd die achsen der reder waren am gestüle/Ein jglich rad war anderhalb ellen hoch/Vnd waren reder wie wagen reder/Vnd jr achsen/naben/speichen vnd felgen/war alles gegossen/Vnd die vier achseln auff den vier ecken eins jglichen gestüls waren auch am gestüle.

Vnd am hals oben auff dem gestüle einer halben ellen hoch rund vmb her/waren leisten vnd seiten am gestüle/Vnd er lies auff die fleche der selben seiten vnd leisten graben Cherubim/Lewen/vnd palmen beum/ein jglichs am andern rings vmb her dran/Auff die weise machet er zehen gestüle gegossen/Einerley mas vnd raum war an allen.

Vnd er macht zehen eherne kessel/das vierzig Bath jnn einen kessel gieng/vnd war vier ellen gros/vnd auff jglichem gestül war ein kessel/Vnd setzet funff gestül an die rechten ecken des Hauses/vnd die andern funffe an die lincken ecken/Aber das meer setzet er zur rechten forn an gegen mittag.

Vnd Hiram machet auch töpffe/schauffeln/becken/vnd volendet also alle werck/die der König Salomo am Hause des HERRN machen lies/nemlich/die zwo seulen/vnd die keuliche kneuffe oben auff den zwo seulen/vnd die zween geflochten reiffe/zu bedecken die

P iij   zween

Das Erste teil

zween keuliche kneuffe auff den seulen/ Vnd die vier hundert granat epffel an den zween geflochten reiffen/ ja zwo riegen granatepffel an einem reiffe/ zu bedecken die zween keuliche kneuffe auff den seulen/ Dazu die zehen gestüle vnd zehen kessel oben drauff/ vnd das meer vnd zwelff rinder vnder dem meer/ Vnd die töpffen/ schauffel/ vnd becken/ Vnd alle diese gefess/ die Hiram dem Könige Salomo machet zum Hause des HERRN/ waren von lauterm ertz/ Jnn der gegend am Jordan lies sie der König giessen jnn dicker erden/ zwisschen Suchoth vnd Zarthan/ Vnd Salomo lies alle gefess vngewogen fur der seer grossen menge des ertzs.

Auch machet Salomo allen gezeug der zum Hause des HERRN gehöret/ nemlich/ Einen gulden Altar/ einen gulden tisch/ darauff die schawbrod ligen/ funff leuchter zur rechten hand/ vnd funff leuchter zur lincken fur dem Chor von lauterm golde/ mit gülden blumen/ lampen vnd schnautzen/ Dazu schalen/ schüssel/ becken/ leffel vnd pfannen von lauterm golde/ Auch waren die angel an der thür am Hause jnnwendig im Aller heiligsten/ vnd an der thür des Hauses des Tempels gülden.

Also ward volendet alles werck/ das der König Salomo macht am Hause des HERRN/ Vnd Salomo bracht hinein was sein vater David geheiliget hatte/ von silber vnd golde vnd gefessen/ vnd legts jnn den schatz des Hauses des HERRN.

VIII.

DA versamlt der König Salomo zu sich die Eltesten jnn Jsrael alle obersten der stemme vnd Fürsten der Veter vnter den kindern Jsrael/ gen Jerusalem/ die Lade des Bunds des HERRN erauff zu bringen aus der stad David/ das ist Zion/ Vnd es versamlet sich zum Könige Salomo alle man jnn Jsrael/ im monden Ethanim am Fest/ das ist der siebende mond/ Vnd da alle Eltesten Jsrael kamen/ huben die Priester die Laden des HERRN auff vnd brachten sie hinauff/ dazu die Hütten des Stiffts/ vnd alle gerete des Heiligthums/ das jnn der hütten war/ Das theten die Priester vnd Leuiten/ Vnd der König Salomo vnd die gantze Gemeine Jsrael/ die zu jm sich versamlet hatte/ giengen mit jm fur der Laden her/ vnd opfferten schaf vnd rinder/ so viel das mans nicht zelen noch rechnen kund.

Also brachten die Priester die Lade des Bunds des HERRN an jren ort jnn den Chor des Hauses jnn das Aller heiligst vnter die flügel der Cherubim/ Denn die Cherubim breiten die flügel aus an dem ort da die Laden stund/ vnd bedeckten die Lade vnd jre stangen von oben her/ Vnd die stangen waren so lang/ das jre kneuffe gesehen wurden jnn dem Heiligthum fur dem Chor/ aber haussen wurden sie nicht gesehen/ vnd waren daselbs bis auff diesen tag. Vnd war nichts jnn der Lade/ denn nur die zwo steinern tafeln Mose/ die er daselbs lies jnn Horeb/ da der HERR mit den kindern Jsrael einen Bund machet/ da sie aus Egypten land gezogen waren.

Da aber die Priester aus dem Heiligthum giengen/ erfüllet ein wolcke das Haus des HERRN/ das die Priester nicht kundten stehen

Von den Königen.

hen vnd ampts pflegen fur der wolcken / Denn die herrligkeit des HERRN erfüllet das Haus des HERRN. Da sprach Salomo/ Der HERR hat gered/Er wolle im tunckel wonen/ Ich habe zwar ein Haus gebawet dir zur wonung/einen sitz/das du ewiglich da wonest/Vnd der König wand sein angesicht/vnd segenet die gantze Gemeine Israel/vnd die gantze Gemeine Israel stund/ Vnd er sprach.

Gelobt sey der HERR der Gott Israel/der durch seinen mund meinem vater Dauid gered/vnd durch seine hand erfüllet hat/vnd gesagt/Von dem tage an/da ich mein volck Israel aus Egypten füret/ hab ich nie keine stad erwelet vnter jrgend einem stam Israel/das mir ein Haus gebawet würde/das mein name da were/Dauid aber hab ich erwelet/das er vber mein volck Israel sein solt/ Vnd mein vater Dauid hattes zwar im sinn/das er ein Haus bawete dem namen des HERRN des Gottes Israel / Aber der HERR sprach zu meinem vater Dauid/Das du im sinn hast meinem namen ein Haus zu bawen/hastu wol gethan/das du solchs furnamest/Doch du solt nicht das Haus bawen / sondern dein son / der aus deinen lenden komen wird/der sol meinem namen ein Haus bawen/Vnd der HERR hat sein wort bestetiget/das er gered hat / Denn ich bin auff komen an meines vaters Dauids stat/vnd sitze auff dem stuel Israel/wie der HERR gered hat/vnd hab gebawet ein Haus dem namen des HERRN des Gottes Israel/vnd habe daselbs ein stete zugericht der Laden/darin der Bund des HERRN ist/den er gemacht hat mit vnsern Vetern/da er sie aus Egypten land füret.

Vnd Salomo trat fur den Altar des HERRN gegen der gantzen Gemeine Israel/vnd breitet seine hende aus gen himel/vnd sprach/ HERR Gott Israel/Es ist kein Gott/weder droben im himel/noch hunden auff erden/ dir gleich / der du heltest den Bund vnd barmhertzigkeit deinen knechten/die fur dir wandeln von gantzem hertzen/ der du hast gehalten deinem Knecht meinem vater Dauid / was du jm gered hast/mit deinem mund hastu es gered/vnd mit deiner hand hastu es erfüllet/wie es stehet an diesem tage. Nu HERR Gott Israel/halt deinem Knecht meinem vater Dauid/was du jm gered hast vnd gesagt/Es sol dir nicht gebrechen an einem man fur mir/der da sitze auff dem stuel Israel/so doch/das deine kinder jren weg bewaren/das sie fur mir wandeln/wie du fur mir gewandelt hast/Nu Gott Israel/las deine wort war werden/die du deinem Knecht meinem vater Dauid gered hast.

Denn meinstu auch/das Gott auff erden wone? Sihe/der himel vnd aller himel himel mügen dich nicht verforgen/wie solts denn dis Haus thun/das ich gebawet habe? Wende dich aber zum gebet deines Knechts/vnd zu seinem flehen/HERR mein Gott/auff das du hörest das lob vnd gebet/das dein Knecht heute fur dir thut/Das deine augen offen stehen vber dis Haus nacht vnd tag/vber die stete/ dauon du gesagt hast/Mein name sol da sein / du woltest hören das gebet/das dein Knecht an dieser stete thut/Vnd woltest erhören/das flehen deines Knechts vnd deines volcks Israel/das sie hie thun werden an dieser stete deiner wonung im himel/vnd wenn du es hörest/ gnedig sein.

P iiij Wenn

Das Erste teil

Wenn jemand wider seinen nehesten sundigt / vnd nimpt des ein eid auff sich damit er sich verpflicht / vnd der eid kompt fur deinen Altar jnn diesem Hause / so wollestu hören im himel / vnd recht schaffen deinen knechten / den Gottlosen zu verdammen / vnd seinen weg auff seinen kopff bringen / vnd den gerechten recht zu sprechen / jm zu geben nach seiner gerechtigkeit.

Wenn dein volck Israel fur seinen feinden geschlagen wird / weil sie an dir gesundigt haben / vnd bekeren sich zu dir vnd bekennen deinen namen / vnd beten vnd flehen zu dir jnn diesem Hause / so woltestu hören im himel / vnd der sunde deins volcks Israel gnedig sein / vnd sie wider bringen jns land / das du jren Vetern gegeben hast.

Wenn der himel verschlossen wird / das nicht regent / weil sie an dir gesundigt haben / vnd werden beten an diesem ort / vnd deinen namen bekennen / vnd sich von jren sunden bekeren / weil du sie drengest / so wollestu hören im himel / vnd gnedig sein der sunde deiner knecht / vnd deins volcks Israel / das du jnen den guten weg weisest / darinnen sie wandeln / vnd lassest regen auff das land / das du deinem volck zum erbe gegeben hast.

Wenn eine thewrung / oder pestilentz / oder dürre / oder brand / oder hewschrecken / oder raupen im lande sein wird / oder sein feind im lande seine thore belagert / oder jrgend eine plage oder kranckheit / Wer denn bittet vnd flehet / es seien sonst menschen / oder dein volck Israel / die da gewar werden jrer plage / ein jglicher jnn seinem hertzen / vnd breitet seine hende aus zu diesem Hause / so wollestu hören im himel / jnn dem sitz da du wonest / vnd gnedig sein / vnd schaffen / das du gebest einem jglichen / wie er gewandelt hat / wie du sein hertz erkennest / denn du allein kennest das hertz aller kinder der menschen / auff das sie dich fürchten alle zeit / so lange sie auff dem lande leben / das du vnsern Vetern gegeben hast.

Wenn auch ein frembder / der nicht deins volcks Israel ist / vnd kompt aus fernem lande / vmb deines namen willen (denn sie werden hören von deinem grossen namen / vnd von deiner mechtigen hand vnd von deinem ausgerecktem arm) vnd kompt das er bete fur diesem Hause / so wollestu hören im himel im sitz deiner wonung / vnd thun alles / darumb der frembde dich anrufft / auff das alle völcker auff erden deinen namen erkennen / das sie auch dich fürchten / wie dein volck Israel / vnd das sie jnnen werden / wie dis Haus nach deinem namen genennet sey / das ich gebawet habe.

Wenn dein volck auszeucht jnn streit wider seine feinde / des weges den du sie senden wirst / vnd werden beten zum HERRN / gegen den weg zur stad die du erwelet hast / vnd zum Hause / das ich deinem namen gebawet habe / so wollestu jr gebet vnd flehen hören im himel / vnd recht schaffen.

Wenn sie an dir sundigen werden (denn es ist kein mensch / der nicht sundigt) vnd du erzürnest vnd gibst sie fur jren feinden / das sie sie gefangen füren jnn der feinde land fern oder nahe / Vnd sie jnn
jr hertz

Von den Königen.

jr hertz schlahen im lande/da sie gefangen sind vnd bekeren sich vnd flehen dir/im lande jres gefengnis/vnd sprechen/Wir haben gesundigt vnd missethan vnd Gottlos gewesen/vnd bekeren sich also zu dir von gantzem hertzen/vnd von gantzer seelen jnn jrer feinde lande/die sie weg gefurt haben/vnd beten zu dir gegen den weg zu jrem lande/das du jren Vetern gegeben hast/zur stad die du erwelet hast/vnd zum Hause das ich deinem namen gebawet habe.

So wollestu jr gebet vnd flehen hören im himel/vom sitz deiner wonung/vnd recht schaffen/vnd deinem volck gnedig sein/das an dir gesundigt hat/vnd alle jren vbertrettungen/damit sie wider dich vbertretten haben/vnd barmhertzigkeit geben fur denen/die sie gefangen halten/vnd dich jr erbarmen/denn sie sind dein volck vnd dein erbe/die du aus Egypten/aus dem eisern ofen gefurt hast/das deine augen offen seien auff das flehen deines Knechts vnd deines volcks Israel/das du sie hörest jnn allem/darumb sie dich anruffen/Denn du hast sie dir abgesondert zum erbe aus allen völckern auff erden/wie du gered hast durch Mosen deinen Knecht/da du vnsere Veter aus Egypten füretest HERR HERR.

Vnd da Salomo alle dis gebet vnd flehen hatte fur dem HERRN ausgebett/stund er auff von dem Altar des HERRN/vnd lies ab von knien vnd hende ausbreiten gen himel/vnd trat dahin vnd segenet die gantze Gemeine Israel mit lauter stim/vnd sprach/Gelobet sey der HERR/der seinem volck Israel ruge gegeben hat/wie er gered hat/Es ist nicht eins verfallen aus allen seinen guten worten/die er gered hat durch seinen Knecht Mosen/Der HERR vnser Gott sey mit vns/wie er gewesen ist mit vnsern Vetern/Er verlas vns nicht/vnd zihe die hand nicht ab von vns/zu neigen vnser hertz zu jm/das wir wandeln jnn allen seinen wegen/vnd halten seine gebot/sitten vnd rechte/die er vnsern Vetern geboten hat.

Vnd diese wort/die ich fur dem HERRN geflehet habe/müssen nahe komen dem HERRN vnserm Gott/tag vnd nacht/das er recht schaffe seinem Knecht/vnd seinem volck Israel/ein jglichs zu seiner zeit/auff das alle völcker auff erden erkennen/das der HERR Gott ist vnd keiner mehr/Vnd ewr hertz sey rechtschaffen mit dem HERRN vnserm Gott/zu wandeln jnn seinen sitten vnd zu halten seine gebot/wie es heute gehet.

Vnd der König sampt dem gantzen Israel (seinem volck) opfferten fur dem HERRN opffer/Vnd Salomo opfferte Danckopffer (die er dem HERRN opffert) zwey vnd zwenzig tausent ochsen/vnd hundert vnd zwenzig tausent schaf/Also weiheten sie das Haus des HERRN ein/der König vnd alle kinder Israel/Desselben tags weihete der König den Mittelhof/der fur dem Hause des HERRN war/damit/das er Brandopffer/Speisopffer vnd das fett der Danckopffer/daselbs ausrichtet/denn der eherne Altar der fur dem HERRN stund/war zu klein zu dem Brandopffer/Speisopffer/vnd zum fetten der Danckopffer.

Vnd Salomo machte zu der zeit ein Fest/vnd alles Israel mit jm ein grosse versamlunge/von der grentze Hemath an bis an den bach Egypti/

Das Erste teil

Egypti/fur dem HERRN vnserm Gott/sieben tage vnd aber sieben tage/das waren vierzehen tage/Vnd lies das volck des achten tages gehen/Vnd sie segeneten den König/vnd giengen hin zu jren hütten frölich vnd guts muts/vber alle dem guten/das der HERR an David seinem Knecht/vnd an seinem volck Israel gethan hatte.

IX.

Vnd da Salomo hatte ausgebawet des HERRN Haus vnd des Königes Haus / vnd alles was er begerd vnd lust hatte zu machen/erschein jm der HERR zum andern mal/wie er jm erschienen war zu Gibeon/vnd der HERR sprach zu jm/Ich habe dein gebet vnd flehen gehöret/das du fur mir gesiehet hast/vnd habe dis Haus geheiliget/das du gebawet hast / das ich meinen namen daselbs hin setze ewiglich/vnd meine augen vnd mein hertz sollen da sein alle wege/Vnd du/so du fur mir wandelst/wie dein vater David gewandelt hat / mit rechtschaffenem hertzen vnd auffrichtig / das du thust alles/was ich dir geboten habe/vnd meine sitten vnd meine rechte heltest/so wil ich bestetigen den stuel deines Königreichs vber Israel/ewiglich/wie ich deinem vater David gered habe/vnd gesagt/ Es sol dir nicht gebrechen an einem man vom stuel Israel.

Werdet jr euch aber von mir hinden abwenden/jr vnd ewre kinder/vnd nicht halten meine gebot vnd sitten/die ich euch furgelegt habe/vnd hin gehet vnd andern Göttern dienet vnd sie anbetet/so werde ich Israel ausrotten von dem lande/das ich jnen gegeben habe/Vnd das Haus/das ich geheiliget habe meinem namen/wil ich verlassen von meinem angesicht/Vnd Israel wird ein sprichwort vnd fabel sein vnter allen völckern/Vnd das Haus wird eingerissen werden/das alle/die fur vber gehen/werden sich entsetzen vnd blasen/vnd sagen/ Warumb hat der HERR diesem lande vnd diesem Hause also gethan? So wird man antworten/ Darumb/das sie den HERRN jren Gott verlassen haben/der jre Veter aus Egypten land füretet/vnd haben angenomen andere Götter/vnd sie angebetet vnd jnen gedienet/Darumb hat der HERR alle dis vbel vber sie gebracht.

Da nu die zwenzig jar vmb waren/jnn welchen Salomo die zwey heuser bawet/des HERRN Haus/vnd des Königs Haus/dazu Hiram der König zu Tyro Salomo cedern beum vnd tennen beum vnd gold nach alle seinem beger brachte/da gab der König Salomo Hiram zwenzig stedte im lande Galilea. Vnd Hiram zog aus von Tyro die stedte zu besehen/die jm Salomo gegeben hatte/vnd sie gefielen jm nicht/vnd sprach/ Was sind das fur stedte/mein bruder/die du mir gegeben hast? vnd hies sie das land Cabul bis auff diesen tag. Vnd Hiram hatte dem Könige gesand hundert vnd zwenzig centener goldes. Vnd dasselb ist die summa der zinse/die der König Salomo auffhub/zu bawen des HERRN Haus/vnd sein Haus vnd Millo/vnd die maurn Jerusalem vnd Hazor vnd Megiddo vnd Gaser.

Denn Pharao der König jnn Egypten war erauff komen vnd hatte Gaser gewonnen/vnd mit feur verbrand/vnd die Cananiter erwürget/

Von den Königen. CXI.

würget/die jnn der stad woneten/vnd hatte sie seiner tochter Salomos weib zum geschenck gegeben/Also bawet Salomo Gaser/vnd das nider Beth Horon/vnd Baelath vnd Thamar jnn der wüsten im lande/vnd alle stedte der kornheuser die Salomo hatte/vnd alle stedte der wagen vnd die stedte der reuter/vnd wo zu er lust hatte zu bawen zu Jerusalem/im Libanon/vnd im gantzen lande seiner herrschafft.

Vnd alles vbrige volck von den Amoritern/Hethitern/Pheresitern/Heuitern vnd Jebusitern/die nicht vonden kindern Israel waren/der selben kinder/die sie hinder sich vberbleiben liessen im lande/die die kinder Israel nicht kundten verbannen/die macht Salomo zinsbar bis auff diesen tag/Aber von den kindern Israel macht er nicht knechte/sondern lies sie kriegsleute/vnd seine knechte/vnd Fürsten vnd Ritter/vnd vber seine wagen vnd reuter sein. Vnd der Amptleute die vber Salomos gescheffte waren/der war funff hundert vnd funffzig/die vber das volck herrscheten vnd die gescheffte ausrichten.

Vnd die tochter Pharao zog erauff von der stad Dauid/jnn jr haus/das er fur sie gebawet hatte/Da bawet er auch Millo. Vnd Salomo opfferte des jars drey mal Brandopffer vnd Danckopffer auff dem Altar/den er dem HERRN gebawet hatte/vnd reucherte vber jm fur dem HERRN/vnd ward also das Haus fertig.

Vnd Salomo macht auch schiffe zu Ezeon Geber/die bey Eloth ligt/am vfer des Schilffmeers im lande der Edomiter/Vnd Hiram sandte seine knechte im schiff/die auff schiffe sich verstunden/vnd auff dem meer erfaren waren/mit den knechten Salomo/vnd kamen gen Ophir/vnd holeten daselbs vierhundert vnd zwenzig centener golds/vnd brachtens dem Könige Salomo.

X.

Vnd da das gerücht Salomo von dem namen des HERRN kam fur die die Königin von reich Arabien/kam sie jn zu versuchen mit retzelen/Vnd sie kam gen Jerusalem mit einem seer grossen zeug/mit kameln die specerey trugen/vnd viel golds vnd eddel gesteine/Vnd da sie zum Könige Salomo hinein kam/redet sie mit jm/alles/was sie furgenomen hatte/Vnd Salomo sagts jr alles/Vnd war dem Könige nichts verborgen/das er jr nicht sagete.

Da aber die Königin von reich Arabien sahe alle weisheit Salomo/vnd das Haus das er gebawet hatte/vnd die speise fur seinen tisch vnd seiner knechte wonung/vnd seiner diener ampt/vnd jre kleider vnd seine schencken/vnd seine Brandopffer/die er jnn dem Hause des HERRN opfferte/kund sie sich nicht mehr enthalten/vnd sprach zum Könige/Es ist war/was ich jnn meinem lande gehöret habe von deinem wesen/vnd von deiner weisheit/Vnd ich habs nicht wöllen gleuben/bis ich komen bin vnd habs mit meinen augen gesehen/vnd sihe/es ist mir nicht die helfft gesagt/Du hast mehr weisheit vnd guts/denn das gerücht ist/das ich gehört habe/Selig sind deine leute vnd deine knechte/die allezeit fur dir stehen vnd deine weisheit hö

Das Erste teil

heit hören/Gelobt sey der HERR dein Gott/der zu dir lust hat/das er dich auff den stuel Jsrael gesetzt hat/darumb/das der HERR Jsrael lieb hat ewiglich/vnd dich zum Könige gesetzt hat/das du recht vnd redligkeit handhabest.

Vnd sie gab dem Könige hundert vnd zwenzig centner golds/vnd seer viel specerey/vnd eddel gesteine/Es kam nicht mehr so viel specerey/als die Königin von reich Arabigen dem Könige Salomo gab. Dazu die schiffe Hiram/die gold aus Ophir füreten/brachten seer viel heben holtz/vnd eddel gesteine/Vnd der König lies machen von heben holtz pfeiler im Hause des HERRN/vnd im Hause des Königs/vnd harffen vnd psalter fur die Senger/Es kam nicht mehr solch heben holtz/ward auch nicht gesehen/bis auff diesen tag/Vnd der König Salomo gab der Königin von reich Arabien/alles was sie begerd vnd bat/on was er jr gab von jm selbs/Vnd sie wand sich vnd zog jnn jr land sampt jren knechten.

(Heben) Jst ein bawm jnn Jndien land.

Des golds aber das Salomo jnn einem jar kam/war am gewicht sechs hundert vnd sechs vnd sechzig centener/on was von Kremern vnd Kauffleuten vnd Apotekern/vnd von den nehesten Königen/vnd von den gewaltigen im lande kam/Vnd der König Salomo lies machen zwey hundert spies vom besten golde/sechs hundert stück goldes thet er zu einem spies/vnd drey hundert schilde vom besten golde/ja drey pfund goldes auff einen schild/vnd der König thet sie jnn das haus vom wald Libanon.

Vnd der

Von den Königen. CXII.

Vnd der König macht einen grossen stuel von Elffenbein / vnd vberzoch jn mit dem edlesten golde / vnd der stuel hatte sechs stuffen / vnd das heubt am stuel war hinden rund. Vnd waren lehnen auff beiden seiten vmb das gesesse / vnd zween Lewen stunden an den lehnen / vnd zwelff Lewen stunden auff den sechs stuffen auff beiden seiten / Solchs ist nie gemacht jnn keinen Königreichen. Alle trinckgefesse des Königs Salomo waren gülden / vnd alle gefesse im Hause vom wald Libanon waren auch lauter gold / Denn des silbers acht man zun zeiten Salomo nichts / Denn das meerschiff des Königs / das auff dem meer mit dem schiff Hiram fuhr / kam jnn dreien jaren ein mal / vnd bracht gold / silber / elffenbein / affen vnd pfawen.

Also ward der König Salomo grösser mit reichthum vnd weisheit / denn alle Könige auff erden / Vnd alle welt begert Salomo zu sehen / das sie die weisheit höreten / die jm Gott jnn sein hertz gegeben hatte / Vnd jederman bracht jm geschencke / silbern vnd gülden gerete / kleider vnd harnisch / würtz / rosse / meuler / jerlich. Vnd Salomo bracht zu hauffen wagen vnd reuter / das er hatte tausent vnd vierhundert wagen / vnd zwelff tausent reuter / vnd lies sie jnn den wagen stedten / vnd bey dem Könige zu Jerusalem.

Vnd der König macht / das des silbers zu Jerusalem so viel war / wie die steine / vnd cedern holtz so viel / wie die wilden feigen bewme jnn den gründen / Vnd man brachte die pferde die Salomo solten / aus Egypten / Denn die Kauffleute des Königs holeten sie / vmbs geld / Vnd es kam ein wagen erauff aus Egypten vmb sechs hundert sekel silbers / vnd ein pferd vmb hundert vnd funfftzig / Also bracht man sie auch allen Königen der Hethiter vnd den Königen zu Syrien / durch jre hand.

XI.

ABer der König Salomo liebete viel auslendischer weiber / die tochter Pharao / vnd Moabitische / Ammonitische / Edomitische / Zidonitische vnd Hethitische / von solchen völckern / dauon der HERR gesagt hatte den kindern Israel / Gehet nicht zu jnen / vnd lasst sie nicht zu euch komen / sie werden gewis ewre hertzen neigen jren Göttern nach. An diesen hieng Salomo mit liebe / Vnd er hatte sieben hundert weiber zu frawen / vnd drey hundert kebsweiber / vnd seine weiber neigeten sein hertz. Vnd da er nu alt war / neigeten seine weiber sein hertz frembden Göttern nach / das sein hertz nicht gantz war mit dem HERRN seinem Gott / wie das hertz seines vaters Dauids.

Also wandelt Salomo Asthoreth dem Gott der von Zidon nach / vnd Milcom dem grewel der Ammoniter / Vnd Salomo thet das dem HERRN vbel gefiel / vnd folget nicht gentzlich dem HERRN / wie sein vater Dauid / Da bawete Salomo eine Höhe Chamos dem Grewel der Moabiter / auff dem berge der fur Jerusalem ligt / Vnd Molech dem Grewel der Ammoniter. Also thet Salomo allen seinen auslendischen weibern / die jren Göttern reucherten vnd opfferten.

Q.   Der HERR

Das Erste teil

Der HERR aber ward zornig vber Salomo/das sein hertz von dem HERRN dem Gott Israel geneigt war/der jm zwey mal erschienen war/vnd jm solchs geboten hatte/ das er nicht andern Göttern nach wandelte/vnd doch er nicht gehalten hatte/was jm der HERR geboten hatte/Darumb sprach der HERR zu Salomo/Weil solchs bey dir geschehen ist/vnd hast meinen Bund vnd meine gebot nicht gehalten/ die ich dir geboten habe/so wil ich auch das Königreich von dir reissen/vnd deinem knechte geben/doch bey deiner zeit wil ichs nicht thun/vmb deins vaters Dauids willen/sondern von der hand deins sons wil ichs reissen/Doch wil ich nicht das gantze Reich abreissen/Einen stam wil ich deinem son geben/ vmb Dauids willen meins Knechts/vnd vmb Jerusalem willen/die ich erwelet habe.

Vnd der HERR erwecket Salomo einen Widersacher/Dadad den Edomiter von Königlichem samen / welcher war jnn Edom. Denn da Dauid jnn Edom war/vnd Joab der Feldheubtman hinauff zog die erschlagenen zubegraben/schlug er was mans bilde war jnn Edom/Denn Joab bleib sechs monden daselbs vnd das gantze Israel/bis er ausrottet alles was mansbilde war jnn Edom. Da floch Dadad/vnd mit jm etliche menner der Edomiter von seins vaters knechten/das sie jnn Egypten kemen/Dadad aber war ein junger knabe/ Vnd sie machten sich auff von Midian vnd kamen gen Paran/vnd namen leute mit sich aus Paran/vnd kamen jnn Egypten zu Pharao dem Könige jnn Egypten/der gab jm ein haus vnd benante speise/vnd gab jm ein land ein.

Vnd Dadad fand grosse gnade fur dem Pharao/das er jm auch seins weibs Thahpenes der Königin schwester zum weibe gab/Vnd die schwester Thahpenes gebar jm Genubath seinen son/vnd Thahpenes zoch in auff im hause Pharao/das Genubath war im hause Pharao vnter den kindern Pharao.   Da nu Dadad höret jnn Egypten/das Dauid entschlaffen war mit seinen Vetern/vnd das Joab der Feldheubtman tod war/sprach er zu Pharao/Las mich jnn mein land zihen/Pharao sprach zu jm/Was feilet dir bey mir/das du wilt jnn dein land zihen? Er sprach/Nichts/aber las mich zihen.

Auch erwecket jm Gott einen Widersacher Reson den son ElJada/der von seinem herrn DadadEser dem Könige zu Joba geflohen war/vnd samlet wider jn menner/vnd ward ein Heubtman der kriegs knecht/da sie Dauid erwürget/vnd zogen gen Damascon/vnd woneten daselbs/vnd regirten zu Damasco/vnd er war Israels Widersacher/so lange Salomo lebet/Das ist der schade den Dadad leid/darumb hatte er einen ekel wider Israel vnd ward König vber Syrien.

Dazu Jerobeam den son Nebat ein Ephrater von Zareda Salomo knecht/vnd seine mutter hies Zeruga eine Widwin/der hub auch die hand auff wider den König/Vnd das ist die sache/darumb er die hand wider den König auff hub/ Da Salomo Millo bawet/verschlos er eine lücke an der stad Dauid seines vaters/Vnd Jerobeam war ein streitbar man/Vnd da Salomo sahe/das der knabe ausrichtig war/satzte er jn vber alle last des hauses Joseph.

Es be

Von den Königen. CXIII.

Es begab sich aber zu der zeit/das Jerobeam ausgieng von Jerusalem/vnd es traff jn an der Prophet Ahia von Silo auff dem wege/vnd hatte einen newen mantel an/vnd waren die beide allein im felde/Vnd Ahia fasset den newen mantel den er an hatte/vnd reis jn jnn zwelff stück/vnd sprach zu Jerobeam/Nim zehen stück zu dir/denn so spricht der HERR der Gott Israel/Sihe/ich wil das Königreich von der hand Salomo reissen/vnd dir zehen stemme geben/Einen stam sol er haben vmb meines Knechts Dauids willen/vnd vmb der Stad Jerusalem willen/die ich erwelet habe aus allen stemmen Israel/darumb/das sie mich verlassen/vnd angebett haben Astoreth den Gott der Zidonier/Chamos den Gott der Moabiter/vnd Milcom den Gott der kinder Ammon/vnd nicht gewandelt habes jnn meinen wegen/das sie theten was mir wol gefellet/meine gebot vnd rechte/wie Dauid sein vater.

Ich wil auch nicht das gantze Reich aus seiner hand nemen/sondern ich wil jn zum Fürsten machen sein leben lang/vmb Dauid meines Knechts willen/den ich erwelet habe/der meine gebot vnd sitten gehalten hat/Aus der hand seins sons wil ich das Königreich nemen/vnd wil dir zehen stemme/vnd seinem son einen stam geben/auff das Dauid mein Knecht fur mir eine leuchte habe allewege/jnn der Stad Jerusalem/die ich mir erwelet habe/das ich meinen namen dahin stellet.

So wil ich nu dich nemen/das du regirest vber alles was dein hertz begerd/vnd solt König sein vber Israel/Wirstu nu gehorchen allem das ich dir gebieten werde/vnd jnn meinen wegen wandeln/vnd thun was mir gefellet/das du haltest meine sitten vnd gebot/wie mein Knecht Dauid gethan hat/so wil ich mit dir sein/vnd dir ein bestendig Haus bawen/wie ich Dauid gebawet habe/vnd wil dir Israel geben/vnd wil den samen Dauid damit demütigen/doch nicht jmerdar. Salomo aber trachtet Jerobeam zu tödten/da macht sich Jerobeam auff/vnd floch jnn Egypten zu Sisak dem Könige jnn Egypten/vnd bleib jnn Egypten/bis das Salomo starb.

Was mehr von Salomo zu sagen ist/vnd alles was er gethan hat vnd seine weisheit/das ist geschrieben jnn der Chronica von Salomo/Die zeit aber die Salomo König war zu Jerusalem vber gantz Israel ist vierzig jar/Vnd Salomo entschlieff mit seinen Vetern/vnd ward begraben jnn der stad Dauid seines vaters/vnd sein son Rehabeam ward König an seine stat.

XII.

Vnd Rehabeam zog gen Sichem/denn das gantz Israel war gen Sichem komen jn zum König zu machen/Vnd da das Jerobeam der son Nebat höret/da er noch jnn Egypten war (dahin er fur dem Könige Salomo geflohen war) kam er wider aus Egypten/Vnd sie sandten hin vnd liessen jm ruffen. Vnd Jerobeam sampt der gantzen Gemeine Israel kamen vnd redeten mit Rehabeam/vnd sprachen/Dein vater hat vnser joch zu hart gemacht/so mache du nu den harten dienst vnd das schwere joch leichter/das er vns auffgelegt hat/so wöllen wir

Das Erste teil

len wir dir vnterthenig sein/Er aber sprach zu jnen/Gehet hin bis an den dritten tag/so kompt wider zu mir/Vnd das volck gieng hin.

Vnd der König Rehabeam hielt einen rat mit den Eltesten die fur seinem vater Salomo stunden da er lebet/vnd sprach/Wie ratet jr/das wir diesem volck ein antwort geben? Sie sprachen zu jm/ Wirstu heute diesem volck einen dienst thun/vnd jnen zu willen sein vnd sie erhören/vnd jnen gute wort geben/so werden sie dir vntertheͤ nig sein dein leben lang. Aber er verlies der Eltesten rat/den sie jm geͤ geben hatten/vnd hielt einen rat mit den Jungen die mit jm auffgeͤ wachsen waren vnd fur jm stunden.

Vnd er sprach zu jnen/Was ratet jr/das wir antworten diesem volck/die zu mir gesagt haben/Mache das joch leichter/das dein vaͤ ter auff vns gelegt hat? Vnd die Jungen die mit jm auffgewachsen waren/sprachen zu jm/Du solt zu dem volck/das zu dir sagt/dein vaͤ ter hat vnser joch zu schweer gemacht/mache du es vns leichter/also sagen/Mein kleinster finger sol dicker sein/denn meines vaters lenden/ Nu mein vater hat auff euch ein schweer joch geladen/ich aber wils noch mehr vber euch machen/Mein vater hat euch mit peitzschen geͤ züchtiget/ich wil euch mit Scorpion züchtigen.

Also kam Jerobeam sampt dem gantzen volck zu Rehabeam am dritten tage/wie der König gesagt hatte/vnd gesprochen/Kompt wider zu mir am dritten tage/Vnd der König gab dem volck ein harte antwort/vnd verlies den rat den jm die Eltesten gegeben hatten/vnd redet mit jnen nach dem rat der Jungen/vnd sprach/Mein vater hat ewr joch schweer gemacht/ich aber wils noch mehr vber euch machen/Mein vater hat euch mit peitzschen gezüchtiget/ich aber wil euch mit Scorpion züchtigen/Also gehorcht der König dem volck nicht/denn es war also gewand von dem HERRN/auff das er sein wort bekrefftiget/das er durch Ahia von Silo gered hatte zu Jeroͤ beam dem son Nebat.

Da aber das gantz Israel sahe/das der König sie nicht hören wolt/gab das volck dem König ein antwort/vnd sprach/Was haben wir denn teils an Dauid/oder erbe am son Isai? Israel heb dich zu deiͤ nen hütten/So sihe nu du zu deinem hause Dauid. Also gieng Israel inn seine hütten/das Rehabeam regirte nur vber die kinder Israel die inn den stedten Juda woneten. Vnd da der König Rehabeam hin sandte Adoram den Rentmeister/warff in gantz Israel mit steinen zu tod/Aber der König Rehabeam steig frisch auff einen wagen/das er flöhe gen Jerusalem/Also fiel ab Israel vom Hause Dauid bis auff diesen tag.

Da nu gantz Israel höret/das Jerobeam war wider komen/ sandten sie hin vnd liessen in ruffen zu der gantzen Gemeine/vnd maͤ chten in zum Könige vber das gantze Israel/Vnd folget niemand dem Hause Dauid/on der stam Juda alleine. Vnd da Rehabeam gen Jerusalem kam/samlet er das gantze Haus Juda/vnd den stam Ben Jamin hundert vnd achtzig tausent junge streitbare manschafft wider das Haus Israel zu streiten/vnd das Königreich wider an Reͤ habeam den son Salomo zu bringen.

Es kam

Von den Königen. CXIIII.

Es kam aber Gottes wort zu Semaia dem man Gottes/vnd sprach/Sage Rehabeam dem son Salomo dem Könige Juda vnd zum gantzen Hause Juda vnd BenJamin vnd dem andern volck/ vnd sprich/So spricht der HERR/Jr solt nicht hinauff zihen vnd streiten wider ewre Brüder die kinder Jsrael/Ein jederman gehe wider heim/denn solchs ist von mir geschehen. Vnd sie gehorchten dem wort des HERRN/vnd kereten vmb/das sie hin giengen/wie der HERR gesagt hatte. Rehabeam aber bawete Sichem auff dem gebirge Ephraim/vnd wonete drinnen/vnd zog von dannen eraus vnd bawete Pnuel.

Jerobeam aber gedacht jnn seinem hertzen/das Königreich wird nu wider zum Hause Dauid fallen/so dis volck sol hinauff gehen opffer zu thun jnn des HERRN Hause zu Jerusalem/vnd wird sich das hertz dieses volcks wenden zu jrem herrn Rehabeam dem Könige Juda/vnd wird mich erwürgen/vnd wider zu Rehabeam dem Könige Juda fallen/Vnd der König hielt einen rat vnd macht zwey güldene Kelber/vnd sprach zu jnen/Es ist euch zu viel hinauff gen Jerusalem zu gehen/Sihe/da ist dein Gott Jsrael/der dich aus Egypten lande gefurt hat/Vnd setzet eins zu BethEl/vnd das ander thet er gen Dan/Vnd das geriet zur sunde/Denn das volck gieng hin fur dem einen bis gen Dan.

Er macht auch ein haus der Höhen/vnd machet Priester von den geringsten im volck/die nicht von den kindern Leui waren/Vnd er macht ein Fest am funffzehenden tag des achten monden/wie das Fest jnn Juda vnd opfferte auff den Altar/So thet er zu BethEl/ das man den Kelbern opfferte die er gemacht hatte/vnd stifftet zu BethEl die Priester der Höhen/die er gemacht hatte/vnd opfferte auff dem Altar (den er gemacht hatte) zu BethEl/am funffzehenden tage des achten monden/welchen er aus seinem hertzen erdacht hatte/Vnd macht den kindern Jsrael Feste/vnd opfferte auff den Altar das man reuchern solt.

XIII.

Vnd sihe/ein man Gottes kam von Juda/durch das wort des HERRN/gen BethEl/vnd Jerobeam stund bey dem Altar zu reuchern/Vnd er rieff wider den Altar durch das wort des HERRN/vnd sprach/Altar/Altar/So spricht der HERR/Sihe/es wird ein son dem Hause Dauid geborn werden mit namen Josia/der wird auff dir opffern die Priester der Höhe/die auff dir reuchern/vnd wird menschen bein auff dir verbrennen/Vnd er gab des tages ein wunder/vnd sprach/Das ist das wunder/das solchs der HERR gered hat/sihe/der Altar wird reissen/vnd die asschen verschüttet werden die drauff ist.

Da aber der König Jerobeam das wort von dem man Gottes höret/der wider den Altar zu BethEl rieff/recket er die hand aus bey dem Altar/vnd sprach/Greifft jn/vnd seine hand verdorret/die er wider jn ausgereckt hatte/vnd kund sie nicht wider zu sich zihen/vnd der Altar reis/vnd die assche ward verschüttet vom Altar nach dem wunder/das der man Gottes gegeben hatte/durch das wort des HERRn/ Vnd der König antwortet/vnd sprach zu dem man Gottes/Bitte das angesicht

Das Erste teil

angesicht des HERRN deines Gottes/vnd bitte fur mich/das meine hand wider zu mir kome/ Da bat der man Gottes das angesicht des HERRN/vnd dem Könige ward seine hand wider zu jm bracht/vnd ward wie sie vor hin war.

Vnd der König redet mit dem man Gottes/ Kom mit mir heim/ vnd labe dich/ich wil dir ein geschenck geben/ Aber der man Gottes sprach zum Könige/Wenn du mir auch dein halbes haus gebest/so keme ich doch nicht mit dir/Denn ich wil an diesem ort kein brod essen noch wasser trincken/Denn also ist mir geboten durch des HERRN wort/vnd gesagt/Du solt kein brod essen/vnd kein wasser trincken/ vnd nicht wider durch den weg komen den du gegangen bist/Vnd er gieng weg durch einen andern weg/vnd kam nicht wider durch den weg/den er gen BethEl komen war.

Es wonet aber ein alter Prophet zu BethEl/zu dem kamen seine söne vnd erzeleten jm alle werck/die der man Gottes gethan hatte des tages zu BethEl/vnd die wort die er zum Könige gered hatte/Vnd jr vater sprach zu jnen/Wo ist der weg den er gezogen ist? Vnd seine söne zeigten jm den weg/den der man Gottes gezogen war/der von Juda komen war/Er aber sprach zu seinen sönen/Sattelt mir den esel/vnd da sie jm den esel sattelten/reit er drauff/ vnd zog dem man Gottes nach/vnd fand jn vnter einer eichen sitzen/vnd sprach zu jm/Bistu der man Gottes/der von Juda komen ist? Er sprach/Ja.

Er sprach zu jm/Kom mit mir heim vnd iss brod/Er aber sprach/ Ich kan nicht mit dir vmbkeren vnd mit dir komen. Ich wil auch nicht brod essen noch wasser trincken mit dir an diesem ort/Denn es ist mit mir gered worden durch das wort des HERRN/ Du solt daselbs weder brod essen noch wasser trincken/Du solt nicht wider durch den weg gehen/den du gegangen bist/Er sprach zu jm/Ich bin auch ein Prophet wie du/vnd ein Engel hat mit mir gered/durch des HERRn wort/vnd gesagt/ Füre jn wider mit dir heim/das er brod esse vnd wasser trincke/Er log jm aber vnd füret jn widerumb/das er brod ass vnd wasser tranck jnn seinem hause.

Vnd da sie zu tisch sassen/kam das wort des HERRN zum Propheten/der jn widerumb gefurt hatte/vnd schrey den man Gottes an/ der von Juda komen war/vnd sprach/So spricht der HERR/Darumb/das du dem munde des HERRN bist vngehorsam gewest/vnd hast nicht gehalten das gebot/das dir der HERR dein Gott geboten hat/vnd bist vmbkeret/ hast brod gessen vnd wasser getruncken an dem ort/dauon er dir sagete/Du solt weder brod essen noch wasser trincken/sol dein leichnam nicht jnn deiner Veter grab komen.

Vnd nach dem er brod gessen vnd getruncken hatte/sattelt man den esel dem Propheten/ den er widerumb gefurt hatte. Vnd da er weg zog/ fand in ein Lewe auff dem wege vnd tödtet jn/vnd sein leichnam lag geworffen jnn dem wege/vnd der esel stund neben jm/ vnd der Lewe stund neben dem leichnam/Vnd da leute fur vber giengen/sahen sie den leichnam jnn den weg geworffen/vnd den Lewen bey dem leichnam stehen/vnd kamen vnd sagten es jnn der Stad/da
der

Von den Königen. CXV.

der alte Prophet jnnen wonet/ Da das der Prophet höret/ der jn widerumb gefurt hatte/ sprach er/ Es ist der man Gottes der dem munde des HERRN ist vngehorsam gewest/ darumb hat jn der HERR dem Lewen gegeben/ der hat jn zubrochen vnd getödtet/ nach dem wort/ das jm der HERR gesagt hatte/ vnd sprach zu seinen sönen/ Sattelt mir den esel/ Vnd da sie jn gesattelt hatten/ zog er hin vnd fand seinen leichnam jnn den weg geworffen/ vnd den esel vnd den Lewen neben dem leichnam stehen/ Der Lewe hatte nichts fressen vom leichnam/ vnd den esel nicht zubrochen. Da hub der Prophet den leichnam des mans Gottes auff vnd legt jn auff den esel/ vnd füret jn widerumb vnd kam jnn die Stad des alten Propheten/ das sie jn klagten vnd begrüben/ Vnd er legt den leichnam jnn sein grab/ vnd klagten jn/ Ah Bruder/ Vnd da sie jn begraben hatten/ sprach er zu seinen sönen/ Wenn ich sterbe/ so begrabet mich jnn dem grabe/ da der man Gottes jnn begraben ist/ vnd legt meine beine neben seinen beinen/ Denn es wird geschehen/ was er geschrien hat wider den Altar zu BethEl/ durch das wort des HERRN/ vnd wider alle heuser der Höhen/ die jnn den stedten Samaria sind.

Aber nach diesem geschicht keret sich Jerobeam nicht von seinem bösen wege/ Sondern verkeret sich/ vnd macht Priester der Höhen von den geringsten des volcks/ zu wem er lust hatte/ des hand füllet er/ vnd der ward Priester der Höhe/ vnd dis geriet zur sünde dem Hause Jerobeam/ das er verterbet vnd von der erden vertilget ward.

XIIII.

Zu der zeit war Abia der son Jerobeam kranck/ vnd Jerobeam sprach zu seinem weibe/ Mach dich auff vnd verstelle dich/ das niemand mercke/ das du Jerobeam weib seist/ vnd gehe hin gen Silo/ sihe/ daselbst ist der Prophet Ahia/ der mir gered hat/ das ich solt König sein vber dis volck/ vnd nim mit dir zehen brod vnd kuchen/ vnd ein becken mit honig/ vnd kome zu jm/ das er dir sage/ wie es dem knaben gehen wird. Vnd das weib Jerobeam thet also/ vnd macht sich auff vnd gieng hin gen Silo/ vnd kam jns haus Ahia/ Ahia aber kund nicht sehen/ denn seine augen starreten fur alter.

Aber der HERR sprach zu Ahia/ Sihe/ das weib Jerobeam kompt/ das sie von dir eine sache frage vmb jren son/ denn er ist kranck/ So rede nu mit jr/ so vnd so/ Da sie nu hinein kam/ stellet sie sich frembde/ Als aber Ahia höret das rauschen jrer füsse zur thür hinein gehen/ sprach er/ Kom herein du weib Jerobeam/ Warumb stellestu dich so frembd? Ich bin zu dir gesand ein harter bote.

Gehe hin vnd sage Jerobeam/ So spricht der HERR der Gott Jsrael/ Ich hab dich erhaben aus dem volck/ vnd zum Fürsten vber mein volck Jsrael gesetzt/ vnd habe das Königreich von Dauids Hause gerissen/ vnd dir gegeben/ Du aber bist nicht gewesen wie mein knecht Dauid/ der mein gebot hielt/ vnd wandelt mir nach von gantzem hertzen/ das er thet was mir nur wol gefiel/ vnd hast vbel ge-

Q iij than

Das Erste teil

than vber alle die vor dir gewesen sind/bist hin gegangen/vnd hast dir ander Götter gemacht/vnd gegossene bilder/das du mich zu zorn reitzetest/vnd hast mich hinder deinen rücken geworffen.

Darumb sihe/ich wil vnglück vber das Haus Jerobeam füren/ vnd ausrotten an dem Jerobeam/auch den/der an die wand pisset/ den verschlossen vnd verlassen inn Israel/vnd wil die nachkomen des Hauses Jerobeam ausfegen/wie man dreck ausfegt/bis gantz mit jm aus sey/Wer von Jerobeam stirbt inn der stad/den sollen die hund fressen/Wer aber auff dem felde stirbt/den sollen die vogel des himels fressen/denn der HERR hats gered/ So mache du dich auff vnd gehe heim/vnd wenn dein fus zur stad eintritt/wird das kind sterben/ Vnd es wird jn das gantz Israel klagen / vnd werden jn begraben/ Denn dieser allein von Jerobeam wird zu grabe komen/darumb/das etwas guts an jm erfunden ist fur dem HERRN dem Gott Israel im Hause Jerobeam.

•Der HERR aber wird jm einen König vber Israel erwecken/ der wird das Haus Jerobeam ausrotten des tages / Vnd was ists/ das schon jtzt gehet? Vnd der HERR wird Israel schlahen/ gleich wie das rhor im wasser bewegt wird/vnd wird Israel ausreissen von diesem guten lande/das er jren Vetern gegeben hat/vnd wird sie strewen vber das Wasser/darumb/das sie jre Hayne gemacht haben/den HERRN zu erzürnen/ Vnd wird Israel vbergeben vmb der sunde willen Jerobeam/der da gesundigt hat vnd Israel hat sundigen gemacht.

Vnd das weib Jerobeam macht sich auff/gieng hin vnd kam gen Tirza/vnd da sie auff die schwelle des hauses kam/starb der knabe/ vnd sie begruben jn/vnd gantz Israel klagt jn/nach dem wort des HERRN/das er gered hatte durch seinen knecht Ahia den Propheten/Was mehr von Jerobeam zu sagen ist/wie er gestritten vnd geregirt hat/sihe/das ist geschrieben inn der Chronica der Könige Israel/ Die zeit aber die Jerobeam regirte/sind zwey vnd zwenzig jar/Vnd entschlieff mit seinen Vetern/vnd sein son Nadab ward König an seine stat.

So war Rehabeam der son Salomo/König inn Juda/Vierzig jar alt war Rehabeam da er König ward/vnd regirte siebenzehen jar zu Jerusalem inn der Stad die der HERR erwelet hatte aus allen stemmen Israel/das er seinen namen daselbs hin stellete/Seine mutter hies Naema ein Ammonitin/Vnd Juda thet das dem HERRN vbel gefiel/vnd reitzeten jn zu einer mehr denn alles das jre Veter gethan hatten mit jren sunden die sie thaten/Denn sie baweten jnen auch Höhen/Seulen/vnd Hayne auff allen hohen hügeln/vnd vnter allen grünen bewmen/Es waren auch Hurer im lande/vnd sie theten alle die grewel der Heiden/die der HERR fur den kindern Israel vertrieben hatte.

Aber im funfften jar des Königs Rehabeam zog Sisak der König inn Egypten erauff wider Jerusalem/vnd nam die schetz aus dem Hause des HERRN vnd aus dem Hause des Königs/vnd alles was zu nemen war/vnd nam alle güldene schilde/die Salomo hatte lassen machen/An welcher stat/lies der König Rehabeam eherne schilde machen/ vnd be-

Von den Königen.　　CXVI.

vnd befalh sie vnter die hand der öbersten drabanten/die der thür huten am Hause des Königs. Vnd so offt der König inn das Haus des HERRN gieng/trugen sie die drabanten/vnd brachten sie wider inn der drabanten kamer.

Was aber mehr von Rehabeam zu sagen ist/vnd alles was er gethan hat/sihe/das ist geschrieben inn der Chronica der Könige Juda/Es war aber krieg zwisschen Rehabeam vnd Jerobeam jr leben lang/Vnd Rehabeam entschlieff mit seinen Vetern/vnd ward begraben mit seinen Vetern jnn der stad Dauid/Vnd seine mutter hies Naema ein Ammonitin/Vnd sein son Abiam ward König an seine stat.

XV.

JM achtzehenden jar des Königs Jerobeam des sons Nebat/ward Abiam König inn Juda/vnd regirt drey jar zu Jerusalem/Seine mutter hies Maecha eine tochter Abisalom/vnd wandelt inn allen sunden seines vaters/die er vor jm gethan hatte/vnd sein hertz war nicht rechtschaffen an dem HERRN seinem Gott/wie das hertz seines vaters Dauids / Denn vmb Dauids willen/ gab der HERR sein Gott jm eine leuchte zu Jerusalem/das er seinen son nach jm erwecket vnd erhielt zu Jerusalem / darumb/das Dauid gethan hatte das dem HERRN wol gefiel/vnd nicht gewichen war/von allem das er jm gebot/sein leben lang/on jnn dem handel mit Vria dem Vethiter/Es war aber ein krieg zwisschen Rehabeam vnd Jerobeam sein leben lang.

Was aber mehr von Abiam zu sagen ist/vnd alles was er gethan hat/sihe/das ist geschrieben inn der Chronica der Könige Juda/Es war aber krieg zwisschen Abiam vnd Jerobeam/ Vnd Abiam entschlieff mit seinen Vetern/ vnd sie begruben jn jnn der stad Dauid/vnd Assa sein son ward König an seine stat.

Im zwenzigsten jar des Königs Jerobeam vber Israel/ward Assa König inn Juda/vnd regirt ein vnd vierzig jar zu Jerusalem/ Seine mutter hies Maecha eine tochter Abisalom/Vnd Assa thet das dem HERRN wol gefiel/wie sein vater Dauid/Vnd thet die Hurer aus dem lande/vnd thet ab alle Götzen/die seine Veter gemacht hatten. Dazu setzt er auch seine mutter Maecha ab/vom ampt/das sie dem Miplezeth gemacht hatte im Hayne/Vnd Assa rottet aus jren Miplezeth/vnd verbrands im bach Kidron. Aber die Höhen theten sie nicht abe/Doch war das hertz Assa rechtschaffen an dem HERRN/sein leben lang/Vnd das silber vnd gold vnd gefess das sein vater geheiliget hatte/vnd was geheiliget war zum Hause des HERRN/bracht er ein/Vnd es war streit zwisschen Assa vnd Baesa dem Könige Israel jr leben lang.

(Miplezeth) Wer der Miplezeth gewesen sey ist vngewis/etliche sagen / es sey der Abgott Priapus gewesen.

Baesa aber der König Israel zog erauff wider Juda/vnd bawet Rama/das niemand solt aus vnd ein zihen auff Assa seiten des Königs Juda/Da nam Assa alles silber vnd gold das vbrig war im schatz des Haus des HERRN/vnd im schatz des Haus des Königes/vnd gabs jnn seiner knechte hende/vnd sand sie zu Benhadad dem son Tabrimon/des sons Hesion dem Könige inn Syrien der zu
　　　　　　　　　　　　　　　　　　　　　　　　Damasco

Das Erste teil

Damasco wonet/vnd lies jm sagen/Es ist ein bund zwisschen mir vnd dir/vnd zwisschen meinem vater vnd deinem vater/Drumb schicke ich dir ein geschencke/silber vnd gold/das du faren lassest den Bund/den du mit Baesa dem Könige Israel hast/das er von mir abzihe.

Benhadad gehorchet dem Könige Assa/vnd sandte seine Heubtleute wider die stedte Israel/vnd schlug Jion vnd Dan vnd Abel BethMaecha/das gantz Cineroth an dem gantzen lande Naphthali/Da das Baesa höret/lies er ab zu bawen Rama/vnd zog wider gen Thirza/Der König Assa aber lies erschallen im gantzen Juda/Die sey niemand ausgenomen/Vnd sie namen die stein vnd holtz von Rama weg/damit Baesa gebawet hatte/Vnd der König Assa bawete damit Geba Ben Jamin vnd Mizpa.

Was aber mehr von Assa zu sagen ist/vnd alle seine macht vnd alles was er gethan hat/vnd die stedte die er gebawet hat/sihe/das ist geschrieben jnn der Chronica der Könige Juda/On das er jnn seinem alter an seinen füssen kranck war/Vnd Assa entschlieff mit seinen Vetern/vnd ward begraben mit seinen Vetern jnn der stad Dauid seines vaters/vnd Josaphat sein son ward König an seine stat.

Nadab aber der son Jerobeam ward König vber Israel im andern jar Assa des Königs Juda/vnd regirt vber Israel zwey jar/vnd thet das dem HERRN vbel gefiel/vnd wandelt jnn dem wege seines vaters vnd jnn seiner sunde/damit er Israel hatte sundigen gemacht/Aber Baesa der son Ahia aus dem hause Jsaschar macht einen Bund wider jn vnd schlug jn zu Gibethon/welche war der Philister/Denn Nadab vnd das gantze Israel belagerten Gibethon/Also tödtet jn Baesa im dritten jar Assa des Königs Juda/vnd ward König an seine stat. Als er nu König war/schlug er das gantze Haus Jerobeam/vnd lies nicht vber etwas das den odem hatte von Jerobeam/bis er jn vertilget/nach dem wort des HERRN/das er gered hatte durch seinen Knecht Ahia von Silo/vmb der sunde willen Jerobeam die er thet/vnd damit Israel sundigen macht/mit dem reitzen/damit er den HERRN den Gott Israel erzürnet.

Was aber mehr von Nadab zu sagen ist/vnd alles was er gethan hat/sihe/das ist geschrieben jnn der Chronica der Könige Israel/Vnd es war krieg zwisschen Assa vnd Baesa dem Könige Israel jr leben lang.

Im dritten jar Assa des Königs Juda ward Baesa der son Ahia König vber das gantz Israel zu Thirza vier vnd zwenzig jar/vnd thet das dem HERRN vbel gefiel/vnd wandelt jnn dem wege Jerobeam vnd jnn seiner sunde/damit er Israel hatte sundigen gemacht.

Es kam aber das wort des HERRN zu Jehu dem son Hanani wider Baesa/vnd sprach/Darumb/das ich dich aus dem staub erhaben habe/vnd zum Fürsten gemacht vber mein volck Israel/vnd du wandelst jnn dem wege Jerobeam/vnd machst mein volck Israel sundigen/das du mich erzürnest durch jre sunde/Sihe/so wil ich die nachkomen Baesa/vnd die nachkomen seines hauses weg nemen/vnd wil dein haus setzen wie das haus Jerobeam des sons Nebat/

Von den Königen. CXVII.

Nebat/ Wer von Baesa stirbt inn der stad/ den sollen die hund fressen/ vnd wer von jm stirbt auff dem felde/ den sollen die vogel des himels fressen.

Was aber mehr von Baesa zu sagen ist/ vnd was er gethan hat/ vnd seine macht/ sihe/ das ist geschrieben inn der Chronica der Könige Israel/ Vnd Baesa entschlieff mit seinen Vetern/ vnd ward begraben zu Thirza/ vnd sein son Ella ward König an seine stat/ Auch das wort des HERRN kam durch den Propheten Jehu den son Danani vber Baesa vnd vber sein haus/ vnd wider alles vbel das er thet fur dem HERRN/ jn zu erzürnen durch die werck seiner hende/ das es würde wie das haus Jerobeam/ vnd darumb/ das er diesen erschlagen hatte.

XVI.

IM sechs vnd zwenzigsten jar Assa des Königs Juda/ ward Ella der son Baesa König vber Israel zu Thirza zwey jar/ Aber sein knecht Simri der öberst vber die helfft der wagen/ macht einen Bund wider jn/ Er aber war zu Thirza/ tranck vnd war truncken im hause Arza des vogts zu Thirza/ Vnd Simri kam hinein vnd schlug jn tod/ im sieben vnd zwenzigsten jar Assa des Königs Juda/ vnd ward König an seine stat/ Vnd da er König war/ vnd auff seinem stuel sass/ schlug er das gantze haus Baesa/ vnd lies nicht vber auch der an die wand pisset/ dazu seine Blutrecher/ vnd seine freunde. Also vertilget Simri das gantze Haus Baesa/ nach dem wort des HERRN/ das er vber Baesa gered hatte durch den Propheten Jehu/ vmb aller sunde willen Baesa vnd seins sons Ella/ die sie theten vnd Israel sundigen machten/ den HERRN den Gott Israel zu erzürnen durch jre abgötterey. Was aber mehr von Ella zu sagen ist/ vnd alles was er gethan hat/ sihe/ das ist geschrieben inn der Chronica der Könige Israel.

Im sieben vnd zwenzigsten jar Assa des Königs Juda ward Simri König sieben tage zu Thirza/ Denn das volck lag fur Gibbethon der Philister/ Da aber das volck im lager höret sagen/ das Simri einen Bund gemacht vnd auch den König erschlagen hette/ da machte gantz Israel desselben tags Amri den Feldheubtman zum Könige vber Israel im lager/ Vnd Amri zog erauff vnd das gantze Israel mit jm von Gibbethon/ vnd belagerten Thirza/ Da aber Simri sahe/ das die stad solt gewonnen werden/ gieng er inn den pallast im hause des Königs vnd verbrand sich mit dem hause des Königs/ vnd starb vmb seiner sunde willen die er gethan hatte/ das er thet das dem HERRN vbel gefiel/ vnd wandelt inn dem wege Jerobeam/ vnd inn seiner sunde/ die er thet das er Israel sundigen machte.

Was aber mehr von Simri zu sagen ist/ vnd wie er einen Bund machte/ sihe/ das ist geschrieben inn der Chronica der Könige Israel. Dazumal teilet sich das volck Israel inn zwey teil/ Eine helffte hieng an Thibni dem son Ginath/ das sie jn zum Könige machten/ Die ander helfft aber hieng an Amri/ Aber das volck das an Amri hieng/ ward sterker denn das volck das an Thibni hieng dem son Ginath/ vnd Thibni starb/ da ward Amri König.

Im ein

Das erste teil

Im ein vnd dreissigsten iar Assa des Königs Juda/ward Amri König vber Israel zwelff jar/vnd regirt zu Thirza sechs jar/Er kaufft den berg Samaria von Semer vmb zween centener silbers/vnd bawet auff den berg/vnd hies die stad die er bawet nach dem namen Semer/des herrn auff dem berge Samaria/Vnd Amri thet das dem HERRN vbel gefiel/vnd war erger/denn alle die vor jm gewesen waren/vnd wandelt jnn allen wegen Jerobeam des sons Nebat/vnd jnn seinen sunden/damit er Israel sundigen machte/das sie den HERRN den Gott Israel erzürneten jnn jrer abgötterey.

Was aber mehr von Amri zu sagen ist/vnd alles was er gethan hat/vnd seine macht die er geübt hat/sihe/das ist geschrieben jnn der Chronica der Könige Israel/vnd Amri entschlieff mit seinen Vetern/vnd ward begraben zu Samaria/vnd Ahab sein son ward König an seine stat.

Im acht vnd dreissigsten jar Assa des Königs Juda/ward Ahab der son Amri König vber Israel/vnd regiert vber Israel zu Samaria zwey vnd zwenzig jar/Vnd thet das dem HERRN vbel gefiel/vber alle die vor jm gewesen waren/vnd war jm ein gerings/das er wandelt jnn der sunde Jerobeam des sons Nebat/vnd nam dazu Jsabel die tochter EthBaal des Königs zu Zidon zum weibe/vnd gieng hin vnd dienet Baal vnd betet jn an/Vnd richtet Baal einen Altar auff im Hause Baal/das er jm bawete zu Samaria/vnd machet einen Hayn/das Ahab mehr thet den HERRN den Gott Israel zu erzürnen/denn alle Könige Israel die vor jm gewesen waren.

Zur selben zeit bawet Hiel von BethEl Jeriho/Es kostet jn seinen ersten son Abiram/das er den grund legt/vnd seinen jüngsten son Segub/das er die thür setzet/nach dem wort des HERRN/das er gered hatte durch Josua den son Nun.

XVII.

Vnd es sprach Elia der Thisbiter aus den Bürgern Gilead zu Ahab/So war der HERR der Gott Israel lebt/fur dem ich stehe/Es sol diese jar weder taw noch regen komen/ich sage es denn.

Vnd das wort des HERRN kam zu jm/vnd sprach/Gehe weg von hinnen/vnd wende dich gegen morgen/vnd verberge dich am bach Crith/der fur dem Jordan fleusst/Vnd solt vom bach trincken/vnd ich habe den raben geboten/das sie dich daselbs sollen versorgen/Er aber gieng hin/vnd thet nach dem wort des HERRN/vnd gieng weg vnd setzt sich am bach Crith/der fur dem Jordan fleusst/Vnd die raben brachten jm brod vnd fleisch/des morgens vnd des abends/vnd tranck des bachs.

Vnd es geschach nach etlichen tagen/das der bach vertrockenet/denn es war kein regen im lande/Da kam das wort des HERRN zu jm/vnd sprach/Mach dich auff vnd gehe gen Zarpath/welche bey Zidon ligt/vnd bleibe daselbs/denn ich habe daselbs einer Widwen geboten/das sie dich versorge/Vnd er macht sich auff/vnd gieng gen Zarpath/Vnd da er kam an die thür der stad/sihe/da war die Wid-
wen/

Von den Königen. CXVIII.

wen/vnd las holtz auff/Vnd er rieff jr/vnd sprach/Hole mir ein wenig wasser im gefesse das ich trincke/Da sie aber hin gieng zu holen/ rieff er jr/vnd sprach/Bringe mir auch einen bissen brods mit/Sie sprach/So war der HERR dein Gott lebt/ich habe kein brod/ on ein hand vol melhs im Cad/vnd ein wenig öle im kruge/vnd sihe/ ich hab ein holtz oder zwey auffgelesen/vnd gehe hinein vnd wil mir vnd meinem son zurichten/das wir essen vnd sterben.

Elia sprach zu jr/Fürcht dich nicht/gehe hin vnd machs/wie du gesagt hast/Doch mache mir am ersten ein kleines brod dauon/vnd bringe mirs eraus/dir aber vnd deinem son soltu darnach auch machen/Denn also spricht der HERR der Gott Israel/das melh im Cad sol nicht verzeret werdẽ/vnd dem ölekrug sol nichts mangeln/bis auff den tag/da der HERR regen lassen wird auff erden/Sie gieng hin vnd machet/wie Elia gesagt hatte/vnd er as/vnd sie auch vnd jr haus/eine zeit lang/Das melh im Cad ward nicht verzeret/vnd dem ölekrug mangelte nichts/nach dem wort des HERRN/das er gered hatte durch Elia.

Vnd nach diesen geschichten ward des weibs seiner hauswirtin son kranck/vnd seine kranckheit war so seer hart/das kein odem mehr jnn jm bleib/Vnd sie sprach zu Elia/Was hab ich mit dir zu schaffen du man Gottes? Du bist zu mir herein komen/das meiner missethat gedacht/vnd mein son getödtet würde/Er sprach zu jr/Gib mir her deinen son/Vnd er nam jn von jrer schos/vnd gieng hinauff auff den saal da er wonete/vnd legt jn auff sein bette/vnd rieff den HERRN an/vnd sprach/HERR mein Gott/hastu auch der Widwen/bey der ich ein gast bin/so vbel gethan/das du jren son tödtest?

Vnd er mas sich vber dem kinde drey mal vnd rieff den HERRN an/vnd sprach/HERR mein Gott/las die seele dieses kindes wider zu jm komen/Vnd der HERR erhöret die stim Elia/vnd die seele des kinds kam wider zu jm/vnd ward lebendig/Vnd Elia nam das kind vnd brachts hinab vom saal jns haus/vnd gabs seiner mutter/vnd sprach/Sihe da/dein son lebt/vnd das weib sprach zu Elia/Nu erkenne ich/das du ein man Gottes bist/vnd des HERRN wort jnn deinem munde ist gewis.

XVIII.

Nd vber eine lange zeit/kam das wort des HERRN zu Elia im dritten jar/vnd sprach/Gehe hin vnd zeige dich Ahab/das ich regen lasse auff erden/Vnd Elia gieng hin/das er sich Ahab zeigete/Es war aber eine grosse theurung zu Samaria/Vnd Ahab rieff Abdia seinem Hofmeister (Abdia aber fürchtet den HERRN seer/Denn da Jsebel die Propheten des HERRN ausrottet/nam Abdia hundert Propheten/vnd verstecket sie jnn der hölen/hie funfftzig vnd da funfftzig/vnd versorget sie mit brod vnd wasser) So sprach nu Ahab zu Abdia/Zeuch durchs land zu allen wasser brunnen vnd bechen/ob wir möchten hew finden/vnd die ross vnd meuler erhalten/das nicht das vieh alles vmbkome/Vnd sie teileten sich jns land/ das sie es durchzogen/Ahab zog allein auff einen weg/vnd Abdia auch allein den andern weg.

R Da nu

Das Erste teil

Da nu Abdia auff dem wege war/ sihe/ da begegenet jm Elia/ vnd da er jn kennet/ fiel er auff sein andlitz/ vnd sprach/ Bistu nicht mein herr Elia? Er sprach/ Ja/ Gehe hin vnd sage deinem herrn/ Sihe/ Elia ist hie/ Er aber sprach/ Was habe ich gesundiget/ das du deinen knecht wilt jnn die hende Ahab geben/ das er mich tödte? So war der HERR dein Gott lebt/ Es ist kein volck noch Königreich dahin mein herr nicht gesand hat/ dich zu suchen/ Vnd wenn sie sprachen/ Er ist nicht hie/ nam er einen eid von dem Königreich vnd volck/ das man dich nicht funden hette.

Vnd du sprichst nu/ Gehe hin/ sage deinem herrn/ sihe/ Elia ist hie/ Wenn ich nu hin gienge von dir/ so würde dich der geist des HERRN weg nemen/ weis nicht wo hin/ vnd ich denn keme vnd sagts Ahab an/ vnd funde dich nicht/ so erwürgete er mich/ Aber dein knecht fürcht den HERRN von seiner jugent auff/ Jsts meinem herrn nicht angesagt/ was ich gethan habe/ da Jsebel die Propheten des HERRN erwürget/ das ich der Propheten des HERRN hundert versteckt/ hie funfftzig vnd da funfftzig/ jnn der hôle/ vnd versorget sie mit brod vnd wasser? Vnd du sprichst/ Nu gehe hin/ sage deinem herrn/ Elia ist hie/ das er mich erwürge.

Elia sprach/ So war der HERR Zebaoth lebt/ fur dem ich stehe/ich wil mich jm heute zeigen/ Da gieng Abdia hin Ahab entgegen vnd sagts jm an/ Vnd Ahab gieng hin Elia entgegen/ Vnd da Ahab Elia sahe/ sprach Ahab zu jm/ Bistu der Jsrael verwirret? Er aber sprach/ Jch verwirre Jsrael nicht/ sondern du vñ deins vaters Haus/ damit/ das jr des HERRN gebot verlassen habt/ vnd wandelt Baalim nach/ Wolan/ so sende nu hin/ vnd versamle zu mir das gantze Jsrael auff den berg Carmel/ vnd die vierhundert vnd funfftzig Propheten Baal/ Auch die vierhundert Propheten des Haynes/ die vom tisch Jsebel essen/ Also sandte Ahab hin vnter alle kinder Jsrael/ vnd versamlet die Propheten auff dem berg Carmel.

Von den Königen. CXIX.

Da trat Elia zu allem volck/ vnd sprach/ Wie lang hincket jr auff beide seiten? Ist der HERR Gott/ so wandelt jm nach/ Ists aber Baal/ so wandelt jm nach/ Vnd das volck antwortet jm nichts. Da sprach Elia zum volck/ Ich bin allein vberblieben ein Prophet des HERRN/ Aber der Propheten Baal sind vierhundert vnd funffzig man/ So gebt vns nu zween farren/ vnd lasst sie erwelen einen farren/ vnd jn zu stücken vnd auffs holtz legen/ vnd kein feur dran legen/ so wil ich den andern farren nemen/ vnd auffs holtz legen/ vnd auch kein feur dran legen/ so ruffet jr an den namen ewres Gottes/ vnd ich wil den namen des HERRN anruffen/ welcher Gott nu mit feur antworten wird/ der sey Gott.

Vnd das gantze volck antwortet/ vnd sprach/ Das ist recht/ Vnd Elia sprach zu den Propheten Baal/ Erwelet jr einen farren/ vnd macht am ersten/ denn ewr ist viel/ vnd rufft ewrs Gottes namen an/ vnd legt kein feur dran/ Vnd sie namen den farren/ den er jnen gab/ vnd richten zu/ vnd rieffen an den namen Baal/ von morgen bis an den mittag/ vnd sprachen/ Baal erhöre vns/ Aber es war da keine stimme/ noch antwort/ Vnd sie hüpffeten vmb den Altar/ wie jre gewonheit war/ Da es nu mittag ward/ spottet jr Elia/ vnd sprach/ Rufft laut/ denn er ist ein Gott/ Er tichtet/ oder hat zu schaffen/ oder ist vber feld/ oder schlefft villeicht/ das er auff wache/ Vnd sie rieffen laut/ vnd ritzeten sich mit messern vnd pfrümen/ nach jrer weise/ bis das jr blut hernach gieng/ Da aber der mittag vergangen war/ weissagten sie/ bis das man das Speisopffer thun solt/ vnd war da keine stimme/ noch antwort/ noch auffmercker.

Da sprach Elia zu allem volck/ Kompt her alles volck zu mir/ Vnd da alles volck zu jm trat/ heilet er den Altar des HERRN der zubrochen war/ Vnd nam zwelff steine/ nach der zal der stemme der kinder Jacob (zu welchem das wort des HERRN redet/ vnd sprach/ Du solt Israel heissen) vnd bawet von den steinen einen Altar im namen des HERRN/ Vnd macht vmb den Altar her eine gruben/ zwo korn Sath weit/ Vnd richtet das holtz zu/ vnd zu stücket den farren/ vnd legt jn auffs holtz/ vnd sprach/ Holet vier Cad wasser vol/ vnd giesset es auff das Brandopffer vnd auffs holtz/ Vnd sprach/ Thuts noch ein mal/ vnd sie thetens noch ein mal/ Vnd er sprach/ Thuts zum dritten mal/ vnd sie thetens zum dritten mal/ Vnd das wasser lieff vmb den Altar her/ vnd die grube ward auch vol wassers.

Sath ist ein korn mas/ da Christus auch von saget/ Matth. 13. da er drey sath melh nennet.

Vnd da die zeit war Speisopffer zu opffern/ trat Elia der Prophet erzu/ vnd sprach/ HERR Gott Abraham/ Isaac vnd Israel/ las heute kund werden/ das du Gott jnn Israel bist/ vnd ich dein Knecht/ vnd das ich solchs alles nach deinem wort gethan habe/ Erhöre mich HERR/ Erhöre mich/ das dis volck wisse/ das du HERR Gott bist/ das du jr hertz darnach bekerest/ Da fiel das feur des HERRN erab/ vnd frass/ Brandopffer/ holtz/ stein vnd erden/ vnd lecket das wasser auff jnn der gruben. Da das alles volck sahe/ fiel es auff sein angesicht/ vnd sprachen/ Der HERR ist Gott/ Der HERR ist Gott/ Elia aber sprach zu jnen/ Greifft die Propheten Baal/ das jr keiner entrinne/ Vnd sie griffen sie/ Vnd Elia füret sie hinab an dem bach Kison/ vnd schlachtet sie daselbs.

R ij   Vnd

Das Erste teil

Vnd Elia sprach zu Ahab/ Zeuch hinauff/ iss vnd trinck/ denn es rausschet als wolts seer regen. Vnd da Ahab hinauff zog zu essen vnd zu trincken/ gieng Elia auff des Carmels spitzen/ vnd bücket sich zur erden/ vnd thet sein heubt zwisschen seine knie/ vnd sprach zu seinem knaben/ Gehe hinauff/ vnd schawe zum meer zu/ Er gieng hinauff vnd schawet/ vnd sprach/ Es ist nichts da/ Er sprach/ Gehe wider hin sieben mal/ Vnd im siebenden mal sprach er/ Sihe/ Es gehet eine kleine wolcke auff aus dem meer/ wie eins mans hand/ Er sprach/ Gehe hinauff vnd sage Ahab/ Spann an/ vnd fare hinab/ das dich der regen nicht treffe/ Vnd ehe man zu sahe/ ward der himel schwartz von wolcken vnd wind/ vnd kam ein grosser regen/ Ahab aber fur vnd zog gen Jesreel. Vnd die hand des HERRN kam vber Elia/ vnd er gürtet seine lenden/ vnd lieff fur Ahab hin/ bis er kam gen Jesreel.

XIX.

Vnd Ahab sagt Jsebel an/ alles was Elia gethan hatte/ vnd wie er hatte alle Propheten Baal mit dem schwert erwürget/ Da sandte Jsebel einen boten zu Elia/ vnd lies jm sagen/ Die Götter thun mir dis vnd das/ wo ich nicht morgen vmb diese zeit/ deiner seele thu/ wie dieser seelen eine/ Da furcht er sich/ vnd macht sich auff/ vnd gieng wo er hin wolt/ vnd kam gen BerSeba jnn Juda/ vnd lies seinen knaben daselbs/ Er aber gieng hin jnn die wüsten eine tag reise/ vnd kam hinein vnd setzet sich vnter eine wacholdern/ vnd bat/ das seine seele stürbe/ vnd sprach/ Es ist gnug/ so nim nu HERR meine seele/ Jch bin nicht besser/ denn meine Veter/ vnd legt sich vnd schlieff vnter der wacholdern.

Vnd sihe/ der Engel rurt jn/ vnd sprach zu jm/ Stehe auff vnd iss/ Vnd er sahe sich vmb/ vnd sihe/ zu seinen heubten lag ein geröstet brod/ vnd eine kanne mit wasser. Vnd da er gessen vnd getruncken hatte/ legt er sich wider schlaffen/ Vnd der Engel des HERRN kam zum andern mal wider/ vnd ruret jn/ vnd sprach/ Stehe auff vnd iss/ denn du hast einen grossen weg fur dir/ Vnd er stund auff vnd ass vnd tranck/ Vnd gieng durch krafft der speise vierzig tage vnd vierzig nacht/ bis an den berg Gottes Horeb/ Vnd kam daselbs jnn eine höle/ vnd bleib daselbs vber nacht.

Vnd sihe/ das wort des HERRN kam zu jm/ vnd sprach zu jm/ Was machstu hie Elia? Er sprach/ Jch hab geeiuert vmb den HERREN den Gott Zebaoth/ denn die kinder Jsrael haben deinen Bund verlassen/ vnd deine Altar zubrochen/ vnd deine Propheten mit dem schwert erwürget/ vnd ich bin alleine vberblieben/ vnd sie stehen darnach/ das sie mir mein leben nemen/ Er sprach/ Gehe eraus/ vnd tritt auff den berg fur dem HERRN/ Vnd sihe/ der HERR gieng fur vber/ vnd ein grosser starcker wind/ der die berge zureis vnd die felsen zubrach fur dem HERRN her/ Der HERR aber war nicht im winde/ Nach dem wind aber kam ein erdbeben/ aber der HERR war nicht im erdbeben/ Vnd nach dem erdbeben kam ein feur/ Aber der HERR war nicht im feur/ Vnd nach dem feur kam ein still sanfftes sausen/ Da das Elia höret/ verhüllet er sein andlitz mit seinem mantel/ vnd gieng eraus vnd trat jnn die thür der hölen/ Vnd sihe/ da kam eine stim zu jm/ vnd sprach/ Was hastu hie zu thun Elia?

Er sprach/

Von den Königen. CXX.

Er sprach/ Ich hab vmb den HERRN den Gott Zebaoth geeivert/ denn die kinder Israel haben deinen Bund verlassen/ deine Altar zubrochen/ deine Propheten mit dem schwert erwürget/ vnd ich bin allein vberblieben/ vnd sie stehen darnach/ das sie mir das leben nemen/ Aber der HERR sprach zu jm/ Gehe widerumb deines weges durch die wüsten gen Damascon/ vnd gehe hinein vnd salbe Hasael zum Könige vber Syrien/ vnd Jehu den son Nimsi zum Könige vber Israel/ Vnd Elisa den son Saphat von Abel Mehola zum Propheten an deine stat/ Vnd sol geschehen/ das/ wer dem schwert Hasael entrinnet/ den sol Jehu tödten/ Vnd wer dem schwert Jehu entrinnet/ den sol Elisa tödten/ Vnd ich wil lassen vberbleiben sieben tausent jnn Israel/ nemlich/ alle knie die sich nicht gebeuget haben fur Baal/ vnd allen mund der jn nicht geküsset hat.

Vnd er gieng von dannen/ vnd fand Elisa den son Saphat/ das er pflüget mit zwelff jochen fur sich hin/ vnd er war selbs vnter den zwelffen/ vnd Elia gieng zu jm/ vnd warff seinen mantel auff jn/ Er aber lies die rinder/ vnd lieff Elia nach/ vnd sprach/ Las mich meinen vater vnd meine mutter küssen/ so wil ich dir nach folgen/ Er sprach zu jm/ Gehe hin vnd kom wider/ denn ich hab etwas mit dir zu thun/ Vnd er lieff wider von jm/ vnd nam ein joch rinder/ vnd opffert es/ vnd kochet das fleisch mit dem holtzwerg an den rindern/ vnd gabs dem volck das sie assen/ vnd macht sich auff vnd folgete Elia nach/ vnd dienete jm.

XXII.

Vnd Benhadad der König zu Syrien versamlet alle seine macht/ vnd waren zwey vnd dreissig Könige mit jm/ vnd ross vnd wagen/ vnd zog erauff vnd belagert Samariam/ vnd streit wider sie/ vnd sandte boten zu Ahab dem Könige Israel jnn die stad/ vnd lies jm sagen/ So spricht Benhadad/ Dein silber vnd dein gold ist mein/ vnd deine weiber vñ deine besten kinder sind auch mein/ Der König Israel antwortet/ vnd sprach/ Mein herr König/ wie du gered hast/ Ich bin dein/ vnd alles was ich habe.

Vnd die boten kamen wider/ vnd sprachen/ So spricht Benhadad/ Weil ich zu dir gesand habe/ vnd lassen sagen/ Dein silber vnd dein gold/ deine weiber vnd deine kinder soltu mir geben/ So wil ich morgen vmb diese zeit meine knechte zu dir senden/ das sie dein haus vnd deiner vnterthanen heuser besuchen/ vnd was dir lieblich ist/ sollen sie jnn jre hende nemen vnd weg tragen/ Da rieff der König Israel allen Eltesten des lands/ vnd sprach/ Merckt vnd sehet/ wie böse ers fur nimpt/ Er hat zu mir gesand vmb meine weiber vnd kinder/ silber vnd gold/ vnd ich hab jm des nicht geweret/ Da sprachen zu jm alle alten/ vnd alles volck/ Du solt nicht gehorchen noch bewilligen.

Vnd er sprach zu den boten Benhadad/ Saget meinem herrn dem Könige/ Alles was du am ersten deinem Knecht emboten hast/ wil ich thun/ Aber dis kan ich nicht thun/ Vnd die boten giengen hin vnd sagten solchs wider/ Da sandte Benhadad zu jm/ vnd lies jm sagen/

Das Erste teil

gen/Die Götter thun mir dis vnd das/wo der staub Samaria gnug sein sol/das alles volck vnter mir ein handuol dauon bringe/Aber der König Israel antwortet/vnd sprach/Saget/der den harnisch anlegt/sol sich nicht rhümen als der jn hat abgelegt/Da das Benhadad höret (vnd er eben tranck mit den Königen jnn den gezelten) sprach er zu seinen knechten/Schicket euch/Vnd sie schickten sich wider die stad.

(Nicht rhümen) Das ist/Er sprech nicht hui/ehe er vber den berg komet/denn wer gewonnen hat/der legt den harnisch ab/vnd mag sich rhümen/Wer jn aber anlegt/hat drumb noch nicht gewonnen.

Vnd sihe/ein Prophet trat zu Ahab dem Könige Israel/vnd sprach/So spricht der HERR/Du hast jhe gesehen alle diesen grossen hauffen? Sihe/Ich wil jn heute jnn deine hand geben/das du wissen solt/Ich sey der HERR/Ahab sprach/Durch wen? Er sprach/So spricht der HERR/Durch die knaben der Landvögte/Er sprach/Wer sol den streit anspannen? Er sprach/Du/Da zelet er die knaben der Landvögte/vnd jr war zwey hundert vnd zween vnd dreissig/vnd zelet nach jnen des gantzen volcks aller kinder Israel/sieben tausent man/vnd zogen aus im mittage/Benhadad aber tranck vnd war truncken im gezelt/sampt den zwey vnd dreissig Königen/die jm zu hülff komen waren/Vnd die knaben der Landvögte zogen am ersten aus.

Benhadad aber sandte aus/vnd die sagten jm an/vnd sprachen/Es zihen menner aus Samaria/Er sprach/Greiffet sie lebendig/sie seien vmb frid oder vmb streit willen ausgezogen. Da aber die knaben der Landvögte waren ausgezogen vnd das heer jnen nach/schlug ein jglicher wer jm fur kam/Vnd die Syrer flohen/vnd Israel jaget jnen nach/Vnd Benhadad der König zu Syrien entran mit rossen vnd reutern/Vnd der König Israel zog aus vnd schlug ross vnd wagen/das er an den Syrern eine grosse schlacht thet.

Da trat ein Prophet zum Könige Israel/vnd sprach zu jm/Gehe hin vnd stercke dich/vnd mercke vnd sihe/was du thust/Denn der König zu Syrien wird wider dich erauff zihen/wenn das jar vmb ist/Denn die knechte des Königs zu Syrien sprachen zu jm/Ire Götter sind berge Götter/darumb haben sie vns angewonnen/O das wir mit jnen auff der ebenen streiten müsten/Was gilts/wir wolten jnen angewinnen? Thu jm also/Thu die Könige weg/ein jglichen von seinem ort/vnd stelle Herrn an jre stett/vnd ordene dir ein heer/wie das heer war/das du verlorn hast/vnd ross vnd wagen/wie jhene waren/vnd las vns wider sie streiten auff der ebene/Was gilts/wir wollen jnen obligen? Er gehorcht jrer stimme/vnd thet also.

Als nu das jar vmb war/ordenet Benhadad die Syrer/vnd zog erauff gen Aphek wider Israel zu streiten/Vnd die kinder Israel ordenten sich auch/vnd versorgeten sich/vnd zogen hin/jnen entgegen/vnd lagerten sich gegen sie/wie zwo klein herde zigen/Der Syrer aber war das land vol/Vnd es trat ein man Gottes erzu/vnd sprach zum Könige Israel/So spricht der HERR/Darumb/das die Syrer haben gesagt/Der HERR sey ein Gott der berge/vnd nicht ein Gott der gründe/so hab ich alle diesen grossen hauffen jn deine hand gegeben/das jr wisset/Ich sey der HERR/Vnd sie lagerten sich stracks gegen jhene sieben tage/Am siebenden tage zogen sie zuhauff im streit/vnd die kinder Israel schlugen der Syrer hundert tausent fus volcks auff einen tag/vnd die vbrigen flohen gen Aphek jnn die stad/vnd die maur fiel

Von den Königen. CXXI.

fiel auff die vbrigen sieben vnd zwenzig tausent man/ Vnd Benhadad floch auch jnn die stad jnn ein klein kemerlin.

Da sprachen seine knechte zu jm/ Sihe/ wir haben gehört/ das die Könige des Hauses Israel barmhertzige Könige sind/ so lasst vns secke vmb vnsere lenden thun/ vnd stricke vmb vnser heubte/ vnd zum Könige Israel hinaus gehen/ villeicht lesst er deine seele leben/ Vnd sie gürteten secke vmb jre lenden/ vnd stricke vmb jre heubter/ vnd kamen zum Könige Irael/ vnd sprachen/ Benhadad dein knecht lesst dir sagen/ Lieber/ las meine seele leben/ Er aber sprach/ Lebt er noch/ so ist er mein Bruder/ Vnd die menner namen eilend das wort von jm/ vnd deutens fur sich/ vnd sprachen/ Ja/ dein Bruder Benhadad. Er sprach/ Kompt vnd bringet jn/ Da gieng Benhadad zu jm eraus/ vnd lies jn auff den wagen sitzen/ vnd sprach zu jm/ Die stedte die mein vater deinem vater genomen hat/ wil ich dir wider geben/ vnd mache dir gassen zu Damascon/ wie mein vater zu Samaria gethan hat/ so wil ich mit einem Bund dich lassen/ Vnd er macht mit jm einen Bund/ vnd lies jn ziehen.

Da sprach ein man vnter den kindern der Propheten zu seinem nehesten/ durch das wort des HERRN/ Lieber/ schlahe mich/ Er aber wegert sich jn zu schlahen/ Da sprach er zu jm/ Darumb/ das du der stim des HERRN nicht hast gehorcht/ sihe/ so wird dich ein Lewe schlahen/ wenn du von mir gehest/ Vnd da er von jm abgieng/ fand jn ein Lewe vnd schlug jn/ Vnd er fand einen andern man/ vnd sprach/ Lieber/ schlahe mich/ vnd der man schlug jn wund/ Da gieng der Prophet hin/ vnd trat zum Könige an den weg/ vnd verstellet sein angesicht mit asschen/ Vnd da der König fur vber zog/ schrey er den König an/ vnd sprach/ Dein knecht war ausgezogen mitten im streit/ vnd sihe/ ein man war gewichen/ vnd bracht einen man zu mir/ vnd sprach/ Verware diesen man/ wo man sein wird missen/ so sol deine seele an stat seiner seele sein/ oder solt ein centener silbers darwegen/ Vnd da dein knecht hie vnd da zu thun hatte/ war der nicht mehr da/ Der König Israel sprach zu jm/ Das ist dein vrteil/ du hasts selbs gefellet.

Da thet er eilend die asschen von seinem angesicht/ vnd der König Israel kennet jn/ das er der Propheten einer war/ Vnd er sprach zu jm/ So spricht der HERR/ Darumb/ das du hast den verbanten man von dir gelassen/ wird deine seele fur seine seele sein/ vnd dein volck fur sein volck/ Aber der König Israel zog hin/ vnmuts vnd zornig jnn sein haus/ vnd kam gen Samaria.

XXI.

Nach diesen geschichten begab sichs/ das Naboth ein Jesreeliter einen weinberg hatte zu Jesreel bey dem Pallast Ahab des Königs zu Samaria/ Vnd Ahab redet mit Naboth/ vnd sprach/ Gib mir deinen weinberg/ ich wil mir einen kolgarten draus machen/ weil er so nahe an meinem hause ligt/ ich wil dir einen bessern weinberg dafur geben/ oder so dirs gefellet/ wil ich dir silber dafur geben/ so viel er gilt/ Aber Naboth sprach zu Ahab/ Das las der HERR fern von mir sein/ das ich dir meiner Veter erbe solt geben.   R iiij   Da kam

Das Erste teil

Da kam Ahab heim vnmuts vnd zornig vmb des worts willen/ das Naboth der Jesreeliter zu jm hatte gesagt/ vnd gesprochen/ Ich wil dir meiner Veter erbe nicht geben/ vnd er leget sich auff sein bette/ vnd wand sein andlitz vnd ass kein brod/ Da kam zu jm hinein Jsebel sein weib/ vnd redet mit jm/ Was ists/ das dein geist so vnmuts ist/ vnd das du nicht brod jssest? Er sprach zu jr/ Ich habe mit Naboth dem Jesreeliten gered/ vnd gesagt/ Gib mir deinen weinberg vmb geld/ oder so du lust dazu hast/ wil ich dir einen andern dafur geben/ Er aber sprach/ Ich wil dir meinen weinberg nicht geben.

Da sprach Jsebel sein weib zu jm/ Was were fur ein Königreich jnn Jsrael/ wenn du thetest? Stehe auff vnd iss brod/ vnd sey gutes muts/ ich wil dir den weinberg Naboth des Jesreeliten verschaffen/ Vnd sie schreib brieue vnter Ahabs namen/ vnd versiegelt sie mit seinem pitzschir/ vnd sandte sie zu den Eltesten vnd obersten jnn seiner stad/ die vmb Naboth woneten/ vnd schreib also jnn den brieuen/ Lasst eine fasten ausschreien/ vnd setzt Naboth oben an im volck/ vnd stellet zween loser buben fur jm/ die da zeugen/ vnd sprechen/ Du hast Gott vnd dem König gesegenet/ vnd füret jn hinaus vnd steiniget jn/ das er sterbe.

(Gesegenet) Das ist/ Er hat gelestert/ denn die schrifft das grawsame laster/ das Gott lestern heisst/ an diesem ort auffs züchtigest nennet/ wie auch Hiob am dritten stehet/ Gott lestern aber/ hatte Mose bey dem tod verboten/ So war das Königreich Jsrael von Gott eingesetzt/ das den König lestern auch Gott betraff.

Vnd die Eltesten vnd obersten seiner stad/ die jnn seiner stad woneten/ theten wie jnen Jsebel entboten hatte/ wie sie jnn den brieuen geschrieben hatte/ die sie zu jnen sandte/ vnd liessen eine fasten ausschreien/ vnd liessen Naboth oben an vnter dem volck sitzen/ da kamen die zween lose buben/ vnd stelleten sich fur jm/ vnd zeugeten wider Naboth fur dem volck/ vnd sprachen/ Naboth hat Gott vnd dem Könige gesegenet/ Da füreten sie jn fur die stad hinaus/ vnd steinigeten jn/ das er starb/ Vnd sie entboten Jsebel vnd liessen jr sagen/ Naboth ist gesteinigt vnd tod/ Da aber Jsebel höret/ das Naboth gesteinigt vnd tod war/ sprach sie zu Ahab/ Stehe auff vnd nim ein den weinberg Naboth des Jesreeliten/ welchen er sich wegert dir vmb geld zu geben/ denn Naboth lebt nimer/ sondern ist tod. Da Ahab höret/ das Naboth tod war/ stund er auff/ das er hinab gienge zum weinberge Naboth des Jesreeliten/ vnd jn einneme.

Aber das wort des HERRN kam zu Elia dem Thisbiten vnd sprach/ Mach dich auff vnd gehe hinab Ahab dem Könige Jsrael entgegen/ der zu Samaria ist/ Sihe/ er ist im weinberge Naboth/ dahin er ist hinab gegangen/ das er jn einneme/ vnd rede mit jm/ vnd sprich/ So spricht der HERR/ Du hast todgeschlagen/ dazu auch ein genomen/ Vnd solt mit jm reden/ vnd sagen/ So spricht der HERR/ An der stete/ da hunde das blut Naboth geleckt haben/ sollen auch hunde dein blut lecken/ Vnd Ahab sprach zu Elia/ Hastu mich jhe deinen feind erfunden? Er aber sprach/ Ja/ ich hab dich funden/ darumb/ das du verkaufft bist nur vbels zu thun fur dem HERRN/ Sihe/ ich wil vnglück vber dich bringen/ vnd deine nachkomen weg nemen/ vnd wil von Ahab ausrotten/ auch den/ der an die wand pisset/ vnd der verschlossen vnd vbergelassen ist jnn Jsrael/ vnd wil dein haus machen/ wie das haus Jerobeam des sons Nebat/ vnd wie das haus Baesa des sons Ahia/ vmb des reitzens willen/ damit du erzürnet vnd Jsrael sundigen gemacht hast.

Vnd

Von den Königen. CXXII.

Vnd vber Jsebel redet der HERR auch/vnd sprach/Die hunde sollen Jsebel fressen an der mauren Jesreel. Wer von Ahab stirbt jnn der stad/den sollen die hunde fressen/vnd wer auff dem felde stirbet/den sollen die vogel vnter dem himel fressen/ Also war niemand/ der so gar verkaufft were vbel zu thun fur dem HERRN als Ahab/ denn sein weib Jsebel vberredet jn also/vnd er macht sich zum grossen grewel/das er den Götzen nach wandelt aller dinge/wie die Amoriter gethan hatten/die der HERR fur den kindern Jsrael vertrieben hatte.

Da aber Ahab solche wort höret/zureis er seine kleider/vnd legt einen sack an seinen leib/vnd fastet/vnd schlieff im sack/vnd gieng krumb einher/Vnd das wort des HERRN kam zu Elia dem Thisbiten/vnd sprach/Hastu nicht gesehen/wie sich Ahab fur mir bücket? Weil er sich nu fur mir bücket/wil ich das vnglück nicht einfüren bey seinem leben/Aber bey seines sons leben wil ich vnglück vber sein haus füren.

XXII.

Nd es kamen drey jar vmb/das kein krieg war zwisschen den Syrern vnd Jsrael/Im dritten jar aber zog Josaphat der König Juda hinab zum Könige Jsrael/ vnd der König Jsrael sprach zu seinen knechten/Wisset jr nicht/das Ramoth jnn Gilead vnser ist/vnd wir sitzen stille/vnd nemen sie nicht von der hand des Königs zu Syrien? Vnd sprach zu Josaphat/Wiltu mit mir zihen jnn den streit gen Ramoth jnn Gilead? Josaphat sprach zum Könige Jsrael/Ich wil sein/wie du/vnd mein volck/wie dein volck/ vnd meine ross/wie deine ross.

Vnd Josaphat sprach zum Könige Jsrael/Frage doch heute vmb das wort des HERRN/Da samlet der König Jsrael Propheten bey vier hundert man/vnd sprach zu jnen/Sol ich gen Ramoth jnn Gilead zihen zu streiten/oder sol ichs lassen anstehen? Sie sprachen/Zeuch hinauff/der HErr wirds jnn die hand des Königs gebe. Josaphat aber sprach/ Ist hie kein Prophet mehr des HERRN/ das wir von jm fragen? Der König Jsrael sprach zu Josaphat/Es ist noch ein man Micha der son Jemla von dem man den HERRN fragen mag/Aber ich bin jm gram/denn er weissaget mir kein guts/ sondern eitel böses. Josaphat sprach/Der König rede nicht also/Da rieff der König Jsrael einem Kemerer/vnd sprach/Bringe eilend her Micha den son Jemla.

Der König aber Jsrael vnd Josaphat der König Juda sassen ein jglicher auff seinem stuel/angezogen mit kleidern auffm platz fur der thür am thor Samaria/vnd alle Propheten weissagten fur jnen. Vnd Zedekia der son Cnaena hatte jm eisern hörner gemacht/vnd sprach/So spricht der HERR/Hiemit wirstu die Syrer stossen/bis du sie alle machest/Vnd alle Propheten weissagten also/vnd sprachen/Zeuch hinauff gen Ramoth jnn Gilead/vnd far glückselig/der HERR wirds jnn die hand des Königs geben.

Vnd der

Das Erste teil

Vnd der bote/der hin gegangen war Micha zu ruffen/sprach zu jm/Sihe/der Propheten rede sind eintrechtlich gut fur den König/ So las nu dein wort auch sein/wie das wort der selben/vnd rede gutes/Micha sprach/So war der HERR lebt/ich wil reden was der HERR mir sagen wird/Vnd da er zum Könige kam/sprach der König zu jm/Micha/sollen wir gen Ramoth jnn Gilead zihen zu streiten/ oder sollen wirs lassen anstehen? Er sprach zu jm / Ja/zeuch hinauff/ vnd fare glückselig/der HERR wirds jnn die hand des Königs geben. Der König sprach abermal zu jm/ Ich beschwere dich/ das du mir nicht anders sagest/ denn die warheit im namen des HERRN.

Er sprach/ Ich sahe gantz Israel zurstrewet auff den bergen/ wie die schaf die keinen Hirten haben/Vnd der HERR sprach/Haben diese keinen herrn? Ein jglicher kere wider heim mit friden. Da sprach der König Israel zu Josaphat/Hab ich dir nicht gesagt/das er mir nichts gutes weissagt/sondern eitel böses? Er sprach/Darumb höre nu das wort des HERRN/Ich sahe den HERRN sitzen auff seinem stuel/vnd alles himelisch heer neben jm stehen zu seiner rechten vnd lincken/Vnd der HERR sprach / Wer wil Ahab vberreden/das er hinauff zihe/ vnd falle zu Ramoth jnn Gilead? Vnd einer saget dis/der ander das/Da gieng ein geist eraus vnd trat fur den HERRN/ vnd sprach/Ich wil jn vberreden/ Der HERR sprach zu jm/ Wo mit? Er sprach/Ich wil ausgehen/vnd wil ein falscher geist sein jnn aller seiner Propheten munde/Er sprach/Du solt jn vberreden/ vnd solts ausrichten/Gehe aus vnd thu also/ Nu sihe/ der HERR hat einen falschen geist gegeben jnn aller dieser deiner Propheten mund/vnd der HERR hat böses vber dich gered.

Da trat erzu Zedekia der son Cnaena/vnd schlug Micha auff den backen/vnd sprach/Wie/ist der geist des HERRN von mir gewichen/das er mit dir redet? Micha sprach/Sihe/du wirsts sehen an dem tage/wenn du von einer kamer jnn die andern gehen wirst/das du dich verkriechest. Der König Israel sprach/ Nim Micha vnd las jn bleiben bey Amon dem Burgermeister/vnd bey Joas dem son des Königs/vnd sprich/So spricht der König / Diesen setzt ein jnn den kercker/vnd speiset jn mit brod vnd wasser des trübsals/ bis ich mit friden wider kome/Micha sprach/Kompstu mit friden wider / so hat der HERR nicht durch mich gered/vnd sprach/Höret zu alles volck.

Also zog der König Israel vnd Josaphat der König Juda hinauff gen Ramoth jnn Gilead/Vnd der König Israel sprach zu Josaphat/Verkleide dich/vnd kom jnn den streit mit deinen kleidern angethan/ Der König Israel aber verkleidet sich auch / vnd zog jnn den streit/ Aber der König zu Syrien gebot den obersten vber seine wagen/ der waren zween vnd dreissig/vnd sprach/Ir solt nicht streiten wider kleine noch grosse/sondern wider den König Israel alleine. Vnd da die obersten der wagen Josaphat sahen/meineten sie/er were der König Israel/vnd fielen auff jn mit streiten/ Aber Josaphat schrey/Da aber die obersten der wagen sahen / das er nicht der König Israel war/wandten sie sich hinden von jm.

Ein

Von den königen. CXXIII.

Ein man aber spannet den bogen hart/vnd schos den König Israel zwisschen den magen vnd lungen. Vnd er sprach zu seinem Furman/wende deine hand/vnd füre mich aus dem heer/denn ich bin wund/Vnd der streit nam vberhand desselben tages/vnd der König stund auff dem wagen gegen die Syrer/vnd starb des abends/vnd das blut flos von den wunden mitten jnn den wagen/Vnd man lies ausruffen im heer/da die Sonne vntergieng/vnd sagen/Ein jglicher gehe jnn seine stad vnd jnn sein land/Also starb der König/vnd ward gen Samaria gebracht/vnd sie begruben jn zu Samaria/ Vnd da sie den wagen wusschen bey dem teiche Samaria/lecketen die hunde sein blut/Es wusschen jn aber die huren/nach dem wort des HERRN/das er gered hatte.

Was mehr von Ahab zu sagen ist/vnd alles was er gethan hat/vnd das Elffenbeinen haus das er bawet/vnd alle stedte die er gebawet hat/sihe/das ist geschrieben jnn der Chronica der Könige Israel/ Also entschlieff Ahab mit seinen Vetern/vnd sein son Ahasia ward König an seine stat.

Vnd Josaphat der son Assa ward König vber Juda im vierden jar Ahab des Königs Israel/vnd war funff vnd dreissig jar alt/da er König ward/vnd regirte funff vnd zwenzig jar zu Jerusalem/Seine mutter hies Asuba eine tochter Silhi/Vnd wandelt jnn allem wege seines vaters Assa/vnd weich nicht dauon/vnd er thet das dem HERRN wol gefiel/Doch thet er die Höhen nicht weg/vnd das volck opfferte vnd reucherte noch auff den Höhen/vnd hatte fride mit dem Könige Israel.

Was

Das Erste teil

Was aber mehr von Josaphat zu sagen ist/ vnd die macht/ was er gethan/ vnd wie er gestritten hat/ sihe/ das ist geschrieben jnn der Chronica der Könige Juda/ Auch thet er aus dem lande was noch vbriger Hurer waren/ die zu der zeit seines vaters Assa waren vberblieben. Vnd es war kein König jnn Edom. Vnd Josaphat hatte schiffe lassen machen auffs meer/ die jnn Ophir gehen solten gold zu holen/ aber sie giengen nicht/ Denn sie worden zubrochen zu Ezeon Geber. Dazumal sprach Ahasia der son Ahab zu Josaphat/ Las meine knechte mit deinen knechten jnn schiffen faren/ Josaphat aber wolt nicht/ Vnd Josaphat entschlieff mit seinen Vetern/ vnd ward begraben mit seinen Vetern jnn der stad David seines vaters/ vnd Joram sein son ward König an seine stat.

Ende des Ersten teils des buchs der Könige.

Das Ander teil des buchs von den Königen.

I.

Hasia der son Ahab ward König vber Israel zu Samaria im siebenzehenden jar Josaphat des Königs Juda/ vnd regirte vber Israel zwey jar/ vnd thet das dem HERRN vbel gefiel/ vnd wandelt jnn dem wege seines vaters vnd seiner mutter/ vnd jnn dem wege Jerobeam des sons Nebat/ der Israel sündigen machet/ Vnd dienete Baal vnd betet jn an/ vnd erzürnete den HERRN den Gott Israel/ wie sein vater thet. Auch fielen die Moabiter abe von Israel/ da Ahab tod war.

Vnd Ahasia fiel durchs gitter jnn seinem saal zu Samaria/ vnd ward kranck/ vnd sandte boten/ vnd sprach zu jnen/ Gehet hin vnd fragt Baalsebub den Gott zu Ekron/ ob ich von dieser kranckheit genesen werde/ Aber der Engel des HERRN redet mit Elia dem Thisbiten/ Auff/ vnd begegene den boten des Königs zu Samaria/ vnd sprich zu jnen/ Ist denn nu kein Gott jnn Israel/ das jr hin gehet zu fragen den Gott Ekron? Darumb/ so spricht der HERR/ Du solt nicht von dem bette komen/ darauff du dich gelegt hast/ sondern solt des tods sterben/ Vnd Elia gieng weg.

Vnd da die boten wider zu jm kamen/ sprach er zu jnen/ Warumb kompt jr wider? Sie sprachen zu jm/ Es kam vns ein man erauff entgegen/ vnd sprach zu vns/ Gehet widerumb hin zu dem Könige/ der euch gesand hat/ vnd sprecht zu jm/ So spricht der HERR/ Ist denn kein Gott jnn Israel/ das du hin sendest zu fragen Baalsebub/ den Gott Ekron? darumb soltu nicht komen von dem bette/ darauff du dich gelegt hast/ sondern solt des tods sterben/ Er sprach zu jnen/ Wie war der man gestalt/ der euch begegenet vnd solchs zu euch saget? Sie sprachen zu jm/ Er hatte eine rauche haut an/ vnd einen leddern gürtel vmb seine lenden/ Er aber sprach/ Es ist Elia der Thisbiter.

Vnd er sandte hin zu jm einen Heubtman vber funfftzigen/ sampt den selbigen funfftzigen/ vnd da der zu jm hinauff kam/ sihe/ da sas er oben auff dem berge/ Er aber sprach zu jm/ Du man Gottes/ der König sagt/ du solt erab komen/ Elia antwortet dem Heubtman vber funfftzig/ vnd sprach zu jm/ Bin ich ein man Gottes/ so falle feur vom himel vnd fresse dich vnd deine funfftzige/ Da fiel feur vom himel/ vnd fras jn vnd seine funfftzige/ Vnd er sandte widerumb einen andern Heubtman vber funfftzig zu jm/ sampt seinen funfftzigen/ der anwort vnd sprach zu jm/ Du man Gottes/ So spricht der König/ Kom eilends erab. Elia antwortet vnd sprach/ Binn ich ein man Gottes/ so falle feur

Das Ander teil

falle feur vom himel/vnd fresse dich vnd deine funfftzige/Da fiel das feur Gottes vom himel/vnd fras jn vnd seine funfftzige.

Da sandte er widerumb den dritten Heubtman vber funfftzig/sampt seinen funfftzigen/Da der zu jm hinauff kam/beuget er seine knie gegen Elia/vnd flehet jm/vnd sprach zu jm/Du man Gottes/las meine seele vnd die seele deiner knechte dieser funfftzigen fur dir etwas gelten/Sihe/das feur ist vom himel gefallen/vnd hat die ersten zween Heubtmenner vber funfftzig mit jren funfftzigen fressen/Nu aber las meine seele etwas gelten fur dir. Da sprach der Engel des HERRN zu Elia/Gehe mit jm hinab/vnd fürcht dich nicht fur jm/Vnd er macht sich auff vnd gieng mit jm hinab zum Könige.

Vnd er sprach zu jm/So spricht der HERR/Darumb/das du hast boten hin gesand vnd lassen fragen Baalsebub den Gott zu Ekron/als were kein Gott jnn Jsrael/des wort man fragen möchte/so soltu von dem bette nicht komen/darauff du dich gelegt hast/sondern solt des tods sterben/Also starb er nach dem wort des HERRN/das Elia gered hatte/vnd Joram ward König an seine stat/im andern jar Joram des sons Josaphat des Königs Juda/Denn er hatte keinen son. Was aber mehr von Ahasia zu sagen ist/das er gethan hat/sihe/das ist geschrieben jnn der Chronica der Könige Jsrael.

II.

Da aber

Von den Königen. CXXV.

DA aber der HERR wolt Elia im wetter gen himel holen/ gieng Elia vnd Elisa von Gilgal/ Vnd Elia sprach zu Elisa/ Lieber bleibe hie/ denn der HERR hat mich gen BethEl gesand/ Elisa aber sprach/ So war der HERR lebt/ vnd deine seele/ ich verlas dich nicht/ Vnd da sie hinab gen BethEl kamen/ giengen der Propheten kinder die zu BethEl waren eraus zu Elisa/ vnd sprachen zu jm/ Weissestu auch/ das der HERR wird deinen herrn heute von deinen heubten nemen? Er aber sprach/ Ich weis es auch wol/ schweiget nur stille.

Vnd Elia sprach zu jm/ Elisa/ lieber bleib hie/ denn der HERR hat mich gen Jeriho gesand/ Er aber sprach/ So war der HERR lebt/ vnd deine seele/ ich verlas dich nicht/ Vnd da sie gen Jeriho kamen/ tratten der Propheten kinder die zu Jeriho waren zu Elisa/ vnd sprachen zu jm/ Weissestu auch/ das der HERR wird deinen herrn heute von deinen heubten nemen? Er aber sprach/ Ich weis auch wol/ schweigt nur stille/ Vnd Elia sprach zu jm/ Lieber bleibe hie/ denn der HERR hat mich gesand an den Jordan/ Er aber sprach/ So war der HERR lebt/ vnd deine seele/ ich verlasse dich nicht/ Vnd giengen die beide mit einander/ Aber funffzig menner vnter der Propheten kinder giengen hin vnd tratten gegen vber von fernen/ Aber die beide stunden am Jordan.

Da nam Elia seinen mantel/ vnd wickelt jn zu samen/ vnd schlug jns wasser/ das teilet sich auff beide seiten/ das die beide trocken durch hin giengen/ Vnd da sie hinüber kamen/ sprach Elia zu Elisa/ Bitte/ was ich dir thun sol/ ehe ich von dir genomen werde/ Elisa sprach/ Das dein geist auff mir sey zwey mal so viel zu reden/ Er sprach/ Du hast ein hartes gebeten/ Doch/ so du mich sehen wirst/ wenn ich von dir genomen werde/ so wirds ja sein/ Wo nicht/ so wirds nicht sein/ Vnd da sie miteinander giengen/ vnd er redet/ sihe/ da kam ein feuriger wagen mit feurigen rossen/ vnd scheideten die beide von einander/ Vnd Elia fur also im wetter gen himel/ Elisa aber sahe es vnd schrey/ Mein vater/ mein vater/ Furman Israel vnd sein reuter/ vnd sahe jn nicht mehr.

Vnd er fasset seine kleider vnd zureis sie jnn zwey stück/ vnd hub auff den mantel Elia der jm entfallen war/ vnd keret vmb vnd trat an den vfer des Jordans/ vnd nam den selben mantel Elia der jm entfallen war/ vnd schlug jns wasser/ vnd sprach/ Wo ist nu der HERR der Gott Elia? Vnd schlug jns wasser/ da teilet sichs auff beide seiten/ vnd Elisa gieng hindurch/ Vnd da jn sahen der Propheten kinder/ die zu Jeriho gegen jm waren/ sprachen sie/ Der geist Elia ruget auff Elisa/ vnd giengen jm entgegen/ vnd betten an zur erde/ Vnd sprachen zu jm/ Sihe/ Es sind vnter deinen knechten funffzig menner redliche leute/ die las gehen/ vnd deinen herrn suchen/ villeicht hat jn der Geist des HERRN genomen/ vnd jrgent auff einen berg oder jrgent jnn ein tal geworffen/ Er aber sprach/ Lasst nicht gehen/ Aber sie nötigeten jn/ bis das er sich schemet/ vnd sprach/ Lasst hin gehen/ Vnd sie sandten hin funffzig menner/ vnd suchten jn drey tage/ aber sie funden jn nicht/ vnd kamen wider zu jm/ Vnd er bleib zu Jeriho/ vnd sprach zu jnen/ Sagt ich euch nicht/ jr soltet nicht hin gehen?

S ij Vnd die

(Marginalia:)

(Von deinen heupten) Zun heubten sein/ heisst Meister vn Lerer sein/ Zun füssen sein/ heisst schuler vnd vnterthan sein/ Denn wenn der Lerer leret/ sitzt er höher/ denn die schüler/ das er sie zun füssen vnd sie jn zun heubten haben. Also sagt S. paulus/ Act. 22. Er hab zun füssen Gamaliel das Gesetz gelernet/ Vnd ist fast ein gemeine weise der schrifft/ also zu reden auff Ebreisch.

Nicht wolt Elisa zwifeltigen geist Elia haben/ so es doch ein geist ist. 1. Corin. 12. jnn allen heiligen/ sondern ein zwifeltigen mund desselbigen geists/ das er stercker vnd mehr predigen kundte/ denn Elia/ als er auch ther.

Das Ander teil

Vnd die menner der stad sprachen zu Elisa/Sihe/es ist gut wonen jnn dieser stad/wie mein herr sihet/aber es ist böse wasser vnd das land vnfruchtbar/Er sprach/Bringet mir her ein newe kandel/vnd thut saltz drein/vnd sie brachtens jm/Da gieng er hinaus zu der wasser quell/vnd warff das saltz drein/vnd sprach/So spricht der HERR/Ich hab dis wasser gesund gemacht/Es sol hinfurt kein tod noch vnfruchtbarkeit daher komen/Also ward das wasser gesund bis auff diesen tag/nach dem wort Elisa/das er redet.

Vnd er gieng hinauff gen BethEl/vnd als er auff dem wege hinan gieng/kamen kleine knaben zur stad eraus/vnd spotteten jn/vnd sprachen zu jm/Kalkopff kom erauff/kalkopff kom erauff/Vnd er wand sich vmb/vnd da er sie sahe/flucht er jnen im namen des HERRN/Da kamen zween Beeren aus dem wald/vnd zurissen der kinder zwey vnd vierzig/Von dannen gieng er auff den berg Carmel/vnd keret vmb von dannen gen Samaria.

III.

Joram der son Ahab ward König vber Israel zu Samaria im achtzehenden jar Josaphat des Königs Juda/vnd regirt zwelff jar/vnd thet das dem HERRN vbel gefiel/doch nicht wie sein vater vnd seine mutter/Denn er thet weg die seulen Baal/die sein vater machen lies/Aber er bleib hangen an den sunden Jerobeam des sons Nebat/der Israel sundigen machet/vnd lies nicht dauon.

Mesa aber der Moabiter König hatte viel schaf/vnd zinset dem König Israel wolle von hundert tausent lemmern/vnd von hundert tausent wider/Da aber Ahab tod war/fiel der Moabiter König abe vom König Israel/Da zog zur selben zeit aus der König Joram von Samaria/vnd ordenet das gantz Israel/vnd sandte hin zu Josaphat dem Könige Juda/vnd lies jm sagen/Der Moabiter König ist von mir abgefallen/kom mit mir zu streiten wider die Moabiter/Er sprach/Ich wil hinauff komen/ich bin wie du/vnd mein volck wie dein volck/vnd meine ross wie deine ross/Vnd sprach/Durch welchen weg wöllen wir hinauff zihen? Er sprach/Durch den weg jnn der wüsten Edom.

Also zog hin der König Israel/der König Juda vnd der König Edom/Vnd da sie sieben tagreise vmbzogen/hatte das heer vnd das vieh/das vnter jnen war/kein wasser/Da sprach der König Israel/O weh/der HERR hat diese drey Könige geladen/das er sie jnn der Moabiter hende gebe/Josaphat aber sprach/Ist kein Prophet des HERRN hie/das wir den HERRN durch jn ratfragten? Da antwortet einer vnter den knechten des Königs Israel/vnd sprach/Hie ist Elisa der son Saphat/der Elia wasser auff die hende gos/Josaphat sprach/Des HERRN wort ist bey jm/Also zogen zu jm hinab der König Israel vnd Josaphat vnd der König Edom.

Elisa

Von den Königen. CXXVI.

Elisa aber sprach zum Könige Israel / Was hastu mit mir zu schaffen? Gehe hin zu den Propheten deines vaters vnd zu den Propheten deiner mutter / Der König Israel sprach zu jm / Nein / Denn der HERR hat diese drey Könige geladen / das er sie jnn der Moabiter hende gebe / Elisa sprach / So war der HERR Zebaoth lebt / fur dem ich stehe / wenn ich nicht Josaphat den König Juda ansehe / ich wolt dich nicht ansehen noch achten / So bringet mir nu einen Spielman / Vnd da der Spielman auff der seiten spielet / kam die hand des HERRN auff jn / vnd er sprach / So spricht der HERR / Macht graben an diesem bach / Denn so spricht der HERR / Jr werdet keinen wind noch regen sehen / dennoch sol der bach vol wassers werden / das jr vnd ewer gesinde vnd ewer vieh trinckt / Dazu ist das ein geringes fur dem HERRN / Er wird auch die Moabiter jnn ewre hende geben / das jr schlahen werdet / alle feste stedte vnd alle ausserwelte stedte / vnd werdet fellen alle gute bewme / vnd werdet verstopffen alle wasser brunnen / vnd werdet allen guten acker mit steinen wüst machen.

Des morgens aber wenn man Speisopffer opffert / sihe / da kam ein gewesser des weges von Edom / vnd füllet das land mit wasser.

Da aber die Moabiter höreten / das die Könige erauff zogen wider sie zu streiten / berieffen sie alle gerüstete vnd jre öbersten / vnd tratten an die grentze / Vnd da sie sich des morgens frue auff macheten / vnd die Sonne auff gieng auff das gewesser / dauchte die Moabiter das gewesser gegen jnen rot sein wie blut / vnd sprachen / Es ist blut / Die Könige haben sich mit dem schwert verderbet / vnd einer wird den andern geschlagen haben / Dui Moab / mach dich nu zur ausbeute / Aber da sie zum lager Israel kamen / machte sich Israel auff vnd schlugen die Moabiten / vnd sie flohen fur jnen / Aber sie kamen hinein vnd schlugen Moab / die stedte zubrochen sie / vnd ein jglicher warff seine steine auff alle gute ecker / vnd machten sie vol / vnd verstopfften alle wasser brunnen / vnd felleten alle gute bewme / bis das nur die steine an den zigel mauren vberblieben / vnd sie vmbgaben sie mit schleudern vnd schlugen sie.

Da aber der Moabiter König sahe / das jm der streit zu starck war / nam er sieben hundert man zu sich / die das schwert auszogen / erauszu reissen wider den König Edom / aber sie kundten nicht / Da nam er seinen ersten son / der an seine stat solt König werden / vnd opffert jn zum Brandopffer auff der mauren / Da kam ein grosser zorn vber Israel / das sie von jm abzogen vnd kereten wider zu land.

IIII.

S iij   Vnd es

Das Ander teil

Vnd es schrey ein weib vnter den weibern der kinder der Propheten zu Elisa/vnd sprach/Dein knecht mein man ist gestorben/ so weistu/das er/dein knecht/den HERRN fürchtet/ Nu kompt der Schuldherr vnd wil meine beide kinder nemen zu eigen knechten. Elisa sprach zu jr/ Was sol ich dir thun? Sage mir/was hastu im hause? Sie sprach/ Deine magd hat nichts im hause/ denn einen ölekrug. Er sprach/ Gehe hin vnd bitte draussen von allen deinen nachbarinnen leere gefess/ vnd der selben nicht wenig/ vnd gehe hinein/ vnd schleus die thür hinder dir zu mit deinen sönen/ vnd geus inn alle gefess/ vnd wenn du sie gefüllet hast/so gib sie hin.

Sie gieng hin/ vnd schlos die thür hinder jr zu sampt jren sönen/ die brachten jr die gefess zu/ so gos sie ein/ Vnd da die gefess vol waren/ sprach sie zu jrem son/ Lange mir noch ein gefess her/ Er sprach zu jr/ Es ist kein gefess mehr hie/ Da stund das öle/ Vnd sie gieng hin vnd sagts dem man Gottes an/ Er sprach/ Gehe hin/ verkeuff das öle/ vnd bezale deinen Schuldherrn/ Du aber vnd deine söne neeret euch von dem vbrigen.

Vnd es begab sich zur zeit/ das Elisa gieng gen Sunem/ daselbs war ein reich weib/ die hielt jn auff/ das er bey jr ass/ Vnd als er nu offt da selbs durch zog/ gieng er zu jr ein/ vnd ass bey jr/ Vnd sie sprach zu jrem man/ Sihe/ich mercke/ das dieser man Gottes heilig ist/ der jmerdar hie durch gehet/ las vns jm ein klein brettern saal machen/ vnd ein bett/ tisch/ stuel vnd leuchter hinein setzen/ auff das/ wenn er zu vns kompt/ dahin sich thue.

Vnd

Von den Königen. CXXVII.

Vnd es begab sich zur zeit / das er hinein kam / vnd legt sich inn den saal vnd schlieff drinnen/ vnd sprach zu seinem knaben Gehasi/ Ruff der Sunamitin/ Vnd da er jr rieff/ trat sie fur jn/ Er sprach zu jm/ Sage jr/ Sihe/ du hast vns alle diesen dienst gethan/ Was sol ich dir thun? Hastu eine sach an den König/ oder an den Feldheubtman? Sie sprach/ Ich wone vnter meinem volck. Er sprach/ Was ist jr denn zu thun? Gehasi sprach/ Ah/ sie hat keinen son/ vnd jr man ist alt/ Er sprach/ Ruff jr/ Vnd da er jr rieff/ trat sie jnn die thür/ Vnd er sprach/ Vmb diese zeit/ so die frucht leben kan/ soltu einen son hertzen/ Sie sprach/ Ah nicht/ mein herr/ du man Gottes/ leug deiner magd nicht/ Vnd das weib ward schwanger/ vnd gebar einen son vmb die selben zeit/ da die frucht leben kund/ wie jr Elisa gered hatte.

(Ich wone) Das ist/ ich hab zu Hofe nichts zu schaffen/ ich wone vnter den leuten alleine.

Da aber das kind gros ward/ begab sichs/ das es hinaus zu seinem vater zu den schnittern gieng/ vnd sprach zu seinem vater/ O mein heubt/ mein heubt/ Er sprach zu seinem knaben/ Bringe jn zu seiner mutter/ Vnd er nam jn vnd bracht jn hinein zu seiner mutter/ Vnd sie satzt jn auff jren schos/ bis an den mittag/ da starb er/ Vnd sie gieng hinauff vnd legt jn auffs bette des mans Gottes/ schlos zu vnd gieng hinaus vnd rieff jrem man/ vnd sprach/ Sende mir der knaben einen vnd ein eselin/ ich wil zu dem man Gottes vnd wider komen/ Er sprach/ Warumb wiltu zu jm? Ist doch heute nicht new mond noch Sabbath/ Sie sprach/ Wol/ Vnd sie sattelt die eselin/ vnd sprach zum knaben/ Treibe fort vnd seume mich nicht mit dem reitten/ wie ich dir sage.

Also zog sie hin vnd kam zu dem man Gottes auff den berg Carmel/ Als aber der man Gottes sie gegen jm sahe/ sprach er zu seinem knaben Gehasi/ Sihe/ die Sunamitin ist da/ So lauff jr nu entgegen vnd frage sie/ obs jr vnd jrem man vnd son wol gehe/ Sie sprach/ Wol/ Da sie aber zu dem man Gottes auff den berg kam/ hielt sie jn bey seinen füssen/ Gehasi aber trat erzu/ das er sie abstiesse. Aber der man Gottes sprach/ Las sie/ denn jre seele ist betrübt/ vnd der HERR hat mirs verborgen vnd nicht angezeigt/ Sie sprach/ Wenn hab ich einen son gebeten von meinem herrn? Sagt ich nicht/ du soltest mich nicht spotten?

Er sprach zu Gehasi/ Gürte deine lenden/ vnd nim meinen stab jnn deine hand/ vnd gehe hin/ So dir jemand begegenet/ so grüsse jn nicht/ vnd grüsset dich jemand/ so dancke jm nicht/ vnd lege meinen stab auff des knaben andlitz. Die mutter aber des knaben sprach/ So war der HERR lebt vnd deine seele/ ich lasse nicht von dir/ Da macht er sich auff vnd gieng jr nach. Gehasi aber gieng fur jnen hin / vnd legt den stab dem knaben auffs andlitz/ Da war aber keine stim noch fülen/ Vnd er gieng widerumb jm entgegen vnd zeiget jm an/ vnd sprach/ Der knabe ist nicht auffgewacht.

Vnd da Elisa jns haus kam/ sihe/ da lag der knabe tod auff seinem bette/ vnd er gieng hinein vnd schlos die thür zu fur sie beide/ vnd bettet zu dem HERRN/ Vnd steig hinauff / vnd legt sich auff das kind/ vnd legt seinen mund auff des kinds mund/ vnd seine augen auff seine augen/ vnd seine hende auff seine hende/ vnd breitet sich also vber jn/ das des kinds leib warm ward/ Er aber stund wi-

S iiij der auff/

Das Ander teil

der auff/vnd gieng im haus ein mal hieher vnd daher/vnd steig hin
auff vnd breitet sich vber jn. Da schnaubet der knabe sieben mal/dar
nach thet der knabe seine augen auff. Vnd er rieff Gehasi vnd sprach/
Ruff der Sunamitin/Vnd da er jr rieff/kam sie hinein zu jm/Er spra
ch/Da nim hin deinen son/Da kam sie vnd fiel zu seinen füssen/vnd
bettet an zur erden/vnd nam jren son vnd gieng hinaus.

Da aber Elisa wider gen Gilgal kam/ward thewrung im lande/
vnd die kinder der Propheten woneten fur jm/Vnd er sprach zu seinem
knaben/Setz zu ein gros töpffen/vnd koch ein gemüse fur die kinder
der Propheten/Da gieng einer auffs feld/das er kraut lese/vnd fand
einen Kürbis stranch/vnd las dauon wilde kürbis sein kleid vol. Vnd
da er kam/schneit ers jns töpffen zum gemüse/denn sie kandtens nic
cht/Vnd da sie es ausschütten fur die menner zu essen/vnd sie von dem
gemüse assen/schrien sie/vnd sprachen/O man Gottes/der tod im
töpffen/denn sie kundtens nicht essen/Er aber sprach/Bringet melh
her/vnd er thets jnn das töpffen/vnd sprach/Schütte es dem volck
fur/das sie essen/da war nichts bitter jnn dem töpffen.

Es kam aber ein man von BaalSalisa vnd bracht dem man
Gottes erstling brod/nemlich/zwenzig gersten brod/vnd new getreid
jnn seinem kleid/Er aber sprach/Gibs dem volck/das sie essen/Sein
Diener sprach/Was sol ich hundert man an dem geben? Er sprach/
Gib dem volck/das sie essen/Denn so spricht der HERR/Man wird
essen vnd wird vberbleiben/Vnd er legts jnen fur/das sie assen/vnd
bleib noch vber/nach dem wort des HERRN.

V.

Naeman der Feldheubtman des Königs zu Syrien/
war ein treflicher man fur seinem herrn/vnd angese
hen/denn durch jn gab der HERR heil jnn Syrien/
vnd er war ein gewaltiger man vñ aussetzig/Die kriegs
leute aber jnn Syrien waren eraus gefallen/vnd hat
ten eine kleine dirne weggefurt aus dem lande Israel/
die war am dienst des weibs Naeman/die sprach zu
jrer frawen/Ah/das mein herr were bey dem Propheten zu Samaria/
der würde jn von seinem aussatz los machen/Da gieng er hinein zu sei
nem herrn/vnd sagts jm an/vnd sprach/So vnd so hat die dirne aus
dem lande Israel gered/Der König zu Syrien sprach/So zeuch hin/
ich wil dem Könige Israel einen brieff schreiben.

Vnd er zog hin vnd nam mit sich zehen centener silbers vnd sechs
tausent gülden/vnd zehen feier kleider/vnd bracht den brieff dem Kö
nige Israel/der laut also/Wenn dieser brieff zu dir kompt/sihe/so wis
se/ich habe meinen knecht Naeman zu dir gesand/das du jn von sei
nem aussatz los machst/Vnd da der König Israel den brieff las/zu
reis er seine kleider/vnd sprach/Bin ich denn Gott/das ich tödten vnd
lebendig machen künde/das er zu mir schicket/das ich den man von
seinem aussatz los mache? Merckt vnd sehet/wie sucht er vrsach zu
mir/Da das Elisa der man Gottes höret/das der König Israel seine
kleider zurissen hatte/sandte er zu jm/vnd lies jm sagen/Warumb
hastu

Von den Königen. CXXVIII.

haſtu deine kleider zuriſſen? Las jn zu mir komen/ das er jnnen werde/ das ein Prophet jnn Iſrael iſt.

Alſo kam Naeman mit roſſen vnd wagen/ vnd hielt fur der thür am hauſe Eliſa/ Da ſandte Eliſa einen boten zu jm/ vnd lies jm ſagen/ Gehe hin vnd waſſche dich ſieben mal im Jordan/ ſo wird dir dein fleiſch widerſtattet vnd rein werden/ Da erzürnet Naeman/ vnd zog weg/ vnd ſprach/ Ich meinet/ er ſolt zu mir eraus komen/ vnd her tretten/ vnd den namen des HERRN ſeines Gottes anruffen/ vnd mit ſeiner hand vber die ſtet faren/ vnd den auſſatz alſo abthun/ Sind nicht die waſſer Amana vnd Pharphar zu Damaſcon beſſer/ denn alle waſſer jnn Iſrael/ das ich mich drinne wüſſche vnd rein würde? Vnd wand ſich/ vnd zog weg mit zorn/ Da machten ſich ſeine knechte zu jm vnd redten mit jm/ vnd ſprachen/ Vater/ wenn dich der Prophet etwas groſſes hette geheiſſen/ ſolteſtu es nicht thun? Wie viel mehr/ ſo er zu dir ſagt/ Waſſche dich/ ſo wirſtu rein/ Da ſteig er ab vnd teuffet ſich im Jordan ſieben mal/ wie der man Gottes gered hatte/ vnd ſein fleiſch ward widerſtattet/ wie ein fleiſch eines jungen knaben/ vnd ward rein.

Vnd er keret wider zu dem man Gottes/ ſampt ſeinem gantzen heer/ vnd da er hinein kam/ trat er fur jn/ vnd ſprach/ Sihe/ ich weis/ das kein Gott iſt jnn allen landen/ on jnn Iſrael/ So nim nu den ſegen von deinem knecht/ Er aber ſprach/ So war der HERR lebt/ fur dem ich ſtehe/ ich nems nicht. Vnd er nötiget jn das ers neme/ aber er wolt nicht/ Da ſprach Naeman/ Möcht denn deinem knecht nicht gegeben werden dieſer erden eine laſt/ ſo viel zwey meuler tragen? Denn dein knecht wil nicht mehr andern Göttern opffern/ vnd Brandopffer thun/ ſondern dem HERRN/ Das der HERR deinem knecht darinnen wolt gnedig ſein/ wo ich anbete im hauſe Rimmon/ wenn mein herr jns haus Rimmon gehet/ daſelbs anzubeten/ vnd er ſich an meine hand lehnet. Er ſprach zu jm/ Zeuch hin mit friden.

(Hand lehnet) Das iſt Ebreiſch gered/ wie wir Deudſchen ſagen/ Er iſt mir zur hand/ das iſt/ Er iſt vmb mich/ thut vnd richtet aus/ was ich jm befelh vnd ich mich auff jn verlaſſe.

Vnd als er von jm weg gezogen war ein feldwegs auff dem lande/ gedacht Gehaſi der knabe Eliſa des mans Gottes/ Sihe/ mein herr hat dieſem Syrer Naeman verſchonet/ das er nichts von jm hat genomen/ das er gebracht hat/ So war der HERR lebt/ ich wil jm nach lauffen/ vnd etwas von jm nemen/ Alſo jaget Gehaſi dem Naeman nach/ Vnd da Naeman ſahe/ das er jm nach lieffe/ ſteig er vom wagen jm entgegen/ vnd ſprach/ Gehet es recht zu? Er ſprach/ Ja/ aber mein herr hat mich geſand vnd leſſt dir ſagen/ Sihe/ itzt ſind zu mir komen vom gebirge Ephraim zween knaben aus der Propheten kinder/ gib jnen einen centener ſilbers/ vnd zwey feier kleider. Naeman ſprach/ Heb an/ nim zween centener/ Vnd er nötiget jn/ vnd band zween centener ſilbers jnn zween beutel vnd zwey feier kleider/ vnd gabs ſeinen zween knaben/ die trugens fur jm her/ Vnd da er kam jns tunckel/ nam ers von jren henden/ vnd legts beſeid im hauſe/ vnd lies die menner gehen.

Vnd da ſie weg waren/ trat er fur ſeinen herrn/ Vnd Eliſa ſprach zu jm/ Wo her Gehaſi? Er ſprach/ Dein knecht iſt weder hieher noch daher gegangen/ Er aber ſprach zu jm/ ᵃ Wandelt nicht mein hertz/ da der

ᵃ (Wandelt nicht) Das iſt/ haſtu nirgend hin gewandelt/ wie gehets denn zu/ das mein hertz wandelt/ vnd war bey dem wagen etc.

Das Ander teil

da der man vmbkeret von seinem wagen dir entgegen? Nu/du hast das silber vnd die kleider genomen/ölegarten/weinberge/schaf/rinder/knecht vnd megde/Aber der aussatz Naeman wird dir anhangen vnd deinem samen ewiglich/Da gieng er von jm hinaus aussetzig/wie schnee.

VI.

DIe kinder der Propheten sprachen zu Elisa/Sihe/der raum/da wir fur dir wonen/ist vns zu enge/las vns an den Jordan gehen/vnd einen jglichen daselbs holtz holen/das wir vns daselbs eine stete bawen/da wir wonen/ Er sprach/Gehet hin/Vnd einer sprach/So heb an vnd gehe mit deinen knechten/Er sprach/Ich wil mit gehen/Vnd er gieng mit jnen. Vnd da sie an den Jordan kamen/hieben sie holtz abe. Vnd da einer ein holtz fellet/fiel das eisen ins wasser/vnd er schrey/vnd sprach/Awe/mein herr/vnd es ist entlehnet. Aber der man Gottes sprach/Wo ists entfallen? Vnd da er jm den ort zeiget/schneit er ein holtz ab/vnd sties daselbs hin/da schwam das eisen/Vnd er sprach/Hebs auff/Da recket er seine hand aus vnd nams.

Vnd der König aus Syrien füret einen krieg wider Israel/vnd beratschlaget sich mit seinen knechten/vnd sprach/Wir wöllen vns lagern/da vnd da. Aber der man Gottes sandte zum Könige Israel/ vnd lies jm sagen/Hüte dich/das du nicht an den ort zihest/denn die Syrer rugen daselbs. So sandte denn der König Israel hin an den ort/den jm der man Gottes sagt/Verwaret jn/vnd hütet daselbs/vnd thet das nicht ein mal oder zwey mal allein.

Da ward das hertz des Königs zu Syrien vnstümig darüber/ vnd rieff seinen knechten/vnd sprach zu jnen/Wolt jr mir denn nicht ansagen/Wer ist aus den vnsern zu dem Könige Israel geflohen? Da sprach seiner knecht einer/Nicht also/mein herr König/sondern Elisa der Prophet jnn Israel sagets alles dem Könige Israel/was du jnn der kamer redest/da dein lager ist. Er sprach/So gehet hin vnd sehet/wo er ist/das ich hin sende vnd las jn holen/Vnd sie zeigeten jm an/vnd sprachen/Sihe/er ist zu Dothan/Da sandte er hin ross vnd wagen vnd eine grosse macht/Vnd da sie bey der nacht hin kamen/vmbgaben sie die stad.

Vnd der Diener des mans Gottes stund frue auff/das er sich auffmachte vnd auszöge/Vnd sihe/da lag eine macht vmb die stad mit rossen vnd wagen. Da sprach sein knabe zu jm/Awe/mein herr/ wie wöllen wir nu thun? Er sprach/Fürcht dich nicht/denn der ist mehr/die bey vns sind/denn der/die bey jnen sind/Vnd Elisa bettet vnd sprach/HERR/öffene jm die augen/das er sehe/Da öffenet der HERR dem knaben seine augen das er sahe/vnd sihe/da war der berg vol feuriger ross vnd wagen vmb Elisa her. Vnd da sie zu jm hinab kamen/bat Elisa/vnd sprach/HERR/schlahe dis volck mit blindheit/Vnd er schlug sie mit blindheit nach dem wort Elisa/ Vnd Elisa sprach zu jnen/Dis ist nicht der weg noch die stad/folget mir

Von den Königen. CXXIX.

get mir nach/ich wil euch füren zu dem man/den jr suchet/ Vnd füret sie gen Samaria.

Vnd da sie gen Samaria kamen/sprach Elisa/ HERR/öffene diesen die augen das sie sehen/ Vnd der HERR öffenet jnen die augen/ das sie sahen/vnd sihe/da waren sie mitten jnn Samaria/vnd der König Israel/da er sie sahe/sprach er zu Elisa/ Mein vater/ sol ich sie schlahen? Er sprach/ Du solt sie nicht schlahen/ welche du mit deinem schwert vnd bogen fehest/ die schlahe/ Setze jnen brod vnd wasser fur/das sie essen vnd trincken/vnd las sie zu jrem HERRN ziehen/ Da ward ein gros mal zugericht/ Vnd da sie gessen vnd getruncken hatten/lies er sie gehen/das sie zu jrem herrn zogen/ Sint des kamen die kriegs leute der Syrer nicht mehr ins land Israel.

Nach diesem begab sichs/ das Benhadad der König zu Syrien alle sein heer versamlet/vnd zog erauff vnd belagert Samaria/ vnd es war eine grosse thewrung zu Samaria/ Sie aber belagerten die Stad/bis das ein eselskopff acht silberlinge/ vnd ein vierteil Kab dauben mist funff silberlinge galt. Vnd da der König Israel zur mauren gieng/ schrey jn ein weib an/ vnd sprach/ Hilff mir mein herr König/Er sprach/Hilfft dir der HERR nicht/wo her sol ich dir helffen? Von der tennen oder von der kelter? Vnd der König sprach zu jr/ Was ist dir? Sie sprach/ Dis weib sprach zu mir/ Gib deinen son her/ das wir heute essen/ morgen wollen wir meinen son essen/ So haben wir meinen son gekocht vnd gessen/ Vnd ich sprach zu jr am andern tage/Gib deinen son her/vnd las vns essen/ aber sie hat jren son verstackt.

Da der König die wort des weibs höret/zureis er seine kleider/ jnn dem er zur mauren gieng/ Da sahe alles volck/das er einen sack vnden am leibe an hatte/ Vnd er sprach/ Gott thu mir dis vnd das/ wo das heubt Elisa des sons Saphat/ heute auff jm stehen wird. Elisa aber sass jnn seinem hause/ vnd die Eltesten sassen bey jm. Vnd er sandte einen man fur jm her/ aber ehe der bote zu jm kam/ sprach er zu den Eltesten/Habt jr gesehen/ wie er dis mord kind hat her gesand/ das er mein heubt abreisse? Sehet zu/ wenn der bote kompt/ das jr die thür zu schliesset/ vnd klemmet jn mit der thür/ Sihe/das rauschen seines herrn füssen folget jm nach. Da er noch also mit jnen redet/sihe/ da kam der bote zu jm hinab/ vnd sprach/ Sihe/solch vbel kompt von dem HERRN/ Was sol ich mehr von dem HERRN gewarten?

VII.

Elisa

Das Erste teil

ELisa aber sprach/Höret des HERRN wort/So spricht der HERR/Morgen vmb diese zeit wird ein scheffel semel melh einen sekel gelten/vnd zween scheffel gersten einen sekel/vnter dem thor zu Samaria. Da antwortet ein Ritter/auff welchs hand sich der König lehnet/dem man Gottes/vnd sprach/Vnd wenn der HERR fenster am himel machet/wie könd solchs geschehen? Er sprach/sihe da/mit deinen augen wirstu es sehen/vnd nicht dauon essen.

Vnd es waren vier aussetzige menner an der thür fur dem thor/vnd einer sprach zum andern/Was/wöllen wir hie bleiben bis wir sterben? Wenn wir gleich gedechten jnn die stad zu komen/so ist theurung jnn der stad/vnd müsten doch daselbs sterben/Bleiben wir aber hie/so müssen wir auch sterben/So lasst vns nu hin gehen/vnd zu dem heer der Syrer fallen/Lassen sie vns leben/so leben wir/tödten sie vns/so sind wir tod/Vnd machten sich jnn der frue auff/das sie zum heer der Syrer kemen/vnd da sie forn an den ort des heers kamen/sihe/da war niemands.

Denn der HERR hatte die Syrer lassen hören ein geschrey von rossen/wagen vnd grosser heer krafft/das sie vnternander sprachen/Sihe/der König Israel hat wider vns gedinget die Könige der Hethiter/vnd die Könige der Egypter/das sie vber vns komen sollen/Vnd machten sich auff vnd flohen jnn der frue/vnd liessen jre hütten/ross vnd esel im lager/wie es stund/vnd flohen mit jrem leben dauon.

Als nu die aussetzigen an den ort des lagers kamen/giengen sie jnn der hütten eine/assen vnd truncken/vnd namen/silber/gold vnd kleider/

Von den Königen. CXXX.

kleider/ vnd giengen hin vnd verborgen es/ vnd kamen wider/ vnd giengen jnn eine ander hütten vnd namen draus/ vnd giengen hin vnd verborgens. Aber einer sprach zum andern/ Lasst vns nicht so thun/ Dieser tag ist ein tag guter botschafft/ Wo wir das verschweigen vnd harren/ bis das liecht morgen wird/ wird vnser missethat funden werden/ So lasst vns nu hin gehen/ das wir komen vnd ansagen dem hause des Königs. Vnd da sie kamen/ rieffen sie am thor der stad/ vnd sagtens jnen an/ vnd sprachen/ Wir sind zum lager der Syrer komen/ vnd sihe/ es ist niemand da/ noch kein menschen stim/ sondern ross vnd esel angebunden/ vnd die hütten wie sie stehen.

Da rieff man den Thorhütern/ das sie es drinnen ansagten im hause des Königs/ Vnd der König stund auff jnn der nacht/ vnd sprach zu seinen knechten/ Lasst euch sagen/ wie die Syrer mit vns vmbgehen/ Sie wissen/ das wir hunger leiden/ vnd sind aus dem lager gegangen/ das sie sich im felde verkröchen/ vnd dencken/ Wenn sie aus der stad gehen/ wöllen wir sie lebendig greiffen/ vnd jnn die stad komen/ Da antwortet seiner knecht einer/ vnd sprach/ Man neme die funff vbrigen rosse/ die noch drinnen sind vberblieben (sihe/ die sind drinnen vberblieben von aller menge jnn Israel/ welche alle dahin ist) die lasst vns senden vnd besehen. Da namen sie zween wagen mit rossen/ vnd der König sandte sie dem lager der Syrer nach/ vnd sprach/ Zihet hin vnd besehet. Vnd da sie jnen nach zogen bis an den Jordan/ Sihe/ da lag der weg vol kleider vnd gerete/ welche die Syrer von sich geworffen hatten/ da sie eileten.

Vnd da die boten wider kamen/ vnd sagtens dem Könige an/ gieng das volck hinaus vnd beraubete das lager der Syrer/ Vnd es galt ein scheffel semel melh einen sekel/ vnd zween scheffel gersten auch einen sekel/ nach dem wort des HERRN/ Aber der König bestellet den Ritter/ auff des hand er sich lehnet/ vnter das thor/ vnd das volck zutrat jn im thor/ das er starb/ wie der man Gottes gered hatte/ da der König zu jm hinab kam/ Vnd geschach/ wie der man Gottes dem Könige sagte/ da er sprach/ Morgen vmb diese zeit werden zween scheffel gersten einen sekel gelten/ vnd ein scheffel semel melh einen sekel vnter dem thor zu Samaria/ Vnd der Ritter dem man Gottes antwortet/ vnd sprach/ Sihe/ wenn der HERR fenster am himel mechte/ wie möchte solchs geschehen? Er aber sprach/ sihe/ mit deinen augen wirstu es sehen/ vnd nicht davon essen/ vnd es gieng jm eben also/ denn das volck zutrat jn im thor/ das er starb.

VIII.

Elisa redet mit dem weibe/ des son er hatte lebendig gemacht/ vnd sprach/ Mach dich auff vnd gehe hin mit deinem hause/ vnd sey frembdling wo du kanst/ denn der HERR wird eine thewrung ruffen/ die wird ins land komen sieben jar lang/ Das weib macht sich auff vnd thet/ wie der man Gottes sagt/ vnd zog hin mit jrem hause/ vnd war frembdling jnn der Philister lande sieben jar. Da aber die sieben jar vmb waren/ kam das weib wider aus der Philister lande/ vnd sie gieng aus den König an zu schreien vmb jr haus vnd

T acker.

Das Ander teil

acker. Der König aber redet mit Gehasi dem knaben des mans Gottes/vnd sprach/Erzele mir alle grosse thaten/die Elisa gethan hat/ Vnd jnn dem er dem Könige erzelet/wie er hette einen todten lebendig gemacht/Sihe/da kam eben dazu das weib/des son er hatte lebendig gemacht/vnd schrey den König an vmb jr haus vnd acker/Da sprach Gehasi/Mein herr König/dis ist das weib vnd dis ist jr son/den Elisa hat lebendig gemacht/Vnd der König fragt das weib/vnd sie erzelet es jm/Da gab jr der König einen Kemerer/vnd sprach/Schaff jr wider alles das jr ist/dazu alles einkomen des ackers/sint der zeit sie das land verlassen hat bis hieher.

Vnd Elisa kam gen Damascon/da lag Benhadad der König zu Syrien kranck/Vnd man sagts jm an/vnd sprach/Der man Gottes ist her komen/Da sprach der König zu Hasael/Nim geschenck mit dir/vnd gehe dem man Gottes entgegen/vnd frage den HERRN durch jn/vnd sprich/Ob ich von dieser kranckheit müge genesen/Hasael gieng jm entgegen vnd nam geschenck mit sich/vnd allerley güter zu Damasco/vierzig Camelen last/Vnd da er kam/trat er fur jn/vnd sprach/Dein son Benhadad der König zu Syrien/hat mich zu dir gesand/vnd lesst dir sagen/Kan ich auch von dieser kranckheit genesen?

Elisa sprach zu jm/Gehe hin vnd sage jm/ Du wirst genesen/ Aber der HERR hat mir gezeigt/das er des tods sterben wird/Vnd der man Gottes sahe ernst vnd stellet sich heslich/vnd weinet/ Da sprach Hasael/Warumb weinet mein herr? Er sprach/Ich weis/ was vbels du den kindern Israel thun wirst/ Du wirst jre feste stedte mit feur verbrennen/vnd jre junge manschafft mit dem schwert erwürgen/vnd jre junge kinder tödten/vnd jre schwanger weiber zureissen.

Hasael sprach/Was ist dein Knecht der Hund/das er solch gros ding thun solt? Elisa sprach/Der HERR hat mir gezeiget/das du König zu Syrien sein wirst/Vnd er gieng weg von Elisa vnd kam zu seinem herrn/der sprach zu jm/Was sagt dir Elisa? Er sprach/Er sagt mir/Du wirst genesen/Des andern tags aber nam er den kolter vnd tuncket jn jnn wasser/vnd breitet jn vber sich her/da starb er/vnd Hasael ward König an seine stat.

Im funfften jar Joram des sons Ahab des Königs Israel/ward Joram der son Josaphat König jnn Juda/zwey vnd dreissig jar alt war er da er König ward/vnd regirt acht jar zu Jerusalem/vnd wandelt auff dem weg der Könige Israel/wie das Haus Ahab thet/denn Ahabs tochter war sein weib/vnd er thet das dem HERRN vbel gefiel/Aber der HERR wolte Juda nicht verderben vmb seines Knechts Dauids willen/wie er jm gered hatte jm zu geben eine leuchte vnter seinen kindern jmerdar.

Zu seiner zeit fielen die Edomiter ab von Juda/vnd machten einen König vber sich/ Das macht/Joram war durch Zaira gezogen vnd alle wagen mit jm/vnd hatte sich des nachts auffgemacht/vnd die Edomiter geschlagen die vmb jn her waren/dazu die öbersten vber die wagen/das das volck floh jnn seine hütten/darumb fielen die Edomiter ab von Juda/bis auff diesen tag/Auch fiel zur selben zeit ab Libna.
Was

Von den Königen. CXXXI.

Was aber mehr von Joram zu sagen ist/vnd alles was er gethan hat/sihe/das ist geschrieben jnn der Chronica der Könige Juda/Vnd Joram entschlieff mit seinen Vetern/vnd ward begraben mit seinen Vetern jnn der stad Dauid/vnd Ahasia sein son ward König an seine stat.

Im zwelfften jar Joram des sons Ahab des Königs Israel/ ward Ahasia der son Joram König jnn Juda/zwey vnd zwenzig jar alt war Ahasia/da er König ward/vnd regirte ein jar zu Jerusalem/ Seine mutter hies Athalia eine tochter Amri des Königs Israel/vnd wandelt auff dem wege des hauses Ahab/vnd thet das dem HERRN vbel gefiel/wie das haus Ahab/Denn er war schwager im hause Ahab/vnd er zog mit Joram dem son Ahab jnn streit wider Hasael den König zu Syrien gen Ramoth jnn Gilead/aber die Syrer schlugen Joram/ Da keret Joram der König vmb/das er sich heilen liesse zu Jesreel von den schlegen/die jm die Syrer geschlagen hatten zu Rama/da er mit Hasael dem Könige zu Syrien streit/Vnd Ahasia der son Joram der König Juda/kam hinab zu besehen Joram den son Ahab zu Jesreel/denn er lag kranck.

IX.

Elisa aber der Prophet rieff der Propheten kinder einem/vnd sprach zu jm/Gürte deine lenden vnd nim diesen ölekrug mit dir/vnd gehe hin gen Ramoth jnn Gilead/vnd wenn du dahin kompst/wirstu daselbs sehen Jehu den son Josaphat des sons Nimsi/vnd gehe hinein vnd heis jn auff stehen vnter seinen brüdern/vnd füre jn jnn die innerste kamer/vnd nim den ölekrug vnd schüts auff sein heubt vnd sprich/So sagt der HERR/Ich hab dich zum Könige vber Israel gesalbet/Vnd solt die thür auff thun vnd fliehen vnd nicht verziehen. Vnd der Jüngling des Propheten der knabe gieng hin gen Ramoth jnn Gilead/Vnd da er hinein kam/sihe/da sassen die Heubtleute des heers/vnd er sprach/Ich hab dir Heubtman was zu sagen/ Jehu sprach/Welchem vnter vns allen? Er sprach/Dir Heubtman.

Da stund er auff vnd gieng hinein/Er aber schüttet das öle auff sein heubt/vnd sprach zu jm/So sagt der HERR der Gott Israel/ Ich hab dich zum Könige gesalbet vber des HERRN volck Israel/ vnd du solt das Haus Ahab deines herrn schlahen/das ich das blut der Propheten meiner knechte/vnd das blut aller knechte des HERRN reche von der hand Isebel/das das gantze Haus Ahab vmbkome/vnd ich wil von Ahab ausrotten/den/der an die wand pisset/vnd den verschlossen vnd verlassen jnn Israel/vnd wil das Haus Ahab machen/wie das Haus Jerobeam des sons Nebat/vnd wie das Haus Baesa des sons Ahia/vnd die hunde sollen Isebel fressen auff dem acker zu Jesreel/vnd sol sie niemand begraben/Vnd er thet die thür auff vnd floh.

Vnd da Jehu eraus gieng zu den knechten seins herrn/ sprach man zu jm/Stehets wol? Warumb ist dieser rasender zu dir komen? Er sprach zu jnen/Jr kennet doch den man wol vnd was er saget/Sie sprachen/Das ist nicht war/Sage es vns aber an/Er sprach/So vnd so hat er mit mir gered/vnd gesagt/So spricht der HERR/Ich
T ij habe

Das Ander teil

habe dich zum Könige vber Israel gesalbet/ Da eileten sie vnd nam ein iglicher sein kleid vnd legts vnter jn bey dem Sonnen zeiger/ vnd bliesen mit der posaunen/ vnd sprachen/ Jehu ist König worden/ Also macht Jehu der son Josaphat des sons Nimsi einen Bund wider Joram/ Joram aber lag fur Ramoth inn Gilead mit gantzem Israel wider Hasael den König zu Syrien/ Joram aber der König war wider komen das er sich heilen liesse zu Jesreel von den schlegen/ die jm die Syrer geschlagen hatten/ da er streit mit Hasael dem Könige zu Syrien.

Vnd Jehu sprach/ Ists ewer gemüt/ so sol niemand entrinnen aus der stad/ das er hin gehe vnd ansage zu Jesreel/ Vnd er fur auff vnd zog gen Jesreel/ denn Joram lag daselbs/ So war Ahasia der König Juda hinab gezogen Joram zu besehen. Der Wechter aber der auff dem thurm zu Jesreel stund/ sahe den hauffen Jehu komen/ vnd sprach/ Ich sehe einen hauffen/ Da sprach Joram/ Nim einen wagen vnd sende jnen entgegen/ vnd sprich/ Ists fride? Vnd der Furman fur hin jm entgegen/ vnd sprach/ So sagt der König/ Ists fride? Jehu sprach/ Was gehet dich der fried an? Wende dich hinder mich/ Der Wechter verkündigt/ vnd sprach/ Der bote ist zu jnen komen vnd kompt nicht wider.

Da sandte er einen andern Furman/ Da der zu jm kam/ sprach er/ So spricht der König/ Ists fride? Jehu sprach/ Was gehet dich der fried an? Wende dich hinder mich/ Das verkündigt der Wechter/ vnd sprach/ Er ist zu jnen komen vnd kompt nicht wider/ vnd es ist ein treiben wie das treiben Jehu des sons Nimsi/ denn er treibet/ wie er vnsinnig were. Da sprach Joram/ Spannet an/ vnd man spannet seinen wagen an vnd sie zogen aus/ Joram der König Israel vnd Ahasia der König Juda ein iglicher auff seinem wagen/ das sie Jehu entgegen kemen/ vnd sie traffen jn an auff dem acker Naboth des Jesreeliten. Vnd da Joram Jehu sahe/ sprach er/ Jehu/ ists fride? Er aber sprach/ Was/ fride? Deiner mutter Isebel hurerey vnd zeuberey ist noch kein ende.

Da wand Joram seine hand vnd floh/ vnd sprach zu Ahasia/ Es ist verretherey Ahasia/ Aber Jehu fasset den bogen vnd schos Joram zwisschen den armen/ das der pfeil durch sein hertz aus fur/ vnd fiel inn seinen wagen/ Vnd er sprach zum Ritter Bidekar/ Nim vnd wirff jn auffs stück ackers Naboth des Jesreeliten/ denn ich gedencke/ das du mit mir auff eim wagen seinem vater nach furen/ das der HERR solche Last vber jn hub/ Was gilts/ sprach der HERR/ ich wil dir das blut Naboth vnd seiner kinder/ das ich gistern sahe/ vergelten auff diesem acker/ So nim nu vnd wirff jn auff den acker/ nach dem wort des HERRN.

Da das Ahasia der König Juda sahe/ flohe er des wegs zum hause des garten/ Jehu aber jagt jm nach/ vnd hies jn auch schlahen auff dem wagen gen Gur hinan/ die bey Jeblaam ligt/ Vnd er floh gen Megiddo/ vnd starb daselbs/ Vnd seine knechte liessen jn füren gen Jerusalem/ vnd begruben jn jnn seinem grabe mit seinen Vetern jnn der stad Dauid. Ahasia aber regirte vber Juda im eilfften jar Joram des sons Ahab.

Vnd

Von den Königen. CXXXII.

Vnd da Jehu gen Jesreel kam/vnd Jsebel das erfur/schmincket sie jr angesicht vnd schmücket jr heubt/vnd kucket zum fenster aus/ Vnd da Jehu vnter das thor kam/sprach sie/Jsts Simri wol gegangen/der seinen herrn erwürget? Vnd er hub sein angesicht auff zum fenster/vnd sprach/Wer ist bey mir? Da wandten sich zween oder drey Kemerer zu jm/Er sprach/Störtzt sie erab/Vnd sie störtzten sie erab/ das die wand vnd die ross mit jrem blut besprenget worden/vnd sie ward zutretten.

Vnd da er hinein kam vnd gessen vnd getruncken hatte/sprach er/Besehet doch die verfluchte vnd begrabet sie/denn sie ist eines Königs tochter. Da sie aber hin giengen sie zu begraben/funden sie nichts von jr/denn den scheddel vnd füsse/vnd jre flache hende/Vnd kamen wider/vnd sagtens jm an/Er aber sprach/Es ists/das der HERR geredt hat durch seinen Knecht Elia den Thesbiten/vnd gesagt/Auff dem acker Jesreel sollen die hunde der Jsebel fleisch fressen/Also ward das ass Jsebel wie ein dreck auff dem felde im acker Jesreel/das man nicht sagen kund/Das ist Jsebel.

X.

AHab aber hatte siebenzig söne zu Samaria/ Vnd Jehu schreib briene vnd sandte sie gen Samaria zu den obersten der stad Jesreel zu den Eltesten vnd Vormünden Ahab/die lauten also/Wenn dieser brieff zu euch komet/bey denen ewrs herrn söne sind/wagen/rosse/feste stedte vnd rüstung/so sehet/welcher der beste vnd der rechtest sey vnter den sönen ewrs herrn/vnd setzt jn auff seines vaters stuel/vnd streitet fur ewrs herrn haus. Sie aber fürchten sich fast seer/

T iij vnd

Das Ander teil

vnd sprachen/Sihe/zween Könige sind nicht gestanden fur jm/wie wollen wir denn stehen? Vnd die vber das Haus vnd vber die Stad waren/vnd die Eltesten vnd Vormünden sandten hin zu Jehu/vnd liessen jm sagen/Wir sind deine knechte/Wir wollen alles thun/was du vns sagest/Wir wollen niemand zum Könige machen/Thu was dir gefellet.

Da schreib er den andern brieff zu jnen/der lautet also/ So jr mein seid/vnd meiner stimme gehorchet/so nemet die heubter von den mennern ewrs herrn sönen/vnd bringet sie zu mir morgen bey zeit gen Jesreel. Der söne aber des Königs waren siebenzig man/vnd die grössesten der stad zogen sie auff/ Da nu der brieff zu jnen kam/namen sie des Königs söne vnd schlachteten siebenzig man/vnd legten jre heubter jnn körbe/vnd schicketen sie zu jm gen Jesreel/Vnd da der bote kam/vnd sagts jm an/vnd sprach/Sie haben die heubter des Königs kinder gebracht/Sprach er/Legt sie auff zween hauffen fur der thür am thor bis morgen.

Vnd des morgens da er aus gieng/trat er dahin/vnd sprach zu allem volck/Seid jr gerecht? Sihe/hab ich wider meinen herrn einen Bund gemacht/vnd jn erwürget/Wer hat denn diese alle geschlagen? So erkennet jr ja/das kein wort des HERRN ist auff die erden gefallen/das der HERR gered hat wider das Haus Ahab/Vnd der HERR hat gethan/wie er gered hat/durch seinen Knecht Elia. Also schlug Jehu alle vbrigen vom Hause Ahab zu Jesreel/alle seine grossen/seine verwandten vnd seine Priester/bis das jm nicht einer vberbleib/Vnd macht sich auff/zog hin vnd kam gen Samaria/Vnter wegen aber war ein hirten haus/Da traff Jehu an die brüder Ahasia des Königs Juda/vnd sprach/Wer seid jr? Sie sprachen/Wir sind brüder Ahasia/vnd ziehen hinab zu grüssen des Königs kinder vnd der Königin kinder/Er aber sprach/Greiffet sie lebendig/Vnd sie griffen sie lebendig/vnd schlachten sie bey dem brun am hirten haus/zween vnd vierzig man/vnd lies nicht einen von jnen vbrig.

Vnd da er von dannen zog/fand er Jonadab den son Rechab/der jm begegent/vnd grüsset jn/vnd sprach zu jm/Ist dein hertz richtig/wie mein hertz mit deinem hertzen? Jonadab sprach/Ja/Ists also/so gib mir deine hand/Vnd er gab jm seine hand/vnd er lies jn zu jm auff den wagen sitzen/vnd sprach/Kom mit mir vnd sihe meinen eiuer vmb den HERRN/Vnd sie füreten jn mit jm auff seinem wagen/Vnd da er gen Samaria kam/schlug er alles was vbrig war von Ahab zu Samaria/bis das er jn vertilget/nach dem wort des HERRN/das er zu Elia gered hatte.

Vnd Jehu versamlet alles volck/vnd lies zu jnen sagen/Ahab hat Baal wenig gedienet/Jehu wil jm bas dienen/So lasst nu ruffen alle Propheten Baal/allen seinen Knechten/vnd allen seinen Priestern zu mir/das man niemands vermisse/denn ich habe ein gros opffer dem Baal zu thun/Wes man vermissen wird/der sol nicht leben/Aber Jehu thet solchs zu vntertretten/das er die Diener Baal vmbbrechte/Vnd Jehu sprach/Heiliget dem Baal das Fest/vnd lasst aus ruffen/Auch sandte Jehu jnn gantz Israel/vnd lies alle Diener Baal komen/das niemand vbrig war/der nicht keme/Vnd sie kamen

Von den Königen. CXXXIII.

men jnn das haus Baal/das das haus Baal vol ward an allen enden.

Da sprach er zu denen die vber das gewand haus waren/Bringet allen Dienern Baal kleider eraus/Vnd sie brachten die kleider eraus/Vnd Jehu gieng jns haus Baal mit Jonadab dem son Rechab/ vnd sprach zu den Dienern Baal/Forschet vnd sehet zu/das nicht hie vnter euch sey des HERRN Diener jemand/sondern Baals Diener alleine/Vnd da sie hinein kamen/Opffer vnd Brandopffer zu thun/ bestellet jm Jehu haussen achtzig man/vnd sprach/Wenn der menner jemand entrinnet/die ich vnter ewre hende gebe/so sol fur seine seel desselben seel sein.

Da er nu die Brandopffer volendet hatte/sprach Jehu zu den Drabanten vnd Rittern/Gehet hinein/vnd schlahet jederman/lasst niemand eraus gehen. Vnd sie schlugen sie mit der scherffe des schwerts/vnd die Drabanten vnd Ritter worffen sie weg/vnd giengen zur stad des haus Baal/vnd brachten eraus die seule im hause Baal/ vnd verbranten sie vnd zu brachen die seule Baal/sampt dem haus Baal/vnd machten ein heimlich gemach draus/bis auff diesen tag/ Also vertilget Jehu den Baal aus Israel/Aber von den sunden Jerobeam des sons Nebat/der Israel sundigen machte/lies Jehu nicht/ von den gülden Kelbern zu BethEl vnd zu Dan.

Vnd der HERR sprach zu Jehu/Darumb/das du willig gewesen bist zu thun was mir gefallen hat/vnd hast am Hause Ahab gethan alles was jnn meinem hertzen war/sollen dir auff deinem stuel Israel sitzen deine kinder jns vierde gelied. Aber doch hielt Jehu nicht/das er im Gesetz des HERRN des Gottes Israel wandelte von gantzem hertzen/denn er lies nicht von den sunden Jerobeam/ der Israel hatte sundigen gemacht.

Zur selben zeit fieng der HERR an vberdrüssig zu werden vber Israel/Denn Hasael schlug sie jnn allen grentzen Israel vom Jordan gegen der Sonnen auff gang/vnd das gantze land Gilead der Gadditer/Rubeniter vnd Manassiter/von Aroer an die am bach bey Arnon ligt/vnd Gilead vnd Basan.

Was aber mehr von Jehu zu sagen ist/vnd alles was er gethan hat/vnd alle seine macht/sihe/das ist geschrieben jnn der Chronica der Könige Israel. Vnd Jehu entschlieff mit seinen Vetern/vnd sie begruben jn zu Samaria/vnd Joahas sein son ward König an seine stat/Die zeit aber die Jehu vber Israel regirt hat/sind acht vnd zwenzig jar zu Samaria.

XI.

Athalia aber Ahasia mutter/da sie sahe/das jr son tod war/macht sie sich auff vnd bracht vmb allen Königlichen samen. Aber Joseba die tochter des Königs Joram Ahasia schwester/nam Joas den son Ahasia/vnd stal jn aus des Königs kindern die getödtet wurden mit seiner Amme jnn der schlaff kamer/vnd sie verborgen jn fur Athalia/das er nicht getödtet ward/Vnd er war mit jr versteckt im Hause des HERRN sechs jar/Athalia aber war Königin im lande.

T iiij Jm sie

Das Ander teil

Im siebenden jar aber sandte hin Joiada vnd nam die obersten vber hundert mit den Heubtleuten vnd die drabanten/ vnd lies sie zu sich ins Haus des HERrn komen/ vnd macht einen Bund mit jnen/ vnd nam einen eid von jnen im Hause des HERRN/ vnd zeiget jnen des Königs son/ vnd gebot jnen/ vnd sprach/ Das ists/ das jr thun solt/ Ewer ein dritten teil die jr des Sabbaths angehet/ sollet der hut warten im hause des Königs/ Vnd ein dritte teil sol sein am thor Sur/ Vnd ein dritte teil am thor das hinder den drabanten ist/ vnd solt der hut warten am hause Massa/ Aber zwey teil ewer aller/ die jr des Sabbaths abgehet/ sollet der hut warten im Hause des HERRN vmb den König/ vnd sollet rings vmb den König euch machen/ vnd ein jglicher mit seiner wehre jnn der hand/ vnd wer herein zwisschen die wand komet/ der sterbe/ das jr bey dem Könige seid/ wenn er aus vnd eingehet.

(Des Sabbaths) Das waren/ die auff des Königs dienst warten/ eine woche vmb die andern/ Wenn ein teil abgieng/ so gieng das ander an.

Vnd die obersten vber hundert theten alles/ wie jnen Joiada der Priester geboten hatte/ vnd namen zu sich jre menner/ die des Sabbaths angiengen/ mit denen/ die des Sabbaths abgiengen/ vnd kamen zu dem Priester Joiada/ Vnd der Priester gab den Heubtleuten spies vnd schilte/ die des Königs Dauids gewesen waren/ vnd jnn dem Hause des HERRN waren/ vnd die drabanten stunden vmb den König her/ ein jglicher mit seiner wehre jnn der hand/ von dem winckel des Hauses zur rechten/ bis zum winckel zur lincken/ zum Altar zu vnd zum Hause/ Vnd er lies des Königs son erfur komen/ vnd setzet jm eine kron auff/ vnd nam das Zeugnis vnd machten jn zum Könige/ vnd waren frölich/ vnd schlugen die hende zu samen/ vnd sprachen/ Glück zu dem Könige.

(Zeugnis) Das war das buch Mose das fünffte/ das dem Könige befolhen ward.

Vnd da Athalia höret das geschrey des volcks das zu lieff/ kam sie zum volck jnn das Haus des HERRN/ vnd sahe/ Sihe/ da stund der König an der seulen/ wie es gewonheit war/ vnd die Senger vnd drometen bey dem Könige/ vnd alles volck des lands war frölich/ vnd bliesen mit drometen/ Athalia aber zureis jre kleider/ vnd sprach/ Auffrur/ Auffrur. Aber der Priester Joiada gebot den obersten vber hundert/ die vber das heer gesetzt waren/ vnd sprach zu jnen/ Füret sie zum Hause hinaus jnn den hof/ vnd wer jr folget/ der sterbe des schwerts/ Denn der Priester hatte gesagt/ sie solte nicht im Hause des HERRn sterben/ Vnd sie legten die hende an sie/ vnd sie gieng hinein des weges da die ross zum hause des Königs gehen/ vnd ward daselbs getödtet.

Da machet Joiada einen Bund zwisschen dem HERRN vnd dem Könige vnd dem volck/ das sie des HERRN volck sein solten/ Also auch zwisschen dem Könige vnd dem volck/ Da gieng alles volck des lands jns haus Baal/ vnd brachen seine Altar ab/ vnd zubrachen sein bildnis recht wol/ Vnd Mathan den Priester Baal erwürgeten sie fur den Altaren/ Der Priester aber bestellet die empter im Hause des HERRN/ vnd nam die obersten vber hundert/ vnd die Heubtleute vnd die drabanten/ vnd alles volck des lands/ vnd füreten den König hinab vom Hause des HERRN/ vnd kamen auff dem wege von dem thor der drabanten zum Königs hause/ vnd er satzt sich auff der Könige stuel/ Vnd alles volck im lande war frölich/ vnd die stad ward stille/ Athalia aber tödten sie mit dem schwert jns Königs hause/ Vnd Joas war sieben jar alt/ da er König ward.

Im sieben

Von den Königen.
XII.

JM siebenden jar Jehu/ward Joas König/vnd regirte vierzig jar zu Jerusalem/Seine mutter hies Zibea von Bersaba. Vnd Joas thet was recht war vnd dem HERRN wol gefiel/so lang jn der Priester Joiada leret/on das sie die Höhe nicht abe theten/denn das volck opfferte vnd reucherte noch auff den Höhen.

Vnd Joas sprach zu den Priestern/Alles geld das geheiliget wird dazu/das es an das Haus des HERRN gewand werde/nemlich/das geld so jederman gibt/jnn der schetzung/vnd das geld so jederman fur seine seele gibt/vnd alles geld das jederman von freiem hertzen opffert/dazu/das an des HERRN Haus gewand werde/das lasst die Priester zu sich nemen/einen jglichen sein teil/dauon sollen sie bessern was bawfellig ist am Hause des HERRN/wo sie finden das bawfellig ist.

Da aber die Priester bis jns drey vnd zwenzigst jar des Königs Joas nicht besserten was bawfellig war an Hause/rieff der König Joas dem Priester Joiada/sampt den Priestern/vnd sprach zu jnen/Warumb bessert jr nicht was bawfellig ist am Hause? So solt jr nu nicht zu euch nemen das geld ein jglicher seins teils/sondern solts geben zu dem das bawfellig ist am Hause. Vnd die Priester bewilligeten/vom volck nicht geld zu nemen/vnd das bawfellige am Hause zu bessern.

Da nam der Priester Joiada eine laden vnd boret oben ein loch drein/vnd setzt sie zur rechten hand neben den Altar/da man jnn das Haus des HERRN gehet/vnd die Priester die an der schwelle hüteten/theten drein alles geld/das zu des HERRN Haus gebracht ward/Wenn sie denn sahen/das viel geld jnn der laden war/so kam des Königs Schreiber erauff mit dem Hohen priester/vnd bunden das geld zu samen/vnd zeleten es/was fur des HERRN Haus funden ward.

Vnd man gab das geld bar vber denen/die da erbeiten vnd bestellet waren zu dem Hause des HERRN/vnd sie gabens eraus den zimmerleuten/die da baweten vnd erbeiten am Hause des HERRN/nemlich/den meurern vnd steinmetzen/vnd die da holtz vnd gehawen stein kauffen/das das bawfellige am Hause des HERRN gebessert würde/vnd alles was sie funden am Hause zu bessern not sein/Doch lies man nicht machen silbern schalen/becher/becken/drometen/noch jrgend ein gülden oder silbern gerete im Hause des HERRN von solchem geld/das zu des HERRN Hause gebracht ward/sondern man gabs den erbeitern/das sie damit das bawfellige am Hause des HERRN besserten/Auch durfften die menner nicht berechen/den man das geld thet/das sie es den erbeitern geben/sondern sie handelten auff glauben/Aber das geld von Schuldopffern vnd Sündopffern ward nicht zum Hause des HERRN gebracht/denn es war der Priester.

Zu der zeit zog Hasael der König zu Syrien erauff/vnd streit wider Gath/vnd gewan sie/Vnd da Hasael sein angesicht stellet zu Jerusalem hinauff zu ziehen/nam Joas der König Juda alle das geheiligete/das seine Veter Josaphat/Joram vnd Ahasia die Könige
Juda

Das Ander teil

Juda geheiliget hatten/vnd was er geheiliget hatte/Dazu alles gold/ das man fand im schatz jnn des HERRN hause/vnd jnn des Königs hause/vnd schickets Hasael dem Könige zu Syrien/Da zog er abe von Jerusalem.

Was aber mehr von Joas zu sagen ist/vnd alles was er gethan hat/das ist geschrieben jnn der Chronica der Könige Juda/Vnd seine knechte empöreten sich vnd machten einen Bund/vnd schlugen jn im hause Millo/da man hinab gehet zu Silla/Denn Josabar der son Simeath vnd Josabad der son Somer seine knechte/schlugen jn tod/vnd man begrub jn mit seinen Vetern jnn der stad Dauid/vnd Amazia sein son ward König an seine stat.

XIII.

IM drey vnd zwenzigsten jar Joas des sons Ahasia des Königs Juda/ward Joahas der son Jehu König vber Israel zu Samaria siebenzehen jar/vnd thet das dem HERRN vbel gefiel/vnd wandelt den sünden nach Jerobeam des sons Nebat/der Israel sundigen machte/vnd lies nicht dauon/Vnd des HERRN zorn ergrimmet vber Israel/vnd gab sie vnter die hand Hasael des Königs zu Syrien vnd Benhadad des sons Hasael jr leben lang.

Aber Joahas bat des HERRN angesicht/vnd der HERR erhöret jn/Denn er sahe den jamer Israel an/wie sie der König zu Syrien treib/Vnd der HERR gab Israel einen Heiland/der sie aus der gewalt der Syrer füret/das die kinder Israel jnn jren hütten woneten wie vorhin/Doch liessen sie nicht von der sünde des Hauses Jerobeam/der Israel sundigen machte/sondern wandelten drinnen/Auch bleib stehen der Hayn zu Samaria/Denn es war des volcks Joahas nicht mehr vberblieben/denn funfftzig reuter/zehen wagen/vnd zehen tausent fusvolcks/Denn der König zu Syrien hatte sie vmbgebracht/ vnd hatte sie gemacht/wie drescher staub.

Was aber mehr von Joahas zu sagen ist/vnd alles was er gethan hat vnd seine macht/sihe/das ist geschrieben jnn der Chronica der Könige Israel/Vnd Joahas entschlieff mit seinen Vetern/vnd man begrub jn zu Samaria/vnd sein son Joas ward König an seine stat.

Im sieben vnd dreissigsten jar Joas des Königs Juda/ward Joas der son Joahas König vber Israel zu Samaria sechzehen jar/vnd thet das dem HERRN vbel gefiel/vnd lies nicht von allen sunden Jerobeam des sons Nebat/der Israel sundigen machte/sondern wandelt drinnen.

Was aber mehr von Joas zu sagen ist/vnd was er gethan hat/ vnd seine macht/wie er mit Amazia dem Könige Juda gestritten hat/ sihe/das ist geschrieben jnn der Chronica der Könige Israel/Vnd Joas entschlieff mit seinen Vetern/vnd Jerobeam sas auff seinem stuel/Joas aber ward begraben zu Samaria bey die Könige Israel.

Elisa aber ward kranck daran er auch starb/Vnd Joas der König Israel kam zu jm hinab/vnd weinet fur jm/vnd sprach.
Mein

Von den Königen. CXXXV.

Mein vater/Mein vater/Furman Israel vnd sein reuter/Elisa aber sprach zu jm/Nim den bogen vnd pfeil/Vnd da er den bogen vnd die pfeile nam/sprach er zum Könige Israel/Spanne mit deiner hand den bogen/vnd er spannet mit seiner hand. Vnd Elisa legt seine hand auff des Königs hand/vnd sprach/Thu das fenster auff gegen morgen/Vnd er thets auff/Vnd Elisa sprach/Scheus/Vnd er schos/Er aber sprach/Ein pfeil des heils vom HERRN/Ein pfeil des heils wider die Syrer/Vnd du wirst die Syrer schlahen zu Aphek bis sie auff gerieben sind.

Vnd er sprach/Nim die pfeile/Vnd da er sie nam/sprach er zum Könige Israel/Schlahe die erden/Vnd er schlug drey mal vnd stund stille/Da ward der man Gottes zornig auff jn/vnd sprach/Hettestu funff oder sechs mal geschlagen/so würdestu die Syrer geschlagen haben bis sie auffgerieben weren/ Nu aber wirstu sie drey mal schlahen.

Da aber Elisa gestorben war/vnd man jn begraben hatte/fielen die kriegsleute der Moabiter jns land desselben jars/Vnd es begab sich/das sie einen man begruben/Da sie aber die kriegsknechte sahen/ worffen sie den man jnn Elisa grab/Vnd da er hin kam vnd die gebeine Elisa anrüret/ward er lebendig vnd trat auff seine füsse.

Also zwang nu Hasael der König zu Syrien Israel so lang Joahas lebt. Aber der HERR thet jm gnade vnd erbarmet sich jr/vnd wand sich zu jnen vmb seines Bunds willen/mit Abraham/Isaac vnd Jacob/vnd wolt sie nicht verderben/verwarff sie auch nicht von seinem angesicht bis auff diese stund.

Vnd Hasael der König zu Syrien starb/vnd sein son Benhadad ward König an seine stat/Joas aber keret vmb/vnd nam die stedte aus der hand Benhadad des sons Hasael/die er aus der hand seines vaters Joahas genomen hatte mit streit/drey mal schlug jn Joas/ vnd bracht die stedte Israel wider.

XIIII.

IM andern jar Joas des sons Joahas des Königs Israel/ward Amazia König der son Joas des Königs Juda/funff vnd zwenzig jar alt war er/da er König ward/vnd regirt neun vnd zwenzig jar zu Jerusalem/ Seine mutter hies Joadan von Jerusalem/vnd er thet was dem HERRN wol gefiel/doch nicht wie sein vater Dauid/sondern wie sein vater Joas/thet er auch/denn die Höhen wurden nicht abgethan/sondern das volck opfferte vñ reucherte noch auff den Höhen. Da er nu des Königreichs mechtig ward/schlug er seine knechte/die seinen vater den König geschlagen hatten/aber die kinder der todschleger tödtet er nicht/wie es denn geschrieben stehet im Gesetz buch Mose/da der HERR geboten hat/vnd gesagt/Die Veter sollen nicht vmb der kinder willen sterben/vnd die kinder sollen nicht vmb der Veter willen sterben/sondern ein jglicher sol vmb seiner sunde willen sterben.

Er schlug auch der Edomiter im Saltztal zehen tausent/vnd gewan die stad Sela mit dem streit/vnd hies sie Jaktheel bis auff diesen tag. Da sandte

Das Ander teil

Da sandte Amazia boten zu Joas dem son Joahas des sons Jehu dem Könige Israel/vnd lies jm sagen/Kom her/las vns miteinander besehen. Aber Joas der König Israel sandte zu Amazia dem Könige Juda/vnd lies jm sagen/Der dornstrauch der im Libanon ist/ sandte zum cedern im Libanon/vnd lies jm sagen/Gib deine tochter meinem son zum weibe/Aber das wild auff dem felde im Libanon lieff vber den dornstrauch vnd zutrat jn/Du hast die Edomiter geschlagen/ des erhebt sich dein hertz/habe den rhum vnd bleib daheimen/Warumb ringestu nach vnglück/das du fallest vnd Juda mit dir?

Aber Amazia gehorchet nicht/ Da zog Joas der König Israel erauff/vnd sie besahen sich miteinander/Er vnd Amazia der König Juda zu BethSemes die jnn Juda ligt. Aber Juda ward geschlagen fur Israel/das ein jglicher floh jnn seine hütten/Vnd Joas der König Israel greiff Amazia den König Juda den son Joas des sons Ahasia zu BethSemes/vnd kam gen Jerusalem/vnd zureis die mauren Jerusalem von dem thor Ephraim an/bis an das Eckthor/vierhundert ellen lang/vnd nam alles gold vnd silber vnd gerete das funden ward im Hause des HERRN/vnd im schatz des Königs Hause/dazu die kinder zu pfande/vnd zog wider gen Samaria.

Was aber mehr von Joas zu sagen ist/das er gethan hat/vnd seine macht/vnd wie er mit Amazia dem Könige Juda gestritten hat/ sihe/das ist geschrieben jnn der Chronica der Könige Israel. Vnd Joas entschlieff mit seinen Vetern vnd ward begraben zu Samaria vnter den Königen Israel/vnd sein son Jerobeam ward König an seine stat.

Amazia aber der son Joas des Königs Juda lebt nach dem tod Joas des sons Joahas des Königs Israel funffzehen jar. Was aber mehr von Amazia zu sagen ist/das ist geschrieben jnn der Chronica der Könige Juda. Vnd sie machten einen Bund wider jn zu Jerusalem/Er aber floh gen Lachis/vnd sie sandten hin jm nach gen Lachis vnd tödten jn daselbs/vnd sie brachten jn auff rossen/vnd ward begraben zu Jerusalem bey seine Veter jnn der stad Dauid. Vnd das gantze volck Juda nam Asaria jnn seinem sechzehenden jar/vnd machten jn zum Könige an stat seines vaters Amazia/ Er bawete Eloth vnd brachte sie wider zu Juda/nach dem der König mit seinen Vetern entschlaffen war.

Im funffzehenden jar Amazia des sons Joas des Königs Juda/ ward Jerobeam der son Joas König vber Israel zu Samaria ein vnd vierzig jar/Vnd thet das dem HERRN vbel gefiel/vnd lies nicht ab von allen sunden Jerobeam des sons Nebat der Israel sundigen machte. Er aber brachte wider erzu die grentze Israel von Hemath an bis ans meer das im blachen felde ligt/nach dem wort des HERRN des Gottes Israel/das er gered hatte durch seinen Knecht Jona den son Amithai den Propheten/der von GathHepher war/ Denn der HERR sahe an den elenden jamer Israel/ das auch die verschlossen vnd verlassen dahin waren/vnd kein helffer war jnn Israel/ Vnd der HERR hatte nicht gered/das er wolte den namen Israel austilgen vnter dem himel/ Vnd halff jnen durch Jerobeam den son Joas.

Was

Von den Königen. CXXXVI.

Was aber mehr von Jerobeam zu sagen ist/vnd alles was er gethan hat/vnd seine macht wie er gestritten hat/vnd wie er Damascon vnd Hemath wider bracht an Juda jnn Jsrael/sihe/das ist geschrieben jnn der Chronica der Könige Jsrael/ Vnd Jerobeam entschlieff mit seinen Vetern mit den Königen Jsrael/ vnd sein son Sacharia ward König an seine stat.

XV.

JM sieben vnd zwenzigsten jar Jerobeam des Königs Jsrael/ward König Asaria der son Amazia des Königs Juda/vnd war sechzehen jar alt da er König ward/vnd regirte zwey vnd funffzig jar zu Jerusalem/Seine mutter hies Jechalia von Jerusalem/ Vnd thet das dem HERRN wol gefiel/aller ding wie sein vater Amazia/ on das sie die Höhen nicht abtheten/ Denn das volck opfferte vnd reucherte noch auff der Höhen/Der HERR plagt aber den König/ das er aussetzig war/bis an seinen tod/ vnd wonet jnn einem freien hause/ Jotham aber des Königs son regirt das Haus/ vnd richtet das volck im lande.

Was aber mehr von Asaria zu sagen ist/vnd alles was er gethan hat/sihe/das ist geschrieben jnn der Chronica der Könige Juda/ Vnd Asaria entschlieff mit seinen Vetern/vnd man begrub jn bey seine Veter jnn der stad Dauid/vnd sein son Jotham ward König an seine stat.

Im acht vnd dreissigsten jar Asaria des Königs Juda/ ward König Sacharia der son Jerobeam vber Jsrael zu Samaria sechs monden/Vnd thet das dem HERRN vbel gefiel/wie seine Veter gethan hatten/Er lies nicht ab von den sunden Jerobeam des sons Nebat/der Jsrael sundigen machte/Vnd Sallum der son Jabes macht einen Bund wider jn/vnd schlug jn fur dem volck/vnd tödtet jn/vnd ward König an seine stat. Was aber mehr von Sacharia zu sagen ist/ sihe/das ist geschrieben jnn der Chronica der Könige Jsrael/Vnd das ists/das der HERR Jehu gered hatte/Dir sollen kinder jns vierde gelied sitzen auff dem stuel Jsrael/Vnd ist also geschehen.

Sallum aber der son Jabes ward König im neun vnd dreissigsten jar Vsia des Königs Juda/vnd regirt einen monden zu Samaria/Denn Menahem der son Gadi zog erauff von Tirza vnd kam gen Samaria/vnd schlug Sallum den son Jabes zu Samaria vnd tödtet jn/vnd ward König an seine stat. Was aber mehr von Sallum zu sagen ist/vnd seinen Bund den er anrichtet/sihe/das ist geschrieben jnn der Chronica der Könige Jsrael. Dazumal schlug Menahem Tiphsah vnd alle die drinnen waren vnd jre grentze von Thirza/darumb/das sie jn nicht wolten einlassen/vnd schlug alle jre schwangere vnd zureis sie.

Im neun vnd dreissigsten jar Asaria des Königs Juda/ ward König Manahem der son Gadi vber Jsrael zehen jar zu Samaria/ vnd thet das dem HERRN vbel gefiel/Er lies sein leben lang nicht von den sunden Jerobeam des sons Nebat/der Jsrael sundigen machte.

Das Ander teil

te. Vnd es kam Phul der Konig von Assyrien jns land/Vnd Menahem gab dem Phul tausent centener silbers/das ers mit jm hielte/vnd bekrefftiget jm das Konigreich/Vnd Menahem satzt ein geld jnn Israel auff die reichesten/funffzig sekel silbers auff einen jglichen man/das er dem Könige von Assyrien gebe/Also zog der Konig von Assyrien wider heim/vnd bleib nicht im lande.

Was aber mehr von Menahem zu sagen ist/vnd alles was er gethan hat/sihe/das ist geschrieben jnn der Chronica der Könige Israel. Vnd Menahem entschlieff mit seinen Vetern/vnd Pekahia sein son ward König an seine stat.

Im funffzigsten jar Asaria des Königs Juda/ward König Pekahia der son Menahem vber Israel zu Samaria zwey jar/vnd thet das dem HERRN vbel gefiel/Denn er lies nicht von der sunde Jerobeam des sons Nebat/der Israel sundigen machte/Vnd es macht Pekah der son Remalia seins Ritters einen Bund wider jn/vnd schlug jn zu Samaria im pallast des Königs hause/mit Argob vnd Arie/vnd funffzig man mit jm von den kindern Gilead/vnd tödtet jn vnd ward König an seine stat. Was aber mehr von Pekahia zu sagen ist/vnd alles was er gethan hat/sihe/das ist geschrieben jnn der Chronica der Könige Israel.

Im zwey vnd funffzigsten jar Asaria des Königs Juda/ward König Pekah der son Remalia vber Israel zu Samaria zwenzig jar/Vnd thet das dem HERRN vbel gefiel/Denn er lies nicht von der sunde Jerobeam des sons Nebat/der Israel sundigen machte.

Zu den zeiten Pekah des Königs Israel/kam ThiglathPilleser der König zu Assyrien/vnd nam Eion/AbelBethMaecha/Janoha/Kedes/Hazor/Gilead/Galilea/vnd das gantze land Naphthali/vnd füret sie weg jnn Assyrien.

Vnd Hosea der son Ela macht einen Bund wider Pekah den son Remalia vnd schlug jn tod vnd ward König an seine stat/im zwenzigsten jar Jotham des sons Vsia. Was aber mehr von Pekah zu sagen ist/vnd alles was er gethan hat/sihe/das ist geschrieben jnn der Chronica der Könige Israel.

Im andern jar Pekah des sons Remalia des Königs Israel/ward König Jotham der son Vsia des Königs Juda/vnd war funff vnd zwenzig jar alt/da er König ward/vnd regirte sechzehen jar zu Jerusalem/Seine mutter hies Jerusa eine tochter Zadok/Vnd thet das dem HERRN wol gefiel/aller dinge wie sein vater Vsia gethan hatte/on das er die Höhen nicht abe thet/denn das volck opferte vnd reucherte noch auff den Höhen. Er bawete das hohe thor am Hause des HERRN. Was aber mehr von Jotham zu sagen ist/vnd alles was er gethan hat/sihe/das ist geschrieben jnn der Chronica der Könige Juda.

Zu der zeit hub der HERR an zu senden jnn Juda/Rezin den König zu Syrien vnd Pekah den son Remalia. Vnd Jotham entschlieff mit seinen Vetern/vnd ward begraben bey seine Veter jnn der stad Dauid seines vaters/vnd Ahas sein son ward König an seine stat.

Im sieben=

Von den Königen. XVI.

JM siebenzehenden jar Pekah des sons Remalia ward König Ahas der son Jotham des Königs Juda/zwenzig jar war Ahas alt/da er König ward/vnd regirte sechzehen jar zu Jerusalem/vnd thet nicht was dem HERRN seinem Gott wol gefiel/wie sein vater Dauid/Denn er wandelt auff dem wege der Könige Jsrael/dazu lies er seinen son durchs feur gehen/nach den grewelen der Heiden/die der HERR fur den kindern Jsrael vertrieben hatte/ Vnd thet opffer vnd reucherte auff den Höhen/vnd auff allen hügeln vnd vnter allen grünen bewmen.

Dazumal zog Rezin der König zu Syrien vnd Pekah der son Remalia König jnn Jsrael/hinauff gen Jerusalem zu streiten/vnd belagerten Ahas/aber sie kundten sie nicht gewinnen. Jur selbigen zeit bracht Rezin König zu Syrien/Eloth wider an Syrien/vnd sties die Jüden aus Eloth/ Aber die Syrer kamen vnd woneten drinnen bis auff diesen tag.

Aber Ahas sandte boten zu TiglathPillesser dem Könige zu Assyrien/vnd lies jm sagen/Jch bin dein knecht vnd dein son/ Kom erauff vnd hilff mir aus der hand des Königs zu Syrien vnd des Königs Jsrael/die sich wider mich haben auffgemacht. Vnd Ahas nam das silber vnd gold/das jnn dem Hause des HERRN vnd jnn den schetzen des Königs hause funden ward/vnd sandte dem Könige zu Assyrien geschencke/Vnd der König zu Assyrien gehorcht jm/vnd zog erauff gen Damascon/vnd gewan sie/vnd füret sie weg gen Kira/vnd tödtet Rezin.

Vnd der König Ahas zog entgegen ThiglathPillesser dem Könige zu Assyrien gen Damascon/Vnd da er einen Altar sahe der zu Damasco war/sandte der König Ahas desselben Altars ebenbild vnd gleichnis zum Priester Vria/wie der selb gemacht war/Vnd Vria der Priester bawet einen Altar/vnd machet jn/wie der König Ahas zu jm gesand hatte von Damasco/ bis der König Ahas von Damascon kam/Vnd da der König von Damasco kam vnd den Altar sahe/opfferte er drauff/vnd zündet drauff an seine Brandopffer/Speisopffer/vnd gos drauff seine Tranckopffer/vnd lies das blut der Danckopffer/die er opffert/auff den Altar sprengen/Aber den ehernen Altar der fur dem HERRN stund/thet er weg/das er nicht stünde zwisschen dem Altar vnd dem Hause des HERRN/sondern setzt jn an die ecke des Altars gegen mitternacht.

Vnd der König Ahas gebot Vria dem Priester/vnd sprach/Auff dem grossen Altar soltu anzünden die Brandopffer des morgens vnd die Speisopffer des abends/ vnd die Brandopffer des Königs vnd sein Speisopffer/vnd die Brandopffer alles volcks im lande/sampt jrem Speisopffer vnd Tranckopffer/Vnd alles blut der Brandopffer/vnd aller ander opffer blut soltu drauff sprengen/Aber mit dem ehernen Altar wil ich dencken was ich mache. Vria der Priester thet alles was jn der König Ahas hies.

Vnd der König Ahas brach ab die seiten an den gestülen/vnd thet die kessel oben dauon/vnd das Meer thet er von den ehernen rin-
V ij   dern

Das Ander teil

dern die drunder waren/vnd setzts auff das steinern pflaster/Dazu den Predigstuel des Sabbaths/den sie am Hause gebawet hatten/ vnd den Gang des Königes haussen wendet er zum Hause des HERRN/vmb des Königes zu Assyrien willen.

Was aber mehr von Ahas zu sagen ist/das er gethan hat/sihe/ das ist geschrieben jnn der Chronica der Könige Juda/ Vnd Ahas entschlieff mit seinen Vetern/vnd ward begraben bey seine Veter jnn der stad Dauid/vnd Hiskia sein son ward König an seine stat.

XVII.

IM zwelfften jar Ahas des Königs Juda/ward König vber Israel zu Samaria Hosea der son Ela/neun jar/ vnd thet das dem HERRN vbel gefiel/doch nicht wie die Könige Israel/die vor jm waren. Wider den selben zog erauff Salmanesser der König zu Assyrien / vnd Hosea ward jm vnterthan/das er jm geschenck gab. Da aber der König zu Assyrien jnnen ward/das Hosea einen Bund anrichtet/ vnd boten hatte zu So dem Könige jnn Egypten gesand/vnd nicht dar reichet geschencke dem Könige zu Assyrien alle jar/belagert er jn/vnd legt jn jns gefengnis/Vnd der König zu Assyrien zog auffs gantze land vnd gen Samaria/vnd belagert sie drey jar. Vnd im neunden jar Hosea/gewan der König zu Assyrien Samaria/Vnd füret Israel weg jnn Assyrien/vnd setzt sie zu Halah vnd zu Habor am wasser Gosan vnd jnn den stedten der Meder.

Denn da die kinder Israel wider den HERRN jren Gott sundigeten/der sie aus Egypten land geführet hatte aus der hand Pharao des Königs jnn Egypten/vnd ander Götter furchten/vnd wandelten nach der Heiden weise/die der HERR fur den kindern Israel vertrieben hatte/vnd wie die Könige Israel theten/Vnd sie zierten sich mit stücken wider den HERRN jren Gott/die nicht gut waren/nemlich/das sie jnen Höhe baweten jnn allen stedten/beide jnn schlössern vnd festen stedten/vnd richteten seulen auff/vnd Hayne auff allen hohen hügeln/vnd vnter allen grünen beumen/Vnd reucherten daselbs auff allen Höhen/wie die Heiden/die der HERR fur jnen weg getrieben hatte/vnd trieben böse stücke/damit sie den HERRN erzürneten/ vnd dieneten den Götzen/dauon der HERR zu jnen gesagt hatte/Jr solt solchs nicht thun.

Vnd wenn der HERR bezeuget jnn Israel vnd Juda durch alle Propheten vnd Schawer/vnd lies jnen sagen/Keret vmb von ewern bösen wegen/vnd haltet meine gebot vnd rechte/nach allem gesetz/ das ich ewrn Vetern geboten habe/vnd das ich zu euch gesand habe/ durch meine Knechte die Propheten/So gehorchten sie nicht/sondern herteten jren nacken/wie der nacke jrer Veter/die nicht gleubten an den HERRN jren Gott/Dazu verachten sie seine gebot vnd seinen bund/ den er mit jren Vetern gemacht hatte/vnd seine zeugnis die er vnter jnen thet/sondern wandelten jrer eitelkeit nach/vnd wurden eitel den Heiden nach/die vmb sie her woneten/von welchen jnen der HERR geboten hatte/sie solten nicht wie sie thun / Aber sie verliessen alle gebot des HERRN jres Gottes/vnd machten jnen zwey gegossen

Kelber

Von den Königen. CXXXVIII.

Kelber vnd Hayne/vnd betten an alle heer des himels/vnd dieneten Baal/vnd liessen jre söne vnd töchter durchs feur gehen vnd giengen mit weissagen vnd Zeubern vmb/vnd vbergaben sich zu thun das dem HERRN vbel gefiel jn zu erzürnen.

Da ward der HERR seer zornig vber Jsrael/vnd thet sie von seinem angesicht/das nichts vberbleib/denn der stam Juda alleine/Dazu hielt auch Juda nicht die gebot des HERRN jres Gottes/vnd wandelten nach den sitten Jsrael/die sie gethan hatten/Darumb verwarff der HERR allen samen Jsrael/vnd drenget sie vnd gab sie jnn die hende der Reuber/bis das er sie warff von seinem angesicht/Denn Jsrael ward gerissen vom Hause Dauid/vnd sie machten zum Könige Jerobeam den son Nebat/derselb wand Jsrael hinden ab vom HERRN/vnd macht/das sie schwerlich sündigeten/Also wandelten die kinder Jsrael jnn allen sünden Jerobeam/die er angericht hatte/vnd liessen nicht dauon/bis der HERR Jsrael von seinem angesicht thet/wie er gered hatte durch alle seine Knechte die Propheten/Also ward Jsrael aus seinem lande weg gefurt jnn Assyrien bis auff diesen tag.

Der König aber zu Assyrien lies komen von Babel/von Cutha/von Awa/von Hemath/vnd Sepharuaim/vnd besetzt die stedte jnn Samaria an stat der kinder Jsrael/Vnd sie namen Samaria ein vnd woneten jnn der selben stedten. Da sie aber anhuben daselbs zu wonen/vnd den HERRN nicht furchten/sandte der HERR Lewen vnter sie/die erwürgeten sie. Vnd sie liessen dem Könige zu Assyrien sagen/Die Heiden/die du hast her gebracht/vnd die stedte Samaria damit besetzt/wissen nichts von der weise des Gottes im lande/darumb hat er Lewen vnter sie gesand/vnd sihe/die selben tödten sie/weil sie nicht wissen vmb die weise des Gottes im lande.

Der König zu Assyrien gebot/vnd sprach/Bringet dahin der Priester einen/die von dannen sind weg gefurt/vnd zihet hin vnd wonet daselbs/vnd er lere sie die weise des Gottes im lande. Da kam der Priester einer die von Samaria weg gefurt waren/Vnd setzt sich zu BethEl/vnd leret sie/wie sie den HERRN fürchten solten. Aber ein jglich volck macht seinen Gott/vnd theten sie jnn die heuser auff den Höhen/die die Samariter machten/ein jglich volck jnn jren stedten/darinnen sie woneten/Die von Babel machten Sochot Benoth/Die von Chuth machten Nergel/Die von Hemath machten Asima/Die von Awa machten Nibehas vnd Tharthak/Die von Sepharuaim verbranten jre söne dem Adramelech vnd Anamelech den Göttern der von Sepharuaim.

Vnd weil sie den HERRN auch furchten/machten sie jnen Priester auff den Höhen aus den vntersten vnter jnen/vnd theten sie jnn die heuser auff den Höhen/Also furchten sie den HERRN/vnd dieneten auch den Göttern/nach eins jglichen volcks weise/von dannen sie her gebracht waren/Vnd bis auff diesen tag thun sie nach der alten weise/das sie weder den HERRN furchten noch jre sitten vnd rechte thun/nach dem Gesetz vnd Gebot/das der HERR geboten hat den kindern Jacob/welchem er den namen Jsrael gab/vnd macht einen Bund mit jnen/vnd gebot jnen/vnd sprach/Fürchtet kein ander Götter/vnd betet sie nicht an/vnd dienet jnen nicht/vnd opffert jnen nicht/

H iij   sondern

Das Ander teil

sondern den HERRN der euch aus Egypten land gefurt hat/ mit grosser krafft vnd ausgerecktem arm/den fürchtet/den betet an/vnd dem opffert/vnd die sitten/rechte/gesetz vnd gebot/die er euch hat beschreiben lassen/die haltet/das jr darnach thut allwege/vnd nicht ander Götter fürchtet/Vnd des Bunds/den er mit euch gemacht hat/ vergesset nicht/das jr nicht ander Götter fürchtet/sondern fürchtet den HERRN ewrn Gott/der wird euch erretten von alle ewrn feinden/ Aber diese gehorchten nicht/sondern theten nach jrer vorigen weise/ Also furchten diese Heiden den HERRN/vnd dieneten auch jren Götzen/Also theten auch jre kinder vnd kinds kinder/wie jre Veter gethan haben/bis auff diesen tag.

XVIII.

Im dritten jar Hosea des sons Ela des Königs Israel/ ward König Hiskia der son Ahas des Königs Juda/ vnd war funff vnd zwenzig jar alt/da er König ward/ vnd regirt neun vnd zwenzig jar zu Jerusalem/ Seine mutter hies Abi eine tochter Sacharia/ vnd thet was dem HERRN wol gefiel/wie sein vater Dauid/Er thet ab die Höhen/vnd zubrach die seulen vnd rottet die Hayne aus/vnd zusties die eherne schlange/die Mose gemacht hatte/Denn bis zu der zeit hatten jm die kinder Israel gereuchert/vnd man hies jn Nehusthan/Er vertrawete dem HERRN dem Got Israel/das nach jm seines gleichen nicht war vnter allen Königen Juda/noch vor jm gewesen/Er hieng dem HERRN an vnd weich nicht hinden von jm abe/ vnd hielt seine gebot/die der HERR Mose geboten hatte/Vnd der HERR war mit jm/Vnd wo er auszog/handelt er klüglich/ Dazu ward er abtrünnig vom Könige zu Assyrien/vnd war jm nicht vnterthan/Er schlug auch die Philister bis gen Gasa vnd jre grentze/von den Schlössern an bis an die feste stedte.

Von den Königen. CXXXIX.

Im vierden jar Hiskia des Königs Juda/das war das siebende jar Hosea des sons Ela des Königs Israel/da zog Salmanessar der König zu Assyrien erauff wider Samaria vnd belagert sie/vnd gewan sie nach dreien jaren im sechsten jar Hiskia/das ist im neunden jar Hosea des Königs Israel/Da ward Samaria gewonnen. Vnd der König zu Assyrien füret Israel weg gen Assyrien/vnd setzt sie zu Halah/vnd Habor am wasser Gosan/vnd jnn die stedte der Meder/ Darumb/das sie nicht gehorcht hatten der stimme des HERRN jres Gottes/vnd vbergangen hatten seinen Bund/vnd alles was Mose der knecht des HERRN geboten hatte/der hatten sie keines gehorchet noch gethan.

Im vierzehenden jar aber des Königs Hiskia/zog erauff Sanherib der König zu Assyrien/wider alle feste stedte Juda vnd nam sie ein/Da sandte Hiskia der König Juda zum Könige von Assyrien gen Lachis/vnd lies jm sagen/Ich hab mich versundiget/kere vmb von mir/Was du mir aufflegest/wil ich tragen. Da legt der König von Assyrien auff Hiskia dem Könige Juda/drey hundert centener silbers/vnd dreissig centener golds. Also gab Hiskia alle das silber/ das im Hause des HERRN vnd jnn schetzen des Königs Hause funden ward. Zur selbigen zeit zubrach Hiskia der König Juda die thüren am Tempel des HERRN/vnd die bleche/die er selbs vberziehen hatte lassen/vnd gab sie dem Könige von Assyrien.

Vnd der König von Assyrien sandte Tharthan vnd den Ertzkemerer vnd den RabSake von Lachis zum Könige Hiskia mit grosser macht gen Jerusalem/vnd sie zogen erauff/vnd da sie kamen/hielten sie an der wasser gruben bey dem obern teich/der da ligt an der strassen auff dem acker des Walckmüllers/vnd rieff dem Könige/Da kam eraus zu jnen Eliakim der son Hilkia der Hofemeister/vnd Sebena der Schreiber/vnd Joah der son Assaph der Cantzeler/Vnd RabSake sprach zu jnen.

Lieber sagt dem Könige Hiskia/So spricht der grosse König der König von Assyrien/Was ist das fur ein trotz/darauff du dich verlessest? Meinstu/es sey noch rat vnd macht zu streiten? Worauff verlessestu denn nu dich/das du abtrünnig von mir bist worden? Sihe/ verlessestu dich auff diesen zustossen rhorstab auff Egypten/welcher/ so sich jemand drauff lehnet/wird er jm jnn die hand gehen vnd sie durchboren/Also ist Pharao der König jnn Egypten allen die sich auff jn verlassen. Ob jr aber woltet zu mir sagen/Wir verlassen vns auff den HERRN vnsern Gott/Ists denn nicht der/des Höhen vnd Altar Hiskia hat abgethan/vnd gesagt zu Juda vnd zu Jerusalem/ fur diesem Altar der zu Jerusalem ist/solt jr anbeten?

So mache nu einen hauffen meinem herrn dem Könige von Assyrien/so wil ich dir zwey tausent ross geben/Las sehen/ob du bey dir reuter dazu geben mügest/wie wiltu denn bleiben fur dem geringsten Herrn einem meins Herrn vnterthanen? Vnd verlessest dich auff Egypten vmb der wagen vnd reuter willen/Meinstu aber/ich sey on den HERRN erauff gezogen/das ich diese stet verderbete? Der HERR hat michs geheissen/Zeuch hinauff jnn dis land vnd verderbe es.   V.iiij   Da

Das Ander teil

Da sprach Eliakim der son Hilkia vnd Sebena vnd Joah zu RabSake / Rede mit deinen knechten auff Syrisch / denn wir verstehens / vnd rede nicht mit vns auff Jüdisch fur den ohren des volcks / das auff der mauren ist / Aber RabSake sprach zu jnen / Hat mich denn mein herr zu deinem herrn oder zu dir gesand / das ich solche wort rede? Ja zu den mennern die auff der mauren sitzen / das sie mit euch jren eigen mist fressen vnd jren harm sauffen.

Also stund RabSake vnd rieff mit lauter stim auff Jüdisch vnd redet / vnd sprach / Höret das wort des grossen Königs / des Königs von Assyrien / So spricht der König / Lasst euch Hiskia nicht auff setzen / Denn er vermag euch nicht erretten von meiner hand / vnd lasst euch Hiskia nicht vertrösten auff den HERRN / das er sagt / Der HERR wird vns erretten / vnd diese stad wird nicht jnn die hende des Königs von Assyrien gegeben werden / Gehorchet Hiskia nicht / Denn so spricht der König von Assyrien.

Thut mir zu danck / vnd kompt zu mir eraus / so sol jederman seines weinstocks vnd seines feigenbaums essen / vnd seines brunnes trincken / bis ich kome vnd hole euch jnn ein land das ewrm land gleich ist / da korn / most / brod / weinberge / ölebewme / öle vnd honig jnnen ist / so werdet jr leben bleiben vnd nicht sterben / Gehorchet Hiskia nicht / denn er verfüret euch / das er spricht / der HERR wird vns erretten / Haben auch die Götter der Heiden / ein jglicher sein land errettet von der hand des Königs von Assyrien? Wo sind die Götter zu Hemath vnd Arphad? Wo sind die Götter zu Sepharuaim / Hena vnd Jwa? Haben sie auch Samaria errettet von meiner hand? Wo ist ein Gott vnter allen landen Götter / die jr land haben von meiner hand errettet? Das der HERR solt Jerusalem von meiner hand erretten?

Das volck aber schweig stille / vnd antwortet jm nichts / denn der König hatte geboten / vnd gesagt / Antwortet jm nichts. Da kam Eliakim der son Hilkia der Hofemeister / vnd Sebena der Schreiber / vnd Joah der son Assaph der Cantzeler zu Hiskia mit zurissen kleidern / vnd sagten jm an die wort des RabSake.

XIX.

DA der König Hiskia das höret / zureis er seine kleider vnd legt einen sack an / vnd gieng jnn das Haus des HERRN / vnd sandte Eliakim den Hofemeister vnd Sebena den Schreiber / sampt den Eltesten Priestern mit secken angethan zu dem Propheten Jesaia dem son Amoz / vnd sie sprachen zu jm / So saget Hiskia / Das ist ein tag der not / vnd scheltens vnd lesterns / Die kinder sind komen an die geburt / vnd ist keine krafft da zu geberen / Ob villeicht der HERR dein Gott hören wolt alle wort des RabSake / den sein herr der König von Assyrien gesand hat / hohn zu sprechen dem lebendigen Gott / vnd zu schelten mit worten / die der HERR dein Gott gehöret hat / so hebe dein gebet auff fur die vbrigen die noch furhanden sind.

Vnd da

Von den Königen. CXL.

Vnd da die knechte des Königs Hiskia zu Jesaia kamen/sprach Jesaia zu jnen/So sagt ewrem herrn/So spricht der HERR/Fürchte dich nicht fur den worten die du gehöret hast/damit mich die knaben des Königes von Assyrien gelestert haben/Sihe/ich wil jm einen geist geben lassen/das er ein gerücht hören wird/vnd wider jnn sein land ziehen/vnd wil jn durchs schwert fellen jnn seinem lande.

Vnd da der Rab Sake wider kam/fand er den König von Assyrien streiten wider Libna/Denn er hatte gehöret/das er von Lachis gezogen war. Vnd er höret von Thirhaka dem Könige der Moren/Sihe/er ist ausgezogen mit dir zu streiten/Da wendet er vmb/vnd sandte boten zu Hiskia/vnd lies jm sagen/So sagt Hiskia dem Könige Juda/Las dich deinen Gott nicht auff setzen/auff den du dich verlessest/vnd sprichst/Jerusalem wird nicht jnn die hand des Königs von Assyrien gegeben werden/Sihe/du hast gehöret/was die Könige von Assyrien gethan haben allen landen/vnd sie verbannet/vnd du soltest errettet werden? Haben der Heiden Götter auch sie errettet/welche meine Veter haben verderbet/Gosan/Haran/Rezeph/vnd die kinder Eden die zu Thelassar waren? Wo ist der König zu Hemath/der König zu Arphad/vnd der König der stad Sepharuaim/Hena vnd Iwa?

Vnd da Hiskia die briene von den boten empfangen vnd gelesen hatte/gieng er hinauff zum Hause des HERRN vnd breitet sie aus fur dem HERRN/vnd bettet fur dem HERRN/vnd sprach/HERR Gott Israel der du vber Cherubim sitzest/du bist allein Gott/vnter allen Königreichen auff erden/du hast himel vnd erden gemacht/HERR neige deine ohren vnd höre/thu deine augen auff vnd sihe/vnd höre die wort Sanherib/der her gesand hat hon zu sprechen dem lebendigen Gott/Es ist war HERR/die Könige von Assyrien haben die Heiden mit dem schwert vmbgebracht vnd jr land/vnd haben jre Götter ins feur geworffen/Denn es waren nicht Götter/sondern menschen hende werg/holtz vnd steine/Drumb haben sie sie vmbgebracht. Nu aber HERR vnser Gott hilff vns aus seiner hand/auff das alle Königreich auff erden erkennen/das du HERR allein Gott bist.

Da sandte Jesaia der son Amoz zu Hiskia/vnd lies jm sagen/So spricht der HERR der Gott Israel/Was du zu mir gebettet hast vmb Sanherib den König von Assyrien/das hab ich gehöret/Das ists/das der HERR wider jn gered hat/Die Jungfraw die tochter Zion verachtet dich vnd spottet dein/die tochter Jerusalem schüttelt jr heubt dir nach/Wen hastu gehönet vnd gelestert? vber wen hastu deine stimme erhaben? Du hast deine augen erhaben wider den Heiligen jnn Israel/Du hast den HErrn durch deine boten gehönet/vnd gesagt/Ich bin durch die menge meiner wagen auff die höhe der berge gestiegen/auff den seiten des Libanon/Ich habe seine hohe cedern vnd ausserlesene tannen abgehawen/vnd bin komen an die eusserste herberge des walds seines Carmels/Ich habe gegraben vnd ausgetruncken die frembden wasser/vnd habe vertrockenet mit meinen fussolen die Seen.

Hastu aber nicht gehöret/das ich solchs lange zuuor gethan habe/vnd von anfang habe ichs bereit? Nu jtzt aber habe ichs komen lassen/

Das Ander teil

laſſen/das zenckiſche feſte ſtedte wurden fallen jnn einen wüſten ſtein-hauffen/vnd die drinnen wonen werden matt ſein vnd ſich fürchten vnd ſchemen/vnd werden wie das gras auff dem felde/vnd wie das grüne kraut zum hew auff den dechern/das verdorret ehe denn es reiff wird/Ich weis dein wonen/dein aus vnd ein zihen/vnd das du tobeſt wider mich/Weil du denn wider mich tobeſt/vnd dein vbermut fur meine ohren erauff komen iſt/ſo wil ich dir einen rinck an deine naſen legen/vnd ein gebis jnn dein maul/vnd wil dich den weg widerumb füren/da du her komen biſt.

Vnd ſey dir ein zeichen/Inn dieſem jar iſs was zutretten iſt/im andern jar was ſelber wechſt/im dritten jar ſeet vnd erndtet/vnd pflantzet weinberge vnd eſſet jre früchte/Vnd die tochter Juda die errettet vnd vberblieben iſt/wird furder vnter ſich wurtzeln vnd vber ſich frucht tragen/Denn von Jeruſalem werden ausgehen die vberblieben ſind/vnd die erretteten vom berge Zion/Der eiuer des HERRN Zebaoth wird ſolchs thun.

Darumb ſpricht der HERR vom Könige zu Aſſyrien alſo/Er ſol nicht jnn dieſe ſtad komen/vnd keinen pfeil drein ſchieſſen/vnd kein ſchild dafur komen/vnd ſol keinen wal drumb ſchütten/ſondern er ſol den weg widerumb zihen den er komen iſt/vnd ſol jnn dieſe ſtad nicht komen/Der HERR ſagts/vnd ich wil dieſe ſtad beſchirmen/das ich jr helffe vmb meinen willen/vnd vmb Dauid meins Knechts willen.

Vnd jnn der ſelben nacht fur aus der Engel des HERRN/vnd ſchlug im lager von Aſſyrien/hundert vnd funff vnd achtzig tauſent man/Vnd da ſie ſich des morgens frue auff machten/ſihe/da lags alles eitel todte leichnam. Alſo brach Sanherib der König von Aſſyrien auff vnd zog weg/vnd keret vmb vnd bleib zu Nineue/Vnd da er anbetet im hauſe Niſroch ſeins Gottes/ſchlugen jn mit dem ſchwert Adra melech vnd Sarezer ſeine ſöne/vnd ſie entrunnen ins land Ararat. Vnd ſein ſon Aſſarhaddon ward König an ſeine ſtat.

XX.

ZV der zeit ward Hiskia tod kranck/Vnd der Prophet Jeſaia der ſon Amoz kam zu jm/vnd ſprach zu jm/So ſpricht der HERR/Beſchicke dein haus/deñ du wirſt ſterben vnd nicht lebend bleiben/ Er aber wand ſein andlitz zur wand/vnd bettet zum HERRN/vnd ſprach/Ah HERR/gedenck doch/das ich fur dir trewlich gewandelt habe vnd mit rechtſchaffenem hertzen/vnd habe gethan/das dir wol gefellet/Vnd Hiskia weinet ſeer.

Da aber Jeſaia noch nicht zur ſtad halb hinaus gegangen war/kam des HERRN wort zu jm/vnd ſprach/Kere vmb vnd ſage Hiskia dem Fürſten meines volcks/So ſpricht der HERR der Gott deines vaters Dauids/Ich habe dein gebet gehöret vnd deine threne geſehen/Sihe/Ich wil dich geſund machen/am dritten tage wirſtu hin auff jnn das Haus des HERRN gehen/vnd wil funffzehen jar zu deinem leben thun/vnd dich vnd dieſe ſtad erretten von dem Könige zu Aſſyrien/

Von den Königen. CXLI.

Assyrien/vnd diese stad beschirmen vmb meinen willen/vnd vmb meines Knechts Dauids willen/Vnd Jesaia sprach/Bringt her ein stück feigen/vnd da sie die brachten/legten sie sie auff die drüse/vnd er ward gesund.

Diskia aber sprach zu Jesaia/Welchs ist das zeichen/das mich der HERR wird gesund machen/vnd ich jnn des HERRN Haus hinauff gehen werde am dritten tage? Jesaia sprach/Das zeichen wirstu haben vom HERRN/das der HERR thun wird was er gered hat/Sol der schatten zehen stuffen forder gehen/oder zehen stuffen zu rücke gehen? Diskia sprach/Es ist leicht das der schatte zehen stuffen niderwerts gehe/das wil ich nicht/sondern das er zehen stuffen hinder sich zu rück gehe. Da rieff der Prophet Jesaia den HERRN an/Vnd der schatte gieng hinder sich zu rück zehen stuffen am Zeiger Ahas/die er war niderwerts gegangen.

Zu der zeit sandte Brodach der son Baledan des sons Baledan König zu Babel/briue vnd geschencke zu Diskia/denn er hatte gehort/das Diskia kranck war gewesen/Diskia aber war frölich mit jnen/vnd zeiget jnen das gantze würtzhaus/silber/gold/specerey/vnd das beste öle/vnd das harnisch haus/vnd alles was jnn seinen schetzen furhanden war/Es war nichts jnn seinem hause vnd jnn seiner gantzen herrschafft das jnen Diskia nicht zeigete.

Da kam Jesaia der Prophet zum Könige Diskia/vnd sprach zu jm/Was haben diese leute gesagt? vnd wo her sind sie zu dir komen? Diskia sprach/Sie sind aus fernen landen zu mir komen von Babel. Er sprach/Was haben sie gesehen jnn deinem hause? Diskia sprach/ Sie haben alles gesehen/was jnn meinem hause ist/vnd ist nichts jnn meinen schetzen/das ich nicht jnen gezeigt hette. Da sprach Jesaia zu Diskia/Höre des HERRN wort/Sihe/es kompt die zeit/das alles wird gen Babel weg getragen werden aus deinem hause/vnd was deine Veter gesamlet haben bis auff diesen tag/vnd wird nichts vber gelassen werden/spricht der HERR/Dazu der kinder die von dir komen/die du zeugen wirst/werden genomen werden/das sie Kemerer seien im pallast des Königs zu Babel/Diskia aber sprach zu Jesaia/ Das ist gut/das der HERR gered hat/Vnd sprach weiter/Es wird doch fride vnd trew sein zu meinen zeiten.

Was mehr von Diskia zu sagen ist/vnd alle seine macht/vnd was er gethan hat/vnd der Teich/vnd die wasser rhören/damit er wasser jnn die stad geleitet hat/sihe/das ist geschrieben jnn der Chronica der Könige Juda/Vnd Diskia entschlieff mit seinen Vetern/vnd Manasse sein son ward König an seine stat.

XXI.

Manasse war zwelff jar alt da er König ward/vnd regirte funff vnd funffzig jar zu Jerusalem/Seine mutter hies Dephziba/vnd er thet das dem HERRN vbel gefiel/ nach den grewln der Heiden/die der HERR fur den kindern Israel vertrieben hatte/vnd verkeret sich vnd bawet die Höhen die sein vater Diskia hatte vmbgebracht/

Das Ander teil

cht/vnd richtet Baal Altar auff/vnd machet Hayne/wie Ahab der König Israel gethan hatte/vnd bettet an allerley heer am himel/vnd dienet jnen/Vnd bawet Altar im Hause des HERRN/dauon der HERR gesagt hatte/Ich wil meinen namen zu Jerusalem setzen/ Vnd er bawet allen heeren am himel Altar jnn beiden höfen am Hause des HERRN/Vnd lies seinen son durchs feur gehen/vnd achtet auff vogel geschrey vnd zeichen/vnd hielt Warsager vnd Zeichendeuter/vnd thet des viel/das dem HERRN vbel gefiel/damit er jn erzürnet.

Er setzet auch einen Hayn götzen/den er gemacht hatte/jnn das Haus/von welchem der HERR zu Dauid vnd zu Salomo seinnem son gesagt hatte/Inn diesem Hause vnd zu Jerusalem/die ich erwelet habe/aus allen stemmen Israel/wil ich meinen namen setzen ewiglich/vnd wil den fus Israel nicht mehr bewegen lassen vom lande/ das ich jren Vetern gegeben habe/so doch/so sie halten vnd thun nach allem/das ich geboten habe/vnd nach allem Gesetze/das mein Knecht Mose jnen geboten hat. Aber sie gehorchten nicht/sondern Manasse verfüret sie/das sie erger thaten/denn die Heiden/die der HERr fur den kindern Israel vertilget hatte.

Da redet der HERR durch seine Knechte die Propheten/vnd sprach/Darumb/das Manasse der König Juda hat diese grewel gethan/die erger sind/denn alle grewel so die Amoriter gethan haben/ die fur jm gewesen sind/vnd hat auch Juda sundigen gemacht an seinen Götzen/Darumb spricht der HERR der Gott Israel also/Sihe/ Ich wil vnglück vber Jerusalem vnd Juda bringen/das/wer es hören wird/dem sollen seine beide ohren gellen/vnd wil vber Jerusalem die messchnur Samaria zihen/vnd das gewichte des Hauses Ahab/ vnd wil Jerusalem ausschütten/wie man schüssel ausschüttet/vnd wil sie vmbstürtzen. Vnd ich wil etliche meines erbteils vberbleiben lassen/vnd sie geben jnn die hende jrer feinde/das sie ein raub vnd reissen werden aller jrer feinde/Darumb/das sie gethan haben das mir vbel gefellet/vnd haben mich erzürnet von dem tage an/da ich jre Veter aus Egypten füret bis auff diesen tag.

Auch vergos Manasse seer viel vnschüldig blut/bis das Jerusalem hie vnd da vol ward/on die sunde/damit er Juda sundigen machte/das sie theten/das dem HERRN vbel gefiel.

Was aber mehr von Manasse zu sagen ist/vnd alles was er gethan hat/vnd seine sunde die er thet/sihe/das ist geschrieben jnn der Chronica der Könige Juda. Vnd Manasse entschlieff mit seinen Vetern/vnd ward begraben im garten an seinem hause/nemlich/im garten Vsa/vnd sein son Amon ward König an seine stat.

Zwey vnd zwenzig jar alt war Amon da er König ward/vnd regirte zwey jar zu Jerusalem/Seine mutter hies Mesulemeth eine tochter Haruz von Jatba/vnd thet das dem HERRN vbel gefiel/wie sein vater Manasse gethan hatte/vnd wandelt jnn allem wege den sein vater gewandelt hatte/vnd dienet den Götzen/welchen sein vater gedienet hatte/vnd bettet sie an/vnd verlies den HERRN seiner Veter Gott/vnd wandelt nicht im wege des HERRN.

Vnd sei

Von den Königen. CXLII.

Vnd seine knechte machten einen Bund wider Amon/vnd tödten den König jnn seinem hause/Aber das volck im lande schlug alle die den Bund gemacht hatten wider den König Amon. Vnd das volck im lande machte Josia seinen son zum Könige an seine stat. Was aber Amon mehr gethan hat/sihe/das ist geschrieben jnn der Chronica der Könige Juda/vnd man begrub jn jnn seinem grabe im garten Vsa/Vnd sein son Josia ward König an seine stat.

XXII.

Osia war acht jar alt/da er König ward/vnd regirte ein vnd dreissig jar zu Jerusalem/Seine mutter hies Jedida eine tochter Adaia von Bazkath/vnd thet das dem HERRN wol gefiel/vnd wandelt jnn allem wege seines vaters Dauids/vnd weich nicht weder zur rechten noch zur lincken.

Vnd im achtzehenden jar des Königs Josia/sandte der König hin Saphan den son Azalia des sons Mesulam den Schreiber/jnn das Haus des HERRN/vnd sprach/Gehe hinauff zu dem Hohen priester Hilkia/das man jnen gebe das geld/das zum Hause des HERRN gebracht ist/das die Huter an der schwelle gesamlet haben vom volck/das sie es geben den erbeitern die bestellet sind im Hause des HERRN/vnd gebens den erbeitern am Hause des HERRN/das sie bessern was bawfellig ist am Hause/nemlich/den zimmerleuten/vnd bawleuten/vnd meurern/vnd die da holtz vnd gehawen stein keuffen sollen/das Haus zu bessern/doch das man keine rechnung von jnen neme vom geld/das vnter jre hand gethan wird/sondern das sie es auff glauben handeln.

Vnd der Hohe priester Hilkia sprach zu dem Schreiber Saphan/Ich habe das Gesetz buch gefunden im Hause des HERRN/Vnd Hilkia gab das buch Saphan/das ers lese/Vnd Saphan der Schreiber brachts dem Könige/vnd sagts jm wider/vnd sprach/Deine knechte haben das geld zu samen gestoppelt/das im Hause gefunden ist/vnd habens den erbeitern gegeben die bestellet sind am Hause des HERRN/Auch sagt Saphan der Schreiber dem Könige/vnd sprach/Hilkia der Priester gab mir ein buch/Vnd Saphan lase es fur dem Könige.

Da aber der König höret die wort im Gesetz buch/zureis er seine kleider/Vnd der König gebot Hilkia dem Priester vnd Ahikam dem son Saphan vnd Achbor dem son Michaia vnd Saphan dem Schreiber vnd Asaia dem knecht des Königs/vnd sprach/Gehet hin vnd fraget den HERRN fur mich/fur das volck/vnd fur gantzes Juda/vmb die wort dieses buchs das gefunden ist/Denn es ist ein grosser grim des HERRN/der vber vns entbrand ist/darumb/das vnser Veter nicht gehorcht haben den worten dieses buchs/das sie theten alles was drinnen geschrieben ist.

Da gieng hin Hilkia der Priester/Ahikam/Achbor/Saphan/vnd Asaia/zu der Prophetin Hulda dem weibe Sallum des sons

X Thikwa/

Das Ander teil

Thikwa / des sons Harham des hüters der kleider / vnd sie wonet zu Jerusalem im andern teil / vnd sie redeten mit jr. Sie aber sprach zu jnen / So spricht der HERR der Gott Israel / Sagt dem man der euch zu mir gesand hat / So spricht der HERR / Sihe / ich wil vnglück vber diese stedte vnd jr einwoner bringen / alle wort des Gesetzs die der König Juda hat lassen lesen / darumb / das sie mich verlassen / vnd andern Göttern gereuchert haben / das sie mich erzürneten mit allen wercken jrer hende / Darumb wird mein grim sich wider diese stete anzünden vnd nicht ausgelesschet werden.

Aber dem Könige Juda der euch gesand hat den HERRN zu fragen / solt jr so sagen / So spricht der HERR der Gott Israel / Darumb / das dein hertz erweicht ist vber den worten die du gehöret hast / vnd hast dich gedemütiget fur dem HERRN / da du hortest / was ich gered habe wider diese stete vnd jre einwoner / das sie sollen ein verwüstung vnd fluch sein / vnd hast deine kleider zurissen / vnd hast geweinet fur mir / So hab ichs auch erhöret / spricht der HERR / Darumb wil ich dich zu deinen Vetern samlen / das du mit friden jnn dein grab versamlet werdest / vnd deine augen nicht sehen alle das vnglück / das ich vber diese stete bringen wil / Vnd sie sagten es dem Könige wider.

XXIII.

Vnd da der König hin sandte / versamleten sie zu jm alle Eltesten jnn Juda vnd Jerusalem / vnd der König gieng hinauff ins Haus des HERRN / vnd alle man von Juda vnd alle einwoner zu Jerusalem mit jm / Priester vnd Propheten / vnd alles volck / beide klein vnd gros / vnd man las fur jren ohren alle wort des buchs vom Bund / das in dem Hause des HERRN gefunden war. Vnd der König trat an eine seule / vnd macht einen Bund fur dem HERRN / das sie solten wandeln dem HERRN nach / vnd halten seine gebot / zeugnis vnd rechte von gantzem hertzen vnd von gantzer seele / das sie auffrichten die wort dieses Bunds / die geschrieben stunden jnn diesem buch. Vnd alles volck trat jnn den Bund.

Vnd der König gebot dem Hohen priester Hilkia / vnd den Priestern der andern ordnung / vnd den hütern an der schwelle / das sie solten aus dem Tempel des HERRN thun alles gezeug / das dem Baal vnd dem Hayne / vnd allem heer des himels gemacht war / vnd verbranten sie haussen fur Jerusalem im tal Kidron / vnd jr staub ward getragen gen BethEl. Vnd er thet abe die a Camarim / welche die Könige Juda hatten gestifftet / zu reuchern auff den Höhen / jnn den stedten Juda vnd vmb Jerusalem her / Auch die Reucher des Baals / vnd der Sonnen vnd des Monden / vnd der Planeten / vnd alles heer am himel / Vnd lies den Hayn aus dem Hause des HERRN füren hinaus fur Jerusalem jnn bach Kidron / vnd verbrand jn im bach Kidron / vnd macht jn zu staub / vnd warff den staub auff die greber der gemeinen leute. Vnd er brach abe die heuser der Hurer / die an dem Hause des HERRN waren / darinnen die weiber wirckten heuser zum Hayn.

Vnd er

a (Camarim) Das waren sonderliche geistliche leute / wie jtzt die aller andechtigsten vnd strengesten Münche sein wollen / Darumb haben sie auch einen namen Camarim / der lautet als von hitziger grosser andacht / Vnd das reuchern galt bey jnen als bey vns der Münche singen vnd beten jnn den kirchen / Denn reuchwerg bedeut allenthalben gebet jn der schrifft. Aber wie dieser gebet ist / so war jherner reucherey / beides mensche thaton Gottes geist vnd wort.

Von den Königen. CXLIII.

Vnd er lies komen alle Priester aus den stedten Juda/ vnd verunreinigt die Höhen/ da die Priester reucherten von Geba an bis gen Berseba/ Vnd brach ab die Höhen jnn den thoren/ die jnn der thür des thors waren Josua des Stadvogts/ welchs war zur lincken/ wehn man zum thor der Stad gehet/ Doch hatten die Priester der Höhen nie geopffert auff dem Altar des HERRN zu Jerusalem/ sondern assen des vngeseurten brods vnter jren Brüdern.

Er verunreiniget auch das Thopheth im tal der kinder Hinnom/ das niemand seinen son oder seine tochter dem Molech durchs feur liesse gehen/ Vnd thet abe die ross/ welche die Könige Juda hatten der Sonnen gesetzt/ im eingang des HERRN Hause zu einem mal NethanMelech des Kemerers der zu Parwarim war/ vnd die wagen der Sonnen verbrand er mit feur/ vnd die Altar auff dem dach im saal Ahas/ die die Könige Juda gemacht hatten. Vnd die Altar die Manasse gemacht hatte jnn den zween höfen des HERRN Hauses/ brach der König abe. Vnd lieff von dannen vnd warff jren staub jnn den bach Kidron.

Auch die Höhen die fur Jerusalem waren zur rechten am berge Mashith/ die Salomo der König Israel gebawet hatte Asthoreth dem Grewel von Zidon/ vnd Camos dem Grewel von Moab/ vnd Milcom dem Grewel der kinder Ammon/ verunreiniget der König/ vnd zubrach die seulen vnd ausrottet die Hayne/ vnd füllet jre stete mit menschen knochen.

Mashith / heisst verderbung / vnd man helt / es sey der öleberg gewesen / da man die vbeltheter hat abgethan / den wir den galgenberg oder raben stein heissen.

Auch die Altar zu BethEl/ die Höhe die Jerobeam gemacht hatte der son Nebat/ der Israel sundigen machte/ den selben Altar brach er abe vnd die Höhe/ vnd verbrand die Höhe/ vnd macht sie zu staub/ vnd verbrand den Hayn. Vnd Josia wand sich vnd sahe die greber die da waren auff dem berge/ vnd sandte hin vnd lies die knochen aus den grebern holen/ vnd verbrand sie auff dem Altar/ vnd verunreiniget jn/ nach dem wort des HERRN/ das der man Gottes ausgeruffen hatte/ der solchs ausrieff.

Vnd er sprach/ Was ist die warte die ich hie sehe? Vnd die leute jnn der stad sprachen zu jm/ Es ist das grab des mans Gottes der von Juda kam/ vnd rieff solchs aus/ das du gethan hast wider den Altar zu BethEl/ Vnd er sprach/ Lasst jn ligen/ niemand bewege sein gebeine. Also wurden seine gebeine errettet mit den gebeinen des Propheten/ der von Samaria komen war.

Er thet auch weg alle heuser der Höhen jnn den stedten Samaria/ welche die Könige Israel gemacht hatten zu erzürnen/ vnd thet mit jnen aller dinge/ wie er zu BethEl gethan hatte. Vnd er opfferte alle Priester der Höhen/ die daselbs waren/ auff den Altarn/ vnd verbrand also menschen beine drauff/ vnd kam wider gen Jerusalem.

Vnd der König gebot dem volck/ vnd sprach/ Haltet dem HERRN ewrem Gott Passah/ wie es geschrieben stehet im buch dieses Bunds/ Denn es war keine Passah so gehalten als diese/ von der Richterzeit an/ die Israel gerichtet haben/ vnd jnn allen zeiten der

L ij Könige

Das Ander teil

Könige Israel vnd der Könige Juda / sondern im achtzehenden jar des Königes Josia / ward dis Passah gehalten / dem HERRN zu Jerusalem.

Auch feget Josia aus alle Warsager / Zeichendeuter / Bilder vnd Götzen / vnd alle Grewel / die im lande Juda vnd zu Jerusalem ersehen wurden / auff das er auffrichtet die wort des Gesetzs / die geschrieben stunden im buch / das Hilkia der Priester fand im Hause des HERRN. Sein gleiche war vor jm kein König gewesen / der so von gantzem hertzen / von gantzer seelen / von allen krefften sich zum HERRN bekeret / nach allem Gesetz Mose / vnd nach jm kam sein gleiche nicht auff.

Doch keret sich der HERR nicht von dem grim seines grossen zorns / da mit er vber Juda erzürnet war / vmb alle die reitzunge willen / damit jn Manasse erreitzet hatte / Vnd der HERR sprach / Ich wil Juda auch von meinem angesichte thun / wie ich Israel weg gethan habe / vnd will diese Stad verwerffen / die ich erwelet hatte / nemlich / Jerusalem / vnd das Haus / dauon ich gesagt habe / Mein name sol daselbs sein. Was aber mehr von Josia zu sagen ist / vnd alles was er gethan hat / sihe / das ist geschrieben jn der Chronica der Könige Juda.

Zu seiner zeit zog Pharao Necho der König jnn Egypten erauff wider den König von Assyrien an das wasser Phrath / Aber der König Josia zog jm entgegen / vnd starb zu Megiddo / da er jn gesehen hatte / vnd seine knechte füreten jn tod von Megiddo vnd brachten jn gen Jerusalem / vnd begruben jn jnn seinem grabe / vnd das volck im land nam Joahas den son Josia / vnd salbeten jn vnd macheten jn zum Könige an seines vaters stat.

Drey vnd zwenzig jar war Joahas alt / da er König ward / vnd regiret drey monden zu Jerusalem / Seine mutter hies Hamutal eine tochter Jeremia von Libna / vnd thet das dem HERRN vbel gefiel / wie seine Veter gethan hatten. Aber Pharao Necho fieng jn zu Riblath im lande Hemath / das er nicht regiren solt zu Jerusalem / vnd leget eine schetzung auffs land / hundert centener silbers vnd einen centener golds / Vnd Pharao Necho macht zum Könige Eliakim den son Josia an stat seines vaters Josia / vnd wand seinen namen Joiakim. Aber Joahas nam er vnd bracht jn jnn Egypten / daselbs starb er.

Vnd Joiakim gab das silber vnd gold Pharao / Doch schetzet er das land / das er solch silber gebe / nach befelh Pharao. Einen jglichen nach seinem vermügen / schetzet er am silber vnd gold vnter dem volck im lande / das er dem Pharao Necho gebe. Funff vnd zwenzig jar alt war Joiakim / da er König ward / vnd regiret eilff jar zu Jerusalem / Seine mutter hies Sebuda eine tochter Pedaia von Ruma / vnd thet das dem HERRN vbel gefiel / wie seine Veter gethan hatten.

XXIIII.

Zu seiner

Von den Königen. CXLIIII.

Z seiner zeit zog erauff NebucadNezar der König zu Babel/vnd Joiakim ward jm vnterthenig drey jar/ vnd er wand sich vnd ward abtrünnig von jm/Vnd der HERR lies auff jn kriegs knecht komen aus Chaldea/aus Syrien/aus Moab/vnd aus den kindern Ammon/vnd lies sie jnn Juda komen/das sie jn vmbbrechten/nach dem wort des HERRN/das er gered hatte durch seine Knechte die Propheten. Es geschach aber Juda also/ nach dem wort des HERRN/das er sie von seinem angesicht thet/ vmb der sunde willen Manasse/die er gethan hatte/Auch vmb des vnschuldigen bluts willen das er vergos/vnd macht Jerusalem vol mit vnschüldigem blut/wolt der HERR nicht vergeben.

Was mehr zu sagen ist von Joiakim/vnd alles was er gethan hat/sihe/das ist geschrieben jnn der Chronica der Könige Juda/ Vnd Joiakim entschlieff mit seinen Vetern/vnd sein son Joiachin ward König an seine stat. Vnd der König jnn Egypten zog nicht mehr aus seinem lande/Denn der König zu Babel hatte jm genomen alles was des Königs jnn Egypten war/vom bach Egypti an/bis an das wasser Phrath.

Achtzehen jar alt war Joiachin/da er König ward/vnd regiret drey monden zu Jerusalem/Seine mutter hies Nehustha/eine tochter Elnathan von Jerusalem/Vnd thet das dem HERRN vbel gefiel/ wie sein vater gethan hatte.

Zu der zeit zogen erauff die knechte NebucadNezar des Königs zu Babel gen Jerusalem/vnd kamen an die Stad mit bolwerg/ Vnd da NebucadNezar zur Stad kam vnd seine knechte/belagert er sie/ Aber Joiachin der König Juda gieng eraus zum Könige von Babel mit seiner mutter/mit seinen knechten/mit seinen obersten vnd Kemerern/vnd der König von Babel nam jn auff im achten jar seines Königreichs.

Vnd nam von dannen eraus alle schetze im Hause des HERRN vnd im Hause des Königs/vnd zeschlug alle gülden gefesse/die Salomo der König Israel gemacht hatte im Tempel des HERRN/ wie denn der HERR gered hatte/vnd füret weg das gantze Jerusalem/alle obersten/alle geweltigen/zehen tausent gefangen/vnd alle zimmerleute/vnd alle schmide/vnd lies nichts vbrig/denn gering volck des lands.

Vnd füret weg Joiachin gen Babel/die mutter des Königs/die weiber des Königs/vnd seine Kemerer/dazu die mechtigen im lande füret er auch gefangen von Jerusalem gen Babel/vnd was der besten leute waren/sieben tausent/vnd die zimmerleute vnd schmide/tausent/alle starcke kriegs menner/ Vnd der König von Babel bracht sie gen Babel. Vnd der König von Babel macht Mathania seinen vetter zum Könige an seine stat/vnd wandelt seinen namen Zidekia.

Ein vnd zwenzig jar alt war Zidekia/da er König ward/vnd regiret eilff jar zu Jerusalem/Seine mutter hies Hamital eine tochter

X iij   Jeremia

Das Ander teil

Jeremia von Libna/Vnd er thet das dem HERRN vbel gefiel/wie Joiakim gethan hatte/Denn es geschach also mit Jerusalem vnd Juda aus dem zorn des HERRN/bis das er sie von seinem angesicht würffe. Vnd Zidekia ward abtrünnig vom Könige zu Babel.

XXV.

Vnd es begab sich im neunden jar seines Königreichs/ am zehenden tag des zehenden monden/kam Nebucad Nezar der König zu Babel/mit alle seiner macht wider Jerusalem/vnd sie lagerten sich wider sie/vnd baweten einen schut vmb sie her/Also ward die Stad belagert bis ins eilffte jar des Königs Zidekia. Aber im neunden monde ward der hunger starck jnn der Stad/das das volck des lands nicht zu essen hatte.

Da brach man jnn die Stad/vnd alle kriegs menner flohen bey der nacht des wegs von dem thor zwisschen den zwo mauren/der zu des Königs garten gehet/Aber die Chaldeer lagen vmb die Stad.

Vnd er flohe des weges zum blachen felde/Aber die macht der Chaldeer jagten dem Könige nach/vnd ergriffen jn im blachen felde zu Jeriho/vnd alle kriegs leute die bey jm waren/wurden von jm zu strewet/Sie aber griffen den König vnd füreten in hinauff zum Könige von Babel gen Riblath/Vnd sie sprachen ein vrteil vber jn/ Vnd sie schlachten die kinder Zidekia fur seinen augen/vnd blendeten Zidekia seine augen/vnd bunden jn mit keten/vnd füreten jn gen Babel.

Am

Von den königen. CXLV.

Am siebenden tage des funfften monden/das ist das neunzehende jar Nebucadnezar des Königs zu Babel/kam NebusarAdan der Hofemeister des Königs zu Babel knecht gen Jerusalem/vnd verbrand das Haus des HERRN/vnd das haus des Königs vnd alle heuser zu Jerusalem/vnd alle grosse heuser verbrand er mit feur/Vnd die gantze macht der Chaldeer/die mit dem Hofemeister war/zubrach die mauren vmb Jerusalem her/Das ander volck aber das vberig war jnn der Stad/vnd die zum Könige von Babel fielen/vnd das ander pöbel/füret NebusarAdan der Hofemeister weg/Vnd von den geringsten im lande/lies der Hofemeister weingartner vnd ackerleute.

Aber die eherne seulen am Hause des HERRN/vnd die gestüle vnd das eherne meer/das am Hause des HERRN war/zubrachen die Chaldeer/ vnd füreten das ertz gen Babel/Vnd die töpffen/ schauffeln/messer/leffel vnd alle eherne gefesse damit man dienete/ namen sie weg/dazu nam der Hofemeister die pfannen vnd becken/ was gülden vnd silbern war/zwo seulen/ein meer vnd die gestüle/die Salomo gemacht hatte zum Hause des HERRN/ Es war nicht zu wegen das ertz aller dieser gefesse. Achtzehen ellen hoch war eine seule/vnd jr knauff drauff war auch ehern vnd drey ellen hoch/vnd die reiffe vnd granat epffel an dem knauff vmbher war alles ehern/Auff die weise war auch die ander seule mit den reiffen.

Vnd der Hofemeister nam den Priester Seraia der ersten ordenung/vnd den Priester Zephania der andern ordenung/vnd drey thürhüter/vnd einen Kemerer aus der Stad/der gesetzt war vber die kriegsmenner/vnd funff menner die stets fur dem Könige waren/die jnn der Stad funden wurden/vnd Sopher den Feldhenbtman/der das volck im lande kriegen leret/vnd sechzig man vom volck auff dem lande/ die jnn der Stad funden worden/ diese nam NebusarAdan der Hofemeister vnd bracht sie zum Könige von Babel gen Riblath/Vnd der König von Babel schlug sie tod zu Riblath im lande Hemath/ Also ward Juda weg gefurt aus seinem lande.

Aber vber das vbrige volck im lande Juda das NebucadNezar der König von Babel vber lies/setzet er Gedalia den son Ahikam des sons Saphan. Da nu alle des kriegs volck Heubtleute vnd die menner höreten/das der König von Babel Gedalia gesetzt hatte/kamen sie zu Gedalia gen Mizpa/ nemlich/ Ismael der son Nethania/vnd Johanan der son Kareah/vnd Seraia der son Thanhumeth der Netophathiter/ vnd Jaesania der son Maechathi/sampt jren mennern. Vnd Gedalia schwur jnen vnd jren mennern/vnd sprach zu jnen/Furcht euch nicht vnterthan zu sein den Chaldeern/bleibet im lande/vnd seid vnterthenig dem Könige von Babel/so wirds euch wol gehen.

Aber im siebenden monden kam Ismael der son Nethania des sons Elisama vom Königlichem geschlecht vnd zehen menner mit jm/vnd schlugen Gedalia tod/dazu die Jüden vnd Chaldeer/die bey jm waren zu Mizpa. Da machten sich auff alles volck/beide klein vnd gros/vnd die öbersten des kriegs/vnd kamen jnn Egypten/denn sie furchten sich fur den Chaldeern.

X iij   Aber

Das Ander teil von den Königen.

Aber im sieben vnd dreissigsten jar/nach dem Joiachin der König Juda weg geführet war/im sieben vnd zwenzigsten tage des zwelfften monden/hub EuilMerodach der König zu Babel im ersten jar seines Königreichs/das heubt Joiachin des Königs Juda aus dem kerker erfur/vnd redet freundlich mit jm/vnd setzt seinen stuel vber die stüle der Könige/die bey jm waren zu Babel/vnd wandelt die kleider seines gefengnis. Vnd er ass allewege fur jm sein leben lang/vnd bestimpt jm sein teil/ das man jm allwege gab vom Könige auff einen jglichen tag sein gantz leben lang.

❧

Ende des buchs der könige.

Das Erste Teil
Der Chronica.

CXLVI.

I.

Adam/ Seth/ Enos/ Kenan/ Mahalaleel/ Jared/ Henoch/ Methusalah/ Lamech/ Noah/ Sem/ Ham/ Japheth.

Die kinder Japheth sind diese/ Gomer/ Magog/ Madai/ Jauan/ Thubal/ Mesech/ Thiras. Die kinder aber Gomer sind/ Ascenas/ Riphath/ Thogarma. Die kinder Jauan sind/ Elisa/ Tharsisa/ Chitim/ Dodanim.

Die kinder Ham sind/ Chus/ Mizraim/ Put/ Canaan. Die kinder aber Chus sind/ Seba/ Heuila/ Sabtha/ Ragema/ Sabthecha. Die kinder aber Ragema sind/ Scheba vnd Dedan. Chus aber zeuget Nimrod/ der fieng an gewaltig zu sein auff erden. Mizraim zeuget Ludim/ Anamim/ Lehabim/ Naphthuhim/ Pathrussim/ Casluhim/ Von welchen sind auskomen die Philistim vñ Caphthorim. Canaan aber zeuget Zidon seinen ersten son/ Heth/ Jebusi/ Amori/ Girgosi/ Heui/ Arki/ Sini/ Arwadi/ Zemari vnd Hemathi.

Die kinder Sem sind diese/ Elam/ Assur/ Arphachsad/ Lud/ Aram/ Vz/ Hul/ Gether vnd Masech. Arphachsad aber zeuget Salah/ Salah zeuget Eber/ Eber aber wurden zweene söne geboren/ Der eine hies Peleg/ darumb/ das zu seiner zeit das land zuteilet ward/ vnd sein bruder hies Jaktan. Jaktan aber zeuget Almodad/ Saleph/ Hazarmaueth/ Jarah/ Hadoram/ Vsal/ Dikla/ Ebal/ Abimael/ Scheba/ Ophir/ Heuila vnd Jobab/ Das sind alle kinder Jaktan.

Sem/ Arphachsad/ Salah/ Eber/ Peleg/ Regu/ Serug/ Nahor/ Tharah/ Abram/ das ist Abraham. Die kinder aber Abraham sind/ Isaac vnd Ismael. Dis ist jr geschlecht/ Der erste son Ismaels/ Nebaioth/ Kedar/ Adbeel/ Mibsam/ Misma/ Duma/ Masa/ Hadad/ Thema/ Jetur/ Naphis/ Kedma/ Das sind die kinder Ismaels.

Die kinder aber Ketura des kebsweibs Abraham/ die gebar Simran/ Jaksan/ Medan/ Midian/ Jesbak/ Suah. Aber die kinder Jaksan sind/ Scheba vnd Dedan. Vnd die kinder Midian sind/ Epha/ Epher/ Henoch/ Abida/ Eldaa/ Dis sind alle kinder der Ketura.

Abraham zeuget Isaac/ Die kinder aber Isaac sind/ Esau vnd Israel. Die kinder Esau sind/ Eliphas/ Reguel/ Jens/ Jaelam/ Korah. Die kinder Eliphas sind/ Theman/ Omar/ Zephi/ Gaetham/ Kenas/ Thimna/ Amalek. Die kinder Reguel sind/ Nahath/ Serah/ Samma vnd Misa.

Die kinder

Das Ander teil

Die kinder Seir sind/Lothan/Sobal/Zibeon/Ana/Dison/Ezer/Disan. Die kinder Lothan sind/Hori/Homam/ vnd Thimna war eine schwester Lothan. Die kinder Sobal sind / Alian/ Manahath/Ebal/Sephi/Onam. Die kinder Zibeon sind / Aia vnd Ana. Die kinder Ana/Dison. Die kinder Dison sind/Hamran/Esban/Jethran/Chran. Die kinder Ezer sind/ Bilhan/ Saewan/ Jaekan. Die kinder Disan sind/Vz vnd Aran.

Dis sind die Könige die regiret haben im lande Edom/ehe denn ein König regieret vnter den kindern Israel/Bela der son Beor/vnd seine stad hies Dinhaba. Vnd da Bela starb / ward König an seine stat Jobab der son Sera von Bazra. Vnd da Jobab starb/ward König an seine stat Husam aus der Themaniter lande. Da Husam starb/ ward König an seine stat Hadad der son Bedad/der die Midianiter schlug inn der Moabiter feld / vnd seine stad hies Awith. Da Hadad starb/ward König an seine stat Samla von Masrek. Da Samla starb/ward König an seine stat Saul von Rehoboth am wasser. Da Saul starb/ward König an seine stat BaalHanan der son Achbor. Da BaalHanan starb/ward König an seine stat Hadad/ vnd seine stad hies Pagi/ vnd sein weib hies Mehetabeel/ eine tochter Matred vnd tochter Mesahab.

Da aber Hadad starb/wurden Fürsten zu Edom/Fürst Thimna/ Fürst Alia/ Fürst Jetheth/ Fürst Ahalibama/ Fürst Ela/ Fürst Pinon/Fürst Kenas/Fürst Theman/Fürst Mibzar/Fürst Magdiel/ Fürst Iram/Das sind die Fürsten zu Edom.

II.

DIs sind die kinder Israel/Ruben/Simeon/Leui/Juda/Isaschar/Sebulon/Dan/Joseph/BenJamin/Naphthali/Gad/Asser.

Die kinder Juda sind/Er/Onan/Sela/Die drey wurden jm geborn von der tochter Sua der Cananitin. Er aber der erste son Juda war böse fur dem HERRN/ drumb tödtet er jn. Thamar aber seine schnur gebar jm/Perez vnd Serah/Das aller kinder Juda waren funffe.

Die kinder Perez sind/Hezron vnd Hamul. Die kinder aber Serah sind/Simri/ Ethan/ Heman/ Chalcol / Dara / Der aller sind funffe.
Die kinder Charmi sind/ Achar/ welcher betrübt Israel/ da er sich am verbanten vergreiff. Die kinder Ethan sind/Asaria.

Die kinder aber Hezron die jm geborn sind/Jerahmeel/Ram/ Chalubai. Ram aber zeuget AmmiNadab. AmmiNadab zeuget Nahesson den Fürsten der kinder Juda. Nahesson zeuget Salma. Salma zeuget Boas. Boas zeuget Obed. Obed zeuget Isai. Isai zeuget seinen ersten son Eliab / AbiNadab den andern/Simea den dritten/Nethaneel den vierden/Raddai den funfften/Ozem den sechsten/Dauid den siebenden. Vnd jre schwestern waren/Zeruia vnd Abigail. Die kinder Zeruia sind/Abisai/Joab/Asahel die drey. Abigail aber gebar A

Der Chronica. CXLVII.

bar Amasa. Der vater aber Amasa war Jether ein Jsmaeliter.

Chaleb der son Hezron zeuget mit Asuba dem weibe vnd mit Jerigoth. Vnd dis sind der selben kinder / Jeser / Sobab / vnd Arnon. Da aber Asuba starb / nam Chaleb / Ephrath / die gebar jm Hur. Hur gebar Vri. Vri gebar Bezaleel.

Darnach beschlieff Hezron die tochter Machir des vaters Gilead / vnd er nam sie / da er war sechzig jar alt / vnd sie gebar jm Segub. Segub aber gebar Jair / der hatte drey vnd zwenzig stedte im lande Gilead. Vnd er nam aus den selben Gesur vnd Aram die Flecken Jair / dazu Kenath mit jren töchtern / sechzig stedte / Das sind alle kinder Machir des vaters Gilead. Nach dem tod Hezron jnn Chaleb Ephratha / lies Hezron Abia sein weib / die gebar jm / Ashur den vater Thekoa.

Jerahmeel der erste son Hezron hatte kinder / Den ersten Ram / Buna / Oren / vnd Ozem / vnd Abia. Vnd Jerahmeel hatte noch ein ander weib die hies Atara / die ist die mutter Onam. Die kinder aber Ram des ersten sons Jerahmeel sind / Maaz / Jamin vnd Eker.

Aber Onam hatte kinder / Samai vnd Jada. Die kinder aber Samai sind / Nadab vnd Abisur. Das weib aber Abisur hies Abihail die jm gebar Ahban vnd Molid. Die kinder aber Nadab sind / Seled vnd Appaim. Vnd Seled starb on kinder. Die kinder Appaim sind / Jesei. Die kinder Jesei sind / Sesan. Die kinder Sesan sind Ahelai. Die kinder aber Jada des bruders Samai sind / Jether / vnd Jonathan. Jether aber starb on kinder. Die kinder aber Jonathan sind / Peleth vnd Sasa / Das sind die kinder Jerahmeel. Sesan aber hatte nicht söne / sondern töchter / vnd Sesan hatte einen Egyptischen knecht / der hies Jarha / Vnd Sesan gab Jarha seinem knecht seine tochter zum weibe / die gebar jm Athai. Athai zeuget Nathan. Nathan zeuget Sabad. Sabad zeuget Ephlal. Ephlal zeuget Obed. Obed zeuget Jehu. Jehu zeuget Asaria. Asaria zeuget Halez. Halez zeuget Elleasa. Elleasa zeuget Sissemai. Sissemai zeuget Sallum. Sallum zeuget Jekamia. Jekamia zeuget Elisama.

Die kinder Chaleb des bruders Jerahmeel sind / Mesa sein erster son / der ist der vater Siph / vnd der kinder Maresa des vaters Hebron. Die kinder aber Hebron sind / Korah / Thapuah / Rekem vnd Sama. Sama aber zeuget Raham den vater Jarkaam. Rekem zeuget Samai. Der son aber Samai hies Maon / vnd Maon war der vater Bethzur.

Epha aber das kebsweib Chaleb / gebar Haran / Moza vnd Gases. Haran aber zeuget Gases. Die kinder aber Jahdai sind / Rekem / Jotham / Gesan / Pelet / Epha vnd Saaph. Aber Maecha das kebsweib Chaleb gebar Seber vnd Thirhena. Vnd gebar auch Saaph den vater Madmanna / vnd Sewa den vater Machbena / vnd den vater Gibea. Aber Achsa war Chalebs tochter.

Dis waren die kinder Chaleb / Hur der erste son von Ephratha / Sobal der vater Kiriath Jearim / Salma der vater Bethlehem / Dareph der vater Bethgader. Vnd Sobal der vater Kiriath Jearim hatte söne / nemlich / die halbe freundschafft Manuhoth.

Die

Das Erste teil

Die freundschafft aber zu Kiriath Jearim waren die Jethriter/ Puthiter/ Sumathiter vnd Misraiter. Von diesen sind auskomen die Zaregathiter vnd Esthaoliter. Die kinder Salma sind Bethlehem vnd die Netophathiter die krone des Hauses Joab/ vnd die helfft der Manahthiter von dem Zareither. Vnd die freundschafft der Schreiber/ die zu Jaebez woneten/ sind/ die Thireathiter/ Simeathiter/ Suchathiter/ Das sind die Kiniter/ die da komen sind von Damath des vaters Bethrechab.

III.

Dis sind die kinder Dauid/ die jm zu Hebron geborn sind/ Der erst Amnon von Ahinoam der Jesreelitin. Der ander/ Daniel von Abigail der Carmelitin. Der drit/ Absajom der son Maecha/ der tochter Thalmai des Königs zu Gesur. Der vierde/ Adonia der son Hagith. Der funffte/ Saphatja von Abital. Der sechst/ Jethream von seinem weibe Egla. Diese sechs sind jm geborn zu Hebron/ denn er regirt daselbs sieben jar vnd sechs monden. Aber zu Jerusalem regiret er drey vnd dreissig jar.

Vnd diese sind jm geborn zu Jerusalem/ Simea/ Sobab/ Nathan/ Salomo/ die viere von der tochter Sua der tochter Ammiel/ Dazu/ Jebehar/ Elisama/ Eliphalet/ Noga/ Nepheg/ Japia/ Elisama/ Eliada/ Eliphelet/ die neune/ Das sind alles kinder Dauid/ on was der kebsweiber kinder waren/ Vnd Thamar war jre schwester.

Salomo son war Rehabeam/ des son war Abia/ des son war Assa/ des son war Josaphat/ des son war Joram/ des son war Ahasia/ des son war Joas/ des son war Amazia/ des son war Asaria/ des son war Jotham/ des son war Ahas/ des son war Hiskia/ des son war Manasse/ des son war Amon/ des son war Josia. Josia söne aber waren/ der erste/ Johannan/ der ander/ Joiakim/ der dritte/ Zidekia/ der vierde/ Sallum. Aber die kinder Joiakim waren/ Jechania/ des son war Zidekia.

Die kinder aber Jechania/ der gefangen ward/ waren Sealthiel/ Malchiram/ Phadaia/ Senneazar/ Jekamia Hosama/ Nedabia. Die kinder Phadaia waren/ Zerubabel vnd Simei. Die kinder Zerubabel waren/ Mesullam vnd Hananja/ vnd jre schwester Selomith/ dazu Hasuba/ Ohel/ Berechja/ Hasadja/ Jusab Heses/ die funffe. Die kinder aber Hananja waren/ Platja vnd Jesaia/ des son war Rephaia/ des son war Arnan/ des son war Obadia/ des son war Sachanja. Die kinder aber Sachanja waren/ Semaia. Die kinder Semaia waren/ Hatus/ Jegeal/ Bariah/ Nearia/ Saphat/ die sechse. Die kinder aber Nearia waren/ Elioenai/ Hiskia/ Asrikam/ die drey. Die kinder aber Elioenai waren/ Hodaia/ Eliasib/ Plaia/ Akub/ Johannan/ Delaia/ Anani/ die sieben.

IIII.

Die kinder

Die Chronica. CXLIX.

DIe kinder Juda waren/ Perez/Hezron/Charmi/Hur vnd Sobal. Reaia aber der son Sobal zeuget Jahath/ Jahath zeuget Ahumai vnd Lahad/Das sind die freundschafften der Zaregathiter/vnd Elle der vater Etam/Jesreel/Jesma/Jedbas/vnd jre schwester hies Hazlelponi. Vnd Pnuel der vater Gedor/vnd Eser der vater Husa/ das sind die kinder Hur des ersten sons Ephratha des vaters Bethlehem. Ashur aber der vater Thekoa hatte zwey weiber Hellea vnd Naera/ vnd Naera gepar jm Ahusan/Hepher/Themni/ Ahastari/das sind die kinder Naera. Aber die kinder Hellea waren Zereth/ Jezohar vnd Ethnan. Kotz aber zeuget Anub/vnd Hazobeba/ vnd die freundschafft Aharbel des sons Harum. Jaebez aber war herlicher denn seine brüder/ vnd seine mutter hies jn Jaebez/den̄ sie sprach/ich habe jn mit kummer geborn. Vnd Jaebez rieff den Got Israel an/vnd sprach/Wo du mich segenen wirst vnd meine grentze mehren/vnd deine hand mit mir sein wird / vnd wirst mit dem vbel schaffen/das michs nicht bekummere. Vnd Gott lies komen / das er batt. Chalub aber der bruder Suha zeuget Mehir / Der ist der vater Esthon/Esthon aber zeuget Bethrapha/Passeah vnd Thehinna den vater der stad Nahas / das sind die menner von Recha. Die kinder Kenas waren Athniel vnd Saraia. Die kinder aber Athniel waren Hathath.

Vnd Meonothai zeuget Aphra. Vnd Saraia zeuget Joab den vater Geharasim/denn sie waren zimmerleut. Die kinder aber Caleb des sons Jephune waren/ Jru/ Ela vnd Naam. Die kinder Ela waren Kenas. Die kinder aber Jehaleleel waren Siph/ Sipha/ Thiria vnd Asareel.Die kinder aber Esra waren Jether/Mered/Epher vnd Jalon/ vnd Thahar mit MirJam/ Samai/ Jesbah;dem vater Esthemoa/ vnd sein weib Judi Ja gepar Jered den vater Gedor/ Heber den vater Socho/ Jekuthiel den vater Sanoah/das sind die kinder Bith ja der tochter Pharao/die der Mared nam.Die kinder des weibs Hodi Ja der schwester Naham des vaters Kegila/waren Hagarmi vnd Esthemoa der Maechathiter. Die kinder Simon waren/ Ammon/Rinna vnd Benhanan/Thiwlon. Die kinder Jesei waren/ Soheth vnd der BenSoheth.

Die kinder aber Sela des sons Juda waren/ Er der vater Lecha. Laeda der vater Maresa/ vnd die freundschafft der linweber vnter dē hause Asbea/ dazu Jokim vnd die menner von Cosebo/Joas/Saraph/die hausherrn waren jnn Moab / vnd woneten zu Lahem vnd Hadabarim Athikim. Sie waren topffer vnd woneten vnter pflantzen vnd zeunen bey dem Könige zu seinem geschefft e/ vnd kamen vnd blieben daselbs.

V.

DIe kinder Simeon waren/Nemuel/ Jamin/ Jarib/ Serah/ Saul/des son war Sallum/ des son war Mibsam/ des son war Misma. Die kinder aber Misma waren Hamuel/des son war Zachur/ des son war Simei. Semei aber hatte sechzehen söne vnd sechs tochter/ vnd seine brüder hatten nicht viel kinder. Aber alle jre freund-

Das Erste teil

freundschafft mehreten sich nicht als die kinder Juda. Sie woneten aber zu BerSeba/ Molada/ HazarSual/ Bilha/ Ezem/ Tholad/ Bethuel/ Harma/ Ziklag/ Beth Marchaboth/ Hazarsussim/ Beth Birei/ Saaraim/ dis waren jre stedte/ bis auff den König Dauid. Dazu jre dorffer bey Etam/ Ain/ Rimmon/ Thochen/ Asan/ die fünff stedte/ vnd alle dorffer/ die vmb diese stedte her waren/ bis gen Baal/ das ist jr wonung vnd jr sippschafft vnter jnen.

Vnd Mesobab/ Jamlech/ Josa der son Amazia/ Joel/ Jehu der son Josibia/ des sons Seraia/ des sons Asiel/ Elioenai/ Jaccoba/ Jesohaia/ Asaia/ Adiel/ Jsmeel vnd Benaia/ Sisa der Siphei/ des sons Alon/ des sons Jedaia/ des sons Simri/ des sons Semaia/ Diese wurden namhafftige Fürsten jnn jren geschlechten des hauses jrer veter/ vnd teileten sich nach der menge.

Vnd sie zogen hin/ das sie gen Gedor kemen/ bis gegen morgen/ des tals das sie weide suchten fur jre schafe/ Vnd funden fett vnd gute weide/ vnd ein land weit von rawm/ still vnd reich/ Denn vorhin woneten daselbs die von Ham. Vnd die jtzt mit namen beschrieben sind/ kamen zur zeit Hiskia des Königes Juda/ vnd schlugen jener hutten vnd wonunge die daselbs funden worden/ vnd verbanten sie bis auff diesen tag/ vnd woneten an jrer stat/ denn es ware weide daselbs fur schafe.

Auch giengen aus jnen/ aus den kindern Simeon/ funff hundert menner zu dem gepirge Seir/ mit jren obersten/ Platja/ Nearja/ Rephaia vnd Vsiel/ den kindern Jesei/ vnd schlugen die vbrigen entrunnene der Amalekiter/ vnd woneten daselbs bis auff diesen tag.

VI.

Die kinder Ruben des ersten sons Israel/ denn er war der erste son/ Aber damit das er seins vaters bette verunreiniget/ ward seine erste geburt gegeben den kindern Joseph des sons Israel/ vnd er ward nicht gerechnet zur ersten geburt/ Denn Juda der mechtig war vnter seinen brüdern/ dem ward das Fürstenthum fur jn gegeben/ vnd Joseph die erste geburt/ So sind nu die kinder Ruben des ersten sons Israel/ Hanoch/ Pallu/ Hezron vnd Charmi.

Die kinder aber Joel waren/ Semaia/ des son war Gog/ des son war Simei/ des son war Micha/ des son war Reaia/ des son war Baal/ des son war Beera/ welchen furet weg gefangen Thigleth Pilnesser der König von Assirien/ Er aber war ein Fürst vnter den Rubenitern/ Aber seine brüder vnter seinen geschlechten/ da sie vnter jre geburt gerechnet wurden/ hatten zu heubtern Jeiel vnd Sacharia.

Vnd Bela der son Asan/ des sons Joel/ der wonete zu Aroer/ vnd bis gen Nebo vnd Baal Meon/ Vnd wonet gegen dem auffgang bis man kompt an die wüsten ans wasser Phrath/ Denn jres viehs war viel im lande Gilead.

Vnd zur zeit Saul füreten sie krieg wider die Hagariter/ das jene fielen durch jre hand/ vnd woneten jnn jener hütten gegen dem gantzen morgen ort Gilead.
Die kin-

Die Chronica. CL

Die kinder Gad aber woneten gegen jnen im lande Basan bis gen Salcha. Joel der fürnemest/ vnd Sapham der ander/ Jaenai vnd Saphat zu Basan/ Vnd jre brüder des hauses jrer veter waren/ Michael/ Mesullam/ Seba/ Jorai/ Jaecan/ Sia vnd Eber/ die sieben. Dis sind die kinder Abihail des sons Huri/ des sons Jaroah/ des sons Gilead/ des sons Michael/ des sons Jessisai/ des sons Jahdo/ des sons Bus. Ahi der son Abdiel/ des sons Guni war ein oberster im hause jrer veter/ vnd woneten zu Gilead jnn Basan/ vnd jnn jren töchtern vnd jnn allen vorstedten Saron bis an jr ende. Diese wurden alle gerechnet zur zeit Jotham des Königs Juda vnd Jerobeam des Königs Israel.

Der kinder Ruben/ der Gadditer vnd des halben stams Manasse/ was streitbar menner waren/ die schild vnd schwerd füren vnd bogen spannen kunden/ vnd streitkündig waren/ der war vier vnd vierzig tausent vnd sieben hundert vnd sechzig/ die jnns heer zogen. Vnd da sie stritten mit den Hagaritern/ hulffen jnen Jetur/ Naphes vnd Nodab/ vnd gaben die Hagariter jnn jre hende/ vnd alles das mit jnen war/ Denn sie schrien zu Gott im streit/ vnd er lies sich erbitten/ denn sie vertraweten jm. Vnd sie füreten weg/ jr vieh/ fünff tausent Camel/ zwey hundert vnd funffzig tausent schaf/ zwey tausent Esel/ vnd hundert tausent menschen seelē/ Denn es fielen viel verwunden/ denn der streit war von Gott/ Vnd sie woneten an jrer stat bis zur zeit/ da sie gefangen wurden.

Die kinder aber des halben stams Manasse woneten im lande/ von Basan an bis gen Baal Hermon vnd Senir vnd den berg Hermon/ vn jr war viel/ Vnd diese waren die heubter des hauses jrer veter/ Epher/ Jesei/ Eliel/ Ariel/ Jeremia/ Dodawia/ Jahdiel/ gewaltige redliche menner vnd berumbte heubter im haus jrer veter.

Vnd da sie sich an dem Gott jrer veter vergriffen/ vnd hureten den Götzen nach der völcker im lande/ die Gott fur jnen vertilget hatte/ erweckt der Gott Israel den geist Pul des Königs von Assyrien/ vnd den geist Tiglath Pilnesser des Königs von Assyrien/ vnd furet weg die Rubeniten/ Gadditen/ vnd den halben stam Manasse/ vnd bracht sie gen Halah vnd Habor vnd Hara vnd ans wasser Gosan bis auff diesen tag.

VII.

DJe kinder Leui waren Gerson/ Kahath vnd Merari. Die kinder aber Kahath waren/ Amram Jezehar/ Hebron vnd Vsiel/ Die kinder Amram waren/ Aaron/ Mose/ vnd Mir Jam. Die kinder Aaron waren/ Nadab/ Abihu/ Eleasar vnd Ithamar.

Eleasar zeuget Pinehas. Pinehas zeuget Abisua. Abisua zeuget Buki. Buki zeuget Vsi. Vsi zeuget Serahja. Serahja zeuget Merajoth. Merajoth zeuget Amarja. Amarja zeuget Ahitob. Ahitob zeuget Zadok. Zadok zeuget Ahimaaz. Ahimaaz zeuget Asarja. Asarja zeuget Johanan. Johanan zeuget Asarja/ den der priester war im Hause das Salomo bawete zu Jerusalem.

Y ij   Asarja

Das Erste teil

Asarja zeuget Amarja. Amarja zeuget Ahitob. Ahitob zeuget Zadok. Zadok zeuget Sallum. Sallum zeuget Hilkija. Hilkija zeuget Asarja. Asarja zeuget Seraja. Seraja zeuget Jozadak. Jozadak aber war mit weg gefurt da der HERR Juda vnd Jerusalem durch Nebucad Nezar lies gefangen weg füren.

So sind nu die kinder Leui diese/ Gerson/ Kahath/ Merari. So heissen aber die kinder Gerson/ Libni vnd Simei. Aber die kinder Kahath heissen/ Amram/ Jezehar/ Hebron vnd Vsiel. Die kinder Merari heissen/ Maheli vnd Musi/ Das sind die geschlechte der Leuiten vnter jren vetern.

Gersoms son war Libni/ des son war Jahath/ des son war Sima/ des son war Joah/ des son war Jddo/ des son war Serah/ des son war Jeathrai. Kahats son aber war Amminadab/ des son war Korah/ des son war Assir/ des son war Elkana/ des son war Abiasaph/ des son war Assir/ des son war Thahath/ des son war Vriel/ des son war Vsija/ des son war Saul.

Die kinder Elkana waren Amasai vnd Ahimoth/ des son war Elkana/ des son war Elkana von Zoph/ des son war Nahath/ des son war Eliab/ des son war Jeroham/ des son war Elkana/ des son war Samuel/ des erstgeborne war/ Seni vnd Abija.

Merari son war Maheli/ des son war Libni/ des son war Simei/ des son war Vsa/ des son war Simea/ des son war Haggija/ des son war Asaja.

Dis sind aber die Dauid stellet zu singen im Hause des HERRN da die Lade ruget/ vnd dieneten fur der wonung der hütten des Stiffts mit singen/ bis das Salomo das Haus des HERRN bawet zu Jerusalem/ vnd stunden nach jrer weise an jrem ampt/ vnd dis sind sie die da stunden vnd jre kinder. Von den kindern Kahath war Heman der senger/ der son Joel des sons Samuel/ des sons Elkana/ des sons Jeroham/ des sons Eliel/ des sons Thoah/ des sons Zuph/ des sons Elkana/ des sons Mahath/ des sons Amasai/ des sons Elkana/ des sons Joel/ des sons Asarja/ des sons Zephanja/ des sons Thahath/ des sons Assir/ des sons Abi assaph/ des sons Korah/ des sons Jezehar/ des sons Kahath/ des sons Leui/ des sons Israel.

Vnd sein bruder Assaph stund zu seiner rechten/ vnd er der Assaph war ein son Berechja/ des sons Simea/ des sons Michael/ des sons Maeseja/ des sons Malchija/ des sons Athni/ des sons Serah/ des sons Adaja/ des sons Ethan/ des sons Sima/ des sons Simei/ des sons Jahath/ des sons Gersom/ des sons Leui.

Jre bruder aber die kinder Merari stunden zur lincken/ nemlich/ Ethan der son Kusi/ des sons Abdi/ des sons Malluch/ des sons Hasabja des sons Amazja/ des sons Hilkia/ des sons Amzi/ des sons Bani/ des sons Samer/ des sons Maheli/ des sons Musi/ des sons Merari/ des sons Leui.

Jre bruder aber die Leuiten waren gegeben zu allerley ampt an der Wonung des Hauses des HERRN. Aaron aber vnd seine söne

Die Chronica. CLI.

ſöne waren im ampt an zuzunden auff dem Brandopffers Altar vnd auff dem Reuch Altar/vnd zu allem geſchefft im aller heiligſten/vnd zuerſünen Iſrael/wie Moſe der knecht Gottes gebotten hatte.

Dis ſind aber die kinder Aaron/Eleaſar ſein ſon/des ſon war Pinehas/des ſon war Abiſua/des ſon war Buki/des ſon war Vſi/des ſon war Serahja/des ſon war Meraioth/des ſon war Amarja/des ſon war Ahitob/des ſon war Zadok/des ſon war Ahimaaz.

Vnd dis iſt jre wonung vnd ſitz inn jren grentzen/nemlich der kinder Aaron des geſchlechts der Kahathiter/Denn das los fiel jnen/ vnd ſie gaben in Hebron im land Juda vnd der ſelben vorſtedte vmb her/Aber das feld der ſtad vnd jre dorffer gaben ſie Caleb dem ſon Jephunne/So gaben ſie nu den kindern Aaron die frey ſtedte/Hebron vnd Libna ſampt jren vorſtedten/Jather vnd Eſthemoa/Hilen/Debir/Aſan vnd Bethſemes/mit jren vorſtedten. Vnd aus dem ſtam Ben Jamin/Geba/Alemeth vnd Anathoth mit jren vorſtedten/das aller ſtedte jnn jrem geſchlechte waren dreizehen.

Aber den andern kindern Kahath jres geſchlechtes aus dem halben ſtam Manaſſe/wurden durchs los zehen ſtedte. Den kindern Gerſon jres geſchlechts wurden aus dem ſtam Iſaſchar/vnd aus dem ſtam Aſſer/vnd aus dem ſtam Naphthali/vnd aus dem ſtam Manaſſe jnn Baſan/dreizehen ſtedte. Den kindern Merari jres geſchlechts wurden durchs los/aus dem ſtam Ruben/vnd aus dem ſtam Gad/vnd aus dem ſtam Sebulon/zwelff ſtedte.

Vnd die kinder Iſrael gaben den Leuiten auch ſtedte mit jren vorſtedten/nemlich durchs loſs/aus dem ſtam der kinder Juda/vnd aus dem ſtam der kinder Simeon/vnd aus dem ſtam der kinder BenJamin/die ſtedte/die ſie mit namen beſtimpten/Aber den geſchlechten der kinder Kahath wurden ſtedte jrer grentze aus dem ſtam Ephraim

So gaben ſie nu jn/dem geſchlecht der andern kinder Kahath/ die freien ſtedte/Sichem auff dem gebirge Ephraim/Geſer/Jakmeam/Bethhoron/Aialon/vnd Gath Rimon mit jren vorſtedten/Dazu aus dem halben ſtam Manaſſe/Aner vnd Bileam mit jren vorſtedten. Aber den kindern Gerſom gaben ſie aus dem geſchlecht des halben ſtams Manaſſe/Golan jnn Baſan vnd Aſtharoth mit jren vorſtedten. Aus dem ſtam Iſaſchar/Kedes/Dabrath Ramoth/ vnd Anem/mit jren vorſtedten. Aus dem ſtam Aſſer/Maſal/Abdon/Hukok vnd Rehob/mit jren vorſtedten. Aus dem ſtam Naphthali Kedes jnn Gallilea/Hammon vnd Kiriathaim mit jren vorſtedten.

Den andern kindern Merari gaben ſie aus dem ſtam Sebulon/ Rimono vnd Thabor mit jren vorſtedten. Vnd jenſid dem Jordan gegen Jeriho gegen der ſonnen auffgang am Jordan/aus dem ſtam Ruben/Bezer jnn der wüſten/Jahza/Kedemoth vnd Mephaath mit jren vorſtedten. Aus dem ſtam Gad/Ramoth jnn Gilead/Mahanaim/Hesbon vnd Jaeſer mit jren vorſtedten.

VIII.

Y iij Die

Das Erste teil.

DIe kinder Jsaschar waren/Thola/Pua/Jasub vnd Simron/die viere. Die kinder aber Thola waren/Vsi/ Rephaia/ Jeriel/ Jahemai/ Jebsam vnd Samuel/ heubter im hause jrer veter von Thola/ vnd gewaltige leut jnn jrem geschlecht/ an der zal zu Dauids zeiten/zwey vnd zwenzig tausent vnd sechs hundert.
Die kinder Vsi waren/ Jesrahja. Aber die kinder Jesrahja waren Michael/Obadja/Joel vnd Jesia/die fünffe/vnd waren alle heubter. Vnd mit jne vnter jrem geschlecht im hause jrer veter waren gerust heer volck zum streit sechs vnd dreissig tausent/ denn sie hatten viel weiber vnd kinder/ Vnd jrer brüder jnn allen geschlechten Jsaschar gewaltiger leut/ waren sieben vnd achzig tausent/ vnd wurden alle gerechnet.

Die kinder BenJamin waren/Bela/ Becher/ vnd Jedieel/ die drey/ Aber die kinder Bela waren/Ezbon/Vsi/ Vssel/ Jeremoth/ vnd Jri/die fünffe/heubter im hause der veter/ gewaltige leut/ vnd wurden gerechnet zwey vnd zwenzig tausent vnd vier vnd dreissig.
Die kinder Becher waren/Semira/Joas/Elieser/ Elioenai/ Amri Jeremoth/Abia/Anathoth vnd Alameth/die waren alle kinder des Becher/vnd wurden gerechent jnn jren geschlechten nach den heubtern im haus jrer veter/gewaltige leut/zwenzig tausent vnd zwey hundert. Die kinder aber Jedicel waren/ Bilhan. Bilhan aber kinder waren/Jeus/BenJamin/Ehud/ Cnaena/ Sethan/ Tharsis vnd Ahisahar/die waren alle kinder Jedieel/ heubter der veter gewaltige leut/siebenzehen tausent zwey hundert/die ins heer auszogen zu streiten. Vnd Supim/vnd Hupim waren kinder Jr/Husim aber waren kinder Aher.
Die kinder Naphthali waren Jahziel/ Guni/ Jezer vnd Sallum/kinder von Bilha.

Die kinder Manasse sind diese/Esriel/ welchen gebar Aramja sein kebsweib/Er zeuget aber Machir den vater Gilead. Vnd Machir gab Hupim vnd Supim weiber/ vnd seine schwester hies Maecha. Sein ander son hies Zelaphehad/vnd Zelaphehad hatte töchter. Vnd Maecha das weib Machir gebar einen son den hies sie Peres/vnd sein bruder hies Sares/ vnd desselben söne waren Vlam vnd Rakem. Vlams son aber war Bedam/ Das sind die kinder Gilead des sons Machir/des sons Manasse. Vnd seine schwester Molecheth gepar Jshud/Abieser vnd Mahela. Vnd Semida hatte diese kinder/Ahean/Sichem/Likhi vnd Aniam.

Die kinder Ephraim waren diese/ Suthelah/ des son war Bered/des son war Thahath/des son war Eleada/ des son war Thahath/des son war Sabad/des son war Suthelah/des son war Eser vnd Elead/Vnd die menner zu Gath die einheimischen im lande/erwürgeten sie/darumb das sie hinab gezogen waren/jr vieh zu nemen. Vnd jr vater Ephraim trug lange zeit leide/vnd seine brüder kamen jn zu trösten.

Vnd er beschlieff sein weib/die ward schwanger/vnd gepar einen son den hies er Bria/darumb das jnn seine haus vbel zu gieng/ Seine tochter

Die Chronica. CLII.

tochter aber war Seera/ die bawet das niddern vnd vbern Bethhoron/ vnd Vsen Seera. Des son war Rephah vnd Reseph/ des son war Thelah/ des son war Thahan/ des son war Laedan/ des son war Am mihud/ des son war Elisama/ des son war Nun/ des son war Josua.

Vnd jr habe vnd wonung war/ Bethel vnd jre töchter/ vnd gegen dem auffgang Naeran/ vnd gegen abent Geser vnd jre töchter/ Sechem vnd jre töchter bis gen Aia vnd jre töchter/ Vnd an den kindern Manasse/ Beth Sean vnd jre töchter/ Thaenach vnd jre töchter/ Megiddo vnd jre töchter/ Dor vnd jre töchter/ Inn diesen woneten die kinder Joseph des sons Israel.

Die kinder Asser waren diese/ Jemma/ Jeswa/ Jeswi/ Bria vnd Serah jre schwester. Die kinder Bria waren/ Heber vnd Malchiel/ das ist der vater Birsawith. Heber aber zeuget Japhlet/ Somer/ Hotham vnd Sua jre schwester. Die kinder Japhlet waren Pasach/ Bimehal vnd Aswath/ das waren die kinder Japhlet. Die kinder Somer waren/ Ahi/ Rahga/ Jehuba vnd Aram. Vnd die kinder jr seins bruders Helem waren/ Zophah/ Jemna/ Seles vnd Amal. Die kinder Zopha waren/ Suah/ Harnepher/ Sual Beri/ Jemra/ Bezer/ Hod/ Sama/ Silsa/ Jethran vnd Beera. Die kinder Jether waren/ Jephunne/ Phispa vnd Ara. Die kinder Vlla waren/ Arah/ Daniel vnd Rizja. Diese waren alle kinder Asser heubter im haus der veter aus erlesen/ gewaltige leut/ vnd heubter vber Fürsten/ vnd wurden gerechnet ins heer zum streit an jrer zal/ sechs vnd zwenzig tausent menner.

IX.

BEn Jamin aber zeuget Bela seinen ersten son/ Asbal den andern/ Ahrah den dritten/ Noha den vierden/ Rapha den fünfften. Vnd Bela hatte kinder/ Addar/ Gera/ Abihud/ Abisua/ Naeman/ Ahoah/ Gera/ Sphuphan/ vnd Huram.

Dis sind die kinder Ehud/ die do heubter waren der veter vnd den Bürgern zu Geba/ vnd zogen weg gen Manahath/ nemlich Naeman Ahia vnd Gera/ der selb furt sie weg/ vnd er zeuget Vsa vnd Abihud/ Vnd Seharaim zeuget im lande Moab (da er jene von sich gelassen hatte) von Husim vnd Baera seinen weibern/ Vnd er zeuget von Hodes seinem weibe/ Jobab/ Zibja/ Mesa/ Malcham/ Jeuz Sachja vnd Mirma/ das sind seine kinder heubter der veter.

Von Husim aber zeuget er Abitob vnd Elpaal. Die kinder aber Elpaal waren/ Eber/ Miseam vnd Samed. Der selb bawet Ono/ vnd Lod vnd jre töchter. Vnd Bria vnd Sama waren heubter der veter vnter den Bürgern zu Aialon/ Sie veriagten die zu Gad. Sein bruder aber/ Sasak/ Jeremoth/ Sebadia/ Arad/ Ader/ Michael/ Jespa/ vn̄ Joha/ das sind kinder Bria. Sebadja/ Mesullam/ Hiski/ Heber/ Jesmerai/ Jeslia/ Joab/ das sind kinder Elpaal. Jakim/ Sichri/ Sabdi/ Eleonai/ Zilthai/ Eliel/ Adaia/ Braia vn̄ Simrath das sind die kinder Simei. Jespan/ Eber/ Eliel/ Abdon/ Sichri/ Hanan/ Hananja/ Elam/ Anthothia/ Jephdeja vn̄ Pnuel/ das sind die kinder Sasak

Y iij   Samse-

Das Erste teil.

Samserai/Seharja/Athalja/Jaeresja/Elia vnd Sichri/das sind kinder Jeroham. Das sind die heubter der veter jrer geschlechten/ die woneten zu Jerusalem. Aber zu Gibeon woneten/der vater Gibeon/vnd sein weib hies Maecha/ vnd sein erster son war Abdon/ Zur/Kis/Baal/Nadab/Gedor/Ahio vnd Secher/Mikloth aber zeuget Simea/ Vnd sie woneten gegen jren brüdern zu Jerusalem mit den jren/Ner zeuget Kis/Kis zeuget Saul/Saul zeuget Jonathan/Melchisua/Abinadab vnd Esbaal/Der son aber Jonathan war MeriBaal/MeriBaal zeuget Micha/ Die kinder Micha waren/Pithon/Melech/Thaerea vnd Ahas/Ahas aber zeuget Joadda/ Joadda zeuget Alemeth/Asmaueth vnd Simri/Simri zeuget Moza/Moza zeuget Binea/des son war Rapha/des son war Eleasa/des son war Azel. Azel aber hatte sechs söne die hiessen/ Esrikam/Bochru/Jesmael/Searja/Abadja/Hanan/ die waren alle söne Azel. Die kinder Esek seines bruders waren/Ulam sein erster son/Jeus der ander/Elipelet der dritte. Die kinder aber Ulam waren gewaltige leut vnd geschickt mit bogen/ vnd hatten viel söne vnd sons söne/hundert vnd funfftzig. Die sind alle von den kindern BenJamin.

X.

Nethinim heisst die gegeben oder geschenckten/Vnd waren die Leuten die sich jnn sonderheit zu Gottes dienst ergeben hatten wo Gottes hutten vnd die lade war/ vnter de priestern

Vnd das gantz Jsrael ward gerechnet/Vnd sihe/sie sind angeschrieben im Buch der Könige Jsrael vnd Juda/ vnd nu weg gefurt gen Babel vmb jrer missethat willen/ die zuvor woneten auff jren gütern vnd stedten/ nemlich/Jsrael/Priester/Leuiten vnd Nethinim. Aber zu Jerusalem woneten etliche der kinder Juda/etliche der kinder BenJamin/ etliche der kinder Ephraim vnd Manasse/ Nemlich aus den kindern Perez des sons Juda/war Vthai der son Amihud des sons Amri/des sons Jmri/des sons Bani. Von Siloni aber Asa ja der erst son vnd seine ander söne. Von den kindern Serah/ Jeguel vnd seine brüder sechs hundert vnd neunzig.

Von den kindern BenJamin/Sallu der son Mesullam/des sons Hodawja/, des sons Hassnua. Vnd Jebneia der son Jeroham.

Vnd Ela der son Vsi/des sons Michri. Vnd Mesullam der son Sephatja/des sons Reguel/des sons Jebneia. Dazu jre brüder jnn jren geschlechten neun hundert vnd sechs vnd funfftzig. Alle diese menner waren heubter der veter im hause jrer veter.

Von den Priestern aber/ Jedaia/ Joiarib/ Jachin/ vnd Asarja der son Hiskia/des sons Mesullam/ des sons Zadok/ des sons Meraioth/des sons Ahitob/ein Fürst im Hause Gottes. Vnd Adaia der son Jeroham/des sons Pashur/des sons Malchia. Vn Maesai der son Adiel des sons Jahsera/des sons Mesullam/ des sons Messilemeth des sons Immer. Dazu jre brüder heubter im hause jrer veter/tausent sieben hundert vnd sechzig/redliche leut am geschefft des ampts im Hause Gottes.

Von den Leuiten aber aus den kindern Merari/ Semaia der son
Hasu/b

Die Chronica. CLIII

Hasub/des sons Asrikam/des sons Hasabja. Vnd Bakbakar der zimmerman vnd Galal. Vnd Mathanja der son Micha/des sons Sichri/des sons Assaph. Vnd Obadja der son Semaja/des sons Galal/des sons Jeduthun. Vnd Berechja der son Assa/des sons Elkana/der jnn den dörffern wonet der Netophathiter.

Die pfortener aber waren Sallum/Akub/Talmon/Ahiman/ mit jren brüdern/vnd Sallum der oberst. Denn bis her hatten am thor des Königs gegen dem auffgang gewartet die kinder Leui mit lagern. Vnd Sallum der son Kore/des sons Abiassaph/des sons Korah/vnd seine brüder aus dem haus seines vaters. Die Korhiter am geschefft des ampts/das sie warteten an der schwelle der Hütten/ Vnd jre veter im lager des HERRN/das sie warteten des eingangs. Pinehas aber der son Eleasar war Fürst vber sie/darumb das der HERR zuuor mit jm gewesen war. Sacharia aber der son Meselem ja/war hüter am thor der Hüten des Stiffts. Alle diese waren auserlesen zu hütern an der schwelle/zweihundert vnd zwelffe. Die waren gerechnet jnn jren dörffern. Vnd Dauid vnd Samuel der Seher/stifften sie durch jren glauben/das sie vnd jre kinder hüten solten am Hause des HERRN/nemlich an dem hause der Hütten/das sie sein warten.

(Durch jren glauben) Das ist gesagt solch stifft jhenen sie nicht aus menschlicher andacht/ vnd guter meinung/ sondern aus Gottes befelh vnd jren glauben/ Denn jnn Gottes sachen/ sol kein menschlich stifftung oder werck gelten.

Es waren aber solche thorwarter gegen die vier winde gestellet/ gegen morgen/gegen abent/gegen mitternacht/gegen mittag. Jre brüder aber waren auff jren dörffern/das sie herein kemen ja des sibenden tages/allezeit bey jnen zu sein. Denn die Leuiten waren diesen vierley obersten thorhütern vertrawet/Vnd sie waren vber die kasten vnd schetze im Hause Gottes

Auch blieben sie vber nacht vmb das Haus Gottes/ Denn es gebürt jnen die hut/das sie alle morgen auff thetten. Vnd etliche aus jnen waren vber das geredte des ampts/Denn sie trugens gezelet aus vnd ein. Vnd jrer etliche waren bestellet vber die gefess vnd vber alles heilige geredte/vber semel melh/vber wein/vber öle/vber weirauch/vber reuch werck. Aber der Priester kinder machten etliche das reuchwerck.

Mathithja aus den Leuiten/dem ersten son Sallum des Korhiters/waren vertrawet die pfannen/Aus den Kahathitern aber jren brüdern/waren vber die schawbrod zu zurichten/das sie sie alle Sabbath bereiten.

Das sind die Senger/die heubter vnter den vetern der Leuiten vber die kasten ausgesondert/Denn tag vnd nacht waren sie drob im geschefft. Das sind die heubter der veter vnter den Leuiten jnn jren geschlechten/Diese woneten zu Jerusalem.

Zu Gibeon woneten Jeiel der vater Gibeon/sein weib hies Maecha/vnd sein erster son Abdon/Zur/Kis/Baal/Ner/ Nadab/Gedor/Ahaio/Sacharja/Mikloth. Mikloth aber zeuget Simeam/Vnd sie woneten auch vmb jre brüder zu Jerusalem vnter den jren. Ner aber zeuget Kis. Kis zeuget Saul. Saul zeuget Jonathan/Malchisua/Abinadab/Esbaal. Der son aber
Jonathan

Das Erste teil.

Jonathan war/ Meribaal. Meribaal aber zeuget Micha. Die kinder Micha waren Pithon/ Melech vnd Thaherea.

Ahas zeuget Jaera. Jaera zeuget Alemeth/ Asmaueth vnd Simri. Simri zeuget Moza. Moza zeuget Binea/ des son war Rapha ja/ des son war Eleasa/ des son war Azel. Azel aber hatte sechs söne die hiessen/ Asrikam/ Bochru/ Jesmael/ Searja/ Obadja/ Hanan/ das sind die kinder Azel.

XI.

Die Philister stritten wider Israel/ Vnd die von Israel flohen fur den Philistern/ vnd fielen die erschlagene auff dem berge Gilboa. Aber die Philister hiengen sich an Saul vnd seine söne hinder jnen her/ vnd schlugen Jonathan/ Abinadab/ vnd Malchisua die söne Saul. Vnd der streit ward hart wider Saul/ Vnd die bogenschützen kamen an jn/ das er von den schützen verwund ward. Da sprach Saul zu seinem waffentreger/ zeuch dein schwerd aus/ vnd erstich mich damit/ das diese vnbeschnittene nicht komen/ vnd schendlich mit mir vmbgehen. Aber sein waffentreger wolt nicht/ denn er furcht sich seer. Da nam Saul sein schwerd vnd fiel drein. Da aber sein waffentreger sahe/ das Saul tod war/ fiel er auch auffs schwerd vnd starb.

Also starb Saul vnd seine drey söne/ vnd sein gantzes haus zu gleich. Da aber die menner Israel die im grunde waren/ sahen/ das sie geflohen waren/ vnd das Saul vnd seine söne tod waren/ verliessen sie jre stedte vnd flohen/ vnd die Philister kamen vnd woneten drinnen.

Des andern morgen kamens die Philister die erschlagene aus zu ziehen/ vnd funden Saul vnd seine söne ligen auff dem berge Gilboa/ Vnd zogen jn aus/ vnd huben auff sein heubt vnd seine waffen/ vnd sandtens inns land der Philister vmbher/ vnd liessens verkündigen fur jren Götzen vnd dem volck. Vnd legten seine waffen inns haus jres Gottes/ vnd seinen scheddel hefften sie ans Haus Dagon.

Da aber alle die zu Jabes jnn Gilead höreten/ alles was die Philister Saul gethan hatten/ machten sie sich auff alle streitbar menner/ vnd namen den leichnam Saul vnd seiner söne/ vnd brachten sie gen Jabes/ vnd begruben jre gebeine vnter der eiche zu Jabes/ vnd fasteten sieben tage.

Also starb Saul jnn seiner missethat die er wider den HERRN gethan hatte/ an dem wort des HERRN das er nicht hielt/ auch das er die warsagerin fraget/ vnd fraget den HERRN nicht/ darumb tödtet er jn/ vnd wand das Königreich zu Dauid dem son Isai.

XII.

Vnd

Die Chronica. CLIIII.

Vnd gantz Jsrael samlet sich zu David gen Hebron vnd sprach/ Sihe/ wir sind dein bein vnd dein fleisch/ Auch vorhin/ da Saul König war/ füresiu Jsrael aus vnd ein/ So hat der HERR dein Gott dir geredt/ Du solt mein volck Jsrael weiden/ vnd du solt Fürst sein vber mein volck Jsrael/ Vnd kamen auch alle Eltesten Jsrael zum Könige gen Hebron. Vnd David macht einen Bund mit jnen zu Hebron fur dem HERRN/ vnd sie salbeten David zum Könige vber Jsrael/ nach dem wort des HERRN durch Samuel.

Vnd David zoch hin vnd gantzes Jsrael gen Jerusalem (Das ist Jebus) Denn die Jebusiter woneten im lande/ Vnd die Bürger zu Jebus sprachen zu David/ Du solt nicht herein komen. David aber gewan die Burg Zion/ das ist Davids stad. Vnd David sprach/ Wer die Jebusiter am ersten schlegt/ der sol ein heubt vnd oberster sein. Da ersteig sie am ersten Joab der son Zeruja/ vnd ward ein Heubtman. David aber wonet auff der Burg/ Daher heist man sie Davids stad. Vnd er bawet die stad vmbher/ von Millo an bis gar vmbher. Joab aber lies leben die vbrigen jnn der stad. Vnd David fur fort vnd nam zu/ vnd der HERR Zebaoth war mit jm.

Dis sind die obersten vnter den gewaltigen David/ die sich redlich mit jm hielten jnn seinem Königreich bey gantzem Jsrael/ das man jn zum Könige machet/ nach dem wort des HERRN vber Jsrael. Vnd dis ist die zal der gewaltigen David. Jasabeam der son Hachmoni der fürnemest vnter dreissigen. Er hub seinen spies auff vnd schlug dreihundert auff ein mal.

Nach jm war Eleasar der son Dodo der Ahohiter/ vnd er war vnter den dreien gewaltigen/ Diser war mit David da sie honspracen/ vnd die Philister sich daselbs versamlet hatten zum streit/ Vnd war ein stück ackers vol gersten/ vnd das volck flohe fur den Philistern. Vnd sie tratten mitten auffs stück/ vnd erretten es/ vnd schlugen die Philister/ Vnd der HERR gab ein gros heil.

Vnd die drey aus den dreissigen fürnemsten zogen hin ab zum felsen zu David jnn die höle Adullam. Aber der Philister lager lag im grunde Rephaim/ David aber war jnn der Burg/ Vnd der Philister volck war dazumal zu Bethlehem/ Vnd David ward lustern vnd sprach. Wer wil mir zu trincken geben des wassers aus dem brun zu Bethlehem vnter dem thor? Da rissen die drey jnn der Philister lager/ vnd schepfften des wassers aus dem brun zu Bethlehem vnter dem thor/ vnd trugens vnd brachtens zu David/ Er aber wolts nicht trincken/ sondern gos dem HERRN vnd sprach/ Das las Gott fern von mir sein/ das ich solchs thu/ vnd trincke das blut dieser menner jnn jres lebens fahr/ Denn sie habens mit jres lebens fahr herbracht/ Drumb wolt ers nicht trincken/ Das thetten die drey Helden.

Abisai der bruder Joab/ der war der fürnemest vnter dreien. Vnd er hub seinen spies auff vnd schlug drey hundert/ Vnd er war vnter dreien berumbt/ vnd er der dritte/ herrlicher denn die zweene/ vnd war jr oberster. Aber bis an die drey kam er nicht.

Bena-

Das Erste teil.

Benaia der son Joiada des sons Isbail von grossen thatten von Kabzeel. Er schlug zween lewen der Moabiter/ Vnd gieng hinab vnd schlug einen lewen mitten im brun zur schnee zeit. Er schlug auch einen Egiptisschen man/ der war fünff elen gros/ vnd hatte einen spies jnn der hand/ wie ein weber baum. Aber er gieng zu jm hinab mit eim stecken/ vnd nam jm den spies aus der hand/ vnd erwürget jn mit seim eigen spies. Das thet Benaia der son Joiada vnd war berumbt vnter dreien helden/ vnd war der herlichst vnter dreissigen. Aber an die drey kam er nicht. Dauid aber macht jn zum heimlichen Rat.

Die streitbaren helden sind diese/ Asahel der bruder Joab/ Elhanan seins vettern son von Bethlehem/ Samoth der Haroriter/ Helez der Peloniter/ Ira der son Ekes der Thekoiter/ Abieser der Anthothiter/ Sibechai der Husathiter/ Ilai der Ahohiter/ Maherai der Netophathiter/ Heled der son Baena der Netophathiter/ Ithai der son Ribai von Gibea der kinder Ben Jamin/ Benaia der Pirgathoniter/ Hurai von den bechen Gaas/ Abiel der Arbathiter/ Asmaueth der Beherumiter/ Eliahba der Saalboniter/ Die kinder Hasem des Gisoniters/ Jonathan der son Sage des Harariter/ Ahiam der son Sachar des Harariter/ Eliphal der son Vr/ Hepher der Macherathiter/ Ahia der Peloniter/ Hezro der Carmeliter/ Naerai der son Asbai/ Joel der bruder Nathan/ Mibehar der Son Hagri/ Zeleg der Ammoniter/ Naherai der Berothiter/ waffentreger Joabs des sons Zeru ja/ Ira der Jethriter/ Gareb der Jethriter/ Vria der Hethiter/ Sabad der son Abelai/ Adina der son Sisa der Rubeniter/ ein heubtman der Rubeniter/ vnd dreissig waren vnter jm/ Hanan der son Maecha/ Josaphat der Mathoniter/ Vsia der Asthrathiter/ Sama vnd Jaiel/ die söne Hotham des Aroeriters/ Jediael der son Simri/ Joha sein bruder der Thiziter/ Eliel der Maheniter/ Jeribai vnd Josawia die söne El naam/ Jethma der Moabiter/ Eliel/ Obed/ Jaesiel von Mezobaia.

XII.

Vch kamen diese zu Dauid gen Ziklag/ da er noch verschlossen war fur Saul dem son Kis/ Vnd sie waren auch vnter den helden die zum streit hulffen/ vnd mit bogen geschickt waren zu beiden henden/ auff steine/ pfeile vnd bogen.

Von den brüdern Saul die aus Ben Jamin waren. Der furnemest Ahieser vnd Joas die kinder Samaa des Gibeathiters. Jesiel vnd Pelet die kinder Asmaueth. Baracha vnd Jehu der Anthothiter. Jesmaia der Gibeoniter/ gewaltig vnter dreissigen vnd vber dreissigen. Jeremia/ Jahesiel/ Johanan/ Josabad der Gederathiter. Eleusai/ Jerimoth/ Bealja/ Samarja der Harophiter/ Elkana/ Jesja/ Asareel/ Joeser/ Jasabeam die Korhiter/ Joela vnd Sabadja die kinder Jeroham von Gedor.

Von den Gadditern sonderten sich aus zu Dauid jnn die burg jnn der wüsten/ starcke helden vnd kriegsleute/ die spies vnd degen füreten/

Die Chronica. CLV.

ten/vnd jr angesicht wie der lewen/ vnd schnell wie die rehe auff den bergen. Der erst Eser/ Der ander Obadja/ Der dritte Eliab/ Der vierde Masmanna/ Der fünfft Jeremja/ Der sechst Athai/ Der siebende Eliel/ der achte Johanan/ der neunde Elsabad/ der zehend Jeremja/ der eilfft Machbanai/ diese waren von den kindern Gad/heubter im heer/ der kleinest vber hundert vnd der grössest vber tausent/ Die sinds/ die vber den Jordan giengen im ersten monden/ da er vol war an beiden vfern/ das alle gründe eben waren beide gegen morgen vnd gegen abent.

Es kamen aber auch von den kindern BenJamin vnd Juda zu der Burg Dauid/ Dauid aber gieng eraus zu jnen vnd antwort vnd sprach zu jnen/ So jr komet im friede zu mir vnd mir zu helffen/ so sol mein hertz mit euch sein/ So jr aber komet auff list/ vnd mir wider zu sein/ so doch kein freuel an mir ist/ so sehe der Gott vnser veter drein vnd straffs. Aber der geist zoch an Amasai den Heubtman vnter dreissigen. Dein sind wir Dauid/ vnd mit dir halten wirs du son Jsai. Frid Frid/ sey mit dir/ frid sey mit deinen helffern/ denn dein Gott hilfft dir. Da nam sie Dauid an/ vnsetzt sie zu heubtern vber die Kriegsleut.

Vnd von Manasse fielen zu Dauid/ da er kam mit den Philistern wider Saul zum streit vnd halff jnen nicht/ Denn die Fürsten der Philister liessen jn mit rat von sich/ vnd sprachen/ Wenn er zu senem herrn Saul fiele/ so möchts vns vnsern hals kosten. Da er nu gen Ziklag zoch/ fielen zu jm von Manasse. Adna/ Josabad/ Jediael/ Michael/ Josabad/ Elihu/ Zilthai/ heubter vber tausent jnn Manasse. Vnd sie holffen Dauid wider die Kriegsleut/ Denn sie waren alle redliche Helden/ vnd worden Heubtleut vber das heer. Auch kamen alle tage etlich zu Dauid jm zu helffen/ bis das ein gros heer ward/ wie ein heer Gottes.

Vnd dis ist die zal der heubter gerüst zum heer/ die zu Dauid gen Hebron kamen/ das Königreich Saul zu jm zu wenden/ nach dem wort des HERRN.

Der kinder Juda die spies vnd degen trugen/ waren sechs tausent/ vnd acht hundert gerüst zum heer. Der kinder Simeon redliche Helden zum heer/ sieben tausent vnd hundert. Der kinder Leui vier tausent vnd sechs hundert. Vnd Joiada der Fürst vnter den von Aaron mit drey tausent vnd sieben hundert. Zadok der knabe ein redlicher Held mit seins vaters hause/ zwey vnd zwentzig obersten. Der kinder BenJamin Sauls brüdere/ drey tausent/ denn bis auff die zeit hielten jr noch viel an dem hause Saul.

Der kinder Ephraim/ zwentzig tausent vnd acht hundert/ redliche Helden vnd berümbte menner im hause jrer veter. Des halben stams Manasse achzehen tausent/ die mit namen genennet worden/ das sie kemen vnd machten Dauid zum Könige. Die kinder Jsaschar die verstendig waren wenns die zeit foddert/ das man wuste was Israel thun solt/ zwey hundert Heubtlent/ vnd alle jre brüder folgeten jrem wort. Von Sebulon/ die jnns heer zogen zum streit gerüst mit allerley waffen zum streit/ fünfftzig tausent/ sich jnn die ordnung zu schicken eintrechtiglich. Von Naphthali/ tausent Heubtleut vnd

z mit

Das Erste teil.

mit jnen die schild vnd spies füreten/sieben vnd dreissig tausent. Von Dan zum streit gerust acht vnd zwenzig tausent sechs hundert. Von Asser/die jnns heer zogen gerüst zum streit/vierzig tausent. Von jenssit dem Jordan/von den Rubenitern/Gadditern vnd halben stam Manasse/mit allerley waffen zum streit/hundert vnd zwenzig tausent.

Alle diese Kriegs leut den zeug zu ordnen/kamen von gantzem hertzen gen Debron/Dauid König zu machen vber gantz Israel. Auch war alles ander Israel eins hertzen/das man Dauid zum Könige machet/Vnd waren daselbs bey Dauid drey tage/assen vnd truncken/Denn jre brüder hatten für sie zubereittet. Auch welche die nehesten vmb sie waren/bis hinan an Jsaschar/Sebulon vnd Naphthali die brachten brod auff eseln/Kamelen/Meulern vñ rindern zu essen/melh/feigen/rosin/wein/öle/rinder/schaf die menge/Denn es war eine freude jnn Israel.

XIIII.

Vnd Dauid hielt einen rat mit den Heubtleutten vber tausent vnd vber hundert/vnd mit Fürsten/vnd sprach zu der gantzen Gemeine Israel/Gefelt es euch/vnd ists von dem HERRN vnserm Gott/so last vns allenthalben aus schicken zu den andern vnsern brüdern/jnn allen landen Israel/vnd mit jnen die Priester vnd Leuiten jnn den stedten da sie vorstedte haben/das sie zu vns versamlet werden/Vnd last vns die Lade vnsers Gottes zu vns widerholen/denn bey den zeiten Saul fragten wir nicht nach jr. Da sprach die gantze Gemeine/man solt also thun/denn solchs gefiel allem volck wol.

Also versamlet Dauid das gantz Israel von Sihor Egypti an/bis man kompt gen Demath/die Laden Gottes zu holen von Kiriath Jearim. Vnd Dauid zoch hinauff mit gantzem Israel zu Kiriath Jearim/welche ligt jnn Juda/das er von dannen erauff brecht die Lade Gottes des HERRN/der auff den Cherubim sitzt/da der name genennet wird/vnd sie liessen die Lade Gottes auff eim newen wagen furen aus dem hause Abinadab/Vsa aber vnd sein bruder trieben den wagen. Dauid aber vnd das gantz Israel spieleten fur Gott her/aus gantzer macht/mit lieden/mit harffen/mit psaltern/mit paucken/mit cymbeln vnd mit posaunen.

Da sie aber kamen auff den platz Chidon/recket Vsa seine hand aus die Laden zu halten/denn die rinder schritten beseit aus/Da erzürnet der grim des HERRN vber Vsa vnd schlug jn/das er seine hand hatte aus gereckt an die Lade/das er daselbs starb fur Gott. Da ward Dauid vnmuts/das der HERR ein solchen riss that an Vsa/vnd hies die stet Perez Vsa/bis auff diesen tag/Vnd Dauid furcht sich fur Gott des tages vnd sprach/Wie sol ich die Lade Gottes zu mir bringen? Darumb lies er die Lade Gottes nicht zu sich bringen jnn die stad Dauid/sondern lencket sie hin jnns haus Obed Edom des Gathiters. Also bleib die Lade Gottes bey Obed Edom jnn seinem hause drey monden/Vnd der HERR segenet das haus Obed Edom vnd alles was er hatte.

Vnd Hirma

Die Chronica.
XV.

Vnd Hiram der König zu Tyro sandte boten zu Dauid/ vnd Cedern holtz/ meurer vnd zimmer leute/ das sie jm ein haus baweten. Vnd Dauid merckt/ das jn der HERR zum Könige vber Israel bestettiget hatte/ denn sein Königreich steig auff vmb seins volcks Israel willen/ Vnd Dauid nam noch mehr weiber zu Jerusalem vnd zeuget noch mehr söne vnd töchter/ vnd die jm zu Jerusalem geborn wurden/ hiessen also. Sammua/ Sobab/ Nathan/ Salomo/ Jebehar/ Elisua/ Elipalet/ Noga/ Nepheg/ Japhia/ Elisamma/ BaelJada/ Eliphalet.

Vnd da die Philister höreten/ das Dauid zum Könige gesalbet war vber gantz Israel/ zogen sie alle erauff Dauid zu suchen. Da das Dauid höret/ zoch er aus gegen sie. Vnd die Philister kamen vnd liessen sich nider im grund Rephaim. Dauid aber fragt Gott vnd sprach/ Sol ich hinauff zihen wider die Philister/ vnd wiltu sie jnn meine hand geben? Der HERR sprach zu jm/ zeuch hinauff/ ich habe sie jnn deine hende gegeben. Vnd da sie hinauff zogen gen Baal Prazim/ schlug sie Dauid daselbs/ vnd Dauid sprach/ Gott hat meine feinddurch meine hand zutrennet/ wie sich das wasser trennet/ Da her hiesen sie die stett BaalPrazim/ Vnd sie liessen jre Götter daselbs/ Da hies sie Dauid mit feur verbrennen.

Baal heisse ein haus wirt oder man/ perez heist ein riss oder sach/ Darumb mus dise stad Baal Prazim heissen/ weil die philister da zu trennet vnd zurissen sind.

Aber die Philister machten sich wider dran/ vnd thetten sich nider im grunde. Vnd Dauid fragt aber mal Gott/ Vnd Gott sprach zu jm/ Du solt nicht hinauff ziehen hinder jnen her/ sondern lencke dich von jnen/ das du an sie komest gegen den birnbewmen. Wenn du denn wirst hören das rausschen oben auff den birnbewmen ein her gehen/ so far eraus zum streit/ denn Gott ist da fur dir ausgezogen zu schlahen der Philister heer. Vnd Dauid thet wie jm Gott gebotten hatte/ vnd sie schlugen das heer der Philister von Gibeon an bis gen Gaser. Vnd Dauids namen brach aus jnn allen landen/ Vnd der HERR lies seine furcht vber alle Heiden komen.

XVI

Vnd er bawet jm heuser jnn der stad Dauid/ vnd bereittet der LadenGottes eine stett/ vnd bereitet eine hütten vber sie. Dazumal sprach Dauid/ Die Lade Gottes sol niemand tragen/ on die Leuiten/ Denn die selbigen hat der HERR erwelet/ das sie die Laden des HERRN tragen/ vnd jm dienen ewiglich/ Darumb versamlet Dauid das gantz Israel gen Jerusalem/ das sie die Lade des HERREN hinauff brechten/ an die stett die er dazu bereittet hatte.

Vnd Dauid bracht zu hauffe die kinder Aaron vnd die Leuiten. Aus den kindern Kahath/ Vriel den obersten sampt seinen brüdern hundert vnd zwentzig. Aus den kindern Merari/ Asaja der oberste sampt seinen brüdern zweihundert vnd zwenzig. Aus den kindern Gerson/ Joel der oberst sampt seinen brüdern hundert vnd dreissig.

Z ij   Aus

Das Erste teil

Aus den kindern Elizaphan/ Semaia der oberst sampt seinen brüdern zweihundert. Aus den kindern Hebron/ Eliel der oberst sampt seinen brüdern achzig. Aus den kindern Usiel/ Amminadab der oberst sampt seinen brüdern hundert vnd zwelff.

Vnd Dauid rieff Zadok vnd Abiathar den Priestern vnd den Leuiten/nemlich/ Uriel/ Asaja/ Joel/ Semaia/ Eliel/ Amminadab/ vnd sprach zu jnen/ Jr seit die heubt der veter vnter den Leuiten/ so heiliget nu euch vnd ewre brüder/ das jr die Lade des HERRN des Gottes Jsrael erauff bringet/ dahin ich jr bereittet habe/ Denn vorhin/ da jr nicht da waret/ thet der HERR vnser Gott einen riss vnter vns/ darumb das wir jn nicht suchten/ wie sichs geburt. Also heiligten sich die Priester vnd Leuiten/ das sie die Lade des HERRN des Gottes Jsrael erauff brechten/ Vnd die kinder Leui trugen die Lade Gottes des HERRN auff jren achseln mit den stangen dran/ wie Mose gebotten hatte nach dem wort des HERRN.

Vnd Dauid sprach zu den obersten der Leuiten/ das sie jre brüder zu Senger stellen solten/ mit seiten spielen/ mit psalter/ harffen vnd hellen Cimbaln / das sie laut sungen vnd mit frewden. Da bestelleten die Leuiten/ Heman den son Joel/ Vnd aus seinen brüdern/ Assaph den son Berechia/ Vnd aus den kindern Merari jren brüdern/ Ethan den son Kusaia/ Vnd mit jnen jre brüder des andern teils/ nemlich Sacharja/ Ben/ Jaesiel/ Semiramoth/ Jehiel/ Vnni/ Eliab/ Benaia/ Maeseia/ Mathithia/ Elipheleia/ Mikneia/ Obed Edom/ Jeiel/ die thorhüter. Denn Heman/ Assaph vnd Ethan/ waren senger mit ehernen Cimbeln helle zu klingen. Sacharja aber/ Asiel/ Semiramoth/ Jehiel/ Vnni/ Eliab/ Maeseia vnd Benaia mit Psalter/ nnach zu singen. Mathithia aber/ Elipheleia/ Mikneia/ Obed Edom/ Jeiel vnd Asasia mit harffen jnen vorzu singen. Chenanja aber der Leuiten oberster/ der Sang meister/ das er sie vnterweiset zu singen/ denn er war verstendig.

Vnd Berechia vnd Elkana waren thorhüter der Laden. Aber Sacharja/ Josaphat/ Nethaneel/ Amasai/ Sacharja/ Benaja/ Elieser der Priester bliesen mit drometen fur der Laden Gottes. Vnd Obed Edom vnd Jehia waren thorhüter der Laden.

Also giengen hin Dauid vnd die Eltesten Jsrael vnd die Obersten vber die tausenden/ erauff zu holen die Lade des Bunds des HERRN aus dem Hause Obed Edom mit freuden. Vnd da Gott den Leuitē halff/ die die Laden des Bunds des HERRN trugen/ opfferte man sieben farren/ vnd sieben wider. Vnd Dauid hatte einen leinen rock an/ dazu alle Leuiten die die Laden trugen/ vnd die senger vnd Chenania der Sangmeister mit den sengern. Auch hatte Dauid einen linen leibrock an. Also bracht das gantz Jsrael die Laden des Bunds des HERRN hinauff mit jauchzen/ posaunen/ drometen/ vnd hellen Cimbeln/ mit Psaltern vnd harffen.

Da nu die Lade des Bunds des HERRN jnn die stad Dauid kam/ sahe Michal die tochter Saul zum fenster aus/ vnd da sie den König Dauid sahe hupffen vnd spielen/ verachtet sie jn jnn jrem hertzen.

Vnd da

Die Chronica.
XVII.

Vnd da sie die Lade Gottes hinein brachten/setzten sie sie jnn die hütten/die jr Dauid auffgericht hatte/Vnd opfferten Brandopffer vnd Danckopffer fur Gott. Vnd da Dauid die Brandopffer vnd Danckopffer aus gericht hatte/segenet er das volck im namen des HERRN vnd teilet aus jderman jnn Israel/beide man vnd weibern/ein stück brods vnd fleischs vnd suppen.

Vnd er stellet fur die Laden des HERRN etliche Leuiten zu Diener/das sie preiseten/danckten vnd lobten den HERRN den Gott Israel/nemlich Assaph den ersten/Sachar ja den andern/Jeiel/Semiramoth/Jehiel/Mathith ja/.Eliab/Benaia/ObedEdom vnd Jeiel mit psaltern vnd harffen. Assaph aber mit hellen Cimbalen. Benaia aber vnd Jehasiel die Priester mit drometen/allezeit fur der Laden des Bunds Gottes.

Zu der zeit bestellet Dauid zum ersten dem HERRN zu dancken/ durch Assaph vnd seine brüder.

Psalm. cir Dancket dem HERRN/predigt seinen namen/thut kund vnter den völckern sein thun.

Singet/spielet vnd tichtet jm/von allen seinen wundern.

Rhümet seinen heiligen namen/Es frewe sich das hertz dere die den HERRN suchen.

Fraget nach dem HERRN vnd nach seiner macht/Suchet sein angesicht allezeit.

Gedenckt seiner wunder die er gethan hat/Seiner wunder vnd seins worts.

Jr der samen Israel seins knechs/Jr kinder Jacob seines auserweleten.

Er ist der HERR vnser Gott/Er richtet jnn aller wellt.

Gedenckt ewiglich seins Bunds/was er verheissen hat jnn tausent geschlecht.

Den er gemacht hat mit Abraham/vnd seins eides mit Jsaac.

Vnd stellet daselb Jacob zum recht/vn̄ Israel zum ewigen Bund.

Vnd sprach/Dir wil ich das land Canaan geben/das los ewers erbteils.

Da sie wenig vnd gering waren/vnd frembdlinge drinnen.

Vnd sie zogen von eim volck zum andern/vnd aus eim Königreich zum andern volck.

Er lies niemant jn schaden thun/vnd straffet Könige vmb jrer willen.

Tastet meine gesalbeten nicht an/vnd thut meinen Propheten kein leid.

Singet dem HERRN alle land/verkündigt teglich sein Heil.

Psalm. xcvj. Erzelet vnter den Heiden seine herrligkeit/vnd vnter den völckern seine wunder.

Denn der HERR ist gros vnd fast löblich/vnd wunderbarlich vber alle Götter.

Denn aller Heiden Götter sind Götzen/der HERR aber hat den Himel gemacht.

J iij   Es ste-

Das Erste teil.

Es stehet herrlich vnd prechtig fur jm / vnd gehet gewaltiglich vnd frölich zu an seinem ort.

Bringt her dem HERRN jr völcker/bringt her dem HERRN ehre vnd macht.

Bringet her des HERRN namen die ehre/ bringet geschenck vnd kompt fur jn / vnd betet den HERRN an jn heiligem schmuck.

Es fürchte jn alle wellt / Er hat den erdboden bereit/das er nicht bewegt wird.

Es frewe sich der Himel/ vnd die erden sey frölich / Vnd man sage vnter den Heiden/das der HERR regirt.

Das meer brause/vnd was drinnen ist / vnd das feld sey frölich/ vnd alles was drauff ist.

Vnd lasset jauchzen alle bewm im wald fur dem HERRN / denn er kompt zu richten die erden.

Dancket dem HERRN/ denn er ist freundlich / vnd seine barmhertzigkeit weret ewiglich.

Vnd sprecht/ hilff vns Gott vnser Heiland / vnd samle vns vnd errette vns aus den Heiden/das wir deinem Heiligen namen dancken vnd dir lob sagen.

Gelobt sey der HERR der Gott Israel/ von ewigkeit zu ewigkeit/ vnd alles volck sage/ Amen/ vnd lobe den HERRN.

Also lies er daselbs fur der Laden des Bunds des HERRN/Assaph vnd seine brüder zu dienen fur der Laden allezeit/ ein jglichen tag sein tage werck/Aber Obed Edom vnd jre brüder/acht vnd sechzig/ vnd Obed Edom den son Jedithun vnd Hossa zu thorhütern. Vnd Zadok den Priester vnd seine brüder die Priester lies er fur der wonung des HERRN auff der Höhe zu Gibeon/ das sie dem HERREN teglich Brandopffer thetten auff dem Brandopffers Altar/ des morgens vnd des abends/ wie geschrieben stehet im Gesetz des HERRN/ das er an Israel gebotten hat. Vnd mit jnen Heman vnd Jedithun/ vnd die andern erweleten die mit namen benennet waren/ zu dancken dem HERRN/ das seine barmhertzigkeit weret ewiglich. Vnd mit jnen Heman vnd Jedithun mit drometen vnd Cimbaln zu klingen vnd mit seiten spielen Gottes. Die kinder aber Jedithun macht er thorhüter. Also zoch alles volck hin/ ein jglicher jn sein haus. Vnd Dauid keret auch hin/sein haus zu segenen.

XVIII.

Es begab sich /da Dauid jnn seinem hause wonet/ sprach er zu dem Propheten Nathan/ Sihe/ ich wone jnn eim Cedern hause/ vnd die Lade des Bunds des HERREN ist vnter den teppichen. Nathan sprach zu Dauid/ Alles was jnn deinem hertzen ist/ das thue/ denn Gott ist mit dir.

Aber jnn der selben nacht kam das wort Gottes zu Nathan vnd sprach/ Gehe hin vnd sage Dauid meinem knecht/ So spricht der HERR/ Du solt mir nicht ein haus bawen zur wonung/ Denn ich hab jnn keinem hause gewonet/ von dem tage an/ da ich die kinder Israel ausfuret bis auff diesen tag/ sondern ich bin gewesen/ wo die Hütten gewesen ist vnd die wonung/ wo ich gewandelt hab jnn gantzem Is-

Die Chronica. CLVIII.

tzem Israel/Hab ich auch zu der Richter einem jnn Israel je gesagt/ den ich gebot zu weiden mein volck/ vnd gesprochen/Warumb bawet jr mir nicht ein Cedern haus? So sprich nu also zu meinem knecht Dauid/ So spricht der HERR Zebaoth/ Ich hab dich genomen von der weide hinder den schaffen/ das du soltest sein ein Fürst vber mein volck Israel/ vnd bin mit dir gewesen/ wo du hin gegangen bist/ vnd habe deine feinde ausgerottet fur dir/ vnd hab dir einen namen gemacht/ wie die grossen auff erden namen haben.

Ich wil aber meinem volck Israel eine stette setzen/ vnd wil es pflantzen/ das es daselbs wonen sol/ vnd nicht mehr bewegt werde/ Vnd die kinder der bosheit sollen es nicht mehr schwechen/ wie vorhin/ vnd zun zeiten da ich den Richtern gebot vber mein volck Israel/ Vnd ich wil alle deine feinde demütigen/ vnd verkündige dir/ das der HERR dir ein haus bawen wil.

Wenn aber deine tage aus sind/ das du hingehest mit deinen vetern/ so wil ich deinen samen nach dir erwecken/ der deiner söne einer sein sol/ dem wil ich sein Königreich bestetigen/ der sol mir ein haus bawen/ vnd ich wil seinen stuel bestetigen ewiglich. Ich wil sein vater sei/ vnd er sol mein son sein. Vnd ich wil meine barmhertzigkeit nicht von jm wenden/ wie ich sie von dem gewand habe/ der vor dir war/ Sondern ich wil jn setzen jnn mein haus/ vnd jnn mein Königreich ewiglich/ das sein stuel bestendig sey ewiglich.

Vnd da Nathan nach alle diesen worten vnd gesicht mit Dauid redet/ kam der König Dauid vnd bleib fur dem HERRN vnd sprach/ Wer bin ich HERR Gott? vnd was ist mein haus/ das du mich bis hie her gebracht hast? Vnd das hat dich noch zu wenig gedaucht Gott/ sondern hast vber das haus deines knechts noch von fernem zukünfftigen gered/ Vnd hast mich HERR Gott angesehen oben erab wie ein mensch den andern. Was soll Dauid mehr sagen zu dir/ das du deinen knecht herrlich machest? du erkennest deinen knecht/ HERR vmb deines knechts willen/ nach deinem hertzen hastu all solch grosse ding gethan/ das du kund thettest alle grosse/ HERR es ist dein gleiche nicht/ vnd ist kein Gott denn du/ von welchen wir mit vnsern ohren gehöret haben. Vnd wo ist ein volck auff erden/ wie dein volck Israel/ da ein Gott hin gegangen sey jm ein volck zu erlösen/ vnd jm selb einen namen zu machen von grossen vnd schrecklichen dingen/ Heiden aus zu stossen fur deinem volck her/ das du aus Egypten erlöset hast? vnd hast dir dein volck Israel zum volck gemacht ewiglich/ vnd du HERR bist jr Gott worden.

Nu HERR das wort das du geredt hast vber deinen knecht vnd vber sein haus/ werde war ewiglich/ vnd thu wie du geredt hast/ vnd dein name werde war vnd gros ewiglich/ das man sage/ Der HERR Zebaoth der Gott Israel ist Gott jnn Israel/ vnd das haus deines knechts Dauid sey bestendig fur dir/ Denn du HERR hast das ohr deines knechts geöffenet/ das du jm ein haus bawen wilt/ darumb hat dein knecht funden/ das er fur dir bettet. Nu HERR du bist Gott/ vnd hast solch gutes deinem knecht geredt/ Nu hebe an zu segen das haus deins knechts/ das es ewiglich sey fur dir/ denn was du HERR segenest/ das ist gesegenet ewiglich. Z iiij Nach

Das Erste teil.
XIX.

NAch diesem schlug David die Philister vnd demütiget sie / vnd nam Gath vnd jre tochter aus der Philister hand. Auch schlug er die Moabiter / das die Moabiter David vnterthenig wurden vnd geschenck brachten. Er schlug auch HadadEser den König zu Zoba jnn Hemath / da er hin zog sein zeichen auff zu richten am wasser Phrath. Vnd David gewan jm ab tausent wagen / sieben tausent reutter / vnd zwenzig tausent man zu fuss. Vnd David verlehmet alle wagen / vnd behielt hundert wagen vbrig. Vnd die Syrer von Damasco kamen dem HadadEser dem Könige zu Zoba zu helffen. Aber David schlug der selben Syrer zwey vnd zwenzig tausent man / vnd legt volck gen Damascon jnn Syria / das die Syrer David vnterthenig wurden vnd brachten jm geschencke / Denn der HERR halff David wo er hin zoch.

Vnd David nam die gülden schilde die HadadEsers knechte hatten / vnd bracht sie gen Jerusalem. Auch nam David aus den stedten HadadEsers / Tibehath vnd Chun / seer viel ertzs / davon Salomo das eherne meer vnd seulen vnd eherne gefess machet.

(Segenen)
Gluckwundschen.

Vnd da Thogu der König zu Hemath höret / das David alle macht HadadEsers des Königs zu Zoba geschlagen hatte / sandte er seinen son Hadoram zum Könige David / vnd lies jn grüssen vnd segenen / das er mit HadadEser gestritten vnd jn geschlagen hatte / denn Togu hatte einen streit mit HadadEser.
Auch alle güldene / silberne / vnd eherne gefess heiligete der König David dem HERRN mit dem silber vnd golde / das er den Heiden genomen hatte / nemlich den Edomitern / Moabitern / Ammonitern / Philistern vnd Amalekitern. Vnd Abisai der son Zeru ja schlug der Edomiter im saltz tal achzehen tausent / vnd legt volck jnn Edomea / das alle Edomiter David vnterthenig waren / Denn der HERR halff David wo er hin zoch.
Also regirt David vber das gantz Israel / vnd handhabet gericht vnd gerechtigkeit alle seinem volck. Joab der son Zeru ja war vber das heer. Josaphat der son Ahilud war Cantzeler. Zadok der son Ahitob vnd AbiMelech der son Abjathar waren Priester. Sawsa war schreiber. Benaja der son Joiada war vber die Chrethi vnd Plethi. Vnd die ersten söne David waren dem Könige zur hand.

XX.

VNd nach diesem starb Nahas der König der kinder Ammon / vnd sein son ward König an seine stat. Da gedacht David / ich wil barmhertzigkeit thun an Hanon dem son Nahas / denn sein vater hat an mir barmhertzigkeit gethan / vnd sandte boten hin / jn zu trösten vber seinen vater. Vnd da die knechte David jnns land der kinder Ammon kamen zu Hanon jn zu trösten / sprachen die Fürsten der kinder Ammon zu Hanon / meinstu das David deinen vater ehre fur deinen augen / das er tröster zu dir gesand hat? Ja seine knechte

Die Chronica. CLIX.

chte sind komen zu dir / zu forschen vnd vmb zu keren vnd zuuerkun=
schaffen das land.

Da nam Hanon die knechte Dauid vnd beschor sie / vnd schneit
jre kleider halb ab bis an die lenden / vnd lies sie gehen. Vnd sie gien=
gen weg vnd liessens Dauid ansagen durch menner. Er aber sandte
jnen entgegen (Denn die menner waren seer geschendet) vnd der Kö=
nig sprach / Bleibt zu Jeriho / bis ewr bart wachse / so kompt denn
wider.

Da aber die kinder Ammon sahen / das sie stuncken fur Dauid /
sandten sie hin beide Hanon vnd die kinder Ammon tausent centener
silbers / wagen vnd reutter zu dingen aus Mesopotamia / aus Mae=
cha vnd aus Zoba / vnd dingeten zwey vnd dreissig tausent wagen
vnd den König Maecha mit seinem volck / die kamen vnd lagerten
sich fur Medba. Vnd die kinder Ammon samleten sich auch aus jren
stedten vnd kamen zum streit. Da das Dauid höret / sandte er hin Jo=
ab mit dem gantzen heer der Helden. Die kinder Ammon aber wa=
ren ausgezogen vnd rüsteten sich zum streit fur der stad thor / die Kö=
nige aber die komen waren / hielten im felde besonders.

Da nu Joab sahe / das fornen vnd hinder jm streit wider jn war /
erwelet er aus aller junger manschafft inn Israel / vnd rüstetet sich ge=
gen die Syrer / das vbrige volck aber thet er vnter die hand Abisai sei=
nes bruders / das sie sich rüsteten wider die kinder Ammon / vnd spra=
ch / Wenn mir die Syrer zu starck werden / so kom mir zu hülff / Wo
aber die kinder Ammon dir zu starck werden / wil ich dir helffen / Sey
getrost / vnd lass vns getrost handeln / fur vnser volck vnd fur die sted=
te vnsers Gottes / der HERR thu / was jm gefelt. Vnd Joab macht
sich erzu mit dem volck das bey jm war / gegen die Syrer zustreitten /
Vnd sie flohen fur jm. Da aber die kinder Ammon sahen / das die Sy=
rer flohen / flohen sie auch fur Abisai seinem bruder / vnd zogen jnn
die stad / Joab aber kam gen Jerusalem.

Da aber die Syrer sahen / das sie fur Israel geschlagen waren /
sandten sie boten hin / vnd brachten eraus die Syrer jensid dē Wasser /
Vnd Sophach der Feldheubtman HadadEser zoch fur jn her. Da
das Dauid angesagt ward / samlet er zu hauff das gantz Israel / vnd
zoch vber den Jordan / vnd da er an sie kam / rüstetet er sich an sie. Vnd
Dauid rüstetet sich gegen die Syrer zum streit / vn̄ sie stritten mit jm. A=
ber die Syrer flohen fur Israel / Vnd Dauid erwürget der Syrer siebē
tausent wagen / vnd vierzig tausent man zu fuss / Dazu tödtet er So=
phach den Feldheubtman. Vnd da die knecht HadadEser sahen / das
sie fur Israel geschlagen waren / machten sie fride mit Dauid vn̄ seinen
knechten. Vn̄ die Syrer woltē den kindern Ammon nicht mehr helffen

XXI.

Vnd da das jar vmb war / zur zeit wenn die Könige aus
zihen / furet Joab die heermacht vnd verderbt der kin=
der Ammon land / kam vnd belagert Rabba / Dauid
aber bleib zu Jerusalem. Vnd Joab schlug Rabba vnd
zubrach sie. Vnd Dauid nam die krone jrs Königs
von seinem heubt / vnd fand dran einen Centener golds
schweer / vnd eddel gesteine / Vnd sie ward Dauid
auff sein

Das Erste teil.

auff sein heubt gesetzt. Auch furet er aus der stad seer viel raubs. Aber das volck drinnen furet er eraus / vnd teilet sie mit segen / vnd eisern hacken vnd keilen. Also thet Dauid allen stedten der kinder Ammon. Vnd Dauid zoch sampt dem volck wider gen Jerusalem.

Darnach erhub sich ein streit zu Gaser mit den Philistern. Da zu mal schlug Sibechai der Husathither / Sibai der aus den kindern Rephaim war / vnd demütiget jn. Vnd es erhub sich noch ein streit mit den Philistern / Da schlug Elhanan der son Jair den Lahemi den bruder Goliath den Gathiter / welcher hatte eine spies stangen / wie ein weber bawm. Aber mal ward ein streit zu Gath / da war ein gros man / der hatte ja sechs finger vnd sechs zeen / die machen vier vnd zwenzig / Vnd er war auch von Rapha geborn / vnd hönet Israel. Aber Jonathan der son Simea des bruders Dauid schlug jn. Diese waren geborn von Rapha zu Gath / vnd fielen durch die hand Dauid vnd seiner knechte.

XXII.

Vnd der Satan stund wider Israel / vnd gab Dauid ein / das er Israel zelen lies. Vnd Dauid sprach zu Joab vnd zu des volcks obersten / Gehet hin / zelet Israel von Berseba an bis gen Dan / vnd bringts zu mir / das ich wisse wie viel jr ist. Joab sprach / der HERR thu zu seinem volck wie sie jtzt sind hundert mal so viel. Aber mein herr König / sind sie nicht alle meins herrn knechte? Warumb fragt denn mein herr darnach / warumb sol eine schuld auff Israel komen?

Aber des Königs wort gieng fur wider Joab. Vnd Joab zoch aus vnd wandelt durchs gantz Israel / vnd kam gen Jerusalem / vnd gab die zal des gezeleten volcks Dauid. Vnd es war des gantzen Israel eilff hundert mal tausent man / die das schwerd auszogen / Vnd Juda vier hundert mal vnd siebenzig tausent man / die das schwerd auszogen. Leui aber vnd Ben Jamin zelet er nicht vnter diese / Denn es war Joab des Königs wort ein grewel. Aber solchs gefiel Gott vbel / Denn er schlug Israel. Vnd Dauid sprach zu Gott / Ich habe schwerlich gesündigt / das ich das gethan habe / Nu aber nim weg die missethat deines knechts / denn ich hab fast thörlich gethan.

Vnd der HERR redet mit Gad dem Schawer Dauid / vnd sprach. Gehe hin / rede mit Dauid vnd sprich / So spricht der HERR / Dreierley lege ich dir fur / Erwele dir der eins / das ich dir thue / Vnd da Gad zu Dauid kam / sprach er zu jm / So spricht der HERR / Er wele dir entweder drey jar theurung / oder drey monden flucht fur deinen widersachern vnd fur dem schwerd deiner feinde / das dichs ergreiffe / oder drey tage das schwerd des HERRN vnd pestilentz im lande / das der Engel des HERRN verderbe jnn allen grentzen Israel. So sihe nu zu / was ich antworten sol dem der mich gesand hat. Dauid sprach zu Gad / Mir ist fast angst / Doch ich wil jnn die hand des HERRN fallen / denn seine barmhertzigkeit ist seer gros / vnd wil nicht jnn menschen hende fallen. Da lies

Die Chronica. CLX.

Da lies der HERR pestilentz jnn Jsrael komen/ das siebenzig tausent man fielen aus Jsrael. Vnd Gott sandte den Engel gen Jerusalem sie zuverderben. Vnd im verderben sahe der HERR drein vnd rewet jn das vbel/ vnd sprach zum Engel dem Verderber/ Es ist gnug/ las deine hand ab. Der Engel aber des HERRN stund bey der tennen Arnan des Jebusiters/ vnd David hub seine augen auff vnd sahe den Engel des HERRN stehen/ zwischen himel vnd erden/ vnd ein blos schwerd jnn seiner hand ausgereckt vber Jerusalem. Da fiel David vnd die eltesten mit secken bedeckt auff jr andlitz/ vnd David sprach zu Gott/ Bin ichs nicht/ der das volck zelen hies? ich bin der gesundiget vnd das vbel gethan hat/ diese schaf aber was haben sie gethan? HERR mein Gott las deine hand wider mich vnd meins vaters haus/ vnd nicht wider dein volck sein/ zu plagen.

Vnd der Engel sprach zu Gad/ das er David solt sagen/ das David hinauff gehen/ vnd dem HERRN einen Altar auffrichten solt jnn der tennen Arnan des Jebusiters. Also gieng David hinauff nach dem wort Gad/ das er geredt hatte jnn des HERRN namen. Arnan aber da er sich wandte vnd sahe den Engel/ vnd seine vier söne mit jm/ versteckten sie sich/ Denn Arnan drasch weitzen. Als nu David zu Arnan gieng/ sahe Arnan vnd ward Davids gewar/ vnd gieng eraus aus der tennen/ vnd bettet David an mit seinem andlitz zur erden.

Vnd David sprach zu Arnan/ Gib mir raum jnn der tennen/ das ich einen Altar dem HERRN drauff bawe/ vmb vol geld soltu mir jn geben/ auff das die plage vom volck auff höre. Arnan aber sprach zu David/ Nim dir vnd mache mein herr König wie dirs gefelt/ Sihe/ ich gebe das rind zum Brandopffer/ vnd das geschirr zu holtz/ vnd weitzen zu Speisopffer/ alles gebe ichs. Aber der König David sprach zu Arnan/ Nicht also/ sondern vmb vol geld wil ichs keuffen/ denn ich wil nicht das dein ist nemen fur dem HERRN/ vnd vmb sonst Brandopffer thun.

Also gab David Arnan vmb den raum/ gülden sekel am gewicht sechs hundert. Vnd David bawet da selbs dem HERRN einen Altar vnd opffert Brandopffer vnd Danckopffer. Vnd da er den HERREN anrieff/ erhöret er jn durchs fewr vom Himel auff den Altar des Brandopffers. Vnd der HERR sprach zum Engel/ das er sein schwerd jnn seine scheiden keret.

Zur selben zeit/ da David sahe/ das jn der HERR erhöret hatte auff dem platz Arnan des Jebusiters/ pflegt er daselbs zu opffern/ Denn die wonung des HERRN/ die Mose jnn der wüsten gemachet hatte/ vnd der Brandopffers Altar/ war zu der zeit jnn der Höhe zu Gibeon. David aber kundte nicht hingehen fur den selben/ Gott zu suchen/ so war er erschrocken fur dem schwerd des Engels des HERRN. Vnd David sprach/ Die sol das Haus Gottes des HERREN sein/ vnd dis der Altar zum Brandopffer Jsrael.

XXIII.

Vnd

Das Erste teil.

Vnd David hies versamlen die frembdlingen/ die im land Israel waren/ vnd bestellet steinmetzen stein zu hawen/ das Haus Gottes zu bawen/ vnd David bereittet viel eisens/ zu negeln an die thüren jn den thoren vnd was zu nageln were/ vnd so viel ertzs/ das nicht zu wegen war/ Auch Cedern holtz on zal. Denn die von Zidon vnd Tyro brachten viel Cedern holtz zu David. Denn David gedacht/ mein son Salomo ist ein knabe vnd zart/ Das haus aber das dem HERRN sol gebawet werden/ sol gros sein/ das sein name vnd rhum erhaben werde jnn allen landen/ Darumb wil ich jm vorrat schaffen. Also schaffet David viel vorrats vor seinem tod.

Vnd er rieff seinem son Salomo/ vnd gebot jm zu bawen das Haus des HERRN des Gottes Israel. Vnd sprach zu jm. Mein son/ Ich hattes im sinn dem namen des HERRN meins Gottes ein haus zu bawen/ Aber das wort des HERRN kam zu mir vnd sprach/ Du hast viel bluts vergossen/ vnd grosse kriege gefurt/ Darumb soltu meinem namen nicht ein haus bawen/ weil du so viel bluts auff die erden vergossen hast fur mir/ Sihe/ der son der dir geborn sol werden/ der wird ein rugig man sein/ Denn ich wil jn rugen lassen von all seinen feinden vmbher/ denn er sol Salomo heissen/ Denn ich wil fried vnd ruge geben vber Israel sein lebenlang/ Der sol meinem namen ein Haus bawen/ Er sol mein son sein/ vnd ich wil sein vater sein/ Vnd ich wil seinen Königlichen stuel vber Israel bestetigen ewiglich.

(Fried) Salomo heist fridsam oder fridrich.

So wird nu Mein son/ der HERR mit dir sein/ vnd wirst glückselig sein/ das du dem HERRN deinem Gott ein haus bawest/ wie er von dir geredt hat. Auch wird der HERR dir geben klugheit vnd verstand/ vnd wird dir Israel befelhen/ das du haltest das Gesetz des HERRN deines Gottes. Denn aber wirstu gluckselig sein/ wenn du dich heltest/ das du thuest nach den Geboten vnd rechten/ die der HERR Mose gebotten hat an Israel. Sey getrost vnd vnerzagt/ fürcht dich nicht vnd zage nicht/ Sihe/ ich habe jnn meiner armut verschafft zum Hause des HERRN/ hundert tausent centener golds vnd tausent mal tausent Centener silbers/ dazu ertz vnd eisen on zal/ denn es ist sein zu viel. Auch holtz vnd steine hab ich geschickt/ des magstu noch mehr machen. So hastu viel erbeiter/ stein metzen vnd zimerleut an stein vnd holtz/ vnd allerley weisen auff allerley erbeit an gold/ silber/ ertz/ vnd eisen on zal/ So mache dich auff vnd richte es aus/ der HERR wird mit dir sein.

Vnd David gebot allen obersten Israel/ das sie seinem son Salomo hulffen/ Ist nicht der HERR ewr Gott mit euch? vnd hat euch ruge gegeben vmbher/ Denn er hat die einwoner des lands jnn ewre hende gegeben/ vnd das land ist vnterbracht fur dē HERRN vñ fur seinem volck/ So gebt nu ewr hertz vnd ewre seele/ den HERRN ewren Gott zu suchen/ vnd macht euch auff vnd bawet Gott dem HERREN ein Heiligthum/ das man die Lade des Bunds des HERRN vnd die heiligen gefess Gottes jnns haus bringe das dem namen des HERRN gebawet sol werden. Also macht David seinen son Salomo zum Könige vber Israel/ da er alt vnd des lebens sat war.

Vnd

Die Chronica.
XXIIII.

VNd Dauid versamlet alle obersten jnn Israel/ vnd die Priester vnd Leuiten/ das man die Leuiten zelete von dreissig jaren vnd drüber. Vnd jr zal war von heubt zu heubt/ das starcke man waren/ acht vnd dreissig tausent. Aus welchen worden vier vnd zwentzig tausent/ die das werck am Hause des HERRN trieben/ vnd sechs tausent Amptleut vnd Richter/ vnd vier tausent thorhüter/ vnd vier tausent Lobesenger des HERRN mit seiten spiel/ die ich gemacht hab lobzusingen.

Vnd Dauid macht die ordenung vnter den kindern Leui/ nemlich vnter Gerson/ Kahath vnd Merari. Die Gersoniten waren Laedan vnd Simei/ Die kinder Laedan/ der erst/ Jehiel/ Sethan/ vnd Joel/ die drey. Die kinder aber Simei waren/ Salomith/ Hasiel/ vnd Haran die drey/ diese waren die furnemesten vnter den Vetern von Laedan. Auch waren diese Simei kinder/ Jahath/ Sina/ Jeus vnd Bria/ diese vier waren auch Simei kinder. Jahath aber war der erste/ Sina der ander. Aber Jeus vnd Bria hatten nicht viel kinder/ darumb wurden sie fur eins vaters haus gerechnet.

Die kinder Kahath waren/ Amram/ Jezehar/ Hebron vnd Vsiel die viere. Die kinder Amram waren Aaron vnd Mose. Aaron aber ward abgesondert/ das er geheiliget wurde zum aller heiligsten/ er vnd seine söne ewiglich/ zu reuchern fur dem HERRN/ vnd zu dienen vnd zu segenen jnn dem namen des HERRN ewiglich. Vnd Mose des mans Gottes kinder wurden genennet vnter der Leuiten stam. Die kinder aber Mose waren/ Gersom vnd Elieser. Die kinder Gersom/ der erst war Sebuel. Die kinder Elieser/ der erst war Rehabja. Vnd Elieser hatte kein ander kinder. Aber die kinder Rehabja waren viel drüber. Die kinder Jezehar waren Salomith der erste. Die kinder Hebron waren/ Jeria der erste/ Amarja der ander/ Jehasiel der dritte/ vnd Jakmeam der vierde. Die kinder Vsiel waren Micha der erst vnd Jesia der ander.

Die kinder Merari waren/ Maheli vnd Musi. Die kinder Maheli waren/ Eleasar vnd Kis. Eleasar aber starb vnd hatte keine söne sondern töchtere. Vnd die kinder Kis jre bruder namen sie. Die kinder Musi waren/ Maheli/ Eder vnd Jeremoth/ die drey. Das sind die kinder Leui vnter jrer veter heuser/ vnd furnemesten der veter die gerechnet wurden nach der namen zal bey den heubten/ Welche theten das geschefft des ampts im Hause des HERRN von zwenzig jaren vnd drüber. Denn Dauid sprach/ der HERR der Gott Jsrael hat seinem volck ruge gegeben/ vnd wird zu Jerusalem wonen ewiglich.

Auch vnter den Leuiten wurden gezelet der kinder Leui von zwenzig jaren vnd drüber/ das sie die Wonung nicht tragen durfften mit all jrem gerete jrs ampts/ Sondern nach den letzten worten Dauid/ das sie stehen solten vnter der hand der kinder Aaron/ zu dienen im Hause des HERRN im hofe vnd zu den kasten/ vnd zur reinigung/

a   vnd zu

Das Erste teil

vnd zu allerley heiligthum/vnd zu allem werck des ampts im Hause Gottes/Vnd zum Schawbrod/zum semel melh/zum Speisopffer/ zu vngeseurten flåden/zur pfannen/zu rosten/vnd zu allem gewicht vnd mas. Vnd zu stehen des morgens zu dancken vnd zu loben den HERRN/des abents auch also/Vnd alle Brandopffer dem HER REN zu opffern auff die Sabbathen/newmonden vnd Feste/nach der zal vnd gebür/allewege fur dem HERRN/das sie warten der hut an der Hütten des Stiffts vnd des heiligthumbs/vnd der kinder Aaron jrer bruder/zu dienen jm Hause des HERRN.

XXV.

ABer dis war die ordnung der kinder Aaron/ Die kinder Aaron waren Nadab/Abihu/Eleasar vnd Ithamar. Aber Nadab vnd Abihu storben fur jren vetern/ vnd hatten keine kinder/ Vnd Eleasar vnd Ithamar wurden Priester. Vnd Dauid ordenet sie also/ Zadok aus den kindern Eleasar/ vnd Ahimelech aus den kindern Ithamar/nach jrer zal vnd ampt/Vnd wurden der kinder Eleasar mehr funden zu furnemesten starcken mennern/denn der kinder Ithamar. Vnd er ordenet sie also/ nemlich/ sechzehen aus den kindern Eleasar/zu obersten vnter jrer veter haus/ Vnd achte aus den kindern Ithamar vnter jrer veter haus/ Er ordenet sie aber durchs los/darumb das beide aus Eleasar vnd Ithamar kinder/obersten waren im heiligthum vnd obersten fur Gott. Vnd der schreiber Semeia der son Nethaneel aus den Leuiten/ beschreib sie fur dem Könige vnd fur den obersten/ vnd fur Zadok dem Priester/ vnd fur Ahimelech dem son Abiathar/ vnd fur den obersten vetern vnter den Priestern vnd Leuiten/nemlich ein vaters haus fur Eleasar/ vnd das ander fur Ithamar.

Vnd das erst loss fiel auff Joiarib/ das ander auff Jedaia/ das dritte auff Harim / das vierde auff Seorim/ das fünfft auff Malchia/das sechst auff Meiamin/ das siebend auff Hakoz/ das acht auff Abia/das neunde auff Jesua/ das zehend auff Sechania/ das eilfft auff Eliassib/das zwelfft auff Jakim/ das dreizehend auff Hupa/das vierzehend auff Jesebeab/das fünfftzehend auff Bilga/ das sechzehend auff Immer/ das siebenzehend auff Hesir/ das achzehend auff Hapizez/ das neunzehend auff Pethah ja/ das zwenzigst auff Jeheskel/ das ein vnd zwenzigst auff Jachin/ das zwey vnd zwenzigst auff Gamul/ das drey vnd zwenzigst auff Dela ja/ das vier vnd zwenzigst auff Maasja. Das ist jre ordenung nach jrem ampt zu gehen jnn das Haus des HERRN nach jrer weise vnter jrem vater Aaron/wie jnen der HERR der Gott Israel geboten hat.

Aber vnter den andern kindern Leui/ war vnter den kindern Amram/Subael. Vnter den kindern Subael war Jehdea. Vnter den kindern Rehabja war der erst Jesia. Aber vnter den Jezeharitern war Slomoth. Vnter den kindern Slomoth war Jahath. Die kinder Hebron waren/Jeria der erste/Amarja der ander/Jahesiel der dritte/Jakmeam der vierde. Die kinder Vsiel waren Micha. Vnter den kindern Micha war Samir. Der bruder Micha war Jesia.

Vnter

Die Chronica. CLXII.

Vnter den kindern Jesia war Sacharja. Die kinder Merari waren Maheli vnd Musi/des son war Jaesia. Die kinder Merari von Jaesia seim son waren/Soham/ Sacur vnd Jbri.

Maheli aber hatte Eleasar/denn er hatte keine söne. Von Kis. Die kinder Kis waren Jerahmeel. Die kinder Musi waren/Maheli/Eder vnd Jeremoth. Das sind die kinder der Leuiten vnter jrer veter haus.

Vnd man warff fur sie auch das los neben jren brüdern den kindern Aaron/fur dem Könige Dauid vnd Zadok vnd Ahimelech/vnd fur den obersten vetern vnter den Priestern vnd Leuiten/dem kleinsten bruder eben so wol/als dem obersten vnter den vetern.

XXVI.

Nd Dauid sampt den Feldheubtleuten sondert ab zu emptern vnter den kindern Assaph/Heman vnd Jedithun die Propheten mit harffen/Psaltern vnd Cymbalen/vnd sie wurden gezelet zum werck nach jrem ampt. Vnter den kindern Assaph war/Sacur/Joseph/Nethanja/Asarela/kinder Assaph vnter Assaph/der da weissaget bey dem Könige. Von Jedithun. Die kinder Jedithun waren/Gedalja/Zori/Jesaja Hasebja/Mathithia/ die sechse vnter jrem vater Jedithun mit harffen/ die da weissagten zu dancken vnd loben den HERRN. Von Heman. Die kinder Heman waren Bukia/ Mathanja/ Vsiel/ Sebuel/ Jerimoth/ Hananja Hanani/ Eliatha/ Gidalthi/ Romamthi Eser/ Jasbaksa/Mallothi/Hothir vnd Mahesioth. Diese waren alle kinder Heman des Schawers des Königs jnn den worten Gottes das Horn zu erheben/Denn Gott hatte Heman vierzehen söne vnd drey töchter gegeben.

Diese waren alle vnter jren vetern/Assaph/Jedithun vnd Heman zu singen im Hause des HERRN mit Cimbeln/Psaltern vnd harffen/nach dem ampt im Hause Gottes bey dem Könige. Vnd es war jr zal sampt jren brüdern die im gesang des HERRN gelert waren/ alle sampt meister/zweihundert vnd acht vnd achzig. Vnd sie worffen los vber jre ampt zu gleich/dem kleinsten wie dem grössesten/dem lerer wie dem schuler.

(Das Horn zur heben) Jch acht das dieser Heman sey Dauids Prophet gewesen/jnn Königlichen gescheff ten/die das König reich belanget haben/wie er hat streitten vnd regirn sollen/ Denn Horn bedeut je regiment vnd Königreich.

Vnd das erst loss fiel vnter Assaph auff Joseph. Das ander auff Gedalia sampt seinen brüdern vnd sönen/ der waren zwelffe. Das dritte auff Sacur/sampt seinen sönen vnd brüdern/der waren zwelffe. Das vierde auff Jezri sampt seinen sönen vnd brüdern/der waren zwelffe. Das fünfft auff Nethanja sampt seinen sönen vnd brüdern/der waren zwelffe. Das sechste auff Bukia sampt seinen sönen vnd brüdern/der waren zwelffe. Das siebend auff Jsreela sampt seienn sönen vnd brüdern/der waren zwelffe. Das achte auff Jesaja sampt seinen sönen vnd brüdern/der waren zwelffe. Das neunde auff Mathanja sampt seinen sönen vnd brüdern/der waren zwelffe. Das zehende auff Simei sampt seinen sönen vnd brüdern/der waren zwelffe/Das eilfft auff Asareel sampt seinen sönen vnd brüdern/ der waren zwelffe. Das zwelfft auff Hasabja sampt seinen sönen vnd brüdern/ der waren zwelffe.

a ij Das

Das Erste teil.

Das dreizehend auff Subael sampt seinen sönen vnd brüdern der waren zwelffe. Das vierzehend auff Mathithja sampt seinen sönen vnd brüdern/ der waren zwelffe. Das fünfftzehend auff Jeremoth sampt seinen sönen vnd brüdern/ der waren zwelffe. Das sechzehend auff Ananja sampt seinen sönen vnd brüdern/ der waren zwelffe. Das siebenzehend auff Jasbekasa sampt seinen sönen vnd brüdern der waren zwelffe. Das achtzehend auff Hanani sampt seinen sönen vnd brüdern/ der waren zwelffe. Das neunzehend auff Mallothi sampt seinen sönen vnd brüdern/ der waren zwelffe. Das zwenzigst auff Eliatha sampt seinen sönen vñ brüdern/ der waren zwelffe. Das ein vnd zwentzigst auff Dothir sampt seinen sönen vnd brüdern/ der waren zwelffe. Das zwey vnd zwenzigst auff Gidalthi sampt seinen sönen vnd brüdern/ der waren zwelffe. Das drey vnd zwenzigst auff Mahesioth sampt seinen sönen vnd brüdern/ der waren zwelffe. Das vier vnd zwenzigst auff Romamthi Eser sampt seinen sönen vnd brüdern/ der waren zwelffe.

XXVII.

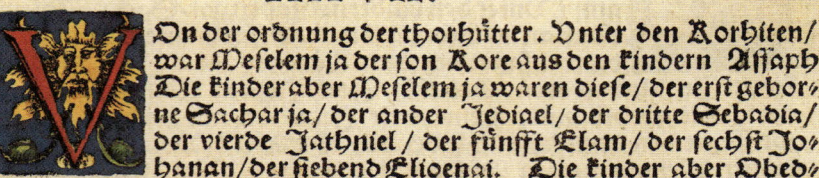

Von der ordnung der thorhütter. Vnter den Korhiten/ war Meselemja der son Kore aus den kindern Assaph Die kinder aber Meselemja waren diese/ der erst geborne Sacharja/ der ander Jediael/ der dritte Sebadia/ der vierde Jathniel/ der fünfft Elam/ der sechst Johanan/ der siebend Elioenai. Die kinder aber Obed Edom waren diese/ der erst geborn/ Semaia/ der ander Josabad/ der dritte Joah/ der vierde Sachur/ der fünfft Nethaneel/ der sechst Ammiel/ der siebend Isaschar/ der acht Pegulthai/ denn Gott hatte jn gesegenet. Vnd seinem son Semaja wurden auch söne geborn/ die im hause jrer veter herscheten. Denn es waren starcke Helden. So waren nu die kinder Semaia/ Athni/ Rephael/ Obed vnd Elsabad/ des brüder redliche leut waren/ Elihu vnd Samachja/ diese waren alle aus den kindern Obed Edom/ Sie/ sampt jren kindern vnd brüdern/ redliche leut geschickt zu emptern/ waren zwey vnd sechzig von Obed Edom.

Meselemja hatte kinder vnd brüder redliche menner achtzehen. Hossa aber aus den kindern Merari hatte kinder/ den fürnemesten Simri/ denn es war der erstgeborner nicht da/ drumb setzt in sein vater zum furnemesten/ den andern Hilkia/ den dritten Tebalja/ den vierden Sacharja. Aller kinder vnd brüder Hossa waren dreizehen.

Dis ist die ordenung der thorhüter vnter den heubtern der Helden am ampt neben jren brüdern zu dienen im Hause des HERRN/ Vnd das los ward geworffen dem kleinen wie dem grossen vnter jrer veter hause zu einem jglichen thor. Das los gegen morgen fiel auff Meselemja. Aber seinem son Sacharja/ der ein kluger rat war/ warff man das los/ vnd fiel jm gegen mitternacht. Obed Edom aber gegen mittag/ vnd seinen sonen bey dem hause Esupim. Vnd Supim vnd Hossa gegen abent bey dem thor Salecheth/ auff der strassen der Brandopffer/ da die hut neben andern stehen.

Gegen dem morgen waren der Leuiten sechse/ Gegen mitternacht

Die Chronica. CLXIIII.

nacht des tages viere. Gegen mittag des tages viere. Bey Esupim aber ja zwene vnd zwene. An Parbar aber gegen abend viere an der strassen/vnd zwene an Parbar.

Dis sind die ordenung der thorhüter vnter den kindern der Korhiter vnd den kindern Merari. Von den Leuiten aber war Ahia vber die schetze des Haus Gottes vnd vber die schetze die geheiliget wurden.

Von den kindern Laedan/ der kinder der Gersoniten/ Von Laedan waren heubter der veter/ nemlich die Jehieliten. Die kinder der Jehieliten waren Setham vnd sein bruder Joel vber die schetze des Hauses des HERRN. Vnter den Amramiten/ Jezehariten/ Hebroniten vnd Vsieliten/ war Sebuel der son Gersom des sons Mose Fürst vber die schetze. Aber sein bruder Elieser hatte einen son Rehab ja/des son war Jesaia/des son war Jorani/des son war Sichri/des son war Selomith. Der selb Selomith vnd seine brüder waren vber alle schetze der geheiligeten/ welche der König Dauid heiligete vnd die obersten veter vnter den obersten vber tausent vnd vber hundert/vnd die obersten im heer. Von streitten vnd rauben hatten sie es geheiliget zu bessern das Haus des HERRN. Auch alles was Samuel der Seher vnd Saul der son Kis/ vnd Abner der son Ner vnd Joab der son Zeru ja geheiliget hatten. Alles geheiligete war vnter der hand Selomith vnd seiner brüder.

Vnter den Jezehariten war Chenan ja mit seinen sönen zum werck daussen vber Israel/amptleute vnd Richter. Vnter den Hebroniten aber war Hasab ja vnd seine brüder redliche leut tausent vnd siebenhundert/vber die ampt Israel disseit des Jordans gegen abent/zu allerley geschefft des HERRN vnd zu dienen dem Könige. Item vnter den Hebronitern/war Jeria der fürnemest vnter den Hebroniten seines geschlechts vnter den vetern. Es wurden aber vnter jnen gesucht vnd funden im vierzigsten jar des Königreichs Dauid redliche menner zu Jaeser jnn Gilead/ vnd jre brüder redliche menner zwey tausent vnd sieben hundert oberste veter/ vnd Dauid setzet sie vber die Rubeniter/ Gadditer vnd den halben stam Manasse zu allen henddeln Gottes vnd des Königes.

XXVIII.

DIe kinder Israel aber nach jrer zal waren heubter der veter/ vnd vber tausent vnd vber hundert/ vnd amptleut die auff den König warten/nach jrer ordenung/ab vnd zu zu ziehen/ein jglichen monden einer/jnn allen monden des jares/ Ein jglich ordnung aber hatte vier vnd zwentzig tausent.

Vber die ersten ordenung des ersten monden/was Jasebeam der son Sabdiel/vnd vnter seiner ordenung waren vier vnd zwenzig tausent. Aus den kindern aber Perez war der oberste vber alle Heubtleute der heere im ersten monden.

Vber die ordenung des andern monden/war Dodai der Ahohiter/vnd Mikloth war Fürst vber seine ordenung. Vnd vnter seiner ordenung waren vier vnd zwenzig tausent.

a iij Der

Das Erste teil.

Der dritte Feldheubtman des dritten monden/ der oberst war Benaia der son Joiada des Priesters/ vnd vnter seiner ordenung waren vier vnd zwenzig tausent/ Das ist der Benaia der Velltt vnter dreissigen vnd vber dreissige/ Vnd seine ordenung war vnter seinem son AmmiSabad.

Der vierde im vierden monden/ war Asahel Joabs bruder/ Vnd nach jm Sabad ja sein son/ vnd vnter seiner ordenung waren vier vnd zwenzig tausent.

Der fünfft im fünfften monden/ war Samehuth der Jesraeliter/ vnd vnter seiner ordenung waren vier vnd zwenzig tausent.

Der sechst im sechsten mond/ war Jra der son Jkkes der Thekoiter/ vnd vnter seiner ordenung waren vier vnd zwenzig tausent.

Der siebend im siebenden mond/ war Pelez der Peloniter aus den kindern Ephraim/ vnd vnter seiner ordenung waren vier vnd zwenzig tausent.

Der acht im achten monden/ war Sibechai der Pusathiter aus den Sarehitern/ vnd vnter seiner ordenung waren vier vnd zwenzig tausent.

Der neunde im neunden monden/ war Abieser der Anthothiter aus den kindern Jemini/ vnd vnter seiner ordenung waren vier vnd zwenzig tausent.

Der zehend im zehenden monden/ war Maherai der Netophathiter aus den Serahitern/ vnd vnter seiner ordenung waren vier vnd zwenzig tausent.

Der eillfft im eillfften monden/ war Benaia der Pirgathoniter aus den kindern Ephraim/ vnd vnter seiner ordenung waren vier vnd zwenzig tausent.

Der zwellfft im zwellfften monden / war Peldai der Netophathiter aus Athniel/ vnd vnter seiner ordenung waren vier vnd zwenzig tausent.

Vber die stemme Jsrael aber waren diese. Vnter den Rubenitern war Fürst Elieser der son Sichri. Vnter den Simeonitern/ war Sephat ja der son Maecha. Vnter den Leuiten war/ Pasab ja der son Kemuel. Vnter den Aaroniten war/ Zadok. Vnter Juda war/ Elihu aus den brüdern Dauid. Vnter Jsaschar war / Amri der son Michael/ Vnter Sebulon war/ Jesmaia der son Obad ja. Vnter Naphthali war Jeremoth der son Asriel. Vnter den kindern Ephraim war/ Hosea der son Asasja. Vnter dem halben stam Manasse war/ Joel der son Pedaja. Vnter dem halben stam Mahasse jnn Gilead/ war Jeddo der son Sacharja. Vnter BenJamin war/ Jaesiel der son Abner. Vnter Dan war/ Asareel der son Jeroham. Das sind die Fürsten der stemme Jsrael.

Aber Dauid nam die zal nicht dere die von zwenzig jaren vnd drunder waren/ Denn der HERR hatte geredt Jsrael zu mehren/ wie die stern am Himel. Joab aber der son Zeru ja/ der hatte angefangen zu zelen/ vnd vollendet es nicht/ Denn es kam darumb ein zorn vber Jsrael/ Darumb kam die zal nicht jnn die Chronica des Königs Dauid.

Vber den schatz des Königs war Asmaueth der son Adiel. Vnd vber die schetz auffm lande jnn stedten/ dörffern vnd schlossern war Jonathan der son Vsia. Vber die ackerleut das land zu bawen war Esri der ri der son Chelub. Vber die weinberge war Simei der Ramathiter. Vber die weinkeller vnd schetze des weins/war Sabdi der Siphimiter. Vber die ölegarten vnd maulberbeum jnn den awen/war Baal Danan der Gaderiter. Vber den öleschatz/war Joas. Vber die weidrinder zu Saron/war Sitari der Saroniter. Aber vber die rinder jnn gründen/war Saphat der son Adlai. Vber die Kamel war Obil der Ismaeliter. Vber die Esel war Jehed ja der Meronothiter. Vber die schaf/war Jasis der Hagariter. Diese waren alle obersten vber die güter des Königs Dauid.

Jonathan aber Dauids vetter/war der Rat vnd meister vnd schreiber. Vnd Jehiel der son Dachmoni/war bey den kindern des Königs. Ahithophel war auch Rat des Königs. Husai der Arachiter war des Königs freund. Nach Ahithophel war Joiada der son Benaia vnd Ab Jathar. Joab aber war Feldheubtman des Königs.

XXIX.

Vnd Dauid versamlet gen Jerusalem alle obersten Israel/nemlich die Fürsten der stemme/die Fürsten der ordenungen die auff den König warten/die Fürsten vber tausent vnd vber hundert/die Fürsten vber die güter vnd vieh des Königs vnd seiner söne/mit den kamerern/die Kriegs menner vnd alle redliche menner. Vnd Dauid der König stund auff seinen füssen/vnd sprach.

Döret mir zu meine brüder vnd mein volck/ Ich hatte mir furgenomen ein haus zu bawen/ da rugen solte die Lade des Bunds des HERRN/ vnd ein fusschemel den füssen vnsers Gottes/ vnd hatte mich geschickt zu bawen. Aber Gott lies mir sagen/ Du solt meinem namen nicht ein haus bawen/ denn du bist ein kriegs man vnd hast blut vergossen. Nu hat der HERR der Gott Israel mich erwelet aus meins vaters gantzen hause/ das ich König vber Israel sein solt ewiglich/ denn er hat Juda erwelet zum Fürstenthum/ vnd im Hause Juda meins vaters haus/ vnd vnter meins vatern kindern hat er gefallen gehabt an mir/ das er mich vber gantz Israel zum Könige machte/ vnd vnter allen meinen sönen (denn der HERR hat mir viel söne gegeben) hat er meinen son Salomo erwelet/ das er sitzen sol auff dem stuel des König reichs des HERRN vber Israel/ vnd hat mir geredt/ dein son Salomo sol mein haus vnd hof bawen/ Denn ich habe jn mir erwelet zum son/ vnd ich wil sein vater sein/ vnd wil sein Königreich bestetigen ewiglich/ so er wird anhalten/ das er thu nach meinen Geboten vnd rechten/ wie es heutte stehet.

Nu fur dem gantzen Israel der Gemeine des HERRN/ vnd fur den oren vnsers Gottes/ so haltet vnd sucht alle Gebot des HERRN ewrs Gottes/ auff das jr besitzt das gute land/ vnd beerbet auff ewre kinder nach euch ewiglich. Vnd du mein son Salomo/ erkenne den Gott deins vaters/ vnd diene jm von gantzem hertzen/ vnd von lust der seelen. Denn der HERR sucht alle hertzen/ vnd verstehet aller gedancken tichten. Wirstu jn suchen/ so wirstu jn finden/ Wirstu jn aber verlassen/ so wird er dich verwerffen ewiglich. So sihe nu zu/ denn der HERR hat dich erwelet/ das du ein haus bawest zum heiligthum. Sey getrost vnd maches.

Das Erste teil

Vnd Dauid gab seinem son Salomo ein furbild der Halle vnd seins hauses/ vnd der gemach vnd Saal vnd kamern innwendig/ vnd des Haus des gnaden stuels. Dazu furbilde alles was bey jm jnn seinem gemut war/ nemlich/ des hofs am Hause des HERRN vnd aller gemach vmbher/ des schatzs im Hause Gottes/ vnd des schatzs der geheiligeten/ die ordenung der Priester vnd Leuiten/ vnd aller geschefft der ampt im Hause des HERRN. Gold nach dem gold gewicht/ zu allerley gefeß eins jglichen ampts/ vnd allerley silbern gezeug nach dem gewicht/ zu allerley gefeß eins jglichen ampts.

Vnd gewicht zu güldenen leuchtern vnd güldenen lampen/ einem jglichen leuchter vnd seiner lampen sein gewicht. Also auch zu silbern leuchtern gab er das gewicht zum leuchter vnd seiner lampen/ nach dem ampt eines jglichen leuchters. Auch gab er zu tischen der Schawbrod gold/ zum jglichen tisch sein gewicht. Also auch silber zu silbern tisschen. Vnd lauter gold zu kreweln/ becken vnd kandel. Vnd zu gülden bechern eim jglichen becher sein gewicht/ Vnd zu silbern bechern/ eim jglichen becher sein gewicht. Vnd zum reuch Altar sein gewicht das aller lauterst gold. Auch ein furbild des wagens der güldenen Cherubim/ das sie sich aus breitten vnd bedeckten oben die Lade des Bunds des HERRN. Alles ists mir beschrieben gegeben von der hand des HERRN/ das michs vnterweiset alle werck des fürbilds.

Vnd Dauid sprach zu seinem son Salomo/ Sey getrost vnd vnerzagt/ vnd machs/ furcht dich nicht/ vnd zage nicht/ Gott der HERR mein Gott wird mit dir sein/ vnd wird die hand nicht abziehen noch dich verlassen/ bis du alle werck zum ampt im Hause des HERRN volendest. Sihe da die ordenung der Priester vnd Leuiten zu allen emptern im Hause Gottes sind mit dir zu allem geschefft/ vnd sind willig vnd weise zu allen emptern/ Dazu die Fürsten vnd alles volck zu allen deinen hendeln.

XXX.

Vnd der König Dauid sprach zu der gantzen Gemeine. Gott hat Salomo meiner söne einen erwelet/ der noch jung vnd zart ist/ Das werg aber ist gros/ denn es ist nicht eines menschen wonung/ sondern Gottes des HERRN. Ich aber habe aus allen meinen krefften geschickt zum Hause Gottes/ gold zu güldenem/ silber zu silbern/ ertz zu ehernem/ eisen zu eisenem/ holtz zu hultzenem gerete/ Onich steine/ eingefaste rubin vnd bundte steine/ vnd allerley eddel gesteine vnd marmel steine die menge. Vber das/ aus wolgefallen am Hause meins Gottes/ hab ich eigens guts/ gold vnd silber/ drey tausent centener golds von Ophir/ vnd sieben tausent centener lauter silbers/ das gebe ich zum Heiligen Hause Gottes vber alles das ich geschickt habe/ die wende der heuser zu vberziehen/ das gülden werde was gülden/ vnd silbern was silbern sein sol/ vnd zu allerley werck durch die hand der werckmeister. Vnd wer ist nu freiwillig seine hand heute dem HERRN zu fullen?

Die Chronica.

Da waren die Fürsten der veter/ die Fürsten der stemme Israel/ die Fürsten vber tausent vnd vber hundert/ vnd die Fürsten vber des Königs gescheffte/ freiwillig/ vnd gaben zum ampt im Hause Gottes fünff tausent centener golds/ vnd zehen tausent gülden/ vnd zehen tausent centener silbers/ achtzehen tausent centener ertzs/ vnd hundert tausent centener eisens. Vnd bey welchem steine funden wurden/ die gaben sie zum schatz des Hauses des HERRN/ vnter die hand Jehiel des Gersonitern.

Vnd das volck ward frölich das sie freiwillig waren/ Denn sie gabens von gantzem hertzen dem HERRN freiwillig. Vnd Dauid der König frewet sich auch hoch vnd lobet Gott vnd sprach fur der gantzen Gemeine/ Gelobet seistu HERR Got/ Israel vnsers vaters/ dir gebürt die maiestet vnd gewalt/ herrligkeit/ sieg vnd danck/ Denn alles was jnn Himel vnd erden ist/ das ist dein/ dein ist das Reich/ vñ du bist erhöhet vber alles zum obersten/ Dein ist reichtum vnd ehre fur dir/ du herrschest vber alles/ jnn deiner hand stehet krafft vnd macht/ jnn deiner hand stehet es/ jederman gros vnd starck zu machen.

Nu vnser Got wir dancken dir/ vnd rhümen den namen deiner herrligkeit/ Denn was bin ich? was ist mein volck? das wir solten vermügen krafft/ freiwillig zu geben/ wie dis gehet? Denn von dir ists alles komen/ vnd von deiner hand haben wir dirs gegeben/ Denn wir sind frembdlinge vnd geste fur dir wie vnser veter alle. Vnser leben auff erden ist wie ein schatten/ vnd ist kein auff halten. HERR vnser Gott all diesen hauffen/ den wir geschickt haben/ dir ein haus zu bawen/ deinem Heiligen namen/ ist von deiner hand komen vnd ist alles dein.

Ich weis/ mein Gott/ das du das hertz prüfest vnd einfeltigkeit ist dir angenem/ darumb habe ich dis alles aus einfeltigem hertzen frey willig gegeben vñ hab jtzt mit freuden gesehen dein volck das hie vor handen ist/ das es dir freiwillig gegeben hat/ HERR Gott vnser veter/ Abraham/ Isaac/ vnd Israel/ beware ewiglich solchen sinn vnd gedancken im hertzen deins volcks/ vnd schicke jre hertzen zu dir/ Vnd meinem son Salomo gib ein rechtschaffen hertz/ das er halte deine Gebot/ zeugnis vnd rechte/ das ers alles thue/ vnd bawe diese wonunge die ich geschickt habe.

Vnd Dauid sprach zur gantzen Gemeine/ Lobet den HERRN ewern Gott. Vnd die gantze Gemeine lobet den HERRN den Gott jrer veter. Vnd neigeten sich vnd betten an den HERRN vnd den König/ vnd opfferten dem HERRN opffer. Vnd des andern morgens opfferten sie Brandopffer tausent farren/ tausent wider/ tausent lemmer mit jren Tranckopffern/ vnd opfferten die menge vnter dem gantzen Israel/ vnd assen vnd truncken des selben tages fur dem HERREN mit grossen freuden/ vnd machten das ander mal Salomo den son Dauid zum Könige/ vnd salbeten jn dem HERRN zum Fürsten/ vnd Jadok zum Priester.

Also sas Salomo auff dem stuel des HERRN ein König an seines vaters Dauid stat vnd ward glückselig. Vnd gantz Israel war jm gehorsam/ vñ alle obersten vnd gewaltigen/ auch alle kinder des
Königs

Das Erste teil

Königs David thetten sich vnter den König Salomo. Vnd der HERR macht Salomo jmer grösser vor dem gantzen Jsrael / vnd gab jm ein löblich Königreich / das keiner vor jm vber Jsrael gehabt hatte.

So ist nu David der son Jsai König gewesen vber gantz Jsrael / Die zeit aber die er König vber Jsrael gewesen ist / ist vierzig jar / zu Hebron regirt er sieben jar / vnd zu Jerusalem drey vnd dreissig jar / vnd starb jnn gutem alter / vol lebens reichtum vnd ehre. Vnd sein son Salomo ward König an seine stat. Die geschicht aber des Königs David / beide die ersten vnd letzten / sihe / die sind geschrieben vnter den geschichten Samuel / des Sehers / vnd vnter den geschichten des Propheten Nathan / vnd vnter den geschichten Gad des Schawers mit allem seinem Königreich / gewalt vnd zeit / die vnter jm ergangen sind / beide vber Jsrael vnd allen Königreichen jnn landen.

Ende des Ersten teils der Chronica.

Das Ander Teil der Chronica.

I.

Nd Salomo der son Dauid ward jnn seinem Reich bekrefftiget/ vnd der HERR sein Gott war mit jm vnd macht jn jmmer grösser. Vnd Salomo redet mit dem gantzen Israel mit den obersten vber tausent vnd hundert/ mit den Richtern vnd mit allen Fürsten jnn Israel/ mit den obersten vetern/ das sie hin giengen/ Salomo vnd die gantze Gemeine mit jm/ zu der Höhe die zu Gibeon war/ Denn daselbs war die Hütten des Stiffts Gottes/ die Mose der knecht des HERRN gemacht hatte jnn der wüsten. Denn die Lade Gottes hatte Dauid erauff bracht von Kiriath Jearim/ dahin er jr bereittet hatte. Denn er hatte jr eine hütten auff geschlagen zu Jerusalem. Aber der eherne Altar/ den Bezaleel der son Vri des sons Hur gemacht hatte/ war daselbs fur der Wonung des HERRN/ Vnd Salomo vnd die Gemeine pflegten jn zu suchen/ vnd Salomo opfferte auff dem ehernen Altar fur dem HERRN der fur der Hütten des zeugnis stund/ tausent Brandopffer.

Jnn der selben nacht aber erschein Gott Salomo/ vnd sprach zu jm/ Bitte/ was sol ich dir geben? Vnd Salomo sprach zu Gott/ Du hast grosse barmhertzigkeit an meinem vater Dauid gethan/ vnd hast mich an seine stat zum Könige gemacht. So las nu HERR Got deine wort war werden an meinem vater Dauid / denn du hast mich zum Könige gemacht vber ein volck/ des so viel ist als staub auff erden/ So gib mir nu weisheit vnd erkentnis/ das ich fur diesem volck aus vnd ein gehe/ denn wer kan dis dein grosses volck richten?

Da sprach Gott zu Salomo/ Weil du das im sinn hast/ vnd hast nicht vmb reichtum/ noch vmb gut/ noch vmb ehre/ noch vmb deiner feinde seelen/ noch vmb langes leben gebeten/ sondern hast vmb weisheit vnd erkentnis gebeten / das du mein volck richten mügest/ daruber ich dich zum Könige gemacht habe/ so sey dir weisheit vnd erkentnis gegeben. Dazu wil ich dir reichtum vnd gut vnd ehre geben/ das deines gleichen vnter den Königen vor dir nicht gewesen ist/ noch werden sol nach dir. Also kam Salomo von der Höhe die zu Gibeon war gen Jerusalem/ von der Hütten des Stiffts/ vnd regirt vber Israel.

Vnd Salomo samlet jm wagen vnd reuter / das er zu wegen bracht/ tausent vnd vierhundert wagen/ vnd zwelff tausent reutter/
vnd lies

Das Ander teil.

vnd lies sie jnn den wagen stedten/vnd bey dem Könige zu Jerusalem Vnd der König machte des silbers vnd golds zu Jerusalem so viel wie die steine/ vnd der Cedern wie die maulber bewm/ die jnn den awen sind/ Vnd man bracht Salomo rosse aus Egypten/ Vnd die kauffleut des Königs holeten aus Keua vmb geld. Vnd kamen erauff vnd brachten aus Egpten/einen wagen vmb sechs hundert silberling/ein ross vmb hundert vnd funfftzig. Also brachten sie auch allen Königen der Dethiter vnd den Königen zu Syrien.

II.

Vnd Salomo gedacht zu bawen ein haus dem namen des HERRN/vnd ein haus seines Königreichs/ vnd zelet ab sieben tausent man zur last/vnd acht tausent zimmerleut auff dem berge/vnd drey tausent vnd sechs hundert amptleut vber sie.

Vnd Salomo sandte zu Huram dem Könige zu Tyro/ vnd lies jm sagen/wie du mit meinem vater Dauid thettest/vñ jm sandtest Cedern/ das er jm ein haus bawet/darinnen er wonete/ Sihe/ ich wil dem namen des HERRN meins Gottes ein Haus bawen/das jm geheiliget werde/gut reuchwerg fur jm zu reuchern/vnd Schawbrod alle wege zu richten/ vnd Brandopffer des morgens vnd des abents/auff die Sabbathen/vnd new monden/vnd auff die Fest des HERRN vnsers Gottes ewiglich fur Israel. Vnd das haus das ich bawen wil/sol gros sein/denn vnser Gott ist grösser denn alle Götter. Aber wer vermags das er jm ein haus bawe? Denn der Himel vnd aller himel himel mugen jn nicht versorgen/ Wer solt ich denn sein/ das ich jm ein haus bawete? sondern das man fur jm reuchere.

So sende mir nu einen weisen man zu erbeiten/mit gold/silber/ ertz/eisen/scharlaken/ rosinrod/ gell seiden/ vnd der do wisse auszugraben/mit den weisen die bey mir sind jnn Juda vnd Jerusalem/ welche mein vater Dauid geschickt hat. Vnd sende mir Cedern/ tennen vnd heben holtz/vom Libanon/Denn ich weis/das deine knechte das holtz zu hawen wissen auffm Libanon/Vnd sihe/meine knechte sollen mit deinen knechten sein/das man mir viel holtzes zu bereite/ denn das haus das ich bawen wil/sol gros vnd sonderlich sein/ Vnd sihe/ ich wil den zimmerleuten deinen knechten die das holtz hawen/ zwenzig tausent Cor gestossen weitzen/ vnd zwenzig tausent Cor gersten/ vnd zwenzig tausent Bath weins/ vnd zwenzig tausent Bath öles/geben.

Da sprach Huram der König zu Tyro durch schrifft/ vnd sandte zu Salomo. Darumb das der HERR sein volck liebet/hatt er dich vber sie zum Könige gemacht. Vnd Huram sprach weiter/ Gelobt sey der HERR der Gott Israel/ der himel vnd erden gemacht hat das er dem Könige Dauid hat einen weisen/klugen vnd verstendigen son gegeben/der dem HERRN ein haus bawe/vnd ein haus seines Königreichs. So sende ich nu einen weisen man/ der verstand hat Huram Abi/ der ein son ist eins weibs aus den töchtern Dan/ vnd sein vater ein Tyrer gewesen ist/ der weis zu erbeiten an gold/
silber/

Die Chronica. CLXVII.

silber/ertz/eisen/holtz/scharlacken/gelseiden/leinen/rosinrot/vnd zu graben allerley/vnd allerley künstlich zu mache was man jm fürgibt/ mit deinen weisen/vnd mit den weisen meines herrn Königs Dauid deins vaters. So sende nu mein Herr weitzen/gersten/öle vnd wein seinen knechten/wie er geredt hat/so wollen wir das holtz hawen auff dem Libanon wie viel es not ist/vnd wollens auff flossen bringen im meer gen Japho/von dannen magstu es hinauff gen Jerusalem bringen.

Vnd Salomo zelet alle frembdlinge im lande Israel/nach der zal da sie Dauid sein vater zelete/vnd wurden funden hundert vnd fünffzig tausent/drey tausent vnd sechs hundert. Vnd er macht aus den selben/siebenzig tausent treger/vnd achtzig tausent hawer auff dem berge/vnd drey tausent sechs hundert Auffseher die das volck zum dienst anhielten.

III.

VNd Salomo fieng an zu bawen das Haus des HERREN zu Jerusalem auff dem berge Moria/ der Dauid seinem vater erzeigt war/welchen Dauid zu bereitet hatte zum raum auff dem platz Arnan des Jebusiters/ Er fieng aber an zu bawen im andern monden des andern tages im vierden jar seins Königreichs/vnd also legt Salomo den grund zu bawen das Haus Gottes/ Am ersten die lenge/sechzig ellen/die weite zwenzig ellen/Vnd die Halle fur der weite des Hauses her/ war zwenzig ellen lang/Die hohe aber war hundert vnd zwenzig ellen/vnd vberzochs jnnwendig mit lauterm golde.

Das grosse Haus aber spündet er mit tennen holtz/vnd vberzochs mit dem besten golde. Vnd machte drauff palmen vnd ketenwerg/ Vnd vberzog das Haus mit edlen steinen zum schmuck. Das gold aber war parwaim gold. Vnd vberzoch die balcken oben an/vnd die wende/vnd die thüren mit golde/ vnd lies Cherubim schnitzen an die wende.

Er macht auch das Haus des allerheiligsten/des lenge war zwenzig ellen nach der weite des Hauses/vnd seine weite war auch zwenzig ellen/ vnd vberzochs mit dem besten golde bey sechshundert centener/Vnd gab auch zu negeln fünffzig sekel goldes am gewicht/ Vnd vberzoch die saal mit golde.

Er macht auch im Haus des allerheiligsten zween Cherubim nach der Bildener kunst/vnd vberzoch sie mit golde/vnd die lenge am flügel an den Cherubim war zwenzig ellen/ das ein flügel fünff ellen hatte/vnd rüret an die wand des Hauses/vnd der ander flügel auch fünff ellen hatte/vnd rüret an den flügel des andern Cherub. Also hatte auch des andern Cherub ein flügel fünff ellen/vnd rüret an die wand des Hauses/vnd sein ander flügel auch fünff ellen/vnd hieng am flügel des andern Cherub. Das diese flügel der Cherubim waren ausgebreitet zwenzig ellen weit/Vnd sie stunden auff jren füssen/ vnd jr andlitz war gewand zum Hause werts.

Er macht auch einen fürhang von gelwerg/scharlaken/rosin-
b   rot vnd

Das Ander teil.

rot vnd linwerg/ vnd machet Cherubim drauff. Vnd er machet fur dem Hause zwo seulen/ fünff vnd dreissig ellen lang/ Vnd der knauff oben drauff fünff ellen. Vnd machet ketenwerg zum Chor/ vnd thet sie oben an die seulen/ vnd machet hundert granatepffel/ vnd thet sie an das ketenwerg. Vnd richtet die seulen auff fur dem Tempel/ eine zur rechten/ vnd die ander zur lincken/ vnd hies die zur rechten Jachin vnd die zur lincken Boas.

IIII.

Er machet auch einen ehernen Altar/ zwenzig ellen lang vnd breit/ vnd zehen ellen hoch. Vnd er macht ein gegossen meer/ zehen ellen weit/ von eim rand an den andern/ rund vmbher/ vnd fünff ellen hoch. Vnd ein mas von dreissig ellen mochts vmbher begreiffen. Vnd rinder bilde waren vnter jm vmbher. Vnd es waren zwo rigen knoten vmb das meer (das zehen ellen weit war) die mit angegossen waren. Es stund aber also auff den zwelff rindern/ Das drey gewand waren gegen mitternacht/ drey gegen abend/ drey gegen mittag/ vnd drey gegen morgen/ vnd das meer oben auff jnen/ vnd alle jr hinderstes war jnnwendig. Seine dicke war einer handbreit/ vnd sein rand war wie eins bechers rand vnd ein auffgangene rose/ Vnd es fasset drey tausent Bath.

Vnd er machet zehen kessel/ der setzet er fünffe zur rechten/ vnd fünffe zur lincken/ drinnen zu waschen was zum Brandopffer gehort/ das sie es hinein stiessen. Das meer aber/ das sich die Priester drinnen wusschen.

Er machet auch zehen güldene leuchter/ wie sie sein solten/ vnd setzet sie jnn den Tempel/ fünffe zur rechten/ vnd fünffe zur lincken. Vnd machet zehen tissche/ vnd thet sie jnn den Tempel/ fünffe zur rechten vnd fünffe zur lincken. Vnd macht hundert güldene becken. Er macht auch einen Hof fur die Priester/ vnd einen grossen schrancken vnd thür jnn die schrancken/ vnd vberzoch die thür mit ertz. Vnd setzt das meer auff der rechten ecken gegen morgen zum mittag werts/ Vnd Huram machet topffen/ schauffeln vnd becken.

Also vollendet Huram die erbeit/ die er dem Könige Salomo thet am Hause Gottes/ nemlich/ die zwo seulen mit den beuchen vnd kneuffen oben auff beiden seulen/ vnd beide gewunden reiffe zu bedecken beide beuche der kneuffe oben auff den seulen/ vnd die vierhundert granatepffel an den beiden gewunden reiffen/ zwo rigen granatepffel an jglichem reiffe/ zu bedecken beide beuche der kneuffe/ so oben auff den seulen waren. Auch machet er die gestüle vnd die kessel auff den gestülen/ vnd ein meer vnd zwelff rinder drunder. Dazu topffen/ schauffeln/ krewel vnd alle jre gefess macht Huram Abif dem Könige Salomo zum Hause des HERRN aus lauterm ertz. Jnn der gegend des Jordans lies sie der König giessen jnn dicker erden zwischen Succoth vnd Zaredatha. Vnd Salomo machet aller dieser gefess seer viel/ das des ertzs gewicht nicht zu forschen war.

Vnd Salomo machet alles gerete zum Hause Gottes/ nemlich/
den gül-

Die Chronica. CLXVIII.

den gülden Altar/ tisch vnd Schawbrod drauff/ die leuchter mit jren lampen von lauterm gold/ das sie brenten fur dem Chor/ wie sichs gebürt/ vnd die blumen an den lampen/ vnd die schnautzen waren gülden/ das war alles vollig gold/ Dazu die messer/ becken/ leffel vnd nepffe waren lauter gold. Vnd der eingang vnd seine thür jnnwendig zu dem allerheiligsten/ vnd die thür am Hause des Tempels waren gülden. Also ward alle erbeit vollenbracht/ die Salomo thet am Hause des HERRN.

V.

VNd Salomo brachte hinein/ alles was sein vater Dauid geheiliget hatte/ nemlich silber vnd gold vnd allerley gerete/ vnd legts jnn den schatz im Hause Gottes. Da versamlet Salomo alle Eltesten jnn Israel/ alle heubter der stemme/ Fürsten der veter vnter den kindern Israel/ gen Jerusalem/ das sie die Lade des Bunds des HERRN hinauff brechten aus der stad Dauid/ das ist Zion. Vnd es versamlet sich zum Könige alle man Israel auffs Fest/ das ist im siebenden monden/ vnd kamen alle Eltesten Israel. Vnd die Leuiten huben die Laden auff/ vnd brachten sie hinauff sampt der Hütten des Stiffts/ vnd allem heiligen gerete das jnn der Hütten war/ Vnd brachten sie mit hinauff die Priester die Leuiten. Aber der König Salomo vnd die gantze Gemeine Israel zu jm versamlet fur der Laden/ opfferten schaf vnd rinder/ so viel das niemant zelen noch rechnen kund.

Also brachten die Priester die Lade des Bunds des HERRN an jre stet jnn den Chor des Hauses jnn das aller Heiligste/ vnter die flügel der Cherubim/ das die Cherubim jre flügel ausbreitten vber die stete der Laden/ vnd die Cherubim bedeckten die Lade vnd jre stangen von oben her. Die stangen aber waren so lang/ das man jre kneuff sahe von der Laden fur dem Chor/ aber haussen sahe man sie nicht. Vnd sie war daselbs bis auff diesen tag. Vnd war nichts jnn der Lade/ on die zwo taffeln/ die Mose jnn Horeb drein gethan hatte. Da der HERR einen Bund machte mit den kindern Israel/ da sie aus Egypten zogen.

Vnd da die Priester eraus giengen aus dem Heiligen/ (denn alle Priester die fur handen waren/ heiligeten sich/ das auch die ordnung nicht gehalten wurden) Vnd die Leuiten mit allen die vnter Assaph/ Heman/ Jedithun/ vnd jren kindern vnd brüdern waren/ angezogen mit linwad/ sungen mit Cimbaln/ Psaltern/ vnd harffen/ vnd stunden gegen morgen des Altars/ vnd bey jnen hundert vnd zwenzig Priester die mit drometen bliesen. Vnd es war/ als were es einer der drometet vnd sunge/ als höret man eine stimme zu loben vnd zu dancken dem HERRN/ Vnd da die stim sich erhub von den drometen/ Cimbeln vnd andern seiten spielen/ vnd von dem loben den HERRN/ das er gütig ist vnd seine barmhertzigkeit ewig weret/ Da ward das Haus des HERRN erfüllet mit einer wolcken/ das die Priester nicht stehen kunden zu dienen fur der wolcken. Denn die Herrligkeit des HERRN erfüllete das Haus Gottes.

b ij Da

Das Ander teil.
VI.

DA sprach Salomo/ Der HERR hat geredt zu wonen im tunckel/ Ich hab zwar ein Haus gebawet dir zur wonung/ vnd einen sitz da du ewiglich wonest/ Vnd der König wand sein andlitz/ vnd segenet die gantze Gemeine Israel/ Denn die gantze Gemeine Israel stund/ vnd er sprach/ Gelobt sey der HERR der Got Israel/ der durch seinen mund meinem vater Dauid geredt/ vnd mit seiner hand erfüllet hat/ Da er sagt/ Sint der zeit ich mein volck aus Egypten land gefuret habe/ hab ich keine stad erwelet jnn allen stemmen Israel ein Haus zu bawen/ das mein name daselbs were/ vnd habe auch keinen man erwelet/ das er Furst were vber mein volck Israel. Aber Jerusalem habe ich erwelet/ das mein name daselbs sey/ vnd Dauid hab ich erwelet/ das er vber mein volck Israel sey.

(Erwelet)
Mercke hie/ wie alles mus aus Gottes befelh geschehen/ auff das ja niemand aus eigener andacht Gottes dienst anrichte/ Denn Salomo hie beide die stad Jerusalem vnd die person/ Dauid/ rhümet/ das sie beide von Gott erwelet sind, etc.

Vnd da es mein vater Dauid im sinn hatte/ ein Haus zu bawen dem namen des HERRN des Gottes Israel/ sprach der HERR zu meinem vater Dauid/ Du hast wol gethan/ das du im sinn hast meinem namen ein Haus zu bawen/ Doch du solt das Haus nicht bawen/ Sondern dein son/ der aus deinen lenden komen wird/ sol meinem namen das Haus bawen. So hat nu der HERR sein wort bestetiget das er geredt hat/ Denn ich bin auffkomen an meins vaters Dauid stat/ vnd sitze auff dem stuel Israel/ wie der HERR geredt hat/ vnd habe ein Haus gebawet dem namen des HERRN des Gottes Israel/ vnd hab drein gethan die Lade/ darinnen der Bund des HERRN ist/ den er mit den kindern Israel gemacht hat.

Vnd er trat fur den Altar des HERRN/ gegen der gantzen Gemeine Israel/ vnd breittet seine hende aus. Denn Salomo hatte einen ehernen kessel gemacht vnd gesetzt mitten jnn die schrancken/ fünff ellen lang vnd breit/ vnd drey ellen hoch/ an den selben trat er/ vnd fiel nider auff seine knie gegen der gantzen Gemeine Israel/ vnd breitet seine hende aus gen Himel vnd sprach. HERR Gott Israel/ es ist kein Gott dir gleich/ weder jnn himel noch auff erden/ der du heltest den Bund vnd barmhertzigkeit deinen knechten/ die fur dir wandeln aus gantzem hertzen/ Du hast gehalten deinem knecht Dauid meinem vater/ was du jm geredt hast/ mit deinem mund hastu es geredt/ vnd mit deiner hand hastu es erfüllet/ wie es heuts tags stehet.

Nu HERR Gott Israel halt deinem knecht Dauid meinem vater/ was du jm geredt hast vnd gesagt/ Es sol dir nicht gebrechen an einem man fur mir/ der auff dem stuel Israel sitze/ Doch so fern deine kinder jren weg bewaren/ das sie wandeln jnn meinem Gesetz/ wie du fur mir gewandelt hast. Nu HERR Got Israel las dein wort war werden/ das du deinem knechte Dauid geredt hast.

Denn meinstu auch das Gott bey den menschen auff erden wone? Sihe/ der Himel vnd aller himel himel kan dich nicht verforgen/ wie solts denn das haus thun das ich gebawet habe? Wende dich aber HERR mein Gott zu dem gebet deines knechts/ vnd zu seinem flehen/ das du erhörest das bitten vnd beten/ das dein knecht fur dir thut/ Das deine augen offen seien vber dis Haus tag vnd nacht/
vber

Die Chronica. CLXIX

vber die stett/dahin du deinen namen zu stellen geredt hast/das du hörest das gebet/ das dein knecht an dieser stet thun wird. So höre nu das flehen deins knechts/vnd deins volcks Israel/ das sie bitten werden an dieser stett/ Höre es aber von der stet deiner wonung vom Himel/vnd wenn du es hörest/woltestu gnedig sein.

Wenn jemand wider seinen nehesten sundigen wird/vnd wird jn ein eid auffgelegt/den er schweren sol/ vnd der eid kompt fur deinen Altar jnn diesem Hause/so woltestu hören vom Himel/ vnd deinem knecht recht verschaffen/das du dem Gottlosen vergeltest vnd gebest seinen weg auff seinen kopff/vnd rechtfertigest den gerechten vnd gebest jm nach seiner gerechtigkeit.

Wenn dein volck Israel fur seinen feinden geschlagen wird / weil sie an dir gesundiget haben/vnd bekeren sich vnd bekennen deinen namen/ bitten vnd flehen fur dir jnn diesem Hause/so woltestu hören vom himel/vnd gnedig sein der sunden deins volcks Israel/ vnd sie wider jnn das land bringen/das du jnen vnd jren vetern gegeben hast

Wenn der Himel zu geschlossen wird / das nicht regent/ weil sie an dir gesundigt haben/vnd bitten an dieser stet / vnd bekennen deinen namen/vnd bekeren sich von jren sunden/weil du sie gedemütiget hast/so woltestu hören im himel/ vnd gnedig sein den sunden deiner knecht vnd deins volcks Israel/ das du sie den guten weg lerest/ darjnnen sie wandeln sollen/vnd regen lassest auff dein land/das du deinem volck gegeben hast zu besitzen.

Wenn eine theurung im lande wird/oder pestilentz/ oder dürre/ brand/hewschrecken/ raupen/ oder wenn sein feind im lande seine thor belagert/oder jrgent eine plage oder kranckheit. Wer denn bittet oder flehet vnter allerley menschen vnd vnter alle deinem volck Israel/ so jemand seine plage vnd schmertzen fület/ vnd seine hende ausbreittet zu diesem Hause/ So woltestu hören vom Himel vom sitz deiner wonung vnd gnedig sein / vnd jderman geben nach all seinem wege/nach dem du sein hertz erkennest/ Denn du alleine erkennest das hertz der menschen kinder / auff das sie dich fürchten vnd wandeln jnn deinen wegen alle tage/ so lange sie leben auff dem lande /das du vnsern vetern gegeben hast.

Wenn auch ein frembder/der nicht von deinem volck Israel ist/ kompt aus fernen landen vmb deines grossen namens vnd mechtiger hand vnd ausgerecktes arms willen/vnd bett zu diesem Hause/ So woltestu hören vom Himel vom sitz deiner wonung / vnd thun alles / warumb er dich anruffet/ auff das alle völcker auff erden deinen namen erkennen/ vnd dich furchten/ wie dein volck Israel/ vnd jnne werden/das dis Haus/das ich gebawet habe/nach deinem namen genennet sey.

Wenn dein volck auszeucht jnn streit wider seine feinde/des weges/den du sie senden wirst/vnd zu dir bitten gegen dem wege zu dieser stad/ die du erwelet hast /vnd zum Hause/ das ich deinem namen gebawet habe/ so woltestu jr gebet vnd flehen hören vom Himel vnd jnen zu jrem recht helffen.   b iij   Wenn

Das Ander teil

Wenn sie an dir sündigen werden/ sintemal kein mensch ist/ der nicht sündige/ vnd du vber sie erzurnest vnd gibst sie fur jren feinden das sie sie gefangen weg füren/ jnn ein ferne oder nahe land/ vnd sie sich jnn jrem hertzen bekeren im lande/ da sie gefangen jnnen sind/ vnd bekeren sich vnd flehen dir im lande jres gefengnis vnd sprechen/ Wir haben gesündiget/ missethan/ vnd sind Gottlos gewesen/ vnd sich also von gantzem hertzen vnd von gantzer seelen zu dir bekeren im lande jres gefengnis /da man sie gefangen helt/ vnd sie beten gegen dem wege zu jrem lande/ das du jren vetern gegeben hast/ vnd zur stad die du erwelet hast/ vnd zum Hause/ das ich deinem namen gebawet habe/So woltestu jr gebet vnd flehen hören vom Himel/ vom sitz deiner wonung/ vnd jnen zu jrem rechten helffen/ vnd deinem volck gnedig sein/ das an dir gesundigt hat.

So las nu mein Gott deine augen offen sein/ vnd deine ohren auff mercken auffs gebet an dieser stet. So mache dich nu auff HERR Gott zu deiner ruge/ du vnd die Lade deiner macht. Las deine Priester HERR Gott mit heil angethan werden/ vnd deine heiligen sich frewen vber dem guten. Der HERR Gott wende nicht weg das antlitz deines gesalbeten / Gedenck an das leiden deines knechtes Dauid. *Psal.*

VII.

Vnd da Salomo ausgebettet hatte/ fiel ein feur vom Himel vnd verzehret das Brandopffer vnd ander opffer. Vñ die herrligkeit des HERRN erfüllet das Haus/ das die Priester nicht kundten hinein gehen jnns Haus des HERRN weil die herrligkeit des HERRN fullete des HERRN Haus. Auch sahen alle kinder Israel das feur erab fallen vnd die herrligkeit des HERRN vber dem Hause/ vnd fielen auff jre knie mit dem antlitz zur erden auffs pflaster/ vnd beten an vnd danckten dem HERRN /das er gütig ist/ vnd seine barmhertzigkeit ewiglich weret.

Der König aber vnd alles volck opfferten fur dem HERRN. Denn der könig Salomo opferte zwey vnd zwenzig tausent rinder/ vñ hundert vnd zwenzig tausent schaf/ vnd weiheten also das Haus Gottes ein/ beide der König vnd alles volck. Aber die Priester stunden jnn jrer hut/ vnd die Leuiten mit den seiten spielen des HERRN/ die der König Dauid hatte lassen machen/ dem HERRN zu dancken/ das seine barmhertzigkeit ewiglich weret/ mit den Psalmen Dauid durch jre hand. Vnd die Priester bliesen drometen gegen jnen/ vnd das gantz Israel stund.

Vnd Salomo heiliget den mittel Hof der fur dem Hause des HERRN war/ Denn er hatte daselbs Brandopffer vnd das fett der Danckopffer ausgericht/ Denn der eherne Altar den Salomo hatte machen lassen/ kundte nicht alle Brandopffer/ Speisopffer vnd das fette fassen.

Vnd

Die Chronica. CLXX.

Vnd Salomo hielt zu der selben zeit ein Fest sieben tage lang/vnd das gantz Israel mit jm ein seer grosse Gemeine/von Hemath an bis an den bach Egypti/vnd hielt am achten tage eine versamlung/Denn die einweihung des Altars hielten sie sieben tage/vnd das Fest auch sieben tage. Aber im drey vnd zwenzigsten tage des siebenden monds/lies er das volck jnn jre Hütten frölich vnd guts mutes vber allem gute/das der HERR an Dauid/Salomo vnd seinem volck Israel gethan hatte. Also volendet Salomo das Haus des HERRN/vnd das Haus des Königs/vnd alles was jnn sein hertz komen war zu machen/im Hause des HERRN vnd jnn seinem hause/glückseliglich.

Vnd der HERR erschein Salomo des nachts vnd sprach zu jm. Ich habe dein gebet gehöret/vnd diese stet mir erwelet zum opfferhause/Sihe/wenn ich den himel zu schliesse das nicht regent/oder heisse die hewschrecken das land fressen/oder lasse ein pestilentz vnter mein volck komen/das sie mein volck demütigen/das nach meinem namen genennet ist/vnd sie betten vnd mein angesicht suchen/vnd sich von jren bösen wegen bekeren werden/so wil ich vom Himel hören/vnd jre sunde vergeben/vnd jr land heilen. So sollen nu meine augen offen sein/vnd meine ohren auffmercken auffs gebet an dieser stet/So hab ich nu dis Haus erwelet vnd geheiliget/das mein name daselbs sein sol ewiglich/vnd meine augen vnd mein hertz sol da sein allwege.

Vnd so du wirst fur mir wandeln/wie dein vater Dauid gewandelt hat/das du thust alles was ich dich heisse/vnd heltest meine gebot vnd rechte/so wil ich den stuel deins Königreichs bestetigen/wie ich mich deinem vater Dauid verbunden habe/vnd gesagt/ Es sol dir nicht gebrechen an einem man der vber Israel herr sey/Werdet jr euch aber vmbkeren vnd meine rechte vnd Gebot die ich euch furgelegt habe/verlassen/vnd hin gehen vnd andern Göttern dienen/vnd sie anbeten/so werde ich sie aus wurtzelen aus meinem lande/das ich jnen gegeben habe/vnd dis Haus das ich meinem namen geheiliget habe/werde ich von meinem angesicht werffen/vnd werde es zum sprichwort geben vnd zur fabel/vnter allen volckern/Vnd fur diesem Haus/das das Höhest worden ist/werden sich entsetzen alle die fur vber gehen vnd sagen. Warumb hat der HERR diesem Lande vnd diesem Hause also mit gefaren? So wird man sagen/Darumb/das sie den HERREN jrer veter Gott verlassen haben/der sie aus Egypten land gefurt hat/vnd haben sich an ander Götter gehenget/vnd sie angebetet vnd jnen gedienet/Darumb hat er alle dis vnglück vber sie gebracht.

VIII. b iij Vnd

Das Ander teil.

Vnd nach zwenzig jaren / jnn welchem Salomo des HERRN Haus vnd sein haus bawete / bawete er auch die stedte / die Huram Salomo gab / vnd lies die kinder Israel drinnen wonen. Vnd Salomo zoch gen Hemath Zoba vnd befestiget sie / vnd bawete Thadmor jnn der wüsten / vnd alle korn stedte / die er bawete jnn Hemath. Er bawet auch obern vnd nidern Beth Horon / das feste stedte waren mit mauren / thuren vnd rigeln. Auch Baelath / vnd alle korn stedte / die Salomo hatte / vnd alle wagen stedte / vnd reuter / vnd alles wo zu Salomo lust hatte zu bawen / beide zu Jerusalem vnd auff dem Libanon / vnd im gantzen lande seiner herrschafft.

Alles vbrige volck von den Hethitern / Amoritern / Pheresitern / Heuitern vnd Jebusitern / die nicht von den kindern Israel waren / vnd jre kinder / die sie hindersich gelassen hatten im lande / die die kinder Israel nicht vertilget hatten / machte Salomo zinsbar / bis auff diesen tag. Aber von den kindern Israel machte Salomo nicht knechte zu seiner erbeit / sondern sie waren Kriegsleut / vnd vber seine Ritter vnd vber seine wagen vnd reuter. Vnd der obersten ampleut des Königs Salomo waren zwey hundert vnd funfftzig / die vber das volck herrscheten.

Vnd die tochter Pharao lies Salomo erauff holen aus der stad Dauids / jnns haus / da er fur sie gebawet hatte / Denn er sprach / mein weib sol mir nicht wonen im Hause Dauid des Königes Israel / Denn es ist geheiliget / weil die Lade des HERRN drein komen ist.

Von dem an opfferte Salomo dem HERRN Brandopffer auff dem Altar des HERRN / den er gebawet hatte fur der Halle / ein jglichs auff seinen tag zu opffern nach dem Gebot Mose / auff die Sabbath / new monden / vnd bestimpten zeiten des jars drey mal / nemlich / auffs Fest der vngeseurten brod / auffs Fest der wochen / vnd auffs Fest der Laubhütten.

Vnd er stellet die Priester jnn jrer ordenung zu jrem ampt / wie es Dauid sein vater gesetzt hatte / vnd die Leuiten auff jre hut zu loben vnd zu dienen fur den Priestern / jgliche auff jren tag. Vnd die thorhüter jnn jrer ordnung / jgliche auff jr thor / Denn also hatte es Dauid der man Gottes befolhen / Vnd es ward nicht gewichen vom Gebot des Königs vber die Priester vnd Leuiten / an allerley sachen vnd an den schetzen. Also ward bereit alles geschefft Salomo vom tage an da des HERRN Haus gegründet ward bis ers vollendet / das des HERRN Haus gantz bereit ward.

Da zoch Salomo gen Ezeon Geber vnd gen Eloth an dem vfer des meeres im lande Edomea. Vnd Huram sandte jm schiffe durch seine knechte / die des meeres kündig waren / vnd furen mit den knechten Salomo jnn Ophir / vnd holeten von dannen vier hundert vnd funfftzig centener goldes / vnd brachtens dem Könige Salomo.

IX.

Vnd da

Die Chronica. CLXX

Vnd da die Königin von reich Arabia das gerücht Salomo höret/kam sie mit seer grossem zeug gen Jerusalem/mit Kamelen die würtze vnd golds die menge trugen/vnd edle steine/ Salomo mit retzeln zuuersuchen. Vnd da sie zu Salomo kam/ redet sie mit jm alles was sie im sinn hatte furgenomen. Vnd der König sagt jr alles was sie fragt/vn war Salomo nichts verborgen/das er jr nicht gesagt hette.

Vnd da die Königin von reich Arabia sahe die weisheit Salomo/vnd das Haus das er gebawet hatte/die speise fur seinem tissch/die wonung fur seine knechte/die ampt seiner diener vnd jre kleider/seine schencken mit jren kleidern/ vnd seine Saal/ da man hinauff gieng jnns Haus des HERRN/ kund sie sich nicht mehr enthalten.

Vnd sie sprach zum Könige/ Es ist war was ich gehört habe jnn meinem lande von deinem wesen/ vnd von deiner weisheit/ ich wolt aber jren worten nicht gleuben/bis ich komen bin vnd habs mit meinen augen gesehen/ vnd sihe/ es ist mir nicht die helfft gesagt deiner grossen weisheit. Es ist mehr an dir/ denn das gerücht das ich gehort hab. Selig sind deine menner/vnd selig diese deine knechte/ die allewege fur dir stehen vnd deine weisheit hören. Der HERR dein Gott sey gelobt/ der dich lieb hat/das er dich auff seinen stuel zum Könige gesetzt hat/dem HERRN deinem Gott/ Es mach tdas dein Gott hat Israel lieb/ das er jn ewiglich auffrichte/darumb hat er dich vber sie zum Könige gesatzt/das du recht vnd redligkeit handhabest.

Vnd sie gab dem Könige hundert vnd zwenzig centener goldes/vnd seer viel würtze vnd edle gesteine. Es waren kein würtze als diese/ die die Königin von reich Arabia dem Könige Salomo gab. Dazu die knechte Duram/ vnd die knechte Salomo die gold aus Ophir brachten/die brachten auch Deben holtz vnd edle gesteine. Vnd Salomo lies aus dem Deben holtz treppen im Hause des HERRN vnd im Hause des Königs machen/vnd harffen vnd Psalter fur die Senger. Es waren vorhin nie gesehen solche höltzer im lande Juda. Vnd der König Salomo gab der Königin von reich Arabia/ alles was sie begerd vnd bat/on was sie zum Könige gebracht hatte. Vnd sie wand sich vnd zoch jnn jr land mit jren knechten.

Des goldes aber/ das Salomo jnn eim jar gebracht ward/ war sechs hundert vnd sechs vnd sechzig centener/ on was die kremer vnd keuff leut brachten. Vnd alle Könige der Araber/ vnd die herren jnn landen brachten gold vnd silber zu Salomo. Daher machte der könig Salomo zwey hundert spiesse vom besten golde/ das sechs hundert stück golds auff einen spies kam/vnd drey hundert schilde vom besten golde/das drey hundert stück goldes zu einem schilde kam/vnd der König thet sie jnns Haus vom wald Libanon.

Vnd der König machte einen grossen Elffenbeinen stuel vnd vber zoch jn mit lauterm golde/vnd der stuel hatte sechs stuffen/Vnd einen gülden fuss schemel am stuel/vnd hatte zwo lehnen auff beiden seiten vmb das gesesse/vnd zween lewen stunden neben den lehnen/vn zwelff lewen stunden daselbs auff den sechs stuffen zu beiden seiten. Ein solchs ist nicht gemacht jnn allen Königreichen. Vnd al=

Das Ander teil.

Vnd alle trinckgefeſs des Königs Salomo waren gülden / vnd alle gefeſs des Hauſes vom wald Libanon waren lauter gold / Denn das ſilber ward nichts gerechnet zur zeit Salomo. Denn die ſchiffe des Königs furen auff dem meer mit den knechten Huram / vnd kamen jnn drey jaren ein mal / vnd brachten gold / ſilber / Elffenbein / affen vnd pfawen.

Alſo ward der König Salomo gröſſer denn alle Könige auff erden / mit reichtum vnd weisheit / Vnd alle Könige auff erden begerten das angeſicht Salomo / ſeine weisheit zu hören / die jm Gott jnn ſein hertz gegeben hatte. Vnd ſie brachten jm / ein jglicher ſein geſchenck / ſilbern vnd gülden gefeſs / kleider / harniſch / wurtz / roſs vnd meuler jerlich.

Vnd Salomo hatte vier tauſent wagen pferde / vnd zwelff tauſent reiſſigen / vnd man thet ſie jnn die wagenſtedte vnd bey dem Könige zu Jeruſalem. Vnd er war ein herr vber alle Könige vom Waſſer an bis an der Philiſter land / vnd bis an die grentze Egypti. Vnd der König macht des ſilbers ſo viel zu Jeruſalem wie der ſteine / vnd der Cedern ſo viel wie die maulber bewme jnn den grunden. Vnd man bracht jm roſs aus Egypten / vnd aus allen lendern.

Was aber mehr von Salomo zu ſagen iſt / beide ſein erſtes vnd ſein letztes / ſihe / das iſt geſchrieben jnn der Chronica des Propheten Nathan / vnd jnn den Propheceien Ahia von Silo / vnd jnn den geſichten Jeddi des Schawers wider Jerobeam den ſon Nebath / Vnd Salomo regirte zu Jeruſalem vber gantz Iſrael vierzig jar. Vnd Salomo entſchlieff mit ſeinen vetern / vnd man begrub jn jnn der ſtad Dauid ſeines vaters / vnd Rehabeam ſein ſon ward König an ſeine ſtat.

X.

Rehabeam zoch gen Sichem / Denn gantz Iſrael war gen Sichem komen jn König zu machen. Vnd da das Jerobeam höret der ſon Nebat / der jnn Egypten war (da hin er für dem König Salomo geflohen war) kam er wider aus Egypten. Vnd ſie ſandten hin / vnd lieſſen jm ruffen. Vnd Jerobeam kam mit dem gantzen Iſrael vnd redeten mit Rehabeam vnd ſprachen / Dein vater hat vnſer joch zu hart gemacht / ſo leichtere nu du den harten dienſt deins vaters / vnd das ſchwere joch / das er auff vns gelegt hat / ſo wollen wir dir vntherthenig ſein. Er ſprach zu jnen / Vber drey tage komet wider zu mir. Vnd das volck gieng hin.

Vnd der König Rehabeam ratfragt die Elteſten / die fur ſeinem vater Salomo geſtanden waren / da er beim leben war / vnd ſprach / Wie ratet jr / das ich dieſem volck antwort gebe? Sie redeten mit jm vnd ſprachen / Wirſtu dieſem volck freundlich ſein / vnd wirſt ſie handeln gütiglich / vnd jnen gute wort geben / ſo werden ſie dir vntherthenig ſein allwege. Er aber verlies den rat der Elteſten / den ſie jm gegeben hatten / vnd ratſchlug mit den jungen die mit jm auffgewachſen waren / vnd fur jm ſtunden / vnd ſprach zu jnen / Was ratet jr / das wir dieſem volck antworten / die mit mir geredt haben / vnd ſagen / Leichtere das joch das dein vater auff vns gelegt hat? Die

Die Chronica. CLXXII

Die jungen aber die mit im auffgewachsen waren/redeten mit im vnd sprachen. So soltu sagen zu dem volck / das mit dir geredt hat vnd spricht. Dein vater hat vnser joch zu schwer gemacht / mach du vnser joch leichter/ vnd sprich zu jnen / Mein kleinester finger sol dicker sein/ denn meines vaters lenden/ Hat nu mein vater auff euch zu schweer joch geladen/ so wil ich ewers jochs mehr machen/ Mein vater hat euch mit peitschen gezüchtiget/ ich aber mit scorpion.

Als nu Jerobeam vnd alles volck zu Rehabeam kam am dritten tage/ wie denn der König gesagt hatte / komet wider zu mir am dritten tage/ antwortet jnen der König hart. Vnd der König Rehabeam verlies den rat der Eltesten/ vnd redet mit jnen nach dem rat der jungen vnd sprach/ Hat mein vater ewr joch zu schwer gemacht/ so wil ichs mehr dazu machen/ Mein vater hat euch mit peitschen gezüchtiget/ ich aber mit scorpion. Also gehorchet der König dem volck nicht. Denn es war also von Gott gewand/ auff das der HERR sein wort bestetiget/ das er geredt hatte durch Ahia von Silo zu Jerobeam dem son Nebat.

Da aber das gantze Israel sahe/ das jnen der König nicht gehorchet/ antwortet das volck dem Könige vnd sprach/ Was haben wir teils an Dauid oder erbe am son Isai? jderman von Israel zu seiner Hütten/ So sihe nu du zu deinem Hause Dauid. Vnd das gantze Israel gieng jnn seine Hütten/ das Rehabeam nur vber die kinder Israel regirte/ die jnn den stedten Juda woneten. Aber der König Rehabeam sandte Hadoram den Rendmeister/ aber die kinder Israel steinigeten jn zu tod. Vnd der König Rehabeam steig frisch auff seinen wagen/ das er flöhe gen Jerusalem. Also fiel Israel ab vom Hause Dauid bis auff diesen tag.

XI.

Vnd da Rehabeam gen Jerusalem kam/ versamlete er das Haus Juda vnd BenJamin/ hundert vnd achtzig tausent junger manschafft die streitbar waren/ wider Israel zu streiten/ das sie das Königreich wider an Rehabeam brechten. Aber des HERRN wort kam zu Semaia dem man Gottes vnd sprach. Sage Rehabeam dem son Salomo dem Könige Juda vnd dem gantzen Israel/ das vnter Juda vnd BenJamin ist/ vnd spricht/ So spricht der HERR/ jr solt nicht hinauff zihen noch wider ewre bruder streiten / ein jglicher gehe wider heim/ Denn das ist von mir gescheen. Sie gehorchten den worten des HERRN/ vnd liessen ab von dem zug wider Jerobeam.

Rehabeam aber wonet zu Jerusalem/ vnd bawet die stedte feste jnn Juda/ nemlich Bethlehem/ Etam/ Tekoa/ Bethzur/ Socho/ Adullam/ Gath/ Maresa/ Siph/ Adoraim/ Lachis/ Aseka/ Zarega/ Aialon vnd Hebron/ welche waren die festesten stedte jnn Juda vnd BenJamin / vnd macht sie feste/ vnd setzte Fürsten drein vnd vorrat von speise/ öle vnd wein/ vnd jnn allen stedten schafft er schilde vnd degen/ vnd macht sie seer feste. Vnd Juda vnd BenJamin waren vnter jm.

Auch

Das Ander teil.

Auch machten sich zu jm die Priester vnd Leuiten aus gantzem Jsrael vnd allen jren grentzen/ Vnd sie verliessen jre vorstedte vnd habe/ vnd kamen zu Juda gen Jerusalem/ Denn Jerobeam vnd seine söne verstiessen sie/ das sie dem HERRN nicht Priester ampt pflegen musten/ Er stifftet jm aber Priester zu den Höhen vnd zu den feldteufeln vnd Kelbern/ die er machen lies. Vnd nach jnen kamen aus allen stemmen Jsrael/ die jr hertz gaben das sie nach dem HERRN dem Gott Jsrael fragten/ gen Jerusalem/ das sie opfferten dem HERRN dem Gott jrer veter. Vnd sterckten also das Königreich Juda/ vnd bestetigeten Rehabeam den son Salomo drey jar lang/ Denn sie wandelten jnn dem wege Dauid vnd Salomo drey jar.

Vnd Rehabeam nam Mahelath die tochter Jerimoth des sons Dauid zum weibe/ Vnd Abihail die tochter Eliab des sons Jsai/ die gebar jm diese söne. Jeus/ Semarja vnd Saham. Nach der nam er Maecha die tochter Absalom/ die gebar jm Abia/ Athai/ Sisa vnd Selomith. Aber Rehabeam hatte Maecha die tochter Absalom lieber denn alle seine weiber vnd kebs weiber/ Denn er hatte achtzehen weiber vnd sechzig kebs weiber/ vnd zeuget acht vnd zwenzig söne vnd sechzig töchter. Vnd Rehabeam setzt Abia den son Maecha zum heubt vnd Fürsten vnter seinen brüdern/ Denn er gedacht jn König zu machen. Vnd er nam zu vnd brach aus fur allen seinen sönen jnn landen Juda vnd BenJamin/ jnn allen festen stedten/ Vnd er gab jnen futterung die menge/ vnd viel weiber weiber.

XII.

DA aber das Königreich Rehabeam bestetiget vn̄ bekrefftiget ward/ verlies er das Gesetz des HERRN vnd gantzes Jsrael mit jm. Aber im fünfften jar des Königes Rehabeam zoch erauff Sisak der König jnn Egypten wider Jerusalem (denn sie hatten sich versündigt am HERRN) mit tausent vnd zwey hundert wagen/ vnd mit sechzig tausent reutern/ vnd das volck war nicht zu zelen das mit jm kam aus Egypten/ Libia/ Suchim vnd Moren/ vnd er gewan die festen stedte die jnn Juda waren/ vnd kam bis gen Jerusalem.

Da kam Semaia der Prophet zu Rehabeam vnd zu den obersten Juda/ die sich gen Jerusalem versamlet hatten fur Sisak/ vnd sprach zu jnen/ So spricht der HERR/ Jr habt mich verlassen/ darumb habe ich euch auch verlassen jnn Sisaks hand. Da demütigeten sich die obersten jnn Jsrael mit dem Könige/ vnd sprachen/ Der HERR ist gerecht. Als aber der HERR sahe/ das sie sich demütigeten/ kam das wort des HERRN zu Semaia vnd sprach/ Sie haben sich gedemütiget/ drumb wil ich sie nicht verderben/ Sondern ich wil jnen ein wenig errettung geben/ das mein grim nicht trieffe auff Jerusalem durch Sisak/ Denn sie sollen jm vnterthan sein/ das sie jnnen werden/ was es sey/ mir dienen vnd den Königreichen jnn landen dienen.

Also zoch Sisak der König jnn Egypten erauff gen Jerusalem vnd nam die schetze im Hause des HERRN/ vnd die schetze im Hause des

Die Chronica. CLXXIII.

se des Königs/vnd nams alles weg/vnd nam auch die gülden schilde/die Salomo machen lies/ An welcher stat lies der König Rehabeam eherne schilde machen/ vnd befalh sie den obersten der drabanten die an der thür des Königs Haus hutten. Vnd so offt der König jnn des HERRN Haus gieng/kamen die drabanten vnd trugen sie/ vnd brachten sie wider jnn der drabanten kamer. Vnd weil er sich demütiget/wand sich des HERRN zorn von jm/das nicht alles verderbet ward/Denn es war jnn Juda noch was gutes.

Also ward Rehabeam der König bekrefftiget jnn Jerusalem/vnd regirte. Ein vnd zwenzig jar alt war Rehabeam da er König ward/ vnd regirte siebenzen jar zu Jerusalem/jnn der stad die der HERR erwelet hatte aus allen stemmen Israel/das er seinen namen dahin stellet. Seine mutter hies Naema ein Ammonitin/ vnd er handelt vbel/ vnd schickt sein hertz nicht das er den HERRN suchet.

Die geschicht aber Rehabeam beide die ersten vnd die letzten/sind geschrieben jnn den Geschichten Semaia des Propheten vnd Jddo des Schawers/vnd auffgezeichnet/ dazu die Kriege Rehabeam vnd Jerobeam jr leben lang. Vnd Rehabeam entschlieff mit seinen vetern/ vnd ward begraben jnn der stad Dauid/ vnd sein son Abia ward König an seine stat.

XIII.

Im achtzehenden jar des Königs Jerobeam/ward Abia König jnn Juda/ vnd regirte drey jar zu Jerusalem. Seine mutter hies Michaia eine tochter Vriel von Gibea. Vnd es erhub sich ein streit zwisschen Abia vnd Jerobeam/Vnd Abia rüstet sich zu dem streit mit vierhundert tausent junger manschafft/starcke leut zum kriege. Jerobeam aber rüstet sich mit jm zu streitten mit acht hundert tausent junger manschafft/starcke leute.

Vnd Abia macht sich auff oben auff den berg Zemaraim/welcher ligt auff dem gebirge Ephraim vnd sprach/Höret mir zu Jerobeam vnd gantzes Israel/Wisset jr nicht/ das der HERR der Gott Israel/hat das Köngreich zu Israel Dauid gegeben ewiglich/jm vnd seinen sönen einen saltz bund? Aber Jerobeam der son Nebat/der knecht Salomo Dauids son warff sich auff vnd ward seinem herrn abtrünnig. Vnd haben sich zu jm geschlagen lose leute vnd kinder Belial/ vnd haben sich gestercket wider Rehabeam den son Salomo/ Denn Rehabeam war jung vnd eins blöden hertzen/ das er sich fur jnen nicht weret.

Nu denckt jr euch zu setzen wider das Reich des HERRN/vnter den sönen Dauid/weil ewer ein grosser hauff ist/vnd habt gülden kelber die euch Jerobeam fur Götter gemacht hat/habt jr nicht die Priester des HERRN die kinder Aaron vnd die Leuiten ausgestossen? vnd habt euch eigen Priester gemacht/ wie die volcker jnn landen/Wer do kompt seine hand zu füllen mit einem jungen farren vnd sieben wider/ der wird Priester dere/ die nicht Götter sind.

Mit vnd aber ist der HERR vnser Gott/den wir nicht verlassen/
c   Vnd

Das Ander teil.

Vnd die Priester die dem HERRN dienen / die kinder Aaron / vnd die Leuiten jnn jrem geschefft / vnd anzünden dem HERRN alle morgen Brandopffer / vnd alle abend / Dazu das gute reuchwerck vnd bereite brod auff den reinen tisch / Vnd der gülden leuchter mit seinen lampen / das sie alle abend angezündet werden / Denn wir behalten die Hut des HERRN vnsers Gottes / Jr aber habt jn verlassen / Sihe / mit vns ist an der spitzen Gott / vnd seine Priester vnd die drometen zu drometen / das man wider euch dromete / Jr kinder Jsrael / streitet nicht wider den HERRN ewer veter Gott / denn es wird euch nicht gelingen.

Aber Jerobeam macht einen hinderhalt vmbher / das er von hinden an sie keme / das sie fur Juda waren vnd der hinderhalt hinder jnen. Da sich nu Juda vmb wand / sihe / da war fornen vnd hinden streit. Da schrien sie zum HERRN / vnd die Priester drometeten mit drometen / vnd jderman jnn Juda dönet. Vnd da jderman jnn Juda dönete / plaget Gott Jerobeam vnd das gantze Jsrael fur Abia vnd Juda. Vnd die kinder Jsrael flohen fur Juda / vnd Gott gab sie jnn jre hende / das Abia mit seinem volck ein grosse schlacht an jm thet / vnd fielen aus Jsrael erschlagene fünff hundert tausent junger manschafft. Also wurden die kinder Jsrael gedemütiget zu der zeit / aber die kinder Juda wurden getrost / denn sie verliessen sich auff den HERRN jrer veter Gott. Vnd Abia jagt Jerobeam nach vnd gewan jm stedte an / Bethel mit jren töchtern / Jesana mit jren töchtern / vnd Ephron mit jren töchtern / das Jerobeam forder nicht zu krefften kam weil Abia lebt / vnd der HERR plaget jn das er starb.

Da nu Abia gestercket war / nam er vierzehen weiber / vnd zeuget zwey vnd zwenzig söne vnd sechzehen töchter. Was aber mehr von Abia zu sagen ist / vnd seine wege vnd sein thun / das ist geschrieben jnn der Historia des Propheten Jddo. Vnd Abia entschlieff mit seinen vetern / vnd sie begruben jn jnn der stad Dauid / Vnd Assa sein son ward König an seine stat / zu des zeiten war das land still zehen jar.

XIIII.

Vnd Assa thet das recht war vnd dem HERRN seinem Gott wol gefiel / vnd thet weg die frembden Altar / vnd die Höhen / vnd zubrach die seulen / vnd hieb die Hayne ab / Vnd lies Juda sagen / das sie den HERRN den Gott jrer veter suchten / vnd thetten nach dem Gesetz vñ Gebot. Vnd er thet weg aus allen stedten Juda / die Höhen vnd die götzen / Denn das Königreich war still fur jm. Vnd er bawet feste stedte jnn Juda weil das land still vnd kein streit wider jn war jnn den selben jaren / Denn der HERR gab jm ruge.

Vnd er sprach zu Juda / Last vns diese stedte bawen vnd mauren drumb her furen vnd thurne / thür vnd rigel / weil das land noch fur vns ist / Denn wir haben den HERRN vnsern Gott gesucht / vnd er hat vns ruge gegeben vmbher. Also baweten sie vnd gieng gerade zu. Vnd Assa hatte ein heer krafft die spies vnd degen trugen / aus Juda drey hundert tausent / vnd aus Ben Jamin die schilt trugen / vnd mit den bogen kunden / zwey hundert vnd achtzig tausent / vnd diese waren alle starcke Helden. Es

Die Chronica. CLXXIIII

Es zoch aber wider sie aus Serah der More mit einer heers krafft/ tausent mal tausent/ dazu drey hundert wagen/ vnd kamen bis gen Maresa. Vnd Assa zoch aus gegen jm. Vnd sie rüsteten sich zum streit im tal Zephatha bey Maresa. Vnd Assa rieff an den HERRN seinen Gott vnd sprach/ HERR/ Es ist bey dir kein vnterscheid/ helffen vnter vielen oder da kein krafft ist. Hilff vns HERR vnser Gott/ Denn wir verlassen vns auff dich/ vnd jnn deinem namen sind wir komen/ wider diesen hauffen/ HERR vnser Gott fur dir vermag kein mensch etwas.

Vnd der HERR plaget die Moren fur Assa vnd fur Juda/ das sie flohen. Vnd Assa sampt dem volck/ das bey jm war/ jaget jnen nach/ bis gen Gerar. Vnd die Moren fielen/ das jr keiner lebendig bleib/ sondern sie wurden zu schlagen fur dem HERRN vnd fur seinem heerlager. Vnd sie trugen seer viel raubs dauon. Vnd er schlug alle stedte vmb Gerar her/ denn die furcht des HERRN kam vber sie/ Vnd sie beraubeten alle stedte/ Denn es war viel raubs drinnen. Auch schlugen sie die Hütten des viehs/ vnd brachten schafe die menge vnd Kamel/ vnd kamen wider gen Jerusalem.

XV.

VNd auff Asarja den son Oded kam der geist Gottes/ der gieng hinaus gegen Assa/ vnd sprach zu jm. Höret mir zu Assa vnd gantzes Juda vnd Ben Jamin/ Der HERR ist mit euch/ weil jr mit jm seit/ vnd wenn jr jn sucht/ wird er sich von euch finden lassen/ werdet jr aber jn verlassen/ so wird er euch auch verlassen. Es werden aber viel tage sein jnn Israel/ das kein rechter Gott/ kein Priester der do leret/ vnd kein Gesetze sein wird/ Vnd wenn sie sich bekeren jnn jrer not zu dem HERRN dem Gott Israel/ vnd werden jn suchen/ so wird er sich finden lassen/ Zu der zeit/ wirds nicht wol gehen/ dem der aus vnd ein gehet/ denn es werden grosse getümel sein vber alle die/ auff er den wonen/ Denn ein volck wird das ander zu schmeissen/ vnd eine stad die ander/ Denn Gott wird sie erschrecken mit allerley angst/ Jr aber seit getrost vnd thut ewre hende nicht abe/ denn ewer werck hat seinen lohn.

Da aber Assa höret diese wort vnd die weissagung Oded des Propheten ward er getrost/ vnd thet weg die grewel aus dem gantzen lande Juda vnd Ben Jamin/ vnd aus den stedten/ die er gewonnen hatte auff dem gebirge Ephraim/ vnd ernewert den Altar des HERRN der fur der Halle des HERRN stund/ Vnd versamlet das gantze Juda vnd Ben Jamin vnd die frembdlinge bey jnen aus Ephraim/ Manasse vnd Simeon/ Denn es fielen zu jm aus Israel die menge/ als sie sahen/ das der HERR sein Gott mit jm war. Vnd sie versamleten sich gen Jerusalem/ des dritten monden im fünffzehenden jar des Königreichs Assa/ vnd opfferten des selben tags dem HERRN von dem raub den sie gebracht hatten/ sieben hundert rinder/ vnd sieben tausent schaf.

Vnd sie tratten jnn den Bund/ das sie suchten den HERRN jrer veter Gott/ von gantzem hertzen vnd von gantzer seelen/ Vnd wer

c ij nicht

Das Ander teil.

nicht würde den HERRN den Gott Israel suchen/ solt sterben/ beide klein vnd gros/ beide man vnd weib/ Vnd sie schwuren dem HERRN mit lauter stimme/ mit dönen/ mit drometen vnd posaunen/ vnd das gantz Juda war frölich vber dem eide/ Denn sie hatten geschworen von gantzem hertzen/ vnd sie suchten jn von gantzem willen/ vnd er lies sich von jnen finden/ vnd der HERR gab jnen ruge vmbher.

Auch setzt Assa der König ab Maecha seine mutter vom ampt/ das sie gestifftet hatte im Daine Miplezeth/ Vnd Assa rottet jren Miplezeth aus/ vnd zustes jn/ vnd verbrand jn im bach Kidron. Aber die Döhen wurden nicht abgethan aus Israel/ Doch war das hertz Assa rechtschaffen sein leben lang. Vnd er bracht ein/ was sein vater geheilget/ vnd was er geheiliget hatte/ jnns Haus Gottes/ silber/ gold vnd gefesse. Vnd es war kein streit/ bis jnn das fünff vnd dreissigst jar des Königreichs Assa.

XVI.

Im sechs vn dreissigsten jar des Königreichs Assa/ zoch erauff Baesa der König Israel wider Juda vnd bawet Rama/ das er Assa dem König Juda weret aus vnd ein zu zihen. Aber Assa nam aus dem schatz im Hause des HERRN vnd im Hause des Königs/ silber vnd gold/ vnd sandte zu Benhadad dem Könige zu Syrien der zu Damascon wonet/ vnd lies jm sagen/ Es ist ein Bund zwischen mir vnd dir/ zwischen meinem vnd deinem vater/ darumb hab ich dir silber vnd gold gesand/ das du den Bund mit Baesa dem Könige Israel faren lassest/ das er von mir abzihe.

Benhadad gehorchet dem Könige Assa/ vnd sandte seine heer Fürsten wider die stedte Israel/ die schlugen Eion/ Dan vnd Abel Maim vnd alle kornstedte Naphthali. Da Baesa das höret/ lies er ab Rama zu bawen vnd höret auff von seinem werck. Aber der König Assa nam zu sich das gantze Juda/ vnd sie trugen die steine vnd das holtz von Rama/ damit Baesa bawete/ vnd er bawete da mit Geba vnd Mizpa.

Zu der zeit kam Hanani der Seher zu Assa dem konige Juda vnd sprach zu jm. Das du dich auff den König zu Syrien verlassen hast/ vnd hast dich nicht auff den HERRN deinen Gott verlassen/ Darumb ist die macht des Königs zu Syrien deiner hand entrunnen/ Waren nicht der Moren vnd Libier ein grosse menge mit seer viel wagen vnd reutern? noch gab sie der HERR jnn deine hand/ da du dich auff jn verliessest/ Denn des HERRN augen schawen alle land/ das er stercke/ die so von gantzem hertzen an jm sind/ Du hast thörlich gethan/ Darumb wirstu auch von nu an krieg haben. Aber Assa ward zornig vber den Seher/ vnd legt jn jnns gefengnis/ Denn er murret mit jm vber diesem stück. Vnd Assa vnter druckt etliche des volcks zu der zeit.

Die geschicht aber Assa beide die ersten vnd letzten/ sihe/ die sind geschrieben im Buch von den Königen Juda vnd Israel. Vnd Assa ward kranck an seinen füssen im neun vnd dreissigsten jar seins Königreichs/ vnd seine kranckheit nam zu vberwerts/ Vnd sucht auch

jnn

Die Chronica. CLXXV.

jnn seiner kranckheit den HERRN nicht / sondern die ertzte / Also entschlieff Assa mit seinen vetern / vnd starb im ein vnd vierzigsten jar seins Königreichs / vnd man begrub jn jnn seinem grabe / das er jm hatte lassen graben jnn der stad Dauid / Vnd sie legten jn auff sein lager / welches man gefüllet hatte mit gutem reuchwerck vnd allerley specerey nach apoteker kunst gemacht / vnd machten ein seer gros brennen.

XVII.

Vnd sein son Josaphat ward König an seine stat / vnd ward mechtig wider Israel. Vnd er legt Kriegs volck / jnn alle feste stedte Juda / vnd setzet amptleute im lande Juda / vnd jnn den stedten Ephraim die sein vater Assa gewonnen hatte. Vnd der HERR war mit Josaphat / Denn er wandelt jnn den vorigen wegen seins vaters Dauid / vnd suchte nicht Baalim / sondern den Gott seines vaters / vnd wandelt jnn seinen Gebotten / vnd nicht nach den wercken Israel / Darumb bestetiget jm der HERR das Königreich. Vnd gantz Juda gab Josaphat geschencke / vnd er hatte reichtum vnd ehre die menge / Vnd da sein hertz mutig ward jnn den wegen des HERRN / thet er forder ab die Höhen vnd Hayne aus Juda.

Im dritten jar seines Königreichs sandte er seine Fürsten / Benhail / Obadja / Sacharja / Nethaneel vnd Michaia / das sie leren solten jnn den stedten Juda / vnd mit jnen die Leuiten Semaja / Nethania / Sebadja / Asahel / Semiramoth / Jonathan / Adonia / Tobia / vnd TobAdonia / vnd mit jnen die Priester Elisama vnd Joram / Vnd sie lereten jnn Juda / vnd hatten das Gesetzbuch des HERRN mit sich / vnd zogen vmb her jnn allen stedten Juda / vnd lereten das volck.

Vnd es kam die furcht des HERRN vber alle Königreich jnn den landen die vmb Juda her lagen / das sie nicht stritten wider Josaphat. Vnd die Philister brachten Josaphat geschencke eine last silbers. Vnd die Araber brachten jm sieben tausent vnd sieben hundert wider / vnd sieben tausent vnd sieben hundert böcke. Also nam Josaphat zu vnd ward jmer grösser. Vnd er bawete jnn Juda schlösser vnd kornstedte / Vnd hatte viel geschefte jnn den stedten Juda / vnd streitbar menner vnd gewaltige leute zu Jerusalem.

Vnd dis war die ordenung vnter jrer veter Haus die jnn Juda vber die tausent obersten waren. Adna ein oberster / vnd mit jm waren drey hundert tausent gewaltige leute. Neben jm war Johanan der oberst / vnd mit jm waren zwey hundert vnd achtzig tausent. Neben jm war Amasja der son Sichri der freiwillige des HERRN / vnd mit jm waren zwey hundert tausent gewaltige leute. Von den kindern BenJamin war Eliada ein gewaltiger man / vnd mit jm waren zwey hundert tausent die mit bogen vnd schilde gerüst waren. Neben jm war Josabad / vnd mit jm waren hundert vnd achtzig tausent gerüste zum heer. Diese warteten alle auff den König / on was der König noch gelegt hatte jnn den festen stedten jnn gantzem Juda.

c iij   Vnd Jo-

Das Ander teil
XVIII

Vnd Josaphat hatte grosse reichtumb vnd ehre/ vnd befreundet sich mit Ahab. Vnd nach zweien jaren zoch er hinab zu Ahab gen Samaria. Vnd Ahab lies fur jn vnd fur das volck das bey jm war/ viel schaf vnd rinder schlachten. Vnd er beredet jn/ das er hinauff gen Ramoth jnn Gilead zöge. Vnd Ahab der König Israel sprach zu Josaphat dem Könige Juda/ Zeuch mit mir gen Ramoth jnn Gilead. Er sprach zu jm/ Ich bin wie du/ vnd mein volck wie dein volck/ wir wollen mit dir jnn den streit.

Aber Josaphat sprach zum Könige Israel/ Lieber frage heute des HERRN wort. Vnd der König Israel samlete der Propheten vierhundert man/ vnd sprach zu jnen/ Sollen wir gen Ramoth jnn Gilead zihen jnn streit/ oder sol ichs lassen anstehen? Sie sprachen/ Zeuch hinauff/ Gott wird sie jnn des Königs hand geben. Josaphat aber sprach/ Ist nicht jrgent noch ein Prophet des HERRN hie/ das wir von jm fragten? Der König Israel sprach zu Josaphat/ Es ist noch ein man/ das man den HERRN von jm frage/ Aber ich bin jm gram/ Denn er weissagt vber mich kein guts/ sondern alwege böses/ nemlich Micha der son Jemla. Josaphat sprach/ Der König rede nicht also.

Vnd der König Israel rieff seiner kemerer einen vnd sprach/ Bringe eilend her Micha den son Jemla/ Vnd der König Israel vnd Josaphat der König Juda sassen/ ein jglicher auff seinem stuel mit kleidern angezogen. Sie sassen aber auff dem platz fur der thur am thor zu Samaria/ vnd alle Propheten weissagten fur jnen. Vnd Zidekia der son Cnaena macht jm eiserne horner/ vnd sprach/ So spricht der HERR/ Die mit wirstu die Syrer stossen/ bis du sie auffreibest. Vnd alle Propheten weissagten auch also/ vnd sprachen/ Zeuch hinauff vnd sey glückselig/ der HERR wird sie geben jnns Königes hand.

Vnd der bote der hingegangen war Micha zu ruffen/ redet mit jm vnd sprach/ Sihe/ der Propheten rede sind eintrechtig gut fur den König/ lieber las dein wort auch sein wie der einen/ vnd rede guts. Micha aber sprach/ So war der HERR lebet/ was mein Gott sagen wird/ das wil ich reden. Vnd da er zum Könige kam/ sprach der König zu jm/ Micha sollen wir gen Ramoth jnn Gilead jnn streit zihen/ oder sol ichs lassen anstehen? Er sprach/ zihet hinauff vnd lasts euch wolgehen/ Es wird euch jnn ewre hende gegeben werden. Aber der König sprach zu jm/ Ich beschwere dich noch ein mal/ das du mir nichts sagest/ denn die warheit im namen des HERRN.

Da sprach er/ Ich sahe das gantze Israel zustrawet auff den bergen/ wie schaf die keinen hirten haben/ Vnd der HERR sprach/ haben diese keine herren? Es kere ein jglicher wider heim mit friden. Da sprach der König Israel zu Josaphat/ Sagt ich dir nicht/ er weissaget vber mich kein guts/ sondern böses?

Er aber sprach/ Darumb höret des HERRN wort/ Ich sahe den HERRN sitzen auff seinem stuel/ vnd alles himlische heer stund

Die Chronica. CLXXVI

stund zu seiner rechten vnd zu seiner lincken/Vnd der HERR sprach/ Wer wil Ahab den König Israel vberreden/das er hinauff zihe/vnd falle zu Ramoth jnn Gilead. Vnd da dieser so/vnd jener sonst sagt/ kam ein geist erfur vnd trat fur den HERRN vnd sprach/ich wil jn vberreden. Der HERR aber sprach zu jm/ wo mit? Er sprach/ Ich wil aus faren/ vnd ein falscher geist sein jnn aller seiner Propheten munde. Vnd er sprach/Du wirst jn vberreden/vnd wirsts ausrichten/ far hin vnd thu also. Nu sihe/ der HERR hat einen falschen geist gegeben jnn dieser deiner Propheten mund/Vnd der HERR hat böses wider dich geredt.

Da trat erzu Zidekia der son Cnaena vnd schlug Micha auff den backen vnd sprach Durch welchen weg ist der geist des HERRN von mir gegangen/ das er durch dich redet? Micha sprach/ Sihe/ du wirsts sehen/ wenn du jnn die jnnerste kamer kompst/ das du dich versteckest. Aber der König Israel sprach/ nemet Micha vnd last jn bleiben bey Amon dem stadvogt vnd bey Joas dem son Melech/ vnd saget/So spricht der König/legt diesen jnns gefengnis/ vnd speiset jn mit brod vnd wasser des trübsals/ bis ich wider kome mit frieden. Micha sprach/ kompstu mit friden wider/ so hat der HERR nicht durch mich geredt/Vnd er sprach/ höret jr völcker alle.

Also zog hinauff der König Israel vnd Josaphat der König Juda gen Ramoth jnn Gilead. Vnd der König Israel sprach/ zu Josaphat. Verkleide dich/ vnd kom jnn streit das du deine kleider an habest/Vnd der König Israel verkleidet sich vnd kam jnn den streit. Aber der König zu Syrien hatte seinen obersten reutern geboten/ jr solt nicht streiten weder gegen klein noch gegen gros/sondern gegen den König Israel alleine.

Da nu die obersten reuter Josaphat sahen/ dachten sie/ es ist der König Israel/ vnd zogen vmb her auff jn zu streiten. Aber Josaphat schrey vnd der HERR halff jm/Vnd Gott wandte sie von jm/ Denn da die obersten reuter sahen/ das er nicht der König Israel war/wanten sie sich von jm abe. Es spannet aber ein man seinen bogen hart/ vnd schos den König Israel zwisschen den magen vnd lungen. Da sprach er zu seinem furman/ wende deine hand vnd fure mich aus dem heer/denn ich bin wund. Vnd der streit nam zu des tages. Vnd der König Israel stund auff seinem wagen gegen die Syrer bis an den abent/Vnd starb/da die sonne vntergieng.

XIX.

Josaphat aber der König Juda kam wider heim mit friden gen Jerusalem/Vnd es gieng jm entgegen hinaus Jehu der son Hanani der Schawer/ vnd sprach zum Könige Josaphat/ Soltu so dem Gottlosen helffen/ vnd lieben die vm den HERRN hassen? Vnd vmb des willen ist vber dir der zorn vom HERRN/ aber doch ist was guts an dir funden/ das du die Haine hast ausgefegt aus dem lande/ vnd hast dein hertz gerichtet/ Gott zu suchen. Also bleib Josaphat zu Jerusalem.

c iiij   Vnd er

Das Ander teil.

Vnd er zoch widerumb aus vnter das volck von Berseba an bis auffs gebirge Ephraim/vnd bracht sie wider zu dem HERRN jrer veter Gott. Vnd er bestellet richter im lande jnn allen festen stedten Juda/jnn einer jglichen stad etliche. Vnd sprach zu den richtern/sehet zu was jr thut/Denn jr haltet das gericht nicht den menschen/sondern dem HERRN/vnd er ist mit euch im gericht/ Darumb last die furcht des HERRN bey euch sein/vnd hutet euch vnd thuts/Denn bey dem HERRN vnserm Gott ist kein vnrecht/noch ansehen der person/noch annemen des geschencks.

Auch bestellet Josaphat zu Jerusalem aus den Leuiten vnd Priestern/vnd aus den obersten vetern vnter Israel vber das gericht des HERRN/ vnd vber die sachen/ vnd lies sie zu Jerusalem wonen/ vnd gebot jnen vnd sprach/ Thut also jnn der furcht des HERRN/ im glauben vnd mit rechtem hertzen/Jnn allen sachen die zu euch komen von ewern brüdern/ die jnn jren stedten wonen/ zwisschen blut vnd blut/zwisschen Gesetz vnd Gebot/zwisschen sitten vnd rechten/ solt jr sie vnterrichten/das sie sich nicht verschüldigen am HERRN/ vnd ein zorn vber euch vnd ewre brüder kome/ Thut jm also/so werdet jr euch nicht verschuldigen.

Sihe/Amar ja der Priester ist der oberst vber euch jnn allen sachen des HERRN/ so ist Sabad ja der son Ismael Fürst im Hause Juda jnn allen sachen des Königs/ so habt jr amptleute die Leuiten für euch/Seit getrost vnd thuts/ vnd der HERR wird mit dem guten sein.

XX.

Nach diesem kamen die kinder Moab/die kinder Ammon vnd mit jnen von den Amunim wider Josaphat zu streiten.Vnd man kam vnd sagets Josaphat an vnd sprach/ Es kompt wider dich ein grosse menge/ von jensid dem meer/von Syrien/ vnd sihe/ sie sind zu Hazezon Thamar/das ist Engeddi. Josaphat aber furcht sich/ vnd stellet sein angesicht zu suchen den HERRN/Vnd lies eine fasten aus ruffen vnter gantz Juda.Vnd Juda kam zusamen/vom HERRN zu suchen/Auch kamen aus allen stedten Juda den HERRN zu suchen. Vnd Josaphat trat vnter die Gemeine Juda vnd Jerusalem im Hause des HERRN fur dem newen Hofe vnd sprach.

HERR vnser veter Gott/bistu nicht Gott im Himel vnd herscher jnn allen Königreichen der Heiden? Vnd jnn deiner hand ist krafft vnd macht/ vnd ist niemand der wider dich stehen müge/Hastu vnser Gott nicht die einwoner dieses lands vertrieben fur deinem volck Israel/vnd hast es gegeben dem samen Abraham deines liebhabers ewiglich/das sie drinnen gewonet/ vnd dir ein heiligthum zu deinem namen drinnen gebawet haben vnd gesagt/Wenn ein vnglück/schwerd/straffe/ pestilentz/ oder theurung vber vns kompt/ sollen wir stehen fur diesem hause fur dir (denn dein name ist jnn diesem hause) vnd schreien zu dir jnn vnser not/ so woltestu hören vnd helffen?

Nu sihe/ die kinder Ammon/Moab/vnd die vom gebirge Seir/
vber

Die Chronica. CLXXVII

vber welche du die kinder Israel nicht ziehen liessest/ da sie aus Egypten land zogen/ Sondern musten von jnen weichen/ vnd sie nicht vertilgen/ Vnd sihe/ Sie lassen vns des entgelten/ vnd komen vns aus zu stossen aus deinem erbe/ das du vns hast eingegeben. Vnser Got wiltu sie nicht richten? Denn inn vns ist nicht krafft gegen diesem grossen hauffen der wider vns kompt/ Wir wissen nicht was wir thun sollen/ sondern vnser augen sehen zu dir. Vnd das gantze Juda stund fur dem HERRN/ mit jren kindern/ weibern vnd sönen.

Aber auff Jehasiel den son Sachar ja/ des sons Benaia/ des sons Jehiel/ des sons Mathan ja den Leuiten aus den kindern Assaph/ kam der geist des HERRN mitten inn der Gemeine vnd sprach/ Merckt auff gantz Juda vnd jr einwoner zu Jerusalem vnd der König Josaphat/ So spricht der HERR zu euch/ Ir solt euch nicht furchten noch zagen fur diesem grossen hauffen/ denn jr streitet nicht sondern Gott/ morgen solt jr zu jnen hinab ziehen/ Vnd sihe/ sie ziehen an Ziz erauff/ vnd jr werdet an sie treffen am Schilff im bach fur der wüsten Jeruel/ Denn jr werdet nicht streiten inn dieser sachen/ Tretet nur hin/ vnd stehet vnd sehet das Heil des HERRN der mit euch ist. Juda vnd Jerusalem fürcht euch nicht vnd zaget nicht/ morgen ziehet aus wider sie/ der HERR ist mit euch.

Da beuget sich Josaphat mit seinem andlitz zur erden/ vnd gantz Juda vnd die einwoner zu Jerusalem fielen fur den HERRN vnd betten den HERRN an. Vnd die Leuiten aus den kindern der Kahathiter vñ aus den kindern der Korhiter machten sich auff zu loben den HERRN den Gott Israel mit grossem geschrey gen himel. Vnd sie machten sich des morgens frue auff vñ zogen aus zur wüsten Thekoa. Vnd da sie aus zogen/ stund Josaphat vnd sprach/ Höret mir zu Juda vnd jr einwoner zu Jerusalem/ Gleubt an den HERRN ewern Gott/ so werdet jr sicher sein/ Vnd gleubt seinen Propheten/ so werdet jr glück haben.

Vnd er vnterweiset das volck/ vnd stellet die Senger dem HERRN vnd die Lober jnn heiliger zierde/ das sie fur den gerüsten her zögen vnd sprechen/ Dancket dem HERRN/ denn seine barmhertzigkeit weret ewiglich. Vnd da sie anfiengen mit dancken vnd loben/ lies der HERR den hinderhalt/ der wider Juda komen war/ vber die kinder Ammon/ Moab/ vnd die vom gebirge Seir/ komen/ vnd schlugen sie. Da stunden die kinder Ammon vnd Moab wider die vom gebirge Seir/ sie zuuerbannen vnd zuuertilgen. Vnd da sie die vom gebirge Seir hatten alle auffgerieben/ halff einer dem andern/ das sie sich auch verderbeten.

Da aber Juda gen Mizpe kam an der wüsten/ wandten sie sich gegen den hauffen/ Vnd sihe/ da lagen die todte leichnam auff der erden/ das keiner entrunnen war. Vnd Josaphat kam mit seinem volck jren raub aus zuteilen/ Vnd funden vnter jnen so viel güter vnd kleider vnd köstlich geretes/ vnd entwandtens jnen/ das auch nicht zu tragen war. Vnd teileten drey tage den raub aus/ denn es war sein viel. Am vierden tage aber kamen sie zu samen im Lobe Tal/ denn daselbes lobeten sie den HERRN/ Da her heist die stete Lobe Tal bis auff diesen tag. Also

Das Ander teil

Also keret jderman von Juda vnd Jerusalem widerumb/ Vnd Josaphat an der spitzen/ das sie gen Jernsalem zogen mit freuden/ Denn der HERR hat jnen eine freude gegeben an jren feinden. Vnd zogen gen Jerusalem ein mit Psaltern/ harffen vnd drometen zum Hause des HERRN. Vnd die furcht Gottes kam vber alle Königreich jnn landen/ da sie höreten das der HERR wider die feinde Israel gestritten hatte. Also war das Königreich Josaphat stille/ vnd Gott gab jm ruge vmbher.

Vnd Josaphat regirt vber Juda/ vnd war fünff vnd dreissig jar alt/ da er König ward/ vnd regiret fünff vnd zwenzig jar zu Jerusalem / Seine mutter hies Asuba eine tochter Silhi. Vnd er wandelt jnn dem wege seins vaters Assa/ vnd lies nicht dauon/ das er thet was dem HERRN wolgefiel/ on die Höhen wurden nicht abgethan/ Denn das volck hatte sein hertz noch nicht geschickt zu dem Gott jrer veter. Was aber mehr von Josaphat zu sagen ist/ beide das erste vnd das letzte/ sihe/ das ist geschrieben jnn den geschichten Jehu des sons Danani die er auff gezeichent hat jnns Buch der Könige Israel.

Darnach vereiniget sich Josaphat der König Juda mit Ahasja dem Könige Israel/ welcher war Gottlos mit seinem thun. Vnd er vereiniget sich mit jm schiff zu machen/ das sie auffs meer furen/ Vnd sie machten die schiff zu Ezeon Gaber. Aber Elieser der son Dodaua von Maresa weissaget wider Josaphat vnd sprach/ Darümb das du dich mit Ahasia vereiniget hast/ hat der HERR deine werck zu rissen. Vnd die schiff worden zu brochen/ vnd mochten nichts auff meer faren.

XXI.

VNd Josaphat entschlieff mit seinen vetern/ vnd ward begraben bey seine veter jnn der stad Dauid/ vnd sein son Joram ward König an seine stat/ Vnd er hatte brüder Josaphats söne/ Asarja/ Jehiel/ Sacharja/ Asarja/ Michael vnd Sephatja/ diese waren alle kinder Josaphat des Königes Juda/ Vnd jr vater gab jnen viel gaben/ von silber/ gold vnd kleinod/ mit festen stedten jnn Juda. Aber das Königreich gab er Joram/ denn der war der erst geborner.

Da aber Joram auff kam vber das Königreich seines vaters vnd sein mechtig ward/ erwurget er seine brüder alle mit dem schwerd/ dazu auch etliche obersten jnn Israel. Zwey vnd dreissig jar alt war Joram da er König ward/ vnd regiret acht jar zu Jerusalem/ vnd wandelt jnn dem wege der Könige Israel/ wie das Haus Ahab gethan hatte/ Denn Ahabs tochter war sein weib/ vnd thet das dem HERRN vbel gefiel. Aber der HERR wolte das Haus Dauid nicht verderben/ vmb des Bunds willen/ den er mit Dauid gemacht hatte/ vnd wie er geredt hatte/ jm eine leuchte zu geben vnd seinen kindern jmer dar.

Zu seiner zeit fielen die Edomiter ab von Juda/ vnd machten vber sich einen König/ Denn Joram war hin vber gezogen mit seinen obersten vnd alle wagen mit jm/ vnd hatte sich des nachts auffgemacht/ vnd die Edomiter vmb jn her/ vnd die obersten der wagen geschlagen/

gen/Darumb fielen die Edomiter ab von Juda/ bis auff diesen tag. Zur selben zeit fiel Libna auch von jm abe. Denn er verlies den HERREN seiner veter Gott. Auch machet er Höhen auff den bergen jnn Juda/ vnd machet die zu Jerusalem huren/ vnd verfuret Juda.

Es kam aber schrifft zu jm von dem Propheten Elia/ die laut also. So spricht der HERR der Gott deines vaters Dauid/ Darumb das du nicht gewandelt hast jnn den wegen deines vaters Josaphat/ noch jnn den wegen Assa des Königes Juda/ Sondern wandelst jnn dem wege der Könige Israel/ vnd machest/ das Juda vnd die zu Jerusalem huren/ nach der hurerey des Hauses Ahab/ vnd hast dazu deine brüder deins vaters hauses erwürget/ die besser waren denn du/ Sihe/ so wird dich der HERR mit einer grossen plage schlahen an deinem volck/ an deinen kindern/ an deinen weibern/ vnd an all deiner habe/ Du aber wirst viel kranckeit haben jnn deinem eingeweide/ bis das dein eingeweide fur kranckheit eraus gehe von tage zu tage.

Also erwecket der HERR wider Joram den geist der Philister/ vnd Araber die neben den Moren ligen/ Vnd zogen erauff jnn Juda vnd zu rissen sie/ vnd füreten weg alle habe die fur handen war jm hause des Königes/ dazu seine söne/ vnd seine weiber/ das jm kein son vber bleib/ on Joahas sein junger son. Vnd nach dem allen plaget jn der HERR jnn seinem eingeweide mit solcher kranckheit/ die nicht zu heilen war/ Vnd da das weret von tage zu tage/ als die zeit zweier jar vmb war/ gieng sein eingeweide von jm mit seiner kranckheit. Vnd er starb an bösen kranckheiten/ Vnd sie machten nicht vber jm einen brand/ wie sie seinen vetern gethan hatten. Zwey vnd dreissig jar alt war er/ da er König ward/ vnd regirt acht jar zu Jerusalem/ Vnd wandelt das nicht fein war/ vnd sie begruben jn jnn der stad Dauid/ aber nicht vnter der Könige greber.

XXII.

VNd die zu Jerusalem machten zum Könige Ahasja seinen jüngsten son an seine stat/ denn die Kriegsleut die aus den Araber mit dem heer kamen/ hatten die ersten alle erwürget/ drumb ward König Ahasja der son Joram des Königs Juda/ Zwey vnd zwenzig jar alt war Ahasja da er König ward/ vnd regiret ein jar zu Jerusalem. Seine mutter hies Athalja die tochter Amri/ vnd er wandelt auch jnn den wegen des Hauses Ahab/ Denn seine mutter hielt jn dazu das er Gottlos war/ Darumb thet er das dem HERRN vbel gefiel/ wie das Haus Ahab/ Denn sie waren seine ratgeben nach seines vaters tod/ das sie jn verderbeten/ vnd er wandelt nach jrem rat.

Vnd er zog hin mit Joram dem son Ahab dem Könige Israel jnn den streit gen Ramoth jnn Gilead/ wider Hasael den König zu Syria. Aber die zu Rama schlugen Joram/ das er vmbkeret sich heilen zu lassen zu Jesreel/ denn er hatte wunden/ die jm geschlagen waren zu Rama/ da er streit mit Hasael dem Könige zu Syria. Vnd Asarja der son Joram der König Juda zoch hinab zu besehen Joram den son Ahab zu Jesreel/ der kranck lag/ Denn es war von Gott Ahasja der vnfal zu gefügt/ das er zu Joram keme vnd also mit Joram aus-
zöge

Das Ander teil

zöge wider Jehu den son Nimsi / welchen der HERR gesalbet hatte / aus zu rotten das Haus Ahab.

Da nu Jehu gericht vbet am hause Ahab / fand er etliche obersten aus Juda / vnd die kinder der bruder Ahasja / die Ahasja dieneten / vnd er würget sie. Vnd er suchte Ahasja / vnd gewan jn / da er sich verstecket hatte zu Samaria / vnd er ward zu Jehu gebracht / der tödtet jn / vnd man begrub jn / Denn sie sprachen / Er ist Josaphats son / der nach dem HERRN trachtet von gantzem hertzen. Vnd es war niemand mehr aus dem Hause Ahasja der König wurde.

Da aber Athalja die mutter Ahasja sahe / das jr son tod war / macht sie sich auff vnd bracht vmb allen Königlichen samen im Hause Juda. Aber Josabeath des Königs schwester nam Joas den son Ahasja vnd stal jn vnter den kindern des Königs die getödtet wurden / vnd thet jn mit seiner ammen jnn eine schlaffkamer / Also verbarg jn fur Athalja Josabeath die tochter des Königs Joram Joiada des Priesters weib (denn sie war Ahasja schwester) das er nicht getödtet ward / Vnd er ward mit jnen im Hause Gottes versteckt sechs jar / weil Athalja Königin war im lande.

XXIII

Ber im siebenden jar nam Joiada einen mut / vnd nam die obersten vber hundert / nemlich / Asarja den son Jeroham / Ismael den son Johanan / Asarja den son Obed / Maeseia den son Adaia / vnd Elisaphat den son Sichri mit jm / zum Bund / die zogen vmb her jnn Juda / vnd brachten die Leuiten zu hauffe aus allen stedten Juda / vnd die obersten veter vnter Israel / das sie kemen gen Jerusalem. Vnd die gantze Gemeine macht einen Bund im Hause Gottes mit dem Könige / vnd er sprach zu jnen / Sihe / des Königes son sol König sein / wie der HERR geredt hat vber die kinder Dauid / So solt jr nu also thun.

Ewer das dritte teil / die des sabbaths an tretten / sol sein vnter den Priestern vnd Leuiten die thorhüter sind an der schwellen / vnd das dritte teil im Hause des Königs / vnd das dritte teil am grundthor / Aber alles volck sol sein im Hofe am Hause des HERRN / vnd das niemand jnn das Haus des HERRN gehe / on die Priester vnd Leuiten die do dienen / die sollen hinein gehen / denn sie sind heiligthum / vnd alles volck warte der hut des HERRN / Vnd die Leuiten sollen sich rings vmb den König her machen / ein jglicher mit seiner were jst der hand / Vnd wer jnns Haus gehet / der sey des tods / vnd sie sollen bey dem Könige sein / wenn er aus vnd eingehet.

Vnd die Leuiten vnd gantz Juda thetten / wie der Priester Joiada gebotten hatte / vnd nam ein jglicher seine lente / die des Sabbaths antratten mit denen die des Sabbaths abtratten / Denn Joiada der Priester lies die zween hauffen nicht von einander komen. Vnd Joiada der Priester gab den obersten vber hundert / spiesse vnd schilde / vnd wapen

Die Chronica. CLXXIX.

wapen des Konigs Dauid/ die im Hause Gottes waren/ vnd stellet alles volck/ ein jglichen mit seinem geschos jnn der hand/ von dem rechten winckel des hauses bis zum lincken winckel/ zum Altar vnd zum hause werds vmb den Konig her. Vnd sie brachten des Konigs son erfur/ vnd setzten jm die kron auff vnd das zeugnis/ vnd machten jn zum Könige/ Vnd Joiada sampt seinen sönen salbeten jn vnd sprachen/ Glück zu dem Könige.

Da aber Athalja höret das geschrey des volcks/ das zu lieff vnd den Konig lobet/ gieng sie zum volck im Hause des HERRN/ vnd sie sahe/ vnd sihe/ Der Konig stund an seiner stet im eingang/ vnd die obersten vnd drometen vmb den Konig/ vnd alles land volck war frölich vnd blies drometen/ vnd die Senger mit allerley seiten spiel geschickt zu loben/ zureis sie jre kleider vnd sprach/ Auffrur Auffrur/ Aber Joiada der Priester macht sich eraus mit den obersten vber hundert die vber das heer waren/ vnd sprach zu jnen/ Füret sie hinaus zwisschen die mauren/ vnd wer jr nach folget/ den sol man mit dem schwerd tödten/ Denn der Priester hatte befolhen/ man solte sie nicht tödten im Hause des HERRN. Vnd sie legten die hende an sie/ vnd da sie kam zum eingang des Ros thor am hause des Koniges/ tödten sie sie daselbs.

Vnd Joiada macht einen Bund zwischen jm vnd allem volck vnd dem Könige/ das sie des HERRN volck sein solten. Da gieng alles volck jnns haus Baal vnd brachen jn ab/ vnd seine Altar vnd bilde zu brachen sie/ vnd erwürgeten Mathan den Priester Baal fur den Altaren. Vnd Joiada bestellet die ampt im Hause des HERRN vnter den Priestern den Leuiten/ die Dauid verordenet hate zum Hause des HERRN/ Brandopffer zu thun dem HERRN/ wie es geschrieben stehet im Gesetz Mose/ mit freuden vnd lieden durch Dauid getichtet/ Vnd stellet thorhüter jnn die thor am Hause des HERRN/ das nichts vnreins hinein keme an jrgent einem dinge.

Vnd er nam die obersten vber hundert/ vnd die mechtigen vnd herren im volck/ vnd alles Land volck/ vnd furet den Konig hinab vom Hause des HERRN/ vnd brachten jn durch das Höhe thor am hause des Koniges/ vnd liesen den Konig sich auff den Koniglichen stuel setzen/ Vnd alles Land volck war frolich/ vnd die stad war stille/ aber Athalia ward mit dem schwerd erwürget.

XXIIII.

Das war sieben jar alt da er Konig ward/ vnd regiret vierzig jar zu Jerusalem. Seine mutter hies Zibja von Berseba/ Vnd Joas thet was dem HERRN wolgefiel/ so lange der Priester Joiada lebete. Vnd Joiada gab jm zwey weiber/ vnd er zeugete söne vnd töchter.

Darnach nam Joas für/ das Haus des HERRN zu ernewern/ vñ versamlet die Priester vnd Leuiten vnd sprach zu jnen/ zihet aus zu allen stedten Juda vnd samlet geld aus gantzem Jsrael/ das Haus ewers Gottes zu bessern jerlich/ vnd eilet solchs zu thun. Aber die Leuiten eileten nicht. Da rieff der Konig Joiada dem furnemesten vnd sprach zu jm/ Warumb hastu nicht acht auff die Leuiten/

d   das sie

Das Ander teil

das sie einbringen von Juda vnd Jerusalem/ die stewer die Mose gesetzt hat der knecht des HERRN die man samlete vnter Jsrael zu der Hütten des Stiffts? Denn die Gottlose Athalja vnd jre söne haben das Haus Gottes zu rissen/ vnd alles was zum Hause des HERRN geheiliget war/ haben sie an Baalim vermacht.

Da befalh der König/ das man eine Laden machte/ vnd setzet sie haussen jnns thor am Hause des HERRN/ Vnd lies aus ruffen jnn Juda vnd zu Jerusalem/ das man dem HERRN einbringen solt die stewre von Mose dem knechte Gottes auff Jsrael gelegt jnn der wüsten. Da freweten sich alle obersten vnd alles volck/ vnd brachtens vnd worffens jnn die Lade/ bis sie vol ward. Vnd/ wens zeit war/ das man die Lade her bringen solt/ durch die Leuiten/ nach des Königes befelh (wenn sie sahen das viel geld drinnen war) so kam der schreiber des Konigs/ vnd wer vom furnemesten Priester befelh hatte/ vnd schutten die Laden aus vnd trugen sie wider hin an jren ort/ So thetten sie alle tage/ das sie gelds die menge zu hauff brachten.

Vnd der König vnd Joiada gabens den erbeitern die da schafften am Hause des HERRN/ die selben dingeten steinmetzen vnd zimmerleut/ zu ernewern das Haus des HERRN/ auch den meistern an eisen vnd ertz/ zu bessern das Haus des HERRN. Vnd die erbeiter erbeiten/ das die besserung im werck zu nam durch jre hand/ vnd stelleten das Haus Gottes jnn seine wirde/ vnd machtens feste. Vnd da sie es volendet hatten/ brachten sie das vbrige geld für den Konig vnd Joiada/ dauon macht man gefess zum Hause des HERRN/ gefess zum dienst vnd zu Brandopffern/ leffel vnd güldene vnd silberne gerete. Vnd sie opfferten Brandopffer bey dem Hause des HERRN allwege/ so lange Joiada lebet.

Vnd Joiada ward alt vnd des lebens sat/ vnd starb/ vnd war hundert vnd dreissig jar alt da er starb/ vnd sie begruben jn jnn der stad Dauid vnter die Konige/ darumb das er hatte wol gethan an Jsrael vnd an Gott vnd seinem Hause. Vnd nach dem tod Joiada/ kamen die obersten jnn Juda vnd betten den König an. Da gehorcht jn der König. Vnd sie verliessen das Haus des HERRN des Gottes jrer veter/ vnd dieneten den Hainen vnd Götzen. Da kam der zorn vber Juda vnd Jerusalem vmb dieser jrer schuld willen. Er sandte aber Propheten zu jnen/ das sie sich zu dem HERRN bekeren solten/ vnd die bezeugten sie/ Aber sie namens nicht zu ohren.

Vnd der Geist Gottes zoch an Sacharja den son Joiada des Priesters/ der trat oben vber das volck vnd sprach zu jnen/ So spricht Got/ Warumb vbertrettet jr die Gebot des HERRN das euch nicht gelingen wird? denn jr habt den HERRN verlassen/ so wird er euch wider verlassen. Aber sie machten einen Bund wider jn/ vnd steinigeten jn nach dem Gebot des Koniges/ im Hofe am Hause des HERRN. Vnd der Konig Joas gedacht nicht an die barmhertzigkeit die Joiada sein vater an jm gethan hatte/ sondern erwürget seinen son. Da er aber starb/ sprach er/ Der HERR wirds sehen vnd suchen.

Vnd da das jar vmb war/ zoch erauff das heer der Syrer vnd
kamen

Die Chronica. CLXXX.

kamen jnn Juda vnd Jerusalem vnd verderbeten alle obersten im volck/ vnd alle jren raub sandten sie dem Könige zu Damascon. Denn der Syrer macht kam mit wenig mennern/ noch gab der HERR jnn jre hand ein seer grosse macht/ Darumb das sie den HERRN jrer veter Gott verlassen hatten. Auch vbeten sie an Joas straffe/ Vnd da sie von jm zogen/ liessen sie jn jnn grossen kranckheiten.

Es machten aber seine knechte einen Bund wider jn/ vmb des bluts willen der kinder Joiada des Priesters/ vnd erwürgeten jn auff seinem bette/ vnd er starb/ vnd man begrub jn jnn der stad David/ aber nicht vnter der Könige greber. Die aber den Bund wider jn machten/ waren diese/ Sabad der son Simeath der Ammonitin vnd Josabad der son Simrith der Moabitin. Aber seine söne/ vnd die summa die vnter jm versamlet war/ vnd der baw des Haus Gottes/ sihe/ die sind beschrieben jnn der Historia im Buch der Könige/ vnd sein son Amazja ward König an seine stat.

XXV.

Vnff vnd zwenzig jar alt war Amazja da er König ward/ vnd regiret neun vnd zwenzig jar zu Jerusalem Seine mutter hies Joadan von Jerusalem. Vnd er thet was dem HERRN wol gefiel/ doch nicht von gantzem hertzen. Da nu sein Königreich bekrefftiget war/ erwürget er seine knechte/ die den König seinen vater geschlagen hatten/ Aber jre kinder tödtet er nicht/ Denn also stehets geschrieben im Gesetz im Buch Mose/ Da der HERR gebeut vnd spricht/ Die veter sollen nicht sterben fur die kinder/ noch die kinder fur die veter/ sondern ein jglicher sol vmb seiner sunde willen sterben.

Vnd Amazja bracht zu hauffe Juda/ vnd stellet sie nach der veter henser nach den obersten vber tausent vnd vber hundert vnder gantz Juda vnd Ben Jamin/ vnd zelet sie von zwenzig jaren vnd drüber/ vnd fand jr drey hundert tausent auserlesen/ die jns heer zihen mochten/ vñ degen vnd spies füren kunden/ dazu nam er an aus Israel hundert tausent starcke Krieges leute vmb hundert centener silbers.

Es kam aber ein man Gottes zu jm vnd sprach/ König/ las nicht das heer Israel mit dir komen/ Denn der HERR ist nicht mit Israel noch mit allen kindern Ephraim/ Denn so du komest/ das du eine künheit beweisest im streit/ wird Gott dich fallen lassen fur deinen feinden/ Denn bey Gott stehet die krafft zu helffen/ vnd fallen zu lassen/ Amazja sprach zum man Gottes/ Was sol man denn thun mit den hundert centenern die ich den Kriegsknechten von Israel gegeben habe? Der man Gottes sprach/ Der HERR hat noch mehr denn des ist/ das er dir geben kan.

Da sondert Amazja die Kriegsknecht abe die zu jm aus Ephraim komen waren/ das sie an jren ort hin giengen. Da ergrimmet jr zorn wider Juda seer/ vnd zogen wider an jren ort mit grimmigem zorn.

Vnd Amazja ward getrost vnd furet sein volck aus vnd zoch aus jns saltztal/ vnd schlug der kinder von Seir zehen tausent/ vnd die kin-

d ij   der Ju-

Das Ander Teil

der Juda fiengen jr zehen tausent lebendig/die füreten sie auff die spitze eines felses/vnd stürtzeten sie von der spitzen des felses/das sie alle zu borsten. Aber die Kriegsknecht / die Amazja hatte wider vmb lassen zihen/das sie nicht mit seinem volck zum streit zogen/theten sich nider jnn den stedten Juda/von Samaria an bis gen Bethhoron/vnd schlugen jr drey tausent/vnd namen viel raubes.

Vnd da Amazja wider kam von der Edomiter schlacht/bracht er die Götter der kinder von Seir/vnd stellet sie jm zu Götter/vnd bettet an fur jnen/vnd reucherte jnen. Da ergrimmet der zorn des HERRN vber Amazja/ vnd sandte einen Propheten zu jm/ der sprach zu jm/ Warumb suchestu die Götter des volcks/die jr volck nicht kundten erretten von deiner hand? Vnd da er mit jm redet/ sprach er zu jm/Hat man dich zu des Königs Rat gemacht? Höre auff/ Warumb wiltu geschlagen sein? Da höret der Propet auff vnd sprach/ Ich mercke wol/ das Gott sich beradten hat dich zuuerderben/das du solchs gethan hast/vnd gehorchest meinem rat nicht.

Vnd Amazja der König Juda ward rats/vnd sandte hin zu Joas dem son Joahas des sons Jehu dem Könige Israel/vnd lies jm sagen/Kom/las vns miteinander besehen. Aber Joas der König Israel sandte zu Amazja dem Könige Juda/vnd lies jm sagen/Der dornstrauch im Libanon sandte zum Cedern im Libanon/vnd lies jm sagen/gib deine tochter meinem son zum weibe/Aber das wild im Libanon lieff vber den dornstrauch/vnd zu trat jn. Du gedenckest/Sihe/ ich habe die Edomiter geschlagen/ des erhebt sich dein hertz/ das sichs rhüme/ Nu bleib daheimen/ warumb ringestu nach vnglück /das du fallest/vnd Juda mit dir?

Aber Amazja gehorcht nicht/ denn es geschach von Gott/das sie gegeben würden jnn die hand/ darumb das sie die Götter der Edomiter gesucht hatten. Da zoch Joas der König Israel erauff/vnd besahen sich miteinander/ er vnd Amazja der König Juda zu Beth Semes die jnn Juda ligt. Aber Juda ward geschlagen fur Israel/ vnd flohen ein jglicher jn seine hütten. Aber Amazja den König Juda den son Josaphat greiff Joas der son Joahas der König Israel zu Beth Semes/vnd bracht jn gen Jerusalem/vnd reis ein die mauren zu Jerusalem/vom thor Ephraim an/bis an das Eckthor/ vier hundert ellen lang/vnd alles gold vnd silber vnd alle gefess/die fur handen waren im Hause Gottes bey Obed Edom/ vnd jnn dem schatz im hause des Königes/vnd die kinder zu pfand/nam er mit sich gen Samaria.

Vnd Amazja der son Joas König Juda/lebt nach dem tod Joas des sons Joahas des Königs Israel funffzehen jar. Was aber mehr von Amazja zu sagen ist/ beide das erste vnd das letzte/ Sihe/ das ist geschrieben im Buch der Könige Juda vnd Israel. Vnd von der zeit an/da Amazja von dem HERRN abweich/ machten sie einen Bund wider jn zu Jerusalem / Er aber floch gen Lachis/ Da sandten sie jm nach gen Lachis vnd tödten jn daselbs. Vnd sie brachten jn auff rossen/ vnd begruben jn bey seine veter jnn der stad Juda.

XXVI

Da nam

Die Chronica. CLXXXI.

DA nam das gantze volck Juda Vsia/der war sechzehen jar alt/vnd machten jn zum Konige an seins vaters Amazja stat.Derselb bawet Eloth vnd bracht sie wider an Juda/nach dem der König entschlaffen war mit seinen vetern. Sechzehen jar alt war Vsia/da er König ward/vnd regiret zwey vnd funfftzig jar zu Jerusalem. Seine mutter hies Jechalja von Jerusalem/vnd thet das dem HERRN wolgefiel/wie sein vater Amazja gethan hatte/vnd er suchte Gott/so lang Sacharja lebet/der Lerer jnn den gesichten Gottes/vnd so lange er den HERRN suchet/lies jm Gott gelingen.

Denn er zoch aus vnd streit wider die Philister/vnd zu reis die mauren zu Gath/vnd die mauren zu Jabne vnd die mauren zu Asdod/ vnd bawete stedte vmb Asdod vnd vnter den Philistern/ Denn Gott halff jm wider die Philister/ wider die Araber/ wider die zu Gur Baal/ vnd wider die Meunniter. Vnd die Ammoniter gaben Vsia geschenck/vnd er ward berumbt bis man kompt jnn Egypten/Denn er ward jmer stercker vnd stercker. Vnd Vsia bawet thurme zu Jerusalem am eckthor vnd am talthor vnd an andern ecken/vnd befestiget sie.Er bawet auch schlösser jnn der wüsten vnd grub viel brunnen/ Denn er hatte viel viehs/beide jnn den awen vnd auff den ebenen/ auch ackerleut vnd weingartner an den bergen vnd am Charmel/ Denn er hatte lust zu ackerwerck.

Vnd Vsia hatte eine macht zum streit/die jnns heer zogen von Kriegsknechten/jnn der zal gerechnet/vnter der hand Jeiel des Schreibers vnd Maeseia des amptmans/ vnter der hand Hananja aus den obersten des Koniges.Vnd die zal der furnemesten veter vnter den starcken kriegern/war zwey tausent vnd sechs hundert/Vnd vnter jrer hand die heer macht dreihundert tausent vnd sieben tausent vnd funff hundert zum streit geschickt/jnn heers krafft zu helffen dem Könige wider die feinde.Vnd Vsia schickt jn fur das gantze heer/schilde/ degen/helm/pantzer/bogen vnd schleuder steine/Vnd machet zu Jerusalem brust were künstlich/ die auff den thürmen vnd ecken sein solten/zu schiessen mit pfeilen vnd grossen steinen.Vnd sein gerücht kam weit aus/Darumb das jm sonderlich geholffen ward/bis er mechtig ward.

Vnd da er mechtig worden war/erhub sich sein hertz zu seim verderben/ denn er vergreiff sich an dem HERRN seinem Gott/vnd gieng jnn den Tempel des HERRN zu reuchern auff dem reuch Altar.Aber Asarja der Priester gieng jm nach/vnd achtzig Priester des HERRN mit jm/redliche leute/vnd stunden wider Vsia den König vnd sprachen zu jm/Es gebürt dir Vsia nicht zu reuchern dem HERRN/ sondern den Priestern Aarons kindern/ die zu reuchern geheiligt sind/Gehe eraus aus dem Heiligthum/denn du vergreiffest dich/vn es wird dir keine ehre sein fur Gott dem HERRN.

Aber Vsia ward zornig/vnd hatte ein Reuchfas jnn der hand. Vnd da er mit den Priestern murret/fur der auffsatz ausan seiner stirn fur den Priestern im Hause des HERRN fur dem reuch Altar.Vnd Asarja der oberst Priester wand das heubt zu jm/ vnd alle Priester/ vnd sihe/ da war er aussetzig an seiner stirn/Vnd sie stiessen jn von

d iij   dannen

Das Ander Teil

dannen. Er eilet auch selbs eraus zu gehen/ denn seine plage war vom HERRN. Also war Usia der König aussetzig bis an seinen tod/ vnd wonet jnn eim freien hause aussetzig/ denn er ward verstossen vom Hause des HERRN. Jotham aber sein son stund des Königes hause fur/ vnd richtet das volck im lande.

Was aber mehr von Usia zu sagen ist/ beide das erste vnd das letzte/ hat beschrieben der Prophet Jesaia der son Amoz. Vnd Usia entschlieff mit seinen vetern/ vnd sie begruben jn bey seine veter im acker bey dem begrebnis der Könige/ Denn sie sprachen/ Er ist aussetzig. Vnd Jotham sein son ward König an seine stat.

XXVII

Jotham war fünff vñ zwenzig jar alt/ da er König ward vnd regiret sechzehen jar zu Jerusalē/ Seine mutter hies Jerusa eine tochter Zadock/ vnd thet das dē HERRN wol gefiel/ wie sein vater Usia gethan hatte/ on das er nicht jnn den Tempel des HERRN gieng/ vnd das volck sich noch verderbet. Er bawet das hohe thor am Hause des HERRN/ Vnd an der mauren Ophel bawet er viel/ Vnd bawet die stedte auff dem gebirge Juda/ vnd jnn den welden bawet er schlösser vnd thurne.

Vnd er streit mit dem Könige der kinder Ammon/ vnd er ward jr mechtig/ das jm die kinder Ammon dasselb jar gaben hundert centener silbers/ zehen tausent Cor weitzen/ vnd zehen tausent gersten/ So viel gaben jm die kinder Ammon auch im andern/ vnd im dritten jar. Also ward Jotham mechtig/ denn er richtet seine wege fur dem HERRN seinem Gott.

Was aber mehr von Jotham zu sagen ist/ vnd alle seine streite/ vnd seine wege/ sihe/ das ist geschrieben im Buch der Könige Israel vnd Juda. Fünff vnd zwenzig jar alt war er/ da er König ward/ vnd regiret sechzehen jar zu Jerusalem. Vnd Jotham entschlieff mit seinen vetern/ vnd sie begruben jn jnn die stad Dauid/ vnd sein son Ahas ward König an seine stat.

XXVIII.

Ahas war zwenzig jar alt/ da er König ward/ vnd regiret sechzehen jar zu Jerusalem/ vnd thet nicht das dem HERRN wol gefiel wie sein vater Dauid/ sondern er wandelt jnn den wegen der Könige Israel/ dazu machet er gegossen bilder Baalim/ vnd er rencherte im tal der kinder Hinnom/ vnd verbrand seinen son mit feur nach dem grewel der Heiden/ die der HERR fur den kindern Israel vertrieben hatte/ Vnd opfferte vnd rencherte auff den Höhen vnd auff den hügeln/ vnd vnter allen grünen bewmen.

Darumb gab jn der HERR sein Gott jnn die hand des Königes zu Syrien/ das sie jn schlugen/ vnd ein grossen hauffen von den seinen gefangen weg fureten/ vnd gen Damascon brachten. Auch ward er gegeben vnter die hand des Königes Israel/ das er ein grosse schlacht an

Die Chronica. CLXXXII.

cht an jm thet. Denn Pekah der son Remalja schlug jnn Juda hundert vnd zwenzig tausent auff einen tag/ die alle redliche leute waren/ darumb das sie den HERRN jrer veter Gott verliessen/ Vnd Sichri ein gewaltiger jnn Ephraim erwürget Maeseia den son des Königes/ vnd Asrikam den haus Fürsten/ vnd Elkana den nehesten nach dem Könige. Vnd die kinder Israel fureten gefangen weg von jren brüdern zwey hundert tausent/ weiber/ söne vnd töchter/ vnd namen dazu grossen raub von jnen/ vnd brachten den raub gen Samaria.

Er war aber daselbs ein Prophet des HERRN der hies Oded/ der gieng eraus dem heer entgegen das gen Samaria kam vnd sprach zu jnen/ Sihe/ Weil der HERR ewer veter Gott vber Juda zornig ist/ hat er sie jnn ewre hende gegeben/ jr aber habt sie erwürget so grewlich/ das jnn den himel reicht. Nu gedenckt jr die kinder Juda vnd Jerusalem euch zu vnterwerffen zu knechten vnd zu megden/ Ist das denn nicht schuld bey euch wider den HERRN ewern Gott? So gehorchet mir nu/ vn bringet die gefangenen wider hin/ die jr habt weg gefurt aus ewern brüdern/ denn des HERRN zorn ist vber euch ergrimmet.

Da machten sich auff etliche vnter den furnemesten der kinder Ephraim/ Asarja der son Johanan/ Berechia der son Mesillemoth/ Jehiskia der son Sallum/ vnd Amasa der son Hadlai/ wider die/ so aus dem heer kamen vnd sprachen zu jnen/ jr solt die gefangenen nicht herein bringen/ Denn jr gedenckt nur schuld fur dem HERRN vber vns/ auff das jr vnser sunde vnd schuld deste mehr machet/ Denn es ist zuuor der schuld zu viel/ vnd der zorn vber Israel ergrimmet. Da liessen die geharnschten die gefangenen vnd den raub fur den obersten vnd fur der gantzen Gemeine.

Da stunden auff die menner/ die jtzt mit namen genennet sind/ vnd namen die gefangenen/ vnd alle die blos vnter jnen waren/ zogen sie an von dem geraubten/ vnd kleideten sie vnd zogen jnen schuch an/ vnd gabe jnen zu essen vnd zu trincken/ vn salbeten sie/ vnd fureten sie auff eseln alle die schwach waren/ vnd brachten sie gen Jeriho zur palmen stad bey jre brüder/ vnd kamen wider gen Samaria.

Zu der selben zeit sandte der König Ahas zu den Königen von Assur/ das sie jm hülffen. Vnd es kamen abermal die Edomiter vnd schlugen Juda/ vnd fureten etliche weg. Auch thetten sich die Philister nider jnn den stedten jnn der awe vnd gegen mittag Juda/ vnd gewonnen Beth Semes/ Aialon/ Gederoth/ vnd Socho mit jren töchtern/ vnd woneten drinnen/ Denn der HERR demütiget Juda vmb Ahas willen des Königs Juda/ darumb das er Juda blos machet vnd vergreiff sich am HERRN. Vnd es kam wider jn Tiglath Pilneser von Assur/ der belagert jn/ Aber er kund jn nicht gewinnen.

Denn Ahas teilet das Haus des HERRN vnd das Haus des Königs vnd der obersten/ das er dem Könige zu Assur gab/ Aber es halff jn nichts/ Dazu jnn seiner not/ macht der König Ahas des vergreiffens am HERRN noch mehr/ vnd opfferte den Göttern

(Blos) Diesse blosse war/ das das volck nicht vnter Gott nach seinem eigen gut dunckel jnn Gottes dinst. Wie Exodi. 32. Aaron das volck entblosset.

d iij zu Da

Das Ander Teil

zu Damascon die jn geschlagen hatten vnd sprach/ Die Götter der Könige zu Syrien helffen jnen/ darumb wil ich jnen opffern/ das sie mir auch helffen/ so doch die selben/ jm vnd dem gantzen Jsrael ein fall waren.

Vnd Ahas bracht zu hauff die gefess des Hauses Gottes vnd samlet die gefess im Hause Gottes/ vnd schlos die thüren zu am Hause des HERRN/ vnd machet jm Altar jnn allen winckeln zu Jerusalem/ vnd jnn den stedten Juda hin vnd her macht er Höhen zu reuchern andern Göttern/ vnd reitzet den HERRN seiner veter Gott.

Was aber mehr von jm zu sagen ist/ vnd alle seine wege/ beide ersten vnd lezten/ sihe/ das ist geschrieben im Buch der Könige Juda vnd Jsrael. Vnd Ahas entschlieff mit seinen vetern/ vnd sie begruben jn jnn der stad zu Jerusalem/ Denn sie brachten jn nicht vnter die greber der Könige Jsrael/ vnd sein son Jehiskia/ ward König an seine stat.

XXIX.

Jehiskia war fünff vnd zwenzig jar alt/ da er König ward/ vnd regirt neun vnd zwenzig jar zu Jerusalem/ Seine mutter hies Abia eine tochter Sacharja/ Vnd er thet das dem HERRN wol gefiel/ wie sein vater Dauid. Er thet auff die thür am Hause des HERRN/ im ersten monden des ersten jars seins Königreichs/ vnd befestiget sie/ Vnd bracht hinein die Priester vnd Leuiten/ vnd versamlet sie auff der breiten gassen gegen morgen vnd sprach zu jnen.

Höret mir zu jr Leuiten/ heiliget euch nu/ das jr heiliget das Haus des HERRN ewer veter Gott/ vnd thut eraus den vnflat aus dem heiligthum/ Denn vnser veter haben sich vergriffen/ vnd gethan das dem HERRN vnserm Gott vbel gefelt/ vnd haben jn verlassen/ Denn sie haben jr angesicht von der wonung des HERRN gewand/ vnd den rucken zugekeret/ vnd haben die thür an der Halle zugeschlossen/ vnd die lampen ausgelesscht/ vnd kein reuchwerg gereuchert/ vnd kein Brandopffer gethan/ im heiligthum dem Gott Jsrael.

Daher ist der zorn des HERRN vber Juda vnd Jerusalem komen/ vnd hat sie gegeben jnn zurstrewung vnd verwüstung/ das man sie an pfeifft wie jr mit ewern augen sehet/ Denn sihe/ vmb des selben willen sind vnser veter gefallen durchs schwerd/ vnser söne/ töchter vnd weiber sind weg gefurt. Nu hab ichs im sinn einen Bund zu machen mit dem HERRN dem Gott Jsrael/ das sein zorn vnd grim sich von jm wende/ Nu meine söne/ seit nicht hinlessig/ Denn euch hat der HERR erwelet/ das jr fur jm stehen solt/ vnd das jr seine Diener vnd Reucher seit.

Da machten sich auff die Leuiten/ Mahath der son Amasai/ vnd Joel der son Asarja aus den kindern der Kahathiter/ Aus den kindern aber Merari/ Kis der son Abdi/ vnd Asarja der son Jehaleleel/ Aber aus den kindern der Gersoniter/ Joab der son Simma vnd Eden der son Joah/ Vnd aus den kindern Elizaphan/ Simri vnd Jeiel/ Vnd aus den kindern Assaph/ Sacharja vnd Mathania/ Vnd aus den kindern Heman/ Jehiel vnd Semei/ Vnd aus den kindern Jeduthun/

Die Chronica. CLXXXIII

thun/Semaea vnd Vsiel. Vnd sie versamleten jre brüder/vnd heiligeten sich/vnd giengen hinein nach dem Gebot des Königes aus dem wort des HERRN/zu reinigen das Haus des HERRN.

Die Priester aber giengen hinein jnnwendig jns Haus des HERRN zu reinigen/vnd thetten alle vnreinigkeit (die im Tempel des HERRN funden ward) auff den Hof am Hause des HERRN/ vnd die Leuiten namen sie auff/ vnd trugen sie hinaus jnn den bach Kidron. Sie fiengen aber an am ersten tage des ersten monden sich zu heiligen/ vnd am achten tage des monden giengen sie jnn die Halle des HERRN/vnd heiligeten das Haus des HERRN acht tage/ vnd volendeten es im sechzehenden tage des ersten monden.

Vnd sie giengen hinein zum Könige Hiskia vnd sprachen/Wir haben gereiniget das gantze Haus des HERRN/ den Brandopffers Altar vnd alle sein gerete / den tisch der Schawbrod vnd alle sein gerete/ vnd alle gefess die der König Ahas/ da er König war/ weg geworffen hatte/ da er sich versundigt/ die haben wir zu gericht vnd geheiliget/Sihe/sie sind fur dem Altar des HERRN. Da macht sich der König Hiskia frue auff/vnd versamlet die obersten der stad vnd gieng hinauff zum Hause des HERRN/ vnd brachten erzu sieben farren/sieben wider/sieben lemmer/ vnd sieben zigen böcke/ zum Sund opffer/ fur das Königreich/ fur das heiligthum/ vnd fur Juda/ Vnd er sprach zu den Priestern den kindern Aaron/das sie opffern solten auff dem Altar des HERRN.

Da schlachten sie die rinder/vnd die Priester namen das blut/vnd sprengeten es auff den Altar/ Vnd schlachten die wider/ vnd sprengeten das blut auff den Altar/vnd schlachten die lemmer/ vnd sprengeten das blut auff den Altar/vnd brachten die böcke zum Sundopffer fur dem Könige vnd der Gemeine/ vnd legten jre hende auff sie/ vnd die Priester schlachten sie/vnd entsundigeten jr blut auff dem Altar zu versunen das gantz Israel/ Denn der König hatte befolhen Brandopffer vnd Sundopffer fur das gantze Israel.

Vnd er stellet die Leuiten im Hause des HERRN /mit Cimbeln Psalter vnd harffen/wie es Dauid befolhen hatte vnd Gad der Schawer des Königes/ vnd der Prophet Nathan/Denn es war des HERRN Gebot durch seine Propheten. Vnd die Leuiten stunden mit den seiten spielen Dauid/vnd die Priester mit den drometen. Vnd Hiskia hies sie Brandopffer thun auff dem Altar/Vnd vmb die zeit/da man anfieng das Brandopffer/fieng auch an der gesang des HERRN vnd die drometen/vnd auff mancherley seiten spiel Dauid des Königes Israel/vnd die gantze Gemeine betet an / vnd der gesang der senger/ vnd das drometen der drometer/ weret alles bis das Brandopffer aus gericht war.

Da nu das Brandopffer ausgericht war/beuget sich der König vnd alle die bey jm fur handen waren/vnd betten an. Vnd der König Hiskia sampt den obersten hies die Leuiten den HERRN loben mit dem geticht Dauid vnd Assaph des Schawers/ Vnd sie lobeten bis sie frölich wurden/ vnd neigeten sich vnd betten an.

Vnd

Das Ander teil.

Vnd Hiskia antwortet vnd sprach/ Nu habt jr ewre hende gefüllet dem HERRN/ tretet hin zu/ vnd bringet her die opffer vnd Lobopffer zum Hause des HERRN. Vnd die Gemeine bracht erzu Jopffer vnd Lobopffer/ vnd jderman freiwilliges hertzen Brandopffer. Vnd die zal der Brandopffer/ so die Gemeine erzu brachte/ war/ siebenzig rinder/ hundert wider/ vnd zwey hundert lemmer/ vnd solchs alles zu brandopffer dem HERRN/ vnd sie heiligeten sechs hundert rinder/ vnd drey tausent schaf.

Aber der Priester war zu wenig/ vnd kundten nicht allen Brandopffern die haut abzihen/ Darumb namen sie jre brüder die Leuiten bis das werck ausgericht ward/ vnd bis sie die Priester heiligeten/ Denn die Leuiten sind leichter zu heiligen weder die Priester/ auch war der Brandopffer viel mit dem fett der Danckopffer vnd Tranckopffer zu den Brandopffern. Also ward das ampt am Hause des HERRN fertig. Vnd Hiskia frewet sich sampt allem volck/ das man mit Gott bereit war worden/ Denn es geschach plötzlich.

XXX.

Vnd Hiskia sandte hin zum gantzem Israel vnd Juda/ vnd schreib brieue an Ephraim vnd Manasse/ das sie kemen zum Hause des HERRN gen Jerusalem/ Passah zu halten dem HERRN dem Gott Israel. Vnd der König hielt einen rat mit seinen obersten/ vnd der gantzen Gemeine zu Jerusalem das Passah zu halten im andern monden/ Denn sie kundens nicht halten zur selben zeit/ darumb das der Priester nicht gnug geheiliget waren/ vnd das volck noch nicht zu hauff komen war gen Jerusalem. Vnd es gefiel dem Könige wol vnd der gantzen Gemeine/ Vnd bestelleten das solchs ausgerufen wurde durch gantz Israel von Berseba an bis gen Dan/ das sie kemen/ Passah zu halten dem HERRN dem Gott Israel zu Jerusalem/ Denn er war nicht viel/ die es hielten wie es geschrieben stehet.

Vnd die leuffer giengen hin mit den brieuen von der hand des Königes vnd seiner obersten/ durch gantz Israel vnd Juda/ aus dem befelh des Königs vnd sprachen/ Ir kinder Israel bekeret euch zu dem HERRN dem Gott Abraham/ Isaac vnd Israel/ so wird er sich keren zu den entrunnen die noch vbrig vnter euch sind aus der hand der Könige zu Assur/ vnd seit nicht wie ewre veter vnd brüder/ die sich an dem HERRN jrer veter Gott vergriffen/ vnd er sie gab jnn ein verwüstung/ wie jr selber sehet. So seit nu nicht halstarrig/ wie ewer veter/ sondern gebt ewre hand dem HERRN vnd komet zu seinem heiligthum/ das er geheiliget hat ewiglich/ vnd dienet dem HERRN ewern Got/ so wird sich der grim seins zorns von euch wenden/ Denn so jr euch bekeret zu dem HERRN/ so werden ewre brüder vnd kinder barmhertzigkeit haben fur denen die sie gefangen halten/ das sie wider jnn dis land komen/ Denn der HERR ewer Gott ist gnedig vnd barmhertzig/ vnd wird sein angesicht nicht von euch wenden/ so jr euch zu jm bekeret.

Vnd die leuffer giengen von einer stad zur andern im lande Ephraim vnd Manasse vnd bis gen Sebulon. Aber sie verlacheten vnd spotteten jr/ Doch etliche von Asser vnd Manasse vnd Sebulon/
demütigeten

Die Chronica. CLXXXIIII

demütigen sich vnd kamen gen Jerusalem. Auch kam Gottes hand jnn Juda/ das er jn gab einerley hertz zu thun nach des Königes vnd der obersten gebot aus dem wort des HERRN. Vnd es kam zu hauff gen Jerusalem ein gros volck/ zu halten das Fest der vngeseurten brod im andern monden/ ein seer grosse Gemeine.

Vnd sie machten sich auff vnd theten ab die Altar die zu Jerusalem waren/ vnd alle Reuchwerg thetten sie weg vnd worffen sie jnn den bach Kidron/ vnd schlachten das Passah am vierzehenden tage des andern monden. Vnd die Priester vnd Leuiten schemeten sich/ vnd heiligeten sich/ vnd brachten die Brandopffer zum Hause des HERRN/ vnd stunden jnn jrer ordnung/ wie sichs gebürt/ nach dem Gesetz Mose des mans Gottes. Vnd die Priester sprengeten das blut von der hand der Leuiten/ Denn jr waren viel jnn der Gemeine die sich nicht geheiliget hatten/ darumb schlachten die Leuiten das Passah fur alle die nicht rein waren/ das sie dem HERRN geheiliget wurden.

Auch war des volcks viel von Ephraim/ Manasse/ Jsaschar vnd Sebulon/ die nicht rein waren/ Sondern assen das Osterlamb/ nicht wie geschrieben stehet/ Denn Hiskia bat fur sie vnd sprach/ Der HERR der gütig ist/ wird gnedig sein allen die jr hertz schicken Gott zu suchen den HERRN den Gott jrer veter/ vnd nicht vmb der heiligen reinigkeit willen. Vnd der HERR erhöret Hiskia vnd heilet das volck. Also hielten die kinder Israel/ die zu Jerusalem funden wurden/ das Fest der vngeseurten brod sieben tage mit grosser freude. Vñ die Leuiten vnd Priester lobeten den HERRN alle tage mit starcken seiten spielen des HERRN.

(Heiligen reinigkeit). Das ist/ Got sihet das hertz an wenn das recht schaffen ist an Gott/ so fragt er nicht nach der eusserlichen reinigkeit/ die nach dem Gesetz heilig ist.

Vnd Hiskia redet hertzlich mit allen Leuiten/ die ein guten verstand hatten am HERRN/ vnd sie assen das Fest vber sieben tage/ vnd opfferten Danckopffer/ vnd danckten dem HERRN jrer veter Gott. Vnd die gantze Gemeine ward rats/ noch ander sieben tage zu halten/ Vnd hielten auch die sieben tage mit freuden. Denn Hiskia der König Juda/ gab ein Hebe fur die Gemeine/ tausent farren vnd sieben tausent schaf. Die obersten aber gaben eine Hebe fur die Gemeine/ tausent farren/ vnd zehen tausent schaf. Also heiligeten sich der Priester viel.

Vnd es freweten sich die gantze Gemeine Juda/ die Priester vnd Leuiten/ vnd die gantze Gemeine die aus Israel komen waren/ vnd die frembdlingen die aus dem lande Israel komen waren/ vnd die jnn Juda woneten/ vnd war eine grosse freude zu Jerusalem. Denn sint der zeit Salomo des sons Dauid des Königes Israel/ war solchs zu Jerusalem nicht gewesen. Vnd die Priester vnd die Leuiten stunden auff vnd segeneten das volck/ vnd jre stim ward erhöret/ vnd jr gebet kam hinein fur seine heilige wonung im himel.

XXXI.

Vnd da dis alles war ausgericht/ zogen hinaus alle Israeliten/ die vnter den stedten Juda funden wurden/ vnd zubrachen die seulen/ vnd hieben die Hayne ab/ vñ brachen ab die Höhen vnd Altar aus gantzem Juda/ Beniamin/ Ephraim vnd Manasse/ bis sie sie auff reumeten Vnd die kinder Israel zogen alle wider zu jrem gut jnn jre stedte.

Hiskia

Das Ander teil.

Hiskia aber stellet die Priester vnd Leuiten inn jre ordenunge/ ein jglichen nach seinem ampt/ beide der Priester vnd Leuiten/ zu Brandopffern vnd Danckopffern/ das sie dieneten/ danckten vnd lobeten jnn den thoren des lagers des HERRN. Vnd der Konig gab sein teil von seiner habe zu Brandopffern des morgens vnd des abends/ vnd zu Brandopffern des Sabbaths vnd newen monden vnd Festen/ wie es geschrieben stehet im Gesetz des HERRN.

Vnd er sprach zum volck/ das zu Jerusalem wonet/ das sie teil geben den Priestern vnd Leuiten/ auff das sie deste frisscher weren im Gesetze des HERRN. Vnd da das wort auskam/ gaben die kinder Israel viel erstlinge von getreide/ most/ öle/ honnig vnd allerley einkomens vom felde/ vnd allerley zehenden brachten sie viel hinein. Vnd die kinder Israel vnd Juda/ die jnn den stedten Juda woneten/ brachten auch zehenden von rindern vnd schafen/ vnd zehenden von dem geheiligeten/ das sie dem HERRN jrem Gott geheiliget hatten/ vnd machten hie ein hauffen vnd da ein hauffen. Im dritten monden fiengen sie an hauffen zu legen/ vnd im siebenden monden richten sie es aus.

Vnd da Hiskia mit den obersten hinein gieng/ vnd sahen die hauffen/ lobeten sie den HERRN vnd sein volck Israel. Vnd Hiskia fragt die Priester vnd Leuiten vmb die hauffen. Vnd Asarja der Priester der furnemest im hause Zadok/ sprach zu jm/ Sint der zeit man angefangen hat die Hebe zu bringen jnns Haus des HERRN/ haben wir gessen vnd sind satt worden/ vnd ist noch viel vber blieben/ Denn der HERR hat sein volck gesegenet/ darumb ist dieser hauffe vberblieben. Da befalh der Konig/ das man kasten zu bereiten solt am Hause des HERRN. Vnd sie bereiten sie zu/ vnd thetten hinein/ die Hebe/ die zehenden/ vnd das geheiligete/ auff glauben.

Vnd vber das selbe war Fürst Chananja der Leuit vnd Simei sein bruder der ander/ vnd Jehiel/ Asasja/ Nagath/ Asahel/ Jerimoth/ Josabad/ Eliel/ Jesmachja/ Mahath/ vnd Benaia/ verordnet von der hand Chananja vnd Simei seines bruders/ nach befelh des Konigs Hiskia. Aber Asarja war Fürst im Hause Gottes. Vnd Kore der son Jemna der Leuit der thorhüter gegen morgen war vber die freiwilligen gaben Gottes/ die dem HERRN zur Hebe gegeben wurden/ vnd vber die aller heiligsten/ Vnd vnter seiner hand waren/ Eden/ Miniamin/ Jesua/ Semaia/ Amarja vnd Sachanja jnn den stedten der Priester auff glauben/ das sie geben solten jren brüdern/ nach jrer ordenunge/ dem kleinesten wie dem grossen.

Dazu denen die gerechnet wurden fur mans bilde von drey jar alt vnd drüber/ vnter allen die jnn das Haus des HERRN giengen/ ein jglicher an seinem tage zu jrem ampt/ jnn jrer hut/ nach jrer ordnunge. Auch die fur Priester gerechnet wurden im hause jrer veter/ vnd die Leuiten/ von zwenzig jaren vnd drüber/ jnn jrer Hut/ nach jrer ordenung/ Dazu die gerechnet wurden vnter jre kinder/ weiber/ söne vnd töchter vnter der gantzen Gemeine/ Denn sie heiligeten auff jren glauben das geheiligete. Auch waren menner mit namen benennet vnter den kindern Aaron den Priestern auff den felden der vorstedte jnn allen stedten/ das sie teil geben allen mansbilden vnter den Priestern/ vnd allen die vnter die Leuiten gerechnet wurden. Also

Die Chronica. CLXXXV

Also thet Diskia jnn gantzem Juda/vnd thet was gut/recht vnd warhafftig war/fur dem HERRN seinem Gott. Vnd jnn allem thun/das er anfieng/am dienst des Hauses Gottes/nach dem Gesetz vnd Gebot/zu suchen seinen Gott/das thet er von gantzem hertzen/darumb geriet es jm auch wol.

XXXII

Nach diesen geschichten vnd trew/kam Sanherib der König zu Assur/vnd zoch jnn Juda/vnd lagert sich fur die festen stedte/vnd gedacht sie zu sich zu reissen. Vnd da Diskia sahe/das Sanherib kam/vnd sein angesicht stund zu streiten wider Jerusalem/ward er rats mit seinen obersten vnd gewaltigen zu zudecken die wasser von den brunnen/die draussen fur der stad waren/vnd sie hulffen jm/vnd es versamlet sich ein gros volck/vnd deckten zu alle brunne vnd wasch beche mitten jm lande vnd sprachen/das die Konige von Assur nicht viel wassers finden/wenn sie komen. Vnd er ward getrost vnd bawet alle mauren/wo sie lückicht waren/vnd machet thurne drauff/vnd bawet draussen noch ein andere maure/vnd befestiget Millo an der stad David/Vnd machet viel geschos vnd schilde/vnd stellet die Heubtleut jnn streit neben das volck.

Vnd samlet sie zu sich auff die breite gassen am thor der stad/ vnd redet hertzlich mit jnen vnd sprach/ Seit getrost vnd frisch/furcht euch nicht/vnd zaget nicht fur dem Konige von Assur/noch fur alle dem hauffen der bey jm ist/Denn es ist ein grösser mit vns weder mit jm/Mit jm ist ein fleischlicher arm/mit vns aber ist der HERR vnser Gott/das er vns helffe/vnd fure vnsern streit. Vnd das volck verlies sich auff die wort Diskia des Königs Juda.

Darnach sandte Sanherib der Konig zu Assur seine knechte gen Jerusalem (denn er lag fur Lachis/vnd alle seine herschafft mit jm) zu Diskia dem Konige Juda/vnd zum gantzen Juda/das zu Jerusalem war/vnd lies jm sagen/ So spricht Sanherib der König zu Assur/Wes vertröstet jr euch/die jr wonet jnn dem belagerten Jerusalem? Diskia beredt euch/das er euch gebe jnn den tod/hunger vnd durst/vnd spricht/Der HERR vnser Gott wird vns erretten von der hand des Königes zu Assur. Ist er nicht der Diskia/der seine Höhe vnd Altar weg gethan hat/vnd gesagt zu Juda vnd zu Jerusalem/fur einem Altar solt jr anbeten/vnd drauff reuchern?

Wisset jr nicht/was ich vnd meine veter gethan haben allen volckern jnn lendern? haben auch die Götter der Heiden jnn lendern mügen jre lender erretten von meiner hand? Wer ist vnter allen Göttern dieser Heiden/die meine veter verbannet haben/der sein volck hab mügen erretten von meiner hand? das ewer Gott euch solt mügen erretten aus meiner hand/So last euch nu Diskia nicht auff setzen/vnd last euch solchs nicht bereden/vnd gleubt jm nicht/Denn so kein Gott aller Heiden vnd Königreich hat sein volck mügen von meiner vnd meiner veter hand erretten/ so werden euch auch ewre Götter nicht erretten von meiner hand. e Dazu

Das Ander Teil

Dazu redeten seine knechte noch mehr wider den HERRN den Gott vnd wider seinen knecht Diskia. Auch schreib er brieue zu hohn sprechen dem HERRN dem Gott Israel/ vnd redet von jm vnd sprach/ Wie die Götter der Heiden inn lendern jr volck nicht haben errettet von meiner hand/ so wird auch der Gott Diskia sein volck nicht erretten von meiner hand. Vnd sie rieffen mit lauter stim auff Jüdisch zum volck zu Jerusalem/ das auff der mauren war/ sie furchtsam zu machen vnd zuerschrecken/ das sie die stad gewünnen/ Vnd redeten wider den Gott Jerusalem/ wie wider die Götter der volcker auff erden/ die menschen hende werck waren.

Aber der König Diskia vnd der Prophet Jesaia der son Amoz/ betten da wider vnd schrien gen himel. Vnd der HERR sandte einen Engel/ der vertilget alle gewaltigen des heers/ vnd Fürsten vnd obersten im lager des Königs zu Assur/ das er mit schanden wider jnn sein land zoch. Vnd da er jnn seines Gottes Haus gieng/ felleten jn daselbs durchs schwerd/ die von seinem eigen leibe auskomen waren. Also halff der HERR Diskia vnd den zu Jerusalem aus der hand Sanherib des Konigs zu Assur/ vnd aller ander/ vnd enthielt sie fur allen vmbher/ das viel dem HERRN geschenck brachten gen Jerusalem vnd kleinote Diskia dem Könige Juda/ Vnd er ward darnach erhaben fur allen Heiden.

Zu der zeit ward Diskia todkranck/ vnd er bat den HERRN/ der geredt jm/ vnd gab jm ein wunder. Aber Diskia vergalt nicht/ wie jm gegeben war/ denn sein hertz erhub sich/ Darumb kam der zorn vber jn/ vnd vber Juda vnd Jerusalem. Aber Diskia demütiget sich/ das sein hertz sich erhaben hatte/ sampt denen zu Jerusalem/ Darumb kam der zorn des HERRN nicht vber sie weil Diskia lebet.

Vnd Diskia hatte seer grossen reichtum vnd ehre/ vnd macht jm schetze von silber/ gold/ eddel steinen/ wurtze/ schilde vnd allerley köstlichem gerete/ vnd kornheuser zu dem einkomen des getreides/ mosts vnd öles/ vnd stelle fur allerley vieh/ vnd hurten fur die schafe/ vnd bawet jm stedte/ vnd hatte vieh an schafen vnd rindern die menge. Denn Gott gab jm seer gros gut. Er ist der Diskia der die hohe wasser quelle jnn Gihon zudecket/ vnd leitet sie hin vntern von abent werds zur stad Dauid/ Denn Diskia war glückselig jnn alle seinen wercken. Da aber die Dolmetscher der obersten von Babel zu jm gesand waren/ zu fragen nach dem wunder/ das im lande geschehen war/ verlies jn Gott also/ das er jn versucht/ auff das kund wurde alles was jnn seinem hertzen war.

Was aber mehr von Diskia zu sagen ist/ vnd seine barmhertzigkeit/ sihe/ das ist geschrieben jnn dem gesicht des Propheten Jesaia des sons Amoz/ im Buch der Konige Juda vnd Israel. Vnd Diskia entschlieff mit seinen vetern/ vnd sie begruben jn vber die greber der kinder Dauid/ vnd gantz Juda vnd die zu Jerusalem thetten jm ehre jnn seinem tod/ vnd sein son Manasse ward König an seine stat.

XXXIII.

Manasse

Die Chronica. CLXXXVI.

MAnasse war zwelff jar alt da er König ward/ vnd regiret fünff vnd fünfftzig jar zu Jerusalem/ vnd thet das dem HERRN vbel gefiel nach den greweln der Heiden/ die der HERR fur den kindern Israel vertrieben hatte/ vnd keret sich vmb vnd bawet die Höhen/ die sein vater Hiskia abgebrochẽ hatte/ vñ stifftet Baalim Altar/ vnd machet Haine vnd bettet an allerley heer am himel vnd dienet jnen/ Er bawet auch Altar im Hause des HERRN/ dauon der HERR gered hat/ zu Jerusalem sol mein name sein ewiglich. Vnd bawet Altar allerley heer am himel/ inn beiden höfen am Hause des HERRN. Vnd er lies seinen son durchs fewer gehen im tal des sons Hinnon/ vnd welet tage/ vnd achtet auff vogel geschrey/ vnd zauberte/ vnd stifftet warsager vnd zeichen deuter/ vnd thet viel/ das dem HERRN vbel gefiel/ jn zu reitzen.

Er setzet auch bilder vnd Götzen die er machen lies/ jns Haus Gottes/ dauon der HERR Dauid gered hatte vnd Salomo seinem son/ inn diesem Hause zu Jerusalem die ich erwelet habe für allen stemmen Israel/ wil ich meinen namen setzen ewiglich/ vnd wil nicht mehr den fus Israel lassen weichen vom lande/ das ich jren vetern bestellet habe/ so ferne sie sich halten/ das sie thun alles was ich jnen geboten habe/ inn allem Gesetze/ geboten vñ rechten durch Mose. Aber Manasse verfuret Juda vnd die zu Jerusalem/ das sie erger theten denn die Heiden/ die der HERR für den kindern Israel vertilget hatte. Vnd wenn der HERR mit Manasse vnd seinem volck reden lies/ merckten sie nichts drauff.

Darumb lies der HERR vber sie komen die obersten des heers des Königs zu Assur/ die namen Manasse gefangen mit fesseln/ vnd bunden jn mit keten/ vnd brachten jn gen Babel. Vnd da er jnn der angst war/ flehet er fur dem HERRN seinem Gott/ vnd demütiget sich seer fur dem Gott seiner veter/ Vnd bat vnd flehet jn. Da erhöret er sein flehen/ vnd bracht jn wider gen Jerusalem zu seinem Königreich. Da erkennet Manasse/ das der HERR Gott ist.

Darnach bawet er die eussersten mauren an der stad Dauid/ von abent werds an Gihon jm bach vnd da man zum fisch thor eingehet/ vnd vmbher an Ophel/ vnd machet sie seer hoch/ Vnd legt Heubtleute jnn die festen stedte Juda/ Vnd thet weg die frembden Götter/ vnd die Götzen aus dem Hause des HERRN/ vnd alle Altar/ die er gebawet hatte auff dem berge des Hauses des HERRN/ vnd zu Jerusalem/ vnd warff sie hinaus fur die stad/ Vnd richtet zu den Altar des HERRN/ vnd opfferte drauff/ Danckopffer vnd Lobopffer/ vnd befalh Juda/ das sie dem HERRN dem Gott Israel dienen solten. Doch opfferte das volck auff den Höhen/ wie wol dem HERRN jrem Gott.

Was aber mehr von Manasse zu sagen ist/ vnd sein gebet zu seinem Gott/ vnd die rede der Schawer die mit jm redten im namen des HERRN des Gottes Israel/ Sihe/ die sind vnter den geschichten der Könige Israel/ vnd sein gebet vnd flehen vnd alle seine sünde vnd missethat/ vnd die stet darauff er die Höhen bawete vnd Hayne vnd

e ij   Götzen

Das Ander teil.

Götzen stifftet/ehe denn er gedemütiget ward/Sihe/die sind geschrieben vnter den geschichten der Schawer. Vnd Manasse entschlieff mit seinen vetern/vnd sie begruben jn jnn seinem hause/vnd sein son Amon ward König an seine stat.

Zwey vnd zwenzig jar alt war Amon/da er König ward/vnd regiret zwey jar zu Jerusalem/vnd thet das dem HERRN vbel gefiel wie sein vater Manasse gethan hatte. Vnd Amon opfferte allen Götzen/die sein vater Manasse gemacht hatte vnd dienet jnen. Aber er demütiget sich nicht fur dem HERRN/wie sich sein vater Manasse gedemütiget hatte/Denn er Amon macht der schuld viel. Vnd seine knechte machten einen Bund wider jn/vnd tödten jn jnn seinem hause. Da schlug das volck im lande alle die den Bund wider den König Amon gemacht hatten/Vnd das volck im lande machet Josia seinen son zum Könige an seine stat.

XXXIIII.

Echt jar alt war Josia da er König ward/vnd regiret ein vnd dreissig jar zu Jerusalem/vnd thet das dem HERRN wol gefiel/vnd wandelt jnn den wegen seins vaters David/vnd weich weder zur rechten noch zur lincken/Denn im achten jar seines Königreichs/da er noch ein knabe war/fieng er an zusuchen den Gott seins vaters David/vnd im zwelfften jar fieng er an zu reinigen Juda vnd Jerusalem/von den Höhen vnd Hayen vnd Götzen vnd gegossen bildern/vnd lies fur jm abbrechen die Altar Baalim/vnd die bilder oben drauff hieb er oben erab/Vnd die Hayne/vnd Götzen vnd bilder zubrach er vnd macht sie zu staub/vnd strewet sie auff die greber/dere die jnen geopffert hatten/Vnd verbrand die gebeine der Priester auff den Altaren/vnd reiniget also Juda vnd Jerusalem. Dazu jnn den stedten Manasse/Ephraim/Simeon/vnd bis an Naphthali jnn jren wüsten vmbher/Vnd da er die Altar vnd Hayne abbrochen/vnd die Götzen klein zu malmet/vnd alle bilder abgehawen hatte im gantzen lande Israel/kam er wider gen Jerusalem.

Im achtzehenden jar seines Königreichs/da er das land vnd das Haus gereiniget hatte/sandte er Saphan den son Azalja vnd Maeseia den stadvogt/vnd Joah den son Joahas den Cantzler/zu bessern das Haus des HERRN seines Gottes/Vnd sie kamen zu dem Hohen Priester Hilkia/vnd man gab jnen das geld/das zum Hause Gottes gebracht war/welchs die Leniten die an der schwelle hutten/gesamlet hatten/von Manasse/Ephraim vnd von allem vbrigen jn Israel/vnd von gantzem Juda vnd Ben Jamin/vnd von denen die zu Jerusalem woneten/vnd gabens vnter die hende den erbeitern die bestellet waren am Hause des HERRN. Vnd sie gabens denen die da erbeiten am Hause des HERRN/vnd wo es bawfellig war/das sie das haus besserten. Die selben gabens fort den zimmerleuten vnd bawleuten/gehawen stein/vnd gehoffelt holtz zu keuffen/zu den balcken an den heusern/welche die Könige Juda verderbet hatten. Vnd die menner erbeiten am werck auff glauben.

Vnd es waren vber sie verordent/Jahath vnd Obadja die Leniten aus den kindern Merari/Sacharja vnd Mesullam aus den kindern

Die Chronica.

dern der Kahathiten/ das werck zu treiben/ vnd waren alle Leuiten die auff seiten spiel kunden. Aber vber die last treger vnd treiber zu allerley erbeit jnn allen empten/ waren aus den Leuiten/ die schreiber/ amptleut/ vnd thorhüter.

Vnd da sie das geld eraus namen/ das zum Hause des HERRN eingelegt war/ fand Hilkia der Priester das Buch des Gesetzs des HERRN durch Mose gegeben. Vnd Hilkia antwortet vnd sprach zu Saphan dem schreiber/ Ich habe das Gesetz Buch funden im hause des HERRN/ Vnd Hilkia gab das Buch Saphan. Saphan aber brachts zum Könige/ vnd sagt dem Könige wider vnd sprach/ alles was vnter die hende deiner knechte gegeben ist/ das machen sie/ vñ sie haben das geld zu hauff geschut/ das im Hause des HERRN funden ist/ vnd habens gegeben denen die verordenet sind vnd den erbeitern. Vnd Saphan der schreiber saget dem Könige an vnd sprach/ Hilkia der Priester hat mir ein buch gegeben.

Vnd Saphan las drinnen fur dem Könige. Vnd da der König die wort des Gesetzs höret/ zureiss er seine kleider. Vnd der König gebot Hilkia vnd Ahikam dem son Saphan/ vnd Abdon dem son Micha/ vnd Saphan dem schreiber/ vnd Asaia dem knecht des Königs vnd sprach/ Gehet hin/ fraget den HERRN fur mich/ vnd fur die vbrigen jnn Israel/ vnd fur Juda vber den worten des buchs das funden ist/ Denn der grim des HERRN ist gros/ der vber vns entbrand ist/ das vnser veter nicht gehalten haben das wort des HERRN/ das sie theten/ wie geschrieben stehet jnn diesem buch.

Da gieng Hilkia hin/ sampt den andern vom Könige gesand zu der Prophetin Hulda dem weibe Sallum des sons Thakehath des sons Hasra des kleider huters/ die zu Jerusalem wonete im andern teil/ vnd redten solchs mit jr. Vnd sie sprach zu jnen/ So spricht der HERR der Gott Israel/ sagt dem man/ der euch zu mir gesand hat. So spricht der HERR/ Sihe/ ich wil vnglück bringen vber diese stet vnd jre einwoner/ alle die flüche/ die geschrieben stehen im buch/ das man fur dem Könige Juda gelesen hat. Darumb das sie mich verlassen haben/ vnd andern Göttern gereuchert/ das sie mich reitzeten mit allerley wercken jrer hende/ Vnd mein grim sol an gezündet werden auff diese stete vnd nicht ausgeleschet werden.

Vnd zum Könige Juda/ der euch gesand hat den HERRN zu fragen/ solt jr also sagen/ So spricht der HERR der Gott Israel/ von den worten die du gehöret hast/ darumb das dein hertz weich worden ist/ vnd hast dich gedemütiget fur Gott/ da du seine wort höretest wider diese stet/ vnd wider jre einwoner/ vnd hast dich fur mir gedemütiget/ vnd deine kleider zu rissen/ vnd fur mir geweinet/ So hab ich dich auch erhöret/ spricht der HERR/ Sihe/ ich wil dich samlen zu deinen vetern/ das du jnn dein grab mit friden gesamlet werdest/ das deine augen nicht sehen alle das vnglück/ das ich vber diese stet vnd jre einwoner bringen wil. Vnd sie sagten dem Könige wider.

Da sandte der König hin vnd lies zu hauffe komen alle Eltesten

Das Ander teil.

jnn Juda vnd Jerusalem/ Vnd der König gieng hinauff jns Haus des HERRN/ vnd alle man Juda vnd einwoner zu Jerusalem/ die Priester/ die Leuiten vnd alles volck beide klein vnd gros/ vnd wurden fur jren ohren gelesen alle wort im Buch des Bunds/ das im Hause des HERRN funden war. Vnd der König trat an seinen ort/ vnd machet einen Bund fur dem HERRN/ das man dem HERRN nach wandeln solt/ zuhalten seine Gebot/ zeugnis vnd rechte/ von gantzem hertzen vnd von gantzer seelen/ zu thun nach allen worten des Bunds/ die geschrieben stunden jnn diesem buch.

Vnd stunden da alle die zu Jerusalem vnd jnn BenJamin fürhanden waren. Vnd die einwoner zu Jerusalem theten nach dem Bund Gottes jrer veter Gott. Vnd Josia thet weg alle grewel aus allen landen/ die der kinder Israel waren/ vnd schafft/ das alle die jnn Israel funden wurden/ dem HERRN jrem Gott dieneten/ So lang Josia lebt/ wichen sie nicht von dem HERRN jrer veter Gott.

XXXV.

VNd Josia hielt dem HERRN Passah zu Jerusalem/ vnd schlachtet das Passah im vierzehenden tage des ersten monden/ vnd er stellet die Priester jnn jre hut/ vnd sterket sie zu jrem ampt im Hause des HERRN vnd sprach zu den Leuiten/ die jnn gantz Israel lereten vnd dem HERRN geheiliget waren/ Thut die heilige Lade jns Hans/ das Salomo der son Dauid des Königs Israel gebawet hat/ Jr solt sie nicht auff den schultern tragen. So dienet nu dem HERRN ewrem Gott vnd seinem volck Israel/ vnd schickt das haus ewer veter jnn ewer ordenung/ wie sie beschrieben ist von Dauid dem Könige Israel vnd seinem son Salomo/ vnd stehet im heiligthum nach der ordenung der veter heuser vnter ewren brüdern/ Auch die ordenung der veter heuser vnter den Leuiten/ Vnd schlachtet das Passah vnd schickt ewere brüder/ das sie thun nach dem wort des HERRN durch Mose.

Vnd Josia gab zur Hebe fur den Gemeinen man lemmer vnd junge zigen (alles zu dem Passah/ fur alle die fur handen waren) an der zal dreissig tausent/ vnd drey tausent rinder/ vnd alles von dem gut des Königes. Seine Fürsten aber gaben zur Hebe freiwillig fur das volck vnd fur die Priester vnd Leuiten (nemlich Hilkia/ Sachar ja vn Jehiel die Fürsten im Hause Gottes vnter den Priestern) zum Passah/ zwey tausent vnd sechs hundert/ Dazu drey hundert rinder. Aber Chanania/ Semaia/ Nethaneel vnd seine brüder/ Hasab ja/ Jeiel vnd Josabad der Leuiten obersten/ gaben zur Hebe den Leuiten zum Passah/ fünff tausent/ vnd dazu fünff hundert rinder.

Also ward der Gottes dienst beschickt/ vnd die Priester stunden an jrer stete/ vnd die Leuiten jnn jrer ordenung nach dem Gebot des Königs. Vnd sie schlachten das Passah/ vnd die Priester namen von jren henden vnd sprengeten/ vnd die Leuiten zogen jnen die haut abe/ vnd thetten die Brandopffer dauon/ das sie es geben vnter die teil der veter heuser jnn jrem gemeinen hauffen/ dem HERRN zu opffern/ wie es geschrieben stehet im Buch Mose/ So theten sie mit den rindern.
auch.

Die Chronica. CLXXXVIII

auch. Vnd sie kocheten das Passah am feur/ wie sichs gebürt/ Aber was geheiliget war/ kocheten sie inn töpffen/ kesseln/ vnd pfannen/ vnd sie machtens eilend fur den gemeinen hauffen. Darnach aber bereiten sie auch fur sich vnd fur die Priester/ denn die Priester die kinder Aaron schafften an dem Brandopffer vnd fetten bis inn die nacht/ Darumb musten die Leuiten für sich vnd für die Priester die kinder Aaron zu bereiten.

Vnd die Senger die kinder Assaph stunden an jrer stete nach dem gebot Dauid vnd Assaph vnd Heman vnd Jedithun des Schawers des Königes/ vnd die thorhüter an allen thoren/ Vnd sie wichen nicht von jrem ampt/ Denn die Leuiten jre brüder bereiten zu fur sie. Also ward beschickt aller Gottes dienst des HERRN des tages/ das man Passah hielt vnd Brandopffer thet auff dem Altar des HERREN/ nach dem gebot des Königs Josia.

Also hielten die kinder Israel die fur handen waren/ Passah zu der zeit/ vnd das Fest der vngeseurten brod sieben tage. Es war kein Passah gehalten inn Israel wie das/ von der zeit an Samuel des Propheten/ vnd kein König Israel hat solch Passah gehalten/ wie Josia Passah hielt/ vnd die Priester/ Leuiten/ gantz Juda/ vnd was von Israel fur handen war/ vnd die einwoner zu Jerusalem/ Im achtzehenden jar des Königreichs Josia ward dis Passah gehalten.

Nach diesem/ da Josia das Haus zu gericht hate/ zoch Necho der König inn Egypten erauff zu streiten wider Charchemis am Phrath. Vnd Josia zoch aus jm entgegen/ Aber er sandte boten zu jm vnd lies jm sagen/ Was habe ich mit dir zu thun König Juda? Ich kome jtzt nicht wider dich/ sondern ich streite wider ein haus/ vnd Gott hat gesagt/ ich sol eilen. Höre auff von Gott der mit mir ist/ das er dich nicht verderbe. Aber Josia wendet sein angesicht nicht von jm/ sondern stellet sich mit jm zu streiten/ vnd gehorchet nicht den worten Necho aus dem munde Gottes/ vnd kam mit jm zu streiten auff der ebene bey Megiddo. Aber die schützen schossen den König Josia/ vnd der König sprach zu seinen knechten/ füret mich hin vber/ denn ich bin seer wund/ Vnd seine knechte theten jn von dem wagen vnd füreten jn auff seinem andern wagen/ vnd brachten jn gen Jerusalem/ vnd er starb vnd ward begraben vnter den grebern seiner veter.

Vnd gantz Juda vnd Jerusalem trugen leide vmb Josia/ vnd Jeremia klagte Josia/ vnd alle Senger vnd sengerin redten jre klage liede vber Josia bis auff diesen tag/ vnd machten eine gewonheit draus inn Israel/ Sihe/ es ist geschrieben vnter den klage lieden. Was aber mehr von Josia zu sagen ist vnd seine barmhertzigkeit nach der Schrifft im Gesetz des HERRN/ vnd seine geschichte beide ersten vnd letzten/ sihe/ das ist geschrieben im Buch der Könige Israel vnd Juda.

XXXVI.

e iiij   Vnd

Das Ander Teil

Vnd das volck im lande nam Joahas den son Josia vnd machten jn zum Könige an seines vaters stat zu Jerusalem. Drey vnd zwenzig jar alt war Joahas/da er König ward/vnd regiret drey monden zu Jerusalem/Denn der König inn Egypten setzet jn ab zu Jerusalem/vnd büsset das land vmb hundert centener silbers vnd ein centener golds. Vnd der König jnn Egypten macht Eliakim seinen bruder zum könige vber Juda vnd Jerusalem/vnd wandelt seinen namen Joiakim. Aber seinen bruder Joahas nam Necho vnd bracht jn jnn Egypten.

Fünff vnd zwenzig jar alt war Joiakim da er König ward/vnd regiret eilff jar zu Jerusalem/vnd thet das dem HERRN seinem Gott vbel gefiel/Vnd NebucadNezar der König zu Babel zoch wider jn erauff vnd band jn mit keten/das er jn gen Babel füret. Auch bracht NebucadNezar etlich gefes des Haus des HERRN gen Babel/vnd thet sie jnn seinen Tempel zu Babel. Was aber mehr von Joiakim zu sagen ist/vnd seine grewel die er thet/vnd die an jm funden wurden/sihe/die sind geschrieben im Buch der Könige Israel vnd Juda. Vnd sein son Joiachin ward König an seine stat.

Acht jar alt war Joiachin da er König ward/vnd regiret drey monden vnd zehen tage zu Jerusalem/vnd thet das dem HERRN vbel gefiel. Da aber das jar vmb kam/sandte hin NebucadNezar/vnd lies jn gen Babel holen mit den köstlichen gefessen im Hause des HERRN/vnd machet Zedekia seinen bruder zum Könige vber Juda vnd Jerusalem.

Ein vnd zwenzig jar alt war Zedekia da er König ward/vnd regiret eilff jar zu Jerusalem/vnd thet das dem HERRN seinem Gott vbel gefiel/vnd demütiget sich nicht fur dem Propheten Jeremja der do redet aus dem munde des HERRN/ Dazu ward er abtrünnig von NebucadNezar dem Könige zu Babel/der ein eid bey Gott von jm genomen hatte/vnd ward halstarrig vnd verstockt sein hertz/das er sich nicht bekeret zu dem HERRN dem Gott Israel. Auch alle obersten vnter den Priestern sampt dem volck machten des sündigen viel nach allerley grewel der Heiden/vnd verunreinigeten das Haus des HERRN/das er geheiliget hatte zu Jerusalem.

(Frue)
Das ist/Er sagts jnen zeitlich zuuor das sie zeit gnug hatten allewege sich zu bessern/ehe die straffe keme.

Vnd der HERR jrer veter Gott/sandte zu jnen durch seine boten frue/Denn er schonete seines volcks vnd seiner wonung/Aber sie spotteten der boten Gottes/vnd verachten seine wort/vnd effeten seine Propheten/bis der grim des HERRN vber sein volck wuchs/das kein heilen mehr da war. Denn er füret vber sie den König der Chaldeer/vnd lies erwürgen jr junge manschafft mit dem schwerd im Hause jres heiligthums/vnd verschonete weder der jünglinge noch jungfrawen/weder der alten noch der gros veter/alle gab er sie jnn seine hand.

Vnd alle gefess im Hause Gottes gros vnd klein/die schetze im Hause des HERRN/vnd die schetze des Königs vnd seiner Fürsten/alles lies er gen Babel furen/Vnd sie verbranten das Haus Gotes vñ brachen ab die mauren zu Jerusalẽ/vñ alle jre pallast brandten sie mit feur

Die Chronica. CLXXXIX.

fewr aus / das alle jre köstliche gerete verderbet wurden. Vnd furet weg gen Babel wer vom schwerd vber blieben war / vnd wurden seine vnd seiner söne knechte / bis das Königreich der Persen regirte / das erfüllet wurde das wort des HERRN / durch den mund Jeremja / bis das land an seinen Sabbathen gnug hette / denn die gantze zeit vber der verstörung war Sabbath bis das siebenzig jar vol worden.

Aber im ersten jar Cores des Königes jnn Persen / das erfüllet wurde das wort des HERRN durch den mund Jeremja geredt / erweckt der HERR den Geist Cores des Königs jnn Persen / das er lies ausschreien durch sein gantzes Königreich auch durch schrifft vnd sagen. So spricht Cores der König jnn Persen / Der HERR der Gott von himel / hat mir alle Königreich jnn landen gegeben / vnd hat mir befolhen / jm ein haus zu bawen zu Jerusalem jnn Juda. Wer nu vnter euch seins volcks ist / mit dem sey der HERR sein Gott / vnd zihe hinauff
A M E N.

Ende des Ander Teils der Chronica.

Das buch Esra.

I.

Im ersten jar Cores des Königes inn Persen/ das erfüllet würde das wort des HERRN durch den mund Jeremja gered/ erwecket der HERR den geist Cores des Königes inn Persen/ das er lies aus schreien durch sein gantzes Königreich/ auch durch Schrifft/ vnd sagen/ So spricht Cores der König inn Persen/ Der HERR der Gott von Himel hat mir alle Königreich inn landen gegeben / vnd er hat mir befolhen jm ein haus zu bawen zu Jerusalem jnn Juda. Wer nu vnter euch seins volcks ist/ mit dem sey sein Gott/ vnd er zihe hinauff gen Jerusalem jnn Juda/ vnd bawe das Haus des HERRN des Gottes Israel. Er ist der Gott/ der zu Jerusalem ist. Vnd wer noch vberig ist/ an allen örten/ da er frembdling ist/ dem helffen die leute seins orts mit silber vnd gold/ gut vnd viehe/ aus freiem willen zum Hause Gottes zu Jerusalem.

Da machten sich auff die obersten veter aus Juda vnd BenJamin / vnd die Priester vnd Leniten/ aller der Geist Gott erwecket/ hinauff zu zihen/ vnd zu bawen das Haus des HERRN zu Jerusalem/ Vnd alle die vmb sie her waren/ sterckten jre hand / mit silbern vnd gülden gerete/ mit gut vnd vihe/ vnd kleinot/ on was sie freiwillig gaben.

Vnd der König Cores thet eraus die gefess des Hausses des HERREN/ die NebucadNezar aus Jerusalem genomen/ vnd jnn seins Gottes Haus gethan hatte/ Aber Cores der König inn Persen thet sie eraus durch Mitherdath den schatzmeister/ vnd zelet sie dar Sesbazar dem Fürsten Juda. Vnd dis ist jre zal/ dreissig güldene becken/ vnd tausent silbern becken/ neun vnd zwenzig messer/ dreissig güldene becher/ vnd der andern silbern becher / vier hundert vud zehen/ vnd ander gefess tausent/ Das aller gefess beyde gülden vnd silbern/ waren fünff tausent vnd vier hundert. Alle bracht sie Sesbazar erauff/ mit denen die aus dem gefengnis von Babel erauff zogen gen Jerusalem.

II.

Dis sind die kinder aus den landen/ die erauff zogen aus dem gefengnis die NebucadNezar der König zu Babel/ hatte gen Babel gefurt vnd wider gen Jerusalem vnd jnn Juda kamen/ ein jglicher jnn seine stad/ vnd kamen mit Serubabel/ Jesua/ Nehemja/ Seraja/ Reelja/ Mardochai/ Bisan/ Mispar/ Bigenai/ Rehum vnd Baena.

Dis

Die Chronica. CXC

Dis ist nu die zal der menner des volcks Israel/Der kinder Parees/ zwey tausent hundert vnd zwey vnd siebenzig. Der kinder Sephatia/ drey hundert vnd zwey vnd siebenzig. Der kinder Arah/ sieben hundert vnd fünff vnd siebenzig. Die kinder Pahath Moab vnter den kindern Jesua Joab/ zwey tausent acht hundert vnd zwelffe. Der kinder Elam/ tausent zwey hundert vnd vier vnd fünffzig. Der kinder Sathu/ neun hundert vnd fünff vnd vierzig. Der kinder Sacai/ sieben hundert vnd sechzig. Der kinder Bani/ sechs hundert vnd zwey vnd vierzig. Die kinder Bebai/ sechs hundert vnd drey vnd zwenzig. Der kinder Asgad/ tausent zwey hundert vnd zwey vnd zwenzig. Der kinder Adonikam/ sechs hundert vnd sechs vnd sechzig. Der kinder Bigenai/ zwey tausent vnd sechs vnd funffzig. Der kinder Adin/ vier hundert vnd vier vnd funffzig. Der kinder Ater von Piskia/ acht vnd neunzig. Der kinder Bezai/ drey hundert vnd drey vnd zwenzig. Der kinder Jorah/ hundert vnd zwelffe. Der kinder Hasum/ zwey hundert vnd drey vnd zwenzig. Der kinder Gibbar fünff vnd neunzig.

Der kinder Bethlehem/ hundert vnd drey vnd zwenzig. Der menner Nethopha/ sechs vnd funffzig. Der menner von Anathoth/ hundert vnd acht vnd zwenzig. Der kinder Asmaueth/ zwey vnd vierzig. Der kinder von Kiriath Arim/ Caphira vnd Beeroth/ sieben hundert vnd drey vnd vierzig. Der kinder von Rama vnd Gaba/ sechs hundert vnd ein vnd zwenzig. Der menner von Michmas/ hundert vnd zwey vnd zwenzig. Der menner von Bethel vnd Ai/ zwey hundert vnd drey vnd zwenzig. Der kinder Nebo/ zwey vnd funffzig. Der menner von Magbis/ hundert vnd sechs vnd funffzig. Der kinder des andern Elam/ tausent zwey hundert vnd vier vnd fünffzig. Der kinder Harim/ drey hundert vnd zwenzig. Der kinder Lod Hadid vnd Ono/ sieben hundert vnd fünff vnd zwenzig. Die kinder Jereho/ drey hundert vnd fünff vnd vierzig. Der kinder Senaa/ drey tausent sechs hundert vnd dreissig.

Der Priester. Der kinder Jdaia vom Hause Jesua/ neun hundert vnd drey vnd siebenzig. Der kinder Jmmer/ tausent vnd zwey vnd funffzig. Die kinder Pashur/ tausent zwey hundert vnd sieben vnd vierzig. Die kinder Harim/ tausent vnd siebenzehen.

Der Leuiten. Der kinder Jesua vnd Kadmiel von den kindern Hodau ja/ vier vnd siebenzig.

Der Senger. Der kinder Assaph/ hundert vnd acht vnd zwenzig. Der kinder der thorhüter/ die kinder Sallum/ die kinder Ater/ die kinder Talmon/ die kinder Akub/ die kinder Hatita/ vnd die kinder Sobai/ allersampt hundert vnd neun vnd dreissig.

Der Nethinim. Die kinder Ziha/ die kinder Hasupha/ die kinder Tabaoth/ die kinder Keros/ die kinder Sieha/ die kinder Padon/ die kinder Lebana/ die kinder Hagaba/ die kinder Akub/ die kinder Hagab/ die kinder Samlai/ die kinder Hanan/ die kinder Giddel/ die kinder Gahar/ die kinder Reaia/ die kinder Rezin/ die kinder Nekoda/ die kinder Gasam/ die kinder Psa/ die kinder Passeah/ die kinder Bessai die kinder

Das Buch

kinder Asna / die kinder Meunim / die kinder Nephussim / die kinder Bakbuk / die kinder Hakupha / die kinder Harhur / die kinder Bazeluth / die kinder Mehira / die kinder Harsa / die kinder Barkom / die Sissera / die kinder Thamah / die kinder Neziah / die kinder Hatipha.

Der kinder der knechte Salomo / die kinder Sotai / die kinder Sophereth / die kinder Pruda / die kinder Jaela / die kinder Darkon / die kinder Giddel / die kinder Sephatja / die kinder Hattil / die kinder Pochereth von Zebaim / die kinder Ami. Aller Nethinim vnd kinder der knechte Salomo waren zusampt drey hundert vnd zwey vnd neunzig.

Vnd diese zogen auch mit erauff / Mithel / Melah / Thel / Harsa / Cherub / Addon vnd Immer / Aber sie kundten nicht anzeigen jrer veter haus noch jren samen / ob sie aus Israel weren. Die kinder Delaia / die kinder Tobia / die kinder Nekoda / sechs hundert vñ zwey vnd funffzig. Vnd von den kindern der Priester / die kinder Habaia / die kinder Hakoz / die kinder Barsillai / der aus den töchtern Barsillai des Gileaditer ein weib nam / vnd ward vnter der selben namen genennet / die selben suchten jre geburt register / vnd funden keine / darumb wurden sie vom Priestertum los / Vnd Hathirsatha sprach zu jnen / sie solten nicht essen vom aller heiligsten / bis ein Priester stunde mit dem Liecht vnd Rechtschaffen.

Der gantzen Gemeine / wie ein man / war zwey vnd vierzig tausent / drey hundert vnd sechzig / ausgenomen jre knechte vnd megde / der waren sieben tausent drey hundert vnd sieben vnd dreissig / Vnd hatten zwey hundert Senger vnd sengerin / sieben hundert vnd sechs vnd dreissig ross / zwey hundert vnd funff vnd vierzig meuler / vier hundert vnd funff vnd dreissig Kamelen / vnd sechs tausent sieben hundert vnd zwenzig esel.

Vnd etlich der obersten veter / da sie kamen zum Hause des HERREN zu Jerusalem / wurden sie freiwillig zum Hause Gottes das mans setzete auff seiner stet / vnd gaben nach jrem vermügen zum schatz ans werck / ein vnd sechzig tausent gülden / vnd fünff tausent pfund silbers / vnd hundert Priester röcke. Also setzten sich die Priester vnd die Leuiten / vnd etliche des volcks / vnd die Senger vnd die thorhüter vnd die Nethinim jnn jre stedte / vnd alles Israel jnn seine stedte.

III.

Vnd da man erlanget hatte den siebenden monden / vnd die kinder Israel nu jnn jren stedten waren / kam das volck zusamen / wie ein man / gen Jerusalem. Vnd es macht sich auff Jesua der son Jozadak vnd seine brüder die Priester / vnd Serubabel der son Sealthiel vnd seine brüder / vnd baweten den Altar des Gottes Israel / Brandopffer drauff zu opffern / wie es geschrieben stehet im Gesetze Mose desmans Gottes / vnd richten zu den Altar auff sein gestüle (denn es war ein schrecken vnter jnen von den völckern jnn lendern) vnd op-

vnd opfferten dem HERRN Brandopffer drauff/des morgens vnd des abents.

Vnd hielten der Laubhütten fest/wie es geschrieben stehet/vnd theten Brandopffer alle tage nach der zal wie sichs gebürt/ein jglichen tag sein opffer. Darnach auch die teglichen Brandopffer/vnd der newen monden/vnd aller Fest tagen des HERRN die geheiliget waren/vnd allerley freiwillige opffer/die sie dem HERRN freiwillig theten. Am ersten tage des siebenden monden fiengen sie an dem HERRN Brandopffer zu thun. Aber der grund des Tempels des HERRN war noch nicht gelegt. Sie gaben aber geld den steinmetzen vnd zimmerleuten vnd speis vnd tranck vnd öle denen zu Zidon vñ zu Tiro/das sie Cedern holtz vom Libanon auffs meer gen Japho brechten/nach dem befelh Cores des Königs jnn Persen an sie.

Im andern jar jrer zukunfft zum Hause Gottes gen Jerusalem des andern monden fiengen an Serubabel der son Sealthiel vnd Jesua der son Jozadak vnd die vbrigen jrer brüder/Priester vnd Leuiten/vnd alle die vom gefengnis komen waren gen Jerusalem/vnd stelleten die Leuiten von zwenzig jaren vnd drüber/zu treiben das werck am Hause des HERRN/ Vnd Jesua stund mit seinen sönen vnd brüdern/vnd Kadmiel mit seinen sönen/vnd die kinder Juda/wie ein man/zu treiben die erbeiter am Hause Gottes/nemlich/die kinder Henadad mit jren kindern vnd jren brüdern die Leuiten.

Vnd da die Bawleut den grund legten am Tempel des HERRN stunden die Priester angezogen/mit drometen.Vnd die Leuiten die kinder Assaph mit Cimbeln zu loben den HERRN mit dem geticht Dauid des Koniges Israel/ Vnd sungen vmb ein ander mit loben vnd dancken dem HERRN/das er gütig ist/vnd seine barmhertzigkeit ewiglich weret vber Israel/Vnd alles volck dönet laut mit loben den HERRN/das der grund am Hause des HERRN gelegt war/Aber viel der alten Priester vnd Leuiten vnd obersten veter/die das vorige Haus gesehen hatten jnn seinem grund/vnd dis Haus fur jren augen war/weineten sie laut.Viel aber döneten mit freuden/das das geschrey hoch erschal/das das volck nicht erkennen kund das dönen mit freuden/fur dem geschrey des weinens im volck/denn das volck dönete laut/das man das geschrey ferne hörete.

IIII.

Aber die widersacher Juda vnd BenJamin höreten/das die kinder des gefengnis dem HERRN dem Gott Israel den Tempel baweten/kamen sie zu Serubabel vñ zu den obersten vetern/vnd sprachen zu jnen/Wir wöllen mit euch bawen/ Denn wir suchen ewern Gott gleich wie jr/Vnd wir haben nicht geopffert sint der zeit Assar Hadon der König zu Assur vns hat her auff gebracht. Aber Serubabel vnd Jesua vnd die andern obersten veter vnter Israel antworten jnen/Es zimet sich nicht vns vnd euch das Haus vnsers Gottes zu bawen/sondern wir wollen alleine bawen dem HERRN dem Gott Israel/wie vns Cores der König jnn Persen geboten hat.

f Da

Das Buch

Da hinderte das volck im lande die hand des volcks Juda/vnd schrecketen sie ab im bawen/vnd dingeten Ratgeber wider sie/vnd verhinderten jren Rat so lange Cores der König inn Persen lebet/bis an das Königreich Darios des Königs inn Persen. Aber da Ahasueros König ward im anfang seines Königreichs/schrieben sie eine anklage wider die von Juda vnd Jerusalem.

Vnd zun zeiten Arthahsastha schreib/Bislam/Mitherdath/Tabeel vnd die andern jres Rats/zu Arthahsastha dem Könige jnn Persen/Die schrifft aber des brieues war auff Syrisch geschrieben/vnd ward auff Syrisch ausgelegt/Rehum der Cantzeler/vnd Simsai der schreiber schrieben diesen brief wider Jerusalem zum Arthahsastha dem Könige. Wir Rehum der Cantzeler vnd Simsai der schreiber/vnd andere des Rats von Dina/von Apharsath/von Tharplat/von Persen/von Arach/von Babel/von Susan/von Deha/vnd von Elam/vnd die ander völcker welche der grosse vnd berumbte Asnaphar heruber bracht/vnd sie gesetzt hat jnn die stedte Samaria/vnd andere disseit des wassers/vnd jnn Canaan. Vnd dis ist der jnnhalt des brieues/den sie zu dem Könige Arthahsastha sandten.

Deine knechte die menner disseit des wassers vnd jnn Chanaan. Es sey kund dem Könige/das die Jüden/die von dir zu vns erauff komen sind gen Jerusalem jnn die auffrürige vnd böse stad/bawen die selbige/vnd machen jre mauren/vnd furen sie aus dem grunde/So sey nu dem Könige kund/wo diese stad gebawet wird/vnd die mauren wider gemacht/so werden sie schos/zoll vnd jerliche zinse nicht geben/Vnd jr fürnemen wird den Königen schaden bringen. Nu wir aber alle da bey sein/die wir den Tempel zu störet haben/haben wir die schmach des Königes nicht lenger wollen sehen/Darumb schicken wir hin vnd lassens dem Könige zu wissen thun/Das man lasse suchen jnn den Chroniken deiner veter/so wirstu finden jnn den selben Chroniken vnd erfaren/das diese stad auffrürisch vnd schedlich ist den Königen vnd landen/vnd machen das andere auch abfallen/von alters her/darumb die stad auch zustöret ist. Darumb thun wir dem Könige zu wissen/das wo diese stad gebawet wird/vnd jre mauren gemacht/so wirstu fur jr nichts behalten disseit des wassers.

Da sandte der König ein antwort zu Rehum dem Cantzeler/vnd Simsai dem schreiber vnd den andern jrs Rats die jnn Samaria woneten/vnd den andern jensit dem wasser/Frid vnd grus/Der brieff den jr vns zugeschickt habt/ist öffentlich fur mir gelesen/vnd ist von mir befolhen/das man suchen solt/vnd man hat funden/das diese stad von alters her wider die Könige sich emporet hat/vnd auffrur vnd abfall drinnen geschicht. Auch sind mechtige Könige zu Jerusalem gewesen/die geherschet haben vber alles das jensit des wassers ist/jnn zol/schos/vnd jerliche zinse gegeben worden/So thut nu nach diesem befehl/weret den selben mennern/das die stad nicht gebawet werde/bis das von mir der befelh gegeben werde/So sehet nu zu/das jr nicht hinlessig hirinnen seit/da mit nicht schade entstehe dem Konige

Da nu der brieff des Königes Arthahsastha gelesen ward für
Rehum

Esra.

Rehum vnd Simsai dem schreiber vnd jrem Rat/zogen sie eilend hin͛
auff gen Jerusalem zu den Juden/vnd wereten jnen mit dem arm
vnd gewalt. Da höret auff das werck am Hause Gottes zu Jerusa͛
lem/vnd bleib nach bis jns ander jar Darios des Königes jnn Persen

V.

Es weissageten aber die Propeten Haggai vnd Sach͛
ar ja der son Jddo/zu den Jüden die jnn Juda vnd Je
salem waren/im namen des Gottes Israel. Da mach͛
ten sich auff Serubabel der son Sealthiel/vnd Jesua
der son Jozadak/vnd fiengen an zu bawen das Haus
Gottes zu Jerusalem/vnd mit jnen die Propheten Got͛
tes die sie sterckten. Zu der zeit kam zu jnen Thathnai der Landpfle͛
ger disseit des wassers vnd Sthar von Bosen vnd jr Rat vnd sprach͛
en also zu jnen/Wer hat euch befolhen dis Haus zu bawen vnd seine
mauren zu machen? Da sagten wir jnen wie die menner hiessen/die die
sen baw theten/ Aber das auge jres Gottes kam auff die Eltesten der
Jüden/das jnen nicht geweret ward/bis das man die sach an Darios
gelangen liesse/vnd darüber eine schrifft wider keme.

Dis ist aber der jnnhalt des brieues Thathnai der Landpfle͛
gers disseit des wassers/vnd Sthar von Bosen vnd jr rat von Aphar͛
sach/die disseit des wassers waren/an den König Darios/ Vnd die
wort die sie zu jm sandten lauten also. Dem Könige Darios/allen fri
den. Es sey kund dem Könige/das wir jns Jüdische land komen sind
zu dem Hause des grossen Gottes/welchs man bawet mit allerley
steinen/vnd balcken legt man jnn die wende/vñ das werck gehet frisch
von statten vnter jrer hand. Wir aber haben die Eltesten gefragt vnd
zu jnen gesagt also/ Wer hat euch befolhen dis haus zu bawen vnd
seine mauren zu machen? Auch fragten wir wie sie hiessen/auff das
wir sie dir kund theten / vnd haben die namen beschrieben der men͛
ner die jre obersten waren.

Sie aber gaben vns solche wort zu antwort vnd sprachen/ Wir
sind knechte des Gottes himels vnd der erden/vnd bawen das Haus
das vor hin vor vielen jaren gebawet war/das ein grosser König Is͛
rael gebawet hat vnd auff gericht. Aber da vnsere veter den Gott von
Himel erzurneten/gab er sie jnn die hand Nebucad Nezar des Köni
ges zu Babel des Chaldeers/ der zubrach dis Haus/vnd furet das
volck weg gen Babel. Aber im ersten jar Cores des Koniges zu Babel
befalh der selbe König Cores dis Haus Gottes zu bawen/ Denn
auch die gülden vnd silbern gefess im Hause Gottes/die Nebucad Ne
zar aus dem Tempel zu Jerusalem nam vnd bracht sie jnn den Tem͛
pel zu Babel/nam der König Cores aus dem Tempel zu Babel vnd
gab sie Sesbazar mit namen/den er zum Landpfleger setzt/ vnd spra
ch zu jm/Diese gefess nim/zeuch hin vnd bringe sie jnn den Tempel zu
Jerusalem/vnd las das Haus Gottes bawen an seiner stet. Da kam
der selbe Sesbazar vnd legt den grund am Hause Gottes zu Jerusa͛
lem/sint der zeit bawet man vnd ist noch nicht volendet.

Gefellet es nu dem Könige/so lasse er suchen jnn dem schatz hau͛
se des Koniges/das zu Babel ist/ obs von dem Konige Cores befo͛

f ij   len sey

Das Buch

len sey das Haus Gottes zu Jerusalem zu bawen/ vnd sende zu vns des Konigs meinung vber diesem.

VI.

DA befalh der Konig Darios/ das man suchen solt jnn der Cancelley im Schatz hause des Koniges/ die zu Babel lag. Da fand man zu Ahmetha im schlos das jnn Meden ligt ein Buch/ vnd stund also drinnen eine geschicht geschrieben. Im ersten jar des Koniges Cores/ befalh der Konig Cores/ das Haus Gottes zu Jerusalem zu bawen/ an der stet da man opffert/ vnd den grund legen zur höhe sechzig ellen/ vnd zur weite auch sechzig ellen/ vnd drey wende von allerley steinen/ vnd eine wand von holtz/ vnd die kost sol vom hause des Koniges gegeben werden/ Dazu die gülden vnd silbern gefess des Hauses Gottes die NebucadNezar aus dem Tempel zu Jerusalem genomen/ vnd gen Babel gebracht hat/ sol man wider geben/ das sie wider gebracht werden jnn den Tempel zu Jerusalem an jre stat im Hause Gottes.

So macht euch nu ferne von jnen/ du Thathnai Landpfleger jensit des wassers/ vnd Sthar von Bosen/ vnd jrer Rat von Apharsach die jr jensit des wassers seit/ Last sie erbeiten am Hause Gottes/ das der Jüden Landpfleger vnd jre Eltesten das Haus Gottes bawen an seiner stet. Auch ist von mir befolhen/ was man den Eltesten Juda thun sol zu bawen das Haus Gottes/ nemlich/ das man aus des Koniges gütern von den rendten jensit des wassers mit vleis neme/ vnd gebs den leuten/ vnd das man jnen nicht were.

Vnd ob sie durfften/ kelber/ lemmer oder böcke zum Brandopffer dem Gott von Himel/ weitzen/ saltz/ wein vnd öle nach der weise der Priester zu Jerusalem/ sol man jnen geben teglich sein gebür/ vnd das solchs nicht hinlessig geschehe/ das sie opffern zum süssen geruch dem Gott von Himel/ vnd bitten fur des Koniges leben vnd seiner kinder/ Von mir ist solcher befelh geschehen/ Vn̄ welcher mensch diese wort verendert/ von des Hause sol man einen balcken nemen vnd auff richten vnd jn dran hengen/ vnd sein haus sol verkaufft werden vmb der that willen. Der Gott aber der im Himel wonet/ bringe vmb alle Konige vnd volck/ das seine hand aus recket zu endern vnd zu brechen das Haus Gottes jnn Jerusalem/ Ich Darios habe dis befolhen/ das es mit vleis gethan werde.

Da thetten mit vleis Thathnai der Landpfleger jensit dem wasser/ vnd Sthar von Bosen mit jrem Rat/ zu welchen der König Darios gesand hatte. Vnd die Eltesten der Jüden baweten/ vnd es gieng von statten durch die weissagung des Propheten Haggai vnd Sachar ja des sons Jddo/ vnd baweten vnd richten auff nach dem befelh des Gottes Israel/ vnd nach dem befelh Cores/ Darios vnd Arthahsastha der Konige jnn Persen. Vnd volbrachten das haus bis an dritten tag des monden Adar/ das war das sechste jar des Konigreichs des Königs Darios.

Vnd die

Vnd die kinder Jsrael/ die Priester/ die Leuiten vnd die andern kinder der gefengnis hielten Einweihung des Hauses Gottes mit freuden/ vnd opfferten auff die einweihung des Hauses Gottes/ hundert kelber/ zwey hundert lemmer/ vier hundert böcke/ vnd zum Sundopffer fur gantzes Jsrael zwelff zigen böcke/ nach der zal der stemme Jsrael/ vnd stelleten die Priester jnn jre ordenung vnd die Leuiten jnn jre hut/ zu dienen Gott der jnn Jsrael ist/ wie es geschrieben stehet im buch Mose.

Vnd die kinder des gefengnis hielten Passah im vierzehenden tage des ersten monden/ Denn die Priester vnd Leuiten hatten sich gereiniget/ das sie alle rein waren/ wie ein man/ vnd schlachteten das Passah für alle kinder des gefengnis/ vnd für jre brüder die Priester vnd fur sich/ Vnd die kinder Jsrael/ die aus dem gefengnis waren wider komen/ vnd alle die sich zu jnen abgesondert haten von der vnreinigkeit der Heiden im lande/ zu suchen den HERRN den Gott Jsrael/ assen vnd hielten das Fest der vngeseurten brod sieben tage mit freuden/ denn der HERR hatte sie frölich gemacht vnd das hertz des Koniges zu Assur zu jnen gewand/ das sie gesterckt wurden im werck am Hause Gottes/ der Gott Jsrael ist.

VII.

Nach diesen geschichten im Königreich Arthahsastha des Koniges jnn Persen/ zoch erauff von Babel Esra der son Seraja/ des sons Asarja/ des sons Hilkia/ des sons Sallum/ des sons Zadok/ des sons Ahitob/ des sons Amarja/ des sons Asarja/ des sons Meraioth des sons Serahja/ des sons Vsi/ des sons Buki/ des sons Pinehas/ des sons Eleasar/ des sons Aaron des obersten Priesters/ welcher war ein geschickter Schrifftgelerter im Gesetze Mose/ das der HERR der Gott Jsrael gegeben hat/ Vnd der Konig gab jm alles was er fodert/ nach der hand des HERRN seines Gottes vber jn.

Vnd es zogen erauff etliche der kinder Jsrael/ vnd der Priester vnd der Leuiten/ der Senger/ der thorhüter vnd der Nethinim gen Jerusalem/ im siebenden jar Arthahsastha des Koniges. Vnd sie kamen gen Jerusalem im fünfften monden/ das ist das siebende jar des Koniges/ Denn am ersten tag des ersten monden ward er rats erauff zu zihen von Babel/ vnd am ersten tage des fünfften monden kam er gen Jerusalem/ nach der guten hand Gottes vber jm/ Denn Esra schickt sein hertz zu suchen das Gesetz des HERRN/ vnd zu thun vnd zu leren jnn Jsrael gebot vnd rechte.

Vnd dis ist der innhalt des brieues/ den der Konig Arthahsastha gab Esra dem Priester dem Schrifftgelerten/ der ein lerer war jnn den worten des HERRN vnd seiner gebot vber Jsrael. Arthahsastha Konig aller Konige. Esra dem Priester vnd Schrifftgelerten im gesetz des Gottes von himel/ frid vnd grus. Von mir ist befolhen/ das al-

f iij   le die

Das Buch

le die da freiwillig sind jnn meinem Reich/ des volcks Jsrael/vnd der Priester vnd Leuiten/ gen Jerusalem zu zihen / das die mit dir zihen/ vom Konige vnd sieben Ratherrn gesand zu besuchen Juda vnd Jerusalem/nach dem Gesetz Gottes/ das vnter deiner hand ist/Vnd mit nemest silber vnd gold/ das der Konig vnd seine Ratherrn freiwillig geben dem Gott Jsrael/ des wonunge zu Jerusalem ist/ vnd allerley silber vnd gold/ das du finden kanst/ jnn der gantzen landschafft/ zu Babel/mit dem/ das das volck vnd die Priester freiwillig geben/ zum Hause Gottes zu Jerusalem.

Alle dasselb nim vnd keuffe mit vleis von dem selben gelde/kelber/ lemmer/bocke/ vnd Speis opffer vnd Tranckopffer / das man opffer auff dem Altar beim Hause ewers Gottes zu Jerusalem/ Dazu was dir vnd deinen brudern mit dem vbrigen gelde zu thun gefelt/das thut nach dem willen ewers Gottes/ Vnd die gefes die dir gegeben sind zum ampt im Hause deines Gottes/ vberantworte fur Gott zu Jerusalem/Auch was mehr not sein wird zum Hause deines Gottes/das dir fur felt aus zu geben/ das las geben aus der kamer des Koniges. Ich Konig Arthahsastha habe dis befolhen den schatzmeistern jensit des wassers/das was Esra von euch fodern wird der Priester vnd Schrifft gelerter im Gesetz Gottes vom Himel/ das jr das vleissig thut/bis auff hundert centener silbers/ vnd auff hundert Cor weitzen/vnd auff hundert Bath weins/vnd auff hundert Bath oles/vnd saltzes on mas. Alles was gehoret zum Gesetze Gottes vom Himel/ das man dasselb vleissig thu zum Hause Gottes vom Himel/ das nicht ein zorn kome vber des Koniges Konigreich vnd seine kinder.

Vnd euch sey kund/das jr nicht macht habt/zins/ zol/ vnd jerliche rendte zu legen auff jrgent einen Priester/Leuiten/ Senger/ thorhuter/Nethinim vnd dienern im Hause dieses Gottes. Du aber Esra nach der weisheit deines Gottes/ die vnter deiner hand ist/setze Richter vnd Pfleger/die alles volck richten das jenseis des wassers ist/alle die das Gesetz deines Gottes wissen/vnd welche es nicht wissen/die leret es.Vnd alle die nicht mit vleis thun werden das Gesetz deines Gottes/ vnd das Gesetz des Konigs/ der sol sein vrteil vmb der that willen haben/ es sey zum tod oder jnn die acht / oder zur busse am gut oder jns gefengnis.

Gelobet sey der HERR vnser veter Gott/der solchs hat dem Konige eingegeben/ das er das Haus Gottes zu Jerusalẽ zieret.Vnd hat zu mir barmhertzigkeit geneiget fur dem Konige vnd seinen Ratherrn vnd allen gewaltigen des Koniges. Vnd ich ward getrost nach der hand des HERRN meines Gottes vber mir/vnd versamlet die heubter aus Jsrael/das sie mit mir hinauff zogen.

VIII.

DIs sind die heubter jrer veter die gerechnet wurden/ die mit mir erauff zogen von Babel zun zeiten da der Konig Arthahsastha regirte.Von den kindern Pinehas/Gersom.Von den kindern Jthamar/Daniel. Von den kindern Dauid/Hattus. Von den kindern Sechanja der kinder Pareos/Sacharja/ vnd mit jm mans bilde gerechnet hundert vnd funffzig. Von den kindern Pahath Moab/Elioenai

Esra. CXCIIII.

oenai der son Serahja/ vnd mit jm zwey hundert mans bilde. Von den kindern Sechanja der son Jehasiel/ vnd mit jm drey hundert mans bilde. Von den kindern Adin Ebed/ der son Jonathan/ vnd mit jm funffzig mans bilde.

Von den kindern Elam/ Jesaja der son Athalja/ vnd mit jm siebenzig mans bilde. Von den kindern Sephatja/ Sebadia der son Michael/ vnd mit jm achtzig mans bilde. Von den kindern Joab/ Obadja der son Jehiel/ vnd mit jm zwey hundert vnd achtzehen mans bilde. Von den kindern Selomith/ der son Josiphja/ vnd mit jm hundert vnd sechzig mans bilde. Von den kindern Bebai/ Sacharja der son Bebai/ vnd mit jm acht vnd zwenzig mans bilde. Von den kindern Asgad/ Johanan der jüngst son/ vnd mit jm hundert vnd zehen mans bilde. Von den letzten kindern Adonikam vnd hiessen also/ Eliphelet/ Jehiel/ vnd Semaia/ vnd mit jnen sechzig mans bilde. Von den kindern Bigenai/ Vthai vnd Sabud/ vnd mit jm siebenzig mans bilde. Vnd ich versamlent sie ans wasser das gen Ahena kompt/ vnd blieben drey tage daselbs.

Vnd da ich achten hatte auffs volck vnd die Priester/ fand ich keine Leuiten daselbs/ Da sandte ich hin Elieser/ Ariel/ Semaia/ Elnathan/ Jarib/ Elnathan/ Nathan/ Sacharja/ vnd Mesullam die öbersten/ vnd Joiarib vnd Elnathan die Lerer/ vnd sand sie aus zu Jddo dem öbersten gen Casphia/ das sie vns holeten Diener im Hause vnsers Gottes/ vnd ich gab jnen ein was sie reden solten mit Jddo vnd seinen brüdern den Nethinim zu Casphia. Vnd sie brachten vns/ nach der guten hand vnsers Gottes vber vns/ einen klugen man aus den kindern Maheli das sons Leui des sons Israel/ Serebja mit seinen sönen vnd brüdern/ achtzehen/ Vnd Hasabia/ vnd mit jm Jesaia von den kindern Merari/ mit seinen brüdern vnd jren sönen/ zwenzig/ Vnd von den Nethinim/ die Dauid vnd die Fürsten gaben zu dienen den Leuiten/ zwey hundert vnd zwenzig/ alle mit namen genennet.

Vnd ich lies daselbs am wasser bey Ahena eine fasten aus ruffen/ das wir vns demütigeten fur vnserm Gott/ zu suchen von jm einen richtigen weg fur vns vnd vnser kinder vnd alle vnser habe/ Denn ich schemete mich vom Könige geleit vnd reuter zufodern/ vnd wider die feinde zu helffen auff dem wege/ Denn wir hatten dem Konige gesagt/ Die hand vnsers Gottes ist zum besten vber allen die jn suchen/ vnd seine stercke vnd zorn vber alle die jn verlassen. Also fasteten wir vnd suchten solchs an vnserm Gott/ vnd er höret vns.

Vnd ich sonderte zwelffe aus den öbersten Priestern/ Serebja vnd Hasabja vnd mit jnen jrer brüder zehen/ vnd wug jn dar das silber vnd gold vnd gefess zur Hebe dem Hause vnsers Gottes/ welche der Konig vnd seine Ratherrn vñ Fürsten vnd gantz Israel das fur handen war/ zur Hebe gegebē hatten/ Vñ wug jn dar vnter jre hand sechs hundert vnd funffzig centener silbers/ vnd an silbern gefess hundert centner/ vnd an golde hundert centener/ zwenzig gülden becher/ die hatten tausent gülden/ vnd zwey gute eherne köstliche gefess lauter

f iiij   wie gold

Das Buch

wie gold/vnd sprach zu jnen/jr seit heilig dem HERRN/ so sind die gefeſs auch heilig/dazu das frey gegeben ſilber vnd gold dem HERREN ewer veter Gott/ So wachet vnd bewaret es bis das jrs darweget fur den öberſten Prieſtern vnd Leuiten vnd oberſten vetern vnter Iſrael zu Jeruſalem/jnn den kaſten des Hauſes des HERRN. Da namen die Prieſter vnd Leuiten das gewogen ſilber vnd gold vnd gefeſs/das ſie es brechten gen Jeruſalem zum Hauſe vnſers Gottes.

Alſo brachen wir auff von dem waſſer Ahena am zwelfften tage des erſten monden/das wir gen Jeruſalem zögen/ vnd die hand vnſers Gottes war vber vns/ vnd errettet vns von der hand der feinde vnd hinderhalt auff dem wege/ Vnd kamen gen Jeruſalem/ vnd blieben daſelbs drey tage. Aber am vierden tage ward gewogen das ſilber vnd gold vnd gefeſs/jns haus vnſers Gottes/ vnter die hand Meremoth des ſons Vria des Prieſters/ vnd mit jm Eleaſar dem ſon Pinehas/vnd mit jnen Joſabad dem ſon Jeſua/ vnd Noadja dem ſon Benui dem Leuiten/nach der zal vnd gewicht eins jglichen/ vnd das gewicht ward zu der zeit alles beſchrieben.

Vnd die kinder des gefengnis/ die aus dem gefengnis komen waren/opfferten Brandopffer dem Gott Iſrael/ zwelff farren/fur das gantz Iſrael/ſechs vnd neunzig wider/ ſieben vnd ſiebenzig lemmer/ zwelff böcke zum Sündopffer/ alles zum Brandopffer dem HERRN Vnd ſie vber antworten des Koniges befelh den amptleuten des Koniges/ vnd den Landpflegern diſſeit des waſſers. Vnd ſie erhuben das volck vnd das Haus Gottes.

IX.

DA das alles war ausgericht/ traten zu mir die oberſten vnd ſprachen/Das volck Iſrael vnd die Prieſter vnd Leuiten ſind nicht abgeſondert von den völckern jnn lendern nach jren grewelen/ nemlich/ der Cananiter/ Dethiter/Phereſiter/ Jebuſiter/ Ammoniter/ Moabiter/ Egypter/vnd Amoriter/Denn ſie haben der ſelben töchter genomen/vnd jren ſönen/ vnd den heiligen ſamen gemein gemacht mit den völckern jnn lendern/ vnd die hand der Oberſten vnd Ratherrn war die fürnemeſte jnn dieſer miſſethat.

Da ich ſolchs höret/zureis ich meine kleider vnd meinen rock/ vnd raufft mein heubt har vnd bart aus/ vnd ſas einſam. Vnd es verſamleten ſich zu mir alle die des HERRN wort des Gottes Iſrael furchten/vmb der groſſen vergreiffung willen/ Vnd ich ſas einſam bis an das abent opffer. Vnd vmb das abent opffer ſtund ich auff von meinem elend vnd zu reis meine kleider vnd meinen rock/ vnd fiel auff meine knie vnd breitet meine hende aus zu dem HERRN meinem Gott/vnd ſprach.

Mein Gott/ich ſcheme mich vnd ſchew mich meine augen auff zu heben zu dir mein Gott/ Denn vnſer miſſethat iſt vber vnſer heubt gewachſen/vnd vnſer ſchuld iſt gros bis jnn den himel/ Von der zeit vnſer

Esra.

vnser veter an/sind wir jnn grosser schuld gewesen bis auff diesen tag/ vnd vmb vnser missethat willen sind wir vnd vnsere Könige vnd Priester gegeben jnn die hand der Könige jnn lendern/jns schwerd/jns gefengnis/jnn raub/vnd jnn scham des angesichts/wie es heutes tages gehet.

Nu aber ist ein wenig vnd plötzliche gnade von dem HERRN vnserm Gott geschehen/das vns noch etwas vbrig ist entrunnen/das er vns gebe einen nagel an seiner heiligen stete / das vnser Gott vnser augen erleuchtet/vnd gebe vns ein wenig leben/ da wir knechte sind. Denn wir sind knechte/ vnd vnser Gott hat vns nicht verlassen/ ob wir knechte sind/vnd hat barmhertzigkeit zu vns geneiget fur den Königen jnn Persen/das sie vns das leben lassen/vnd erhöhen das Haus vnsers Gottes/vnd auffrichten seine verstörunge/vnd gebe vns einen zaun jnn Juda vnd Jerusalem.

Nagel vnd zaun/ ist gered auff sprich worts weise/ das alles ander land vnd leut vmb komen sind vnd sie noch vbrig sind blieben/als ein nagel vom hause vñ ein zaun vom lande.

Nu was sollen wir sagen vnser Gott/nach diesem? das wir deine Gebot verlassen haben/die du durch deine knechte die Propheten geboten hast vnd gesagt/Das land darein jr komet zu erben/ist ein vnstetig land durch den vnflat der völcker jnn lendern/ jnn jren greweeln/da mit sie es hie vnd da vol vnreinigkeit gemacht haben/So solt jr nu ewre töchter nicht geben jren sönen/vnd jre töchter solt jr ewern sönen nicht nemen/vnd sucht nicht jren frieden noch guts ewiglich/ auff das jr mechtig werdet / vnd esset das gut im lande/vnd beerbet es auff ewre kinder ewiglich.

Vnd nach dem allen das vber vns komen ist vmb vnser bösen wercke, vnd grosser schuld willen / hastu vnser Gott vnser missethat verschonet vnd hast vns eine errettung gegeben/wie es da stehet/Wir aber haben vns vmbgekeret/vnd dein Gebot lassen faren/das wir vns mit den völckern dieser grewel befreundet haben. Wiltu denn vber vns zürnen/bis das gar aus sey/das nichts vbrigs noch keine errettunge sey? HERR Gott Jsrael/du bist gerecht/denn wir sind vberblieben ein errettunge/wie es heutes tages stehet/ Sihe/wir sind fur dir jnn vnser schuld / denn vmb des willen ist nicht zu stehen fur dir.

X.

VNd da Esra also bettet vnd bekennet/weinet/vnd fur dem Hause Gottes lag / samleten sich zu jm aus Jsrael ein seer grosse Gemeine von mennern vnd weibern vnd kindern/ Denn das volck weinet seer/Vnd Sachanja der son Jehiel aus den kindern Elam antwortet vnd sprach zu Esra/ Wolan wir haben vns an vnserm Gott vergriffen / das wir frembde weiber aus den völckern des Lands genomen haben. Nu es ist noch hoffnung

Das Buch

hoffnung jnn Jsrael vber dem/ so last vns nu einen Bund machen mit vnserm Gott/ das wir alle weiber vnd die von jnen geborn sind/ hinnaus thun/ nach dem rat des HERRN vnd dere die die Gebot vnsers Gottes furchten/ das man thu nach dem Gesetze. So mach dich auff denn dir gebürts/ wir wollen mit dir sein/ Sey getrost vnd thues.

Da stund Esra auff vnd nam einen eid von den obersten Priestern vnd Leuiten vnd gantzem Jsrael/ das sie nach diesem wort thun solten/ Vnd sie schwuren. Vnd Esra stund auff fur dem Hause Gottes/ vnd gieng jnn die kamer Johanan des sons Eliasab/ vnd da er daselbs hin kam/ ass er kein brod/ vnd tranck kein wasser/ Denn er trug leide vmb die vergreiffung dere die gefangen gewesen waren. Vnd sie liessen ausruffen durch Juda vnd Jerusalem/ zu allen kindern die gefangen waren gewesen/ das sie sich gen Jerusalem versamleten/ Vñ welcher nicht keme jnn dreien tagen/ nach dem rat der obersten vnd Eltesten/ des habe solt alle verbannet sein/ vnd er abgesondert von der Gemeine der gefangenen.

Da versamleten sich alle menner Juda vnd BenJamin gen Jerusalem jnn dreien tagen/ das ist im zwenzigsten tage des neunden monden/ vnd alles volck sass auff der strassen fur dem Hause Gottes vnd zitterten vmb der sach willen/ vnd vom regen. Vnd Esra der Priester stund auff vnd sprach zu jnen/ Ir habt euch vergriffen/ das jr frembde weiber genomen habt/ das jr der schuld Jsrael noch mehr machtet/ So bekennet nu dem HERRN ewer veter Gott/ vnd thut seinen wolgefallen/ vnd scheidet euch von den völckern des lands/ vnd von den frembden weibern.

Da antwortet die gantze Gemeine vnd sprach mit lauter stimme/ Es geschehe/ wie du vns gesaget hast/ Aber des volcks ist viel/ vnd regenicht wetter/ vnd kan nicht haussen stehen/ so ists auch nicht eines oder zweier tage werck/ Denn wir habens viel gemacht solcher vbertrettung/ Last vns vnsere obersten bestellen jnn der gantzen Gemeine/ das alle die jnn vnsern stedten/ frembde weiber genomen haben/ zu bestimpten zeiten komen/ vnd die Eltesten einer jglichen stad vnd jr Richter mit/ bis das von vns gewendet werde der zorn vnsers Gottes/ vmb dieser sache willen.

Da wurden bestellet Jonathan der son Asahel vnd Jehas ja der son Thikwa vber diese sachen/ Vnd Mesullam vnd Sabthai die leuiten hulffen jnen. Vnd die kinder des gefengnis thetten also. Vnd der Priester Esra vnd die furnemesten veter vnter jrer veter hause/ vnd alle jtzt benante/ scheideten sie/ vnd sazten sich am ersten tage des zehenden monden zu forschen diese sachen. Vnd sie richtens aus an alle mennern die frembde weiber hatten/ im ersten tage des ersten monden.

Vnd es wurden funden vnter den kindern der Priester die frembde weiber genomen hatten/ nemlich/ vnter den kindern Jesua des sons Jozadak vnd seinen brüdern/ Maeseia/ Elieser/ Jarih vnd Gedalja/ Vnd sie gaben jre hand drauff das sie die weiber wolten ausstossen/ vnd zu jrem schuldopffer einen wider fur jre schuld gebē Vnter den kindern Jm-

Esra. CXCVI.

dern Jmmer/Hanani vnd Sabad ja. Vnter den kindern Harim/ Maeseja/Elia/Semaia/Jehiel/ vnd Vsia. Vnter den kindern Pas hur/Elioenai/Maeseia/Jsmael/Nethaneel/Josabad vnd Eleasa. Vnter den Leuiten/ Josabad/ Simei vnd Kelaja/ Er ist der Klita/ Pethahja/ Juda vnd Elieser. Vnter den Sengern/ Eliasib. Vnter den thorhütern/ Sallum/ Telem vnd Vri.

Von Jsrael. Vnter den kindern Pareos/Ramja/Jesia/Malchia/Meiamin/ Eleasar/ Malchia vnd Benaja. Vnter den kindern Elam/ Mathanja/ Sacharia/ Jehiel/Abdi/ Jeremoth vnd Elia. Vnter den kindern Sathu/Elioenai/Ekjasib/Mathanja/Jeremoth Sabad vnd Asisa. Vnter den kindern Bebai/ Johanan/ Hananja/Sabai vnd Athlai. Vnter den kindern Bani / Mesullam/ Malluch/Adaia/Jasub/ Seal vnd Jeramoth. Vnter den kindern Pahath Moab/ Adna/ Chelal/ Benaia/ Maeseia/ Mathanja/ Bezaleel/Benui/ vnd Manasse. Vnter den kindern Harim/Elieser/ Jesia/ Malchia Semaia/Simeon Beniamin/Malluch/vñ Samarja. Vnter den kindern Hasum/Mathnai/Mathatha/Sabad/Eliphelet/Jeremai/ Manasse vnd Simei. Vnter den kindern Bani/ Maedai/ Amram/ Huel/Benaia/Bedja/Chelui/Naia/Meremoth/ Eljasib/ Mathanja/ Mathnai/ Jaesau/ Bani/Benui/Simei/ Selemja/Nathan/Adaia/ Machnadbai/ Sasai/ Sarai/ Asareel/ Selemja/ Samarja/ Sallum/ Amarja/vnd Joseph. Vnter den kindern Nebo/ Jeiel/ Mathithja / Sabad/Sebina/Jaddai/Joel vnd Benaia. Diese hatten alle frembde weiber genomen. Vnd waren etliche vnter den selben weibern/ die kinder getragen hatten.

Ende des Buchs Esra.

Das Buch Nehemia

I.

Es sind die geschichte Nehemja des sons Hachalia. Es geschach im monden Chislef des zwenzigsten jars/ das ich war zu Susan auff dem schlos/ kam Hanani einer meiner bruder/ mit etlichen mennern aus Juda/ vnd ich fraget sie/ wie es den Juden gienge/ die errettet vnd vberig waren von dem gefengnis/ vnd wie es zu Jerusalem gienge. Vnd sie sprachen zu mir/ Die vbrigen von dem gefengnis sind da selbs im lande jnn grossem vnglück vnd schmach/ Die mauren Jerusalem sind zu brochen/ vnd jre thor mit feur verbrand. Da ich aber solche wort höret/ sas ich vnd weinet vnd trug leide zween tage/ vnd fastet vnd betet fur dem Gott von Himel/ vnd sprach.

Ah HERR Gott von Himel/ grosser vnd schrecklicher Gott/ der da helt den Bund vnd barmhertzigkeit denen die jn lieben vnd seine Gebot halten/ Las doch deine ohren auff mercken vnd deine augen offen sein/ das du hörest das gebet deines knechtes/ das ich nu für dir bete tag vnd nacht/ für die kinder Israel deine knechte/ vnd bekenne die sünde der kinder Israel/ die wir an dir gethan haben/ Vnd ich vnd meins vaters haus haben auch gesündiget/ Wir sind verruckt worden/ das wir nicht gehalten haben die Gebot/ befelh vnd Rechte/ die du geboten hast deinem knecht Mose.

Gedenck aber doch des worts/ das du deinem knecht Mose gebotest vnd sprachest/ Wenn jr euch vergreifft/ so wil ich euch vnter die völcker strewen. Wo jr euch aber bekeret zu mir vnd haltet meine Gebot/ vnd thut sie/ vnd ob jr verstossen weret/ bis an der Himel ende/ so wil ich euch doch von dannen versamlen/ vnd wil euch bringen an den ort den ich erwelet habe/ das mein name daselbs wone/ Sie sind doch ja deine knechte vnd dein volck/ die du erlöset hast/ durch deine grosse krafft vnd mechtige hand/ Ah HErre las deine ohren auff mercken auff das gebet deines knechtes/ vnd auffs gebet deiner knechte die da begeren deinen namen zu furchten/ vnd las deinem knechte heute gelingen/ vnd gib jm barmhertzigkeit fur diesem manne/ Denn ich war des Königes schencke.

II.

JM monden Nissan des zwenzigsten jars des Konigs Arthahsastha/ da wein fur jm stund/ hub ich den wein auff vnd gab dem Konige/ vnd ich war nicht freundlich fur jm/ Da sprach der König zu mir/ Warumb sihestu so vbel? du bist ja nicht kranck/ das ists nicht/ sondern du bist schweermütig. Ich aber furcht mich fast seer vnd sprach

Nehemja.

sprach zum Könige/ Der König lebe ewiglich/ Solt ich nicht vbel sehen? Die stad/ da das haus des begrebnis meiner veter ist/ ligt wüst vnd jre thor sind mit fewr verzeret. Da sprach der König zu mir/ Was foderstu denn? Da bat ich den Got von Himel/ vnd sprach zum Könige/ Gefellet es dem Könige vnd deinen knechten fur dir/ das du mich sendest jnn Juda/ zu der stad des begrebnis meiner veter/ das ich sie bawe.

Vnd der König sprach zu mir/ vnd die Königin die neben jm saſs. Wie lange wird deine reise weren? vnd wenn wirstu widerkomen? Vnd es gefiel dem Könige/ das er mich hin sendete/ vnd ich setzt jm eine bestimpte zeit/ vnd sprach zum Könige/ Gefellet es dem Könige/ so gebe er mir briue an die Landpfleger jenſit des waſſers/ das ſie mich hinüber geleiten bis ich kome jnn Juda/ Vnd briue an Aſſaph den holtzfürſten des Königes/ das er mir holtz gebe zu balken der pforten am Pallaſt/ die im hauſe vnd an der stad mauren ſind/ vnd zum hauſe da ich ein zihen ſol. Vnd der König gab mir nach der guten hand meins Gottes vber mir. Vnd da ich kam zu den Landpflegern jenſit des waſſers/ gab ich jnen des Königes brieff/ Vnd der König ſandte mit mir die Heubtleut vnd reuter.

Da aber das höret Saneballat der Horoniter vnd Tobia der Ammoniter knecht/ verdros es ſie ſeer/ das ein menſch komen were/ der guts ſuchet fur die kinder Israel. Vnd da ich gen Jeruſalem kam vnd drey tage da geweſen war/ macht ich mich des nachts auff/ vnd wenig menner mit mir/ Denn ich ſaget keinem menſchen/ was mir mein Gott eingeben hatte zu thun an Jeruſalem/ vnd war kein thier mit mir/ on da ich auff reit. Vnd ich reit zum Thalthor aus/ bey der nacht/ fur den drachen brun vnd an das miſt thor/ vnd brach mich jnn den mauren Jeruſalem/ die zu riſſen waren/ vnd die thor mit fewr verzeret/ Vnd gieng hinüber zum brun thor/ vnd zu des Königs teich/ vnd war nicht raum da meinem thier/ das vnter mir hette gehen können. Da zoch ich bey nacht den bach hinan/ vnd brach mich jnn den mauren/ vnd keret vmb/ vnd kam zum Thalthor wider heim.

Vnd die oberſten wuſten nicht wo ich hin gieng/ oder was ich machte/ Denn ich hatte bis daher den Jüden/ vnd den Prieſtern/ den Ratherrn vnd den oberſten/ vnd den andern die am werck erbeiten nichts geſagt/ vnd ſprach zu jnen/ Jr ſehet das vnglück darinnen wir ſind/ das Jeruſalem wüſte ligt/ vnd jre thor ſind mit fewr verbrand/ kompt/ las vns die mauren Jeruſalem bawen/ das wir nicht mehr eine ſchmach ſeien/ Vnd ſagt jnen an die hand meins Gottes/ die gut vber mir war/ Dazu die wort des Königes/ die er mir geredt hatte/ Vnd ſie ſprachen/ ſo laſt vns auff ſein/ Vnd wir baweten/ vnd jre hende wurden getroſt zum guten.

Da aber das Saneballat der Horoniter vnd Tobia der Ammoniter knecht/ vnd Goſem der Araber höret/ ſpotteten ſie vnſer vnd verachteten vns vnd ſprachen/ Was iſt das/ das jr thut? wolt jr wider von dem Könige abfallen? Da antwortet ich jnen vnd ſprach. Der Gott von Himel wird vns gelingen laſſen/ denn wir ſeine knechte haben vns auffgemacht vnd bawen/ jr aber habt kein teil noch recht/ noch gedechtnis jnn Jeruſalem.

s Vnd

Das Buch
III.

UNd Eliasib der Hohe Priester macht sich auff mit seinen brüdern den Priestern/vnd baweten das schafthor/sie heiligeten es vnd setzten seine thür ein/sie heiligeten es aber bis an den thurm Mea/nemlich bis an den thurm Hananeel. Neben jm baweten die menner von Jeriho/ Auch bawet neben jm Sachur der son Jmri. Aber das fischthor baweten die kinder Senaa/sie decketen es vnd setzeten seine thür ein/schlösser vnd rigel. Neben sie bawete Meremoth der son Vria des sons Hakoz. Neben sie bawete Mesullam der son Berechia/ des sons Mesesabeel. Neben sie bawete Zadock der son Baena. Neben sie bawetē die von Thekoa/ Aber jre gewaltigen brachten jren hals nicht zum dienst jrer herrn.

Das alte thor bawete Joiada der son Passeah vnd Mesullam der son Besodja/sie decketen es vnd setzten ein seine thür / vnd schlösser vnd rigel. Neben sie baweten Melathja von Gibeon/vnd Jadon von Merono/menner von Gibeon vnd von Mizpa/ am stuel des Landpflegers dißeit des wassers. Neben jm bawete Vsiel der son Harhaja der goldschmid. Neben jm bawete Hananja der son der Apoteker/ vnd sie holffen Jerusalem bis an die breite mauren. Neben jm bawete Rephaja der son Hur/ der oberst des halben vierteils zu Jerusalem. Neben jm bawete Jedaia der son Harumaph/ gegen seinem hause vber. Neben jm bawete Hattus der son Hasabenja. Aber Malchia der son Harim vnd Hasub der son Pahath Moab/ bawete zwey stücke/ vnd den thurn bey den ofen. Neben jm bawete Sallum der son Halohes der oberst des halben vierteils zu Jerusalem/ er vnd seine töchter.

Das Talthor bawet Hanun/vnd die Bürger von Sanoah/Sei bawetens vnd setzten ein seine thür/schlösser/vnd rigel/vnd tausent ellen an der mauren bis an das mist thor. Das mist thor aber bawet Malchia der son Rechab der oberst des vierteils der weingertner. Er bawet es vnd setzet ein seine thür / schlösser vnd rigel. Aber das brunthor bawete Sallun der son Chal Hose der oberst des vierteils zu Mizpa/ Er bawets vnd deckets/ vnd setzt ein seine thür/ vnd schlösser vnd rigel/ dazu die mauren am teich Seloah bey dem garten des Königs/bis an die stuffen/ die von der stad Dauid erab gehen. Nach jm bawet Nehmja der son Asbuk/ der oberst des halben vierteils zu Bethzur/bis gegen die greber Dauid vber/vnd bis an den teich Asuja/vnd bis an das haus der gewaltigen.

Nach jm baweten die Leuiten/ Rehum der son Bani. Neben jm bawete Hasabja der oberst des halben vierteils zu Kegila jnn seinem vierteil/ Nach jm baweten jre brüder Bauai der son Hanadad/ der oberst des halben vierteils zu Kegila. Neben jm bawete Eser der son Jesua der oberst zu Mizpa/ zwey stück gegen dem harnsch winckel hinan. Nach jm auff dem berge bawete Baruch der son Sabai zwey stücke vom winckel/bis an die hausthür Eliasib des Hohen Priesters. Nach jm bawete Meremoth der son Vria des sons Hakoz/ zwey stück/ von der hausthür Eliasib/bis ans ende des hauses Eliasib.

Nach

Esra.

Nach jm baweten die Priester die menner aus den gegenten. Nach dem bawete Beniamin vnd Hasub gegen jrem hause vber. Nach dem bawete Asarja der son Maeseia des sons Ananja neben seinem hause. Nach jm bawete Benui der son Henadad/zwey stuck vom Hause Asarja/bis an den winckel/vnd bis an die ecken. Palal der son Vsai/gegen dem winckel vnd dē hohen thurm/der vom königs hause eraus sihet/bey dem kerker Hofe. Nach jm Pedaia der son Pareos. Die Nethinim aber woneten an Ophel/bis an das wasser thor/gegen morgen/da der thurm eraus sihet. Nach dem baweten die von Thekoa zwey stuck gegen dem grossen thurm/der eraus sihet/vnd bis an die mauren Ophel.

Aber von dem Rosthor an baweten die Priester/ein jglicher gegen seinem hause. Nach dem bawete Zadok der son Immer/gegen seinem hause. Nach jm bawete Semaia/der son Sachanja der thorhüter gegen morgen. Nach jm bawete Hanan ja der son Selem ja vnd Hanun der son Zalaph der sechste/zwey stuck. Nach jm bawete Mesullam der son Berechja gegen seinem kasten. Nach jm bawete Malchia der son des goldschmids/bis an das haus der Nethinim/vnd der kremer/gegen dem Rats thor vnd bis an den Saal an der ecken/Vnd zwisschen dem saal an der ecke zum schafthor/baweten die goldschmide vnd die kremer.

IIII.

DA aber Saneballat höret/das wir die mauren baweten/ward er zornig vnd seer entrustet/vnd spottet der Jüden/vnd sprach fur seinen brüdern vnd den mechtigen zu Samaria/Was machen die ammechtigen Jüden? Wird man sie so lassen? Werden sie opffern? werden sie es einen tag volenden? Werden sie die steine lebendig machen/die staub hauffen vnd verbrand sind? Aber Tobia der Ammoniter neben jm sprach/Las sie nur bawen/wenn füchse hinauff zögen/die zurissen wol jre steinerne mauren. Höre vnser Gott/wie verachtet sind wir/kere jre schmach auff jren kopff/das du sie gebest jnn verachtung im lande jres gefengnis/Decke jre missethat nicht zu/vnd jre sunde vertilge nicht fur dir/Denn sie haben die bawlente gereitzet. Aber wir baweten die mauren/vnd fügeten sie gantz aneinander/bis an die halbe höhe/Vnd das volck gewan ein hertz zu erbeiten.

Da aber Saneballat/vnd Tobia/vnd die Araber/vnd Ammoniter/vnd Asdoditer höreten/das die mauren zu Jerusalem zu gemacht waren/vnd das sie die lücken angefangen hatten zu büssen/wurden sie seer zornig/vnd machten alle sampt einen Bund zu hauffen/das sie kemen vnd stritten wider Jerusalem/vnd machten drinn einen jrthum. Wir aber betten zu vnserm Gott/vnd stelleten hut vber sie tag vnd nacht gegen sie. Vnd Juda sprach/die krafft der treger ist zu schwach/vnd des staubs ist zu viel/wir kunden an der mauren nicht bawen.

Vnser widersacher aber gedachten/sie sollens nicht wissen noch sehen/bis wir mitten vnter sie komen/vnd sie erwurgen/vnd das

Das Buch

werck hindern. Da aber die Jüden/ die neben jnen woneten/ kamen vnd sagetens vns wol zehen mal/ aus allen orten da sie vmb vns woneten/ Da stellet ich vnten an die orter hinder der mauren jnn den graben/ das volck nach jren geschlechten/ mit jren schwerdten/ spies vnd bogen/ Vnd besahes vnd macht mich auff/ vnd sprach zu den Ratherrn vnd obersten/ vnd dem andern volck/ Fürcht euch nicht für jnen/ Gedenckt an den grossen schrecklichen HErrn/ vnd streiter fur ewre brüder/ söne/ töchter/ weiber/ vnd heuser.

Da aber vnsere feinde höreten/ das vns war kund worden/ machte Got jren Rat zu nichte/ vnd wir kereten alle wider zur mauren/ ein jglicher zu seiner erbeit/ Vnd es geschach hinfurter/ das die jüngelinge die helfft theten die erbeit/ die ander helffte hielten spiesse/ schilde/ bogen/ vnd pantzer/ vnd die obersten stunden hinder dem gantzen hause Juda/ die da baweten an der mauren vnd trugen last/ von denen die jnen auffluden/ Mit einer hand theten sie die erbeit/ vnd mit der andern hielten sie das geschos/ Vnd ein jglicher der da bawet/ hatte sein schwerd an seinen lenden gegürtet/ vnd bawete also/ Vnd der mit der Posaunen blies war neben mir.

Vnd ich sprach zu den Ratherrn vnd obersten/ vnd zum andern volck/ Das werck ist gros vnd weit/ vnd wir sind zu strewet auff der mauren/ ferne von einander/ An welchem ort jr nu die Posaunen lauten höret/ da hin versamlet euch zu vns/ Vnser Gott wird fur vns streitten/ so wollen wir am werck erbeiten. Vnd jre helffte hielt die spies/ von dem auffgang der morgenröt/ bis die stern erfur kamen.

Auch

Auch sprach ich zu der zeit zum volck/ Ein jglicher bleibe mit seinem knaben vber nacht zu Jerusalem/ das wir des nachts der hut vnd des tages der erbeit warten. Aber ich vnd meine brüder vnd meine knaben/ vnd die menner an der hut hinder mir/ wir zogen vnser kleider nicht aus/ wenn jemant ins wasser gieng.

V.

Vnd es erhub sich ein gros geschrey des volcks/ vnd jrer weiber wider jre brüder die Jüden. Vnd waren etlich/ die da sprachen/ Vnser söne vnd töchter sind zu viel/ last vns getreide nemen/ vnd essen das wir leben. Aber etliche sprachen/ Last vns vnsere ecker/ weinberge/ vnd heuser versetzen/ vnd getreide nemen inn der teurung. Etliche aber sprachen/ Last vns geld entlehnen auff zinse dem Könige auff vnser ecker vnd weinberge/ Denn vnser brüder leib ist wie vnser leib/ vnd jre kinder wie vnser kinder/ Sonst wurden wir vnser söne vnd töchter vnterwerffen dem dienst/ vñ sind schon vnser töchter etliche vnterworffen/ vnd ist kein vermügen jnn vnsern henden/ auch würden vnsere ecker vnd weinberge der andern.

Da ich aber jr schreien vnd solche wort höret/ ward ich seer zornig/ vnd mein hertz ward rats mit mir/ das ich schalt die Ratherrn vnd die obersten/ vnd sprach zu jnen/ Wolt jr einer auff den andern wucher treiben? Vnd ich bracht eine grosse Gemeine wider sie/ vnd sprach zu jnen. Wir haben vnser brüder die Jüden erkaufft/ die den Heiden verkaufft waren/ nach vnserm vermügen. Vnd jr wolt auch ewre brüder verkeuffen/ die wir zu vns kaufft haben? Da schwiegen sie/ vnd funden nichts zu antworten.

Vnd ich sprach/ Es ist nicht gut das jr thut/ solt jr nicht jnn der furcht Gottes wandeln/ vmb der schmach willen der Heiden vnser feinde? Ich vnd meine brüder vnd meine knaben/ haben jnen auch geld gethan/ vnd getreide/ den wucher aber wollen wir nach lassen. So gebt jnen nu heuts tages wider jre ecker/ weinberge/ ölegarten/ vnd heuser/ vnd vom geld des getreides/ mosts/ vnd öles/ das jr an jnen gewuchert habt. Da sprachen sie/ Wir wollens wider geben/ vnd wollen nichts von jnen foddern/ vnd wollen thun wie du gesagt hast. Vnd ich rieff den Priestern/ vnd nam einen eid von jnen/ das sie also thun solten. Auch schüttelt ich meinen bosen aus vnd sprach. Also schüttele Gott aus/ jderman von seinem hause/ vnd von seiner erbeit/ der dis wort nicht handhabet/ das er sey aus geschüttelt vnd leer. Vnd die gantze Gemeine sprach/ Amen/ vnd lobeten den HERREN. Vnd das volck thet also.

Auch von der zeit an/ da mir befolhen ward ein Landpfleger zu sein im lande Juda/ nemlich vom zwenzigsten jar an bis jnn das zwey vnd dreissigst jar des Königes Arthahsastha/ das sind zwelff jar/ neeret ich mich vnd meine brüder nicht von der Landpfleger kost/ Denn die vorigen Landpfleger/ die vor mir gewesen waren/ hatten das volck beschweret/ vnd hatten von jnen genomen brod vnd wein/

dazu

Das Buch.

da zu auch vierzig sekel silbers. Auch hatten jre knaben mit gewalt gefaren vber das volck/ Ich thet aber nicht also/vmb der furcht Gottes willen.

Auch erbeitet ich an der mauren erbeit/vnd kaufft keinen acker/ Vnd alle meine knaben musten daselbs an die erbeit zu hauffe komen. Dazu waren der Jüden vnd öbersten hundert vnd funfftzig an meinem tissch / die zu mir komen waren aus den Heiden / die vmb vns her sind. Vnd man macht mir des tages einen ochsen/ vnd sechs erwelete schaf vnd vögel/Vnd ja jnnwendig zehen tagen allerley wein die menge/ Noch foddert ich nicht der Landpfleger kost/ Denn der dienst war schweer auff dem volck/ Gedenck mir mein Got zum besten/alles/das ich diesem volck gethan habe.

VI.

Vnd da Saneballat/ Tobia vnd Gosem der Arabiter vñ ander vnser feinde erfuren/ das ich die mauren gebawet hatte/ vnd kein lücke mehr dran were/ Wiewol ich die thüre zu der zeit noch nicht gehenget hatte jnn den thoren/ sandte Saneballat vnd Gosem zu mir/ vnd liessen mir sagen/ Kom vnd las vns zusamen komen jnn den dörffen/jnn der fleche der stad Ono. Sie gedachten mir aber böses zu thun / Ich aber sandte boten zu jnen/ vnd lies jnen sagen/Ich hab ein gros gescheftt aus zu richten/ich kan nicht hinab komen/ Es möcht das werck nach bleiben/ wo ich die hand abthet/vnd zu euch hinab zöge. Sie sandten aber wol vier mal zu mir auff die weise/ Vnd ich antwortet jnen auff diese weise.

Da sandte Saneballat zum fünfften mal zu mir seinen knaben mit einem offenen brieue/jnn seiner hand/darinnen war geschrieben/Es ist fur die Heiden komen/ vnd Gosem hats gesagt/ das du vnd die Jüden gedencket abzufallen/Darumb du die mauren bawest/vnd du wollest jr König sein jnn diesen sachen/ vnd du habest dir Propheten bestellet/die von dir aussschreien sollen zu Jerusalem vnd sagen/Er ist der König Juda. Nu solchs wird fur den Königkomen/so kom nu vnd las vns miteinander ratschlagen.Ich aber sandte zu jm vnd lies jm sagen/ Solchs ist nicht geschehen/ das du sagest/Du hast es aus deinem hertzen erdacht. Denn sie alle wolten vns furchtsam machen/ vnd gedachten/ Sie sollen die hand abthun vom geschefft/das sie nicht erbeiten. Aber ich sterckt deste mehr meine hand.

Vnd ich kam ins haus Sema ja des sons Delaia des sons Mehetabeel/vnd er hatte sich verschlossen vnd sprach/Las vns zusamen komen im Hause Gottes mitten im Tempel/vnd die thür des Tempels zuschliessen. Denn sie werden komen dich zu erwürgen/ vnd werden bey der nacht komen/ das sie dich erwürgen. Ich aber sprach/ Solt ein solcher man fliehen? Solt ein solcher man/ wie ich bin/ jnn den Tempel gehen/ das er lebendig bliebe? Ich wil nicht hinein gehen/ Denn ich mercket/das jn Gott nicht gesand hatte/Denn er saget wol
weissa-

Nehemja

weissagunge auff mich/ aber Tobia vnd Saneballat hatten jm geld geben. Darumb nam er geld/auff das ich mich furchten solt/ vnd also thun vnd sundigen/das sie ein böse geschrey hetten/ da mit sie mich lestern mochten. Gedencke mein Gott des Tobia vnd Saneballat/ nach diesen seinen wercken/ auch des Propheten Noadja vnd der andern Propheten/die mich wolten abschrecken.

Vnd die maure ward fertig im fünff vnd zwenzigsten tage des monden Eelul/ jnn zwey vnd funffzig tagen. Vnd da alle vnsere feinde das höreten/furchten sich alle Heiden/ die vmb vns her waren/ vnd der mut entfiel jnen/denn sie merckten/ das dis werck von Gott war. Auch zu der selben zeit waren viel der obersten Juda/ der brieue giengen zu Tobia/vnd von Tobia zu jnen/ Denn jr waren viel jnn Juda/die jm geschworen waren/Denn er war ein schwager Sachanja des sons Arah/vnd sein son Johanan hatte die tochter Mesullam des sons Berechia/ vnd sagten guts von jm fur mir/ vnd brachten meine rede aus zu jm/ So sandte denn Tobia brieue/mich ab zu schrecken.

VII.

Da wir nu die mauren gebawet hatten/ henget ich die thür/ vnd wurden bestellet die Thorhüter/Senger vnd Leuiten. Vnd ich gebot meinem bruder Hanani vnd Hananja dem Pallast vogt zu Jerusalem (denn er war ein trewer man vnd Gottfurchtig fur viel andern) vnd sprach zu jnen Man sol die thor Jerusalē nicht auff thun/ bis das die sonne heis werde/ Vnd wenn man noch erbeitet/sol man die thür zu schlahen vnd verrigeln. Vnd es wurden hüter bestellet aus den burgern Jerusalem/ ein jglicher auff seine hüt vnd vmb sein haus. Die stad aber war weit von raum vnd gros/aber wenig volck drinnen/vnd die heuser waren nicht gebawet.

Vnd mein Gott gab mir ins hertz/das ich versamlet die Ratherrn vnd die obersten/vnd das volck/ sie zu rechen/ vnd ich fand ein register jrer rechnung/ die vorhin erauff komen waren aus dem gefengnis/ die NebucadNezar der König zu Babel hatte weggefurt/ vnd zu Jerusalem woneten/vnd jnn Juda/ein jglicher jnn seiner stad/vnd waren komen mit Serubabel/ Jesua/Nehemja/Asarja/Raamja/ Nahemani/Mardachai/Bilsan/Mispereth/Bigeuai/Nehum vnd Baena.

Dis ist die zal der menner vom volck Israel. Der kinder Pareos waren / zwey tausent hundert vnd zwey vnd siebenzig. Der kinder Sephatja/drey hundert vnd zwey vnd siebenzig. Der kinder Arah/ sechs hundert vnd zwey vnd fünffzig. Die kinder Pahath Moab vnter den kindern Jesua vnd Joab/ zwey tausent acht hundert vnd achtzehen. Der kinder Elam/tausent zwey hundert vnd vier vnd funffzig. Der kinder Sathu/ acht hundert vnd funff vnd vierzig. Der kinder Sacai/ sieben hundert vnd sechzig. Der kinder Benni/sechs hundert vnd acht vnd vierzig. Der kinder Bebai sechs hundert vnd acht vnd zwenzig. Der kinder Asgad/ zwey tausent drey hundert

s iiij vnd

Das Buch

vnd zwey vnd zwenzig. Der kinder Adonikam / sechs hundert vnd sechzig. Der kinder Bigevai / zwey tausent vnd sieben sechzig. Der kinder Adin / sechs hundert vnd funff vnd funffzig. Der kinder Ater von Hiskia / acht vnd neunzig. Der kinder Hasum drey hundert vnd acht vnd zwenzig. Der kinder Bezai / drey hundert vnd vier vnd zwenzig. Der kinder Hariph / hundert vnd zwelffe.

Der kinder Gibeon / fünff vnd neunzig. Die menner von Bethlehem vnd Nethopha / hundert vnd acht vnd achtzig. Der menner von Anathoth / hundert vnd acht vnd zwenzig. Der menner von Beth Asmaveth / zwey vnd vierzig. Der menner von Kiriath Jearim Caphira vnd Beeroth / sieben hundert vnd drey vnd vierzig. Der menner von Rama vnd Gaba / sechs hundert vnd ein vnd zwenzig. Der menner von Michmas / hundert vnd zwey vnd zwenzig / Der menner von Bethel vnd Ai / hundert vnd drey vnd zwenzig. Der menner von Nebo / ander zwey vnd funffzig. Der kinder des andern Elam / tausent zwey hundert vnd vier vnd funffzig. Der kinder Harim drey hundert vnd zwenzig. Der kinder Jereho / drey hundert vnd funff vnd vierzig. Der kinder Lod hadid vnd Ono / sieben hundert vnd ein vnd zwenzig. Der kinder Senaa / drey tausent neun hundert vnd dreissig.

Die Priester. Der kinder Jedaia vom hause Jesua / neun hundert vnd drey vnd siebenzig. Der kinder Immer / tausent vnd zwey vnd funffzig. Der kinder Pashur / tausent zwey hundert vnd sieben vnd vierzig. Der kinder Harim / tausent vnd siebenzehen.

Die Leviten. Der kinder Jesua vom Kadmiel vnter den kindern Hodua / vier vnd siebenzig. Die Senger. Der kinder Assaph / hundert vnd acht vnd vierzig. Die thorhüter waren / die kinder Sallum. Die kinder Ater / Die kinder Thalmon / Die kinder Akub / De kinder Hatita / Die kinder Sobai / alle sampt hundert vnd acht vnd dreissig.

Die Nethinim / die kinder Ziha / die kinder Hasupha / die kinder Tabaoth / die kinder Keros / die kinder Sia / die kinder Padon / die kinder Libana / die kinder Hagaba / die kinder Salmai / die kinder Hanan / die kinder Giddel / die kinder Gahar / die kinder Reaia / die kinder Rezin / die kinder Nekoda / die kinder Gasam / die kinder Vsa / die kinder Passeah / die kinder Bessai / die kinder Megunim / die kinder Nephussim / die kinder Bakbuk / die kinder Hakupha / die kinder Harhur / die kinder Bazlith / die kinder Mehida / die kinder Harsa / die kinder Barkos / die kinder Sissera / die kinder Thamah / die kinder Neziah / die kinder Hatipha / Die kinder der knecht Salomo waren / die kinder Sotai / die kinder Sophereth / die kinder Prida / die kinder Jaela / die kinder Darkon / die kinder Giddel / die kinder Sephatja / die kinder Hatil / die kinder Pochereth von Zebaim / die kinder Amon / Aller Nethinim vnd kinder der knechte Salomo / waren dreyhundert vnd zwey vnd neunzig.

Vnd diese zogen auch mit erauff / Mithel / Melah / Thel / Harsa / Cherub /

Nehemja

Cherub/Addon vnd Immer/aber sie kunden nicht anzeigen jrer veter haus noch jren samen/ob sie aus Israel weren. Die kinder Delaia/die kinder Tobia/vnd die kinder Nekoda/waren sechs hundert vnd zwey vnd vierzig. Vnd von den Priestern waren/die kinder Haba ja die kinder Hakoz/die kinder Barsillai/der aus den töchtern Barsillai des Gileaditers ein weib nam/vnd ward nach der selben namen genennet. Diese suchten jr geburt register/vnd da sie es nicht funden/wurden sie los vom Priesterthum. Vnd Hathirsatha sprach zu jnen/Sie solten nicht essen vom allerheiligsten/bis das ein Priester auff keme mit dem Liecht vnd Rechtschaffen

Der gantzen Gemeine wie ein man/war zwey vnd vierzig tausent drey hundert vnd sechzig/ausgenomen jre knechte vnd megde/der waren sieben tausent drey hundert vnd sieben vnd dreissig/Vnd hatten zwey hundert vnd fünff vnd vierzig Senger vnd sengerin/sieben hundert vnd sechs vnd dreissig ros/zwey hundert vnd fünff vnd vierzig meuler/vier hundert vnd fünff vnd dreissig Kamelen/sechs tausent sieben hundert vnd zwenzig esel.

Vnd etliche der obersten veter gaben zum werck. Hathirsatha gab zum schatz tausent gülden/funffzig becken/fünffhundert vnd dreissig Priester röcke/Vnd etliche oberste veter gaben zum schatz ans werck/zwenzig tausent gülden/zwey tausent vnd zwey hundert pfund silbers/Vnd das ander volck gab zwenzig tausent gülden vnd zwey tausent pfund silbers/vnd sieben vnd sechzig Priester röcke. Vnd die Priester vnd die Leuiten/die thorhüter/die Senger/vnd etliche des volcks/vnd die Nethinim vnd gantz Israel/setzten sich jnn jre stedte.

VIII.

DA nu er zu kam der siebende mond/vnd die kinder Israel jnn jren stedten waren/versamlete sich das gantze volck wie ein man/auff die breite gassen fur dem wasser thor/vnd sprachen zu Esra dem Schrifftgelerten/das er das Gesetz Buch Mose holete/das der HERR Israel geboten hat. Vnd Esra der Priester bracht das Gesetz fur die Gemeine/beide menner vnd weiber/vnd alle die es vernemen kunden/im ersten tage des siebenden monden/vnd las drinnen auff der breitten gassen/die fur dem wasser thor ist/von liecht morgen an/bis auff den mittag/fur man vnd weib/vnd wers vernemen kund/vnd des gantzen volcks ohren waren zu dem Gesetz Buch gekeret.

Vnd Esra der Schrifftgelerte stund auff eim hültzen hohen stuel/den sie gemacht hatten zu predigen/vñ stund neben jm/Mathithia Sema/Anaia/Vria/Hilkia vnd Maeseia zu seiner rechten/Vnd zu seiner lincken/Pedaia/Misael/Malchia/Hasum/Hasbadana/Sacharja vnd Mesullam. Vnd Esra thet das buch auff fur dem gantzem volck/denn er raget vber alles volck. Vnd da er auff thet/stund alles volck. Vnd Esra lobet den HERRN den grossen Gott/Vnd alles volck antwortet Amen/Amen/mit jren henden empor/vnd neigeten sich/vnd betten den HERRN an mit dem antliz zur

erden

Das Buch

erden. Vnd Jesua/Bani/Sereb ja/Jamin/Akub/Sabthai/Ho¬
da ja/Maeseia/Klita/Asar ja/Josabad/Hanan/Plaia. Vnd die Le
uiten machten das volck das auffs gesetz merckete/vnd das volck
stund auff seiner stete. Vnd sie lasen im Gesetz Buch Gottes/klerlich
vnd verstendlich/das mans verstund da mans las.

Vnd Nehem ja/der da ist Hathirsatha/vnd Esra der Priester der
schrifftgelerte/vnd die Leuiten/die das volck auff mercken machten/
sprachen zu allem volck/ Dieser tag ist heilig dem HERRN ewrem
Gott/ Darumb seit nicht traurig vnd weinet nicht/ Denn alles volck
weinet/da sie die wort des Gesetzs höreten/darumb sprach er zu jnen/
gehet hin/vnd esset das fett/vnd trincket das suss/vnd sendet denen
auch teil die nichts fur sich bereit haben/Denn dieser tag ist heilig vn¬
serm Herrn/ drumb bekümert euch nicht/ Denn die freude am
HERRN ist ewer stercke. Vnd die Leuiten stilleten alles volck vnd
sprachen/ Seit stille/ denn der tag ist heilig/bekümmert euch nicht.
Vnd alles volck gieng hin das es esse/truncke/vnd teil sendete/vnd ein
grosse freude machte. Denn sie hatten die wort verstanden/die man
jnen hatte kund gethan.

Vnd des andern tages versamleten sich die obersten veter vnter
dem gantzen volck/vnd die Priester vnd Leuiten/zu Esra dem schrifft
gelerten/das er sie die wort des Gesetzs vnterrichtet. Vnd sie funden
geschrieben im Gesetz/das der HERR durch Mose geboten hatte
das die kinder Israel jnn Laubhütten wonen solten auffs Fest im sie¬
benden monden/vnd sie liessens laut werden vnd aus ruffen jnn allen
jren stedten vnd zu Jerusalem/vnd sagen/Gehet hinaus auff die ber¬
ge vnd holet öle zweige/ Balsam zweige/ Mirten zweige/ Palmen
zweige/vnd zweige von dichten bewmen/das man Laubhütten ma¬
che/wie es geschrieben stehet.

Vnd das volck gieng hinaus vnd holeten vnd machten jnen Laub
hütten/ein jglicher auff seinem dach/ vnd jnn jren höfen/ vnd jnn
den höfen am Hause Gottes/ vnd auff der breiten gassen am wasser
thor/ vnd auff der breiten gassen am thor Ephraim. Vnd die gantze
Gemeine dere die aus dem gefengnis waren wider komen/ machten
Laubhütten vnd woneten drinnen. Denn die kinder Israel hatten
sint der zeit Jesua dem son Nun bis auff diesen tag nicht also gethan/
vnd war eine seer grosse freude. Vnd ward im Gesetz Buch Gottes gele
sen alle tage/ vom ersten tag an bis auff den letzten/ Vnd hielten das
fest sieben tage/vnd am achten tage die versamlunge/wie sichs gebürt.

IX.

IM vier vnd zwenzigsten tage dieses monden/ kamen die
kinder Israel zu samen/mit fasten vnd secken vnd erden
auff jn/ vñ sonderten den samen Israel von allen fremb¬
den kindern/vnd traten hin vnd bekanten jre sunde vnd
jrer veter missethat/ vnd stunden auff an jre stet/vnd
man las im Gesetz Buch des HERRN jres Gottes/
vier mal des tages/ vnd sie bekanten/ vnd betten an den HERRN
jren

Nehemja

jren Gott vier mal des tages. Vnd die Leuiten stunden auff jnn die hö, he/nemlich/Jesua/Bani/Kadmiel/Sebanja/Buni/Serebja/Bani/vnd Chenani/vnd schrien laut zu dem HERRN jrem Gott/ Vnd die Leuiten/ Jesua/ Kadmiel/ Bani/ Hasabenja/ Serebia/ Hodia/ Sebanja/ Pethahja sprachen/ Stehet auff/lobet den HERRN ewern Gott/ von ewigkeit zu ewigkeit/ vnd man lobe den namen deiner Herrligkeit/ der erhöhet ist mit allem segen vnd lob.

HERR du bists allein/ du hast gemacht den Himel vnd aller Himel himel/ mit alle jrem heer/ die erden vnd alles was drauff ist/ die meere vnd alles was drinnen ist/ du machest alles lebendig/ vnd das himelische heer bettet dich an/ Du bist der HERR Gott/ der du Abram erwelet hast/ vnd jn von Vr jnn Chaldea ausgefurt/ vnd Abraham genennet/ vnd sein hertz trew fur dir funden/ vnd einen Bund mit jm gemacht/ seinē samen zu geben das land der Cananiter/ Hethither/ Amoriter/ Pheresiter/ Jebusiter/ vnd Girgositer/ vnd hast dein wort gehalten/ denn du bist gerecht.

Vnd hast angesehen das elend vnser veter jnn Egypten/ vnd jr schreien erhöret am Schilff meer/ vnd zeichen vnd wunder gethan an Pharao vnd allen seinen knechten/ vnd an allem volck seines landes/ Denn du erkandtest/ das sie stoltz wider sie waren /vnd hast jnen einen namen gemacht/ wie es heute gehet. Vnd hast das meer fur jnen zu rissen/ das sie mitten im meer trocken durch hingiengen/ vnd jre verfolger jnn die tieffe verworffen wie steine/ jnn mechtigen wassern/ Vñ sie gefurt des tages jnn einer wolckseulen/ vnd des nachts jnn einer feur seulen/ jnen zu leuchten auff dem wege/ den sie zogen.

Vnd bist herab gestigen auff den berg Sinai/ vnd hast mit jnen vom Himel gered/ vnd gegeben richtige Rechte/ trewe Gesetz/ gute Gebot vñ sitten/ vnd deinen heiligen Sabbath jnen kund gethan/ vnd gebot/ sitten/ vnd Gesetz jnen geboten durch deinen knecht Mose/ Vnd jnen brod vom Himel gegeben/ da sie hungerte/ vnd wasser aus den felsen lassen gehen/ da sie dürstete/ vnd jnen geredt/ sie solten hinein gehen vnd das land ein nemen/ darüber du deine hand hubest jnen zu geben.

Aber vnser veter wurden stoltz vnd halstarrig/ das sie deinen Geboten nicht gehorchten/ vnd wegerten sich zu hören/ vnd gedachten auch nicht an deine wunder/ die du an jnen thatest/ Sondern sie wurden halstarrig/ vnd wurffen ein heubt auff/ das sie sich wendeten zu jrem dienst jnn jrem vngehorsam. Aber du mein Gott vergabest vnd warest gnedig/ barmhertzig/ gedültig/ vnd von grosser barmhertzigkeit/ vnd verliessest sie nicht. Vnd ob sie wol ein gegossen Kalb machten vnd sprachen/ Das ist dein Gott/ der dich aus Egypten land gefüret hat/ vnd thetten grosse lesterunge/ noch verliesestu sie nicht jnn der wüsten nach deiner grossen barmhertzigkeit/ vnd die wolck seule weich nicht von jnen/ des tages sie zu füren auff dem wege/ noch die fewer seule des nachts/ jnen zu leuchten auff dem wege den sie zogen.

Vnd du gabest jnen deinen guten geist/ sie zu vnterweisen/ vnd dein

Das Buch

dein Man wendestu nicht von jrem munde/ vnd gabest jnen wasser da sie dürstet. Vierzig jar versorgetestu sie jnn der wüsten/ das jnen nichts mangelt/ jre kleider veralteten nicht/ vnd jre füsse zu schwollen nicht. Vnd gabest jnen Königreiche vnd völcker/ vnd triebest sie jnn die ecken/ das sie einnamen das land Sihon/ des Koniges zu Hesbon/ vnd das land Og des Koniges jnn Basan/ vnd vermehretest jre kinder wie die sterne am Himel/ vnd brachtest sie ins land/ das du jren vetern geredt hattest/ das sie ein zihen vnd ein nemen solten. Vnd die kinder zogen hinein/ vnd namen das land ein. Vnd du demütigetest fur jnen die einwoner des lands/ die Cananiter/ vnd gabest sie jnn jre hende/ vnd jre Konige vnd völcker jm lande/ das sie mit jnen thetten nach jrem willen.

Vnd sie gewonnen feste stedte vnd ein fett land/ vnd namen heuser ein voll allerley güter/ ausgehawen brun/ weinberge/ ölgarten/ vñ bewme davon man isset die menge/ vnd assen vnd worden sat vnd fett/ vnd lebeten jnn wollust/ durch deine grosse güte. Aber sie wurden vngehorsam/ vnd widerstrebten dir/ vnd wurffen deine Gesetz hinder sich zu ruck/ vnd erwürgeten deine Propheten/ die sie bezeugeten/ das sie solten sich zu dir bekeren/ vnd thetten grosse lesterunge. Darumb gabestu sie jnn die hand jrer feinde/ die sie engsteten. Vnd zur zeit jrer angst/ schrien sie zu dir/ vnd du erhöretest sie vom Himel vnd durch deine grosse barmhertzigkeit gabestu jnen Heilande/ die jnen holffen aus jrer feinde hand.

Wenn sie aber zu ruge kamen/ verkereten sie sich vbel zuthun fur dir/ so verliessestu sie jnn jrer feinde hand/ das sie vber sie hrerscheten/ So bekereten sie sich denn/ vnd schrien zu dir/ vnd du erhöretest sie vom Himel/ vnd errettest sie nach deiner grossen barmhertzigkeit viel mal/ vnd liessest sie bezeugen/ das sie sich bekeren solten zu deinem Gesetz/ Aber sie waren stoltz/ vnd gehorcheten deinen Geboten nicht/ vñ sundigeten an deinen rechten/ Welche so ein mensch thut/ drinnen lebet/ vnd wendeten jre schulder weg/ vnd wurden halstarrig/ vnd gehorcheten nicht. Vnd du hieltest viel jar vber jnen/ vnd liessest sie bezeugen durch deinen geist jnn deinen Propheten/ aber sie namens nicht zu ohren. Darumb hastu sie gegeben jnn die hand der volcker jnn lendern. Aber nach deiner grossen barmhertzigkeit hastu es nicht gar aus mit jnen gemacht/ noch sie verlassen/ Denn du bist ein gnediger vnd barmhertziger Got.

Nu vnser Gott/ du grosser Gott/ mechtig vnd schrecklich/ der du heltest Bund vnd barmhertzigkeit/ achte nicht geringe alle die mühe/ die vns troffen hat/ vnd vnser Konige/ Fürsten/ Priester/ Propheten/ veter/ vnd dein gantzes volck/ von der zeit an der Konige zu Assur/ bis auff diesen tag/ Du bist gerecht an allem das du vber vns gebracht hast/ Denn du hast recht gethan/ Wir aber sind Gottlos gewesen/ vñ vnser Konige/ Fürsten/ Priester/ vnd veter haben nicht nach deinem Gesetze gethan/ vnd nicht acht gehabt auff deine Gebot vnd zeugnis/ die du hast jne lassen zeugen/ vnd sie haben dir nicht gedienet/ jnn jrem Konigreich vnd jnn deinen grossen güttern/ die du jnen gabest/ vnd jnn dem weiten vnd fetten lande das du jnen dar gelegt hast/ vnd haben sich nicht bekeret von jrem bosen wesen.

Sihe/

Nehemia.

Sihe/wir sind heutes tages knecht/vnd im lande/das du vnsern Vetern gegeben hast/zu essen seine früchte vnd güter/sihe/da sind wir knechte jnnen/Vnd sein einkomen mehret sich den Königen/die du vber vns gesetzt hast/vmb vnser sunde willen/vnd sie herrschen vber vnser leibe vnd vieh/nach jrem willen/vnd wir sind jnn grosser not/ Vnd jnn diesem allen machen wir einen festen Bund/vnd schreiben/ vnd lassens vnsere Fürsten/Leuiten vnd Priester versiegeln.

X.

DIe versiegeler aber waren/Nahemia Dathirsatha der son Dachalia/vnd Zidekia/Seraia/Asaria/Jeremia/ Pashur/Amaria/Malchia/Dattus/Sebania/Malluch/Darim/Meremoth/Obadia/Daniel/Ginthun/ Baruch/Mesullam/Abia/Meiamin/Maasga/Bilgai vnd Semaia/Das waren die Priester.

Die Leuiten aber waren/Jesua der son Asania/Binui vnter den kindern Denadad Kadmiel. Vnd jre brüder/Sechania/Dodia/ Klita/Plaia/Danan/Micha/Rehob/Dasabia/Sachur/Serebia/ Sebania/Dodia/Bani vnd Beninu.

Die heubter im volck waren/Pareos/Pahath Moab/Elam/ Sathu/Bani/Buni/Asgad/Bebai/Adonia/Biguai/Adin/Ater/ Diskia/Asur/Dodia/Dasum/Bezai/Dariph/Anathot/Neubai/ Magpias/Mesullam/Desir/Mesesabeel/Zadok/Jaddua/Platia/ Danan/Anaia/Dosea/Danania/Dasub/Dalohes/Pilha/Sobek/Rehum/Dasabna/Maeseia/Abia/Danan/Anan/Malluch/ Darim vnd Baena/Vnd das ander volck/Priester/Leuiten/Thorhüter/Senger/Nethinim vnd alle die sich von den völckern jnn landen gesondert hatten/zum Gesetz Gottes/sampt jren weibern/sönen vnd töchtern/alle die es verstehen künden/vnd jre mechtigen namens an fur jre brüder.

Vnd sie kamen/das sie schwüren/vnd sich mit eide verpflichten/ zu wandeln im Gesetz Gottes/das durch Mose den Knecht Gottes gegeben ist/das sie hielten vnd thun wolten nach allen geboten/rechten vnd sitten des HERRN vnsers Herrschers/vnd das wir den völckern im lande vnser töchter nicht geben/noch jre töchter vnsern sönen nemen wolten. Auch wenn die völcker im lande am Sabbath tage bringen/wahr/vnd allerley futterung zu verkeuffen/das wirs nicht von jnen nemen wolten auff den Sabbath vnd Heiligen tagen. Vnd das wir das siebende jar aller hand beschwerung frey lassen wolten/vnd legen ein gebot auff vns/das wir jerlich einen dritten teil eins sekels geben zum dienst im Hause vnsers Gottes/nemlich/zu Schawbrod/zu teglichem Speisopffer/zu teglichem Brandopffer/ des Sabbaths/der Newen monden vnd Fest tagen/vnd zu den geheiligeten/vnd zu Sundopffer/damit Israel versünet werde/vnd zu allem geschefft im Hause vnsers Gottes.

Vnd wir worffen das los/vnter den Priestern/Leuiten vnd dem volck/

Das Buch

volck/vmb das opffer des holtzs/das man zum Hause vnsers Gottes bringen solt jerlich/nach den heusern vnser Veter auff bestimpte zeit zu brennen auff dem Altar des HERRN vnsers Gottes/wie es im Gesetz geschrieben stehet/Vnd jerlich zu bringen die erstlinge vnsers lands/vnd die erstlinge aller frücht auff allen beumen/zum Hause des HERRN/vnd die erstling vnser söne/vnd vnsers viehs/wie es im Gesetz geschrieben stehet/vnd die erstlinge vnser rinder vnd vnser schaf/das wir das alles zum Hause vnsers Gottes bringen sollen/den Priestern/die im Hause vnsers Gottes dienen/Auch sollen wir bringen die erstlinge vnsers teiges/vnd vnser Hebe/vnd die früchte allerley beume/most vnd öle/den Priestern jnn die kasten am Hause vnsers Gottes/Vnd den zehenden vnsers landes den Leuiten/das die Leuiten den zehenden haben jnn allen stedten vnsers ackerwercks.

Vnd der Priester der son Aaron/sol mit den Leuiten auch an den zehenden der Leuiten haben/das die Leuiten den zehenden jrer zehenden erauff bringen zum Hause vnsers Gottes/jnn die kasten im schatzhause/Denn die kinder Israel vnd die kinder Leui/sollen die Hebe des getreides/mosts/vnd öles/erauff jnn die kasten bringen/daselbs sind die gefesse des Heiligthums/vnd die Priester/die da dienen/vnd die Thorhüter vnd Senger/das wir das Haus vnsers Gottes nicht verlassen.

XI.

Vnd die öbersten des volcks woneten zu Jerusalem/Das ander volck aber worffen das los drumb/das vnter zehen ein teil gen Jerusalem jnn die heilige stad zöge zu wonen/vnd neun teil jnn den stedten. Vnd das volck segenet alle die menner/die freiwillig waren zu Jerusalem zu wonen.

Dis sind die heubter jnn der landschafft die zu Jerusalem woneten/Jnn den stedten Juda aber wonete ein jglicher jnn seinem gut/das jnn jren stedten war/nemlich/Israel/Priester/Leuiten/Nethinim/vnd die kinder der knechte Salomo. Vnd zu Jerusalem woneten etlich der kinder Juda vnd Ben Jamin. Von den kindern Juda/Athaia der son Vsia/des sons Sacharia/des sons Amaria/des sons Sephatia/des sons Mahelaleel/aus den kindern Parez/Vnd Maeseia der son Baruch/des sons ChalHose/des sons Hasaia/des sons Adaia/des sons Joiarib/des sons Sacharia/des sons Siloni/Aller kinder Parez/die zu Jerusalem woneten/waren vier hundert vnd acht vnd sechzig redliche leute.

Dis sind die kinder Ben Jamin/Sallu der son Mesullam/des sons Joed/des sons Pedaia/des sons Kolaia/des sons Maeseia/des sons Ithiel/des sons Jesaia/Vnd nach jm Gabai/Sallai/neun hundert vnd acht vnd zwenzig/Vnd Joel der son Sichri/war jr Vorsteher/Vnd Juda der son Hasnua vber das ander teil der Stad.

Von den Priestern woneten/Jedaia der son Joiarib Jachin.
Seraia

Nehemia.

Seraia der son Hilkia/des sons Mesullam/des sons Zadok/des sons Meraioth/des sons Ahitob/war Fürst im Hause Gottes/vnd seine brüder die im Hause schafften/der waren acht hundert vnd zwey vnd zwenzig/ Vnd Adaia der son Jeroham / des sons Plalia/des sons Amzi/des sons Sacharia/des sons Pashur/des sons Malchia/vnd seine brüder / obersten vnter den Vetern/waren zwey hundert vnd zwey vnd vierzig. Vnd Amassai der son Asareel des sons Ahusai/ des sons Mesillemoth/des sons Immer/vnd seine brüder/gewaltige leute/waren hundert vnd acht vnd zwenzig/Vnd jr Vorsteher war Sabdiel der son Gedolim.

Von den Leuiten/Semaia der son Hasub/ des sons Asrikam/ des sons Hasabia/des sons Bunni/ Vnd Sabthai vnd Josabad aus der Leuiten obersten/an den eusserlichen geschefften im Hause Gottes/ Vnd Mathania der son Micha/des sons Sabdi/des sons Assaph/ der das Heubt war/danck an zu heben zum gebet/ Vnd Bakbukia der ander vnter seinen brüdern/ vnd Abda der son Sammua/des sons Galal/des sons Jedithun. Aller Leuiten jnn der heiligen Stad/ waren zwey hundert vnd vier vnd achtzig. Vnd die Thorhüter Akub vnd Thalmon vnd jre brüder/ die jnn den thoren hüten/ waren hundert vnd zwey vnd siebenzig/ Das ander Israel aber/Priester vnd Leuiten/waren jnn allen stedten Juda/ein jglicher jnn seinem erbteil.

Vnd die Nethinim woneten an Ophel/ Vnd Ziha vnd Gispa gehöreten zu den Nethinim / Der Vorsteher aber vber die Leuiten zu Jerusalem war Usi der son Bani/des sons Hasabia/des sons Mathania/des sons Micha. Aus den kindern Assaph waren Senger vmb das geschefft im Hause Gottes/ Denn es war des Königes gebot vber sie/das die Senger trewlich handelten ein jglichen tag sein gebür.

Vnd Pethaia der son Mesesabeel aus den kindern Serah des sons Juda/war neben dem Könige zu allen geschefften an das volck/Vnd der kinder Juda/die aussen auff den dörffern auff jrem lande waren/woneten etlich zu Kiriath Arba/vnd jnn jren töchtern/vnd zu Dibon vnd jnn jren töchtern/vnd zu Kabzeel vnd jnn jren dörffern/ vnd zu Jesua/Molada/Bethpalet/Hazarsual/Berseba/vnd jren töchtern/Vnd zu Ziklag vnd Mochona vnd jren töchtern / Vnd zu Enrimmon/Zarega/Jeremuth/Sanoah/Adullam/ vnd jren dörffern/Zu Lachis vnd auff jrem felde/Zu Aseka/vnd jnn jren töchtern/ vnd lagerten sich von Berseba an bis ans tal Hinnom.

Die kinder BenJamin aber von Gaba/woneten zu Michmas/ Aia/BethEl vnd jren töchtern/Vnd zu Anathoth / Nob/ Anania/ Hazor/Rama/Githaim/Hadid/Ziboim/Neballat/Lod/Ono/ vnd im zimmer tal/Vnd etliche Leuiten/die teil jnn Juda hatten/woneten vnter BenJamin.

XII.

h ij   Dis sind

Das Buch

Dis sind die Priester vnd Leuiten die mit Serubabel dem son Sealthiel vnd Jesua erauff zogen / Seraia / Jeremia / Esra / Amaria / Malluch / Dattus / Sechania / Rehum / Meremoth / Jddo / Ginthoi / Abia / Meiamin / Maadia / Bilga / Semaia / Joiarib / Jedaia / Sallu / Amok / Hilkia / vnd Jedaia / Dis waren die Heubter vnter den Priestern vnd jren brüdern zun zeiten Jesua. Die Leuiten aber waren diese / Jesua / Benui / Kadmiel / Serebia / Juda / vnd Mathania vber das Danck ampt / er vnd sein bruder. Bakbukia vnd Vnni jre brüder waren vmb sie zur hut.

Jesua zeuget Joiakim. Joiakim zeuget Eliasib. Eliasib zeuget Joiada. Joiada zeuget Jonathan. Jonathan zeuget Jaddua. Vnd zun zeiten Joiakim waren diese öberste Veter vnter den Priestern / nemlich / von Seraia war Meraia / von Jeremia war Hanania / von Esra war Mesullam / von Amaria war Johanan / von Malluch war Jonathan / von Sebania war Joseph / von Harim war Adna / von Meraioth war Helkai / von Jddo war Sacharia / von Ginthon war Mesullam / von Abia war Sichri / von Meiamin Moadia war Piltai / von Bilga war Sammua / von Semaia war Jonathan / von Joiarib war Mathnai / von Jedaia war Vsi / von Sallai war Kallai / von Amok war Eber / von Hilkia war Hasabia / von Jedaia war Nethaneel.

Vnd zun zeiten Eliasib / Joiada / Johanan / vnd Jaddua / wurden die öbersten Veter vnter den Leuiten / vnd die Priester beschrieben vnter dem Königreich Darios des Persen. Es wurden aber die kinder Leui die öbersten Veter beschrieben jnn die Chronica / bis zur zeit Johanan des sons Eliasib. Vnd dis waren die öbersten vnter den Leuiten / Hasabia / Serebia / vnd Jesua der son Kadmiel / vnd jre brüder neben jnen / zu loben vnd zu dancken / wie es Dauid der man Gottes geboten hatte / eine hut neben der ander. Mathania / Bakbukia / Obadia / Mesullam / Talmon vnd Akub waren Thorhüter an der huet / an den schwellen jnn den thoren. Diese waren zun zeiten Joiakim des sons Jesua / des sons Jozadak / vnd zun zeiten Nehemia des Landpflegers / vnd des Priesters Esra des Schrifftgelerten.

Vnd jnn der einweihung der mauren zu Jerusalem / sucht man die Leuiten aus allen jren orten / das man sie gen Jerusalem brechte / zu halten einweihung / jnn freuden / mit dancken / mit singen / cymbaln / psaltern / vnd harffen. Vnd es versamleten sich die kinder der Senger / vnd von der gegend vmb Jerusalem her / vnd von den höfen Netophathi / vnd vom hause Gilgal / vnd von den eckern zu Gibea vnd Asmaueth / Denn die Senger hatten jnen höfe gebawet vmb Jerusalem her / Vnd die Priester vnd Leuiten reinigeten sich / vnd reinigeten das volck / die thor vnd die mauren.

Vnd ich lies die Fürsten Juda oben auff die mauren steigen / vnd bestellet zween grosse Danck Thör / die giengen hin zur rechten oben auff die mauren zum mist thor werts / vnd jnen gieng nach Hosaia / vnd die helfft der Fürsten Juda / vnd Asaria / Esra / Mesullam / Juda / Ben Jamin / Semaia / vnd Jeremia / vnd etlich der Priester kinder

mit

Nehemia. CCVI.

mit drometen/nemlich/Sacharia der son Jonathan/ des sons Semaia/des sons Mathania/des sons Michaia/des sons Sachur/des sons Assaph/ vnd seine brüder/ Semaia/Asareel/Milalai/Gilalai/ Maai/Nethaneel/vnd Juda Hanani/mit den seiten spielen Dauids des mans Gottes. Esra aber der Schrifftgelerte fur jnen her / zum brun thor werts/ vnd giengen neben jnen auff den stuffen/zur stad Dauid die mauren auff hin/zum hause Dauid hinan/bis an das wasser thor gegen morgen.

Der ander danck Chor gieng gegen jnen vber/vnd ich jm nach/ vnd die helfft des volcks/die mauren hinan/zum ofen thurn hinauff/ bis an die breite mauren/vnd zum thor Ephraim hinan/vnd zum alten thor/vnd zum thurn Hananeel/vnd zum thurn Mea/bis an das Schaf thor/Vnd zum fisch thor/vnd blieben stehen im kercker thor/ vnd stunden also die zween danck Chöre im Hause Gottes/ vnd ich vnd die helfft der obersten mit mir/vnd die Priester/nemlich/ ElJakim/Maeseia/Miniamin/Michaia/Elioenai/Sacharia/Hanania mit drometen/vnd Maeseia/Semaia/Eleasar/Vsi/Johanan/Malchia/Elam vnd Asar / Vnd die Senger sungen laut/ vnd Jesrahia war der Vorsteher. Vnd es wurden desselben tages grosse opffer geopffert/vnd waren frölich/Denn Gott hatte jnen eine grosse freude gemacht/das sich/beide weiber vnd kinder freweten/vnd man höret die freude Jerusalem ferne.

Zu der zeit wurden verordenet menner vber die schatz kasten/ da die Heben/erstlingen vnd zehenden jnnen waren/das sie samlen solten von den eckern vmb die stedte/aus zu teilen nach dem Gesetz fur die Priester vnd Leuiten/Denn Juda hatte eine freude an den Priestern vnd Leuiten/das sie stunden vnd warten der Hut jres Gottes/vnd der Hut der reinigung. Vnd die Senger vnd Thorhüter stunden nach dem gebot Dauid vnd seines sons Salomo/Denn zun zeiten Dauid vnd Assaph wurden gestifftet die obersten Senger vnd Lob liede vnd danck zu Gott. Aber gantz Israel gab den Sengern vnd Thorhütern teil zun zeiten Serubabel vnd Nehemia / einen jglichen tag sein teil/ vnd sie gaben geheiligetes fur die Leuiten/Die Leuiten aber gaben geheiligetes fur die kinder Aaron.

XIII.

Vnd es ward zu der zeit gelesen das buch Mose fur den ohren des volcks/vnd ward funden drinnen geschrieben/das die Ammoniten vnd Moabiten sollen nimermehr jnn die Gemeine Gottes komen / Darumb/das sie den kindern Israel nicht zuuor kamen mit brod vnd wasser/vnd dingeten wider sie Bileam/das er sie verfluchen solt. Aber vnser Gott wand den fluch jnn einen segen. Da sie nu dis Gesetz höreten/scheideten sie allen pöfel von Israel. Vnd vor dem hatte der Priester Eliasib jnn den Kasten am Hause vnsers Gottes/ gelegt das opffer Tobia/Denn er hatte jm einen grossen Kasten gemacht/vnd dahin hatten sie zuuor gelegt/ Speisopffer/Weyrauch/gerete/vnd die zehenden vom getreide/most

h iij   vnd

Das Buch

vnd öle/nach dem gebot der Leuiten/Senger vnd Thorhüter/dazu die Hebe der Priester.

Aber inn diesem allen war ich nicht zu Jerusalem/Denn im zwey vnd dreissigsten jar Arthahsastha des Königes zu Babel/kam ich zum Könige/vnd nach etlichen tagen erwarb ich vom Könige/das ich gen Jerusalem zog. Vnd ich mercket das nicht gut war/das Eliasib an Tobia gethan hatte/das er jm einen Kasten machet im Hofe am Hause Gottes/vnd verdros mich seer/vnd warff alle gerete vom Hause Tobia hinaus fur den Kasten/vnd hies/das sie die Kasten reinigeten. Vnd ich bracht wider daselbs hin / das gerete des Hauses Gottes/das Speisopffer vnd Weyrauch.

Vnd ich erfur/das der Leuiten teil jnen nicht gegeben waren/derhalben die Leuiten vnd Senger geflohen waren/ein jglicher zu seinem acker zu erbeiten. Da schalt ich die obersten / vnd sprach / Warumb verlassen wir das Haus Gottes? Aber ich versamlet sie/vnd stellet sie an jre stet. Da bracht gantz Juda die zehenden vom getreide/most vnd öle zum schatz. Vnd ich setzt vber die schetze Selemia den Priester vnd Zadok den Schrifftgelerten/vnd aus den Leuiten Pedaia/ vnd vnter jre hand Hanan den son Sachur des sons Mathania/ Denn sie wurden fur trew gehalten/vnd jnen ward befolhen jren brüdern aus zu teilen. Gedencke mein Gott mir daran/vnd tilge nicht aus meine barmhertzigkeit/die ich an meines Gottes Hause/vnd an seiner Hut gethan habe.

Zur selben zeit sahe ich inn Juda kelter tretten auff den Sabbath/vnd garben erein bringen/Vnd esel beladen mit wein/drauben/ feigen vnd allerley last zu Jerusalem bringen/auff den Sabbath tag/ Vnd ich bezeuget sie des tages/da sie die futterung verkaufften. Es woneten auch Tyrer drinnen/die brachten fisch vnd allerley war/vnd verkaufftens auff den Sabbath den kindern Juda vnd Jerusalem. Da schalt ich die obersten inn Juda/vnd sprach zu jnen/Was ist das böse ding/das jr thut/vnd brecht den Sabbather tag? Theten nicht vnser Veter also/vnd vnser Gott füret alle dis vnglück vber vns vnd vber diese Stad? vnd jr macht des zorns vber Jsrael noch mehr/das jr den Sabbath brecht.

Vnd da die thor zu Jerusalem auff gezogen waren fur dem Sabbath/hies ich die thür zu schliessen/vnd befalh/man solt sie nicht auff thun bis nach dem Sabbath/vnd ich bestellet meiner knaben etliche an die thor/das man keine last erein brecht am Sabbather tage. Da blieben die Kremer vnd Verkeuffer mit allerley wahr vber nacht draussen fur Jerusalem/ein mal oder zwey/Da zeuget ich jnen/vnd sprach zu jnen/Warumb bleibt jr vber nacht vmb die mauren? Werdet jrs noch eines thun/so wil ich die hand an euch legen/Von der zeit an kamen sie des Sabbaths nicht. Vnd ich sprach zu den Leuiten/Die rein waren das sie kemen vnd hüten der thor / zu heiligen den Sabbath tag. Mein Gott gedenck mir des auch/vnd schone mein nach deiner grossen barmhertzigkeit.

Ich sahe auch zu der zeit Jüden die weiber namen von Asdod/
Ammon

Nehemia. CCVII.

Ammon vnd Moab/vnd jre kinder redeten die helfft Asdodisch/vnd kundten nicht Jüdisch reden/sondern nach der sprach eines jglichen volck/Vnd ich schalt sie/vnd flucht jnen/vnd schlug etliche menner/ vnd raufft sie/vnd nam ein eid von jnen bey Gott/Jr solt ewre töchter nicht geben jren sönen/noch jre töchter nemen ewren sönen oder euch selbs. Hat nicht Salomo der König Israel daran gesundiget? vnd war doch jnn vielen Heiden kein König jm gleich/vnd er war seinem Gott lieb/vnd Gott setzt jn zum Könige vber gantz Israel/noch machtenjn die auslendischen weiber zu sünden/Habt jr das nicht gehöret/das jr solch gros vbel thut/euch an vnserm Gott zuuergreiffen mit auslendische weiber nemen?

Vnd einer aus den kindern Joiada des sons Eliasib des Hohen priesters/hatte sich befreundet mit Saneballat dem Horoniten/aber ich jaget jn von mir. Gedenck an sie mein Gott die des Priesterthums los sind worden/vnd des Bunds des Priesterthums vnd der Leuiten. Also reiniget ich sie von allen auslendischen / vnd stellet die Hut der Priester vnd Leuiten/einen jglichen zu seinem gescheffte/ vnd zu opffern das holtz zu bestimpten zeiten/vnd die erstlingen. Gedenck meiner/mein Gott/im besten.

Ende des Buchs Nehemia.

Das Buch Esther.

I.

Vn zeiten Ahasueros/ der da regiret von India bis an Moren/ vber hundert vnd sieben vnd zwentzig lender/ Vnd da er auff seinem Königlichen stuel saſs zu Schlos Susan/ Im dritten jar seines Königreichs/ macht er bey jm ein mal allen seinen Fürsten vnd Knechten/ nemlich/ den gewaltigen jnn Persen vnd Meden/ den Landpflegern vnd Obersten jnn seinen lendern/ das er sehen liesse den herrlichen reichthum seines Königreichs/ vnd den köstlichen pracht seiner Maiestet/ viel tage lang/ nemlich/ hundert vnd achtzig tage.

Vnd da die tage aus waren/ macht der König ein mal/ allem volck das zu Schlos Susan war/ beide gros vnd kleinen/ sieben tage lang im hofe des garten am hause des Königs/ Da hiengen weis/ rote vnd gele tücher/ mit leinen vnd scharlacken seilen gefasset jnn silbern ringen/ auff marmeln seulen/ Die bencke waren gülden vnd silbern/ auff pflaster von grünen/ weissen/ gelen vnd schwartzen marmeln gemacht/ Vnd das getrenck trug man jnn güldenen gefesse/ vnd jmer ander vnd andern gefess/ Vnd Königlicher wein die menge/ wie denn der König vermocht. Vnd man satzt niemand/ was er trincken solt/ Denn der König hatte allen Vorstehern jnn seinem hause befolhen/ das ein jglicher solt thun/ wie es jm wol gefiel.

Vnd die Königin Vasthi machte auch ein mal für die weiber/ im Königlichen hause des Königes Ahasueros. Vnd am siebenden tage/ da der König guts muts war vom wein/ hies er Mehuman/ Bistha/ Harbona/ Bigtha/ Abagtha/ Sethar/ vnd Charcas/ die sieben Kemerer/ die fur dem Könige Ahasueros dieneten/ das sie die Königin Vasthi holeten fur den König/ mit der Königlichen krone/ das er den völckern vnd Fürsten zeiget jre schöne/ denn sie war hübsch. Aber die Königin Vasthi wolt nicht komen nach dem wort des Königes durch seine Kemerer. Da ward der König seer zornig/ vnd sein grim entbrand jnn jm.

Vnd der König sprach zu den Weisen/ die sich auff lands sitten verstunden (Denn des Königes sachen musten geschehen fur allen verstendigen auff recht vnd hendel) Die nehesten aber bey jm waren/ Charsena/ Sethar/ Admatha/ Tharsis/ Meres/ Marsena vnd Memuchan/ die sieben Fürsten der Perser vnd Meden/ die das angesicht des Königes sahen/ vnd sassen oben an im Königreich/ was fur ein recht man an der Königin Vasthi thun solt/ darumb/ das sie nicht gethan hatte nach dem wort des Königes durch seine Kemerer. Da sprach Memuchan fur dem Könige vnd Fürsten.

Die Kö=

Esther. CCVIII.

Die Königin Vasthi hat nicht allein an dem Könige vbel ge-than/sondern auch an allen Fürsten vnd an allen völckern jnn allen landen des Königes Ahasueros. Denn es wird solch stuck der Königin auskomen zu allen weibern/das sie jre menner verachten fur jren augen/vnd werden sagen/Der König Ahasueros hies die Königin Vasthi fur sich komen/aber sie wolt nicht/So werden nu die Fürstinnen jnn Persen vnd Meden auch so sagen zu allen Fürsten des Königes/wenn sie solch stuck der Königin hören/so wird sich verachtens vnd zorns gnug heben. Gefellet es dem Könige/so las man ein Königlich gebot von jm ausgehen/vnd schreiben nach der Perser vnd Meder gesetz/welchs man nicht thar vbertretten/das Vasthi nicht mehr fur den König Ahasueros kome/vnd der König gebe jr Königreich jrer nehesten/die besser ist denn sie/Vnd das dieser brieff des Königes der gemacht wird/jnn sein gantzes Reich (welchs gros ist) erschalle/das alle weiber jre menner jnn ehren halten/beide vnter grossen vnd kleinen.

Das gefiel dem Könige vnd den Fürsten/vnd der König thet nach dem wort Memuchan. Da wurden brieue aus gesand jnn alle lender des Königes/jnn ein jglich land nach seiner schrifft/vnd zum jglichen volck nach seiner sprach/das ein jglich man der ober herr jnn seinem hause sey/Vnd lies reden nach der sprach seins volcks.

II.

Nach diesen geschichten/da der grim des Königs Ahasueros sich gelegt hatte/gedacht er an Vasthi/was sie gethan hatte/vnd was vber sie beschlossen were. Da sprachen die knaben des Königes die jm dieneten/man suche dem Könige junge hübsche jungfrawen/vnd der König bestelle Auffseher jnn allen landen seines Königreichs/das sie allerley junge hübsche jungfrawen zu samen brinen gen Schlos Susan jns Frawenzimmer/vnter die hand Hege des Königs Kemerer/der der weiber wartet/vnd gebe jnen jren geschmuck/Vnd welche dirne dem Könige gefelt/die werde Königin an Vasthi stat. Das gefiel dem Könige vnd thet also.

Es war aber ein Jüdischer man zu Schlos Susan/der hies Mardachai ein son Jair/des sons Simei/des sons Kis/des sons Jemini/der mit weg gefurt war von Jerusalem/da Jechania der König Juda weg gefurt ward/welchen Nebucadnezar der König zu Babel weg füret/Vnd er war ein Vormund Hadassa/die ist/Esther eine tochter seins vettern/Denn sie hatte weder vater noch mutter/vnd sie war eine schöne vnd hübsche dirne/Vnd da jr vater vnd mutter starb/nam sie Mardachai auff zur tochter.

Da nu das gebot vnd gesetz des Königes laut ward/vnd viel dirnen zu hauffe bracht wurden gen Schlos Susan/vnter die hand Hegai/ward Esther auch genomen zu des Königes hause/vnter die hand Hegai des Hüters der weiber/Vnd die dirne gefiel jm/vnd sie fand

fand barmhertzigkeit fur jm/Vnd er eilet mit jrem geschmuck/das er jr jren teil gebe/vnd sieben feine dirnen/von des Königes hause dazu/Vnd er thet sie mit jren dirnen an den besten ort im Frawenzimmer. Vnd Esther saget jm nicht an jr volck vnd jre freundschafft/Denn Mardachai hatte jr geboten/sie solts nicht ansagen. Vnd Mardachai wandelte alle tage fur dem Hofe am Frawenzimmer/das er erfüre/obs Esther wol gienge/vnd was jr geschehen würde.

Wenn aber die bestimpte zeit einer jglichen dirnen kam/das sie zum Könige Ahasueros komen solt/nach dem sie zwelff monden im Frawen schmücken gewesen war (Denn jr schmücken muste so viel zeit haben/nemlich/sechs monden mit balsam vnd myrren/vnd sechs monden mit guter specerey/so waren denn die weiber geschmuckt) als denn gieng eine dirne zum Könige/vnd welche sie wolte/must man jr geben/die mit jr vom Frawenzimmer zu des Königes hause gienge. Vnd wenn eine des abends hinein kam/die gieng des morgens von jm jnn das ander Frawen zimmer/vnter die hand Saasgas des Königes Kemerer/der kebsweiber Hüter/Vnd sie muste nicht wider zum Könige komen/es lüstete denn den König/vnd liesse sie mit namen ruffen.

Da nu die zeit Esther erzu kam der tochter Abihail des vettern Mardachai (die er zur tochter hatte auffgenomen) das sie zum Könige komen solt/begerte sie nichts/denn was Hegai des Königes Kemerer der weiber Hüter sprach/Vnd Esther fand gnade fur allen die sie ansahen. Es ward aber Esther genomen zum Könige Ahasueros/jns Königliche haus/im zehenden monden/der da heisst Tebeth/im siebenden jar seines Königreichs/Vnd der König gewan Esther lieb vber alle weiber/vnd sie fand gnade vnd barmhertzigkeit fur jm/fur allen Jungfrawen/vnd er setzt die Königliche krone auff jr heubt/vnd macht sie zur Königin an Vasthi stat. Vnd der König macht ein gros mal/allen seinen Fürsten vnd Knechten/das war ein mal vmb Esther willen/vnd lies die lender rugen/vnd gab Königliche geschencke aus.

Vnd da man das ander mal Jungfrawen versamlet/sas Mardachai im thor des Königes. Vnd Esther hatte noch nicht angesagt jre freundschafft noch jr volck/wie jr denn Mardachai geboten hatte/Denn Esther thet nach dem wort Mardachai/gleich als da er jr Vormund war.

Zur selbigen zeit/da Mardachai im thor des Königes sas/wurden zween Kemerer des Königes/Bigthan vnd Theres/die der thür hüten/zornig/vnd trachten jre hende an den König Ahasueros zu legen/das ward Mardachai kund/vnd er sagets an der Königin Esther/vnd Esther sagets dem Könige jnn Mardachai namen. Vnd da man solchs forschet/wards funden/Vnd sie wurden beide an beume gehenget/vnd ward geschrieben jnn die Chronica fur dem Könige.

III.

Nach

Esther. CCIX.

NAch diesen geschichten machte der König Haman gros/ den son Medatha den Agagiter/ vnd erhöhet jn vnd setzt seinen stuel vber alle Fürsten/ die bey jm waren/ vnd alle knechte des Königes/ die im thor des Königes waren/ beugeten die knie vnd betten Haman an/ Denn der König hatte es also geboten. Aber Mardachai beuget die knie nicht/ vnd bettet nicht an/ Da sprachen des Königes knechte/ die im thor des Königes waren/ zu Mardachai/ Warumb vbertrittestu des Königes gebot? Vnd da sie solchs teglich zu jm sagten/ vnd er jnen nicht gehorchte/ sagten sie es Haman an/ das sie sehen/ ob die rede Mardachai bestehen würden/ Denn er hatte jnen gesagt/ das er ein Jüde were.

Vnd da Haman sahe/ das Mardachai jm nicht die knie benget/ noch jn anbetet/ ward er vol grims/ vnd verachtets/ das er an Mardachai allein solt die hand legen/ Denn sie hatten jm das volck Mardachai an gesagt/ sondern er trachtet das volck Mardachai/ alle Jüden/ so im gantzen Königreich Ahasueros war/ zu vertilgen. Im ersten monden/ das ist der mond Nissan/ im zwelfften jar des Königes Ahasueros/ ward das los geworffen fur Haman/ von einem tag auff den andern/ vnd vom monden bis auff den zwelfften monden/ das ist der mond Adar.

Vnd Haman sprach zum Könige Ahasueros. Es ist ein volck zustrewet/ vnd teilet sich vnter alle völcker jnn allen landen deines Königreichs/ vnd jr Gesetz ist anders/ denn aller völcker/ vnd thun nicht nach des Königes Gesetzen/ vnd ist dem Könige nicht zu leiden/ sie also zu lassen/ Gefellet es dem Könige/ so schreibe er/ das mans vmbbringe/ so wil ich zehen tausent centener silbers dar wegen/ vnter die hand der erbeiter/ das mans bringe jnn die kamer des Königes. Da thet der König seinen ring von der hand/ vnd gab jn Haman dem son Medatha dem Agagiter der Jüden feind. Vnd der König sprach zu Haman/ Das silber sey dir gegeben/ dazu das volck/ das du damit thuest/ was dir gefellet.

Da rieff man den schreibern des Königes/ im dreizehenden tage des ersten monden/ vnd ward geschrieben/ wie Haman befalh/ an die Fürsten des Königes/ vnd zu den Landpflegern hin vnd her jnn den lendern/ vnd zu den Heubtleuten eines jglichen volcks jnn den lendern hin vnd her/ nach der schrifft eines jglichen volcks/ vnd nach jrer sprach/ im namen des Königes Ahasueros/ vnd mit des Königes siegel versiegelt. Vnd die brieue wurden gesand durch die leuffer jnn alle lender des Königes/ zu vertilgen/ zu erwürgen/ vnd vmb zu bringen alle Jüden/ beide jung vnd alt/ kinder vnd weiber auff einen tag/ nemlich/ auff den dreizehenden tag des zwelfften monden/ das ist der mond Adar/ vnd jr gut zu rauben. Also war der innhalt der schrifft/ das ein gebot gegeben were jnn allen lendern/ allen völckern zu eröffenen/ das sie auff den selben tag geschickt weren. Vnd die leuffer giengen aus eilend nach des Königes gebot/ Vnd zu Schlos Susan ward angeschlagen ein gebot. Vnd der König vnd Haman sassen vnd truncken/ Aber die Stad Susan ward jrre.

Da Mar-

Das Buch
IIII.

DA Mardachai erfur alles was geschehen war/zureis er seine kleider/ vnd legt einen sack an vnd asschen/ vnd gieng hinaus mitten jnn die Stad/ vnd schrey laut vnd kleglich/ vnd kam fur das thor des Königes/ Denn es muste niemand zu des Königes thor eingehen/ der einen sack an hette/ Vnd jnn allen lendern/ an welchen ort des Königes wort vnd gebot gelanget/ war ein gros klagen vnter den Jüden/ vnd viel fasteten/ weineten/ trugen leide/ vnd lagen jnn secken vnd jnn der asschen. Da kamen die dirnen Esther vnd jre Kemerer/ vnd sagtens jr an. Da erschrack die Königin seer/ Vnd sie sandte kleider/ das Mardachai anzöge/ vnd den sack von jm ableget/ Er aber nam sie nicht.

Da rieff Esther Dathach vnter des Königs Kemerern/ der fur jr stund/ vnd befalh jm an Mardachai/ das sie erfüre/ was das were/ vnd warumb er so thet. Da gieng Dathach hinaus zu Mardachai an die gassen jnn der Stad/ die fur dem thor des Königes war/ Vnd Mardachai saget jm alles was jm begegnet were/ vnd die summa des silbers das Haman gered hatte jnn des Königes kamer dar zu wegen/ vmb der Jüden willen/ sie zu vertilgen/ vnd gab jm die abschrifft des gebots/ das zu Susan an geschlagen war sie zu vertilgen/ das ers Esther zeiget/ vnd jr an saget/ vnd geböte jr/ das sie zum Könige hinein gienge/ vnd thet eine bitte an jn/ vnd fragt von jm vmb jr volck.

Vnd da Dathach hinein kam vnd saget Esther die wort Mardachai/ sprach Esther zu Dathach vnd gebot jm an Mardachai/ Es wissen alle knechte des Königes/ vnd das volck jnn den landen des Königs/ das/ wer zum Könige hinein gehet jnnwendig jnn den Hof/ er sey man oder weib/ der nicht geruffen ist/ der sol stracks gebots sterben/ es sey denn/ das der König den gülden zepter gegen jm reiche/ da mit er lebendig bleibe/ Ich aber bin nu jnn dreissig tagen nicht geruffen zum Könige hinein zu komen.

Vnd da die wort Esther wurden Mardachai angesagt/ hies Mardachai Esther wider sagen/ Gedencke nicht/ das du dein leben errettest/ weil du im hause des Königs bist fur allen Jüden/ Denn wo du wirst zu dieser zeit schweigen/ so wird eine hülffe vnd errettung aus einem andern ort den Jüden entstehen/ vnd du vnd deines vaters Haus werdet vmbkomen/ Vnd wer weis/ ob du vmb dieser zeit willen bis zum Königreich komen bist? Esther hies Mardachai antworten/ So gehe hin vnd versamle alle Jüden die zu Susan fur handen sind/ vnd fastet fur mich/ das jr nicht esset vnd trinckt jnn dreien tagen/ weder tag noch nacht/ Ich vnd meine dirnen wollen auch also fasten/ Vnd also wil ich zum Könige hinein gehen wider das gebot/ Kom ich vmb/ so kom ich vmb. Mardachai gieng hin vnd thet alles was jm Esther geboten hatte.

V.

Vnd

Esther. CCX.

VNd am dritten tage zog sich Esther Königlich an/vnd trat jnn den Hof am hause des Königs jnnwendig gegen dem hause des Königes. Vnd der König sass auff seinem Königlichen stuel im Königlichen hause/gegen der thür des hauses. Vnd da der König sahe Esther die Königin stehen im Hofe/fand sie gnade fur seinen augen. Vnd der König recket den gülden zepter jnn seiner hand gegen Esther/Da trat Esther erzu/vnd rüret die spitzen des scepters an. Da sprach der König zu jr/Was ist dir Esther Königin? vnd was fodderstu? auch die helfft des Königreichs sol dir gegeben werden? Esther sprach/Gefellet es dem Könige/So kome der König vnd Haman heute zu dem mal/das ich zugericht habe. Der König sprach/Eilet/das Haman thue/was Esther gesagt hat.

Da nu der König vnd Haman zu dem mal kamen/das Esther zugericht hatte/sprach der König zu Esther/da er wein getruncken hatte/Was bittestu Esther? Es sol dir gegeben werden/vnd was fodderstu? auch die helfft des Königreichs/es sol geschehen. Da antwortet Esther/vnd sprach/Mein bitt vnd beger ist/hab ich gnade gefunden fur dem Könige/vnd so es dem Könige gefellet/mir zu geben meine bitte/vnd zu thun mein beger/So kome der König vnd Haman zu dem mal/das ich fur sie zu richten wil/so wil ich morgen thun was der König gesagt hat.

Da gieng Haman des tages hinaus frölich vnd guts muts/Vnd da er sahe Mardachai im thor des Königes/das er nicht auff stund/noch sich fur jm beweget/ward er vol zorns vber Mardachai. Aber er enthielt sich/vnd da er heim kam/sand er hin vnd lies holen seine freunde/vnd sein weib Seres/vnd erzelet jnen die herrligkeit seines reichthumbs/vnd die menge seiner kinder/vnd alles wie jn der König so gros gemacht hette/vnd das er vber die Fürsten vnd knechte des Königes erhaben were. Auch sprach Haman/Vnd die Königin Esther hat niemand lassen komen mit dem Könige zum mal/das sie zugericht hat/on mich/Vnd bin auch morgen zu jr geladen mit dem Könige/Aber an dem allen habe ich keine gnüge/so lange ich sehe den Jüden Mardachai am Königes thor sitzen.

Da sprach zu jm sein weib Seres vnd alle seine freunde/Man mache einen baum funffzig ellen hoch/vnd sage morgen dem Könige/das man Mardachai dran henge/so kompstu mit dem Könige frölich zum mal. Das gefiel Haman wol/vnd lies einen baum zu richten.

VI.

IN der selben nacht kund der König nicht schlaffen/vnd hies die Chronica vnd die Historien bringen. Da die wurden fur dem Könige gelesen/traff sichs/da geschrieben war/wie Mardachai hatte angesagt/das die zween Kemerer des Königs/Bigthana vnd Theres/die an der schwelle hüteten/getrachtet hetten/die hand an den König Ahasueros zu legen. Vnd der König sprach/Was haben wir

i   Mardachai

Das Buch

Mardachai ehre vnd guts dafur gethan? Da sprachen die knaben des Königes die jm dieneten/Es ist jm nichts geschehen. Vnd der König sprach/Wer ist im Hofe? (denn Haman war jnn den Hof gegangen daussen fur des Königes hause/das er dem Könige saget/ Mardachai zu hengen an den baum den er jm zu bereitet hatte) Vnd des Königes knaben sprachen zu jm/Sihe/Haman stehet im Hofe. Der König sprach/Lasst jn erein gehen.

Vnd da Haman hinein kam/sprach der König zu jm/Was sol man dem man thun/den der König gerne wolt ehren? Haman aber gedacht jnn seinem hertzen/Wem solt der König anders gerne wollen ehre thun denn mir? Vnd Haman sprach zum Könige/Den man den der König gerne wolt ehren/sol man her bringen/das man jm Königliche kleider an zihe/die der König pfleget zu tragen/vnd das ros da der König auff reitet/vnd das man die Königliche krone auff sein heubt setze/Vnd man sol solch kleid vnd ros geben jnn die hand eines Fürsten des Königes/das der selb den man an zihe/den der König gern ehren wolt/vnd füre jn auff dem ros jnn der Stad gassen/ vnd lasse ruffen fur jm her/So wird man thun dem man/den der König gerne ehren wolt.

Der König sprach/Eile vnd nim das kleid vnd ros/wie du gesagt hast/vnd thu also mit Mardachai dem Jüden/der fur dem thor des Königes sitzt/vnd las nichts feilen an allem/das du gered hast. Da nam Haman das kleid vnd ros/vnd zog Mardachai an/vnd füret jn auff der Stad gassen/vnd rieff fur jm her. So wird man thun dem man/den der König gerne ehren wolt/Vnd Mardachai kam wider an das thor des Königes/Haman aber eilet zu hause/trug leide mit verhülletem kopffe/vnd erzelete seinem weibe Seres vnd seinen frennden allen/alles was jm begegnet war. Da sprachen zu jm seine Weisen vnd sein weib Seres/Ist Mardachai vom samen der Jüden/ fur dem du zu fallen angehaben hast/so vermagstu nichts an jm/sondern du wirst fur jm fallen. Da sie aber noch mit jm redeten/kamen erbey des Königes Kemerer/vnd trieben Haman zum mal zu komen/ das Esther zugerichtet hatte.

VII.

Vnd da der König mit Haman kam zum mal/das die Königin Esther zugerichtet hatte/sprach der König zu Esther des andern tages/da er wein getruncken hatte/Was bittestu Königin Esther/das man dirs gebe/ vnd was fodderstu? auch das halbe Königreich/es sol geschehen. Esther die Königin antwortet/vnd sprach/Hab ich gnade fur dir funden/O König/vnd gefellet es dem Könige/so gib mir mein leben vmb meiner bitte willen/vnd mein volck vmb meines begerens willen/Denn wir sind verkaufft/das wir vertilget/erwürget vnd vmbgebracht werden/Vnd wolt Gott/wir würden doch zu knechten vnd megden verkaufft/so wolt ich schweigen/so würde der feind doch dem Könige nicht schaden.

Esther.   CCXI.

Der König Ahasueros redet vnd sprach zu der Königin Esther/ Wer ist der? oder wo ist der? der solchs jnn seinen sinn nemen thüre/ also zu thun? Esther sprach/ Der feind vnd widersacher ist dieser böser Haman. Haman aber entsetzet sich fur dem Könige vnd der Königin. Vnd der König stund auff vom mal vnd vom wein/jnn seinem grim/vnd gieng jnn den garten am hause. Vnd Haman stund auff vnd bat die Königin Esther vmb sein leben. Denn er sahe/das jm ein vnglück vom Könige schon bereit war.

Vnd da der König wider aus dem garten am hause/jnn den saal da man gessen hatte/kam/lag Haman an der banck da Esther auff sas. Da sprach der König/ Wil er auch die Königin würgen bey mir im hause? Da das wort aus des Königes munde gieng/verhülleten sie Haman das andlitz. Vnd Harbona der Kemerer einer fur dem Könige sprach/ Sihe/es stehet ein baum im hause Haman funffzig ellen hoch/den er Mardachai gemacht hatte/der guts fur den König geredt hat. Der König sprach/ Lasst jn dran hengen. Also henget man Haman an den baum den er Mardachai gemacht hatte. Da leget sich des Königes zorn.

VIII.

N dem tage gab der König Ahasueros der Königin Esther das haus Haman des Jüden feinds. Vnd Mardachai kam fur den König/ Denn Esther saget an/ wie er jr zugehöret. Vnd der König thet abe seinen fingerreiff/ den er von Haman hatte genomen/ vnd gab jn Mardachai. Vnd Esther setzet Mardachai vber das haus Haman. Vnd Esther redet weiter fur dem Könige/ vnd fiel jm zun füssen/ vnd flehet jm/ das er weg thet die bosheit Haman des Agagiters/ vnd seine anschlege/ die er wider die Jüden erdacht hatte. Vnd der König recket das gülden zepter zu Esther. Da stund Esther auff vnd trat fur den König/ vnd sprach/ Gefellet es dem Könige/ vnd habe ich gnade funden fur jm/ vnd ists gelegen dem Könige/ vnd ich jm gefalle/ so schreibe man/ das die brieue der anschlege Haman/ des sons Medatha/ des Agagiters/ widerruffen werden/ die er geschrieben hat/ die Jüden vmb zu bringen jnn allen landen des Königes/ Denn wie kan ich zu sehen dem vbel/ das mein volck treffen würde? vnd wie kan ich zu sehen/ das mein geschlechte vmbkome?

Da sprach der König Ahasueros zur Königin Esther vnd zu Mardachai dem Jüden/ Sihe/ Ich habe Esther das haus Haman gegeben/ vnd jn hat man an einen baum gehenget / darumb/ das er seine hand hat an die Jüden gelegt/ So schreibt nu jr fur die Jüden/ wie es euch gefellet/jnn des Königes namen/ vnd versiegelts mit des Königes ringe. Denn die schrifft die jns Königes namen geschrieben/ vnd mit des Königes ringe versiegelt wurden / muste niemand a widerruffen. Da wurden geruffen des Königes Schreiber/ zu der zeit im dritten monden/ das ist der mond Sivan/ am drey vnd zwenzigsten tage/ Vnd wurden geschrieben/ wie Mardachai gebot zu den Jüden/ vnd zu den Fürsten/ Landpflegern vnd Heubtleuten jnn landen von India an bis an die Moren/ nemlich/ hundert vnd sieben vnd zwenzig

a (Widerruffen) Das ist/ weil die vorigen brieue Haman waren mit des Königs siegel versiegelt/ hette es die Jüden nichts geholffen/ wo sie nicht weren von newen durch andere brieue widerruffen.

Das Buch

zwenzig lender/einem jglichen lande nach seinen schrifften/einem jgligen volck nach seiner sprache/vnd den Jüden nach jrer schrifft vnd sprache.

Vnd es ward geschrieben jns Königes Ahasueros namen/vnd mit des Königes ringe versiegelt/Vnd er sandte die brieue durch die reitende boten auff jungen meulern/darinnen der König den Jüden gab/wo sie jnn stedten waren/sich zuuersamlen vnd zu stehen für jr leben/vnd zuuertilgen/zu erwürgen vnd vmb zu bringen alle macht des volcks vnd landes/die sie engsten/sampt den kindern vnd weibern/vnd jr gut zu rauben/auff einen tag/jnn allen lendern des Königes Ahasueros/nemlich/am dreizehenden tage des zwellfften monden/das ist der mond Adar. Der innhalt aber der schrifft war/das ein gebot gegeben were jnn allen landen zu öffnen allen völckern/das die Jüden auff den tag geschickt sein solten/sich zu rechen an jren feinden. Vnd die reitende boten auff den meulern ritten aus schnell vnd eilend/nach dem wort des Königes/vnd das gebot ward zu Schlos Susan angeschlagen.

Mardachai aber gieng aus von dem Könige jnn Königlichen kleidern/geel vnd weis/vnd mit einer grossen gülden krone/angethan mit einem leinen vnd purpur mantel/vnd die Stad Susan jauchzet vnd war frölich/Den Jüden aber war ein liecht vnd freude/vnd wonne vnd ehre komen/Vnd jnn allen landen vnd stedten/an welchen ort des Königes wort vnd gebot gelanget/da ward freude vnd wonne vnter den Jüden/wol leben vnd gute tage/Das viel völcker im lande/Jüden wurden/Denn die furcht der Jüden kam vber sie.

IX.

JM zwelfften monden/das ist der mond Adar/am dreizehenden tage/den des Königes wort vnd gebot bestimpt hatte/das mans thun solte/eben desselben tages/da die feinde solten die Jüden zuschmeissen/sie zu vberweldigen/wand sichs/das die Jüden jre feinde vberweldigen solten. Da versamleten sich die Jüden jnn jren stedten jnn allen landen des Königes Ahasueros/das sie die hand legten an die/so jnen vbel wolten/vnd niemand kund jnen widerstehen/Denn jre furcht war vber alle völcker komen/Auch alle Obersten jnn landen/vnd Fürsten vnd Landpfleger vnd Amptleute des Königes/erhuben die Jüden/Denn die furcht Mardachai kam vber sie/Denn Mardachai war gros im hause des Königes/vnd sein gerüchte erschall jnn allen lendern/wie er zu neme vnd gros würde.

Also schlugen die Jüden an allen jren feinden mit der schwertschlacht/vnd würgeten vnd brachten vmb/vnd theten nach jrem willen an denen/die jnen feind waren. Vnd zu Schlos Susan erwürgeten die Jüden vnd brachten vmb/funff hundert man/dazu erwürgeten sie/Parsandatha/Dalphon/Aspatha/Poratha/Adalia/Aridatha/Parmastha/Arissai/Aridai/Vaiesatha/die zehen söne Haman des sons Madatha des Jüden feinds/aber an seine güter legten sie die hende nicht. Zu der selbigen zeit kam die zal der erwürgeten gen Schlos Susan fur den König. Vnd der König sprach zu der Königin

Esther. CCXII.

gin Esther/Die Jüden haben zu Schos Susan funff hundert man erwürget vnd vmbgebracht/vnd die zehen söne Haman/was werden sie thun jnn den andern lendern des Königes? Was bittestu das man dir gebe? vnd was foddersteu mehr/das man thue?

Esther sprach/Gefelts dem Könige/so las er auch morgen die Jüden zu Susan thun nach dem heutigen gebot/das sie die zehen söne Haman an den baum hengen. Vnd der König hies also thun/vnd das gebot ward zu Susan angeschlagen/vnd die zehen söne Haman wurden gehenget. Vnd die Jüden versamleten sich zu Susan am vierzehenden tage des monden Adar/vnd erwürgeten zu Susan drey hundert man/aber an jre güter legten sie jre hende nicht. Aber die andern Jüden jnn den lendern des Königes/kamen zu samen vnd stunden fur jr leben/das sie ruge schafften fur jren feinden/vnd erwürgeten jrer feinde/funff vnd siebenzig tausent/aber an jre güter legten sie jre hende nicht.

Das geschach am dreizehenden tage des monden Adar/vnd rugeten am vierzehenden tage desselben monden/den macht man zum tage des wol lebens vnd freuden. Aber die Jüden zu Susan waren zu samen komen/beide am dreizehenden vnd vierzehenden tage/vnd rugeten am funffzehenden tage/vnd den tag macht man zum tage des wol lebens vnd freuden. Darumb machten die Jüden die auff den dörffern vnd Flecken woneten/den vierzehenden tag des monden Adar zum tage des wol lebens vnd freuden/vnd sandte einer dem andern geschencke.

Vnd Mardachai beschreib diese geschichte/vnd sandte die brieue zu allen Jüden/die jnn allen lendern des Königes Ahasueros waren/beide nahen vnd fernen/das sie annemen vnd hielten den vierzehenden vnd funffzehenden tag des monden Adar/jerlich/nach den tagen/darinnen die Jüden zu ruge komen waren von jren feinden/vnd nach dem monden/darinnen jr schmertzen jnn freude/vnd jr leid jnn gute tage/verkeret war/das sie die selben halten solten/fur tage des wollebens vnd freuden/vnd einer dem andern geschencke schicken/vnd den armen mit teilen.

Vnd die Jüden namens an/das sie angefangen hatten zu thun/vnd das Mardachai zu jnen schreib/Wie Haman der son Madatha der Agagiter/aller Jüden feind/gedacht hatte alle Jüden vmb zu bringen/vnd das los werffen lassen/sie zu schrecken vnd vmb zu bringen/Vnd wie Esther zum König gegangen war vnd gered/das durch brieue seine böse anschlege/die er wider die Jüden gedacht/auff seinen kopff gekeret würden/vnd wie man jn vnd seine söne an den baum gehenget hette/Daher sie diese tage Purim nenneten/nach dem namen des Los/nach allen worten dieses brieues/vnd was sie selbs gesehen hatten/vnd was an sie gelanget hatte.

Vnd die Jüden richten es auff/vnd namens auff sich/vnd auff jren samen/vnd auff alle die sich zu jnen thaten/das sie nicht vbergehen wolten/zu halten diese zween tage jerlich/wie die beschrieben vnd bestimpt wurden/das diese tage nicht zuuergessen/sondern zu halten

i iij   seien/

Das Buch Esther.

seien/bey kinds kinden/bey allen geschlechten/jnn allen lendern vnd stedten. Es sind die tage Purim/welche nicht sollen vber gangen werden vnter den Jüden/vnd jr gedechtnis nicht vmbkomen bey jrem samen.

Vnd die Königin Esther die tochter Abihail vnd Mardachai der Jüde schrieben mit gantzer gewalt zu bestetigen diesen andern brieff von Purim/vnd sandte die brieue zu allen Jüden jnn den hundert vnd zwey vnd siebenzig lendern des Königreichs Ahasueros/mit freundlichen vnd trewen worten/das sie bestetigeten diese tage Purim auff jre bestimpte zeit/wie Mardachai der Jüde vber sie bestetiget hatte vnd die Königin Esther/wie sie auff jre seele vnd auff jren samen bestetiget hatten die geschicht der fasten vnd jres schreiens. Vnd Esther befalh/diese geschichte dieser Purim zu bestetigen vnd jnn ein buch zu schreiben.

X.

VNd der König Ahasueros legt zins auffs land/vnd auff die Inseln im meer. Aber alle werck seiner gewalt vnd macht/vnd die grosse herrligkeit Mardachai die jm der König gab/sihe/das ist geschrieben inn der Chronica der Könige jnn Meden vnd Persen. Denn Mardachai der Jüde war der ander nach dem Könige Ahasueros/ vnd gros vnter den Jüden/vnd angeneme vnter der menge seiner Brüder/der fur sein volck guts suchte/vnd redet das beste fur allen seinen samen.

Ende des Buchs Esther.

Ende des Ander teils des Alten Testaments.

Gedruckt zu Wittemberg/ Durch Hans Lufft. M. D. XXXIIII.

Das Dritte teil des Alten Testaments.

Wittemberg.
M. D. XXXIIII.

Vorrhede vber das buch Iob.

DAs buch Iob handelt diese frage/ob auch den fromen vnglück von Gott widerfare. Die stehet Iob feste vnd helt/das Got auch die fromen on vrsach/ allein zu seinem lobe peiniget/wie Christus Johannis am neunden von dem gebornen blinden auch zeuget/ Da wider setzen sich seine freunde/vnd treiben gros vnd lange geschwetz/wöllen Gott recht erhalten/das er keinen fromen straffe/Straffe er aber/so müsse der selbige gesündigt haben/vnd haben so ein weltliche vnd menschliche gedancken von Gott vnd seiner gerechtigkeit/als were er gleich wie menschen sind/vnd seine recht wie der welt recht ist/wie wol auch Iob/als der jnn tods nöten kompt/aus menschlicher schwacheit zu viel wider Gott redet/vnd im leiden sündiget/vnd doch darauff bleibet/er habe solch leiden nicht verschuldet fur andern/wie es denn auch war ist. Aber zu letzt vrteilt Gott/Das Iob/jnn dem er wider Gott gered hat im leiden/vnrecht gered habe/Doch was er wider seine feinde gehalten hat von seiner vnschuld fur dem leiden/recht gered habe. Also füret dieses buch diese Historia endlich dahin/das Gott alleine gerecht ist/vnd doch wol ein mensch wider den andern gerecht ist/auch fur Gott.

Es ist aber vns zu trost geschrieben/das Gott seine grosse Heiligen/also lesst straucheln/sonderlich jnn der widerwertigkeit/ Denn ehe das Iob jnn todes angst kompt/lobet er Gott vber dem raub seiner güter vnd tod seiner kinder. Aber da jm der tod vnter augen gehet/ vnd Gott sich entzeucht/geben seine wort anzeigen/was für gedancken ein mensch habe (er sey wie heilig er wolle) wider Gott/wie jn dunckt/das Gott nicht Gott/sondern eitel richter vnd zorniger tyrann sey/der mit gewalt fare/vnd frage nach niemands gutem leben. Dis ist das höhest stück jnn diesem buch/das verstehen alleine die/so auch erfaren vnd fülen/was es sey/Gottes zorn vnd vrteil leiden/ vnd seine gnade verborgen sein.

A ij   Das buch

Das Buch Hiob.
I.

Es war ein man im lande Uz/der hies Hiob/der selb war schlecht vnd recht/Gottfürchtig/vnd meidet das böse/vnd zeuget sieben söne vnd drey töchter/Vnd seins viehes war sieben tausent schaf/drey tausent kamel/funff hundert joch rinder/vnd funff hundert eselin/vnd seer viel gesinds/Vnd er war mechtiger/denn alle die gegen morgen woneten.

Vnd seine söne giengen hin vnd machten mal/ein jglicher jnn seinem hause auff seinen tag/vnd sandten hin vnd luden jre drey schwestern mit jnen zu essen vnd zu trincken. Vnd wenn ein tag des wollebens vmb war/sandte Hiob hin vnd heiligete sie/vnd machte sich des morgens frue auff vnd opfferte Brandopffer/nach jr aller zal/Denn Hiob gedachte/meine söne möchten gesundiget/vnd Gott gesegenet haben jnn jrem hertzen. Also thet Hiob alle tage.

Es begab sich aber auff einen tag/da die kinder Gottes kamen vnd fur den HERRN tratten/kam der Satan auch vnter jnen. Der HERR aber sprach zu dem Satan/Wo komstu her? Satan antwortet dem HERRN/vnd sprach/Ich hab das land vmbher durchzogen. Der HERR sprach zu Satan/Hastu nicht acht gehabt auff meinen Knecht Hiob? Denn es ist sein gleiche nicht im lande/schlecht vnd recht/Gottfürchtig/vnd meidet das böse. Satan antwortet dem HERRN/vnd sprach/Meinstu/das Hiob vmb sonst Gott fürchtet? Hastu doch jn/sein Haus vnd alles was er hat/

rings

rings vmbher verwaret/du hast das werck seiner hende gesegenet/vnd sein gut hat sich ausgebreitet im lande/ Aber recke deine hand aus/ vnd taste an alles was er hat/was gilts/er wird dich ins angesicht se=
genen? Der HERR sprach zu Satan/Sihe/alles was er hat/sey jnn deiner hand/on allein an jn selbs lege deine hand nicht. Da gieng Satan aus von dem HERRN.

(Segenen) Das ist/fluchen vnd lestern.

Des tages aber da seine söne vnd töchter assen vnd truncken wein jnn jres bruders hause des ersten/kam ein bote zu Diob/vnd sprach/ Die rinder pflügeten vnd die eselinnen giengen neben jnen an der wei=
de/da fielen die aus Reich Arabia erein/vnd namen sie vnd schlugen die knaben mit der scherffe des schwerts/vnd ich bin allein entrunnen/ das ich dirs ansaget. Da der noch redet/kam ein ander/vnd sprach/ Das feur Gottes fiel vom himel/vnd verbrand schaf vnd knaben/vnd verzehret sie/vnd ich bin allein entrunnen/das ich dirs ansaget. Da der noch redet/kam einer/vnd sprach/Die Chaldeer machten drey spitzen/ vnd vberfielen die kamel/vnd schlugen die knaben mit der scherffe des schwerts/vnd ich bin allein entrunnen/das ich dirs ansaget. Da der noch redet/kam einer/vnd sprach/Deine söne vnd töchter assen vnd truncken im hause jres bruders des ersten/vnd sihe/da kam ein grosser wind vber der wüsten her/vnd sties auff die vier ecken des hauses/vnd warffs auff die knaben/das sie storben/Vnd ich bin allein entrunnen/ das ich dirs ansaget.

Da stund Diob auff vnd zureis sein kleid/vnd raufft sein heubt/ vnd fiel auff die erden vnd betet an/vnd sprach/Jch bin nacket von meiner mutter leibe komen/nacket werde ich wider dahin faren/Der HERR hats gegeben/ der HERR hats genomen/ der name des HERRN sey gelobt. Jnn diesem allen sundiget Diob nicht/vnd thet nichts thörlichs wider Gott.

II.

Es begab sich aber des tages/da die kinder Gottes ka=
men vnd traten fur den HERRN/das Satan auch vnter jnen kam/vnd fur den HERRN trat. Da sprach der HERR zu dem Satan/Wo kompstu her? Satan antwortet dem HERRN/vnd sprach/Jch hab das land vmbher durchzogen. Der HERR sprach zu dem Satan/Hastu nicht acht auff meinen knecht Diob gehabt? Denn es ist sein gleiche im lande nicht/schlecht vnd recht/ Gottfürchtig/vnd meidet das böse/vnd helt noch an seiner frümkeit/ Du aber hast mich bewegt/das ich jn on vrsach verderbet habe. Sa=
tan antwortet dem HERRN/vnd sprach/Haut fur haut/vnd alles was ein man hat/lesst er fur sein leben/Aber recke deine hand aus/vnd taste sein gebein vnd fleisch an/was gilts/er wird dich ins angesicht segenen? Der HERR sprach zu dem Satan/Sihe da/er sey jnn deiner hand/Doch/schone seins lebens.

(Haut fur haut) Das ist/fur seine haut lesst er faren kinder/vieh/ge=
sind vnd aller an=
der haut.

Da fuhr der Satan aus fur dem HERRN/vnd schlug Diob mit bösen schweren/von der fussolen an bis auff seine scheitel. Vnd er nam eine scherben vnd schabet sich/vnd sass jnn der asschen. Vnd sein weib sprach zu jm/Heltestu noch an deiner frümkeit? Segene Gott vnd

Das Buch

Gott vnd stirb. Er aber sprach zu jr/ Du redest wie die nerrischen weiber reden/ Haben wir guts empfangen von Gott/ vnd solten das böse nicht auch annemen? Jnn diesem allen versundigt sich Diob nicht mit seinen lippen.

Da aber die drey freunde Diob höreten alle das vnglück/ das vber jn komen war/ kamen sie/ ein jglicher aus seinem ort/ Eliphas von Theman/ Bildad von Suah/ vnd Zophar von Naema/ Denn sie wordens eins/ das sie kemen jn zu klagen vnd zu trösten. Vnd da sie jre augen auff huben von ferne/ kenneten sie jn nicht/ vnd huben auff jre stimme/ vnd weineten/ vnd ein jglicher zureis sein kleid/ vnd sprengeten erden auff jr heubt gen himel/ vnd sassen mit jm auff der erden sieben tage vnd sieben nacht/ vnd redeten nichts mit jm/ Denn sie sahen/ das der schmertze seer gros war.

III.

Arnach that Diob seinen mund auff/ vnd verflucht seinen tag/ vnd sprach/ Der tag müsse verloren werden/ darinnen ich geborn bin/ vnd die nacht/ da man sprach/ Es ist ein menlin empfangen/ Der selbe tag müsse finster sein/ vnd Gott von oben erab müsse nicht nach jm fragen/ kein glantz müsse vber jn scheinen/ finsternis müssen jn inne haben/ vnd das tunckel bleibe vber jm mit dicken wolcken/ vnd der dampff am tage mache jn greslich/ Die nacht müsse ein tunckel einnemen/ vnd müsse sich nicht vnter den tagen des jars frewen/ noch jnn die zal der monden komen/ Sihe/ die nacht müsse einsam sein/ vnd keine freude drinnen sein/ Es verfluchen sie die verflucher des tages/ vnd die da bereit sind zu erwecken den Leuiathan/ Seine sterne müssen finster werden jnn seiner demmerung/ Er hoffe auffs liecht/ vnd kome nicht/ vnd müsse nicht sehen die augbrün der morgenröte/ Das er nicht verschlossen hat die thür meines leibs/ vnd nicht verborgen das vnglück fur meinen augen.

(Meins leibs) Daraus ich geboren ward/ das ist der mutter leib.

Warumb bin ich nicht gestorben von mutter leib an? Warumb bin ich nicht vmbkomen/ da ich aus dem leibe kam? Warumb haben sie mich auff die schösse genomen? Warumb bin ich mit brüsten geseuget? So lege ich doch nu vnd were stille/ schlieffe vnd hette ruge mit den Königen vnd Ratherrn auff erden/ die das wüste bawen/ oder mit den Fürsten die gold haben vnd jre heuser vol silbers sind/ oder wie ein vnzeitige geburt verborgen vnd nichts were/ wie die jungen kinder/ die das liecht nie gesehen haben/ Daselbs müssen doch auffhören die Gottlosen mit toben/ Daselbs rugen doch die viel mühe gehabt haben/ da haben doch miteinander fride die gefangenen/ vnd hören nicht die stimme des Drengers/ da sind/ beide klein vnd gros/ knecht vnd der von seinem herrn frey gelassen ist.

(Wüste) Die mit bawen vmbgehen/ da zuvor nichts steher.

a (Verborgen) Das ist/ aus der erden.

b (Bedeckt) Das ist/ das er nicht weis/ wo er aus sol fur angst.

Warumb ist das liecht gegeben dem müheseligen/ vnd das leben den betrübten hertzen? (die des tods warten vnd kompt nicht/ vnd grüben jn wol aus dem ᵃverborgen/ die sich fast frewen vnd sind frölich/ das sie das grab bekomen) vnd dem man des weg verborgen ist/ vnd fur jm von Gott ᵇbedeckt wird? Denn mein süfftzen ist mein tegliche speise/

Biob. IIII.

liche speise/vnd mein heulen ist mein getrencke/Denn das ich gefurcht habe/ist vber mich komen/vnd das ich sorget/hat mich troffen/War ich nicht glückselig? War ich nicht fein stille? Hatte ich nicht gute ruge? vnd kompt solch vnruge.

IIII.

DA antwortet Eliphas von Theman/ vnd sprach/ Du hasts villeicht nicht gern/ so man versucht mit dir zu reden/aber wer kans lassen? Sihe/ du hast viel vnterweiset vnd müde hende gesterckt/ deine rede hat die gefallene auffgericht/ vnd die bebende knie hastu bekrefftiget/ Nu es aber an dich kompt/ wirstu verzagt/ vnd nu es dich trifft/ erschrickstu/ Ja das ist deine (Gottes) furcht/ dein trost/ deine hoffnung/ vnd deine fromkeit. Lieber gedenck/ Wo ist ein vnschüldiger vmbkomen? Oder wo sind die gerechten jhe vertilget? Wie ich wol gesehen habe/ die da mühe pflügeten/ vnd vnglück seeten/ vnd erndten sie auch ein/ das sie durch den odem Gottes sind vmbkomen/ vnd vom geist seines zorns vertilget/ Das brüllen der Lewen/ vnd die stimme der Lewin/ vnd die zeene der jungen Lewen sind zubrochen/ der Lewe ist vmbkomen/ das er nicht mehr raubet/ vnd die jungen Lewen sind zurstrewet.

(Ja das ist) Das ist/ da sihet man nu/ wie from du seiest/ das dich Gott so strafft.

Diese Lewen vnd Lewin sind die reichen vnd gewaltigen auff erden/ so die armen vnterdrucken.

Vnd zu mir ist komen ein heimlich wort/ vnd mein ohre hat ein mercklichs aus dem selben empfangen/ da ich betrachte der nacht gesichte/ wenn der schlaff auff die leute fellet/ da kam mich furcht vnd zittern an/ vnd alle mein gebeine erschracken/ vnd da der geist für mir vber gieng/ stunden mir die har zu berge an meinem leibe/ Da stund ein bilde für meinen augen/ vnd ich kandte seine gestalt nicht/ Es war stille/ vnd ich höret eine stimme/ Wie mag ein mensch gerechter sein/ denn Gott? oder ein man reiner sein/ denn der jn gemacht hat? Sihe/ vnter seinen knechten findet er nicht trew/ vnd jnn seinen boten findet er torheit/ wie viel mehr die jnn den leimen heusern wonen/ vnd welche auff erden gegründet sind/ werden von den wörmen gefressen werden? Es weret von morgen bis an den abend/ so werden sie ausgehawen/ vnd ehe sie es gewar werden/ sind sie gar dahin/ vnd jr liebesten vergehen vnd sterben auch vnuersehens.

(ᵃHeiligen) Das ist/ zeige mir einen heiligen/ der vnschüldig sey geplagt/ wie du meinest. Aber die tollen vnd vnwitzigen heisst er hie/ die losen frechen leute/ die nach Gott nicht fragen/ Solche verderbt wol der zorn vnd eifer Gottes.

V.

NEnne mir einen/ was gilts/ ob du einen findest? vnd sihe dich vmb jrgent nach einem ᵃ heiligen. Einen tollen aber erwürget wol der zorn/ vnd den albern tödtet der eifer/ Ich sahe einen tollen eingewurtzelet/ vnd ich fluchet plötzlich seinem hause/ Seine kinder werden fern sein vom heil/ vnd werden zuschlagen werden im thor/ da kein Erretter sein wird/ Seine erndte wird essen der ᵇ hungerige/ vnd die gewapneten werden jn nemen/ vnd sein gut werden die dürstigen aussauffen/ Denn mühe aus der erden ᶜ nicht gehet/ vnd vnglück aus dem acker nicht wechset/ Sondern der mensch wird zu vnglück geborn/ wie die vögel schweben empor zu fliegen. Doch ich wil jtzt von Gott reden/ vnd von jm handeln/ der grosse ding thut/ die nicht zur forschen sind/ vnd wunder/ die nicht zu zelen sind/ der den regen auffs land gibt/ vnd lesst wasser komen draussen/ Der die nidrigen erhöhet/

ᵇHungerige vnd dürstige heisst er die reuber vnd tyrannen.

ᶜ(Nicht gehet) Das ist/ der mensch verdienet solchs mit sünden/ sonst keme es jm nirgent her.

A iiij vnd den

Das Buch

vnd den verdruckten empor hilfft/ Er macht zu nichte die anschlege der listigen/ das es jre hand nicht ausfüren kan. Er fehet die weisen jnn jrer listigkeit/ vnd macht zu narrheit der witzigen rat/ das sie des tags im finsternis lauffen/ vnd tappen im mittag/ wie jnn der nacht/ Vnd hilfft dem armen von dem schwert vnd von jrem munde/ vnd von der hand des mechtigen/ vnd ist des armen hoffnung/ das die bosheit wird jren mund müssen zuhalten.

Sihe/ Selig ist der mensch/ den Gott straffet/ darumb weger dich der züchtigung des Allmechtigen nicht/ Denn er verletzet vnd verbindet/ Er zuschmeisst/ vnd seine hand heilet/ Aus sechs trübsalen wird er dich erretten/ vnd jnn der siebenden wird dich kein vbels rüren/ Jnn der thewrung wird er dich vom tod erlösen/ vnd im kriege von des schwerds hand/ Er wird dich verbergen fur der geissel der zungen/ das du dich nicht fürchtest fur dem verderben/ wenn es kompt. Im verderben vnd hunger wirstu lachen/ vnd dich fur den wilden thieren im lande nicht fürchten/ Sondern dein Bund wird sein mit den steinen auff dem felde/ vnd die wilden thier auff dem lande werden fried mit dir halten/ vnd wirst erfaren/ das deine hütten fride hat/ vnd wirst deine behausung versorgen vnd nicht sündigen/ vnd wirst erfaren/ das deins samens wird viel werden/ vnd deine nachkomen/ wie das gras auff erden/ vnd wirst im alter zu grab komen/ wie eine mandel eingefurt wird zu seiner zeit/ Sihe/ das haben wir erforschet/ vnd ist also/ Dem gehorche vnd mercke du dirs.

(Dein Bund) Das ist/ die steine werden dein getreide bewaren/ weil dauon eine maur vmbher gemacht wird.

VI.

Hiob antwortet/ vnd sprach/ Wenn man mein jamer wöge/ vnd mein leiden zu samen jnn eine wage legte/ so würde es schwerer sein/ denn sand am meer/ Darumb ists vmb sonst/ was ich rede/ Denn die pfeile des Allmechtigen stecken jnn mir/ der selben grim seufft aus alle meinen geist/ vnd die schrecknis Gottes sind auff mich gerichtet. Das wild schreiet nicht/ wenn es gras hat/ noch der ochse/ wenn er futter hat/ Kan man auch essen das vngesaltzen ist? oder wer mag kosten das weisse vmb den totter? Was meiner seelen widerte an zu rüren/ das ist meine speise fur schmertzen/ O das meine bitte geschehe/ vnd Gott gebe mir wes ich hoffe/ das Gott anfienge vnd zuschlüge mich/ vnd lies seine hand gehen vnd zuscheittert mich/ so hette ich noch trost/ vnd wolt bitten jnn meiner kranckheit/ das er nur nicht schonet/ hab ich doch nicht verleugnet die rede des Heiligen.

(Das wild) Das ist/ jr habt gut trösten/ euch mangelt nichts/ Man jsset nicht vn gesaltzens/ wenn mans besser weis/ Aber ich mus wol jtzt/ dis vñ das etc.

(nicht verleugnet) Das ist/ hab ichs doch nicht verdienet/ das ich so geplagt werde/ wolt Gott/ ich were doch tod.

Was ist meine krafft/ das ich möge beharren? vnd welch ist mein ende/ das meine seele gedültig solt sein? Ist doch meine krafft nicht steinern/ so ist mein fleisch nicht ehern/ hab ich doch nirgend keine hülffe/ vnd es wil nirgend fort mit mir/ Wer barmhertzigkeit seinem nehesten nicht beweiset/ der verlesset des Allmechtigen furcht/ Meine Brüder gehen verechtlich fur mir vber/ wie eine bach/ wie die wasserströme fur vber fliessen/ Doch welche sich fur dem reiffen schewen/ vber die wird der schnee fallen/ Zur zeit/ wenn sie die hitze drucken wird/

Hiob. V.

wird/werden sie verschmachten/vnd wenn es heis wird/werden sie vergehen/von jrer stete/ Jr weg gehet beseid aus/sie tretten auffs vngebente vnd werden vmbkomen.

Sie sehen auff *a* die wege Thema/auff die pfadte Reich Arabia warten sie/ Aber sie werden zu schanden werden/wens am sichersten ist/ vnd sich schemen müssen/wenn sie drauff komen sind/ Denn jr seid nu zu mir komen/vnd weil jr jamer sehet/ furchtet jr euch/ Hab ich auch gesagt/ Bringt her/vnd von ewrem vermügen/schenckt mir/vnd errettet mich aus der hand des feinds/vnd erlöset mich von der hand der tyrannen? Leret mich/ich wil schweigen/vnd was ich nicht weis/ das vnterweiset mich/ Warumb taddelt jr die rechte rede? Wer ist vnter euch/der sie straffen künde? Jr erdencket wort/das jr nur straffet/ vnd den mut mit worten zag machet/ Jr fallet vber einen armen Waisen/vnd rottet ewern nehesten aus/ Doch weil jr habt angehaben/sehet auff mich/ob ich fur euch mit lügen bestehen werde/ Antwortet/ was das recht ist/mein antwort wird noch recht bleiben/was gilts/ ob meine zungen vnrecht habe/vnd mein mund böses fur gebe?

(Verschmachten) Das ist/weil meine freunde jzt fur vber rausschen/ wie ein wasser/ vnd kennen mich nicht/ wird sie auch ein mal eine hitze drücken/so werden sie denn versiegen vnd vertrocken/ darumb/das sie mich jtzt verlassen.

a (Die wege Thema) Das ist/ sie haltens mit denen die mich beraubt haben/ wie oben im ersten capitel stehet/geben den selben recht/ vnd mir vnrecht.

VII.

Vs nicht der mensch jmer im streit sein auff erden/vnd seine tage sind/wie eines Taglöners? Wie ein knecht sehnet sich nach dem schatten/vnd ein Taglöner/das sein erbeit aus sey/ Also hab ich wol gantze monden vergeblich geerbeitet/vnd elender nacht sind mir viel worden/ Wenn ich mich legt/sprach ich/ Wenn werde ich auff stehen? Vnd darnach rechent ich / wens abend wolt worden / Denn ich war gantz ein schewsal jederman bis finster ward/ Mein fleisch ist vmb vnd vmb/ wörmicht vnd kottich/ Meine haut ist verschrumpffen vnd zu nicht worden/ Meine tage sind leichter dahin geflogen/denn ein weber spuel/vnd sind vergangen/das kein auff halten da gewesen ist.

(Vergeblich) Das ist/ ich habe ruge; vnd der erbeit ein ende gesucht/aber das ist vmb sonst/ Es bleibt noch jmer vnruge.

Gedenck/das mein leben ein wind ist/vnd meine augen nicht wider komen zu sehen das gute/vnd kein lebendig auge wird mich mehr sehen/ Deine augen sehen mich an/darüber vergehe ich/ Eine wolcken vergehet vnd feret dahin / Also / wer jnn die Helle hinuntern feret/ kompt nicht wider erauff/vnd kompt nicht wider jnn sein haus/vnd sein ort bleibt wüste. Darumb wil auch ich meinem munde nicht weren/ Jch wil reden von der angst meins hertzens/vnd wil eraus sagen das betrübnis meiner seelen. Bin ich denn ein meer oder walfisch/das du mich also verwarest? Wenn ich gedacht/mein bette sol mich trösten/mein lager sol mirs leichtern/wenn ich mit mir selbs rede/ So erschreckstu mich mit trewen/vnd machst mir grawen/das meine seele wündschet erhangen zu sein/vnd meine gebeine den tod/ Jch begere nicht mehr zu leben.

Höre auff von mir/denn meine tage sind eitel/ Was ist ein mensch/ das du jn gros achtest? vnd bekümerst dich mit jm? Du suchest jn teglich heim/vnd versuchest jn alle stunden/ Warumb thustu dich nicht von mir/vnd lessest nicht abe/bis ich meinen speichel schlinge? Hab ich gesundigt/

ich gesundigt/was sol ich dir thun/O du menschen hüter? Warumb machstu mich/das ich auff dich stosse/vnd bin mir selbs eine last/vnd warumb vergibstu mir meine missethat nicht/vnd nimpst nicht weg meine sunde? Denn nu werde ich mich jnn die erden legen/vnd wenn man mich morgen suchet/werde ich nicht da sein.

VIII.

DA antwortet Bildad von Suah/vnd sprach/ Wie lange wiltu solchs reden? vnd die rede deines mundes so einen stoltzen mut haben? Meinstu das Gott vnrecht richte/ oder der Almechtige das Recht verkere? Haben deine söne fur jm gesundiget/so hat er sie verstossen vmb jrer missethat willen/So du aber dich bey zeit zu Gott thust/ vnd dem Almechtigen flehest/vnd so du rein vnd from bist/so wird er auffwachen zu dir/vnd wird wider auffrichten die Wonung vmb deiner gerechtigkeit willen/vnd was du zu erst wenig gehabt hast/wird hernach fast zu nemen/Denn frage die vorigen geschlechte/vnd nim dir fur zu forschen jre Veter/denn wir sind von gestern her vnd wissen nichts/vnser leben ist ein schatten auff erden/Sie werden dichs leren vnd dir sagen/vnd jre rede aus jrem hertzen erfur bringen.

Kan auch die schilff auffwachsen wo sie nicht feucht stehet? Oder eine wise wachsen on wasser? Sonst wens noch jnn der blüt ist/ehe es abgehawen wird/verdürret es/ehe denn man hew macht/ So gehet es allen denen/die Gottes vergessen/vnd die hoffnung der Heuchler wird verloren sein/denn seine zuuersicht ist matt/vnd seine hoffnung ist eine spinneweb / Er verlesset sich auff sein haus/ vnd wird doch nicht bestehen/Er wird sich dran halten/aber doch nicht stehen bleiben/Es hat wol früchte ehe denn die Sonne kompt/ vnd reiser wachsen erfur jnn seinem garten/Seine saat stehet dicke bey den quellen/vnd sein haus auff steinen/Wenn er jn aber verschlinget von seinem ort/wird er sich gegen jm stellen/als kennet er jn nicht. Sihe/ das ist die freude seines wesens/ vnd werden ander aus dem staub wachsen. Darumb sihe/das Gott nicht verwirfft die fromen/vnd erhelt nicht die hand der boshafftigen/bis das dein mund vol lachens werde/vnd deine lippen vol jauchtzens/ Die dich aber hassen/ werden zu schanden werden/vnd der Gottlosen hütte wird nicht bestehen.

IX.

HJob antwortet/ vnd sprach/ Ja ich weis fast wol/ das also ist/das ein mensch nicht rechtfertig bestehen mag gegen Gott/Hat er lust mit jm zu haddern/ so kan er jm auff tausent nicht eins antworten / Er ist weise vnd mechtig/Wem ists jhe gelungen/der sich wider jn gelegt hat? Er versetzt berge/ehe sie es jnnen werden/die er jnn seinem zorn vmbkeret/Er weget ein land aus seinem ort/das seine pfeiler zittern/Er spricht zur Sonnen/so gehet sie nicht auff/vnd versiegelt die sterne/Er breitet den himel aus allein/vnd gehet auff den wogen des meers/Er macht
den wagen

den wagen am himel vnd Orion/vnd die glucken vnd die stern gegen mittag/Er thut grosse ding die nicht zurforschen sind/vnd wunder der keine zal ist.

Sihe/er gehet fur mir vber/ehe ichs gewar werde/vnd verwandelt sich/ehe ichs mercke/Sihe/wenn er schwind hin feret/wer wil jn wider holen? Wer wil zu jm sagen/Was machstu? Er ist Gott/seinen zorn kan niemand stillen/Vnter jm müssen sich beugen die stoltzen Herrn/Wie solt ich denn jm antworten/vnd wort finden gegen jm? Wenn ich auch gleich recht habe/kan ich jm dennoch nicht antworten/sondern ich müste vmbs recht flehen/Wenn ich jn schon anruffe/vnd er mich erhöret/so gleube ich doch nicht/das er meine stimme höre/Denn er feret vber mich mit vngestüme/vnd macht mir der wunden viel on vrsach/Er lesst meinen geist sich nicht erquicken/sondern macht mich vol betrübnis/Wil man macht/so ist er zu mechtig/Wil man recht/wer wil mein zeuge sein? Sage ich/das ich gerecht bin/so verdammet er mich doch/Bin ich from/so macht er mich doch zu vnrecht/Bin ich denn from/so thar sichs meine seele nicht annemen/Ich begere keines lebens mehr/Das ists/das ich gesagt habe/Er bringt vmb/beide den fromen vnd Gottlosen/Wenn er anhebt zu geisseln/so dringet er fort bald zum tod/vnd spottet der anfechtung der vnschüldigen/Das land aber wird gegeben vnter die hand des Gottlosen/das er jre Richter vnterdrucke/Ists nicht also/wie solts anders sein?

Meine tage sind schneller gewesen denn ein lauffer/sie sind geflohen vnd haben nichts guts erlebt/Sie sind vergangen/wie die starcken schiff/wie ein Adeler fleugt zur speise/Wenn ich gedenck/ich wil meiner klage vergessen/vnd mein geberde lassen faren/vnd mich erquicken/so schewe ich mich vber alle meinem thun/weil ich weis/das du mich nicht vnschüldig sein lessest/Bin ich denn Gottlos/warumb habe ich denn solche vnnütze mühe? Wenn ich mich gleich mit allem schnee wüssche/vnd reinigete meine hende mit dem brunnen/so wirstu mich doch tuncken jnn kot/vnd werden mir meine kleider scheuslich anstehen/Denn er ist nicht mein gleiche/dem ich antworten möchte/das wir fur gerichte miteinander kemen/Es ist vnter vns kein scheideman/noch der seine hand zwischen vns beide lege/Er neme von mir seine ruten/vnd las sein schrecken von mir/das ich müge reden/vnd mich nicht fur jm fürchten dürffe/Denn ich weis mich vnschüldig.

X.

Einer seelen grawet fur meinem leben/Ich wil meine klagen gehen lassen/vnd reden vom betrübnis meiner seelen/vnd zu Gott sagen/Verdamme mich nicht/las mich wissen/warumb du mit mir hadderst? Gefellet dirs/das du gewalt thust/vnd mich verwirffest/den deine hende gemacht haben/vnd machest der Gottlosen furnemen zu ehren? Hastu denn auch fleischliche augen/oder sihestu wie ein mensch sihet? Oder ist deine zeit wie eines menschen zeit? Oder deine jar wie eines mans jare? Das du nach meiner missethat fragest/vnd suchest meine sunde/so du doch weissest/wie ich nicht Gottlos sey/So doch niemand ist/der aus deiner hand erretten müge?

Deine

Orion ist das helle gestirne gegen mittag/das die baurn den Jacobs stab heissen. Die glucken oder die henne/sind die sieben kleine gestirne

Die Stoltzen Junckern/die sich auff jre macht verlassen/vnd jederman helffen können.

(Kleider) Das ist/meine tugent.

Das Buch

Deine hende haben mich mit vleis gemacht vnd bereitet zu gleich/ vnd jnn mutter leib versenckt/ Gedenck doch/ das du mich aus ley= men gemacht hast/ vnd wirst mich wider zu erden machen/ Hastu mich nicht wie milch gemolcken/vnd wie kese lassen gerinnen? Du hast mir haut vnd fleisch angezogen/mit beinen vnd adern hastu mich zu sa= men gefüget/ leben vnd wolthat hastu an mir gethan/vnd dein auff se= hen beward meinen odem. Vnd wie wol du solchs jnn deinem hertzen verbirgest/ so weis ich doch/das du des gedenckest/Wenn ich sundige/ so merckstus bald/vnd lessest meine missethat nicht vngestrafft/ Bin ich gotlos/ so ist mir weh/Bin ich gerecht/ so thar ich doch mein heubt nicht auff heben/als der ich vol schmach bin vnd sehe mein elend/ Vnd wie ein auffgereckter Lewe jagestu mich/vnd handelst widerumb grew lich mit mir/ Du ernewest deine zeugen wider mich/vnd machest dei= nes zorns viel auff mich/ Es zeplagt mich eins vber das ander.

(Odem)
Das ist/mein le= ben das der odem anzeigt.

Warumb hastu mich aus mutter leibe komen lassen? Ach/das ich were vmbkomen/ vnd mich nie kein auge gesehen hette/ So were ich als die nie gewesen sind/ von mutter leibe zum grabe bracht/Wil denn nicht ein ende haben mein kurtzes leben? vnd von mir lassen/das ich ein wenig erquicket würde? Ehe denn ich hin gehe vnd kome nicht wider/ nemlich/jns land der finsternis vnd des tunckels/das ein land ist/des liecht dicke finsternis ist/vnd da keine ordnung ist/ da es schei= net wie das tunckel.

XI.

DA antwortet Zophar von Naema/vnd sprach/Wenn ei= ner lange gered/mus er nicht auch hören? Mus denn ein wescher jmer recht haben? Müssen die leute dir alleine schweigen/das du spottest vnd niemand dich schweige? Du sprichst/meine rede ist rein/vnd lauter bin ich fur dei= nen augen/ Ach das Gott mit dir redet/vnd thet seine lip= pen auff/vnd zeigete was er noch heimlich weis/ Denn er hette noch wol mehr an dir zu thun/auff das du wissest/das er deiner sunde nicht alle gedenckt/Meinstu/das du so viel wissest/als Gott weis/vnd wol= lest alles so volkömlich treffen/als der Almechtige? Er ist höher denn der himel/was wiltu thun? Tieffer denn die Helle/wie kanstu jn erken= nen? Lenger denn die erde/vnd breiter denn das meer/ So er sie vmbke= ret oder verbürge oder jnn einen hauffen würffe/wer wils jm wehren? Denn er kennet die losen leute/ Er sihet die vntugent/ vnd solts nicht verstehen? Ein vnnützer man blehet sich/vnd ein geborn mensch wil sein wie ein junges wild.

(Wild)
Das ist/ frey vnd seins willens.

Wenn du dein hertze hettest gericht vnd deine hende zu jm ausge= breitet/wenn du die vntugent/die jnn deiner hand ist/hettest ferne von dir gethan/das jnn deiner hütten kein vnrecht bliebe/ so möchtestu dein andlitz auff heben on taddel/vnd würdest fest sein vnd dich nicht für= chten/Denn würdestu der mühe vergessen/vnd so wenig gedencken/ als des wassers das fur vber gehet/vnd die zeit deines lebens würde auffgehen/wie der mittag/vnd würde erfur brechen/wie der morgen/ vnd dürfftest dich des trösten/das hoffnung da sey/vnd würdest mit ruge jns grab komen/vnd würdest dich legen/ vnd niemand würde dich auff schrecken/vnd viel würden fur dir flehen/ Aber die augen der Gotlosen werden verschmachten/vnd werden nicht entrinnen mügen/ Denn jre hoffnung wird jrer seelen feilen. Da ant=

Diob.

XII.

DA antwortet Diob vnd sprach/Ja jr seid die leute/mit euch wird die weisheit sterben/Jch hab so wol ein hertz als jr/vnd bin nicht geringer denn jr/vnd wer ist/der solchs nicht wisse? Wer von seinem nehesten verlachet wird/der wird Gott anruffen/der wird jn erhören/Der gerechte vnd frome mus verlachet sein/vnd ist eine lampe den reichen/verachtet jnn jrem hertzen/ aber zugericht/das sie die füsse dran stossen/Der verstörer hütten haben die fülle/vnd toben wider Gott thürstiglich/wie wol es jnen Gott jnn jre hende gegeben hat.

Frage doch das vieh/das wird dichs leren/vnd die vogel vnter dem himel/die werden dirs sagen/oder rede mit der erden/die wird dichs leren/vnd die fisch im meer werden dirs erzelen/Wer weis solchs alles nicht/das des HERRN hand das gemacht hat? Das jnn seiner hand ist die seel alles das da lebt/vnd der geist alles fleischs eins jglichen? Prüfet nicht das ohre die rede? vnd der mund schmeckt die speise? Ja bey den gros vetern ist die weisheit/vnd der verstand bey den alten/Bey jm ist weisheit vnd gewalt/rat vnd verstand/Sihe/wenn er zubricht/so hilfft kein bawen/wenn er jemand verschleusst/kan niemand auffmachen/Sihe/wenn er das wasser verschleusst/so wirds alles dürre/vnd wenn ers auslesset/so keret es das land vmb/Er ist starck vnd füret es aus/Sein ist der da jrret vnd der da verfüret.

Das ist/jr sagt/weisheit sey bey den gros vetern/Jch sage aber/sie sey bey Gott/welcher allein aller Könige/priester/Richter/gewalt/kunst/heiligkeit zu nicht macht.

Er füret die klugen wie ein raub/vnd macht die Richter toll/Er löset auff der Könige zwang/vnd gürtet mit einem gürtel jre lenden/Er füret die Priester wie ein raub/vnd lessts feilen den festten/Er wendet weg die lippen der warhafftigen/vnd nimpt weg die sitten der alten/Er schuttet verachtung auff die Fürsten/vnd macht den bund der gewaltigen los/Er öffenet die finstern gründe/vnd bringt eraus das tunckel an das liecht. Er macht etlich zum grossen volck/vnd bringet sie wider vmb/Er breitet ein volck aus/vnd treibts wider weg/Er nimpt weg den mut der obersten des volcks im lande/vnd macht sie jrre auff eim vnwege/da kein weg ist/das sie die finsternis tappen on liecht/vnd macht sie jrre wie die trunckene.

XIII.

SJhe/das hat alles mein auge gesehen/vnd mein ohre gehöret/vnd habs verstanden/Was jr wisset/das weis ich auch/vnd bin nicht geringer denn jr/Doch wil ich von dem Almechtigen reden/vnd hab willen Gott zu taddeln/Denn jr deutets felschlich/vnd seid alle vnnütze Ertzte/Wolt Gott/jr schwiget/so würdet jr weise/höret doch meine straffe/vnd merckt auff die sache davon ich rede/Wolt jr Gott verteidigen mit vnrecht/vnd fur jn list brauchen? Wolt jr seine person ansehen? wolt jr Gott vertreten? wirds euch auch wol gehen/wenn er euch richten wird? Meinet jr/das jr jn teuschen werdet/wie man einen menschen teuschet? Er wird euch straffen/wo jr person ansehet heimlich/wird er euch nicht erschrecken/wenn er sich wird erfur thun? vnd seine furcht wird vber euch fallen/Ewer gedechtnis wird vergleicht werden der aschen/vnd ewer rucke wird wie ein leymen hauffen sein. B   Schweiget

Das Buch

(Beissen) Das ist / was sol ich mich viel casteien / vnd mir weh thun / so ich doch sterben mus / vnd hilfft mich nicht. Item / meine seele inn die hende legen / das ist / viel wogen vnd inn fahr geben.

Schweiget mir / das ich rede / es sol mir nichts feilen / Was sol ich mein fleisch mit meinen zeenen beissen / vnd meine seele inn meine hende legen? Sihe / er wird mich doch erwürgen / vnd ich kans nicht erwarten / doch wil ich meine wege fur jm straffen / er wird ja mein Heil sein / Denn es kompt kein heuchler fur jn. Höret meine rede vnd meine auslegung fur ewrn ohren / Sihe / ich hab das vrteil schon gefellet / Ich weis / das ich werde gerecht sein / Wer ist der mit mir rechten wil? Aber nu mus ich schweigen vnd verderben.

Zweierley thu mir nur nicht / so wil ich mich fur dir nicht verbergen / Las deine hand ferne von mir sein / vnd dein schrecken erschrecke mich nicht / Ruffe mir / ich wil dir antworten / oder ich wil reden / antworte du mir / Wie viel ist meiner missethat vnd sunden? Las mich wissen meine vbertrettung vnd sunde / Warumb verbirgestu dein andlitz vnd heltest mich fur deinen feind? Wiltu wider ein fliegend blat so ernst sein / vnd ein dürren halm verfolgen? Denn du schreibest mir an betrübnis / vnd wilt mich vmb bringen vmb der sunde willen meiner jugent / Du hast meinen fuss jnn stock gelegt / vnd hast acht auff alle meine pfade / vnd sihest auff die fustapffen meiner füsse / der ich doch wie ein faul ass vergehe / vnd wie ein kleid das die motten fressen.

XIIII.

Der mensch vom weibe geborn / lebt kurtze zeit / vnd ist vol vnrugen / gehet auff wie eine blume vnd fellt abe / fleucht wie eine schatten / vnd bleibt nicht / vnd du thust deine augen vber solchen auff / das du mich fur dir jns gericht zeuhest / Wer wil einen reinen finden bey denen / da keiner rein ist? Er hat sein bestimpte zeit / Die zal seiner monden stehet bey dir / Du hast ein zil gesetzt / das wird er nicht vber gehen / Thu dich von jm / das er ruge hab / bis das seine zeit kome / der er wie ein Taglöner wartet.

Ein baum hat hoffnung / wenn er schon abgehawen ist / das er sich wider verendere / vnd seine schüsslinge hören nicht auff / ob seine wurtzel jnn der erden veraltet / vnd sein stam jnn dem staub erstirbt / so grunet er doch wider vom geruch des wassers / vnd wechst daher als were er gepflantzt / Wo ist aber ein mensch / wenn er tod vnd vmbkomen vnd dahin ist? wie ein wasser aus leufft aus dem see / vnd wie ein strom versiget vnd vertrocknet / so ist ein mensch / wenn er sich legt / vnd wird nicht auffstehen / vnd wird nicht auffwachen / so lange der himel bleibt / noch von seinem schlaff erweckt werden.

Ah / das du mich jnn der Helle verdecktest / vnd verbergest bis dein zorn sich lege / vnd setzest mir ein zil / das du an mich denckest / Meinstu ein todter mensch werde wider leben? Ich harre teglich / die weil ich streite / bis das meine verenderung kome / das du wollest mir ruffen / vnd ich dir antworten / vnd woltest das werck deiner hende nicht ausschlahen / Denn du hast schon meine genge gezelet / aber du woltest ja nicht acht haben auff meine sunde / Du hast meine vbertrettung jnn einem bündlin versigelt / vnd meine missethat zu samen gefasset / Zu fellt doch ein berg vnd vergehet / vnd ein fels wird von seinem ort versetzt / wasser wesschet steine weg / vnd die tropffen flötzen die erden weg /

weg/aber des menschen hoffnung ist verloren/Denn du stossest jn gar vmb/das er dahin feret/verenderst sein wesen/vnd lessest jn faren/ Sind seine kinder jnn ehren/das weis er nicht/oder ob sie geringe sind/des wird er nicht gewar/Weil er das fleisch antregt/mus er schmertzen haben/vnd weil seine seele noch bey jm ist/mus er leide tragen.

(Hoffnung)
Das ist/ fur dem tod hat er keine hoffnung jn diesem leben.

XV.

DA antwortet Eliphas von Theman/vnd sprach/Sol ein weiser man so jnn den wind reden/vnd seinen bauch mit lufft füllen? Du straffest mit worten die nicht tügen/vnd dein reden ist kein nütze/Du hast die furcht faren lassen/vnd redest zu verechtlich fur Gott/Denn deine missethat leret deinen mund also/vnd hast erwelet ein schalckhafftige zunge/Dein mund wird dich verdammen/vnd nicht ich/deine lippen sollen dir antworten/Bistu der erste mensch geboren? Bistu vor allen hügeln empfangen? Hastu Gottes heimlichen rat gehöret? Vnd ist die weisheit selbs geringer denn du? Was weisestu/das wir nicht wissen? Was verstehestu/das nicht bey vns sey? Es sein graw vnd alte vnter vns/die lenger gelebt haben denn deine veter.

(Lufft)
Das ist/vol loser wort sein.

Solten Gottes tröstung so geringe fur dir gelten? Aber du hast jrgend noch ein heimlich stück bey dir/Was nimpt dein hertz fur? Was sihestu so stoltz? Was setzt sich dein mut wider Gott/das du solche rede aus deinem munde lessest? Was ist ein mensch/das er solt rein sein/vnd das er solt gerecht sein/der vom weibe geborn ist? Sihe/vnter seinen Heiligen ist keiner on taddel/vnd die himel sind nicht rein fur jm/wie viel mehr der mensch/der ein grewel vnd schnöde ist/der vnrecht seufft wie wasser/Ich wil dirs zeigen/höre mir zu/vnd wil dir erzelen/Was ich gesehen habe/was die weisen gesagt haben/vnd jren vetern nicht verholen gewesen ist/welchen allein das land gegeben ist/das kein frembder durch sie gehen mus.

(Geringe)
Das ist/ Meinstu das Gott die sun der tröste/vnd seinen trost so geringe hin werffe/ du must zuuor from werden etc.

Der Gottlose bebet sein leben lang/vnd dem Tyrannen ist die zal seiner jar verborgen/Was er höret/das schreckt jn/vnd wens gleich fride ist/noch hat er sorge/er verderbe/gleubt nicht/das er müge dem vnglück entrinnen/vnd versihet sich jmer des schwerts/Er zeucht hin vnd her nach brod/vnd dünckt jn jmer/die zeit seines vnglücks sey furhanden/angst vnd not schrecken jn vnd schlahen jn nider/als ein König mit einem heer/Denn er hat seine hand wider Gott gestreckt vnd wider den Almechtigen sich gestreubet/Er leufft mit dem kopff an jn/ vnd sicht halstarriglich wider jn/Er hat sich wider jn auff gelehnet/ vnd hat sich fest wider jn gesetzt.

Er wird aber wonen jnn verstöreten stedten/da keine heuser sind/ sondern auff einem hauffen ligen/Er wird nicht reich werden/vnd sein gut wird nicht zu nemen/vnd wird sich nicht ausbreiten im lande/vnfall wird nicht von jm lassen/Die flamme wird seine zweige verdörren/vnd wird weg genomen werden durch den odem jres mundes. Er ist so betrogen/das er nicht gleubt/das erger mit jm werde/ Er wird ein ende nemen/wens jm vneben ist/vnd sein zweig wird nicht grunen/Er wird abgelesen werden/wie ein vnzeitige drauben vom weinstock/

Das Buch

weinstock/vnd wie ein ölebaum seine bluet abwirfft/Denn der heuchler versamlung wird einsam bleiben/vnd das feur wird die hütten fressen/die geschencke nemen/Er gehet schwanger mit vnglück/vnd gebirt mühe/vnd jr bauch bringt list.

XVI.

Job antwortet/vnd sprach/Ich habe solchs offt gehöret/jr seid allezumal elende tröster. Wöllen die lose wort kein ende haben? oder was feilet dir/das du antwortest? Ich könd auch wol reden wie jr/Wolt Gott/ewr seele were an meiner seelen stat/Ich wolt auch mit worten an euch setzen/vnd mein heubt also vber euch schütteln/Ich wolt euch stercken mit dem munde/vnd mit meinen lippen aus dem sinn reden/Aber wenn ich schon rede/so schonet mein der schmertze nicht/Las ichs anstehen/so gehet er nicht von mir.

(Zeuget) Das ist jr behelff wides mich.

Nu aber macht er mich müde/vnd verstöret alles was ich bin/Er hat mich runtzlicht gemacht/Vnd zeuget wider mich/vnd mein widersprecher lehnet sich wider mich auff/vnd antwortet wider mich/sein grim reisset/vnd der mir gram ist/beisset die zeene vber mich zu samen/Mein widersacher funckelt mit seinen augen auff mich. Sie haben jren mund auffgesperret wider mich/vnd haben mich hönisch auff meine backen geschlagen/Sie haben jren mut mit einander an mir gekület/Gott hat mich vbergeben dem vngerechten/vnd hat mich jnn der Gottlosen hende lassen komen/Ich war reich/aber Er hat mich zu nicht gemacht/Er hat mich beim hals genomen vnd zurissen/vnd hat mich jm zum zil auffgericht/Er hat mich vmbgeben mit seinen schützen/Er hat meine nieren gespalten vnd nicht verschonet/Er hat meine gallen auff die erden geschut/Er hat mir eine wunde vber die andern gemacht/Er ist an mich gelauffen wie ein gewaltiger/Ich habe einen sack vmb meine haut geneet/vnd habe mein horn jnn den staub gelegt/Mein andlitz ist geschwollen von weinen/vnd mein augenliede sind vertunckelt/wie wol kein freuel jnn meiner hand ist/vnd mein gebet ist rein/Ach erde/verdecke mein blut nicht/vnd mein geschrey müsse nicht raum finden/Auch sihe da/mein Zeuge ist im himel/vnd der mich kennet/ist jnn der Höhe/Meine freunde sind meine spötter/aber mein auge threnet zu Gott/Wenn ein man könd mit Gott rechten/wie ein menschen kind mit seinem freunde/Aber die bestimpten jar sind komen/vnd ich gehe hin des weges/den ich nicht wider komen werde.

(Horn) Das ist/mein gewalt/macht vnd herrschafft / vnd vnd warauff ich mich verlies.

XVII.

Ein odem ist schwach/vnd meine tage sind abgekürtzt/das grab ist da/Niemand ist von mir getenschet/noch mus mein auge darumb bleiben jnn betrübnis/Ob du gleich einen bürgen für mich wöltest/Wer wil für mich geloben? Du hast jrem hertzen den verstand verborgen/darumb wirstu sie nicht erhöhen/Er rumbt wol seinen freunden die ausbeute/aber seiner kinder augen werden verschmachten/Er hat mich zum sprichwort vnter den leuten gesetzt/vnd mus ein wunder vnter jnen sein. Mein gestalt ist tunckel worden

Hiob. IX.

worden fur trauren/vnd alle meine gelieder sind wie ein schatten/ Darüber werden die gerechten vbel sehen/vnd die vnschüldigen werden sich setzen wider die heuchler/Der gerechte wird seinen weg behalten/vnd der von reinen henden wird starck bleiben/Wolan/so keret euch alle her vnd kompt/ich werde doch keinen weisen vnter euch finden.

Meine tage sind vergangen/meine anschlege sind zutrennet/die mein hertz besessen haben/vnd haben aus der nacht tag gemacht/vnd aus dem tage nacht/Wenn ich gleich lang harre/so ist doch die Helle mein haus/vnd im finsternis ist mein bette gemacht/Die verwesung heis ich meinen vater/vnd die würme meine mutter vnd meine schwester/Was sol ich harren? vnd wer achtet mein hoffen? Hinunter jnn die Helle wird es faren/vnd wird mit mir jnn dem staub ligen.

XVIII.

DA antwortet Bildad von Suah/vnd sprach/Wenn wolt jr der rede ein ende machen? Mercket doch/darnach wollen wir reden/Warumb werden wir (fur dir) geachtet wie vieh/vnd sind so vnrein fur ewrn augen? Wiltu fur bosheit bersten? Meinstu/das vmb deinen willen die erden verlassen werde/vnd der fels von seinem ort versetzt werde? Auch wird das liecht den Gottlosen verlesschen/ vnd der funcke seines feurs wird nicht leuchten/Das liecht wird finster werden jnn seiner hütten/vnd seine leuchte vber jm verlesschen/Die zugenge seiner habe werden schmal werden/vnd sein anschlag wird jm feilen/Denn er ist mit seinen füssen jnn strick bracht/vnd wandelt im netze/Der strick wird seine fersen halten/vnd die dürstigen werden jn erhasschen/Sein strick ist gelegt jnn die erden/vnd seine falle auff seinem gang/Vmb vnd vmb wird jn schrecken plötzliche furcht/das er nicht weis/wo er hinaus sol.

(Versetzt) Das ist/Gott wirds mit dir nicht anders machen denn mit allen andern/vnd seine weise nicht lassen vmb deinem wille.

Hunger wird seine habe sein/vnd vnglück wird jm bereit sein vnd anhangen/Die sterck seiner haut wird verzehret werden/vnd seine stercke wird verzehren der Fürst des tods/Seine hoffnung wird aus seiner hütten gerottet werden/vnd sie werden jn treiben zum Könige des schreckens/Jnn seiner hütten wird nichts bleiben/vber sein pallast wird schwefel gestrewet werde. Von vnden werden verdorren seine wortzel/vn von oben abgeschnitten sein erndte/Sein gedechtnis wird vergehen jnn dem lande/vnd wird keinen namen haben auff der gassen/Er wird vom liecht ins finsternis vertrieben werden/vnd vom erdboden verstossen werden / Er wird keine kinder haben/vnd keinen neffen vnter seinem volck/Es wird jm keiner vberbleiben jnn seinem geschlecht/Die nach jm komen/werden sich vber seinen tag entsetzen/ vnd die vor jm sind/wird eine furcht ankomen. Das ist die wonung des vngerechten/vnd dis ist die stete des/der Gott nicht kennet.

(Fürst) Das ist/ die macht vnd gewalt des tods/Also auch König des schreckens/ist die gewalt des schreckens/das er mus vnter ligen vnd nicht entrinnen kan.

a (Erndten) Wurtzel heisst alles was jnn der erden gepflantzet ist/Erndten alles was oben aus wechst/es sey korn/öle/wein etc.

XIX.

HJob antwortet/vnd sprach/Was plaget jr doch meine seele/vnd teubet mich mit worten? Jr habt mich nu zehen mal gehönet/vnd schemet euch nicht/das jr mich also vmbtreibet/Irre ich/so irre ich mir/Aber jr erhebt euch warlich wider mich/vnd scheltet mich zu meiner

Bb iij   schmach/

Das Buch

schmach/Merckt doch einst/das mir Gott vnrecht thut/vnd hat mich mit seinem jagestrick vmbgeben/Sihe/ob ich schon schrey vber freuel/so werde ich doch nicht erhöret/Jch ruffe/vnd ist kein recht da/Er hat meinen weg verzeunet/das ich nicht kan hinüber gehen/vnd hat finsternis auff meinen steig gestellet/Er hat meine ehre mir ausgezogen vnd die krone von meinem heubt genomen/Er hat mich zu brochen vmb vnd vmb/vnd lesst mich gehen/vnd hat ausgerissen meine hoffnung wie einen baum.

(Krone/ehre/hoffnung) Jst alles gered vom zeitlichen leben jnn guter ruge etc.

Sein zorn ist vber mich ergrimmet/vnd er achtet mich fur seinen feind/Seine kriegsleute sind mit einander komen/vnd haben jren weg vber mich gepflastert/vnd haben sich vmb meine hütten her gelagert/Er hat meine brüder ferne von mir gethan/vnd meine verwandten sind mir frembde worden/Meine nehesten haben sich entzogen/vnd meine freunde haben mein vergessen/Meine hausgenossen vnd meine megde achten mich fur frembde/Jch bin vnbekant worden fur jren augen/Jch rieff meinem knecht/vnd er antwortet mir nicht/Jch muste jm flehen mit eigenem munde/Mein weib schewet sich fur meinem odem/Jch mus flehen den kindern meins leibes. Auch die junge kinder verachten mich/wenn ich mich auff mache/so reden sie von mir/Alle meine getrewen haben grewel an mir/vnd die ich lieb hatte/haben sich wider mich gekeret.

Mein gebein hanget an meiner haut vnd fleisch/vnd kan meine zeene mit der haut nicht bedecken/Erbarmet euch mein/erbarmet euch mein/doch jr meine freunde/Denn die hand Gottes hat mich gerurt/Warumb verfolget jr mich gleich so wol als Gott/vnd kund meines fleischs nicht sat werden? Ach/das meine rede geschrieben würden/Ah/das sie jnn ein buch gestellet würden/mit einem eisern griffel auff bley/vnd zu ewigem gedechtnis jnn einen fels gehawen würden. Jch weis/das mein Erlöser lebet/vnd er wird mich hernach aus der erden auffwecken/vnd werde darnach mit dieser meiner haut vmbgeben werden/vnd werde jnn meinem fleisch Gott sehen/Den selben werde ich mir sehen/vnd meine augen werden jn schawen/vnd keinen andern/Meine nieren sind verzeret jnn meinem schos/Denn jr sprecht/wie wöllen wir jn verfolgen/vnd eine sache zu jm finden? Fürchtet euch fur dem schwert/Denn das schwert ist der zorn vber die missethat/auff das jr wisset/das ein gericht sey.

(Sat werden) Das ist/kund nicht auff höre mich zu beissen vnd zu straffen.

XX.

Da antwortet Zophar von Naema/vnd sprach/Darauff mus ich antworten vnd kan nicht harren/vnd wil gern hören/wer mir das sol straffen vnd taddeln/Denn der geist meins verstands sol fur mich antworten/Weissestu nicht/das allezeit so gegangen ist/sint das menschen auff erden gewesen sind/das der rhum der Gottlosen stehet nicht lange/vnd die freude des heuchlers weret ein augenblick? Wenn gleich seine höhe jnn den himel reichet/vnd sein heubt an die wolcken ruret/so wird er doch zu letzt vmbkomen wie ein dreck/das die/fur denen er ist angesehen/werden sagen/wo ist er? Wie ein trawm vergehet/so wird er auch nicht funden werden/vnd wie ein gesicht jnn der nacht verschwindet/

Hiob.

verschwindet/Welch auge jn gesehen hat/wird jn nicht mehr sehen/
vnd seine stete wird jn nicht mehr schawen/Seine kinder werden betteln gehen/vnd seine hand wird jm mühe zu lohn geben/Seine gebeine werden seiner jugent entgelten/vnd werden sich mit jm jnn die erden
legen.

 Wenn jm die bosheit gleich jnn seinem munde wol schmeckt/
wird sie doch jm jnn seiner zungen feilen/Sie wird verhalten werden
vnd nicht zu gelassen/vnd wird jm geweret werden jnn seinem halse/
Seine speise jnwendig im leibe wird sich verwandeln jnn otter gallen/
Die güter/die er verschlungen hat/mus er wider ausspeien/vnd Gott
wird sie aus seinem bauche stossen/Er wird der ottern Galle saugen/
vnd die zunge der schlangen wird jn tödten/Er wird nicht sehen die
ströme noch die wasser beche/die mit honig vnd buttern fliessen/Er
wird erbeiten vnd des nicht geniessen/vnd seine güter werden andern/
das er der nicht fro wird/Denn er hat vnterdruckt vnd verlassen den
armen/Er hat heuser zu sich gerissen/die er nicht erbawet hat/Denn
sein wanst kund nicht vol werden/vnd wird durch sein köstlich gut nicht entrinnen/Es wird seiner speise nichts vberbleiben/darumb wird
sein gut leben keinen bestand haben/wenn er gleich die fülle vnd gnug
hat/wird jm doch angst werden. Aller hand mühe wird vber jn komen.

 Es wird jm der wanst ein mal vol werden/vnd er wird den grim
seines zorns vber jn senden/Er wird vber jn regenen lassen seinen streit/
Er wird fliehen fur dem eisern harnisch/vnd der ehern bogen wird jn
veriagen/Ein blos schwert wird durch jn ausgehen/vnd des schwerts
blitzen/der jm bitter sein wird/wird mit schrecken vber jn faren/Es ist
kein finsternis da/die jn verdecken möchte/Es wird jn ein feur verzeren
das nicht auffgeblasen ist/vnd wer vbrig ist jnn seiner hütten/dem
wirds vbel gehen/Der himel wird seine missethat eröffenen/vnd die
erde wird sich wider jn setzen/Das getreide jnn seinem hause wird weg
gefurt werden/zustrewet am tage seines zorns. Das ist der lohn eines
Gottlosen menschen bey Gott/vnd das erbe seiner rede bey Gott.

XXI.

Job antwortet/vnd sprach/Höret doch zu meiner rede vnd lasst euch raten/vertragt mich/das ich auch re-
de/vnd spottet darnach mein/Handel ich denn mit einem menschen/das mein mut hierinn nicht solt vnwillig sein? Keret euch her zu mir/jr werdet saur sehen/
vnd die hand auffs maul legen müssen/Wenn ich daran gedencke/so erschreck ich/vnd zittern kompt mein
fleisch an/Warumb leben denn die Gottlosen/werden alt vnd nemen
zu mit gütern? jr same ist sicher vmb sie her/vnd jr nachkömling sind
bey jnen/jr haus hat fride fur der furcht/vnd Gottes ruten ist nicht
vber jnen/Seine ochsen lesst man zu/vnd misrett jm nicht/Seine kue
kalbet vnd ist nicht vnfruchtbar/Jre jungen kinder gehen aus wie eine
herd/vnd jre kinder lecken/Sie jauchzen mit paucken vnd harffen/
vnd sind frölich mit pfeiffen/Sie werden alt/bey guten tagen/vnd erschrecken kaum ein *augenblick fur der Helle/Die doch sagen zu Got/
Heb dich von vns/wir wöllen von deinen wegen nicht wissen/Wer ist
der Almechtige/das wir jm dienen solten? oder was sind wirs gebes-
sert/so wir jm entgegen lauffen?

Marginalia:

(Feilen) Wenn er bosheit ansehet/hat er wollust vnd ruge/aber es wird nicht weren/wird bald bitter schme-cken.

(Saugen) Das ist/Er wird tödlich hertzenleid vnd jamer leiden/ vnd alles guten be-taubt werden.

(Ausgeblasen) Das ist/Ein feur von Got angezün-det/nicht durch menschen auffge-blasen.

*(Augenblick) Das ist/Sie leben bis an den tod wol vnd da ists vmb ein böse augenblick mit jnen zu thun/ so sind sie hin-durch/Ich aber mus so lange zeit schrecken vnd vn-glück leiden.

Das Buch

Aber sihe / jr gut stehet nicht jnn jren henden / darumb sol der Gottlosen sinn ferne von mir sein / Wie wird die leuchte der Gottlosen verlesschen / vnd jr vnglück vber sie komen? Er wird hertzenleid austeilen jnn seinem zorn / Sie werden sein wie stro fur dem winde / vnd wie sprew die der sturmwind weg füret / Gott behelt den kindern desselben das leid / Wenn ers jm vergelten wird / so wird mans jnnen werden / Seine augen werden sein verderben sehen / vnd vom grim des Almechtigen wird er trincken / Denn wer wird gefallen haben an seinem hause nach jm? vnd die zal seiner monden wird kaum halb bleiben. Wer wil Gott leren / der auch die hohen richtet? Dieser stirbet frisch vnd gesund jnn allem reichthum vnd voller gnüge / sein melckfas ist vol milch / vnd seine gebein werden gemest mit marck / Jhener aber stirbet mit betrübter seelen / vnd hat nie mit freuden gessen / vnd ligen gleich miteinander jnn der erden / vnd würme decken sie zu.

Sihe / ich kenne ewer gedancken wol / vnd ewer freuel furnemen wider mich / Denn jr sprecht / Wo ist das haus des Fürsten? vnd wo ist die hütten da die Gottlosen woneten? Redet jr doch danon / wie der gemeine pöbel / vnd merckt nicht was jhener wesen bedeut / Denn der böse wird behalten auff den tag des verderbens / vnd auff den tag des grimmens bleibt er / Wer wil sagen / was er verdienet / wenn mans eusserlich ansihet? Wer wil jm ᵃ vergelten was er thut? Aber er wird zum grabe gerissen / vnd man wartet auff jn bey den ᵇ hauffen / Es gefiel jm wol ᶜ der schlam des bachs / vnd alle menschen werden jm nach gezogen / vnd dere / die fur jm gewesen sind / ist keine zal / Wie tröstet jr mich so vergeblich? vnd ewr antwort findet sich vnrecht.

XXII.

DA antwortet Eliphas von Thema / vnd sprach / Meinstu das ein man Gott gleich sey? oder jemand so klug sey / das er sich jm vergleichen müge? Meinstu das dem Almechtigen gefalle / das du dich so from machest? Oder was hilffts jn / ob deine wege gleich on wandel sind? Meinstu er wird sich fur dir fürchten dich zu straffen / vnd mit dir fur gericht tretten? Ja deine bosheit ist zu gros / vnd deiner missethat ist kein ende / Du hast etwa deinem bruder ein pfand genomen on vrsach / Du hast den nacketen die kleider ausgezogen / Du hast die müden nicht getrenckt mit wasser / vnd hast dem hungerigen dein brod versagt / Du hast gewalt im lande geübet / vnd prechtig drinnen gesessen / Die Widwen hastu leer lassen gehen / vnd die arm der waisen zu brochen / Darumb bistu mit stricken vmbgeben / vnd furcht hat dich plötzlich erschreckt / Soltestu denn nicht die finsternis sehen / vnd die wasserflut dich nicht bedecken?

Sihe / Gott ist hoch droben im himel / vnd sihet die sternen droben jnn der Höhe / vnd du sprichst / Was weis Gott? Solt er das im tunckel ist / richten können? Die wolcken sind seine vordeck / vnd sihet nicht / vnd wandelt im vmbgang des himels / Wiltu der welt laufft achten / darinnen die vngerechten gegangen sind? Die vergangen sind ehe denn es zeit war / vnd das wasser hat jren grund weg gewasschen / Die zu Gott sprachen / Heb dich von vns / Was solt der Almechtige jnen guts

---

ᵃ (Vergelten) Das ist / Wer kans vrteilen / was jm zu vergelten sey / on Gott allein.

ᵇ (Hauffen) Das ist / Es ist jm auch ein grab bereit / vnter andern grebern.

ᶜ (Der schlam des bachs) Das ist / die wollust im fleisch vnd guts leben.

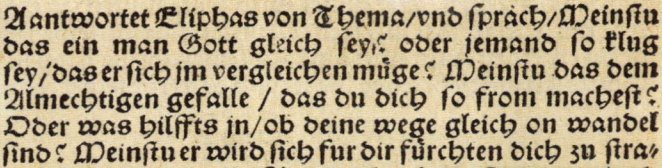

Finsternis heisst / trübsal vnd vnglück / Widerumb Liecht / heisst glück vnd heil.

Hiob. IX.

jnen guts thun können? So er doch jr haus mit güter füllet. Aber der Gottlosen rat sey ferne von mir/Die gerechten werden sehen vnd sich frewen/vnd der vnschüldige wird jr spotten/Was gilts/jr wesen wird verschwinden/vnd jr vbriges wird das feur verzehren?

So vereinige dich nu mit jm vnd habe fride/daraus wird dir viel guts komen/Höre das Gesetz von seinem munde/vnd fasse seine rede jnn dein hertz/Wirstu dich bekeren zu dem Almechtigen/so wirstu gebawet werden/vnd vnrecht ferne von deiner hütten thun/So wird er fur erde gold geben/vnd fur die felsen güldene beche/Vnd wirst golds krafft haben/vnd silber wird dir zu geheuffet werden/Denn wirstu deine lust haben an dem Almechtigen/vnd (dein andlitz) zu Gott auff heben/So wirstu jn bitten/vnd er wird dich hören/vnd wirst deine gelübde bezalen/Was du wirst furnemen/wird er dir lassen gelingen/vnd das liecht wird auff deinem wege scheinen/Denn die sich demütigen/die erhöhet er/vnd wer seine augen nider schlegt/der wird genesen/vnd der vnschüldige wird errettet werden/Er wird aber errettet vmb seiner hende reinigkeit willen.

XXIII.

Job antwortet/vnd sprach/Meine rede bleibt noch betrübt/meine macht ist schwach vber meinem süffzen. Ach das ich wüste/wie ich jn finden/vnd zu seinem stuel komen möcht/vnd das recht fur jm solt fur legen/vnd den mund vol straffe fassen/vnd erfaren die rede die er mir antworten/vnd vernemen/was er mir sagen würde/Wil er mit grosser macht mit mir rechten? Er stelle sich nicht so gegen mir/sondern lege mirs gleich fur/so wil ich mein recht wol gewinnen/Aber gehe ich nu stracks fur mich/so ist er nicht da/gehe ich zu rück/so spür ich jn nicht/Ist er zur lincken/so ergreiff ich jn nicht/verbirget er sich zur rechten/so sehe ich jn nicht.

Er aber kennet meinen weg wol/Er versuche mich/so wil ich gefunden werden/wie das gold/Denn ich setze meinen fus auff seiner ban/vnd halte seinen weg vnd weiche nicht ab/vnd trette nicht von dem gebot seiner lippen/vnd beware die rede seines mundes mehr denn ich schuldig bin/Er ist einig/wer wil jm antworten? vnd er machts wie er wil/vnd wenn er mir gleich vergilt/was ich verdienet habe/so ist sein noch mehr da hinden / Darumb erschreck ich fur jm /Vnd wenn ichs mercke/so fürcht ich mich fur jm/Got hat mein hertz blöde gemacht/vnd der Almechtige hat mich erschreckt/Denn die finsternis machts kein ende mit mir/vnd das tunckel wil fur mir nicht verdeckt werden.

(Einig) Also Gal. 3. Gott ist einig/des einigen aber ist kein mitler.

a (Die zeit) Weil Gott die bösen so lesst machen wie sie wollen/so schey net es/als wisse er nichts, drumb/ weil jr denn sagt/ er straffe die bösen vnd nicht die fromen/So müsset jr zu geben/das ers nicht wisse / vnd die jn kennen/auch nicht wissen / zu welcher zeit er straffen werde/wie euch rhümet zu wissen. b

XXIIII.

Warumb solten a die zeit dem Almechtigen nicht verborgen sein? vnd die jn kennen/sehen seine tage nicht/Sie treiben die grentzen zu rück/sie rauben die herde vnd weiden sie/Sie treiben der Waisen esel weg/vnd nemen der Widwen ochsen zu pfande/Die armen müssen jnen weichen/vnd die dürfftigen im lande müssen sich verkriechen/Sihe/b das wild jnn der wüsten gehet eraus wie sie

(Das wild) Die freien/frechen leute vnd tyrannen.

Das Buch

wie sie pflegen/frue zum raub/das sie speise bereiten für die jungen/ Sie erndten auff dem acker/der nicht jr ist/vnd lesen den weinberg/ den sie mit vnrecht haben/Die nacketen lassen sie ligen/vnd lassen jnen keine decke im frost/den sie die kleider genomen haben/das sie sich müssen zu den felsen halten/wenn ein platzregen von bergen auff sie geusst/weil sie sonst keinen trost haben.

Sie reissen das kind von den brüsten/vnd machens zum Waisen/ vnd machen die leute arm mit pfenden. Den nacketen lassen sie on klei der gehen/vnd den hungerigen nemen sie die garben/Sie zwingen sie öle zu machen auff jrer eigen mülen/vnd jre eigen kelter zutretten/vnd lassen sie doch durst leiden/Sie machen die leute jnn der stad süffzend/ vnd die seele der erschlagenen schreiend/Vnd Gott stürtzet sie nicht/ Darumb sind sie abtrünnig worden vom liecht/vnd kennen seinen weg nicht/vnd keren nicht wider zu seiner strassen. Bey liecht stehet auff der mörder/vnd erwürget den armen vnd dürfftigen/vnd des nachts ist er wie ein dieb. Das auge des ehebrechers hat acht auff das tunckel/vnd spricht/Mich sihet kein auge/vnd verdecket sein ant litz/im finstern bricht er zun heusern ein/des tages verbergen sie sich miteinander/vnd wollen nicht vom liecht wissen/Denn wo jnen der morgen kompt/ists jnen wie ein finsternis/Denn er fület das schrecken der finsternis/Er feret leichtfertig wie auff eim wasser dahin/seine habe wird geringe im lande/vnd bawet seinen weinberg nicht/Die

(Bawet) Das ist/die der hurerey nach ge hen/bringen jr gut vmb vnd las sens vngebawet.

Helle nimpt weg die da sundigen/wie die hitze vnd dürre das schnee wasser verzeret.

Es werden sein vergessen die barmhertzigen/seine lust wird wor micht werden/sein wird nicht mehr gedacht/er wird zu brochen wer den wie ein fauler bawm/Er hat beleidiget die einsame die nicht ge birt/vnd hat der Widwen kein guts gethan/Vnd die mechtigen vnter sich gezogen mit seiner krafft/Wenn er stehet/wird er seines lebens nicht gewis sein/Er macht jm selbs eine sicherheit/darauff er sich ver

(Auff jr thun) Das ist/das sie nicht eine auffrur wider jn machen/ dempffet er sie jmerdar/vnd mus also sicherheit mit list suchen/Aber es weret nicht.

lasse/vnd seine augen sehen auff jr thun/Sie sind eine kleine zeit erha ben/vnd werden zu nicht/vnd vnterdruckt werden/vnd ein ende ne men wie alle ding/vnd wie die hülsen von den ehern/werden sie abge schlagen werden/Ists nicht also? Wolan/wer wil mich lügen straf fen/vnd beweren/das meine rede nichts sey?

XXV.

Da antwortet Bildad von Suah/vnd sprach/Ist nicht die herrschafft vnd furcht bey jm/der den friden macht vnter seinen höhesten? Wer wil seine kriegsleute zelen? Vnd vber welchen gehet nicht auff sein liecht? Vnd wie mag ein mensch gerecht fur Gott sein? Vnd wie mag rein sein eins weibs kind? Sihe/der Mond schei net noch nicht/vnd die sterne sind noch nicht rein fur seinen augen/wie viel weniger ein mensch/die made/vnd ein men schen kind/der wurm?

XXVI.

Diob antwortet/

HJob antwortet/ vnd sprach/ Wem stehestu bey? dem der keine krafft hat? Hilffstu dem der keine sterck inn armen hat? Wem gibstu rat? Dem der keine weisheit hat? vnd zeigest deine grosse thetigkeit? Fur wen redestu? vnd fur wen gehet der odem von dir? Die Risen engsten sich vnter den wassern/ vnd die bey jnen wonen/ Die Hell ist auffgedeckt fur jn/ vnd das verderben hat keine decke/ Er breitet aus die mitternacht an nirgent/ vnd henget die erden an nichts/ Er fasset das wasser zusamen inn seine wolcken/ vnd die wolcken zureissen drunder nicht/ Er helt seinen stuel vnd breitet seine wolcken dafur/ Er hat vmb das wasser ein zil gesetzt/ bis das liecht sampt dem finsternis vergehe/ Die seulen des himels zittern vnd entsetzen sich fur seinem schelten/ Fur seiner krafft wird das meer plötzlich vngestüm/ vnd fur seinem verstand erhebt sich die höhe des meers/ Am himel wirds schon durch seinen wind/ vnd seine hand treibt die walfische weg/ Sihe/ also gehet sein thun/ aber was haben wir darinn sonderlichs gehört? Wer wil aber den donner seiner macht verstehen?

(Risen)
Die grossen walfisch/ welche bedeuten die grossen tyrannen auff erden.

XXVII.

VNd Hiob fur fort vnd hub an sein sprüche/ vnd sprach/ So war Gott lebt/ der mir mein recht nicht gehen lesst/ vnd der Almechtige der meine seel betrübt/ so lange mein odem inn mir ist/ vnd das schnauben von Gott inn meiner nasen ist/ Meine lippen sollen nichts vnrechts reden/ vnd meine zunge sol keinen betrug sagen. Das sey ferne von mir/ das ich euch recht gebe/ bis das mein ende kompt/ wil ich nicht weichen von meiner fromkeit/ Von meiner gerechtigkeit die ich halte/ wil ich nicht lassen/ Mein gewissen beisset mich nicht meines gantzen lebens halben/ Aber mein feind wird erfunden werden ein Gottloser/ vnd der sich wider mich aufflehnet/ ein vnrechter/ Denn was ist die hoffnung des heuchlers/ das er so geitzig ist/ vnd Gott doch seine seele hin reisset? Meinstu/ das Gott sein schreien hören wird/ wenn die angst vber jn kompt? Wie kan er an dem Almechtigen lust haben/ vnd jn etwa anruffen?

Heuchler heisset jnn diesem buch allenthalben einen falschen menschen wie sie alle sind fur Gott on glauben.

Ich wil euch leren von der Hand Gottes/ vnd was bey dem Almechtigen gilt/ wil ich nicht verhelen/ Sihe/ jr haltet euch alle fur klug/ Warumb gebt jr denn solch vnnütze ding fur? Das ist der lohn eins Gottlosen menschen bey Gott/ vnd das erbe der tyrannen/ das sie von dem Almechtigen nemen werden/ Wird er viel kinder haben/ so werden sie des schwerts sein/ vnd seine nachkömlinge werden des brods nicht sat haben/ seine vbrigen werden im tod begraben werden/ vnd seine Widwen werden nicht weinen/ Wenn er geld zu samen bringet wie erden/ vnd samlet kleider wie leymen/ so wird er es wol bereiten/ aber der gerecht wird es anzihen/ vnd der vnschüldige wird das geld aus teilen/ Er bawet sein haus wie eine spinne/ vnd wie ein hüter eine schawr macht.

(Weinen)
Sie werden fro werden/ das er tod ist.

Der reiche wenn er sich legt/ wird ers nicht mit raffen/ Er wird seine augen auff thun/ vnd da wird nichts sein/ Es wird jn schrecken vberfallen wie wasser/ des nachts wird jn das vngewitter weg nemen/

Das Buch

nemen/Der ostwind wird jn weg füren/das er dahin feret/vnd vngestüm wird jn von seinem ort treiben/Er wird solchs vber jn füren/vnd wird sein nicht schonen/Es wird jm alles aus seinen henden entfliehen/Man wird vber jn mit den henden klappen/ vnd vber jn zisschen da er gewesen ist.

XXVIII.

(Finstern)
Das ist/man grebet zu letzt so tieff/das man findet das verborgen ligt im finsternis der erden.

(Stoltzen kinder)
Das sind jungen Lewen.

Es hat das silber seine genge/vnd das gold seinen ort da mans leutert/Eisen bringt man aus der erdē/vñ aus den steinen schmeltzt man ertz. Es wird jhe des finstern etwa ein ende/vnd jemand findet ja zu letzt das verborgen/Es quillet ein solcher bach eraus/das die drumb wonen mit füssen nicht mügen drüber gehen/vnd wird den leuten zu hoch vnd fleusst dahin/Man bringt auch feur vnden aus der erden/da doch oben speise auff wechst/Man findet Saphir an etlichen orten/ vnd erden klösse da gold ist/Den steig kein vogel erkand hat/vnd kein geyrs auge gesehen/Es haben die stoltzen kinder nicht drauff getretten/vnd ist kein Lewe drauff gegangen/Auch legt man die hand an die fels/vnd grebt die berge vmb/Man reisset beche aus den felsen/ vnd alles was köstlich ist/sihet das auge/Man weret dem strom des wassers/vnd bringet das verborgen drinnen ist/ans liecht.

Wo wil man aber weisheit finden? vnd wo ist die stete des verstands? Niemand weis wo sie ligt/vnd wird nicht funden im lande der lebendigen/Der abgrund spricht/Sie ist jnn mir nicht/vnd das meer spricht/sie ist nicht bey mir/Man kan nicht gold vmb sie geben/noch silber dar wegen/sie zu bezalen. Es gilt jr nicht gleich Ophirisch gold/ oder köstlicher Onich vnd Saphir/Gold vnd Demant mag jr nicht gleichen/noch vmb sie gülden kleinot wechseln/Ramoth vnd Gabis acht man nicht/sie ist höher zu wegen denn berlen/Topasius aus Moren land wird jr nicht gleich geschetzt/vnd das reineste gold gilt jr nicht gleich.

Wo her kompt denn die weisheit? vnd wo ist die stete des verstands? Sie ist verholen fur den augen aller lebendigen/auch verborgen den vogeln vnter dem himel/Das verdamnis vñ der tod sprechen/ Wir haben mit vnsern ohren jr gerücht gehört. Gott weis den weg da zu/vnd kennet jre stete/Denn er sihet die ende der erden/vnd schawet alles was vnter dem himel ist/das er dem wind sein gewicht mache/ vnd dem wasser seine masse/Da er dem regen ein zil macht/vnd dem donner vnd blitzen den weg/da sahe er sie/vnd erzelet sie/bereitet sie vnd fand sie/vnd sprach zum menschen/Sihe/die furcht des HErrn das ist weisheit/vnd meiden das böse/das ist verstand.

XXIX.

VNd Hiob hub abermal an seine sprüche/vnd sprach/ O das ich were wie jnn den vorigen monden/jnn den tagen da mich Gott behütet/Da seine leuchte vber meinem heubt schein/vnd ich bey seinem liecht im finsternis gienge/wie ich war zur zeit meiner jugent/da Gottes geheimnis vber meiner hütten war/da der Almechtige noch mit mir war/vnd meine knaben vmb mich her/da ich meine trit wusch jnn butter/

jnn butter/vnd die fels mir öle flüſs goſſen/Da ich aus gieng zum thor jnn der ſtad/vnd mir lies geſeſs auff der gaſſen bereiten/Da mich die knaben ſahen vnd ſich verſteckten/vnd die alten fur mir auff ſtunden/ Da die öberſten auff höreten zu reden/vnd legten jre hand auff jren mund/Da die ſtimme der Fürſten ſich verkroch/vnd jre zunge an jrem gumen klebet/Denn welchs ohre mich hörete/der preiſet mich ſelig/ vnd welchs auge mich ſahe/das zeugete von mir/Denn ich errettet den armen der da ſchrey/vnd den waiſen der keinen helffer hatte/Der ſegen des verlornen kam vber mich/vnd ich tröſtet das hertz der Wid/ wen/Gerechtigkeit war mein kleid/das ich anzoch wie einen rock/vnd mein recht war meine zierde/Ich war des blinden auge vnd des la/ men füſſe/Ich war ein vater der armen/vnd welche ſache ich nicht wuſte/die erforſchet ich/Ich zubrach die backen zeene des vngerech/ ten/vnd reis den raub aus ſeinen zeenen/Ich gedacht/Ich wil jnn meinem neſt erſterben/vnd meiner tage viel machen wie ſand/Meine ſaat gieng auff von waſſer/vnd der taw bleib vber meiner erndte/ Meine herrligkeit ernewet ſich fur mir/vnd mein bogen verendert ſich jnn meiner hand/Man hörete mir zu/vnd ſchwiegen vnd warteten auff meinen rat/Nach meinen worten redet niemand mehr/vnd mei/ ne rede trouff auff ſie/Sie warteten auff mich wie auff den regen/ vnd ſperreten jren mund auff/als nach dem abend regen/Wenn ich ſie anlachet/dürfften ſie ſich nicht drauff verlaſſen/vnd thurſten mich nicht betrüben/Wenn ich zu jrem geſchefft wolt komen/ſo muſt ich oben an ſitzen/Vnd wonet wie ein König vnter kriegsknechten/da ich tröſtet die leide trugen.

(Jnn butter) Das iſt/da ich al/ les vbrig gnug hatte.

(Bogen) Das iſt/Meine macht nam jmer zu.

XXX.

NV aber lachen mein die jünger ſind denn ich/welcher Veter ich verachtet hette zu ſtellen vnter meine ſchaf/ hunde/Welcher vermügen ich fur nichts hielt/Die ni/ cht zum alter komen kundten/die fur hunger vnd ko/ mer einſam flohen jnn die einöde/newlich verdorben vnd elend worden/Die da neſſeln ausraufften vmb die püſch/ vnd wegholdern wurtzel war jre ſpeiſe/Vnd wenn ſie die eraus riſſen/jauchzeten ſie drüber/wie ein dieb/An den grawſamen bechen woneten ſie/jnn den löchern der erden vnd ſtein/ ritzen/zwiſſchen den püſchen rieffen ſie/vnd vnter den diſteln ſamleten ſie/die kinder loſer vnd verachter leute/die die geringſten im lande wa/ ren/Nu bin ich jr ſeiten ſpiel worden/vnd mus jr merlin ſein/Sie ha/ ben einen grewel an mir/vnd machen ſich ferne von mir/vnd ſchonen nicht fur meinem angeſicht zu ſpeien.

Denn er hat ſeine ſehne geſpannen/vnd hat mich gedemütigt/ vnd hat mir ein gebis jns maul gelegt/zur rechten da ich grunet/ha/ ben ſie ſich wider mich geſetzt/vnd haben meinen fus ausgeſtoſſen/ vnd haben vber mich einen weg gemacht/mich zu verderben/Sie ha/ ben meine ſteige zu brochen/Es war jnen ſo leicht mich zu beſchedi/ gen/das ſie keine hülffe dazu durfften/Sie ſind komen wie zur weiten lücken erein/vnd ſind on ordenung daher gefallen. Schrecken hat ſich gegen mich gekeret/vnd hat verfolget wie der wind meine freiheit/vnd wie eine lauffende wolcke mein heil/Nu aber geuſſet ſich aus meine ſeele vber mich/vnd mich hat ergriffen die elende zeit/Des nachts

C wird mein

Das Buch

wird mein gebein durchboret allenthalben/vnd die mich jagen/legen sich nicht schlaffen/Durch die menge der krafft werde ich anders vnd anders gekleidet/vnd man gürtet mich damit/wie mit dem loch meines rocks/Man hat mich jnn dreck getretten/vnd gleich geacht dem staub vnd asschen.

(Gekleidet)
Das ist/mancherley vnglück wird mir angethan gewaltiglich/das ich mich nicht erweren kan/vnd gürtet mich/das ich nicht eraus komen kan/vnd mus es anhaben/wie einen rock am halse.

Schrey ich zu dir/so antwortestu mir nicht/trette ich erfur/so achtestu nicht auff mich/du bist mir verwandelt jnn einen grawsamen/vnd zeigest deinen hass an mir mit der stercke deiner hand/Du hebest mich auff/vnd lessest mich auff dem winde faren/vnd zurschmeltzest mich krefftiglich/Denn ich weis/du wirst mich dem tod vberantworten/da ist das bestimpte haus aller lebendigen/Doch wird er nicht die hand ausstrecken jns beinhaus/vnd werden nicht schreien fur seinem verderben/Ich weinete ja jnn der harten zeit/vnd meine seele jamerte der armen/Ich wartet des guten/vnd kompt das böse/Ich hofft auffs liecht/vnd kompt finsternis/Mein eingeweide sieden/vnd hören nicht auff/Mich hat vberfallen die elende zeit/Ich gehe betrübt einher/wie wol ich mit niemand zürne/Ich stehe auff jnn der Gemeine vnd schreie/Ich bin ein bruder der schlangen/vnd ein geselle der Straussen/Meine haut vber mir ist schwartz worden/vnd meine gebein sind verdorret/Meine harffe ist eine klage worden/vnd meine pfeiffe ein weinen.

(Das ist/im beinhause werde ich jhe ruge haben.

XXXI.

Ich hab einen bund gemacht mit meinen augen/das ich nicht achtet auff eine jungfraw/Was gibt mir aber Gott zu lohn von oben? vnd was fur ein erbe der Almechtig von der Höhe? Solt nicht billicher der vnrechte solch vnglück haben? vnd ein vbeltheter solch elend leiden? Sihet er nicht meine wege/vnd zelet alle meine genge? Hab ich gewandelt jnn eitelkeit/oder mein fus geeilet hat zum betrug? So wege man mich auff rechter wage/so wird Gott erfaren meine frömkeit/Hat mein gang gewichen aus dem wege/vnd mein hertz meinen augen nach gefolget/vnd ist etwas jnn meinen henden beklebt/So müsse ich seen/vnd ein ander fresses/vnd mein geschlecht müsse ausgewurtzelt werden.

Hat sich mein hertz lassen reitzen zum weibe/vnd habe an meines nehesten thür gelauret/so müsse mein weib von einem andern geschendet werden/vnd andere müssen sie beschlaffen/Denn das ist ein laster/vnd eine missethat fur die Richter/Denn das were ein feur/das bis jns verderben verzeret/vnd alle mein einkomen auswurtzelte. Hab ich veracht das recht meines knechts oder meiner magd/wenn sie mit mir hadderten/Was wolt ich thun/wenn Gott sich auffmacht? vnd was würde ich antworten/wenn er heimsucht? Hat jn nicht auch der gemacht/der mich im mutter leibe machte? vnd hat jn im leibe eben so wol bereit. Hab ich den dürfftigen jr begirde versagt/vnd die augen der Widwen lassen verschmachten? Hab ich meinen bissen alleine gessen/vnd nicht der Waise auch davon gessen? Denn ich hab mich von jugent auff gehalten wie ein vater/vnd von meiner mutter leib an hab ich gerne getröst.

Hab ich

Diob. XII.

Hab ich jemand sehen vmbkomen/das er kein kleid hatte/vnd den armen on decke gehen lassen. Haben mir nicht gesegenet seine seiten/da er von den fellen meiner lemmer erwermet ward/Hab ich meine hand an den Waisen gelegt/weil ich mich sahe im thor macht haben/So falle meine schulder von der achseln/vnd mein arm breche von der rören/Denn ich fürchte Gott wie ein vnfall vber mich/vnd kondte seine last nicht ertragen. Hab ich das gold zu meiner zuuersicht gestellet/vnd zu den gold klumpen gesagt/mein trost? Hab ich mich gefrewet/das ich gros gut hatte/vnd meine hand allerley erworben hatte? Hab ich das Liecht angesehen/wenn es helle leuchtet/vnd den Mond/wenn er vol gieng? Hat sich mein hertz heimlich bereden lassen/das meine hand meinen mund küsse? Welchs ist auch eine misse that fur die Richter/Denn damit hette ich verleugnet Gott von oben.

(Liecht) Das ist/wenn mirs glückselig gienge/habe ich nicht meine freunde drinnen gehabt.
Hand küssen heisse sein eigen werck preisen/welchs allein Gott zugehört.

Hab ich mich gefrewet/wens meinem feinde vbel gieng/vnd habe mich erhaben/das jn vnglück betretten hatte/Denn ich lies meinen mund nicht sundigen/das er wündschete einen fluch seiner seelen. Haben nicht die menner jnn meiner hütten müssen sagen/O wolt Gott/das wir von seinem fleisch nicht gesettiget wurden. Draussen muste der gast nicht bleiben/sondern meine thür thet ich dem wanderer auff. Hab ich meine schalckheit wie ein mensch gedecket/das ich heimlich meine missethat verbörge? Hab ich mir grawen lassen fur der grossen menge/vnd die verachtung der freundschafften mich abgeschreckt hat? Ich bleib stille/vnd gieng nicht zur thür aus.

Das ist/mein gesinde muste auch nichts begeren an meinem feinde.

Wer gibt mir einen Verhörer/das meine begirde der Almechtige erhöre? Das jemand ein buch schreibe von meiner sache/So wolt ichs auff meine achseln nemen/vnd mir wie eine krone vmb binden/Ich wolt die zal meiner genge ansagen/vnd wie ein Fürst wolt ich sie dar bringen. Wird mein land wider mich schreien/vnd miteinander seine fürche weinen. Hab ich seine früchte vnbezalet geissen/vnd das leben den ackerleuten sawr gemacht/so wachse mir disteln fur weitzen/ vnd dornen fur gersten.

(Fürst) Frey vn erschrocken.

Ein ende haben die wort Diob.

XXXII.

DA höreten die drey menner auff Diob zu antworten/weil er sich fur gerecht hielt. Aber Elihu der son Baracheel von Bus des geschlechts Ram/ward zornig vber Diob/ das er seine seele gerechter hielt/denn Gott/Auch ward er zornig vber seine drey freunde/das sie keine antwort funden/vnd doch Diob verdampten/Denn Elihu hatte geharret/bis das sie mit Diob gered hatten/weil sie elter waren denn er/Darumb da er sahe/das kein antwort war im munde der dreier menner/ward er zornig. Vnd so antwortet Elihu der son Baracheel von Bus/vnd sprach.

Ich bin jung/jr aber seid alt/darumb hab ich mich geschewet/ vnd gefurcht meine kunst zu beweisen/Ich dacht/las die jar reden/ vnd die menge des alters las weisheit beweisen/Aber der geist ist jnn leuten/vnd der odem des Almechtigen macht sie verstendig/Die mei-

C c ij   ster sind

Das Buch

ster sind nicht die weisesten/vnd die alten verstehen nicht das recht/ Darumb wil ich auch reden/höre mir zu/ich wil meine kunst auch sehen lassen/Sihe/ich habe geharret/das jr gered habt/Ich habe auff gemerckt auff ewern verstand/bis jr der rede ein ende machet/vnd habe acht gehabt auff euch/Aber sihe/da ist keiner vnter euch/der Hiob straffe oder seiner rede antworte.

Jr werdet villeicht sagen/wir haben die weisheit troffen/das Gott jn verstossen hat/vnd sonst niemand/Die rede thut mir nicht gnug/ich wil jm nicht so nach ewr rede antworten/Ah/sie sind verzagt/können nicht mehr antworten/Sie können nicht mehr reden/ Weil ich denn geharret habe/vnd sie kundten nicht reden (denn sie stehen still vnd antworten nicht mehr) wil doch ich mein teil antworten/vnd wil meine kunst beweisen/Denn ich bin der rede so vol/das mich der odem jnn meinem bauche engstet/Sihe/mein bauch ist wie der most der zu gestopfft ist/der die newen fasse zureisset/Ich mus reden/das ich odem hole/Ich mus meine lippen auff thun vnd antworten/Ich wil niemands person ansehen/vnd wil solchs keinem menschen zu gefallen reden/Denn ich weis nicht (wo ichs thet) ob mich mein Schepffer vber ein kleins hin nemen würde.

XXXIII.

Ore doch Hiob meine rede/vnd merck auff alle meine wort/Sihe/ich thu meinen mund auff/vnd meine zunge redet jnn meinem munde/Mein hertz sol recht reden/ vnd meine lippen sollen den reinen verstand sagen/Der Geist Gottes hat mich gemacht/vnd der odem des Almechtigen hat mir das leben gegeben/Kanstu/so antworte mir/trit mir gleich vnter augen/Sihe/ich bin Gottes/wie du sagest/vnd aus leymen bin ich auch gemacht/Doch/ du darffest fur mir nicht erschrecken/vnd meine hand sol dir nicht zu schweer sein.

Du hast gered fur meinen ohren/die stim deiner rede must ich hören/Ich bin rein vnd on missethat/vnschuldig/vnd habe keine sunde/Sihe/er hat eine sache wider mich funden/darumb achtet er mich fur seinen feind/Er hat meinen fus jnn stock gelegt/vnd hat alle meine wege verwaret. Sihe/eben daraus schliesse ich wider dich/das du nicht recht bist/Denn Gott ist mehr/denn ein mensch. Warumb wiltu mit jm zancken/das er dir nicht rechenschafft gibt alles seines thuns? Denn wenn Gott ein mal etwas heisst/sol man nicht darnach erst sehen/obs recht sey.

Jm trawm des gesichts jnn der nacht/wenn der schlaff auff die leute fellet/wenn sie schlaffen auff dem bette/da öffenet er das ohre der leute/vnd schreckt sie vnd züchtiget sie/das er den menschen vom vnglück wende/vnd beschirme jn fur vberfallen/vnd verschonet seiner seelen fur dem verderben/vnd seines lebens/das nicht jnn geschos falle/Er strafft jn mit schmertzen auff seinem bette/vnd alle seine gebeine hefftig/Vnd richt jm sein leben so zu/das jm fur der speise grawet/vnd seine seele/das sie nicht lust zu essen hat/Sein fleisch verschwindet/ das mans nimer sehen mag/vnd seine beine werden zuschlagen/das man sie nicht gerne ansihet/das seine seele nahet zum verderben/vnd sein leben zu den todten. So denn

Diob.

So denn ein Engel einer aus tausent würde jn vertretten/zu verkündigen dem menschen Gottes gerechtigkeit/ so wird er jm gnedig sein/vnd sagen/Er sol erlöset werden/das er nicht hinunter fare jns verderben/ Denn ich habe eine versünung funden/Sein fleisch neme wider zu/nach der straffe/vnd las jn wider jung werden/Er wird Gott bitten/der wird jm gnade erzeigen/vnd wird sein andlitz sehen lassen mit freuden/vnd wird dem menschen seine gerechtigkeit vergelten/Er wird fur den leuten bekennen vnd sagen/Ich habe gesündiget vnd missethan/vnd ist mir noch zu wenig geschehen/Er hat meine seele erlöset/das sie nicht füre jns verderben/sondern mein leben das liecht sehe.

Sihe/das alles thut Gott zwey oder drey mal mit einem jglichen/ das er seine seele erumb hole aus dem verderben/vnd erleucht jn mit dem liecht der lebendigen. Merck auff Diob vnd höre mir zu / vnd schweige das ich rede/Hastu aber was zu sagen/so antworte mir/ Sage her/bistu recht/ich wils gerne hören/Hastu aber nichts/so höre mir zu/vnd schweige/ich wil dich die weisheit leren.

(Zwey oder drey mal) Das ist/offt mals.

XXXIIII.

VNd Elihu antwortet/vnd sprach/Höret jr weisen meine rede/vnd jr verstendigen merckt auff mich/Denn das ohre prüfet die rede/vnd der mund schmeckt die speise/ Lasst vns ein vrteil erwelen/das wir erkennen vnter vns/ was gut sey/Denn Diob hat gesagt/Ich bin gerecht/ vnd Gott wegert mir mein recht/Ich mus liegen/ob ich wol recht habe/vnd bin gequelet von meinen pfeilen/ob ich wol nichts verschuldet habe. Wer ist ein solcher/wie Diob? der da spötterey trinckt/wie wasser/vnd auff dem wege gehet mit den vbelthettern/das er wandele mit den Gottlosen leuten? Denn er hat gesat/Wenn jemand schon from ist/so gilt er doch nichts bey Gott/Höret mir zu jr weisen leute.

(Meinen pfeilen) Das sind Gottes pfeile/die jnn mir stecken.

Es sey ferne/das Gott solt Gottlos sein/vnd der Almechtige vngerecht/Sondern er vergilt dem menschen darnach er verdienet hat/ vnd trifft einen jglichen nach seinem thun/On zweiuel/Got verdampt niemand mit vnrecht/vnd der Almechtige benget das recht nicht/Wer hat/das auff erden ist/verordenet? vnd wer hat den gantzen erdboden gesetzt? So er sichs würde vnterwinden/so würde er aller geist vnd odem zu sich samlen/Alles fleisch würde mit einander vergehen/vnd der mensch würde wider zu asschen werden.

Hastu nu verstand/so höre das/vnd merck auff die stim meiner rede/Solt einer darumb das recht zwingen/das ers hasset? vnd das du stoltz bist/soltest drumb den gerechten verdamnen? Solt einer zum Könige sagen/Du loser Man/vnd zum Fürsten/Ir Gottlosen? der doch nicht ansihet die person der Fürsten/vnd kennet den herrlichen nicht mehr denn den armen/ Denn sie sind alle seiner hende werck/ plötzlich müssen die leute sterben/vnd zu mitternacht erschrecken vnd vergehen/Die mechtigen werden krafftlos weg genomen/Denn seine augen sehen auff eines jglichen wege/vnd er schawet alle jre genge/ Es ist kein finsternis noch tunckel/das sich da möchten verbergen die vbeltheter/Denn es wird niemand gestattet/das er mit Gott rechte.

Das Buch

Er bringt der stoltzen viel vmb/die nicht zu zelen sind/vnd stellet andere an jre stat/Darumb/das er kennet jre werck/vnd keret sie vmb des nachts/das sie zuschlagen werden/Er wirfft die Gottlosen vber einen hauffen/da mans gerne sihet/darumb/das sie jm nicht nach gefolget haben/vnd verstunden seiner wege keinen/das das schreien der armen muste fur jn komen/vnd er das schreien des elenden höret/ Wenn er fride gibt/wer wil verdamnen? vnd wenn er das andlitz verbirget/wer wil jn schawen/vnter den völckern vnd leuten? So lesst er denn regirn einen heuchler/das volck zu drengen.

(Zu drengen) Das ist/Er lesst einen tyrannen regieren/der das volck mit auffsetzen/schetzen vnd schinden/fehet vnd quellet.

Vmb Gottes willen wil ich die rede dulden/vnd nicht wehren/ Hab ichs nicht troffen/so lere du michs besser/Hab ich vnrecht gehandelt/ich wils nicht mehr thun/Man wartet der antwort von dir/ Denn du verwirffest alles/vnd du hasts angefangen/vnd nicht ich/ Weissestu nu was/so sage an/Weise leute las ich reden/vnd ein weiser man gehorcht mir/Aber Hiob redet mit vnuerstand/vnd seine wort sind nicht klug/Mein vater las Hiob versucht werden bis ans ende/ darumb/das er sich zu vnrechten leuten keret/Er hat vber seine sunde dazu noch gelestert/darumb las jn zwisschen vns geschlagen werden/ vnd darnach viel wider Gott plaudern.

XXXV.

VNd Elihu antwortet/vnd sprach/Achtestu das fur recht/das du sprichst/Ich bin gerechter denn Gott? Denn du sprichst/Wer gilt bey dir etwas? Was hilffts/ob ich mich on sunde mache? Ich wil dir antworten mit worten/vnd deinen freunden mit dir/Schaw gen himel vnd sihe/vnd schaw an die wolcken/das sie dir zu hoch sind/ Sündigestu/was kanstu mit jm machen? vnd ob deiner missethat viel ist/was kanstu jm thun? vnd ob du gerecht seiest/was kanstu jm geben? oder was wird er von deinen henden nemen? Einem menschen wie du bist/mag wol etwas thun deine bosheit/vnd einem menschen kind deine gerechtigkeit.

Die selbigen mügen schreien/wenn jnen viel gewalt geschicht/ vnd ruffen vber den arm der grossen/die nicht darnach fragen/Wo ist Gott mein Schepffer? der das gesenge macht jnn der nacht/der vns gelerter macht/denn das vieh auff erden/vnd weiser/denn die vogel vnter dem himel. Aber sie werden da auch schreien vber den hohmut der bösen/vnd er wird sie nicht erhören/Denn Gott wird das eitel nicht erhören/vnd der Almechtige wird es nicht ansehen. Du sprichst aber/du werdest jn nicht sehen/Aber es ist ein gericht fur jm/harre sein nur/Ob sein zorn so bald nicht heimsucht/vn̄ sich nicht annimpt/ das so viel laster da sind. Darumb hat Hiob seinen mund vmb sonst auffgesperret/vnd gibt stoltze teiding fur mit vnuerstand.

(Gesenge) Das ist/Der vogel gesenge/oder geistlich/das man jn lobt jnn leid vnd vnfall/wie der psalm auch sagt/ Et nocte canticum eius.

XXXVI.

ELihu redet weiter/vnd sprach/Harre mir noch ein wenig/Ich wil dirs zeigen/Denn ich hab noch von Gottes wegen was zu sagen/Ich wil meinen verstand weit holen/vnd meinen Schepffer beweisen/das er recht sey/ Meine rede sollen on zweinel nicht falsch sein/mein verstand

stand sol on wandel fur dir sein/Sihe/Gott verwirfft die mechtigen nicht/denn er ist auch mechtig von krafft des hertzen/Den Gottlosen erhelt er nicht/sondern hilfft dem elenden zum rechten/Er wendet seine augen nicht von dem gerechten/vnd die Könige lesst er sitzen auff dem thron jmerdar/das sie hoch bleiben/Vnd wo gefangene ligen jnn stöcken/vnd gebunden mit stricken elendiglich/So verkündigt er jnen/was sie gethan haben/vnd jre vntugent/das sie mit gewalt gefaren haben/vnd öffenet jnen das ohr zur zucht/vnd saget jnen/das sie sich von dem vnrechten bekeren sollen.

Gehorchen sie vnd dienen jm/so werden sie bey guten tagen alt werden/vnd mit lust leben/Gehorchen sie nicht/so werden sie durch den spies lauffen/vnd vergehen ehe sie es gewar werden. Die heuchler wenn sie der zorn trifft/schreien sie nicht/wenn sie gefangen ligen/so wird jre seele mit qual sterben/vnd jr leben vnter den hurern. Aber den elenden wird er aus seinem elend erretten/ vnd dem armen das ohr öffenen im trübsal/Er wird dich reissen aus dem weiten rachen der angst/die keinen boden hat/Vnd dein tisch wird ruge haben/vol alles guten. Du aber machst die sache der Gottlosen gut/ das jr sache vnd recht erhalten wird/Sihe zu/das dich nicht villeicht vngedult bewegt habe jnn der qual/ oder gros geschencke dich nicht gebeuget habe/ Meinstu/das dein gewalt bestehen werde on trübsal/oder jrgend eine stercke oder vermügen? Du darffest der nacht nicht begeren/die leute an jrem ort zu vberfallen/Hüte dich/vnd kere dich nicht zum vnrecht/ wie du denn fur elende angefangen hast.

Sihe/Gott ist zu hoch jnn seiner krafft/wo ist ein Gesetzgeber wie er ist? Wer wil vber jn heimsuchen seinen weg? vnd wer wil zu jm sagen/du thust vnrecht? Gedenck/das du sein werck nicht weissest/wie die leute singen/Denn alle menschen sehen das/Die leute schawens von ferne/Sihe/Gott ist gros vnd vnbekand/seiner jar zal kan niemand forschen/Er macht das wasser zu kleinen tropffen/ vnd treibet seine wolcken zu samen zum regen/das die wolcken fliessen vnd trieffen seer auff die menschen/Wenn er fur nimpt die wolcken zutrennen/vnd seine decke weg thut/sihe/so breitet er aus sein liecht vber die selbe/vnd bedeckt das meer/daher sie komen/Denn da selbst richtet er die leute/ vnd gibt speise die fülle/Er helt die hende fur vnd bedeckt das liecht/ vnd gebeut jm das wider kome. Von dem selben verkündigt sein Dirte/vnd sein Vieh von den wolcken.

(Sein liecht) Das ist/ Er machts schöne am himel vnd auff dem meer/da die wolcken her komen vnd auffgezogen werden.

XXXVII.

Es entsetzt sich mein hertz vnd bebet/Höret den schall seiner stim/vnd das gesprech das von seinem munde aus gehet/Er sihet vnter allen himeln/vnd sein liecht scheinet auff die ende der erden/Jm nach rumpelt der donner/ vnd er donnert mit einem grossen schall/vnd wenn sein donner gehört wird/kan mans nicht auff halten/Gott donnert mit seinem donner grewlich/vnd thut grosse ding/vnd wird doch nicht erkand/Er spricht zum schnee/so ist er bald auff erden/ Vnd zum platzregen/so ist der platzregen da mit macht/ Man a verkreucht sich bey allen menschen/das die leute erkennen sollen seine werck/Das wilde thier gehet jnn die hüle/vnd bleibt jnn seinem ort.

a (Verkreucht) Das ist/ Wens donnert/fleucht man fur furcht/ auch die wilden thier.

Das Buch

Von mittag her kompt wetter/vnd von mitternacht kelte/Vom odem Gottes kompt frost/vnd grosse wasser/wenn er geusset/Die dicken wolcken scheiden sich/das helle werde/vnd durch den nebel bricht sein liecht/Er keret die wolcken wo er hin wil/das sie schaffen alles was er jnen gebeut auff dem erdboden/es sey vber ein geschlecht oder vber ein land/so man jn barmhertzig findet.

Da mercke auff Diob/stehe vnd vernim die wunder Gottes/ Weistu/wenn Gott solchs vber sie bringt? vnd wenn er das liecht seiner wolcken lesst erfur brechen? Weistu/wie sich die wolcken ausstrewen? welche wunder die volkomenen wissen. Das deine kleider warm sind/wenn das land stille ist vom mittags wind? Ja du wirst mit jm die wolcken ausbreiten/die starck sind vnd an zu sehen wie ein boden. Zeige vns/was wir jm sagen sollen/denn wir werden nicht dahin reichen fur finsternis. Wer wird jm erzelen das ich rede? So jemand redet/der wird verschlungen/Man sihet ja das liecht nicht/Er macht wol helle die wolcken/vnd der wind webd vnd machts klar/Von mitternacht kompt gold zu lob fur dem schrecklichen Gott. Den Almechtigen aber mügen sie nicht finden/der so gros ist von krafft/Denn er wird von seinem recht vnd guter sachen nicht rechenschafft geben/ Darumb müssen jn fürchten die leute/vnd er fürcht keine weisen.

(Gold)
Das ist/helle wetter wie lauter gold

XXXVIII.

VNd der HERR antwortet Diob aus einem wetter/vnd sprach/Wer ist der/der seine gedancken verbergen wil/ vnd redet so mit vnuerstand? Gürte deine lenden wie ein man/Ich wil dich fragen/sage an/bistu so klug/ Wo warestu/da ich die erden gründet? Sage mir/weisstu wer jr das mas gesetzt hat? oder wer vber sie ein richtschnur gezogen hat? Oder worauff stehen jre füsse versencket? oder wer hat jr einen eckstein gelegt? Da mich die Morgensterne miteinander lobeten/vnd jauchzeten alle kinder Gottes. Wer hat das meer mit seinen thüren verschlossen/da es eraus brach wie aus mutter leibe/ da ichs mit wolcken kleidet vnd jnn tunckel einwickelt wie jnn windeln/da ich jm den lauff brach mit meinem tham/vnd setzet jm riegel vnd thür/vnd sprach/Bis hie her soltu komen vnd nicht weiter/hie sollen sich legen deine stoltzen wellen.

Hastu bey deiner zeit dem morgen geboten/vnd der morgenröte jren ort gezeiget? das die ecken der erden gefasset/vnd die Gottlosen eraus geschüttelt würden? Das siegel wird sich wandeln wie leymen/ das sie bleiben werden wie ein kleid/vnd den Gottlosen wird jr liecht verweret werden/vnd der arm der hoffertigen wird zubrochen werden. Bistu jnn den grund des meers komen/vnd hast jnn den fusstapffen der tieffen gewandelt? Haben sich dir des todes thor jhe auffgethan? oder hastu gesehen die thor der finsternis? Hastu vernomen wie breit die erde sey? Sage an/weistu solchs alles? Welchs ist der weg da das liecht wonet/vnd welchs sey der finsternis stet? das du mügest abnemen seine grentze/vnd mercken den pfad zu seinem hause? Wustestu/ das du zu der zeit soltest geborn werden? vnd wie viel deiner tage sein würden?

(Das siegel)
Das ist/jr stand vnd wesen/des sie gewis sein wollen/ als versiegelt.

Bistu gewesen da der schnee her kompt? oder hastu gesehen/wo der hagel her kompt? Die ich habe verhalten bis auff die zeit der
trübsal/

trübsal/vnd auff den tag des streits vnd krieges. Durch welchen weg teilet sich das liecht? vnd aufferet der ostwind auff erden? Wer hat dem platzregen seinen laufft ausgeteilet? vnd den weg dem blitzen vnd donner/das es regent auffs land da niemand ist/jnn der wüsten da kein mensch ist/das es füllet die einöden vnd wildnis/vnd macht das gras wechset? Wer ist des regens vater? Wer hat die tropffen des tawes gezeuget? Aus wes leibe ist das eys gegangen? Vnd wer hat den reiffen vnter dem himel gezeuget? Das das wasser verborgen wird wie vnter steinen/vnd die tieffe oben gestehet. Kanstu die bande der sieben sterne zu samen binden? oder das band des Orion aufflösen? Kanstu den Morgenstern erfur bringen zu seiner zeit? oder den Wagen am himel vber seine kinder füren? Weissestu wie der himel zu regirn ist? oder kanstu ein ampt auff jn legen auff erden?

Kanstu deinen donner jnn der wolcken hoch her füren/oder wird dich die menge des wassers verdecken? Kanstu die blitzen auslassen/das sie hin faren/vnd sprechen/Die sind wir? Wer hat die weisheit jns verborgen gelegt? Wer hat den gedancken verstand gegeben? Wer ist so weise/der die wolcken erzelen könde? Wer kan die wasser schleuche am himel verstopffen? wenn der staub begossen wird/das er zu hauff leufft/vnd die klosse an einander kleben.

(Verborgen) Das ist/jns hertz.

XXXIX.

Kanstu der Lewin jren raub zu jagen geben? vnd die jungen Lewen mit wild settigen/das sie sich legen jnn jrer stete/vnd rugen jnn der höle das sie lauren? Wer bereit dem Raben die speise/wenn seine jungen zu Got ruffen/vnd wissen nicht wo jre speise ist? Kanstu die zeit setzen/wenn die Gemsen auff den felsen geberen? oder hastu gemerckt/wenn die Hirssen schwanger gehen? Hastu erzelet jre monden/wenn sie vol werden/oder weissestu die zeit wenn sie geberen? Sie beugen sich wenn sie geberen/vnd reissen sich/vnd lassen aus jre jungen/jre jungen werden feist vnd wachsen draussen/vnd gehen aus vnd komen nicht wider zu jnen/Wer hat das wild so frey lassen gehen? Wer hat die bande des wilds auffgelöset? dem ich das feld zum hause gegeben habe/vnd die wüste zur wonung/Es verlacht das getümel der stad/das pochen des treibers höret er nicht/Es schawet nach den bergen da seine weide ist/vnd sucht wo es grüne ist.

Meinstu das Einhorn werde dir dienen/vnd werde bleiben an deiner krippen? Kanstu jm das joch an knüpffen jnn deinen furchen/das er hinder dir pflüge jnn gründen? Magstu dich auff jn verlassen/das er viel vermag? vnd wirst jn dir lassen erbeiten? Magstu jm trawen das er dir deinen samen dir wider bringe/vnd jnn deine scheune samle?

Die fittich des Pfawen sind schöner denn die flügel des Storcks oder Straussen/der seine eyer jnn der erden lesst/vnd lesst sie die heissen erden ausbrüen/Er vergisset/das sie möchten zurtretten werden/vnd ein wild thier sie zubreche/Er wird so hart gegen seine jungen/als weren sie nicht sein/Achtets nicht/das er vmb sonst erbeitet/Denn Gott hat jm die weisheit genomen/vnd hat jm keinen verstand mit geteilet/Zur zeit wenn er hoch feret/erhöhet er sich vnd verlacht beide ros vnd man.

Kanstu

Das Buch

Kanstu dem ros krefft geben/oder seinen hals zieren mit seinem geschrey? Kanstu jn schrecken wie die hewschrecken? Das ist preis seiner nasen/was schrecklich ist/Es strampffet auff den boden/vnd ist freidig mit krafft/vnd zeucht aus den geharnschten entgegen/Es spottet der furcht vnd erschrickt nicht/vnd fleucht fur dem schwert nicht/ wenn gleich wider es klingt der köcher/vnd glentzet beide spies vnd schild/Es zittert vnd tobet vnd verheeret das land/vnd ᵃ gleubt nicht/ das die dromete laute/Wenn die dromete fast klingt/spricht es/Hui/ vnd reucht den streit von ferne/das schreien der Fürsten vnd jauchzen.

Fleuget der Sperber durch deinen verstand mit seinen fittichen zum mittag? Fleuget der Adeler so hoch aus deinem befelh/das er sein nest jnn der höhe macht? Jnn felsen wonet er/vnd bleibt auff den kipffen an felsen vnd jnn festen orten/Von dannen schawet er nach der speise/vnd seine augen sehen ferne/Seine jungen sauffen blut/vnd wo ein as ist/da ist er.

Vnd der HERR antwortet Hiob/vnd sprach/Wer mit dem Allmechtigen hadern wil/sols der nicht jm bey bringen? Vnd wer Gott tadelt/sol der nicht antworten? Hiob aber antwortet dem HERRN/ vnd sprach/Sihe/ich habe geflucht/was sol ich antworten? Ich wil meine hand auff meinen mund legen/Ich habe ein mal gered/darumb wil ich nicht mehr antworten/zum andern mal wil ichs nicht mehr thun.

XL.

Vnd der HERR antwortet Hiob aus einem wetter/vnd sprach/Gürte wie ein man deine lenden/ich wil dich fragen/Sage an/Soltestu mein vrteil zu nicht machen/ vnd mich verdamnen/das du gerecht seiest? Vnd wenn du einen arm hettest wie Gott/vnd mit gleicher stimme donnertest/als er thut/Schmück dich mit hoffart vnd erhebe dich/Zeuch dich löblich vnd zierlich an/Strewe aus den zorn deines grimmes/Schaw an alle hohmütigen vnd beuge sie/vnd mache die Gottlosen dünne da sie sind/Verscharre sie mit einander jnn der erden/vnd versencke jre pracht jns verborgen/So wil ich dir auch bekennen/das dir deine rechte hand helffen kan.

Sihe/der Behemoth/den ich neben dir gemacht habe/wird hew fressen wie ein ochse/Sihe/seine krafft ist jnn seinen lenden/vnd sein vermügen jnn dem nabel seines bauchs/Sein schwantz starret wie ein cedern/die adern seiner geilhen sind verwickelt/Seine knochen sind/ wie eherne rhören/Seine gebeine sind wie eiserne stebe/Er ist der anfang der wege Gottes/der jn gemacht hat/der greifft jn an mit seinem schwert. Die berge tragen jm kreuter/vnd alle wilde thier spielen da selbs. Er ligt vnter dem gepüsch verborgen/im rhor vnd im schlam/ Das gepüsch bedeckt jn mit seinem schatten/vnd die bachweiden bedecken jn. Sihe/er schluckt jnn sich den strom/vnd schewet sich nicht/ lesst sich düncken/er wölle den Jordan mit seinem munde ausschepffen/Noch fehet man jn mit seinen eigen augen/vnd durch fallstrick durchboret man jm seine nasen.

Kanstu

(preis) Das ist/ Es ist nur deste trotziger vnd mütiger/vnd schnaubet als rhümet sichs/wo schrecklich ding/als streit vnd krieg/furhanden ist.

ᵃ (Gleubt nicht) Das ist/es thut als sey jm nichts drumb/das doch so schrecklich ist.

(Behemoth) Heisst alle grosse vngehewre thiere/wie Leuiathan alle grosse vngehewre fische. Aber darunter beschreibet er/die gewalt vnd macht des teufels vnd seins gesindes/des Gottlosen hauffens jnn der welt.

Hiob. XVI.

XLI.

KAnstu den Leuiathan zihen mit dem hamen/vnd seine zungen mit einem strick fassen? Kanstu jm einen ring jnn die nasen legen/vnd mit einer stachel jm die backen durchboren? Meinstu/er werde dir viel flehens machen oder dir heucheln? Meinstu/das du einen bund mit jm machen mügest/das du jn jmer zum knecht habest? Kanstu mit jm spielen wie mit einem vogel? Oder jn deinen dirnen binden? Meinstu/die geselschafft werden jn zuschneiten/das er vnter die Kauffleute zuteilet wird/Kanstu das netze füllen mit seiner haut/vnd die fischreusen mit seinem kopff? Wenn du deine hand an jn legest/so gedencke/das ein streit sey/den du nicht ausfüren wirst. Sihe/seine hoffnung wird jm feilen/vnd wird offentlich verstossen werden.

Niemand ist so küne/der jn erwecken thar/ Wer ist denn der fur mir stehen könne? Wer hat mir was zuuor gethan/das ichs jm vergelte? Es ist mein was vnter allen himeln ist. Ich wil mich nicht lassen schweigen seine krafft/ noch seine macht/noch sein flehen. Wer kan jm sein kleid auff decken? Vnd wer thar es wogen jm zwisschen die zeene zu greiffen? Wer kan die kinbacken seines andlitzs auffthun? Schrecklich stehen seine zeene vmbher/Sein leichnam ist wie schilde/ fest vnd enge jnn einander/Eins rürt an das ander/das nicht ein lüfftlin da zwisschen gehet/Es henget einer am andern/vnd halten sich zu samen/das sie nicht von einander gethan mügen werden. Sein niesen ist wie ein glentzend liecht. Seine augen sind wie die augenliede der morgen röte. Aus seinem munde faren fackeln vnd feurige brende. Aus seiner nasen gehet rauch/ wie von heissen töpffen vnd kesseln. Sein odem ist glüende kolen/vnd aus seinem munde gehen flammen. Er hat einen starcken hals/vnd ist seine lust/wo er etwas verderbet. Die geliedmas seines fleisches hangen an einander/vnd halten hart an jm/das er nicht bewegt wird.

Sein hertz ist so hart wie ein stein/vnd so fest wie ein stück vom vntersten mülstein. Wenn er sich erhebt/so entsetzen sich die ᵃ starcken/ vnd die wellen werden trübe. Wenn man zu jm wil mit dem schwert/so reget er sich nicht/oder mit spies/ geschos vnd pantzer/ Er achtet eisen wie stro/vnd ertz wie faul holtz/Kein schütze wird jn veriagen/Die schleuder steine sind jm wie stoppel/Den hamer achtet er wie stoppeln/Er spottet den bebenden lantzen/Er kan auff scharffen scherben ligen/vnd leget sich auffs scharffe wie auff kot/Er macht das das tieffe meer siedet wie ein töpffen/vnd rürets jnn einander wie man eine salbe menget/Nach jm leuchtet der weg/ Er achtet die tieffe wie ein alten ᵇ grawen/Auff erden ist jm niemand zu gleichen. Er ist gemacht on furcht zu sein/Er verachtet alles was hohe ist/Er ist ein König vber alle stoltzen.

XLII.

Vnd Hiob

Leuiathan nennet er die grossen walfisch im meer/ doch darunter beschreibt er der welt Fürsten/ den Teufel mit seinem anhang.

Das ist/ Wenn ich jn gehen lasse jnn der welt/ so seid jr alle verloren/ vnd thar jn niemand angreiffen/ Was wolt jr denn wider mich trotzen/ so jr nichts wider jn vermöget.

ᵃ (Starcken) *Das ist/ die grossen fisch/ fliehen fur jm/Also auch fur der welt gewalt/ fliehen die mechtigen.*

ᵇ (Grawen) *Das ist/ er schwimmet vnd lebet im meer wie er wil/ das man seinen weg von ferne sihet/ vnd achtet das meer/ wie einen alten/das jm zu schwach sey. Das ist alles auch des Teuffels wesen jnn der welt/ da er tobet/ herrschet vnd waltzet/ wie er wil.*

Das Buch Hiob.

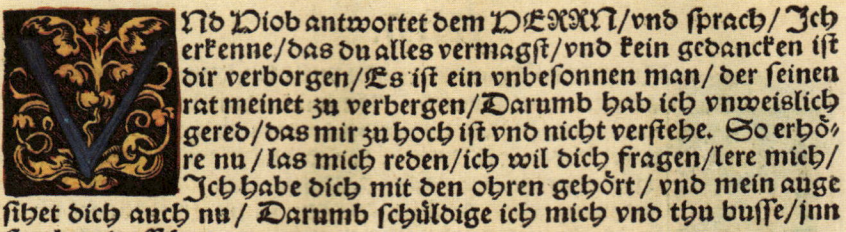

Vnd Hiob antwortet dem HERRN/ vnd sprach/ Ich erkenne/ das du alles vermagst/ vnd kein gedancken ist dir verborgen/ Es ist ein vnbesonnen man/ der seinen rat meinet zu verbergen/ Darumb hab ich vnweislich gered/ das mir zu hoch ist vnd nicht verstehe. So ehöre nu/ las mich reden/ ich wil dich fragen/ lere mich/ Ich habe dich mit den ohren gehört/ vnd mein auge sihet dich auch nu/ Darumb schüldige ich mich vnd thu busse/ jnn staub vnd asschen.

Da nu der HERR diese wort mit Hiob gered hatte/ sprach er zu Eliphas von Theman/ Mein zorn ist ergrimmet/ vber dich vnd vber deine zween freunde/ Denn jr habt nicht recht von mir gered/ wie mein knecht Hiob/ So nemet nu sieben farren vnd sieben wider/ vnd gehet hin zu meinem knecht Hiob/ vnd opffert Brandopffer fur euch/ vnd lasst meinen knecht Hiob fur euch bitten/ Denn jn wil ich ansehen/ das ich euch nicht sehen lasse/ wie jr thorheit begangen habt/ Denn jr habt nicht recht gered/ wie mein knecht Hiob. Da giengen hin Eliphas von Thema/ Bildad von Suah/ vnd Zophar von Naema/ vnd theten wie der HERR jnen gesagt hatte/ Vnd der HERR sahe an die person Hiob/ Vnd der HERR wendet das gefengnis/ da er bat fur seine freunde.

Vnd der HERR gab Hiob zwifeltig so viel als er gehabt hatte. Vnd es kamen zu jm alle seine brüder vnd alle seine schwester/ vnd alle die jn vorhin kandten/ vnd assen mit jm jnn seinem hause/ vnd kereten sich zu jm vnd trösteten jn/ vber allem vbel/ das der HERR vber jn hatte komen lassen/ vnd ein jglicher gab jm einen groschen vnd ein gülden kleinot. Vnd der HERR segenet hernach Hiob mehr denn vorhin/ das er kreig vierzehen tausent schaf/ vnd sechs tausent kamel/ vnd tausent joch rinder/ vnd tausent esel/ Vnd kreig sieben söne vnd drey töchter/ Vnd hies die erste Jemina/ die ander Kezia/ vnd die dritte Kerenhapuch/ vnd worden nicht so schöne weiber funden jnn allen landen/ als die töchter Hiob/ Vnd jr vater gab jnen erbteil vnter jren brüdern.

Vnd Hiob lebet nach diesem/ hundert vnd vierzig jar/ das er sahe kinder vnd kindes kinder bis jnn das vierde gelied/ Vnd Hiob starb alt vnd lebens sat.

Ende des buchs Hiob.

Vorrhede auff den Psalter.

ES haben viel Heiliger Veter den Psalter sonderlich für anderen Büchern der Schrifft gelobet vnd geliebet/Vnd zwar lobt das werck seinen meister selbs gnug/ doch müssen wir vnser lob vnd danck auch daran beweisen. Man hat jnn vergangenen jaren fast viel Legenden von den Heiligen vnd Passional Exempel Bücher vnd Historien vmbher gefurt/ vnd die welt damit erfüllet/ das der Psalter die weil vnter der banck vnd jnn solchem finsternis lag/ das man nicht wol einen Psalmen recht verstund/ Vnd doch so trefflichen Edlen geruch von sich gab/ das alle frume hertzen/ auch aus den vnbekandten worten andacht vnd krafft empfunden/ vnd das Büchlin darumb lieb hatten. Ich halt aber/ das kein feiner Exempel Buch oder Legenden der Heiligen auff erden komen sey oder komen müge/ denn der Psalter ist/Vnd wenn man wünschen solt/ das aus allen Exempeln/ Legenden/ Historien/ das beste gelesen vnd zu samen gebracht/ vnd auff die beste weise gestellet würde/ so müste es der itzige Psalter werden. Denn hie finden wir nicht allein/ was ein oder zween Heiligen gethan haben/ sondern was das Heubt selbs aller Heiligen gethan hat/ vnd noch alle Heiligen thun/ wie sie gegen Gott/ gegen freunden vnd feinden sich stellen/ wie sie sich jnn aller fahr vnd leiden halten vnd schicken/ Vber das/ das allerley Göttlicher heilsamer Lere vnd Gebot darinnen stehen/ Vnd solt allein des halben theur vnd lieb sein/ das von Christus sterben vnd aufferstehen/ so klerlich verheisset/ vnd sein Reich vnd der gantzen Christenheit stand vnd wesen fur bildet/ das es wol möcht ein kleine Biblia heissen/ darinn alles auffs schönest vnd kürtzest/ so jnn der gantzen Biblia stehet/ gefasset/ vnd zu einem feinen Enchiridion oder Handbuch gemacht vnd bereitet ist/ Das mich dünckt/ der Heilige Geist habe selbs wöllen die mühe auff sich nemen/ vnd eine kurtze Bibel vnd Exempel Buch von der gantzen Christenheit oder allen Heiligen zusamen bringen/ auff das/ wer die gantzen Biblia nicht lesen kündte/ hette hierinn doch fast die gantze summa verfasset jnn ein klein Büchlin.

Aber vber das alles/ ist des Psalters edle tugent vnd art/ das andere Bücher wol viel von Wercken der Heiligen rumpeln/ aber gar wenig von jren worten sagen/ Da ist der Psalter ein ausbund/ darin er auch so wol vn süsse reucht/ wenn man drinne liset/ das er nicht alleine die werck der Heiligen erzelet/ sondern auch jre wort/ wie sie mit Gott geredt vnd gebetet haben/ vnd noch reden vnd beten/ das die andern Legenden vnd Exempel/ wo man sie gegen den Psalter helt/ vns schier eitel stumme Heiligen fur halten/ aber der Psalter rechte wacker/ lebendige Heiligen vns ein bildet. Es ist ja ein stummer mensch gegen einem redenden/ schier als ein halb todter mensch zu achten/ vnd kein krefftiger noch edler werck am menschen ist/ denn reden/ Sintemal der mensch durchs reden von andern thieren am meisten gescheiden wird/ mehr denn durch die gestalt oder ander werck/

Vorrhede.

weil auch wol ein holtz kan eines menschen gestalt durch schnitzer kunst haben/ vnd ein thier so wol sehen/ hören/ riechen/ singen/ gehen/ stehen/ essen/ trincken/ fasten/ dürsten/ hunger/ frost vnd hart lager leiden kan/ als ein mensch.

Zu dem/ thut der Psalter noch mehr/ das er nicht schlechte gemeine rede der Heiligen vns fur bildet/ sondern die aller besten/ so sie mit grossem ernst jnn den aller trefflichsten sachen mit Gott selber geredt haben/ Damit er nicht allein jr wort vber jr werck/ sondern auch jr hertz vnd gründlichen schatz jrer seelen vns furlegt/ das wir jnn den grund vnd quelle jrer wort vnd werck/ das ist/ jnn jr hertz sehen können/ was sie fur gedancken gehabt haben/ wie sich jr hertz gestellet vnd gehalten hat jnn allerley sachen/ fahr vnd not/ Welches nicht so thun noch thun können/ die Legenden oder Exempel/ so allein von der Heiligen werck oder wunder rhümen/ Denn ich kan nicht wissen/ wie sein hertz stehet/ ob ich gleich viel trefflicher werck von einem sehe oder höre. Vnd gleich wie ich gar viel lieber wolt einen Heiligen hören reden/ denn seine werck sehen/ also wolt ich noch viel lieber sein hertz vnd den schatz jnn seiner seelen sehen/ denn sein wort hören. Das gibt aber vns der Psalter auffs aller reichlichst an den Heiligen/ das wir gewis sein können/ wie jr hertz gestanden/ vnd jre wort gelautet haben/ gegen Gott vnd jederman.

Denn ein menschlich hertz ist wie ein schiff auff eim wilden meer/ welchs die sturmwinde von den vier örten der welt treiben/ Die stösset her/ furcht vnd sorge fur zukünfftigem vnfal/ Dort feret gremen her vnd traurigkeit/ von gegenwertigem vbel. Hie webt hoffnung vnd vermessenheit/ von zukünfftigem glück. Dort bleset her sicherheit vnd freude jnn gegenwertigen gütern. Solche sturmwinde aber leren mit ernst reden vnd das hertz öffnen/ vnd den grund eraus schütten/ Denn wer jnn furcht vnd not steckt/ redet viel anders von vnfal/ denn der jnn freuden schwebt. Vnd wer jnn freuden schwebt/ redet vnd singet viel anders von freuden/ denn der jnn furcht steckt. Es gehet nicht von hertzen (spricht man) wenn ein trauriger lachen/ oder ein frölicher weinen sol/ das ist/ Seines hertzen grund stehet nicht offen/ vnd ist nichts eraus.

Was ist aber das meiste im Psalter/ denn solch ernstlich reden/ jnn allerley solchen sturmwinden? Wo findet man feiner wort von freuden/ denn die Lob Psalmen oder danck Psalmen haben? Da sihestu allen Heiligen jns hertze/ wie jnn schönen lüstigen garten/ ja wie jnn den himel/ wie feine hertzliche lüstige blumen darinnen auffgehen von allerley schönen frölichen gedancken gegen Gott/ vmb seine wolthat. Widerumb/ wo findestu tieffer/ kleglicher/ jemerlicher wort/ von traurigkeit/ denn die klage Psalmen haben? Da sihestu abermal allen Heiligen jns hertze/ wie jnn den tod/ ja wie jnn die helle/ wie finster vnd tunckel ists da/ von allerley betrübtem anblick des zorn Gottes. Also auch/ wo sie von furcht oder hoffnung reden/ brauchen sie solcher wort/ das dir kein maler also kündte die furcht oder hoffnung abmalen/ vnd kein Cicero oder redkündiger also furbilden. Vnd (wie gesagt) ist das das aller beste/ das sie solche wort gegen Gott

vnd mit

Vorrhede. XVIII.

vnd mit Gott reden/welches macht/das zweifeltiger ernst vnd leben jnn den worten sind / Denn wo man sonst gegen menschen jnn solchen sachen redet/gehet es nicht so starck von hertzen/brennet/lebt vnd dringet nicht so fast.

Daher kompts auch/ das der Psalter aller Heiligen Büchlin ist/ vnd ein jglicher/jnn waserley sachen er ist/Psalmen vnd wort drinnen findet/die sich auff seine sachen reimen/ vnd jm so eben sind/ als weren sie alleine vmb seinen willen also gesetzt/das er sie auch selbs nicht besser setzen noch finden kan noch wündschē mag. Welchs denn auch dazu gut ist/ das/ wenn einem solche wort gefallen vnd sich mit jm reimen/das er gewis wird/ er sey jnn der gemeinschafft der Heiligen/ vnd hab allen Heiligen gegangen/wie es jm gehet/weil sie ein liedlin allemit jm singen/sonderlich/ so er sie auch also kan gegenGott reden/ wie sie gethan haben/welchs im glauben geschehen mus/ Denn einē Gottlosen menschen schmecken sie nichts.

Zu letzt/ist im Psalter die sicherheit vnd ein wol verwaret geleit/ das man allen Heiligen on fahr drinnen nachfolgen kan. Denn ander Exempel vñ Legenden von den stummen Heiligen bringen manch werck fur/das man nicht kan nach thun/ Viel mehr werck aber bringen sie/die ferlich sind nach zu thun/vnd gemeiniglich secten vnd rotten anrichten/vnd von der gemeinschafft der Heiligen füren vnd reissen/ Aber der Psalter helt dich von den rotten zu der Heiligen gemein schafft. Denn er leret dich jnn freuden/furcht/hoffnung/traurigkeit/ gleich gesinnet sein vnd reden/ wie alle Heiligen gesinnet vnd geredt haben. Summa/ wiltu die Heiligen Christlichen Kirchen gemalet sehen mit lebendiger farbe vnd gestalt/ jnn einem kleinen bilde gefasset/ so nim den Psalter fur dich/ so hastu einen feinen,hellen / reinen spiegel/ der dir zeigen wird / was die Christenheit sey/ ja du wirst auch dich selbs drinnen/ vnd das rechte Gnotiseauton finden / dazu Gott selbs vnd alle creaturn.

Darumb lasst vns nu auch fursehen/ das wir Gott dancken fur solche vnaussprechliche güter/ vnd mit vleis vnd ernst die selbigen annemen/brauchen vnd vben/ Gott zu lob vnd ehre/ auff das wir nicht mit vnser vndanckbarkeit etwas ergers verdienen/ Denn vorhin zur zeit der finsternis/welch ein schatz hette es sollen geacht sein/ wer einē Psalmen hette mügen recht verstehen/ vnd im verstendlichen deudsch lesen oder hören/ Vnd habens doch nicht gehabt. Nu aber sind selig die augen/die da sehen/das wir sehen/ vñ ohren die da hören das wir hörē/ Vnd besorge doch/ja leider sehen wirs/das vns gehet/wie den Jüden jnn der wüsten/die da sprachen vom himelbrod/ Vnser seelen eckelt fur der geringen speise. Aber wir sollen auch wissen / das daselbst bey stehet/wie sie geplagt vnd gestorben sind/das vns nicht auch so gehe. Das helffe vns der Vater aller gnaden vnd barmhertzigkeit/durch Jhesum Christum vn
sern Herren/welchem sey lob vnd danck/ ehre vñ
preis fur diesen Deudschen Psalter/vnd fur al
le seine vnzelige vnaussprechliche wolthat/
inn ewigkeit/ AMEN.

D ij   Wolden

Der Psalter.

I.

Ol dem der nicht wandelt im rat der Gottlosen/noch trit auff den weg der sünder/Noch sitzt da die Spötter sitzen.

Sondern hat lust zum Gesetz des HERRN/Vnd redet von seinem Gesetze tag vnd nacht.

Der ist wie ein bawm gepflantzet an den wasserbechen/der seine frucht bringet zu seiner zeit/ Vnd seine bletter verwelcken nicht/vnd was er machet/das geret wol.

Aber so sind die Gottlosen nicht/ Sondern wie sprew/die der wind verstrewet.

Darumb bleiben die Gottlosen nicht im b gerichte/noch die sunder jnn der Gemeine der gerechten.

Denn der HERR kennet den weg der gerechten/Aber der gotlosen weg vergehet.

II.

WArumb toben die Heiden/ Vnd die leute reden so vergeblich?

Die Könige im lande lehnen sich auff/ vnd die Herrn ratschlahen miteinander/ Wider den HERRN vnd seinen gesalbeten.

Lasset vns zureissen jre bande/vnd von vns werffen jre seile.

Aber der im Himel wonet/lachet jr/ Vnd der HERR spottet jr.

Er wird einest mit jnen reden jnn seinem zorn / Vnd mit seinem grim wird er sie schrecken.

Aber ich

(Spötter) Die es fur ei tel narheit halten/was Gott redet vnd thut.

b (Gerichte) Das ist/sie werden weder ampt haben / noch sonst jnn der Christen gemeine bleiben/ja sie verweben sich selb/wie die sprew vom korn

Der Psalter. XIX.

a (Weise) Von einer newe weise/ Das ist die newe lere des Euangelij von Christo Gottes Son.

Aber ich habe meinen König eingesetzt / auff meinen Heiligen berg Zion.
Ich wil von einer solchen weise predigen/ Das der HERR zu mir gesagt hat / Du bist mein Son/heute habe ich dich gezeuget.
Heissche von mir/ so wil ich dir die Heiden zum erbe geben/ Vnd der welt ende zum eigenthum.
Du solt sie mit einem eisern scepter zeschlahen/ wie töpffen soltu sie zeschmeissen.
So lasst euch nu weisen jr Könige/ Vnd lasst euch züchtigen jr Richter auff erden.

b (Dienet) Seid gehorsam/ vntertheniq.
(Oder also) Hulder dem sone.
d (Auffm wege) Das ist/ jnn ewr weise vnd wesen

Dienet *b* dem HERRN mit furcht/ Vnd frewet euch mit zittern.
Küsset den Son/das er nicht zürne vnd jr vmbkomet auffm wege/Denn sein zorn wird bald an brennen/Aber wol allen die auff jn trawen.

III.

Ein Psalm Dauid/da er floch fur seinem Son Absalon.

ACH HERR/ wie ist meiner feinde so viel? vnd setzen sich so viel wider mich?
Viel sagen von meiner seele/ Sie hat keine hülffe bey Gott. Sela.
Aber du HERR bist der schild fur mich/ vnd der mich zu ehren setzet/ vnd mein heubt auffrichtet.
Ich ruffe an mit meiner stim den HERREN/ So erhöret er mich von seinem heiligen berge. Sela.
Ich lige vnd schlaffe/ vnd erwache/ Denn der HERR hellt mich.
Ich fürchte mich nicht fur viel hundert tausenten/ Die sich vmb her wider mich legen.
Auff HERR/ vnd hilff mir mein Gott/Denn du schlegst alle meine fein-

ne feinde auff den backen/ vnd zeschmetterst der Gottlosen zeene.
Bey dem HERRN findet man hülffe/ Vnd dein segen vber dein volck. Sela.

IIII.

Ein Psalm Dauids *a* vor zu singen auff seitten spielen

AHöre mich wenn ich ruffe/ Gott meiner gerechtigkeit/ der du mich tröstest jnn angst/ Sey mir gnedig/ vnd höre mein gebet.
Lieben herrn/ wie lang sol meine *b* ehre geschendet werden? Wie habt jr das eitel so lieb/ vnd die lügen so gerne? Sela.
Erkennet doch/ das der HERR seine heiligen wünderlich füret/ Der HERR höret/ wenn ich jn anruffe.
Zörnet *c* jr/ so sundiget nicht/ redet mit ewrem hertzen auff ewrem lager/ vnd harret. Sela.
Opffert gerechtigkeit/ vnd hoffet auff den HERRN.
Viel sagen/ wie solt vns der weisen/ was gut ist? Aber HERR erhebe vber vns das liecht deines andlitzs.
Du erfrewest mein hertz/ ob jene gleich viel wein vnd korn haben
Ich lige vnd schlaffe gantz mit frieden/ Denn alleine du HERR/ hilffst mir das ich sicher wone.

V.

Ein Psalm Dauids/ vor zu singen/ fur das erbe.

HERR höre mein wort/ mercke auff meine rede.
Vernim mein schreien/ mein König vnd mein Gott/ Denn ich wil fur dir beten.
HERR frue woltestu meine stim hören/ Frue wil ich mich zu dir schicken/ vnd drauff mercken.

a (Vor singe) Wie der Cantor vñ Priester einen vers oder Epistel vor jn get/ vnd der Chor hinnach singet ein Responsorium/ Halleluia odder Amen.
(Lieben herrn) Das ist/ jr grossen Hansen vnd was ehrwas gelten wil.
b (meine ehre) Das ist/ mein psalm oder lere/da ich Gott mit ehre.
c (Zörnet) Bewegt euch etwas zu vnlust.

Liecht des andlitzs/ Ist freundlich vñ gnedigs ansehen.

D d iij   Denn

Der Psalter.

Denn du bist nicht ein Gott/ dem Gottlos wesen gefelt/ Wer böse ist/ bleibet nicht fur dir.

Die rhumredtigen bestehen nicht fur deinen augen/ Du bist feind allen vbeltheterm.

Du bringest die lügener vmb/ Der HERR hat grewel an den blut girigen vnd falschen.

Ich aber wil jnn dein Haus gehen auff deine grosse güte/ vnd anbeten gegen deinem heiligen Tempel/ jnn deiner furcht.

HERR leite mich jnn deiner gerechtigkeit/ vmb meiner feinde willen/ Richte deinen weg fur mir her.

(Gewis) Das ist/ jre lere, machet eitel vnrugige/ vnselige gewissen/ weil sie eitel werck vñ nicht Gottes gnade predigen.

Denn jnn jrem munde ist nichts gewisses/jr jnwendiges ist hertzleid/jr rachen ist ein offens grab mit jren zungen heuchlen sie.

Schüldige sie Gott/ das sie fallen von jrem furnemen/ stosse sie aus vmb jrer grossen vbertrettung willen/ Denn sie sind dir widerspenstig.

Las sich frewen alle die auff dich trawen/ ewiglich las sie rhümen/ denn du beschirmest sie/ Frölich las sein jnn dir/ die deinen namen lieben.

Denn du HERR segenest die gerechten/ Du krönest sie mit gnaden/ wie mit eim schilde.

VI.

Ein Psalm Davids/ vor zu singen auff acht seiten.

AH HERR straffe mich nicht jnn deinem zorn/ Vnd züchtige mich nicht jnn deinem grim.

HERR sey mir gnedig/ denn ich bin schwach/ Heile mich HERR/ Denn meine gebeine sind erschrocken.

Vnd meine seele ist seer erschrocken/ Ah du HERR wie lange?

Wende dich HERR/ vnd errette meine seele/ Hilff mir vmb deiner güte willen.

Denn

Denn im tode gedenckt man dein nicht/ Wer wil dir jnn der Helle dancken?

Ich bin so müde von süfftzen/ Ich schwemme mein bette die gantze nacht/ Vnd netze mit meinen threnen mein lager.

(Schwemme) Ich bin im schweis gelegen.

Meine gestalt ist verfallen fur trawren/ vnd ist alt worden/ Denn ich allenthalben geengstet werde.

Weichet von mir alle vbeltheter/ Denn der HERR höret mein weinen.

Der HERR höret mein flehen/ Mein gebet nimpt der HERR an.

Es müssen alle meine feinde zu schanden werden/ vnd seer erschrecken/sich zu rück keren/ vnd zu schanden werden plötzlich.

VII.

Die vnschuld Dauids/ dauon er sang de HERRN/ von wegen der wort des Moren/ des Jeminiten.

AVff dich HERR traw ich mein Gott/ Hilff mir von allen meinen verfolgern/ vnd errette mich.

Das sie nicht wie lewen meine seele erhasschen/ vnd zureissen/ weil kein erretter da ist.

HERR mein Gott/ hab ich solchs gethan/ vnd ist vnrecht jnn meinen henden.

Habe ich böses vergolten/ denen so mich zu friede liessen/ oder die so mir on vrsach feind waren/ beschedigt.

So verfolge mein feind meine seele/ vnd ergreiffe sie/ vnd trette mein leben zu boden/ vnd lege meine ehre jnn den staub. Sela.

Stehe auff HERR jnn deinem zorn/ Erhebe dich vber den grim meiner feinde/ vnd hilff mir wider jnn das ampt/ das du mir befolhen hast.

Das sich die leute wider zu dir samlen vnd

Der Psalter. XX.

len/ Vnd vmb der selben willen kom wider empor.

Der HERR ist Richter vber die leute/ Richte mich HERR nach meiner gerechtigkeit vnd fromigkeit.

Las der Gottlosen bosheit ein ende werden/ vnd fördere die gerechten/ Denn du gerechter Gott prüfest hertzen vnd nieren.

Mein schild ist bey Gott/ der den fromen hertzen hilffet.

Gott ist ein rechter Richter/ vnd ein Gott der teglich drewet.

Wil man sich nicht bekeren/ so hat er sein schwerd gewetzt/ vnd seinen bogen gespannet/ vnd zielet.

Vnd hat drauff gelegt tödlich geschos/ seine pfeil hat er zugericht zu verderben.

Sihe/ der hat böses im sinn/ mit vnglück ist er schwanger/ Er wird aber einen feil geberen.

Er hat eine gruben gegraben vnd ausgefürt/ Vnd ist jnn die gruben gefallen/ die er gemacht hat

Sein vnglück wird auff seinen kopff komen/ Vn sein freuel auff seine scheittel fallen.

Ich dancke dem HERRN vmb seiner gerechtigkeit willen/ Vnd wil loben den namen des HERREN des aller höhesten.

VIII.

Ein Psalm Dauids/ vor zu singen auff der Githith.

HERR vnser Herrscher/ wie herrlich ist dein name jnn allen landen/ Da man dir dancket im himel.

Aus dem munde der jungen kinder vnd seuglingen hastu eine macht zugericht/ vmb deiner feinde willen/ Das du vertilgest den feind vnd den rachgirigen.

Denn ich werde sehe die himel deiner finger werck/ Den monden vnd die sternen/ die du bereitest.

Was ist der Mensch/ das du sein gedenckest/ vnd des menschen kind/ das du dich sein annimpst?

Du wirst jn lassen eine kleine zeit von Gott verlassen sein/ Aber mit ehren vnd schmuck wirstu jn krönen.

Du wirst jn zum herrn machen vber deiner hende werck/ Alles hastu vnter seine füsse gethan.

Schaf vnd ochsen alzumal/ Dazu auch die wilden thier.

Die vögel vnter dem Himel/ vnd die fisch im meer/ Vnd was im meer gehet.

HERR vnser Herrscher/ Wie herrlich ist dein name jnn allen landen.

IX.

Ein Psalm Dauids/ von der schönen jugent/ vor zu singen.

ICh dancke dem HERREN von gantzem hertzen/ vnd erzele alle deine wunder.

Ich frewe mich/ vnd bin frölich jnn dir/ vnd lobe deinen namen du aller Höhester.

Das du meine feinde hindersich getrieben hast/ Sie sind gefallen vnd vmbkomen fur dir.

Denn du fürest mein recht vnd sache aus/ Du sitzest auff dem stuel/ ein rechter Richter.

Du schiltest die Heiden/ vnd bringest die Gottlosen vmb/ Jren namen vertilgestu jmer vnd ewiglich.

Die schwerdte des feinds haben ein ende/ Die stedte hastu vmbkeret/ jr gedechtnis ist vmbkomen sampt jnen.

Der HERR aber bleibt ewiglich Er hat seinen stuel bereit zum gericht.

Vnd er wird den erdboden recht richten/ Vnd die leut regiern rechtschaffen.

Vnd der HERR ist des armen schutz/ Ein schutz jnn der not.

D d iiij Darumb

(Richter) Das ist/ nicht ich noch jmand/ sondern Gott selber allein regiert vber vns.

Die Christen sollen auch zu essen haben auff erden.

Darumb hoffen auff dich die deinen namen kennen/ Denn du verlessest nicht/ die dich HERRE suchen.

Lobet den HERRN der zu Zion wonet/ Verkündiget vnter den leuten sein thun.

Denn er gedenckt vnd fragt nach jrem blut/ Er vergisset nicht des schreiens der armen.

HERR sey mir gnedig/ Sihe an mein elend/ vnter den feinden/ Der du mich erhebest aus den thoren des todes.

Auff das ich erzele all deinen preis jnn den thoren der tochter Zion/ Das ich frölich sey vber deiner hülffe.

Die Heiden sind versuncken jnn der gruben die sie zugericht hatten/ Jr fus ist gefangen im netz/ das sie gestellet hatten.

So erkennet man/ das der HERRE recht schaffet/ Der Gottlos ist verstrickt jnn dem werck seiner hende/ durchs Wort. Sela.

Ah das die Gottlosen müssen zur Helle gekeret werden/ alle Heiden die Gottes vergessen.

Denn er wird des armen nicht so gantz vergessen/ Vnd die hoffnung der elenden wird nicht verloren sein ewiglich.

HERR stehe auff/ das menschen nicht vberhand kriegen/ Las alle Heiden fur dir gerichtet werden.

Gib jnen HERR einen Meister/ Das die Heiden erkennen/ das sie menschen sind. Sela.

X.

HERR/ warumb trittestu so ferne? verbirgest dich zur zeit der not? So lange der Gottlose vberhand hat/ mus der elende leiden/ Sie hengen sich aneinander vnd erdencken böse tück.

Denn der Gottlose rhümet sich seines mutwillens/ vñ der geitzige segenet sich vñ lestert den HERREN.

Der Gottlose ist so stoltz vnd zornig/ das er nach niemand fraget/ Jnn allen seinen tücken hellt er Gott fur nichts.

Er feret fort mit seinem thun jmerdar/ Deine gerichte sind ferne von jm/ er handelt trotzig mit allen seinen feinden.

Er spricht jnn seinem hertzen/ Ich werde nimer mehr darnider ligen/ Es wird fur vnd fur kein not haben.

Sein mund ist vol fluchens/ falsches vnd trugs/ Seine zungen richt mühe vnd erbeit an.

Er sitzt vnd lauret jnn den höfen/ er erwürget die vnschüldigen heimlich/ Seine augen halten auff die armen.

Er lauret im verborgen/ wie ein lew jnn der hüle/ Er lauret das er den elenden erhassche/ vnd er hasschet jn/ wenn er jn jnn sein netze zeucht.

Er zuschlehet vnd drückt nider/ vñ stösset zu boden den armen/ mit gewalt.

Er spricht jnn seinem hertzē/ Gott hats vergessen/ Er hat sein andlitz verborgen Er wirds nimer mehr sehen.

Stehe auff HERR Gott/ erhebe deine hand/ Vergiss der elenden nicht.

Warumb sol der Gottlose Gott lestern/ vñ jnn seinem hertzen sprechen/ Du fragest nicht darnach?

Du sihest ja/ Denn du schawest das elend vnd jamer/ Es stehet jnn deinen henden/ die armen befelhens dir/ Du bist der waisen helffer.

Zubrich den arm des Gottlosen/ vñ suche das böse/ so wird man sein Gottlos wesen nimer finden.

Der HERR ist König jmer vnd ewiglich/ die Heiden müssen aus seinem lande vmbkomen.

Das ver

Das verlangen der elenden höre/ſtu HERRE/ Ir hertz iſt gewis/ das dein ohre drauff mercket.

Das du recht ſchaffeſt dem waiſen vnd armen/ Das der menſch nicht mehr trotze auff erden.

XI.
Ein Pſalm Dauids/ vor zu ſingen.

ICh traw auff den HERRN/ Wie ſagt jr denn zu meiner ſeele/ ſie ſol fliegen wie ein vogel auff ewre berge?

Denn ſihe/ die Gottloſen ſpannen den bogen/ vnd legen jre pfeile auff die ſehnen/ damit heimlich zu ſchieſſen die frumen.

Denn ſie reiſſen den grund vmb/ Was ſolt der gerechte ausrichten?

(Was ſolt) Solt vns der narr weren oder leren.

Der HERR iſt inn ſeinem Heiligen Tempel/ des HERRN ſtuel iſt im himel/ Sein augen ſehen drauff/ ſeine augenliede prüfen die menſchen kinder.

Der HERR prüfet den gerechten/ Seine ſeele haſſet den Gottloſen/ vnd die gerne freueln.

Er wird regenen laſſen vber die Gottloſen blitz/ feur vnd ſchwefel/ Vnd wird jnen ein wetter zu lohn geben.

(Jr) Das iſt/ der frumen.

Der HERR iſt gerecht vnd hat gerechtigkeit lieb/ Darumb das jr angeſichte ſchawen auff das da recht iſt.

XII.
Ein Pſalm Dauids/ vor zu ſingen auff acht ſeiten.

HIlff HERR/ die Heiligen haben abgenomē/ vnd der gleubigen iſt wenig vnter den menſchen kindern.

Einer redet mit dem andern vnnütze ding vnd heuchlen/ vnd leren aus vneinigem hertzen.

Der HERR wolte ausrotten alle heucheley/ vnd die zunge die da ſtoltz redet.

Die da ſagen/ vnſer zunge ſol vberhand haben/ vns gebürt zu reden/ Wer iſt vnſer herr?

Weil denn die elenden verſtöret werden/ vnd die armen ſeufftzen/ wil ich auff/ ſpricht der HERR/ Ich wil eine hülffe ſchaffen/ das man getroſt leren ſol.

Die rede des HERRN iſt lauter/ wie durchleutert ſilber im erdenen tigel/ bewert ſieben mal.

Du HERR wolteſt ſie bewaren/ vnd vns behüten fur dieſem geſchlecht ewiglich.

Denn es wird allenthalben vol Gottloſen/ wo ſolche loſe leute vnter den menſchen herrſchen.

XIII.
Ein Pſalm Dauids/ vor zu ſingen.

HERR wie lange wiltu mein ſo gar vergeſſen? wie lange verbirgeſtu dein andlitz fur mir?

Wie lange ſol ich ſorgen inn meiner ſeele/ vnd mich engſten inn meinē hertzen teglich? Wie lange ſol ſich mein feind vber mich erheben?

Schaw doch vnd erhöre mich HERR mein Gott/ erleuchte meine augen/ das ich nicht im tode entſchlaffe.

(Augen) Mach mir das angeſicht frölich.

Das nicht mein feind rhüme/ er ſey mein mechtig worden/ vnd meine widderſacher ſich nicht frewen/ das ich niderlige.

Ich hoffe aber darauff/ das du ſo gnedig biſt/ Mein hertz frewet ſich/ das du ſo gerne hilffeſt.

Ich wil dem HERREN ſingen/ das er ſo wol an mir thut.

Die Tho-

XIIII.

Ein Psalm Dauids/ vor zu singen

Die Thoren sprechen jnn jrem hertzen/ Es ist kein Gott. Sie tügen nichts/ vnd sind ein grewel mit jrem wesen/ da ist keiner der gutes thue.

Der HERR schawet vom himel auff der menschen kinder/ das er sehe/ ob jemand klug sey/ vnd nach Gott frage.

Aber sie sind alle abgewichen/ vnd alle sampt vntüchtig/ Da ist keiner der gutes thue/ auch nicht einer.

Wil denn der vbelthetter keiner das mercken? die mein volck fressen/ das sie sich neeren/ Aber den HERRN ruffen sie nicht an.

Daselbs fürchten sie sich/ Aber Gott ist bey dem geschlecht der gerechten.

Jr schendet des armen rat/ Aber Gott ist seine zuuersicht.

Ah/ das die hülffe aus Zion vber Israel keme/ vnd der HERR sein gefangen volck erlösete/ So würde Jacob frölich sein/ Vnd Israel sich frewen.

(Thoren) Das ist/ tolhe lose leute die nach got nicht frage.

(Fürchten) Gott fürchten sie nicht/ sonst fürchten sie allerley/ als Bauch/ brod/ gut/ ehre/ faht/ tod.

XV.

Ein Psalm Dauids.

HERR wer wird wonen jn deiner Hütten? Wer wird bleiben auff deinem Heiligen berge?

Wer on wandel einher gehet/ vnd recht thut/ Vnd redet die warheit von hertzen.

Wer mit seiner zungen nicht verleumbdet/ Vnd seinem nehesten kein arges thut/ vnd seinen nehesten nicht schmehet.

Wer die Gottlosen nichts achtet/ sondern ehret die Gottfürchtigen/ Wer seinem nehesten schweret/ vnd hellts.

Wer sein gelt nicht auff wucher gibt/ vnd nimpt nicht geschencke vber den vnschüldigen/ Wer das thut/ der wird wol bleiben.

XVI.

Ein gülden kleinod/ Dauids.

Bewar mich Gott/ denn ich trawe auff dich. Ich habe gesaget zu dem HERRN/ du bist ja der HErr/ Ich mus vmb deinen willen leiden.

Fur die Heiligen/ so auff erden sind/ vnd fur die herrlichen/ An denen hab ich all mein gefallen.

Aber jene/ die einem andern nach eilen/ werden gros hertzleid haben/ Ich wil jres tranckopffers ᵃ mit dem blut nicht opffern/ noch jren ᵇ namen jnn meinem munde füren.

Der HERR aber ist mein gut vnd mein teil/ Du erheltest mein erbteil.

Das los ist mir gefallen auff liebliche/ Mir ist ein schön erbteil worden.

Ich lobe den HERRN der mir geraten hat/ Auch züchtigen mich meine nieren des nachts.

Ich hab den HERRN alle zeit fur augen/ Denn er ist mir zur rechten/ drumb werde ich wol bleiben.

Darumb frewet sich mein hertz/ vñ meine ᶜ ehre ist frölich/ Auch mein fleisch wird sicher ligen.

Denn du wirst meine seele nicht jnn der helle lassen/ vnd nicht zu geben/ das dein Heilige verwese.

Du thust mir kund den weg zum leben/ fur dir ist freude die fülle/ vnd lieblich wesen zu deiner rechten ewiglich.

ᵃ (Mit dem blut) Das ist/ die mit bocks blut Gott versünen/ ich aber mit meinem eigen blut.

ᵇ (Namen) Das ist/ ich wil jr ding nicht leren noch predigen/ die mit wercke vmb gehen/ sondern vom glaube/ der Gott gibt.

ᶜ (Ehre) Das ist/ meine zunge/ da ich Gott mit ehre vñ preise.

XVII.

Ein Gebet Dauids.

Der Psalter. XXII.

HERR erhöre die gerechtigkeit / Merck auff mein geschrey / vernim mein gebet / das nicht aus falschem munde gehet.

Sprich du jnn meiner sache / Vnd schaw du auffs recht.

Du prüfest mein hertz / vnd besuchsts des nachts / vnd leuterst mich / vnd findest nichts / Ich hab mir furgesetzt / das mein mund nicht sol vbertretten.

Ich beware mich jnn dem wort deiner lippen / fur menschen werck / auff dem wege des mörders.

Erhalt meinen gang auff deinen fussteigen / das meine tritt nicht gleitten.

Ich ruffe zu dir / das du Gott woltest mich erhören / Neige deine ohren zu mir / höre meine rede.

Beweise deine wünderliche güte / du Heiland dere die dir vertrawen / wider die so sich wider deine rechte hand setzen.

Behüte mich wie einen augapfel im ange / Beschirme mich vnter dem schatten deiner flügel.

Fur den Gottlosen / die mich verstören / Fur meinen feinden / die vmb vnd vmb nach meiner seelen stehen.

(Fetten) Das ist / die grossen vnd gewaltigen.

Jre fetten halten zusamen / Sie reden mit jrem munde stoltz.

Wo wir gehen / so vmbgeben sie vns / jre augen richten sie dahin / das sie vns zur erden stürtzen.

Gleich wie ein lewe / der des raubs begert / Wie ein junger lewe der jnn der hüle sitzt.

a (Deiner hand) Das ist / die dir jnn deine hand kome zu straffen / Ebre.x. Es ist schrecklich dem lebendigen Gott jnn die hende fallen / psal.xij. Deine händ wird finden alle deine feinde

HERR mache dich auff / vberweldige jn / vnd demütige jn / Errette meine seele von dem Gottlosen / mit deinem schwerd.

Von den leuten ᵃ deiner hand / Von den leuten dieser welt / welche jr teil haben jnn jrem leben / welchen du den bauch füllest mit deinem schatz / die da kinder die fülle haben / Vnd lassen jr vbriges jren jungen.

Ich aber wil schawen dein andlitz jnn gerechtigkeit / Ich wil satt werden / wenn ich erwache nach deinem bilde.

XVIII.

Ein Psalm vor zu singen / Dauids des HERRN knechts / welcher hat dem HERRN die wort dieses liedes gered / zur zeit da jn der HERR errettet hatte von der hand seiner feinde / vnd von der hand Saul / Vnd sprach.

HErtzlich lieb habe ich dich HERR / meine stercke / HERR mein fels / meine burg / mein erretter / mein Gott / mein hort / auff den ich trawe.

Mein schild / vnd horn meins heils / vnd mein schutz.

Ich wil den HERRN loben vnd anruffen / so werde ich von meinen feinden erlöset.

Denn es vmbfiengen mich des todsband / Vnd die beche Belial erschreckten mich.

Der Hellen band vmbfiengen mich / Vnd des todes strick vberweldiget mich.

Wenn mir angst ist / so ruffe ich den HERRN an vnd schrey zu meinem Gott / So erhöret er meine stim von seinem Tempel / vñ mein geschrey kompt fur jn zu seinen ohren.

Die erde bebete vñ ward bewegt / Vnd die grundfeste der berge regten sich vnd bebeten / da er zornig war.

Dampff gieng auff von seiner nasen / vnd verzerend feur von seinem munde / das es dauon blitzet.

Er neigete den himel vnd fur herab / vnd tunckel war vnter seinen füssen.

Vnd er fur auff dem Cherub vnd flog daher / Er schwebet auff den sittigen des winds.

Sein gezelt vmb jn her war finster vnd schwartze dicke wolcken / darinn er verborgen war.

Vom glantz fur jm / trenneten sich die wolcken / mit hagel vnd blitzen.

Vnd

Wachen / wacker sein / im Wort vñ glauben / nicht schnarcken etc.

Der Psalter.

Vnd der HERR donnerte im himel/ vnd der Höhest lies seinen donner aus/ mit hagel vnd blitzen.

Er schos seine strale vnd zurstrewet sie/ Er lies seer blitzen vnd schrecket sie.

Da sahe man wasser gösse/ vnd des erdboden grund ward auffgedeckt/ HERRE von deinem schelten/ von dem odem vnd schnauben deiner nasen.

Er schicket aus von der höhe/ vnd holet mich/ Vnd zoch mich aus grossen wassern.

Er errettet mich von meinen starcken feinden/ Von meinen hassern/ die mir zu mechtig waren.

Die mich vberweldigeten zur zeit meines vnfals/ Vnd der HERR ward meine zuuersicht.

Vnd er füret mich aus jnn den raum/ Er reis mich heraus/ Denn er hatte lust zu mir.

Der HERR thut wol an mir/ nach meiner gerechtigkeit/ Er vergilt mir nach der reinigkeit meiner hende.

Denn ich halte die wege des HERRN/ vnd bin nicht Gottlos wider meinen Gott.

Denn alle seine rechte hab ich fur augen/ vnd seine Gebot werffe ich nicht von mir.

Sondern ich bin on wandel fur jm/ vnd hüte mich fur sunden.

Darumb vergilt mir der HERR nach meiner gerechtigkeit/ Nach der reinigkeit meiner hende fur seinen augen.

Bey den heiligen bistu heilig/ vnd bey den fromen bistu from/ vnd bey den reinen bistu rein/ Vnd bey den verkereten bistu verkeret.

Denn du hilffest dem elenden volck/ vnd die hohen augen nidrigestu.

Denn du erleuchtest meine leuchte/ Der HERR mein Gott machet meine finsternis liecht.

Denn mit dir kan ich kriegsvolck zeschmeissen/ vnd mit meinem Gott vber die mauren springen.

Gottes wege sind on wandel/ Die rede des HERRN sind durchleutert/ Er ist ein schild allen die jm vertrawen.

Denn wo ist ein Gott on der HERR? Oder ein Hort on vnser Gott?

Gott rüstet mich mit krafft/ Vnd macht meine wege on wandel.

Er macht meine füsse gleich den hirssen/ Vnd stellet mich auff meine höhe.

Er leret meine hand streitten/ vnd leret meinen arm einen ehrn bogen spannen.

Vnd gibst mir den schild deines Heils/ vnd deine rechte sercket mich Vnd wenn du mich demütigest/ machstu mich gros.

Du machst vnter mir raum zu gehen/ das meine knöchel nicht gleitten.

Ich wil meinen feinden nach jagen/ vnd sie ergreiffen/ Vnd nicht vmbkeren/ bis ich sie vmbbracht habe.

Ich wil sie zeschmeissen/ vnd sollen mir nicht widerstehen/ Sie müssen vnter meine füsse fallen.

Du kanst mich rüsten mit stercke zum streit/ Du kanst vnter mich werffen/ die sich wider mich setzen.

Du gibst mir meine feinde jnn die flucht/ Das ich meine hasser verstöre.

Sie ruffen/ aber da ist kein helffer Zum HERRN/ aber er antwortet jnen nicht.

Ich wil sie zestossen/ wie staub fur dem winde/ Ich wil sie weg reumen/ wie den kot auff der gassen.

Du hilffst mir von dē zenckischen volck/ vnd machest mich ein Heubt vnter den Heiden/ Ein volck das ich nicht kandte/ dienet mir.

Es get

Es gehorchet mir mit gehorsamē ohren/ aber die frembden kinder verleugnen mich.

Die frembden kinder verschmachten/ Vnd zappeln jnn jren banden.

Der HERR lebet/ vnd gelobet sey mein Hort/ Vnd der Gott meins heils müsse erhaben werden.

Der Gott der mir rache gibt/ vnd zwinget die völcker vnter mich.

Der mich errettet von meinen feinden/ Vnd erhöhet mich aus denen/ die sich wider mich setzen/ Du hilffest mir von den freueln.

Darumb wil ich dir dancken HERR vnter den Heiden/ Vnd deinem namen lob singen.

Der seinem Könige gros heil beweiset/ vnd wol thut seinem gesalbeten/ Dauid vnd seinem samen ewiglich.

XIX.

Ein Psalm Dauids/ vor zu singen

Die himel erzelen die ehre Gottes/ Vnd die feste verkündet seiner hende werck.

Ein tag sagts dem andern/ Vnd eine nacht thuts kund der andern.

Es ist keine sprache noch rede/ Da man nicht jre stimme höre.

Jre schnur gehet aus jnn alle land/ vnd jr rede an der welt ende/ Er hat der Sonnen eine hütten jnn den selben gemacht.

Vnd die selbe gehet heraus wie ein Breutigam aus seiner kamer/ vnd frewet sich/ wie ein Held zu lauffen den weg.

Sie gehet auff an eim ende des himels/ vnd leufft vmb bis wider an das selbe ende/ Vnd bleibt nichts fur jrer hitze verborgen.

Das Gesetz des HERRN ist on wandel/ vnd erquicket die seele/ Das zeugnis des HERRN ist gewis/ vn̄ macht die albern weise

Die befelh des HERRN sind richtig/ vnd erfrewen das hertz/ Die Gebot des HERRN sind lauter/ vn̄ erleuchten die augen.

Die furcht des HERRN ist rein vnd bleibt ewiglich/ Die rechte des HERRN sind warhafftig/ allesampt gerecht.

Sie sind köstlicher denn gold vnd viel feins goldes/ Sie sind süsser denn honig vnd honigseim.

Auch wird dein knecht durch sie erinnert/ Vnd wer sie hellt/ der hat gros lohn.

Wer kan mercken/ wie offt er feilet? Verzeihe mir die verborgen feile.

Beware auch deinen knecht fur den stoltzen/ das sie nicht vber mich herrschen/ So werde ich on wandel sein/ vnd vnschüldig bleiben grosser missethat.

Las dir wolgefallen die rede meines mundes/ vnd das gesprech meines hertzen fur dir.

HERR mein Hort/ vnd mein erlöser.

XX.

Ein Psalm Dauids/ vor zu singen.

Der HERR erhöre dich jnn der not/ Der name des Gottes Jacob schütze dich.

Er sende dir hülffe vom Heiligthum/ Vnd stercke dich aus Zion.

Er gedencke all deines speisopffers/ Vnd dein Brandopffer müsse fett sein. Sela.

Er gebe dir was dein hertz begert/ Vnd erfülle all deine anschlege.

Wir rhümen/ das du vns hilffest/ vnd im namen vnsers Gottes werffen wir panir auff/ Der HERR gewere dich aller deiner bitte.

Nu ᵃ merck ich/ das der HERR seinē gesalbeten hilfft/ vnd erhöret jn jnn seinem heiligen Himel/ Seine

ᵃ (Das ist) Gott mus helffen vnd raten/ vnser anschlege vn̄ thun ist sonst kein nutz

Der Psalter.

Seine rechte hand hilfft gewaltiglich.

Jene verlassen sich auff wagen vnd rosse/Wir aber dencken an den namē des HERRN vnsers Gottes.

Sie sind nider gestürtzt vnd gefallen/wir aber stehen auffgericht

Hilff HERR/Der König erhöre vns/wenn wir rüffen.

XXI.

Ein Psalm Dauids/vor zu singen

HERR/der König frewet sich jnn deiner krafft/ Vnd wie seer frölich ist er vber deiner hülffe.

Du gibst jm seines hertzen wundsch/Vnd wegerst nicht was sein mund bittet. Sela.

Denn du vberschüttest jn mit guten segen/Du setzest eine güldene krone auff sein heubt.

Er bittet dich vmbs leben/so gibstu jm langes leben jmer vnd ewiglich.

Er hat grosse ehre an deiner hülffe/ Du legest lob vnd schmuck auff jn.

Denn du setzest jn zum segen ewiglich/Du erfrewest jn mit freuden deines andlitzs.

Denn der König hoffet auff den HERRN/Vnd wird durch die güte des Höhesten fest bleiben.

Deine hand wird finden alle deine feinde/Deine rechte wird finden/die dich hassen.

Du wirst sie machen wie ein feur ofen/weñ du drein sehen wirst/ Der HERR wird sie verschlingen jnn seinem zorn/feur wird sie fressen.

Jre frucht wirstu vmb bringen vom erdboden/Vnd jren samen von den menschen kindern.

(Zur schuldern) Das sie jmer tragen vnd vnglück leiden mussen.

Denn sie gedachten dir vbels zu thun/Vnd machten anschlege/ die sie nicht kundten ausfüren.

Denn du wirst sie zur schuldern machen/Mit deiner sehnen wirstu gegen jr andlitzs zielen.

HERR erhebe dich jnn deiner krafft/ So wöllen wir singen vnd loben deine macht.

XXII.

Ein Psalm Dauids vor zu singen/von der Hinden/die frue geiagt wird.

MEin Gott mein Gott/ warumb hastu mich verlassen? Ich heule/ aber meine hülffe ist ferne.

Mein Gott/des tages ruffe ich/so antwortestu nicht/ Vnd des nachts schweige ich auch nicht.

Aber du bist Heilig/der du wonest vnter dem lob Israel.

(Lob) Das ist/jm Heilige volck/ da man dich lobet jnn Israel.

Vnser Veter hoffeten auff dich/ Vnd da sie hoffeten/halffestu jnen aus.

Zu dir schrien sie vnd wurden errettet/ Sie hoffeten auff dich/ vnd wurden nicht zu schanden.

Ich aber bin ein wurm vnd kein mensch/ Ein spot der leute vnd verachtung des volcks.

Alle die mich sehen / spotten mein/ Sperren das maul auff vnd schütteln den kopff.

Er klagts dem HERRN/ der helffe jm aus / Vnd errette jn/ hat er lust zu jm.

Denn du hast mich aus meiner mutter leibe gezogen/ Du warest meine zuuersicht/ da ich noch an meiner mutter brüsten war.

Auff dich bin ich geworffen aus mutter leib/ Du bist mein Gott von meiner mutter leib an.

Sey nicht ferne von mir/ denn angst ist nahe/ Denn es ist hie kein helffer.

Grosse farren haben mich vmbgeben/ fette ochsen haben mich vmb ringet.

Jen

Psalter.

Jren rachen sperren sie auff wider mich/ wie ein brüllender vnd reissender lewe.

Ich bin ausgeschutt wie wasser/ alle meine gebeine haben sich zurtrennet/ Mein hertz ist jnn meinem leibe/ wie zerschmoltzen wachs.

Meine kreffte sind vertrocknet/ wie eine scherbe/ Vnd meine zunge klebt an meine gaumen/ vnd du legest mich jnn des todes staub.

Denn Hunde haben mich vmbgeben/vnd der bösen rotte hat sich vmb mich gemacht/ Sie haben meine hende vnd füsse durchgraben.

Ich möcht alle meine beine zelen/ Sie aber schawen vnd sehen jre lust an mir.

Sie kulen jr mütlin an mir.

Sie teilen meine kleider vnter sich/ Vnd werffen das los vmb mein gewand.

Aber du HERR sey nicht ferne/ Meine stercke eile mir zu helffen

Errette meine seele vom schwerd/ Meine einsame von den Hunden.

Hilff mir aus dem rachen des lewen/ Vnd rette mich von den Einhörnern.

Ich wil deinen namen predigen meinen Brüdern/ Ich wil dich jnn der Gemeine rhümen.

Rhümet den HERRN die jr jn fürchtet/ Es ehre jn aller same Jacob/ Vnd fur jm schewe sich aller same Israel.

Denn er hat nicht veracht noch verschmecht das elend des armen/ Vnd sein andlitz fur jm nicht verborgen/ vnd da er zu jm schrey/ höret ers.

Dich wil ich preisen jnn der grossen Gemeine/ Ich wil meine gelübde bezalen fur denen die jn fürchten.

Die elenden sollen essen/ das sie satt werden/vnd die nach dem HERRN fragen/ werden jn preisen/ Ewer hertz sol ewiglich leben.

XXIIII.

Es werde gedacht aller welt ende/ das sie sich zum HERRN bekeren/Vnd fur jm anbeten alle geschlechte der Heiden.

Denn der HERR hat ein Reich/ Vnd er herrschet vnter den Heiden.

Alle fetten auff erden werden essen vnd anbeten/ Fur jm werden knie beugen/ alle die im staube ligen/ vñ die so komerlich leben.

Er wird einen samen haben der jm dienet/ vom HERRN wird man verkündigen zu kinds kind

Sie werden komen vnd seine gerechtigkeit predigen/ dem volck das geborn wird/ das Ers thut.

(Fetten) Das sind die reichen vnd grossen/ Die im staub ligen/ sind die armen vnd geringen/ Die vbel vñ komerlich leben / odder zum tod bereit sind/ Alle sollen sie Christum anbeten.

XXIII.
Ein Psalm Dauids.

DEr HERR ist mein Hirte / mir wird nichts mangeln.

Er weidet mich auff einer grünen awen/ Vñ füret mich zum frisschen wasser.

Er erquicket meine seele/ er füret mich auff rechter strasse/ vmb seines namens willen.

Vnd ob ich schon wandert im finstern tal/ fürchte ich kein vnglück/ Denn du bist bey mir/ Dein stecken vnd stab trösten mich.

Du bereitest fur mir einen tisch gegen meine feinde/ Du salbest mein heubt mit öle/ vnd schenckest mir vol ein.

Gutes vnd barmhertzigkeit werden mir folgen mein lebenlang/ Vnd werde bleiben im Hause des HERRN jmer dar.

XXIIII.
Ein Psalm Dauids.

DIe erde ist des HERREN vnd was drinnen ist/ Der erdboden vnd was drauff wonet.

E e ij   Denn

Der Psalter.

Denn er hat jn an die meere ge=
gründet/ Vnd an den waſſern
bereitet.

Wer wird auff des HERRN
berg gehen? Vnd wer wird ſte=
hen an ſeiner Heiligen ſtedte.

Der vnſchüldige hende hat vnd
reines hertzen iſt/ Der nicht luſt
hat zu loſer lere/ vnd ſchweret
nicht felſchlich.

Der wird den ſegen vom HER=
REN empfahen/ Vnd gerech=
tigkeit von dem Gott ſeines
Heils.

(Andlitz) *Das iſt Got=tes andlitz vnd gegen wertigkeit/ die im volcke Iſrael war/ vnd ſonſt nir gend*

Das iſt das geſchlecht/ das nach
fraget/ Das da ſucht dein and=
litz Jacob. Sela.

Machet die thore weit/ vnd die
thüre jnn der welt hoch/ Das
der König der ehren einzihe.

Wer iſt der ſelbige König der eh=
ren? Es iſt der HERR/ ſtarck
vnd mechtig/ Der HERR me=
chtig im ſtreit.

Machet die thore weit/ vnd die
thüre jnn der welt hoch/ Das
der König der ehren einzihe.

Wer iſt der ſelbige König der eh=
ren? Es iſt der HERR Zeba=
oth/ Er iſt der König der ehren.
Sela.

XXV.

Ein Pſalm Dauids.

NAch dir HERR verlan
get mich.

Mein Gott ich hoffe
auff dich/ Las mich
nicht zu ſchanden werden/das
ſich meine feinde nicht frewen
vber mich.

(Loſen) Die groſſe vñ doch nichtige vrſache habẽ zu ver achten/ als gewalt/ kunſt/ weis heit/ reich thum.

Denn keiner wird zu ſchanden
der dein harret/ Aber zu ſchan
den müſſen ſie werden/die loſen
verechter.

HERR zeige mir deine wege/
Vnd lere mich deine ſteige.

Leite mich jnn deiner warheit/
vnd lere mich/ Denn du biſt der
Gott der mir hilfft/teglich har=
re ich dein.

Gedenck HERR an deine barm
hertzigkeit vnd an deine güte/
die von der welt her geweſen iſt.

Gedenck nicht der ſunde meiner
jugent/Gedenck aber mein nach
deiner barmhertzigkeit / vmb
deiner güte willen.

Der HERR iſt gut vnd frum/
darumb vnterweiſet er die ſun
der auff dem wege.

Er leitet die elenden recht/Vnd le
ret die elenden ſeinen weg.

Die wege des HERRN ſind eitel
güte vnd warheit/ denen die ſei
nen Bund vnd zeugnis halten.

Vmb deines namen willen HE=
RR ſey gnedig meiner miſſe=
that/die da gros iſt.

Wer iſt der/ der den HERRN
fürcht? Er wird jn vnterweiſen
den beſten weg.

Seine ſeele wird im guten wonen/
Vn ſein ſame wird das land be
ſitzen.

Das geheimnis des HERRN
iſt vnter denen die jn fürchten/
Vnd ſeinen bund leſſt er ſie wiſ
ſen.

Meine augen ſehen ſtets zu dem
HERRN/ Denn er wird mei=
nen fus aus dem netze zihen.

Wende dich zu mir / vnd ſey mir
gnedig/ Denn ich bin einſam
vnd elend.

Die angſt meines hertzen iſt gros
füre mich aus meinen nöten.

Sihe an meinen jamer vnd elend/
Vnd vergib mir alle meine ſun
de.

Sihe/ das meiner feinde ſo viel
iſt/ Vnd haſſen mich auch fre=
uel.

Beware meine ſeele vnd errette
mich/ Las mich nicht zu ſchan
den werden/ Denn ich trawe
auff dich.

Schlecht vnd recht behüte mich/
Denn ich harre dein.

Gott erlöſe Iſrael / aus aller ſei=
ner not.

HERR

Der Psalter.

XXVI.

Ein Psalm Dauids.

HERR schaffe mir recht/ denn ich bin vnschüldig.

Ich hoffe auff den HERRN/ darumb werde ich nicht fallen.

Prüfe mich HERR vnd versuche mich/ Leutere meine nieren vnd mein hertz.

Denn deine güte ist für meinen augen/ Vnd ich wandel jnn deiner warheit.

Ich sitze nicht bey den eiteln leuten/ Vnd habe nicht gemeinschafft mit den falschen.

Ich hasse die versamlung der boshafftigen/ Vnd sitze nicht bey den Gottlosen.

Ich wassche meine hende mit vnschuld/ Vnd halte mich HERR zu deinem Altar.

Da man höret die stim des danckens/ Vnd da man predigt alle deine wunder.

HERR ich habe lieb die stet deines hauses/ Vnd den ort/ da deine ehre wonet.

Raff meine seele nicht hin mit den sundern/ Noch mein leben mit den blutdürstigen.

Welche mit bösen tücken vmbgehen/ Vnd nemen gerne geschencke.

Ich aber wandele vnschüldig/ Erlöse mich vnd sey mir gnedig.

Mein fuss gehet richtig/ Ich wil dich loben HERR jnn den versamlungen.

Gottes haws/ vnd versamlung ist/ wo Gottes wort gehet / vnd sonst nirget/ Denn daselbst wonet Gott/ Darumb preiset er so frölich Gottes haws vmb des worts willen Psalm, cxxij

XXVII.

Ein Psalm Dauids.

DEr HERR ist mein liecht vnd mein Heil/ fur wem solt ich mich furchten? Der HERr ist meins lebens krafft/ fur wem solt mir grawen?

Darumb so die bösen/ meine widersacher vnd feinde/ an mich wollen/ mein fleisch zu fressen/ müssen sie anlauffen vnd fallen.

Wenn sich schon ein heer wider mich legt/ so fürchtet sich dennoch mein hertz nicht/ Wenn sich krieg wider mich erhebt/ so verlasse ich mich auff jn.

Eins bitte ich vom HERRN/ das hette ich gerne/ das ich im Hause des HERRN bleiben möge mein lebenlang/ Zu schawen die schöne Gottes dienst des HERRN/ vnd seinen tempel zubesuchen.

Denn er deckt mich jnn seiner hütten zur bösen zeit/ Er verbirget mich heimlich jnn seinem gezelt/ vnd erhöhet mich auff eim felsen.

Vnd wird nu erhöhen mein heubt vber meine feinde die vmb mich sind/ So will ich jnn seiner hütten lob opffern/ Ich wil singen vnd lobsagen dem HERRN.

HERR höre mein stim wenn ich ruffe/ Sey mir gnedig vnd erhöre mich.

Mein hertz helt dir fur dein wort/ Ir solt mein andlitz suchen/ Drumb suche ich auch HERR dein andlitz.

Verbirge dein andlitz nicht fur mir/ Vnd verstosse nicht im zorn deinen knecht/ Denn du bist meine hülffe/ Las mich nicht/ vnd thu nicht von mir die hand ab/ Gott mein Heil.

Denn mein vater vnd meine mutter verlassen mich / Aber der HERR nimpt mich auff.

HERR weise mir deinen weg/ Vnd leite mich auff richtiger bahn/ vmb meiner feinde willen.

Gib mich nicht jnn den willen meiner feinde/ Denn es stehen falsche zeugen wider mich / vnd thun mir vnrecht on schew.

Ich gleub aber doch/ das ich sehen werde/ das gut des HERRN im lande der lebendigen.

(Lebendigen) Das ist den es wol gehet.

L e iij   Harre

Der Psalter.

harre des HERRN/ sey getrost vnd vnuerzagt/ Vnd harre des HERRN.

XXVIII.
Ein Psalm Dauids.

WEnn ich ruffe zu dir HERR mein Hort/ so schweige mir nicht/ Auff das nicht/ wo du schweigest/ ich gleich werde/ denen die jnn die Helle faren.

Höre die stim meines flehens/ wenn ich zu dir schreie/ Wenn ich meine hende auff hebe/ zu deinem Heiligen Chor.

Zeuch mich nicht hin vnter den Gottlosen vnd vnter den vbelthettern/ Die freundlich reden mit jrem nehesten/ vnd haben böses im hertzen.

Gib jnen nach jrer that vnd nach jrem bösen wesen/ Gib jnen nach den wercken jrer hende/ vergilt jnen was sie verdienet haben.

Denn sie wöllen nicht achten auff das thun des HERRN/ noch auff die werck seiner hende/ Drumb wird er sie zebrechen vnd nicht bawen.

Gelobet sey der HERR/ Denn er hat erhöret die stim meines flehens.

Der HERR ist meine stercke vnd mein schild/ auff in hoffet mein hertz/ vnd mir ist geholffen/ Vñ mein hertz ist frölich/ vnd ich wil jm dancken mit meinem Lied.

Der HERR ist jre stercke/ Er ist die stercke die seinem gesalbeten hilfft.

Hilff deinem volck/ vnd segene dein erbe/ Vnd weide sie/ vnd erhöhe sie ewiglich.

XXIX.
Ein Psalm Dauids.

BRinget her dem HERREN jr Gewaltigen/ Bringet her dē HERRN ehre vnd stercke.

Bringet dem HERRN ehre seines namens/ Betet an den HERREN inn Heiligem schmuck.

Die stim des HERRN gehet auff den wassern/ der Gott der ehren donnert/ Der HERR auff grossen wassern.

Die stim des HERRN gehet mit macht/ Die stim des HEREN gehet herrlich.

Die stim des HERRN zubricht die Cedern/ Der HERR zubricht die Cedern im Libanon.

Vnd machet sie leckē wie ein kalb/ Libanon vnd Sirion wie ein junges einhorn.

Die stim des HERRN hewet wie feur flammen.

Die stim des HERRN erreget die wüsten/ Die stim des HERRN erreget die wüsten Kades.

Die stim des HERRN erreget die hinden vñ entblösset die welde/ Vñ jnn seinem tempel wird Jm jederman ehre sagen.

Der HERR sitzt eine Sintflut an zurichten/ Vnd der HERR bleibt ein König jnn ewigkeit.

Der HERR wird seinem volck krafft geben/ Der HERR wird sein volck segenen mit friden.

XXX.
Ein Psalm zu singen von der einweihung des Hauses Dauids.

ICh preise dich HERR/ denn du hast mich erhöhet/ Vnd lessest meine feinde sich nicht vber mich frewen.

HERR mein Gott/ da ich schrey zu dir/ machtestu mich gesund.

HERR du hast meine seele aus der Helle gefurt/ Du hast mich lebend behalten/ da die jnn die helle faren.

(Leckē) Das ist/ springen/ hupffen.

(Friden) Das ist/ das jm wolgehē wird.

Der Psalter. XXVI.

Jr Heiligen lobesinget dem HERRN/ Vnd dancket an seinem heiligen fest.

Denn sein zorn weret ein augenblick/ vnd er hat lust zum leben/ Den abend lang weret das weinen/ aber des morgens die frewde.

Ich aber sprach/ da mirs wol gieng/ Ich werde nimer mehr darnider ligen.

Denn HERR durch dein wolgefallen hastu meinen berg starck gemacht/ aber da du dein andlitz verbargest/ erschrack ich

Ich wil HERR ruffen zu dir/ Dem HERRN wil ich flehen.

Was ist nütz an meinem blut/ wenn ich tod bin? wird dir auch der staub dancken? vnd deine trewe verkündigen?

HERR höre vnd sey mir gnedig/ HERR sey mein helffer.

Du hast mir meine klage verwandelt jnn einen reigen/ du hast meinen sack ausgezogen/ vnd mich mit freuden gegürtet.

Auff das dir lobsinge meine ehre vnd nicht stille werde/ HERR mein Gott/ ich wil dir dancken jnn ewigkeit.

(Lust) Es ist sein ernst nicht/ Er meinets gut vnd nicht das sterben wie sichs fület.

(Ehre) Meine zunge vnd seitenspiel/ da ich dich mit ehre Psal. 16

XXXI.

Ein Psalm Dauids/ vor zusingen

HERR auff dich traw ich/ las mich nimer mehr zu schanden werden/ Errette mich durch deine gerechtigkeit.

Neige deine ohren zu mir/ eilend hilff mir/ Sey mir ein starcker fels/ vnd eine burg das du mir helffest.

Denn du bist mein fels vnd meine burg/ Vnd vmb deines namens willen woltestu mich leiten vnd füren.

Du woltest mich aus dem netze zihen/ das sie mir gestellet haben/ Denn du bist meine stercke.

Jnn deine hende befelh ich meinen Geist/ Du hast mich erlöset HERR du trewer Gott.

Ich hasse die da halten auff lose lere/ Ich hoffe aber auff den HERRN.

Ich frewe mich vnd bin frölich vber deiner güte/ Das du mein elend ansihest/ vnd erkennest meine seele jnn der not.

Vnd vbergibst mich nicht jnn die hende des feindes/ Du stellest meine füsse auff weiten raum.

HERR sey mir gnedig/ denn mir ist angst/ Meine gestalt ist verfallen fur trawren/ dazu meine seele vnd mein bauch.

Denn mein leben ist alle worden fur trübnis/ vnd meine jare für seufftzen/ Meine krafft ist verfallen fur meiner missethat/ vnd meine gebeine sind verschmacht.

Es gehet mir so vbel/ das ich bin eine grosse schmach worden meinen nachbarn/ vnd eine schew meinen verwandten/ Die mich sehen auff der gassen/ fliehen fur mir.

Mein ist vergessen im hertzen/ wie eins todten/ Ich bin worden wie ein zebrochen gefes.

Denn viel schelten mich vbel/ das iderman sich fur mir schewet/ Sie ratschlahen mit einander vber mich/ vnd dencken mir das leben zu nemen.

Ich aber HERR hoffe auff dich Vnd spreche/ Du bist mein Got.

Meine zeit stehet jnn deinen henden/ Errette mich von der hand meiner feinde/ vñ von denen die mich verfolgen.

Las leuchten dein andlitz vber deinen knecht/ Hilff mir durch deine güte.

HERR las mich nicht zu schanden werden/ denn ich ruffe dich an/ Die Gottlosen müssen zu schanden vnd geschweigt werden jnn der helle.

Verstummen müssen falsche meuler/ die da reden wider den gerechten/ Steiff/ stoltz vñ hönisch

Ee iiij   Wie

Der Psalter.

Wie gros ist deine güte/ die du verborgen hast denen die dich fürchten? Vnd erzeigests denen die fur den leuten auff dich trawen.

Du verbirgest sie heimlich bey dir fur jdermans trotz/ Du verdeckest sie jnn der hütten fur den zenckischen zungen.

Gelobt sey der HERR/ das er hat eine wunderliche güte mir beweiset/ Jnn einer festen stad.

Feste stad heisst allerley sicherheit.

Denn ich sprach jnn meinem zagen/ ich bin von deinen augen verstossen/ Dennoch hörtestu meines flehens stim/ da ich zu dir schrey.

Liebet den HERRN alle seine Heiligen/ Die gleubigen behüt der HERR/ Vnd vergilt reichlich/ dem/ der hohmut vbet.

Seid getrost vnd vnuerzagt/ Alle die jr des HERRN harret.

XXXII.

Ein vnterweisung Dauids.

Wol dem/ dem die vbertrettung vergeben sind/ Dem die sunde bedecket ist.

Wol dem menschen/ dem der HERR die missethat nicht zurechnet/ Jn des geist kein falsch ist.

(Verschweigen) Das ist da ich nicht wolt bekennen/ das eitel sunde mir mir were/ hatte mein gewissen keine ruge/ bis ichs muste bekennen/ vnd allein auff gottes güte trawen.

Denn da ichs wolt verschweige/ verschmachten meine gebeine/ Durch mein teglich heulen.

Denn deine hand war tag vnd nacht schweer auff mir/ Das mein safft vertrocketet/ wie es im sommer dürre wird. Sela.

Darumb bekenne ich meine sunde/ vnd verhele meine missethat nicht/ Jch sprach/ Jch wil dem HERRN meine vbertrettung bekennen/ Da vergabestu mir die missethat meiner sunde. Sela.

Dafur werden dich alle Heiligen bitten zur rechten zeit/ Darumb wenn grosse wasserflut komen/ werden sie nicht an die selbigen gelangen.

Du bist mein schirm/ du woltest mich fur angst behüten/ Das ich errettet gantz frölich rhumen künde. Sela.

Jch wil dich vnterweisen vnd dir den weg zeigen/ den du wandeln solt/ Jch wil dich mit meinen augen leiten.

Seid nicht wie ross vnd meuler die nicht verstendig sind/ Welchen man zeum vnd gebiss mus jns maul legen/ wenn sie nicht zu dir wöllen.

Der Gottlose hat viel plage/ Wer aber auff den HERRN hoffet/ den wird die güte vmbfahe.

Frewet euch des HERRN vnd seid frölich jr gerechten/ Vnd rhumet alle jr frumen.

XXXIII.

Frewet euch des HERREN/ jr gerechten/ Die frumen sollen jn schon preisen.

Dancket dem HERRN mit harffen/ Vnd lobsinget jm auff dē Psalter von zehen seiten.

Singet jm ein newes lied/ Machts gut auff seiten spielen mit schalle.

Denn des HERRN wort ist warhafftig/ Vn was er zusagt/ das helt er gewis.

Er liebet gerechtigkeit vnd gericht/ Die erde ist vol der güte des HERRN.

Der Himel ist durchs wort des HERRN gemacht/ Vnd all sein heer durch den Geist seines munds.

Er hellt das wasser im meer zusamen/ wie jnn einem schlauch/ Vnd legt die tieffen jns verborgen.

Alle welt furchte den HERRN/ Vnd fur jm schewe sich alles was auff dem erdboden wonet.

Denn so er spricht/ so geschichts/ So er gebeut/ so stehets da.

Der

Der Psalter. XXVII.

Der HERR macht zu nicht der Heiden rat/ Vnd wendet die gedancken der völcker.

Aber der rat des HERRN bleibt ewiglich/ Seines hertzen gedancken fur vnd fur.

Wol dem volck/ des der HERR ein Gott ist/ Das volck/ das er zum erbe erwelet hat.

Der HERR schawet vom himel/ Vnd sihet aller menschen kinder.

Von seinem festen thron sihet er auff alle/ Die auff erden wonen.

Er lencket jnen allen das hertz/ Er mercket auff alle jre werck.

Eim Könige hilfft nicht seine grosse macht/ Ein Rise wird nicht errettet durch seine grosse krafft

Rosse helffen auch nicht/ Vnd jre grosse stercke errettet nicht.

Sihe/ des HERRN augen sihet auff die so jn fürchten/ Die auff seine güte hoffen.

Das er jre seele errette vom tode/ Vnd erneere sie jnn der theurunge.

Vnser seele harret auff den HERREN/ Er ist vnser hülffe vnd schild.

Denn vnser hertz frewet sich sein/ Vnd wir hoffen auff seinen Heiligen namen.

Deine güte HERR sey vber vns/ Wie wir auff dich hoffen.

XXXIIII.

Ein Psalm Dauids/ da er sein geberde verstellet fur Abimelech/ der jn von sich treib/ vnd er weg gieng.

ICh wil den HERRN loben alle zeit/ Sein lob sol jmer dar jn meinem munde sein.

Meine seele sol sich rhümen des HERRN/ Das die elenden hören vnd sich frewen.

Preiset mit mir den HERRN/ Vnd lasst vns mit einander seinen namen erhöhen.

Da ich den HERRN sucht/ antwortet er mir/ Vnd errettet mich aus aller meiner furcht.

Welche auff jn sehen/ werden erleucht/ Vnd jr angesicht wird nicht zu schanden.

Da dieser elende rieff/ höret der HERR/ Vnd halff jm aus allen seinen nöten

Der Engel des HERRN lagert sich vmb die her so jn fürchten/ Vnd hilfft jnen aus.

Schmeckt vnd sehet/ wie freundlich der HERR ist/ Wol dem/ der auff jn trawet.

Fürchtet den HERRN jr seine heiligen/ Denn die jn fürchten/ haben keinen mangel.

Die reichen müssen darben vnd hungern/ Aber die den HERREN suchen/ haben keinen mangel an jrgent einem gut.

Kompt her kinder/ höret mir zu/ Ich wil euch die furcht des HERRN leren.

Wer ist/ der gut leben begert? Vnd gerne gute tage hette.

Behüte deine zunge für bösem/ Vnd deine lippen/ das sie nicht falsch reden.

Las vom bösen vnd thu guts/ Suche fride vnd jage jm nach.

Die augen des HERRN sehen auff die gerechten/ Vnd seine ohren auff jr schreien.

Das andlitz aber des HERRN stehet vber die so böses thun/ Das er jr gedechtnis ausrotte von der erden.

Wenn die gerechten schreien/ so höret der HERR/ Vnd errettet sie aus all jrer not.

Der HERR ist nahe bey denen die zu brochens hertzen sind/ Vnd hilfft denen die zurschlagen gemüt haben.

Der ge-

(Lencket) Das ist/ was sie gedencken/ das lencket vnd wendet er/ wie er wil.

(Erleucht) Das ist/ sie werden getrost vnd frölich sein.

Der Psalter.

Der gerecht mus viel leiden/ Aber der HERR hilfft jm aus dem allen.

Er bewaret jm alle seine gebeine/ Das der nicht eins zebrochen wird.

Den Gottlosen wird das vnglück tödten/ Vnd die den gerechten hassen/ werden schuld haben.

Der HERR erlöset die seele seiner knechte/ Vnd alle die auff in trawen/ werden keine schuld haben.

XXXV.

Ein Psalm Dauids.

HERR hadder mit meinenhadderern/ Streite wider meine bestreiter.

Ergreiffe den schild vnd spies/ Vnd mache dich auff mir zu helffen.

Zucke den spies vnd schütze mich wider meine verfolger/ Sprich zu meiner seelen/ Ich bin deine hülffe.

Es müssen sich schemen vnd gehönet werden/ die nach meiner seelen stehen/ Es müssen zu rücke keren vnd zu schanden werden/ die mir vbel wöllen.

Sie müssen werden wie sprew fur dem winde/ Vnd der Engel des HERRN stosse sie weg.

Ir weg müsse finster vnd schlipfferig werden/ Vnd der Engel des HERRN verfolge sie.

Denn sie haben mir on vrsach gestellet jr netz zuverderben/ Vnd haben on vrsach meiner seelen gruben zugericht.

Er müsse vnuersehens vberfallen werden/ vnd sein netz das er gestellet hat/ müsse jn fahen/ Vnd müsse drinnen vberfallen werdē

Aber meine seele müsse sich frewen des HERRN/ Vnd frölich sein auff seine hülffe.

Alle meine gebeine müssen sagen/ HERR wer ist dein gleiche? der du den elenden errettest von dem der jm zu starck ist/ Vñ den elenden vnd armen von seinen reubern.

Es tretten freuel zeugen auff/ Die zeihen mich des ich nicht schüldig bin.

Sie thun mir arges vmb guts/ Das meine seele mus sein/ als hette sie nichts guts gethan.

Ich aber/ wenn sie kranck waren/ zoch einen sack an/ Thet mir wehe mit fasten / vnd betet von hertzen.

Ich hielt mich/ als were es mein freund vnd bruder/ Ich gieng traurig/ wie einer der leide tregt vber seiner mutter.

Sie aber frewen sich vber meine schaden/ vnd rotten sich. Es rotten sich die ᵃHinckende wider mich vnuersehens/ Sie reissen vnd hören nicht auff.

Mit denen die da heuchlen vnd spotten vmb des bauchs willen/ Beissen sie jre zeene zu samen vber mich.

HERR wie lang wiltu zu sehen? errette doch meine seele aus jrem getümel/ Vnd meine einsame von den jungen lewen.

Ich wil dir dancken inn der grossen Gemeine/ vnd vnter viel volcks wil ich dich rhümen.

Las sich nicht vber mich frewen/ die mir vnbillich feind sind/ Noch mit den augen spotten/ die mich on vrsach hassen.

Denn sie trachten schaden zu thun Vnd suchen falsche sachen wider die stillen im lande.

Vnd sperren jr maul weit auff wider mich/ vnd sprechen/ Da/ da/ das sehen wir gerne.

HERR du sihests/ schweige nicht / HERR sey nicht ferne von mir.

Erwecke dich vnd wache auff zu meinem recht/ Vnd zu meiner sache/ mein Gott vnd HERR.

HERR mein Gott/ richte mich nach deiner gerechtigkeit/ Das sie sich vber mich nicht frewen.

Las

ᵃ (Hinckende) Das ist/ die den bawm auff beiden achseln tragen/ dienen Gott vñ die nen doch auch dem Teufel. iij. Re. i

(Stillen) Die gerne fride heiten.

Las sie nicht sagen jnn jrem hertzen/ Da/da/ das wolten wir/ Las sie nicht sagen/ wir haben jn verschlungen.

Sie müssen sich schemen vnd zu schanden werden/ alle die sich meins vbels frewen/ Sie müssen mit schand vnd scham gekleidet werden/ die sich wider mich rhümen.

Rhümen vnd frewen müssen sich die mir gönnen/ das ich recht behalte/ Vnd jmer sagen/ Der HERR müsse gelobt sein/ der seinem knecht wol wil.

Vnd meine zunge sol reden von deiner gerechtigkeit/ Vnd dich teglich preisen.

XXXVI.

Ein Psalm Dauids des HERRN knechts/ vor zu singen.

ICh sage fur war/ das die Gottlosen böse buben sind/ Denn es ist kein Gottes furcht bey jnen.

Sie schmücken sich vnternander selbs/ Das sie jre böse sache fordern/ Vnd andere verunglimpffen.

Alle jre lere ist schedlich vnd erlogen/ Sie lassen sich auch nicht weisen/ das sie guts theten.

(Lager) Das ist/ on auff hören/ rugen nicht etc.

Sondern sie trachten auff jrem lager nach schaden/ Vnd stehen fest auff dem bösen wege/ Vnd schewen kein arges.

HERR deine güte reicht so weit der himel ist/ Vnd deine warheit so weit die wolcken gehen.

Das ist/ fest/ vnd vnuerstörlich.

Deine gerechtigkeit stehet wie die berge Gottes/ Vnd dein recht wie grosse tieffe/ HERR du hilffest beide menschen vñ vihe.

Wie theur ist deine güte Got/ Das menschen kinder vnter dẽ schatten deiner flügel trawen.

Sie werden truncken von den reichen gütern deines Hauses/ Vñ du trenckest sie mit wollust/ als mit einem strom.

Der Psalter. XXVIII.

Denn bey dir ist die lebendige quelle/ Vnd jnn deinem liecht sehen wir das liecht.

(Liecht) Das ist/ trost/ freude

Breite deine güte vber die die dich kennen/ Vnd deine gerechtigkeit vber die fromen.

Las mich nicht von den stoltzen vntertretten werden/ Vnd die hand der Gotlosen stürtze mich nicht.

Sondern las sie/ die vbelthetter/ daselbs fallen/ Das sie verstossen werden/ vnd nicht bleiben mügen.

XXXVII.

Ein Psalm Dauids.

ERzörne dich nicht vber die bösen/ Sey nicht neidisch vber die vbelthetter.

Denn wie das gras/ werden sie bald abgehawen/ Vnd wie das grüne kraut werden sie verwelcken.

Hoffe auff den HERRN vnd thu guts/ Bleibe im lande/ vnd neere dich redlich.

(Redlich) Mit Gott vnd mit ehren/ das du Gott furchtest/ vnd niemand vnrecht thust.

Hab deine lust am HERRN/ Der wird dir geben was dein hertz wündschet.

Befelh dem HERRN deine wege/ Vnd hoffe auff jn/ er wirds wol machen.

Vnd wird deine gerechtigkeit erfur bringẽ/ wie das liecht/ Vnd dein recht wie den mittag.

Harre des HERRN vnd warte auff jn/ Erzörne dich nicht vber den/ dem sein mutwille glücklich fort gehet.

Stehe ab vom zorn/ vnd las den grim/ Erzörne dich nicht/ das du auch vbel thust.

Denn die bösen werden ausgerottet/ Die aber des HERRN harren/ werden das land erben.

Es ist noch vmb ein kleins/ so ist der Gottlose nimer/ Vnd wenn du nach seiner stet sehen wirst/ wird er weg sein.

Aber

Der Psalter.

Aber die elenden werden das land erben / Vnd lust haben jnn grossem fride.

Der Gottlose drewet dem gerechten / Vnd beisset seine zeene zusamen vber jn.

Aber der HERR lachet sein / Denn er sihet / das sein tag kompt.

Die Gottlosen zihen das schwerd aus / vnd spannen jren bogen / Das sie fellen den elenden vnd armen / vnd schlachten die frumen.

Aber jr schwerd wird jnn jr hertz gehen / Vnd jr bogen wird zubrechen.

Das wenig das ein gerechter hat / ist besser / Denn das gros gut vieler Gottlosen.

Denn der Gottlosen arm wird zubrechen / Aber der HERR enthelt die gerechten.

Der HERR kennet die tage der frumen / Vnd jr gut wird ewiglich bleiben.

Sie werden nicht zu schanden jnn der bösen zeit / Vnd jnn der theurung werden sie gnug haben.

Denn die Gottlosen werden vmbkomen / vnd die feinde des HERRN / wenn sie gleich sind wie eine köstliche awe / Werden sie doch alle werden / wie der rauch alle wird.

Der Gottlose borget vnd bezalet nicht / Der gerecht aber ist barmhertzig vnd milde.

Denn seine gesegneten erben das land / Aber seine verfluchten werden ausgerottet.

Von dem HERRN wird solches mans gang gefördert / Vnd hat lust an seinem wege.

Fellet er / so wird er nicht weg geworffen / Denn der HERR erhelt jn bey der hand.

Ich bin jung gewesen vñ alt worden / Vnd hab noch nie gesehen den gerechten verlassen / oder seinen samen nach brod gehen.

Er ist allzeit barmhertzig vnd leihet gerne / Vnd sein same wird gesegent.

Las vom bösen vnd thu guts / Vnd bleibe jmer dar.

Denn der HERR hat das recht lieb / vnd verlesst seine Heiligen nicht / Ewiglich werden sie bewaret / aber der Gottlosen samen wird ausgerottet.

Die gerechten erben das land / Vnd bleiben ewiglich drinnen.

Der mund des gerechten redet die weisheit / Vnd seine zunge leret das recht.

Das Gesetz seines Gottes ist jnn seinem hertzen / Seine tritt gleiten nicht.

Der Gottlose lauret auff den gerechten / Vnd gedenckt jn zu tödten.

Aber der HERR lesst jn nicht jnn seinen henden / Vnd verdampt jn nicht / wenn er verurteilt wird.

Harre auff den HERRN vnd halt seinen weg / so wird er dich erhöhen / das du das land erbest / Du wirsts sehen / das die Gottlosen ausgerottet werden.

Ich habe gesehen einen Gottlosen / der war trotzig / Vnd breitet sich aus vnd grünet / wie ein lorberbawm.

Da man fur vber gieng / sihe / da war er dahin / Ich fragt nach jm / da ward er nirgend funden.

Bleibe frum / vnd hallt dich recht / Denn solchem wirds zu letzt wol gehen.

Die vbertretter aber werden vertilget mit einander / Vñ die Gotlosen werden zu letzt ausgerottet.

Aber der HERR hilfft den gerechten / Der ist jre stercke jnn der not.

Vnd der HERR wird jnen beysthehen / vnd wird sie erretten / Er wird sie von den Gottlosen erretten vnd jnen helffen / Denn sie trawen auff jn.

Ein

XXXVIII.

Ein Psalm Dauids zum gedechtnis.

(Gedechtnis) Gott loben vñ sich schuldigen/ das ist recht an Gott vñ sich selbs gedencken.

HERR straff mich nicht jnn deinem zorn/ Vnd züchtige mich nicht jnn deinem grim

Denn deine pfeile stecken jnn mir/ Vnd deine hand drücket mich.

Es ist nichts gesundes an meinem leibe fur deinem drewen/ Vnd ist kein fride jnn meinen gebeinen fur meiner sunde.

Denn meine sunde gehen vber mein heubt/ Wie eine schwere last sind sie mir zu schweer worden.

Meine wunden stincken vnd eitern/ Fur meiner thorheit.

Ich gehe krum vnd gebückt/ Den gantzen tag gehe ich traurig.

Denn meine lenden verdorren gantz/ Vnd ist nichts gesundes an meinem leibe.

Ich bin allzu seer zestossen vnd zeschlagen/ Ich heule fur vnruge meines hertzen.

HERR fur dir ist alle mein begir/ Vnd mein seufftzen ist dir nicht verborgen.

Mein hertz bebet/ meine krafft hat mich verlassen/ Vnd das liecht meiner augen ist nicht bey mir.

(Liecht meiner augen) Das ist/ mein angesicht ist nicht liecht vñ frölich/ sondern sihet sawr/ betrübet vnd finster.

Meine lieben vnd freunde stehen gegen mir/ vnd schewen meine plage/ Vnd meine nehesten tretten ferne.

Vnd die mir nach der seelen stehen/ stellen mir/ Vnd die mir vbel wöllen/ reden wie sie schaden thun wöllen/ vnd gehen mit eitel listen vmb.

Ich aber mus sein wie ein tawber vnd nicht hören/ Vnd wie ein stum/ der seinen mund nicht auff thut.

Vnd mus sein wie einer der nicht höret/ Vnd der keine widerrede jnn seinem munde hat.

Aber ich harre HERR auff dich/ Du HERRE mein Gott wirst erhören.

Denn ich dencke/ das sie ja sich nicht vber mich frewen/ Wenn mein fus wancket/ würden sie sich hoch rhümen wider mich.

Denn ich bin zu leiden gemacht/ Vnd mein schmertzen ist jmer fur mir.

Denn ich zeige meine missethat an/ Vnd sorge fur meine sunde.

Aber meine feinde leben vnd sind mechtig/ Die mich vnbillich hassen/ sind gros.

Vñ die mir arges thun vmb guts/ setzen sich widder mich/ Darumb das ich ob dem guten halte.

Verlas mich nicht HERR mein Gott/ Sey nicht ferne von mir.

Eile mir bey zustehen/ HERRE meine Hülffe.

XXXIX.

Ein Psalm Dauids vor zu singen fur Jeduthun.

ICh habe mir furgesetzt/ ich wil mich hüten/ Das ich nicht sundige mit meiner zungen.

Ich wil meinen mund a zeumen/ Weil ich mus den Gottlosen so fur mir sehen.

Ich bin verstummet vnd still vnd schweige b der freuden/ Vnd mus mein leid jnn mich fressen.

Mein hertz ist entbrand jnn meinem leibe/ Vnd wenn ich dran gedencke/ werde ich enzündet/ Ich rede mit meiner zungen.

Aber HERR lere doch mich/ das ein ende mit mir haben mus/ Vnd mein leben ein zil hat/ vnd ich dauon mus.

Sihe/ meine tage sind einer hand breit bey dir/ Vnd mein leben ist wie nichts fur dir/ Wie gar nichts sind alle menschen/ die doch so sicher leben. Sela.

a (Zeumen) Das ich nicht murre/ weil es mir so vbel/ vnd den bösen so wol/ gehet.

b (Der freuden) Es ist mir nicht leberlich.

(Lere) Das ich nicht so leber lebe/ wie die Gottlosen/ die kein ander leben hoffen.

Sie

Der Psalter.

Sie gehen daher wie ein schemē/ vnd machen jnen viel vergeblicher vnruge/ Sie samlen/ vnd wissen nicht wer es kriegen wird.

Nu HERR/ wes sol ich mich trösten? Jch hoffe auff dich.

Errette mich von aller meiner sunde/ Vnd las mich nicht den narren ein spot werden.

(Schweigen) Jch wil sie lassen faren/ vnd murren wider dich.

Jch wil schweigen vnd meinen mund nicht auff thun/ Du wirsts wol machen.

Wende deine plage von mir/ Denn ich bin verschmacht fur der straffe deiner hand.

Wenn du einen züchtigest vmb der sunde willen/ so wird seine schöne verzeret wie von motten/ Ah wie gar nichts sind doch alle menschen. Sela.

Höre mein gebet HERR/ vnd vernim mein schreien/ vnd schweige nicht vber meinen threnen/ Denn ich bin beide dein pilgerim vnd dein bürger/ wie alle meine Veter.

Las ab von mir/ das ich mich erquicke/ Ehe denn ich hin fare/ vnd nicht mehr hie sey.

XL.

Ein Psalm Dauids vor zu singen

Ich harret des HERRN/ Vnd er neiget sich zu mir/ Vñ höret mein schreien.

Vnd zoch mich aus der grausamen gruben/ vnd aus dem schlam/ Vnd stellet meine füsse auff einen fels/ das ich gewis tretten kan.

Vnd hat mir ein new lied jn mund gegeben/ zu loben vnsern Gott/ Das werden viel sehen/ vnd den HERRN furchten/ vnd auff jn hoffen.

Wol dem/ der seine hoffnung setzt auff den HERRN/ Vnd sich nicht wendet zu den hofferti-gen/ vnd die mit lügen vmb gehen.

HERR mein Gott/ Gros sind deine wunder vnd deine gedancken/ die du an vns beweisest/ Dir ist nichts gleich/ Jch wil sie verkündigen vnd dauon sagen/ wie wol sie nicht zu zelen sind.

Opffer vnd Speisopffer gefallen dir nicht/ aber die ohren hastu mir auffgethan/ Du wilt weder Brandopffer noch Sündopffer.

Da sprach ich/ Sihe/ich kome/ Jm Buch ist von mir geschrieben.

Deinen willen mein Gott thu ich gerne/ Vnd dein Gesetz hab ich jnn meinem hertzen.

Jch wil predigen die gerechtigkeit jnn der grossen Gemeine/ Sihe/ich wil mir meinen mund nicht stopffen lassen/ HERR/ das weissestu.

Deine gerechtigkeit verberge ich nicht jnn meinem hertzen/ von deiner warheit vnd von deinem heil rede ich/ Jch verhele deine güte vnd trewe nicht/ fur der grossen Gemeine.

Du aber HERR/ woltest deine barmhertzigkeit von mir nicht wenden/ Las deine güte vnd trewe allwege mich behüten.

Denn es hat mich vmbgeben leiden on zal/ Es haben mich meine sünde ergriffen/ das ich nicht sehen kan/ Jr ist mehr denn har auff meinem heubt/ vnd mein hertz hat mich verlassen.

(Sehem Das mir das gesicht vergehet fur grossem we he.

Las dirs gefallen HERR/ das du mich errettest/ Eile HERR mir zu helffen.

Schemen müssen sich vñ zu schanden werden/ die mir nach meiner seelen stehen/ das sie die vmb bringen/ Zu rück müssen sie fallen vnd zu schanden werden/ die mir vbels gönnen.

Sie

Der Psalter. XXX.

Sie müssen jnn jrer schanden erschrecken/ Die vber mich schreien/ Da da.

Es müssen sich frewen vnd frölich sein/ alle die nach dir fragen/ Vnd die dein heil lieben/ müssen sagen allwege/ Der HERR sey hoch gelobt.

Denn ich bin arm vnd elend/ der HERR aber sorget fur mich/ Du bist mein helffer vnd erretter/ mein Gott verzeuch nicht.

vnd hilff mir auff/ So wil ich sie bezalen.

Dabey mercke ich/ das du gefallen an mir hast/ Das mein feind vber mich nicht jauchtzen wird.

Mich aber erheltestu vmb meiner frümkeit willen/ Vnd stellest mich fur dein angesicht ewiglich.

Gelobt sey der HERR der Gott Jsrael/ Von nu an bis jnn ewigkeit. Amen. Amen.

XLI.

Ein Psalm Dauids/ vor zusingen

WOl dem/ der sich des dürfftigen annimpt. Den wird der HERR erretten zur bösen zeit.

Der HERR wird jn bewaren/ vnd beim leben erhalten/ Vnd jm lassen wol gehen auff erden/ vnd nicht geben jnn seiner feinde willen.

Der HERR wird jn erquicken auff seinem siech bett/ Du hilffest jm von aller seiner kranckheit.

Ich sprach/ HERR sey mir gnedig/ heile meine seele/ Denn ich habe an dir gesundiget.

Meine feinde reden arges wider mich/ Wenn wird er sterben/ vnd sein name vergehen?

Sie komen das sie schawen/ vnd meinens doch nicht von hertzen/ Sondern suchen etwas/ das sie lestern mügen/ gehen hin vnd tragens aus.

Alle die mich hassen/ rawnen mit einander wider mich/ Vnd dencken böses vber mich.

Sie haben ein buben stück vber mich beschlossen/ Wenn er ligt/ sol er nicht wider auff stehen.

Auch mein freund/ dem ich mich vertrawet/ der mein brod ass/ tritt mich vnter die füsse.

Du aber HERR sey mir gnedig/

XLII.

Ein vnterweisunge der kinder Korah/ vor zu singen.

WIe der hirss schreiet nach frischem wasser/ So schreiet meine seele Gott zu dir.

Meine seele dürstet nach Gott nach dem lebendigen Gott/ Wenn werde ich dahin komen/ das ich Gottes angesicht schawe?

Meine threne sind meine speise tag vnd nacht/ Weil man teglich zu mir sagt/ wo ist nu dein Gott?

Wenn ich denn des jnnen werde/ so schütte ich mein hertz her aus bey mir selbs/ Denn ich wolte gerne hin gehen mit dem hauffen/ vnd mit jnen wallen zum Hause Gottes/ mit frolocken vnd dancken/ vnter dem hauffen die da feiren.

Was betrübestu dich meine seele/ vnd bist so vnrügig jnn mir? Harre auff Gott/ Denn ich werde jm noch dancken/ das er mir hilfft mit seinem ᵃ angesicht.

Mein Gott/ betrübt ist meine seele jnn mir/ Darumb gedencke ich an dich im ᵇ lande am Jordan vnd Hermonim/ auff dem kleinen berge.

Deine ᶜ flut rausschen daher/ das hie eine tieffe vnd da eine tieffe brausen/ Alle deine wasser wogen/ vnd wellen gehen vber mich.

(Gottes angesicht) Da Got wonet/ als im Tempel/ vnd wo sein wort ist

ᵃ (Angesicht) Ist sein erkentnis vnd gegenwertigkeit durchs wort vn glauben.

ᵇ Das ist/ im Jüdischen lande/ welches er so nennet/ weil der Jordan drinne fleusst als das land wasser/ Vnd Herm. nim die grossen berg drumb sind/ gegen welche der berg Zion klein ist.

ᶜ (Flut) Gleich wie im rote meer den Egyptern geschach.

Ff ij Der

Der Psalter.

Der HERR hat des tages verheissen seine güte/ Vnd des nachts singe ich jm/ vnd bete zu Gott meins lebens.

Ich sage zu Gott meinem fels/ warumb hastu mein vergessen? Warumb mus ich so trawrig gehen/ wenn mein feind mich drenget?

Es ist als ein mord jnn meinen beinen/ das mich meine feinde schmehen/ Wenn sie teglich zu mir sagen/ wo ist nu dein Gott?

Was betrübstu dich meine seele/ vnd bist vnrügig jnn mir/ Harre auff Gott/ Denn ich werde jm noch dancken/ das er mir hilfft mit seinem angesicht/ vnd das er mein Gott sey.

XLIII.

Richte mich Gott vnd füre mir meine sache/ wider das vnheilige volck/ Vnd errette mich von den falschen vnd bösen leuten.

Denn du bist der Gott meiner stercke/ warumb verstössestu mich? Warumb lessestu mich so trawrig gehen/ wenn mich mein feind drenget.

Sende dein liecht vnd deine warheit/ das sie mich leiten/ Vnd brengen zu deinem Heiligen berge vnd zu deiner wonunge.

Das ich hinein gehe zum Altar Gottes/ zu dem Gott/ der meine freude vnd wonne ist/ Vnd dir Gott auff der harffen dancke/ mein Gott.

Was betrübstu dich meine seele/ vnd bist so vnrügig jnn mir? Harre auff Gott/ Denn ich werde jm noch dancken/ das er mir hilfft mit seinem angesicht/ vnd das er mein Gott ist.

XLIIII.

Ein vnterweisunge der kinder Korah/ vor zu singen.

Gott wir haben mit vnsern oren gehört/ Vnser Veter habens vns erzelet/ was du gethan hast zu jren zeiten vor alters.

Du hast mit deiner hand die Heiden vertrieben/ aber sie hastu eingesetzt/ Du hast die völcker verderbet/ aber sie hastu ausgebreitet.

Denn sie haben das land nicht eingenomen durch jr schwerd/ vnd jr arm halff jnen nicht/ Sondern deine rechte/ dein arm vnd das liecht deines angesichts/ Denn du hattest wolgefallen an jnen.

Gott du bist mein König/ Der du Jacob hülffe verheissest.

Durch dich wöllen wir vnser feinde vmbstossen/ Jnn deinem namen wöllen wir vntertretten die sich wider vns setzen.

Denn ich verlasse mich nicht auff meinen bogen/ Vnd mein schwerd kan mir nicht helffen.

Sondern du hilffest vns von vnsern feinden/ Vnd machest zu schanden die vns hassen.

Wir wöllen teglich rhümen von Gott/ Vnd deinem namen dancken ewiglich. Sela.

Warumb verstössestu vns denn nu/ vnd lessest vns zu schanden werden/ Vnd zeuchst nicht aus vnter vnserm heer?

Du lessest vns fliehen fur vnserm feind/ Das vns berauben die vns hassen.

Du lessest vns auff fressen wie schafe/ Vnd zurstrewest vns vnter die Heiden.

Du verkeuffest dein volck vmb sonst/ Vñ nimpst nichts drumb

Du machest vns zur schmach vnsern nachtbarn/ Zum spot vnd hohn/ denen die vmb vns her sind.

Du machst vns zum beyspiel vnter den Heiden/ Vnd das die völcker das heubt vber vns schütteln.

Teglich

Der Psalter. XXXI.

Teglich ist meine schmach fur mir/ Vnd mein andlitz ist voller schande.

Das ich die schender vnd lesterer hören/ Vnd die feinde vñ Nachgirigen sehen mus.

Dis alles ist vber vns komen/ Vnd haben doch dein nicht vergessen/ noch vntreulich jnn deinem Bund gehandelt.

Vnser hertz ist nicht abgefallen/ Noch vnser gang gewichen von deinem wege.

(Drachen) Das ist/ den gifftigen Tyrannen/ Vñ finsternis heisset vnglück.

Das du vns so zurschlehest vnter den Drachen/ Vnd bedeckest vns mit finsternis.

Wenn wir des namens vnsers Gottes vergessen hetten/ vnd vnser hende auff gehaben zum frembden Gott.

Das möchte Gott wol finden/ Nu kennet er ja vnsers hertzen grund.

(Deinen willen) Nicht vmb vnser willen/ sondern dein wort verfolgen sie jnn vns.

Denn wir werden ja vmb deinen willen teglich erwürget/ Vnd sind geachtet wie schlacht schafe.

Erwecke dich HERR/ warumb schleffestu? Wache auff vnd verstosse vns nicht so gar.

Warumb verbirgestu dein andlitz/ Vergissest vnsers elends vnd drangs?

Denn vnser seele ist gebeuget zur erden/ Vnser bauch klebt am erdboden.

Mache dich auff/ hilff vns/ Vnd erlöse vns vmb deiner güte willen.

XLV.

Ein Braut lied vnd vnterweisung der kinder Korah/ von den Rosen/ vor zu singen.

MEin hertz tichtet ein feines lied/ Ich wil singen von eim Könige/ Meine zunge ist ein griffel eins guten schreibers.

Du bist der schönest vnter den menschen/ Holdselig sind deine lippen/ Darumb segenet dich Gott ewiglich.

Gürte dein schwerd an deine seiten du Helt/ Vnd schmücke dich schon.

Es müsse dir gelingen jnn deinem schmuck/ Zeuch einher der warheit zu gut/ vnd die elenden bey recht zu behalten/ so wird deine rechte hand wunder beweisen.

Scharff sind deine pfeile/ das die völcker fur dir nider fallen/ Mitten vnter den feinden des Königes.

Gott dein stuel bleibt jmer vnd ewig/ Das scepter deines Reichs ist ein gerade scepter.

Du liebest gerechtigkeit vnd hassest Gottlos wesen/ Darumb hat dich Gott dein Gott gesalbet mit freuden öle/ mehr denn deine gesellen.

Deine kleider sind eitel myrrhen/ aloes vnd ᵃ kezia/ Wenn du aus den Elffenbeinen pallasten daher trittest/ jnn deiner schönen pracht.

Jnn deinem schmuck gehen der Könige töchter/ Die Braut stehet zu deiner rechten/ jnn eitel köstlichem golde.

Höre tochter/ schaw drauff/ vnd neige deine ohren/ Vergiss deines volcks vnd deines vaters haus.

So wird der König lust an deiner schöne haben/ Denn er ist dein HErr/ vnd solt jn anbeten.

Die tochter Zor ᵇ wird mit geschenck da sein/ Die reichen im volck werden fur dir flehen.

Des Königes tochter ist gantz herrlich ᶜ jnwendig/ Sie ist mit gülden stücken gekleidet.

Man füret sie jnn gestickten kleidern zum Könige/ Vnd jre gespielen/ die jungfrawen die jr nach gehen/ fürt man ᵈ zu dir.

Man füret sie mit freuden vnd wonne/

ᵃ Was Kezia sey/ weis ich nicht/ etliche nennens Kasia/ Es mus ein wurtzel sein die wol reucht/ vnd kleider wol heilt.

ᵇ (Zor) Heisst die stad Tyrus/ Er nennet aber diesmal Tyrus/ die zu der zeit die reichste vnd berümpste stad war/ als solt er sagen/ auch die reichsten jnn der welt werden Christum ehren.

ᶜ (Jnwendig) Gleich wie im frawen zimer alles eitel gold vñ seiden ist.

ᵈ (zu dir) Als zum tantze oder freuden.

F f iij

Der Psalter.

wonne/ Vnd gehen jnn des Königes pallast.

An stat deiner Veter wirstu kinder kriegen/ Die wirstu zu Fürsten setzen jnn aller welt.

Ich wil deines namens gedencken/ von kind zu kinds kind/ Darumb werden dir dancken die völcker jmer vnd ewiglich.

XLVI.

Ein Lied der kinder Korah von der jugent/ vor zu singen.

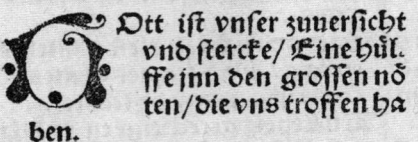

GOtt ist vnser zuuersicht vnd stercke/ Eine hülffe jnn den grossen nöten/ die vns troffen haben.

Darumb fürchten wir vns nicht/ wenn gleich die welt vntergienge/ Vnd die berge mitten jnns meer süncken.

Wenn gleich das meer wütet vnd wallet/ Vnd von seinem vngestüm die berge ein fielen. Sela.

Dennoch sol die stad Gottes fein lustig bleiben/ mit jren brünlin/ Da die heiligen wonungen des Höhesten sind.

Gott ist bey jr drinnen/ darumb wird sie wol bleiben/ Got hilfft jr frue.

Die Heiden müssen verzagen/ vnd die Königreiche fallen/ Das erdreich mus vergehen/ wenn er sich hören lesst.

(Hören) Das ist/ wenn er donnert

Der HERR Zebaoth ist mit vns/ Der Gott Jacob ist vnser schutz Sela.

Kompt her/ vñ schawet die werck des HERRN/ Der auff erden solch zestören anrichtet.

Der den kriegen steuret jnn aller welt/ Der bogen zubricht/ spies zuschlegt/ vnd wagen mit fewr verbrend.

Seid stille/ vnd erkennet/ das ich Gott bin/ Ich wil ehre einlegen vnter den Heiden/ ich wil ehre einlegen auff erden.

Der HERR Zebaoth ist mit vns/ Der Got Jacob ist vnser schutz.

XLVII.

Ein Psalm vor zu singen/ der kinder Korah.

FRolocket mit henden alle völcker/ Vnd jauchzet Gott mit frölichem schall.

Denn der HERR der aller Höhest ist erschrecklich/ Ein grosser König auff dem gantzen erdboden.

Er wird die völcker vnter vns zwingen/ Vnd die leute vnter vnsere füsse.

Er erwelet vns zum erbteil/ Die herrligkeit Jacob den er liebet. Sela.

Gott ist auffgefaren mit jauchtzen/ Vnd der HERR mit heller posaunen.

Lobsinget/ lobsinget Gott/ Lobsinget vnserm Könige.

Denn Gott ist König auff dem gantzen erdboden/ Lobsinget jm klüglich.

Gott ist König vber die Heiden/ Gott sitzt auff seinem Heiligen stuel.

Die Fürsten vnter den völckern sind versamlet zu eim volck dem Gott Abraham/ Denn Gott ist seer erhöhet bey den herrn auff erden.

XLVIII.

Ein Psalm Lied der kinder Korah.

GRos ist der HERR vnd hoch berümbt/ Jnn der stad vnsers Gottes auff seinem Heiligen berge.

Der berg Zion ist wie ein schön zweigelin/ des sich das gantze land tröstet/ An der seiten gegen mitternacht ligt die stad des grossen Königs.

Gott

(Klüglich) Das man im predige das Wort mit vleis handele vñ drauff bleibe/ nicht ein hin reife vñ plaudere/ wie die wilden wüsten Schreier vnd Sperer vnd frechen prediger/ die da reden/ was sie dunckt.

(beide herrn) Es müssen Fürsten auch Christen sein.

Der Psalter. XXXII.

(Könige)
Das ist/ Könige haben fur dieser stad müssen erschrecken/ vnd offt mit schanden dauon zihen.

Got ist jnn jren pallasten bekand/ Das er der Schutz sey
Denn sihe/ Könige sind versamlet/ Vnd mit einander für vber gezogen.
Sie haben sich verwundert/ da sie solches sahen/ Sie haben sich entsetzt/ vnd sind verstürtzt
Zittern ist sie daselbs ankomen/ Angst wie eine gebererin.
Du zubrichst schiff im meer/ Durch den Ost wind.
Wie wir gehört haben/ so sehen wirs an der stad des HERREN Zebaoth/ an der stad vnsers Gottes/ Gott erhelt die selbige ewiglich.
Gott wir warten deiner güte/ jnn deinem Tempel.
Gott/ wie dein name/ so ist auch dein rhum bis an der welt ende/ Deine rechte ist voll gerechtigkeit.
Es frewe sich der berg Zion/ vnd die töchter Juda seien frölich/ Vmb deiner rechte willen.
Machet euch vmb Zion vnd vmb fahet sie/ Zelet jre thürne.
Leget vleis an jre mauren/ vnd erhöhet jre Pallast/ Auff das man dauon verkündige bey den nachkomen.
Denn dieser Gott ist vnser Gott jmer vnd ewiglich/ Er füret vns wie die jugent.

(Jugent)
Das ist/ gnediglich vnd sanffte durchs Wort der gnaden/ wie vateruñ mutter ein kind auff zihen/ nicht wie hencker vnd stockmeister/ durch gesetz vñ wang treiben vñ wuten.

XLIX.

Ein Psalm der kinder Korah vor zu singen.

Höret zu alle völcker/ Mercket auff alle die jnn dieser zeit leben.
Beide Gemein man vnd Herrn/ Beide reich vnd arm mit einander.
Mein mund sol von weisheit reden/ Vnd mein hertz von verstand sagen.
Wir wöllen einen guten spruch hören/ Vnd ein fein geticht auff der harffen spielen.
Warumb solt ich mich furchten jnn bösen tagen/ Wenn mich die missethat meiner vntertretter vmbgibt?
Die sich verlassen auff jr gut/ Vnd trotzen auff jren grossen reichthumb.
Kan doch ein Bruder niemand erlösen/ Noch Gotte jemand versünen.
Denn es kostet zuuiel jre seele zu erlösen/ Das ers mus lassen anstehen ewiglich.
Ob er auch gleich lange lebet/ Vnd die grube nicht sihet.

(Lange lebet) Hat guten mut/ den ecket nimer an Tod.

Denn man wird sehen/ das solche weisen doch sterben/ so wol als die thoren vnd narren vmbkomen/ Vnd müssen jr gut andern lassen.
Bey jnen stehets also/ Jre heuser weren jmerdar/ jre wonunge bleiben für vnd für/ vnd haben grosse ehre auff erden.

(Jre heuser Das ist/ jr geschlecht kinder/ gesind etc.

Dennoch können sie nicht bleiben jnn solcher wirde/ Sondern müssen dauon/ wie ein vieh.

(Wirde) Das ist/ gut vnd ehre.

Dis jr thun ist eitel thorheit/ Noch lobens jre nachkomen mit jrem munde. Sela.
Sie ligen jnn der Helle wie schafe/ der Tod naget sie/ Aber die frumen werden gar bald vber sie herrschen/ vnd jr trotz mus vergehen/ Jnn der Helle müssen sie bleiben.
Aber Gott wird meine seele erlösen aus der Hellen gewalt/ Denn er hat mich angenomen. Sela.
Las dichs nicht jrren/ ob einer reich wird/ Ob die herrligkeit seines hauses gros wird.
Denn er wird nichts jnn seinem sterben mit nemen/ Vnd seine herrligkeit wird jm nicht nach faren.
Sondern er tröstet sich diesesa guten lebens/ Vnd lobts/wenn jm einer gute tage schaffet. So

a (Lebens) Das ist/ helt dauon/ das man hie gnug habe vnd prange.

Der Psalter.

So faren sie jren Vetern nach/ Vnd sehen das liecht nimer mehr.

Kurtz/ Wenn ein mensch jnn der wirde ist/ vnd hat keinen verstand/ So feret er dauon wie ein vihe.

L.

Ein Psalm Assaph.

GOtt der HERR der mechtige redet vnd ruffet der welt/ Von auffgang der sonnen bis zu niddergang.

Aus Zion bricht an/ Der schöne glantz Gottes.

Vnser Gott kompt vnd schweiget nicht/ Fressent fewr gehet fur jm her/vnd vmb jn her ein gros wetter.

Er ruffet himel vnd erden/ Das er sein volck richte.

(Richten) Regieren/ helffen/retten/von dem teuffel/menschen/tod/ sunden etc.

Versamlet mir meine Heiligen/ Die den Bund mehr achten denn opffer.

Vnd die himel werden seine gerechtigkeit verkündigen/ Denn Gott ist Richter. Sela.

Höre mein volck/las mich reden/ Israel las mich vnter dir zeugen/Ich Gott bin dein Gott.

Deines opffers halben straffe ich dich nicht/ Sind doch deine Brandopffer sonst jmer fur mir

Ich wil nicht von deinem hause Farren nemen/Noch böcke aus deinen stellen.

Denn alle thier im walde sind mein/ Vnd vieh auff den bergen/da sie bey tausent gehen.

Ich kenne alles geuögel auff den bergen/ Vnd allerley thier auff dem felde ist fur mir.

Wo mich hungerte/wolt ich dir nicht dauon sagen/ Denn der erdboden ist mein vnd alles was drinnen ist.

Meinstu das ich ochsen fleisch essen wölle/Oder bocks blut trincken?

Opffere Gott Danckopffer/ Vnd bezale dem Höhesten deine gelübde.

(Gelübde) Das du jm gelobet hast Er solle dein Gott sein im ersten gebot

Vnd ruff mich an jnn der not/ So wil ich dich erretten/ so soltu mich preisen.

Aber zum Gottlosen spricht Got/ Was verkündigestu meine rechte/ vnd nimpst meinen Bund jnn deinen mund?

So du doch zucht hassest/ Vnd wirffest meine wort hinder dich.

Wenn du einen dieb sihest/so leuffestu mit jm/Vnd hast gemeinschafft mit den ehebrechern.

Dein maul lessestu böses reden/ Vnd deine zunge treibet falscheit.

Du sitzest vnd redest wider deinen bruder/Deiner mutter son verleumbdestu.

Das thustu/ vnd ich schweige/ Da meinestu/ ich werde sein gleich wie du/Aber ich wil dich straffen/ vnd wil dirs vnter augen stellen.

Mercket doch das/ die jr Gottes vergesset/ Das ich nicht einmal hinreisse/vnd sey kein retter mehr da.

Wer Danck opffert/ der preiset mich/ Vnd da ist der weg/ das ich jm zeige das Heil Gottes.

LI.

Ein Psalm Dauids vor zu singen/ Da der Prophet Nathan zu jm kam/als er war zu BathSaba eingangen.

GOtt sey mir gnedig nach deiner güte/ Vnd tilge meine sunde nach deiner grossen barmhertzigkeit.

Wassche mich wol von meiner missethat/ Vnd reinige mich von meiner sunde.

Denn

Der Psalter.   XXXIII.

Denn ich erkenne meine misse/
that/ Vnd meine sunde ist jmer
fur mir.
An dir allein hab ich gesundigt/
Vnd vbel fur dir gethan.
Auff das du recht bleibest jnn dei
nen worten/ Vnd nicht mügest
gestrafft werden/ wenn du ge=
richtet wirst.
Sihe/ ich bin aus sundlichem sa
men gezeuget/ Vnd meine mut
ter hat mich jnn sunde empfan
gen.
Sihe/ du hast lust zur warheit die
im verborgen ligt/ Du lessest
mich wissen die heimliche weis=
heit.
Entsundige a mich mit Jsopen/
das ich rein werde/ Wassche
mich/ das ich schnee weis wer
de.
Las mich hören freud vnd won
ne/ Das die gebeine frölich wer
den/ die du zeschlagen hast.
Verbirge dein andlitz von meinen
sunden/ Vnd tilge alle meine
missethat.
Schaffe jnn mir Gott ein rein
hertz/ Vnd gib mir einen newen
b gewissen Geist.
Verwirff mich nicht von deinem
angesichte/ Vñ nim deinen Hei
ligen Geist nicht von mir.
Tröste mich wider mit deiner hül
ffe/ Vnd der freidige Geist ent
halte mich.
Denn ich wil die vbertretter deine
wege leren/ Das sich die sunder
zu dir bekeren.
Errette mich von den blutschul=
den/ Gott der du mein Gott vnd
Heiland bist/ Das meine zun=
ge deine gerechtigkeit rhüme.
HERR thu meine lippen auff/
Das mein mund deinen rhum
verkündige.
Denn du hast nicht lust zum opf=
fer/ ich wolt dir es sonst wol ge
ben/ Vnd Brand opffer gefal=
len dir nicht.
Die opffer die Gott gefallen sind
ein geengster Geist/ Ein geeng

(Entsund=
ge) Das ist
absoluir mi
ch vñ sprich
mich los wie
vorzeiten im
Gesetz dur=
chs sprengẽ
mit Jsopen
bedeutet
ward.

b
(Gewissen)
Das ist/
Ein Geist
der im glau
ben on zwei
uel vñ der
sache gewis
ist/ vnd sich
nicht jrren
noch bewe=
gen lesset/
von manch
erley wahn
gedancken/
leren etc. als
die duncklen/
zweiueler/
sind.

c
(Blutschul=
den) Das ist
von der schu
uld/ damit
ich den tod
verdienet ha
be/ wie wir
alle sind fur
Gott.

stes vnd zeschlagen hertz wir=
stu Gott nicht verachten.
Thu wol an Zion nach deiner
gnade/ Bawe die mauren zu
Jerusalem.
Denn werden dir gefallen die op
ffer der gerechtigkeit/ die brand
opffer vnd gantzen opffer/
Denn wird man Farren auff
deinem Altar opffern.

LII.
Ein vnterweisung Dauids vor zu
singen/ Da Doeg der Edo=
miter kam/ vñ saget Saul/
an vnd sprach/ Dauid
ist jnn Ahimelechs
haus komen.

WAs trotzestu deñ/
du Tyran/ das
du kanst schadẽ
thun? So doch
Gottes güte noch teglich weh=
ret.
Deine zunge trachtet nach scha=
den/ Vnd schneit mit lügen wie
ein scharff schermesser.
Du redest lieber böses denn guts/
Vnd falsch denn recht. Sela.
Du redest gern alles was zu ver=
derben dienet/ Mit falscher
zungen.
Darumb wird dich Gott auch
gantz vnd gar zerstören / vnd
zuschlahen/ Vnd aus der hüt=
ten reissen/ vnd aus dem lande
der lebendigen ausrotten. Se
la.
Vnd die gerechten werdens se
hen vnd sich fürchten/ Vnd wer
den sein lachen.
Sihe/ das ist der man/ der Gott
nicht fur seinen trost hielt/
Sondern verlies sich auff sei=
nen grossen reichthumb/ vnd
war mechtig schaden zu thun.
Jch aber werde bleiben wie ein
grüner Olebawm im Hause
Gottes / Verlasse mich auff
Gottes güte jmer vnd ewig=
lich.

(Schaden)
Das du an
dern vnglü
ck zurichtest
vnd schaden
thust.

(Gantz)
Vier plagen
erzelet er/
das er sol
kein haws
kein gut be=
halten/ dazu
jnn keiner
stad/ jnn kei
nem lande
bleiben.

Jch

Ich dancke dir ewiglich/ denn du kansts wol machen/ Vnd wil harren auff deinen namen/ Denn deine Heiligen haben freude dran.

LIII.

Ein vnterweisunge Dauids/ im Chor vmb einander vor zusingen.

Die Thoren sprechen jnn jrem hertzen/ Es ist kein Gott/ Sie tügen nichts/ vnd sind ein grewel worden jnn jrem bösen wesen/ Da ist keiner der guts thut.

Gott schawet von himel auff der menschen kinder/ Das er sehe/ ob jemand klug sey der nach Gott frage.

Aber sie sind alle abgefallen/ vnd allesampt vntüchtig/ Da ist keiner der guts thue/ auch nicht einer.

(Treiber) Das sind/ die so mit gesetzen vñ gewalt die leute wollen frum machen jnn eigen wercken/ Wie die Heubtleute das kriegs volck treibē.

Wöllen denn die vbelthetter jnen nicht sagen lassen/ die mein volck fressen/ das sie sich neeren? Gott ruffen sie nicht.

Da fürchten sie sich aber/ da nicht zu fürchten ist/ Denn Gott zurstrewet die gebeine der treiber/ Du machest sie zu schanden/ Denn Gott verschmehet sie.

Ah das die hülffe aus Zion vber Israel keme/ vnd Gott sein gefangen volck erlösete/ So würde sich Jacob frewen/ vnd Israel frölich sein.

LIIII.

Ein vnterweisunge Dauids vor zu singen auff seiten spielen/ Da die von Siph kamen/ vñ sprachen zu Saul/ Dauid hat sich bey vns verborgen.

Hilff mir Gott durch deinen namen/ Vnd schaffe mir recht durch deine gewalt.

Gott erhöre mein gebet/ Vernim die rede meines mundes.

Denn stoltze setzen sich wider mich/ Vnd trotzige stehen mir nach meiner seele/ Vnd haben Gott nicht fur augen. Sela.

Sihe/ Gott stehet mir bey/ Der HERR erhelt meine seele.

Er wird die bosheit meinen feinden bezalen/ Verstöre sie durch deine trewe.

So wil ich dir ein Freudenopffer thun/ vnd deinem namen HERR dancken/ Das er so tröstlich ist.

Denn du errettest mich aus aller meiner not/ Das mein auge an meinen feinden lust sihet.

LV.

Ein vnterweisunge Dauids vor zu singen auff seiten spielen.

Gott höre mein gebet/ vnd verbirge dich nicht fur meinem flehen. Mercke auff mich vnd erhöre mich/ Wie ich so kleglich zage vnd heule.

Das der feind so schreiet/ vnd der Gottlose drenget/ Denn sie wöllen mir einen tuck beweisen/ vnd sind mir hefftig gram.

Mein hertz engstet sich jnn meinem leibe/ Vnd des todes furcht ist auff mich gefallen.

Furcht vnd zittern ist mich ankomen/ Vnd grawen hat mich vberfallen.

Ich sprach/ O hette ich flügel wie tauben/ das ich flüge vnd etwo bliebe.

Sihe/ so wolt ich mich ferne weg machen/ Vnd jnn der wüsten bleiben. Sela.

Ich

Der Psalter. XXXIIII.

Ich wolt eilen/ das ich entrünne/ Fur dem sturm wind/ vnd wetter.

Mache jre zungen vneins HERR vnd las sie vntergehen/ Denn ich sehe freuel vnd hadder jnn der stad.

(Mühe vnd erbeit) Das ist/ eitel bosheit/ damit sie sich vnd andere beschweren.

Solchs gehet tag vnd nacht vmb vnd vmb jnn jrer mauren/ Es ist mühe vnd erbeit drinnen.

Schaden thun regiert drinnen/ Liegen vnd triegen lesst nicht von jrer gassen.

Wenn mich doch mein feind schendet / wolt ichs leiden/ Vnd wenn mich mein hasser pochet/ wolt ich mich vor jm verbergen.

Du aber bist mein geselle/ Mein pfleger vnd mein verwandter.

Die wir freundlich mit einander waren vnter vns/ Wir wandelten im Hause Gottes zu hauffen.

Der tod vbereile sie/ vnd müssen lebendig jnn die Helle faren/ Denn es ist eitel bosheit/ vnter jrem hauffen.

Ich aber wil zu Gott ruffen/ Vnd der HERR wird mir helffen.

Des abends/ morgens vnd mittags wil ich klagen vnd heulen/ So wird er meine stim hören.

Er erlöset meine seele von denen die an mich wöllen/ vnd schafft jr ruge/ Denn jr ist viel wider mich.

Gott wird hören vnd sie demütigen/ der alweg bleibt. Sela.

Denn sie werden nicht anders/ vnd fürchten Gott nicht.

Denn sie legen jre hende an seine fridsamen/ Vnd entheiligen seinen Bund.

Jr mund ist gletter denn butter/ vnd haben doch krieg im sinn/ Jr wort sind gelinder denn öle/ vnd sind doch blosse schwerter.

Wirff dein anligen auff den HERRN/ der wird dich versorgen/ Vnd wird den gerechten nicht ewiglich jnn vnruge lassen.

Aber Gott du wirst sie hinuntern stossen jnn die tieffe gruben Die blutgirigen vnd falschen werden jr leben nicht zur helffte bringen/ Ich aber hoffe auff dich.

(Leben) Was sie fur haben noch zu thun bey jrem leben.

LVI.

Ein gülden kleinod Dauids/ von der stummen tauben vnter den frembden/ Da jn die Philister griffen zu Gath.

Gott sey mir gnedig/ denn menschen wöllen mich versencken / Teglich streitten sie vnd engsten mich.

Dauid muste wie eine taube stum sein/ das ist/ stil schweigen/ vnd König Saul nicht verklagen vnter den philistern.

Meine feinde versencken mich teglich/ Denn viel streitten wider mich stoltziglich.

Wenn ich mich fürchte/ So hoffe ich auff dich.

Sauls hoffgesinde verjager mich jns elend/ vñ mus jmer jst der flucht leben.

Ich wil Gottes wort rhümen/ Auff Gott wil ich hoffen/ vnd mich nicht fürchten/ Was solt mir fleisch thun?

Teglich fechten sie meine wort an/ All jre gedancken sind/ das sie mir vbel thun.

Sie halten zu hauff vnd lauren/ Vnd haben acht auff meine fersen/ wie sie meine seele erhaschen.

Was sie böses thun/ das ist schon vergeben/ Gott stosse solche leute on alle gnade hinunter.

Was sie thun/ das ist Ablas.

Zele meine flucht / fasse meine threnen jnn deinen sack/ On zweiuel du zelest sie.

(Du zelest sie) Du weissest wie viel der ist/ vnd vergissest sie nicht.

Denn werden sich meine feinde müssen zu rück keren/ Wenn ich ruffe/ so werde ich jnne/ das du mein Gott bist.

Ich wil rhümen Gottes wort/ Ich wil rhümen des HERRN wort.

Auff Gott hoffe ich/ vnd furcht mich nicht/ Was können mir die menschen thun?

Ich

Der Psalter.

Jch hab dir Gott gelobt/ Das ich dir dancken wil.
Denn du hast meine seele vom tode errettet/ meine füsse vom gleiten/ Das ich wandeln mag fur Gott im liecht der lebendigen.

LVII.

Ein gülden kleinod Dauids vor zu singen (das er nicht vmb keme) da er fur Saul flohe jnn die höle.

(Vnglück) Schade/ leid/ das sie mit thun.

SEy mir gnedig Gott/ Sey mir gnedig/ denn auff dich trawet meine seele/ Vnd vnter dem schatten deiner flügel habe ich zuflucht/ bis das das vnglück furuber gehe.
Jch ruffe zu Gott dem aller höhesten/ Zu Gott der meins jamers ein ende macht.
Er sendet vom himel vnd hilfft mir von der schmach meines versenckers. Sela. Gott sendet seine güte vnd trewe.
Jch lige mit meiner seelen vnter den lewen/ Die menschen kinder sind flammen/ Jre zeene sind spies vnd pfeile/ Vnd jre zungen scharffe schwerter.
Erhebe dich Gott vber den himel/ Vnd deine ehre vber alle welt.
Sie stellen meinem gange netze/ vnd drücken meine seele nider/ Sie graben fur mir eine gruben/ vnd fallen selbs drein. Sela.
Mein hertz ist bereit/ Gott/ mein hertz ist bereit/ Das ich singe vnd lobe.

(Ehre) Das ist/ mein psalter vnd lied/ da ich Gott mit ehre.

Wach auff meine ehre/ wach auff Psalter vnd harffe/ Frue wil ich auffwachen.
HErr ich wil dir dancken vnter den völckern/ Jch wil dir lobe singen vnter den leuten.
Denn deine güte ist so weit der himel ist/ Vnd deine warheit so weit die wolcken gehen.

Erhebe dich Gott vber den himel/ Vnd deine ehre vber alle welt.

LVIII.

Ein gülden kleinod Dauids vor zu singen/ das er nicht vmb keine.

SEid jr denn stum/ das jr nicht reden wolt was recht ist/ Vnd richten was gleich ist/ jr menschen kinder?
Ja mutwillig thut jr vnrecht im lande/ Vnd gehet stracks durch mit ewren henden zu freueln.

(Von mutter leib) Das ist nicht gut/ vnd leist von grundt

Die Gottlosen sind verkeret von mutter leib an/ Die Lügener jrren von mutter leib an.
Jr wüten ist gleich wie das wüten einer schlangen/ Wie eine tawbe otter/ die jr ohr zustopfft.
Das sie nicht höre die stimme des zeuberers/ Des beschwerers/ der wol beschweren kan.
Gott zubrich jre zeene jnn jrem maul/ Zestosse HERR die backen zeene der jungen lewen.

(Ehe ewre Das ist/ ehe denn sie e halb dahin bringen/ hin sie wollen/ wird Gottes zorn zerstören/ vnd den rechten heffen.

Sie werden zergehen wie wasser/ das da hin fleusst/ Sie zielen mit jren pfeilen/ Aber die selben zubrechen.
Sie vergehen wie eine schnecke verschmachtet/ Wie eine vnzeitige geburt eines weibes/ sehen sie die sonne nicht.

(Blut) Das ist/ Die rache wird grösser werden/ denn jmand b gert/ wo er eine tropffen bluts möchte begert wird sein viel sein/ er mocht drinnen baden.

Ehe b ewre dornen reiff werden am dorn strauche/ Wird sie ein zorn so frisch weg reissen.
Der gerecht wird sich frewen wenn er solche rache sihet/ Vnd wird seine füsse baden jnn des Gottlosen blut.
Das die leute werden sagen/ Der gerechte wird sein ja geniessen/ Es ist ja noch Gott Richter auff erden.

LIX.

Errette

Der Psalter. XXXV.

Ein gülden kleinod Dauids (das er nicht vmb keme) Da Saul hin sandte/ vnd lies sein Haus bewaren/ das er jn tödtet.

ERrette mich mein Gott von meinen feinden/ Vnd schütze mich fur denen/ so sich widder mich setzen.

Errette mich von den vbelthettern/ Vnd hilff mir von den blutgirigen.

Denn sihe HERR/ sie lauren auff meine seele/ die starcken samlen sich wider mich/ On meine schuld vnd missethat.

Sie lauffen on meine schuld/ vnd bereiten sich/ Erwache vnd begegene mir/ vnd sihe drein.

Du HERR Gott Zebaoth/ Gott Jsrael/ wache auff/ vnd suche heim alle Heiden/ Sey der keinem gnedig/ die so verwegene vbelthetter sind.

Des abents las sie widerumb auch heulen wie die hunde/ Vnd jnn der stad vmb her lauffen.

Sihe/ sie plaudern mit einander/ schwerter sind jnn jren lippen/ ᵃWer solts hören?

Aber du HERR wirst jrer lachen/ Vnd aller Heiden spotten.

Fur ᵇ jrer macht halt ich mich zu dir/ Denn Gott ist mein schutz.

Got erzeigt mir reichlich seine güte/ Gott lesst mich meine lust sehen an meinen feinden.

Erwürge sie nicht/ das es mein volck nicht vergesse/ Zurstrewe sie aber mit deiner macht/ HErr vnser schild/ vnd stos sie hinvntern.

Jr lere ist eitel sunde/ vñ verharrē jnn jrer ᶜ hoffart/ Vnd predigen eitel fluchen vnd widersprechen

Vertilge sie on alle gnade/ Vertilge sie/ das sie nichts seien/ vnd jnne werden/ das Gott Herrscher sey jnn Jacob jnn aller welt. Sela.

Des abents las sie widerumb auch heulen wie hunde/ Vnd jnn der stad vmb her lauffen.

Las sie hin vnd her lauffen vmb speise/ Vnd heulen/ wenn sie nicht satt werden.

Ich aber wil von deiner macht singen/ vnd des morgens rhümen deine güte/ Denn du bist mein schutz vnd zuflucht jnn meiner not.

Ich wil dir mein Hort lobsingen/ Denn du Gott bist mein schutz/ vnd mein gnediger Got.

LX.

Ein gülden kleinod Dauids vor zu singen von einem gülden Rosenspan/ zu leren/ Da er gestritten hatte/ mit den Syrer zu Mesopotamia/ vnd mit den Syrer von Zoba/ Da Joab vmbkeret vnd schlug der Edomiter im saltztal zwelff tausent.

GOtt der du vns verstossen vñ zurstrewet hast/ vnd zornig warest/ Tröste vns wider.

Der du die erde bewegt vnd zurissen hast/ Heile jre brüche/ die so zurschellet ist.

Denn du hast deinem volck ein hartes erzeigt/ Du hast vns einen trunck weins geben/ das wir daumelten.

Du hast aber doch ein zeichen gegeben/ denen/ die dich fürchten/ Welchs sie auffwürffen/ vnd sie sicher machet. Sela.

Auff das deine freunde erledigt werden/ So hilff nu mit deiner rechten/ vnd erhöre vns.

Gott redet jnn seinē Heiligthum/ des bin ich fro/ Vnd wil ᵃ teilen Sichem/ vnd abmessen das tal Suchoth.

Gilead ist mein/ mein ist Manasse/ Ephraim ist die macht meines heubts/ Juda ist mein ᵇ Fürst.

Moab ist mein waschtopffen/ Meinen schuch strecke ich vber Edom/ Philistea jauchzet zu mir.

Marginalia linke Spalte:
(Sey keinē gnedig) Das ist/ las dir jr böses fürnemen nicht gefallen/ vnd hilff nicht/ das jre bosheit fort gehe.
ᵃ (Wer solts hören) Das ist/ sie thun als were kein Gott/ der es höret vnd sagen noch denckē nicht/ das ein mal mus laut werden
ᵇ (Macht) Das ist/ weñ sie mir zu mechtig sind so sehe ich auff dich.
ᶜ (Hoffart) Das ist/ bleiben auff jrē trotz vnd stolz.

Marginalia rechte Spalte:
(Rosenspā) Das ist/ ein gehenge oder köstlich kleinod jnn einer rosen gestalt/ Also nennet er hie sein Königreich welchs ein Göttlich kleinod oder span ist.
ᵃ (Wil teilen) Das ist/ Ich rechene was ich fur volck habe.
ᵇ (Fürst) Denn jñ Juda war der Königlich stam.
ᶜ (Waschtepffen) Das ist/ meine vnterthanen.

Gg Wer

Der Psalter.

(Feste stad)
Heisset alles was sicher ist vnd machet.

Wer wil mich füren jnn eine ❜ feſte ſtad? Wer geleitet mich bis jnn Edom.
Wirſtu es nicht thun Gott/der du vns verſtöſſeſt/Vnd zeuchſt nicht aus Gott auff ͤ vnſer heer?

(Vnſer heer)
Das iſt/nicht auff vnſer macht/ſondern auf deine macht thuſtu/was du vns thuſt

Schaff vns beiſtand jnn der not/Denn menſchen hülffe iſt kein nütz.
Mit Gott wöllen wir thatten thun/Er wird vnſer feinde vntertretten.

LXI.

Ein Pſalm Dauids vor zu ſingen auff eim ſeiten ſpiel.

Ore Gott mein geſchrey/Vnd merck auff mein gebet.
Die nidden auff erden ruffe ich zu dir/wenn mein hertz jnn angſt iſt/Du wolteſt mich füren auffm hohen felſen.
Denn du biſt meine zuuerſicht/Ein ſtarcker thurn fur meinen feinden.
Ich wil wonen jnn deiner hütten/ewiglich/Vnd trawen vnter deinen fittigen. Sela.

(Gelübde)
Das ich dich lobe vnd an ruffe/als einen Gott/welchs wir im erſten gebot Gott geloben.

Denn du Gott höreſt meine gelübde/Du beloneſt die wol/die deinen namen fürchten.
Du gibſt einem Könige langes leben/Das ſeine jare wehren jmer fur vnd fur.
Das er jmer ſitzen bleibt fur Got/Erzeige jm güte vnd trewe/die jn behüten.
So wil ich deinem namen lobſingen ewiglich/Das ich meine gelübde bezale teglich.

LXII.

Ein Pſalm Dauids fur Jeduthun vor, zu ſingen.

Eine ſeele harret nur auff Gott/Der mir hilfft.

(Harret)
Iſt ſtille vñ zu frieden/leſſet Gott walten.

Denn er iſt mein Hort/meine hülffe/mein ſchutz/Das mich kein fall ſtürtzen wird/wie gros er iſt.
Wie lange ſtellet jr alle einem nach/Das jr jn erwürget/als ein hangende wand vnd zuriſſene maur?
Sie dencken nur wie ſie jn dempffen/vleiſſigen ſich der lügen/Geben gute wort/im hertzen aber fluchen ſie. Sela.
Aber meine ſeele harret nur auff Gott/Denn er iſt meine hoffnung.
Er iſt mein Hort/mein hülffe vnd mein ſchutz/Das ich nicht fallen werde.
Bey Gott iſt mein Heil/meine ehre/der fels meiner ſtercke/Meine zuuerſicht iſt auff Gott.
Hoffet auff jn alle zeit lieben leute/ſchüttet ewer hertz fur jm aus/Gott iſt vnſer zuuerſicht. Sela.
Aber menſchen ſind doch ja nichts/Groſſe leute feilen auch/Sie wegen weniger denn nichts/ſo viel jr iſt.

(Feilen)
Wer ſich auff menſchen leſſt/der feilet/wie gros ſie auch ſind/So iſts doch nichts mit jn vñ mus feilen

Verlaſſet euch nicht auff vnrecht vnd freuel/haltet euch nicht zu ſolchem/das nichts iſt/Fellet euch reichthum zu/ſo henget das hertz nicht dran.
Gott hat ein wort geredt/das hab ich etlich mal gehört/Das Got allein mechtig iſt.
Vnd du HERR biſt gnedig/Vnd bezaleſt eim jglichen/wie ers verdienet.

LXIII.

Ein Pſalm Dauids/da er war jnn der wüſten Juda.

Ott/du biſt mein Gott/frue wache ich zu dir/Es dürſtet meine ſeele nach dir/Mein fleiſch verlanget

Der Psalter. XXXVI.

verlanget nach dir / jnn eim trocken vnd dürren lande / da kein wasser ist.

Daselbs sehe ich nach dir jnn deinem Heiligthum / Wolt gerne schawen deine macht vnd ehre.

Denn deine güte ist besser denn leben / Meinen lippen preisen dich.

Daselbs wolt ich dich gern loben mein leben lang / Vnd meine hende jnn deinem namen auff heben.

Das were meins hertzen freud vnd wonne / Wenn ich dich mit frölichem munde loben solte.

Wenn ich mich zu bette lege / so denck ich an dich / Wenn ich erwache / so rede ich von dir.

Denn du bist mein helffer / Vnd vnter dem schatten deiner flügel rhüme ich.

Meine seele hanget dir an / Deine rechte hand erhelt mich.

Sie aber stehen nach meiner seele mich zu vberfallen / Sie werden vnter die erden hinunter faren.

Sie werden jns schwerd fallen / Vnd den füchsen zu teil werden.

Aber der König frewet sich jnn Gott / Wer bey jm schweret / wird gerhümbt werden / Denn die lügenmeuler sollen verstopfft werden.

(Macht) Ich wolt gern bey deinem Gottes dienst sein / da du mechtig bist vnd geehret wirst / Aber nn mus ich hie sein jnn der wusten.

LXIIII.

Ein Psalm Dauids vor zu singen.

Hore Gott meine stim jnn meiner klage / Behüte mein leben fur dem grausamen feinde.

Verbirge mich fur der samlung der bösen / Fur dem hauffen der vbelthetter.

Welche jre zungen scherffen wie ein schwerd / Die mit jren gifftigen worten zielen / wie mit pfeilen.

Das sie heimlich schiessen den frumen / Plötzlich schiessen sie auff jn / on alle schew.

Sie sind küne mit jren bösen anschlegen / Vnd sagen / wie sie stricke legen wöllen / vnd sprechen / Wer kan sie sehen?

Sie ertichten schalckheit vnd haltens heimlich / Sind verschlagen vnd haben geschwinde rencke.

Aber Gott wird sie plötzlich schiessen / Das jnen wehe thun wird.

Ir eigen zungen wird sie fellen / Das jr spotten wird wer sie sihet.

Vnd alle menschen die es sehen / werden sagen / Das hat Gott gethan / vnd mercken / das sein werck sey.

Die gerechten werden sich des HERRN frewen / vnd auff jn trawen / Vnd alle frumen hertzen werden sich des rhümen.

(Sehen) Gott sihet sie selbs nicht.

(wehethun) Das sie es fülen werden.

LXV.

Ein Psalm Dauids zum Lied vor zu singen.

GOtt man lobet dich jnn der stille zu Zion / Vnd dir bezalt man gelübde.

Du erhörest gebet / Darumb kompt alles fleisch zu dir.

Vnser missethat drücket vns hart / Du woltest vnser sunde vergeben.

Wol dem / den du erwelest vnd zu dir lessest / das er wone jnn deinen Höfen / Der hat reichen trost von deinem Hause dem Heiligen Tempel.

Erhöre vns nach der wünderlichen gerechtigkeit Got vnser Heil / Der du bist zuuersicht aller auff erden vnd ferne am meer.

Der die berge fest setzt jnn seiner krafft / Vnd gerüstet ist mit macht.

Der du stillest das brausen des meers / das brausen seiner wellen / vnd das toben der völcker.

Dieser Psalm / lobt Gott vmb stille friedlich zeit.

(Gerüstet) Imer fort vnd mehr guts zuthun.

Gg ij Das

Der Psalter.

a
(Zeichen)
Es sind eitel grosse wunder/ wenn Gott fride helt/ vnd steuret den vnfridsamen/ So gehet denn vñ bewert beide menschen vnd vihe/ Welches im kriege nicht sein kan.

b
(Gottes brünlin) Jst sein lan d vñ volck/ psal. xlvj.

Wo er gehet/ da wechsts wol.

Das sich entsetzen die an den selben enden wonen fur deinen a zeichen/ Du machst frölich was da webert/ beide des morgens vnd abents.

Du suchest das land heim vñ wesserst es/ vnd machest es seer reich/ Gottes b brünlin hat wassers die fülle/ du lessest jr getreide wol geraten / Denn also bawestu das land.

Du trenckest seine furchen/ vnd feuchtest sein gepflügtes / Mit regen machstu es weich/ vnd segenest sein gewechse.

Du krönest das jar mit deinem gut/ Vnd deine fusstapffen trieffen von fett.

Die wonunge jnn der wüsten sind auch fett/ das sie trieffen/ Vnd die hühel sind vmbher lüstig.

Die anger sind vol schaffen/ vnd die awen stehen dick mit korn/ Das man jauchzet vnd singet.

LXVI.

Ein Psalm Lied vor zu singen.

J Auchzet Gott/ alle land/ Lobsinget zu ehren seinem namen/ Rhümet jn herlich.

Sprecht zu Gott/ wie wunderlich sind deine werck ? Es wird deinen feinden feilen fur deiner grossen macht.

(Feilen)
Das ist/ das sie wider dich fur nemē

Alle land bete dich an/ vnd lobsinge dir/ Lobsinge deinem namen Sela.

Kompt her/ vnd sehet an die werck Gottes/ Der so wunderlich ist mit seim thun vnter den menschen kindern.

Er verwandelt das meer jns trocken/ das man zu fussen vber das wasser gehet/ Des frewen wir vns jnn jm.

c (Erhöhen)
Sie sollen nicht siegen noch obligen/ wie hoch sie empor rucet.

Er herrschet mit seiner gewalt ewiglich/ seine augen schawen auff die völcker/ Die abtrinnigen werden sich nicht erhöhen künden. Sela.

Lobet jr völcker vnsern Gott/ Last seinen rhum weit erschallen.

Der vnser seelen im leben behelt/ Vnd lesst vnsere füsse nicht gleiten.

Denn Gott du hast vns versucht/ Vnd gelentert/ wie das silber geleutert wird.

Du hast vns bracht jñ eine burg/ Du hast auff vnsere lenden eine last gelegt.

Du hast menschen lassen vber vnser heubt faren/ wir sind jñ feur vnd wasser komen/ Aber du hast vns ausgefürt vnd erquicket.

Darumb wil ich mit brandopffer gehen jnn dein Haus/ Vnd dir meine gelübde bezalen.

Wie ich meine lippen hab auffgethan / Vnd mein mund geredt hat jnn meiner not.

Jch wil dir feiste brandopffer thun von gebranten widdern/ Jch wil opffern rinder mit böcken. Sela.

Kompt her / höret zu alle die jr Gott fürchtet/ Jch wil erzelen/ was er an meiner seelen gethan hat.

Zu jm rieffe ich mit meinem munde/ Vnd preiset jn mit meiner zungen.

Wo ich vnrechts fur hette jnn meinem hertzen/ So würde der HERR nicht hören.

Darumb erhöret mich Got/ Vnd merckt auff mein flehen.

Gelobet sey Gott/ der mein gebet nicht verwirfft/ Noch seine güte von mir wendet.

LXVII.

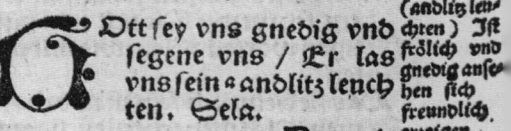

Ein Psalm lied/ vor zu singen/ auff seiten spielen.

G Ott sey vns gnedig vnd segene vns / Er las vns sein a andlitz leuchten. Sela.

Das wir

a
(andlitz leuchten) Jst frölich vnd gnedig ansehen sich freundlich erzeigen.

Der Psalter. XXXVII

Das wir auff erden erkennen seinen weg/ Vnter allen Heiden sein heil.

Es dancken dir Gott die völcker/ Es dancken dir alle völcker.

Die völcker frewen sich vnd jauchzen/ das du die leute recht richtest/ (*Richtest*) *verteidigest vnd regierest* Vnd regierest die leut auff erden. Sela.

Es dancken dir Gott die völcker/ Es dancken dir alle völcker.

Das land gibt sein gewechs/ Es segene vns Gott/ vnser Gott.

Es segene vns Gott/ Vnd alle welt furchte jnn.

LXVIII.
Ein Psalm Lied Dauids/ vor zu singen.

Dieser psalm redet gantz von Christo/ darumb mus man wol drauff mercken denn er furet seltzam rede vn wort nach dē buchstaben.

ES stehe Gott auff/ das seine feinde zurstrewet werden/ Vnd die jn hassen fur jm fliehen.

Vertreibe sie wie der rauch vertrieben wird/ Wie das wachs zurschmeltzt vom feur/ so müssen vmbkomen die Gottlosen fur Gott.

Die gerechten aber müssen sich frewen vnd frölich sein fur Gott/ Vnd von hertzen sich frewen.

Singet Gott/ lobsinget seinem namen/ machet ban dem der da sanfft her feret/ Er heisst HERR/ vnd frewet euch fur jm.

Der ein Vater ist der waisen vnd ein Richter der widwen/ Er ist Gott jnn seiner Heiligen wonunge.

Ein Gott der den einsamen das haus vol kinder gibt/ der die gefangen aus füret zu rechter zeit/ Vnd lesst die abtrinnigen bleiben jnn der dürre.

Gott/ da du fur deinem volck her zogest/ Da du einher giengest jnn der wüsten. Sela.

Da bebet die erde/ vnd die Himel troffen fur diesem Gott jnn Sinai/ Fur dem Gott der Jsraels Gott ist.

Nu aber gibstu Gott einen gnedigen regen/ Vnd dein erbe/ das dürre ist/ erquickestu.

Das deine thier drinnen wonen können/ Gott du labest die elenden mit deinen gütern.

Der HERR gibt das Wort/ Mit grossen scharen Euangelisten.

Die ᵃ Könige der heerscharen sind vnternander freunde/ Vnd die ᵇ Haus ehre teilet den raub aus.

Wenn jr zu felde ligt/ so glentzets als der tauben flügel/ Die wie ᶜ silber vnd gold schimmern.

Wenn der Almechtige hin vnd wider vnter jnen Könige setzt/ So wird es helle/ wo es tunckel ist.

Der berg Gottes ist ein ᵈ fruchtbar berg/ Ein gros vnd fruchtbar gebirge.

Was ᵉ hüpffet jr grosse gebirge? Gott hat lust auff diesem berge zu wonen/ Vnd der HERR bleibt auch jmer daselbst.

Der wagen Gottes ist viel tausent mal tausent/ Der HERR ist vnter jnen jm Heiligen Sinai.

Du bist jnn die Höhe gefaren/ vnd hast das gefengnis gefangen/ Du hast gaben empfangen fur die menschen/ auch die abtrinnigen/ das Gott der HERR dennoch daselbs bleiben wird.

Gelobet sey der HERR teglich/ Gott legt vns eine last auff/ Aber er hilfft vns auch. Sela.

Wir haben einen Gott der da hilfft/ Vnd den HERRN HErrn/ der vom tode errettet.

Aber Gott wird den kopff seiner feinde zu schmeissen sampt jrem ᶠharscheddel/ Die da fort faren jnn jrer sunde.

ᵃ (*Könige*) Sind die Aposteln/ die eintrechtig leren.

ᵇ (*haus ehre*) Heisst auff Ebreisch/ eine hausfrau vnd reder hie von der Kirchen vnd braut Christi.

ᶜ (*Silber vñ gold*) Rot vnd weis/ wie ein heer von harnisch vnd panzern scheinet

ᵈ (*Fruchtbar*) Auff Ebreisch/ setzt das ist/ gut land / nicht kale berge.

ᵉ (*Hupffer*) Rhumet nicht/ pochet auff ewr herlıgkeit.

Christum müssen leide auch seine feinde.

ᶠ (*Harsched*) Das Königreich vnd priesterthum der Jüden/ darumb das sie bleiben im vnglauben.

Gg iij   Doch

Der Psalter.

b
(Fetten)
Aus dē volck
Jsrael das
reich / herr-
lich warvon
Gottes we-
gen.

c
(Brun)
Das ist / für
das reich
Christi / das
angefangen
hat / quillet
vnd wechst.

d
(Thier)
Falsche le-
rer mit jrem
hauffen.

e
(Jren kel-
bern) Das
ist / vnter jre
volck.

(Donner)
Seiner pre-
digt.
(Macht)
Das ist / das
Reich / lasst
in hertz sein.

Doch spricht der HErr / Jch wil
vnter den b fetten etliche holen /
Aus der tieffe des meers wil ich
etliche holen.
Darumb wird dein fus jnn der
feinde blut geferbet werden /
Vnd deine hunde werdens lecken.
Man sihet Gott wie du einher
zeuchst / Wie du mein Gott vnd
König einher zeuchst im Heiligthum.
Die Senger gehen vor her / darnach die spielleute / vnter den
megden die da paucken.
Lobet Gott den HErrn jnn den
versamlungen / fur den c brun
Jsrael.
Da herschet vnter jnen der kleine
BenJamin / Die Fürsten Juda mit jren hauffen / Die Fur-
sten Sebulon / Die Fürsten Naphthali.
Dein Gott hat dein Reich auffgerichtet / das selbe woltestu Gott
vns stercken / Denn es ist dein
werck.
Vmb deines Tempels willen zu
Jerusalem / Werden dir die Könige geschencke zu füren.
Schilt das d thier im rhor / die rotte der ochsen vnter e jren kelbern
die da treiben vmb gelts willen / Er zurstrewet die völcker
die da gerne kriegen.
Die Fürsten aus Egypten werden komen / Moren land wird
seine hende ausstrecken zu Gott.
Jr Königreiche auff erden singet
Got / Lobsinget dem HErrn.
Sela.
Dem der da feret im himel allenthalben von anbegin / Sihe / er
wird seinem donner krafft geben.
Gebt Gott die macht / seine herrligkeit ist jnn Jsrael / Vnd seine
macht jnn den wolcken.
Gott ist wundersam jnn seine Heiligthum / Er ist Gott Jsrael / Er
wird dem volck macht vñ krafft
geben / Gelobet sey Gott.

LXIX.

Ein psalm Dauids von den
Rosen vor zu singen.

GOtt hilff mir / Denn das
wasser gehet mir bis
an die seele.
Jch versincke jn tieffem
schlam / da kein grund ist / Jch
bin im tieffen wasser / vnd die
flut wil mich erseuffen.
Jch hab mich müde geschrien /
mein hals ist heisch / Das gesicht vergehet mir / das ich so
lange mus harren auff meinen
Gott.
Die mich on vrsach hassen / Der
ist mehr denn ich har auff dem
heubt habe.
Die mir vnbillich feind sind vnd
mich verderben / sind mechtig /
Jch mus bezalen das ich nicht
geraubt habe.
Gott du weissest meine torheit /
Vnd meine schülde sind dir nicht verborgen.
Las nicht zu schanden werden an
mir / dein harren / HERR HE-
RR Zebaoth / Las nicht scham
rot werden die dich suchen Gott
Jsrael.
Denn vmb deinen willen trage
ich schmach / Mein angesicht
ist voller schande.
Jch bin frembd worden meinen
brüdern / Vnd vnbekand meiner mutter kindern.
Denn ich einere mich schier zu tod
vmb dein Haus / Vnd die
schmach dere die dich schmehen / fallen auff mich.
Vnd ich weine vnd faste bitter-
lich / Vnd man spottet mein
dazu.
Jch hab einen sack angezogen /
Aber sie treiben das gespött
draus.
Die im thor sitzen / waschen
von mir / Vnd jnn den zech-
en singet man von mir.

Jch

Der Psalter. XXXVII

Ich aber bete HERR zu dir/weil du gnedig bist/Gott durch deine grosse güte/erhöre mich mit deiner trewen hülffe.

Errette mich aus dem kot / das ich nicht versincke/ Das ich errettet werde von meinen hassern/ vnd aus dem tieffen wasser.

Das mich die wasserflut nicht erseuffe/ vnd die tieffe nicht verschlinge/ Vnd das loch der gruben nicht vber mir zu samen gehe.

Erhöre mich HERR/ denn deine güte ist tröstlich/ Wende dich zu mir / nach deiner grossen barmhertzigkeit.

Vnd verbirge dein angesicht nicht fur deinem knechte/ Denn mir ist angst/ erhöre mich eilend.

Mach dich zu meiner seele vnd erlöse sie/ Erlöse mich vmb meiner feinde willen.

Du weissest meine schmach/schande vnd scham/ Meine widersacher sind alle fur dir.

Die schmach bricht mir mein hertz/ vnd krencket mich/ Ich warte obs jemand jamert/ aber da ist niemand/ Vnd auff tröster/ aber ich finde keine.

Vnd sie geben mir gallen zu essen/ Vnd essig zu trincken / jnn meinem grossen durst.

(Tisch) Das ist / jr predigt vnd lere / damit sie sich meinen zu speisen.

Jr tisch müsse fur jnen zum strick werden/Zur vergeltung vnd zu einer falle.

Jre augen müssen finster werden/ das sie nicht sehen/ Vnd jre lenden las jmer wancken.

Geus deine vngnade auff sie/ Vnd dein grimmiger zorn ergreiffe sie.

Jr wonnunge müsse wüste werden/ Vnd sey niemand der jnn jren hütten wone.

Denn sie verfolgen den du geschlagen hast/ Vnd rhümen/das du die deinen vbel schlahest.

Das ist / las jnen nichts gut noch recht sein.

Las sie jnn eine sunde vber die andern fallen/ Das sie nicht komen zu deiner gerechtigkeit.

Tilge sie aus dem Buch der lebendigen/ Das sie mit den gerechten nicht angeschrieben werden

Ich aber bin elend vnd mir ist wehe / Gott deine hülffe schütze mich.

Ich wil den namen Gottes loben mit eim Lied/ Vnd wil jn hoch ehren mit danck.

Das wird dem HERRN bas gefallen denn ein farr/ Der hörner vnd klawen hat.

Die elenden sehen vnd frewen sich/ Vnd die Gott suchen/ den wird das hertz leben.

Denn der HERR höret die armen/ Vnd verachtet seine gefangene nicht.

Es lobe jn himel/ erden vnd meer/ Vnd alles das sich drinnen reget.

Denn Gott wird Zion helffen/ vnd die stedte Juda bawen/ Das man daselbs wone vnd sie besitze.

Vnd der same seiner knechte werden sie ererben/ Vnd die seinen namen lieben/ werden drinnen bleiben.

LXX.

Ein Psalm Dauids vor zu singen zum gedechtnis.

EIle Gott mich zu erretten/ HERR mir zu helffen.

Es müssen sich schemen vnd zu schanden werden / die nach meiner seelen stehen.

Sie müssen zu rück keren vnd gehönet werden/ Die mir vbels wündschen.

Das sie müssen widerumb zu schanden werden/ Die da vber mich schreien/ Da da.

Frewen vnd frölich müssen sein an dir/ die nach dir fragen/ Vnd die dein Heil lieben/ jmer sagen/ Doch gelobt sey Gott.

Gg iiij   Ich

Der Psalter.

Ich aber bin elend vnd arm/Got eile zu mir/ Denn du bist mein Helffer vnd erretter/ mein Gott verzeuch nicht.

LXXI.

HERR ich trawe auff dich Las mich nimer mehr zu schanden werden.

Errette mich durch deine gerechtigkeit / vnd hilff mir aus/ Neige deine ohren zu mir vnd hilff mir.

Sey mir ein starcker Hort/dahin ich jmer fliehen müge/ der du zu gesagt hast mir zu helffen/ Denn du bist mein Fels vnd meine Burg.

Mein Gott hilff mir aus der hand des Gottlosen / Aus der hand des vnrechten vnd Tyrannen.

Denn du bist meine zuuersicht/ HErr HERR/ Meine hoffnung von meiner jugent an.

Auff dich hab ich mich verlassen von mutter leib an/ Du hast mich aus meiner mutter leibe gezogen/ Mein rhum ist jmer von dir.

Ich bin fur vielen wie ein wunder/ Aber du bist meine starcke zuuersicht.

Las meinen mund deines rhumes/ Vnd deines preises vol sein teglich.

Verwirff mich nicht jnn meinem alter/ Verlas mich nicht wenn ich schwach werde.

Denn meine feinde reden wider mich/ Vnd die auff meine seele halten/beraten sich mit einander.

Vnd sprechen/Gott hat jn verlassen/ Jaget nach vnd ergreifft jn/Denn da ist kein erretter.

Gott sey nicht ferne von mir/ Mein Gott eile mir zu helffen.

Schemen müssen sich vnd vmbkomen / die meiner seele wider sind/ Mit schand vnd hohn müssen sie vberschüttet werden/die mein vnglück suchen.

Ich aber wil jmer harren/ Vnd wil jmer deines rhumes mehr machen.

Mein mund sol verkündigen deine gerechtigkeit / teglich dein Heil/ Die ich nicht alle zelen kan.

Ich gehe einher jnn der krafft des HERRN HERRN/ Ich preise allein deine gerechtigkeit.

Gott du hast mich von jugent auff geleret/ Darumb verkündige ich deine wunder.

Auch verlas mich nicht Gott im alter/ wenn ich graw werde/ Bis ich deinen arm verkündige kinds kindern/ Vnd deine krafft allen die noch komen sollen.

Gott deine gerechtigkeit ist hoch/ der du grosse ding thust/ Gott wer ist dir gleich?

Denn du lessest mich erfaren viel vnd grosse angst/ Vnd machst mich wider lebendig/ Vnd holest mich wider aus der tieffe der erden herauff.

Du machest mich seer gros/Vnd tröstest mich wider.

So dancke ich auch dir mit Psalter spiel fur deine trewe/ mein Gott/ Ich lobsinge dir auff der harffen/ du Heiliger jnn Israel.

Meine lippen vnd meine seele/die du erlöset hast/ Sind frölich/ vnd lobsingen dir.

Auch tichtet meine zunge teglich von deiner gerechtigkeit/ Denn schemen müssen sich vnd zu schanden werden / die mein vnglück suchen.

LXII.
Des Salomo.

Ott gib dein gericht dem Könige/Vnd deine gerechtigkeit des Königes sone.

Das

Der Psalter. XXXVIII

Das er dein volck bringe zur gerechtigkeit/ Vnd deine elenden rette.

Las die berge den friden bringen vnter das volck/ Vnd die hühel die gerechtigkeit.

Er wird das elende volck bey recht erhalten/ vnd den armen helffen/ Vnd die lesterer zeschmeissen.

Man wird dich fürchten/ so lange die Sonne vnd der Mond wehret/ Von kind zu kindes kinden.

(Fell)
Wie Gedeon geschach/
Jud. vj.

Er wird herab faren wie der regen auff das fell/ Wie die tropffen/ die das land feuchten.

Zu seinen zeiten wird blühen der gerechte/ vnd grosser fride/ Bis das der Mond nimer sey.

(Wasser)
Das ist/ vom Jordan.

Er wird herrschen von eim meer bis ans ander/ Vnd von dem wasser an bis zur welt ende.

Fur jm werden sich neigen die jnn der wüsten/ Vnd seine feinde werden staub lecken.

Die Könige am meer vnd jnn den Jnsulen werde geschencke bringen/ Die Könige aus reich Arabien vnd Seba werden gaben zu füren.

Ein König der armen schrienden.
a (Beben) Das ist/ Der berg Libanon stehet dick von bawmen, vn bebet wenn der wind webd/ so dick wird auch das Euangelion stehen vnd beben jnn den stedten/ das ist/ Es wird das Euangelion vnd die Christen reich/ich wachsen vn zunemen.

Alle Könige werden jn anbeten/ Alle Heiden werden jm dienen.

Denn er wird den armen erretten der da schreiet/ Vnd den elenden der keinen helffer hat.

Er wird gnedig sein den geringen vnd armen/ Vnd den seelen der armen wird er helffen.

Er wird jre seele aus dem trug vnd freuel erlösen/ Vnd jr blut wird thewr geacht werden fur jm.

Er wird leben/ vnd man wird jm vom gold aus reich Arabien geben/ Vnd man wird jmerdar fur jm beten/ teglich wird man jn loben.

Auff erden oben auff den bergen wird das getreide dick stehen/ Seine frucht wird a beben wie Libanon/ Vnd wird grünen jnn den stedten/ wie gras auff erden.

Sein name wird ewiglich bleiben/ so lange die Sonne weret/ wird sein name auff die nachkomen reichen/ Vnd werden durch den selben gesegenet sein/ Alle Heiden werden jn preisen.

Gelobet sey Gott der HERR der Gott Jsrael/ Der alleine wunder thut.

Vnd gelobet sey sein herrlicher name ewiglich/ Vnd alle land müssen seiner ehre vol werden/ Amen/ Amen.

Ein ende haben die gebet Dauids des sons Jsai.

LXXIII.
Ein Psalm Assaph.

JSrael hat dennoch Gott zum trost/ Wer nur a reines hertzen ist.

Ich aber hette schier gestrauchelt mit meinen füssen/ Mein tritt hette viel nahe geglitten.

Denn es verdros mich auff die rhumredtigen/ Da ich sahe/ das den Gottlosen so wol gieng

Denn sie sind jnn keiner fahr des todes/ Sondern stehen fest wie ein pallast.

Sie sind nicht jnn vnglück wie ander leute/ Vnd werden nicht wie ander menschen geplagt.

Darumb mus jr trotzen köstlich ding sein/ Vnd jr freuel mus wolgethan heissen.

Jr person b brüstet sich wie ein fetter wanst/ Sie thun was sie nur gedencken.

Sie vernichten alles/ vnd reden vbel dauon/ Vnd reden vnd lestern hoch her.

Was sie reden/ das mus vom Himel herab gered sein/ Was sie sagen/ das mus gelten auff erden.

Darumb

b (Reichen) Das ist/ mā wird seinen namen jmer predigen fur vnd fur/ ob gleich die alten sterben/ so thuns die nachkomen.

a (Rein hertz) Ist/ das hertz helt an Gottes wort rein vnd lauter.

b (Brüstet) Das ist/ sie sind fett/ das ist/ reich/ mechtig/ jnn ehren/ darumb brüsten sie sich/ vnd wollen forn vnd oben an sein/ vnd fur alle gesehē sein/ Was sie thun / das mus recht vñ sein sein/ Was sie reden/ das ist köstlich/ das jr pracht vñ hoffart gleich eine ehre vñ zierde gehalten wird. Was aber ander reden vnd thun/ das mus līncken/ vnd nichts sein/ jr zunge regirt im himel vñ erden.

Der Psalter.

Darumb fellet inen der pöbel zu / Denn sie geniessen ires wassers wol.

Vnd sprechen / Was solt Gott nach jenen fragen / Was solt der Höhest jr achten?

Sihe / das sind die Gottlosen / Die sind glückselig jnn derwelt / vnd werden reich.

Sols denn vmb sonst sein / das mein hertz vnstrefflich lebt / Vnd ich meine hende jnn vnschuld wassche?

Vnd bin geplagt teglich / Vnd meine straffe ist alle morgen da?

Ich hatte auch schier so gesaget / wie sie / Aber sihe / damit hette ich verdampt alle deine kinder / die je gewesen sind.

Ich gedacht jm nach / das ichs begreiffen möchte / Aber es war mir zu schweer.

(Heiligthum) Da man Gottes wort höret / vnd solche sache recht lernet verstehe.

Bis das ich gieng jnn das Heiligthum Gottes / Vnd mercket auff jr ende.

Aber du setzest sie auffs schlipfferige / Vnd störtzest sie zu boden.

Wie werden sie so plötzlich zu nichte / Sie gehen vnter / vnd nemen ein ende mit schrecken.

(Bilde) Das ist / jr zeitlich wesen / welchs nur ein schein vnd bilde ist.

Wie ein trawm / wenn einer erwacht / So machstu HERR jr bilde jnn der stad verschmecht.

Aber es thut mir wehe im hertzen / Vnd sticht mich jnn meinen nieren.

Das ich mus ein narr sein / vnd nichts wissen / Vnd mus wie ein thier sein fur dir.

Dennoch bleibe ich stets an dir / Denn du heltest mich bey meiner rechten hand.

Du leitest mich nach deinem rat / Vnd nimpst mich endlich mit ehren an.

Wenn ich nur dich habe / So frage ich nichts nach Himel vnd erden.

Wenn mir gleich leib vnd seel verschmacht / So bistu doch Got allzeit meins hertzen trost / vnd mein teil.

Denn sihe / die von dir weichen / werden vmbkomen / Du bringest vmb alle die wider dich huren.

Aber das ist meine freude / das ich mich zu Gott halte / vnd meine zuuersicht setze auff den HERRN / Das ich verkündige wie du es machst.

(Wie du) Anders dess die frumen sorgen vnd die Gottlosen hoffen.

LXXIIII.
Ein vnterweisunge Assaph.

GOtt warumb verstössestu vns so gar / Vnd bist so grimmigzornig vber die schafe deiner weide?

Gedenck an deine Gemeine die du vor alters erworben / vnd dir zum erbteil erlöset hast / An den berg Zion da du auff wonest.

Tritt auff sie mit füssen / vnd stos sie gar zu boden / Der feind hat alles verderbet jm Heiligthum.

Deine widerwertigen brüllen jnn deinen heusern / Vnd setzen jre Götzen drein.

Man sihet die egste oben her blicken / Wie man jnn einen wald hawet.

Vnd zuhawen alle seine tafel werck / Mit beil vnd barten.

Sie verbrennen dein Heiligthum / Sie entweihen die wonunge deines namens zu boden.

Sie sprechen jnn jrem hertzen / lasst vns sie plündern / Sie verbrennen alle heuser Gottes jm lande.

(Heuser) Das ist / die örter / da Gott sein wort hat / als jnn den Schulen.

Vnsere zeichen sehen wir nicht / vnd kein Prophet prediget mehr / Vnd kein Lerer leret vns mehr.

Ah Gott / wie lange sol der widerwertige schmehen / Vnd der feind deinen namen so gar verlestern?

Warumb

Der Psalter. XXXIX.

b (Schos) Ist der tempel darin Got sein volck samlet vñ leret / wie eine mutter jr kind tregt / vnd seuget es.

c (Drachen) Tyrannen / als pharao vñ seine Fürsten / also auch die Walfische.

d (Quellen) Gott bawet land vñ stedte / Er verstört sie auch wider.

Warumb wendestu deine hand ab / Vnd deine rechten von deinem schos so *b* gar?
Aber Gott ist mein König von alters her / Der alle hülffe thut / so auff erden geschicht.
Du zurtrennest das meer durch deine krafft / Vnd zubrichst die köpffe der *c* Drachen im wasser.
Du zuschlegst die köpffe der walfische / Vnd gibst sie zur speise dem volck jnn der einöde.
Du lessest *d* quellen brunnen vnd beche / Du lessest versigen starcke strome.
Tag vnd nacht ist dein / Du machest / das beide Sonn vnd gestirn jren gewissen lauff haben.
Du setzest eim jglichen lande seine grentze / Sommer vnd winter machestu.
So gedenckt doch des / das der feind den HERRN schmehet / Vnd ein töricht volck lestert deinen namen.
Du woltest nicht dem thier geben die seele deiner dorteltawben / Vnd deine elende thiere nicht so gar vergessen.
Gedencke an den Bund / Denn das land ist allenthalben jemerlich verheret / Vnd die heuser sind zu rissen.
Las den geringen nicht mit schanden dauon gehen / Denn die armen vnd elenden / die rhümen deinen namen.
Mach dich auff Gott vnd füre aus deine sache / gedenck an die schmach die dir teglich von den thoren widerferet.
Vergiss nicht des geschreies deiner feinde / Das toben deiner widerwertigen wird je lenger je grösser.

LXV.

Ein Psalm vnd lied Assaph / das er nicht vmbkeme / vor zu singen.

Jr dancken dir Gott / wir dancken dir / Vnd verkündigen deine wunder / das dein name so nahe ist.
Denn zu seiner zeit / So werde ich recht richten.
Das land zittert vnd alle die drinnen wonen / Aber ich halte seine seulen feste. Sela.
Ich sprach zu den rhumrettigen / rhümet nicht so / Vnd zu den Gottlosen / pochet nicht auff gewalt.
Pochet nicht so hoch auff ewer gewalt / Redet nicht halstarrig.
Es habe kein not weder von auffgang noch von nidergang / Noch von dem gebirge jnn der wüsten.
Denn Gott ist Richter / Der diesen nidriget vnd jenen erhöhet.
Denn der HERR hat einen becher jnn der hand / vnd mit starckem wein vol eingeschenckt / vnd *e* schenckt aus dem selben / Aber die Gotlosen müssen alle trincken / vnd die hefen aussauffen.
Ich aber wil verkündigen ewiglich / Vnd lobesingen dem Gott Jacob.
Vnd wil alle gewalt der Gottlosen zubrechen / Das die gewalt der gerechten erhöhet werde.

LXXVI.

Ein Psalm lied Assaph / auff seiten spiel vor zu singen.

Gott ist jn Juda bekand / Inn Israel ist sein name herrlich.
Zu Salem ist sein gezelt / Vnd seine wonunge zu Zion.
Daselbs zubricht er die pfeil des bogens / Schild / schwerd vnd streit. Sela.
Du bist herrlicher vnd mechtiger / denn die *d* Raweberge.
Die

(Nahe) Der vns bald vnd getrost hilfft vnd erhelt.

(Seulen) Die fromen erschrecken fur Gott / Aber ersterckt sie doch / Die Gottlosen bleibē stoltz vnd gehen also vnter.

e (Schenckt) Das ist / er teilet eim jglichen sein mas zu / das er leide. Aber die grundsuppe bleibt den Gottlosen.

d (Raubeberge) Das sind die grossen Königreich vnd Fürstenthum / Als Assirien / Babylon vnd Egypten / die die land vnter sich mit streit brachten vñ also zu sich raubten.

Der Psalter.

Die stoltzen müssen beraubet werden vnd entschlaffen/ Vnd alle krieger müssen die hand lassen sincken.

Von deinem schelten Gott Jacob/ Sinckt jnn schlaff beide ros vnd wagen.

Du bist erschrecklich/ Wer kan fur dir stehen/wenn du zürnest?

Wenn du das vrteil lessest hören vom himel/ So erschrickt das erdreich vnd wird stille.

Wenn Gott sich auff macht zu richten/ Das er helffe allen elenden auff erden. Sela.

(Bekennen) Das ist/ die leute stossen sich an dein straffen.

Wenn du einen menschen straffest/ so mus man dich bekennen/ Das du gerüst seiest andere mehr zu straffen.

(Gelobet) Das er sol ewr Gott sein/wie das erste Gebot wil/ vnd gelobt nicht den heiligen noch andere gelübde.

Gelobet vnd haltet dē HERRN ewrem Gott/ alle die jr vmb jn her seid/ Bringet geschenck dem Schrecklichen.

Der den Fürsten den mut nimpt/ Vnd schrecklich ist vnter den königen auff erden.

LXXVII

Ein Psalm Assaph/ fur Jeduthun vor zu singen.

ICh schreie mit meiner stim zu Gott/ Zu Gott schreie ich/ vnd er erhöret mich.

Jnn der zeit meiner not suche ich den HErrn/meine hand ist des nachts ausgereckt vnd lesst nicht ab/ Denn meine seele wil sich nicht trösten lassen.

Wenn ich betrübt bin/ so dencke ich an Gott/ Wenn mein hertz jnn engsten ist/so rede ich. Sela.

Meine augen heltestu/das sie wachen/ Jch bin so onmechtig/ das ich nicht reden kan.

Jch dencke der alten zeit/ Der vorigen jare.

Jch dencke des nachts an mein seiten spiel/ Vnd rede mit meinem hertzen/ Mein Geist mus forschen.

Wird denn der HErr ewiglich verstossen/ Vnd keine gnade mehr erzeigen?

Jsts denn gantz vnd gar aus mit seiner güte?Vnd hat die verheissunge ein ende?

Hat denn Gott vergessen gnedig zu sein/Vnd seine barmhertzigkeit für zorn verschlossen? Sela.

Aber doch sprach ich/damit krencke ich mich selber/ Die rechte hand des Höhesten kan alles endern.

(Kan alles) Das ist/ ich magnichs zu tod drumb komern/ich kans aber dennoch nicht endern.

Drumb gedencke ich an die thatten des HERRN/ Ja ich gedencke an deine vorige wunder.

Vnd rede von alle deinen wercken/Vnd sage von deinem thun.

Gott dein weg ist heilig/ Wo ist so ein mechtiger Gott/ als du bist?

(Heilig) Jst verborgen als weiss Gott/ leben gibt im tode/ Vnd nahe ist/wenn er verne ist/ Welchs die vernunfft nicht begreifft/ Es ist zu heilig vnd verborgen.

Du bist der Got der wunder thut/ Du hast deine macht beweiset vnter den völckern.

Du hast dein volck erlöset gewaltiglich/ Die kinder Jacob vnd Joseph. Sela

Die wasser sahen dich Gott/ die wasser sahen dich/ vnd engsteten sich/Vnd die tieffen tobeten.

Die dicke wolcken gossen wasser/ Die wolcken donnerten/ vnd die stralen furen da her.

Es donnerte im Himel/ deine blitze leuchteten auff dem erdboden/ Das erdreich regete sich vnd bebete dauon.

Dein weg war im meer/ vnd dein pfad jnn grossen wassern/Vnd man spüret doch deinen fus nicht.

Du füretest dein volck wie ein Herd schafe/ Durch Mosen vnd Aaron.

LXXVIII.

Ein vnterweisunge Assaph.

Höre

Der Psalter. XL.

Öre mein volck mein Gesetze/ Neiget ewre ohren zu der rede meines mundes.

Ich wil meinen mund auffthun zu sprüchen/ Vnd alte geschichte aussprechen.

Die wir gehört haben vnd wissen/ Vnd vnser Veter vns erzelet haben.

Das wirs nicht verhalten sollen jren kindern/ die hernach komen/ Vnd verkündigeten den rhum des HERRN/ vnd seine macht vnd wunder die er gethan hat.

Er richtet ein Zeugnis auff jnn Jacob/ vnd gab ein Gesetz jnn Israel/ Das er vnsern Vetern gebot zu leren jre kinder.

Auff das die nachkomen lerneten/ Vnd die kinder die noch solten geborn werden.

Wenn sie auffkemen/ Das sie es auch jren kindern verkündigeten.

Das sie setzen auff Gott jre hoffnung/ Vnd nicht vergessen der thaten Gottes/ vnd seine gebot hielten.

Vnd nicht würden wie jre Veter/ ein abtrünnige vnd vngehorsame art/ Welchen jr hertz nicht fest war/ vnd jr geist nicht trewlich hielt an Gott.

Wie die kinder a Ephraim so geharnscht den bogen füreten/ Abfielen zur zeit des b streits.

Sie hielten den Bund Gottes nicht/ Vnd wolten nicht jnn seinem Gesetze wandeln.

Vnd vergassen seiner thatten/ Vn seiner wunder/ die er jnen erzeiget hatte.

Fur jren Vetern thet er wunder jnn Egypten land/ Im felde Zoan.

Er zurteilet das meer/ vnd lies sie durch hin gehen/ Vn stellet das wasser/ wie eine maur.

Er leitet sie des tages mit einer wolcken/ Vnd des nachts mit einem hellen fewer.

Er reiss die felsen jnn der wüsten Vnd trencket sie mit wasser die fülle.

Vnd lies beche aus den felsen fliessen/ Das sie hinab flossen wie wasser ströme.

Noch sündigeten sie weiter wider jn/ Vnd erzürneten den Höhesten jnn der wüsten.

Vnd versuchten Gott jnn jrem hertzen/ Das sie speise foddereten für jre seelen.

Vnd redten wider Gott vnd sprachen/ Ja Gott solt wol können einen tisch bereiten jnn der wüsten.

Sihe/ er hat wol den felsen geschlagen/ das wasser flossen/ Vnd beche sich ergossen.

Aber wie kan er brod geben/ Vnd seinem volck fleisch verschaffen?

Da nu das der HERR höret/ entbrand er/ vnd feur gieng an jnn Jacob/ Vnd zorn kam vber Israel.

Das sie nicht gleubten an Gott/ Vnd hoffeten nicht auff seine hülffe.

Vnd er gebot den wolcken droben Vnd thet auff die thüre des himels.

Vnd lies Man auff sie regen zu essen/ Vnd gab jnen Himelbrod.

Sie assen Engelbrod/ Er sandte jnen speise die fülle.

Er lies weben den Ostwind vnter dem Himel/ Vnd erreget durch seine stercke den sudwind

Vnd lies fleisch auff sie regenen wie staub/ Vnd vögel wie sand am meer.

Vnd lies sie fallen vnter jr lager allenthalben/ Da sie woneten.

Da assen sie vnd wurden allzu satt/ Er lies sie jre lust büssen.

Da sie nu jre lust gebüsset hatten/ Vnd sie noch dauon assen.

Da kam der zorn Gottes vber sie/ vnd erwürget die fürnemsten

V h unter

---

a Vor den Königen stund das regiment im stam Ephraim/ Die füreten den harnsch vnd bogen. Aber sie waren stoltz vnd traweten Gott nicht/ Darumb ward es von jnen genomen vnd Silo verstört/ vnd ward jnn Juda auffgericht.

b (Streit) Streit heisst hie anfechtung/ fahr vnd not.

Der Psalter.

vnter jnen/ Vnd schlug darnidder die besten jnn Israel.

Aber vber das alles sundigeten sie noch mehr/ Vnd gleubten nicht an seine wunder.

(Erlangeten) Das sie das verheissen land nicht kriegen/ vnd vmb sonst gezogt waren aus Egypten.

Darumb lies er sie dahin sterben/ das sie nicht erlangeten/ Vnd musten jr leben lang geplaget sein.

Wenn er sie erwürget/ suchten sie in/ Vnd kereten sich frue zu Gott.

Vnd gedachten/ das Got jr Hort ist/ Vnd Gott der Höhest jr erlöser ist.

Vnd heuchelten jm mit jrem munde/ vnd logen jm mit jrer zungen/ Aber jr hertz war nicht feste an jm/ vnd hielten nicht trewlich an seinem Bunde.

Er aber war/ barmhertzig/ vnd vergab die missethat/ vnd vertilget sie nicht/ Vnd wendet offt seinen zorn ab/ vnd lies nicht seinen gantzen zorn gehen.

Denn er gedacht/ das sie fleisch sind/ Ein wind der dahin feret/ vnd nicht wider kompt.

Sie erzürneten jn gar offt jnn der wüsten/ Vnd entrüsten jn jnn der einöde.

Sie versuchten Gott jmer wider/ Vnd reitzeten den Heiligen jnn Israel.

Sie dachten nicht an seine hand/ Des tages da er sie erlösete von den feinden.

Wie er denn seine zeichen jnn Egypten gethan hatte/ Vnd seine wunder im lande Zoan.

Da er jr wasser jnn blut wandelt/ Das sie jre beche nicht trincken kunden.

Da er vnziuer vnter sie schickt/ die sie frassen/ Vnd kröten die sie verderbeten.

Vnd gab jre gewechse den raupen/ Vnd jre saat den hewschrecken.

Da er jre weinstöcke mit hagel schlug/ Vnd jre maulber beume mit frost.

Da er jr vieh schlug mit hagel/ Vnd jre herde mit stralen.

Da er böse Engel vnter sie sandte/ jnn seinem grimmigen zorn/ Vnd lies sie toben vnd wüten vnd leide thun.

Da er seinen zorn lies fort gehen/ Vnd jrer seelen fur dem tode nicht verschonet/ vnd lies jr vieh an der Pestilentz sterben.

Da er alle erste geburt jnn Egypten schlug/ Die ersten erben jnn den hütten Ham.

Vnd lies sein volck ausziehen wie schafe/ Vnd füret sie wie eine herde jnn der wüsten.

Vnd er leitet sie sicher/ das sie sich nicht furchten/ Aber jre feinde bedeckt das meer.

Vnd bracht sie jnn seine Heilige grentze/ Zu diesem berge/ den sein rechte erworben hat.

Vnd vertreib fur jnen her die völcker/ Vnd lies jnen das erbe austeilen/ vnd lies jnn jener hütten die stemme Israel wonen.

Aber sie versuchten vnd erzürneten Gott den Höhesten/ Vnd hielten seine zeugnis nicht.

Vnd fielen zu ruck vnd verachteten alles wie jre Veter/ Vnd hielten nicht/ gleich wie ein loser bogen.

Vnd erzürneten jn mit jren Höhē/ Vñ reitzeten jn mit jren Götzen.

Vnd da das Gott höret/ entbrand er/ Vnd verwarff Israel seer.

Das er seine wonünge zu Silo lies faren/ Die hütten da er vnter menschen wonet.

Vnd gab jre Macht ins gefengnis/ Vnd jre herrligkeit jnn die hand des feindes.

(Macht) Das ist/ die lade des bund/ darauff sie sich liessen etc.

Vnd vbergab sein volck jns schwerd/ Vnd entbrand vber sein erbe.

Jre junge manschafft fras das fewr/ Vnd jre jungfrawen musten vngefreiet bleiben.

Jre Priester fielē durchs schwerd/ Vnd waren keine widwen/ die da weinen solten.   Vnd der

Vnd der HERR erwachet wie ein schlaffender / Wie ein starcker jauchzet / der vom wein kompt.
Vnd schlug seine feinde im hindern / Vnd henget jnen eine ewige schande an.
Vnd verwarff die hüten Joseph / Vnd erwelet nicht den stam Ephraim.
Sondern erwelet den stam Juda / Den berg Zion / welchen er liebet.
Vnd bawet sein Heiligthum hoch / Wie ein land / das ewiglich fest stehen sol.
Vnd erwelet seinen knecht Dauid / Vnd nam jn von den schaffstellen.
Von den seugenden schaffen holet er jn / Das er sein volck Jacob weiden solt / vnd sein erbe Jsrael.
Vnd er weidet sie auch mit aller trew / vnd regiert sie mit allem vleis.

LXXIX.

Ein Psalm Assaph.

HERR / es sind Heiden jnn dein erbe gefallen / Die haben deinen heiligen Tempel verunreiniget / vnd aus Jerusalem steinhauffen gemacht.
Sie haben die leichnam deiner knechte den vögeln vnter dem Himel zu fressen gegeben / Vnd das fleisch deiner Heiligen den thieren im lande.
Sie haben blut vergossen vmb Jerusalem her / wie wasser / Vnd war niemand der begrub.
Wir sind vnsern nachbarn eine schmach worden / Ein spot vnd hohn denen die vmb vns sind.
HERR wie lange wiltu so gar zürnen? Vnd deinen eiuer wie fewer brennen lassen.
Shütte deinen grim auff die Heiden / die dich nicht kennen / Vnd auff die Königreiche / die deinen namen nicht anruffen.
Denn sie haben Jacob auffgefressen / Vnd seine heuser verwüstet.
Gedencke nicht vnser vorigen missethat / Erbarm dich vnser bald / Denn wir sind fast dünne worden.
Hilff du vns Gott vnser helffer / vmb deines namens ehre willen / Errette vns vnd vergib vns vnser sunde / vmb deines namens willen.
Warumb lessestu die Heiden sagen / wo ist nu jr Gott? Las vnter den Heiden fur vnsern augen kund werden die rache des bluts deiner knechte / das vergossen ist.
Las fur dich komen das seufftzen der gefangenen / Nach deinem grossen arm behalt die kinder des todes.
Vnd vergilt vnsern nachbarn siebenfeltig jnn jren bosem / Jre schmach damit sie dich HERR geschmecht haben.
Wir aber dein volck vnd schafe deiner weide dancken dir ewiglich / Vnd verkündigen deinen rhum fur vnd fur.

LXXX.

Ein Psalm Assaph / von den Spahnrosen vorzu singen.

DV Hirte Jsrael höre der du a Joseph hütest wie der schafe / Erscheine der du sitzest vber Cherubim.
Erwecke deine gewalt / der du fur b Ephraim / Ben Jamin vnd Manasse bist / Vnd kome vns zu hülffe.
Gott tröste vns / vnd las leuchten dein andlitz / So genesen wir.

(Kinder des todes) Die man teglich dahin würget / vnd gar auffreumen wil.

(Span rosen) Ein Kleinod wie eine rosen / Vnd heist hie das Königreich Jsrael.

a (Joseph) Das ist / das Königreich Jsrael.

b (Ephraim) Das ist / auff dem gnadenstuel / hinder welchem diese stemme Jsrael lagen, Nu. ij.

Der Psalter.

HERR Gott Zebaoth/ Wie lange wiltu zürnen vber dem gebet deines volcks?

Du speisest sie mit threnen brod/ Vnd trenckest sie mit grossem mas vol threnen.

Du lessest alle vnser nachbar vns zwacken/ Vnd vnser feinde spotten vnser.

Gott Zebaoth tröste vns/ Las leuchten dein andlitz/ so genesen wir.

Du hast einen weinstock aus Egypten geholet/ Vnd hast vertrieben die Heiden/ vnd den selben gepflantzet.

Du hast fur jm die ban gemacht/ vnd hast jn lassen einwurtzeln/ das er das land erfüllet hat.

Berge sind mit seinem schatten bedeckt/ Vnd mit seinen reben die Cedern Gottes.

(Cedern Gottes) Id est/ regnum dilatatum vsq; ad Libanum. (Wasser) Das ist das wasser Phrath.

Du hast sein gewechs ausgebreitet bis ans meer/ Vnd seine zweige bis ans wasser.

Warumb hastu denn seinen zaun zubrochen/ Das jn zureisset alles das fur vber gehet.

Es haben jn zu wület die wilden sewen/ Vnd die wilden thier haben jn verderbet.

Gott Zebaoth wende dich doch/ Schaw vom himel/ vnd sihe an/ vnd suche heim diesen weinstock.

Vnd halt jn in im baw/ den deine rechte gepflantzt hat/ Vnd den du dir festiglich erwelet hast.

Sihe drein vnd schilt/ Das des brennens vnd reissens ein ende werde.

Deine hand schütze das volck deiner rechten/ Vnd die leute die du dir festiglich erwelet hast.

So wöllen wir nicht von dir weichen/ Las vns leben/ so wöllen wir deinen namen anruffen.

HERR Got Zebaoth tröste vns/ Las dein andlitz leuchten/ so genesen wir.

LXXXI.

Auff der Githith vor zu singen/ Assaph.

Singet frölich Gotte/ der vnser stercke ist/ Jauchzet dem Gott Jacob.

Nemet die Psalmen/ vnd gebet her die paucken/ Lieblich harffen mit Psaltern.

Blaset im newmonden die posaunen/ Inn vnserm feste der Laubrust.

Denn solchs ist eine weise jnn Israel/ Vnd ein recht des Gottes Jacob.

Solchs hat er zum zeugnis gesetzt vnter Joseph/ da sie aus Egypten land zogen/ Vnd frembde sprache gehört hatten.

Vnd er jre schulder von der last entlediget hatte/ Vnd jre hende der töpffen los wurden.

Da du mich jnn der not anrieffest/ halff ich dir aus/ Vnd erhöret dich/ da dich das wetter vberfiel/ Vnd versuchte dich am hadder wasser. Sela.

Höre mein volck/ ich wil vnter dir zeuge/ Israel du solt mich höre.

Das vnter dir kein ander Gott sey/ Vnd du keinen frembden Gott anbetest.

Ich bin der HERR dein Gott/ der dich aus Egypten land geführet hat/ Thu deinen mund weit auff/ las mich jn füllen.

Aber mein volck gehorchet nicht meiner stimme/ Vnd Israel wil mein nicht.

So hab ich sie gelassen jnn jres hertzen dünckel/ Das sie wandeln nach jrem rat.

Wolte mein volck mir gehorsam sein/ Vnd Israel auff meinem wege gehen.

So wolt ich jre feinde bald dempffen/ Vnd meine hand vber jre widerwertige wenden.

Vnd die den HERRN hassen/ musten an jm feilen/ Jre zeit aber würde ewiglich weren.

Vnd

Der Psalter. XLII.

Vnd ich würde sie mit dem besten weitzen speisen / Vnd mit honig aus dem felsen settigen.

LXXXII.

Ein Psalm Assaph.

GOtt stehet jnn der Gemeine Gottes / Vnd ist Richter vnter den Göttern.
Wie lange wolt jr vnrecht richten / Vnd die Person der Gottlosen fur zihen? Sela.
Schaffet recht dem armen vnd dem waisen / Vnd helffet dem elenden vnd dürfftigen zum recht.
Errettet den geringen vnd armen / Vnd erlöset jn aus der Gottlosen gewalt.
Aber sie lassen jnen nicht sagen / vnd achtens nicht / sie gehen jmer hin im finstern / Darumb müssen alle grundfeste des landes fallen.
Ich habe wol gesagt / jr seid Götter / Vnd allzumal kinder des Höhesten.
Aber jr werdet sterben wie menschen / Vnd wie ein Tyrann zu grund gehen.
Gott mache dich auff / vnd richte das land / Denn du bist ein HErr vber alle Heiden.

LXXXIII.

Ein Psalm Lied Assaph.

GOtt schweige doch nicht also / vnd sey doch nicht so still / Gott halt doch nicht so jnne.
Denn sihe / deine feinde toben / Vnd die dich hassen / richten den kopff auff.
Sie machen listige anschlege wider dein volck / Vnd ratschlahen wider deine *Verborgene.

*(Verborgene) Das sind / die ein glauben der welt verborgen leben / das man sie fur ketzer helt.

Wolher / sprechen sie / lasst vns sie ausrotten / das sie kein volck seien / Das des namens Israel nicht mehr gedacht werde.
Denn sie haben sich mit einander vereiniget / Vnd einen bund wider dich gemacht.
Die hütten der Edomiter vnd Ismaeliter / Der Moabiter vnd Hagariter.
Der Gebaliter / Amoniter vnd Amalekiter / Die Philister sampt denen zu Tyro.
Assur hat sich auch zu jnen geschlagen / Vnd helffen den kindern Lot. Sela.
Thu jnen wie den Midianitern / Wie Sissera / wie Jabin am bach Kison.
Die vertilget wurden bey Endor / Vnd wurden zu kot auff erden.
Mache jre Fürsten wie Oreb vnd Seeb / Alle jre obersten / wie Seba vnd Zalmuna.
Die da sagen / Wir wöllen die heuser Gottes einnemen.
Gott mache sie wie einen wirbel / Wie stoppel fur dem winde.
Wie ein fewr den wald verbrent / Vnd wie eine flamme die berge anzündet.
Also verfolge sie mit deinem wetter / Vnd erschrecke sie mit deinem vngewitter.
Mache jr angesicht vol schande / Das sie nach deinē namen fragen müssen.
Schemen müssen sie sich vnd erschrecken jmer mehr vnd mehr / Vnd zu schanden werden vnd vmbkomen.
So werden sie erkennen / das du mit deinem namen heissest HERR alleine / Vnd der Höhest jnn aller welt.

LXXXIIII.

Ein Psalm der kinder Korah / Auff der Githith vor zu singen.

H h iij   Wie

Der Psalter.

WIe lieblich sind deine wonunge/ HERR Zebaoth.
Meine seele verlanget vnd sehnet sich nach den vorhöfen des HERRN/ Mein leib vnd seele frewen sich jnn dem lebendigen Gott.
Denn der vogel hat ein haus funden/ Vnd die schwalbe jr nest/ da sie jungen hecken/ Nemlich/ deine Altar HERR Zebaoth/ Mein König vnd mein Gott.
Wol denen die jnn deinem Hause wonen/ Die loben dich jmerdar Sela.
Wol den menschen/ die dich fur jre stercke halten/ Vnd von hertzen dir nach wandeln.
(Jamertal) Zihen hin vnd wider/ vnd leren die leute. Die durch das jamertal gehen/ vnd machen daselbs brunnen/ Vnd die Lerer werden mit viel segen geschmückt.
Sie erhalten einen sieg nach dem andern/ Das man sehen mus/ der rechte Gott sey zu Zion.
HERR Gott Zebaoth höre mein gebet/ Vernims Gott Jacob. Sela.
Gott vnser schild schawe doch/ Sihe an das Reich deines gesalbeten.
Denn ein tag jnn deinen vorhöfen ist besser denn sonst tausent/ Ich wil lieber der thür hüten jn meines Gottes hause/ denn lange wonen jnn der Gotlosen hütten.
(Son vnd schild) Er leket vnd schutzt/ tröstet vnd hilfft. (Gnade) Fur dē hass vnd schmach der welt. Denn der HERR ist Sonn vnd schild/ der HERR gibt gnade vnd ehre/ Es wird kein guts mangeln den fromen.
HERR Zebaoth/ Wol dem menschen/ der sich auff dich verlesst.

LXXXV

Ein Psalm der kinder Korah/ vor zu singen.

HERR der du bist vormals gnedig gewest deinem lande/ Vnd hast die gefangenen Jacob erlöset.
Der du die missethat vormals vergeben hast deinem volck/ Vnd alle jre sünde bedeckt. Sela.
Der du vormals hast alle deinen zorn auff gehaben/ Vnd dich gewendet von dem grim deines zorns.
Tröste vns Gott vnser Heiland/ Vnd las ab von deiner vngnade vber vns.
Wiltu denn ewiglich vber vns zürnen? Vnd deinen zorn gehen lassen jmer fur vnd fur.
Wiltu vns denn nicht wider erquicken? Das sich dein volck vber dir frewen möge.
HERR erzeige vns deine gnade/ Vnd hilff vns.
Ah das ich hören solt/ das Gott der HERR redet/ Das er fride zusagte seinem volck vnd seinen Heiligen/ Auff das sie nicht auff eine torheit geraten.
Doch ist ja seine hülffe nahe denen die jn furchten/ Das jnn vnserm lande b ehre wone.
Das güte vnd trewe einander begegen/ Gerechtigkeit vnd fride sich küssen.
Das trewe auff der erden wachse/ Vnd gerechtigkeit vom himel schawe.
Das vns auch der HERR guts thue/ Damit vnser land sein gewechs gebe.
Das gerechtigkeit dennoch fur jm bleibe/ Vnd im schwange gehe.

(Torheit) Das sie nicht zuletzt verzagen od der vngedultig werden/ vnd Gott lestern.

b (Ehre) Das löblich zugehe/ die leute frum seien gegen ander Florente religione et politia sub eo loto toto.

LXXXVI.

Ein gebet Dauids.

HERR neige deine oren vnd erhöre mich/ Deñ ich bin elend vnd arm.
Beware

Der Psalter. XLIII.

Heilig kan hie auch heissen / Verdampt vnd veracht / per antiphrasin wie in Ketzer.

Beware meine seele / denn ich bin Heilig / Hilff du mein Gott deinem knechte / der sich verlesset auff dich.

HERR sey mir gnedig / Denn ich ruffe teglich zu dir.

Erfrewe die seele deines knechtes / Denn nach dir HErr verlanget mich.

Denn du HErr bist gut vnd gnedig / Von grosser güte / allen die dich anruffen.

Vernim HErr mein gebet / Vnd mercke auff die stimme meines flehens.

Jnn der not ruffe ich dich an / Du wöllest mich erhören.

HErr / es ist dir kein gleiche vnter den Göttern / Vnd ist niemand der thun kan wie du.

Alle Heiden die du gemacht hast / werden komen vnd fur dir anbeten HErr / Vnd deinen namen ehren.

Das du so gros bist / vnd wunder thust / Vnd alleine Gott bist.

Weise mir HERR deinen weg / das ich wandele jnn deiner warheit / Erhalte mein hertz bey dem einigen / das ich deinen namen fürchte.

(Einigen) Das ist / Gottes wort / das bleibt vnd macht einig / Andere lere zu trennen / vñ machen eitel rotten.

Ich dancke dir HErr mein Gott von gantzem hertzen / Vnd ehre deinen namen ewiglich.

Denn deine güte ist gros vber mich / Vnd hast meine seele errettet aus der tieffen Helle.

Gott / es setzen sich die stoltzen wider mich / vnd der hauffe der Tyrannen stehet mir nach meiner seele / Vnd haben dich nicht fur augen.

Du aber HErr Gott bist barmhertzig vnd gnedig / Gedultig / vnd grosser güte vnd trewe.

Wende dich zu mir / sey mir gnedig / Stercke deinen knecht mit deiner macht / Vnd hilff dem son deiner magd.

Thu ein zeichen an mir / das mirs wolgehe / das es sehen die mich hassen / vnd sich schemen müssen / Das du mir beistehest /

HERR / vnd tröstest mich.

LXXXVII.

Ein Psalm lied der kinder Korah.

SIe ist fest gegründet auff den heiligen bergen / Der HERR liebet die thor Zion / vber alle wonunge Jacob.

Herrliche ding werden jnn dir gepredigt / Du stad Gottes. Sela

Ich wil predigen lassen Rahab vnd Babel / das sie mich kennen sollen / Sihe / die Philister vnd Tyrer sampt den Moren werden daselbs geborn.

Rahab ist Egypten / Jsaie. xxx.

Man wird zu Zion sagen / das allerley leute drinnen geborn werden / Vnd das Er der Höheste sie bawe.

(Daselbs) zu Zion.

Der HERR wird predigen lassen jnn allerley sprachen / Das der etliche auch daselbs geborn werden. Sela.

Vnd die Senger wie am reigen / Werden alle jnn dir singen eins vmbs ander.

LXXXVIII.

Ein Psalm lied der kinder Korah vor zu singen / von der schwacheit der elenden.

Ein vnterweisunge Heman des Esrahiten.

HERR Gott mein Heiland / Ich schreie tag vnd nacht fur dir.

Las mein gebet fur dich komen / Neige deine ohren zu meinem geschrey.

Denn meine seele ist vol jamers / Vnd mein leben ist nahe bey der Helle.

Ich bin geacht gleich denen / die zur Helle faren / Ich bin wie ein man der keine hülffe hat.

H h iiij   Ich

Der Psalter.

Ich lige vnter den todten verlassen/ wie die erschlagene/ die im grabe ligen Der du nicht mehr gedenckest/ vnd sie von deiner hand abgesondert sind.

Du hast mich jnn die gruben hin vnter gelegt/ Jns finsternis vnd jnn die tieffe.

Dein grim drücket mich/ Vnd drengest mich mit allen deinen fluten. Sela.

Meine freunde hastu ferne von mir gethan/ du hast mich inen zum grewel gemacht/ Jch lige gefangen/ vnd kan nicht aus komen.

Meine gestalt ist jemerlich fur elende/ HERR ich ruffe dich an teglich/ Jch breite meine hende aus zu dir.

Wirstu denn vnter den todten wunder thun? Oder werden die verstorbene auffstehen vnd dir dancken. Sela.

Wird man jnn grebern erzelen deine güte? Vnd deine trewe im verderben?

Mügen denn deine wunder im fin sternis erkand werden? Oder deine gerechtigkeit im lande/ da man nichts gedencket.

Aber ich schrey zu dir HERR/ Vnd mein gebet kompt frue fur dich.

Warumb verstössestu HERR meine seele/ Vnd verbirgest dein andlitz fur mir?

Jch bin elend vnd ammechtig/ das ich so verstossen bin/ Jch leide dein schrecken/ das ich schier verzage.

Dein grim gehet vber mich/ Dein schrecken drücket mich.

Sie vmbgeben mich teglich wie wasser/ Vnd vmbringen mich mit einander.

Du machest das meine freunde vnd nehesten/ vnd meine ver wandten sich ferne von mir thun/ Vmb solchs elends wil len.

LXXXIX.

Ein vnterweisunge Ethan des Esrahiten.

Ich wil singen von der gnade des HERRN ewiglich/ Vnd seine warheit verkündigen mit meinem munde fur vnd fur.

Vnd sage also/ Das ein ewige gnade wird auffgehen/ Vnd du wirst deine warheit trewlich halten a im Himel.

Ich habe einen Bund gemacht mit meinem ausserweleten/ Jch habe David meinem knechte geschworen.

Jch wil dir ewiglich samen verschaffen/ Vnd deinen stuel ba wen fur vnd fur. Sela.

Vnd die Himel werden HERR deine wunder preisen/ Vnd deine warheit jnn der Gemeine der Heiligen.

Denn wer mag jnn den wolcken dem HERRN gleich gelten? Vnd gleich sein vnter den kin dern der Götter dem HER REN.

Gott ist fast mechtig jnn der sam lunge der Heiligen/ Vnd wun derbarlich vber alle die vmb jn sind.

HERR Gott Zebaoth/ Wer ist wie du/ ein mechtiger Gott? Vnd deine warheit ist vmb dich her.

Du herrschest vber das vngestü me meer/ Du stillest seine wel len/ wenn sie sich erheben.

Du schlehest Rahab zu tod/ Du zestrewest deine feinde mit dei nem starcken arm.

Himel vnd erden ist dein/ Du hast gegründet den erdboden/ vnd was drinnen ist.

Mitternacht vnd mittag hastu ge schaffen/ Thabor vnd Her mon jauchzen jnn deinem na men.

Du

Johan. 1.
Durch Jhe sum ist gna de vnd war heit worden
a
Im himel Denn Chri stus Reich ist nicht ein jrdisch reich/ sondern him lisch vnd ist wolcken/ das ist/ Al cht/ auff er den.

Rahab E gypten/ vt supra/ vnd heisst Roh.

(Jauchzen) Das gantz land guts vnd steh a lustig.

Der Psalter. XLIIII.

Du hast einen gewaltigen arm/ Starck ist deine hand/vnd hoch ist deine rechte.

Gerechtigkeit vnd gericht ist deines stuels festung/ Gnade vnd warheit sind fur deinem angesichte.

(Jauchzen) Das ist/ das frölich wort Gottes hat.

Wol dē volck/ das jauchzen kan/ HERR sie werden im liecht deines andlitzs wandeln.

Sie werden vnter deinem namen teglich frölich sein/ Vnd inn deiner gerechtigkeit herrlich sein

Denn Du bist der rhum jrer stercke/ Vnd durch deine gnade wirstu vnser horn erhöhen.

Denn der HERR ist vnser schild/ Vnd der Heilige inn Israel ist vnser König.

Dazumal redestu im gesichte zu deinem Heiligen/ vnd sprachest/ Ich habe einen Helt erweckt/ der helffen sol/ Ich habe erhöhet einen ausserweleten aus dem volck.

Ich habe funden meinen knecht Dauid/ Ich habe jn gesalbet mit meinem Heiligen öle.

Meine hand sol jn erhalten/ Vnd mein arm sol jn stercken.

Die feinde sollen jn nicht vberweldigen/ Vnd die vngerechten sollen jn nicht dempffen.

Soddern ich wil seine widersacher schlahen fur jm her/ Vnd die jn hassen/ wil ich plagen.

Aber meine warheit vnd gnade sol bey jm sein/ Vnd sein horn sol jnn meinem namen erhaben werden.

Ich wil seine hand jns meer stellen/ Vnd seine rechte jnn die wasser.

Er wird mich nennen also/ du bist mein vater/ Mein Got vū Hort/ der mir hilfft.

Vnd ich wil jn zum ersten son machen/ Aller Höhest vnter den Königen auff erden.

Ich wil jm ewiglich behalten meine gnade/ Vnd mein Bund sol jm feste bleiben.

Ich wil jm ewiglich samē geben/ Vnd seinen stuel/ so lange der himel wehret/ erhalten.

Wo aber seine kinder mein Gesetze verlassen/ Vnd jnn meinem rechten nicht wandeln.

So sie meine ordnung entheilige/ Vnd meine Gebot nicht halten.

So wil ich jre sunde mit der ruten heim suchen/ Vnd jre missethat mit plagen.

Aber meine gnade wil ich nicht von jm wenden/ Vnd meine warheit nicht lassen feilen.

Ich wil meinen Bund nicht entheiligen/ Vnd nicht endern/ was aus meinem munde gangen ist.

Ich habe einst geschworen bey meiner heiligkeit/ Ich wil Dauid nicht liegen.

Sein same sol ewig sein/ Vnd sein stuel fur mir wie die Sonne.

Wie der Mond sol er ewiglich erhalten sein/ Vnd gleich wie der zeuge jnn wolcken gewis sein. Sela.

(Zeuge) Das ist der Regenbogē den Got zum zeugen setzet des ewigen Bunds mit Noah Ge. ix

Aber nu verstössestu vū verwirffest Vnd zürnest mit deinem gesalbeten.

Du verstörest den Bund deines knechtes/ Vnd trittest seine krone zu boden.

Du zureissest alle seine maurē/ Vū lessest seine festen zubrechen.

Es rauben jn alle die fur vber gehen/ Er ist seinen nachtbarn ein spot worden.

Du erhöhest die rechte seiner widerwertigen/ Vnd erfrewest alle seine feinde.

Auch hastu die krafft seines schwerds weg genomen/ Vnd lessest jn nicht siegen im streit.

Du zustörest seine reinigkeit/ Vnd wirffest seinen stuel zu boden.

(Reinigkeit) Das ist alle seinen schmuck vnd zierde des Gottes dienstes.

Du verkürtzest die zeit seiner jugēt/ Vnd bedeckest jn mit hon. Sela

HERR/ wie lange wiltu dich so gar verbergen/ Vnd deinen grim/ wie fewr/ brennen lassen?

Gedencke/ wie kurtz mein lebē ist/ Warumb wiltu alle menschen vmb sonst geschaffen haben?

Der Psalter.

Wo ist jemand der da lebt / vnd den tod nicht sehe? Der seine seele errette aus der Hellen hand? Sela.

HErr / wo ist deine vorige gnade? Die du Dauid geschworen hast jnn deiner warheit.

Gedencke HErr an die schmache deiner knechte / Die ich trage jnn meinem schos / von so vielen völckern allen.

Damit dich HERR deine feinde schmehen / Damit sie schmehen vnd mit füssen tretten deinen Gesalbeten.

Gelobet sey der HERR ewiglich Amen / Amen.

XC.

Ein gebet Mose des mans Gottes.

HERR Gott du bist vnser zuflucht / Fur vnd fur. Ehe denn die berge worden / vnd die erde vnd die welt geschaffen wurden / Bistu Gott von ewigkeit jnn ewigkeit.

Der du die menschen lessest sterben / vnd sprichst / Kompt wider menschen kinder.

Denn tausent jar sind fur dir / wie der tag der gestern vergangen ist / Vnd wie eine nachtwache.

Du lessest sie dahin faren wie einen strom / vnd sind wie ein schlaff / Gleich wie ein gras / das doch balde welck wird.

Das da frue blüet vnd bald welck wird / Vnd des abents abgehawen wird vnd verdorret.

Das machet dein zorn / das wir so vergehen / Vnd dein grim / das wir so plötzlich dahin müssen.

Denn vnser missethat stellest du fur dich / Vnser vnerkandte sunde ins liecht fur deinem angesichte.

Darumb faren alle vnser tage dahin durch deinen zorn / Wir bringen vnser jare zu wie ein geschwetz.

Vnser leben wehret siebenzig jar / wenns hoch kompt so sinds achzig jar / Vnd wenns köstlich gewesen ist / so ists mühe vnd erbeit gewesen / Denn es feret schnell dahin / als flögen wir dauon.

Wer gleubts aber / das du so seer zürnest? Vnd wer furcht sich fur solchem deinem grim?

Lere vns bedencken / das wir sterben müssen / Auff das wir klug werden.

HERR kere dich doch wider zu vns / Vnd sey deinen knechten gnedig.

Fülle vns frue mit deiner gnade / So wöllen wir rhümen / vnd frölich sein vnser lenben lang.

Erfrewe vns nu wider / nach dem du vns so lange plagest / Nach dem wir so lange vnglück leiden.

Zeige deinen knechtē deine werck / Vnd deine ehre jren kindern.

Vnd der HErr vnser Gott sey vns freundlich / Vnd fordere das werck vnser hende bey vns / Ja das werck vnser hende wolt er fordern.

XCI.

WEr vnter dem schirm des Höhesten sitzt / Vnd vnter dem schatten des Allmechtigen bleibt.

Der spricht zu dem HERREN / Meine zuuersicht vnd meine burg / Mein Gott / auff den ich hoffe.

Denn er errettet mich vom strick des jegers / Vnd von der schedlichen pestilentz.

Er wird dich mit seinen fittigen decken / vnd deine zuuersicht wird sein

---

(Lessest sterben) Es sterben jmer die leute hin / vñ komē ander wider durch Gottes wort Darumb ist vnser leben gegen jm als nichts.

(Vnerkandte) Das ist / Adams sunde / Rom. v. damit der tod verdienet ist / Vnd doch die welt solchs nicht weis.

(Zurnest) Das ist / das solches dein zorn ist / vnd vnser sunde so gros ist / die solchen zorn verdienet.

(Deine werck) Das ist leben vñ hülffe vnd alles gut. (Vnser werck) Das ist geistlich vnd weltlich regiment.

Der Psalter. XLV.

(Warheit) Wort vnd verheissung der gnaden.

sein vnter seinen flügeln/ Seine warheit ist spies vnd schild.

Das du nicht erschrecken müssest fur dem grawen des nachts/ Fur den pfeilen die des tages fliegen.

Allerley vnglück zeiget er mit an/es sey gewalt/ vnrecht list/ tucke/ freuel etc.

Fur der pestilentz die im finstern schleicht/ Fur der seuche die im mittage verderbet.

Ob tausent fallen zu deiner seitten/ vnd zehen tausent zu deiner rechten/ So wird es doch dich nicht treffen.

Ja du wirst mit deinen augen deine lust sehen/ Vnd schawen/ wie es den Gottlosen vergolten wird.

Denn der der HERR ist deine zuuersicht/ Der Höhest ist deine zuflucht.

Es wird dir kein vbels begegen/ Vnd keine plage wird zu deiner hütten sich nahen.

Denn er hat seinen Engeln befolhen vber dir/ Das sie dich behüten auff alle deinen wegen.

Das sie dich auff den henden tragen/ Vnd du deinen fus nicht an einen stein stossest.

Auff dem lewen vnd ottern wirstu gehen/ Vnd tretten auff den jungen lewen vnd Drachen.

Er begert mein/ so wil ich jm aus helffen/ Er kennet meinen namen/ Darumb wil ich jn schützen.

Er ruffet mich an/ so wil ich jn erhören/ Ich bin bey jm jnn der not/ Ich wil jn eraus reissen/ vnd zu ehren machen.

Ich wil jn settigen mit langen leben/ Vnd wil jm zeigen mein heil.

XCII.

Ein Psalm zu singen auff den Sabbath tag.

Es ist ein köstlich ding/ dem HERRN dancken/ Vnd lobsingen deinem namen du Höhester.

Des morgens deine gnade/ Vnd des abents deine warheit verkündigen.

Auff den zehen seitten vnd Psalter/ Mit spielen auff der harffen.

Denn HERR du lessest mich frölich singen von deinen wercken/ Vnd ich rhüme die geschefft deiner hende.

HERR/ wie sind deine werck so gros? Deine gedancken sind so seer tieff.

(Tieff) Wunderlich damit er vns so hilfft/ das kein mensch begreiffen noch erdencken kundte.

Ein törichter gleubt das nicht/ Vnd ein narr achtet solchs nicht.

Die Gottlosen grünen wie das gras/ vnd die vbelthetter blühen alle. Bis sie vertilget werden jmer vnd ewiglich.

Aber du HERR bist der Höhest/ Vnd bleibest ewiglich.

Denn sihe/ deine feinde/ HERR sihe/ deine feinde werden vmbkomen/ Vnd alle vbelthetther müssen zustrewet werden.

Aber mein horn wird erhöhet werden wie eines einhorns/ Vnd werde gesalbet mit frischem öle.

(Gesalbet) Das ich werde erfrewer.

Vnd mein auge wird seine lust sehen an meinen feinden/ Vnd mein ohre wird seine lust hören an den boshafftigen/ die sich wider mich setzen.

Der gerechte wird grünen wie ein palmbawm/ Er wird wachsen wie ein Ceder auff Libanon.

Die gepflantzt sind jnn dem Hause des HERRN/ Werden jnn den Vorhöfen vnsers Gottes grünen.

Vnd wenn sie gleich alt werden/ Werden sie dennoch blühen/ fruchtbar vnd frisch sein.

Das sie verkündigen / das der HERR so from ist/ Mein Hort/ vnd ist kein vnrecht an jm.

(Kein vnrecht) Er sihet keine person an/ vnd hilfft der Gotlosen sache nicht/ wie sie doch meinen.

XCIII.

Der

Der Psalter.

Er HERR ist König/ vnd herrlich geschmückt/ Der HERR ist geschmückt/ vnd hat ein Reich angefangen/ so weit die welt ist/ vnd zugericht/ das es bleiben sol.

Von dem an stehet dein stuel fest/ Du bist ewig.

HERR/ die wasserströme erheben sich/ die wasserström erheben jr brausen/ Die wasserström heben empor die wellen.

Die wasserwogen im meer sind gros/ vnd brausen grewlich. Der HERR aber ist noch grosser jnn der Höhe.

Dein wort ist eine rechte lere/ Heiligkeit ist die zierde deines Hauses ewiglich.

XCIIII.

(Erscheine) Brich erfür las dich sehen.

(pralen) Einher farē mit worten als ein herr oder Tyran den man fūrchten musse/ was er sagt oder wil

HERR Gott des die rache ist/ Gott/ des die rache ist/ erscheine.

Erhebe dich du Richter der welt/ Vergilt den hoffertigen was sie verdienen.

HERR wie lange sollen die Gotlosen/ Wie lange sollen die Gotlosen pralen?

Vnd so trotzlich reden/ Vnd alle vbelthetter sich so rhümen?

HERR/ sie zuschlagen dein volck/ Vnd plagen dein erbe.

Widwen vnd frembdlinge erwürgen sie/ Vnd tödten die waisen.

Vnd sagen/ Der HERR sihets nicht/ Vnd der Gott Jacob achtets nicht.

Mercket doch jr narren vnter dem volck/ Vnd jr thoren/ wenn wolt jr klug werden?

Der das ohre gepflantzt hat/ solt der nicht hören? Der das auge gemacht hat/ solt der nicht sehen?

Der die Heiden züchtiget/ solt der nicht straffen? Der die menschen leret was sie wissen.

Aber der HERR weis die gedancken der menschen/ Das sie eitel sind.

Wol dem den du HERR züchtigest/ Vnd lerest jn durch dein Gesetze.

Das er gedult habe/ wenns vbel gehet/ Bis dem Gottlosen die grube bereitet werde.

Denn der HERR wird sein volck nicht verstossen/ Noch sein erbe verlassen.

Denn recht mus doch recht bleiben/ Vnd dem werden alle frome hertzen zu fallen.

Wer stehet bey mir/ wider die boshafftigen? Wer trit zu mir/ wider die vbelthetter?

Wo der HERR mir nicht hülffe/ So lege meine seele schier jnn der stille.

Das ist/ jnn der helle/ da es stille ist vnd alles aus.

Ich sprach/ mein fus hat gestrauckelt/ Aber deine gnade HERR hielt mich.

Ich hatte viel bekümmernisse jnn meinem hertzen/ Aber deine tröstung ergetzeten meine seele.

Du wirst ja nimer eins mit dem schedlichen stuel/ Der das Gesetz vbel deutet.

(Schedlichen) Das ist/ da mā schedliche ding vnd verderben der seele leret.

Sie rüsten sich wider die seelen des gerechten/ Vnd verdammen vnschüldig blut.

Aber der HERR ist mein schutz/ Mein Gott ist der Hort meiner zuuersicht.

Vnd er wird jnen jr vnrecht vergelten/ vnd wird sie vmb jre bosheit vertilgen/ Der HERR vnser Gott wird sie vertilgen.

XCV.

Kompt herzu/ lasset vns dem HERRN frolocken/ Vnd jauchzen dē Hort vnsers Heils.

Lasset vns mit dancken fur sein angesichte komen/ Vnd mit Psalmen jm jauchzen.

Denn der HERR ist ein grosser Gott/

XLVI.

Gott/ Vnd ein grosser König vber alle Götter.

Denn jnn seiner hand ist/ was die erde bringet/ Vnd die höhe der berge sind auch sein.

Denn sein ist das meer/ vnd er hats gemacht/ Vnd seine hende haben das trocken bereit. *(Trocken) Das ist/ die erde.*

Kompt/ lasst vns anbeten vnd knien/ Vnd nider fallen fur dem HERRN/ der vns gemacht hat.

Denn er ist vnser Gott/ Vnd wir das volck seiner weide/ vnd schafe seiner hende.

Heute/ so jr seine stimme höret/ so verstocket ewer hertze nicht/ wie zu Meriba geschach/ Wie zu Massa jnn der wüsten.

Da mich ewer Veter versuchten/ Fületen vnd sahen mein werck.

Das ich vierzig jar mühe hatte mit diesem volck/ vnd sprach/ Es sind leute/ der hertz jmer den jrre weg wil/ Vnd die meine wege nicht lernen wöllen.

Das ich schwur jnn meinem zorn/ Sie sollen nicht zu meiner ruge komen.

XCVI.

Singet dem HERRN ein newes lied/ Singet dem HERRN alle welt.

Singet dem HERRN/ vnd lobet seinen namen/ Prediget einen tag am andern sein Heil.

Erzelet vnter den Heiden seine ehre/ Vnter allen völckern seine wunder.

Denn der HERR ist gros vnd hoch zu loben/ Wunderbarlich vber alle Götter.

Denn alle Götter der völcker sind Götzen/ Aber der HERR hat den Himel gemacht.

Es stehet herrlich vnd prechtig fur jm/ Vnd gehet gewaltiglich vnd löblich zu jnn seinem Heiligthum.

Ir volcker bringet her dem HERREN/ Bringet her dem HERREN ehre vnd macht.

Bringet her dem HERRN die ehre seinem namen/ Bringet geschencke vnd kompt jnn seine Vorhöfe.

Betet an den HERRN jnn Heiligem schmuck/ Es fürchte jn alle welt.

Sagt vnter den Heiden/ das der HERR König sey/ Vnd habe sein Reich/ so weit die welt ist/ bereit/ das es bleiben sol/ Vnd richtet die völcker recht.

Himel frewe sich/ vnd erde sey frölich/ Das meer brause/ vnd was drinnen ist.

Das feld sey frölich/ vnd alles was drauff ist/ Vnd lasset rhümen alle bewme im walde.

Fur dem HERRN/ denn er kompt/ Denn er kompt zu richten das erdreich.

Er wird den erdboden richten mit gerechtigkeit/ Vnd die völcker mit seiner warheit.

XCVII.

Der HERR ist König/ des frewe sich des erdreich/ Vnd seien frölich die Insulen/ so viel jr ist.

Wolcken vnd tunckel ist vmb jn her/ Gerechtigkeit vnd gericht ist seines stuels festunge.

Feur gehet fur jm her/ Vnd zündet an vmb her seine feinde.

Seine blitzen leuchten auff den erdboden/ Das erdreich sihet vnd erschrickt.

Berge zu schmeltzen wie wachs fur dem HERRN/ Fur dem Herrscher des gantzen erdboden.

Die Himel verkündigen seine gerechtigkeit/ Vnd alle völcker sehen seine ehre.

Schemen müssen sich alle die den bilden dienen/ vnd sich der Götzen rhümen/ Betet jn an alle Götter. Ji Zion

Zion hörets vnd ist fro / Vnd die töchter Juda sind frölich / HERR vber deinem regiment.

Denn du HERR bist der Höhest jnn allen landen / Du bist seer erhöhet vber alle Götter.

Die jr den HERRN liebet / hasset das arge / Der HERR bewaret die seelen seiner Heiligen / von der Gottlosen hand wird er sie erretten.

(Liecht) Das ist / glück vnd heil.

Dem gerechten mus das liecht jmer wider auffgehen / Vnd freude den fromen hertzen.

Ir gerechten frewet euch des HERRN / Vnd dancket jm vnd preiset seine Heiligkeit.

XCVIII.

Ein Psalm

Singet dem HERRN ein newes lied / Denn er thut wunder.

Er sieget mit seiner rechten / vnd mit seinem Heiligen arm.

Der HERR lesst sein heil verkündigen / Fur den völckern lesst er seine gerechtigkeit offenbaren.

Er gedencket an seine gnade vnd warheit / dem Hause Israel / Aller welt ende sehen das Heil vnsers Gottes.

Jauchzet dem HERRN alle welt / Singet rhümet vnd lobet.

Lobet den HERRN mit harffen Mit harffen vnd Psalmen.

Mit drometen vnd posaunen / Jauchzet fur dem HERRN dem Könige.

Das meer brause vnd was drinnen ist / Der erdboden vnd die drauff wonen.

Die wasserströme frolocken / Vnd alle berge seien frölich.

Fur dem HERRN / Denn er kompt das erdreich zu richten / Er wird den erdboden richten mit gerechtigkeit / vnd die völcker mit recht.

Der Psalter.

XCIX.

Der HERR ist König / darumb toben die völcker / Er sitzet auff Cherubim / darumb reget sich die welt.

Der HERR ist gros zu Zion / Vnd hoch vber alle völcker.

Man dancke deinem grossen vnd wunderbarlichem namen / Der da Heilig ist.

Im Reich dieses Königes hat man das Recht lieb / Du gibst frömkeit / Du schaffest gericht vnd gerechtigkeit jnn Jacob.

Erhebet den HERRN vnsern Gott / Bettet an zu seinem fusschemel / Denn er ist Heilig.

Mose vnd Aaron vnter seinen Priestern / vnd Samuel vnter denen die seinen namen anruffen / Sie rieffen an den HERREN / vnd er erhöret sie.

Er redet mit jnen durch eine wolckenseulen / Sie hielten seine zeugnis vnd Gebot / die er jnen gab.

HERR du bist vnser Gott / du erhöretest sie / Du Gott vergabest jnen / vnd straffetest jr thun.

Erhöhet den HERRN vnsern Gott / vnd betet an zu seinem Heiligen berge / Denn der HERR vnser Gott ist Heilig.

C.

Ein danck Psalm.

Jauchzet dem HERRN alle welt / Dienet dem HERRN mit freuden / Kompt fur sein angesicht mit frolocken.

Erkennet / das der HERR Gott ist / Er hat vns gemacht / vnd nicht wir selbs / Zu seinem volck / vnd zu schafen seiner weide.

Gehet

Gehet zu seinen thoren ein mit dancken / zu seinen Vorhöfen mit loben / Dancket jm / lobet seinen namen.

Denn der HERR ist freundlich / Vnd seine gnade weret ewig / vnd seine warheit fur vnd fur.

CI.

Ein Psalm Dauids.

Von gnade vn̄ recht wil ich singen / Vnd dir HERR lob sagen.

Ich handel fursichtig vnd redlich bey denen / die mir zugehören / Vnd wandel trewlich jnn meinem hause.

Ich neme mir keine böse sache fur / Ich hasse den vbertretter / vnd lasse jn nicht bey mir bleiben.

Ein verkeret hertz mus von mir weichen / Den bösen leide ich nicht.

Der seinen nehesten heimlich verleumbdet / den vertilge ich / Ich mag des nicht / der stoltz geberde vnd hohen mut hat.

Meine augen sehen nach den trewen im lande / das sie bey mir wonen / Vnd hab gerne frome diener.

Falsche leute halte ich nicht jnn meinem Hause / Die lügener gedeien nicht bey mir.

Frue vertilge ich alle Gottlosen im lande / Das ich alle vbelthetter ausrotte aus der stad des HERREN.

CII.

Ein gebet des elenden / so er betrübt ist / vnd seine klage fur dem HERRN ausschütt.

HERR höre mein gebet / Vnd las mein schreien zu dir komen.

Verbirge dein andlitz nicht fur mir / jnn der not neige deine ohren zu mir / Wenn ich dich anruffe / so erhöre mich balde.

Denn meine tage sind vergangen wie ein rauch / Vnd meine gebeine sind verbrand wie ein brand.

Mein hertz ist geschlagen / vnd verdorret wie gras / Das ich auch vergesse mein brod zu essen.

Mein gebein klebt an meinem fleisch / Fur heulen vnd seufftzen.

Ich bin gleich wie ein rhordomel jnn der wüsten / Ich bin gleich wie ein kützlin jnn den verstöreten stedten.

Ich wache / vnd bin / wie ein einsamer vogel auff dem dache.

Teglich schmehen mich meine feinde / Vnd die mich spotten schweren bey mir.

Denn ich esse aschen wie brod / Vnd mische meinen tranck mit weinen.

Fur deinem drewen vnd zorn / Das du mich genomen vnd zu boden gestossen hast.

Meine tage sind dahin wie ein schatten / Vnd ich verdorre wie gras.

Du aber HERR bleibest ewiglich / Vnd dein gedechtnis fur vnd fur.

Du woltest dich auffmachen vnd vber Zion erbarmen / Denn es ist zeit / das du jr gnedig seiest / vnd die stunde ist komen.

Denn deine knechte wolten gerne / das sie gebawet würde / Vnd sehen gerne / das jre steine vnd kalck zugericht würde.

Das die Heiden HERR deinen namen förchten / Vnd alle Könige auff erden deine ehre.

Das der HERR Zion bawet / Vnd erscheinet jnn seiner ehre.

Er wendet sich zum gebet der verlassenen / Vnd verschmehet jr gebet nicht.

Das werde geschrieben auff die nachkomen / Vnd das volck das geschaffen sol werde / wird den HERrn lobē. Denn

(Geschrieben) Auff das man es predige. Psal. lxxxvij

Der Psalter.

Denn er schawet von seiner Heiligen Höhe/ Vnd der HERR sihet vom Himel auff erden.

Das er das seufftzen des gefangenen höre/ Vnd los mache die kinder des todes.

Auff das sie zu Zion predigen den namen des HERRN/ Vnd sein lob zu Jerusalem.

Wenn die völcker zusamen komen/ Vnd die Königreiche dem HERRN zu dienen.

Er demütiget auff dem wege meine krafft. Er verkürtzet meine tage.

Ich sage/ mein Gott/ Nim mich nicht weg/ jnn der helfft meiner tage. *(inn der helfft) Ehe ich michs versehe.*

Deine jare weren fur vnd fur/ Du hast vorhin die erde gegründet/ vnd die Himel sind deiner hende werck.

Sie werden vergehen/ aber du bleibest/ Sie werden alle veralten/ wie ein gewand/ Sie werden verwandelt/ wie ein kleid/ wenn du sie verwandeln wirst.

Du aber bleibest wie du bist/ Vnd deine jar nemen kein ende.

Die kinder deiner knechte werden bleiben/ Vnd jr same wird fur dir gedeien.

CIII.

Ein Psalm Dauids.

Lobe den HERRN meine seele/ Vnd was jnn mir ist/ seinen Heiligen namen.

Lobe den HERRN meine seele/ Vnd vergiß nicht was er mir guts gethan hat.

Der dir alle deine sunde vergibt/ Vnd heilet alle deine gebrechen.

Der dein leben vom verderben erlöset/ Der dich krönet mit gnade vnd barmhertzigkeit.

Der dich mit trost erfüllet/ das du schön wirst/ Vnd macht dich jung vnd frisch wie ein Adler.

Der HERR schaffet gerechtigkeit vnd gericht/ Allen die vnrecht leiden.

Er hat seine wege Mose wissen lassen/ Die kinder Israel sein thun.

Barmhertzig vnd gnedig ist der HERR/ Gedültig vnd grosser güte.

Er wird nicht jmer haddern/ Noch ewiglich zorn halten. *(Haddern) Vngnedig sein.*

Er handelt nicht mit vns nach vnsern sunden/ Vnd vergilt vns nicht nach vnser missethat.

Denn so hoch der Himel vber der erden ist/ Lesst er seine gnade walten/ vber die so jn fürchten.

So ferne der morgen ist vom abent/ Lesst er vnser vbertretung von vns sein.

Wie sich ein Vater vber kinder erbarmet/ So erbarmet sich der HERR vber die/ so jn fürchten.

Denn er kennet was fur ein gemecht wir sind/ Er gedencket daran/ das wir staub sind. *(Gemecht) Wie ein schwach/ loß gebew oder jmer/ eines kurtzen armen lebens.*

Ein mensch ist jnn seinem leben wie gras/ Er blüet wie eine blume auff dem felde.

Wenn der wind darüber gehet/ so ist sie nimer da/ Vnd jr stedte kennet sie nicht mehr.

Die gnade aber des HERRN weret von ewigkeit zu ewigkeit/ vber die so jn fürchten/ Vnd seine gerechtigkeit auff kindskind.

Bey denen die seinen Bund halten/ Vnd gedencken an seine Gebot/ das sie darnach thun.

Der HERR hat seinen stuel im Himel bereit/ Vnd sein Reich herschet vber alles.

Lobet den HERRN jr seine Engel/ jr starcken Helde/ die jr seine befehl ausrichtet/ Das man höre die stimme seines worts.

Der Psalter XLVIII.

Lobet den HERRN alle seine heerscharen / Seine diener / die jr seinen willen thut.

Lobet den HERRN alle seine werck / an allen orten seiner herschafft / Lobe den HERRN meine seele.

CIIII.

Lobe den HERRN meine seele / HERR mein Gott / du bist seer herrlich / Du bist schön vnd prechtig geschmückt.

Liecht ist dein kleid / das du an hast / Du breitest aus den Himel / wie ein teppich.

Du welbest es oben mit wasser / du ferest auff den wolcken wie auff eim wagen / Vnd gehest auff den sittichen des windes.

Der du machest deine Engel zu winden / Vnd deine diener zu feurflammen.

Der du das erdreich gründest auff seinen bodē / Das es bleibt jmer vnd ewiglich.

Mit der tieffe deckestu es / wie mit einem kleid / Vnd wasser stehen vber den bergen.

Aber von deinem schelten fliehen sie / Von deinem donner faren sie dahin.

Die berge gehen hoch erfur / vnd die breiten setzen sich herunter / Zum ort den du jnen gegründet hast.

Du hast eine grentze gesetzt / daruber komen sie nicht / Vnd müssen nicht widerumb das erdreich bedecken.

Du lessest brunnen quellen jnn den gründen / Das die wasser zwischen den bergen hin fliessen.

Das alle thier auff dem felde trincken / Vnd das wild seinen durst lessche.

An den selben sitzen die vögel des Himels / Vnd singen vnter den zweigen.

Du feuchtest die berge von oben her / Du machest das land vol früchte / die du schaffest.

Du lessest gras wachsen fur das vieh / vnd saat zu nutz den menschen / Das du brod aus der erden bringest.

Vnd das der wein erfrewe des menschen hertz / vnd seine gestalt schön werde von öle / Vnd das brod des menschen hertze stercke.

Das die bewme des HERRN vol saffts stehen / Die Cedern Libanon die er gepflantzt hat. *Bewme des Herrn heisst er die im wald stehe / die nicht durch menschen gesetzet sind.*

Daselbs nisten die vögel / Vnd die Reiger wonen auff den tannen.

Die hohen bergen sind der Gemsen zuflucht / Vnd die steinklufft der Kaninichen.

Du machest den monden / das jar darnach zu teilen / Die sonne weis jren nidergang.

Du machst finsternis / das nacht wird / Da regen sich alle wilde thier.

Die jungen lewen / die da brüllen nach dem raub / Vnd jre speise suchen von Gott.

Wenn aber die sonne auffgehet / heben sie sich davon / Vnd legen sich jnn jre löcher.

So gehet denn der mensch aus an seine erbeit / Vnd an sein ackerwerck / bis an den abent.

HERR wie sind deine werck so gros vnd viel? du hast sie alle weislich geordnet / Vnd die erde ist vol deiner güter.

Das meer das so gros vnd weit ist / da wimmelts on zal / Beide grosse vnd kleine thier.

Daselbs gehen die schiffe / Da sind walfische / die du gemacht hast / das sie drinnen schertzen.

Es wartet alles auff dich / Das du jnen speise gebest zu seiner zeit.

Wenn du jnen gibst / so samlen sie / Wenn du deine hand auff thust / so werden sie mit gut gesettiget. *(Gesettiget) Das ist frölich.*

Der Psalter.

Verbirgestu dein angesicht/ so er‑
schrecken sie/ Du nimpst weg
jren odem/ so vergehen sie/ vnd
werden wider zu staub.

Du lessest aus deinen odem/ so
werden sie geschaffen/ Vnd
vernewest die gestalt der erden.

Die ehre des HERRN ist ewig/
Der HERR hat wolgefallen
an seinen wercken.

Er schawet die erden an/ so bebet
sie/ Er ruret die berge an/ so rau‑
chen sie.

Ich wil dem HERRN singen
mein leben lang/ Vnd meinen
Gott loben/ so lange ich bin.

Meine rede müsse jm wolgefal‑
len/ Ich frewe mich des HER‑
REN.

Der sunder müsse ein ende werden
auff erden/ Vnd die Gottlosen
nicht mehr sein/ Lobe den
HERRN meine seele. Hale‑
lu ia.

CV.

Ancket dem HERRN/ vnd predigt seinen na‑
men/ Verkündiget sein
thun vnter den völ‑
ckern.

Singet von jm vnd lobet jn/ Re‑
det von allen seinen wundern.

Rhümet seinen Heiligen namen/
Es frewe sich das hertz/ dere die
den HERRN suchen.

Fraget nach dem HERRN vnd
nach seiner macht/ Suchet sein
andlitz alle wege.

Gedencket seiner wunderwerck/
die er gethan hat/ Seiner wun‑
der vnd seines worts.

Ir der samen Abrahams seines
knechts/ Ir kinder Jacob seine
ausserweleten.

Er ist der HERR vnser Gott/ Er
richtet jnn aller welt.

Er gedenckt ewiglich an seinen
Bund/ Des worts/ das er
verheissen hat auff viel tausent
fur vnd fur.

Den er gemacht hat mit Abra‑
ham/ Vnd des eides mit Isaac.

Vnd stellet dasselbe Jacob zu ei‑
nem rechte/ Vnd Israel zum
ewigen Bunde.

Vnd sprach/ Dir wil ich das land
Canaan geben/ Das los ewers
erbes.

Da sie wenig vnd geringe waren/
Vnd frembdlinge drinnen.

Vnd sie zogen von volck zu volck/
Von einem Königreiche zum
andern volck.

Er lies keinen menschen jnen scha‑
den thun/ Vnd straffet Köni‑
ge vmb jren willen.

Tastet meine gesalbeten nicht
an/ Vnd thut meinen Prophe‑
ten kein leid.

Vnd er lies eine tewrunge jnns
land komen/ Vnd entzoch allen
vorrat des brods.

Er sandte einen man fur jnen hin/
Joseph ward zum knecht ver‑
kaufft.

Sie zwungen seine füsse im stock/
Sein leib muste jnn eisen ligen.

Bis das sein wort kam/ Vnd die
rede des HERRN jn durch‑
leutert.

Da sandte der König hin/ vnd
lies jn los geben/ Der Herr
vber völcker hies jn auslassen.

Er satzt jn zum Herrn vber sein
Haus/ Zum herrscher vber alle
seine güter.

Das er seine Fürsten vnterweiset
nach seiner weise/ Vnd seine El‑
testen weisheit leret.

Vnd Israel zoch jnn Egypten/
Vnd Jacob ward ein frembd‑
ling im lande Ham.

Vnd er lies sein volck seer wach‑
sen/ Vnd machet sie mechtiger
denn jre feinde.

Er verkeret jener hertz/ das sie sei‑
nem volck gram worden/ Vnd
dachten seine knechte mit listen
zu dempffen.

Er sandte seinen knecht Mosen/
Aaron den er hatte erwelet.

Die

Der Psalter. XLIX.

Dieselben theten seine zeichen vnter jnen/ Vnd seine wunder im lande Ham.

(Waren) Mose vnd Aaron.

Er lies finsternis komen vnd machts finster/ Vnd waren nicht vngehorsam seinen worten.

Er verwandelt jre wasser jnn blut/ Vnd tödtet jre fische.

Jr land wimmelte kroten eraus/ Jnn den kamern jrer Könige.

Er sprach/ da kam vnzifer/ Leuse jnn allen jren grentzen.

Er gab jnen hagel zum regen/ Feurflammen jnn jrem lande.

Vnd schlug jre weinstöcke vnd feigenbeume/ Vnd zubrach die beume jnn jren grentzen.

Er sprach/ Da kamen hewschrecken vnd kefer on zal.

Vnd sie frassen alles gras jnn jrem lande/ Vnd frassen die früchte auff jrem felde.

Vnd schlug alle erste geburt jnn Egypten/ Alle jre erste erben.

Vnd füret sie aus mit silber vnd golde/ Vnd war kein gebrechlicher vnter jren stemmen.

Egypten ward fro/ das sie auszogen/ Denn jre furcht war auff sie gefallen.

Er breitet eine wolcken aus zur decke/ Vnd feur des nachts zu leuchten.

Sie baten/ da lies er wachteln komen/ Vnd er settiget sie mit himel brod.

Er offnet den felsen/ da flossen wasser aus/ Das beche lieffen jnn der dürren wüsten.

Denn er gedacht an sein Heiliges wort/ Abraham seinem knechte geredt.

Also furet er sein volck aus mit freuden/ Vnd seine ausserweleten mit wonne.

Vnd gab jnen die lender der Heiden/ Das sie die güter der völcker einnamen.

Auff das sie halten sollen seine rechte/ Vnd sein Gesetz bewaren. Halelu ia.

CVI.

Halelu ia.

Dancket dem HERRN denn er ist freundlich/ Vnd seine güte weret ewiglich.

Wer kan die grossen thatten des HERRN ausreden? Vnd alle seine löbliche werck preisen.

Wol denen/ die das Gebot halten/ Vnd thun jmer dar recht.

HERR gedenck mein/ nach der gnaden/ die du deinem volck verheissen hast/ Beweise vns deine hülffe.

Das wir sehen mügen die wolfart deiner ausserweleten/ vnd vns frewen/ das deinem volck wolgehet/ Vnd vns rhümen mit deinem erbteil.

Wir haben gesundiget sampt vnsern Vetern/ Wir haben misshandelt/ vnd sind Gottlos gewesen.

Vnser Veter jnn Egypten wolten deine wunder nicht verstehen/ Sie gedachten nicht an deine grosse güte/ Vnd waren vngehorsam am meer/ nemlich am schilff meer.

Er halff jnen aber/ vmb seines namens willen/ Das er seine macht beweisete.

Vnd er schalt das schilffmeer/ da wards trocken/ Vnd füret sie durch die tieffen/ wie jnn einer wüsten.

Vnd halff jnen von der hand des/ der sie hasset/ Vnd erlöset sie von der hand des feindes.

Vnd die wasser ersoffen jre widersacher/ Das nicht einer vberbleib.

Da gleubten sie an seine wort/ Vnd sungen sein lob.

Aber sie vergassen bald seiner werck/ Sie warteten nicht seines rats.

Ji iiij Vnd

Der Psalter.

Vnd sie wurden lüstern jnn der wüsten / Vnd versuchten Gott jnn der einöde.

Er aber gab jnen jre bitte / Vnd sandte jnen gnug / bis jnen dafur eckelt.

Vnd sie empöreten sich wider Mosen im lager / Wider Aaron den Heiligen des HERRN.

Die erde that sich auff / vnd verschlang Dathan / Vnd decket zu die rotte Abiram.

Vnd feur ward vnter jrer rotte angezündet / Die flamme verbrand die Gotllosen.

Sie machten ein kalb jnn Horeb / betteten an das gegossen bilde.

(Ehre) das ist / Gott. Ro j.

Vnd verwandelten jre Ehre / Jnn ein gleichnis eines ochsen / der gras isset.

Sie vergassen Gottes jres Heilands / Der so grosse ding jnn Egypten gethan hatte.

Wunder im lande Ham / Vnd schreckliche werck am schilff meer.

Vnd er sprach / er wolt sie vertilgen / Wo nicht Mose sein ausserweleter den riss auffgehalten hette / seinen grim abzuwenden / Auff das er sie nicht gar verderbete.

Vnd sie verachteten das liebe land / Sie gleubten seinem wort nicht.

Vnd murreten jnn jren hütten / Sie gehorcheten der stimme des HERRN nicht.

Vnd er hub auff seine hand wider sie / Das er sie nider schluge jnn der wüsten.

Vnd würffe jren samen vnter die Heiden / Vnd strewet sie jnn die lender.

Vnd sie hiengen sich an den Baal Peor / Vnd assen von den opffern der todten Götzen.

Vnd erzürneten jn mit jrem thun / Da reis auch die plage vnter sie

Da trat zu Pinehas / vnd schlichtet die sache / Da ward der plage gestewret.

Vnd ward jm gerechnet zur gerechtigkeit / Fur vnd fur ewiglich.

Vnd sie erzürneten jn am hadder wasser / Vnd sie zuplagten den Mose vbel.

Denn sie betrübten jm sein hertz / Das jm etliche wort entfuren.

Auch vertilgeten sie die völcker nicht / Wie sie doch der HERR gheissen hatte.

Sondern sie mengeten sich vnter die Heiden / Vnd lerneten der selben werck.

Vnd dieneten jren Götzen / Die gerieten jnen zum ergernis.

Vnd sie opfferten jre söne / Vnd jre töchter den Teuffeln.

Vnd vergossen vnschüldig blut / das blut jrer söne vnd jrer töchter / die sie opfferten den Götzen Canaan / Das das land mit blutschulden befleckt ward.

Vnd verunreinigeten sich mit jren wercken / Vnd hureten mit jrem thun.

Da ergrimmet der zorn des HERRN vber sein volck / Vnd gewan einen grewel an seinem Erbe.

Vnd gab sie jnn die hand der Heiden / Das vber sie herrscheten / die jnen gram waren.

Vnd jre feinde engsten sie / Vnd wurden gedemütiget vnter jre hende.

Er errette sie offtmals / aber sie erzürneten jn mit jrem furnemen / Vnd wurden wenig vmb jrer missethat willen.

Vnd er sahe jre not an / Da er jre klage höret.

Vnd gedacht an seinen Bund mit jnen gemacht / Vnd rewete jn nach seiner grossen güte.

Vnd lies sie zur barmhertzigkeit komen / Fur allen die sie gefangen hatten.

Hilff vns HERR vnser Gott / vn̄ bringe vns zusamen aus deiden Heiden / Das wir dancken nem Heiligen namen / vnd rhümen dein lob. Gelo-

Der Psalter.

Gelobet sey der HERR der Gott Israel/ von ewigkeit jnn ewigkeit/ Vnd alles volck spreche/ Amen. Haleluia.

CVII.

Diser psalm ist ein gemein danck/ wie Gott allerley menschen aus allerley not hilffet/ wie Paulus saget. j. Tim. ij. Er ist ein Heiland aller menschē.

Ancket dem HERRN denn er ist freundlich/ Vnd seine güte weret ewiglich.

Saget/ die jr erlöset seid durch den HERRN/ Die er aus der not erlöset hat.

Vnd die er aus den lendern zusamen bracht hat/ Vom auffgang/ vom nidergang/ von mitternacht/ vnd vom meer.

I.

Die ersten sind/ so arm elend/ weder haus noch hoff haben/ vn nichts anzufahen wissen.

Je jrre giengen jnn der wüsten/ jnn vngebentem wege/ Vnd funde keine stad/ da sie wonen kundten/ Hungerig vnd dürstig/ vnd jre seele verschmachtet.

Vnd sie zum HERRN rieffen jnn jrer not/ Vnd er sie errettet aus jren engsten.

Vnd füret sie einen richtigen weg/ Das sie giengen zur stad/ da sie wonen kundten.

Die sollen dem HERRN dancken vmb seine güte/ Vnd vmb seine wunder/ die er an den menschen kindern thut.

Das er settiget die dürstige seele/ Vnd füllet die hungerige seele mit gutem.

II.

Die andern/ sind die mit gefengnis vmb jrer missethat willen geplagt/ vnd durch Gottes hulffe ledig werden.

Je da sitzen musten im finsternis vnd tunckel/ Gefangen im zwang vnd eisen.

Darumb das sie Gottes Geboten vngehorsam gewest waren/ Vñ das Gesetz des Höhesten geschendet hatten.

Darumb muste jr hertz mit vnglück geplagt werdē/ Das sie da lagen/ vnd jnen niemand halff.

Vnd sie zum HERRN rieffen jnn jrer not/ Vnd er jnen halff aus jren engsten.

Vnd sie aus dē finsternis vnd tunckel fürete/ Vñ jre band zureiss.

L.

Die sollen dem HERRN dancken vmb seine güte/ Vnd vmb seine wunder/ die er an den menschen kindern thut.

Das er zubricht eherne thür/ Vnd zuschlehet eisene rigel.

III.

Die dritten sind/ narr/ das ist/ so Gott nicht furchten/ vñ sundlich leben/ die werden mit kranckheit geplagt/ vnd genesen doch etliche/ das sie nicht sterben.

Je narren so geplagt waren vmb jrer vbertrettung willen/ Vnd vmb jrer sunde willen.

Das jnen eckelt für aller speise/ Vnd wurden tod kranck.

Vnd sie zum HERRN rieffen jnn jrer not/ Vnd er jnen halff aus jren engsten.

Er sandte sein Wort/ vnd machte sie gesund/ Vnd errettet sie/ das sie nicht sturben.

Die sollen dem HERRN dancken vmb seine güte/ Vnd vmb seine wunder/ die er an den menschen kindern thut.

Vnd danckopffern/ Vnd erzelen seine werck mit frenden.

IIII.

Die vierdt/ so auff dem meer not leiden/ vnd errettet werden.

Je mit schiffen auff dem meer furen/ Vnd trieben jren handel zu wasser.

Die des HERRN werck erfaren haben/ Vnd seine wunder im meer.

Wenn er sprach/ vnd einen sturmwind erregt/ Der die wellen erhub.

Vnd sie gen himel furen vnd jnn abgrund furen/ Das jre seele fur angst verzagte.

Das sie daumelten vnd wanckten/ wie ein trunckener/ Vnd wusten keinen rat mehr.

Vnd sie zum HERRN schrien jnn jrer not/ Vnd er sie aus jren engsten füret.

Vnd stillete das vngewitter/ Das die wellen sich legeten.

Vnd sie fro wurden/ das stille worden war/ Vnd er sie zu land brachte nach jrem wundsch.

Die sollen dem HERRN dancken vmb seine güte/ Vnd vmb seine wunder/ die er an den menschen kindern thut.

Vnd jn

V.
Die fünffte/ So mit vnfruchtbar wetter geplagt/ vnd widerumb regen vnd frucht kriegen.

Vnd jn bey der Gemeine preisen/ Vnd bey den Alten rhümen.

Die/ welchen jre beche vertrocknet/ Vnd die wasser quell versiegen waren.

Das ein fruchtbar land nichts trug/ Vmb der bosheit willen/ dere die drinnen woneten.

Vnd er das trocken widerumb wasser reich machte/ Vnd im dürren lande wasser quellen.

Vnd die hungerigen dahin gesetzt hat/ Das sie eine stad zurichten/ da sie wonen kundten.

Vnd acker beseen/ vnd weinberge pflantzen möchten/ Vnd die jerlichen früchte kriegeten.

Vnd er sie segnete/ das sie sich fast mehreten/ Vnd jnen viel vihes gab.

VI.
Die sechsten So mit Tyrannen oder auffrur geplagt/ vnd widerumb fride vnd einigkeit kriegen.

Die/ welche nidder gedruckt vnd geschwecht waren/ Von dem bösen/ der sie gezwungen vnd gedrungen hatte.

Da verachtung auff die Fürsten geschüttet war/ Das alles jrrig vnd wüste stund.

Vnd er den armen schützete fur elende/ Vnd sein geschlecht/ wie eine herd mehrete.

Solchs werden die frumen sehen vnd sich frewen/ Vnd aller bosheit wird das maul gestopfft werden.

(Behelt) Daran gedencket vnd damit vmbgehet.

Wer ist weise/ vnd behelt dis? So werden sie mercken/ wie viel wol that der HERR erzeigt.

CVIII.

Ein Psalm lied Dauids.

(Ehre) Das ist/ mein seitten spiel/ da ich dich mit ehre.

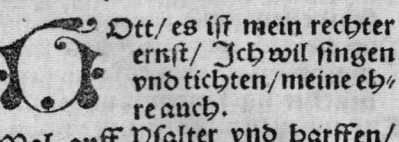

Gott/ es ist mein rechter ernst/ Jch wil singen vnd tichten/ meine ehre auch.

Wol auff Psalter vnd harffen/ Jch wil frue auff sein.

Jch wil dir dancken HERR vnter den völckern/ Jch wil dir lobe singen vnter den leuten.

Denn deine gnade reicht so weit der Himel ist/ Vnd deine warheit so weit die wolcken gehen.

Erhebe dich Gott vber den himel/ Vnd deine ehre vber alle lande.

Auff das deine lieben freunde erlediget werden/ Hilff mit deiner rechten vnd erhöre mich.

Gott redet jnn seinem Heiligthumb/ Des bin ich fro/ vnd wil Sichem teilen/ Vnd das tal Suchoth abmessen.

Gilead ist mein/ Manasse ist auch mein/ Vnd Ephraim ist die macht meines heubts/ Juda ist mein Fürst.

Moab ist mein waschtöpffen/ ich wil meinen schuch vber Edom strecken/ vber die Philister wil ich jauchzen.

Wer wil mich füren jnn eine feste stad? Wer wird mich leiten jnn Edom?

Wirstu es nicht thun Gott/ der du vns verstössest? Vnd zeuchst nicht aus Gott mit vnserm heer?

Schaffe vns beistand jnn der not/ Denn menschen hülffe ist kein nütze.

Mit Gott wöllen wir thatten thun/ Er wird vnser feinde vnter tretten.

CIX.

Ein Psalm Dauids vor zu singen.

Gott mein rhum/ Schweige nicht.

Denn sie haben jr Gottloses vnd falsches maul wider mich auffgethan/ Vnd reden wider mich mit falscher zungen.

Vnd sie reden gifftig wider mich allenthalben/ Vnd streitten wider mich on vrsach.

Dafur das ich sie liebe/ sind sie wider mich/ Jch aber bete.

Sie beweisen mir böses vmb guts/ Vnd hass vmb liebe.

Setze Gottlosen vber jn/ Vnd der Satan

(Setze) Jre lere leben/ lernen/ beten/ muss se alles verdampt sein.

Satan müsse stehen zu seiner rechten.
Wer sich den selben leren lesst/des leben müsse Gottlos sein/ Vnd sein gebet müsse sunde sein.
Seiner tage müssen wenig werden/ Vnd sein ampt müsse ein ander empfahen.
Seine kinder müssen waisen werden/ Vnd sein weib eine widwin.
Seine kinder müssen jnn der jrre gehen vnd betteln/ Vnd suchen als die verdorben sind.
Es müsse der wucherer aussaugen alles was er hat/Vn frembde müssen seine güter rauben.
Vnd niemand müsse jm guts thun/ Vnd niemand erbarme sich seiner waisen.
Seine nachkomen müssen ausgerottet werden/ Jr name müsse im andern gelied vertilget werden.
Seiner veter missethat müsse gedacht werden fur dem HERREN/Vnd seiner mutter sunde müsse nicht ausgetilget werden.
Der HERR müsse sie nimer aus den augen lassen/ Vnd jre gedechtnis müsse ausgerottet werden auff erden.
Darumb/das er so gar keine barmhertzigkeit hatte/Sondern verfolget den elenden vnd armen/ vnd den betrübten/ das er jn tödtet.
Vnd er wolte den fluch haben/der wird jm auch komen/ Er wolt des segens nicht/ so wird er auch ferne von jm bleiben.
Vnd zoch an den fluch/ wie sein hembd/ vnd ist jnn sein jnnwendiges gangen wie wasser/ Vnd wie öle jnn sein gebeine.
So werde er jm/wie ein kleid/das er an habe/Vnd wie ein gürtel/ da er sich alle wege mit gürte.
So geschehe denen vom HERREN/die mir wider sind/Vnd reden böses wider meine seele.

Aber du HERR/HErre sey du mit mir/ vmb deines namens willen/ Denn deine gnade ist mein trost/ errette mich.
Denn ich bin arm vnd elend/ Mein hertz ist erschlagen jnn mir.
Ich fare dahin/ wie ein schatte der vertrieben wird/ Vnd werde veriagt/wie die hewschrecke.
Meine knie sind schwach von fasten/ Vnd mein fleisch ist mager/vnd hat kein fett.
Vnd ich mus jr spott sein/ Wenn sie mich sehen/ schüttelen sie jren kopff.
Stehe mir bey HERR mein Got/ Hilff mir nach deiner gnade.
Das sie jnnen werden/ das dis sey deine hand/ Das du HERR solchs thust.
Fluchen sie/ so segene du/ Setzen sie sich wider mich/ so müssen sie zu schanden werden/ Aber dein knecht müsse sich frewen.
Meine widersacher müssen mit schmach angezogen werden/ Vnd mit jrer schand bekleidet werden/wie mit einem rock.
Ich wil dem HERRN seer dancken mit meinem munde/ Vnd jn rhümen vnter vielen.
Denn er stehet dē armen zur rechten/Das er jm helffe von denen die sein leben verurteilen.

CX.
Ein Psalm Davids.

DEr HERR sprach zu meinem Herrn/ Setze dich zu meiner rechten/ Bis ich deine feinde zum schemel deiner füsse lege.
Der HERR wird das scepter deines Reichs senden aus Zion/ Herrsche vnter deinen feinden.
Nachdeine sieg wird dir dein volck williglich opffern/jnn heiligem schmuck/ Deine kinder werden dir geborn/ wie der thaw aus der morgen röte.   Der

Der Psalter.

Der HERR hat geschworen vnd wird jn nicht gerewen/ Du bist ein Priester ewiglich/ nach der weise Melchizedeck.

Der HERR zu deiner rechten/ wird zeschmeissen die Könige/ zur zeit seines zorns.

Er wird richten vnter den Heiden/ Er wird grosse schlacht thun/ Er wird zeschmeissen das heubt vber grosse lande.

(Vom bach) Er wird leiden vñ auff erstehen.

Er wird trincken vom bach auff dem wege/ Darumb wird er das heubt empor heben.

CXI.

Halelu ia.

Ich dancke dem HERRN von gantzem hertzen/ Im Rat der frumen/ vnd jnn der Gemeine.

Gros sind die werck des HERRN/ Wer jr achtet/ der hat eitel lust dran.

Was er ordnet/das ist löblich vnd herrlich/ Vnd seine gerechtigkeit bleibt ewiglich.

Er hat ein gedechtnis gestifftet seiner wunder/ Der gnedige vnd barmhertzige HERR.

Er gibt speise denen so jn fürchten/ Er denckt ewiglich an seinen Bund.

Er lesst verkündigen seine gewaltige thatten seinem volck/ Das er jnen gebe das erbe der Heiden.

Die werck seiner hende sind warheit vnd recht/ Alle seine Gebot sind rechtschaffen.

Sie werden erhalten jmer vnd ewiglich/ Vnd geschehen trewlich vnd redlich.

Er sendet eine erlösung seinem volck/ Er verheisst / das sein Bund ewiglich bleiben sol/ Heilig vnd heher ist sein name.

Die furcht des HERRN ist der weisheit anfang/ Das ist ein feine klugheit / wer darnach thut/ Des lob bleibt ewiglich.

CXII.

Halelu ia.

Wol dem/ der den HERRN fürchtet/ Der grosse lust hat zu seinen Geboten.

Des same wird gewaltig sein auff erden/ Das geschlecht der frumen wird gesegenet sein.

Reichtumb vnd die fülle wird jnn jrem hause sein/ Vnd jre gerechtigkeit bleibet ewiglich.

Den frumen gehet das liecht auff im finsternis/ Von dem gnedigen/ barmhertzigen vnd gerechten.

(Liecht) Das ist/ gluck vnd heil mitten jnn der not.

Wol dem der barmhertzig ist/ vnd gerne leihet/ Vnd richtet seine sache aus/ das er niemand vnrecht thue.

Denn er wird ewiglich bleiben/ Des gerechten wird nimermehr vergessen.

Wenn eine plage komen wil/ so fürcht er sich nicht/ Sein hertz hoffet vnuerzagt auff den HERRN.

Sein hertz ist getrost vnd fürcht sich nicht/ Bis er seine lust an seinen feinden sihet.

Er strewet aus/ vnd gibt den armen/ seine gerechtigkeit bleibt ewiglich/ Sein Horn wird erhöhet mit ehren.

Der Gottlose wirds sehen vnd wird jn verdriessen/ seine zeene wird er zu samen beissen/ vnd vergehen/ Denn was die Gottlosen gerne wolten/ das ist verloren.

CXIII.

Halelu ia.

Lobet jr knechte des HERRN/ Lobet den namen des HERRN. Gelobet sey des HERREN

Der Psalter.

HERRN name/ Von nu an bis jnn ewigkeit.

Von auffgang der Sonnen bis zu jrem niddergang/ Sey gelobet der name des HERRN.

Der HERR ist hoch vber alle Heiden/ Seine ehre gehet so weit der Himel ist.

Wer ist wie der HERR vnser Gott? Der sich so hoch gesetzt hat.

Vnd auff das nidrige sihet/ Jnn Himel vnd erden.

Der den geringen auffrichtet aus dem staube/ Vnd erhöhet den armen aus dem kot.

Das er jn setze neben die Fürsten/ Neben die Fürsten seines volcks

Der die vnfruchtbare im hause/ wonen macht/ Das sie ein fröliche kinder mutter wird. Halelu ia.

CXIIII.

DA Jsrael aus Egypten zoch Das Haus Jacob aus dem frembden volck.

Da ward Juda sein Heiligthumb/ Jsrael seine Herrschafft.

Das meer sahe vnd flohe/ Der Jordan wand sich zu rück.

Die berge hüpffeten wie die lemmer/ Die hügel wie die jungen schafe.

Was war dir du meer/ das du flohest? Vnd du Jordan/ das du zu rück wandtest?

Jr berge/ das jr hüpffetet wie die lemmer/ Jr hügel/ wie die jungen schafe.

Fur dem HERRN bebete die erde/ Fur dem Gott Jacob.

Der den fels wandelt jnn wasser see/ Vnd die steine jnn wasser brunnen.

CXV.

NIcht vns HERR/ nicht vns/ sondern deinem namen gib ehre/ Vmb deine gnade vnd warheit.

Warumb sollen die Heiden sagen/ Wo ist nu jr Gott?

Aber vnser Gott ist im Himel/ Er kan schaffen was er wil.

Jener Götzen aber sind silber vnd gold/ Von menschen henden gemacht.

Sie haben meuler vnd reden nicht/ Sie haben augen vnd sehen nicht.

Sie haben ohren vnd hören nicht/ Sie haben nasen vnd riechen nicht.

Sie haben hende vnd greiffen nicht/ füsse haben sie vnd gehen nicht/ Vñ reden nicht durch jren hals.

Die solche machen sind gleich also/ Vnd alle die auff sie hoffen.

Aber Jsrael hoffe auff den HERRN/ Der ist jr hülffe vnd schild.

Das Haus Aaron hoffe auff den HERRN/ Der ist jr hülffe vnd schild.

Die den HERRN fürchten/ hoffen auch auff den HERREN/ Der ist jr hülffe vnd schild.

DEr HERR dencket an vns vnd segenet vns/ Er segnet das Haus Jsrael/ Er segnet das Haus Aaron.

Er segnet die den HERRN fürchten/ Beide kleine vnd grosse.

Der HERR segene euch je mehr vnd mehr/ Euch vnd ewre kinder.

Jr seid die gesegneten des HERREN/ Der Himel vnd erden gemacht hat.

Der Himel allenthalben ist des HERRN/ Aber die erden hat er den menschen kindern gegeben.

K k   Die

Der Psalter.

Die todten werden dich HERR nicht loben/ Noch die hin vnter faren jnn die stille.
Sondern wir loben den HErrn/ Von nu an bis jnn ewigkeit/ Halelu ia.

CXVI.

Das ist mir lieb/ Das der HERR meine stimme vnd mein flehen höret.
Das er sein ohre zu mir neiget/ Darumb wil ich mein leben lang jn anruffen.
Stricke des todes hatten mich vmbfangen/ vnd angst der hellen hatten mich troffen/ Ich kam jnn jamer vnd not.
Aber ich rieff an den namen des HERRN/ O HERR errette meine seele.
Der HERR ist gnedig vnd gerecht/ Vnd vnser Gott ist barmhertzig.
Der HERR behütet die einfeltigen/ Wenn ich vnterlige/ so hilfft er mir.
Sey nu wider zu friden meine seele/ Denn der HERR thut dir guts.
Denn du hast meine seele aus dem tode gerissen/ Mein augen von den threnen/ meinen fus vom gleitten.
Ich wil wandeln fur dem HERRN/ Jm lande der lebendigen.

Ich gleube/ darumb rede ich/ Ich werde aber seer geplagt.
Ich sprach jnn meinem zagen/ Alle menschen sind lügener.
Wie sol ich dem HERRN vergelten/ Alle seine wolthat/ die er mir thut?
Ich wil den Heilsamen Kelch nemen/ Vnd des HERRN namen predigen.
Ich wil meine gelübde bezalen/ Fur all seinem volck.
Der tod seiner Heiligen ist werd gehalten/ Fur dem HERREN.
O HERR ich bin dein knecht/ ich bin dein knecht/ deiner magd son/ Du hast meine band zurissen.
Dir wil ich Danck opffern/ Vnd des HERRN namen predigen.
Ich wil meine Gelübde dem HERRN bezalen/ Fur all seinem volck.
Inn den Höfen am Hause des HERRN/ Jnn dir Jerusalem/ Halelu ia.

CXVII.

Lobet den HERRN alle Heiden/ Preiset jn alle völcker.
Denn seine gnade vnd warheit waltet vber vns/ Jnn ewigkeit/ Halelu ia.

CXVIII.

Dancket dem HERRN/ denn er ist freundlich/ Vnd seine güte weret ewiglich.
Es sage nu Israel/ Seine güte weret ewiglich.
Es sage nu das Haus Aaron/ Seine güte weret ewiglich.
Es sagen nu die den HERRN fürchten/ Seine güte weret ewiglich.
Inn der angst rieff ich den HERRN an/ Vnd der HERR erhöret mich/ vnd tröstet mich.
Der HERR ist mit mir/ darumb fürchte ich mich nicht/ Was können mir menschen thun?

Der

(Lügener) Das ist/ es ist auff keinen menschen zu bawen/ Er kan doch zu letzt nicht helffen/ vnd mus feilen.

Der Psalter. LIII.

Der HERR ist mit mir/ mir zu helffen/ Vnd ich wil meine lust sehen an meinen feinden.

Es ist gut auff den HERRN vertrawen/ Vnd nicht sich verlassen auff menschen.

Es ist gut auff den HERRN trawen/ Vnd nicht sich verlassen auff Fürsten.

Alle Heiden vmbgeben mich/ Aber im namen des HERRN wil ich sie zehawen.

Sie vmbgeben mich allenthalben/ Aber im namen des HERREN wil ich sie zehawen.

Sie vmbgeben mich wie binen/ sie dempffen wie ein feur jnn dornen/ Aber im namen des HERRN wil ich sie zehawen.

Man stösset mich/ das ich fallen sol/ Aber der HERR hilfft mir.

Der HERR ist meine macht/ vnd mein Psalm/ Vnd ist mein Heil.

Man singet mit freuden vom sieg jnn den hütten der gerechten/ Die rechte des HERRN behelt den sieg.

Die rechte des HERRN ist erhöhet/ Die rechte des HERRN behelt den sieg.

Ich werde nicht sterben/ sondern leben/ Vnd des HErrn werck verkündigen.

Der HERR züchtiget mich wol/ Aber er gibt mich dem tode nicht.

Thut mir auff die thore der gerechtigkeit/ Das ich da hinein gehe/ vnd dem HErrn dancke.

Das ist das thor des HERRN/ Die gerechten werden da hinein gehen.

Ich dancke dir/ das du mich demütigest/ Vnd hilffest mir.

Der stein/ den die Bawleute verwerffen/ Ist zum Eckstein worden.

Das ist vom HERRN geschehen/ Vnd ist ein wunder fur vnsern augen.

Dis ist der tag/ den der HERR macht/ Lasst vns frewen vnd frölich drinen sein.

O HERR hilff/ O HERR las wol gelingen.

Gelobet sey der da kompt im namen des HERRN/ Wir segenen euch/ die jr vom Hause des HERRN seid.

Der HERR ist Gott/ der vns erleuchtet/ Schmücket dast Fest mit meigen/ bis an die hörner des Altars.

Du bist mein Gott vnd ich dancke dir/ Mein Gott/ ich wil dich preisen.

Dancket dem HERRN/ denn er ist freundlich/ Vnd seine güte weret ewiglich.

CXIX.

WOl denen die on wandel leben/ Die im Gesetze des HERRN wandeln.

Wol denen/ die seine zeugnis halten/ Die jn von gantzem hertzen suchen.

Denn welche auff seinen wegen wandeln/ Die thun kein vbels.

Du hast geboten vleissig zu halten/ Deine befehl.

O das mein leben deine rechte/ Mit gantzem ernst hielte.

Wenn ich schawe allein auff deine Gebot/ So werde ich nicht zu schanden.

Ich dancke dir von rechtem hertzen/ Das du mich lerest die rechte deiner gerechtigkeit.

Deine rechte wil ich halten/ Verlas mich nimer mehr.

WIe wird ein jünglingseine weg vnstrefflich gehen/ Wenn er sich helt nach deinen worten.

II.

Kk ij Ich

(Dempffen) Sie lauffen alle zu vnd leischen/ als wolt alle welt verderben von meiner lere wegen/ Niemand wil der letze sein.

Der Psalter.

Ich ſuche dich von gantzem hertzen/ Las mich nicht feilen deiner Gebot.

Ich behalte dein wort inn meinem hertzen/ Auff das ich nicht wider dich ſundige.

Gelobet ſeiſtu HERR/ Lere mich deine rechte.

Ich wil mit meinen lippen erzelen/ Alle rechte deines mundes.

Ich frewe mich des weges deiner zeugnis/ Als vber allerley reichthumb.

Ich rede was du befolhen haſt/ Vnd ſchawe auff deine wege.

Ich habe luſt zu deinen rechten/ Vnd vergeſſe deiner wort nicht.

III. Thu wol deinem knecht/ das ich lebe/ Vñ dein wort halte.

Offene mir die augen/ das ich ſehe/ Die wunder an deinem Geſetze.

Ich bin ein gaſt auff erden/ Verbirge deine Gebot nicht fur mir.

Meine ſeele iſt zumalmet fur verlangen/ Nach deinen rechten alle zeit.

Du ſchilteſt die ſtoltzen/ Verflucht ſind die deinen Gebot feilen.

Wende von mir ſchmach vnd verachtung/ Denn ich halte deine zeugnis.

Es ſitzen auch die Fürſten/ vnd reden wider mich/ Aber dein knecht redet von deinen rechten.

Ich habe luſt zu deinen zeugniſſen/ Die ſind meine Ratsleute.

IIII. Meine ſeele ligt im ſtaube/ Erquicke mich nach deinem wort.

Ich erzele meine wege/ vnd du erhöreſt mich/ Lere mich deine rechte.

Vnterweiſe mich den weg deiner befelh/ So wil ich reden von deinen wundern.

Ich greme mich/ das mir das hertz verſchmacht/ Stercke mich nach deinem wort.

Wende von mir den falſchen weg/ Vnd günne mir dein Geſetze.

Ich habe den weg der warheit erwelet/ Deine rechte hab ich fur mich geſtellet.

Ich hange an deinen zeugniſſen/ HERR las mich nicht zu ſchanden werden.

Wenn du mein hertz tröſteſt/ So lauffe ich den weg deiner Gebot.

V. Zeige mir HERR den weg deiner rechte/ Das ich ſie beware bis ans ende.

Vnterweiſe mich/ das ich beware dein Geſetze/ Vnd halte es von gantzem hertzen.

Füre mich auff dem ſteige deiner Gebot/ Denn ich habe luſt dazu.

Neige mein hertz zu deinen zeugniſſen/ Vnd nicht zum geitz.

Wende meine augen ab/ das ſie nicht ſehen nach vnnützer lere/ Sondern erquicke mich auff deinem wege.

Las deinen knecht dein Gebot feſtiglich fur dein wort halten/ Das ich dich fürchte.

Wende von mir die ſchmach/ die ich ſchewe/ Denn deine rechte ſind lieblich.

Sihe/ ich begere deiner befehle/ Erquicke mich mit deiner gerechtigkeit.

VI. HERR/ las mir deine gnade widerfaren/ Deine hülffe nach deinem wort.

Das ich antworten müge meinem leſterer/ Denn ich verlas mich auff dein wort.

Vnd nim ja nicht von meinē munde das wort der warheit/ Denn ich hoffe auff deine rechte.

Ich wil

Der Psalter. LIIII.

Ich wil dein Gesetz halten alle wege/ Jmer vnd ewiglich.
Vnd ich wandele frölich/ Denn ich suche deine befelh.
Ich rede von deinen zeugnissen fur Königen/ Vnd scheme mich nicht.
Vnd hab lust an deinen Geboten/ Vnd sind mir lieb.
Vnd hebe meine hende auff zu deinen Geboten / die mir lieb sind/ Vnd rede von deinen rechten.

VII. Gedencke deinem knechte an dein wort/ Auff welches du mich lessest hoffen.
Das ist mein trost jnn meinem elende/ Denn dein wort erquicket mich.
Die stoltzen haben jren spott an mir/ Dennoch weiche ich nicht von deinem Gesetz.
HERR/ wenn ich gedencke/ wie du von der welt her gerichtet hast/ So werde ich getröstet.
Ich bin entbrand vber die Gottlosen/ Die dein Gesetz verlassen.
Deine rechte sind mein lied/ Jnn meinem hause.
HERR ich gedencke des nachts an deinen namen/ Vnd halte dein Gesetze.
Das ist mein schatz/ Das ich deine befelh halte.

VIII Ich hab gesagt/ HERR das sol mein erbe sein/ Das ich deine wege halte.
Ich flehe fur deinem angesichte/ von gantzem hertzen/ Sey mir gnedig nach deinem wort.
Ich betrachte meine wege/ Vnd kere meine füsse zu deinen zeugnissen.
Ich eile vnd seume mich nicht/ Zu halten deine Gebot.

Colos.ij.
Lasst euch niemand berauben.

Der Gottlosen rotte beraubet mich/ Aber ich vergesse deines Gesetzes nicht.
Jnr mitternacht stehe ich auff/ dir zu dancken/ Fur die rechte deiner gerechtigkeit.
Ich halte mich zu denen/ die dich fürchten/ Vnd deinen befelh halten.
HERR/ die erde ist vol deiner güte/ Lere mich deiner rechte.

IX. DV thust guts deinem knechte/ HERR nach deinem wort.
Lere mich heilsame sitten vnd erkentnis/ Denn ich gleube deinen Geboten.

(Erkentnis) Das ist bescheidenheit.ij.pe.j.

Ehe ich gedemütiget ward jrret ich/ Nu aber halte ich dein wort.
Du bist gütig vnd freundlich/ Lere mich deine rechte.
Die stoltzen ertichten lügen vber mich/ Ich aber halte von gantzem hertzen deinen befelh.
Jr hertz ist dick wie schmehr/ Ich aber habe lust an deinem Gesetze.
Es ist mir lieb / das du mich gedemütiget hast/ Das ich deine rechte lerne.
Das Gesetze deines mundes ist mir lieber / Denn viel tausent stück gold vnd silber.

X. DEine hand hat mich gemacht/ vnd bereitet/ Vnterweise mich/ das ich deine Gebot lerne.
Die dich fürchten/ sehen mich vnd frewen sich/ Denn ich hoffe auff dein wort.
HERR ich weis/ das deine gerichte recht sind/ Vnd hast mich trewlich gedemütiget.
Deine gnade müsse mein trost sein / Wie du deinem knecht zu gesagt hast.
Las mir deine barmhertzigkeit widerfaren/ das ich lebe/ Denn ich habe lust zu deinem Gesetze.

K.iij Ab das

Der Psalter.

Ah das die stoltzen müsten zu schanden werden/ die mich mit lügen nider drücken/ Ich aber rede von deinem befelh.

Ah das sich müssen zu mir halten/ die dich fürchten/ Vnd deine zeugnisse kennen.

Mein hertz bleibe rechtschaffen inn deinen rechten/ Das ich nicht zu schanden werde.

XI. Meine seele verlanget nach deinem Heil/ Ich hoffe auff dein wort.

Meine augen sehnen sich nach deinem wort/ Vnd sagen/ wenn tröstestu mich?

(Haut) Da mans öle/ wein/ wasser inne furet/ wie ein watsack ist.
Denn ich bin wie eine haut im rauch/ Deiner rechte vergesse ich nicht.

Wie lange sol dein knecht warten? Wenn wiltu gericht halten vber meine verfolger.

Die stoltzen graben mir gruben/ Die nicht sind nach deinem Gesetze.

Deine Gebot sind eitel warheit/ Sie verfolgen mich mit lügen/ hilff mir.

Sie haben mich schier vmbbracht auff erden/ Ich aber verlasse dein befelh nicht.

Erquicke mich durch deine gnade/ Das ich halte die zeugnis deines mundes.

XII. HERR dein wort bleibt ewiglich/ So weit der Himel ist.

Deine warheit wehret fur vnd fur/ Du hast die erde zu gericht/ vnd sie bleibt stehen.

Es bleibet teglich nach deinem wort/ Denn es mus dir alles dienen.

Wo dein Gesetz nicht mein trost gewest were/ So were ich vergangen inn meinem elende.

Ich wil deinen befelh nimer mehr vergessen/ Denn du erquickest mich damit.

Ich bin dein/ hilff mir/ Denn ich suche deine befelh.

Die Gottlosen warten auff mich/ das sie mich vmb bringen/ Ich aber mercke auff deine zeugnis.

Ich habe alles dinges ein ende gesehen/ Aber dein Gebot wehret.

XIII. Wie hab ich dein Gesetze so lieb/ Teglich rede ich davon.

Du machest mich mit deinem Gebot weiser/ denn meine feinde sind/ Denn es ist ewiglich mein schatz.

Ich bin gelerter denn alle meine lerer/ Denn deine zeugnis sind meine rede.

Ich bin klüger denn die Alten/ Denn ich halte deinen befelh.

Ich were meinem fus alle böse wege/ Das ich dein wort halte.

Ich weiche nicht von deinen rechten/ Denn du lerest mich.

Dein wort ist meinem mund süsser/ Denn honig.

Dein wort macht mich klug/ Darumb hasse ich alle falsche wege.

XIIII. Dein wort ist meines fusses leuchte/ Vnd ein liecht auff meinem wege.

Ich schwere vnd wils halten/ Das ich die rechte diener gerechtigkeit halten wil.

Ich bin seer gedemütiget/ HERR erquicke mich nach deinem wort.

Las dir gefallen HERR das willige opffer meines mundes/ Vnd lere mich deine rechte.

Ich trage meine seele jmer inn meinen henden/ Vnd ich vergesse deines Gesetzes nicht. *Ich trage mein leben feil.*

Die Gottlosen legen mir stricke/ Ich aber irre nicht von deinem befelh.

Deine

Der Psalter LV.

Deine zeugnis sind mein ewiges erbe/ Denn sie sind meines hertzen wonne.

Ich neige mein hertz/ Zu thun nach deinen rechten jmer vnd ewiglich.

XV.

Fladder geister/ heissen die die vbenstendigen geister/ die jmer etwas newes findē vnd fur nemen/ wie Ketzer pflegen zu thun

JCh hasse die Fladder geister/ Vnd liebe dein Gesetze.

Du bist mein schirm vnd schild/ Ich hoffe auff dein wort.

Weichet von mir jr boshafftigen/ Ich wil halten die Gebot meines Gottes.

Erhalt mich durch dein wort/ das ich lebe/ Vnd las mich nicht zu schanden werden vber meiner hoffnung.

Stercke mich/ das ich genese/ So wil ich stets meine lust haben an deinem rechte.

Du zutrittest alle die deiner rechte feilen/ Denn jr triegerey ist eitel lügen.

Du wirffst alle Gottlosen auff erden weg/ wie schlacken/ Darumb liebe ich deine zeugnisse.

Ich fürchte mich fur dir/ das mir die haut schawrt/ Vnd entsetze mich fur deinen rechten.

XVI.

JCh halte vber dem recht vnd gerechtigkeit/ Vbergib mich nicht denen/ die mir wöllen gewalt thun.

Vertritt du deinen knecht/ vnd tröste jn/ Das mir die stoltzen nicht gewalt thun.

Meine augen sehnen sich nach deinem Heil/ Vnd nach dem wort deiner gerechtigkeit.

Handel mit deinem knechte nach deiner gnaden/ Vnd lere mich deine rechte.

Ich bin dein knecht/ vnterweise mich/ Das ich erkenne deine zeugnisse.

Es ist zeit/ das der HERR dazu thu/ Sie haben dein Gesetze zurissen.

Darumb liebe ich dein Gebot/ Vber gold vnd vber fein gold.

Darumb halte ich stracks alle deine befelh/ Ich hasse allen falschen weg.

XVII.

DEine zeugnis sind wunderbarlich/ Darumb helt sie meine seele.

Wenn dein wort offenbar wird/ so erfrewet es/ Vnd machet klug die einfeltigen.

Ich thu meinen mund auff/ vnd begere deine Gebot/ Denn mich verlanget darnach.

Wende dich zu mir/ vnd sey mir gnedig/ Wie du pflegst zu thun denen/ die deinen namen lieben.

Las meinen gang gewis sein jnn deinem wort/ Vnd las kein vnrecht vber mich herrschen.

Erlöse mich von der menschen freuel/ So wil ich halten deinen befelh.

Las dein andlitz leuchten vber deinen knecht/ Vnd lere mich deine rechte.

Mein augen fliessen mit wasser/ Das man dein Gesetze nicht helt.

XVIII.

HERR du bist gerecht/ Vnd dein wort ist recht.

Du hast die zeugnis deiner gerechtigkeit/ Vnd die warheit hart geboten.

Ich habe mich schier zu tod geeinert/ Das meine widersacher deiner wort vergessen.

Dein wort ist wol geleutert/ Vnd dein knecht hat es lieb.

Ich bin geringe vnd veracht/ Ich vergesse aber nicht deines befelhs.

Deine gerechtigkeit ist ein ewige gerechtigkeit/ Vnd dein Gesetze ist warheit.

Angst vnd not haben mich troffen/ Ich hab aber lust an deinen Geboten.

(Vergessen) Nicht allein aus der acht lassen/ sondern so gar nichts achten/ als were nie kein wort Gottes gewest.

Kk iij   Die ge-

Der Psalter.

Die gerechtigkeit deiner zeugnis ist ewig / Vnterweise mich so lebe ich.

XIX

Ich ruffe von gantzem hertzen / erhöre mich HERR / Das ich deine rechte halte.

Ich ruffe zu dir / hilff mir / Das ich deine zeugnis halte.

Ich kome frue vnd schreie / Auff dein wort hoffe ich.

Ich wache frue auff / Das ich rede von deinem wort.

Höre meine stimme nach deiner gnade / HERR / erquicke mich nach deinen rechten.

Meine boshafftigen verfolger wöllen mir zu / Vnd sind ferne von deinem Gesetze.

HERR / du bist nahe / Vnd deine Gebot sind eitel warheit.

Da gegen weis ich aber / Das du deine zeugnis ewiglich gegründet hast.

XX.

SIhe mein elend / vnd errette mich / hilff mir aus / Denn ich vergesse deines gesetzes nicht.

Füre meine sache / vn erlöse mich / Erquicke mich durch dein wort.

Das Heil ist ferne von den Gotlosen / Denn sie achten deine rechte nicht.

HERR / deine barmhertzigkeit ist gros / Erquicke mich nach deinen rechten.

Meiner verfolger vnd widersacher ist viel / Ich weiche aber nicht von deinen zeugnissen.

Ich sehe die verechter / vnd thut mir wehe / Das sie dein wort nicht halten.

Sihe / ich liebe deinen befelh / HErr erquicke mich nach deiner gnade.

Dein wort ist von anfang warheit gewest / Alle rechte deiner gerechtigkeit wehren ewiglich.

XXI.

DJe Fürsten verfolgen mich on vrsach / Vnd mein hertz furcht sich fur deinen worten.

Ich frewe mich vber deine wort / Wie einer der eine grosse bente kriegt.

Lügen bin ich gram / vnd habe grewel daran / Aber dein Gesetze habe ich lieb. (Lügen) Heuchlern vnd falschen leuten.

Ich lobe dich des tages sieben mal / Vmb der rechte willen deiner gerechtigkeit.

Grossen fride haben die dein Gesetz lieben / Vnd werden nicht straucheln. (Straucheln) Stewer den nicht jren noch feilen / weder durch gewalt noch list abgewedt werden.

HERR ich warte auff dein Heil / Vnd thu nach deinen Geboten.

Meine seele helt deine zeugnis / Vnd liebet sie fast.

Ich halte deine befelh vnd deine zeugnis / Denn alle meine wege sind fur dir.

XXII.

HERR / las meine klage fur dich komen / Vnterweise mich nach deinem wort.

Las mein flehen fur dich komen / Errette mich nach deinem wort.

Meine lippen sollen loben / Wenn du mich deine rechte lerest.

Meine zunge sol jr gesprech haben von deinem wort / Denn alle deine Gebot sind recht.

Las mir deine hand beystehen / Denn ich habe erwelet deine befelh.

HERR / mich verlanget nach deinem Heil / Vnd habe lust an deinem Gesetze.

Las meine seele leben / das sie dich lobe / Vnd deine rechte mir helffen.

Ich bin wie ein verirret vnd verloren schaf / suche deinen knecht / Denn ich vergesse deiner Gebot nicht. (Verirret) Es nimpt sich mein niemand an

Ich ru-

Der Psalter

CXX.

Ein lied im höhern Chor.

Ich ruffe zu dem HERREN jnn meiner not/ Vnd er erhöret mich.
HERR errette meine seele von den lügen meulern/ Vnd von den falschen zungen.
Was kan dir die falsche zungen thun? Vnd was kan sie ausrichten.
Sie ist wie scharffe pfeile eines starcken/ Wie feur jnn wacholdern.
Wehe mir/ das ich ein frembdling bin vnter Mesech/ Ich mus wonen vnter den hütten Kedar.
Es wird meiner seelen lang zu wonen/ Bey denen die den friden hassen.
Ich halte fride/ Aber wenn ich rede/ so fahen sie krieg an.

Feur jnn wacholdern loddert vnd brennet seer/ denn es ist fett vnd brennet gerne/ Also gehet die Ketzerische lere auch mit grosser gewalt an/ vñ brennet seer gerne.

CXXI.

Ein lied im höhern Chor.

Ich hebe meine augen auff zu den bergen/ Von welchen mir hülffe kompt.
Meine hülffe kompt vem HERRN/ Der Himel vnd erden gemacht hat.
Er wird deinen fus nicht gleitten lassen/ Vnd der dich behüttet/ schlefft nicht.
Sihe/ der hüter Israel/ Schlefft noch schlumert nicht.
Der HERR behüte dich/ Der HERR ist dein schatten vber deiner rechten hand.
Das dich des tages die Sonne nicht steche/ Noch der Mond des nachts.
Der HERR behüte dich fur allem vbel/ Er behüte deine seele.
Der HERR behüte deinen ausgang vnd eingan/ Von nu an bis jnn ewigkeit.

CXXII.

Ein lied Dauids im höhern Chor

Ich frewe mich des/ das mir geredt ist/ Das wir werden jns Haus des HERRN gehen.
Vnd das vnsere füsse werden stehen/ Jnn deinen thoren Jerusalem.
Jerusalem ist gebawet/ das eine stad sey/ Da man zusamen komen sol.
Da die stemme hinauff gehen sollen/ nemlich die stemme des HERRN/ Zu predigen dem volck Israel/ zu dancken dem namen des HERRN.
Denn daselbst sitzen die stüle zum gericht/ Stüle des Hauses Dauids.
Wündschet Jerusalem glück/ Es müsse wol gehen denen/ die dich lieben.
Es müsse fride sein jnnwendig deinen mauren/ Vnd glück jnn deinen pallasten.
Vmb meiner brüder vnd freunde willen/ Wil ich dir friden wündschen.
Vmb des Hauses willen des HERRN vnsers Gottes/ Wil ich dein bestes suchen.

Wo man Gotteswort leret vnd höret/ do wonet Gott/ vnd ist Gottes haus/ des ist sich wol zu frewen.

(Friden) Das ist/ das dirs wolge he.

CXXIII.

Ein lied im höhern Chor.

Ich hebe meine augen auff zu dir/ Der du im Himel sitzest.
Sihe/

Der Psalter.

Sihe / wie die augen der knechte / Auff die hende jrer herrn sehen.

Wie die augen der magd / Auff die hende jrer frawen.

Also sehen vnser augen auff den HERRN vnsern Gott / Bis er vns gnedig werde.

Sey vns gnedig HERR / sey vns gnedig / Denn wir sind seer vol verachtung.

Seer vol ist vnser seele / Der stoltzen spott / vnd der hoffertigen verachtung.

CXXIIII.

Ein lied Dauids im höhern Chor.

WO der HERR nicht bey vns were / So sage Israel.

Wo der HERR nicht bey vns were / Wenn die menschen sich wider vns setzen.

So verschlungen sie vns lebendig / Wenn jr zorn vber vns ergrimmet.

So erseufft vns wasser / Stromen giengen vber vnser seele.

Es giengen wasser allzu hoch / Vber vnser seele.

Gelobet sey der HERR / Das er vns nicht gibt zum raube jnn jre zeene.

Vnser seele ist entrunnen / wie ein vogel dem stricke des voglers / Der strick ist zurissen / vnd wir sind los.

Vnser hülffe stehet im namen des HERRN / Der Himel vnd erden gemacht hat.

CXXV.

Ein lied im höhern Chor.

DJe auff den HERRN hoffen / Die werden nicht fallen / sondern ewig bleiben / wie der berg Zion.

Vmb Jerusalem her sind berge / vnd der HERR ist vmb sein volck her / Von nu an bis jnn ewigkeit.

Denn der Gottlosen scepter wird nicht bleiben vber dem heufflin der gerechten / Auff das die gerechten jre hand nicht ausstrecken zur vngerechtigkeit.

HERR thu wol / Den guten vnd frumen hertzen.

Die aber abweichen auff jre krume wege / wird der HERR weg treiben mit den vbelthettern / Aber fride sey vber Israel.

CXXVI.

Ein lied im höhern Chor.

WEnn der HERR die gefangē Zion erlösen wird / So werden wir sein / wie die trewmende.

Denn wird vnser mund vol lachens / vnd vnser zunge vol rhumes sein / Da wird man sagen vnter den Heidē / Der HERR hat grosses an jnen gethan.

Der HERR hat grosses an vns gethan / Des sind wir frölich.

HERR wende vnser gefengnis / Wie du die wasser gegen mittage getrocket hast.

Die mit threnen seen / Werden mit frewden erndten.

Sie gehen hin vnd weinen / vnd tragen edlen samen / Vnd komen mit freuden vnd bringen jre garben.

CXXVII.

Ein lied Salomo / im höhern Chor.

WO der HERR nicht das haus bawet / So erbeiten vmb sonst / die dran bawen.

(Trewmende) Das ist / die freude wird so gros sein / das wir sie kaum gleuben werden / vnd were nicht vns gleich sein / als treumet es vns vnd were nicht war.

(Mittage) Da war das rote meer trocken machet.

Wo

Wo der HERR nicht die stad behütet/ So wachet der wechter vmb sonst.

Es ist vmb sonst das jr frue auffstehet/ vnd hernach lange sitzet/ vnd esset ewer brod mit sorgen/ Denn seinen freunden gibt ers schlaffend.

(Gabe) Das ist/ vmb sonst ists/das jrs mit ewr erbeit wollet ausrichten/ Sind doch die kinder selbs / für die jr erbeitet/ nicht jr ewr gewalt/ sondern gott gibt sie.

Sihe/ kinder sind eine gabe des HERRN/ Vnd leibes frucht ist ein geschenck.

Wie die pfeile jnn der hand eines starcken/ Also geraten die jungen knaben.

Wol dem/ der seine köcher der selben vol hat/ Die werden nicht zu schanden/ wenn sie mit jren feinden handeln im thor.

CXXVIII

Ein lied im höhern Chor.

Wol dem/ der den HERRN fürchtet/ Vnd auff seinen wegen gehet.

Du wirst dich neeren deiner hende erbeit/ Wol dir/ du hasts gut

Dein weib wird sein wie ein fruchtbar weinstock vmb dein haus herumb/ Deine kinder wie die öle zweige/ vmb deinen tisch her.

Sihe/ also wird gesegnet der man/ Der den HERRN fürchtet.

Der HERR wird dich segenen aus Zion/ Das du sehest das glück Jerusalem/ Dein leben lang.

Vnd sehest deiner kinder kinder/ Fride vber Israel.

CXXIX.

Ein lied im höhern Chor.

Sie haben mich offt gedrenget von meiner jugent auff/ So sage Israel.

Sie haben mich offt gedrenget von meiner jugent auff/ Aber sie haben mich nicht vbermocht.

Die pflüger haben auff meinem rücken geackert/ Vnd jre furche lang gezogen.

Der HERR der gerecht ist/ Hat der Gottlosen seile abgehawen.

Ah das müssen zu schanden werden vnd zu rücke keren/ Alle die Zion gram sind.

Ah das sie müssen sein wie das gras auff den dechern/ Welchs verdorret ehe man es ausreufft.

Von welchem der schnitter seine hand nicht füllet/ Noch der garben binder seinen arm vol.

Vnd die fur vber gehen/ nicht sprechen/ Der segen des HERREN sey vber euch/ wir segenen euch im namen des HERREN.

CXXX.

Ein lied im höhern Chor.

Aus der tieffen/ Ruffe ich HERR zu dir.

HErr höre mein stimme/ Las deine ohren mercken auff die stimme meines flehens.

So du wilt HErr sunde zu rechen/ HErr wer wird bestehen?

Denn bey dir ist die vergebung/ Das man dich fürchte.

Ich harre des HERRN/ meine seele harret/ Vnd ich hoffe auff sein wort.

Meine seele wartet auff den HErrn/ Von einer morgenwache bis zur andern.

Israel

Der Psalter.

Israel hoffet auff den HER-
REN/ Denn bey dem HER-
REN ist die gnade/ Vnd viel er-
lösung bey jm.

Vnd er wird Israel erlösen/ Aus
allen seinen sunden.

CXXXI.

Ein lied Dauid im höhern
Chor.

HERR/ mein hertz ist ni-
cht hoffertig/ vnd mei-
ne augen sind nicht
stoltz/ Vnd wandele
nicht jnn grossen dingen/ die
mir zu hoch sind.

Wenn ich meine seele nicht setzet
vnd stillet/ So ward meine seele entwenet/ wie einer von seiner
mutter entwenet wird.

Israel hoffe auff den HERRN/
Von nu an bis jnn ewigkeit.

CXXXII

Ein lied im höhern Chor.

GEdencke HERR an Da-
uid/ Vnd an alle sein
leiden.

Der dem HERRN sch-
wur/ Vnd gelobet dem Mechtigen Jacob.

Ich wil nicht jnn die hütten meines hauses gehen/ Noch mich
auffs lager meines bettes legen

Ich wil meine augen nicht schlaffen lassen/ Noch meine augenliede schlummen.

Bis ich eine stette finde fur dem
HERRN/ Zur wonunge dem
Mechtigen Jacob.

Sihe/ wir hören von jr jnn Ephra-
ta/ Wir haben sie funden auff
dem felde des waldes. *(Jr) Das ist/ von der selbigen stette.*

Wir wöllen jnn seine wonunge ge-
hen/ Vnd anbeten fur seinem
fusschemel.

HERR mach dich auff zu deiner
ruge/ Du vnd die lade deiner
macht. *(Macht) Das ist/ dei ner herr schafft.*

Deine Priester las sich kleiden mit
gerechtigkeit/ Vnd deine Heiligen sich frewen.

Nim nicht weg das regiment deines Gesalbeten/ Vmb deines
knechts Dauids willen.

Der HERR hat Dauid einē waren eid geschworē/ dauon wird
er sich nicht wenden/ Jch wil
dir auff deinen stuel setzen die
frucht deines leibes.

Werden deine kinder meinen
Bund halten/ vnd mein zeug-
nis/ das ich sie leren werde/ So
sollen auch jre kinder auff deinem stuel sitzen ewiglich.

Denn der HERR hat Zion er-
welet/ Vnd hat lust daselbs zu
wonen.

Dis ist meine ruge ewiglich/ Hie
wil ich wonen/ denn es gefellet
mir wol.

Ich wil jr speise segenen/ Vnd
jren armen brods gnug geben.

Ire Priester wil ich mit heil klei-
den/ Vnd jre Heiligen sollen
frölich sein.

Daselbs sol auffgehen das Horn
Dauid/ Ich habe meinem Gesalbeten eine leuchte zugericht.

Seine feinde wil ich mit schanden
kleiden/ Aber vber jm sol blühen
seine Krone. *Das ist/ Das König reich.*

CXXXIII.

Ein lied Dauids im höhern
Chor.

SIhe/ wie fein vnd lieb-
lich ists/ Das brüder
eintrechtig bey einan-
der wonen. *Das ist/ wenn die rechen grossen heiligen/ weisen/ sich der armen kleinen/ sun der/ thoren annemen/ Roma. xiiij.*

Wie der köstliche Balsam ist/ der
vom heubt Aaron herab fleusst
jnn seinen gantzen bart/ Der
herab fleusst jnn sein kleid.

Wie der taw der von Hermon
herab fellt auff die berge Zion/
Denn daselbs verheisst der
HERR segen vnd leben jmer
vnd ewiglich.

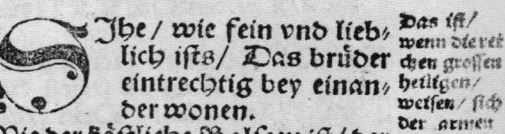

Sihe/

CXXXIIII.

Ein lied im höhern Chor.

SIhe/ lobet den HERRN/ alle knechte des HERRN/ Die jr stehet des nachts im hause des HERRN.

Hebet ewer hende auff im heiligthumb/ Vnd lobet den HERREN.

Der HERR segene dich aus Zion/ Der Himel vnd erden gemacht hat.

CXXXV.

Halelu ia.

LObet den namen des HERRN/ Lobet jr knechte des HERREN.

Die jr stehet im Hause des HERREN/ Jnn den Höfen des Hauses vnsers Gottes.

Lobet den HERRN/ denn der HERR ist freundlich/ Lobsinget seinem namen/ denn er ist lieblich.

Denn der HERR hat jm Jacob erwelet/ Jsrael zu seinem eigenthum.

Denn ich weis/ das der HERR gros ist/ Vnd vnser Herr fur allen Göttern.

Alles was er wil/ das thut er/ im Himel/ auff erden/ Jm meer/ vnd jnn allen tieffen.

Der die wolcken lesst auffgehen vom ende der erden/ der die blitzen sampt dem regen machet/ Der den wind aus heimlichen örtern komen lesst.

Der die Ersten geburt schlug jnn Egypten/ Beide der menschen vnd des viehes.

Vnd lies seine zeichen vnd wunder komen vber dich Egypten land/ Vber Pharao vnd alle seine knechte.

Der viel völcker schlug Vnd tödtet mechtige Könige.

Sihon der Amoriter König/ vnd Og den König zu Basan/ Vnd alle Königreiche jnn Canan.

Vnd gab jr land zum erbe/ Zum erbe seinem volck Jsrael.

HERR dein name weret ewiglich/ Dein gedechtnis HERR weret fur vnd fur.

Denn der HERR wird sein volck richten/ Vnd seinen knechten gnedig sein.

Der Heiden Götzen sind silber vnd gold/ Von menschen henden gemacht.

Sie haben meuler vnd reden nicht Sie haben augen vnd sehen nicht.

Sie haben ohren vnd hören nicht/ Auch ist kein odem jnn jrem munde.

Die solche machen/ sind gleich also/ Alle die auff solche hoffen.

Das Haus Jsrael lobe den HERREN/ Lobet den HERRN jr vom Hause Aaron.

Jr vom Hause Leui lobet den HERRN/ Die jr den HERREN furchtet/ lobet den HERREN.

Gelobet sey der HERR aus Zion/ Der zu Jerusalem wonet/ Halelu ia.

CXXXVI.

DAncket dem HERRN denn er ist freundlich/ Denn seine güte weret ewiglich.

Dancket dem Gott aller Götter/ Denn seine güte weret ewiglich.

Dancket dem Herrn aller herrn/ Denn seine güte weret ewiglich

Der Psalter.

(Ordenlich) Das der himel vnd alle sternen so gewissen lauff haben/ vnd nicht feilen.

Der grosse wunder thut alleine/ Denn seine güte weret ewiglich.
Der hie Himel ordenlich gemacht hat / Denn seine güte weret ewiglich.
Der die erde auff wasser ausgebreitet hat/Denn seine güte weret ewiglich.
Der grosse liechter gemacht hat/ Denn seine güte weret ewiglich.
Die Sonne dem tage fur zu stehen Denn seine güte weret ewiglich.
Den Mond vnd sterne der nacht fur zu stehen/ Denn seine güte weret ewiglich.
Der Egypten schlug an jren ersten geburten/Denn seine güte weret ewiglich.
Vnd füret Israel heraus/ Denn seine güte weret ewiglich.
Durch mechtige hand vnd ausgereckten arm/ Denn seine güte weret ewiglich.
Der das schilffmeer teilet / jnn zwey teil/ Denn seine güte weret ewiglich.
Vnd lies Israel durch hin gehen/ Denn seine güte weret ewiglich.
Der Pharao vnd sein heer jnns schilff meer sties/Denn seine güte weret ewiglich.
Der sein volck füret durch die wüsten / Denn seine güte weret ewiglich.
Der grosse Könige schlug/Denn seine güte weret ewiglich.
Vnd erwürget mechtige Könige / Denn seine güte weret ewiglich.
Sihon der Amoriter König/ Denn seine güte weret ewiglich.
Vnd Og den König zu Basan/ Denn seine güte weret ewiglich.
Vnd gab jr land zum erbe/Denn seine güte weret ewiglich.
Zum erbe seinem knecht Israel/ Denn seine güte weret ewiglich.

Denn er dachte an vns/da wir vnter gedrückt waren/ Denn seine güte weret ewiglich.
Vnd erlöset vns von vnsern feinden/ Denn seine güte weret ewiglich.
Der allem fleisch speise gibt/Denn seine güte weret ewiglich.
Dancket dem Gott von Himel/ Denn seine güte weret ewiglich.

CXXXVII.

AN den wassern zu Babel sassen wir/ vnd weineten/Wenn wir an Zion gedachten.
Vnsere harffen hiengen wir an die weiden/ Die drinnen sind.
Denn daselbs hiessen vns singen/ die vns gefangen hielten/ vnd jnn vnserm heulen frölich sein/ Lieber singet vns ein lied von Zion.
Wie solten wir des HERRN lied singen/ Jnn frembden lande?
Vergesse ich dein Jerusalem/ So werde meiner rechten vergessen.
Meine zunge müsse an meinem gaumen kleben/wo ich dein nicht gedencke/ Wo ich nicht lasse Jerusalem meine höchste freude sein.
HERR gedencke der kinder Edom am tage Jerusalem/ Die da sagen/rein abe/rein abe/ bis auff jren boden.
Du verstörte tochter Babel/Wol dem der dir vergelte/ wie du vns gethan hast.
Wol dem der deine junge kinder nimpt/ Vnd zuschmettert sie an den stein.

CXXXVIII

Dauids.

Jch

Der Psalter.

(Göttern) Für den Engeln vñ Gottes kindern.

Ich dancke dir von gantzem hertzē/ Fur den Göttern wil ich dir lobe singen.

Ich wil anbeten zu deinem Heiligen Tempel / vnd deinem namen dancken / vmb deine güte vnd trewe / Denn du hast deinen namen vber alles herrlich gemacht / durch dein wort.

Wenn ich dich anruffe / so erhöre mich / Vnd gib meiner seele grosse krafft.

Es dancken dir HERR alle Könige auff erden / Das sie hören das wort deines mundes.

Vnd singen auff den wegen des HERRN / Das die ehre des HERRN gros sey.

Denn der HERR ist hoch / vnd sihet auff das nidrige / Vnd kennet den stoltzen von ferne.

Wenn ich mitten jnn der angst wandele / so erquickestu mich / Vnd streckest deine hand vber den zorn meiner feinde / vnd hilfest mir mit deiner rechten.

Der HERR wirds ein ende machen vmb meinen willen / HERR deine güte ist ewig / Das werck deiner hende woltestu nicht lassen.

CXXXIX.

Ein Psalm Dauids vor zu singen.

HERR du erforschest mich Vnd kennest mich.

Ich sitze oder stehe auff / so weissestu es / Du verstehest meine gedancken von ferne.

Ich gehe oder lige / so bistu vmb mich / Vnd sihest alle meine wege.

Denn sihe / Es ist kein wort auff meiner zungen / Das du HERRE nicht alles wissest.

Du schaffest es / was ich vor oder hernach thue / Vnd heltest deine hand vber mir.

Solch erkentnis ist mir zu wunderlich vnd zu hoch / ich kans nicht begreiffen.

Wo sol ich hin gehen fur deinem Geist? Vnd wo sol ich hin fliehen für deinem angesichte?

Füre ich gen Himel / so bistu da / Bettet ich mir jnn die Helle / sihe / so bistu auch da.

Neme ich flügel der morgen röte / Vnd bliebe am eussersten meer.

So würde mich doch deine hand daselbs füren / Vnd deine rechte mich halten.

Spreche ich / finsternis mügen mich decken / So mus die nacht auch liecht vmb mich sein.

Denn auch finsternis nicht finster ist bey dir / vnd die nacht leuchtet wie der tag / Finsternis ist wie das liecht.

Denn du hast meine nieren jnn deiner gewalt / Du warest vber mir jnn mutter leibe.

Ich dancke dir darüber / das ich wunderbarlich gemacht bin / Wunderbarlich sind deine werck / Vnd das erkennet meine seele wol.

Es war dir mein gebein nicht verholen / da ich jm verborgen gemacht ward / Da ich gebildet ward vnden jnn der erden.

Deine augen sahen mich / da ich noch vnbereitet wart / Vnd waren alle tage auff dein buch geschrieben / die noch werden solten / vnd der selben keiner da war.

Aber wie köstlich sind fur mir Got deine gedancken / Wie ist jr so eine grosse summa?

Solt ich sie zelen / so würde jr mehr sein denn des sands / Wenn ich auffwache / bin ich noch bey dir.

Ah Gott / das du tödtest die Gotlosen / Vnd die blutgirigen von mir weichen müsten.

(Vnden) Das ist / tieff jnn mutter leibe. Das ist / wie langich lebē solt / wustestu / ehe ich leben anfieng.

Ll ij   Denn

Der Psalter.

Denn sie reden von dir lesterlich/ Vnd deine feinde erheben sich/ on vrsach.

Ich hasse ja HERR die dich hassen/ Vnd verdreusst mich auff sie/ das sie sich wider dich setzen.

Ich hasse sie jnn rechtem ernst/ Darumb sind sie mir feind.

Erforsche mich Gott/ vnd erfare mein hertz/ Prüfe mich vnd erfare/ wie ichs meine.

Vnd sihe/ ob ich auff bösem wege bin/ Vnd leite mich auff ewigem wege.

CXL.

Ein Psalm Dauids vor zu singen.

ERrette mich HERR von den bösen menschen/ Behüte mich fur den freueln leuten.

Die böses gedencken jnn jrem hertzen/ Vnd teglich krieg erregen.

Sie scherffen jre zunge/ wie eine schlange/ Ottern gifft ist vnter jren lippen. Sela.

Beware mich HERR fur der hand der Gottlosen/ Behüte mich fur den freueln leuten/ Die meinen gang gedencken vmb zu stossen.

Die hoffertigen legen mir stricke/ vnd breiten mir seile aus zum netze/ Vnd stellen mir fallen an den weg. Sela.

Ich aber sage zum HERRN/ du bist mein Gott/ HERR vernim die stimme meines flehens.

HERR HErr meine starcke hülffe/ Du beschirmest mein heubt zur zeit des streits.

HERR las dem Gottlosen sein begirde nicht/ Stercke seinen mutwillen nicht/ Sie möchten sichs erheben. Sela.

Das vnglück/ dauon meine feinde ratschlahen/ Müsse auff jren kopff fallen.

Er wird stralen vber sie schütten/ er wird sie mit feur tieff jnn die erden schlahen/ Das sie nimer nicht auff stehen.

Ein böse maul wird kein glück haben auff erden/ Ein freuel böser mensch wird veriagt vnd gestürtzt werden.

Denn ich weis/ das der HERR wird des elenden sache/ vnd der armen recht ausfüren.

Auch werden die gerechten deinen namen dancken/ Vnd die fromen werden fur deinem angesichte bleiben.

Blitz vñ donner schlahe sie jnn die erden/ vt jn mari rubro.

CXLI.

Ein Psalm Dauids.

HERR ich ruffe zu dir/ eile zu mir/ Vernim meine stimme/ wenn ich dich anruffe.

Mein gebet müsse fur dir tügen/ wie ein Reuchopffer/ Mein hende auffheben/ wie ein abentopffer.

HERR behüte meinen mund/ Vnd bewar meine lippen.

Neige mein hertz nicht auff etwas böses/ ein Gottlos wesen zu füren mit den vbelthettern/ Das ich nicht esse von dem das jnen geliebt.

Der gerechte schlahe mich freundlich vnd straffe mich/ das wird mir so wol thun/ als ein Balsam auff meinem heubt/ Denn ich bete stets/ das sie mir nicht schaden thun.

Ire Lerer müssen gestürtzt werden vber einen fels/ So wird man denn meine lere hören/ das sie lieblich sey.

Vnser gebeine sind zurstrewet bis zur helle/ Wie einer das land zureisst vnd zu wület.

Denn auff dich HERR HErr sehen meine augē/ Ich trawe auff dich/ verstosse meine seele nicht.

Beware

Beware mich fur dem stricke/ den sie mir gelegt haben/ Vnd fur der falle der vbeltherer.

Die Gottlosen müssen jn jr eigen netze fallen mit einander/ Ich aber jmer fur vber gehen.

CXLII.

Eine vnterweisunge Dauid zu beten/ da er jnn der hülen war.

Ich schreye zum HERRN mit meiner stimme/ Ich flehe dem HERRN mit meiner stimme.

Ich schütte meine rede fur jm aus/ Vnd zeige an fur im meine not.

Wenn mein geist jnn engsten ist/ so nimpstu dich meiner an/ Sie legen mir stricke auff dem wege da ich auffgehe.

Schaw zur rechten/ vnd sihe/ da wil mich niemand kennen/ Ich kan nicht entfliehen/ Niemand nimpt sich meiner seelen an.

HERR/ zu dir schrey ich vnd sage/ du bist meine zuuersicht/ Mein teil im lande der lebendigen.

Mercke auff meine klage/ denn ich werde seer geplagt/ Errette mich von meinen verfolgern/ Denn sie sind mir zu mechtig.

(Kercker) Das ist/ aus der not vnd angst darin ich gefangen bin.

Füre meine seele aus dem kercker/ das ich dancke deinem namen/ Die gerechten werden sich zu mir samlen/ wenn du mir wol thust.

Vnd gehe nicht jnns gericht mit deinem knecht/ Denn fur dir ist kein lebendiger gerecht.

Denn der feind verfolget meine seele/ vnd zuschlehet mein leben zu boden/ Er legt mich ins finster/ wie die todten jnn der welt.

Vnd mein geist ist jnn mir geengstet/ Mein hertz ist mir jnn meinem leibe verzeret.

Ich gedencke an die vorigen zeiten/ Ich rede von allen deinen thatten/ Vnd sage von den wercken deiner hende.

Ich breite meine hende aus zu dir/ Meine seele dürstet nach dir/ wie ein dürre land. Sela.

HERR erhöre mich balde/ mein geist vergehet/ Verbirge dein andlitz nicht von mir/ das ich nicht gleich werde denen/ die jnn die gruben faren.

Las mich frue hören deine gnade/ denn ich hoffe auff dich/ Thu mir kund den weg darauff ich gehen sol/ Denn mich verlanget nach dir.

(Frue) Das ist/ bald vnd zeitlich/ nicht spat noch langsam.

Errette mich mein Gott von meinen feinden/ Zu dir hab ich zuflucht.

Lere mich thun nach deinem wolgefallen/ denn du bist mein Gott/ Dein guter Geist füre mich auff ebener bahn.

HERR erquicke mich vmb deines namens willen/ Füre meine seele aus der not/ vmb deiner gerechtigkeit willen.

Vnd verstöre meine feinde/ vmb deiner güte willen/ Vnd bringe vmb alle die meine seele engsten/ Denn ich bin dein knecht.

CXLIII

Ein Psalm Dauid.

HERR erhöre mein gebet/ Vernim mein flehen vmb deiner warheit willen.

Erhöre mich vmb deiner gerehtigkeit willen.

CXLIII.

Ein Psalm Dauid.

Gelobet sey der HERR mein Hort/ Der meine hende leret streitten/ vnd meine feuste kriegen.

Ll iij   Meine

Der Psalter.

Meine güte vnd meine Burg/ mein schutz vnd mein erretter/ mein schild/ auff den ich trawe/ Der mein volck vnter mich zwinget.

HERR was ist der mensch/ das du dich sein so annimpst? Vnd der menschen kind/ das du jn so achtest?

Ist doch der mensch gleich wie nichts/ Seine zeit feret dahin wie eine schatten.

Das ist/ las ein mal don nern vnd schlahe drein.
HERR neige deine Himel vnd fare herab/ Taste die berge an/ das sie rauchen.

Las blitzen vnd zustrewe sie/ Scheus deine stralen/ vnd schrecke sie.

(Frembde kinder) Die nicht recht Gottes kinder sind im glauben/ sondern haben allein den namen vnd schein.
Sende deine hand von der höhe vnd erlöse mich/ Vnd errette mich von grossen wassern/ Von der hand der frembden kinder.

Welcher lere ist kein nütze/ Vnd jre werck sind falsch.

Gott/ ich wil dir ein newes lied singen/ Ich wil dir spielen auff dem Psalter von zehen seitten.

Der du den Königen sieg gibst/ Vnd erlösest deinen knecht Dauid/ vom mördischen schwerd des bösen.

Erlöse mich auch/ vnd errette mich von der hand der frembden kinder/ Welcher lere ist kein nütze/ vnd jre werck sind falsch.

So reden vñ wündschen die Gottlosen die auff Gott nicht bawen/ wie der reiche man im Euangelio.
Das vnsere söne auff wachsen inn jrer jugent/ wie die pflantzen/ Vnd vnsere töchter/ wie die ausgehawen ercker/ gleich wie die pallast.

Vnd vnsere kamern vol seien/ die eraus geben können einen vorrad nach dem andern/ Das vnsere schafe tragen tausent vnd hundert tausent/ auff vnsern dörffern.

(Klage) Das vns kein vnfal/ seuche plage treffe/ Sondern alles gnug haben sicher vñ frölich jnn aller fülle leben.
Das vnser ochsen viel ererbeiten/ Das kein schade/ kein vnlust/ noch klage auff vnsern gassen sey.

Wol dem volck/ dem es also gehet. Aber wol dem volck/ des der HERR ein Gott ist.

CXLV.

Ein lob Dauid.

ICh wil dich erhöhen mein Gott/ du König/ Vnd deinen namen loben jmer vnd ewiglich.

Ich wil dich teglich loben/ Vnd deinen namen rhümen jmer vnd ewiglich.

Der HERR ist gros vnd seer löblich/ Vnd seine grösse ist vnaussprechlich.

Kinds kind werden deine werck preisen/ Vnd von deiner gewalt sagen.

Ich wil reden von deiner herrlichen schönen pracht/ Vnd von deinen wundern.

Das man sol reden von deinen herrlichen thatten/ Vnd das man erzele deine herrligkeit.

Das man preise deine grosse güte/ Vnd deine gerechtigkeit rhüme.

Gnedig vnd barmhertzig ist der HERR/ Gedültig vnd von grosser güte.

Der HERR ist allen gütig/ Vnd erbarmet sich aller seiner werck.

Es sollen dir dancken HERR alle deine werck/ Vnd deine Heiligen dich loben.

Vnd die ehre deines Königreichs rhümen/ Vnd von deiner gewalt reden.

Das den menschenkindern deine gewalt kund werde/ Vnd die ehrliche pracht deines Königreichs.

Dein Reich ist ein ewiges Reich/ Vnd deine herrschafft weret für vnd für.

Der HERR erhelt alle die da fallen/ Vnd richtet auff alle die nider geschlagen sind.

Aller

Aller augen warten auff dich/ Vnd du gibst jnen jre speise zu seiner zeit.

(Wolgefallen/Das ist gnug vñ sat/ das sie wolgefallẽ dran haben mügen/ob wol ein geitziger anders sucht etc.

Du thust deine hand auff/ Vnd erfüllest alles was lebt mit wolgefallen.

Der HERR ist gerecht jnn allen seinen wegen/ Vnd Heilig jnn allen seinen wercken.

Der HERR ist nahe allen die jn anruffen/ Allen die jn mit ernst anruffen.

Er thut was die Gottfürchtigen begeren/ Vnd höret jr schreien/ vnd hilfft jnen.

Der HERR behütet alle die jn lieben/ Vnd wird vertilgen alle Gottlosen.

Mein mund sol des HERRN lob sagen/ Vnd alles fleisch lobe seinen Heiligen namen jmer vnd ewiglich.

CXLVI.

Haleluia.

Lobe den HERRN meine seele/ Ich wil den HERRN loben/ so lange ich lebe/Vnd meinem Gott lobesingen/ weil ich hie bin.

Verlasset euch nicht auff Fürsten/ Sie sind menschen/ die können ja nicht helffen.

Der auff menschenhoffer/dem feilen seine anschlege/vnd ist vmbsonst

Denn des menschen geist mus dauon/vnd er mus wider zu erden werden / Als denn sind verloren alle seine anschlege.

Wol dem / des hülffe der Gott Jacob ist/Des hoffnung auff dem HERRN seinem Gott stehet.

Der Himel / erden / meer / vnd alles was drinnen ist / gemacht hat/ Der glauben helt ewiglich.

Der recht schaffet denen/ so gewalt leiden/ Der die hungerigen speiset.

Der

Der HERR löset die gefangenen/ Der HERR machet die blinden sehen/ Der HERR richt auff die nider geschlagen sind/Der HERR liebet die gerechten.

Der HERR behütet frembdlinge vnd waisen/ vnd erhelt die widwen/Vnd keret zu ruck den weg der Gottlosen.

Der HERR ist König ewiglich/ Dein Gott Zion fur vnd fur. Haleluia.

Er treibt das widerspiel mit jnẽ

CXLVII.

Lobet den HERRN/ denn vnsern Gott loben/das ist ein köstlich ding/ Solch lob ist lieblich vnd schön.

Der HERR bawet Jerusalem/Vnd bringet zu samen die veriagten jnn Israel.

Er heilet die zu brochens hertzen sind/ Vnd verbindet jre schmertzen.

Er zelet die sternen/Vnd nennet sie alle mit namen.

Vnser HErr ist gros vnd von grosser krafft/ Vnd ist vnbegreifflich/ wie er regiert.

Der HERR richtet auff die elenden/ Vnd stösset die Gottlosen zu boden.

Singet vmb einander dem HERREN mit dancke/ Vnd lobet vnsern Gott mit harffen.

Der den Himel mit wolcken verdeckt/ vnd gibt regen auff erden/ Der gras auff bergen wachsen lesst.

Der dem vieh sein futter gibt/ Den jungen raben die jn anruffen.

Er hat nicht lust an der stercke des rosses/ Noch gefallen an jemandes beinen.

Der HERR hat gefallen an denen die jn fürchten/ Die auff seine güte hoffen.

Ll iiij   Prei-

Der Psalter.

Preise Jerusalem den HERRN / Lobe Zion deinen Gott.

Denn er macht feste die Rigel deiner thor / Und segenet deine kinder drinnen.

Er schaffet deinen grentzen fride / Und settiget dich mit dem besten weitzen.

Er sendet seine rede auff erden / Sein wort leufft schnell.

Er gibt schnee wie wolle / Er strewet reiffen wie aschen.

(Frost) Er machet solchen winter vñ frost / das man feur mus haben / Es kund sonst niemand dafur bleiben.

Er wirfft seine schlossen wie bissen / Wer kan bleiben fur deinem frost?

Er spricht / so zeschmeltzet es / Er lesst seinen wind wehen / so thawets auff.

Er zeiget Jacob sein wort / Israel seine sitten vnd rechte.

So thut er keinen Heiden / Noch lesst sie wissen seine rechte. Halelu ia.

CXLVIII.

Halelu ia.

Lobet jr Himel den HERRN / Lobet jn jnn der höhe.

Lobet jn alle seine Engel / Lobet jn all sein heer.

Lobet jn Son vnd Mond / Lobet jn alle leuchtende sterne.

Lobet jn jr Himel allenthalben / Vnd die wasser die oben am Himel sind.

Die sollen loben den namen des HERRN / Denn er gebeut / so wirds geschaffen.

Er helt sie jmer vnd ewiglich / Er ordent sie / das sie nicht anders gehen müssen.

Lobet den HERRN auff erden / Ir walfische vnd alle tieffen.

(Seinwort Was er wil) Feur / hagel / schnee vnd dampff / Sturmwind / die sein wort ausrichten.

Berge vnd alle hügel / Fruchtbare bewme vnd alle Cedern.

Thier vnd alles vieh / Gewürm vnd vögel.

Ir Könige auff erden vnd alle leute / Fürsten vnd alle Richter auff erden.

Jünglinge vnd Jungfrawen / Alten mit den Jungen.

Sollen loben den namen des HERRN / Denn sein name alleine ist hoch / Sein lob gehet so weit Himel vnd erden ist.

Vnd er erhöhet das Horn seines volcks / Alle seine Heiligen sollen loben / Die kinder Israel / Das volck das jm dienet / Halelu ia.

CXLIX.

Halelu ia.

Singet dem HERRN ein newes lied / Die Gemeine der Heiligen sol jn loben.

Israel frewe sich des / der jn gemacht hat / Die kinder Zion seien frölich vber jrem Könige.

Sie sollen loben seinen namen im reigen / Mit paucken vnd harffen sollen sie jm spielen.

Denn der HERR hat wolgefallen an seinem volcke / Er hilfft den elenden herrlich.

Die Heiligen sollen frölich sein vnd preisen / Vnd rhümen auff jren lagern.

Ir mund sol Gott erhöhen / Vnd sollen scharffe schwerter jnn jren henden haben.

Das sie rache vben vnter den Heiden / Straffe vnter den volckern.

Ire Könige zu binden mit ketten / Vnd jre edlen mit eissern fesseln.

Das

Der Psalter.

Das sie jnen thun das recht dauon geschrieben ist / Solche ehre werden alle seine Heiligen haben. Halelu ia.

CL.

Halelu ia.

Lobet den HERREN jnn seinem Heiligthum / Lobet jn jnn der feste seiner macht. Lobet jn jnn seinen thatten / Lobet jn jnn seiner grossen Herrligkeit.
Lobet jn mit Posaunen / Lobet jn mit Psalter vnd harffen.
Lobet jn mit paucken vnd reigen / Lobet jn mit seiten vnd pfeiffen.
Lobet jn mit hellen Cimbeln / Lobet jn mit wolklingenden Cimbeln.
Alles was odem hat / Lobe den HERRN. Halelu ia.

Vorrhede

Ende des Psalters.

Vorrhede auff die Bucher.
Salomonis.

DRey Bucher haben den namen Salomonis. Das erst ist/ Prouerbia/ Die Spruche. Welchs billich ein Buch heissen mag/ von guten wercken/ Denn er darin leret ein gut leben furen/ fur Gott vnd der wellt/ vnd sonderlich nimpt er fur sich/ die liebe jugent/ vnd zeucht sie gantz Veterlich zu Gottes Geboten/ mit trostlichen verheissungen/ wie wol es den fromen gehen solle/ vnd mit drewen/ wie die bosen gestrafft werden mussen/ Denn die jugent/ von jr selber zu allem bosen geneigt/ dazu als ein vnerfaren volck/ der wellt vnd Teuffels list vnd bosheit/ nicht verstehet/ vnd den bosen Exempeln vnd ergernissen widerzustehen/ viel zu schwach ist/ vnd sich selbs ja nicht vermag zu regiern/ Sondern/ wo sie nicht gezogen wird/ ehe sie sich vmbsihet/ verderbet vnd verloren ist/ Darumb darff sie wol/ vnd mus haben lerer vnd regirer/ die sie vermanen/ warnen/ straffen/ zuchtigen vnd jmer zu Gottes furcht vnd Gebot halten/ dem Teuffel/ der wellt vnd fleisch zu wehren/ wie denn Salomo jnn diesem Buch mit allem vleis vnd reichlich thut/ Vnd seine lere jnn Spruche fasset/ damit sie deste leichter gefasset vnd lieber behalten werden /Das billich ein jglich mensch/ so from zu werden gedenckt/ solch Buch wol mocht fur sein teglich handbuch oder Betbuch halten/ vnd offt drinnen lesen/ vnd sein leben drinnen ansehen.

Denn es mus doch der wege einen gehen / entweder/ das man sich lasse den Vater zuchtigen/ oder den Hencker straffen/ wie man spricht/ Entleuffestu mir/ du entleuffest dem Hencker nicht/ Vnd were gut/ das man der jugent solchs jmer einbildet/ das sie vngezweiuelt wissen muste/ das sie entweder des Vaters rute / oder des Henckers schwert musse leiden/ wie Salomon jnn diesem Buch jmer mit dem tode drewet/ den vngehorsamen/ Denn es wird doch nichtanders draus/ Gott lesst nichts vngestrafft/ wie man denn jnn der erfarunge sihet/ das die vngehorsamen bosen buben/ so gar wunderlich vntergehen/vnd zu letzt doch dem Hencker jnn die hende komen / wenn sie sichs am wenigsten versehen/ vnd am sichersten sind/ Des alles sind offentliche zeugen vnd zeichen/ die Galgen / Reder vnd Rabenstein/ am wege fur allen stedten/ welche Gott dahin gesetzt hat/ durchs weltlich Regiment/ zum schrecken aller/ die sich nicht wollen lassen/ mit Gottes worten zihen/ vnd den Eltern gehorchen.

Darumb nennet Salomon jnn diesem Buch Narren/ alle die so Gottes Gebot verachten/ vnd Weisen/ die nach Gottes Gebot sich halten/ vnd trifft damit nicht allein die jugent/ die er furnemlich zu leren fur nimpt/ Sondern allerley stende vom hohesten an/ bis zum aller vntersten/ Denn gleich wie die jugent/ jr eigen laster hat wider Gottes Gebot/ Also haben alle ander stende auch jre laster/ vnd wol erger denn der jugent laster sind/ wie man spricht/ Je elter je erger/ Vnd abermal/ Alter hilfft fur keine torheit/ Vnd wenn sonst nichts were boses jnn den andern vnd hohen stenden/ als da ist/

Geitz/

Vorrhede. LXIII.

Geitz / Hoffart / hass / neid rc. So ist doch dis einige laster böse gnug / das sie klug vnd weise sein wöllen / da sie nicht sein sollen. Vnd iderman geneigt / anders zu thun denn jm befolhen ist / vnd zu lassen / was jm befolhen ist / Als / wer im geistlichen ampt ist / der wil klug vnd thettig sein jnn weltlichen / vnd ist seiner weisheit hie kein ende / Widerumb / Wer im weltlichem ampt ist / dem wird das heubt zu enge fur vbriger kunst / wie das geistlich ampt zu regiren sey / Solcher Narren sind alle land / alle stedte / alle heuser vol / vnd werden jnn diesem Buch gar vleissig gestrafft / vnd ein jglicher vermanet / das er des seinen warte / vnd was jm befolhen ist / trewlich vnd vleissiglich ausrichte / Vnd ist auch keiner tugent mehr / denn Gehorsam sein / vnd warten / was jm zu thun befolhen ist Das heissen weise leute / Die vngehorsamen heissen Narren / wie wol sie nicht wollen vngehorsam noch narren sein oder heissen.

Das ander Buch heisst / Koheleth / das wir den Prediger heisse / Vnd ist ein trostbuch / Als wenn nu ein mensch / nach der lere des ersten Buchs wil gehorsamlich leben / vnd seines befelhs oder ampts warten / So sperret sich der teuffel / wellt vnd eigen fleisch / so da wider / das der mensch / müde vnd verdrossen wird seines stands / vnd rewet jn alles was er angefangen hat / Denn es wil nirgend fort / wie es gern hette / Da hebt sich denn mühe vnd erbeit / vnlust / vngedult vnd murren / das einer wil hende vnd füsse lassen gehen / vnd nichts mehr thun / Denn wo der teuffel nicht kan zur rechten seiten / mit fürwitz vnd lust / dem gehorsam weren / So wil ers zur lincken seiten / mit mühe vnd widerwertigkeit hindern / Wie nu Salomon im Ersten Buch leret gehorsam / wider den tollen Kutzel vnd fürwitz / Also leret er jnn diesem Buch / wider den vnlust vnd anfechtung / gedultig vnd bestendig sein jnn gehorsam / vnd jmer dar des stündlins / mit frieden vnd frenden harren / Vnd was er nicht halten noch endern kan / jmer faren lasse / Es wird sich wol finden rc.

Das dritte Buch ist ein Lobesang / darinn Salomo Gott lobt fur den gehorsam / als fur eine Gottes gabe / Denn wo Gott nicht haushelt vnd selbs regirt / da ist jnn keinem stande / weder gehorsam noch friede / Wo aber gehorsam / oder gut regiment ist / da wonet Gott / vnd küsset vnd hertzet seine liebe Braut / mit seinem wort / das ist / seines munds kuss. Also wo es gehet im lande oder haus / nach den zweien Büchern (so viel es sein kan) da mag man auch dis dritte Buch wol singen vnd Gott dancken / der vns solchs nicht allein geleret / sondern auch selbs gethan hat.
A M E N.

Die Spruche Salomo.

I.

Es sind die spruche Salo
mo des Königes Israel Davids son/
zu lernen weisheit vnd zucht/verstand
klugheit/ gerechtigkeit/ gericht vnd
fromkeit. Das die albern witzig/vnd
die jünglinge vernünfftig vnd fürsich-
tig werden.

Wer weise ist/der höret zu vnd bessert sich. Vnd wer verstendig ist/ der
lesst jm raten/ das er verneme die sprüche vnd jre deuttunge/die lere der weisen vnd jr beispiel. Des HERRN fur-
cht ist ᵃanfang zu lernen/ Die Ruchlosen verachten weisheit vnd
zucht.

Mein kind/gehorche der zucht deines vaters/ vnd verlas nicht
das Gebot deiner mutter. Denn solchs ist ein schöner schmuck deinem heubt/ vnd eine keten an deinem halse. Mein kind/Wenn dich
die böse buben locken/so folge nicht. Wenn sie sagen/ gehe mit vns/
wir wollen auff blut lauren/vnd den vnschuldigen on vrsache nach-
stellen/wir wöllen sie lebendig verschlingen wie die helle/vnd die fru-
men/als die hinuntern inn die grube faren/wir wöllen gros gut fin-
den/wir wöllen vnser heuser mit raube füllen/Woge es mit vns.Es
soll vnser aller ein beutel sein. Mein kind/wandel den weg nicht
mit jnen. Were deinem fus für jrem pfad/Denn jre füsse lauffen
zum bösen/ vnd eilen blut zuuergiessen. Denn es ist vergeblich/das
ᵇ netze auswerffen für den augen der vogel. Auch lauren sie selbs
vnternander auff jr blut/ vnd stellet einer dem andern nach dem le-
ben.Also thun alle geitzigen/das einer dem andern das leben nimpt.

Die weisheit klagt draussen/ vnd lesst sich hören auff den gassen.
Sie rufft jnn der thür am thor fornen vnter dem volck/ Sie redet jre
wort jnn der stad/ Wie lange wölt jr albern alber sein? vnd die Spötter lust zu spotterey haben/ vnd die ruchlosen die lere hassen? Keret euch zu meiner straffe/ Sihe/ ich wil euch eraus sagen meinen
geist/vnd euch meine wort kund thun.

Weil ich denn ruffe/vnd jr wegert euch/ Ich recke meine hand
aus/vnd niemand achtet drauff/ Vnd lasst faren alle meinen rat/
vnd wöllet meiner straffe nicht.So wil ich auch lachen jnn ewrem vn-
fal/ vnd ewer spotten/ wenn da kompt das jr furchtet/ Wenn vber
euch kompt wie ein sturm das jr furcht/ vnd ewer vnfall als ein
wetter/wenn vber euch angst vnd not kompt. Denn werden sie mir
ruffen/ aber ich werde nicht antworten. Sie werden mich frue su-
chen/vnd nicht finden. Darumb das sie hasseten die lere/ vnd
wolten

ᵃ (Anfang)
Wer wol lernen
wil/ der mus zu
erst Gottfurchtig
sein. Wer aber
Got geringe acht/
der fragt auch na-
ch keiner weisheit
vnd leidet keine
straff noch zucht.

ᵇ (Das netze aus-
werffen) Das ist/
ein sprichwort vn-
wil sagen/Es ge-
het jnen wie man
sagt. Es ist vmb-
sonst das netze etc.
das ist jr furne-
men wird feilen/
Sie werden selbst
vmbkomen.

Die Spruche

wolten des HERRN furcht nicht haben/ wolten meins rats nicht/ vnd lesterten alle meine straffe. So sollen sie essen von den früchten jres wesens/ vnd jres rats sat werden. Das die albern gelüstet/ tödtet sie/ vnd der ruchlosen glück bringt sie vmb. Wer aber mir gehorchet/ wird sicher bleiben/ vnd gnug haben vnd kein vnglück furchten.

II.

a
(Mit vleis)
Must acht drauff geben/ vnd von hertze vleissig sein

Ein kind wiltu meine rede annemen/ vnd mein Gebot bey dir behalten/ so las dein ohre auff weisheit acht habe/ vnd neige dein hertz mit a vleis dazu. Denn so du mit vleis darnach ruffest/ vnd darumb bettest/ So du sie suchest wie silber/ vnd forschest sie wie die schetze/ als denn wirstu die furcht des HERRN vernemen/ vnd Gottes erkentnis finden.

Denn der HERR gibt weisheit/ vnd aus seinem munde kompt erkentnis vnd verstand. Er lesst den auffrichtigen gelingen/ vnd beschirmet die fromen/ vnd behut die so recht thun/ vnd bewaret den weg seiner heiligen. Denn wirstu verstehen/ gerechtigkeit vnd gericht/ vnd fromkeit vnd allen guten weg.

Wo die weisheit dir zu hertzen gehet/ das du gerne lernest/ so wird dich guter rat bewaren/ vnd verstand wird dich behüten/ das du nicht geratest auff den weg der bösen noch vnter die verkereten schwetzer/ Die da verlassen die rechte ban vnd gehen finstere wege/ Die sich frewen böses zu thun/ vnd sind frölich jnn jrem bösen verkereten wesen/ Welche jren weg verkeren/ vnd folgen dem abwege.

Das du nicht geratest an eines andern weib vnd die nicht dein ist/ die glate wort gibt/ vnd verlesst den b Herrn jrer jugent/ vnd vergisset den Bund jres Gottes/ Denn jr haus neiget sich zum tod/ vnd jre genge zu den verlornen. Alle die zu jr ein gehen/ komen nicht wider/ vnd ergreiffen den weg des lebens nicht.

b
(Herrn)
Jren eheman den sie jung genomen hat.

Auff das du wandelst auff gutem wege vnd bleibest auff der rechten ban/ Denn die gerechten werden im lande wonen/ vnd die fromen werden drinnen bleiben. Aber die Gottlosen werden aus dem lande gerottet/ vnd die verechter werden draus vertilget.

III.

c
(Klugheit)
Du wirst ein fein vernunfftig mensch werden/ dem alles wol anstehet vnd abgehet/ was du an greiffest.

Ein kind vergiß meins Gesetzes nicht/ vnd dein hertz behalte meine Gebot/ Denn sie werden dir langes leben / vnd gute jar vnd fride bringen/ gnade vnd trew werden dich nicht lassen. Henge sie an deinen hals/ vnd schreibe sie jnn die tafel deines hertzen/ so wirstu gonst vnd c klugheit finden die Gott vnd menschen gefellet. Verlas dich auff den HERRN von gantzem hertzen/ vnd verlas dich nicht auff deinen verstand. Sondern gedencke an jn jnn allen deinen wegen/ so wird er dich recht furen. Duncke dich nicht weise sein/ Sondern furchte den HERRN vnd weiche vom bösen/ Das wird deinem nabel gesund sein/ vnd deine gebeine erquicken.

Ehre

Salomo. LXV.

Ehre den HERRN von deinem gut / vnd von den erstlingen alle deines einkomens / So werden deine scheunen vol werden / vnd deine kelter mit most vber gehen.

Mein kind / verwirff die zucht des HERRN nicht / vnd sey nicht vngedültig vber seiner straffe. Denn welchen der HERR liebt / den strafft er / vnd hat wolgefallen an jm / wie ein vater am son.

Wol dem menschen der weisheit findet / vnd dem menschen dem verstand zufleusst / Denn es ist besser die selben haben weder silber / vnd jr einkomen besser denn gold. Sie ist edler denn perlen / vnd alles was du wündschen magst / ist jr nicht zu gleichen. Langes leben ist zu jr rechten hand / zu jr lincken ist reichtum vnd ehre. Jre wege sind lieblich wege / vnd alle jre steige sind fride. Sie ist ein baum des lebens allen die sie ergreiffen / vnd selig sind die sie halten / Denn der HERR hat die erden durch weisheit gegründet / vnd durch seinen rat die Himel bereitet. Durch sein wort sind die tieffen zurteilet / vnd die wolcken mit taw trieffend gemacht.

Mein kind / las sie nicht von deinen augen weichen / so wirstu glückselig vnd klug werden / das wird deiner seele leben sein / vnd dein mund wird holdselig sein. Denn wirstu sicher wandeln auff deinem wege / das dein fus sich nicht stossen wird / Legestu dich / so wirstu dich nicht furchten / sondern süsse schlaffen / das du dich nicht furchten darffest fur plötzlichem schrecken / noch fur dem sturm der Gottlosen / wenn er kompt / Denn der HERR ist dein trotz / der behut deinen fus das er nicht gefangen werde.

Wegere dich nicht / dem dürfftigen guts zu thun / so deine hand von Gott hat solchs zu thun. Sprich nicht zu deinem freunde / gehe hin vnd kom wider / morgen wil ich dir geben / so du es hast. Trachte nicht böses wider deinen freund / der auff traw bey dir wonet. Hadder nicht mit jemand on vrsache / so er dir kein leid gethan hat / Eiuer nicht einem freueln nach / vnd erwele seiner wege keinen. Denn der HERR hat grewel an dem abtrünnigen / vnd sein geheimnis ist bey den fromen. Jm hause des Gottlosen ist der fluch des HERREN / aber das haus des gerechten wird gesegenet. Er wird die spotter ᵃ spotten / aber den elenden wird er gnade geben. Die weisen werden ehre erben / Aber wenn die narren hoch komen / werden sie doch zu schanden.

ᵃ (Narren/spotter) Lose leute / die Gott nichts achten noch sein wort

IIII.

Horet meine kinder die zucht ewrs vaters / merckt auff das jr lernet vnd klug werdet / Denn ich gebe euch eine gute lere / verlasset mein Gesetze nicht. Denn ich war meins vaters son / ein zarter vnd ein einiger fur meiner mutter / vnd er leret mich vnd sprach / Las dein hertz meine wort auffnemen / halt mein Gebot / so wirstu leben. Nim an weisheit / Nim an verstand / vergis nicht / vnd weiche nicht von der rede meins munds. Verlas sie nicht / so

M ij wird

Die Bücher

wird sie dich behalten/liebe sie/so wird sie dich behüten. Denn der weisheit anfang ist/wenn man sie gern höret/vnd die klugheit lieber hat/denn alle güter/Achte sie hoch so wird sie dich erhöhen/vñ wird dich zu ehren machen/wo du sie lieb hast. Sie wird dein heubt schon schmücken/vnd wird dich zieren mit einer hübschen krone.

So höre mein kind/vnd nim an meine rede/so werden deiner guten jar viel werden. Ich wil dich den weg der weisheit füren. Ich wil dich auff rechter ban leiten/ Das/wenn du gehest/dein gang dir nicht saur werde/vnd wenn du leuffest/das du dich nicht anstössest. Fasse die zucht/las nicht dauon/beware sie/denn sie ist dein leben.

Kom nicht auff der Gottlosen pfad/vnd tritt nicht auff den weg der bösen/ Lasse in faren/vnd gehe nicht drinnen. Weiche von jm vnd gehe fur vber/Denn sie schlaffen nicht/sie haben denn vbel gethan/vnd sie rugen nicht/sie haben den schaden gethan/Denn sie neeren sich von Gottlosem brod/vnd trincken vom wein des freuels. Aber der gerechten pfad glentzet wie ein liecht/das da fort gehet vnd leucht bis auff den vollen tag. Der Gottlosen weg aber/ist wie tunckel/vnd wissen nicht wo sie fallen werden.

Mein son/mercke auff mein wort/vnd neige dein ohre zu meiner rede/las sie nicht von deinen augen faren/behalte sie jnn deinem hertzen. Denn sie sind das leben denen die sie finden/vnd gesund jrem gantzen leibe. Behüte dein hertz mit allem vleis/Denn daraus gehet das leben. Thu von dir den verkereten mund/vnd las die lester meuler ferne von dir sein. Las deine augen stracks fur sich sehen/vnd deine augen lied richtig fur dir hin sehen. Las deinen fus gleich fur sich gehen/so gehestu gewis/ Wancke weder zur rechten noch zur lincken. Wende deinen fus vom bösen.

V.

MEin kind merck auff meine weisheit/neige dein ohre zu meiner lere/das du behaltest guten rat/vnd dein mund wisse vnterscheid zu haben/ Denn die lippen der huren sind ein honnig seim/vnd jr kele ist glater denn öle/ Aber hernach bitter wie wermut/vnd scharff wie ein zweischneitig schwerd/ Jre füsse lauffen zum tod hinunter/jre genge erlangen die hell. Sie gehet nicht stracks auff dem wege des lebens/vnstete sind jre trit/das sie nicht weis/ wo sie gehet.

So gehorchet mir nu meine kinder/vnd weichet nicht von der rede meins mundes. Las deine wege ferne von jr sein/vnd nahe nicht zur thur jres hauses/Das du nicht den a frembden gebest deine ehre/vnd deine jar dem grausamen/Das sich nicht frembde von deinem vermügen settigen/vnd deine erbeit nicht sey jnn eins andern haus/ Vñ mussest hernach sufftzen/wenn du dein leib vnd gut verzeret hast/vnd sprechen/Ah wie hab ich die zucht gehasset/vnd mein hertz die straffe verschmehet/vnd hab nicht gehorchet der stim meiner lerer/vnd mein ohre nicht geneigt zu denen die mich lereten? Ich bin schier jnn all vnglück komen das ich de gemeinen hauffen vnd gesellschafft gefolget habe.

Trincke

(Frembden) Denn die hurer verzeren/jr gut vñ leben mit bösen buben/die jm darnach nicht kleien noch die rinden geben/wie dem son im Euangelio geschach/Da er sein gut verbrasset hatte.

Salomo. LXVI.

Trincke wasser aus deiner gruben/ vnd flüsse aus deinem brunnen. Las deine brunnen eraus fliessen/ vnd die wasser beche auff die gassen/ Habe du aber sie alleine/ vnd kein frembder mit dir. Dein born sey gesegnet/ vnd frewe dich des weibs deiner jugent/ Sie ist lieblich wie eine ᵃ hinde vnd holdselig wie ein rehe/las dich jre liebe alle zeit settigen vnd ergetze dich allewege jnn jrer liebe. Mein kind warumb wiltu dich an der ᵇ frembden ergetzen/ vnd hertzest dich mit einer andern? Denn jdermans wege sind stracks für dem HERRN/ vnd er misset alle jre genge. Die missethat des Gottlosen wird jn fahen/ vnd wird mit dem strick seiner sunde gehalten werden. Er wird sterben/das er sich nicht wil zihen lassen/vnd vmb seiner grossen torheit willen jrren.

ᵃ (Die hinde) Das ist/auff sprichworts weise geredt/ also viel/ bleib bey deim wel be/vnd halt dein gut/das du es nicht vmb bringest mit huren/ sondern andern damit helffest. Denn kein lieblicher wesen auff erden ist/ wo sich man vnd weib freundlich zu samen halten.

ᵇ (Frembden) Denn die hurer verzeren jr gut vnd leben mit bösen buben/ die jnd darnach nicht kleien noch die rinden geben/wie dem son im Euangelio geschach/ da er sein gut verbrasset hatte.

VI.

MEin kind wirstu bürge für deinen nehesten/so hastu deine hand bey einem ᵇ frembden verhefftet/ Du bist verknupfft mit der rede deins mundes/ vnd gefangen mit den reden deines mundes. So thu doch/mein kind also/ vnd errette dich/ Denn du bist deinem nehesten jnn die hende komen/ Lauff/ eyle/ vnd treibe deinen nehesten/ Las deine augen nicht schlaffen/ noch deine augen lied schlummern/Errette dich wie ein rehe von der hand/ vnd wie ein vogel aus der hand des vogelers.

Gehe hin zur emmeissen du fauler/ sihe jre weise an/ vnd lerne/ Ob sie wol keinen Fürsten noch Heubtman noch Herrn hat/ bereit sie doch jr brod im sommer/ vnd samlet jre speise jnn der erndte/ Wie lange ligestu fauler? wenn wiltu auffstehen von deinem schlaff? Ja schlaff noch ein wenig/schlümmer ein wenig/schlahe die hende jnn einander ein wenig das du schlaffest/ so wird dich das armut vbereilen wie ein fusgenger/ vnd der mangel wie ein gewapneter man.

Ein loser mensch/ ein schedlicher man/ ᶜ gehet mit verkeretem mund/ wincket mit augen/ deutet mit füssen/ zeiget mit fingern/ trachtet alle zeit böses vnd verkerets jnn sein hertzen/ vnd richt hadder an/ Darumb wird jm plötzlich sein vnfal komen/ vnd wird schnell zubrochen werden/ das keine hülffe da sein wird.

ᶜ (Gehet) Furt keine bestendige rede/ sihet keinen recht an.

Sihe/sechs stück hasset der HERR vnd am siebenden hat er ein grewel/hohe augen/falsche zungen/ hende die vnschüldig blut vergiessen/hertze das mit bösen tücken vmbgehet/ fusse die behende sind schaden zu thun/falscher zeuge der frech lügen redet/vnd der hadder zwisschen brüdern anricht.

Mein kind/ beware die Gebot deines vaters/ vnd las nicht faren das Gesetz deiner mutter.Binde sie zusamen auff dein hertz allwege/ vnd henge sie an deinen hals/ Wen du gehest/ das sie dich geleiten/ wenn du dich legest/das sie dich bewaren/wenn du auff wachst/ das sie dein gespreche seien/Denn das Gebot ist eine leuchte/ vnd das Gesetz ein liecht/ vnd die straff der zucht ist ein weg des lebens/ auff das du bewaret werdest für dem bösen weibe/ vor der glatten zungen der frembden.

M iij Las

Die spruche

Las dich jre schöne nicht gelüsten jnn deinem hertzen / vnd versahe dich nicht an jren augen lieden / Denn eine hure nimpt ein stuck brods / aber ein eheweib fehet das edle leben. Kan auch jemand ein feur im bosem behalten / das seine kleider nicht brennen? Wie solt jemand auff kolen gehen / das seine füsse nicht verbrand würden? Also gehets / wer zu seines nehesten weib geht / Es bleibt keiner vngestrafft / der sie berüret.

Es ist einem dieb nicht so grosse schmach / ob er stilet seine seele zu settigen / weil jn hungert. Vnd ob er begriffen wird / gibt ers siebenfeltig wider / vnd legt dar alles gut jnn seinem hause. Aber der mit eim weibe die ehe bricht / der ist ein narr / der bringt sein leben jns verderben / Dazu trifft jn plage vnd schande / vnd seine schande wird nicht ausgetilget / Denn der grim des mans eiuert vnd schonet nicht zur zeit der rache / vnd sihet kein person an die da versüne / vnd nimpts nicht an / ob du viel schencken woltest.

VII.

Ein kind / behalt meine rede vnd verbirge mein Gebot bey dir / Behalt mein Gebot / so wirstu leben / vnd mein Gesetz wie deinen augapffel. Binde sie an deine finger / schreibe sie auff die taffel deines hertzen. Sprich zur weisheit / du bist meine schwester / vnd nenne die klugheit deine freundin / das du behüt werdest / fur dem frembden weibe / fur einer andern die glate wort gibt

Denn am fenster meins hauses / kucket ich durchs gegitter / vnd sahe vnter die albern / vnd ward gewar vnter den kindern eins nerrischen jüngelings / der gieng auff der gassen an einer ecken / vnd trat da her auff dem wege an jrem hause / jnn der demmerung am abent des tags / da es nacht ward vnd tunckel war. Vnd sihe / da begegent jm ein weib im hurn schmuck / listig / wild vnd vnbendig / das jre füsse jnn jrem hause nicht bleiben können / jtzt ist sie haussen / jtzt auff der gassen vnd lauret an allen ecken. Vnd erwischet jn / vnd küsset jn vnverschampt / vnd sprach zu jm / Ich habe Danckopffer fur mich heutte bezalet fur meine gelübde / Darumb bin ich eraus gegangē / dir zu begenen / dein angesicht frue zusuchen / vnd habe dich funden / Ich habe mein bette schon geschmückt / mit bundten teppichen aus Egypten / Ich habe mein lager mit Mirren / Aloes / vnd Cinnamen besprengt / Kom / las vns gnug bulen bis an den morgen / vnd las vns der liebe pflegen / denn der man ist nicht dabeime / er ist einen fernen weg gezogen / Er hat den geld sack mit sich genomen / Er wird erst auffs Fest wider heim komen. Sie vberredet jn mit vielen worten / vnd gewan jn ein mit jrem glaten mund / Er folget jr bald nach / wie ein ochse zur fleischbanck gefurt wird / vnd wie zum fessel da man die narren züchtiget / bis sie jm mit dem pfeil die lebern spaltet / wie ein vogel zum strick eilet / vnd weis nicht das jm das leben gild.

So gehorchet mir nu / meine kinder / vnd mercket auff die rede meins mundes. Las dein hertz nicht weichen / auff jren weg / vnd las dich nicht verfüren auff jrer ban / Denn sie hat viel verwund vnd gefellet /

Salomo.

let/vnd sind allerley mechtigen von jr erwürget/jr haus sind wege zur hellen/da man hinunter feret jnn des todes kamer.

VIII.

RUffet nicht die Weisheit/ vnd die Klugheit lesst sich hören? Offentlich am wege vnd an der strassen stehet sie/an thoren bey der stad/ da man zur thür eingehet/ schreiet sie/ O jr Herrn/ich schrey zu euch/ vnd ruffe den leuten. Merckt jr albern die witze/ vnd jr thoren nemet es zu hertzen. Höret/ denn ich wil reden/ was Fürstlich ist/ vnd leren was recht ist/ Denn mein mund sol die warheit reden/vnd meine lippen sollen hassen das Gotlos ist. Alle rede meines mundes sind gerecht. Es ist nichts verkerets noch falsches drinnen. Sie sind alle gerade denen die sie vernemen/ vnd richtig denen die es annemen wollen.

Nemet an meine zucht lieber denn silber/ vnd die lere achtet höher denn köstlich gold/Denn weisheit ist besser denn perlen/ Vnd alles was man wündschen mag/kan jr nicht gleichen. Ich weisheit wone bey der witze/ vnd ich weis guten rat zu geben. Die furcht des HERRN hasset das arge/die hoffart/den hohmut/vnd bösen weg/ vnd bin feind dem verkereten munde. Mein ist beide Rat vnd That/ Ich habe verstand/ vnd macht/ Durch mich regiern die Könige/ vnd die Ratherrn setzen das recht. Durch mich herschen die Fürsten/ vnd alle Regenten auff erden. Ich liebe die mich lieben/ Vnd die mich frue suchen/ finden mich. Reichtum vnd ehre ist bey mir/ wehrhafftig gut vnd gerechtigkeit. Meine frucht ist besser/ denn gold vnd fein gold/ Vnd mein einkomen besser denn auserlesen silber. Ich wandel auff dem rechten wege/ auff der strassen des gerichts. Das ich wol berate die mich lieben/ vnd jre schetze vol mache.

Der HERR hat mich gehabt im anfang seiner wege/ vor seinem werck dazumal war ich. Ich bin eingesetzt von ewigkeit/ von anfang vor der erden. Da die tieffen noch nicht waren/ da war ich schon bereit. Da die brunne noch nicht mit wasser quollen. Ehe denn die berge eingesenckt waren/ vor den hügeln war ich bereit. Er hatte die erden noch nicht gemacht vnd was dran ist/ noch die berge des erdbodens. Da er die Himel bereitet/ war ich daselbs. Da er die tieffe mit seim zill verfasset. Da er die wolcken droben hefftet. Da er festiget die brunne der tieffen. Da er dem meer das ziel setzet/ vnd den wassern das sie nicht vbergehen seinen befelh. Da er den grund der erden legt/Da war ich der Werckmeister bey jm/ Vnd hatte meine lust teglich/ vnd spielet fur jm alle zeit/ Vnd spielet auff seinem erdbodem/vnd meine lust war bey den menschen kindern.

So gehorcht mir nu meine kinder. Wol denen die meine wege behalten. Höret die zucht vnd werdet weise/ vnd lasset sie nicht faren. Wol dem menschen der mir gehorchet/ das er wache an meiner thür teglich/ das er warte an den pfosten meiner thür. Wer mich findet/ der findet das leben/ vñ wird schepffen wolgefallen vom HERRN. Wer aber an mir sündiget/ der verletzt seine seele. Alle die mich hassen/lieben den tod.

M iiij Die Weis-

Die Spruche
IX.

Die Weisheit bawete jr haus/ vnd hieb sieben seulen/ vnd schenckt jren wein/ schlachtet vnd bereittet jren tisch. Vnd sandte jre dirnen aus/ zu laden oben auff die pallast der stad. Wer alber ist/ der mache sich hieher/ Vnd zum narren sprach sie/ Kompt/ zehret von meinem brod/ vnd trinckt des weins/ den ich schencke. Verlasst das alber wesen/ so werdet jr leben/ vnd gehet auff dem wege des verstands.

(Spötter) heisst Salomo alle verechter vnd widersprenstigen der warheit.

Wer den Spötter züchtiget/ der mus schande auff sich nemen/ vnd wer den Gottlosen strafft/ der mus gehönet werden. Straffe den Spotter nicht/ er hasset dich. Straffe den weisen/ der wird dich lieben. Gib dem weisen/ so wird er noch weiser werden. Lere den gerechten/ so wird er zu nemen.

Der weisheit anfang ist des HERRN furcht/ vnd der verstand leret was heilig ist/ Denn durch mich wird deiner tage viel werden/ vnd werden dir der jar des lebens mehr werden. Bistu weise/ so bistu dir weise. Bistu ein Spötter/ so wirstu es alleine tragen.

Es ist aber ein töricht/ vnrügig weib/ vol schwetzens/ vnd weis nichts/ die sitzt jnn der thür jres hauses auffm stuel/ oben jnn der stad/ zu laden alle die fur vber gehen/ vnd richtig auff jrem wege wandeln. Wer ist alber? der mache sich hieher/ vnd zum narren spricht sie/ Die verstolen wasser sind süsse/ vnd das verborgen brod ist niedlich. Er weis aber nicht/ das daselbs todten sind/ vnd jre geste jnn der tieffen hellen.

X.
Dis sind die Spruche Salomo.

Ein weiser son ist seines Vaters freude/ Aber ein töricher son ist seiner mutter gremen.

Vnrecht gut hilfft nicht/ Aber gerechtigkeit errettet vom tode

Der HERR lesst die seele des gerechten nicht hunger leiden/ Er stortzt aber der Gottlosen schalckeit.

a (Schalckeit) Das ist/ jre schinderey damit sie die fromen plagen/ schetzen/ vbersetzen als wolte sie alles alleine fressen vnd haben.

Lessige hand macht arm/ Aber der vleissigen hand macht reich

Wer im sommer samlet der ist klug/ Wer aber jnn der erndte schlefft wird zu b schanden.

Den segen hat das heubt des gerechten/ Aber den mund der Gottlosen wird jr freuel vber fallen.

b (Schande vnd ehre/ heisst Salomo offt armut vñ reichtum darüb das wer reich ist/ ehre hat.

Das gedechtnis der gerechten bleibt im segen/ Aber der Gottlosen name wird verwesen.

Der weise von hertzen ist/ nimpt die Gebot an/ Der aber ein narr maul hat/ wird geschlagen.

Wer vnschüldig lebt/ der lebt sicher/ Wer aber verkeret ist auff seinen wegen/ wird offenbar werden.

Wer mit augen winckt/ wird mühe anrichten/ Vnd der ein narr maul hat/ wird geschlagen.

Des gerechten mund ist ein lebendiger brun/ Aber den mund der gottlosen wird jr freuel vber fallen. Das

Salomo. LXVII.

f. Cor. 13. Liebe lesst sich nicht erzürnen.

Das erregt hader/ Aber liebe deckt zu alle vbertrettunge.

Inn den lippen des verstendigen findet man weisheit/ Aber auff den rücken des narren gehört eine ruten.

a (schrecken) Das ist der fahr vnd de vnglück.

Die weisen bewaren die lere/ Aber der narren mund ist nahe dem a schrecken.

b Gut macht mut/ Armut weh thut.

Das gut des reichen ist seine feste stad/ Aber die armen macht das b armut blöde.

c (zum lebe) Das er sich neere.

Der gerechte erbeitet c zum leben/ Aber der Gottlose braucht seins einkomens zur sunde.

Die zucht halten ist der weg zum leben/ Wer aber die straffe verlesst/ der bleibt jrrig.

(Falsche) Der eine vermanet seine bruder nicht seiner sünde oder wo er anleufft/ siher es gerne/Der ander affterredt vnd bessert auch niemand da mit.

Falsche meuler decken hass/ Vnd wer verleumbdet der ist ein nar.

Wo viel wort sind/ da gehets on sunde nicht ab/ Wer aber seine lippen helt/ ist klug.

Des gerechten zunge ist köstlich silber/ Aber der Gottlosen hertz ist nichts.

Des gerechten lippen weiden viele/ Aber die narren werden jrer thorheit sterben.

Gott bescheret. Gott berett.

Der segen des HERRN macht reich/ on mühe.

Ein narr treibt mutwillen/ vnd hats noch dazu seinen spot/ Aber der man ist weise der drauff merckt.

Was der Gotlose furchtet/ das wird jm begegenen/ Vnd was die gerechten begeren/ wird jnen gegeben.

Der Gottlos ist wie ein wetter das vberhin gehet vnd nicht mehr ist/ Der gerechte aber bestehet ewiglich.

d (Essig) Wo losehenren vñ Ampt leute sind/ da sehen die augen nicht vnd beissen die zeene nicht/ Das ist/ Es gehet sucht vnd straffe vnter.

Wie der d essig den zeenen/ vñ der rauchden augen thut/ so thut der faule denen die jn senden.

Die furcht des HERRN mehret die tage/ Aber die jare der Gottlosen werden verkürtzt.

Das warten der gerechte wird freude werden/ Aber der Gotlosen hoffnung wird verloren sein.

Der weg des HERRN ist des fromen trotz/ Aber die vbelthetter sind blöde.

Der gerecht wird nimer mehr vmb gestossen/ Aber die Gotlosen werden nicht im lande bleiben.

Der mund des gerechte bringt weisheit/ Aber das maul der verkereten wird ausgerott.

Die lippen der gerechten leren heilsam ding/ Aber der Gotlosen mund ist verkeret.

XI.

Falsche wage ist dem HERRN ein grewel/ Aber ein völlig gewicht ist sein wolgefallen.

Wo stoltz ist/ da ist auch schmach/ Aber weisheit ist bey den demütigen.

Vnschuld wird die fromen leiten/ Aber die bosheit wird die verechter verstören.

Gut hilfft nicht am tage des zorns/ Aber gerechtigkeit errettet vom tod

Die gerechtigkeit des fromen macht seinen weg eben/ Aber der Gottlose wird fallen durch sein Gottlos wesen.

Die gerechtigkeit der fromen wird sie erretten/ Aber die verechter werden gefangen jnn jrer schalckheit.

Wenn der Gottlose mensch stirbt/ ist hoffnung verloren/ Vñ das harren der vngerechten wird zu nicht.

Der gerecht wird aus der not erlöset/ vnd der Gottlose kompt an seine stat.

Durch den mund des heuchlers wird sein nehester verderbet/ Aber die gerechten merckens

Die Sprüche

ckens vnd werden erlöset.

Eine stad frewet sich wenns den gerechten wolgeht/ Vnd wenn die Gottlosen vmbkomen/ wird man fro.

Durch den segen der fromen wird eine stad erhaben/ Aber durch den mund der Gottlosen wird sie zu brochen.

Wer seinen nehesten *a* schendet/ ist ein nar/ Aber ein verstendiger man stillets.

Ein verleumbder verret was er heimlich weis/ Aber wer eins getrewen hertzen ist/ verbirget dasselbe.

Wo nicht rat ist/ da gehet das volck vnter/ Wo aber viel rat geben sind/ da geht es wol zu.

Wer fur einen andern bürge wird/ der wird schaden haben/ Wer aber sich fur geloben hütet/ ist sicher.

Das ist ein holdselig weib das die *b* ehre erhelt/ Aber das sind die starcken/ die den reichtum erhalten.

Ein barmhertziger man thut seinem leibe guts/ Aber ein vnbarmhertziger betrübt auch sein fleisch vnd blut.

Der Gottlosen werck wird feilen/ Aber wer gerechtigkeit seet/ das ist nicht vergeblich.

Denn gerechtigkeit fodert zum leben/ Aber dem vbel nach jagen foddert zum tod.

Der HERR hat grewel an den verkerten hertzen/ Vnd wolgefallen an den fromen.

Den bösen hilfft nichts/ wenn sie auch alle hende zusamen thetten/ Aber der gerechten same wird errettet werden.

Ein schon weib on zucht/ ist wie eine saw mit einer gülden spangen auff der nasen.

Der gerechten wundsch mus doch wol geraten/ Vnd der Gottlosen vermessenheit ist vnglück.

Einer teilet aus/ vnd hat jmer mehr/ Ein ander karget/ da er nicht sol/ vnd wird doch ermer.

Die seele die da reichlich segenet/ wird fett/ Vnd wer truncken macht/ der wird auch truncken werden.

Wer korn jnnhelt/ dem fluchen die leute/ Aber sege kompt vber den/ so es verkeufft.

Wer do guts sucht/ dem widerferet guts/ Wer aber nach vnglück ringet/ dem wirds begegen.

Wer sich auff sein reichtumb verlesst/ der wird vntergehen/ Aber die gerechten werden grunen wie ein blat.

Wer sein eigen haus betrübt der wird *a* wind zu erbteil haben/ Vnd ein narr mus ein knecht des weisen sein.

Die frucht des gerechten ist ein *b* baum des lebens/ Vnd ein weiser nimpt sich der leute hertzlich an.

So der *c* gerecht auff erden leiden mus/ wie viel mehr der Gottlos vnd sünder?

XII.

Wer sich gern lest straffen/ der wird klug werde/ Wer aber vngestrafft sein wil/ der bleibt ein narr.

Wer frum ist/ dem widerfert trost vom HERRN/ Aber ein ruchloser wird verworffen.

Ein Gottlos wesen fodert den menschen nicht/ Aber die wurtzel der gerechten wird bleiben.

Ein vleissig weib ist ein krone jres mannes/ Aber ein vnvleissige/ ist ein eiter jnn seinem gebeine.

Die gedancken der gerechten sind redlich/ Aber die anschlege

---

a (Schendet) Offenbart des andern gebrechen gern/ Aber ein weiser deckt zu vnd entschuldigts.

b (Ehre) Nicht die sich der geburt/ schöne/ reichtub rhumet/ sondern die wol vnd ehrlich haus helt/ Also sind starck/ nicht die viel streitten/ sondern die jr land vnd guter ehrlich erhalten.

(Truncken) Das ist/ wer reichlich gibt dem wird reichlich wider gegeben.

a (Wind) Friede neret/ Vnfride verzehert.

b (Baum) Was die frechten thun/ das kompt jderman zu gut.

c (Gerecht) So die fromen/ so alles gutes an dern thun vñ Gott gefallen/ denoch viel geplagt werden/ wie wils den Gott losen gehen.

Salomo.

anschlege der Gottlosen sind triegerey.

Die anschlege der Gottlosen lauren auffs blut/ Aber der fromen mund errettet sie.

Die Gottlosen werden vmbgesturtzt vnd nicht mehr sein/ Aber das haus der gerechten bleibt stehen.

Ein guter rat wird doch endlich gelobt/ Aber die tücke werden zu schanden.

Wer geringe ist vnd wartet des seinen/ Der ist besser deñ der gros sein wil/ dem des brods mangelt.

Der gerechte erbarmet sich seins viehs. Aber das hertz der Gottlosen ist vnbarmhertzig.

Wer seinen a acker bawet/ der wird brods die fülle haben/ Wer aber vnnötigen sachen nach gehet/ der ist ein narr.

Des Gottlosen lust ist schaden zu thun/ Aber die wurtzel der gerechten wird frucht bringen.

Der böse wird gefangen jnn seinen eigen falschen worten Aber der gerecht entgehet der angst.

Viel guts kompt einem durch die frucht des mundes/ Vnd dem menschen wird vergolten/ nach dem seine hende verdienet haben.

Dem narren gefellt seine weise wol/ Aber wer rat gehorcht der ist weise.

Ein narr zeigt seinen zorn balde/ Aber wer die schmach birget/ ist witzig.

Wer warhafftig ist/ der saget was recht ist/ Aber ein falscher zeuge betreugt.

Wer b vnfursichtig heraus feret/ sticht wie ein schwerd/ Aber die zunge der weisen ist heilsam.

Warhafftiger mund bestehet ewiglich/ Aber die falsche zunge bestehet nicht lange.

LXVIII.

Die so böses raten/ betriegen sich selbs/ Aber die zum fride raten werden sichs frewen.

Es wird dem gerechten kein leid geschehen/ Aber die Gotlosen werden vol vnglücks sein.

Falsche meuler sind dẽ HERRN ein grewel/ Die aber trewlich handeln/ gefallen jm wol.

Ein witziger man gibt nicht klugheit fur/ Aber das hertz der narren ruffet seine narheit aus.

Vleissige hand wird herschen Die aber lessig ist/ wird müssen zinsen.

Sorge im hertzen krenckt/ Aber ein freundlich wort erfrewet

Der gerechte hats c besser denn sein nehester/ Aber der Gottlosen weg verfüret sie.

Eim lessigen gerett sein handel nicht/ Aber ein vleissiger mensch wird reich.

Auff dem rechten wege ist leben/ Vnd auff dem gebeenten d pfad ist kein tod.

XIII.

Ein weiser son lesst sich den vater züchtigẽ. Aber ein spotter gehorcht der straffe nicht.

Der frucht des munds geneust man/ Aber die verechter dencken nur zu freueln.

Wer seinen mund bewaret/ der bewaret sein leben/ Wer aber mit seinem maul eraus feret/ der kompt jnn schrecken.

Der faule begerd vnd kriegts doch nicht/ Aber die vleissigen kriegen gnug.

Der gerechte ist der lügẽ feind/ Aber der Gottlose schendet vnd schmehet.

Die gerechtigkeit behüt den vnschüldigen/ Aber das Gottlos wesen bringt einen zu der sunde.

Mancher

---

a (Seinen acker) Wer des seinen wartet/ jnn seinem beruff oder stande. Sonst heist es rüttj handwerck funffzehen vnglück.

b (Vnfursichtig) Die nicht acht haben auff jre wort/ oder wen sie treffen/ Welchs geschicht bei de jm predigen/ gerichten/ vñ sonst jnn versamlungen.

c (Besser) Ob er schon viel leidet/ vnd dẽ Gotlosen wolgehet.

d (pfad) Landstrasse sicher/ holtz weg ist ferlich/ Gottes wort füret zum leben/ Aber eigen dunckel zum tode.

(Schrecken) Das ist/ fahr vnd straffe.

Die Bucher

Mancher ist arm bey grossem gut/ Vnd mancher ist reich bey seim armut.

Mit reichtum kan einer sein leben erretten/ Aber ein armer höret das a schelten nicht.

a (Schelten nicht) Ein reichen schilt man/ aber gibt jm vmb geld los/ Ein armer mus her halten/ Wer nicht geld hat/bezalet mit der haut.

Das liecht der gerechten macht frölich/ Aber die leuchte der Gottlosen wird auslesschen.

Vnter den stoltzen ist jmer hader/ Aber weisheit macht vernünfftige leut.

Reichtum wird wenig wo mans vergeudet/ Was man aber zu samen helt/das wird gros.

Die hoffnung die sich verzeucht engstet das hertz Wenns aber kompt das man begerd/ das ist ein baum des lebens.

Wer das wort verachtet/ der verderbet sich selbs/ Wer aber das Gebot furchtet/ der wird fride haben.

Die lere des weisen ist ein lebendige quelle/ Zu meiden die stricke des todes.

Ein guter rat thut sanfft/ Aber der verechter weg bringt wehe.

Ein kluger thut alles mit vernunfft/ Ein narr aber breittet narrheit aus.

Ein Gottloser bote bringt vnglück/ Aber ein trewer werber ist heilsam.

Wer zucht lesst faren/ der hat armut vnd schande/ Wer sich gerne straffen lesst/ wird zu ehren komen.

Wens kompt/das man begerd das thut dem hertzen wol/ Aber der das böse meidet/ ist den thoren ein grewel.

Wer mit den weisen vmbgehet/ der wird weise/ Wer aber der narren geselle ist/ der wird vnglück haben.

Vnglück verfolget die sunder/ Aber den gerechten wird gutes vergolten.

Der gute wird erben auff kindskind/ Aber des sunders gut wird dem gerechten furgespart.

Es ist viel speise jnn den furchen der c armen/ Aber etlich samlen mit vnrecht

c (Der arme) Gott gibt den armen gnug/ wo sie from sind.

Wer seiner ruten schonet/ der hasset seine son/Wer jn aber lieb hat/der züchtiget jn bald

Der gerechte isset das seine seele sat d wird/ Der Gottlosen bauch aber hat nimer gnug.

d (Sat) Lesst jm genugen.

XIIII.

DVrch weise weiber wird das haus erbawet/ Eine nerrin aber e zubrichts mit jrem thun.

e (Zubrichts) Der man mus vertterben/der ein vnheuslich weib hat.

Wer den HERRN furcht der geht auff rechter ban/ Wer jn aber veracht/ der weicht aus seinem wege.

Narren reden tirannisch/ Aber die weisen bewaren jren mund.

Wo nicht f ochsen sind/ da ist die krippen rein/ Aber wo der ochse schefftig ist/ da ist viel einkomens.

f (Ochsen) Wo man nicht erbeitet/ da gewinnet auch nichts.

Ein trewer zeuge leugt nicht/ Aber ein falscher zeuge redet thürstiglich lügen.

Der spotter g sucht weisheit vn findet sie nicht/Aber dem verstendigen ist die erkentnis leicht.

g (Sucht) Lose leute suchen die weisheit nicht mit ernst sondern zu jrem nutz/ thum/ vnd pracht.

Komestu an einen narren/ so findestu kein vernünfftig wort.

Das ist des klugen weisheit/ das er auff seine weg merckt Aber das ist der narren thorheit/ das es eitel trug mit jnen ist.

Die narren treiben das gespött mit der sunde/ Aber die fromen haben lust an den fromen.

Wenn

Wenn das hertz traurig ist/ so hilfft kein eusserliche freud.

Das haus der Gottlosen wird vertilget/ Aber die hütten der fromen wird grünen.

Es gefellet manchem ein weg wol/ Aber endlich bringt er jn zum tode.

Nach dem lachen kompt trawren/ Vnd nach der freude kompt a leid.

Eim losen menschen wirds gehen wie er handelt/ Aber ein fromer wird vber jn sein.

Ein alber gleubt alles/ Aber ein witziger merckt auff seinen gang.

Ein weiser furcht sich vnd meidet das arge/ Ein narr aber feret hindurch thürstiglich.

Ein jeher mensch thut nerrisch/ Aber ein bedechtiger hasset es.

Die albern handeln vnfursichtig/ Aber es ist der witzigen kron fürsichtiglich handeln.

Die bösen müssen sich bücken fur den guten/ Vnd die Gotlosen jnn den thoren des gerechten.

Einen armen hassen auch seine nehesten/ Aber die reichen haben viel freunde.

Der sunder veracht seinen nehesten/ Aber wol dem der sich der elenden erbarmet.

Die mit bösen rencken vmbgehen/ werden feilen/ Die aber gutes dencken/ den wird trew b vnd güte widerfaren.

Wo man erbeitet da ist gnug/ Wo man aber mit c worten vmbgehet da ist mangel.

Den weisen ist jr reichtum ein krone/ Aber die torheit der narren bleibt torheit.

Ein trewer zeuge errettet das leben/ Aber ein falscher zeuge betreugt.

Wer den HERRN fürchtet/ der hat ein sichere festung/ Vnd seine kinder werden auch beschirmet.

Die furcht des HERRN ist eine quelle des lebens/ Das man meide die stricke des tods.

Wo ein König viel volcks hat/ das ist seine herrligkeit/ Wo aber wenig volcks ist/ das macht einen herrn blöde.

Wer gedültig ist/ der ist weise/ Wer aber vngedültig ist/ der offenbart seine torheit.

Ein gütigs hertz ist des leibs leben/ Aber neid ist eiter jnn beinen.

Wer den geringen schmehet/ der lestert desselben Schepffer/ Aber wer sich des armen erbarmet/ der ehret Gott.

Der Gottlose bestehet nicht jnn seim vnglück/ Aber der gerecht ist auch jnn seim tod getrost.

Im hertzen des verstendigen ruget weisheit/ Vnd wird offenbar vnter den narren.

Gerechtigkeit erhöhet ein volck/ Aber die sund ist der leute verderben.

Ein kluger knecht gefellet dem König wol/ Aber eim schendlichem knecht ist er feind.

XV.

Ein linde antwort stillet den zorn/ Aber ein hart wort richtet grim an.

Der weisen zunge machet die lere lieblich/ Der narren mund speiet eitel narrheit.

Die augen des HERRN schawen an allen orten/ beide die bösen vnd fromen.

a (Leide) Wie man spricht. Truncken freude / nüchtern leid/ kein lieb on leid.

(Vngetrew) schlegt jren herrn.

Viel wort/ nichts dahinder.

(Linde) Ein gut wort findet eine gute stat.

Kan jm selbs helffen.

Die Spruche

Eine heilsame zunge ist ein baum des lebens / Aber ein lügenhafftige macht hertzleid.

Der narr lestert die zucht seines vaters / Wer aber straffe annimpt / der wird klug werden.

Jnn des gerechten haus ist guts gnug. Aber jnn dem einkomen des Gottlosen ist verderben.

Der weisen mund strewet guten rat / Aber der narren hertz ist nicht also.

Des Gottlosen opffer ist dem HERRN ein grewel / Aber das gebet der fromen ist jm angenem.

Des Gottlosen weg ist dem HERRN ein grewel / Wer aber der gerechtigkeit nachjagt / der wird geliebet.

Das ist ein böse zucht den weg verlassen / Vnd wer die straffe hasset / der mus sterben.

Helle vnd verderbnis ist fur dem HERRN / Wie viel mehr der menschen hertze?

Sie lassen jn nicht sagen. Der spotter liebet nicht der jn straffet / Vnd gehet nicht zu dem weisen.

Ein frölich hertz macht ein frölich angesicht / Aber wens hertz bekömert ist / so fellt auch der mut.

Ein kluges hertz handlet bedechtiglich / Aber die künen narren regiren nerrisch.

Ein betrübter hat nimer keinen guten tag / Aber ein guter mut ist ein teglich wolleben.

Es ist besser ein wenig mit der furcht des HERRN / Denn grosser schatz darinn vnruge ist.

Es ist besser ein gericht kraut mit liebe / Denn ein gemester ochse mit hass.

Ein zornig man richtet hader an / Ein gedültiger aber stillet den zanck.

Der weg des faulen ist dornicht / Aber der weg der fromen ist wol gebenet.

Ein weiser son erfrewet den Vater / Vnd ein nerrischer mensch schendet seine mutter.

Dem thoren ist die thorheit eine freude / Aber ein verstendiger man bleibt auff dem rechten wege.

Die anschlege werden zu nicht wo nicht rat ist / Wo aber viel radgeben sind / bestehen sie.

Es ist einem ein freude wo man jm richtig antwortet / Vnd ein wort zu seiner zeit ist seer lieblich.

Der weg des lebens gehet vberwerts klug zu machen / Auff das man meide die helle vnterwerts.

Der HERR wird das haus der hoffertigen zu brechen / Vnd die grentze der widwin bestetigen.

Die anschlege des argen sind dem HERRN ein grewel / Aber lauter rede sind lieblich. *(Lauter) Candidi / Die es recht meinen.*

Der Geitzige verstöret sein eigen haus / Wer aber geschenckt hasset / der wird leben.

Das hertz des gerechten tichtet was zu antworten ist / Aber der mund der Gottlosen scheumet böses.

Der HERR ist ferne von den Gottlosen / Aber der gerechten gebet erhöret er.

Freundlicher anblick erfrewet das hertz / Ein gut gerücht macht das gebeine fet.

Das ohre das do höret die straffe des lebens / wird vnter den weisen wonen.

Wer sich nicht ziehen lesst / der macht sich selbs zu nichte / *Das ist / Er kompt an den galgen.*

Wer

Salomo. LXX.

Wer aber straffe höret / der wird klug.

Die furcht des HERRN ist zucht zur weisheit / Vnd ehe man zu ehren kompt / mus man zuuor leiden.

XVI.

Der mensch setzt jm wol fur im hertzen / Aber vom HERRN kompt was die zunge reden sol.

Ein jglichen düncken seine wege rein sein / Aber allein der HERR macht das hertz gewis.

Befilh dem HERRN dein werck / so werden deine anschlege fort gehen.

Der HERR macht alles vmb sein selbs willen / Auch den Gottlosen zum bösen tage.

Ein stoltz hertz ist dem HERREN ein grewel / Vnd wird nicht vngestrafft bleiben / wenn sie sich gleich alle an einander hengen.

Durch güte vnd trew wird missethat a versünet / Vnd durch die furcht des HERRN meidet man das böse.

Wenn jemands wege dem HERRN wol gefallen / So macht er auch seine feinde mit jm zu friden.

Es ist besser wenig mit gerechtigkeit / Denn viel einkomens mit vnrecht.

Des menschen hertz schlehet seinen weg an. Aber der HERR allein gibt / das er fort gehe.

Weissagung ist jnn dem munde des b Königs / Sein mund feilet nicht im gericht.

Rechte wage vnd gewicht ist vom HERRN / Vnd alle pfunde jm sacke sind seine werck.

Wenn Könige vnrecht thun / so sind sie ein grewel / Denn durch gerechtigkeit wird der thron bestetigt

Recht raten gefellet den Königen / Vnd wer gleich zu ret / wird geliebet.

Des Königes grim ist ein bote des todes / Aber ein weiser man wird jn versünen.

Wenn des Königs angesicht freundlich ist / das ist leben / Vnd sein gnade ist wie ein abent regen.

Nim an die weisheit denn sie ist besser weder gold / Vnd verstand haben ist edler denn silber.

Der fromen weg meidet das arge / Vnd wer seinen weg bewaret der behelt sein leben.

Wer zu grund gehen sol / der wird zuuor stoltz / hoffertig / Vnd stoltzer mut / kompt fur dem fal.

Es ist besser nidriges gemüts sein mit den elenden / Denn raub austeilen mit den hoffertigen.

Wer eine sache klüglich füret / der findet glück / Vnd wol dem der sich auff den HERREN verlesst.

Ein verstendiger wird gerhümet fur einen weisen man / Vnd liebliche rede leren wol.

Klugheit ist ein lebendiger brun dem der sie hat / Aber die b zucht der narren ist narrheit.

Ein weise hertz redet klüglich / vnd leret wol.

Liebliche rede sind honig seim / trösten die seele vnd erfrischen die gebeine.

Manchem gefelt ein weg wol / Aber sein letztes reicht zum tode.

a (Versünet) Bey Gott vnd menschen / Denn Gott wendet die straffe / vñ menschen werdē freunde dadurch.

b (Könige) Denn er richter: nach dē recht odder gesetz / Welchs Gott bestetigt vnd gebeut / als ein offentlich ampt.

(Zucht) Ire / lere / weisheit Gottes / heiligkeit etc.

Nn ij   Mancher

Die Spruche

Mancher kompt zu grossem vnglück / durch sein eigen maul.

Ein löser mensch grebet nach vnglück / Vnd jnn seinem maul brennet feur.

Ein verkereter mensch richtet hadder an / Vnd ein verlümbder macht Fürsten vneins.

Ein freueler locket seinen nehesten / Vnd füret jn auff kein guten weg.

Wer mit den augen wincket / denckt nicht guts / Vnd wer mit den lippen deutet volbringet böses.

Graw har sind eine kron der ehren / die auff dem wege der gerechtigkeit funden werden.

Ein gedültiger ist besser denn ein starcker / Vnd der seins muts herr ist / denn der stedte gewinnet.

Los wird geworffen jnn den schos / Aber es fellet wie der HERR wil.

XVII.

Es ist ein trocken bissen / daran man sich genügen lesst besser / Denn ein haus vol geschlats mit hadder.

Ein kluger knecht wird herschen vber vnuleissige erben / Vnd wird vnter den brüdern das erbe austeilen.

Wie das feur silber vnd der offen gold / Also prüfet der HERR die hertzen.

Ein böser achtet auff böse meuler / Vnd ein falscher gehorchet gern schedlichen zungen.

Wer des dürfftigen spottet / der hönet desselben schepffer / Vnd wer sich seins vnfals frewet / wird nicht vngestrafft bleiben.

Der alten krone sind kindskinder / Vnd der kinder ehre sind jre veter.

Es stehet einem narren nicht wol an / von hohen dingen reden / Viel weniger einem Fürsten das er gern leugt.

Geschenck ist ein edler stein wo mans hin bringet so foderts wol.

Wer sunde zudeckt / der macht frundschafft / Wer aber die sache efert / der macht Fürsten vneins.

Schelten schreckt mehr an dem verstendigen / Denn hundert schlege an dem narren.

Ein bitter hertz trachtet schaden zu thun / Aber es wird ein grausamer Engel vber jn komen.

Es ist besser eim beren begegen dem die jungen geraubt sind / Denn eim narren jnn seiner narrheit.

Wer guts mit bösem vergilt / Von des hause wird böses nicht lassen.

Anfang des hadders ist wie ein wasser ausreisst / Vnd durch gezenckt brei er sich weit aus.

Wer den gotlosen recht spricht Vnd den gerechtē verdampt / Die sind beide dem HERrn ein grewel.

Was sol dē narren geld jnn der hand weisheit zu keuffen / so er doch ein narr ist?

Ein freund liebet alle zeit / Vnd ein bruder wird jnn der not erfunden.

Es ist ein narr der an die hand gelobt / Vnd bürge wird fur seinem nebesten.

Wer zanck liebt der liebt sunde / Vnd wer seine thür hoch macht ringt noch vnglück.

Ein ver=

Salomo. LXXI.

Ein verkeret hertz findet nichts guts/ Vnd der verkereter zungen ist/ wird jnn vnglück fallen.

Ein narr macht jm selbs gremen/ Vnd eins narren vater hat keine freude.

Ein frölich hertz macht das leben lüstig/ Aber ein betrübter mut vertrocket das gebeine.

Der Gottlose nimpt gern geschencke/ Zu beugen den weg des rechts.

Ein verstendiger geberdet weislich/ Ein narr wirfft die augen hin vnd her.

Ein nerrichter son ist seins vaters gremen/ Vnd betrübnis seiner mutter die jn geborn hat.

Es ist nicht gut das man den gerechten schindet/ Den Fürsten zu schlahen der recht regirt.

Ein vernünfftiger messiget seine rede/ Vnd ein verstendiger man helt seinen geist.

Ein narr wenn er schwiege/ würde auch weise gerechnet/ Vnd verstendig/ wenn er das maul hielte.

XVIII.

Er lust hat vneinigkeit an zurichtē/ Der sucht zanck wo er kan.

Ein narr hat nicht lust am verstand/ Sondern was jnn seim hertzen steckt.

Wo der Gottlose a herrscht/ da kompt verachtunge/ Vnd schmach mit hone.

Die wort jnn eines munde sind wie tieffe wasser/ Vnd die quelle der weisheit ist ein voller strom.

a (Herrscht) Des er wils machen nach seinem Gotlosen kopff/ Da hebt sichs denn/ Weil Gott vnd recht wider jn sind.

Es ist nicht gut die person des gotlosen achten/ Zu beugen den gerechten im gericht.

Die lippen des narren bringen zanck/ Vnd sein mund ringet nach schlegen.

Der mund des narren schendet jn selbs/ Vnd seine lippen fahen seine eigen seele.

Die wort des verleumbders sind schlege/ Vnd gehen einem durchs hertz.

Wer lass ist jnn seiner erbeit/ Der ist ein bruder des der schaden thut.

Der name des HERRN ist ein festes schlos/ Der gerecht leufft dahin vnd wird beschirmet.

Das gut des reichen ist jm eine feste stad/ Vnd wie eine hohe maure vmb jn her.

Wenn einer zu grund gehen sol/ wird sein hertz zuuor stoltz/ Vnd ehe man zu ehren kompt/ mus man zuuor leiden.

Wer antwortet ehe er höret/ dem ists narrheit vnd schande.

Wer ein frölich hertz hat/ der weis sich jnn seinem leiden zu halten/ Wenn aber der mut ligt/ was kan einer tragen?

Ein verstendig hertz weis sich vernünfftiglich zuhalten/ Vnd die weisen hören gern/ das man vernünfftiglich handelt.

Das geschenck des menschen macht jm raum/ Vnd bringt fur die grossen herrn. *Gelt bringt fur die herrn.*

Ein jglicher ist zum ersten jnn seiner sachen gerecht/ Aber kompt sein nehester dazu/ so findet sichs.

Das los stillet den hadder/ Vnd scheidet zwischen den mechtigen.

Es   Nn iij   Ein

Die Spruche

Ein bruder der beistehet ist wie eine feste stad/ Vnd die fur einander streitten/ wie rigel am schlos.

Eim man wird vergolten darnach sein mund geredt hat/ Vnd wird gesettigt von der frucht seiner lippen.

Tod vnd leben steht jnn der zungē gewalt/ Wer sie liebt/ der wird von jrer frucht essen.

Wer ein ehefraw findet/ der findet was guts/ Vñ schepfft segen vom HERRN.

Ein armer redet mit flehen/ Ein reicher antwortet stoltz.

Ein trewer freund liebet mehr vnd stehet fester bey/ denn ein bruder.

Frembde thun mehr guts/ denn eigene freunde.

XIX.

Ein armer der jnn seiner frömkeit wandelt/ Ist besser deñ ein verkereter mit seinen lippen/ der doch ein narr ist.

Wo man nicht mit vernunfft handelt/ da gehets nicht wol zu/ Vnd wer schnel ist mit füssen/ der thut schaden.

Die thorheit eines menschen verleitet seinen weg/ Das sein hertz wider den HERRN tobet.

Gut macht viel freunde/ Aber der arme wird von seinen freunden verlassen.

Ein falscher zeuge bleibt nicht vngestrafft/ Vnd wer lügen frech redet/wird nicht entrinnen.

Viel warten auff die person des Fürsten/ Vnd sind alle freunde des der geschencke gibt.

Den armen hassen alle seine brüder/ Ja auch seine freunde fernen sich von jm/ Vnd wer sich auff wort verlesst/ dem wird nichts.

Wer klug ist b liebt sein leben/ Vnd der verstendige findet guts.

Ein falscher zeuge bleibt nicht vngestrafft/ Vnd wer frech lügen redet/ wird vmb komen.

Dem narren stehet nicht wol an/ gute tage haben/ Viel weniger eim knecht zu herrschen vber Fürsten.

Wer c gedültig ist/der ist ein klüger mensch/ Vnd ist jm ehrlich/ das er vntugent vber hören kan.

Die vngnade des königs ist wie das brüllen eins jungen lewen/ Aber seine gnade ist wie taw auff dem grase.

Ein nerrischer son ist seines vaters hertzen leid/ Vnd ein zenckisch weib ein stetiges trieffen.

Haus vnd güter erben die eltern/ Aber ein vernünfftig weib kompt vom HERRN.

Faulheit bringt schlaffen/ Vñ ein müssige seele wird hunger leiden.

Wer das Gebot bewaret/ der bewaret sein leben/ Wer aber seine weg veracht/ wird e sterben.

Wer sich des armen erbarmet/ der leihet dem HERRN/ Der wird jm wider guts vergelten.

Züchtige deinen son weil hoffnung da ist/ Aber las deine seele nicht bewegt werden jn zu tödten.

Denn grosser grim bringt schaden/ Darumb las jn los/ so kanstu jn mehr züchtigen.

Gehorche dem rat vnd nim die zucht an/ Das du hernach weise seist.

Es sind viel anschlege jnn eins mans hertzen/ Aber der rat des HERRN bleibt stehen.

Ein menschen zierd seine wolthat/ Vnd ein armer ist besser den ein lügener.

Die furcht des HERRN forder

a (Nicht wol) Denn einer mus den andern dulden.

b (Liebt) Er hütet sich fur ferligkeit/ Trawet den menschē nicht jnn jren guten worten.

c (Gedültig) Wer wol verhören kan/ wil weise werden.

d (Königes) Ro.13. Er tregt nicht vmb sonst das schwerd

e (Sterben) Er kompt Meister Hansen jnn die hende/ vnd an den Galgen/ Denn vngehorsame kinder entlauffen jm nicht

Salomo.

zum munde
a
Wie man spricht/ Er ist so faul/ das er fur faulheit nicht essen mag/ wenn er gleich die hand jnn der schussseln od' das essen fur sich hat/ Das sind lerer regirer/ gesinde/ so jr ampt lassen/ ob sie es wol kundtē leicht lich aus richten.

b
(Spottern)
Vngehor sam lose Buben/ mus Meister Hans steupen/ Da hin komen sie gewis.

c
(Wilde)
Das ist/ Asotta illa Ephe. 5.
Sauffet euch nicht vol weins/ daraus ein vnordig oder wild wesen folgt.

d
(Der faule)
Prediger vn̄ regirer/ die jr ampt nicht redlich treiben vnd furchten an fechtung od' der hass etc sind wie faule haus halter.

e
(from)
Denn die heucheley ist gros/ auch vnter guten wercken/ Man helt manchen fur böse vn̄ man chen fur gut da man beiden vnrecht thu. Drumb trawe auff menschē nicht.

dert zum leben/ Vnd wird sat bleiben / das kein vbels sie heimsuchen wird.

Der faule verbirgt seine hand im topffe/ Vnd bringt sie nicht wider zum a munde.

Schlehet man den Spotter/ so so wird der alber witzig/ Strafft man einen verstendigen/ so wird er vernünfftig.

Wer vater verstöret vnd mutter veriagt/ Der ist ein schendlich vnd verflucht kind.

Las ab mein son zu hören die zucht/ Die da abfüret von vernünfftiger lere.

Ein loser zeuge spottet des gerichts/ Vnd der Gottlosen mund verschlinget das vnrecht.

Den b spottern sind straffe bereitet/ Vnd schlege auff der narren rücken.

XX.

Der wein macht lose leute/ vnd starck getrencke macht c wilde/ Wer dazu lust hat/ wird nimer weise.

Das schrecken des Königs ist wie das brüllen eins jungen lewen/ Wer jn erzürnet/ der sundigt wider sein leben.

Es ist dem man eine ehre vom hadder bleiben/ Aber die gerne haddern / sind allzumal narren.

Vmb der kelte willen wil der d faule nicht pflügen/ So mus er jnn der erndten betteln vnd nichts kriegen.

Der rat im hertzen eins mans ist wie tieffe wasser/ Aber ein verstendiger kans mercken/ was er meinet.

Viel menschen werden from e gerümbt/ Aber wer wil finden einen der rechtschaffen from sey?

Ein gerechter der jnn seiner

LXXII.

fromkeit wandelt/ Des kindern wirds wol gehen nach jm.

Ein König der auff dem stuel sitzt zu richten/ Zustrewet alles arge mit seinen augen.

Wer kan sagen/ Ich bin rein jnn meim hertzen? Vnd lauter von meiner sunden?

Mancherley gewicht vn̄ mas/ Ist beides grewel dē HERRN.

Auch kennet man einen knaben an seinem wesen/ Ob er from vnd redlich werden wil.

Ein hörend ohr vnd sehend auge/ Die macht beides der HERR.

Liebe den schlaff nicht/ das du nicht arm werdest/ Las deine augen wacker sein/ so wirstu brods gnug haben.

Böse / f böse / spricht man/ wenn mans hat/ Aber wens weg ist / so rhümet man es denn.

Es ist gold vnd viel perlen/ Aber ein vernünfftiger mund ist ein edel kleinod.

Nim dem sein kleid der fur einen andern bürge wird/ Vn̄ pfende jn vmb des vnbekanten willen.

Das gestolen brod schmeckt jderman wol/ Aber hernach wird jm der mund vol kiseling werden.

Anschlege bestehen wenn man sie mit rat furet / Vnd krieg sol man mit vernunfft füren.

Sey vnuerworren mit dem der heimligkeit offenbart/ Vnd mit dem verleumbder vnd mit dem falschen maul.

Wer seinem vater vnd seiner mutter flucht / Des leuchte wird verlesschen mitten im finsternis.

Das erbe darnach man zu seer geilet/ Wird zu letzt nicht gesegenet sein.

Jung gewont/ alt gethan.

f
(Böse) Das ist was man hat des wird man vber drüssig vnd wil haben das nicht da ist.

g
(Eilet)
Als die kinder/ so gern jr eltern vnd freunde tod sehen etc. Item/ die ander leute gut mit schein zu sich bringen/ wider das Zehend Gebot/ Exempel Absolom/ Brutus.

Nn iiij   Spricht

Die Spruche.

(Heilige) Gottes namen/ wort/ dienst etc. Vnd geben denn almosen/ beten fasten/ etc. Das heist Du heiliger Sant Martin/ sie opffern dir einen pfenig vnd stelen dir ein pferd.

b (Leuchte) Das ist/ Gottes trost vnd gnediger wille.

c (Wunden) Das ist/ die Rute so striemen vñ blutige haut macht/ Solche wunden oder Gottes straffe vertreiben die sündigen wunden/ vnd schlege vertreiben der seelen schlege oder schaden/ Böse mus man mit bösem/ schaden mit schlegen vertreiben/ Gott mus vns züchtigen etc.

d (Gewis) Was man thut aus Gottes befehl da ist man gewis/ das recht sey. Ausser Gottes wort/ ist alles eitel dunckelsein wahn vnd vngewis.

e (Leuchte) Das ist/ gonst der welt/ Wer der wellt freund ist/ der ist Gottes feind Jaco. 3.

f (Endelich) Eile brach den hals/ Langsam gehet man auch ferne/ Eile wird müde vnd lesst balde ab/ Mit müssen vñ anhalten bringt mans zu ende/ Festina lente.

Sprich nicht/ Ich wil böses vergelten/ Harre des HERREN der wird dir helffen.
Mancherley gewicht ist ein grewel dem HERRN/ Vnd ein falsche wage ist nicht gut.
Idermans genge komen vom HERRN/ Welcher mensch verstehet seinen weg?
Es ist dem menschen ein strick das a Heilige lestern/ Vnd darnach gelübde suchen.
Ein weiser König zurstrewet die Gottlosen/ Vnd bringt das rad vber sie.
Die b leuchte des HERRN ist des menschen odem/ Die gehet durchs gantze hertz.
From vnd warhafftig sein behüten den König/ Vnd sein thron bestehet durch fromikeit.
Der jüngling stercke ist jr preis/ Vnd graw har ist der alten schmuck.
c Wunden vertreiben das böse/ Vnd scheden des gantzen hertzen.

XXI.

Des Königs hertz ist jnn der hand des HERRN wie wasser beche/ Vnd er neigets wo hin er wil.
Einen jglichen dünckt sein weg recht sein/ Aber allein der HERR macht die hertzen d gewis.
Wol vnd recht thun/ Ist dem HERRN lieber denn opffer
Hoffertige augen vnd stoltzer mut/ Vnd die e leuchte der Gottlosen/ ist sünde.
Die anschlege eins fendelichen bringen vberflus/ Wer aber all zu jach ist/ wird mangeln
Wer schatz samlet mit lügen/ Der wird feilen vnd fallen vnter die den tod suchen.
Der Gottlosen rauben wird sie schrecken/ Denn sie wolten nicht thun was recht war.

Wer einen s andern weg gehet der ist verkeret/ Wer aber jnn seine befelh gehet/ des werck ist recht.
Es ist besser wonen im winckel vnter dem dach/ Denn bey eim zenckisschen weibe im weiten hause.
Die seele des Gottlosen wundschet arges/ Vñ gönnet seinē nebesten nichts.
Weñ der spotter gestrafft wird so werden die albern weise/ Vnd wenn man einen weisen vnterricht/ so wird er vernünfftig.
Der gerechte helt sich h weislich gegē des Gottlosen haus Aber die Gottlosen dencken nur schaden zu thun.
Wer seine ohren verstopfft für dem schreien des armen/ Der wird auch ruffen vnd nicht erhöret werden.
Ein i heimliche gabe stillet den zorn/ Vnd ein geschenck im schos den hefftigen grim.
Es ist dem gerechten eine freude zu thun was recht ist/ Aber eine furcht den vbelthetern.
Ein mensch der vom wege der klugheit jrret/ Der wird bleiben jnn der todten gemeine.
Wer gerne jnn wollust lebt/ wird mangeln/ Vnd wer wein vnd öle liebt/ wird nicht reich.
Der Gottlose mus für den gerechten gegeben werden/ Vñ der verechter für die fromen.
Es ist besser wonen im wüsten lande/ Denn bey eim zenckischen vnd zornigen weibe.
Im hause des weisen ist ein lieblicher schatz vnd öle/ Aber ein nar verzehret es.
Wer der barmhertzigkeit vnd güte k nach jagt/ Der findet das leben/ barmhertzigkeit/ vnd ehre.
Ein weiser gewinnet die stad der l starcken/ Vnd störtzet jre macht

g (Andern) Wers besser vnd anders macht denn jm befohlen ist/ der verderbts gar/ wie hubsch auch sein gut duncket gleisst/ wie Saul thet der Amalec.

h Exempel ist Saul gegen Dauid.

i (Heimlich) Der seinwol that nicht rhümet/ Matth. v. als die phariseer theten.

k Nach jagt/ Selig sind die barmhertzigen/ deñ sie werden barmhertzigkeit erlangē Matthei. v.

l (Starcken) Die auff gewalt sich verlassen/ vnd sicher sind/ Da ist kein glück bey wie Babylon. Roma etc.

Salomo. LXXIII.

macht durch jre sicherheit.
Wer seinen mund vnd zungen bewaret/ Der bewart seine seele fur angst.
Der stoltz vnd vermessen ist/ heisst a ein loser mensch/ Der im zorn stoltz beweiset.
Der faule b stirbt vber seinem wünschen/ Denn seine hende wöllen nichts thun.
Er wündscht teglich/ Aber der gerecht gibt vñ versagt nicht.
Der Gottlosen opffer ist ein grewel/Denn sie werden jnn sunden geopffert.
Ein lügenhafftiger zeuge wird vmbkomen/ Aber wer gehorcht den lest man auch alle zeit widerumb reden.
Der Gottlose feret mit dem kopff hindurch/ Aber wer from ist des weg wird bestehen.
Es hilfft keine weisheit/ kein verstand/ keine kunst wider den HERRN.
Ros werden zum streit tage bereit/Aber der sieg kompt vom HERRN.

XXII.

Das gerücht ist köstlicher denn gros reichtum/ Vnd gonst besser, denn silber vnd gold.
Reiche vnd arme müssen vnternander sein/ Der HERR hat sie alle gemacht.
Der witzige sihet das vnglück vnd verbirget sich/ Die albern gehen durch hin vnd werden beschediget.
Wo man leidet jnn des HERREN furcht/ Da ist reichtum/ ehre vnd leben.
Spies vnd strick sind auff dem wege des verkereten/ Wer aber sich dauon fernet/ bewaret sein leben.
Wie man einẽ knabẽ gewehnt So lesst er nicht dauon wenn er alt wird.

Der reiche herschet vber die armen/Vnd wer borget ist des leheners knecht.
Wer vnrecht seet der wird müde erndten/Vnd wird durch die rutt seiner bosheit vmbkomen.
Ein gut auge wird gesegenet/ Denn er gibt seines brods dẽ armen.
Treibe den spotter aus/ so gehet der zanck weg/ So höret auff hadder vnd schmach.
Wer ein trew hertze vnd liebliche rede hat/Des freund ist der König.
Die augen des HERRN behüten c guten rat/ Aber die wort des verechters verkeret er.
Der faule spricht/Es ist ein lawe draussen/ Ich möcht er d würget werden auff der gassen.
Der huren mund ist ein tiffe gruben/ Wem der HERR vngnedig ist/der fellet drein.
Thorheit steckt dem knaben im hertzen/ Aber die rute der zucht wird sie ferne von jm treiben.
Wer dem armen vnrecht thut/ das seins guts viel werde/ Der wird auch eim reichen geben vnd mangeln.
Neige deine ohren vnd höre die wort der weisen/ vnd nim zu hertzen meine lere.
Denn es wird dir sanffte thun/ wo du sie wirst bey dir behalten/vnd werden miteinander durch deinen mund e wolgeraten.
Das deine hoffnung sey auff den HERRN/ Ich mus dich solchs teglich erinnern.
Hab ich dirs nicht manchfeltiglich fur geschrieben/mit raten vnd leren?
Das ich dir zeiget ein gewissen grund der warheit/ Das du recht f antworten kündest denen die dich senden.

Berau-

---

a (Heisst) Das ist/ er kriegt solchen schendlichen namen vnd wird nimer mehr ein löblich ehrlich man draus/ Deñ sein Vermessen/das ist/ trotz/stoltz vnd pochen macht jn feindselig.

b (Stirbt) Ehe er was redlichs thut/kompt vber jn der todt/ das sind lessige prediger/ regentẽ haus herrn/ Die wollen den himel/ehre/ guter habẽ vnd doch nichts erbeiten/noch leiden.

Jung gewont/alt gethan.

(Gut auge) Das ist/ ein milder mensch.

c (Guten rat) Was guts bleibt jnn leren vnd raren/ Das behut Gott/sonst ist der falschen meuler so viel/das es alles verderbet wurde.

d (Erwürgt) Das sind/ prediger/ regenten/ gesinde/ die des fuchs nicht beissen/ gehen nicht durch dicke vnd dünne.

e (Wolgeraten) Du wirst dir vnd andern damit nütze sein vnd helffen

f (Antworten) Du kanst mit gutem gewissen sagen/ herr es ist geschehen was du mir befolhen/ denn du weist/das es Gotte gefellet/ was du thust nach seinem wort.

Die Spruche.

Beraube den armen nicht ob er wol arm ist/ Vnd vnterdrucke den elenden nicht im thor.

Denn der HERR wird jre sache handeln/ Vnd wird jre vntertretter vnter tretten.

Geselle dich nicht zum zornigen man/ Vnd halt dich nicht zu eim grimigen man.

Du mochst seinen weg lernen/ Vnd deiner seelen ergernis empfahen.

Sey nicht bey dene die jr hand verhefften/ Vnd für schuld bürge werden.

Denn wo du es nicht hast zu bezalen/ So wird man dir dein bette vnter dir weg nemen.

Treibe nicht zu rück die vorigen grentzen/ Die deine veter gemacht haben.

Sihestu einen man endelich jnn seinem geschefft/ der wird fur den Königen stehen/ Vnd wird nicht fur den vnedlen stehen.

XXIII.

WEnn du sitzest vnd issest mit eim herrn/ So mercke was fur dir gehandelt wird.

Vnd setze ein messer an deine kele/ Wiltu das leben behalten.

Wundsche dir nicht seiner speyse/ Denn es ist falsch brod.

Bemühe dich nicht reich zu werden/ Vnd las ab von deinen fündlin.

Las deine augen nicht fliegen dahin/ das du nicht haben kanst/ Denn dasselb macht jm flügel wie ein Adeler vnd fleucht gen himel.

Iss nicht brod bey eim neidischen/ Vnd wündsche dir seiner speise nicht.

Denn wie ein gespenst ist er jnnwendig/ er spricht/ iss vn trinck/ Vnd sein hertz ist doch nicht an dir.

Deine bissen die du gessen hattest/ mustu ausspeien/ Vnd must deine freundliche wort verloren haben.

Rede nicht fur des narren ohren/ Denn er veracht die klugheit deiner rede.

Treibe nicht zu rück die vorigen grentzen/ Vnd gehe nicht auff der waisen acker.

Denn jr erlöser ist mechtig/ Der wird jre sach wider dich ausfuren.

Gib dein hertz zur zucht/ Vnd deine ohren zu vernünfftiger rede.

Las nicht ab den knaben zu zuchtigen/ Denn wo du jn mit den ruten hewest/ so darff man jn nicht tödten.

Du hewest jn mit der ruten/ Aber du errettest seine seele von der hellen.

Mein son so du weise bist/ So frewet sich auch mein hertz.

Vnd meine nieren sind fro/ Wenn deine lippen reden was recht ist.

Dein hertz folge nicht den sundern/ Sondern sey teglich jnn der furcht des HERREN.

Denn es wird dir hernach gut sein/ Vnd dein warten wird nicht feilen.

Höre mein son vnd sey weise/ Vnd richte dein hertz jnn den weg.

Sey nicht vnter den seuffern/ Vnd schlemmern.

Denn die seuffer vnd schlemmer verarmen/ Vnd ein schleffer mus zurissen kleider tragen.

Gehorche deinem vater der dich gezeuget hat/ Vnd verachte deine mutter nicht wenn sie alt wird.

Keuffe

(Messer) Das ist/ beware deine zunge/ das du nicht zu viel redest/ vnd jnn fahr drüber komest etc Denn dis recht ist vntrew/ So ist zu höfe falsch brod/ da jmer einer den andern vberheuchelt vnd vberheuchelt bis er jn herunter vnd sich empor bringe.
Je mehr mans begerd/ je ferner es kömpt.

(Gespenst) Das vngewis ist wie die brende jst der nacht fliegen/ darauff man sich nicht lassen thar. Also stellet er sich gütig/ vil ist doch nichts.

steupestu jn so darff jn der Hencker nicht steupen. Es mus doch gesteupet sein/ thuts der vater nicht/ so thuts Meister Hans/ Da wird nicht anders aus/ Niemand ist jm je entlauffen Denn es ist Gottes gericht.

Keuffe warheit vnd verkeuffe
sie nicht/ Weisheit/ zucht
vnd verstand.
Ein vater des gerechten frewet
sich/ Vnd wer einen weisen
gezeuget hat/ist frölich drüber.
Las sich deinen vater vnd deine mutter frewen/ Vnd frölich sein die dich gezeuget hat
Gib mir/mein son/dein hertz/
Vnd las deinen augen meine
wege wolgefallen.
Denn eine hure ist ein tieffe gru-
be/ Vnd die ehebrecherin ist
ein enge grube.
Auch lauret sie wie ein rauber/
Vnd die vrechen vnter den
menschen samlet sie zu sich.
Wo ist weh? wo ist leid? wo ist
zanck? Wo ist klagen? wo
sind wunden on vrsach? Wo
sind rote augen?
Nemlich wo man beim wein
ligt/ Vnd kompt aus zu sauffen was ein geschenckt ist.
Sihe den wein nicht an das er
so rot ist/ vnd im glase so
schön stehet/ Er gehet glat
ein.
Aber darnach beist er wie eine
schlange/ Vnd sticht wie ein
otter.
So werden deine augen nach
andern weibern sehen/ Vnd
dein hertz wird verkereteding
reden.
Vnd wirst sein wie einer der mit
ten im meer schlefft/Vnd wie
einer schlefft oben auff dem
mast baum.
Sie schlahen mich/ aber es
thut mir nicht weh/Sie klop
pen mich/ aber ich füle es
nicht.
Wenn wil ich auffwachen?
Das ichs mehr treibe.

XXIIII.

Folge nicht bösen leu-
ten/Vnd wündsche
nicht bey jn zu sein.
Denn jr hertz trachtet
nach schaden/ Vnd jre lippen raten zu vnglück.
Durch weisheit wird ein haus
gebawet/ Vnd durch ver-
stand erhalten.
Durch a ordenlich haushalten
werden die kamer vol/ Aller
köstlicher lieblicher reichtum.
Ein weiser man ist starck/ Vnd
ein vernunfftiger man ist/ me
chtig von krefften.
Denn mit rat mus man krieg
füren/ Vnd wo viel rat geben
sind/ da ist der sieg.
Weisheit ist dem narren zu
hoch/ Er thar seinen mund
im thor nicht auffthun.
Wer jm selbs schaden thut/
Den heisst man billich einen
b ertzbösewicht.
Des narren tücke ist sunde/ Vn
der spotter ist ein grewel fur
den leuten.
Der ist nicht c starck/der jnn der
not nicht fest ist.
Errette die so man d tödten wil
Vnd entzeuch dich nicht von
denen die man würgen wil.
Sprichstu sihe/ wir verstehens
nicht/ Meinstu nicht der die
hertzen weiset/merckets? vnd
der auff die seelen acht hat/
kennets? vnd vergilt dē menschen nach seinem werck.
Is/ mein son/ e honnig/ denn
es ist gut/Vnd honnig seim
ist sus jnn deinem halsse.
Also lerne die weisheit fur deine seelen.
Wenn du sie findest/ So wirds
hernach wolgehen/ Vnd
deine hoffnung wird nicht
vmb sonst sein.

Laure

(Folge)
Das ist/ las dich
dein arm bös leb
nicht verdriessen/
das du den bösen
jnn jrem guten le-
ben wollest folgen

a
(Ordenlich)
Wenns ordenlich
jm hause gehalten
wird/ das schaffe
mehr/ denn grosse
erbeit/ als wenn
man gibt/wo/weñ
wem man sol etc.
Sic impetus non
est fortis sed con-
silium est potens.

b
(Ertzbösewicht)
Etlich sind so bos-
hafftig, das sie jn
selbs gern schaden
thun damit jr ne-
hester noch grosser
schaden leide müs-
se, als der jm lies
ein auge ausstech-
en das dem ādern
zwey augen ausge-
stochen würden.

c
(Starck)
Viel sind keck weñ
es wol stehet/ vnd
furcht sich fur ze-
hen nicht wenn er
allein ist.

d
(Tödten)
Wie man die Chri
sten vorzeiten vnd
noch jmerwürget/
vñ lacht noch dazu
oder sprichtwirver
stehens nicht/ Ich
mus meines herrn
befehl gehen las-
sen vnd gehorsam
sein.

e
(Honnig)
Das ist/ brauche
der güter/ so dir
Gott gibt/ Vnd
spare jr nicht dir
zu nachteil.

Die Spruche.

a (Ruge)
Als die der armen heuſſer vnd güter zu ſich reiſſen oder ſonſt mit tücken ausbeiſſen.

b (Fellt)
Gott hülfft imer wider auff dem gerechten/ wie offt er verdirbt vñ vertrieben wird.

Laure nicht als ein Gottloſer auff das haus des gerechten/ Verſtöre ſeine a ruge nicht.

Denn ein gerechter b fellt ſieben mal vnd ſtehet wider auff/ Aber die Gottloſen verſincken jnn vnglück.

Frewe dich des falles deines feindes nicht/ Vnd dein hertze ſey nicht fro vber ſeinem vnglück.

Es möcht der HERR ſehen vnd jm vbel gefallen/ Vnd ſeinen zorn von jm wenden.

Erzürne dich nicht vber den böſen/ Vnd eiuer nicht vber die Gottloſen.

Denn der böſe hat nichts zu hoffen/ Vnd die leuchte der Gottloſen wird verleſſchen.

Mein kind fürchte den HERREN vnd den König/ Vnd menge dich nicht vnter die auffrüriſſchen.

Denn jr vnfal wird plötzlich entſtehen/ Vnd wer weis wen beider vnglück kompt?

Dis kompt auch von den weiſen/ der perſon anſehen im gericht iſt nicht gut.

Wer zum Gottloſen ſpricht/ du biſt frum/ dem fluchen die leut/ Vnd haſſet das volck.

Welche aber ſtraffen/ die gefallen wol/ Vnd kompt ein reicher ſegen auff ſie.

Ein richtiges antwort iſt wie ein lieblicher kuſs.

Richte drauſſen dein geſchefft aus vnd erbeite deinen acker / Darnach bawe dein haus.

Sey nicht zeuge on vrſach wider deinen neheſten/ Vnd betreug nicht mit deinem munde.

Sprich nicht / wie man mir thut/ ſo wil ich wider thun/ Vnd eim jglichen ſein werck vergelten.

Ich gieng fur dem acker des faulen/ Vnd fur dem weinberg des narren.

Vnd ſihe/ da waren eitel neſſel drauff/ Vnd ſtund vol diſteln/ vnd die maur war eingefallen.

Da ich das ſahe/ nam ichs zu hertzen/ Vnd ſchawet vnd lernete dran.

Du wilt ein wenig ſchlaffen vnd ein wenig ſchlummern/ vnd ein wenig die hende zuſamen thun/ das du rugeſt/ Aber es wird dir dein armut komen wie ein wanderer/ vnd dein mangel wie ein gewapneter man.

Alſo verziehen die faulen jre ſachen/ Morgen/ Morgen etc. Ey es kompt noch wol etc. Item iſt bald geſchehen/ etc.

XXV.

Ds ſind auch ſpruche Salomo/ welche hinzugeſetzt habē die menner Hiskia des Königes Juda.

Es iſt Gottes ehre/ eine ſache verbergen/ Aber der Könige ehre iſts ein ſache erforſchen

Der Himel iſt hoch vnd die erden tieff/ Aber der Könige hertz iſt vnerforſchlich.

Man thu den ſchawm vom ſilber/ So wird ein rein gefeſs draus.

Man thu Gottlos weſen vom Könige/ So wird ſein thron mit gerechtigkeit beſtetigt.

Prange nicht fur dem Könige/ Vnd trit nicht an den ort der groſſen.

Denn es iſt dir beſſer das man zu dir ſage /trit hieher auff/ Denn das du fur dem Fürſten genidrigt wirſt/ das deine augen ſehen müſſen.

Fare nicht bald eraus zu zancken/ Denn was wiltu hernach machen wenn du deinen neheſten geſchendet haſt?

Handel deine ſache/ mit deim neheſten

Salomo. LXXV.

(Verberge) Inn Gottes Regiment sollen wir nicht klug sein vnd wissen wollen warumb / sondern alles gleuben/ Aber im weltlichen reiche sol ein her wissen/ vnd frage/ Warumb / vnd niemand nichts vertrawen.

b *(gulden epffel)* Als pomeranze vn Citrin.

c *(Kulde)* Ein trewer diener/ oder vnterthan ist nicht zu bezalen.

d *(Viel)* Wie die welt thut/ Gute wort vnd nichts dahinden.

e *(Singt)* Denn er wird doch erger oder stolzer dadurch Vn mit solchen leuten/ ists (wie man sagt) Der erste zorn der beste/ Denn er hörets doch nicht auff/ bis er zu letzt einen zorn anrichte.

f *(Heimliche)* Affterreder machen/ das gute freunde/ sich vnfreundlich hernach/ vn saur einander ansehen

nehesten / vnd offenbar nicht eins andern heimligkeit Auff das dirs nicht vbel spreche/ der es höret/ vn dein böse gerücht nimer ablasse.

Ein wort geredt zu seiner zeit/ Jst wie gülden b epffel jnn silbern schalen.

Wer einen weisen strafft der jm gehorcht/ Das ist wie ein gülden ohrring vnd gülden halsband.

Wie die c külde des schnees zur zeit der erndte/ So ist ein getrewer bote dē der jn gesand hat/ vñ erquickt seines herrn seele.

Wer d viel geredt vnd helt nicht Der ist wie wolcken vñ wind on regen.

Durch gedult wird ein Fürst versünet/ Vnd ein linde zunge bricht die herrtigkeit.

Findestu honig/ so is sein gnug Das du nicht zu sat werdest vnd speiest es aus.

Entzeuch deinen fus vom hause deines nehesten/ Er möcht dein vberdrüssig vñ dir gram werden.

Wer wider seinen nehesten falsch zeugnis redt/ Der ist ein spies/ schwerd vnd scharffe pfeil.

Die hoffnung des verachters zur zeit der not/ Jst wie ein fauler zan vnd gleitender fus.

Wer eim bösen hertzen liedere singet/ das ist wie ein zurissen kleid im winter/ vnd essig auff der kreiten.

Hungert deinen feind/ so speise jn mit brod/ Dürstet jn/ so trencke jn mit wasser.

Denn du wirst kolen auff sein heubt heuffen/ vnd der HERR wird dirs vergelten.

Der Nord wind bringt vngewitter/ Vnd die f heimliche zunge macht saur angesichte

Es ist besser im winckel auff dem dach sitzen/ Denn bey eim zenckischen weibe jnn einem hause.

Ein gut gerücht aus fernē lande/ Jst wie kalt wasser einer dürstigen seele.

Ein gerechter der fur eim Gotlosen fellt/ Jst wie ein betrübt brun vnd verderbte quell.

Wer zu viel honig isset/ das ist nicht gut/ Vnd wer schweer ding forschet dem wirds zu schweer.

Ein man der seinen geist nicht halten kan/ Jst wie eine offene stad on mauren.

XXVI.

Wie der schnee im sommer/ vnd regen jn der erndte. Also reimet sich dē narren ehre nicht.

Ehre ist gut/ reichtum vnd alles da man ehre von hat.

Wie ein vogel dahin feret vnd eine schwalbe fleuget/ Also ein vnuerdienet fluch trifft nicht.

Dem ros ein geissel/ vnd dem esel ein zaum/ Vnd dem narren eine ruten auff den rücken.

Antworte dem narren nicht nach seiner narheit/ Das du jm nicht auch gleich werdest.

Antworte aber dem narren nach seiner narheit/ Das er sich nicht weise lasse duncken.

Wer eine sache durch einen törichten boten ausrichtet/ Der ist wie ein lamer an fussen/ vnd nimpt schaden.

Wie einem kropel das tantzen/ Also stehet den narrē an von weisheit reden.

Narren sollen nicht klug sein/ Vnd wollen doch jmer klügeln.

Wer eim narren ehre anlegt/ Das

Die Spruche.

(Den zweig)
Wenn ein trunckenbold ein dornpusch jnn der hand tregt/ vnd gauckelt/ so kratzt er mehr damit/ denn das er die rosen zu riechen gebe/ Also thut ein narr/ mit der schrifft oder recht spruch offt mehr schade denn fromen.

(Dünckt)
Das sind sie/ die ander leute thun vnd leren richten/ vnd sie selbs doch nichts bessers thun konnen noch wollen/ Ein verdrieslich volck.

(Geschertzt)
Feilet jm sein böser anschlag/ so hat er geschertzt/ vnd weis sich fein zuentschuldigen/ Were jm aber lieber/ das er nicht gefeilet hette.

Das ist als wenn einer einen edlen stein auff den Rabenstein würffe.

Ein spruch jnn eins narren mund/ Ist wie ein dornzweig der jnn eins truncken hand sticht.

Ein guter meister macht ein ding recht/ Aber wer einen humpler dinget/ dem wirds verderbet.

Wie ein hund sein gespeiets wider frisst/ Also ist der narr der seine narrheit wider treibet.

Wenn du einen sihest der sich weise dünckt/ Da ist an eim narren mehr hoffnung denn an jm.

Der faule spricht/ Es ist ein junger Lewe dem wege/ vnd ein lew auff auff den gassen.

Ein fauler wendet sich im bette/ Wie die thür jnn der angel.

Der faule verbirgt seine hand jnn dem topffen/ Vnd wird jm saur/ das er sie zum munde bringe.

Ein fauler dunckt sich weiser/ Denn sieben die da sitten leren.

Wer furgehet vnd sich menget jnn frembden hader/ Der ist wie einer der den hund bey den ohren zwacket.

Wie einer heimlich mit geschos vnd pfeilen scheusst vn tödtet/ Also thut ein falscher mensch mit seim nehesten/ vnd spricht darnach/ ich habe geschertzt.

Wenn nimer holtz da ist/ so verlesscht das feur/ Vñ wenn der verleumbder weg ist/ höret der hadder auff.

Wie die kolen eine glut vnd holtz ein feur/ Also richt ein zenckischer man hadder an.

Die wort des verleumbders sind wie schlege/ Vnd sie gehen durchs hertz.

Gifftiger mund vñ böses hertz Ist wie ein scherben mit silber schaum vberzogen.

Der feind wird erkand bey seiner rede/ Vnd wenn er sich erzu thut/ gehet er mit falscheit vmb.

Wenn er seine stim holdselig macht/ so gleube jm nicht/ Denn es sind sieben grewel jnn seinem hertzen.

Wer den hass heimlich hellt schaden zu thun/ Des bosheit wird fur der Gemeine offenbar werden.

Wer eine gruben macht/ der wird drein fallen/ Vnd wer einen stein waltzet/ auff den wird er komen.

Ein falsche zunge hasset der jn strafft/ Vnd ein heuchelmaul richt verderben an.

XXVII.

Rüme dich nicht des morgenden tages/ Denn du weissest nicht was heute sich begeben mag.

Las dich einen andern loben vnd nicht deinen mund/ Einen frembden/ vnd nicht deine eigen lippen.

Stein ist schweer/ vnd sand ist last/ Aber des narren zorn ist schwerer denn die beide.

Zorn ist ein wütig ding/ vnd grim ist vngestüm/ Vnd wer kan fur dem neid bestehen?

Offentliche straffe ist besser/ Denn heimliche liebe.

Die wunden des liebhabers sind trew/ Aber das küssen des hassers betrieglich.

Ein volle seele zutritt wol honigseim/ Aber einer hungerigen seel ist alles bitter susse.

Wie

Salomo. LXXVI.

(Vogel) Las dich kein anfechtung võ deinem befelh treibe/ halt feste/ Es wirds Gott wol gut machen.
Alte freund die besten.

Wie ein a vogel ist der aus seinem nest weicht/ Also ist der von seiner stete weicht.

Das hertz frewet sich der salben vnd reuchwerck/ Aber ein freund ist lieblich vmb rats willen der seelen.

Frembde thun mehr guts / denn eigen freunde.

Deinen freund vnd deines vaters freund verlas nicht/ Vñ gehe nicht jnns haus deins bruders wenn dirs vbel geht/ Denn ein nachtbar ist besser jnn der nehe/ weder ein bruder jnn der ferne.

Sey weise mein son/ so frewet sich mein hertz/ So wil ich antworten dem der mich schmehet.

Ein witziger sihet das vnglück vnd verbirget sich/ Aber die albern gehen durch vnd leiden schaden.

Nim dem sein kleid/ der fur ein andern bürge wird/ Vnd pfende jn vmb des frembden willen.

(Das ist) Wer seer schilt/ der lobt/ vnd wer seer lobt/ der schilt/ denn man gleubt jnen nicht/ weil sie es zu gros machen.

Wer seinen nehesten mit lauter stim segenet vnd frue auffsteht/ Das wird jm fur ein fluch gerechnet.

Ein zenckisch weib vnd stettigs trieffen wenns seer regent/ Werden wol miteinander vergleicht.

Wer sie auff helt der helt den wind/ Vnd wil das ole mit der hand fassen.

Ein messer wetzt das ander/ Vnd ein man den andern.

Wer seinen feigen baum bewaret der isst früchte dauon/ Vnd wer seinen herrn bewaret/ wird geehret.

(Scheme) Das ist/ wie der scheme im wasser wackelt vnd vngewis ist Also sind auch die hertzen. Es heist Trawe nicht

Wie der b scheme im wasser ist gegen das angesicht/ Also ist eins menschen hertzen gegen den andern.

Helle vnd verderbnis werden nimer vol/ Vnd der menschen augen sind auch vnsettig.

Ein man wird durch den mund des c lobers bewerd Wie das silber im tigel/ vnd das gold im ofen.

Wenn du den narren im mörser zustiessest mit dem stempffel wie grütze/ So liesse doch seine narrheit nicht von jm.

Auff deine schafe hab acht/ Vnd nim dich deiner herde an.

Denn gut weret nicht ewiglich Vnd die d krone weret nicht fur vnd fur.

Das hew ist auffgangen/ vnd ist da das gras/ Vnd wird kraut auff den bergen gesamlet.

Die lemmer kleiden dich/ Vnd die böck geben dir das acker gelt.

Du hast ziegen milch gnug zur speise deins hauses/ Vnd zur narung deiner dirnen.

XXVIII.

DEr Gottlos e fleucht vnd niemand jagt jn/ Der gerecht aber ist getrost wie ein junger lew.

Vmb des lands sunde willen/ werden viel enderunge der Fürstenthume/ Aber vmb der leut willen die verstendig vnd vernünfftig sind bleiben sie lang.

Ein armer man der die geringẽ beleidigt/ Ist wie ein melthaw der die frucht verderbt.

Die das Gesetz verlassen/ loben den Gottlosen/ Die es aber bewaren/ sind vnwillig auff sie.

Böse leut mercken nicht auffs recht/ Die aber nach dẽ HERRN fragen mercken auff alles.

Es ist besser ein armer der jnn seiner fromkeit geht/ Denn ein reicher der jnn verkereten wegen geht.

(Lobers) Wer sich gern loben höret wird billich betrogen/ Denn er beweiset damit das er ein loser man seyder sein ehre vber alles recht liebt.

(Krone) Das ist/ die hirschafft im hause/ als solt er sagen/ las dir gnügen an dem das fur handen ist/ hie ist nicht bleibens.

(Fleucht) Eigen gewissẽ ist mehr denn tausent zeugen.

Do ij

Die Spruche

Wer das Gesetz bewart/ ist ein verstendig kind/ Wer aber schlemmer neeret/ schendet seynen vater.

Wer sein gut mehret mit wuchern vnd vbersatz/ Der samlet es zu nutz der armen.

Wer sein ohre abwendet zu hören das Gesetz/ Des gebet ist ein grewel.

Wer die fromen verfüret auff bösem wege/ der wird jnn seine gruben fallen/ Aber die fromen werden guts erben.

Ein reicher dünckt sich weise sein/ Aber ein armer verstendiger merckt jn.

Wenn die gerechten vberhand haben so gehets seer fein zu/ Wenn aber Gottlosen auffkomen/ wendet sichs vnter den leuten.

Wer seine missethat leugnet/ dem wird nicht gelingen/ Wer sie aber bekennet vnd lesst/ der wird barmhertzigkeit erlangen.

Wol dem der sich allwege furcht/ Wer aber halsstarrig ist wird jnn vnglück fallen.

Ein Gottloser der vber ein arm volck regirt/ Das ist ein brüllender lew vnd giriger beer.

Wenn ein Fürst on verstand ist/ so geschicht viel vnrechts Wer aber den geitz hasset der wird lange leben.

Ein mensch der am blut einer seelen vnrecht thut Der wird nicht erhalten ob er auch jnn die helle fure.

Wer from einher gehet/ wird genesen/ Wer aber verkerets wegs ist/ wird auff ein mal zufallen.

Wer seinen acker bawet/ wird brods gnug haben/ Wer aber müssiggang nach gehet/ wird armuts gnug haben.

Ein trewer man wird viel gesegenet/ Wer aber eilet reich zu werden/ wird nicht vnschüldig bleiben.

Person ansehen ist nicht gut/ Denn er thet vbel auch wol vmb ein stück brods.

Wer eilet zum reichtum vnd ist neidisch/ Der weis nicht das jm vnfal begegenen wird.

Wer einen menschen strafft/ wird hernach gonst finden/ Mehr denn der da heuchelt.

Wer seinem vater oder mutter nimpt/ vnd spricht/ es sey nicht sunde/ Der ist des verderbers geselle.

Ein stoltzer erweckt zanck/ Wer aber auff den HERRN sich verlesst/ wird fett.

Wer sich auff sein hertz verlest/ ist ein narr/ Wer aber mit weisheit gehet/ wird entrinnen.

Wer dem armē gibt/ dem wird nicht mangeln/ Wer aber seine augen abwendet/ der wird seer abnemen.

Wenn die Gottlosen auff komen/ so verbergen sich die leut/ Wenn sie aber vmbkomen/ wird der gerechten viel.

XXIX.

Wer widder die straffe halsstarrig ist/ Der wird plötzlich verderben on alle hülffe.

Wenn der gerechten viel ist/ frewet sich das volck/ Wenn aber der Gottlose herschet/ süfftzet das volck.

Wer weisheit liebt/ erfrewet seinen vater/ Wer aber mit huren sich neeret/ kompt vmb sein gut.

Ein könig richt das land auff durchs recht/ Ein geitziger aber verderbet es.

Wer mit seinē nehesten heuchelt/ Der breit ein netz zu seinen fusstappen   Wenn

Salomo. LXXVII.

a
(Spotter)
Es faret offt die Rehte frey hinein frage nichts darnach/ da sie eine stad oder Fürsten jnn ein vnglück bringen/ darauß sie jnn viel jaren nicht komen.

b
(Wucherer) heist hie einen reichen der wuchern kan/ wie sie den gemeinglich allewuchern/ Wie Isaias .53. den reichen auch Gotlos nennet.

c
(Erleucht) Tröstet vnd gibt gnug.

(Weissagung) On Gottes wort kan der mensch nichts anders thun/ denn Abgötterey vn seinen willen treiben.

Wenn ein böser sundigt/ verstrickt er sich selbs/ Aber ein gerechter frewet sich vnd hat wonne.

Der gerechte erkennet die sache der armen/ Der Gottlos achtet kein vernunfft.

Die a spotter bringen frechlich eine stad jn vnglück/ Aber die weisen stillen den zorn.

Wenn ein weiser mit eim narren zu handeln kompt/ Er zürnet oder lache/ so hat er nicht ruge.

Die blutgirigen hassen den frumen/ Aber die gerechten suchen seine seele.

Ein narr schütt seinen geist gar aus/ Aber ein weiser helt an sich.

Ein herr der zu lügen lust hat/ Des diener sind alle Gottlos.

Arme vnd b wucherer wonen vnter einander/ Aller beider augen c erleucht der HERR.

Ein König der die armen trewlich richtet/ Des thron wird ewiglich bestehen.

Rute vnd straff gibt weisheit/ Aber ein knabe jm selbs gelassen schendet seine mutter.

Wo viel Gottlosen sind/ da sind viel sunde/ Aber die gerechten werden jren fall erleben.

Züchtige deinen son/ so wird er dich ergetzen/ Vnd wird deiner seelen sanffte thun.

Wenn die weissagung aus ist/ wird das volck wild vnd wüst/ Wol aber dem der das Gesetz hand habet.

Ein knecht lesst sich mit worten nicht züchtigen/ Denn ob ers gleich verstehet/ nimpt er sichs doch nicht an.

Sihestu einen schnel zu reden Da ist am narren mehr hoffnung/ denn an jm.

Wenn ein knecht von jugent auff zertlich gehalten wird/ So

So wil er darnach ein juncker sein.

Ein zornig man richtet hadder an/ Vnd ein grimmiger thut viel sunde.

Die hoffart des menschen wird jn stürtzen/ Aber den demütigen wird ehr empfahen.

Wer mit dieben teilhat/ höret fluchen vnd sagets nicht an/ der hasset sein leben.

Fur menschen sich schewen bringt zu fal/ Wer sich aber auff den HERRN verlesst/ wird beschützt.

Viel suchen das angesicht eins Fürsten e Aber eins jglichen gericht kompt vom HERREN.

Ein vngerechter man ist den gerechten ein grewel/ Vnd wer rechts wegs ist/ der ist des Gottlosen grewel.

XXX.

Ds sind die wort Agur des sons Jakeleere vnd rede des mans Leithiel/ Leithiel vnd Vchal.

Denn ich bin der aller nerrischt/ vnd menschen verstand ist nicht bey mir. Ich habe weisheit nicht gelernt vnd was heilig sey weis ich nicht. Wer fert hinauff gen Himel vnd erab? Wer fasset den wind jnn seine hende? Wer bindet die wasser jnn ein kleid? Wer hat alle ende der welt gestellet? Wie heisst er? vnd wie heisst sein son? Weistu das?

Alle wort Gottes sind durchleutert/ vnd sind ein schild denen die auff jn trawen. Thu nichts zu seinen worten/ das er dich nicht straffe/ vnd werdest lügenhafftig erfunden.

Do is Zwey-

(Fürsten)
Auff Fürsten gnade sich verlassen/ on Gott/ das ist vmb sonst.

Dis sihet/ als ein zusatz eins weisen mans/ vnter die spruche Salomo.

(Nerrisch)
Weise leute erkennen/ das jre weisheit nichts sey/ Narren wissen alles vnd können nicht jrren.

Die Spruche.

(Abgötterey)
Ein fein gebet ist das / Er begert Gottes wort vnd sein teglich brod / das er hie vn̄ dort lebe.

Zweierley bitte ich von dir / die woltestu mir nicht wegern / ehe denn ich sterbe. Abgötterey vnd lügen las ferne von mir sein. Armut vn̄ reichtum gib mir nicht. Las mich aber mein bescheiden teil speise da hin nemen. Ich möcht sonst / wo ich zu sat würde / verleugnen vnd sagen / wer ist der HERR? oder wo ich zu arm würde / möcht ich stelen / vnd mich an dem namen meins Gottes vergreiffen.

Verrate den knecht nicht gegen seinem herrn / Er möcht dir fluchen vnd du die schuld tragen müssest.

Es ist ein art die jrem vater flucht / vnd jre mutter nicht segenet.

Eine art / die sich rein dünckt / vnd ist doch von jrem kot nicht gewasschen.

Eine art die jr auge hoch tregt / vnd jr augen lied empor helt.

Eine art die schwerter fur zeene hat / Die mit jren backē zeenē frisset vnd verzeeret die elenden im lande vnd die armen vnter den leuten.

Die Eigel hat zwo töchter / Bring her / Bring her.

Drey ding sind nicht zu settigen / vnd das vierde spricht nicht / es ist gnug. Die Hell / Der frawen bauch / Die erde wird nicht wassers satt / Vnd das fewer spricht nicht / Es ist gnug.

Das heisst / An den galgen komen.

Ein auge das den vater verspottet / vnd veracht der mutter zu gehorchen / das müssen die raben am bach aushacken / vnd die jungen Adeler fressen.

Drey sind mir zuwünderlich / vnd das vierde weis ich nicht. Des Adelers weg im Himel / Der schlangen weg auff eim felsen / Des schiffes weg mitten im meer / vnd eins mans weg an einer magd. Also ist auch der weg der ehebrecherin / die verschlingt vnd wisscht jr maul / vn̄ spricht / Ich habe kein vbels gethan.

(Magd)
Das ist / Liebe ist nicht aus zu dencken noch zu sprechen.

Ein land wird durch dreyerley vnrügig / vnd das vierde mag es nicht ertragen. Ein knecht wenn er König wird. Ein narr wenn er zu sat ist. Eine feindselige / wenn sie geehlicht wird / Vnd eine magd / wenn sie jrer frawen erbe wird.

Vier sind klein auff erden vnd klüger denn die weisen. Die emmeisen ein schwach volck / Dennoch schaffen sie im sommer jre speise. Caninichen ein schwach volck / Dennoch legts sein haus jnn den felsen Hewschrecken haben keinen König / Dennoch zihen sie aus gantz mit hauffen. Die spinne wirckt mit jren henden / vnd ist jnn der Könige schlosser.

Dreierley haben einen feinen gang / vnd das vierde geht wol. Der Lew mechtig vnter den thieren / Vnd keret nicht vmb fur jemand. Ein Wind von guten lenden / Vnd ein widder / Vnd der König / wider den sich niemand thar legen.

(Genarret)
Scheme dich nicht / wo du etwa geseiler hast / vnd verteidige es nicht. Denn feilen ist menschlich / verteidigen ist teuffelisch.

Hastu a genarret vnd zu hoch gefaren vn̄ böses furgehabt / so leg die hand auffs maul.

Wenn man milch stösst so macht man butter draus. Vnd wer die nasen druckt / zwingt blut eraus. Vnd wer den zorn reitzet / zwingt hader aus.

XXXI.

Ds sind die wort des Königs Lamuel / Die lere die jn seine mutter leret.

Das ist aber ein zusatz eins Königs zu den Sprüchen Salomo.

Ab

Salomo LXXVIII.

Ah mein auserwelter / Ah du son meins leibs / Ah mein gewündschter son.

Las nicht den weibern dein vermügen / vnd gehe die wege nicht darin sich die Könige verderben. O nicht den Königen / Lamuel gib den Königen nicht wein zu trincken / noch den Fürsten starck getrencke. Sie möchten trincken vnd der Recht vergessen / vnd verendern die sachen jrgent der elenden leute.

Gebt starck getrencke denen die vmbkomen sollen / vnd den wein den betrübten seelen / das sie trincken vn̄ jres elends vergessen / vnd jrs vnglücks nicht mehr gedencken.

Thu deinen mund auff fur die stummen / vnd fur die sache aller die verlassen sind.

Thu deinen mund auff vnd richte recht / vnd reche den elenden vnd armen.

WEm ein tugentsam weib bescheret ist Die ist viel edler denn die köstlichsten perlen. Jr mans hertz thar sich auff sie verlassen / vnd narung wird jm nicht mangeln / Sie thut jm liebs vnd kein leids / sein lebenlang.

Sie geht mit wolle vnd flachs vmb / Vnd erbeitet gerne mit jren henden.

Sie ist wie ein kauffmans schiff / Das seine narung von ferne bringet.

Sie steht des nachts auff vnd gibt futter jrem hause / Vnd essen jren dirnen.

Sie denckt nach eim acker vnd keufft jn / Vnd pflantzt einen weinberg von den früchten jrer hende.

Sie gürtet jre lenden fest / Vnd sterckt jre arme.

Sie merckt wie jr handel fromen bringt / Jr leuchte verlesscht des nachts nicht.

Sie streckt jre hand nach dem rocken / Vnd jre finger fassen die spindel.

Sie breitet jre hende aus zu dē armen / Vnd reichet jre hand dem dürfftigen.

Sie furcht jres hauses nicht fur dem schnee / Denn jr gantzes haus hat zwifache kleider.

Sie macht jr decke / Weisse seiden vnd purpur ist jr kleid.

Jr man ist berümbt jn den thoren / Wenn er sitzt bey den Eltesten des lands.

Sie macht ein rock vnd verkefft jn / Einen gürtel gibt sie dem kremer.

Jr schmuck ist / das sie reinlich vnd vleissig ist / Vnd wird hernach lachen.

Sie thut jren mund auff mit weisheit / Vnd auff jrer zungen ist holdselige lere.

Sie schawet / wie es jnn jrem hause zu gehet / Vnd isset jr brod nicht mit faulheit.

Jre söne komen auff vnd preisen sie selig / Jr man lobet sie.

Viel töchter bringen reichtum Du aber vbertriffest sie alle.

Lieblich vnd schöne sein ist nichts / Ein weib das den HERRN furcht / sol man loben.

Sie wird gerümbt werden von den früchten jrer hende / Vnd jre werck werden sie loben jnn den thoren.

Ende der Spruche Salomo.

(Verderbē) wie die thun so verjagt oder ersochen werden / oder sonst schendlich vmbkomen.

(Eddeler) Nicht liebers ist auff erden / denn frawen lieb wem sie kan werden.

(Das ist) Sie ist rüstig im hause.

(Fromen) Verhutet schaden vnd sihet was fromet.

(Des nachts) Jnn der not / hat sie notdurfft.

(Mund) Zeucht jr kindlin vnd gesind fein zu Gottes wort.

Der Prediger.

I.

Es sind die rede des Predigers/des sons Davids des königes zu Jerusalē/Es ist alles gantz eitel Sprach der prediger/Es ist alles gantz eitel. Was hat der mensch mehr von all seiner mühe die er hat vnter der sonnen? Ein geschlecht vergeht/das ander kompt/die erde bleibt aber ewiglich. Die sonne geht auff vnd geht vnter/vnd leufft an jren ort/das sie wider daselbst auffgehe. Der wind geht gen mittag/vnd kompt herumb zur mitternacht/vnd wider herumb an den ort da er anfieng. Alle wasser lauffen inns meer/noch wird das meer nicht völler. An den ort da sie her fliessen/fliessen sie wider hin.

Es ist alles a thun so vol mühe/das niemand ausreden kan. Das auge sihet sich nimer sat. Vnd das ohr höret sich nimer sat. Was ists das geschehen ist? Eben das hernach geschehen wird/Was ists das man gethan hat? Eben das man hernach wider thun wird. Vñ geschicht nichts newes vnter der sonnen Geschicht auch etwas davon man sagen möcht/sihe/das ist new? Denn es ist vor auch geschehen inn vorigen zeiten/die vor vns gewesen sind. Man gedenckt nicht/wie es zuvor geraten ist Also auch des das hernach kompt wird man nicht gedencken/bey denen die hernach sein werden.

Ich prediger war König vber Israel zu Jerusalem Vnd begab mein hertz zu suchen vnd zu forschen weislich/alles was man vnter dem himel thut. Solche vnselige mühe hat Got den menschen kindern gegeben/das sie sich drinnen müssen quelen. Ich sahe an alles thun das vnter der sonnen geschicht/vnd sihe/es war alles eitel vnd jamer. Krum kan nicht schlecht werden/noch der feil gezelet werden.

Ich sprach inn meim hertzen/Sihe/ich bin herrlich worden/vnd habe mehr weisheit/denn alle die vor mir gewesen sind zu Jerusalem/Vnd mein hertz hat viel gelernt vnd erfaren. Vnd gab auch mein hertz drauff/das ich lernete weisheit vnd torheit vnd klugheit. Ich ward aber gewar/das solchs auch mühe ist/Denn wo viel weisheit ist/da ist viel gremens. Vnd wer viel erfert/der mus viel leiden.

II.

Ich sprach inn meim hertzen/Wolan/ich wil wol leben vnd gute tage haben/Aber sihe/das war auch eitel. Ich sprach zum lachen/du bist tol/vnd zur freude/was machstu?

Da dacht ich inn meim hertzen/mein fleisch vom wein zuzihen/vnd mein hertz zur weisheit zihen das ich klug

---

a (Alles thun)
Das ist/der jamer vnd eitelkeit auff erden ist grosser denn man sagen kan/vnd mus doch davon reden inn diesem Buch.

Salomo. LXXIX.

klug würde/bis ich lernte was den menschen gut were/das sie thun solten/so lange sie vnter dem Himel leben. Ich thet grosse ding/Ich bawet heuser/pflantzet weinberge/ Ich macht mir garten vnd lust garten/ vnd pflantzt allerley fruchtbar beume drein/ Ich macht mir teiche/daraus zu wessern den wald der grünenden bewme/ Ich hatte knechte vnd meide vnd gesinde/ Ich hatte ein grösser habe an rindern vnd schafen/denn alle die vor mir zu Jerusalem gewesen waren/ Ich samlete mir auch silber vnd gold/vnd von den Königen vnd lendern einen schatz/ Ich schafft mir senger vnd sengerin vnd wollust der menschen/allerley seitenspiel. Vnd nam zu vber alle die vor mir zu Jerusalem gewest waren. Auch bleib weisheit bey mir/Vnd alles was meine augen wündschten/das lies ich jnen/vnd weret meinem hertzen keine frende/das es frölich war von aller meiner erbeit/ Vnd das hielt ich fur mein teil von aller meiner erbeit. Da ich aber ansahe alle meine werck/ die meine hand gethan hatte/ vnd mühe die ich gehabt hatte/Sihe/da war es alles eitel vnd jamer/vnd nichts mehr vnter der sonnen.

(Wollust)
Mit singen vnd springen/ tantzen vnd hüpffen.

Da wand ich mich zu sehen die weisheit/ vnd klugheit vnd torheit/Denn wer ist der mensch der es dem Könige kan nach thun/der jn gemacht hat? Da sahe ich/das die weisheit die torheit vbertraff/ wie das liecht die finsternis. Das dem weisen seine augen im heubt stehen/ Aber die narren im finsternis gehen/Vnd merckte doch/ das eim gehet wie dem andern.

(Könige)
Allein Gott kan alles thun/ was er furnimpt/ on alle hindernis/ Menschen aber/ werden entweder aus u. nidig gehindert/ oder lassen sich müde vnd vngedurtig machen/ oder wie der furwitz pflegt/ wird er leicht eins dings jm jn selbs vberdrussig/Doch ein weiser kan sich drein schicken mit gedult.

Da dacht ich jnn meim hertzen/weil es denn dem narren gehet wie mir/warumb habe ich denn nach weisheit gestanden? Da dacht ich jnn meim hertzen/ das solchs auch eitel sey. Denn man gedenckt des weisen nicht ewiglich/eben wie des narren/vnd die künfftigen tage vergessen alles/ Vnd wie der weise stirbt/ also auch der narre. Darumb verdros mich zu leben/ Denn es gefiel mir vbel was vnter der sonnen geschicht/das es so gar eitel vnd mühe ist.

Vnd mich verdros alle meine erbeit die ich vnter der sonnen hatte das ich die selben einem menschen lassen must/der nach mir sein solt/ Denn wer weis/ ob er weise oder tol sein wird? Vnd sol doch herschen jnn aller meiner erbeit/ die ich weislich gethan habe vnter der sonnen/ Das ist auch eitel. Darumb wand ich mich das mein hertz abliesse von aller erbeit die ich thet vnter der sonnen.

Denn es mus ein mensch der seine erbeit mit weisheit/vernunfft/ geschickligkeit gethan hat/eim andern zum erbteil lassen/ der nicht dran geerbeitet hat/ Das ist auch eitel vnd ein gros vnglück/ Denn was kriegt der mensch von aller seiner erbeit vnd mühe seins hertzen/ die er hat vnter der sonnen? Denn alle seine lebtage schmertzen mit gremen vnd leid/ Das auch sein hertz des nachts nicht ruget/ Das ist auch eitel.

Ists nu nicht besser dem menschen/ essen vnd trincken vnd seine seele guter dinge sein jnn seiner erbeit? Aber solchs sahe ich auch/ das von Gottes hand kompt/Denn wer hat frölicher gegessen vnd sich ergetzt? Denn dem menschen der jm gefellt/gibt er weisheit/ vernunfft vnd freude/ Aber dem sunder gibt er vnglück/ das er samle vnd heuffe/vnd doch dem geben werde/ der Gott gefellt/ Darumb ist das auch eitel jamer.

Ein

Der Prediger.
III.

Ein jglichs hat seine zeit/ vnd alles furnemen vnter dem Himel hat seine stunde. Geborn werden hat seine zeit. Sterben hat seine zeit. Pflantzen hat seine zeit. Ausrotten das gepflantz ist/ hat seine zeit. Würgen hat seine zeit. Heilen hat seine zeit. Brechen hat seine zeit. Bawen hat seine zeit.

Weinen		Behalten	
Lachen		Wegwerffen	
Klagen		Zureissen	
Tantzen		Zu neen	
Stein zestrewen	hat sey-	Schweigen	
Stein samlen	ne zeit.	Reden	hat seine zeit.
Hertzen		Lieben	
Fernen von hertzen		Hassen	
Suchen		Streit	
Verlieren		Frid	

Man erbeit wie man wil/ so kan man nicht mehr ausrichten.

Wenn das stündlin nicht da ist/ so richt man nichts aus. Man thu wie man wil/ Wenns nicht sein sol/ so wird nichts draus.

Daher sahe ich die mühe die Gott den menschen/ gegeben hat/ das sie drinnen geplagt werden/ Er aber thut alles fein zu seiner zeit/ Vnd lesst jr hertz sich engsten wie es gehen solle/ jnn der welt/ Denn der mensch kan doch nicht treffen das werck das Gott thut/ weder anfang noch ende. Darumb merckt ich/ das nichts bessers drinnen ist/ denn frölich sein/ vnd jm gütlich thun jnn seim leben/ Denn ein jglicher mensch der do isst vnd trinckt/ vnd hat guten mut jnn alle seiner erbeit/ das ist eine gabe Gottes.

Ich mercke/ das alles was Gott thut/ das besteht jmer/ man kan nichts dazu thun noch abthun. Vnd solchs thut Gott/ das man sich fur jm furchten sol. Was Gott thut/ das stehet da/ Vnd was er thun wil/ das mus werden/ Denn er tracht vnd jagt jm nach.

Was er thut/ das steht/ Was er wil das geht/ das ist Er wanckt nicht/ wird auch nicht verdrossen wie ein mensch/ Er dringet durch.

Weiter sahe ich vnter der sonnen/ stete des gerichts/ da war ein Gottlos wesen/ vnd stete der gerechtigkeit/ da waren Gottlose. Da dacht ich jnn meinem hertzen/ Gott mus richten den gerechten vnd Gottlosen/ Denn es hat alles furnemen seine zeit/ vnd alle werck.

Ich sprach jnn meim hertzen von dem wesen der menschen/ Solt sie Gott erwelen/ vnd lessts doch ansehen/ als weren sie wie das vieh? Denn es gehet dem menschen wie dem vieh/ Wie dis stirbt/ so stirbt das auch/ vnd haben alle einerley odem/ Vnd der mensch hat nichts mehr denn das vieh/ Denn es ist alles eitel. Es feret alles an einen ort. Es ist alles von staub gemacht/ vnd wird wider zu staub. Wer weis/ ob der oddem der menschen auff werds fare/ vnd der odem des viehes vnterwerds vnter die erden fare? Darumb a sage ich/ das nichts bessers ist/ denn das ein mensch frölich sey jnn seiner erbeit/ Denn das ist sein teil. Denn wer wil jn dahin bringen/ das er sehe/ was nach jm geschehen wird?

a (Das ist) Sorge nicht für morgen. Denn du weisst nicht was werden wird/ las dir benügen heute/ Morgen kompt auch tag vnd rat.

Ich

Salomo. LXXX.
IIII.

Ich wandte mich vnd sahe an alle die vnrecht leiden vnter der sonnen. Vnd sihe/ da waren thrénen dere so vnrecht lidden/ vnd hatten keinen tröster/ vnd die jnen vnrecht thetten/ waren zu mechtig/ das sie keinen tröster haben kundten/ Da lobet ich die todten die schon gestorben waren/ mehr denn die lebendigen/ die noch das leben hatten/ Vnd der noch nicht ᵃ ist/ besser denn alle beide/ vnd des bösen nicht jnne wird/ das vnter der sonnen geschihet.

ᵃ (Nicht ist) Der noch nicht jnn solchem vnglück lebet.

Ich sahe an erbeit vnd geschickligkeit jnn allen sachen/ Da neidet einer den andern/ Das ist je auch eitel vnd mühe/ Denn ein narr schlegt die finger jnneinander/ vnd frisset sein fleisch. Es ist besser eine handvol mit ruge/ denn beide feuste vol mit mühe vnd jamer.

Kan jemand etwas/ so ist man jm feind/ vnd der feind ist doch selbs ein narr der nichts kan/ denn das er fur has sich selbs martert/ drumb ists je elend wesen auff erden.

Ich wandte mich vnd sahe die eitelkeit vnter der sonnen. Es ist ein eintzeler vnd nicht selbander/ vnd hat weder kind noch bruder/ noch ist seines erbeitens kein ende/ vnd seine augen werden reichtumbs nicht sat. Wem erbeite ich doch/ vnd breche meiner seelen ab? Das ist je auch eitel vnd ein böse mühe. So ists je besser/ zwey denn eins. Denn sie geniessen doch jrer erbeit wol. Fellet jr einer/ so hilfft jm sein gesell auff. Weh dem der alleine ist/ wenn er fellt/ so ist kein ander da der jm auff helffe. Auch wenn zwey bey einander ligen/ wermen sie sich/ Wie kan ein einzeler warm werden? Einer mag vberweldiget werden/ Aber zween mügen wider stehen/ Denn ein dreiseltige schnur reisst nicht leicht enzwey.

Ein arm kind das weise ist/ ist besser denn ein alter König der ein narr ist/ vnd weis sich nicht zu hüten.

Es kompt einer aus dem gefengnis zum König reiche/ Vnd einer der jnn seim Königreiche geporn ist/ verarmet. Vnd ich sahe das alle lebendige vnter der sonnen wandeln bey eim andern kinde/ der an jenes stad sol auffkomen. Vnd des volcks das fur jm gieng/ war kein ende/ vnd des das jm nach gieng/ vnd worden sein doch nicht fro. Das ist je auch eitel vnd ein jamer.

(Lebendige) Heisst Salomo/ die herlich leben auff erden/ als zu hofe vnd sonst jnn prangen als were das leben vnd die welt jr eigen.

V.

BEwar deinen fuss wenn du zum Hause Gottes gehest/ vnd kom das du hörest/ das ist besser denn der narren opffer/ Denn sie wissen nicht was sie böses thun.

Sey nicht schnel mit deinem munde/ vnd las dein hertz nicht eilen ettwas zu reden fur Gott/ Denn Gott ist im Himel vnd du auff erden/ Darumb las deiner wort wenig sein. Denn wo viel sorgen ist/ do komen trewme/ Vnd wo viel wort sein/ da höret man den narren.

Hie leret er/ Gott furchten vnd traw en/ vnd from sein/ jnn solchem elenden leben.

Wenn du Gott ein gelübde thust/ so verzeuchs nicht zuhalten/ Denn er hat kein gefallen an den narren. Was du gelobest/ das halte. Es ist besser du gelobest nichts/ denn das du nicht heltest was du gelobest.

Erstlich sey du from.

Verhenge

Der Prediger.

Zum andern /
Verfüre niemand.

Verhenge deinem munde nicht/ das es dein fleisch verfüre/ Vnd sprich fur dem Engel nicht/ Ich bin ᵃ vnschüldig/ Gott möcht erzürnen vber deine stim/ vnd verdamnen alle werck deiner hende.

a
(Vnschuldig)
Das ist/ verteidig deine verfurung nicht wie die falschen geister vnd treumer / Engel heisst hie die prister vnd lerer.

Wo viel treume sind/ da ist eitelkeit vnd viel wort/ Aber furchte du Gott.

Sihestu dem armen vnrecht thun/ vnd recht vnd gerechtigkeit im lande weg reissen/ wunder dich des furnemens nicht/ Denn es ist noch ein höher Hüter/ vber den hohen/ vnd sind noch höher vber die beide. Vber das ist der König im gantzen lande/ das ᵇ feld zu bawen.

b
(Feld zu bawen)
Das ist/ er hirscher vber alles vnhand habet das land das nicht zur falle vnd verwüste/ das denn eins Königs ampt vnd namen ist.

Wer gelt liebt / wird gelts nimer sat. Vnd wer reichtum liebt/ wird keinen nutz davon haben. Das ist auch eitel/ Denn wo viel guts ist/ da sind viel die es essen. Vnd was geneusst sein der es hat/ on das ers mit augen ansihet?

Wer erbeit/ dem ist der schlaff süsse/ er habe wenig oder viel gessen. Aber die fülle des reichen lesst jn nicht schlaffen.

Es ist eine böse plage/ die ich sahe vnter der sonnen/ reichtum behalten zum schaden dem der jn hat/ Denn der reiche kompt vmb mit grossem jamer. Vnd so er einen son gezeuget hat/ dem bleibt nichts jnn der hand. Wie er nackt ist von seiner mutter leibe komen/ so feret er wider hin/ wie er komen ist / vnd nimpt nichts mit sich von seiner erbeit jnn seiner hand wenn er hinferet. Das ist eine böse plage/ das er hinfert/ wie er komen ist/ Was hilffts jn denn/ das er jnn den wind geerbeitet hat? Sein lebenlang hat er im finstern gessen/ vnd jnn grossem gremen vnd kranckheit vnd traurigkeit.

So sehe ich nu das fur gut an/ das fein sey/ Wenn man isset vnd trinckt vnd guts muts ist/ jnn aller erbeit die einer thut vnter der sonnen sein lebenlang/ das jm Gott gibt/ Denn das ist sein teil/ Denn welchem menschen Gott reichtum vnd güter vnd gewalt gibt/ das er davon isset vnd trinckt fur sein teil/ vnd frölich ist jnn seiner erbeit/ das ist eine Gottes gabe/ Denn er denckt nicht viel/ an das elend leben/ Weil Gott sein hertz erfrewet.

VI.

Es ist ein vnglück das ich sahe vnter der sonnen/ vnd ist gemein bey den menschen. Einer dem Gott reichtum/ güter vnd ehre gegeben hat/ vnd mangelt jm keins/ das sein hertz begerd / vnd Gott doch jm nicht macht gibt desselben zu geniessen/ Sondern ein ander verzeret es/ Das ist eitel vnd eine böse plage/ Wenn er gleich hundert kinder zeugete/ vnd hette so langs leben das er viel jar vber lebete/ vnd seine seele settiget sich des guts nicht/ vnd blibe on grab/ von dem spreche ich/ das ein vnzeitige geburt besser sey denn er. Denn jnn eitelkeit kompt er/ vnd im finsternis feret er dahin/ vnd sein name bleibt im finsternis bedeckt/ Wird der sonnen nicht fro/ vnd weis kein ruge weder hie nach da/ ob er auch zwey tausent jar lebete/ so hat er nimer keinen guten mut/ Komets nicht alles an einen ort?

(On grab) Des man gern los ist/ vnd sein begrebnis nicht ehret.

Einem

Salomo. LXXXI.

Ein jglichen menschen ist erbeit auffgelegt/ nach seiner masse/ Aber das hertz kan nicht dran bleiben/ Denn was richt ein weiser mehr aus weder ein narr? Was vnterstehet sich der arme/ das er vnter den lebendigen wil sein? Es ist besser das gegenwertig gut gebrauchen/ denn nach anderm gedencken/ Das ist auch eitelkeit vnd jamer.

Sie sind beide narren/ der weise vnd der arme/ Der weise wils mit seiner sorge ausrichten/ So meinet der arme/ O were ich jnn dem oder dem standt/ wie fein solt es zu gehen/ Ja hindersich. (Lebendigen) Die wol leben vnd zeren.

Wenns so ist/ das einer ein mensch heisst/ kan er nicht hadern mit dem das jm zu mechtig ist/ Denn es ist des eitel dings zu viel/ Was hat ein mensch mehr dauon?

VII.

Denn wer weis was dem menschen nütz ist im leben/ so lang er lebet jnn seiner eitelkeit/ welchs ist wie eine schatten? Odder wer wil dem menschen sagen/ was nach jm komen wird vnter der sonnen?

(Nach jm) Wie sein thun geraten vnd ein ende nemen wird.

Ein gut gerücht ist besser denn gute salbe/ vnd der tag des tods/ weder der tag seiner geburt. Es ist besser jnn das klage haus gehen/ denn jnn das trinck haus. Jnn jenem ist das ende aller menschen/ vnd der lebendige nimpts zu hertzen. Es ist trawren besser denn lachen. Denn durch trawren wird das hertz gebessert. Das hertz der weisen ist im klag hause/ Vnd das hertz der narren im hause der freuden. Es ist besser hören das schelten des weisen/ denn hören den gesang der narren/ Denn das lachen des narren ist wie das krachen der dornen vnter den töpffen/ Vnd das ist auch eitel.

Ein widerspenstiger macht einen weisen vnwillig/ vnd verderbt ein milde hertz. Das ende eins dings ist besser/ denn sein anfang. Ein gedültiger geist ist besser/ denn ein hoher geist. Sey nicht schnells gemüts zu zürnen/ Denn zorn rüget jm herrzen eines narren. Sprich nicht/ Was ists/ das die vorigen tage besser waren denn diese? Denn du fragest solchs nicht weislich. Weisheit ist gut mit einem erbgut/ vnd hilfft/ das sich einer der Sonnen frewen kan/ Denn wie weisheit beschirmet/ so beschirmet geld auch/ Aber die weisheit gibt das leben dem der sie hat.

Wenn das ende gut ist/ so ists alles gut. Anfahen ist leicht.

Sihe an die werck Gottes/ Denn wer kan das schlecht machen/ das er krümmet? Am guten tage/ sey guter dinge/ vnd den bösen tag nim auch fur gut/ Denn diesen schafft Gott neben jenen/ das der mensch nicht wissen sol/ was künfftig ist.

Allerley hab ich gesehen die zeit vber meiner eitelkeit/ Da ist ein gerechter vnd gehet vnter jnn seiner gerechtigkeit/ Vnd ist ein Gottloser/ der lange lebt jnn seiner bosheit. Sey nicht allzu gerecht/ vnd nicht allzu weise/ das du dich nicht verderbest. Sey nicht allzu Gottlos vnd narre nicht/ das du nicht sterbest zur vnzeit. Es ist gut das du dis fassest/ vnd jenes auch nicht aus deiner hand lessest/ denn wer Gott furcht/ der entgehet dem allen.

Die weisheit sterckt den weisen mehr denn zehen gewaltigen die jnn der stad sind/ Denn es ist kein mensch auff erden der guts thue/

Prediger.

Sprichwort. Wer gern viel hö ret / der höret viel das er nicht gern höret.

thue / vnd nicht sundige. Nim auch nicht zu hertzen alles was man sagt / Das du nicht hören müssest deinen knecht dir fluchen. Denn dein hertz weis / das du andern auch offtmals geflucht hast.

Solchs alles habe ich versucht weislich / Ich gedacht / Ich wil weise sein / sie kam aber ferner von mir. Es ist ferne / was wirds sein? Vnd ist seer tieffe / Wer wils finden.

(Netz) Denne hebruch ver wirckt den tod.

Ich keret mein hertz zu erfaren vnd erforschen vnd zu suchen weisheit vnd kunst / zu erfaren der Gottlosen torheit / vnd jrthum der tollen / Vnd fand / das ein solchs weib welchs hertz netz vnd strick ist / vnd jre hende bande sind bitterer sey denn der tod. Wer Gott gefelt / der wird jr entrinnen / Aber der sunder wird durch sie gefangen.

a (Kein weib) Es gehöret hie zu kein weibischer / wehmütiger mensch / sondern ein mans mut / der solchs alles wogen / leiden vnd tragen kan / wie es geret / Aber die selben sind seltzam / Denn wenn sie hören / das nicht jnn jrer macht stehet / wer den sie vnwillig / vnd wollen nichts thun. Thun sie aber vnd gerett nicht / werden sie noch vnwilliger / Es sind weiber / vnd nicht menner.

Schaw das habe ich funden / spricht der prediger / Eins nach dem andern / das ich kunst erfünde. Vnd meine seele sucht noch / vnd hats nicht funden / Vnter tausent habe ich einen menschen funden / Aber a kein weib hab ich vnter den allen funden. Alleine schaw das / Ich habe funden / das Gott den menschen hat auffrichtig gemacht / Aber sie suchen viel b künste / Wer ist so weise? vnd wer kan das auslegen?

VIII.

b (Künste) Sie wollens treffen / vnd meinen Es müsse wol geraten.

c Wer ein schalckeit im syn hat oder ge than / der sihet niemand frölich noch recht an / Der vnschüldige sihet frö lich vnd sicher.

Die weisheit des menschen erleuchtet c sein angesicht / Wer aber frech ist / der ist feindselig. Ich halte das wort des Königes / vnd den eid Gottes. Eile nicht zu gehen von seim angesicht / vnd bleibe nicht jnn böser sache / Denn er thut was jn gelüst. Inn des Königes wort ist gewalt / vnd wer mag zu jm sagen / was machstu? Wer das Gebot helt / der wird nichts böses erfaren / Aber eins weisen hertz weis zeit vnd weise. Denn ein jglich furnemen hat seine zeit vnd weise / Denn des vnglücks des menschen ist viel bey jm / Denn er weis nicht was gewesen ist / Vnd wer wil jm sagen / was werden sol? Ein mensch hat nicht macht vber den geist / dem geist zu weren / vnd hat nicht macht zur zeit des sterbens / Vnd wird nicht los gelassen im streit / Vnd das Gottlos wesen errettet den Gottlosen nicht.

Das hab ich alles gesehen / vnd gab mein hertz auff alle werck die vnter der sonnen geschehen. Ein mensche herrschet zu zeiten vber den andern zu seim vnglück. Vnd da sahe ich Gottlosen die begraben waren / Die gegangen waren vnd gewandelt hatten jnn heiliger stet / vnd waren vergessen jnn der stad / das sie so gethan hatten / Das ist auch eittel.

Weil nicht bald geschicht ein vrteil vber die bösen werck / da durch wird das hertz der menschen vol böses zuthun. Ob ein sunder hundert mal böses thut / vnd doch lange lebt / So weis ich doch / das es wol gehen wird / denen die Gott furchten / die sein angesicht schewen / Denn es wird dem Gottlosen nicht wol gehen / vnd / wie eine schatte / nicht lange leben / die sich fur Gott nicht furchten.

Es ist ein eitelkeit die auff erden geschicht / Es sind gerechten /
den ge-

Salomo. LXXXII.

den gehet es/ als hetten sie werck der Gottlosen/ Vnd sind Gottlose/ den gehet es/ als hetten sie werck der gerechten. Jch sprach/ das ist auch eitel/ Drumb lobt ich die freude/ das der mensch nicht bessers hat vnter der sonnen/ denn essen vnd trincken vnd frölich sein/ vnd solchs werde jm von der erbeit sein leben lang/ das jm Gott gibt vnter der sonnen.

Jch gab mein hertz zu wissen die weisheit/ vnd zu schawen die auff erden geschicht/ das auch einer weder tag noch nacht den schlaff sihet mit seinen augen/ Vnd ich sahe alle werck Gottes/ Denn ein mensch kan das werck nicht finden/ das vnter der sonnen geschicht/ Vnd je mehr der mensch erbeitet zu suchen/ je weniger er findet/ Wen er gleich spricht / ich bin weise vnd weis es/ so kan ers doch nicht finden.

(Finden) Er meinet es wol zu treffen/ Aber es ligt doch alles am geraten.

IX.

DEnn ich habe solchs alles zu hertzen genomen/ zu forschen das alles. Das gerechte vnd weisen sind/ vnd jre vnterthanen jnn Gottes hand/ Doch kennet kein mensch weder die liebe noch den hass jrgent eines/ den er fur sich hat.

Es begegenet einem wie dem andern/ dem gerechten wie dem Gottlosen/ dem guten vnd reinen wie dem vnreinen/ dem der opffert wie dem der nicht opffert/ Wie es dem guten gehet/ so gehets auch dem sunder/ Wie es dem meineidigen gehet/ so gehets auch dem der den eid furchtet/ Das ist ein böse ding vnter allem das vnter der sonnen geschicht/ das einem gehet wie dem andern. Daher auch das hertz der menschen vol arges wird/ vnd torheit ist jnn jrem hertzen die weil sie leben/ darnach müssen sie sterben.

Was sol man denn vnter beiden welen? Weil man lebt/ sol man hoffen (Denn ein lebendiger hund ist besser/ weder ein todter lewe) Denn die lebendigen wissen/ das sie sterben werden/ Die todten aber wissen nichts / sie verdienen auch nichts mehr/ Denn jr gedechtnis ist vergessen/ das man sie nicht mehr liebet noch hasset noch neidet/ vnd haben kein teil mehr auff der welt / jnn allem das vnter der sonnen geschicht.

(Wissen) Das ist/ Sie mugen gebessert werden/ vnd fur den tod erschrecken/ Die todten aber füllen nichts.

So gehe hin vnd iss dein brod mit freuden/ trinck deinen wein mit gutem mut/ Denn dein werck gefellt Gott. Las deine kleider jmer weis sein/ vnd las deinem heubte salben nicht mangeln. Brauche des lebens mit deinem weibe/ das du lieb hast/ so lange du das eitel leben hast/ das dir Gott vnter der sonnen gegeben hat/ so lang dein eitel leben weret/ Denn das ist dein teil im leben vnd jnn deiner erbeit/ die dir Gott vnter der Sonnen gegeben hat. Alles was dir fur handen kompt zu thun/ das thu frisch/ Denn jnn der helle da du hin ferest/ ist weder werck/ kunst/ vernunfft noch weisheit.

Jch wand mich vnd sahe/ wie es vnter der sonnen zu gehet/ Das zu lauffen nicht hilfft schnell sein. Zum streit hilfft nicht starck sein/ Zur narung hilfft nicht geschickt sein. Zum reichtum hilfft nicht klug sein.

Es heisst/ Gerate wol/ Noch sol man drumb nicht ablassen/ sondern jmer schaffen Vnd Got das gedeie befelhe

Pp ij

Prediger.

sein. Das einer angenem sey/ hilfft nicht das er ein ding wol künde/ Sondern alles ligt es an der zeit vnd glück/ Auch weis der mensch seine zeit nicht/ Sondern wie die fisch gefangen werden mit eim schedlichen hamen/ Vnd wie die vogel mit eim strick gefangen werden/ so werden auch die menschen berückt zur bösen zeit/ wenn sie plötzlich vber sie fellt

Ich habe auch diese weisheit gesehen vnter der sonnen/ die mich gros daucht/ Das ein kleine stad war vnd wenig leut drinnen/ Vnd kam ein grosser König/ vnd belegt sie vnd bawet grosse bolwerck drumb/ Vnd ward drinnen funden ein armer weiser man/ der die selbe stad durch seine weisheit künd erretten/ Vnd kein mensch gedacht des selben armen mans. Da sprach ich/ Weisheit ist ja besser denn stercke/ Noch ward des armen weisheit veracht/ vnd seinen worten nicht gehorcht/ das macht / Der weisen wort gelten mehr bey den stillen/ denn der herren schreien bey den narren. Denn weisheit ist besser deñ harnisch. Aber ein einiger bube verderbet viel guts/ Also verderben die schedlichen fliegen gute salbe. Drumb ists zu weilen besser thorheit/ denn weisheit vnd ehre/ Denn des weisen hertz ist zu seiner rechten /Aber des narren hertz ist zu seiner lincken. Auch ob der narr selbst nerrisch ist jnn seim thun/ noch helt er jederman fur narren. Darumb wenn eins gewaltigen trotz wider deinen willen fort gehet/ so las dich nicht entrüsten/ Denn nachlassen stillet gros vnglück.

(Bube) Ein bube verderbt zu weilen ein gantz land mit seinem bösen rat.

(Stillet) Verhören vnd lassen gehen das sichs selbst stillet / ist grosse kunst vnd tugent.

X.

Es ist ein vnglück das ich sahe vnter der sonnen/ nemlich/ vnuerstand der vnter den gewaltigen gemein ist. Das ein narr sitzt jnn grosser wirde/ vnd die reichen hie nid den sitzen. Ich sahe knechte auff rossen/ vnd Fürsten zu fus gehen wie knechte. Aber wer eine gruben macht/ der wird selbst drein fallen. Vnd wer den zaun zu reisset/ den wird eine schlange stechen. Wer steine weg waltzet/ der wird mühe damit haben/ Vnd wer holtz spaltet / der wird dauon verletzt werden. Wenn ein eisen stumpff wird/ vnd an der schneiten vngeschliffen bleibt/ mus mans mit macht wider scherffen/ Also folget auch weisheit dem vleis.

(Waltzet) New regiment machen sticht zu letzt vbel/ Denn der posel ist vnbendig.

Ein wesscher ist nichts bessers denn eine schlange/ die vnbeschworen sticht. Die wort aus dem mund eins weisen / sind holdselig/ Aber des narren lippen verschlingen den selben. Der anfang seiner wort ist narrheit/ Vnd das end ist schedliche torheit. Ein narr macht viel wort/ Denn der mensch weis nicht was gewesen ist/ Vnd wer wil jm sagen/ was nach jm werden wird? Die erbeit der narren wird jnen saur/ Weil man nicht weis jnn die stad zu gehen.

(Weis) Er gedenckt nicht wie es vorhin andern gangen ist/ feret fort/ vnd weis doch nicht wie es gehen wird.

Weh dir land/ des König ein kind ist/ vnd des Fürsten frue essen. Wol dir land/ des König edel ist/ vnd des Fürsten zu rechter zeit essen/ zur stercke vnd nicht zur lust. (Denn durch faulheit sincken die balcken/ vnd durch hinlessige hende /wird das haus trieffend) das macht sie machen brod zu lachen/ vnd der wein mus die lebendigen erfrewen/ Vnd das gelt mus jnen alles zu wege bringen.

(Lebendigen) das sind die jnsauff sie leben vnd mit freuden zeren.

Fluch

Salomo. LXXXIII.

Fluch dem Könige nicht jnn deim hertzen/ vnd fluche dem reichen nicht jnn deiner schlaff kamer/ Denn die vogel des himels furen die stim/ vnd die fittig haben/ sagens nach.

XI.

Las dein brod vber das wasser faren/ so wirstu es finden auff lange zeit. Teil aus vnter sieben vnd vnter achte/ Denn du weissest nicht was fur vnglück auff erden komen wird. Wenn die wolcken vol sind/ so geben sie regen auff die erden. Vnd wenn der bawm fellt/ er falle gegen mittag oder mitternacht/ auff welchen ort er fellt/ da wird er ligen. Wer auff den wind achtet/ der seet nicht/ vnd wer auff die wolcken sihet/ der erndtet nicht.

(Faren) Das ist/ gib frey weg jederman/ was du vermagst/ Denn es möcht die zeit komen/ du thetest gern vnd wirsts nicht können.

Gleich wie du nicht weisst den weg des winds/ vnd wie die gebeine jnn mutter leibe bereit werden/ also kanstu auch Gotts werck nicht wissen/ das es thut vberal.

Wissen) Denn zukünfftiges ist vns alles verborgen/ Darumb mus es alles gewogt sein jnn leiblichem leben.

Frue see deinen samen/ vnd las deine hand des abents nicht ab/ Denn du weissest nicht/ ob dis oder das geraten wird/ vnd obs beide geriete/ so were es deste besser.

Es ist das liecht süsse/ vnd den augen lieblich die sonne zu sehen.

Wenn ein mensch lange zeit lebet/ vnd ist frölich jnn allen dingen/ so gedenckt er doch nur der bösen tage/ das jr so viel ist/ Denn alles das jm begegenet ist/ ist eitel.

XII.

So frew dich jüngling jnn deiner jugent/ vnd las dein hertz guter dinge sein jnn deiner jugent. Thu was dein hertz lüstet/ vnd deinen augen gefellt/ vnd wisse/ das dich Gott vmb dis alles wird für gericht füren. Las die traurigkeit aus deinem hertzen/ vnd thu das vbel von deinem leibe/ Denn kindheit vnd jugent ist eitel. Gedenck an deinen schepffer jnn deiner jugent/ ehe denn die böse tage komen/ vnd die jar erzu tretten/ da du wirst sagen/ sie gefallen mir nicht/ Ehe denn die sonne vnd das liecht/ monden vnd sterne finster werden/ vnd wolcken wider komen nach dem regen. Zur zeit wenn die hüter im hause zittern/ vnd sich krummen die starcken/ vnd müssig stehen die müller das jr so wenig worden ist/ vnd finster werden die gesicht durch die fenster/ Vnd die thür auff der gassen geschlossen werden/ das die stim der müllerin leise wird/ vnd erwacht wenn der vogel singet/ vnd sich bücken alle töchter des gesanges/ das sich auch die hohen fürchten vnd schewen auff dem wege/ wenn der mandelbawm blühet/ vnd die hewschrecke beladen wird/ vnd alle lust vergehet (Denn der mensch feret hin da er ewig bleibt/ vnd die kleger gehen vmbher auff der gassen.) Ehe denn der silbern strick weg kome/ vnd die gülden quelle verlauffe/ vnd der eimer zu leche an dem born/ vnd das rad zubreche am born

Mit diesen versbrochenen wörten beschreibt er das alter eins menschen wenn die hende zittern/ vnd beine sich krummen/ die auge tunckeln werden/ die zeene nicht wol malen/ die hat graw/ vnd die schuldern sich bücken/ die ohren hat gen vnd taub werden. etc.

Pp iij Denn

Hohe lied

Denn der staub mus wider zu der erden komen/wie er gewesen ist/ vnd der geist wider zu Gott/der jn gegeben hat.

Es ist alles gantz eitel/sprach der Prediger/gantz eitel/ Der selb Prediger war nicht allein weise/sondern leret auch das volck gute lere/ vnd merckt vnd forschet vnd stellet viel sprüche. Er sucht das er fünde angeneme wort/vnd schreib recht die wort der warheit.Diese wort der weisen sind spiesse vnd negel/ geschrieben durch die Meister der versamlunge/vnd von einem hirten gegeben. Hüt dich mein son/ fur andern mehr/Denn viel bücher machens ist kein ende/ Vnd viel predigen macht den leib müde.

Las vns die heubtsumma aller lere hören/Furchte Gott vnd halte seine Gebot/ Denn das gehöret allen menschen zu/Denn Gott wird alle werck fur gericht bringen/das verborgen ist/ es sey gut oder böse.

Ende des Predigers Salomo.

Das hohe lied Salomo.

I.

ER kusse mich mit dem kusse seins mundes/ Denn deine brüste sind lieblicher weder wein/ das man deine gute salbe rieche/Dein name ist ein ausgeschütte salbe/Darumb lieben dich die megde.

Zeuch mich dir nach/ so lauffen wir/ Der König füret mich jnn seine kamer/ wir frewen vns/vnd sind frölich vber dir / wir gedencken an deine brüste mehr denn an den wein. Die fromen lieben dich.

Ich bin schwartz/aber gar lieblich/jr töchter Jerusalem/wie die hütten Kedar/wie die teppiche Salomo. Sehet mich nicht an das ich so schwartz bin/den die sonne hat mich so verbrand.Meiner muter kinder zürnen mit mir. Man hat mich zur hüterin der weinberge gesetzt/Aber meinen weinberg den ich hatte/habe ich nicht behütet.

Sage mir an du/ den meine seele liebet/wo du weidest/wo du rugest im mittage / das ich nicht hin vnd her gehen müsse/bey den herden deiner gesellen.

Kennestu dich nicht/du schöneste vnter den weibern/so gehe hinaus

Salomo. LXXXIIII.

aus auff die fusstapffen der schafe/Vnd weide deine böcke bey den hirten heusern.

Jch gleiche dich/meine Freundin/ meinem reisigen zeuge an den wagen Pharao. Deine backen stehen lieblich jnn den spangen/vnd dein hals jnn den keten / Wir wöllen die güldene spangen machen mit silbern pöcklin.

Da der König sich her wandte/ gab mein narde seinen ruch. Mein Freund ist mir ein büschel mirrhen/ das zwisschen meinen brusten hanget. Mein Freund ist mir ein drauben copher/jnn den weingarten zu Engeddi.

Sihe/ meine Freundin/ du bist schöne/schöne bistu/ Deine augen sind wie tauben augen. Sihe/mein Freund/ du bist schöne vnd lieblich/Vnser bette grünet/ Vnser heuser balcken sind Cedern/Vnser latten sind Cipressen.

II.

Ch bin eine blume zu Saron/vnd ein rose im tal. Wie eine rose vnter den dornen/ so ist meine Freundin vnter den töchtern/ Wie ein apffelbawm vnter den wilden bewmen/so ist mein Freund vnter den sönen. Jch sitze vnter dem schatten des ich begere/ vnd seine frucht ist meiner kele süsse.

Er furt mich jnn den weinkeller/ vnd die liebe ist sein panir vber mir/Er erquickt mich mit blumē/vnd labet mich mit epffeln/denn hi bin kranck fur liebe. Seine lincke ligt vnter meinem heubte/ vnd seine rechte hertzet mich.

Jch beschwere euch töchter Jerusalem/ bey den Rehen oder bey den Hinden auff dem felde/ das jr meine Freundin nicht auffweckt noch regt/bis das jr selbst gefellt.

Das ist die stim meins Freunds. Sihe/ er kompt vnd hupfft auff den bergen/vnd springet auff den hügeln. Mein Freund ist gleich eim Rehe oder jungen Virs. Sihe/er stehet hinder vnser wand/vnd sihet durchs fenster/vnd kuckt durchs gitter.

Mein Freund antwortet vnd spricht zu mir/Stehe auff meine Freundin/meine schöne/vñ kom her/Denn sihe/der winter ist vergangen/Der regen ist weg vnd dahin/ Die blumen sind erfur komen im lande. Der Lentz ist erbey komen/ vnd die dordel taube lesst sich hören jnn vnserm lande. Der feigen bawm hat knoten gewonen/ Die weinstöck haben augen gewonnen/ vnd geben jren ruch. Stehe auff meine Freundin vnd kom/ meine schöne kom her/ Meine taube jnn den fels löchern/ jnn den stein ritzen. Zeige mir deine gestalt. Las mich hören deine stim/ Denn deine stim ist süsse/ vnd deine gestalt lieblich.

Pp iiij Fahet

Hohe lied.

Fahet vns die füchse / die kleinen füchse / die die weinberge verderben / Denn vnsere weinberge haben augen gewonnen. Mein Freund ist mein vnd ich bin sein / der vnter den rosen weidet / bis der tag küle werde / vnd der schatten weiche. Kere vmb / werde wie ein Rehe mein Freund / oder wie ein junger hirs auff den scheide bergen.

III.

Ich sucht des nachts jnn meim bette / den meine seele liebet / Ich sucht / aber ich fand jn nicht. Ich wil auff stehen vnd jnn der stad vmb gehen auff den gassen vnd strassen / vnd suchen / den meine seele liebet. Ich sucht / aber ich fand jn nicht. Es funden mich die wechter die jnn der stad vmb gehen / habt jr nicht gesehen den meine seele liebet? Da ich ein wenig fur jnen vber kam / da fand ich den meine seele liebet. Ich halt jn vnd wil jn nicht lassen / bis ich jn bringe jnn meiner mutter haus / jnn meiner mutter kamer.

Ich beschwere euch jr töchter zu Jerusalem / bey den Rehen oder Hinden auff dem felde / das jr meine freundin nicht auffweckt / noch regt / bis das jr selbst gefellet.

Wer ist die / die erauffgehet aus der wüsten wie ein gerader rauch / wie ein gereuch von mirrhen / weirauch vnd allerley puluer eins Apotekers.

Sihe / vmb das bette Salomo her stehen sechzig starcken aus den starcken jnn Israel / Sie halten alle schwerter / vnd sind geschickt zu streiten / Ein jglicher hat sein schwert an seiner hüfften / vmb der furcht willen jnn der nacht.

Der König Salomo lies jm eine senffte machen von holtz aus Libanon / Derselben seulen waren silbern / die decke gülden / der sitz purpern / der boden mitten jnn war lieblich gepflastert / vmb der töchter willen zu Jerusalem.

Gehet eraus vnd schawet an / jr töchter Zion / den König Salomo / jnn der kronen / damit jn seine mutter gekrönet hat / am tage seiner hochzeit / vnd am tage der freuden seines hertzen.

(Zöpffen) Er meinet die har locken / welche / nach natürlicher alter weise / vngeflochten vnd zu ruck geschlagen / den weibs bildern fast wol stehen / wenn sie mit volligem angesicht vnd rötlichten backen eraus sehen / vnd die har zu beiden seiten herab hengen vber die ohren vn achseln.

IIII.

Jhe meine Freundin / du bist schön / sihe / schön bistu / deine augen sind wie tawben augen / on was deine zöpffe sind. Dein har ist wie die ziegen herd die beschorn sind auff dem berge Gilead. Deine zeene sind wie die herde mit beschnitten wolle / die aus der schwemme komen / die allzumal zwilling tragen / vnd ist keine vnter jnen vnfruchtbar. Deine lippen sind wie eine rosinfarbe schnur / vnd deine rede lieblich / Deine wangen sind wie der ritz am granat apffel / zwisschen deinen zöpffen. Dein hals ist wie der thurm Dauid mit brustwehr gebawet / daran tausent schilde hangen / vnd allerley

Salomo. LXXXV.

lerley waffen der starcken. Deine zwo brüste sind wie zwey junge Re+
he zwillinge/die vnter den rosen weiden bis der tag küle werde/ vnd
der schatten weiche. Ich wil zum mirrhen berge gehen vnd zum wei+
rauch hügel.

Du bist allerding schöne/meine Freundin/ vnd ist kein flecken an
dir. Kom meine Braut vom Libanon/ kom vom Libanon gehe erein/
trit her von der höhe Amana/von der höhe Senir/vnd Hermon/ von
den wonungen der lewen/ von den bergen der Leoparden. Du hast
mir das hertz genomen/meine schwester liebe Braut/mit deiner auge
einem vnd mit deiner hals keten eine.

Wie hübsch sind deine brüste meine schwester liebe braut. Deine
brüste sind lieblicher weder wein/vnd der geruch deiner salben vber+
trifft alle würtze. Deine lippen/meine Braut/sind wie trieffender hon
nigseim/honig vnd milch ist vnter deiner zungen/ vnd deiner kleider
geruch ist/wie der weirauchs geruch.

Meine schwester/liebe Braut/du bist ein verschlossen garten. Ein
verschlossen quelle/ein versigeleter born/Dein gewechs ist wie ein lust
garte von granatepffeln/mit edlen früchten/Cipern mit narden/Nar
den mit saffran/Kalmus vñ Cinamen mit allerley beumen Libanon/
Mirrhen vnd Aloes mit allen besten würtzen/ Wie ein garten brun/
wie ein born lebendiger wasser die von Libano fliessen/ Stehe auff
Nordwind vnd kom Sudwind/vnd webe durch meinen garten/das
seine würtze trieffen.

V.

Ein Freund kome jnn seinen garten/vnd esse seiner ed+
len früchten/Ich kom meine schwester liebe Braut jnn
meinen gartē. Ich hab meine mirren sampt meinē wür
tzen abgebrochē/ich hab meins seims sampt meinē ho+
nige gessen/ich hab meins weins sampt meiner milch
getruncken/Esset meine lieben vnd trinckt meine freun
de vnd werdet truncken.

Ich schlaff/aber mein hertz wacht/ Da ist die stim meins Freunds
der an klopffet/Thu mir auff liebe freundin meine schwester/ meine
taube/meine frome/Denn mein heubt ist vol tawes/vnd meine locken
vol nachts tropffen/Ich habe meinen rock ausgezogen/wie sol ich jn
wider anzihen? Ich habe meine füsse gewasschen/wie sol ich sie wi+
der besuddeln?

Aber mein Freund steckt seine hand durchs loch/vnd mein leib er+
zittert dafur/ Da stund ich auff/das ich meinem Freunde auffthet/
Meine hende troffen mit mirren/vnd mirrhen liessen vber meine fin+
ger an dē rigel am schlos/Vnd da ich meim Freunde auffgethan hat+
te/war er weg vnd hin gegangen.

Da gieng meine seele eraus nach seim wort/ich sucht jn/ aber
ich fand jn nicht/ich rieff/ aber er antwortet mir nicht. Es fun+
den mich die hüter die jnn der stad vmbgehen/ Die schlugen mich
wund/ Die hüter auff der mawren namen mir meinen schleier.
Ich be+

Prediger.

Jch beschwere euch jr töchter Jerusalem/ findet jr meinen Freund/ so sagt jm/ das ich fur liebe kranck liege.

(fülle) Vollige angesicht vnd augen/ nicht verfallen odder runtzlicht.

Was ist dein freund fur andern freunden/ O du schönst vnter den weibern? Was ist dein freund fur andern freunden/ das du vns so beschworen hast? Mein Freund ist weis vnd rot/ auserkorn vnter viel tausent/ Sein heubt ist das feinest gold. Seine locken sind kraus/ schwartz wie ein rabe/ Seine augen sind wie tauben augen an den wasser bechen/ mit milch gewasschen vnd/ stehen jnn der fülle. Seine backen sind wie die wachsende wurtzgertlin der apoteker. Seine lippen sind wie rosen die mit fliessender mirren trieffen/ Seine hende sind wie güldene ringe voll türckissen. Sein leib ist wie rein Elphenbein mit Saphiren geschmückt. Seine beine sind wie mermelseulen gegründ auff gülden füssen. Seine gestalt ist wie Libanon/ auserwelt wie Cedern. Seine kele ist süsse vnd gantz lieblich. Ein solcher ist mein Freund/ mein Freund ist ein solcher/ jr töchter Jerusalem.

VI.

Wo ist denn dein freund hin gegangen/ O du schönst vnter den weibern? Wo hat sich dein freund hin gewand/ so wöllen wir mit dir jn suchen? Mein Freund ist hinab gegangen jnn seinen garten/ zu den wurtzgertlin/ das er sich weide vnter den garten vnd rosen breche. Mein Freund ist mein/ vnd ich bin sein/ der vnter den rosen sich weidet.

Du bist hübsch/ meine Freundin/ wie Thirza/ lieblich wie Jerusalem/ schrecklich wie heerspitzen (Wende deine augen von mir/ Denn sie machen mich brünstig.) Deine har sind wie ein herd ziegen/ die auff dem berge Gilead geschorn sind. Deine zeene sind wie ein herd schaf/ die aus der schwemme komen/ die allzumal zwilling tragen/ vnd ist keine vnfruchtbar vnter jnen. Deine wangen sind wie ein ritz am granatapffel/ zwisschen deinen zöpffen.

Sechzig ist der Königinnen/ vnd achzig der kebsweiber/ vnd der Jungfrawen ist kein zal. Aber eine ist meine taube/ mein frome. Eine ist jrer mutter die liebste/ vnd die auserwelete jrer mutter. Da sie die töchter sahen/ preisetē sie die selbige selig/ Die Königinnen vnd kebsweiber lobeten sie. Wer ist die erfur bricht/ wie die morgenröte/ schön wie der mond/ auserwelet wie die sonne/ schrecklich wie die heerspitzen?

Jch bin hinab jnn den nus garten gegangen zu schawen die streuchlin am bach/ zu schawen ob der weinstock blühet/ ob die granatöpffel grüneten. Meine seele wusts nicht/ das er mich zum wagen Ami Nadib gesetzt hatte.

Kere wider/ kere wider O Sulamith/ kere wider/ kere wider/ das wir dich schawen/ Was sehet jr an Sulamith/ denn reigen zu Mahanaim.

Salomo.
VII.

WJe hübsch ist dein gang jnn den schuhen/ du Fürsten tochter/ Deine lenden stehen gleich aneinander/ wie zwo spangen/ die des Meisters hand gemacht hat. Dein nabel ist wie ein runder becher/ dem nimer getrenck mangelt/ Dein bauch ist wie ein weitzen hauffe vmb steckt mit rosen. Deine zwo brüste sind/ wie zwey junge Rehe zwilinge/ Dein hals ist wie ein Elffenbeinen thurm. Deine augen sind/ wie die teiche zu Hesbon am thor Bathrabbim. Deine nase ist wie der thurm auff Libanon/ der gegen Damascon sihet/ Dein heubt stehet auff dir/ wie Carmelus. Das har auff deinem heubt/ ist wie die purpur des Königs jnn falten gebunden.

Wie hübsch vnd wie lieblich bistu/ du Liebe jnn wollüsten. Deine lenge ist gleich einem palm baum/ vnd deine brüste den weindrauben. Jch sprach/ ich mus auff den palm bawm steigen/ vnd seine zweige ergreiffen. Las deine brüste sein wie drauben am weinstock/ vnd deiner nasen ruch wie epffel/ vnd deine keele wie guter wein/ der meinem freunde glat eingehe/ vnd rede von fernigem. Mein freund ist mein/ vnd er helt sich auch zu mir.

Kom mein freund/ las vns auffs feld hinaus gehen/ vnd auff den dorffen bleiben/ das wir frue auff stehen zu den weinbergen/ das wir sehen/ ob der weinstock bluhet vnd augen gewonnen habe/ ob die granat epffelbewm ausgeschlagen sind/ Da wil ich dir meine brüste geben/ Die Lilien geben den ruch/ vnd fur vnser thür sind allerley edle früchte. Mein freund/ ich hab dir beide heurige vnd fernige behalten.

VII.

Das ich dich mein bruder/ der du meiner mutter brüste saugest/ draussen funde/ vnd dich küssen müste/ das dich auch niemant mir raubete. Jch wolt dich füren vnd jnn meiner mutter haus bringen/ da du mich leren soltest/ Da wolt ich dich trencken mit gemachtem wein/ vnd mit dem most meiner granatepffel. Seine lincke ligt vnter meinem heubt/ vnd seine rechte hertzet mich.

Jch beschwere euch töchter Jerusalem/ das jr meine Liebe nicht auffweckt noch reget/ bis das jr selbs gefellet. Wer ist die/ die erauff feret von der wüsten/ vnd lehnet sich auff jren freund? Vnter dem apffelbawm weckt ich dich/ da deine mutter dich geborn hatte/ da mit dir gelegen ist/ die dich gezeuget hat.

Setze mich wie ein sigel auff dein hertz/ vnd wie ein sigel auff deinen arm/ Denn liebe ist starck wie der tod/ vnd eifer ist fest wie die helle/

Hohe lied.

(flamme)
Sie sihet man wol
das Salomo jnn
diesem liede von
geistlicher lieb sin=
get/ die Gott gibt
vnd vns auch er=
zeigt jnn alle sei=
nen wolthaten

helle/jr glut ist feurig/ vnd ein flamme des HERRN/ Das auch viel wasser nicht mügen die liebe auslesschen/ noch die strome sie er= seuffen. Wenn einer alles gut jnn seinem hause vmb die liebe geben wolt/ so gülte es alles nichts.

Vnser schwester ist klein/ vnd hat keine brüste/ Was sollen wir vn= ser schwester thun/ wenn man sie nu sol anreden? Ist sie eine maure/ so wollen wir silbern bolwerg drauff bawen. Ist sie eine thür/ so wöllen wir sie festigen mit Cedern bolen. Ich bin eine maur/ vnd mei= ne brüste sind wie thürne/ da bin ich worden fur seinen augen/ als die friden findet.

Salomo hat einen weinberg zu Baal hamon. Er gab den wein= berg den hütern/ das ein jglicher fur seine früchte brechte tausent sil= berlinge. Mein weinberg ist fur mir/ Dir Salomo gebüren tausent/ aber den hütern zweihundert sampt seinen früchten.

Die du wonest jnn den garten / die geselschafften mercken drauff/ Las mich deine stimme hören. Fleuch mein freund vnd sey gleich eim Rehe oder jungen Hirssen auff den wurtzbergen.

Ende des Hohen lieds Salomo.